U0858926

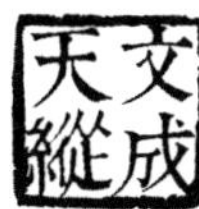
文成天縱

民族古典学研究文献丛刊　乌云毕力格　主编

美国哈佛大学柯立夫藏
扎鲁特右翼旗扎萨克多罗达尔汉贝勒家谱
整理研究

乌云格日勒　著

上

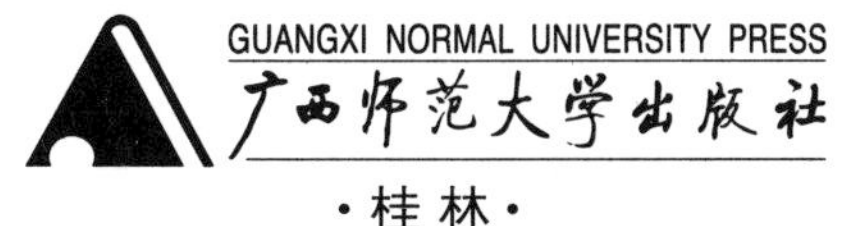

·桂林·

本书的研究受到中国人民大学西域历史语言研究所“西域历史语言研究专项资金”资助

美国哈佛大学柯立夫藏《扎鲁特右翼旗扎萨克多罗达尔汉贝勒家谱》整理研究
MEIGUO HAFO DAXUE KELIFU CANG ZHALUTE YOUYIQI ZHASAKE DUOLUO DAERHAN BEILE JIAPU ZHENGLI YANJIU

出版统筹：汤文辉
出 品 人：乔祥飞
责任编辑：杨　磊
责任技编：王增元
封面设计：常晋一

图书在版编目（CIP）数据

美国哈佛大学柯立夫藏《扎鲁特右翼旗扎萨克多罗达尔汉贝勒家谱》整理研究 ：上、下 / 乌云格日勒著. -- 桂林 ：广西师范大学出版社，2025. 5. --（民族古典学研究文献丛刊 / 乌云毕力格主编）.
ISBN 978-7-5598-7715-4
Ⅰ. K820.9
中国国家版本馆 CIP 数据核字第 20247K63B4 号

广西师范大学出版社出版发行
（广西桂林市五里店路 9 号　邮政编码：541004
网址：http://www.bbtpress.com）
出版人：黄轩庄
全国新华书店经销
三河弘翰印务有限公司印刷
（三河市黄土庄镇二百户村北　邮政编码：065200）
开本：889 mm × 1 194 mm　1/16
印张：38.25　　字数：647 千
2025 年 5 月第 1 版　　2025 年 5 月第 1 次印刷
定价：1500.00 元（上、下）

整理研究说明

本书的出版，缘于柯立夫教授个人收藏的两幅家谱。柯立夫（Francis Woodman Cleaves，1911—1995）是美国哈佛大学教授，精通汉、蒙古、波斯、法等多种语言文字，其研究以多语种文献考证和互证著称。其对元代碑刻的研究、对《元朝秘史》的译注，使其成为蒙元史暨蒙元历史文献研究国际巨匠，在世界蒙古学研究领域占有崇高的学术地位。他曾在中国学习和考察近 4 年（1937—1940），搜集到大量的古代蒙古文、汉文抄本与刊本，以及近代蒙古史相关的档案文书、家谱、报刊。其个人藏书如今均在美国新罕布什尔州（New Hampshire）哥尔福特镇（Gilford Town）的一座天主教堂的藏书室。

柯立夫教授所藏清代扎鲁特右翼旗扎萨克多罗达尔汉贝勒家族 1885 年、1905 年的两幅家谱，在 20 世纪的最后数年被发现和介绍。最早向国人介绍这两幅家谱的学者是中央民族大学的达力扎布教授。2018 年 8 月，笔者和中国社会科学院乌兰研究员、美国杜克大学留学生泰米尔一起在柯立夫教授藏书室阅览其藏书，其间在藏书室隔壁储藏室平铺展开家谱，对其进行了测量和局部拍摄。2022 年 8 月，泰米尔再次到藏书室，对这两幅家谱进行拍照。

柯立夫教授高徒、美国威尔斯理大学刘元珠教授为家谱的研究工作提供了便利条件，使得收藏于远洋彼岸的珍贵文献得以发掘、整理和影印付梓。本书即将出版，在此特别向刘元珠教授，以及对家谱阅读、拍照工作提供帮助的所有人表示敬意和感谢。

笔者整理和研究两幅家谱，先后发表论文《传统与记忆的延续——清代扎鲁特右翼旗扎萨克多罗达尔汉贝勒家谱初探》（2020）、《不同文献与清前期扎鲁特右翼旗札萨克贵族及其家族》（2023），本书研究部分由这两篇论文改写而成。本书整理部分是对 1905 年家谱所记人名进行统计，按辈分对其加以整理和录入。1885 年和 1905 年的两幅家谱为同一家族的家谱，修谱时间相差 20 年，后修者自然记录 20 年间新增人名，因此其人数必定比前修者多。录文也因此以 1905 年家谱为底本，个别人名模糊、不清晰之处参考了 1885 年的家谱。以上构成本书的上册内容。下册附图部分是两幅家谱的照片，分为局部拍摄图和对应分割图编排，分割图裁切位置一般在家谱成员代际分界线处。裁切位置重复一部分，以便前后衔接。

乌云格日勒

内蒙古大学中华民族共同体研究中心

目　　录

上　册

下　册

关于清代扎鲁特右翼旗扎萨克多罗达尔汉贝勒家谱及相关问题

关于清代扎鲁特右翼旗扎萨克多罗达尔汉贝勒家谱及相关问题

引　言

家谱是一种特殊文献，其形成发展的历史很悠久。家谱的史料价值，也很早被人发现。近代有学者撰文讨论家谱。[①] 20 世纪 80 年代以来，国内学界对家谱的搜集、整理和研究步入深度发展时期，有分量的论著不断问世，专门的学术团体和机构相继成立。[②] 美国哈佛大学柯立夫教授所藏扎鲁特右翼旗两幅家谱恰好在家谱文献日益受到关注的时代始为人所知，1999 年中央民族大学达力扎布教授首次对其进行介绍。时隔 20 年后的 2018 年，笔者赴美国进行学术交流，有幸亲临现场，目睹两幅家谱的“庐山真面目”。庆幸的是，藏书室的管理者允许笔者拍摄这两幅家谱，使得笔者能够对该家谱进行初步整理和研究。

家谱记载的是同宗共祖血缘集团世系人物和事迹，以记载父系家族世系、人物为中心，有家谱、宗谱、家乘等名称。在皇朝时代，皇帝的家谱被称作玉牒。家谱又被统称为谱牒。家谱在中国王朝历史上的出现，有它的实用价值。“自隋、唐而上，官有簿状，家有谱系，官之选举必由于簿状，家之婚姻必由于谱系。”[③] 家族写家谱，以家族世系为脉络，把族众贯串起来，注明他们之间的血缘关系。官方则修簿状，用人和世族出仕，必以簿状作依据。而门第间的婚姻，也要以家谱、簿状作证明。家谱成为个人和家族政治地位、社会身份、门第高卑的标识。隋唐之后，科举考试的推行，世家的衰落，使家谱政治、身份用途大为缩减。随着近代封建家族制度的形成，家谱成为宗族内部统一思想、指导集体行动的工具。冯尔康先生在他的《清史史料学》中写道：“唐以前谱牒由政府兴修，宋以降，除了皇家的玉牒，

---

①　如潘光旦：《中国家谱学略史》，《东方杂志》1929 年第 26 卷第 1 号。

②　杨廷福：《中国族谱学的源流》，《学习与探索》1980 年第 2 期；中国谱牒学研究会由山西社会科学院于 1988 年发起成立，该学会整理出版了《中华族谱集成》（巴蜀书社，1995 年）；由国家档案局二处、南开大学历史系、中国社会科学院历史所图书馆所编的《中国家谱综合目录》，1997 年由中华书局出版。

③　〔宋〕郑樵撰，王志民点校：《通志二十略·氏族略第一·氏族序》，中华书局，1995 年，第 1 页。

均为私家著述。清人修谱虽属私家之事，但清朝政府从皇帝到各级官吏都加以提倡。”[①]

远古的北方游牧民族，以口述形式流传自己的历史，贵族的谱系当然是其中心。“父权制贵族的家族是建立在严格的父系系谱之上的。”[②]早在尚未创作文字之前，蒙古人就具有口头历史创作和流传的传统。拉施特写道，“有许多支系与部落是阿阑–豁阿的后裔……全都有清晰的系谱（šaǰareh），因为蒙古人有保存祖先的系谱、教导出生的每一个孩子［知道］系谱（nasab）的习惯”，“除蒙古人外，任何别的部落都没有这个习惯”[③]。《元朝秘史》中成吉思汗之前的大部分内容，就是根据关于成吉思汗先祖的传说和历史而写成的，这些传说和历史以口述形式流传至12世纪。亦邻真先生在他著名的《元朝秘史》畏吾体复原本中写道：“《秘史》这部书有多方面的研究价值。它首先是一部史书，写了成吉思汗的先祖谱系和成吉思汗一生的事迹……《秘史》最初的部分，应当有孛儿帖赤那以来的22代祖谱，应当有成吉思汗的活动。大部分材料来自耆老们的口述。”[④]关于成吉思汗22代祖先以来的世系，亦邻真先生指出：“当然，这里包括了不足置信的传说和附会。然而这种附会本身就说明草原贵族何等重视父系系谱：宁可伪造上去，也要使先祖先宗维丕维显。……父系世系和辈分的严格划分，有利于巩固父家长建立在私有财产基础上的权力。”[⑤]

自从13世纪编纂《元朝秘史》以后，直到17世纪，“人们看不到蒙古文写成的历史著作。16世纪后半叶，藏传佛教再传入蒙古，对蒙古文化产生了很大的影响。其结果，蒙古人开始用蒙古文编纂很多蒙古史著作”[⑥]。17世纪，贵族出身的蒙古族文人们“急切地要写下自己民族的历史，让子孙后代了解并记住蒙古人高贵的血统、源远流长的历史和曾经有过的辉煌业绩”，蒙古文史书纷纷问世。[⑦]这些史书，“既有编年史，又有个人传记”，其中以编年史居多，[⑧]以蒙古汗统史为主线，伴以佛教传播史，“形成了自《元朝秘史》以来的第二个创作高峰”[⑨]。

---

① 冯尔康：《清史史料学》，沈阳出版社，2004年，第248页。

② 亦邻真：《成吉思汗与蒙古民族共同体的形成》，载《亦邻真蒙古学文集》，内蒙古人民出版社，2001年，第397页。

③ ［波斯］拉施特著，余大钧、周建奇译：《史集》（第一卷第二分册），商务印书馆，1992年，第11页。

④ 亦邻真复原：《〈元朝秘史〉畏吾体蒙古文》，内蒙古大学出版社，1987年，第74、83页。

⑤ 亦邻真：《成吉思汗与蒙古民族共同体的形成》，第397—398页。

⑥ ［日］森川哲雄著，白玉双译：《蒙古诸部族与蒙古文文献研究》，内蒙古人民出版社，2014年，第182页。

⑦ 乌兰：《〈蒙古源流〉研究》，辽宁民族出版社，2000年，导论第9—10页。

⑧ 希都日古：《17世纪蒙古文编年史与蒙古文文书档案研究》，辽宁民族出版社，2006年，第4—5页。

⑨ 乌兰：《〈蒙古源流〉研究》，导论第10页。

一、清朝制度与蒙旗贵族谱系

17世纪前半叶，清朝将南蒙古各部统一于版图之中，并根据蒙古各部大小首领原有身份、地位、属众的多寡以及对清朝统一事业的贡献，分封爵位，采取联姻措施，以表彰战功和加固贵族联盟。清朝较早建立和完善蒙古王公等级制度，对身份显赫、战功卓著的蒙古各部首领，分封亲王、郡王、贝勒、贝子、镇国公、辅国公等六等爵位，对小贵族则授予台吉（tayiǰi）、塔布囊（tabunang）称号。有清一代，凡是蒙古贵族受封的爵位，若无特殊原因，基本世袭罔替。蒙古贵族通过同清朝皇室的联盟关系，在政治、经济各方面都得到许多特权，不仅保住了昔日拥有的权势，还得到了新的荣誉和利益。

清朝对蒙古各部贵族采取优待、联盟政策，对蒙古地方实行特殊的盟旗制度。盟，蒙古语作齐固拉甘（čiγulγan），北元蒙古地方就有会盟传统，遇重要事情，蒙古各部会采取会盟的形式，协商解决办法。入清以后，在清王朝统一行政体制之中，会盟逐渐成为惯例，南蒙古设有6盟，分管各旗，择蒙古王公高威望者担任盟长，形成无固定办公场所的地方一级行政办事机构。旗，蒙古语作胡硕（qosiγu），从爱新国（后金）天命年间始在归附的蒙古各部中编佐设旗，至康熙初年设旗49个，分属6盟。在清王朝国家行政体制中，旗是蒙古地区基本的行政、军事单位，旗地则是清朝皇帝赐给蒙旗各级王公封建主的世袭领地。一旗之长，称作扎萨克（ǰasaγ），由旗内王公贵族担任，和其王公爵位一同世袭。

随着王公制度、盟旗制度的形成和完善，蒙古贵族谱系的整理缮写以及系统化工作成为必要事项。乾隆登基不久即下达命令，要求上报全部蒙古贵族的家谱和家世册子。

> 乾隆二年奉旨：蒙古王、札萨克等家谱履历，朕皆未甚明晰。尔院将当初袭封根源，酌量各旗部落，缮修家谱奏闻。钦此。遵旨议奏：蒙古王札萨克等，原系太祖、太宗时输诚向化，率属归附，各论其所著劳绩，封为王、贝勒、贝子、公、一等台吉，编设旗分佐领。其科尔沁等十旗之王、台吉，在圣祖时，因皆系太皇太后、皇太后姻戚，曾将世次具奏有案，今重加考订，造册奏闻外，其余五会札萨克等，应俟造册送院，再行办理，并行令外藩之喀尔喀、青海、厄鲁特等，一并核明锡封根源，袭爵世次，造册送院。奉旨：蒙古王等家谱，嗣后五年缮录进呈，换出旧册。十年奉旨：蒙古王

等家谱，原定五年一修，今将留内收贮者撤出，应改修者改入。嗣后著十年具奏一修。[①]

蒙旗王公贵族家谱的修订工作在乾隆年间自上而下强力推行，成为盟旗行政的一项要事，由扎萨克衙门负责完成。不难发现，这与冯尔康先生所说清朝家谱为“私家之事”之说显然不符，在外藩蒙旗，扎萨克家族的家谱及其每隔10年的修订，不仅是全旗内的大事情，而且更是中央政府管理蒙旗事务、管控盟旗贵族的重要依据之一。冯先生对旗人家谱修订有概括性论断，“旗人袭爵、出仕需要有官方承认的家谱作证明，所以旗人在官府倡导下，修谱甚多，”[②]这里尽管仍未涉及蒙旗家谱，但也证明了旗人家谱的半官方性质。

18世纪中叶开始，蒙旗每隔10年根据扎萨克家谱底稿加以增补修订，把新修家谱上报理藩院后，按“将留内收贮者撤出，应改修者改入”的规定，以新换旧，新的存入，旧的撤出。按此估计，当时存于理藩院的各旗扎萨克家谱，其数量应当是固定的。而被置换下来的旧家谱，其数每10年增一倍，总数应该相当庞大。旧家谱是否当即销毁，或者退还蒙旗，还不得而知。

从目前所了解的情况来看，流传至今并能查阅的清代以来的内扎萨克蒙旗家谱，存世有210幅左右或更多。[③]日本蒙古史学者森川哲雄教授认为：“现在所传家谱几乎都是19世纪末以后的，并不是旧谱。另外，该家谱最先记载的人物也是达延汗的子辈，好像没有记载之前的系谱者。”[④]这是相当精确的概括。现存蒙旗家谱，或是某一旗扎萨克家族的，或是旗内某一支台吉家族的，极少数则是平民家族的。《中国蒙古文古籍总目》所收193幅家谱中有135幅为伊克昭盟各旗家谱，几近全数的四分之三，剩余四分之一为其他蒙旗家谱。在经历天灾人祸之后，清代蒙旗家谱流传至今的已经为数不多。仅仅伊克昭一盟各旗能够流传下来百余份家谱这一事实有力地证明，其他蒙旗一定有过为数不少的各类家谱，但是它们大部分已经散失或被毁而未能流传下来，我们已不得而见。这一情况，很大程度上也与清代蒙旗其他各类档案的留存和保管情况及其数量成正比。

---

① 〔清〕会典馆编，赵云田点校：《乾隆朝内务府本〈理藩院则例〉》，中国藏学出版社，2006年，第15—16页。笔者引用时修改了个别文字。该《理藩院则例》并非理藩院编纂的《则例》，而是乾隆朝《大清会典则例》《理藩院则例》的未刊稿本，参见达力扎布：《有关乾隆朝内务府抄本〈理藩院则例〉》，载《清代蒙古史论稿》，民族出版社，2015年，第499—528页。据（光绪）《理藩院则例》卷三《袭职上》、（光绪）《钦定大清会典事例》卷九百七十三《封爵》，蒙古王公贵族家谱的修订年限，乾隆十年（1745）之后直至清末再无改动。

② 冯尔康：《清史史料学》，第248页。

③ 《中国蒙古文古籍总目》编委会编：《中国蒙古文古籍总目》（下册），北京图书馆出版社，1999年，第1532—1568页，收家谱书目193幅；国家民族事务委员会全国少数民族古籍整理研究室编：《中国少数民族古籍总目提要·蒙古族卷》（下册），内蒙古教育出版社，2019年，第2322—2370页，收家谱书目154幅，其中146幅与上述《中国蒙古文古籍总目》相同，8幅新增。未曾收录于上述二书，另由地方档案馆和个人收藏的，可确定者有8幅以上。

④ ［日］森川哲雄著，白玉双译：《蒙古诸部族与蒙古文文献研究》，第213页。

二、扎鲁特右翼旗扎萨克多罗达尔汉贝勒家谱的规格

达力扎布教授在《〈扎鲁特右翼旗扎萨克贝勒家谱〉评介》一文中写道："柯立甫先生收藏的两幅蒙古文扎鲁特右翼旗扎萨克家谱，分别是扎鲁特右翼旗贝勒桑巴家谱和扎鲁特右翼旗多布柴家谱。这是同一家族先后修撰的两幅家谱。桑巴为扎鲁特右翼旗第十二任扎萨克（未记入色本一世），清同治七年（1868）袭封扎萨克多罗达尔汉贝勒，于清光绪二十六年（1900）卒。多布柴（《清史稿》作多木柴）是该旗第十三任扎萨克，清光绪二十八年（1902）袭职。这两幅家谱分别修撰于这两个扎萨克任内。两谱之间相隔 20 年。两幅家谱都盖有扎鲁特右翼旗扎萨克印，因此，都是上交理藩院的家谱。"[①]

2018 年 8 月，笔者得到柯立夫教授藏书室管理者的允许和协助，在该藏书室隔壁的储藏室地板上得以平铺展开家谱，对其进行测量和局部拍摄。下文称桑巴时期的家谱为第一幅家谱，称多布柴时期的家谱为第二幅家谱，并对其加以介绍。

第一幅家谱在左上方开头用蒙古文书写，其拉丁文转写是"ǰarud-un baraγun γarun ǰasaγ törö-yin darqan beyile qoyar ǰerge nemegsen sangba-yin qosiγun-u gerün üy-e-yin bičimel"，即扎鲁特右翼旗扎萨克多罗达尔汉贝勒加二级桑巴旗家谱，末端署日期"光绪十一年十月一日"。

谱宽 1.51 米，长 23.82 米，折叠层数为 55 层。

第二幅家谱同样在左上方开头用蒙古文书写，其拉丁文转写是"ǰarud-un baraγun γarun ǰasaγ törö-yin darqan beyile dobočai-yin qošiγun-u gerün üy-e-yin bičimel"，即扎鲁特右翼旗扎萨克多罗达尔汉贝勒多布柴旗家谱，末端署日期"光绪三十一年十月十五日"。

谱宽 1.37 米，长 26.78 米，折叠层数为 61 层。

两幅家谱用纸相同，以白色棉纸拼贴作成，纸色发黄。制作方法也相同，谱心从上而下往两边拓展，用蒙古文书写，谱末署撰修年月。谱面上多处盖印章，印章为满文、蒙古文合璧的"扎鲁特右翼旗扎萨克之印"。

笔者对第二幅家谱人名进行了统计，知其记人 4509 名[②]，包括设旗前的诸台吉，以及设旗后去世、在世的贝勒、公、台吉、未承袭爵位者以及度牒喇嘛。除了喇嘛，当时在世

---

① 达力扎布：《〈扎鲁特右翼旗扎萨克贝勒家谱〉评介》，原载《民族史研究》第六辑（中央民族大学历史系主办，民族出版社，2005 年），后收录于达力扎布著《清代蒙古史论稿》，民族出版社，2015 年，第 683—692 页。

② 乌云格日勒：《传统与记忆的延续——清代扎鲁特右翼旗扎萨克多罗达尔汉贝勒家谱初探》，载乌云毕力格主编《蒙古学问题与争论》（第 16 期），上海古籍出版社，2020 年，第 69—78 页。此文发表时，初步统计家谱上的人，误认为 4546 名，此后进一步确认改为 4509 名。

的人名用朱笔书写，以区别逝者。

与目前所了解的其他蒙古贵族家谱相比，扎鲁特右翼旗扎萨克多罗达尔汉贝勒家谱的规格之大、所记人名之多，似乎与其相媲美者尚不多见。关于两幅家谱的规格，达力扎布教授将其与喀喇沁左翼蒙古族自治县档案馆所保存的清代喀喇沁左翼旗扎萨克《喀喇沁杜稜固英家谱》进行比较，他认为，喀喇沁左翼旗扎萨克贝勒家谱[①]长 8.0 米，宽 1.8 米，与此谱相比小很多。除了《喀喇沁杜稜固英家谱》，近年也陆续问世几部蒙古王公贵族家谱，如《成吉思汗后裔——鄂尔多斯左翼后旗台吉家谱图》，其编者介绍道，鄂尔多斯左翼后旗（达拉特旗）红翎台吉家谱图是包括达延汗至达拉特旗王爷康达道尔基共 20 代 2000 多名台吉的家谱，“是鄂尔多斯市档案馆现存单幅面积最大的历史档案，也是内蒙古单幅面积最大的家谱档案，其面积为 24.94 平方米，长 7.23 米、宽 3.45 米”[②]。再如出版于 2016 年的《科尔沁右翼前后旗王公家谱》，该书收录清、民国时期科尔沁右翼前、后二旗的 6 种家谱，据其序言介绍，《科尔沁扎萨克镇国公诸台吉世系谱》（原书整理者将其译为《科尔沁镇国公台吉等的历史》）记 1179 人。[③]前一个家谱根据家谱幅面，被认定为内蒙古自治区“最大的家谱档案”，如果用相同的办法计算大小，扎鲁特右翼旗两幅家谱均大于这个家谱。《科尔沁扎萨克镇国公诸台吉世系谱》共记 1179 人，该数据与扎鲁特右翼旗第二幅家谱所载 4500 余人相比，其差距也是显而易见的。

三、扎鲁特右翼旗扎萨克与脱第都剌儿

扎鲁特右翼旗扎萨克贝勒，无疑是这两幅家谱的头号主角，他与扎萨克贝勒同祖同源的其他家族的男丁构成了家谱的全部内容。展开家谱，这一庞大家族的祖先、分支、延续或断代，一目了然，清晰可见。

在家谱的谱首正中自上而下写道“batumöngke dayan qaγan-u arban nigen köbegün alčubolod ača qurquči qasar noyan ača ubasi üijing ača doboqu mergen noyan”，即巴图孟克达延汗十一子阿儿楚孛罗，其子虎剌虎赤哈撒儿诺颜，其子乌巴什卫征，其子朵布和墨尔根诺颜。这几位人物便是扎鲁特右翼旗扎萨克家族在达延汗之后的祖先。

---

① 杨丰陌主编：《喀喇沁左翼旗乌梁海氏家谱》，辽宁民族出版社，2003 年。该家谱记录清代喀喇沁左翼旗扎萨克家族世系。据达力扎布教授统计，该家谱共记 2054 人，参见达力扎布《〈喀喇沁左翼旗乌梁海氏家谱〉评介》，原载《清史研究》2006 年第 4 期，后收录于达力扎布著《清代蒙古史论稿》，民族出版社，2015 年，第 693—707 页。另据《中国蒙古文古籍总目》，《喀喇沁左翼旗乌梁海氏家谱》长 732 厘米，宽 160 厘米。

② 巴音编著：《成吉思汗后裔——鄂尔多斯左翼后旗台吉家谱图》，内蒙古文化出版社，2018 年。

③ 白萨茹拉编辑：《科尔沁右翼前后旗王公家谱》，内蒙古文化出版社，2016 年。

阿儿楚孛罗是达延汗第五子，其子虎剌虎赤哈撒儿有五子，长子乌巴什卫征统领山南五鄂托克喀尔喀[1]之扎鲁特部。入清之后，扎鲁特分设左右二旗，乌巴什卫征长子巴音达尔伊尔登（bayandar ildeng）、四子脱第都剌儿（todi dural）之后人承袭二旗扎萨克，其余子孙构成二旗其他贵族大家庭。以详记山南五鄂托克喀尔喀历史著称的蒙古文文献《金轮千辐》[2]以及同一时代的官私史书中对此均有记载。在谱首的上述文字左侧下方位置分两行写着“ubasi üiǰing noyan-u aqamad köbegün bayandar ildeng noyan”“ǰegün γarun noyad bui”，即“乌巴什卫征长子巴颜达尔伊尔登”“左翼诸颜们”。扎鲁特左翼旗扎萨克以及贵族们当然与该谱无关，但是由于二旗扎萨克直接祖先同为乌巴什卫征，因此该家谱在谱首作了简明交代，其目的很可能是上报理藩院时易于区别，且在旗内上下便于记忆。谱首正中最下方所写的朵布和墨尔根诺颜当是清代扎鲁特右翼旗贵族的重要一支，那么这一支在扎鲁特右翼旗贵族中处于何种位置，或者其家族具有怎样的传承，只有展开家谱，才能够准确论断。

当年达力扎布教授因条件所限没有铺开家谱，所以未能看到在“其子多布呼墨尔根诺颜”以下具体指向以及其后代谱系。他在上文所提评介论文中写道：“多布呼墨尔根诺颜六子，第六子 dudai dural（多岱都喇勒），多岱都喇勒第三子 sebün darqan baγatur（色本达尔汉巴图尔）……谱中记多岱都喇勒为多布呼墨尔根诺颜第六子有误。”根据蒙古文史书《金轮千辐》《恒河之流》和汉文史籍《辽夷略》等史料，达力扎布教授准确地指出：“多岱都喇勒应为多布呼墨尔根诺颜之弟，其第三子是色本达尔汉巴图尔，扎鲁特右旗祖。多岱都喇勒家族是扎鲁特右翼的主支。”铺开家谱之后我们发现，其实家谱记载并没有出错，只是多岱都喇勒的名字用小字书写在距谱首数米之外的右侧上方，即便家谱全面铺开，如果不是一一仔细过目，确实很难看到。经仔细辨认，笔者认为此人名字应为脱第都剌儿（todi dural），而不是多岱都喇勒（dudai dural）。

据第二幅家谱，脱第都剌儿有七子，扎鲁特右翼旗首任扎萨克多罗达尔汉贝勒桑噶尔为脱第都剌儿三子色本达尔汉巴图鲁的次子，也就是说他是首任扎萨克的祖父。脱第都剌儿的后代到 1905 年修第二幅家谱时共记录 3397 人，占家谱总人数 4509 的 75.34%，单从这一数据，足以看到清代扎鲁特右翼旗扎萨克家族的人口繁衍状况。

---

① 关于扎鲁特、巴林、弘吉喇特、巴岳特、乌济叶特五部统称，乌云毕力格教授根据《金轮千辐》中的称呼和清朝早期满、汉文记载认为应译为“山南五鄂托克喀尔喀”，而现在通用的“内喀尔喀五部”的称呼是非历史的、不正确的。参见乌云毕力格：《青册金鬘：蒙古部族与文化史研究》，上海古籍出版社，2009 年，第 46—63 页。

② 〔清〕答里麻著，乔吉校注：《金轮千辐》，内蒙古人民出版社，1987 年。

四、不同文献所见清前期扎鲁特右翼旗扎萨克贵族及其家族

清代除了像前文探讨的扎萨克家族世系谱，在其他文献中也保存了扎萨克及其家族的信息。接下来，我们再看看相关文献中记载的扎鲁特右翼旗扎萨克及其家族情况。

（一）清代蒙旗扎萨克贵族相关文献概况

研究扎萨克家族以及蒙旗王公贵族，可利用的传世文献为数众多，可将其归类如下。

一是档案文书，包括蒙古文、满文、汉文文字档案。其中蒙古文档案，就清代内扎萨克6盟49旗而言，留存并不多，且不均衡。据目前所知，各盟当中，卓索图盟各旗留存档案数量最多，其次是伊克昭盟各旗档案，而其他4盟诸旗档案，或是个别蒙旗档案系统性存留，或是数量不多且零星存留。这些档案，大部分收藏于内蒙古自治区档案馆，或者收藏在盟市、旗县档案馆，哲里木盟十旗、昭乌达盟部分蒙旗相关档案则收藏在辽宁、吉林、黑龙江等省省级、市县级档案馆。满文、汉文档案则多收藏于中央、省市档案馆、图书馆。当然，一部分档案早已散落民间。在讨论清代某一时期某一旗的具体问题时，通常会通过梳理档案资料，汇集更多的可靠信息，对其进行分析，再得出合理而客观的结论。这种研究方法，对清代扎鲁特二旗而言，只是空想而已。因为该二旗蒙古文档案几乎未存世，满文、汉文档案也为数不多，而据目前所知，这些数量有限的档案资料，又分散收藏于中国第一历史档案馆、辽宁省档案馆等国家级、省级档案馆。

二是官修史书，如编年体史书《清实录》，纪传体史书《外藩蒙古回部王公表传》，典章制度类史书《大清会典》《大清会典事例》《理藩院则例》。

三是17—19世纪形成的蒙古文史籍，而18世纪被视为蒙古文史籍撰写的鼎盛时期，代表著作有《恒河之流》《蒙古博尔济吉特氏族谱》《金轮千辐》《黄金史纲》《水晶数珠》等。

四是官、私修谱牒史料，其中以大量的官、私修家谱为主。1999年出版的《中国蒙古文古籍总目》，收录蒙旗家谱目193个[①]；2019年出版的《中国少数民族古籍总目提要·蒙古族卷》，收录家谱目154个。[②]前文也曾提到，二书中146个书目相同，后者比前者新增8个。另据笔者目前所知，未收于二书而另由地方档案馆和个人收藏者有8幅以上。[③]

在各类别文献资料当中，关于蒙旗王公贵族的记录，必定占据大量篇幅。概括而言，

① 《中国蒙古文古籍总目》编委会编：《中国蒙古文古籍总目》（下册），第1532—1568页。

② 国家民族事务委员会全国少数民族古籍整理研究室编：《中国少数民族古籍总目提要·蒙古族卷》（下册），第2322—2370页。

③ 乌云格日勒：《不同文献与清前期扎鲁特右翼旗札萨克贵族及其家族》，载乌云毕力格主编《蒙古史研究》（第十五辑），上海古籍出版社，2023年，第148—156页。

第一类档案文书中关于蒙旗王公贵族的内容，反映某一时间点或某一时期蒙旗扎萨克、王公贵族的基本情况、活动轨迹、生活状况；而第二类官修史书，多记录扎萨克、王公贵族在王朝政治活动中的参与和表现，以及保障、维护王公贵族特殊地位的规章制度；第三类蒙古文史籍着重记录清代王公贵族的先祖及其支脉，以及入清前后的事迹、所获优待等，蒙古文史籍因作者的出身地属性而讨论的重点有所不同，笔墨轻重也有差别；第四类家谱则是贵族家族的专门性资料，其真实度、详细度以及系统性，是其他史料难以企及的。

纵观各类别文献，关于某一旗扎萨克及其家族的信息，缺乏系统性、完整性。有的受时间限制，有的则受特定内容限制，只记录特定时期的特定事情。即使是由朝廷设馆编纂的编年体史书《清实录》、专门组织人员编写的纪传体史书《外藩蒙古回部王公表传》，仍然局限于内容与时间，难求完整、系统。何况这类文献，具有明显的针对性和目的性，甚至存在正误掺杂、信息不实的情况。

（二）官修史书中扎鲁特部与右翼旗扎萨克家族

在官修编年体史书《清实录》中，天命年间（1616—1626），扎鲁特部首领屡屡现身。最早的记录出现于天命三年（1618），这一年四月十五日，“蒙古扎噜特部钟嫩贝勒送女与太祖次子古英巴图鲁贝勒为婚，贝勒亲迎大宴，以礼受之”。扎鲁特右翼旗贵族先人相关的记录则出现于天命四年（1619），这年三月（二十五日？），“是夜蒙古喀尔喀部斋赛、扎噜特部巴克与巴雅尔图岱青、色本诸台吉等约二十人共领兵万余，星夜而来，伏于秫田内”①。所提到的扎鲁特部巴克、巴雅尔图岱青、色本三人，是亲兄弟，其中色本就是扎鲁特右翼旗首任扎萨克桑噶尔的父亲。天聪年间（1627—1635），扎鲁特部首领纷纷率众来归附。②《清实录》天聪六年（1632）四月丙子条和天聪八年（1634）六月辛酉条，分别记录扎鲁特部大小首领 26 人和 27 人。③这是《清实录》关于扎鲁特部大小首领的两次集中记录。清顺治五年（1648），《清实录》分别记录扎鲁特左右二旗首任扎萨克贝勒的承袭情况：清顺治五年（1648）正月甲寅，扎鲁特部落以达尔汉巴图鲁塞本（即色本）为贝勒，以其

---

① 《清实录》第一册《满洲实录》卷六，中华书局，1986 年影印本，第 266—271 页。

② 《钦定外藩蒙古回部王公表传》卷二十九。

③ 《清实录》卷十一：“内齐、色本达尔汉巴图鲁、马尼青巴图鲁、喀巴海、拜浑岱、喇巴泰、弼登图、巴牙尔图、额腾、根度尔、寨桑、侯痕、济尔噶朗、恩克参、桑土、商佳布、额一德、额参德、戴青、桑噶尔寨、博尔济、昂阿、桑阿尔、猎烈忒、特精克、塔占诸贝勒。”卷十九：“色本达尔汉巴图鲁、恩克参、桑噶尔寨、昂阿、戴青、博尔济、巴特玛、马尼青巴图鲁、寨桑、毕登图、拜浑代、喇巴泰、满朱习礼、冰图、额腾、马尼、恩格参、际尔哈朗、多尔济、额尔古得克、额参特、桑图、俄尔博克、喀巴海、根度尔、常加布、内齐。”（《清实录》第二册《太宗实录》，中华书局，1985 年影印本，第 157、246—247 页）

子桑阿尔（即桑噶尔）袭爵；同年三月甲辰，命扎鲁特部落故贝勒内齐子尚嘉布、镇国公马尼子毛奇塔特各袭爵。[①]之后，有清一代《清实录》关于扎鲁特贵族的记录，集中于二旗扎萨克和其他贵族年班进京、参加朝廷宴席和接受皇帝赏赐、不同等级爵位的承袭或削职，以及祭祀等内容。这类官方史书，更多地体现蒙旗王公贵族在清王朝政治生活中的地位和角色。

纪传体史书《外藩蒙古回部王公表传》（下文简称《王公表传》），初修于清乾隆后期，续修于嘉庆、道光、咸丰年间。所记扎鲁特部首领归附后金和大清国的过程，较《清实录》简略，史实叙述简单，所涉及的人物，重要的突出，次要的则明显省略。关于任命扎鲁特二旗扎萨克贝勒以及设旗编佐的内容，《王公表传》记载，清顺治五年（1648）"诏编所部佐领。时内齐、色本卒，以内齐子尚嘉布掌左翼，色本子桑噶尔掌右翼，各授扎萨克贝勒"。此段虽不长，却较《清实录》清晰、直接，恰好也体现清乾隆年间对蒙统治体制和政策的成熟和完善过程。另一方面，这也是因《王公表传》著述体例的统一要求所致。

关于扎鲁特右翼旗前五任扎萨克承袭，《王公表传》记录如下。[②]

表 1　扎鲁特右翼旗前五任扎萨克贝勒承袭概况表

五任扎萨克	承袭
初封色本	贝勒内齐从叔父。顺治五年（1648），追封多罗达尔汉贝勒，诏世袭罔替
一次袭　桑噶尔	色本次子。顺治五年（1648），袭多罗达尔汉贝勒，领扎萨克。康熙五年（1666）卒
二次袭　班达哩	桑噶尔长子。康熙五年（1666），袭扎萨克多罗达尔汉贝勒。二十七年（1688）卒
三次袭　毕里克图	班达哩长子。康熙二十七年（1688），袭扎萨克多罗达尔汉贝勒。四十四年（1705）卒
四次袭　诺扪拉拜	毕里克图第三子。康熙四十四年（1705），袭扎萨克多罗达尔汉贝勒。四十七年（1708）卒
五次袭　阿第沙	诺扪拉拜长子。康熙四十七年（1708），袭扎萨克多罗达尔汉贝勒。乾隆二十九年（1764），以罪削

① 《清实录》第三册《世祖实录》卷三十六、三十七，中华书局，1985 年影印本，第 291、301 页。

② 根据以下书籍记载制成：包文汉、奇·朝克图整理：《蒙古回部王公表传》（第一辑），内蒙古大学出版社，1998 年；包文汉、陶继波整理：《蒙古回部王公表传》（第二辑），内蒙古大学出版社，2008 年；徐丽华主编：《中国少数民族古籍集成》第 26 册《钦定续纂外藩蒙古回部王公传》，四川民族出版社，2005 年。

（三）《金轮千辐》中的扎鲁特右翼旗扎萨克家族系统

研究清代扎鲁特右翼旗扎萨克及其家族历史，正如上文所述，存世的档案为数甚少，而官方史书中的内容，因其局限性和目的性，难以做到全面考察。因此，其他类别的文献资料格外让人期待。可喜的是，成书于18世纪上半叶的蒙古史史书《金轮千辐》，作者答里麻出身于扎鲁特贵族家庭，书中对包括扎鲁特部在内的“山南五鄂托克喀尔喀”的历史、五部首领及其入清后的世系有详细记载。对扎鲁特二旗直至18世纪上半叶，即作者撰书时代为止的贵族世系和成员构成，《金轮千辐》记录清晰，对探讨清前期扎鲁特二旗贵族家庭，自然大有帮助。此书不仅能够填补其他资料的缺载，也能与其他资料互为佐证。

《金轮千辐》（*altan kürdün mingɣan kegesütü*），全称为《九卷本黄金家族明史·黄金家族之心欢或曰金轮千辐》（*yisün ǰüil bülüg-tü altan uruɣtan-u toda teüke, altan yasutan-u sedkil-ün činggel boyu altan kürdün mingɣan kegesütün kemekü bičig*）[①]，共6册9卷，第1册分4卷，其他5册均1册1卷，作者本名确札木苏（čoyiǰamsu，藏文，意为法海），或称答里麻（Dharm-a，梵文，意为教法），其尊称为ölemji biligtü，汉意为广慧。答里麻在书中自称“ǰarud-un qosiɣun-dur törögsen ölemǰi biligtü kemekü dharm-a bui bi”，即出生在扎鲁特旗的呼作广慧的答里麻我。[②] 作者笼统地说自己出生在扎鲁特旗，却没有交代是扎鲁特左翼旗，还是右翼旗，为后人留下探究的余地。

答里麻在撰写《金轮千辐》时，正是清朝的蒙古王公制度、盟旗制度几近完善之时，对蒙古贵族谱系的整理缮写以及制度化管理，随之推进。据清乾隆朝《大清会典则例·理藩院则例》记载，清乾隆二年（1737），乾隆皇帝给理藩院下令，要求上报全部蒙古贵族的家谱和家世册子。前文曾论及，兹不赘述。据《钦定大清会典事例》与《理藩院则例》的记载，清乾隆二年（1737），内扎萨克蒙古6盟除了哲里木盟十旗王公、台吉袭爵世次已有备案，内扎萨克其他5盟、外扎萨克喀尔喀蒙古和青海、厄鲁特蒙古王公世次尚未修订造册上报。此时朝廷自上而下强调蒙古王公贵族世袭情况，制定出蒙古贵族全范围“缮录进呈”的规定，年限由5年一修改为10年一修。答里麻的《金轮千辐》成书于清乾隆四年（1739），正是全范围修订蒙古王公贵族家谱5年一修规定出台的两年之后。答里麻写书期间，也许看到

① 《金轮千辐》有3种抄本传世，分别收藏于中国内蒙古自治区社会科学院图书馆（称呼和浩特本）、丹麦皇家图书馆（称哥本哈根本）、俄罗斯圣彼得堡东方研究所（称圣彼得堡本）。1958年德国学者海西希影印出版哥本哈根本，内蒙古自治区社会科学院乔吉研究员对勘呼和浩特本和哥本哈根本进行校注，其著作分别于1987年、2000年铅印出版。

② 乌云毕力格：《青册金鬘：蒙古部族与文化史研究》，第46—63页。

了和他著书内容相关的蒙古贵族世系家谱。对《金轮千辐》进行对勘校注的乔吉先生指出："在抄录答里麻固什原书（即呼和浩特本）之际，抄录的人根据明史（toda bičig）（如今又称之为家谱）多有补录。"[①]清乾隆初年答里麻完成著书，但是后人显然又根据所看到的家谱对其内容进行了补充。

《金轮千辐》第4册记录答言汗诸子世系，其题为"boγda činggis-ün ür-e batumöngke dayun qaγan-ača saluγsan olan ǰasaγ moǰi-yi daruγuluγsan noyad-un ür-e ǰalγamǰilaγsan ǰüi orosiba"，即圣祖成吉思子孙把图蒙克赛因答言合罕分出诸扎萨克首领诺颜诸子世系。

扎鲁特右翼旗的王公贵族，主要由山南五鄂托克喀尔喀之一扎鲁特部首领乌巴什卫征之三子、四子、五子、六子的后代组成。有清一代，扎萨克均出于乌巴什卫征四子脱第都剌儿的后代，下面摘录《金轮千辐》中扎鲁特右翼旗扎萨克家族的部分内容：

1.sayin dayun qalq-a qaγan-u ür-e tabdaγar köbegün alčubolod…alčubolod-ača quraqači tayiǰi qasar noyan, ǰarud quraqači-yin tabun köbegün-inü, ubasi üiǰing…[②]

赛因答言汗第五子阿儿楚孛罗……阿儿楚孛罗生虎喇哈赤台吉哈撒儿诺颜。扎鲁特虎喇哈赤之五子为乌巴什卫征……

2.aqamad köbegün ubasi üiǰing noyan-ača bayandar ildeng, qonggi doγsin, doboqu mergen, todai dural, büni sečin, luusa qošiγuči ǰirγuγula bui.[③]

长子乌巴什卫征诺颜有巴颜达尔依勒登、辉克多克新、朵布和墨尔根、脱岱都剌儿[④]、布尼色臣、罗色和硕齐六子。

3.ubasi üiǰing-ün dötöger köbegün tudai, baraγun ǰarud terigülen ǰakiruγsan dural noyan-ača baγ-a darqan qosiγuči, bayartu daičing, sebün darqan batur, sonin ǰarγuči, mani čing batur, susuqai böke ür-e ügei, qaisa güüsi, ǰaisang keöken naimaγula bui.

乌巴什卫征四子脱岱主掌扎鲁特右翼，都剌儿诺颜有巴克达尔汉和硕齐、巴雅儿图岱青、色本达尔汉巴图鲁、索宁扎鲁忽齐、玛尼青巴图鲁、索素海布克无嗣、海萨固什、宰桑扣肯八子。

---

① 〔清〕答里麻著，乔吉校注：《金轮千辐》，前言第16页。

② 〔清〕答里麻著，乔吉校注：《金轮千辐》卷四，第192—193页。

③ 〔清〕答里麻著，乔吉校注：《金轮千辐》卷四，第193页。

④ 此人即家谱中的脱第都剌儿。

脱岱都剌儿有 8 个儿子，其长子巴克达尔汉和硕齐，又作巴克贝勒[①]，《金轮千辐》记录了巴克达尔汉后人 16 个人，其中 2 人任内大臣，1 人任副都统，6 人任侍卫，1 人为额驸，这一支脉成为满洲八旗系统的一员。《金轮千辐》中关于这一支脉隶属正白旗一说，经学者研究，纠正为隶属满洲镶黄旗。[②]

脱岱都剌儿六子索素海布克，无嗣。其余 6 个儿子的后代，组成了扎鲁特右翼旗扎萨克贵族大家庭，上文也有提及。而扎鲁特右翼旗历任扎萨克出自其三子色本达尔汉巴图鲁的后代。据《王公表传》所制"扎鲁特右翼旗前五任扎萨克贝勒承袭概况表"中，桑噶尔被写为色本次子。而此书其他记载显示，这一写法显然有误，桑噶尔并非次子，应为第三子。其长兄巴克达尔汉和硕齐，脱离蒙旗，编入满洲八旗，有可能因此而没有被排序在蒙旗贵族名单之中，自然也被剔除在蒙旗贵族的世系谱之外。于是原为第三子的色本排位前移成为次子。

《金轮千辐》关于色本达尔汉巴图鲁后代的记载，摘录如下[③]（斜体表示该人名依次与表格"扎鲁特右翼旗前五任扎萨克贝勒承袭概况表"中的前五任扎萨克相同）：

1.γutaγar sebün darqan batur-ača terigün ǰerge tayiǰi angq-a, ***beyile sangγar***, šači, quγčin, muukitad, tuba, bayibaγas, qudaγči naimaγula bui.

第三子色本达尔汉巴图鲁有子头等台吉昂哈、***贝勒桑噶尔***、沙齐、呼黑沁、茂奇塔特、图巴、拜巴噶思、呼塔克齐八人。

2.angq-a-ača ačitu , ačigi arbaγula.

昂哈有子阿齐图、阿齐吉等十人。

3.törö-yin noyan ***sangγar***-ača ***badari beyile***, erdeni, bodai, anu, amurǰin, bandi ǰirγuγula bui. ***badari beyile***-eče ***biligtü beyile***, eldeb, bisai, biligündalai bui. ***biligtü beyile***-eče čimegtü, ačitu, bayasqu, ***nom-un labai beyile***, nom bariγči, ariγun dalai ǰirγuγula. bayasqu-ača tusalaγči urtunasutu. ***nom-un labai beyile***-eče ǰasaγ-un ***beyile adiša*** aq-a degüü γurbaγula bui.

多罗诺颜***桑噶尔***有子***巴达哩贝勒***、额尔德尼、博岱、阿努、阿穆尔津、班第六人。

---

① 巴克贝勒于天命四年（1619）七月掠夺后金占领的铁岭，结果和翁吉剌特部斋塞等一起被后金捕获。天命七年（1622）一月，以其子作为人质，被释放。天命十一年（1626）十月，遭到后金的攻击。参见楠木贤道《编入清朝八旗的扎鲁特部蒙古族》一文，该文收录于乌云格日勒主编《扎鲁特历史文化》（第一辑），内蒙古教育出版社，2011 年，第 188—200 页。

② 乌云毕力格:《〈金轮千辐〉所载扎鲁特蒙古》，该论文收录于乌云格日勒主编《扎鲁特历史文化》（第一辑），第 110—129 页。

③ 〔清〕答里麻著，乔吉校注：《金轮千辐》卷四，第 196—197 页。

*巴达哩贝勒*有子*毕里克图贝勒*、额勒德布、弼塞、毕里衮达赉。*毕里克图贝勒*有子齐默克图、阿齐图、巴雅斯瑚、*诺扪拉拜贝勒*、诺扪巴里克齐、阿哩衮达赉六人。巴雅斯瑚有子协理乌尔图纳素图。*诺扪拉拜贝勒*有子扎萨克*贝勒阿第沙*兄弟三人。

4.γutaγar šači-ača šari, budari, erke, očir, kečiyenggüi, sari, buda, urtunasutu, süǰügtü yisügüle bui.

第三子沙齐有子沙哩、布达哩、额尔克、鄂齐尔、贺齐延贵、萨哩、布达、乌尔图纳素图、素珠克图九人。

5.dötöger quγčin ayiǰi-ača tusalaγči bayisang, šaritai darqan tayiǰi, darma, gülige, ayuši, bögelen ǰirγuγula bui. darma darqan-ača baǰar darqan aq-a degüü γurbaγula bui.

第四子呼黑沁台吉有子协理拜桑、沙喇泰达尔汉台吉、达尔玛、固力格、阿玉什、布克伦六人。达尔玛达尔汉有子巴扎尔达尔汉兄弟三人。

6.tabuduγar muukitad-ača erdeni, baγ-a erdeni, buda, ačitu dörbegüle bui.

第五子茂奇塔特有子额尔德尼、小额尔德尼、布达、阿齐图四人。

7.ǰirγuduγar tuba-ača očir, buyantu qoyar bui.buyantu-ača urtunasutu, čoyiǰab, qadanǰab, nasunǰab, šidi tabuγula bui.

第六子图巴有子鄂齐尔、布延图二人。布延图有子乌尔图纳素图、垂扎布、哈丹扎布、那逊扎布、西第五人。

8.doloduγar bayibaγas tusalaγči-ača čaγun, abida, badi, bandi dörbegüle bui. čaγun ača bačir. abida-ača nasutu. badi-ača bübei. bandi-ača arilqu, ǰamsa toyin-tan bui.

第七子拜巴噶思协理有子察衮、阿弼达、巴第、班第四人。察衮有子巴齐尔。阿弼达有子纳素图。巴第有子布拜。班第有子阿哩拉瑚、扎木三托音等。

9.naimaduγar qudaγči otqan noyan-ača üriskib, očir, urtunasutu γurbaγula bui. očir-ača tusalaγči bandida, biligündalai bandida bui. ede sebün darqan batur-un ür-e bui.

第八子呼塔克齐敖特根诺颜有子乌哩斯希布、鄂齐尔、乌尔图纳素图三人。鄂齐尔有子协理班第达、毕里衮达赉、班第达。

色本达尔汉巴图鲁的三子桑噶尔于清顺治五年（1648）成为扎鲁特右翼旗首任扎萨克，到清康熙四十七年（1708）阿第沙承袭，历时 60 年，五代五任扎萨克贝勒承袭。《金轮千辐》成书的 1739 年，第五任扎萨克阿第沙在任，阿第沙因罪被削职是清乾隆二十九年，即 1764 年发生的事情，此书写于此前，因而这一大事自然没有记录进来。《金轮千辐》中提到的五代扎萨克贝勒的家族成员，共有 69 个人，有一部分成员未被点名，仅以人数出现，而有名和无名两者合计 81 人。也就是说，从 1648 年色本被追封多罗达尔汉贝勒，其第三子桑噶尔正式上任扎鲁特右翼旗扎萨克达尔汉贝勒，至答里麻写成《金轮千辐》的 1739 年（或比此时稍早）为止的 90 年间，首任扎萨克贝勒桑噶尔及其后人繁衍了五代，男性成员达 81 人之多。而这一数据是否准确，还可以根据其他资料加以讨论。

五、扎鲁特右翼旗扎萨克家谱的细节再讨论

从官修史书、蒙古文史籍能够看到扎鲁特右翼旗扎萨克达尔汉贝勒的爵职授予、乾隆中期为止的承袭及其家族男性成员人数以及部分成员的名字等信息。下面简单介绍扎鲁特右翼旗的两幅家谱，并利用该家谱资料对扎萨克家族及其成员进行补充讨论。

如今收藏于柯立夫教授藏书室的扎鲁特右翼旗两幅家谱分别于清光绪十一年（1885）、三十一年（1905）写成，两幅家谱无疑为探讨扎萨克家族成员相关问题提供了可能和条件。笔者曾撰文初步介绍过两幅家谱。[①]

清乾隆十年（1745），清政府规定，蒙旗王公扎萨克家谱 10 年一修，以新修者置换旧修者。[②] 蒙旗王公贵族家谱的修订，从乾隆年间自上而下推行并制度化。修订家谱一事，必定成为了蒙旗行政事务中的要事。从扎鲁特右翼旗两幅家谱所修订的时间，即从 1885 年和 1905 年可以断定，扎萨克家谱 10 年一修的规定，从 1745 年开始以 10 年为单位实施下来，直至清末。按此计算，到 1885 年时，经历 140 年，也就是说，10 年一修的规定实施 14 次，理应前后修过 14 次家谱，而到 1905 年，经历 160 年，家谱也应当修过 16 次。当然，1885 年和 1905 年中间的 1895 年，以及 1885 年前的十数次，扎鲁特右翼旗“缮录进呈”的扎萨克家谱，我们未曾看到。

存世并被发现的其他蒙旗家谱，可提供其他有力线索。国家图书馆收藏了两幅翁牛特右翼旗扎萨克贵族家谱，一幅是光绪元年（1875）的，另一幅是光绪三十一年（1905）的，如今已影印出版，被学界关注和利用。内蒙古大学玉海教授对此家谱进行过研究，他同时利用赤峰市档案馆藏翁牛特右翼旗清代档案，复原了 1875 年翁牛特右翼旗扎萨克衙门修订该旗扎萨克郡王和公、台吉家谱，以及按照昭乌达盟长公文要求同年十月将新修家谱上交

---

① 前引拙文《传统与记忆的延续——清代扎鲁特右翼旗扎萨克多罗达尔汉贝勒家谱初探》，载乌云毕力格主编《蒙古学问题与争论》（第 16 期），第 69—78 页。

② 关于该规定，（光绪）《理藩院则例》卷三《袭职上》、（光绪）《钦定大清会典事例》卷九百七十三《封爵》，均有条目。

的经过。[①] 这是扎萨克家谱10年一修规定自上而下实施的完整案例。除了翁牛特右翼旗，昭乌达盟其他各旗必定也收到了盟长同一内容的札文。因为该札文中称："今年正值我盟十一旗王以下、四等台吉以上众台吉家谱缮录进呈之年，收到公文即刻依照前例详细缮录，以备我等盟长一同呈报。"[②] 因此，1875年，各蒙旗按照要求修订了家谱，并经盟长处呈报理藩院。

最后，讨论一下扎鲁特右翼旗五任扎萨克及其家族的男性成员问题。展开扎鲁特右翼旗家谱，便能清晰看到扎萨克大家族的祖先、分支、延续或断代。

在1905年扎鲁特右翼旗扎萨克达尔汉贝勒家谱的谱首正中自上而下写道"batumöngke dayan qaγan-u arban nigen köbegün alčubolod--ača qurquči qasar noyan--ača ubasi uyiǰing--ača doboqu mergen noyan"，即巴图孟克达延汗十一子，阿儿楚孛罗子虎剌虎赤哈撒儿诺颜，其子乌巴什卫征，其子朵布和墨尔根诺颜。除了朵布和墨尔根，其他几位人物便是扎鲁特右翼旗扎萨克家族的直接祖先。

桑噶尔家族是组成扎鲁特右翼旗贵族大家庭的最大的成员，而扎萨克贝勒，无疑是家谱的头号主角，他与扎萨克贝勒同祖同源的其他家族的男丁，构成了家谱的全部内容。

扎鲁特右翼旗两幅家谱为我们提供哪些信息呢？家谱中前五任扎萨克及其传承记录如下：

> ubasi üiǰing-ün köbegün todi dural-γurbaduγar köbegün sebün darqan batur-qoyaduγar köbegün törö-yin darqan beile sangγar-aqamad köbegün törö-yin darqan beile badari-aqamad köbegün törö-yin darqan beile biligtü-γurbaduγar köbegün törö-yin darqan beile nomunlabai-aqamad köbegün törö-yin darqan beile adiša.
>
> 乌巴什卫征子（家谱未标明排序）脱第都剌儿，其三子色本达尔汉巴图鲁，其次子多罗达尔汉贝勒桑噶尔，其长子多罗达尔汉贝勒巴达哩，其长子多罗达尔汉贝勒毕里克图，其三子多罗达尔汉贝勒诺扪拉拜，其长子多罗达尔汉贝勒阿第沙。

家谱记录表明，脱第都剌儿有7子，扎鲁特右翼旗首任扎萨克多罗达尔汉贝勒桑噶尔是脱

---

① 玉海、文宝：《清代翁牛特右翼旗贵族家谱考述——以哈赤温至图兰杜棱汗世系为中心》，载乌云毕力格主编《蒙古学问题与争论》（第15期），国际蒙古文化研究协会，2019年，第101—118页。

② 《翁牛特右翼旗印务处档案》，赤峰市档案馆藏，1-1-542-8，转引自玉海、文宝《清代翁牛特右翼旗贵族家谱考述——以哈赤温至图兰杜棱汗世系为中心》，载乌云毕力格主编《蒙古学问题与争论》（第15期），第104页。

第都剌儿三子色本达尔汉巴图鲁的次子，也就是说，脱第都剌儿是首任扎萨克的祖父。其后代在清一代总人数达到 3300 余人。前五任扎萨克贝勒，即从首任桑噶尔到第五任阿第沙，繁衍 60 人，密集的人数，则集中在清中期。

除了扎萨克的庞大家族，还有 3 个非扎萨克贵族家庭。他们的后代，无疑也是清代扎鲁特右翼旗贵族的重要组成部分。那么这些家族在扎鲁特右翼旗贵族中处于何种位置，或者其家族具有怎么样的传承？这也是家谱与其他文献相互呼应、相互引证进行蒙旗家族史、人口史研究的课题。

1905年家谱录文

ᠪᠦᠭᠦᠳᠡ ᠶᠢᠨ [illegible]

ᠨᠢᠭᠡ ᠂ ᠪᠠᠳᠠᠷᠠᠭᠤᠯᠲᠤ ᠲᠥᠷᠥ ᠶᠢᠨ ᠭᠤᠴᠢᠨ ᠨᠢᠭᠡᠳᠦᠭᠡᠷ ᠣᠨ (1905) ᠤ ᠣᠨ ᠳᠤ [illegible] ::

ᠬᠣᠶᠠᠷ ᠂ [illegible] ::

ᠭᠤᠷᠪᠠ ᠂ [illegible] ::

ᠳᠥᠷᠪᠡ ᠂ [illegible] ::

ᠲᠠᠪᠤ ᠂ [illegible] ( ) [illegible] ::

ᠵᠢᠷᠭᠤᠭ᠎ᠠ ᠂ [illegible] ( ) [illegible] ::

ᠳᠣᠯᠣᠭ᠎ᠠ ᠂ [illegible] ::

ᠨᠠᠢᠮᠠ ᠂ [illegible] ::

ᠶᠢᠰᠦ ᠂ [illegible] ::

[illegible] ( ) [illegible] ( ) [illegible] ::

[illegible] ::

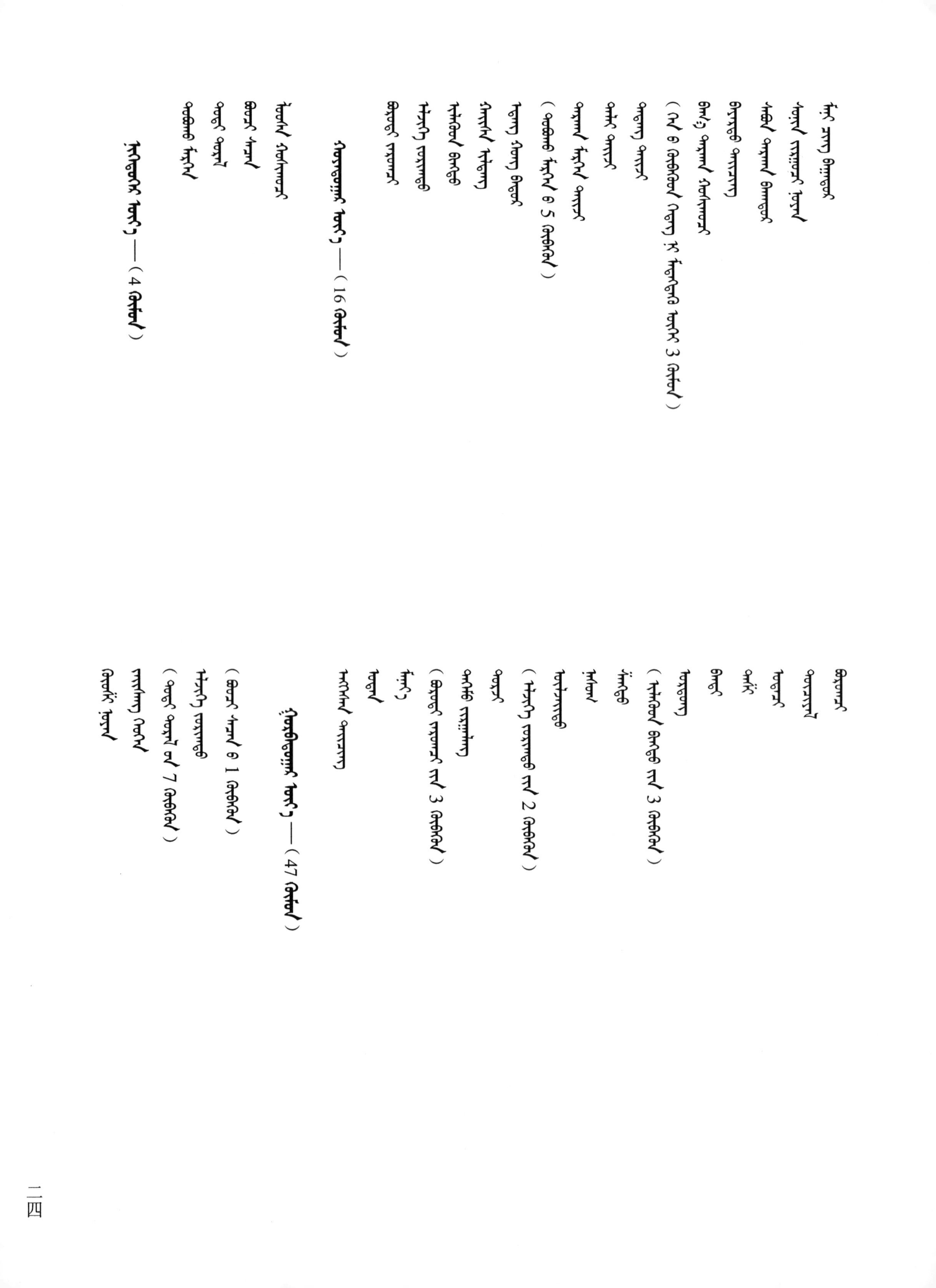

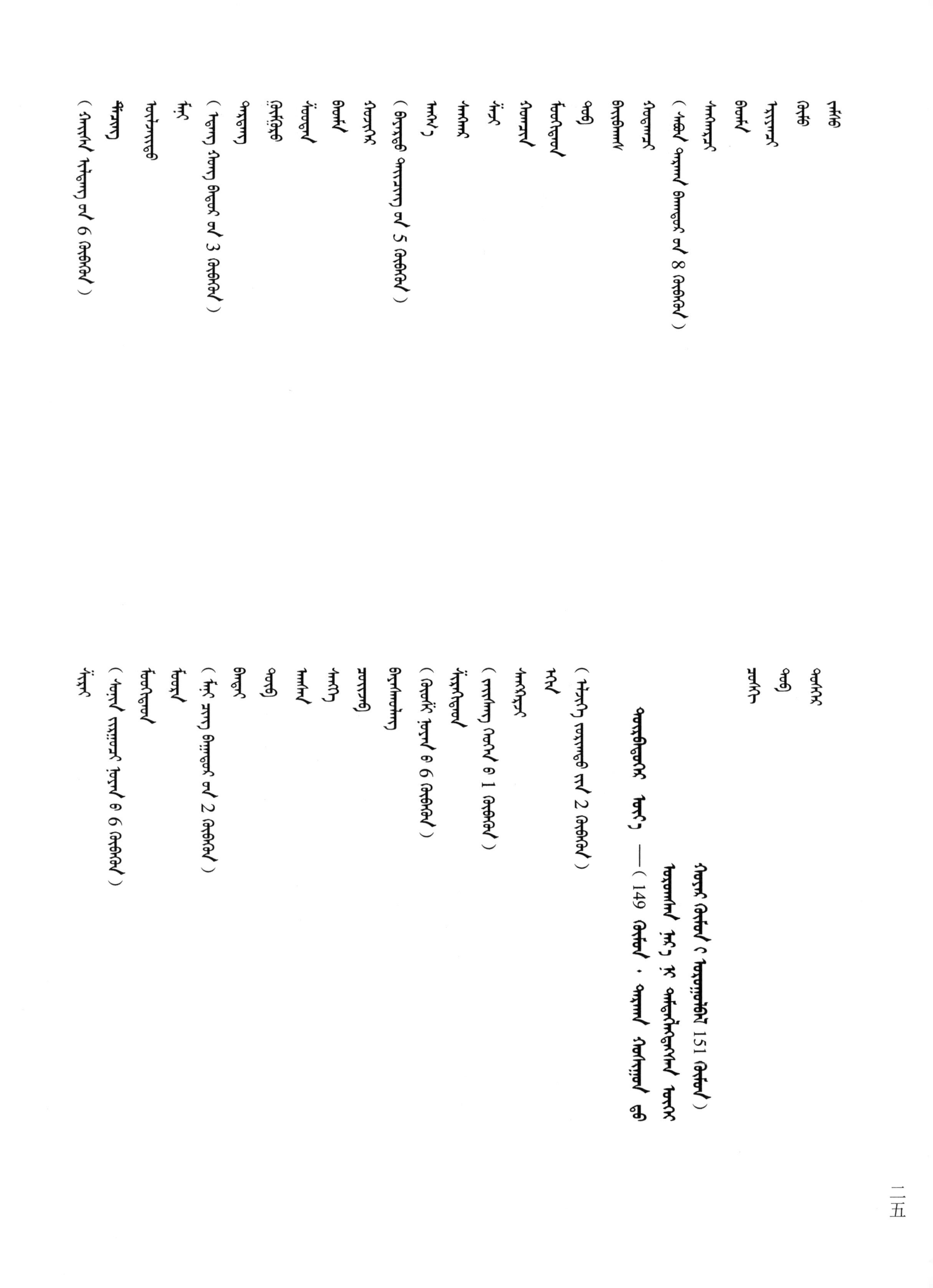

[illegible]

([illegible] [illegible] ᠤᠨ 4 ᠪᠦᠯᠦᠭ)

[illegible]

[illegible]

[illegible]

([illegible] ᠤ 3 ᠪᠦᠯᠦᠭ)

[illegible]

[illegible]

[illegible]

([illegible] ᠶᠢᠨ 3 ᠪᠦᠯᠦᠭ)

[illegible]

([illegible] [illegible] ᠤᠨ 1 ᠪᠦᠯᠦᠭ)

[illegible]

[illegible]

[illegible]

[illegible]

[illegible]

[illegible]

[illegible]

([illegible] ᠶᠢᠨ 7 ᠪᠦᠯᠦᠭ)

[illegible]

[illegible]

[illegible]

[illegible]

([illegible] ᠶᠢᠨ 4 ᠪᠦᠯᠦᠭ)

[illegible]

([illegible] ᠤᠨ 1 ᠪᠦᠯᠦᠭ)

[illegible]

[illegible]

[illegible]

[illegible]

[illegible]

([illegible] ᠶᠢᠨ 5 ᠪᠦᠯᠦᠭ)

[illegible]

[illegible]

([illegible] ᠤᠨ 2 ᠪᠦᠯᠦᠭ)

[illegible]

[illegible]

([illegible] ᠤᠨ 2 ᠪᠦᠯᠦᠭ)

[illegible]

[illegible]

[illegible]

[illegible]

([illegible] ᠶᠢᠨ 4 ᠪᠦᠯᠦᠭ)

[illegible]

([illegible] ᠶᠢᠨ 1 ᠪᠦᠯᠦᠭ)

[illegible]

[illegible]

[illegible]

([illegible] ᠤᠨ 3 ᠪᠦᠯᠦᠭ)

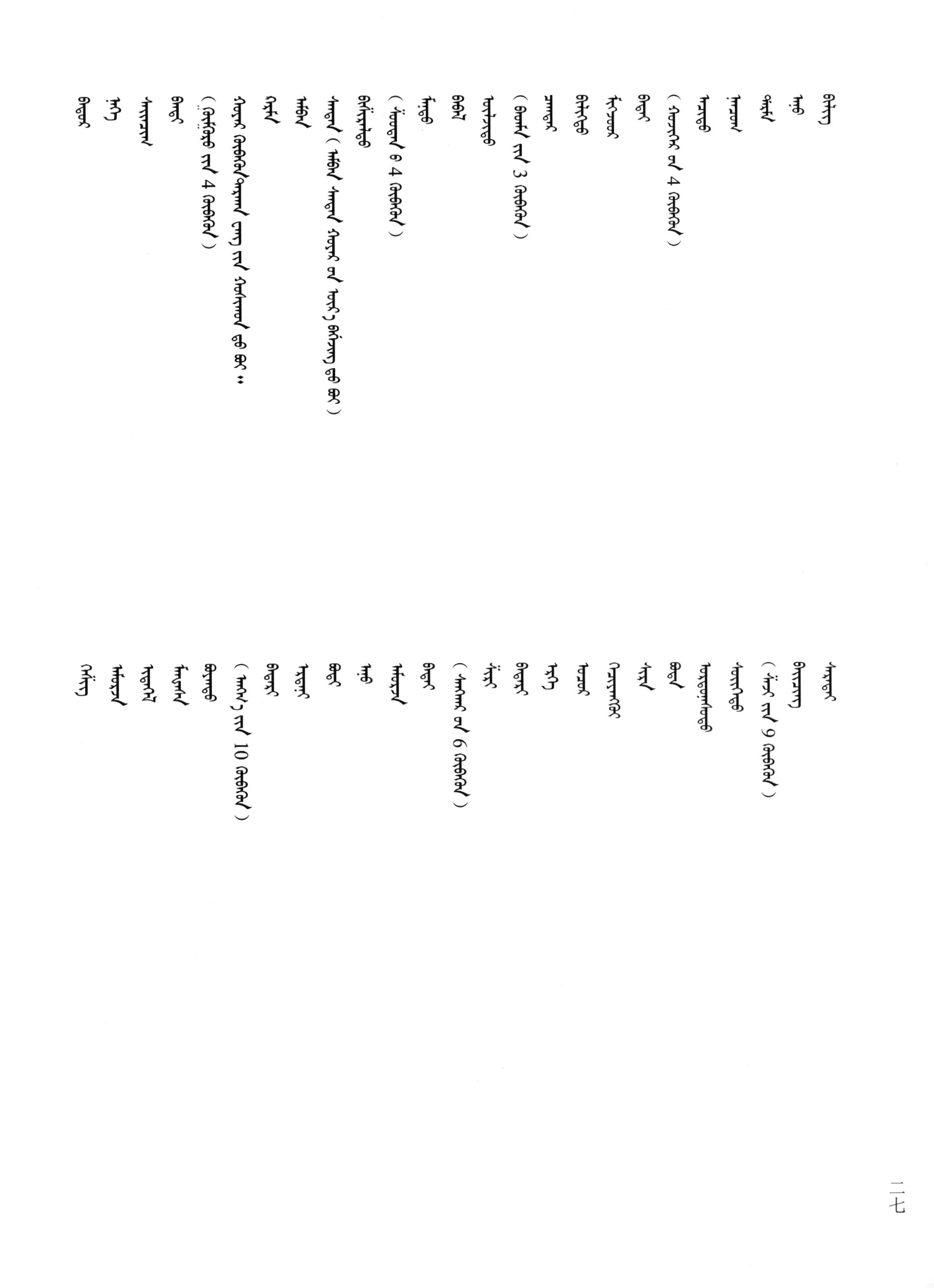

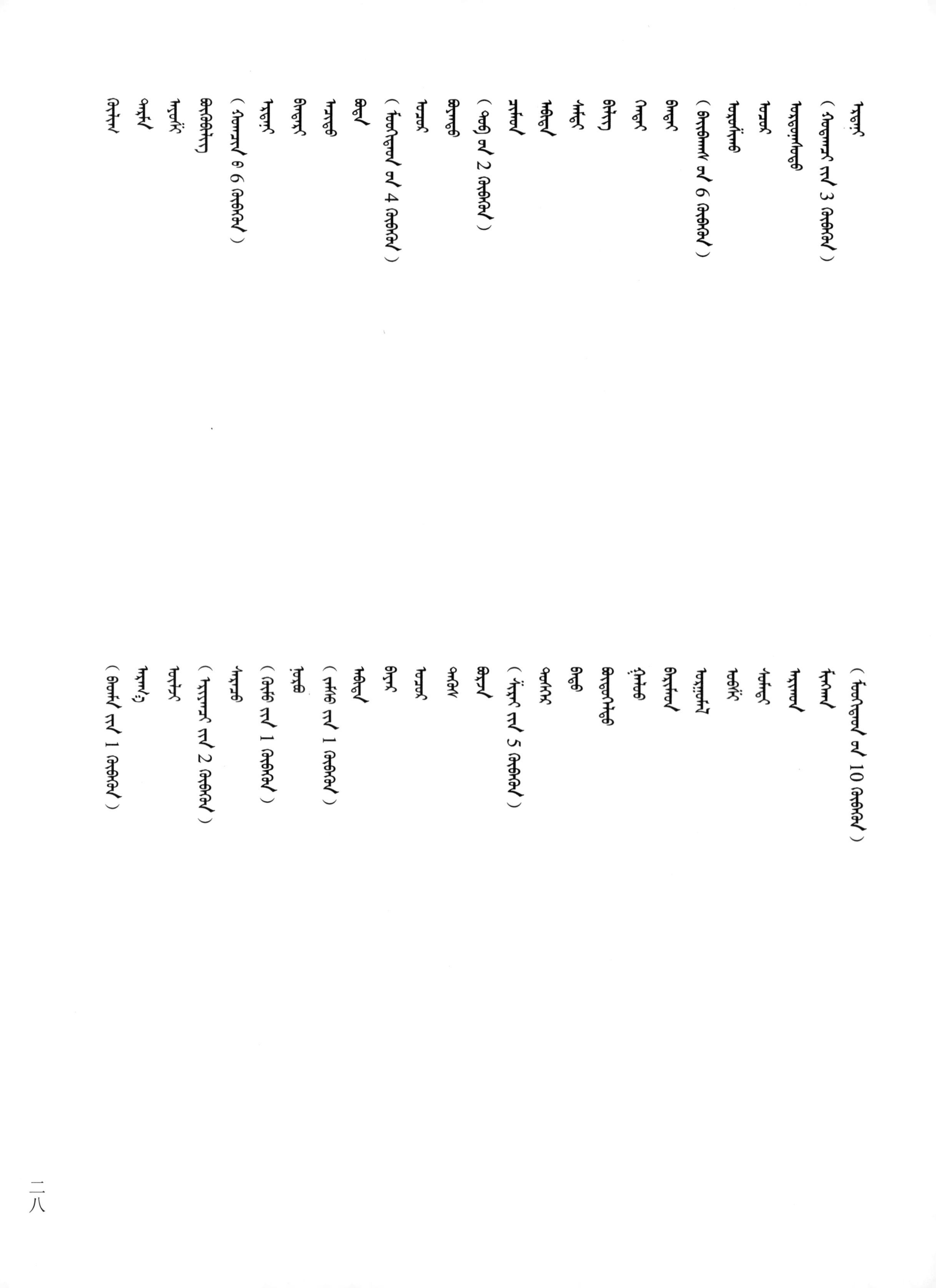

[illegible]

[illegible]

[illegible]

([illegible] [illegible] 6 [illegible])

[illegible]

[illegible]

[illegible]

[illegible]

([illegible] [illegible] 4 [illegible])

[illegible]

[illegible]

([illegible] [illegible] 2 [illegible])

[illegible]

[illegible]

[illegible]

[illegible]

[illegible]

[illegible]

[illegible]

([illegible] [illegible] 6 [illegible])

[illegible]

[illegible]

[illegible]

([illegible] [illegible] 3 [illegible])

[illegible]

([illegible] [illegible] 1 [illegible])

[illegible]

[illegible]

([illegible] [illegible] 2 [illegible])

[illegible]

([illegible] [illegible] 1 [illegible])

[illegible]

([illegible] [illegible] 1 [illegible])

[illegible]

[illegible]

[illegible]

[illegible]

[illegible]

([illegible] [illegible] 5 [illegible])

[illegible]

[illegible]

[illegible]

[illegible]

[illegible]

[illegible]

[illegible]

[illegible]

[illegible]

[illegible]

([illegible] [illegible] 10 [illegible])

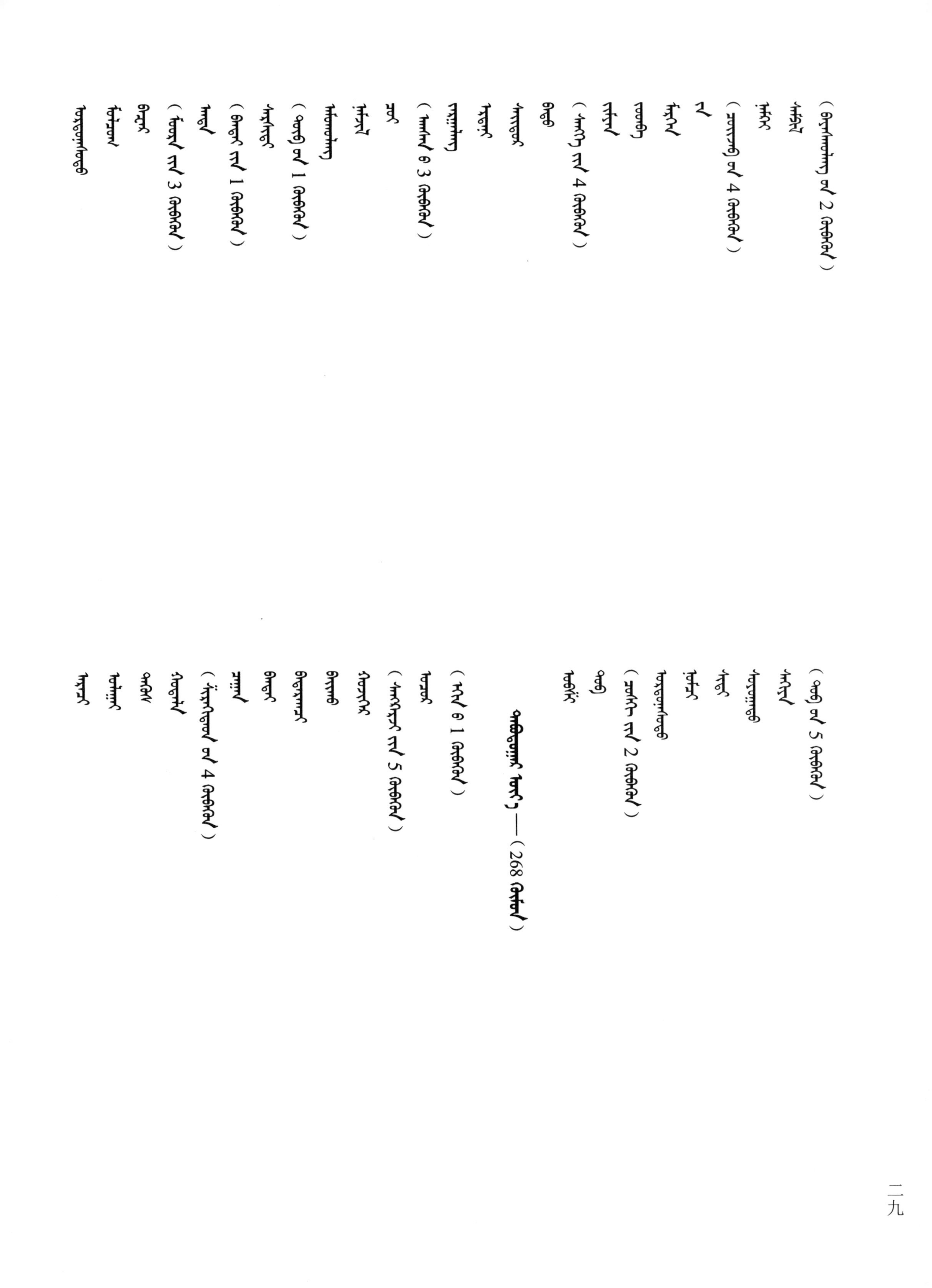

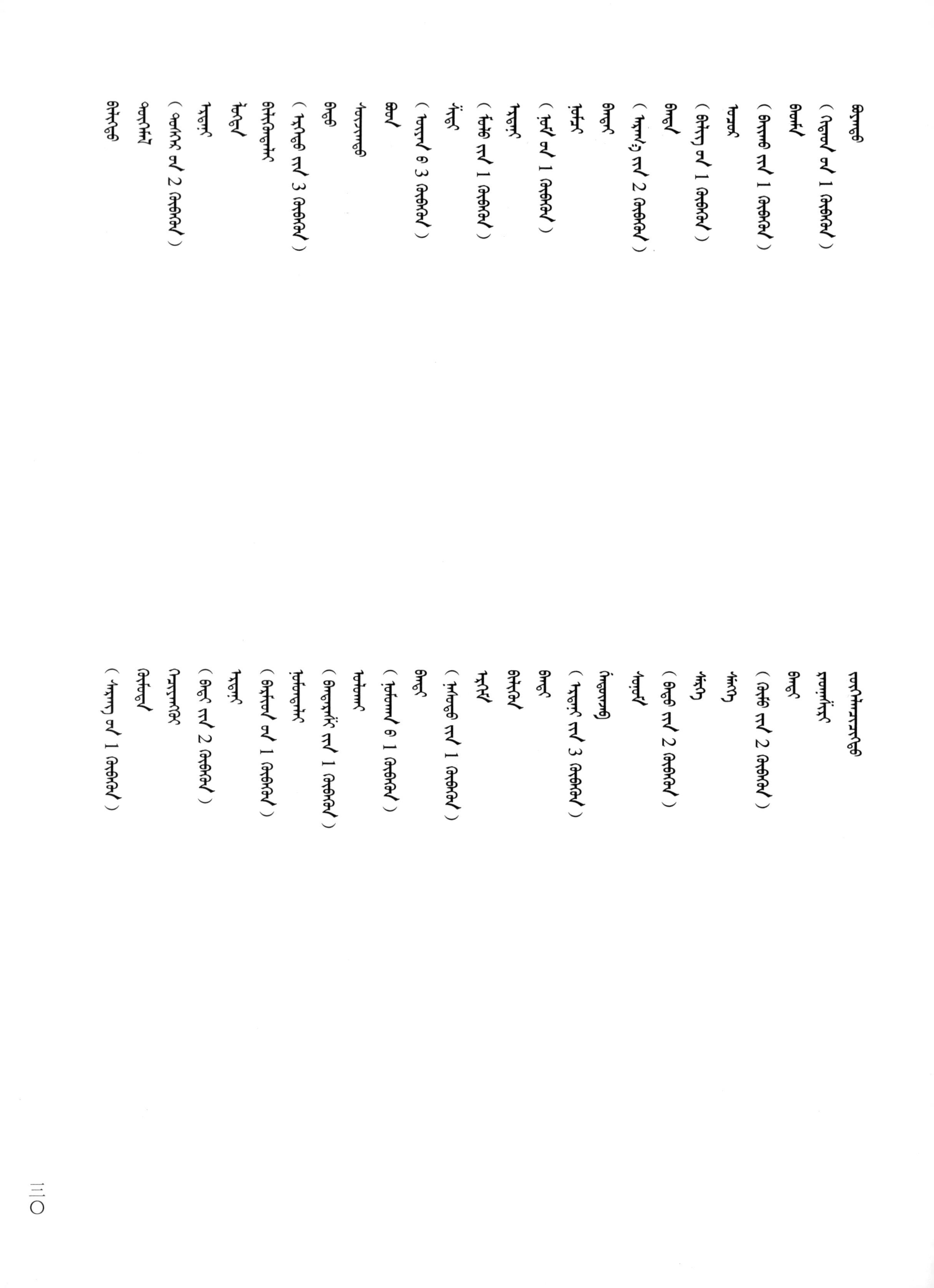

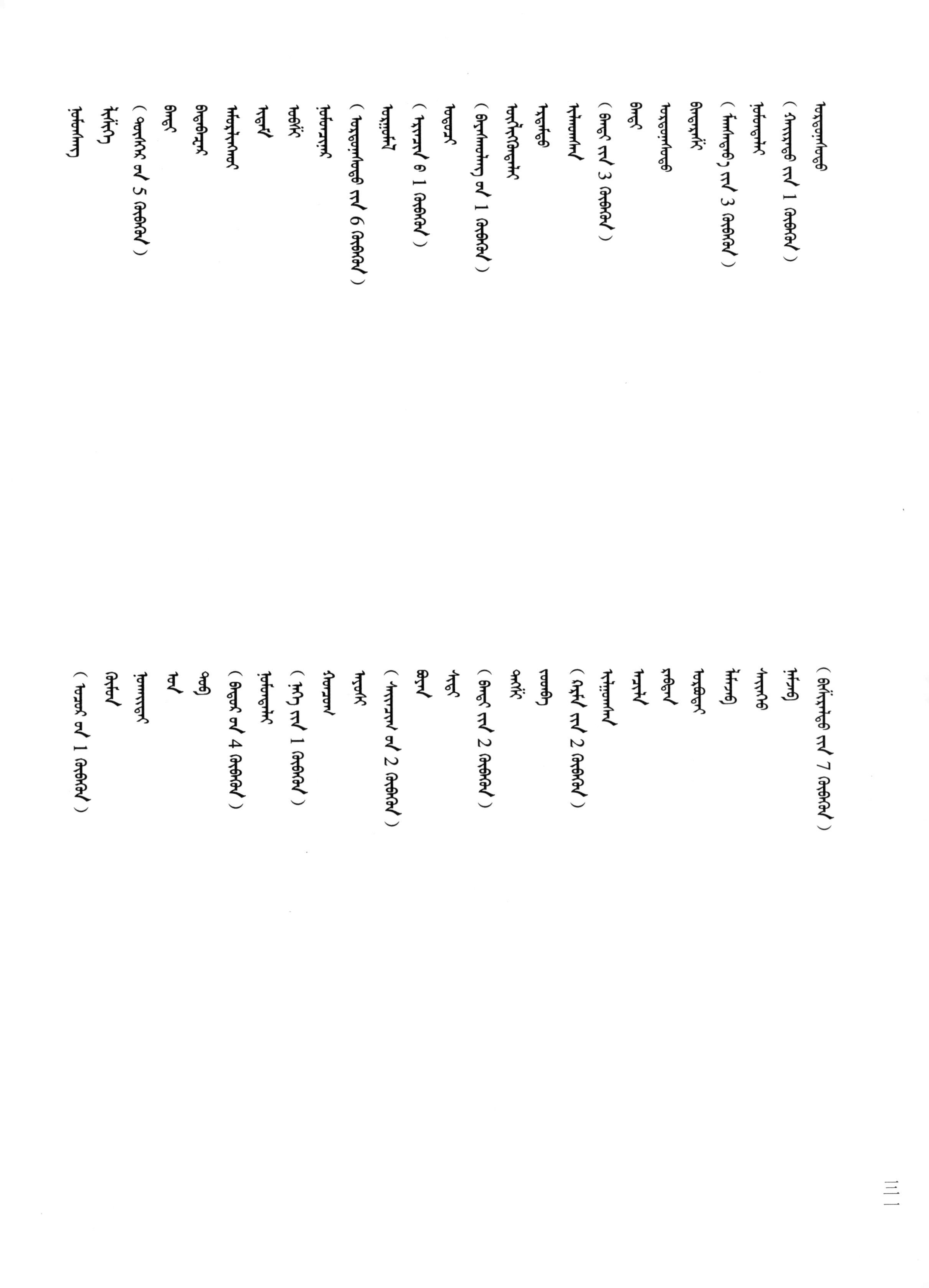

[illegible]
([illegible] [illegible] 1 [illegible])
[illegible]
([illegible] [illegible] 3 [illegible])
[illegible]
[illegible]
[illegible]
([illegible] [illegible] 3 [illegible])
[illegible]
[illegible]
[illegible]
([illegible] [illegible] 1 [illegible])
[illegible]
([illegible] [illegible] 1 [illegible])
[illegible]
([illegible] [illegible] 6 [illegible])
[illegible]
[illegible]
[illegible]
[illegible]
[illegible]
[illegible]
([illegible] [illegible] 5 [illegible])
[illegible]
[illegible]

([illegible] [illegible] 7 [illegible])
[illegible]
[illegible]
[illegible]
[illegible]
[illegible]
[illegible]
[illegible]
([illegible] [illegible] 2 [illegible])
[illegible]
[illegible]
([illegible] [illegible] 2 [illegible])
[illegible]
[illegible]
([illegible] [illegible] 2 [illegible])
[illegible]
[illegible]
([illegible] [illegible] 1 [illegible])
[illegible]
([illegible] [illegible] 4 [illegible])
[illegible]
[illegible]
[illegible]
[illegible]
([illegible] [illegible] 1 [illegible])

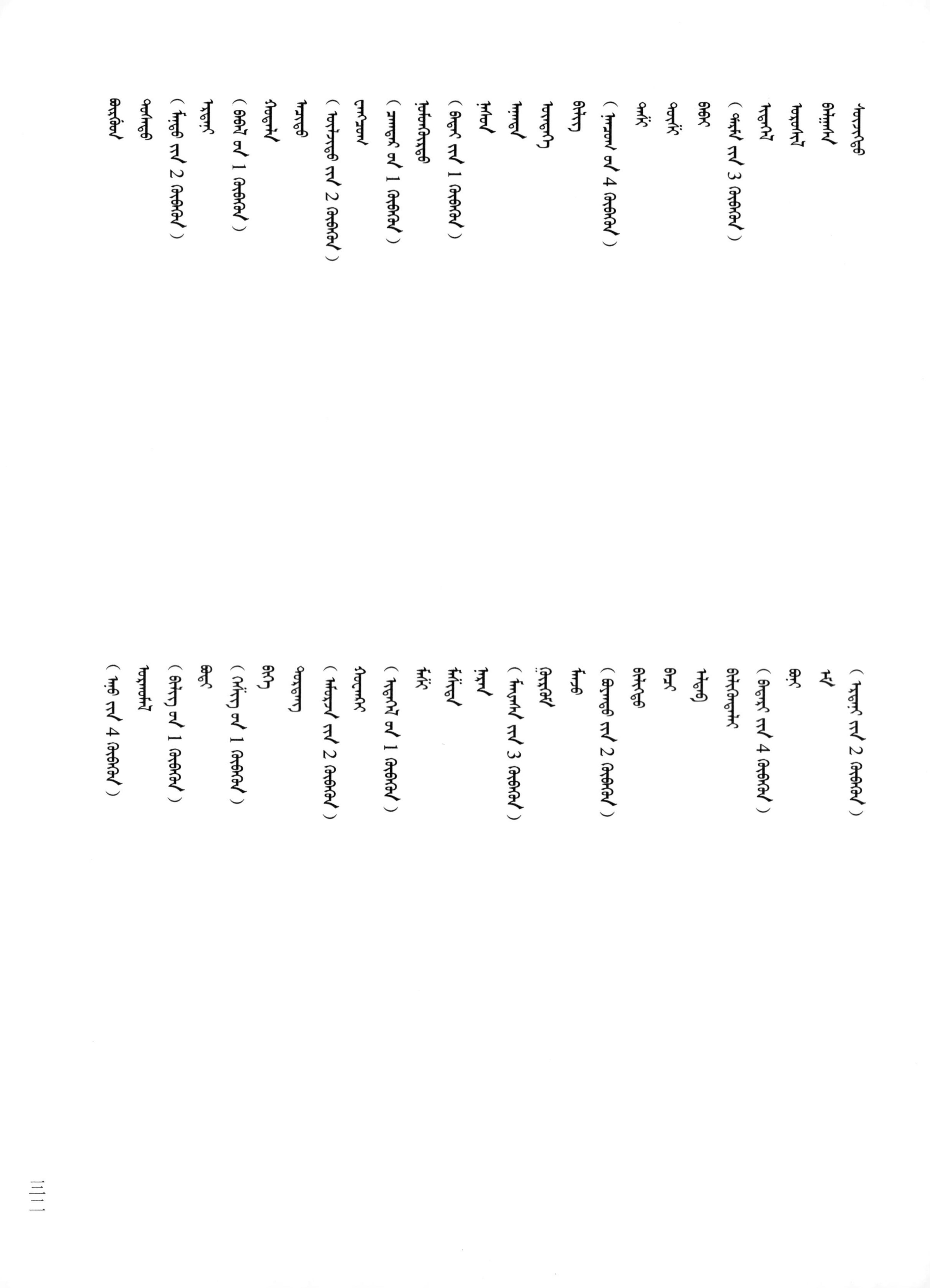

[illegible]
[illegible]
[illegible]
[illegible]
([illegible] [illegible] 3 [illegible])
[illegible]
[illegible]
[illegible]
([illegible] [illegible] 4 [illegible])
[illegible]
[illegible]
[illegible]
[illegible]
([illegible] [illegible] 1 [illegible])
[illegible]
([illegible] [illegible] 1 [illegible])
[illegible]
([illegible] [illegible] 2 [illegible])
[illegible]
[illegible]
([illegible] [illegible] 1 [illegible])
[illegible]
([illegible] [illegible] 2 [illegible])
[illegible]
[illegible]
([illegible] [illegible] 2 [illegible])
[illegible]
[illegible]
([illegible] [illegible] 4 [illegible])
[illegible]
[illegible]
[illegible]
[illegible]
([illegible] [illegible] 2 [illegible])
[illegible]
[illegible]
([illegible] [illegible] 3 [illegible])
[illegible]
[illegible]
[illegible]
([illegible] [illegible] 1 [illegible])
[illegible]
([illegible] [illegible] 2 [illegible])
[illegible]
[illegible]
([illegible] [illegible] 1 [illegible])
[illegible]
([illegible] [illegible] 1 [illegible])
[illegible]
([illegible] [illegible] 4 [illegible])

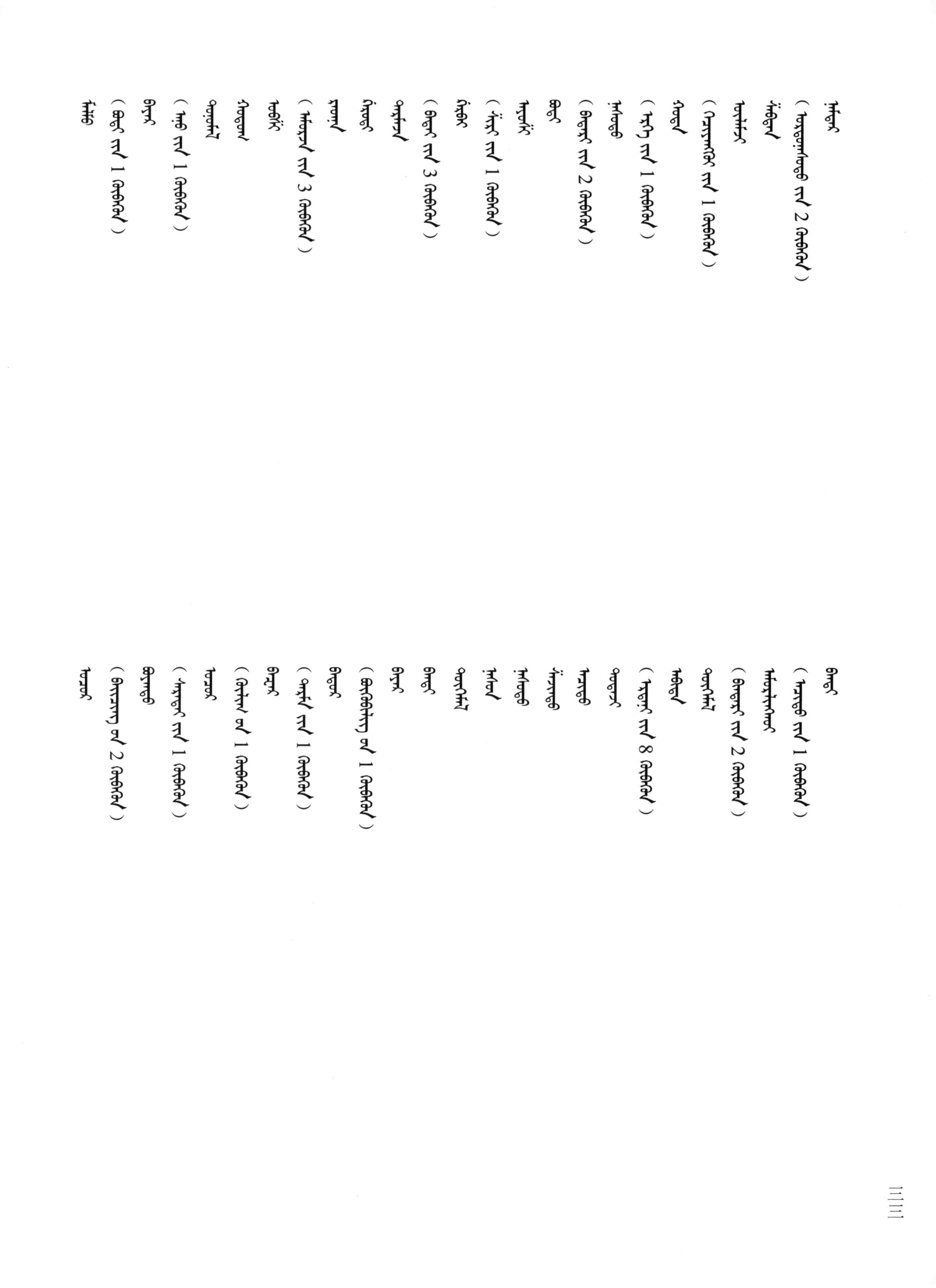

([illegible] 3 [illegible])
[illegible]
[illegible]
[illegible]
([illegible] 1 [illegible])
[illegible]
([illegible] 3 [illegible])
[illegible]
[illegible]
[illegible]
([illegible] 1 [illegible])
[illegible]
([illegible] 1 [illegible])
[illegible]
([illegible] 1 [illegible])
[illegible]
([illegible] 1 [illegible])
[illegible]
([illegible] 5 [illegible])
[illegible]
[illegible]
[illegible]
[illegible]
[illegible]
([illegible] 1 [illegible])

([illegible] 2 [illegible])
[illegible]
[illegible]
([illegible] 1 [illegible])
[illegible]
([illegible] 2 [illegible])
[illegible]
[illegible]
([illegible] 3 [illegible])
[illegible]
[illegible]
[illegible]
([illegible] 5 [illegible])
[illegible]
[illegible]
[illegible]
[illegible]
[illegible]
([illegible] 6 [illegible])
[illegible]
[illegible]
[illegible]
[illegible]
[illegible]
[illegible]

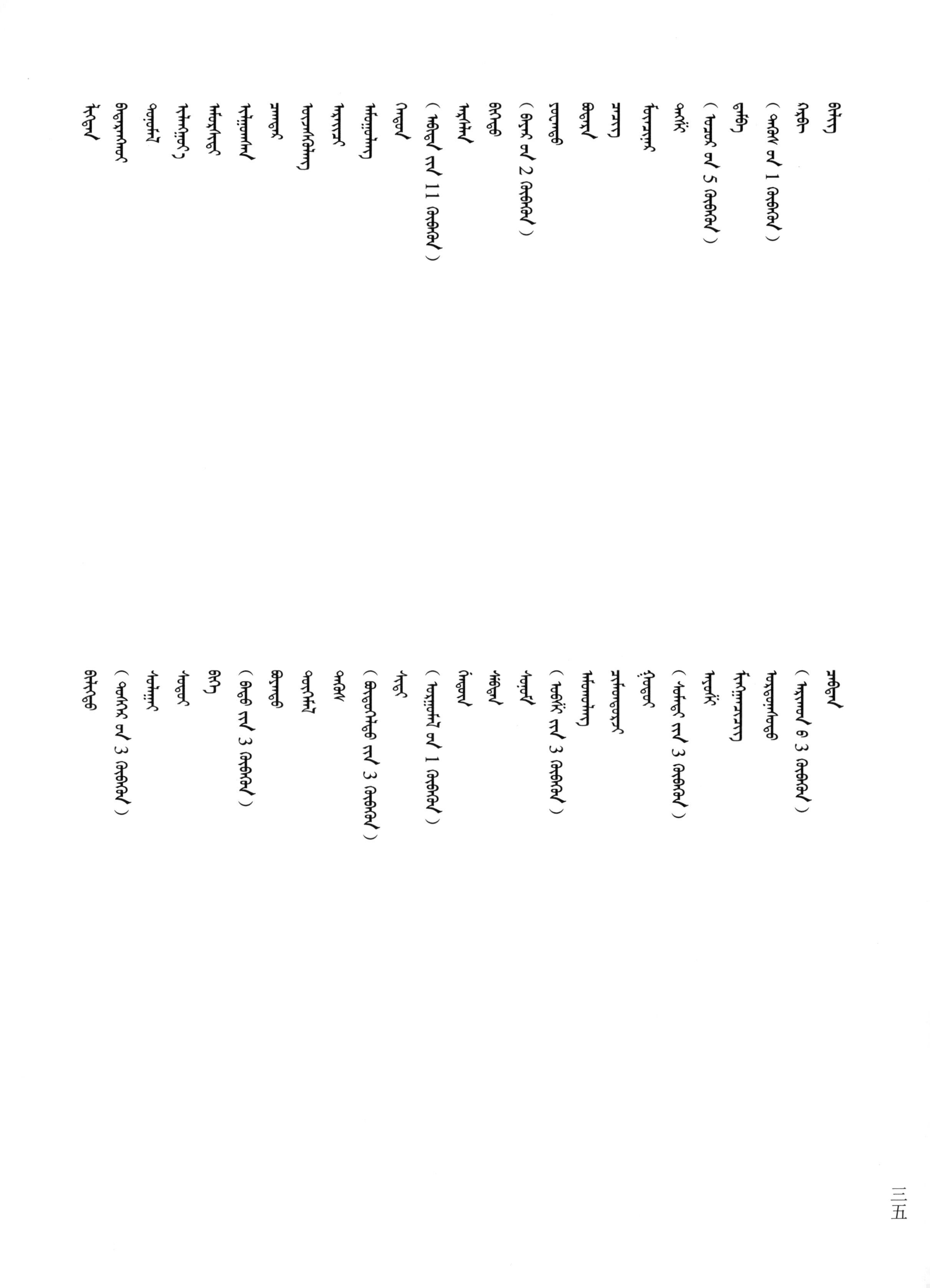

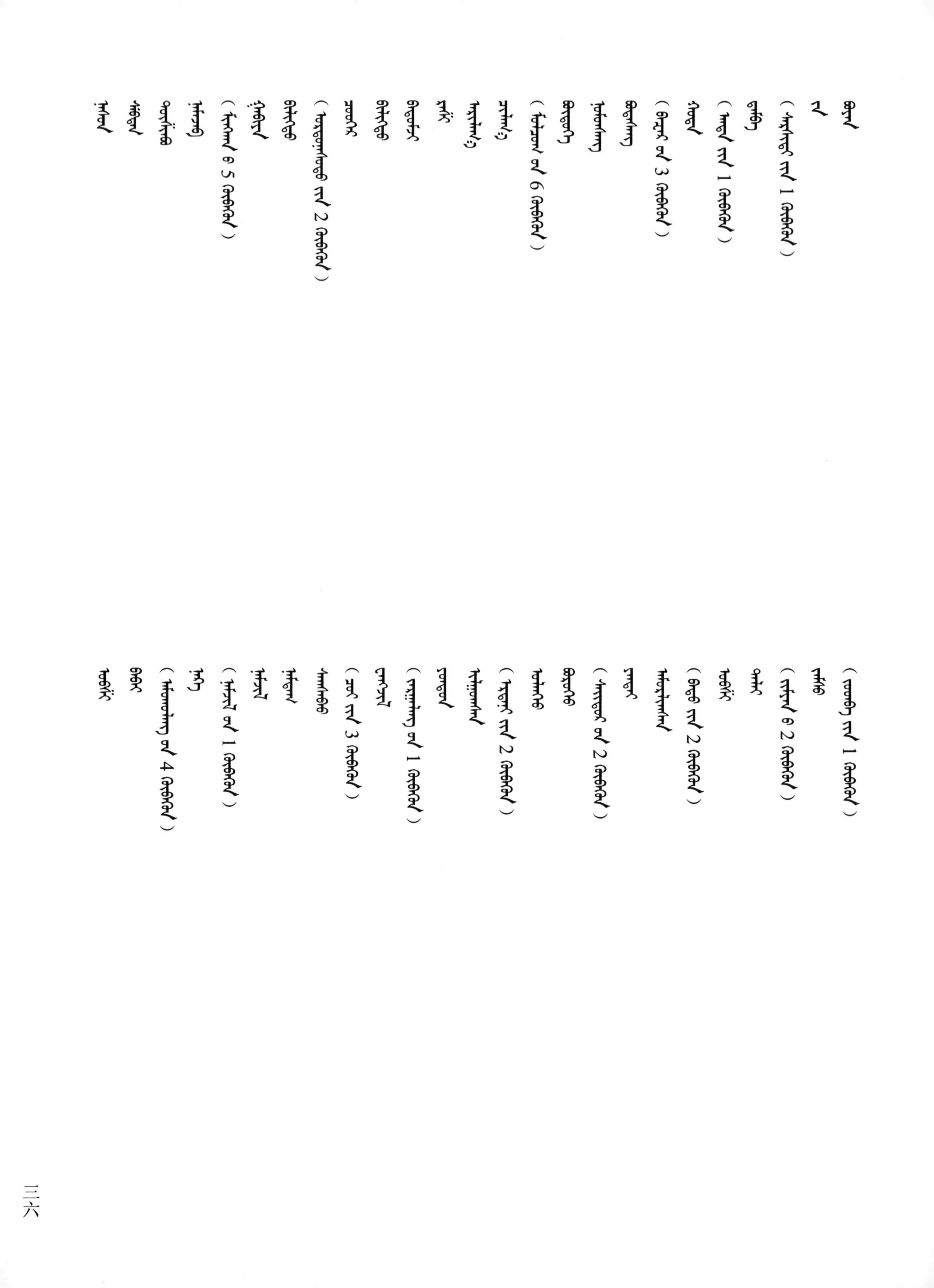

([illegible] [illegible] 2 ᠬᠤᠤᠳᠠᠰᠤ)
[illegible]
[illegible]
([illegible] [illegible] 2 ᠬᠤᠤᠳᠠᠰᠤ)
[illegible]
[illegible]
([illegible] [illegible] 1 ᠬᠤᠤᠳᠠᠰᠤ)
[illegible]
([illegible] [illegible] 1 ᠬᠤᠤᠳᠠᠰᠤ)
[illegible]
([illegible] [illegible] 5 ᠬᠤᠤᠳᠠᠰᠤ)
[illegible]
[illegible]
[illegible]
[illegible]
[illegible]
([illegible] [illegible] 3 ᠬᠤᠤᠳᠠᠰᠤ)
[illegible]
[illegible]
[illegible]
([illegible] [illegible] 3 ᠬᠤᠤᠳᠠᠰᠤ)
[illegible]
[illegible]
[illegible]

([illegible] [illegible] 4 ᠬᠤᠤᠳᠠᠰᠤ)
[illegible]
[illegible]
[illegible]
[illegible]
([illegible] [illegible] 3 ᠬᠤᠤᠳᠠᠰᠤ)
[illegible]
[illegible]
[illegible]
([illegible] [illegible] 1 ᠬᠤᠤᠳᠠᠰᠤ)
[illegible]
([illegible] [illegible] 1 ᠬᠤᠤᠳᠠᠰᠤ)
[illegible]
([illegible] [illegible] 1 ᠬᠤᠤᠳᠠᠰᠤ)
[illegible]
([illegible] [illegible] 2 ᠬᠤᠤᠳᠠᠰᠤ)
[illegible]
[illegible]
([illegible] [illegible] 1 ᠬᠤᠤᠳᠠᠰᠤ)
[illegible]
([illegible] [illegible] 1 ᠬᠤᠤᠳᠠᠰᠤ)
[illegible]

[illegible] [illegible] — (527 **ᠬᠤᠤᠳᠠᠰᠤ**)

[illegible]
[illegible]
[illegible]
[illegible]
([illegible] ᡳ 2 ᡩᡝᠪᡨᡝᠯᡳᠨ)
[illegible]
[illegible]
[illegible]
[illegible]
[illegible]
[illegible]
[illegible]
[illegible]
[illegible]
[illegible]
[illegible]
[illegible]
[illegible]

[illegible]
[illegible]
[illegible]
[illegible]
[illegible]
[illegible]
[illegible]
[illegible]
[illegible]
[illegible]
[illegible]
([illegible] ᡳ 1 ᡩᡝᠪᡨᡝᠯᡳᠨ)
[illegible]
[illegible]
[illegible]
[illegible]
[illegible]
[illegible]

[illegible]
([illegible] 4 ᠳᠤᠭᠠᠷ)
[illegible]
[illegible]
[illegible]
[illegible]
([illegible] 2 ᠳᠤᠭᠠᠷ)
[illegible]
[illegible]
([illegible] 2 ᠳᠤᠭᠠᠷ)
[illegible]
[illegible]
([illegible] 1 ᠳᠤᠭᠠᠷ)
[illegible]
([illegible] 6 ᠳᠤᠭᠠᠷ)
[illegible]
[illegible]
[illegible]
[illegible]
[illegible]
[illegible]
([illegible] 1 ᠳᠤᠭᠠᠷ)
[illegible]
([illegible] 2 ᠳᠤᠭᠠᠷ)
[illegible]
([illegible] 7 ᠳᠤᠭᠠᠷ)
[illegible]
[illegible]
[illegible]
[illegible]
[illegible]
[illegible]
[illegible]
([illegible] 1 ᠳᠤᠭᠠᠷ)
[illegible]
([illegible] 1 ᠳᠤᠭᠠᠷ)
[illegible]
([illegible] 1 ᠳᠤᠭᠠᠷ)
[illegible]
([illegible] 1 ᠳᠤᠭᠠᠷ)
[illegible]
([illegible] 4 ᠳᠤᠭᠠᠷ)
[illegible]
[illegible]
[illegible]
[illegible]
([illegible] 4 ᠳᠤᠭᠠᠷ)
[illegible]
[illegible]
[illegible]

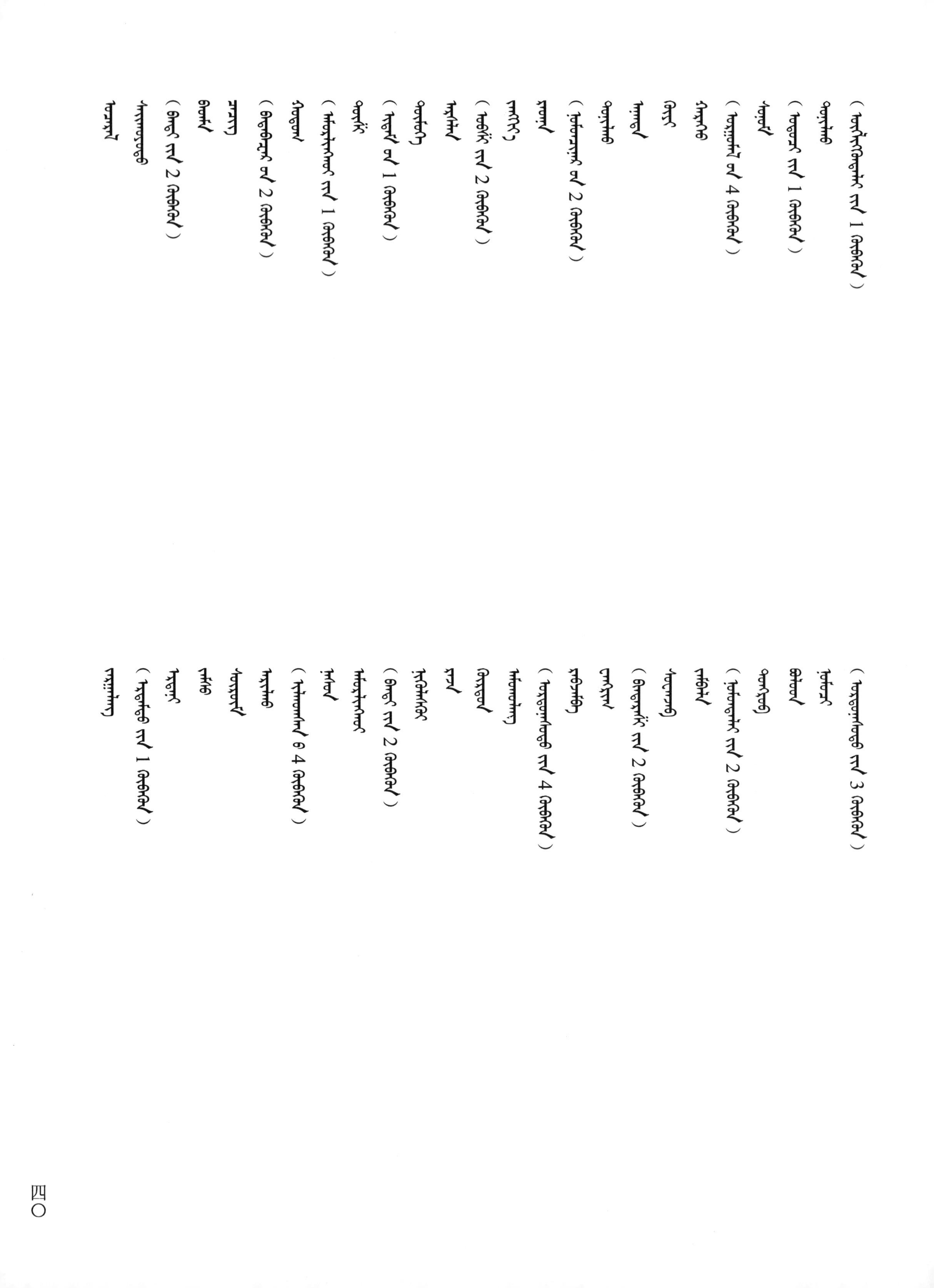

[illegible]
[illegible]
([illegible] [illegible] 2 [illegible])
[illegible]
[illegible]
([illegible] [illegible] 2 [illegible])
[illegible]
([illegible] [illegible] 1 [illegible])
[illegible]
([illegible] [illegible] 1 [illegible])
[illegible]
[illegible]
([illegible] [illegible] 2 [illegible])
[illegible]
[illegible]
([illegible] [illegible] 2 [illegible])
[illegible]
[illegible]
[illegible]
[illegible]
([illegible] [illegible] 4 [illegible])
[illegible]
([illegible] [illegible] 1 [illegible])
[illegible]
([illegible] [illegible] 1 [illegible])

[illegible]
([illegible] [illegible] 1 [illegible])
[illegible]
[illegible]
[illegible]
[illegible]
([illegible] [illegible] 4 [illegible])
[illegible]
[illegible]
([illegible] [illegible] 2 [illegible])
[illegible]
[illegible]
[illegible]
[illegible]
([illegible] [illegible] 4 [illegible])
[illegible]
[illegible]
([illegible] [illegible] 2 [illegible])
[illegible]
[illegible]
([illegible] [illegible] 2 [illegible])
[illegible]
[illegible]
[illegible]
([illegible] [illegible] 3 [illegible])

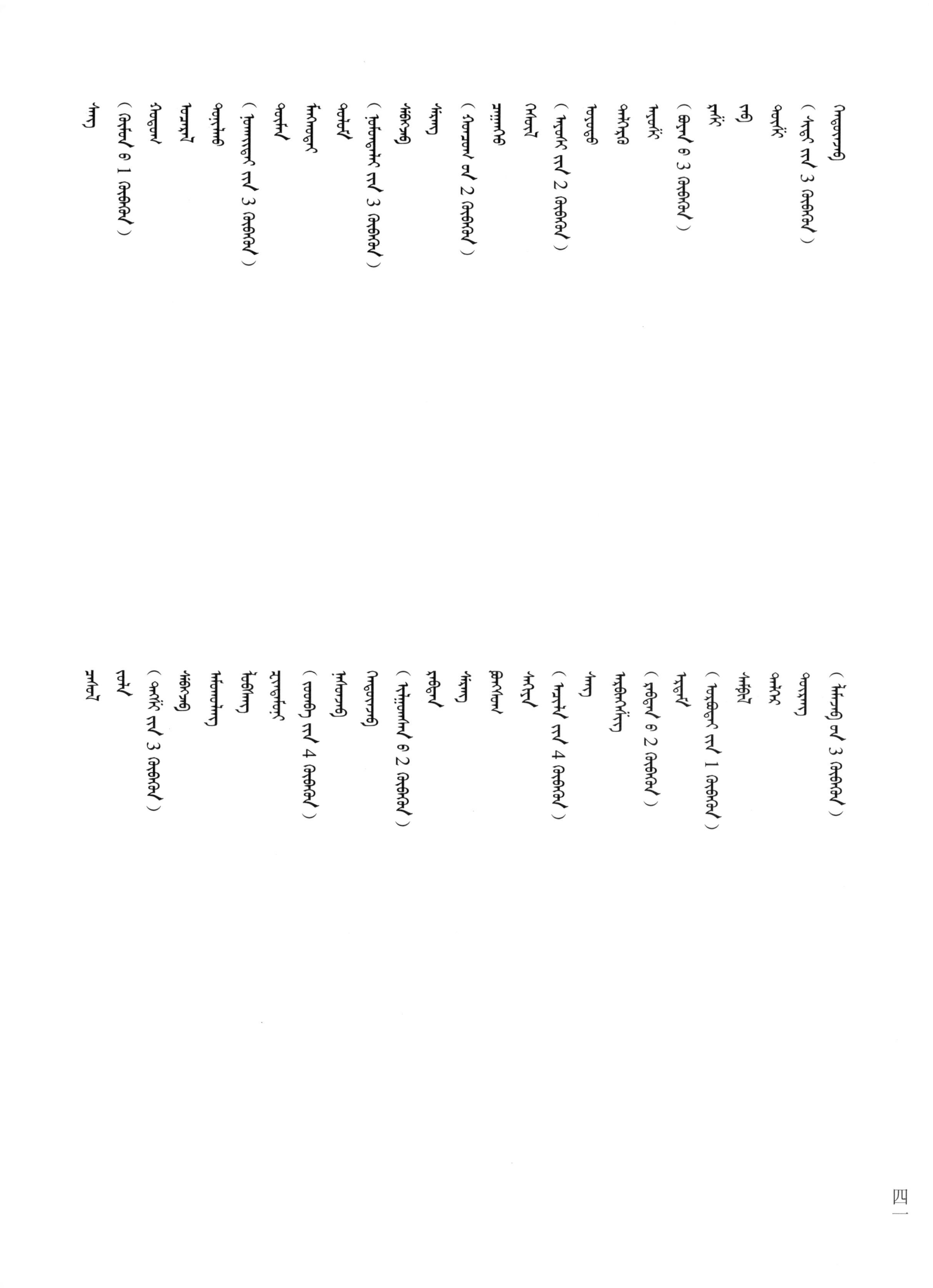

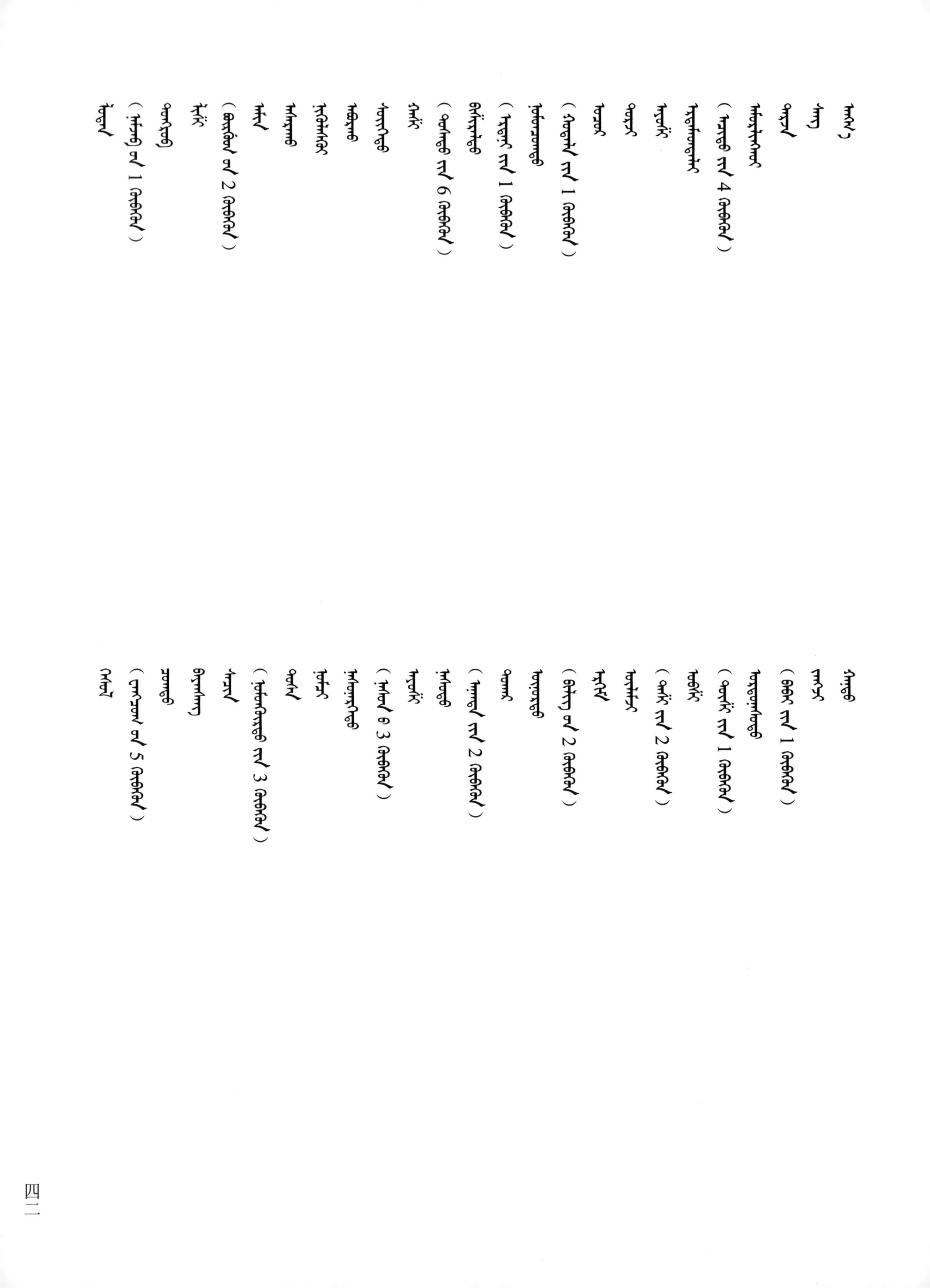

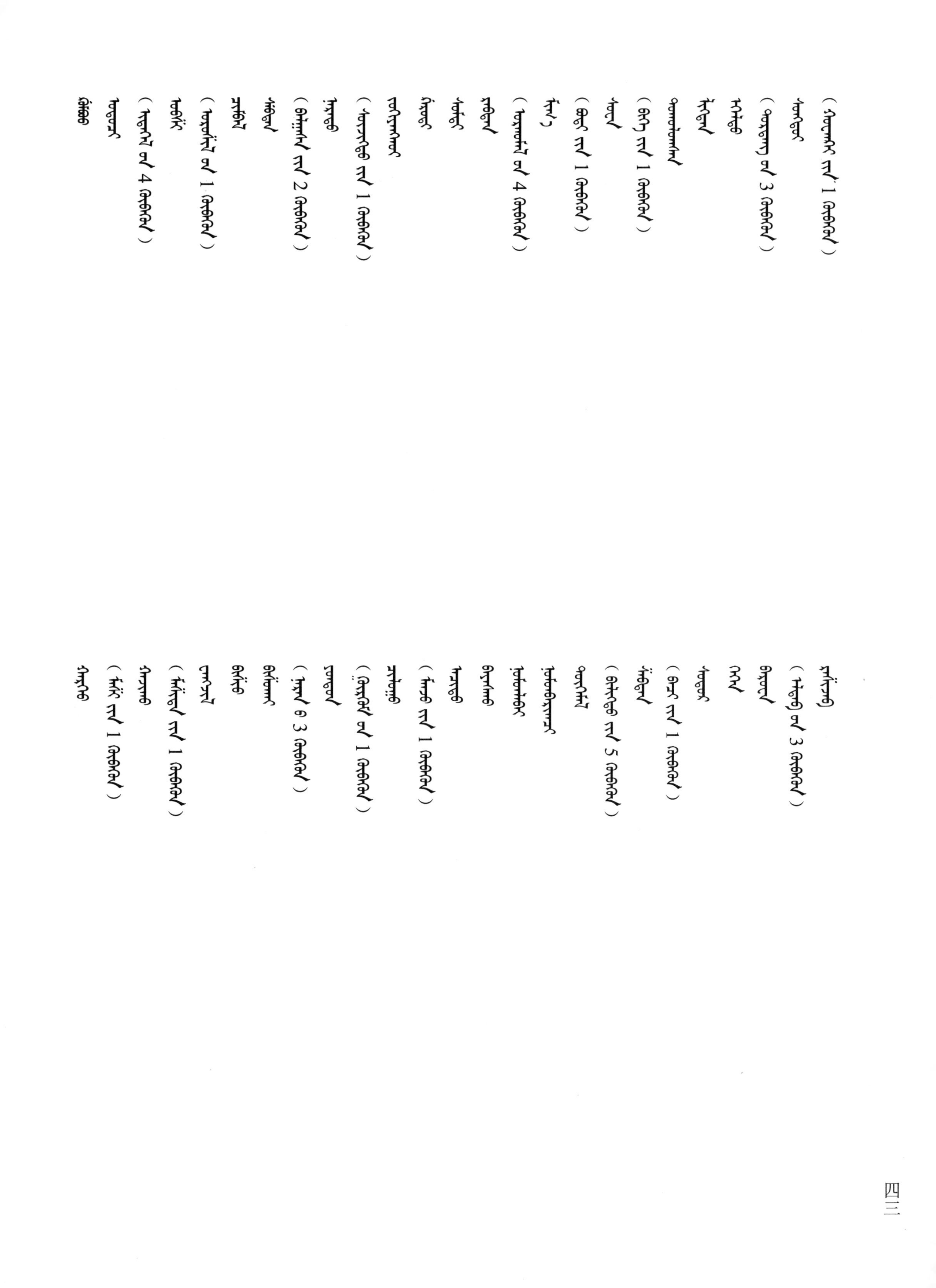

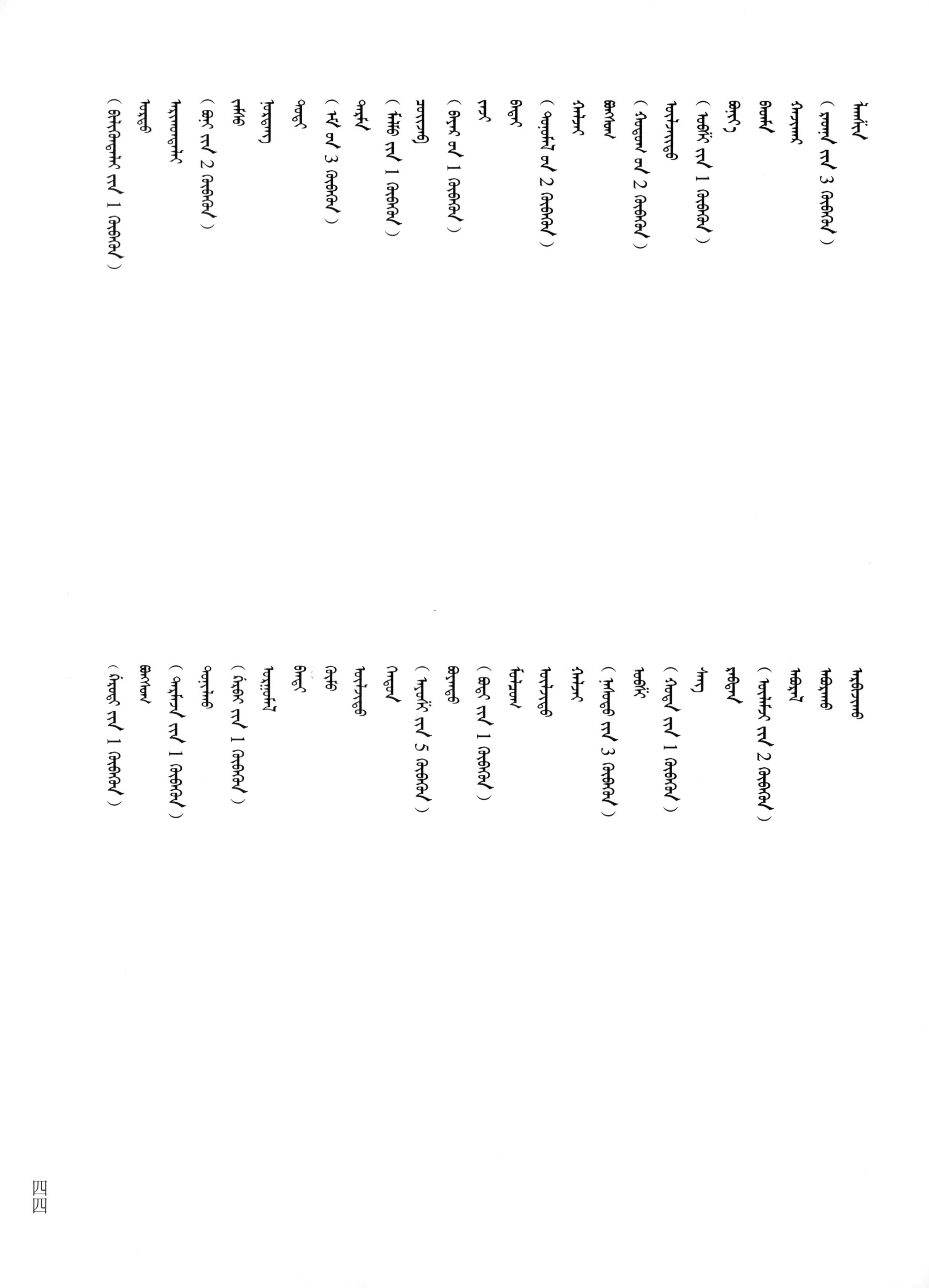

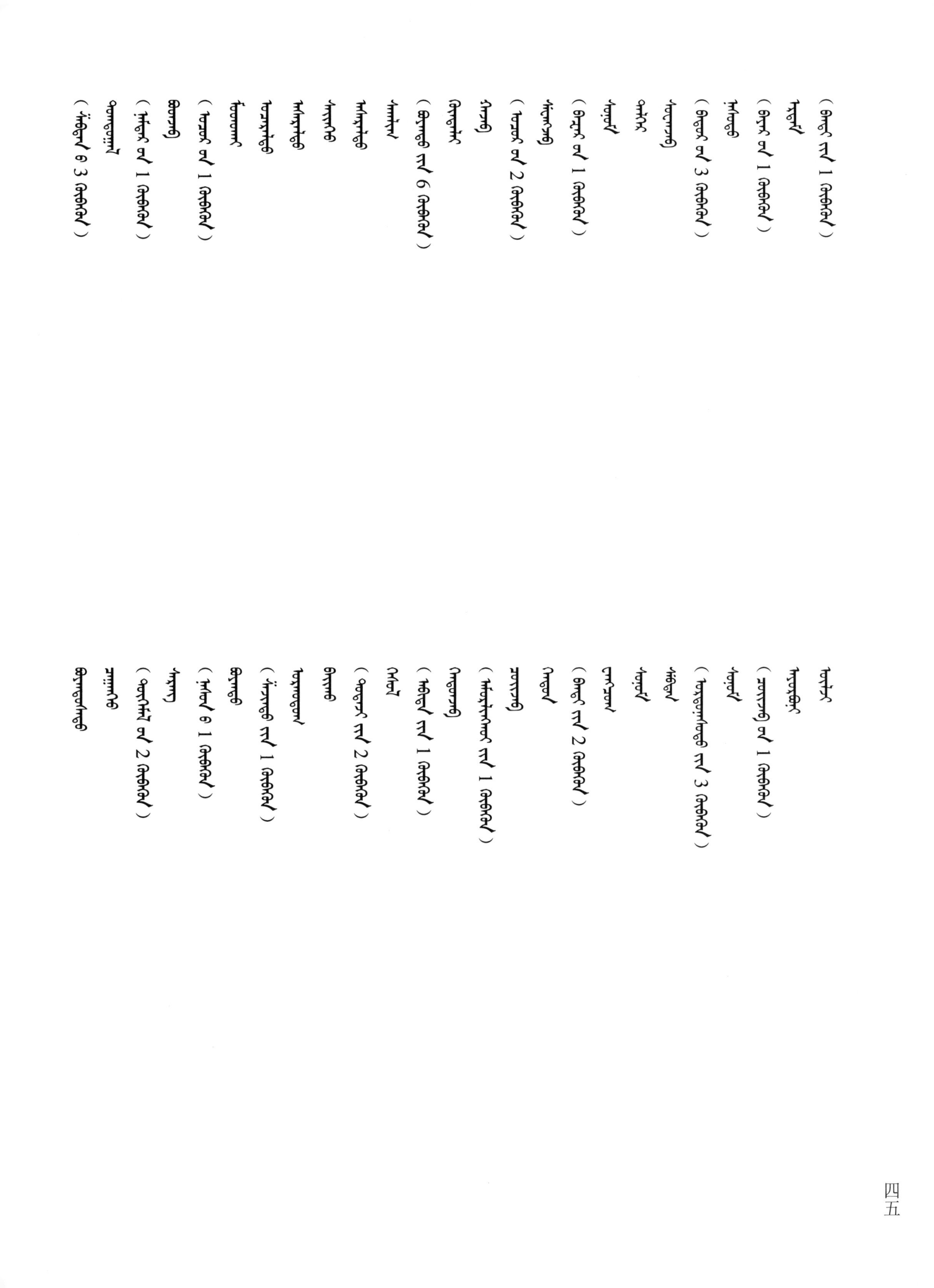

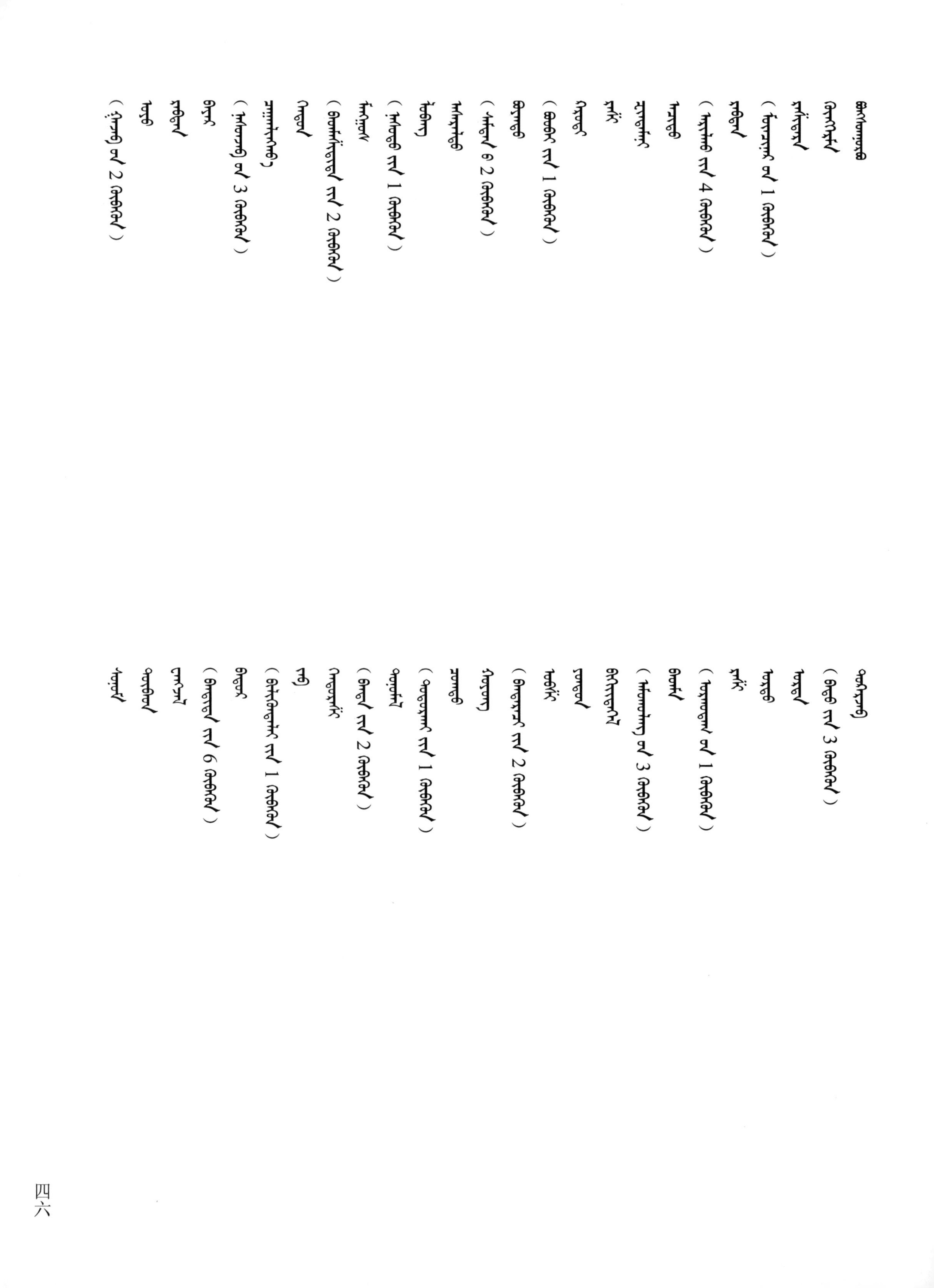

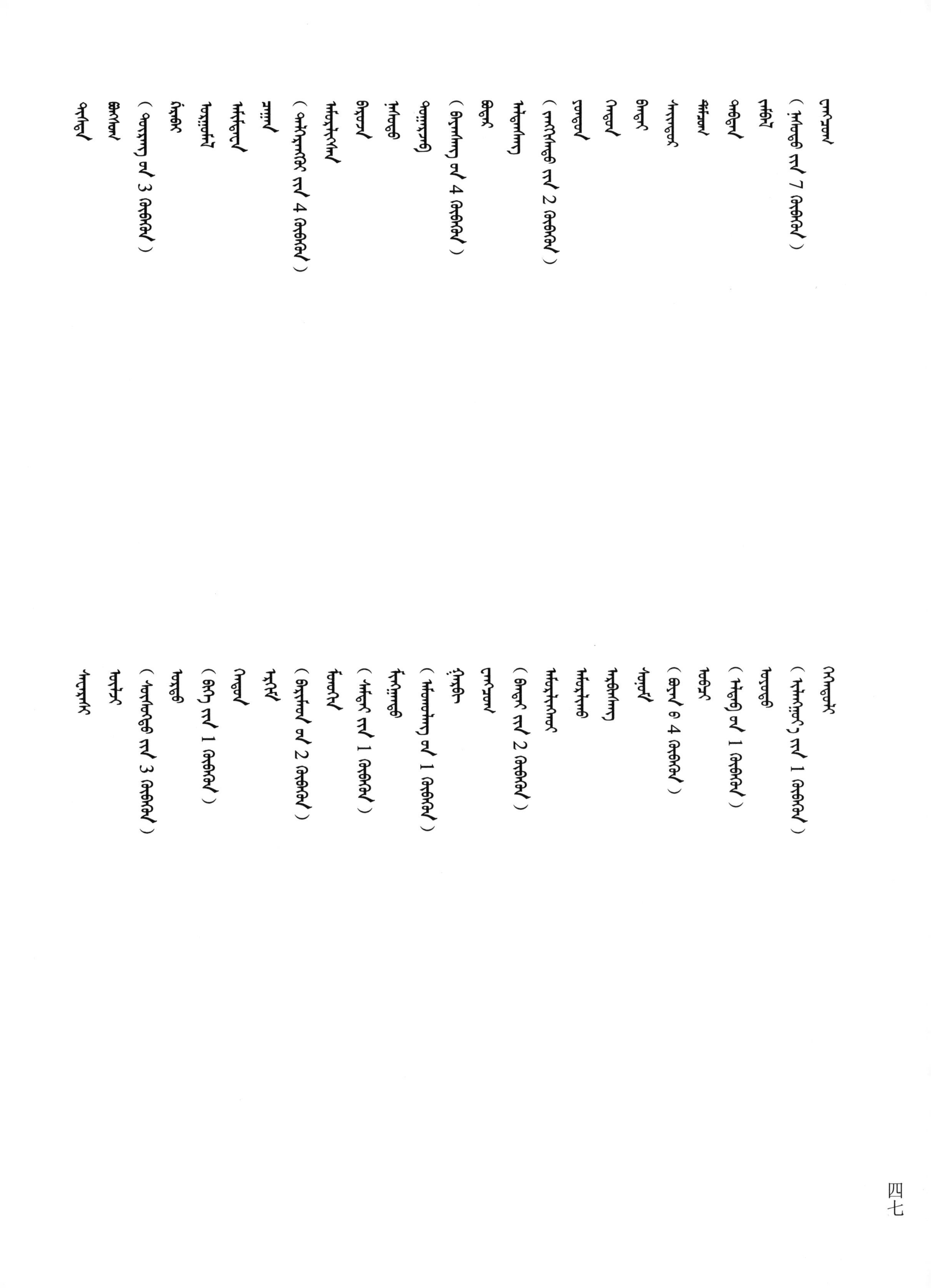

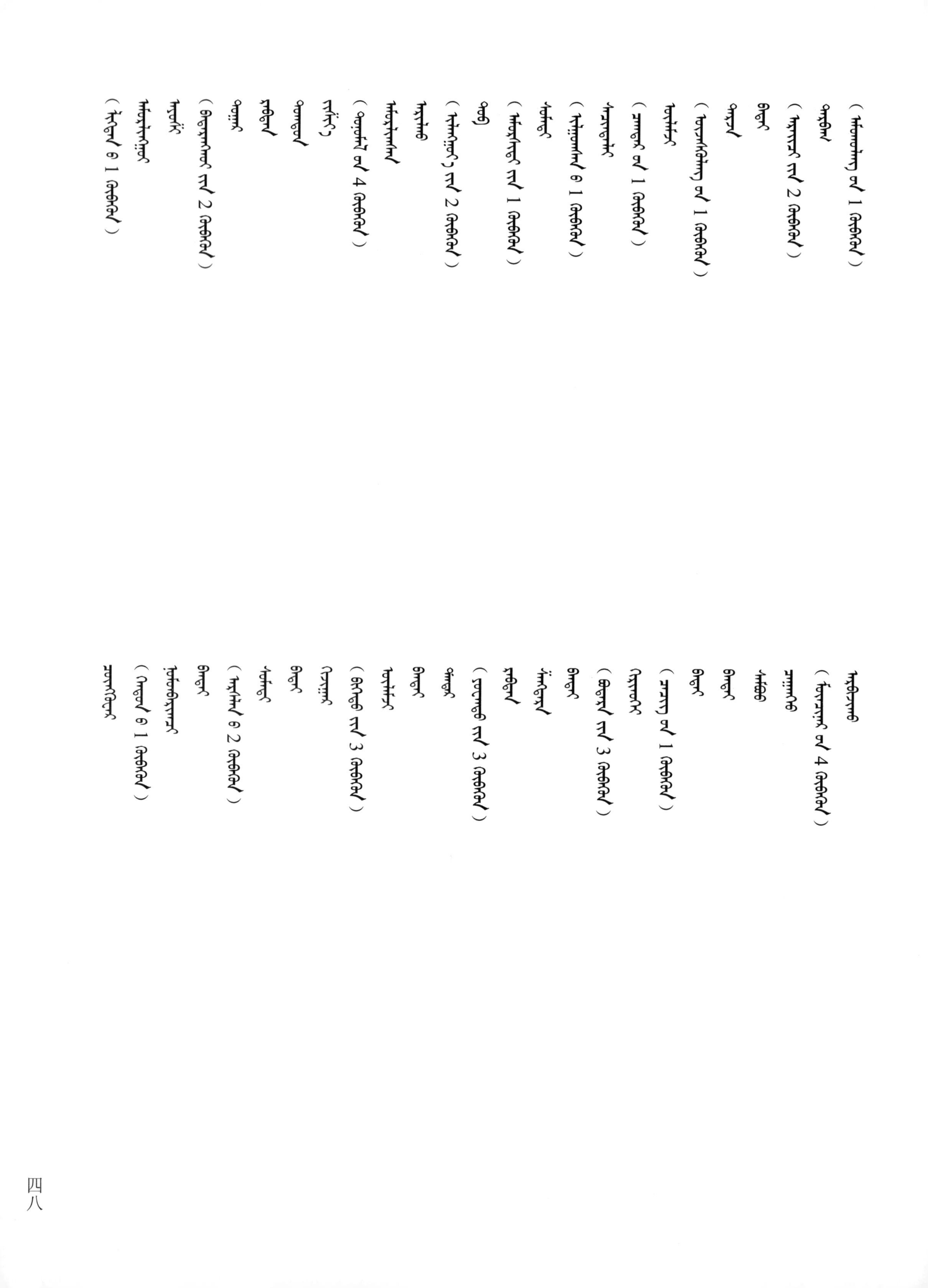

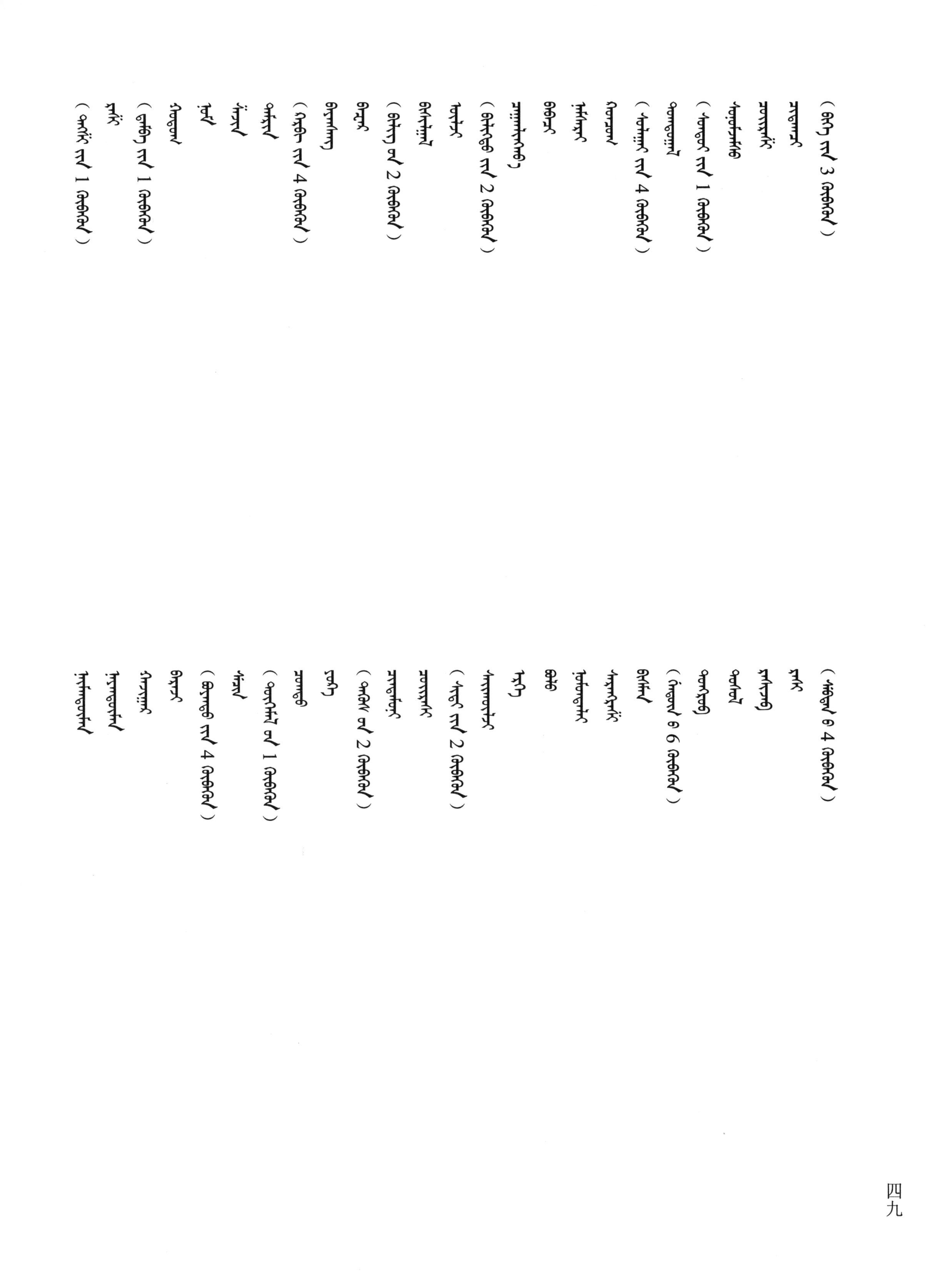

[illegible]
[illegible]
[illegible]
[illegible]
[illegible]
[illegible]
[illegible]
([illegible] ᠶᠢᠨ 2 ᠳᠡᠪᠲᠡᠷ)
[illegible]
[illegible]
([illegible] ᠶᠢᠨ 6 ᠳᠡᠪᠲᠡᠷ)
[illegible]
[illegible]
[illegible]
[illegible]
[illegible]
[illegible]
([illegible] ᠤᠨ 3 ᠳᠡᠪᠲᠡᠷ)
[illegible]
[illegible]
[illegible]
([illegible] ᠤᠨ 3 ᠳᠡᠪᠲᠡᠷ)
[illegible]
[illegible]
[illegible]

[illegible]
[illegible]
([illegible] ᠶᠢᠨ 3 ᠳᠡᠪᠲᠡᠷ)
[illegible]
[illegible]
[illegible]
([illegible] ᠶᠢᠨ 4 ᠳᠡᠪᠲᠡᠷ)
[illegible]
[illegible]
[illegible]
[illegible]
([illegible] ᠤᠨ 1 ᠳᠡᠪᠲᠡᠷ)
[illegible]
([illegible] ᠶᠢᠨ 1 ᠳᠡᠪᠲᠡᠷ)
[illegible]
([illegible] ᠦ 1 ᠳᠡᠪᠲᠡᠷ)
[illegible]
([illegible] ᠦ 3 ᠳᠡᠪᠲᠡᠷ)
[illegible]
[illegible]
[illegible]
([illegible] ᠶᠢᠨ 2 ᠳᠡᠪᠲᠡᠷ)
[illegible]
[illegible]
([illegible] ᠤᠨ 7 ᠳᠡᠪᠲᠡᠷ)

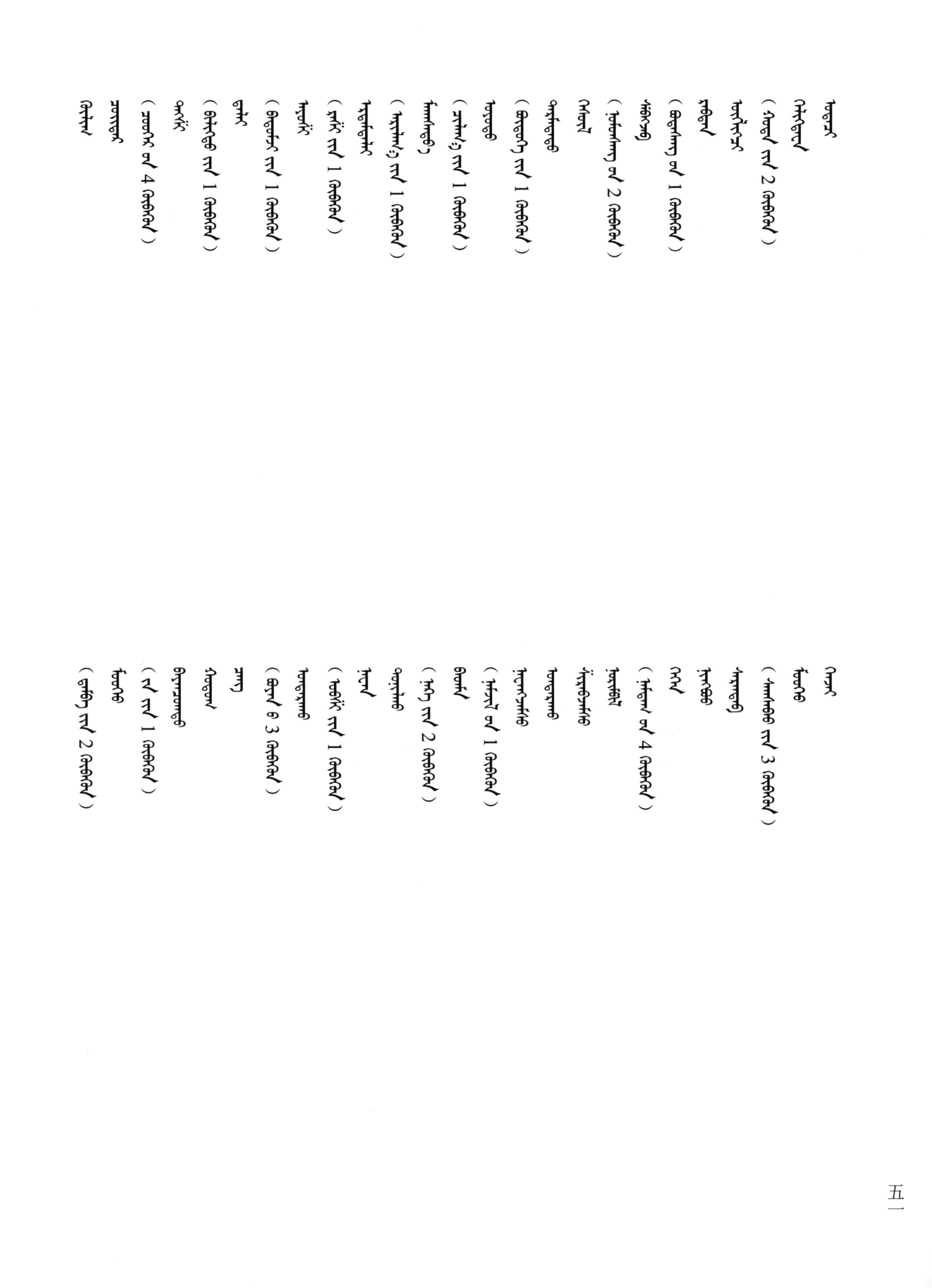

[illegible]
([illegible] ᠶᠢᠨ 1 ᠬᠡᠪᠰᠢᠯ)
[illegible]
([illegible] ᠶᠢᠨ 1 ᠬᠡᠪᠰᠢᠯ)
[illegible]
([illegible] ᠶᠢᠨ 1 ᠬᠡᠪᠰᠢᠯ)
[illegible]
([illegible] ᠶᠢᠨ 1 ᠬᠡᠪᠰᠢᠯ)
[illegible]
([illegible] ᠶᠢᠨ 2 ᠬᠡᠪᠰᠢᠯ)
[illegible]
[illegible]
([illegible] ᠶᠢᠨ 4 ᠬᠡᠪᠰᠢᠯ)
[illegible]
[illegible]
[illegible]
[illegible]
([illegible] ᠶᠢᠨ 2 ᠬᠡᠪᠰᠢᠯ)
[illegible]
[illegible]
([illegible] ᠤ 1 ᠬᠡᠪᠰᠢᠯ)
[illegible]
([illegible] ᠤ 1 ᠬᠡᠪᠰᠢᠯ)
[illegible]
([illegible] ᠤᠨ 2 ᠬᠡᠪᠰᠢᠯ)

[illegible]
([illegible] ᠶᠢᠨ 1 ᠬᠡᠪᠰᠢᠯ)
[illegible]
([illegible] ᠤ 1 ᠬᠡᠪᠰᠢᠯ)
[illegible]
([illegible] ᠶᠢᠨ 1 ᠬᠡᠪᠰᠢᠯ)
[illegible]
([illegible] ᠤᠨ 1 ᠬᠡᠪᠰᠢᠯ)
[illegible]
([illegible] ᠤᠨ 1 ᠬᠡᠪᠰᠢᠯ)
[illegible]
([illegible] ᠤᠨ 2 ᠬᠡᠪᠰᠢᠯ)
[illegible]
[illegible]
([illegible] ᠶᠢᠨ 2 ᠬᠡᠪᠰᠢᠯ)
[illegible]
[illegible]
([illegible] ᠶᠢᠨ 1 ᠬᠡᠪᠰᠢᠯ)
[illegible]
([illegible] ᠤᠨ 2 ᠬᠡᠪᠰᠢᠯ)
[illegible]
[illegible]
([illegible] ᠤᠨ 3 ᠬᠡᠪᠰᠢᠯ)
[illegible]
[illegible]

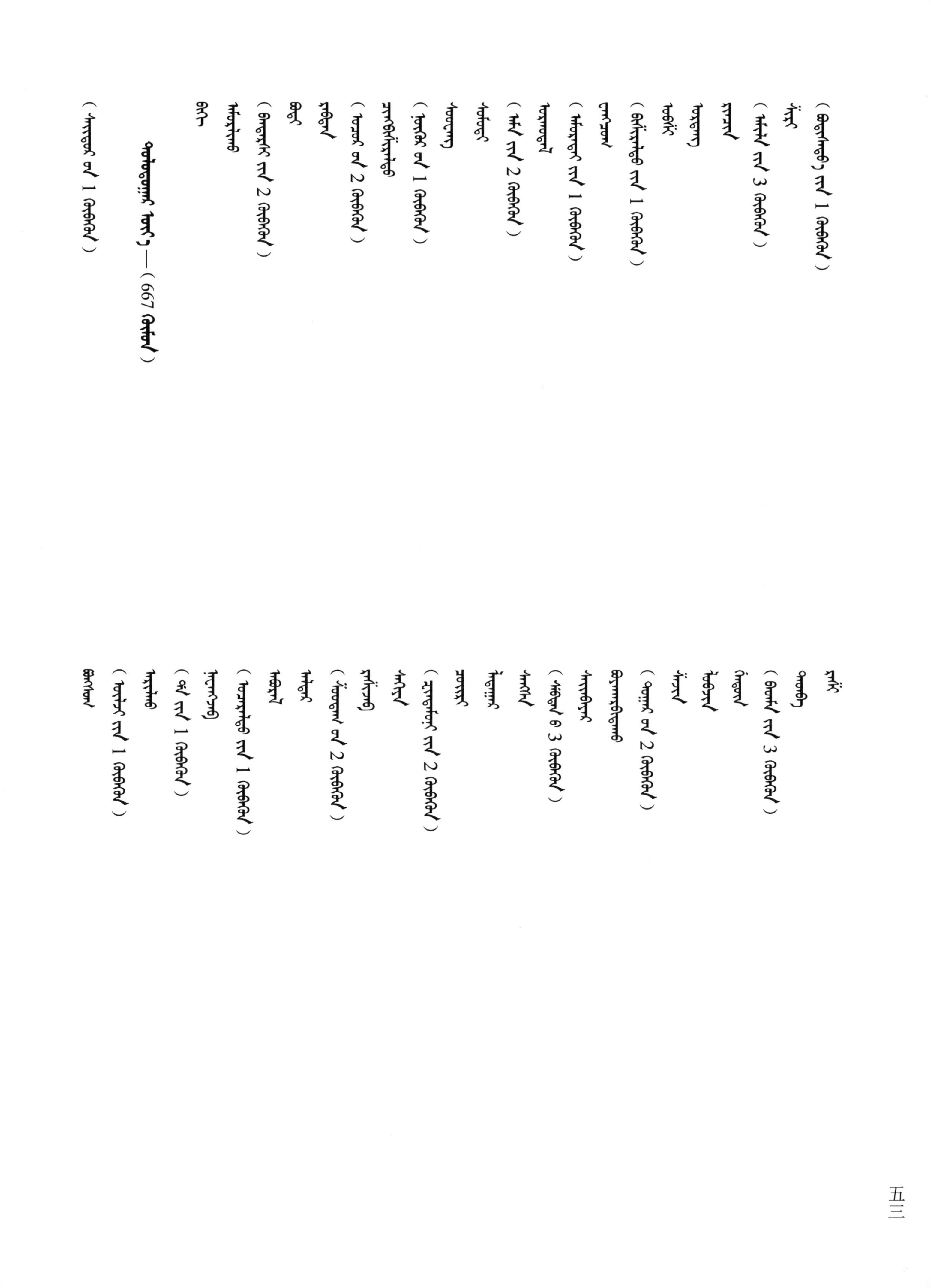

([illegible] ᠤᠨ 1 ᠳᠡᠪᠲᠡᠷ)

[illegible]

([illegible] ᠶᠢᠨ 1 ᠳᠡᠪᠲᠡᠷ)

[illegible]

([illegible] ᠤ 1 ᠳᠡᠪᠲᠡᠷ)

[illegible]

([illegible] ᠶᠢᠨ 1 ᠳᠡᠪᠲᠡᠷ)

[illegible]

([illegible] ᠤᠨ 2 ᠳᠡᠪᠲᠡᠷ)

[illegible]

[illegible]

([illegible] ᠤᠨ 1 ᠳᠡᠪᠲᠡᠷ)

[illegible]

([illegible] ᠶᠢᠨ 2 ᠳᠡᠪᠲᠡᠷ)

[illegible]

[illegible]

([illegible] ᠶᠢᠨ 3 ᠳᠡᠪᠲᠡᠷ)

[illegible]

[illegible]

[illegible]

([illegible] ᠶᠢᠨ 2 ᠳᠡᠪᠲᠡᠷ)

[illegible]

[illegible]

([illegible] ᠤ 3 ᠳᠡᠪᠲᠡᠷ)

[illegible]

[illegible]

([illegible] ᠶᠢᠨ 1 ᠳᠡᠪᠲᠡᠷ)

[illegible]

([illegible] ᠶᠢᠨ 1 ᠳᠡᠪᠲᠡᠷ)

[illegible]

([illegible] ᠤᠨ 1 ᠳᠡᠪᠲᠡᠷ)

[illegible]

([illegible] ᠶᠢᠨ 1 ᠳᠡᠪᠲᠡᠷ)

[illegible]

([illegible] ᠶᠢᠨ 1 ᠳᠡᠪᠲᠡᠷ)

[illegible]

([illegible] ᠤᠨ 1 ᠳᠡᠪᠲᠡᠷ)

[illegible]

([illegible] ᠤᠨ 1 ᠳᠡᠪᠲᠡᠷ)

[illegible]

([illegible] ᠶᠢᠨ 2 ᠳᠡᠪᠲᠡᠷ)

[illegible]

[illegible]

([illegible] ᠶᠢᠨ 3 ᠳᠡᠪᠲᠡᠷ)

[illegible]

[illegible]

[illegible]

([illegible] ᠤᠨ 2 ᠳᠡᠪᠲᠡᠷ)

[illegible]

[illegible]

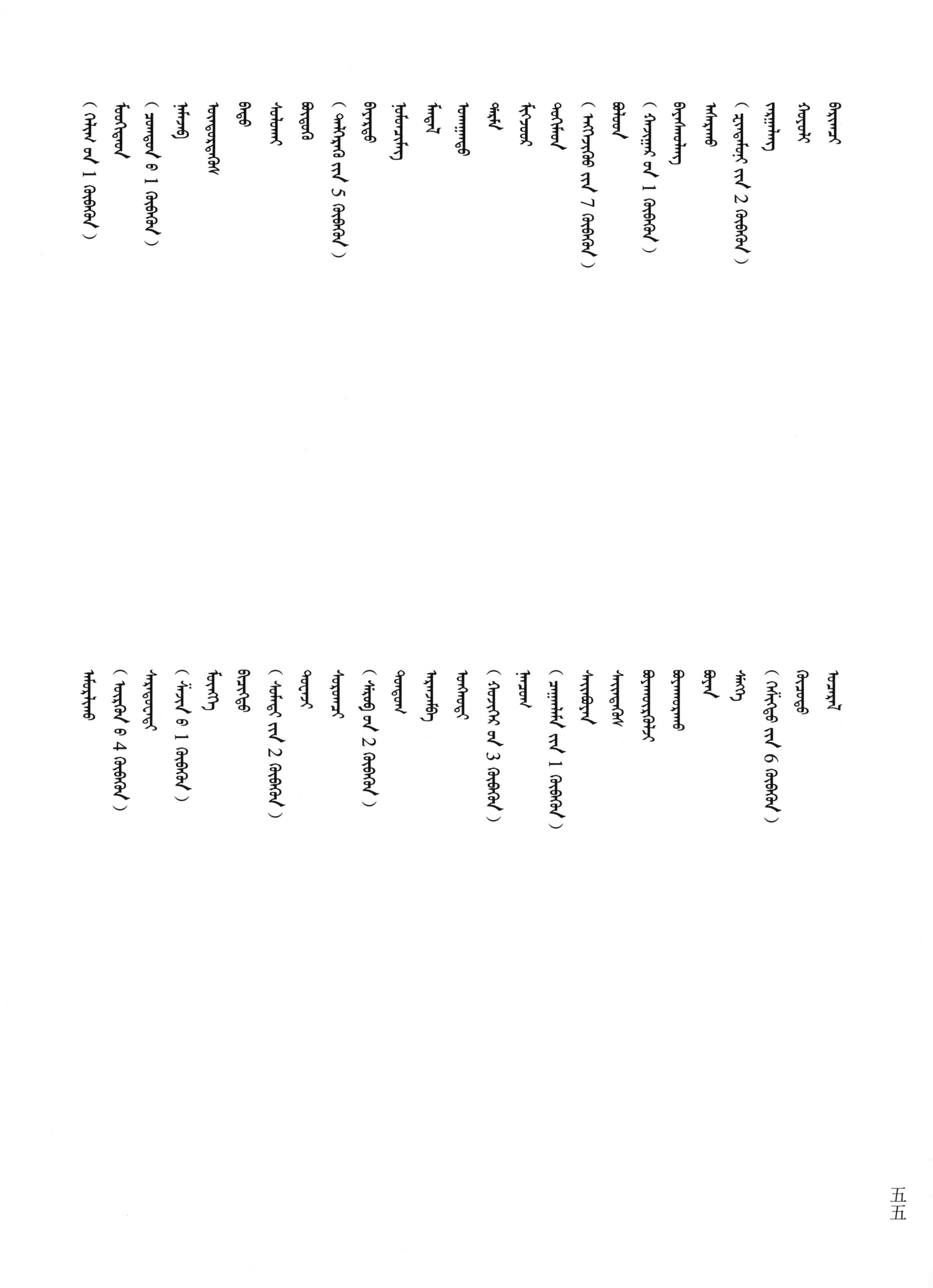

[illegible]
([illegible] ᡩᡝ 4 ᡶᡳᠶᡝᠯᡝᠨ)
[illegible]
[illegible]
[illegible]
[illegible]
([illegible] ᡩᡝ 1 ᡶᡳᠶᡝᠯᡝᠨ)
[illegible]
([illegible] ᠪᡝ 1 ᡶᡳᠶᡝᠯᡝᠨ)
[illegible]
([illegible] ᡩᡝ 1 ᡶᡳᠶᡝᠯᡝᠨ)
[illegible]
([illegible] ᡩᡝ 1 ᡶᡳᠶᡝᠯᡝᠨ)
[illegible]
([illegible] ᡩᡝ 1 ᡶᡳᠶᡝᠯᡝᠨ)
[illegible]
([illegible] ᡩᡝ 1 ᡶᡳᠶᡝᠯᡝᠨ)
[illegible]
([illegible] ᡩᡝ 1 ᡶᡳᠶᡝᠯᡝᠨ)
[illegible]
([illegible] ᡩᡝ 2 ᡶᡳᠶᡝᠯᡝᠨ)
[illegible]
[illegible]
([illegible] [illegible] 3 ᡶᡳᠶᡝᠯᡝᠨ)
[illegible]

[illegible]
([illegible] ᡩᡝ 1 ᡶᡳᠶᡝᠯᡝᠨ)
[illegible]
([illegible] ᡩᡝ 1 ᡶᡳᠶᡝᠯᡝᠨ)
[illegible]
([illegible] ᡩᡝ 1 ᡶᡳᠶᡝᠯᡝᠨ)
[illegible]
([illegible] [illegible] 1 ᡶᡳᠶᡝᠯᡝᠨ)
[illegible]
([illegible] ᡩᡝ 1 ᡶᡳᠶᡝᠯᡝᠨ)
[illegible]
([illegible] [illegible] 2 ᡶᡳᠶᡝᠯᡝᠨ)
[illegible]
[illegible]
([illegible] ᡩᡝ 4 ᡶᡳᠶᡝᠯᡝᠨ)
[illegible]
[illegible]
[illegible]
[illegible]
([illegible] [illegible] 2 ᡶᡳᠶᡝᠯᡝᠨ)
[illegible]
[illegible]
([illegible] ᡩᡝ 1 ᡶᡳᠶᡝᠯᡝᠨ)
[illegible]
([illegible] ᡩᡝ 1 ᡶᡳᠶᡝᠯᡝᠨ)

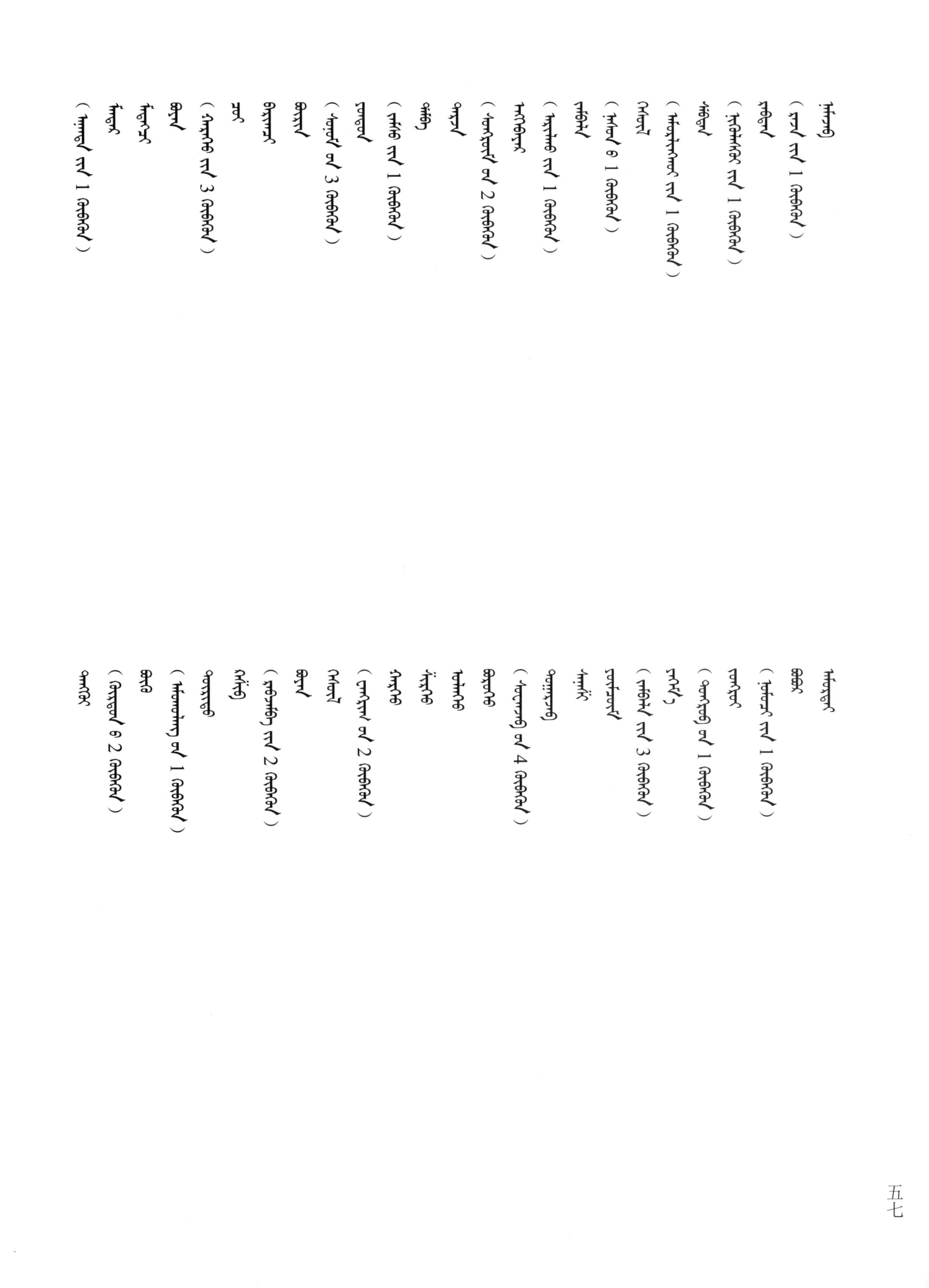

[illegible]
([illegible] [illegible] 1 [illegible])
[illegible]
([illegible] [illegible] 1 [illegible])
[illegible]
([illegible] [illegible] 1 [illegible])
[illegible]
([illegible] [illegible] 1 [illegible])
[illegible]
([illegible] [illegible] 1 [illegible])
[illegible]
([illegible] [illegible] 2 [illegible])
[illegible]
[illegible]
([illegible] [illegible] 1 [illegible])
[illegible]
([illegible] [illegible] 3 [illegible])
[illegible]
[illegible]
[illegible]
([illegible] [illegible] 3 [illegible])
[illegible]
[illegible]
[illegible]
([illegible] [illegible] 1 [illegible])

[illegible]
[illegible]
([illegible] [illegible] 1 [illegible])
[illegible]
([illegible] [illegible] 1 [illegible])
[illegible]
([illegible] [illegible] 3 [illegible])
[illegible]
[illegible]
[illegible]
([illegible] [illegible] 4 [illegible])
[illegible]
[illegible]
[illegible]
[illegible]
[illegible]
([illegible] [illegible] 2 [illegible])
[illegible]
([illegible] [illegible] 2 [illegible])
[illegible]
[illegible]
([illegible] [illegible] 1 [illegible])
[illegible]
([illegible] [illegible] 2 [illegible])
[illegible]

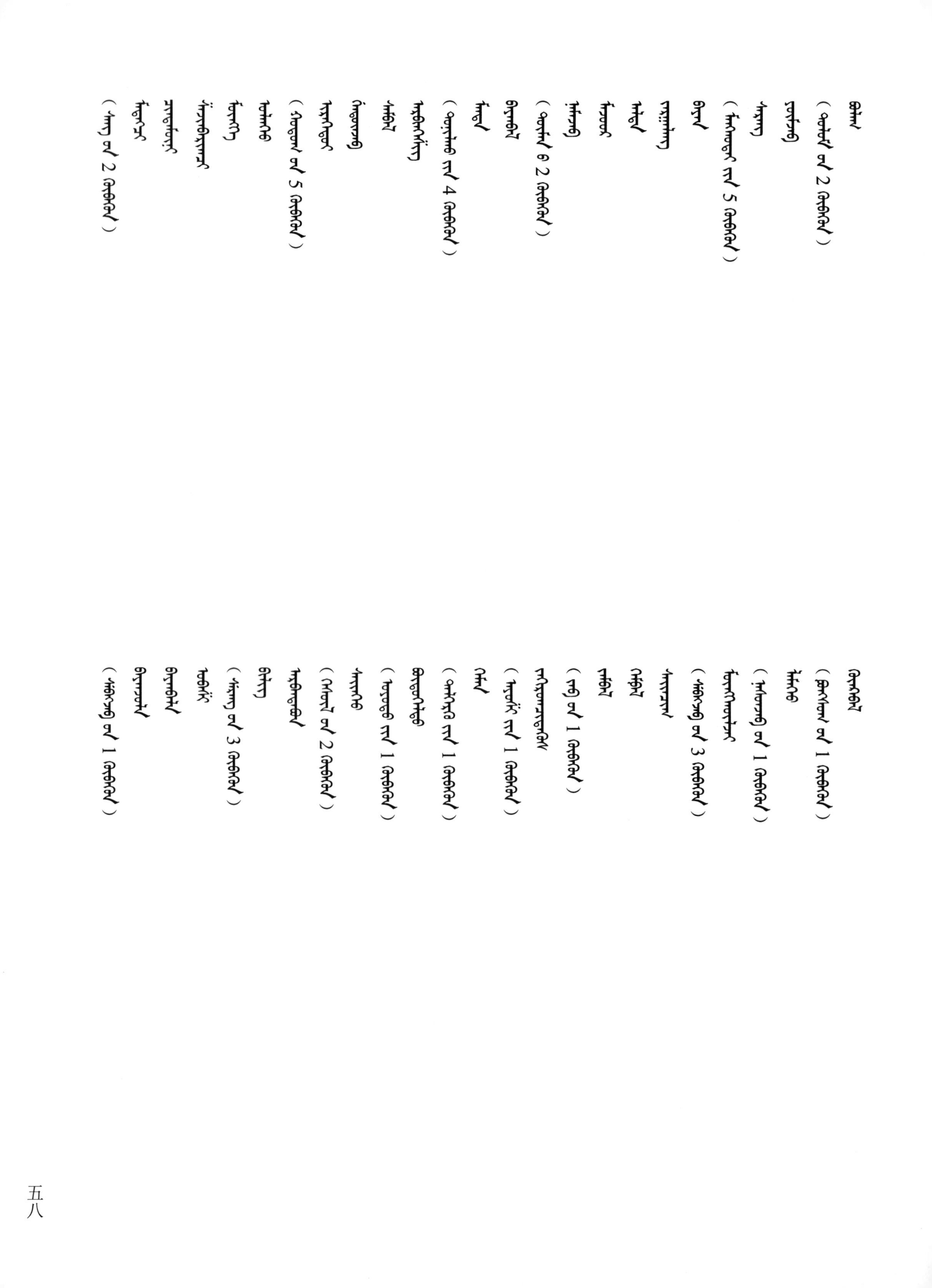

[illegible]
[illegible]
[illegible]
[illegible]
([illegible] ᠶᠢᠨ 4 ᠳᠤᠭᠠᠷ)
[illegible]
[illegible]
[illegible]
[illegible]
([illegible] ᠶᠢᠨ 2 ᠳᠤᠭᠠᠷ)
[illegible]
[illegible]
([illegible] ᠶᠢᠨ 1 ᠳᠤᠭᠠᠷ)
[illegible]
([illegible] ᠶᠢᠨ 2 ᠳᠤᠭᠠᠷ)
[illegible]
[illegible]
([illegible] ᠤ 1 ᠳᠤᠭᠠᠷ)
[illegible]
([illegible] ᠶᠢᠨ 2 ᠳᠤᠭᠠᠷ)
[illegible]
[illegible]
([illegible] ᠤᠨ 1 ᠳᠤᠭᠠᠷ)
[illegible]
([illegible] ᠤᠨ 1 ᠳᠤᠭᠠᠷ)
([illegible] ᠶᠢᠨ 1 ᠳᠤᠭᠠᠷ)
[illegible]
([illegible] ᠶᠢᠨ 1 ᠳᠤᠭᠠᠷ)
[illegible]
([illegible] ᠶᠢᠨ 1 ᠳᠤᠭᠠᠷ)
[illegible]
([illegible] ᠶᠢᠨ 3 ᠳᠤᠭᠠᠷ)
[illegible]
[illegible]
[illegible]
([illegible] ᠤᠨ 4 ᠳᠤᠭᠠᠷ)
[illegible]
[illegible]
[illegible]
[illegible]
([illegible] ᠶᠢᠨ 2 ᠳᠤᠭᠠᠷ)
[illegible]
[illegible]
([illegible] ᠶᠢᠨ 5 ᠳᠤᠭᠠᠷ)
[illegible]
[illegible]
[illegible]
[illegible]
[illegible]
([illegible] ᠶᠢᠨ 4 ᠳᠤᠭᠠᠷ)

([illegible] ᡩᡝ 6 ᠮᡠᡩᠠᠨ)
[illegible]
[illegible]
[illegible]
[illegible]
[illegible]
[illegible]
([illegible] ᠪᡝ 2 ᠮᡠᡩᠠᠨ)
[illegible]
[illegible]
([illegible] ᡩᡝ 2 ᠮᡠᡩᠠᠨ)
[illegible]
[illegible]
([illegible] ᡩᡝ 1 ᠮᡠᡩᠠᠨ)
[illegible]
([illegible] ᡳ 2 ᠮᡠᡩᠠᠨ)
[illegible]
[illegible]
([illegible] ᠪᡝ 2 ᠮᡠᡩᠠᠨ)
[illegible]
[illegible]
([illegible] ᡩᡝ 1 ᠮᡠᡩᠠᠨ)
[illegible]
([illegible] ᠪᡝ 1 ᠮᡠᡩᠠᠨ)
[illegible]

[illegible]
[illegible]
[illegible]
[illegible]
([illegible] ᡩᡝ 1 ᠮᡠᡩᠠᠨ)
[illegible]
([illegible] ᠪᡝ 1 ᠮᡠᡩᠠᠨ)
[illegible]
([illegible] ᡩᡝ 3 ᠮᡠᡩᠠᠨ)
[illegible]
[illegible]
[illegible]
([illegible] ᡩᡝ 1 ᠮᡠᡩᠠᠨ)
[illegible]
([illegible] ᡩᡝ 1 ᠮᡠᡩᠠᠨ)
[illegible]
([illegible] ᡩᡝ 2 ᠮᡠᡩᠠᠨ)
[illegible]
[illegible]
([illegible] ᡩᡝ 1 ᠮᡠᡩᠠᠨ)
[illegible]
([illegible] ᡩᡝ 1 ᠮᡠᡩᠠᠨ)
[illegible]
([illegible] ᡩᡝ 1 ᠮᡠᡩᠠᠨ)
[illegible]

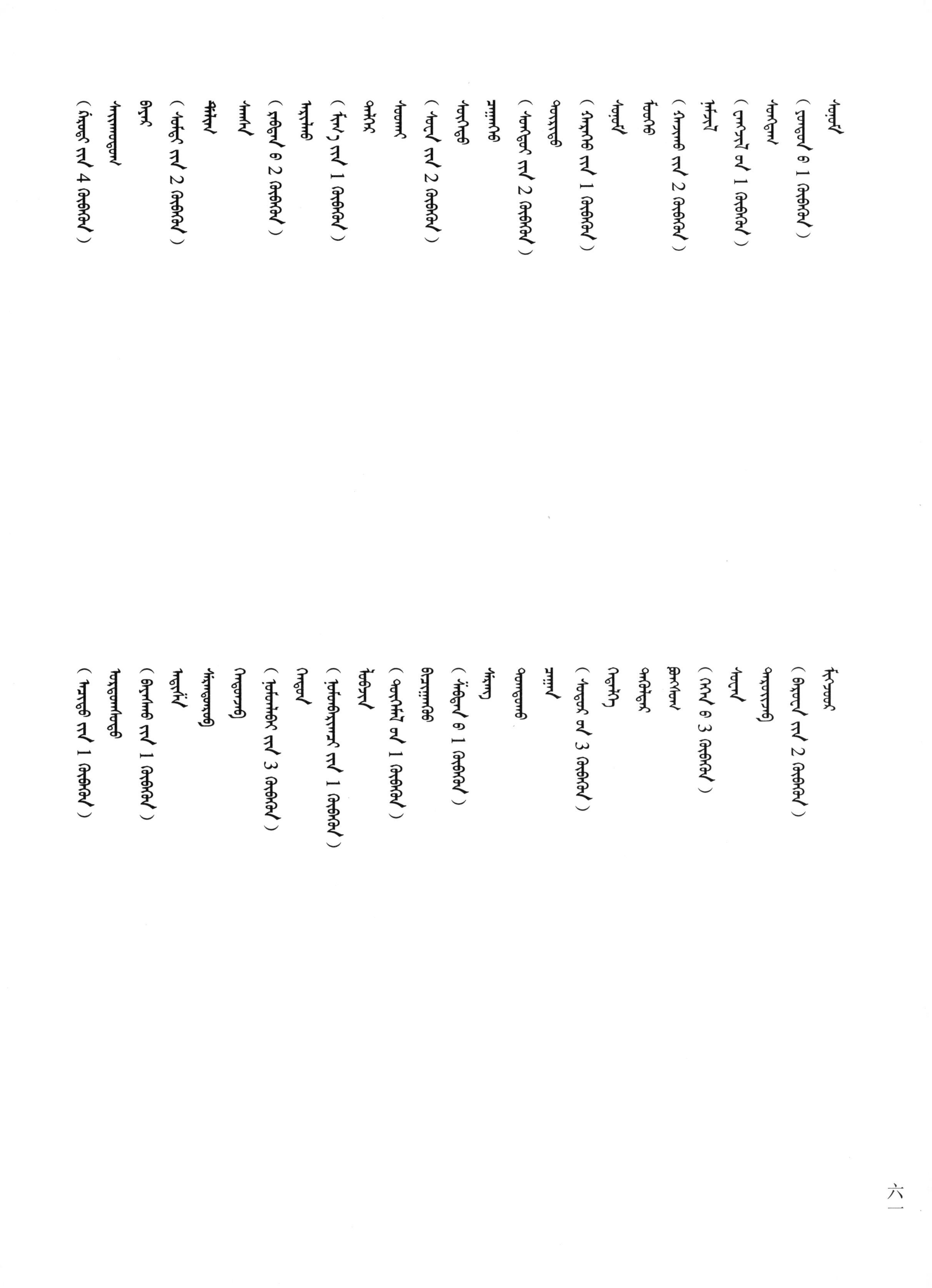

[illegible]
[illegible]
([illegible] ᠣ 1 ᠮᡠᡩᠠᠨ)
[illegible]
([illegible] ᡩᡝ 1 ᠮᡠᡩᠠᠨ)
[illegible]
([illegible] ᠪᡝ 2 ᠮᡠᡩᠠᠨ)
[illegible]
[illegible]
([illegible] ᡩᡝ 1 ᠮᡠᡩᠠᠨ)
[illegible]
([illegible] ᡩᡝ 2 ᠮᡠᡩᠠᠨ)
[illegible]
[illegible]
([illegible] ᡩᡝ 2 ᠮᡠᡩᠠᠨ)
[illegible]
[illegible]
([illegible] ᡩᡝ 6 ᠮᡠᡩᠠᠨ)
[illegible]
[illegible]
[illegible]
[illegible]
[illegible]
[illegible]
([illegible] ᠪᡝ 1 ᠮᡠᡩᠠᠨ)

([illegible] ᠪᡝ 3 ᠮᡠᡩᠠᠨ)
[illegible]
[illegible]
[illegible]
([illegible] ᡩᡝ 2 ᠮᡠᡩᠠᠨ)
[illegible]
[illegible]
([illegible] ᡩᡝ 1 ᠮᡠᡩᠠᠨ)
[illegible]
([illegible] ᡩᡝ 2 ᠮᡠᡩᠠᠨ)
[illegible]
[illegible]
([illegible] ᠪᡝ 1 ᠮᡠᡩᠠᠨ)
[illegible]
([illegible] ᡩᡝ 1 ᠮᡠᡩᠠᠨ)
[illegible]
([illegible] ᠪᡝ 5 ᠮᡠᡩᠠᠨ)
[illegible]
[illegible]
[illegible]
[illegible]
[illegible]
([illegible] ᡩᡝ 1 ᠮᡠᡩᠠᠨ)
[illegible]
([illegible] ᠪᡝ 2 ᠮᡠᡩᠠᠨ)

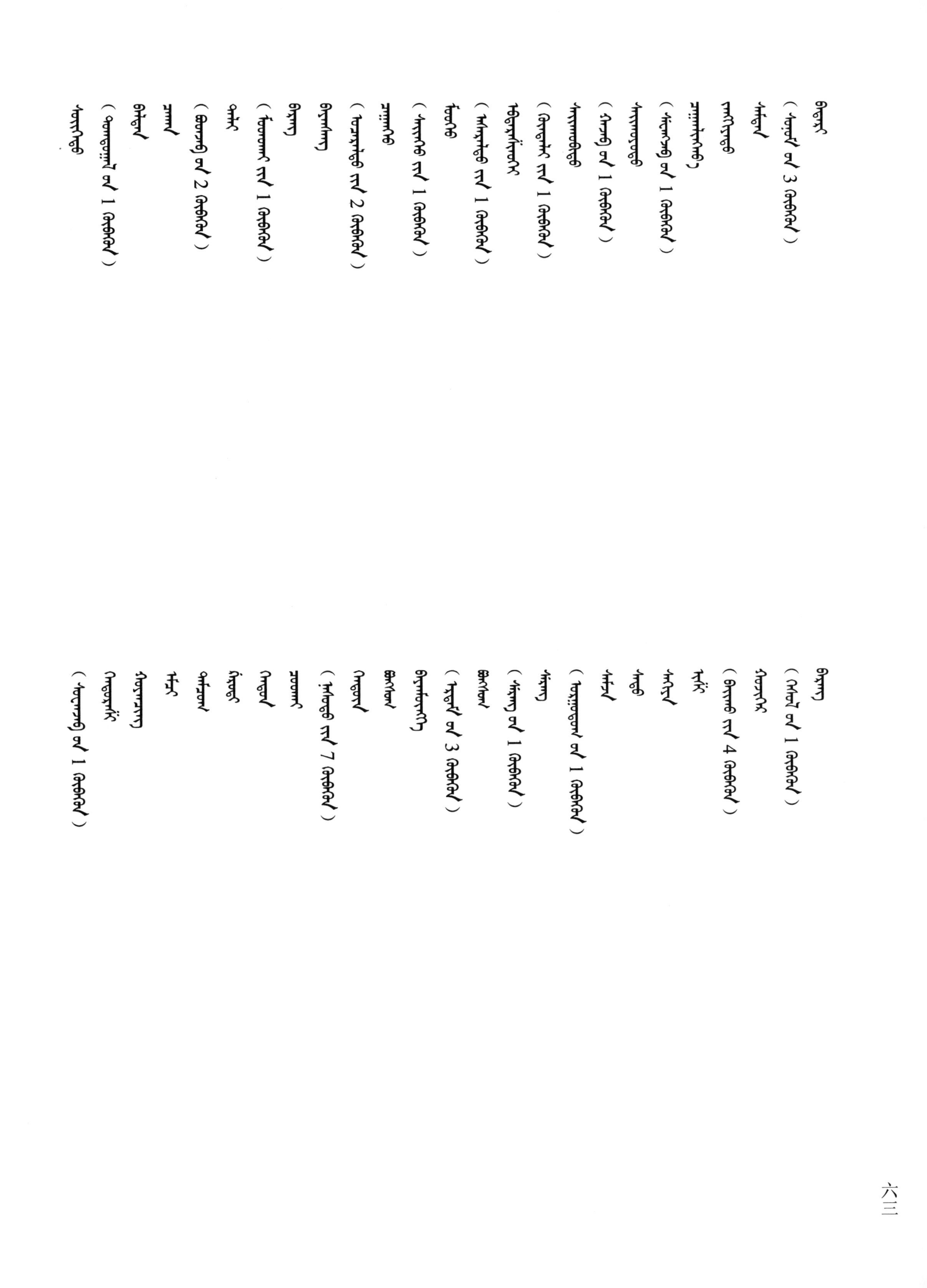

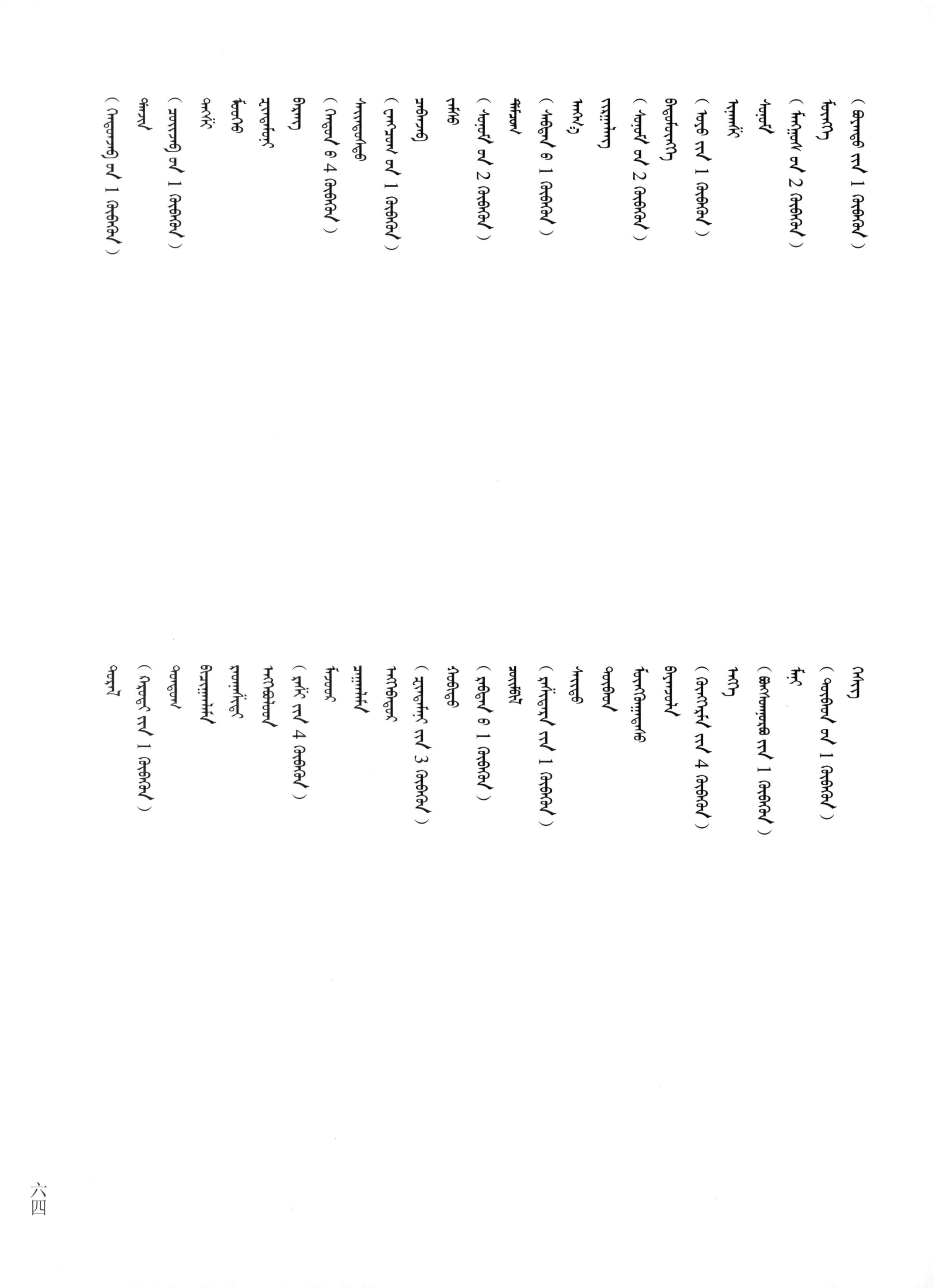

[illegible]
[illegible]
([illegible] ᡳ 1 ᡩᡝᠪᡨᡝᠯᡳᠨ)
[illegible]
([illegible] ᠨᡳ 1 ᡩᡝᠪᡨᡝᠯᡳᠨ)
[illegible]
([illegible] ᠨᡳ 2 ᡩᡝᠪᡨᡝᠯᡳᠨ)
[illegible]
[illegible]
([illegible] ᠨᡳ 1 ᡩᡝᠪᡨᡝᠯᡳᠨ)
[illegible]
([illegible] ᡳ 5 ᡩᡝᠪᡨᡝᠯᡳᠨ)
[illegible]
[illegible]
[illegible]
[illegible]
[illegible]
([illegible] ᡳ 2 ᡩᡝᠪᡨᡝᠯᡳᠨ)
[illegible]
[illegible]
([illegible] ᡳ 1 ᡩᡝᠪᡨᡝᠯᡳᠨ)
[illegible]
([illegible] ᡳ 1 ᡩᡝᠪᡨᡝᠯᡳᠨ)
[illegible]
([illegible] ᡳ 1 ᡩᡝᠪᡨᡝᠯᡳᠨ)

([illegible] ᡳ 2 ᡩᡝᠪᡨᡝᠯᡳᠨ)
[illegible]
[illegible]
([illegible] ᡳ 2 ᡩᡝᠪᡨᡝᠯᡳᠨ)
[illegible]
[illegible]
([illegible] ᠨᡳ 3 ᡩᡝᠪᡨᡝᠯᡳᠨ)
[illegible]
[illegible]
[illegible]
([illegible] ᠨᡳ 1 ᡩᡝᠪᡨᡝᠯᡳᠨ)
[illegible]
([illegible] [illegible] 3 ᡩᡝᠪᡨᡝᠯᡳᠨ)
[illegible]
[illegible]
[illegible]
([illegible] ᠨᡳ 2 ᡩᡝᠪᡨᡝᠯᡳᠨ)
[illegible]
[illegible]
([illegible] ᡳ 2 ᡩᡝᠪᡨᡝᠯᡳᠨ)
[illegible]
[illegible]
([illegible] ᠨᡳ 4 ᡩᡝᠪᡨᡝᠯᡳᠨ)
[illegible]
[illegible]

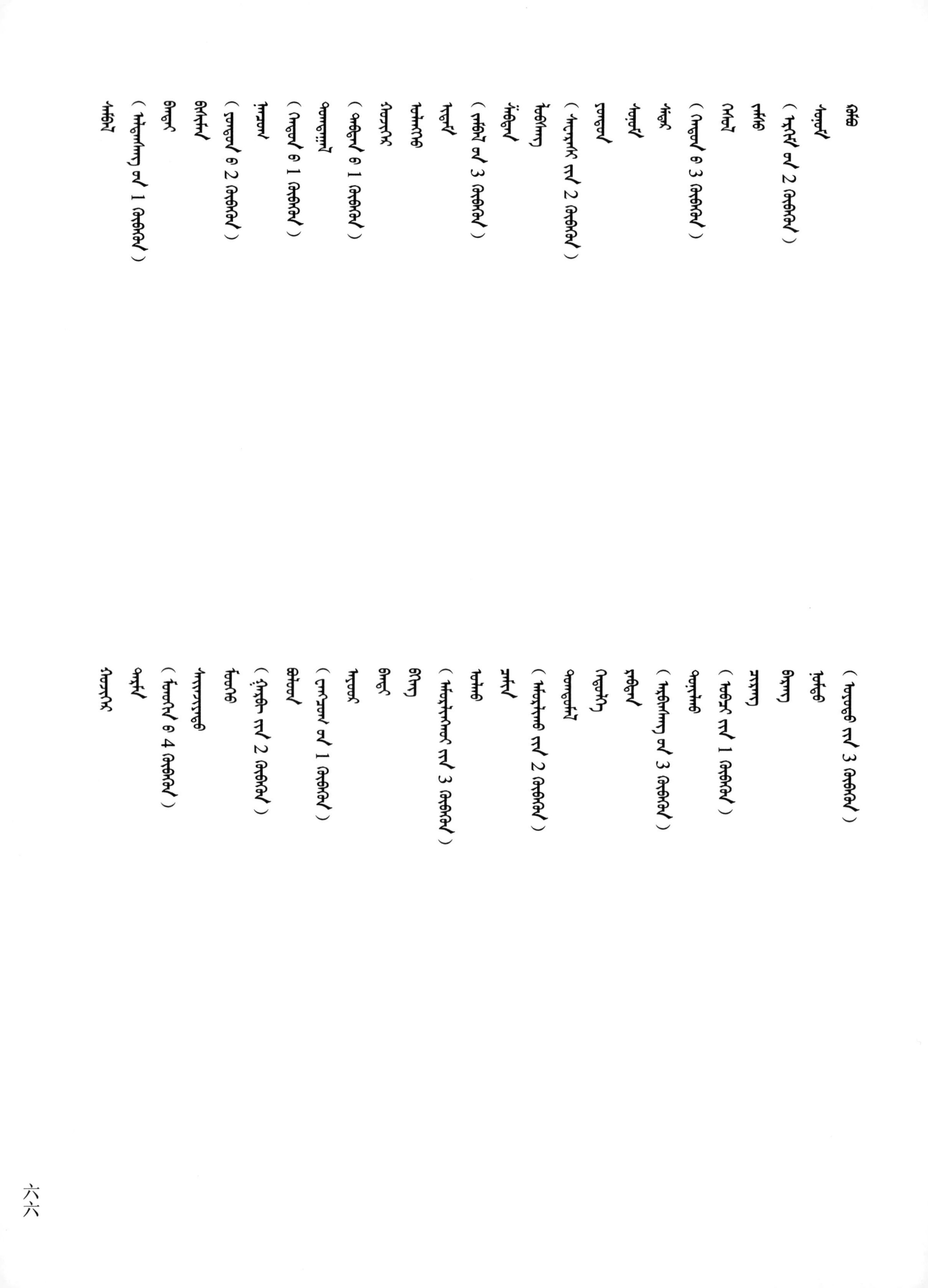

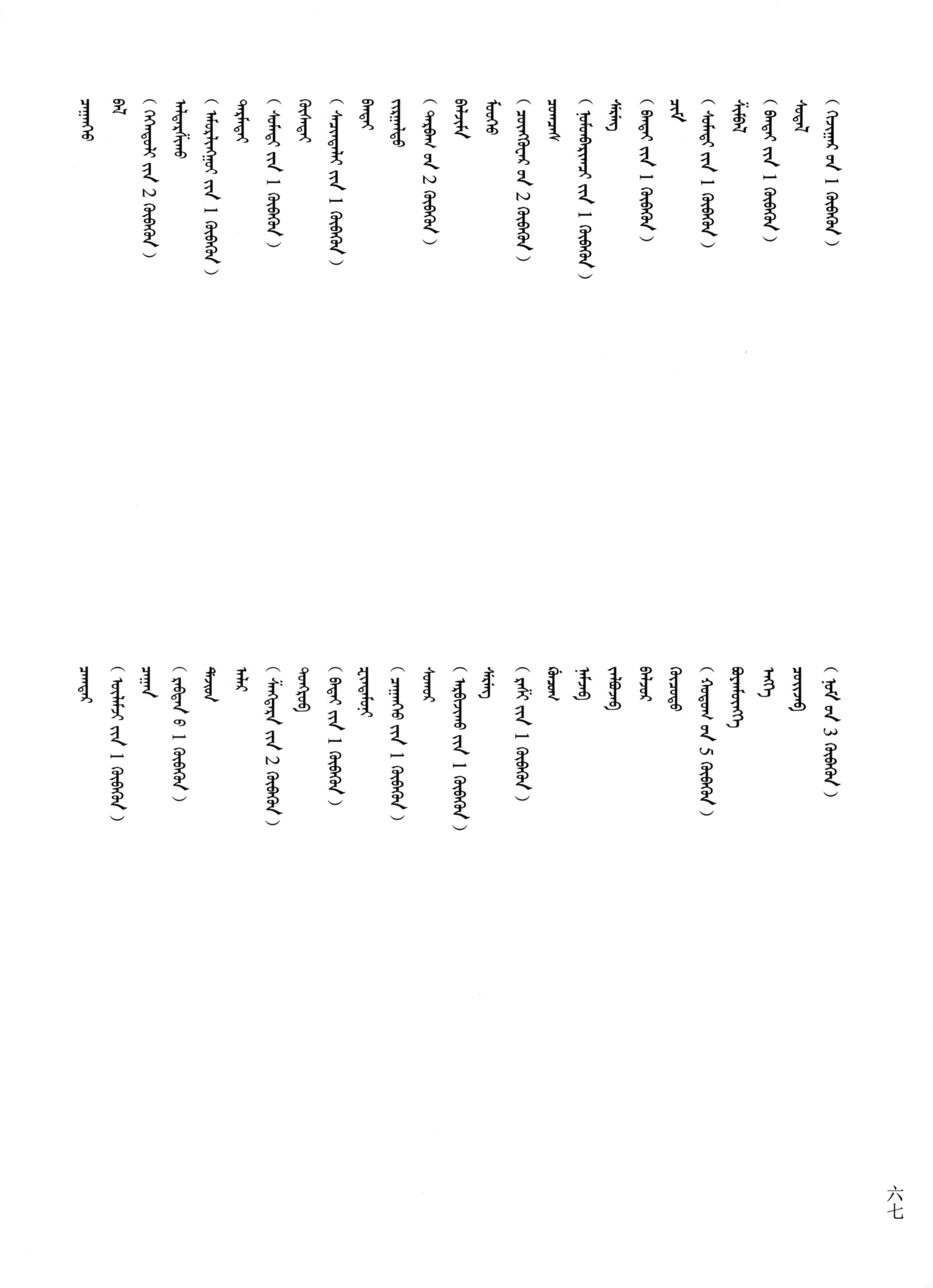

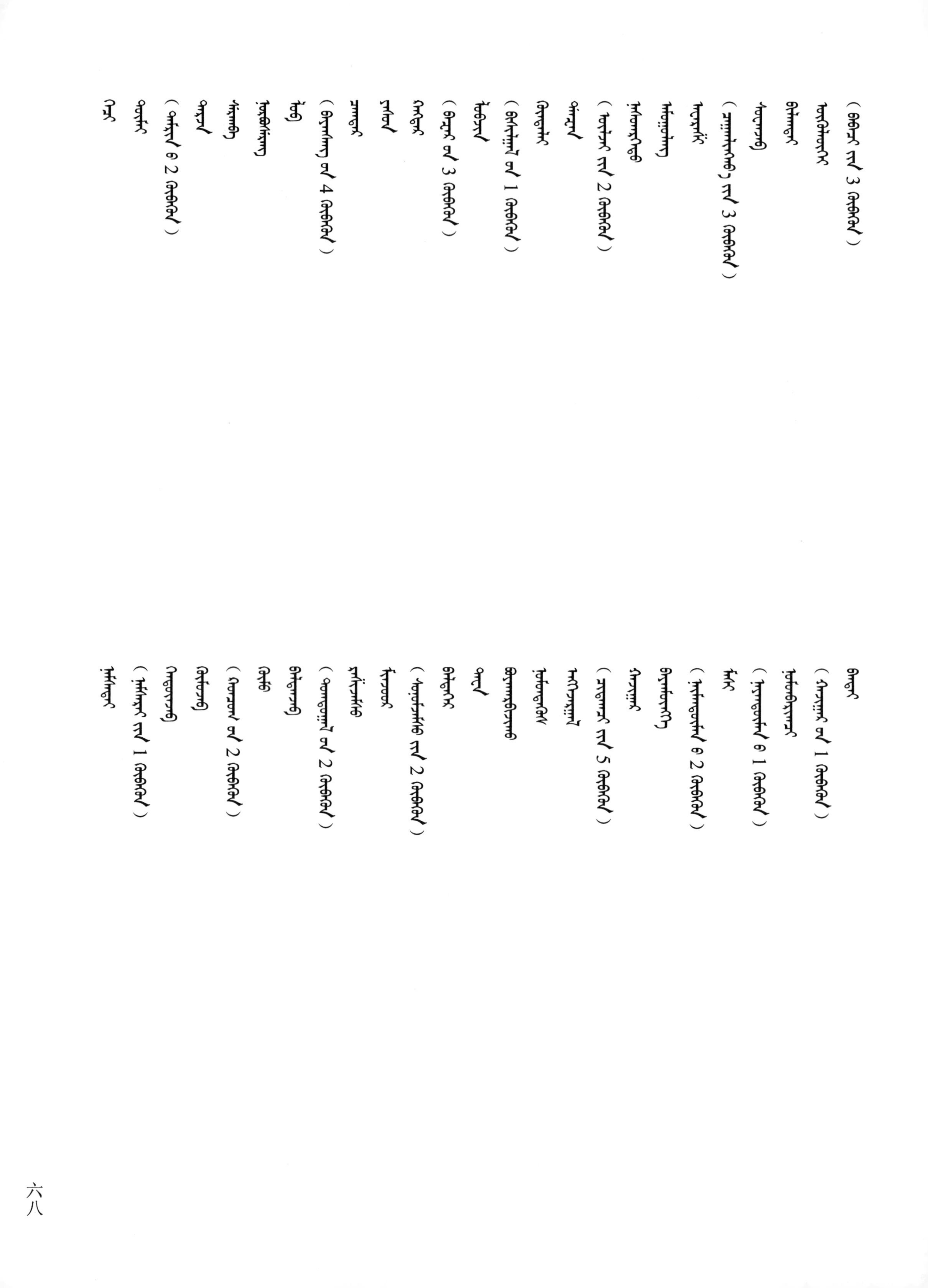

[illegible]
([illegible] 2 ᠪᠦᠯᠦᠭ)
[illegible]
[illegible]
([illegible] 2 ᠪᠦᠯᠦᠭ)
[illegible]
[illegible]
([illegible] 1 ᠪᠦᠯᠦᠭ)
[illegible]
([illegible] 1 ᠪᠦᠯᠦᠭ)
[illegible]
([illegible] 1 ᠪᠦᠯᠦᠭ)
[illegible]
([illegible] 5 ᠪᠦᠯᠦᠭ)
[illegible]
[illegible]
[illegible]
[illegible]
[illegible]
([illegible] 2 ᠪᠦᠯᠦᠭ)
[illegible]
[illegible]
([illegible] 3 ᠪᠦᠯᠦᠭ)
[illegible]
[illegible]

[illegible]
([illegible] 3 ᠪᠦᠯᠦᠭ)
[illegible]
[illegible]
[illegible]
([illegible] 1 ᠪᠦᠯᠦᠭ)
[illegible]
([illegible] 1 ᠪᠦᠯᠦᠭ)
[illegible]
([illegible] 1 ᠪᠦᠯᠦᠭ)
[illegible]
([illegible] 1 ᠪᠦᠯᠦᠭ)
[illegible]
([illegible] 6 ᠪᠦᠯᠦᠭ)
[illegible]
[illegible]
[illegible]
[illegible]
[illegible]
[illegible]
([illegible] 3 ᠪᠦᠯᠦᠭ)
[illegible]
[illegible]
[illegible]
([illegible] 1 ᠪᠦᠯᠦᠭ)

([illegible] ᠤᠨ 1 ᠳᠡᠪᠲᠡᠷ)
[illegible]
[illegible]
[illegible]
([illegible] ᠤᠨ 3 ᠳᠡᠪᠲᠡᠷ)
[illegible]
([illegible] ᠤᠨ 1 ᠳᠡᠪᠲᠡᠷ)
[illegible]
[illegible]
[illegible]
[illegible]
[illegible]
[illegible]
[illegible]
[illegible]
([illegible] ᠦᠨ 8 ᠳᠡᠪᠲᠡᠷ)
[illegible]
[illegible]
([illegible] ᠦᠨ 2 ᠳᠡᠪᠲᠡᠷ)
[illegible]
[illegible]
([illegible] ᠤᠨ 2 ᠳᠡᠪᠲᠡᠷ)
[illegible]
[illegible]
([illegible] ᠤᠨ 2 ᠳᠡᠪᠲᠡᠷ)

[illegible]
[illegible]
[illegible]
([illegible] ᠦᠨ 3 ᠳᠡᠪᠲᠡᠷ)
[illegible]
[illegible]
[illegible]
[illegible]
([illegible] ᠤᠨ 4 ᠳᠡᠪᠲᠡᠷ)
[illegible]
([illegible] ᠤᠨ 1 ᠳᠡᠪᠲᠡᠷ)
[illegible]
([illegible] ᠦᠨ 1 ᠳᠡᠪᠲᠡᠷ)
[illegible]
([illegible] ᠡ 1 ᠳᠡᠪᠲᠡᠷ)
[illegible]
[illegible]
[illegible]
([illegible] ᠡ 3 ᠳᠡᠪᠲᠡᠷ)
[illegible]
[illegible]
([illegible] ᠦᠨ 2 ᠳᠡᠪᠲᠡᠷ)
[illegible]
[illegible]
[illegible]

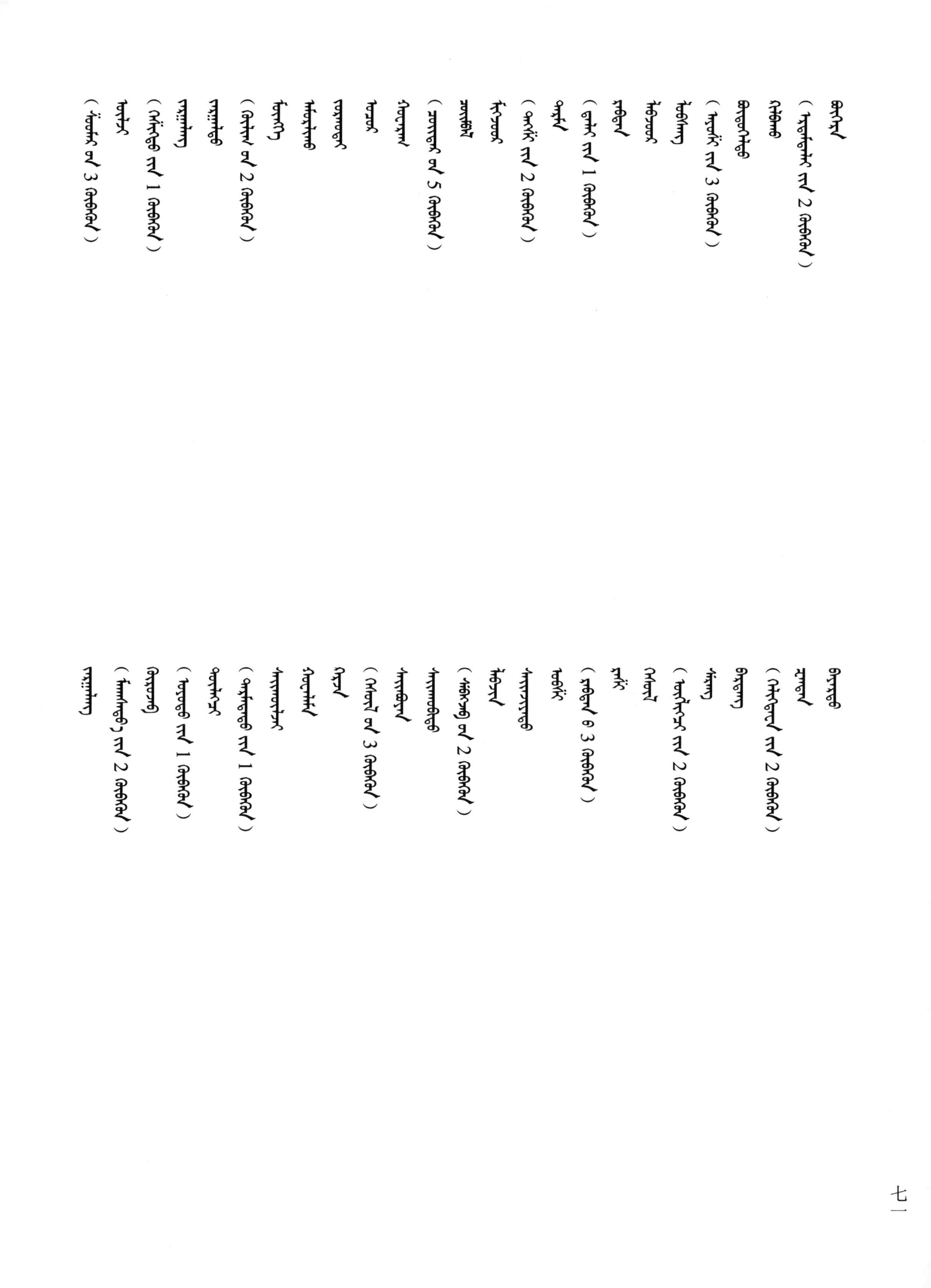

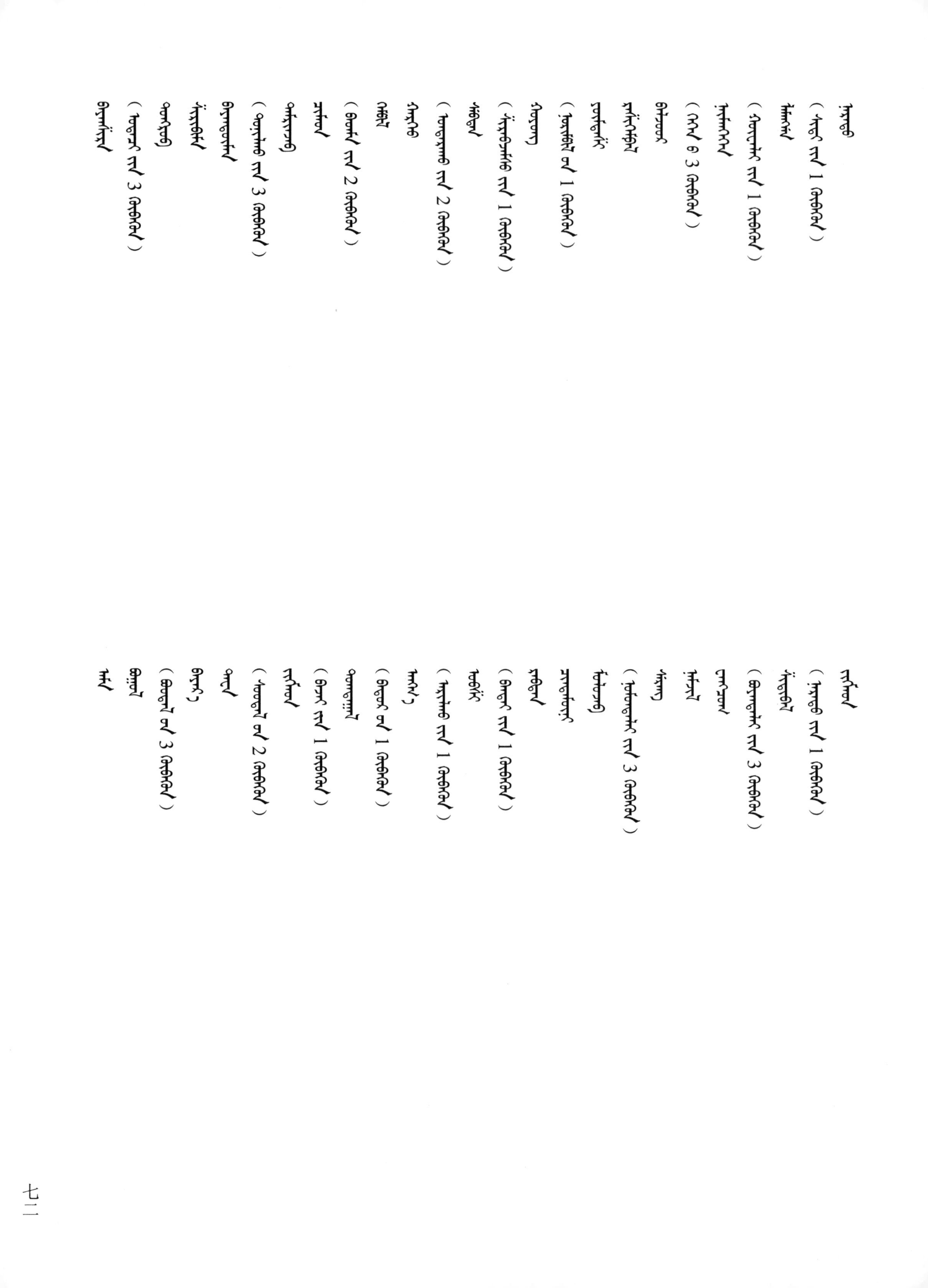

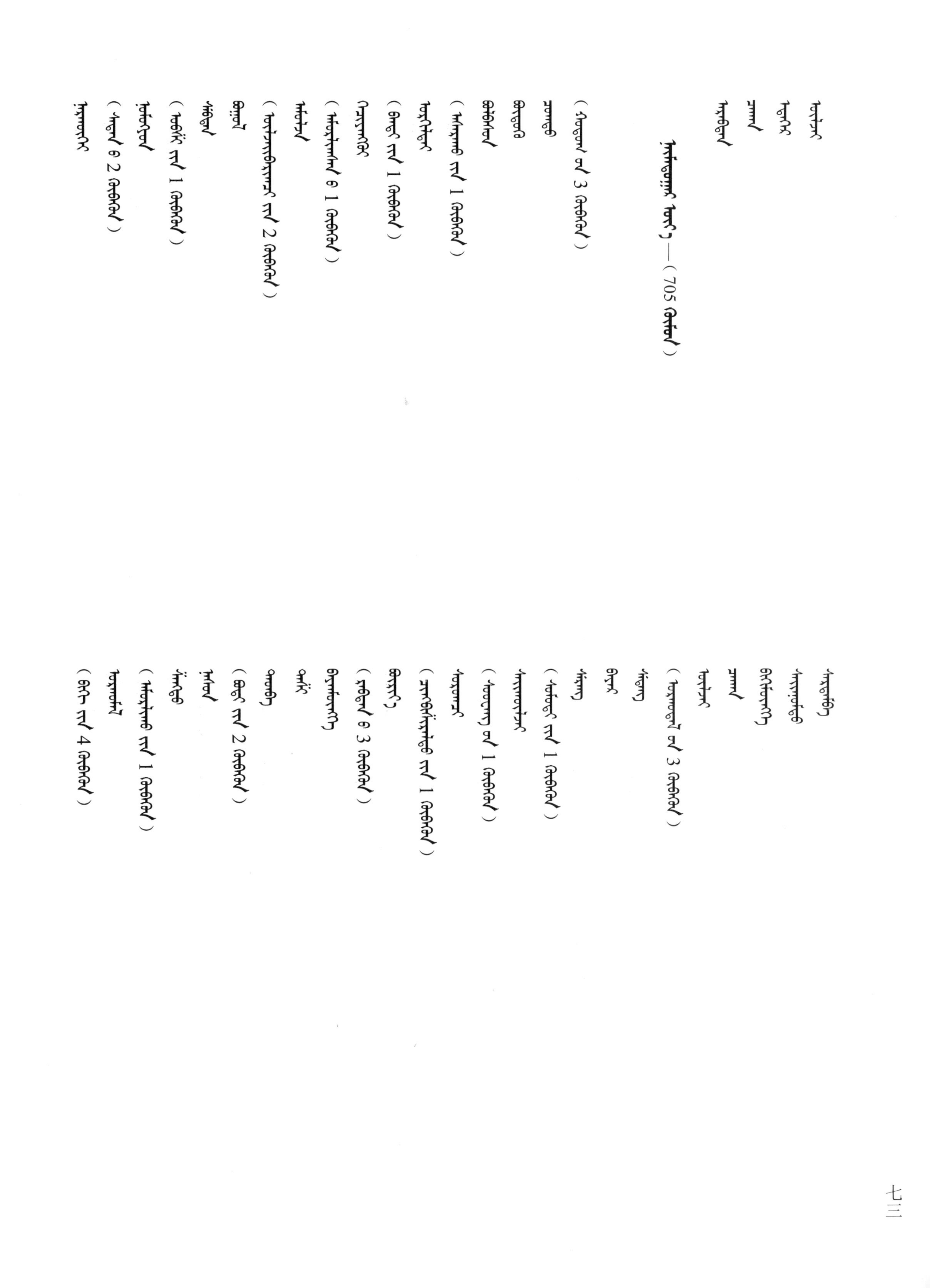

[illegible]

[illegible]

[illegible]

[illegible]

[illegible] [illegible] —（705 **[illegible]**）

([illegible] [illegible] 3 [illegible])

[illegible]

[illegible]

[illegible]

([illegible] [illegible] 1 [illegible])

[illegible]

([illegible] [illegible] 1 [illegible])

[illegible]

([illegible] [illegible] 1 [illegible])

[illegible]

([illegible] [illegible] 2 [illegible])

[illegible]

[illegible]

([illegible] [illegible] 1 [illegible])

[illegible]

([illegible] [illegible] 2 [illegible])

[illegible]

[illegible]

[illegible]

[illegible]

[illegible]

[illegible]

([illegible] [illegible] 3 [illegible])

[illegible]

[illegible]

[illegible]

([illegible] [illegible] 1 [illegible])

[illegible]

([illegible] [illegible] 1 [illegible])

[illegible]

([illegible] [illegible] 1 [illegible])

[illegible]

([illegible] [illegible] 3 [illegible])

[illegible]

[illegible]

[illegible]

([illegible] [illegible] 2 [illegible])

[illegible]

[illegible]

([illegible] [illegible] 1 [illegible])

[illegible]

([illegible] [illegible] 4 [illegible])

[illegible]
[illegible]
([illegible] ᠤᠨ 1 ᠳᠤᠭᠠᠷ)
[illegible]
([illegible] ᠤᠨ 3 ᠳᠤᠭᠠᠷ)
[illegible]
[illegible]
[illegible]
([illegible] ᠦᠨ 1 ᠳᠤᠭᠠᠷ)
[illegible]
([illegible] ᠤᠨ 1 ᠳᠤᠭᠠᠷ)
[illegible]
([illegible] ᠦᠨ 1 ᠳᠤᠭᠠᠷ)
[illegible]
([illegible] 3 ᠳᠤᠭᠠᠷ)
[illegible]
[illegible]
[illegible]
([illegible] ᠤᠨ 3 ᠳᠤᠭᠠᠷ)
[illegible]
[illegible]
([illegible] ᠤᠨ 7 ᠳᠤᠭᠠᠷ)
[illegible]
[illegible]

[illegible]
[illegible]
[illegible]
[illegible]
([illegible] ᠤᠨ 1 ᠳᠤᠭᠠᠷ)
[illegible]
([illegible] ᠤᠨ 2 ᠳᠤᠭᠠᠷ)
[illegible]
[illegible]
([illegible] ᠦᠨ 1 ᠳᠤᠭᠠᠷ)
[illegible]
([illegible] ᠤᠨ 1 ᠳᠤᠭᠠᠷ)
[illegible]
[illegible]
([illegible] ᠦᠨ 2 ᠳᠤᠭᠠᠷ)
[illegible]
([illegible] ᠦᠨ 1 ᠳᠤᠭᠠᠷ)
[illegible]
([illegible] ᠦᠨ 1 ᠳᠤᠭᠠᠷ)
[illegible]
([illegible] 2 ᠳᠤᠭᠠᠷ)
[illegible]
[illegible]
([illegible] ᠦᠨ 3 ᠳᠤᠭᠠᠷ)
[illegible]

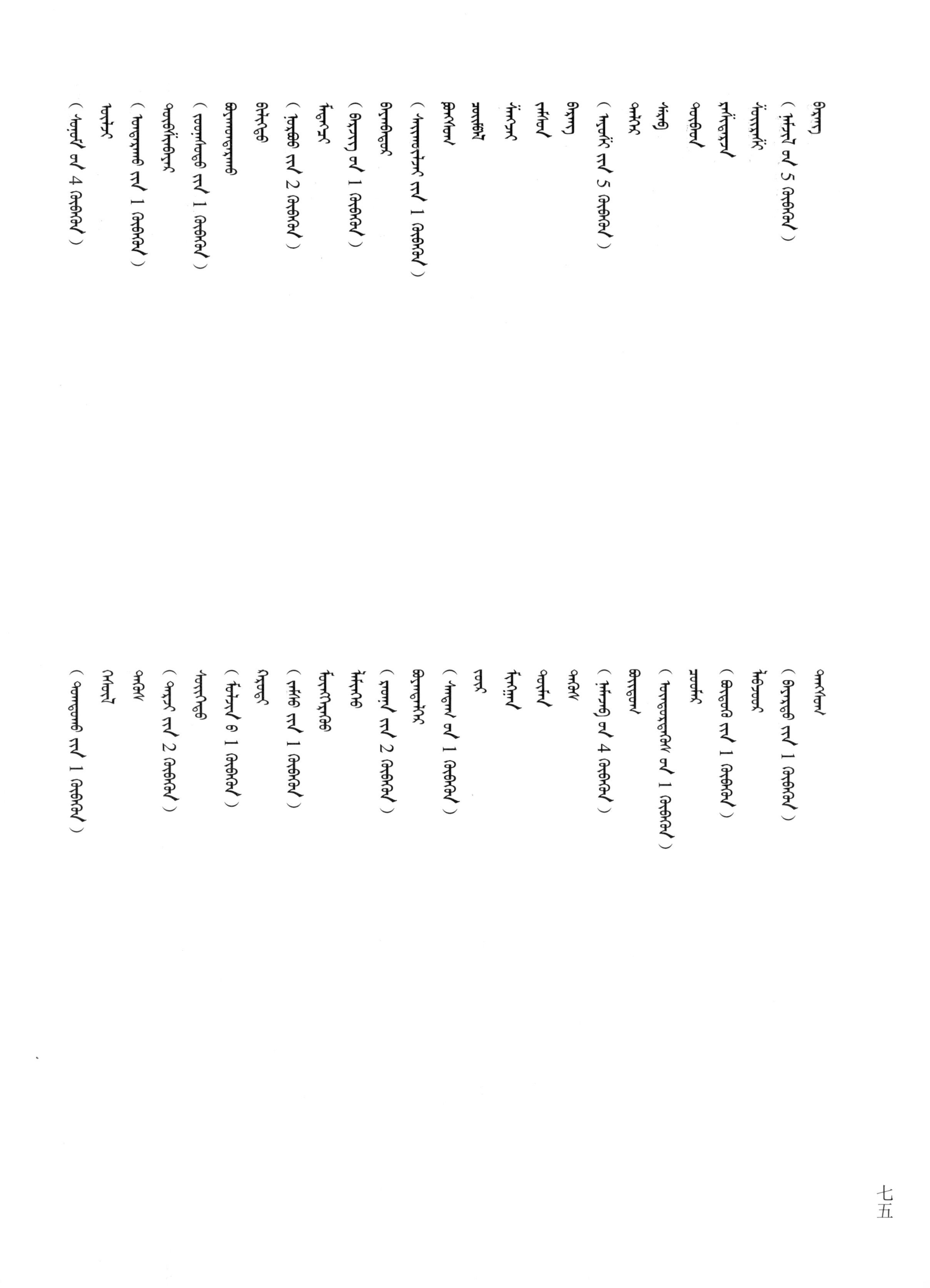

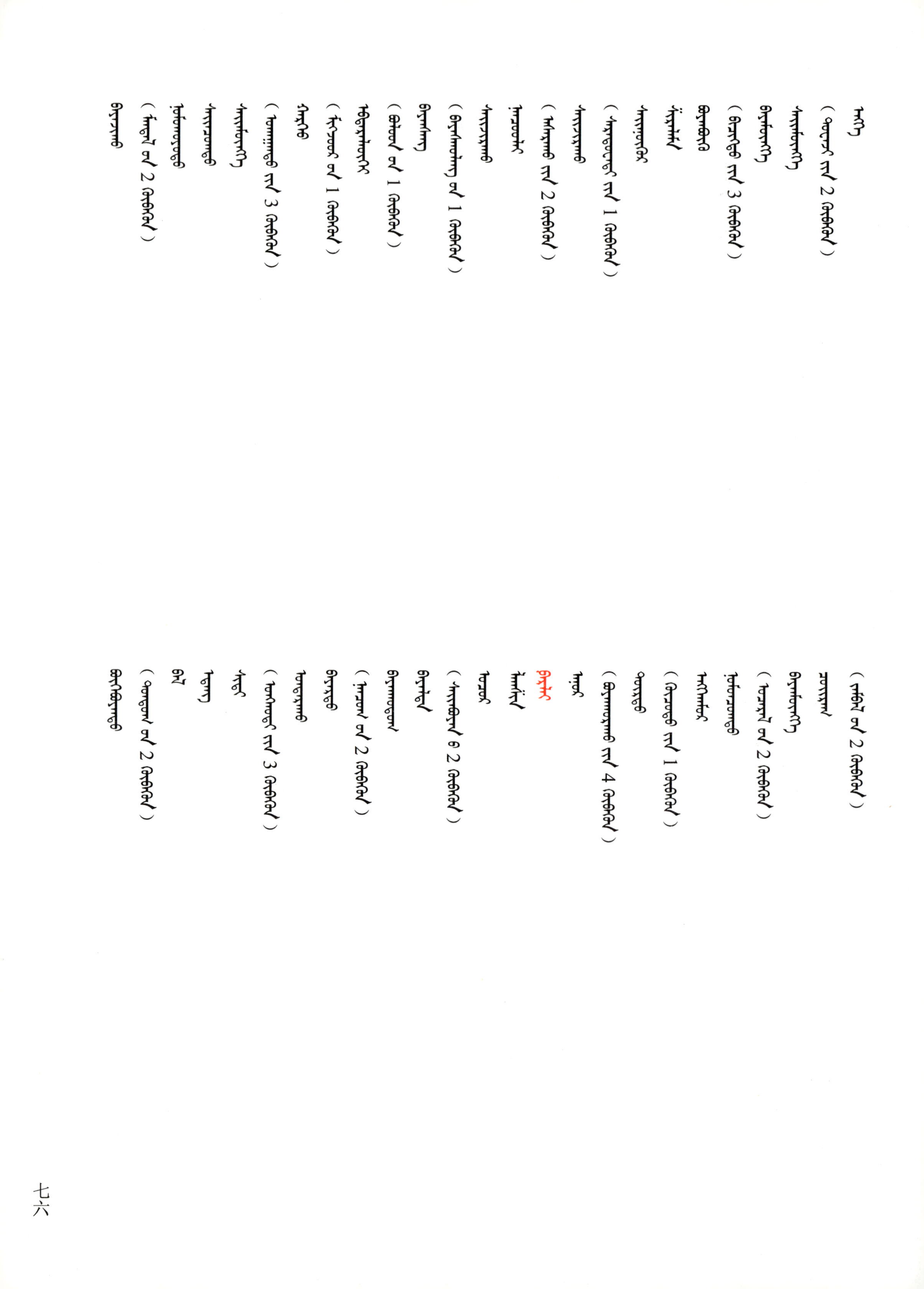

[illegible]
([illegible] ᠳᠤ 1 ᠤᠳᠠᠭ᠎ᠠ)
[illegible]
([illegible] ᠳᠤ 2 ᠤᠳᠠᠭ᠎ᠠ)
[illegible]
[illegible]
([illegible] ᠲᠤ 3 ᠤᠳᠠᠭ᠎ᠠ)
[illegible]
[illegible]
[illegible]
([illegible] ᠲᠤ 5 ᠤᠳᠠᠭ᠎ᠠ)
[illegible]
[illegible]
[illegible]
[illegible]
[illegible]
([illegible] ᠲᠤ 2 ᠤᠳᠠᠭ᠎ᠠ)
[illegible]
[illegible]
([illegible] ᠲᠤ 1 ᠤᠳᠠᠭ᠎ᠠ)
[illegible]
([illegible] ᠲᠤ 1 ᠤᠳᠠᠭ᠎ᠠ)
[illegible]
([illegible] ᠲᠤ 1 ᠤᠳᠠᠭ᠎ᠠ)
[illegible]

[illegible]
[illegible]
([illegible] ᠲᠤ 1 ᠤᠳᠠᠭ᠎ᠠ)
[illegible]
([illegible] ᠳᠤ 1 ᠤᠳᠠᠭ᠎ᠠ)
[illegible]
([illegible] ᠲᠤ 1 ᠤᠳᠠᠭ᠎ᠠ)
[illegible]
([illegible] ᠡ 1 ᠤᠳᠠᠭ᠎ᠠ)
[illegible]
([illegible] ᠲᠤ 1 ᠤᠳᠠᠭ᠎ᠠ)
[illegible]
([illegible] ᠲᠤ 3 ᠤᠳᠠᠭ᠎ᠠ)
[illegible]
[illegible]
[illegible]
([illegible] ᠲᠤ 1 ᠤᠳᠠᠭ᠎ᠠ)
[illegible]
([illegible] ᠳᠤ 2 ᠤᠳᠠᠭ᠎ᠠ)
[illegible]
[illegible]
([illegible] ᠲᠤ 2 ᠤᠳᠠᠭ᠎ᠠ)
[illegible]
[illegible]
([illegible] ᠳᠤ 1 ᠤᠳᠠᠭ᠎ᠠ)

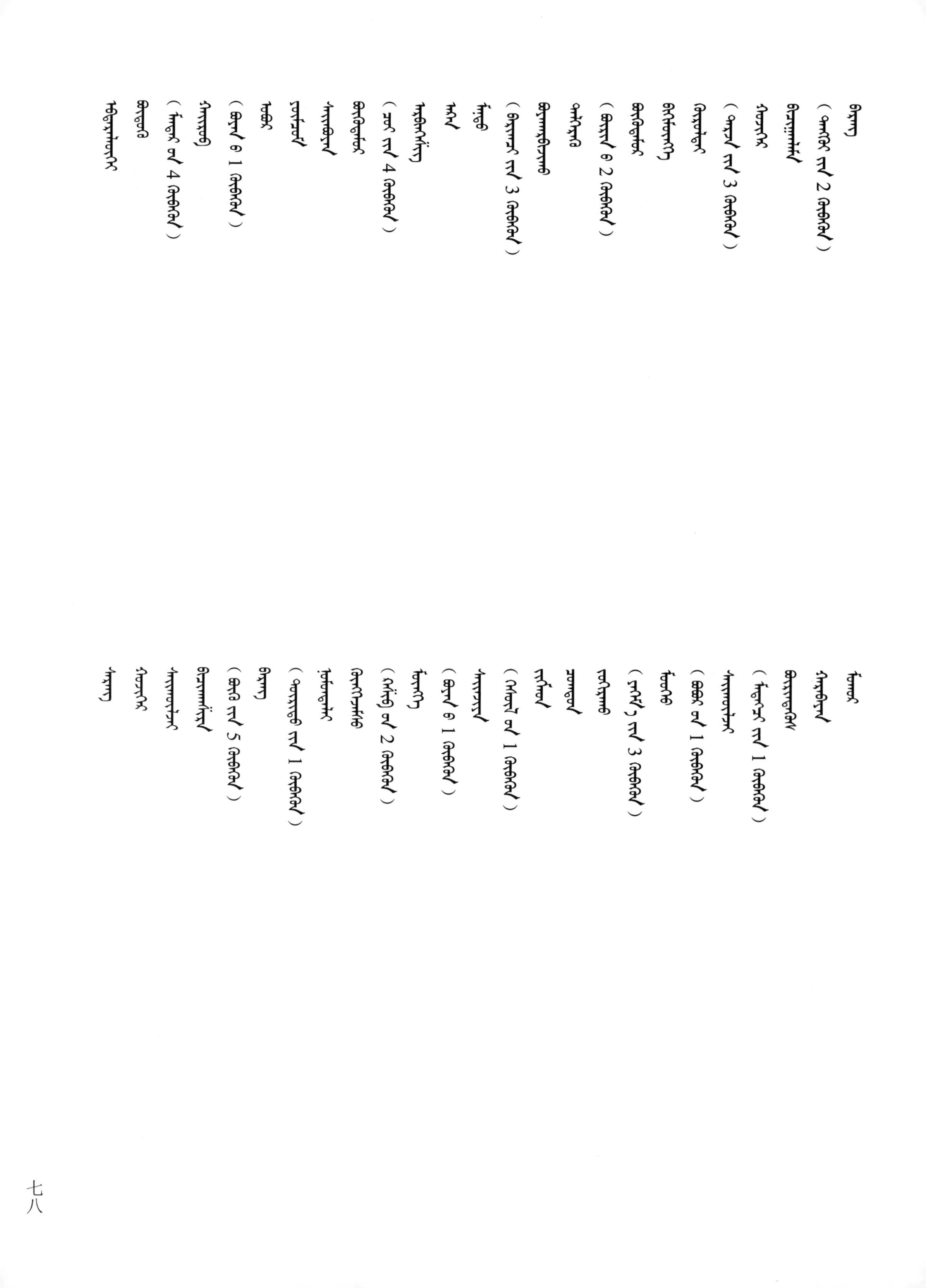

[illegible]
([illegible] ᠶᠢᠨ 6 ᠳᠡᠪᠲᠡᠷ)
[illegible]
[illegible]
[illegible]
[illegible]
[illegible]
[illegible]
([illegible] ᠶᠢᠨ 3 ᠳᠡᠪᠲᠡᠷ)
[illegible]
[illegible]
[illegible]
([illegible] ᠶᠢᠨ 3 ᠳᠡᠪᠲᠡᠷ)
[illegible]
[illegible]
[illegible]
([illegible] ᠤᠨ 2 ᠳᠡᠪᠲᠡᠷ)
[illegible]
[illegible]
([illegible] ᠤᠨ 1 ᠳᠡᠪᠲᠡᠷ)
[illegible]
([illegible] ᠤᠨ 2 ᠳᠡᠪᠲᠡᠷ)
[illegible]
[illegible]
([illegible] ᠶᠢᠨ 3 ᠳᠡᠪᠲᠡᠷ)

[illegible]
([illegible] ᠶᠢᠨ 1 ᠳᠡᠪᠲᠡᠷ)
[illegible]
([illegible] ᠶᠢᠨ 2 ᠳᠡᠪᠲᠡᠷ)
[illegible]
[illegible]
([illegible] ᠤ 2 ᠳᠡᠪᠲᠡᠷ)
[illegible]
[illegible]
([illegible] ᠤᠨ 1 ᠳᠡᠪᠲᠡᠷ)
[illegible]
([illegible] ᠤᠨ 1 ᠳᠡᠪᠲᠡᠷ)
[illegible]
([illegible] ᠤᠨ 1 ᠳᠡᠪᠲᠡᠷ)
[illegible]
([illegible] ᠶᠢᠨ 1 ᠳᠡᠪᠲᠡᠷ)
[illegible]
([illegible] ᠤ 4 ᠳᠡᠪᠲᠡᠷ)
[illegible]
[illegible]
[illegible]
[illegible]
([illegible] ᠤ 3 ᠳᠡᠪᠲᠡᠷ)
[illegible]
[illegible]

[illegible]
([illegible] [illegible] 2 [illegible])
[illegible]
[illegible]
([illegible] [illegible] 1 [illegible])
[illegible]
([illegible] [illegible] 1 [illegible])
[illegible]
([illegible] [illegible] 3 [illegible])
[illegible]
[illegible]
[illegible]
([illegible] [illegible] 1 [illegible])
[illegible]
([illegible] [illegible] 4 [illegible])
[illegible]
[illegible]
[illegible]
[illegible]
([illegible] [illegible] 3 [illegible])
[illegible]
[illegible]
[illegible]
([illegible] [illegible] 2 [illegible])
[illegible]

([illegible] [illegible] 2 [illegible])
[illegible]
[illegible]
([illegible] [illegible] 3 [illegible])
[illegible]
[illegible]
[illegible]
([illegible] [illegible] 3 [illegible])
[illegible]
[illegible]
[illegible]
([illegible] [illegible] 5 [illegible])
[illegible]
[illegible]
[illegible]
[illegible]
[illegible]
([illegible] [illegible] 3 [illegible])
[illegible]
[illegible]
[illegible]
([illegible] [illegible] 2 [illegible])
[illegible]
[illegible]
([illegible] [illegible] 1 [illegible])

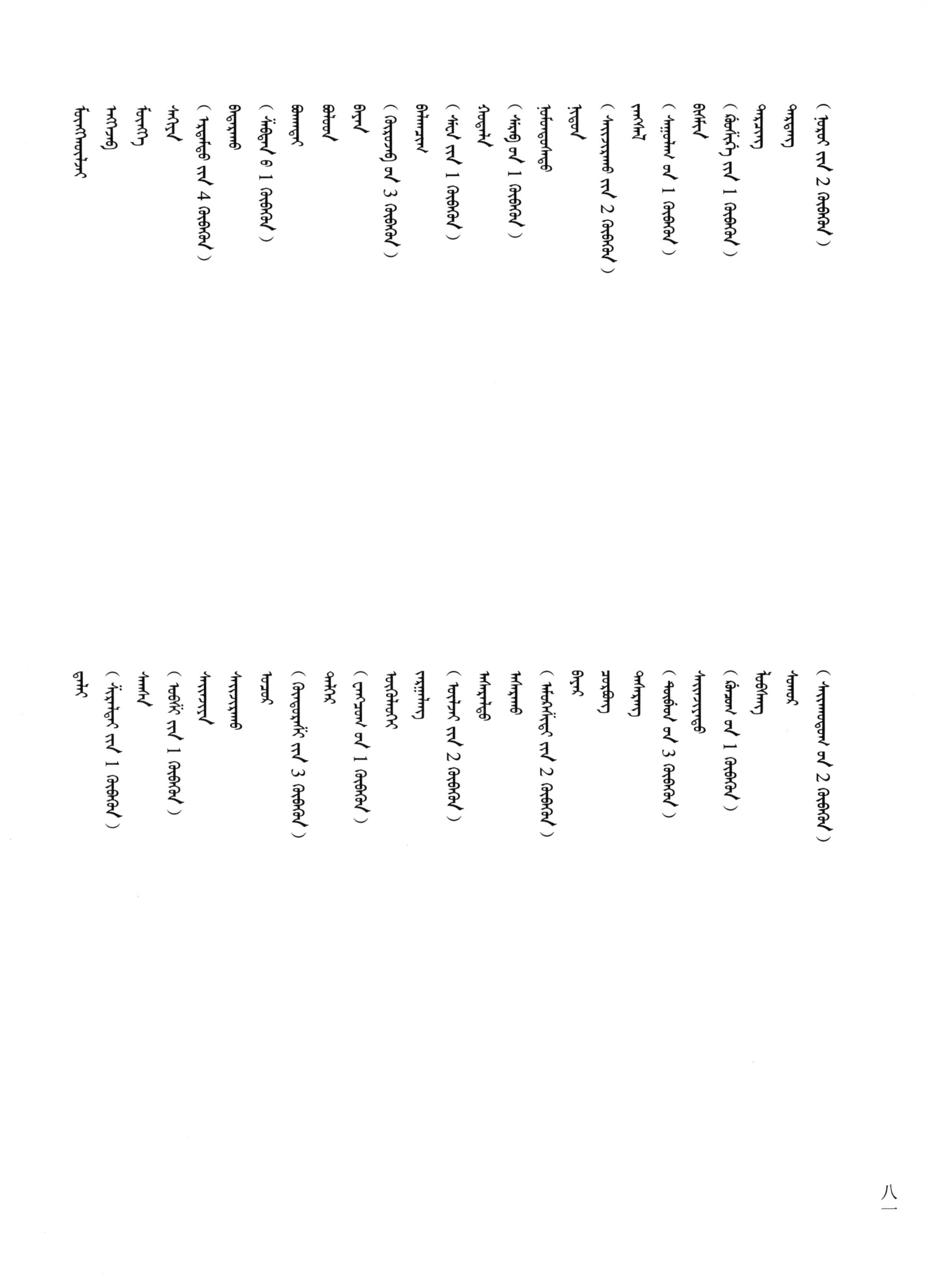

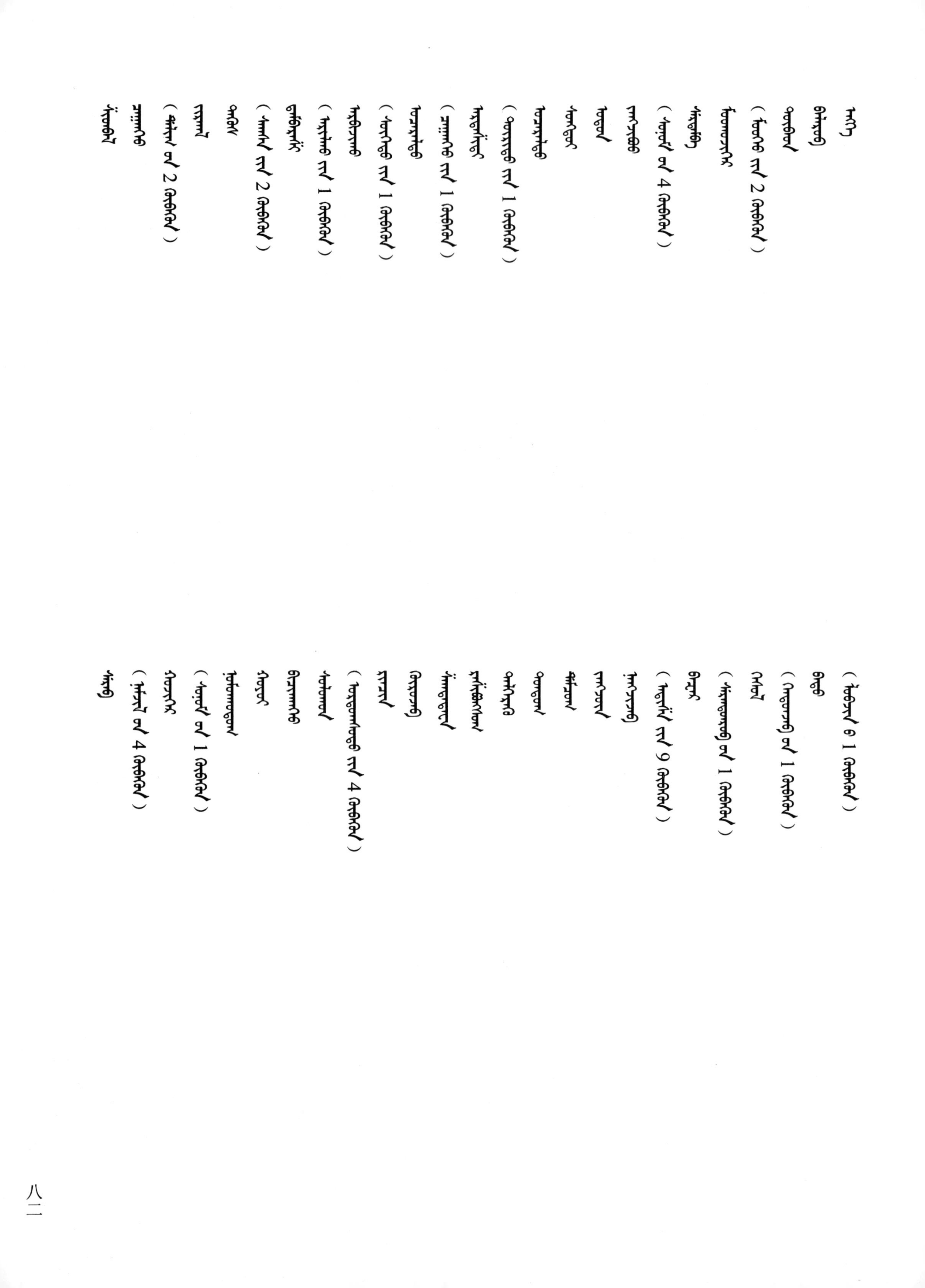

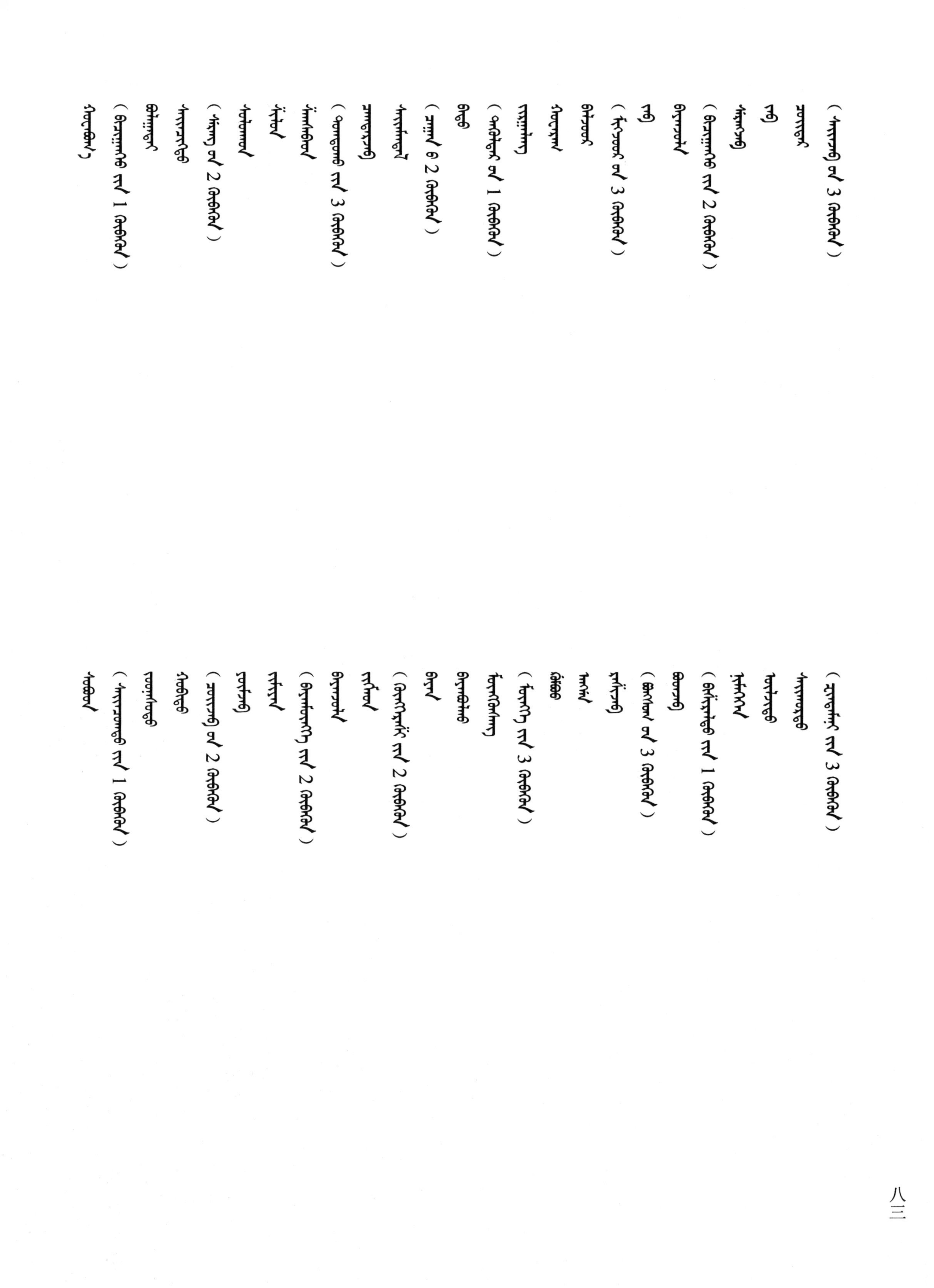

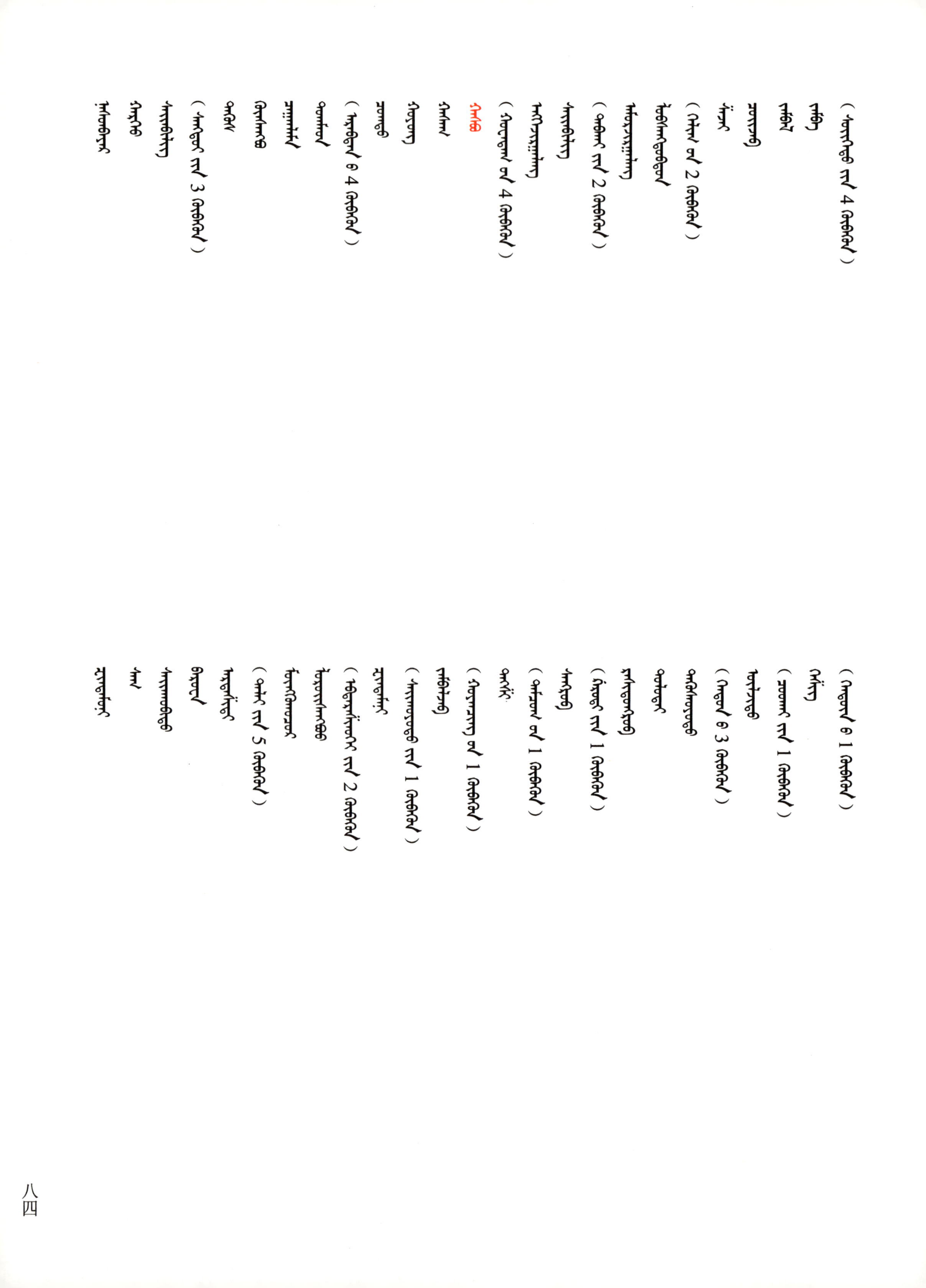

([illegible] 4 [illegible])
[illegible]
[illegible]
[illegible]
[illegible]
([illegible] 2 [illegible])
[illegible]
[illegible]
([illegible] 2 [illegible])
[illegible]
[illegible]
([illegible] 4 [illegible])
[illegible]
[illegible]
[illegible]
[illegible]
([illegible] 4 [illegible])
[illegible]
[illegible]
[illegible]
[illegible]
([illegible] 3 [illegible])
[illegible]
[illegible]
[illegible]

([illegible] 1 [illegible])
[illegible]
([illegible] 1 [illegible])
[illegible]
([illegible] 3 [illegible])
[illegible]
[illegible]
[illegible]
([illegible] 1 [illegible])
[illegible]
([illegible] 1 [illegible])
[illegible]
([illegible] 1 [illegible])
[illegible]
([illegible] 1 [illegible])
[illegible]
([illegible] 2 [illegible])
[illegible]
[illegible]
([illegible] 5 [illegible])
[illegible]
[illegible]
[illegible]
[illegible]
[illegible]

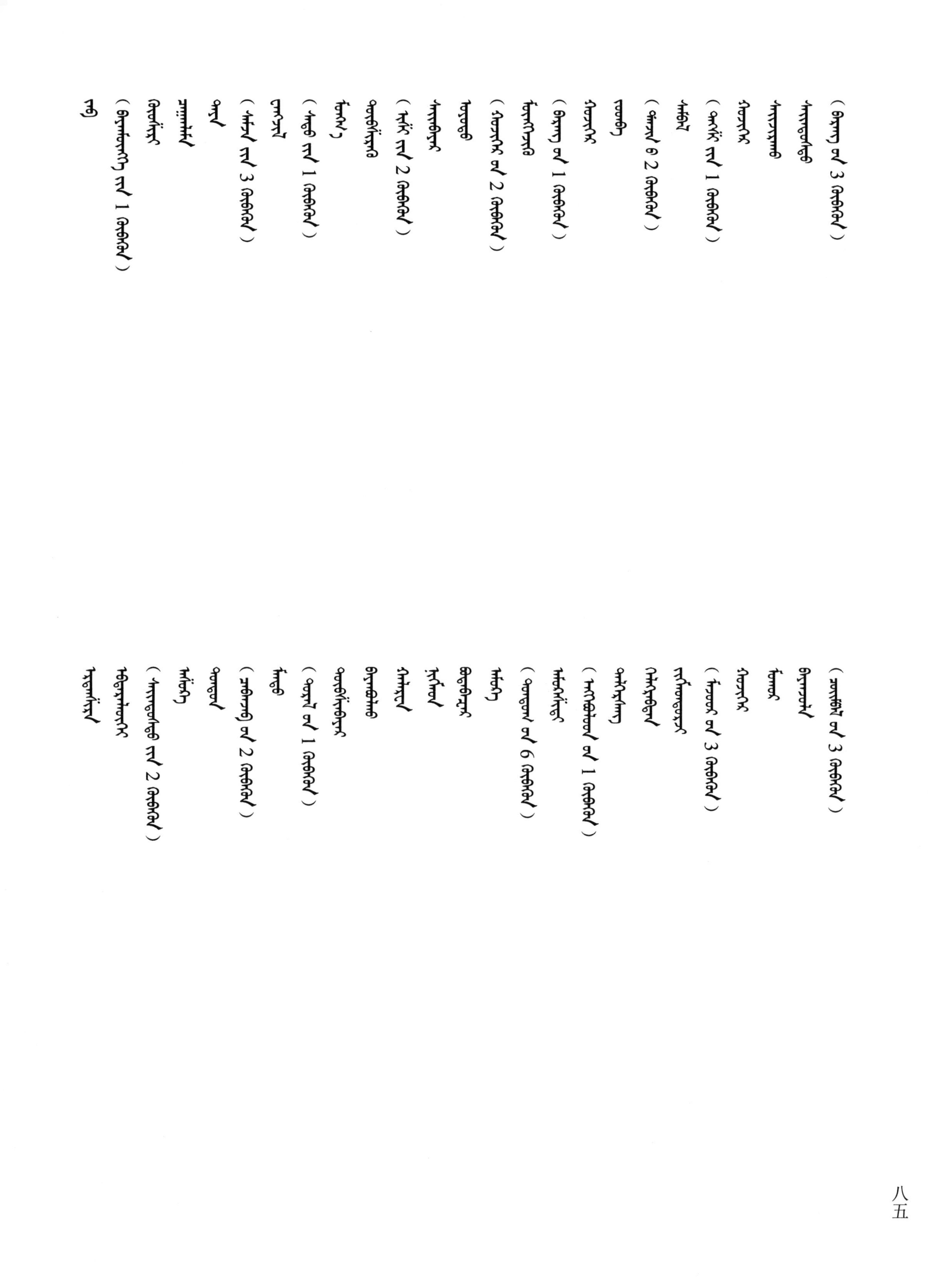

([illegible] [illegible] 2 [illegible])
[illegible]
[illegible]
([illegible] [illegible] 3 [illegible])
[illegible]
[illegible]
[illegible]
([illegible] [illegible] 1 [illegible])
[illegible]
([illegible] [illegible] 3 [illegible])
[illegible]
[illegible]
[illegible]
([illegible] [illegible] 2 [illegible])
[illegible]
[illegible]
([illegible] [illegible] 2 [illegible])
[illegible]
[illegible]
([illegible] [illegible] 1 [illegible])
[illegible]
([illegible] [illegible] 1 [illegible])
[illegible]
([illegible] [illegible] 1 [illegible])
[illegible]

[illegible]
([illegible] [illegible] 1 [illegible])
[illegible]
([illegible] [illegible] 1 [illegible])
[illegible]
([illegible] [illegible] 1 [illegible])
[illegible]
([illegible] [illegible] 1 [illegible])
[illegible]
([illegible] [illegible] 2 [illegible])
[illegible]
[illegible]
([illegible] [illegible] 1 [illegible])
[illegible]
([illegible] [illegible] 4 [illegible])
[illegible]
[illegible]
[illegible]
[illegible]
([illegible] [illegible] 5 [illegible])
[illegible]
[illegible]
[illegible]
[illegible]
[illegible]

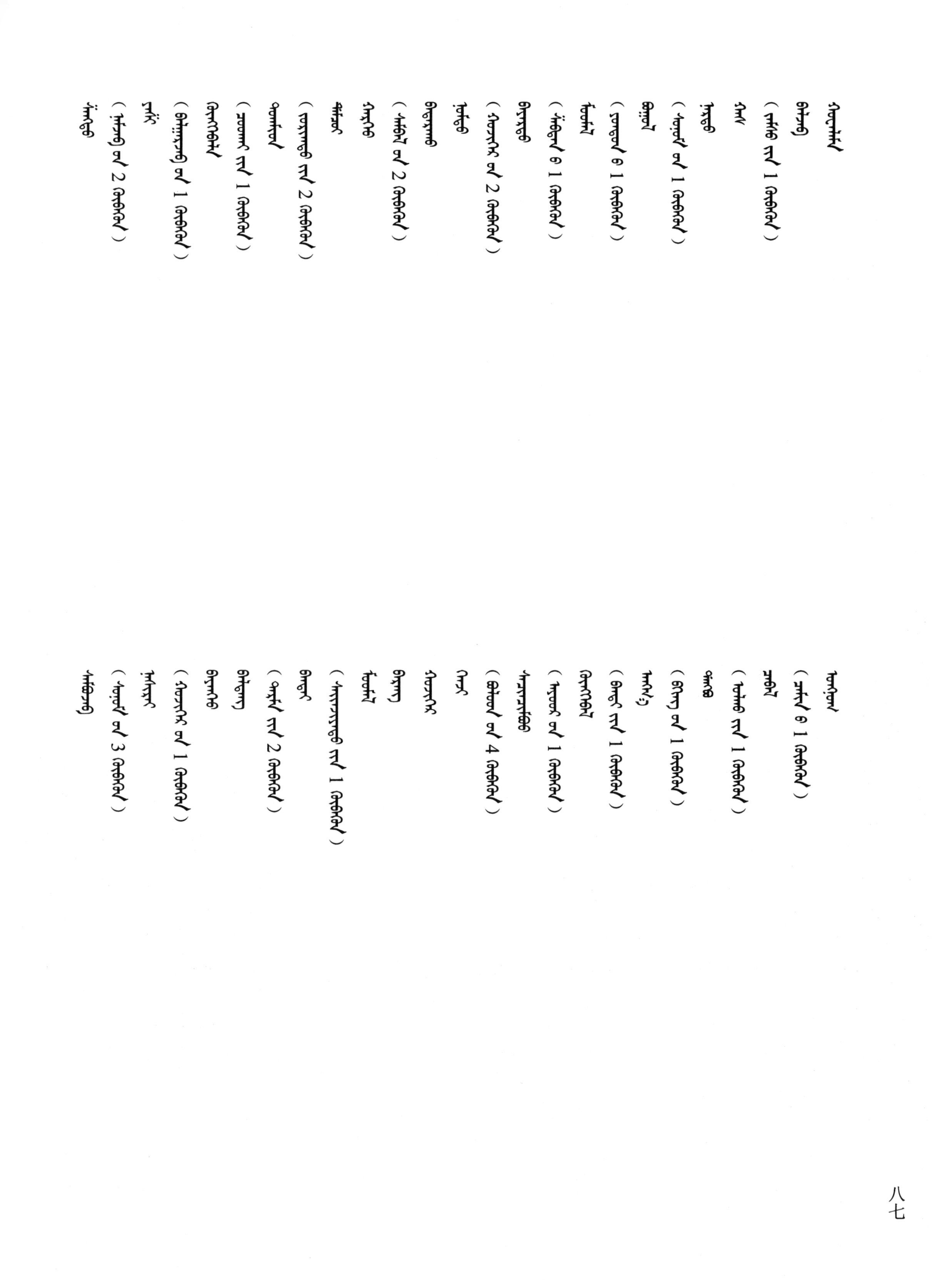

[illegible]
([illegible] [illegible] 1 [illegible])
[illegible]
([illegible] [illegible] 1 [illegible])
[illegible]
([illegible] [illegible] 3 [illegible])
[illegible]
[illegible]
[illegible]
([illegible] [illegible] 1 [illegible])
[illegible]
([illegible] [illegible] 2 [illegible])
[illegible]
[illegible]
([illegible] [illegible] 1 [illegible])
[illegible]
([illegible] [illegible] 3 [illegible])
[illegible]
[illegible]
[illegible]
([illegible] [illegible] 3 [illegible])
[illegible]
[illegible]
[illegible]
([illegible] [illegible] 1 [illegible])

([illegible] [illegible] 4 [illegible])
[illegible]
[illegible]
[illegible]
[illegible]
([illegible] [illegible] 4 [illegible])
[illegible]
[illegible]
[illegible]
[illegible]
([illegible] [illegible] 1 [illegible])
[illegible]
([illegible] [illegible] 1 [illegible])
[illegible]
([illegible] [illegible] 1 [illegible])
[illegible]
([illegible] [illegible] 2 [illegible])
[illegible]
[illegible]
([illegible] [illegible] 1 [illegible])
[illegible]
([illegible] [illegible] 4 [illegible])
[illegible]
[illegible]

[illegible]
([illegible] ᠨᡳ 3 ᡩᡝᠪᡨᡝᠯᡳᠨ)
[illegible]
[illegible]
[illegible]
([illegible] [illegible] 1 ᡩᡝᠪᡨᡝᠯᡳᠨ)
[illegible]
([illegible] ᠨᡳ 1 ᡩᡝᠪᡨᡝᠯᡳᠨ)
[illegible]
([illegible] [illegible] 1 ᡩᡝᠪᡨᡝᠯᡳᠨ)
[illegible]
([illegible] ᡳ 1 ᡩᡝᠪᡨᡝᠯᡳᠨ)
[illegible]
([illegible] ᡳ 2 ᡩᡝᠪᡨᡝᠯᡳᠨ)
[illegible]
[illegible]
([illegible] ᡳ 1 ᡩᡝᠪᡨᡝᠯᡳᠨ)
[illegible]
([illegible] ᡳ 1 ᡩᡝᠪᡨᡝᠯᡳᠨ)
[illegible]
([illegible] ᠨᡳ 2 ᡩᡝᠪᡨᡝᠯᡳᠨ)
[illegible]
[illegible]
([illegible] ᠨᡳ 1 ᡩᡝᠪᡨᡝᠯᡳᠨ)
[illegible]

[illegible]
([illegible] ᡳ 1 ᡩᡝᠪᡨᡝᠯᡳᠨ)
[illegible]
([illegible] ᡳ 3 ᡩᡝᠪᡨᡝᠯᡳᠨ)
[illegible]
[illegible]
[illegible]
([illegible] ᠨᡳ 1 ᡩᡝᠪᡨᡝᠯᡳᠨ)
[illegible]
([illegible] ᠨᡳ 2 ᡩᡝᠪᡨᡝᠯᡳᠨ)
[illegible]
[illegible]
([illegible] ᠨᡳ 1 ᡩᡝᠪᡨᡝᠯᡳᠨ)
[illegible]
([illegible] ᡳ 3 ᡩᡝᠪᡨᡝᠯᡳᠨ)
[illegible]
[illegible]
[illegible]
([illegible] ᠨᡳ 2 ᡩᡝᠪᡨᡝᠯᡳᠨ)
[illegible]
[illegible]
([illegible] ᡳ 4 ᡩᡝᠪᡨᡝᠯᡳᠨ)
[illegible]
[illegible]
[illegible]

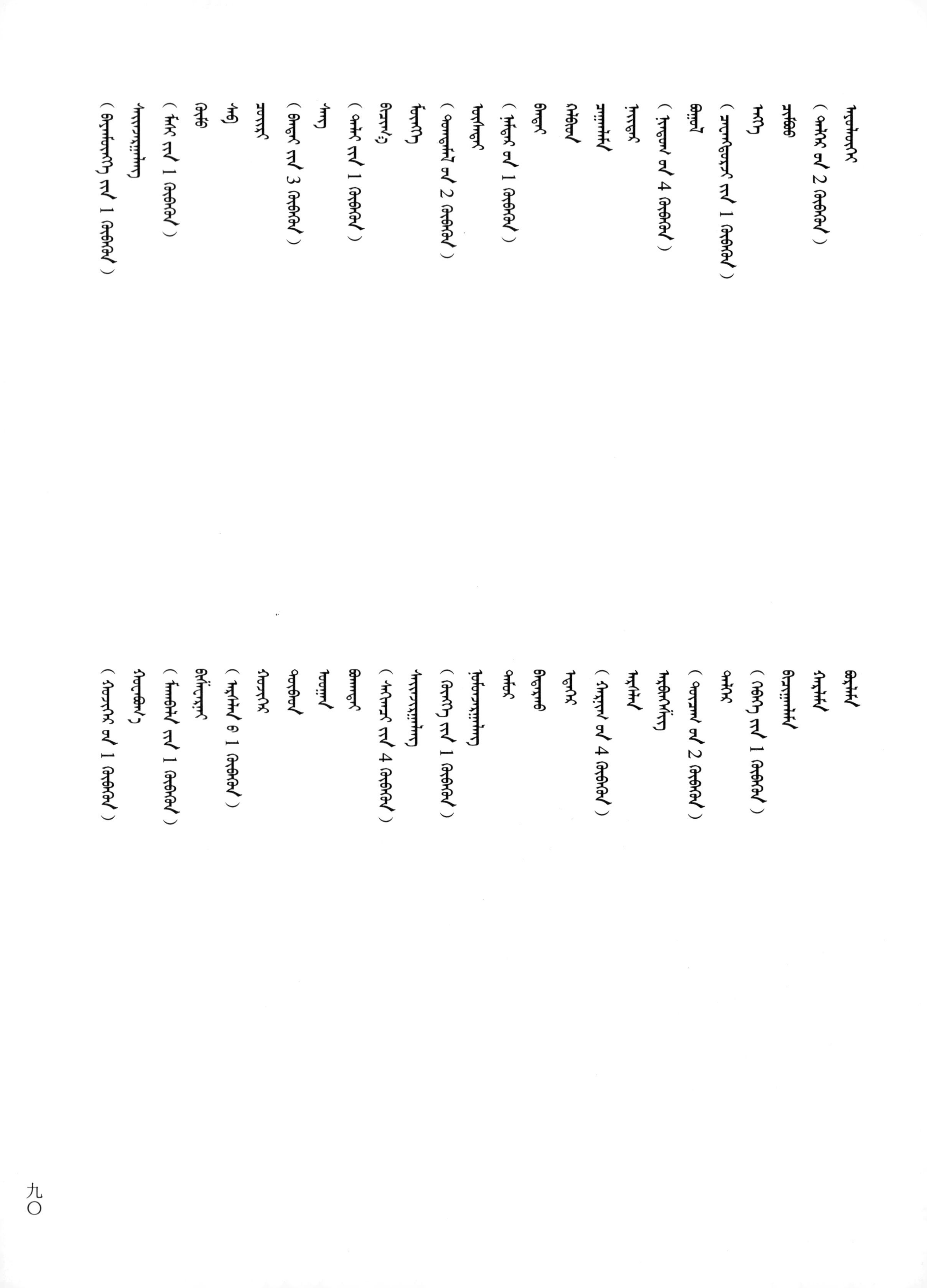

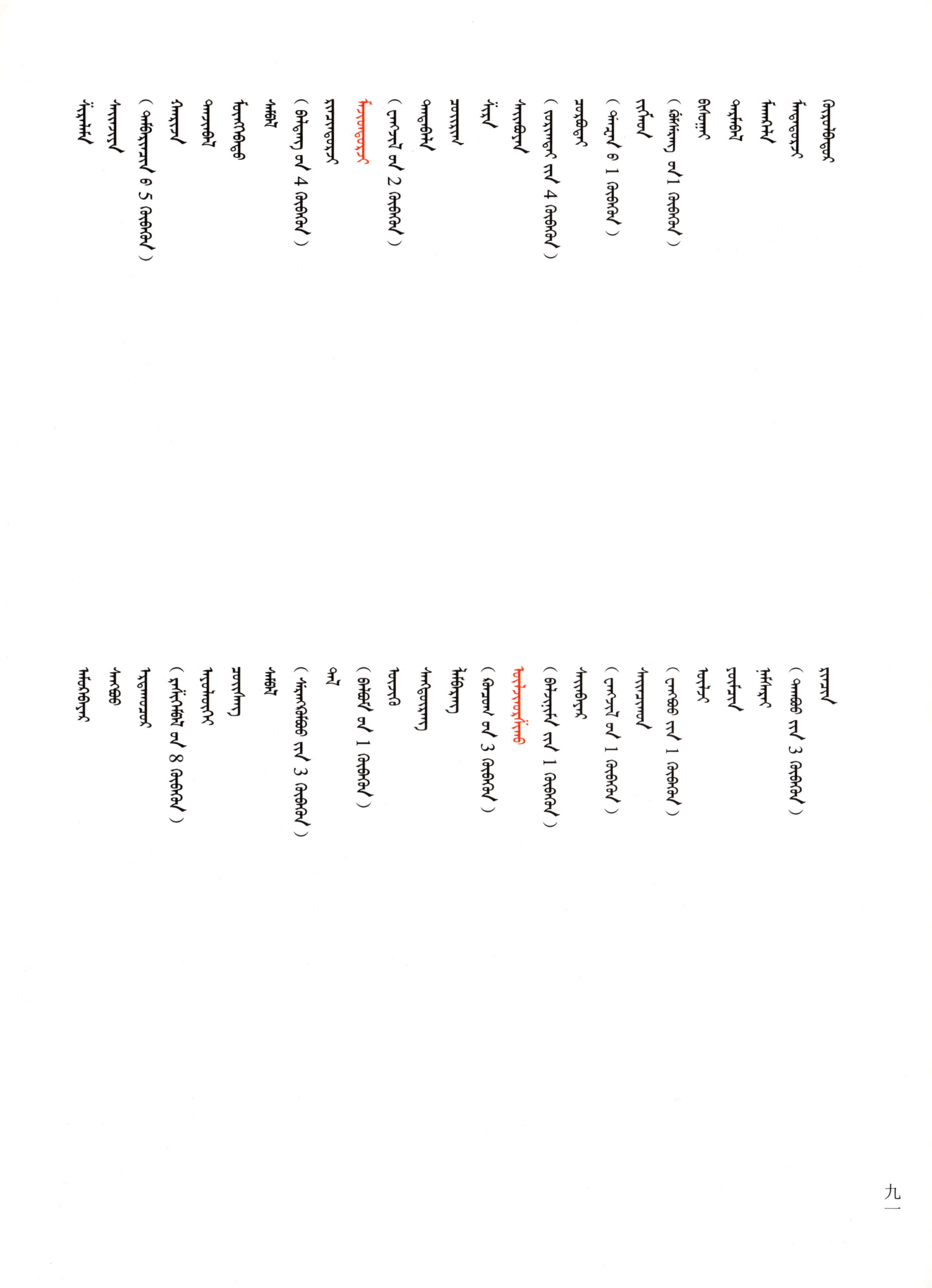

[illegible]
[illegible]
[illegible]
[illegible]
[illegible]
([illegible] 1 [illegible])
[illegible]
([illegible] 1 [illegible])
[illegible]
([illegible] 4 [illegible])
[illegible]
[illegible]
[illegible]
([illegible] 2 [illegible])
[illegible]
[illegible]
([illegible] 4 [illegible])
[illegible]
[illegible]
[illegible]
([illegible] 5 [illegible])
[illegible]
[illegible]

[illegible]
([illegible] 3 [illegible])
[illegible]
[illegible]
[illegible]
([illegible] 1 [illegible])
[illegible]
([illegible] 1 [illegible])
[illegible]
[illegible]
([illegible] 1 [illegible])
[illegible]
([illegible] 3 [illegible])
[illegible]
[illegible]
([illegible] 1 [illegible])
[illegible]
([illegible] 3 [illegible])
[illegible]
[illegible]
([illegible] 8 [illegible])
[illegible]
[illegible]
[illegible]

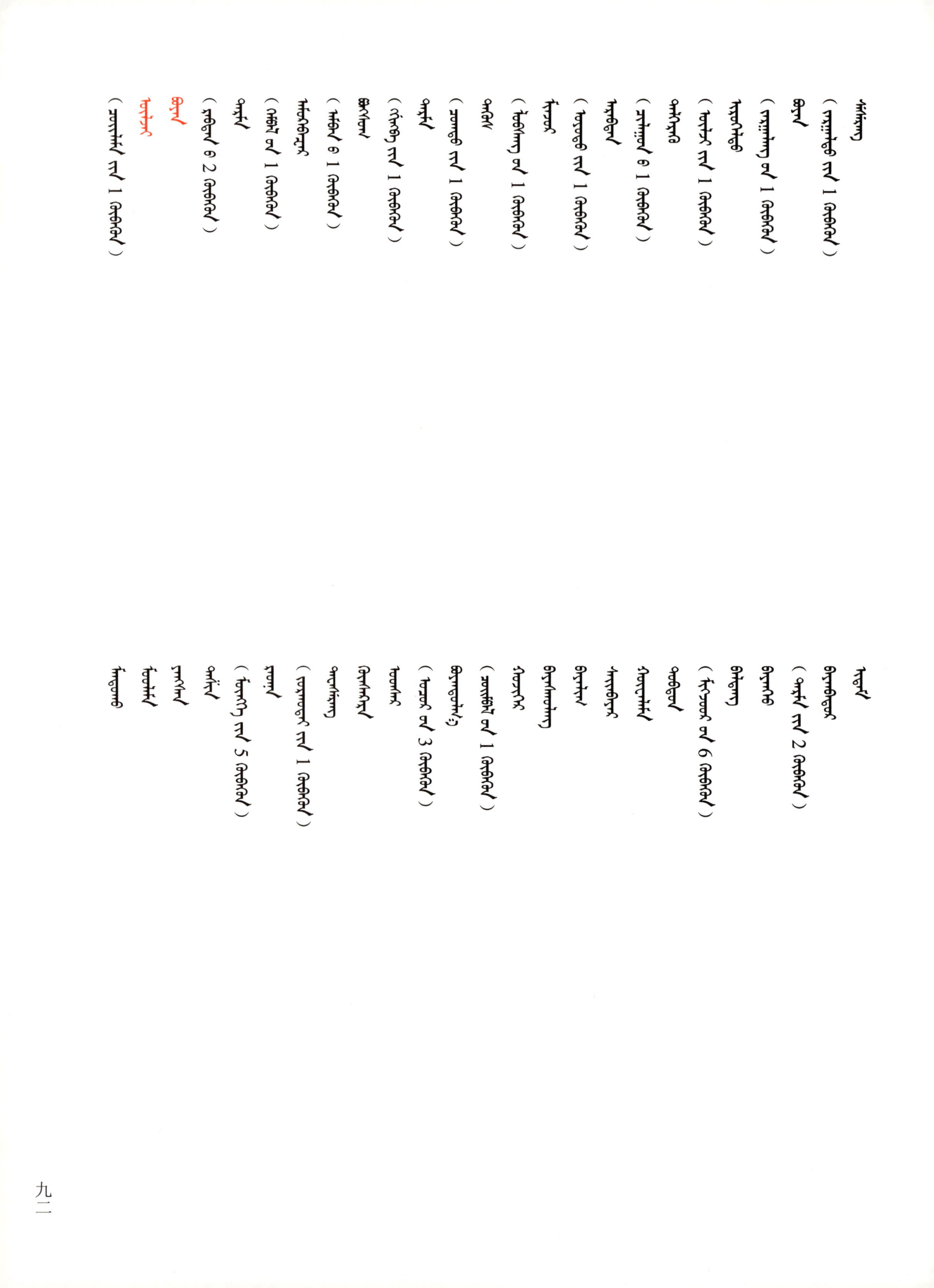

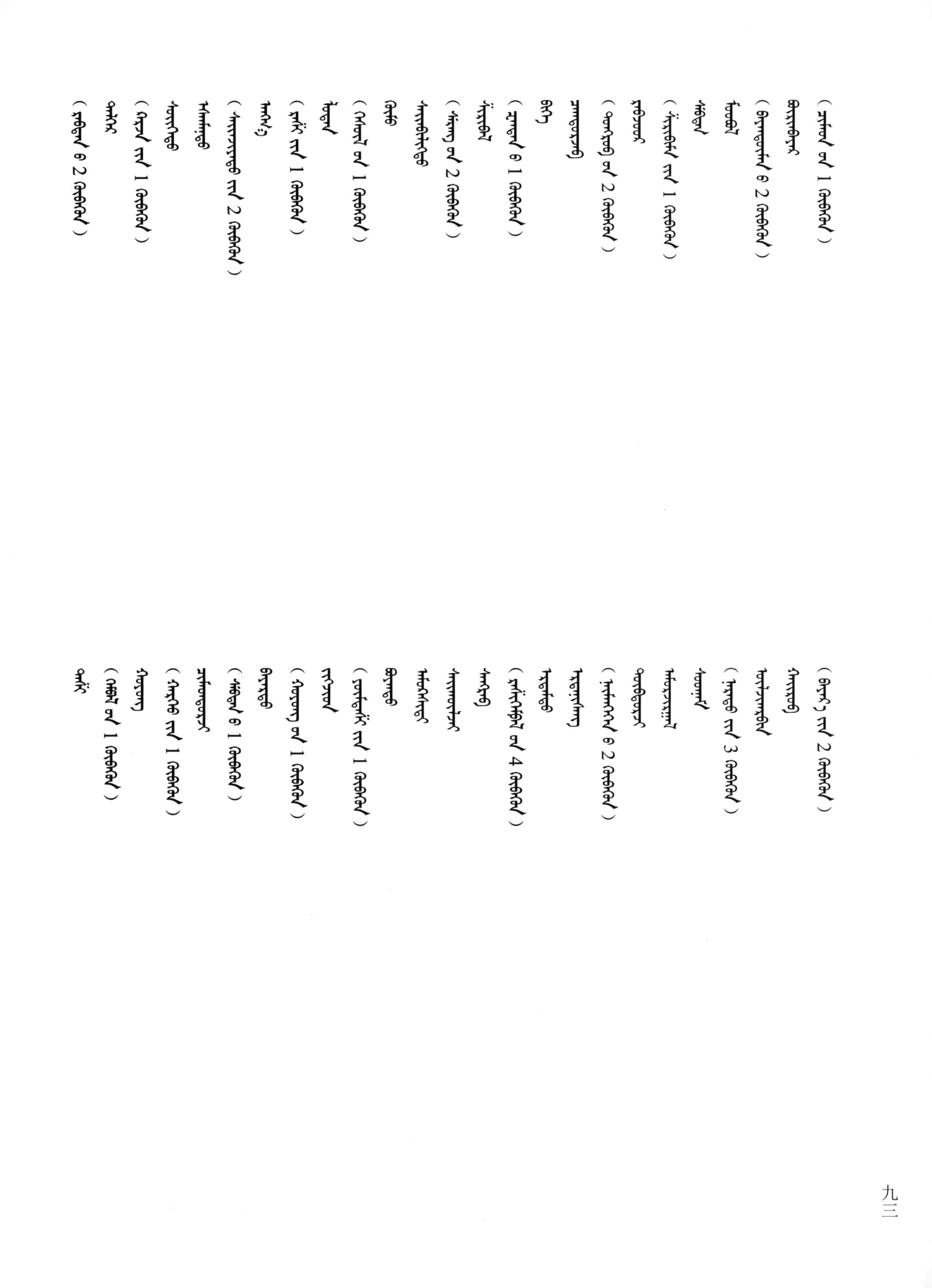

[illegible]
([illegible] [illegible] 1 [illegible])
[illegible]
([illegible] [illegible] 2 [illegible])
[illegible]
[illegible]
([illegible] [illegible] 2 [illegible])
[illegible]
[illegible]
([illegible] [illegible] 3 [illegible])
[illegible]
[illegible]
[illegible]
([illegible] [illegible] 2 [illegible])
[illegible]
[illegible]
([illegible] [illegible] 1 [illegible])
[illegible]
([illegible] [illegible] 2 [illegible])
[illegible]
[illegible]
([illegible] [illegible] 3 [illegible])
[illegible]
[illegible]
[illegible]
([illegible] [illegible] 3 [illegible])
[illegible]
[illegible]
[illegible]
([illegible] [illegible] 2 [illegible])
[illegible]
[illegible]
([illegible] [illegible] 3 [illegible])
[illegible]
[illegible]
[illegible]
([illegible] [illegible] 1 [illegible])
[illegible]

[illegible] [illegible] ——(663 [illegible])

([illegible] [illegible] 1 [illegible])
[illegible]
([illegible] [illegible] 1 [illegible])
[illegible]
([illegible] [illegible] 1 [illegible])
[illegible]
([illegible] [illegible] 1 [illegible])
[illegible]
([illegible] [illegible] 1 [illegible])

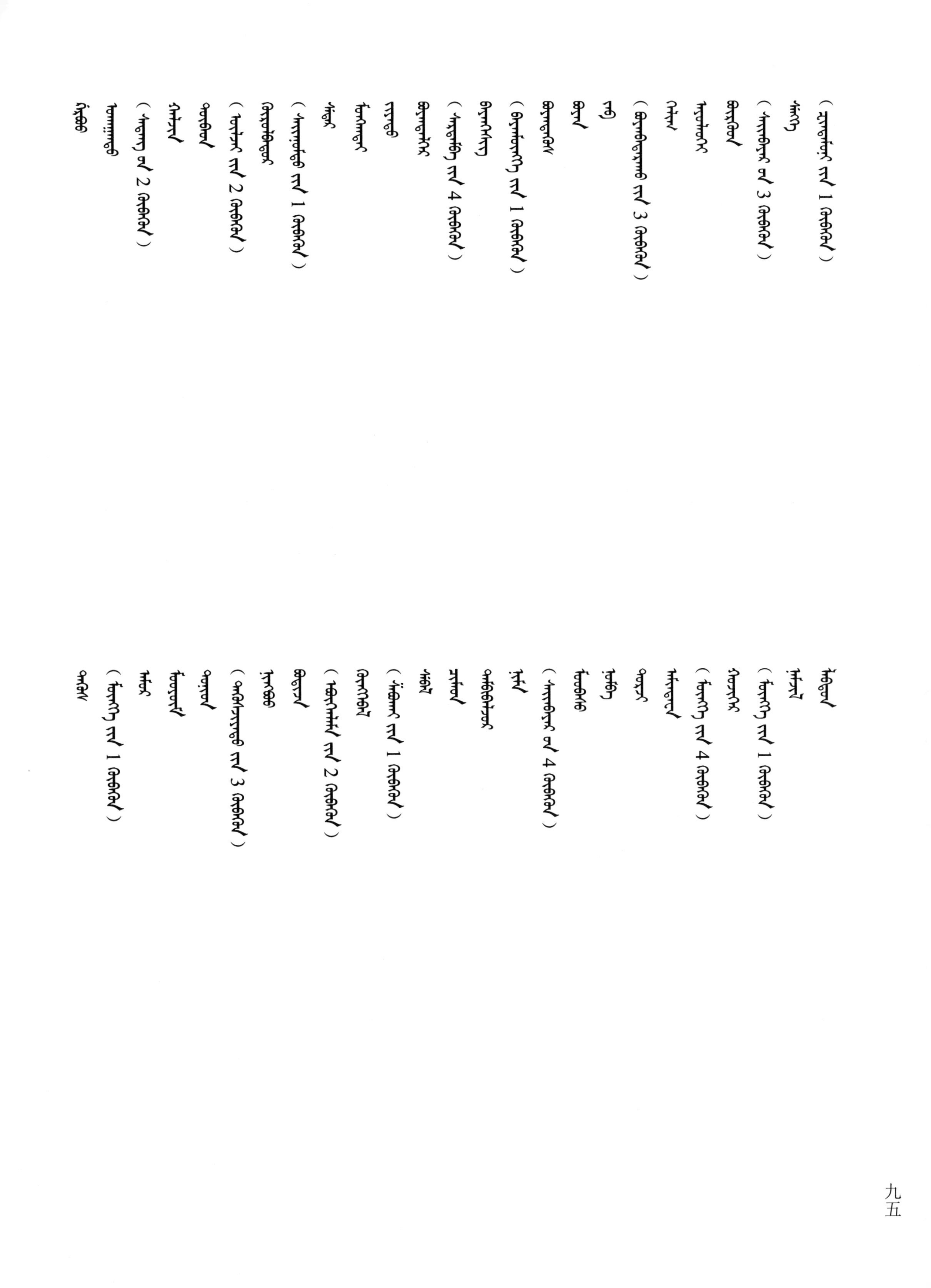

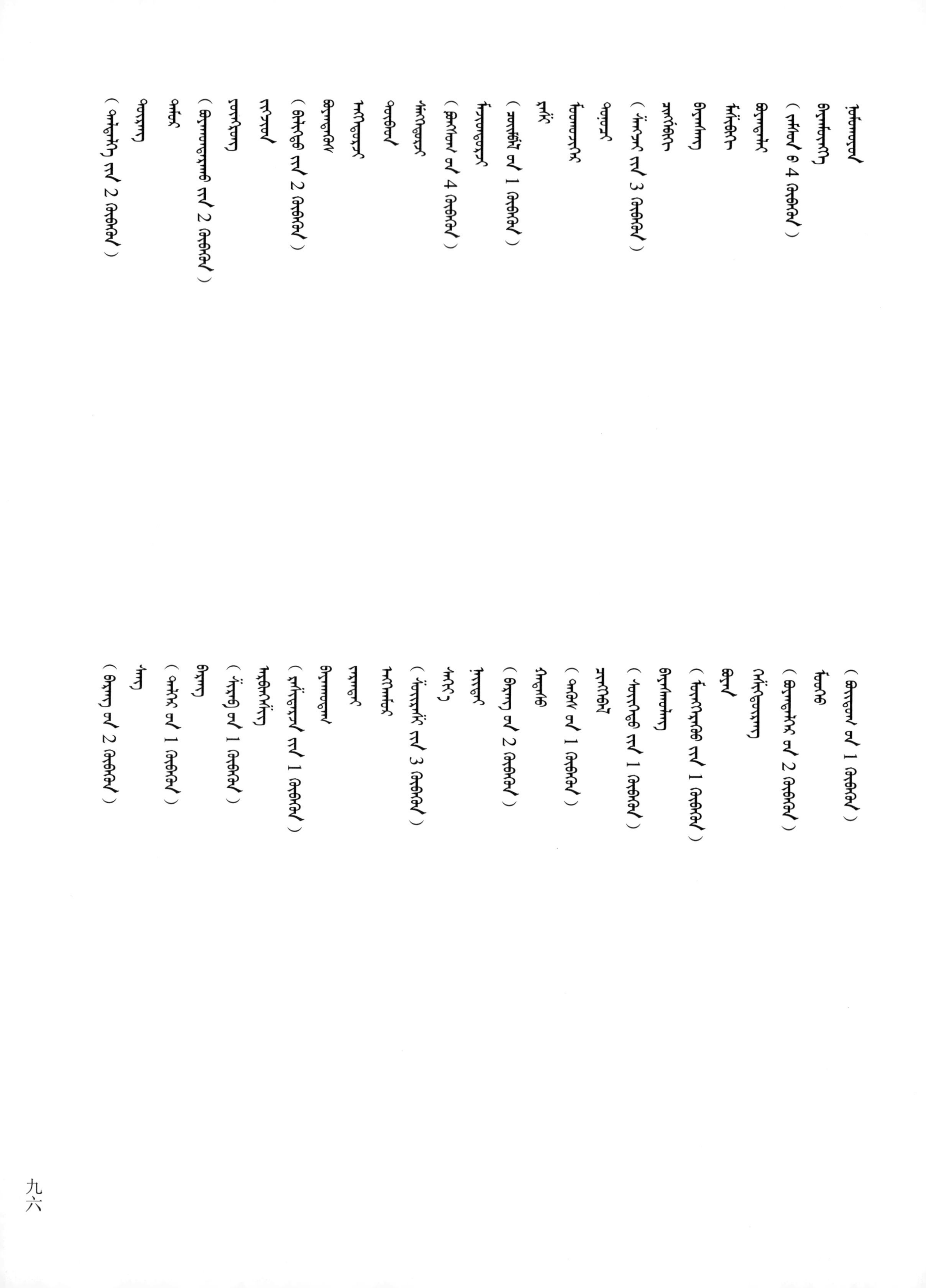

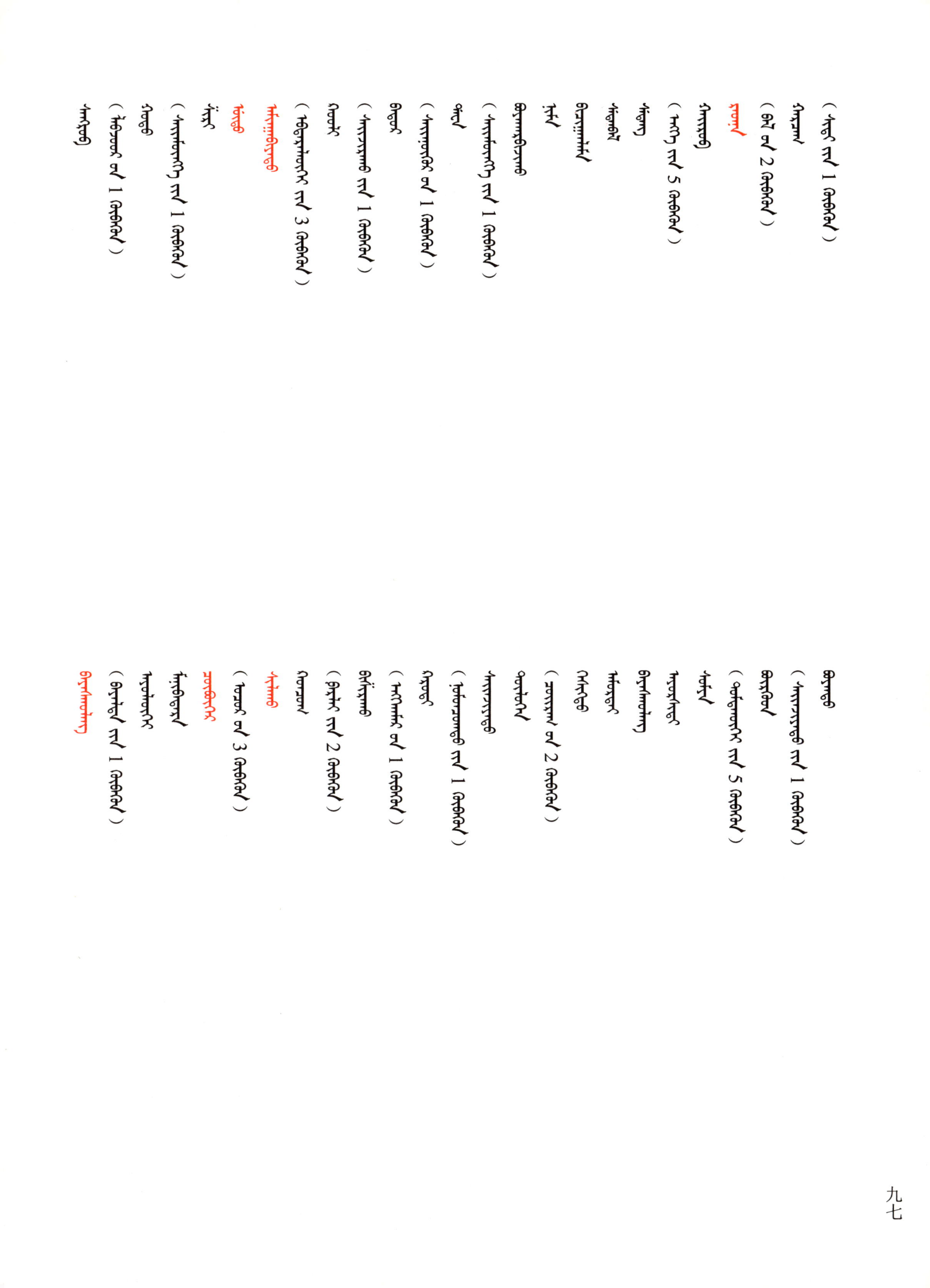

[illegible]

([illegible] [illegible] 1 [illegible])

[illegible]

([illegible] [illegible] 1 [illegible])

[illegible]

([illegible] [illegible] 2 [illegible])

[illegible]

[illegible]

([illegible] [illegible] 1 [illegible])

[illegible]

([illegible] [illegible] 1 [illegible])

[illegible]

([illegible] [illegible] 5 [illegible])

[illegible]

[illegible]

[illegible]

[illegible]

[illegible]

([illegible] [illegible] 1 [illegible])

[illegible]

([illegible] [illegible] 1 [illegible])

[illegible]

([illegible] [illegible] 1 [illegible])

[illegible]

([illegible] [illegible] 1 [illegible])

[illegible]

[illegible]

[illegible]

([illegible] [illegible] 3 [illegible])

[illegible]

[illegible]

[illegible]

([illegible] [illegible] 2 [illegible])

[illegible]

[illegible]

([illegible] [illegible] 1 [illegible])

[illegible]

([illegible] [illegible] 1 [illegible])

[illegible]

([illegible] [illegible] 1 [illegible])

[illegible]

([illegible] [illegible] 1 [illegible])

[illegible]

([illegible] [illegible] 2 [illegible])

[illegible]

[illegible]

([illegible] [illegible] 4 [illegible])

[illegible]

[illegible]

[illegible]

([illegible] ᠶᠢᠨ 2 ᠪᠠᠳᠠᠭ)
[illegible]
[illegible]
([illegible] ᠤᠨ 3 ᠪᠠᠳᠠᠭ)
[illegible]
[illegible]
[illegible]
([illegible] ᠶᠢᠨ 1 ᠪᠠᠳᠠᠭ)
[illegible]
([illegible] ᠶᠢᠨ 2 ᠪᠠᠳᠠᠭ)
[illegible]
([illegible] ᠶᠢᠨ 2 ᠪᠠᠳᠠᠭ)
[illegible]
([illegible] ᠶᠢᠨ 1 ᠪᠠᠳᠠᠭ)
[illegible]
([illegible] ᠤ 2 ᠪᠠᠳᠠᠭ)
[illegible]
[illegible]
([illegible] ᠶᠢᠨ 2 ᠪᠠᠳᠠᠭ)
[illegible]
[illegible]
([illegible] ᠤᠨ 4 ᠪᠠᠳᠠᠭ)
[illegible]

[illegible]
[illegible]
[illegible]
[illegible]
([illegible] ᠶᠢᠨ 1 ᠪᠠᠳᠠᠭ)
[illegible]
([illegible] ᠶᠢᠨ 1 ᠪᠠᠳᠠᠭ)
[illegible]
([illegible] ᠶᠢᠨ 4 ᠪᠠᠳᠠᠭ)
[illegible]
[illegible]
[illegible]
[illegible]
([illegible] ᠤᠨ 3 ᠪᠠᠳᠠᠭ)
[illegible]
[illegible]
[illegible]
([illegible] ᠶᠢᠨ 2 ᠪᠠᠳᠠᠭ)
[illegible]
[illegible]
([illegible] ᠶᠢᠨ 4 ᠪᠠᠳᠠᠭ)
[illegible]
[illegible]
[illegible]
[illegible]

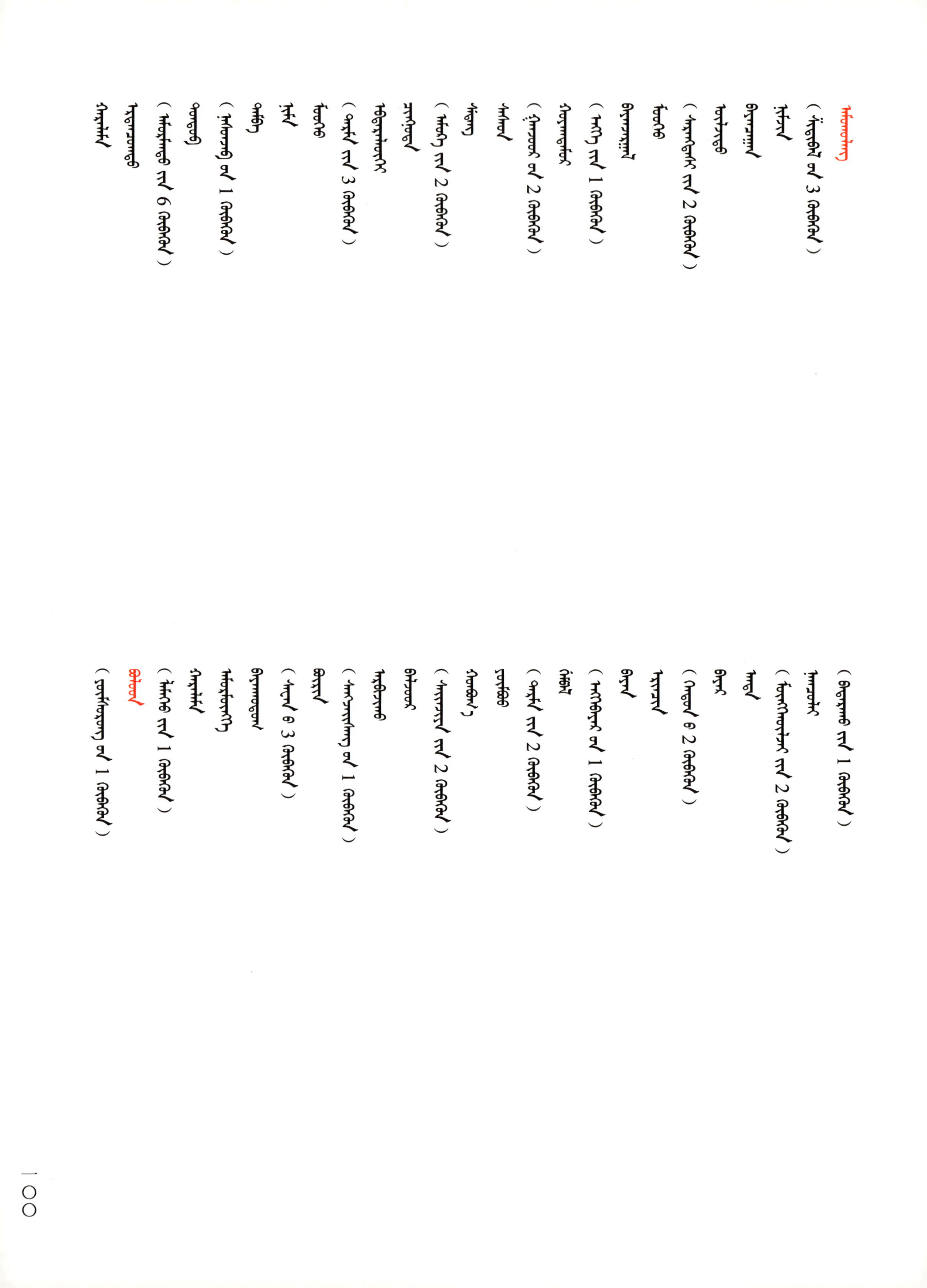

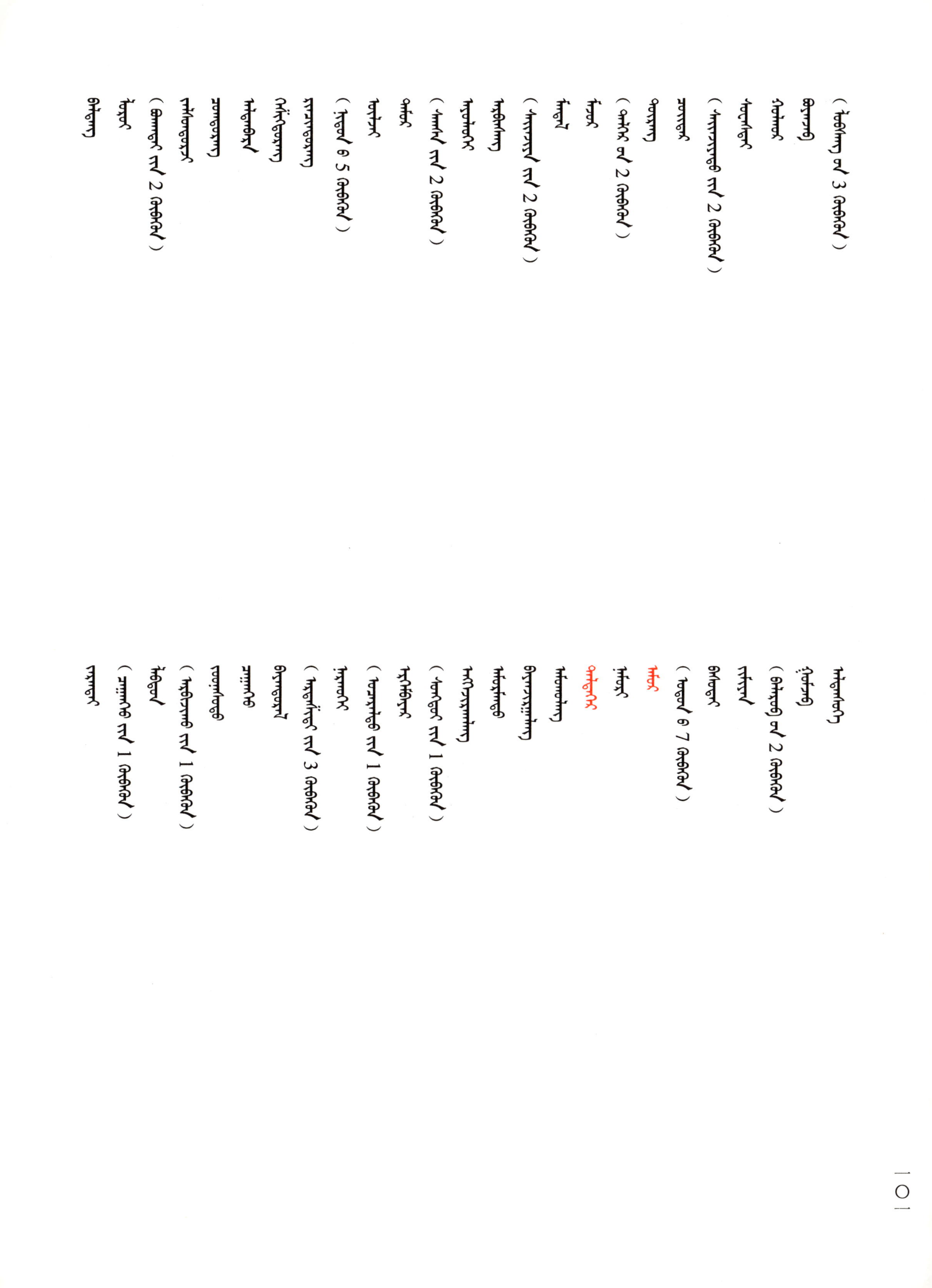

([illegible] [illegible] 3 [illegible])
[illegible]
[illegible]
[illegible]
([illegible] [illegible] 2 [illegible])
[illegible]
[illegible]
([illegible] [illegible] 2 [illegible])
[illegible]
[illegible]
([illegible] [illegible] 2 [illegible])
[illegible]
[illegible]
([illegible] [illegible] 2 [illegible])
[illegible]
[illegible]
([illegible] [illegible] 5 [illegible])
[illegible]
[illegible]
[illegible]
[illegible]
[illegible]
([illegible] [illegible] 2 [illegible])
[illegible]
[illegible]

[illegible]
[illegible]
([illegible] [illegible] 2 [illegible])
[illegible]
[illegible]
([illegible] [illegible] 7 [illegible])
[illegible]
[illegible]
[illegible]
[illegible]
[illegible]
[illegible]
[illegible]
([illegible] [illegible] 1 [illegible])
[illegible]
([illegible] [illegible] 1 [illegible])
[illegible]
([illegible] [illegible] 3 [illegible])
[illegible]
[illegible]
[illegible]
([illegible] [illegible] 1 [illegible])
[illegible]
([illegible] [illegible] 1 [illegible])
[illegible]

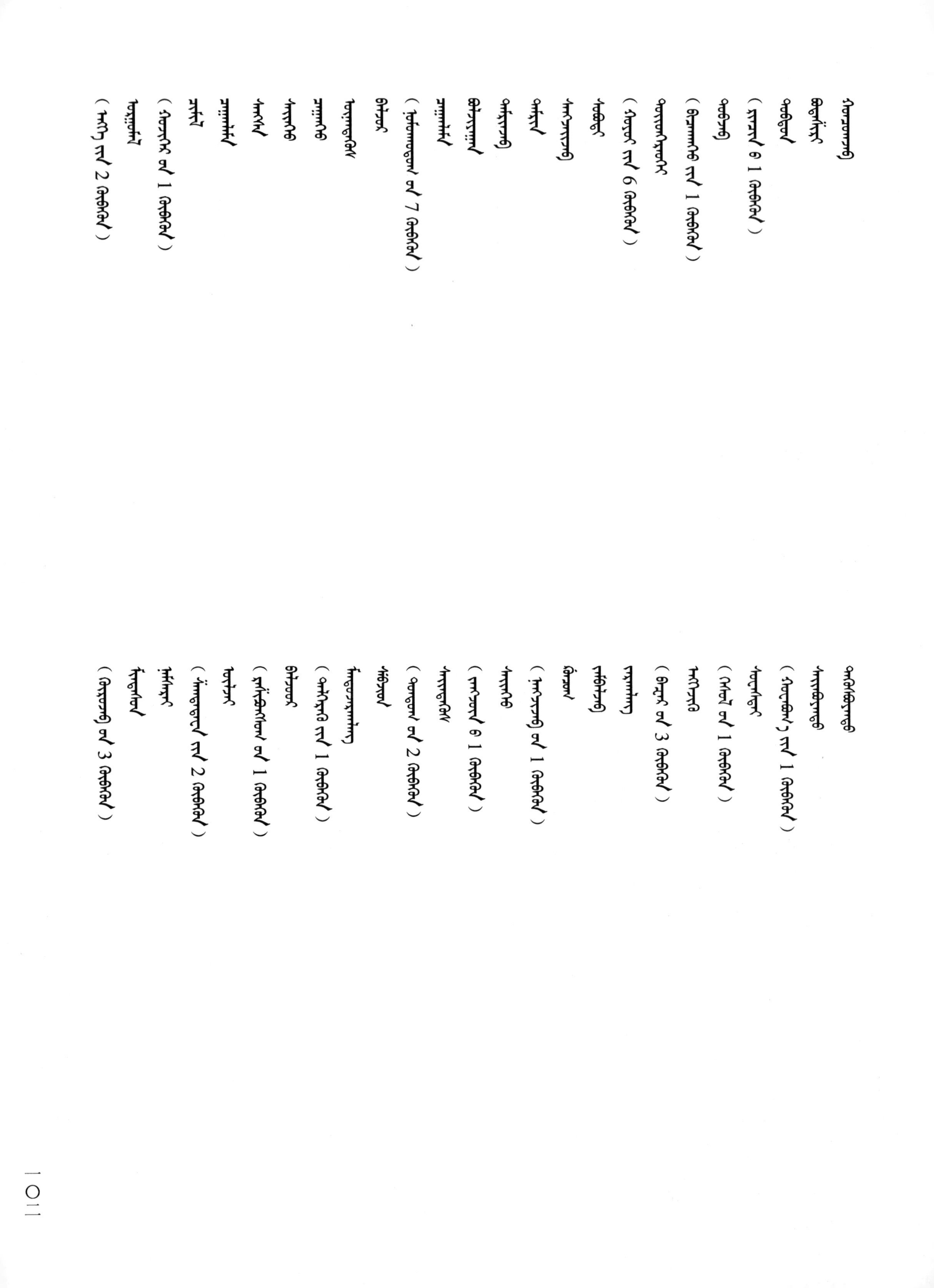

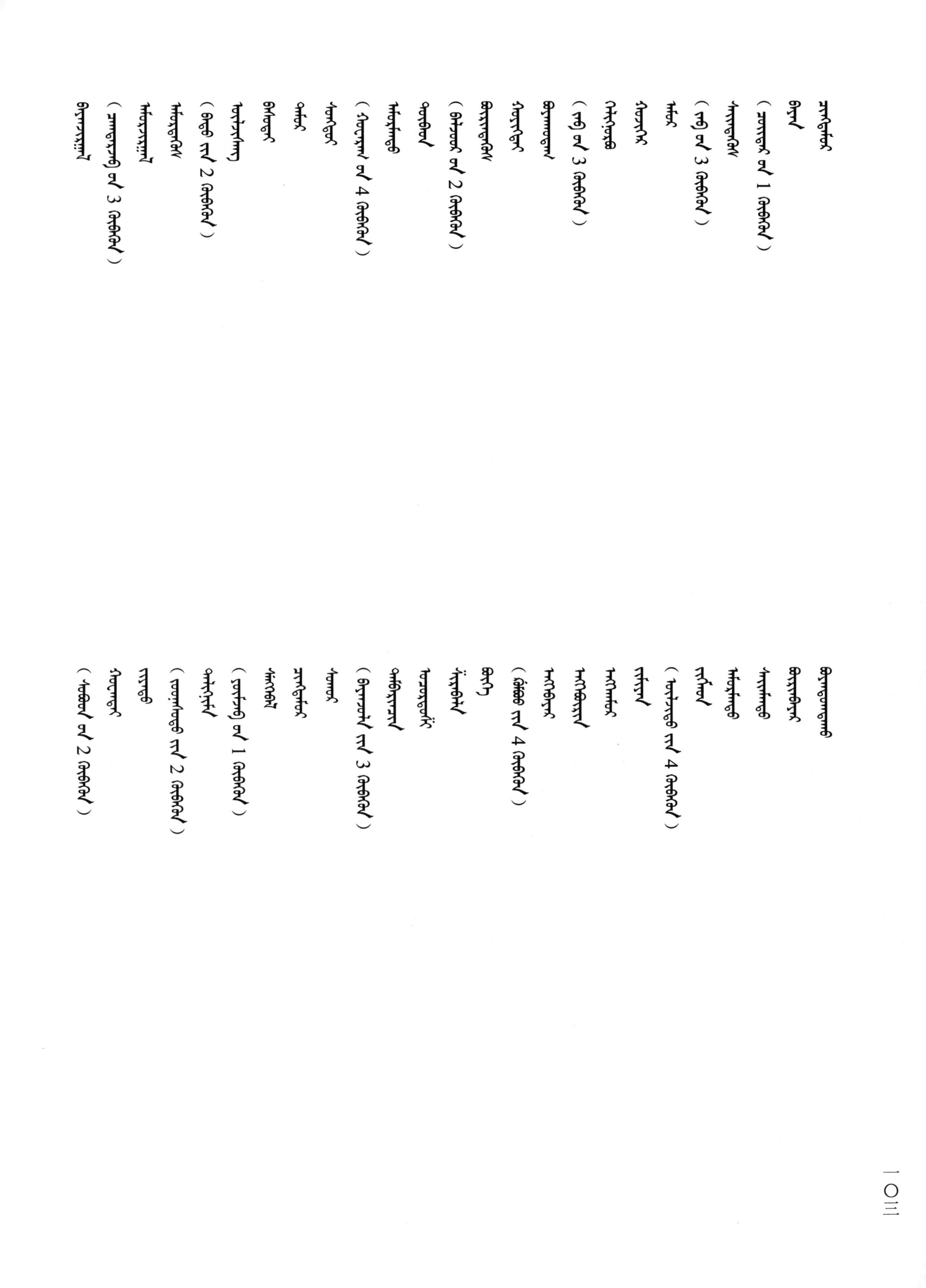

[illegible]
([illegible] 3 [illegible])
[illegible]
[illegible]
([illegible] 2 [illegible])
[illegible]
[illegible]
[illegible]
[illegible]
([illegible] 4 [illegible])
[illegible]
[illegible]
([illegible] 2 [illegible])
[illegible]
[illegible]
[illegible]
([illegible] 3 [illegible])
[illegible]
[illegible]
[illegible]
([illegible] 3 [illegible])
[illegible]
([illegible] 1 [illegible])
[illegible]
[illegible]

([illegible] 2 [illegible])
[illegible]
[illegible]
([illegible] 2 [illegible])
[illegible]
([illegible] 1 [illegible])
[illegible]
[illegible]
[illegible]
([illegible] 3 [illegible])
[illegible]
[illegible]
[illegible]
[illegible]
([illegible] 4 [illegible])
[illegible]
[illegible]
[illegible]
[illegible]
([illegible] 4 [illegible])
[illegible]
[illegible]
[illegible]
[illegible]
[illegible]

[illegible]
([illegible] ᠤᠨ 1 ᠪᠦᠯᠦᠭ)
[illegible]
([illegible] ᠶᠢᠨ 1 ᠪᠦᠯᠦᠭ)
[illegible]
([illegible] ᠤᠨ 2 ᠪᠦᠯᠦᠭ)
[illegible]
[illegible]
([illegible] ᠶᠢᠨ 1 ᠪᠦᠯᠦᠭ)
[illegible]
([illegible] ᠶᠢᠨ 2 ᠪᠦᠯᠦᠭ)
[illegible]
[illegible]
([illegible] ᠤᠨ 1 ᠪᠦᠯᠦᠭ)
[illegible]
([illegible] ᠤᠨ 1 ᠪᠦᠯᠦᠭ)
[illegible]
([illegible] ᠤᠨ 1 ᠪᠦᠯᠦᠭ)
[illegible]
([illegible] ᠶᠢᠨ 2 ᠪᠦᠯᠦᠭ)
[illegible]
[illegible]
([illegible] ᠤᠨ 7 ᠪᠦᠯᠦᠭ)
[illegible]
[illegible]

[illegible]
[illegible]
([illegible] ᠤᠨ 4 ᠪᠦᠯᠦᠭ)
[illegible]
[illegible]
[illegible]
[illegible]
([illegible] ᠶᠢᠨ 1 ᠪᠦᠯᠦᠭ)
[illegible]
([illegible] ᠤᠨ 3 ᠪᠦᠯᠦᠭ)
[illegible]
[illegible]
[illegible]
([illegible] ᠶᠢᠨ 2 ᠪᠦᠯᠦᠭ)
[illegible]
[illegible]
([illegible] ᠶᠢᠨ 1 ᠪᠦᠯᠦᠭ)
[illegible]
([illegible] ᠶᠢᠨ 3 ᠪᠦᠯᠦᠭ)
[illegible]
[illegible]
[illegible]
([illegible] ᠶᠢᠨ 1 ᠪᠦᠯᠦᠭ)
[illegible]
([illegible] ᠶᠢᠨ 1 ᠪᠦᠯᠦᠭ)

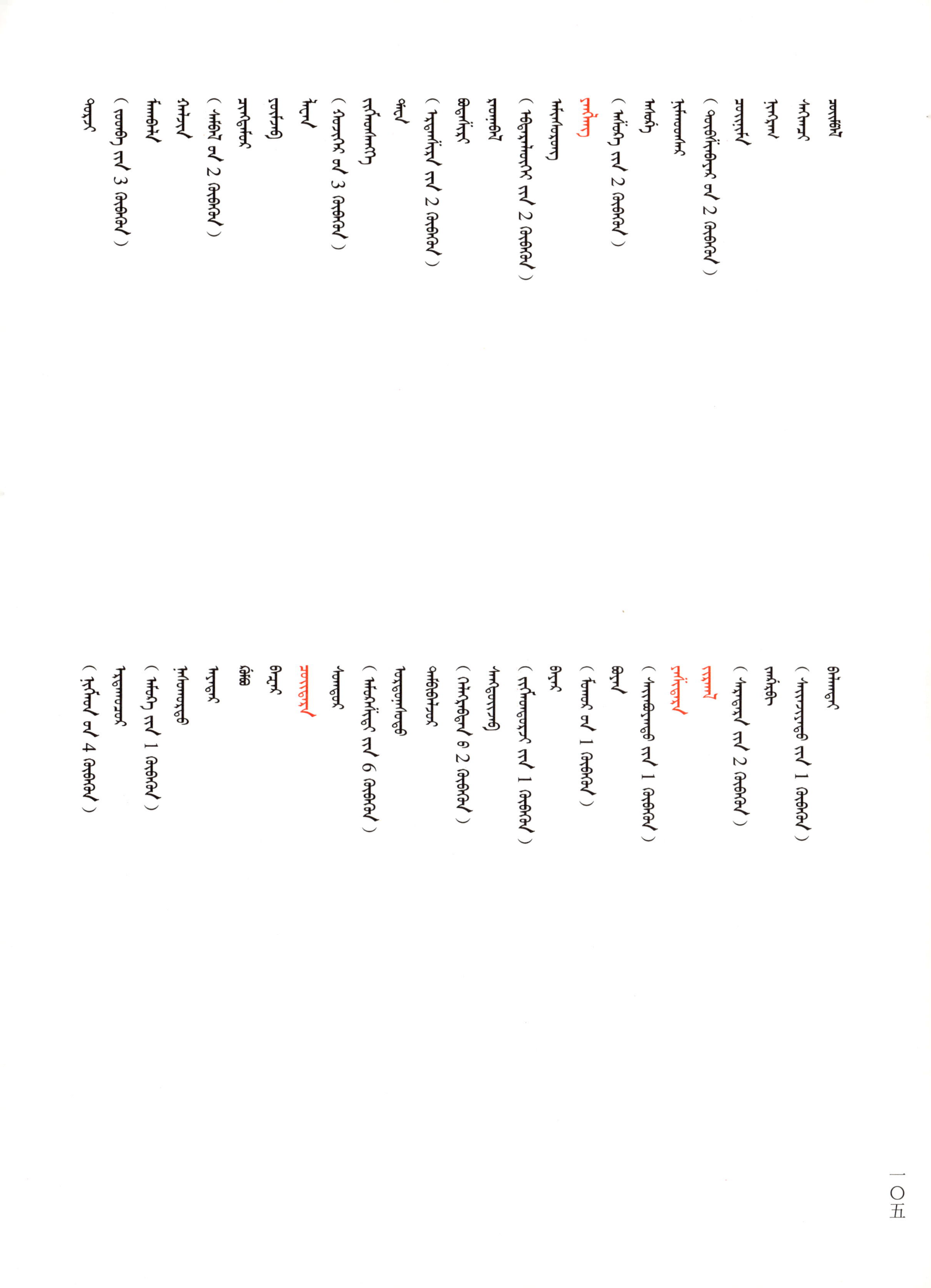

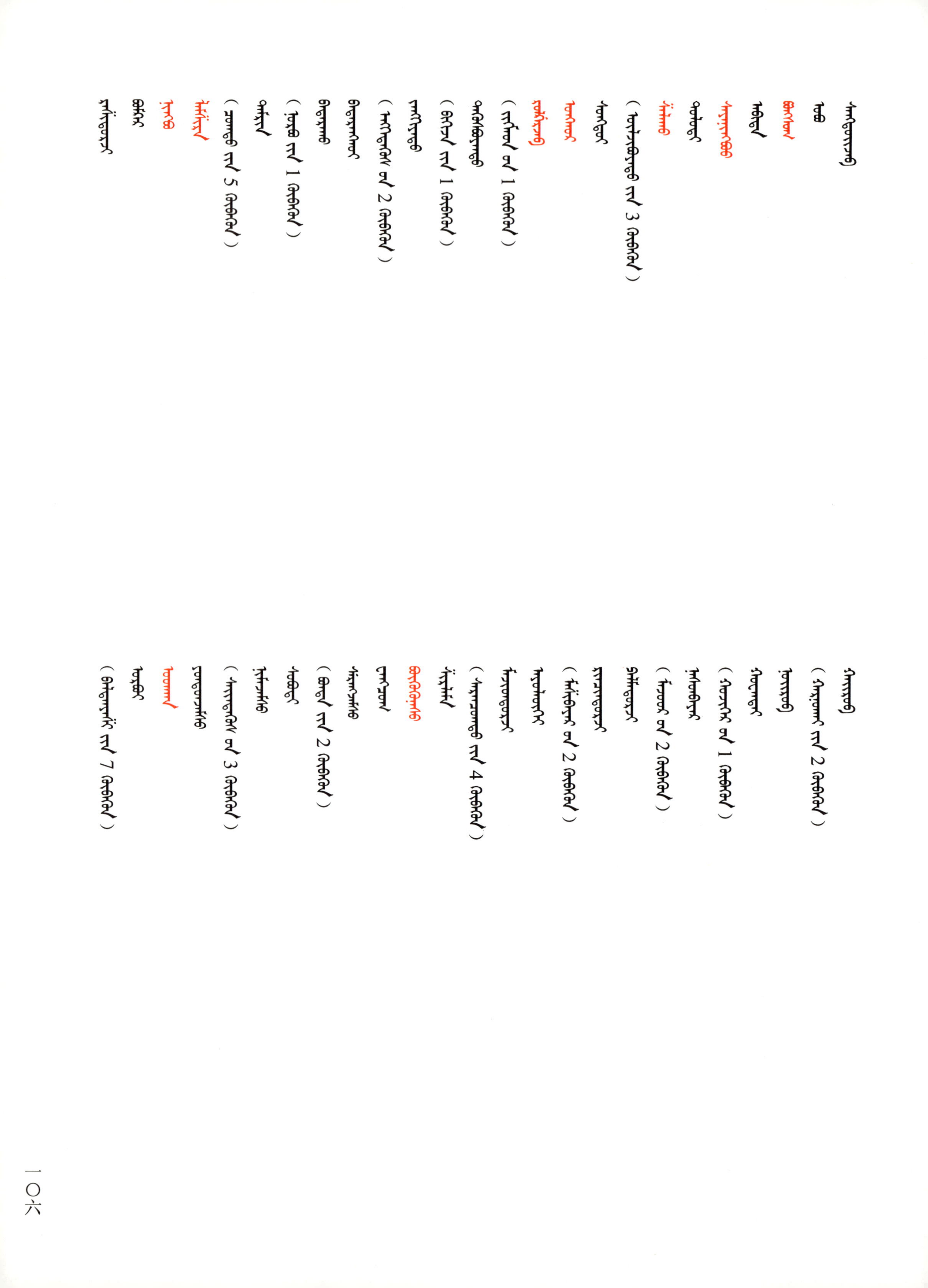

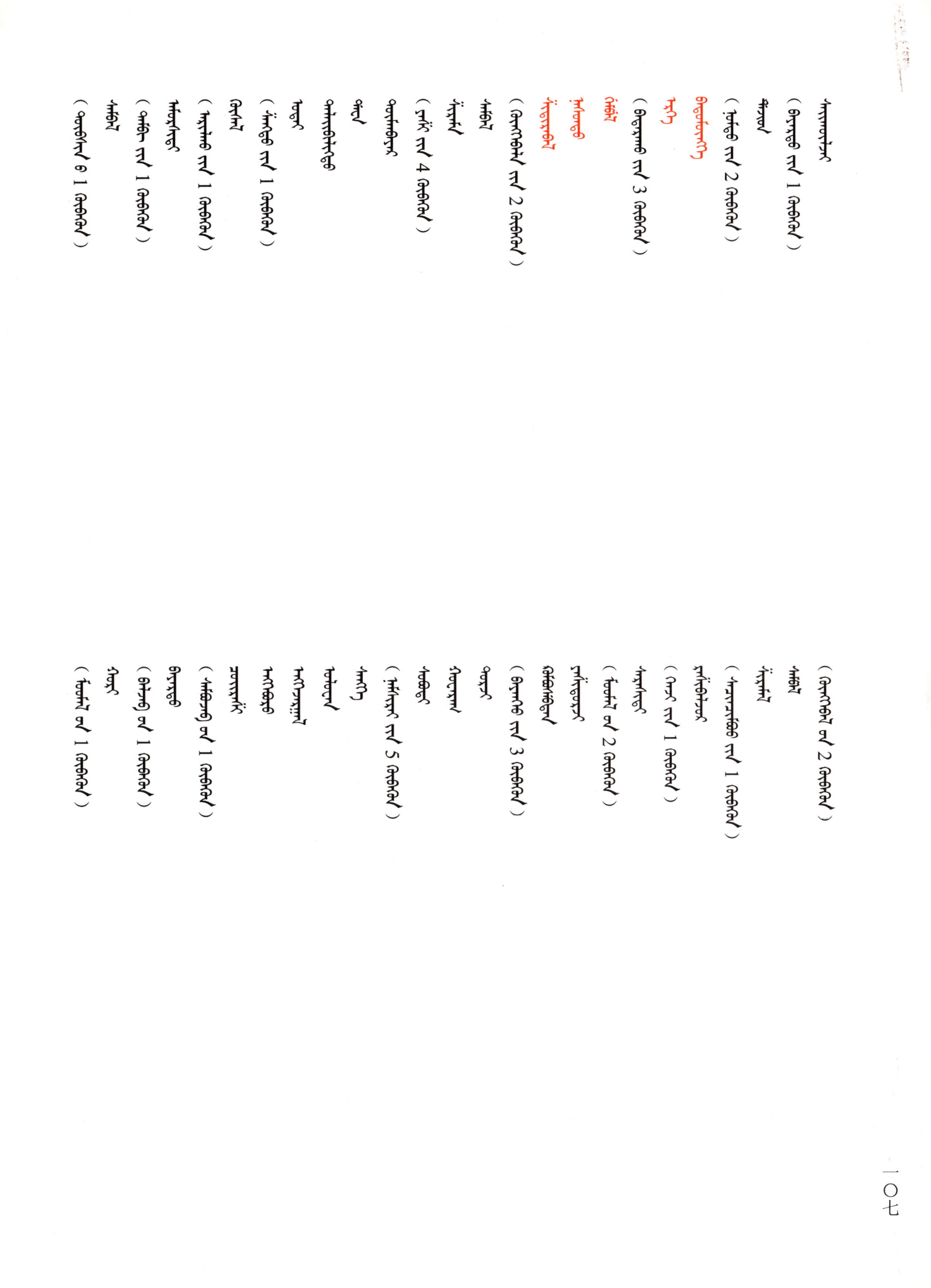

([illegible] 1 [illegible])
[illegible]
([illegible] 1 [illegible])
[illegible]
([illegible] 1 [illegible])
[illegible]
([illegible] 1 [illegible])
[illegible]
[illegible]
[illegible]
[illegible]
([illegible] 4 [illegible])
[illegible]
[illegible]
([illegible] 2 [illegible])
[illegible]
[illegible]
[illegible]
([illegible] 3 [illegible])
[illegible]
[illegible]
([illegible] 2 [illegible])
[illegible]
([illegible] 1 [illegible])
[illegible]

([illegible] 1 [illegible])
[illegible]
([illegible] 1 [illegible])
[illegible]
([illegible] 1 [illegible])
[illegible]
[illegible]
[illegible]
[illegible]
[illegible]
([illegible] 5 [illegible])
[illegible]
[illegible]
[illegible]
([illegible] 3 [illegible])
[illegible]
[illegible]
([illegible] 2 [illegible])
[illegible]
([illegible] 1 [illegible])
[illegible]
([illegible] 1 [illegible])
[illegible]
[illegible]
([illegible] 2 [illegible])

([illegible] ᠤᠨ 2 ᠪᠦᠯᠦᠭ)
[illegible]
[illegible]
([illegible] ᠦ 1 ᠪᠦᠯᠦᠭ)
[illegible]
([illegible] ᠦ 2 ᠪᠦᠯᠦᠭ)
[illegible]
[illegible]
([illegible] ᠤᠨ 1 ᠪᠦᠯᠦᠭ)
[illegible]
([illegible] ᠤᠨ 1 ᠪᠦᠯᠦᠭ)
[illegible]
([illegible] ᠶᠢᠨ 2 ᠪᠦᠯᠦᠭ)
[illegible]
[illegible]
([illegible] ᠤᠨ 1 ᠪᠦᠯᠦᠭ)
[illegible]
([illegible] ᠤᠨ 2 ᠪᠦᠯᠦᠭ)
[illegible]
[illegible]
([illegible] ᠤᠨ 2 ᠪᠦᠯᠦᠭ)
[illegible]
[illegible]
([illegible] ᠶᠢᠨ 1 ᠪᠦᠯᠦᠭ)
[illegible]

[illegible]
([illegible] ᠦ 1 ᠪᠦᠯᠦᠭ)
[illegible]
([illegible] ᠶᠢᠨ 2 ᠪᠦᠯᠦᠭ)
[illegible]
[illegible]
([illegible] ᠤᠨ 2 ᠪᠦᠯᠦᠭ)
[illegible]
[illegible]
([illegible] ᠤᠨ 1 ᠪᠦᠯᠦᠭ)
[illegible]
([illegible] ᠶᠢᠨ 3 ᠪᠦᠯᠦᠭ)
[illegible]
[illegible]
[illegible]
([illegible] ᠦ 1 ᠪᠦᠯᠦᠭ)
[illegible]
([illegible] ᠤᠨ 1 ᠪᠦᠯᠦᠭ)
[illegible]
([illegible] ᠤᠨ 1 ᠪᠦᠯᠦᠭ)
[illegible]
([illegible] ᠦ 1 ᠪᠦᠯᠦᠭ)
[illegible]
([illegible] ᠤᠨ 1 ᠪᠦᠯᠦᠭ)
[illegible]

[illegible]

[illegible]

[illegible]

([illegible] ᠨᡳ 1 ᡩᡝᠪᡨᡝᠯᡳᠨ)

[illegible]

([illegible] ᡳ 1 ᡩᡝᠪᡨᡝᠯᡳᠨ)

[illegible]

([illegible] ᠨᡳ 1 ᡩᡝᠪᡨᡝᠯᡳᠨ)

[illegible]

([illegible] [illegible] 3 ᡩᡝᠪᡨᡝᠯᡳᠨ)

[illegible]

[illegible]

[illegible]

([illegible] ᡳ 4 ᡩᡝᠪᡨᡝᠯᡳᠨ)

[illegible]

[illegible]

[illegible]

[illegible]

([illegible] ᠨᡳ 1 ᡩᡝᠪᡨᡝᠯᡳᠨ)

[illegible]

([illegible] ᠨᡳ 3 ᡩᡝᠪᡨᡝᠯᡳᠨ)

[illegible]

[illegible]

[illegible]

([illegible] ᡳ 1 ᡩᡝᠪᡨᡝᠯᡳᠨ)

[illegible]

([illegible] ᠨᡳ 1 ᡩᡝᠪᡨᡝᠯᡳᠨ)

[illegible]

([illegible] ᡳ 3 ᡩᡝᠪᡨᡝᠯᡳᠨ)

[illegible]

[illegible]

([illegible] ᠨᡳ 3 ᡩᡝᠪᡨᡝᠯᡳᠨ)

[illegible]

[illegible]

([illegible] ᡳ 1 ᡩᡝᠪᡨᡝᠯᡳᠨ)

[illegible]

([illegible] ᠨᡳ 2 ᡩᡝᠪᡨᡝᠯᡳᠨ)

[illegible]

[illegible]

([illegible] ᠨᡳ 5 ᡩᡝᠪᡨᡝᠯᡳᠨ)

[illegible]

[illegible]

[illegible]

[illegible]

[illegible]

([illegible] ᡳ 1 ᡩᡝᠪᡨᡝᠯᡳᠨ)

[illegible]

([illegible] ᡳ 3 ᡩᡝᠪᡨᡝᠯᡳᠨ)

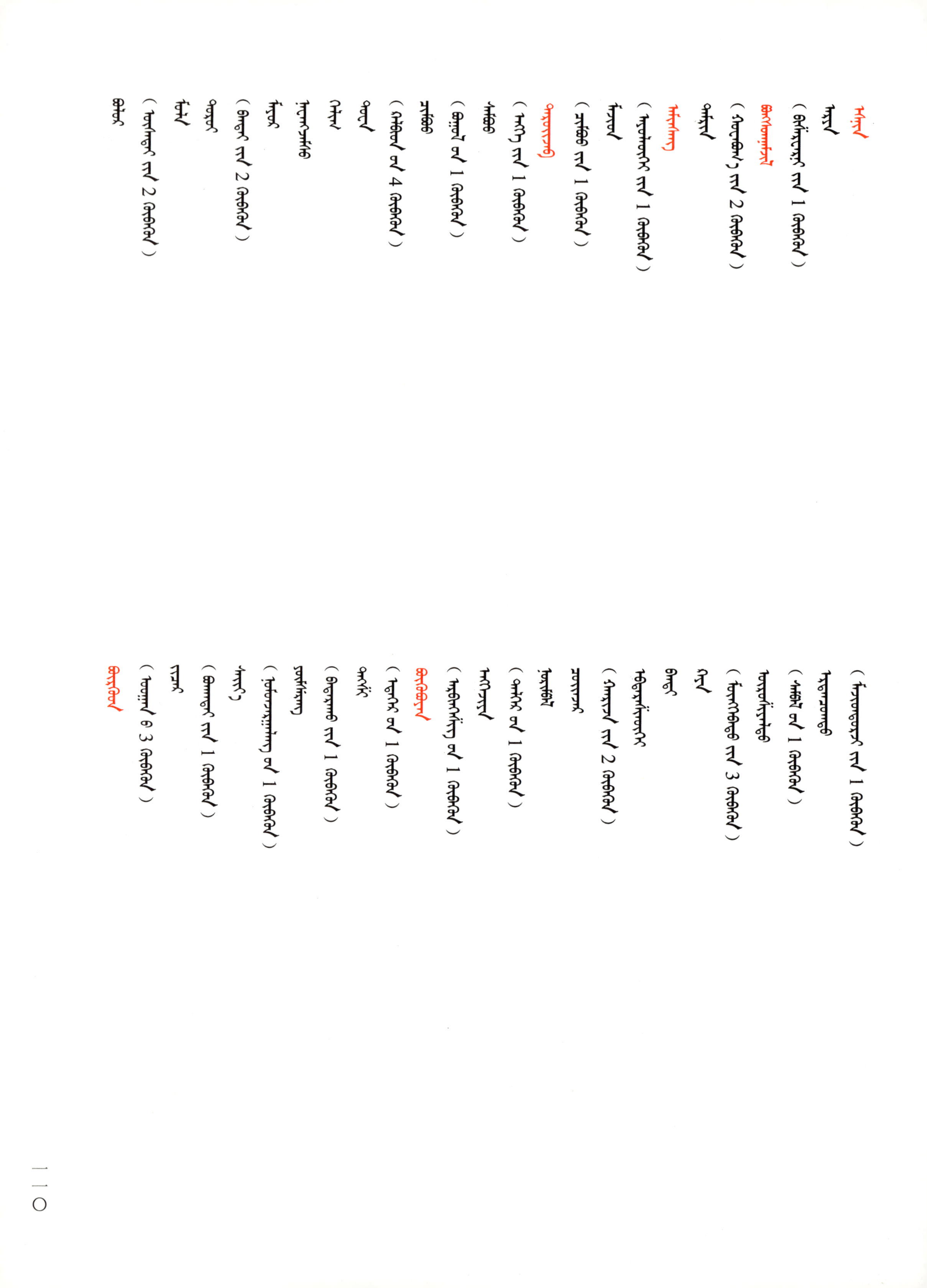

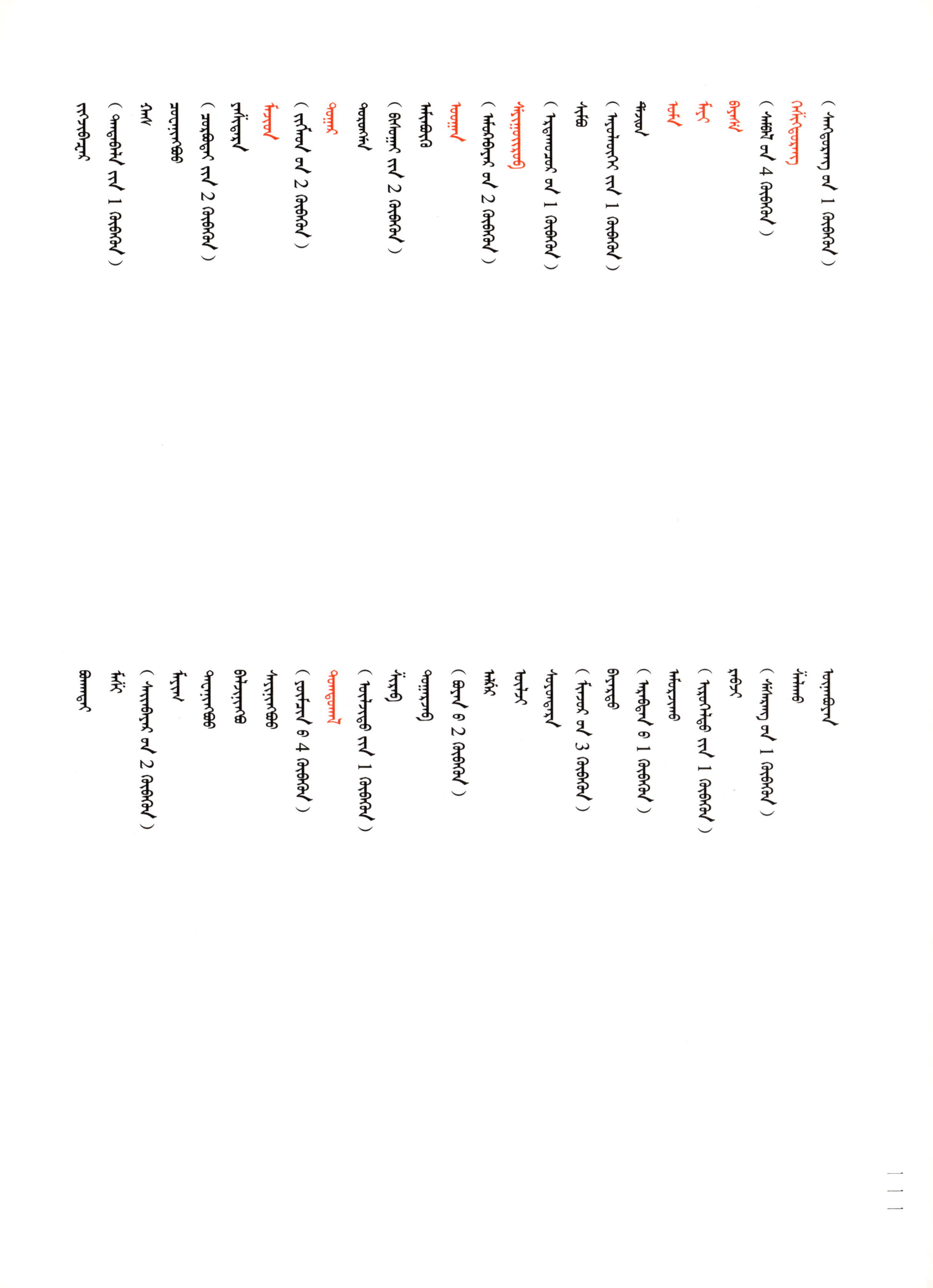

[illegible]

[illegible]

[illegible]

([illegible] ᠤᠨ 5 ᠳᠡᠪᠲᠡᠷ)

[illegible]

[illegible]

[illegible]

[illegible]

[illegible]

([illegible] ᠤᠨ 2 ᠳᠡᠪᠲᠡᠷ)

[illegible]

[illegible]

([illegible] ᠶᠢᠨ 1 ᠳᠡᠪᠲᠡᠷ)

[illegible]

([illegible] ᠤᠨ 2 ᠳᠡᠪᠲᠡᠷ)

[illegible]

[illegible]

([illegible] ᠶᠢᠨ 4 ᠳᠡᠪᠲᠡᠷ)

[illegible]

[illegible]

[illegible]

[illegible]

([illegible] ᠤ 1 ᠳᠡᠪᠲᠡᠷ)

[illegible]

([illegible] ᠶᠢᠨ 2 ᠳᠡᠪᠲᠡᠷ)

([illegible] ᠤᠨ 1 ᠳᠡᠪᠲᠡᠷ)

[illegible]

([illegible] ᠶᠢᠨ 2 ᠳᠡᠪᠲᠡᠷ)

[illegible]

[illegible]

([illegible] ᠶᠢᠨ 2 ᠳᠡᠪᠲᠡᠷ)

[illegible]

[illegible]

([illegible] ᠶᠢᠨ 3 ᠳᠡᠪᠲᠡᠷ)

[illegible]

[illegible]

[illegible]

([illegible] ᠶᠢᠨ 6 ᠳᠡᠪᠲᠡᠷ)

[illegible]

[illegible]

[illegible]

[illegible]

[illegible]

[illegible]

([illegible] ᠤᠨ 1 ᠳᠡᠪᠲᠡᠷ)

[illegible]

([illegible] ᠶᠢᠨ 1 ᠳᠡᠪᠲᠡᠷ)

[illegible]

([illegible] ᠤᠨ 4 ᠳᠡᠪᠲᠡᠷ)

[illegible]

[illegible]
[illegible]
[illegible]
([illegible] ᠶᠢᠨ 1 ᠪᠦᠯᠦᠭ)
[illegible]
([illegible] ᠤᠨ 2 ᠪᠦᠯᠦᠭ)
[illegible]
[illegible]
([illegible] ᠶᠢᠨ 3 ᠪᠦᠯᠦᠭ)
[illegible]
[illegible]
[illegible]
([illegible] ᠤᠨ 2 ᠪᠦᠯᠦᠭ)
[illegible]
[illegible]
([illegible] ᠤᠨ 2 ᠪᠦᠯᠦᠭ)
[illegible]
[illegible]
([illegible] ᠤ 1 ᠪᠦᠯᠦᠭ)
[illegible]
([illegible] ᠤᠨ 2 ᠪᠦᠯᠦᠭ)
[illegible]
[illegible]
([illegible] ᠤᠨ 1 ᠪᠦᠯᠦᠭ)
[illegible]

[illegible]
([illegible] ᠤᠨ 1 ᠪᠦᠯᠦᠭ)
[illegible]
([illegible] ᠤ 2 ᠪᠦᠯᠦᠭ)
[illegible]
[illegible]
([illegible] ᠤᠨ 7 ᠪᠦᠯᠦᠭ)
[illegible]
[illegible]
[illegible]
[illegible]
[illegible]
[illegible]
[illegible]
([illegible] ᠶᠢᠨ 1 ᠪᠦᠯᠦᠭ)
[illegible]
([illegible] ᠶᠢᠨ 5 ᠪᠦᠯᠦᠭ)
[illegible]
[illegible]
[illegible]
[illegible]
[illegible]
([illegible] ᠶᠢᠨ 1 ᠪᠦᠯᠦᠭ)
[illegible]
([illegible] ᠤᠨ 3 ᠪᠦᠯᠦᠭ)

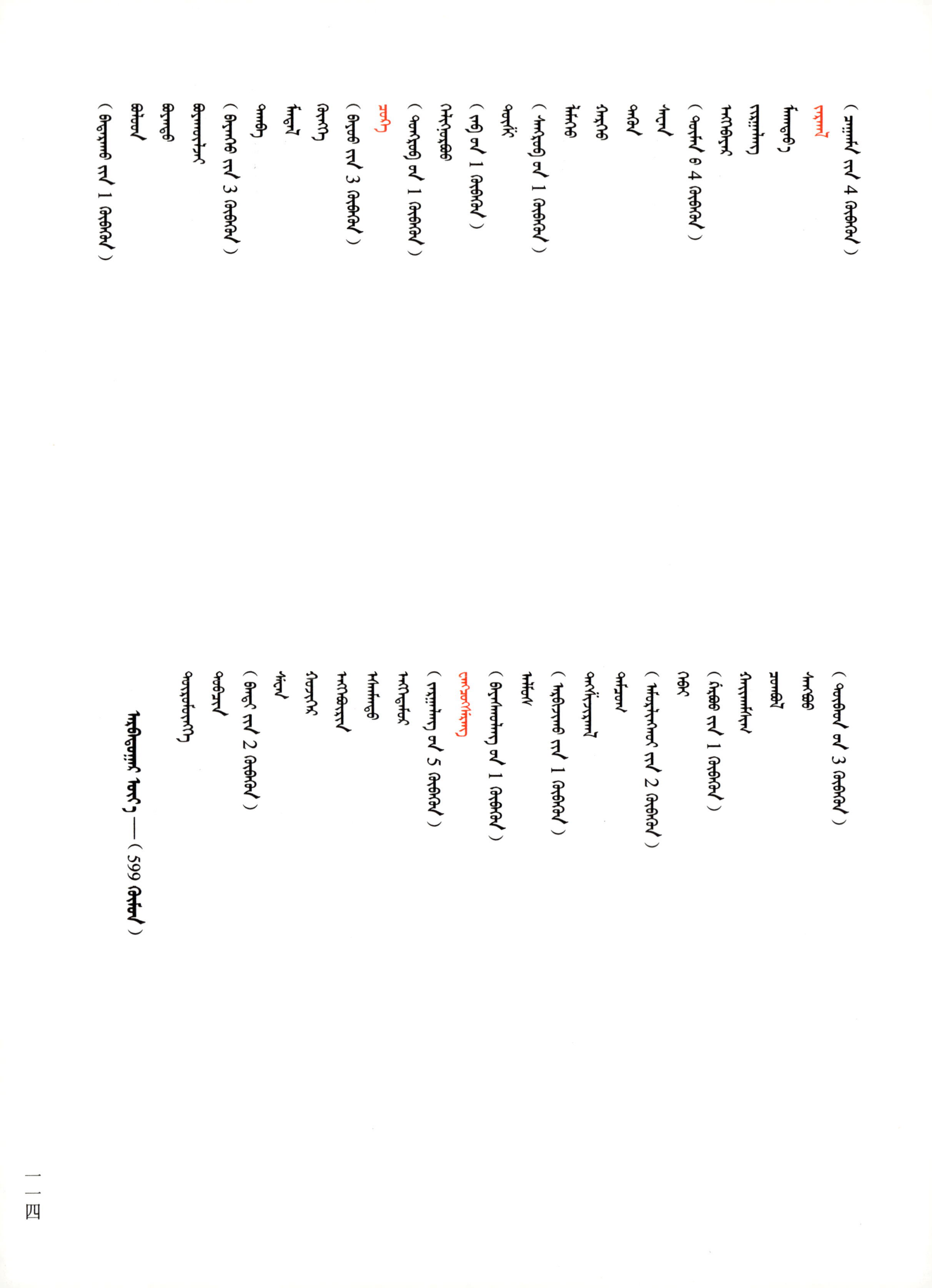

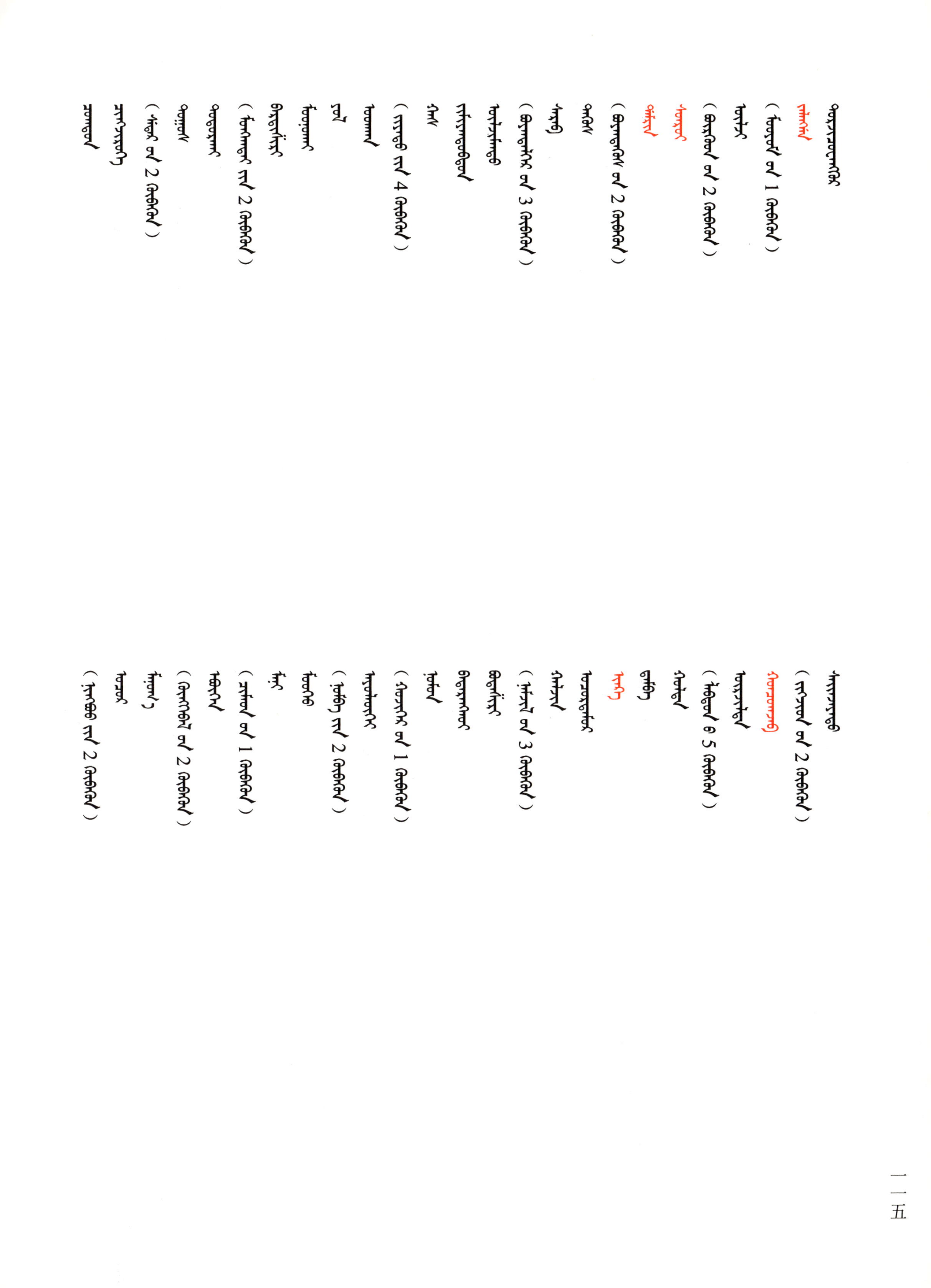

[illegible]
([illegible] [illegible] 1 [illegible])
[illegible]
([illegible] [illegible] 4 [illegible])
[illegible]
[illegible]
[illegible]
[illegible]
([illegible] [illegible] 1 [illegible])
[illegible]
([illegible] [illegible] 5 [illegible])
[illegible]
[illegible]
[illegible]
[illegible]
[illegible]
([illegible] [illegible] 7 [illegible])
[illegible]
[illegible]
[illegible]
[illegible]
[illegible]
[illegible]
[illegible]
([illegible] [illegible] 1 [illegible])

([illegible] [illegible] 2 [illegible])
[illegible]
[illegible]
([illegible] [illegible] 3 [illegible])
[illegible]
[illegible]
[illegible]
([illegible] [illegible] 1 [illegible])
[illegible]
([illegible] [illegible] 1 [illegible])
[illegible]
([illegible] [illegible] 3 [illegible])
[illegible]
[illegible]
[illegible]
([illegible] [illegible] 2 [illegible])
[illegible]
[illegible]
([illegible] [illegible] 2 [illegible])
[illegible]
[illegible]
([illegible] [illegible] 2 [illegible])
[illegible]
[illegible]
([illegible] [illegible] 1 [illegible])

[illegible]

(ᠭᠠᠵᠠᠷ ᠤᠨ 1 ᠳᠡᠪᠲᠡᠷ)

[illegible]

([illegible] ᠶᠢᠨ 4 ᠳᠡᠪᠲᠡᠷ)

[illegible]

[illegible]

[illegible]

[illegible]

([illegible] ᠤᠨ 1 ᠳᠡᠪᠲᠡᠷ)

[illegible]

([illegible] ᠶᠢᠨ 2 ᠳᠡᠪᠲᠡᠷ)

[illegible]

[illegible]

([illegible] ᠶᠢᠨ 1 ᠳᠡᠪᠲᠡᠷ)

[illegible]

([illegible] ᠶᠢᠨ 1 ᠳᠡᠪᠲᠡᠷ)

[illegible]

([illegible] ᠤᠨ 2 ᠳᠡᠪᠲᠡᠷ)

[illegible]

[illegible]

([illegible] ᠶᠢᠨ 2 ᠳᠡᠪᠲᠡᠷ)

[illegible]

[illegible]

([illegible] ᠶᠢᠨ 1 ᠳᠡᠪᠲᠡᠷ)

[illegible]

[illegible]

([illegible] ᠶᠢᠨ 3 ᠳᠡᠪᠲᠡᠷ)

[illegible]

[illegible]

[illegible]

([illegible] ᠶᠢᠨ 1 ᠳᠡᠪᠲᠡᠷ)

[illegible]

([illegible] ᠶᠢᠨ 1 ᠳᠡᠪᠲᠡᠷ)

[illegible]

([illegible] ᠤᠨ 3 ᠳᠡᠪᠲᠡᠷ)

[illegible]

[illegible]

[illegible]

([illegible] ᠶᠢᠨ 4 ᠳᠡᠪᠲᠡᠷ)

[illegible]

[illegible]

[illegible]

[illegible]

([illegible] ᠶᠢᠨ 3 ᠳᠡᠪᠲᠡᠷ)

[illegible]

[illegible]

[illegible]

([illegible] ᠶᠢᠨ 1 ᠳᠡᠪᠲᠡᠷ)

[illegible]

([illegible] ᠶᠢᠨ 1 ᠳᠡᠪᠲᠡᠷ)

[illegible]
[illegible]
([illegible] ᠤᠨ 1 ᠳᠡᠪᠲᠡᠷ)
[illegible]
([illegible] ᠤᠨ 2 ᠳᠡᠪᠲᠡᠷ)
[illegible]
[illegible]
([illegible] ᠤᠨ 4 ᠳᠡᠪᠲᠡᠷ)
[illegible]
[illegible]
[illegible]
[illegible]
([illegible] ᠤᠨ 1 ᠳᠡᠪᠲᠡᠷ)
[illegible]
([illegible] ᠤᠨ 4 ᠳᠡᠪᠲᠡᠷ)
[illegible]
[illegible]
[illegible]
[illegible]
([illegible] ᠤᠨ 1 ᠳᠡᠪᠲᠡᠷ)
[illegible]
([illegible] ᠦᠨ 4 ᠳᠡᠪᠲᠡᠷ)
[illegible]
[illegible]
[illegible]

[illegible]
([illegible] ᠤᠨ 1 ᠳᠡᠪᠲᠡᠷ)
[illegible]
([illegible] ᠤᠨ 1 ᠳᠡᠪᠲᠡᠷ)
[illegible]
([illegible] ᠤᠨ 2 ᠳᠡᠪᠲᠡᠷ)
[illegible]
[illegible]
([illegible] ᠦᠨ 4 ᠳᠡᠪᠲᠡᠷ)
[illegible]
[illegible]
[illegible]
[illegible]
([illegible] ᠤᠨ 2 ᠳᠡᠪᠲᠡᠷ)
[illegible]
[illegible]
([illegible] ᠤᠨ 1 ᠳᠡᠪᠲᠡᠷ)
[illegible]
([illegible] ᠤᠨ 1 ᠳᠡᠪᠲᠡᠷ)
[illegible]
([illegible] ᠤᠨ 1 ᠳᠡᠪᠲᠡᠷ)
[illegible]
([illegible] ᠦᠨ 4 ᠳᠡᠪᠲᠡᠷ)
[illegible]
[illegible]

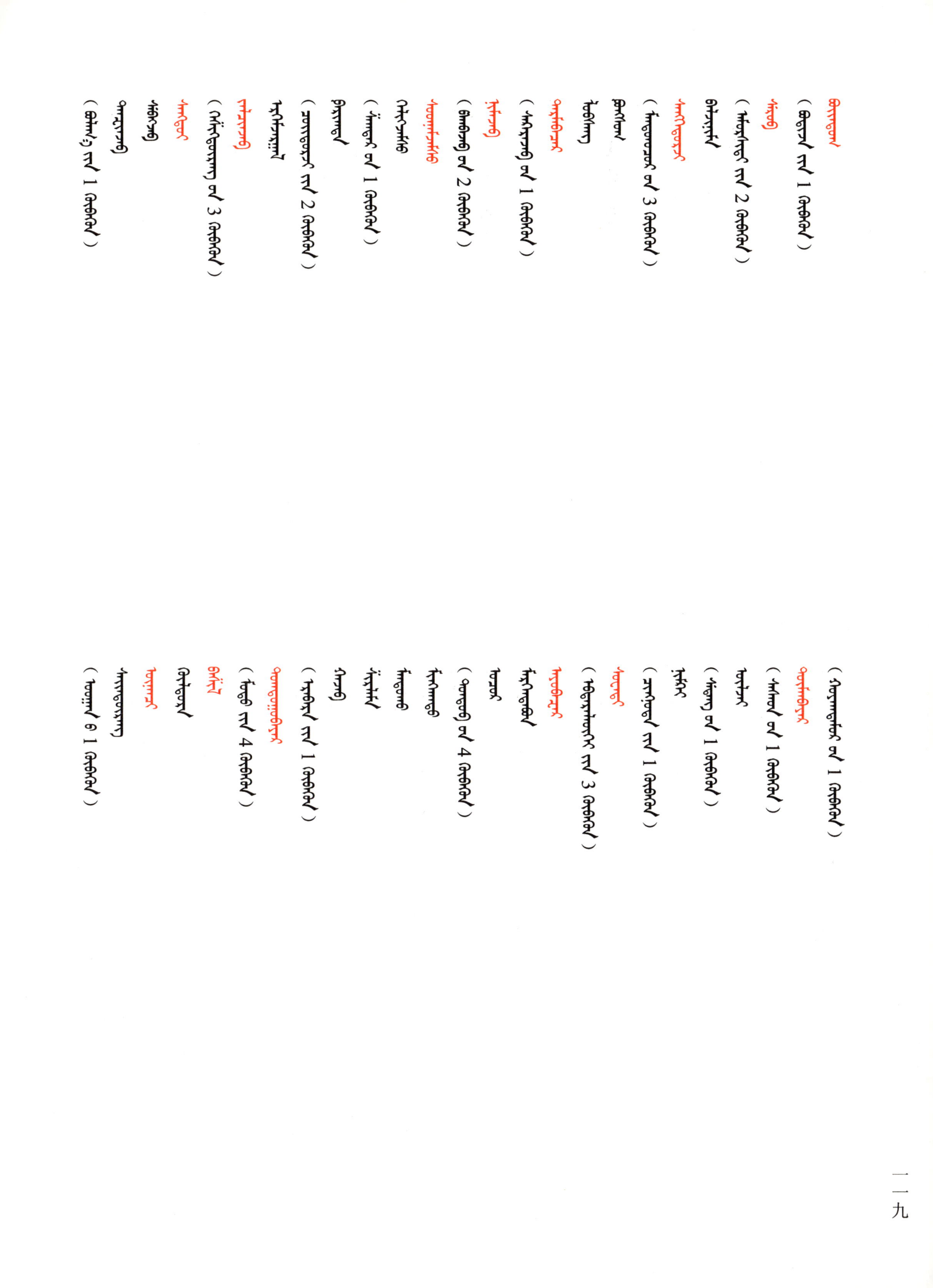

[illegible]

([illegible] [illegible] 1 [illegible])

[illegible]

([illegible] [illegible] 2 [illegible])

[illegible]

[illegible]

([illegible] [illegible] 3 [illegible])

[illegible]

[illegible]

[illegible]

([illegible] [illegible] 1 [illegible])

[illegible]

([illegible] [illegible] 2 [illegible])

[illegible]

[illegible]

([illegible] [illegible] 1 [illegible])

[illegible]

([illegible] [illegible] 2 [illegible])

[illegible]

[illegible]

([illegible] [illegible] 3 [illegible])

[illegible]

[illegible]

[illegible]

([illegible] [illegible] 1 [illegible])

([illegible] [illegible] 1 [illegible])

[illegible]

([illegible] [illegible] 1 [illegible])

[illegible]

([illegible] [illegible] 1 [illegible])

[illegible]

([illegible] [illegible] 1 [illegible])

[illegible]

([illegible] [illegible] 3 [illegible])

[illegible]

[illegible]

[illegible]

([illegible] [illegible] 4 [illegible])

[illegible]

[illegible]

[illegible]

[illegible]

([illegible] [illegible] 1 [illegible])

[illegible]

([illegible] [illegible] 4 [illegible])

[illegible]

[illegible]

[illegible]

[illegible]

([illegible] [illegible] 1 [illegible])

一一九

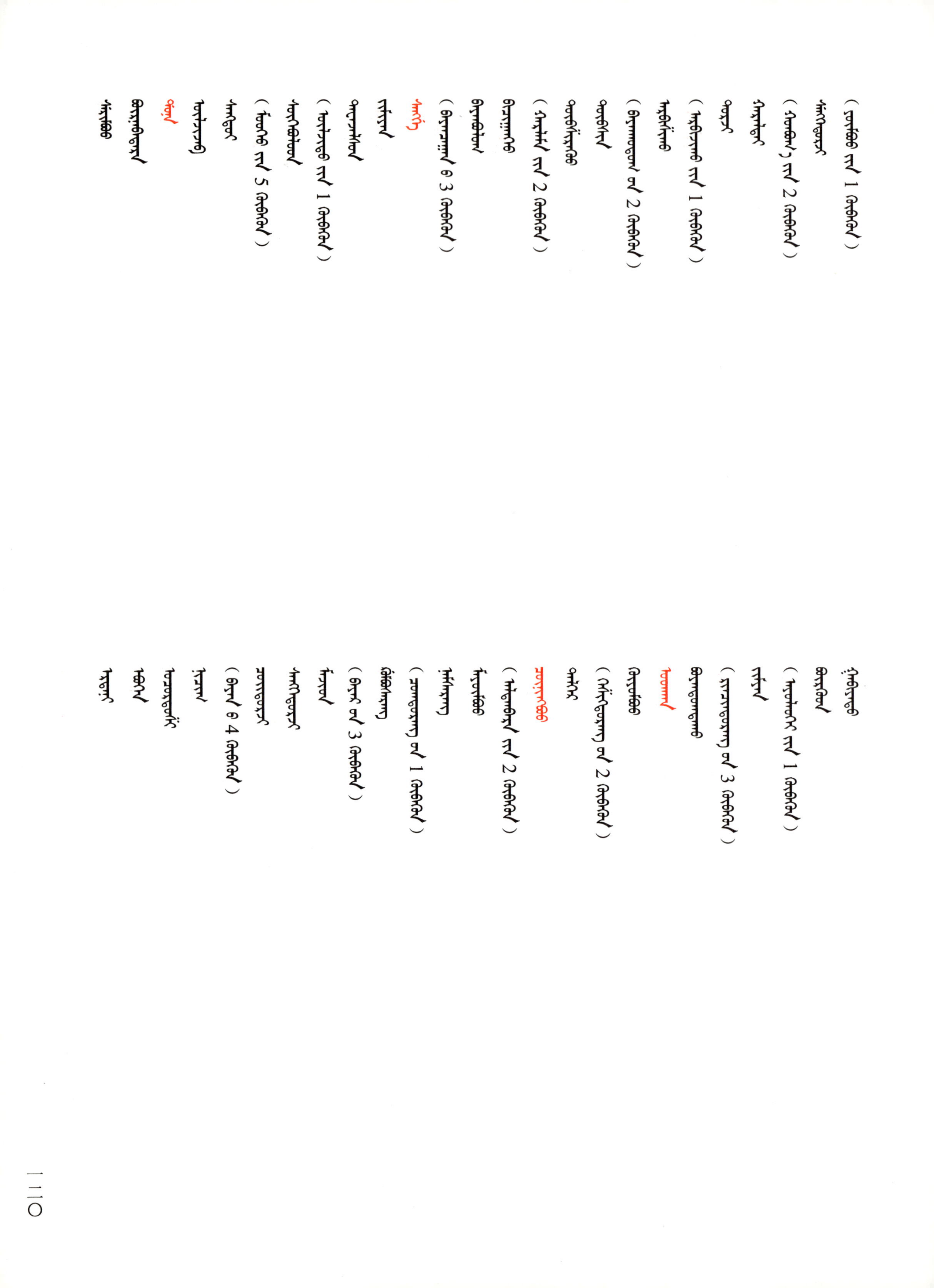

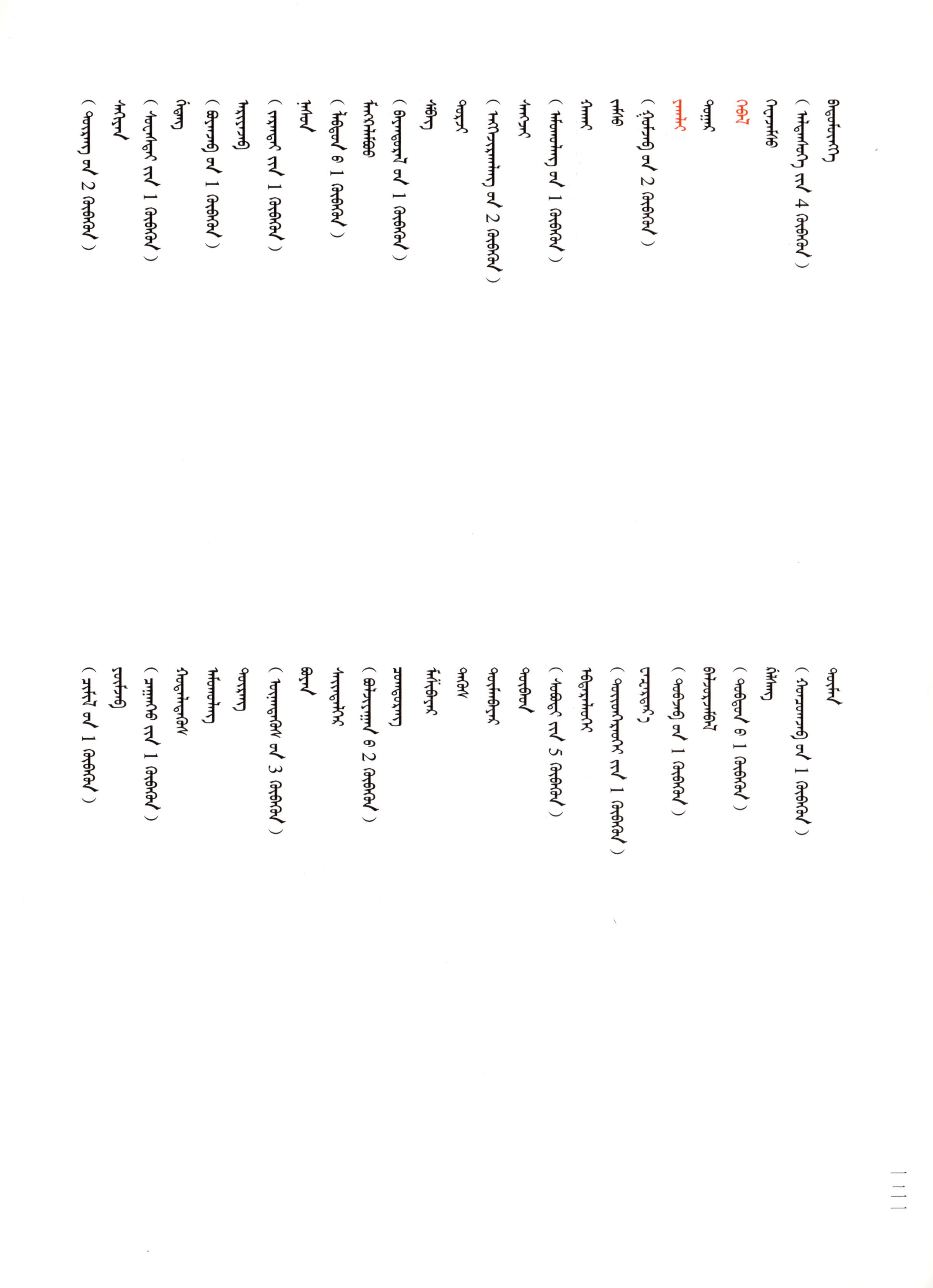

[illegible]
([illegible] [illegible] 2 [illegible])
[illegible]
[illegible]
([illegible] [illegible] 1 [illegible])
[illegible]
([illegible] [illegible] 1 [illegible])
[illegible]
([illegible] [illegible] 2 [illegible])
[illegible]
[illegible]
([illegible] [illegible] 4 [illegible])
[illegible]
[illegible]
[illegible]
[illegible]
([illegible] [illegible] 2 [illegible])
[illegible]
[illegible]
([illegible] [illegible] 3 [illegible])
[illegible]
[illegible]
[illegible]
([illegible] [illegible] 2 [illegible])
[illegible]

([illegible] [illegible] 5 [illegible])
[illegible]
[illegible]
[illegible]
[illegible]
[illegible]
([illegible] [illegible] 2 [illegible])
[illegible]
[illegible]
([illegible] [illegible] 1 [illegible])
[illegible]
([illegible] [illegible] 1 [illegible])
[illegible]
([illegible] [illegible] 1 [illegible])
[illegible]
([illegible] [illegible] 4 [illegible])
[illegible]
[illegible]
[illegible]
[illegible]
([illegible] [illegible] 1 [illegible])
[illegible]
([illegible] [illegible] 1 [illegible])
[illegible]
([illegible] [illegible] 1 [illegible])

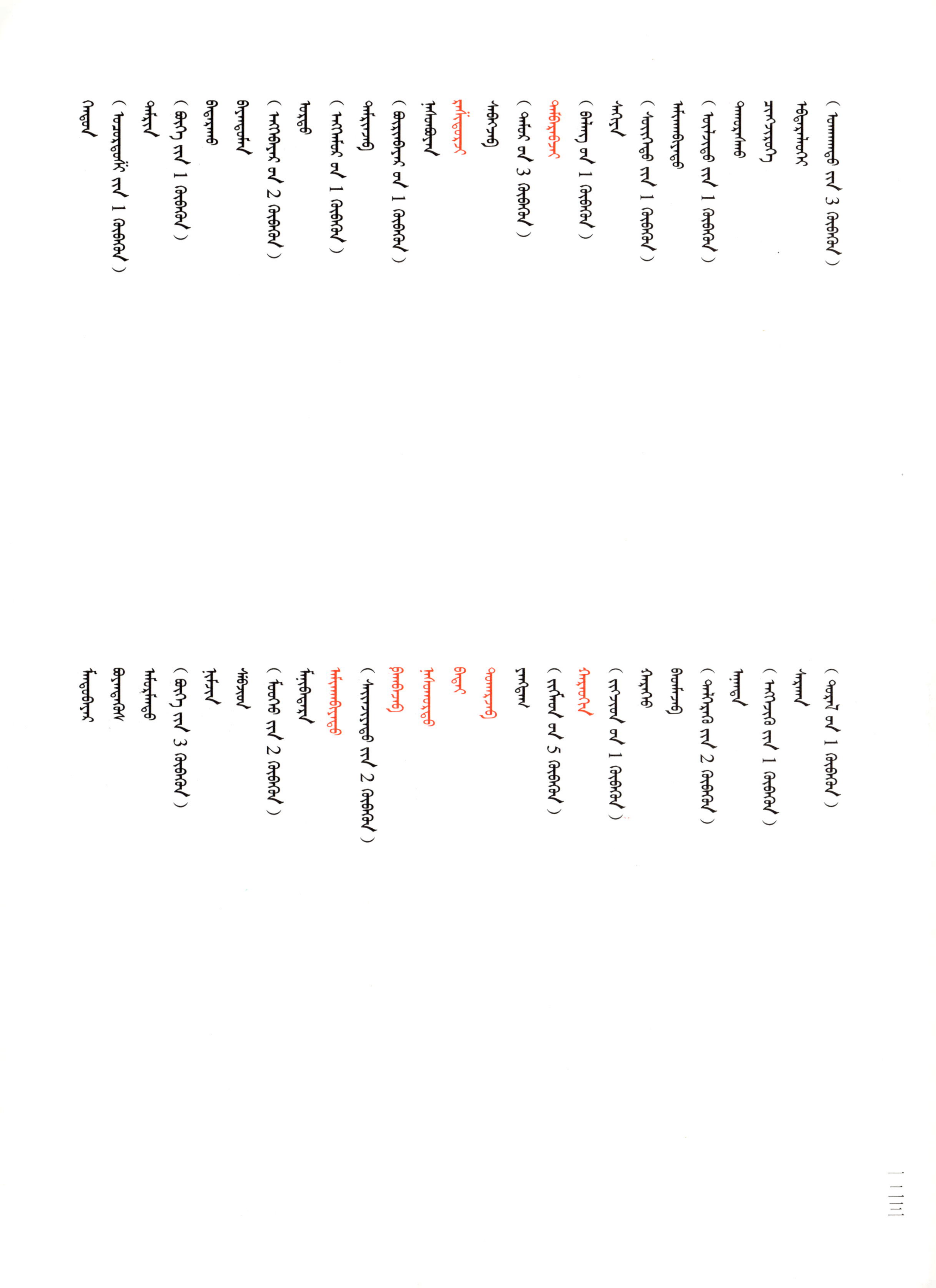

([illegible] [illegible] 3 [illegible])
[illegible]
[illegible]
[illegible]
([illegible] [illegible] 1 [illegible])
[illegible]
([illegible] [illegible] 1 [illegible])
[illegible]
([illegible] [illegible] 1 [illegible])
[illegible]
([illegible] [illegible] 3 [illegible])
[illegible]
[illegible]
[illegible]
([illegible] [illegible] 1 [illegible])
[illegible]
([illegible] [illegible] 1 [illegible])
[illegible]
([illegible] [illegible] 2 [illegible])
[illegible]
[illegible]
([illegible] [illegible] 1 [illegible])
[illegible]
([illegible] [illegible] 1 [illegible])
[illegible]

([illegible] [illegible] 1 [illegible])
[illegible]
([illegible] [illegible] 1 [illegible])
[illegible]
([illegible] [illegible] 2 [illegible])
[illegible]
[illegible]
([illegible] [illegible] 1 [illegible])
[illegible]
([illegible] [illegible] 5 [illegible])
[illegible]
[illegible]
[illegible]
[illegible]
[illegible]
([illegible] [illegible] 2 [illegible])
[illegible]
[illegible]
([illegible] [illegible] 2 [illegible])
[illegible]
[illegible]
([illegible] [illegible] 3 [illegible])
[illegible]
[illegible]
[illegible]

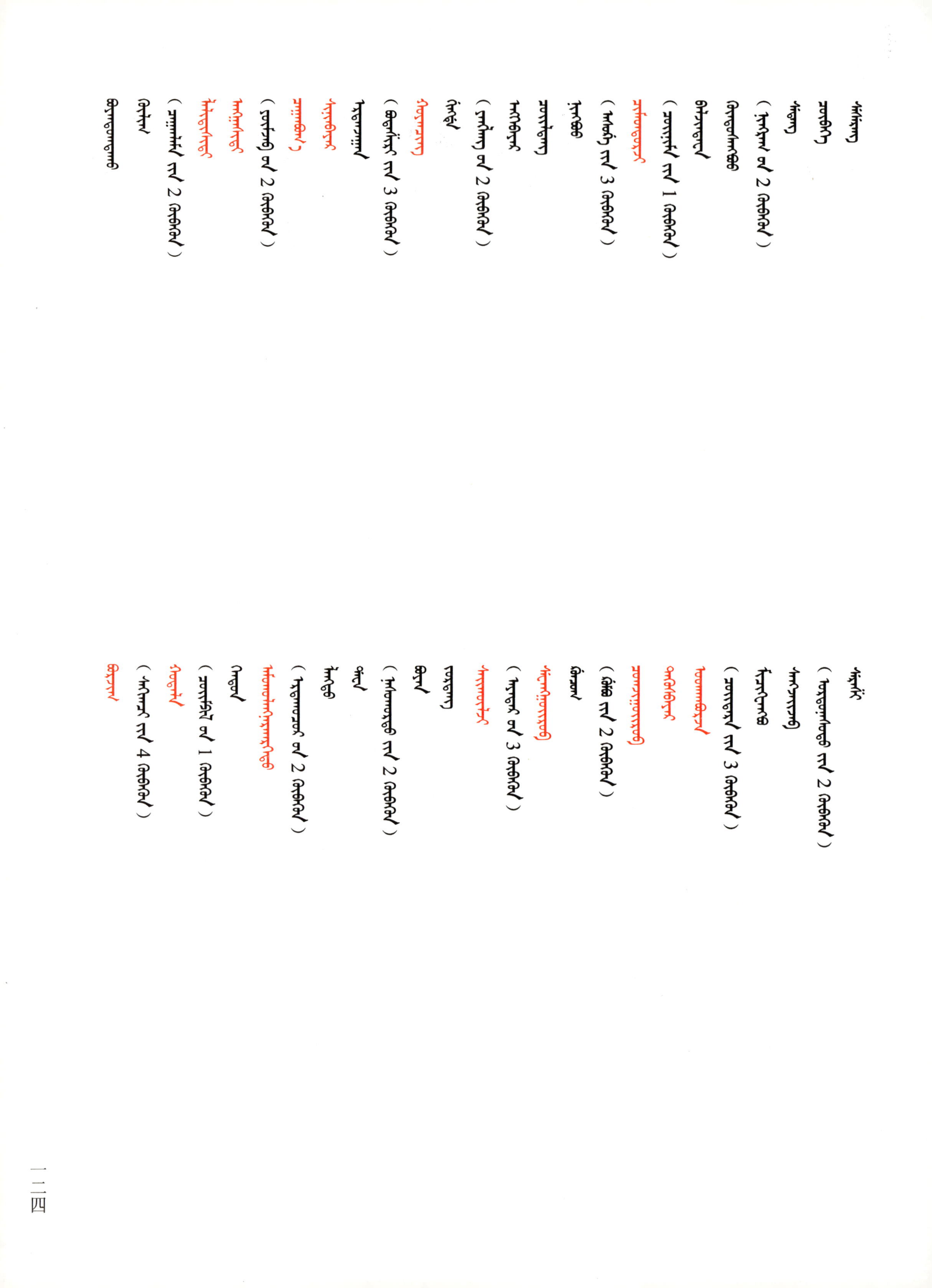

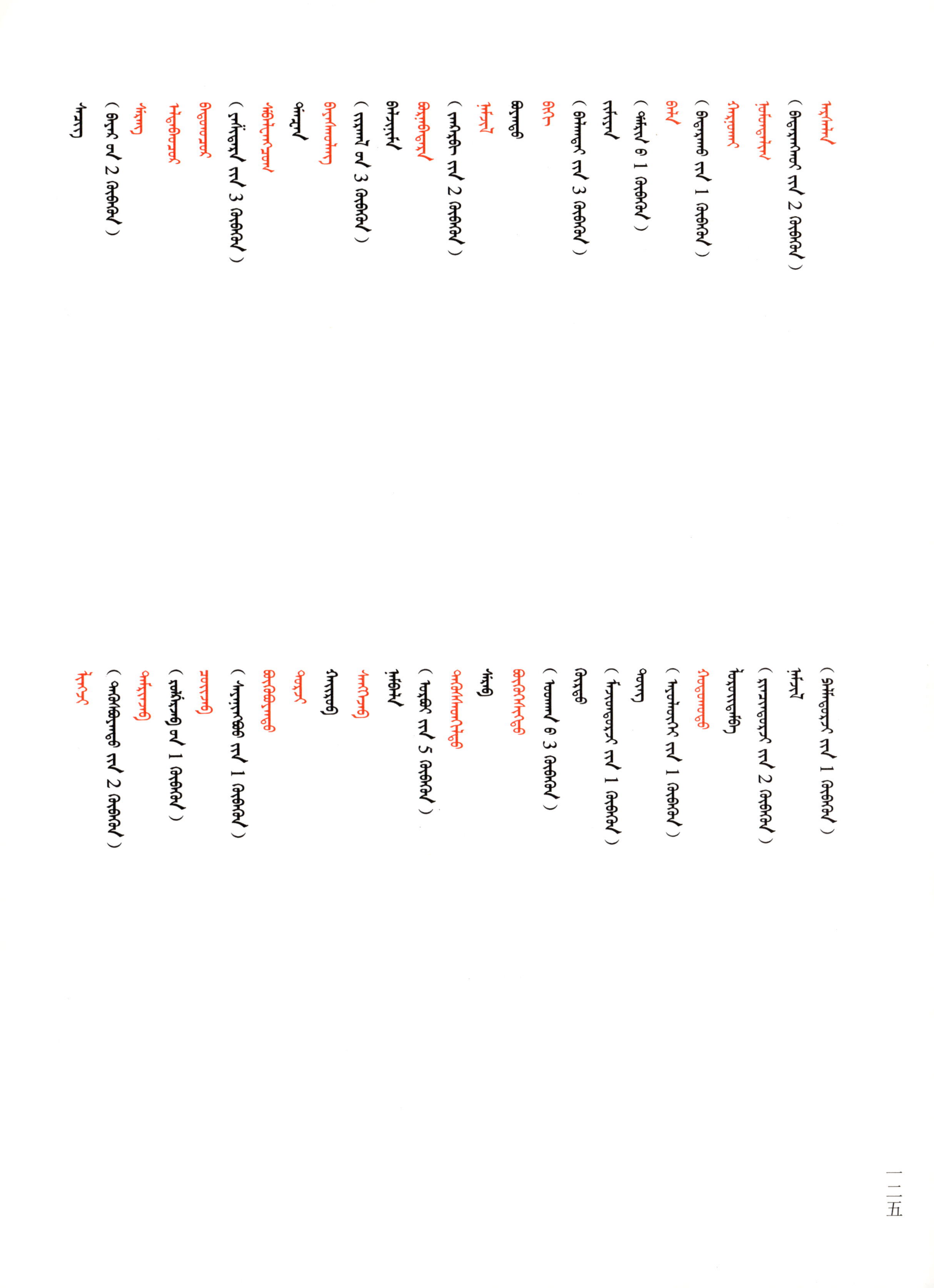

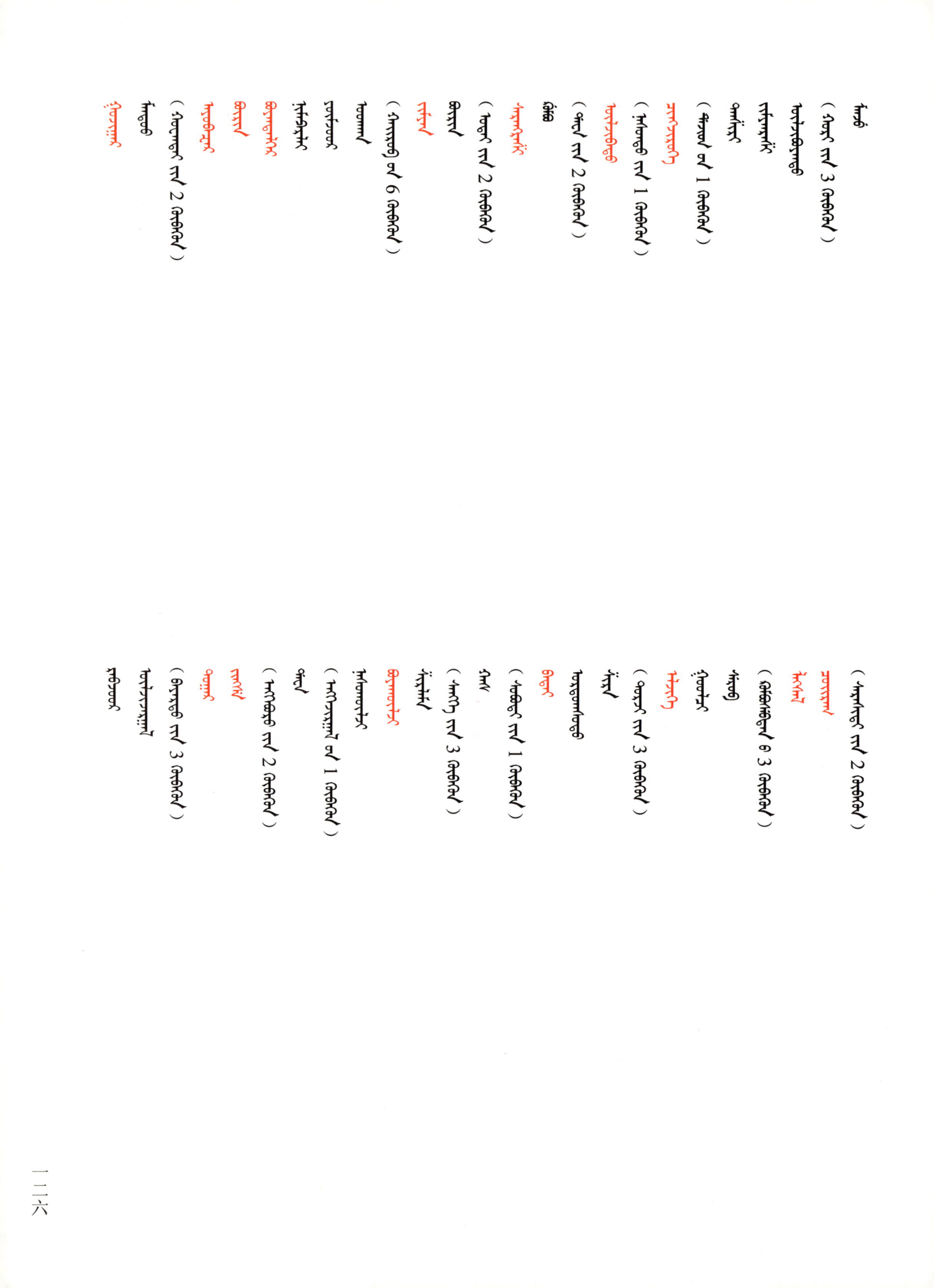

[illegible]

([illegible] [illegible] 3 [illegible])

[illegible]

[illegible]

[illegible]

([illegible] [illegible] 1 [illegible])

[illegible]

([illegible] [illegible] 1 [illegible])

[illegible]

([illegible] [illegible] 2 [illegible])

[illegible]

[illegible]

([illegible] [illegible] 2 [illegible])

[illegible]

[illegible]

([illegible] [illegible] 6 [illegible])

[illegible]

[illegible]

[illegible]

[illegible]

[illegible]

[illegible]

([illegible] [illegible] 2 [illegible])

[illegible]

[illegible]

([illegible] [illegible] 2 [illegible])

[illegible]

[illegible]

([illegible] [illegible] 3 [illegible])

[illegible]

[illegible]

[illegible]

([illegible] [illegible] 3 [illegible])

[illegible]

[illegible]

[illegible]

([illegible] [illegible] 1 [illegible])

[illegible]

([illegible] [illegible] 3 [illegible])

[illegible]

[illegible]

[illegible]

([illegible] [illegible] 1 [illegible])

[illegible]

([illegible] [illegible] 2 [illegible])

[illegible]

[illegible]

([illegible] [illegible] 3 [illegible])

[illegible]

[illegible]

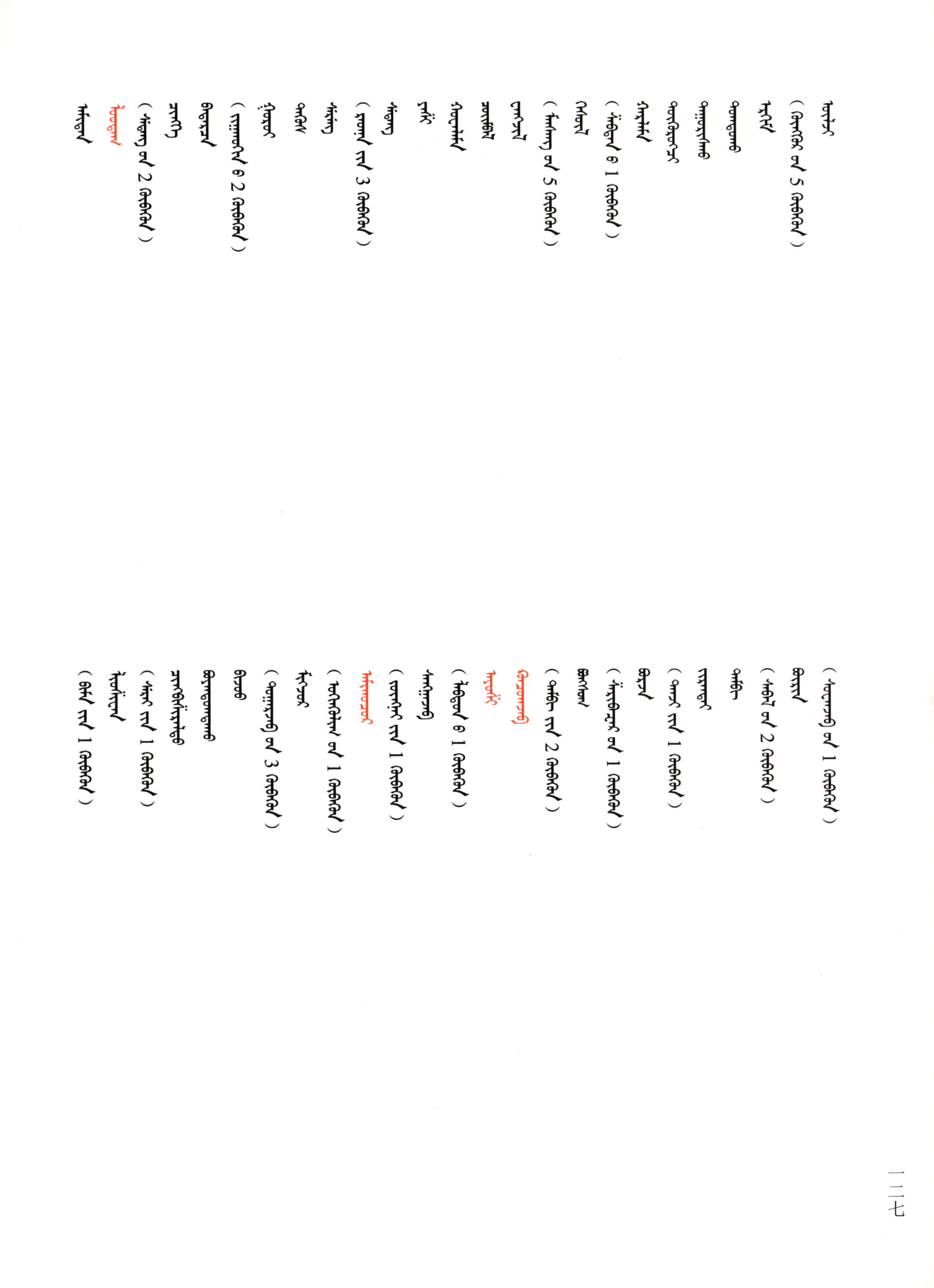

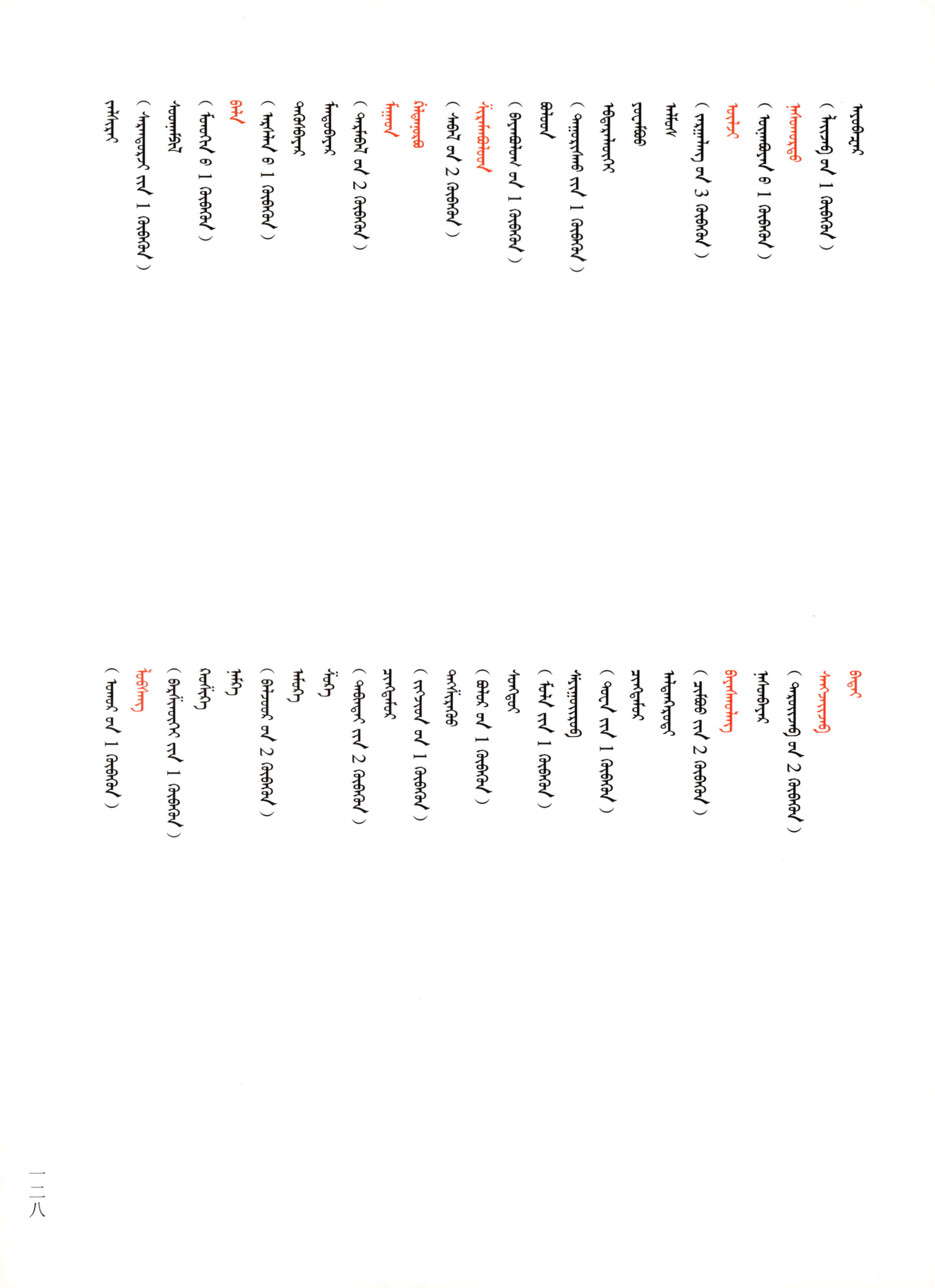

[illegible]
([illegible] 1 [illegible])
[illegible]
([illegible] 1 [illegible])
[illegible]
([illegible] 3 [illegible])
[illegible]
[illegible]
[illegible]
([illegible] 1 [illegible])
[illegible]
([illegible] 1 [illegible])
[illegible]
([illegible] 2 [illegible])
[illegible]
[illegible]
([illegible] 2 [illegible])
[illegible]
[illegible]
([illegible] 1 [illegible])
[illegible]
([illegible] 1 [illegible])
[illegible]
([illegible] 1 [illegible])
[illegible]

[illegible]
[illegible]
([illegible] 2 [illegible])
[illegible]
[illegible]
([illegible] 2 [illegible])
[illegible]
[illegible]
([illegible] 1 [illegible])
[illegible]
([illegible] 1 [illegible])
[illegible]
([illegible] 1 [illegible])
[illegible]
([illegible] 1 [illegible])
[illegible]
([illegible] 2 [illegible])
[illegible]
[illegible]
([illegible] 2 [illegible])
[illegible]
[illegible]
([illegible] 1 [illegible])
[illegible]
([illegible] 1 [illegible])

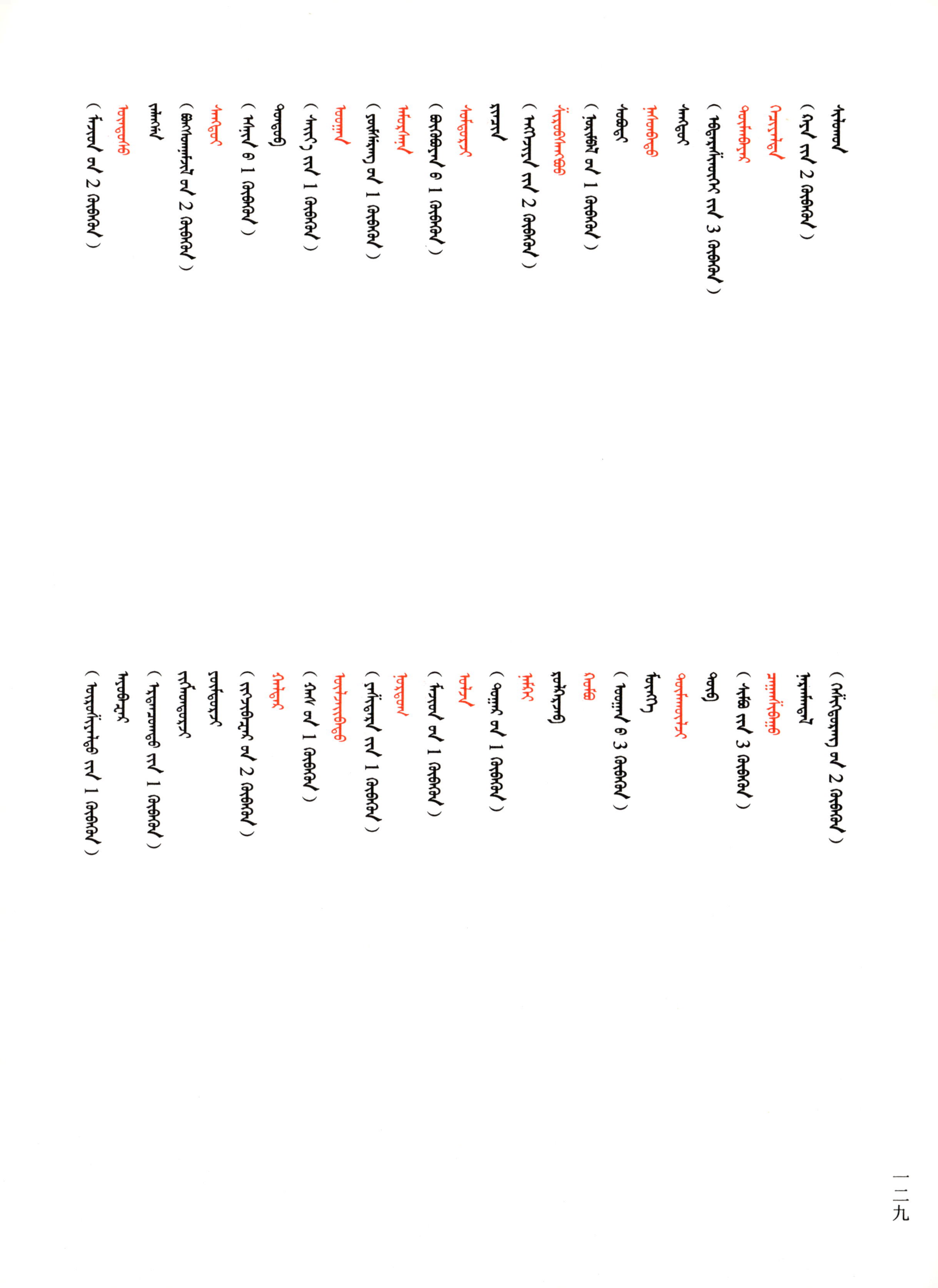

[illegible]

([illegible] 2 [illegible])

[illegible]

[illegible]

([illegible] 3 [illegible])

[illegible]

[illegible]

[illegible]

([illegible] 1 [illegible])

[illegible]

([illegible] 2 [illegible])

[illegible]

[illegible]

([illegible] 1 [illegible])

[illegible]

([illegible] 1 [illegible])

[illegible]

([illegible] 1 [illegible])

[illegible]

([illegible] 1 [illegible])

[illegible]

([illegible] 2 [illegible])

[illegible]

[illegible]

([illegible] 2 [illegible])

([illegible] 2 [illegible])

[illegible]

[illegible]

([illegible] 3 [illegible])

[illegible]

[illegible]

[illegible]

([illegible] 3 [illegible])

[illegible]

[illegible]

[illegible]

([illegible] 1 [illegible])

[illegible]

([illegible] 1 [illegible])

[illegible]

([illegible] 1 [illegible])

[illegible]

([illegible] 1 [illegible])

[illegible]

([illegible] 2 [illegible])

[illegible]

[illegible]

([illegible] 1 [illegible])

[illegible]

([illegible] 1 [illegible])

[illegible]

[illegible]

([illegible] ᠲᠤ 1 ᠳᠡᠪᠲᠡᠷ)

[illegible]

([illegible] ᠲᠤ 1 ᠳᠡᠪᠲᠡᠷ)

[illegible]

([illegible] ᠲᠤ 2 ᠳᠡᠪᠲᠡᠷ)

[illegible]

[illegible]

([illegible] ᠲᠤ 5 ᠳᠡᠪᠲᠡᠷ)

[illegible]

[illegible]

[illegible]

[illegible]

[illegible]

([illegible] ᠲᠤ 1 ᠳᠡᠪᠲᠡᠷ)

[illegible]

([illegible] ᠳᠤ 1 ᠳᠡᠪᠲᠡᠷ)

[illegible]

([illegible] ᠲᠤ 5 ᠳᠡᠪᠲᠡᠷ)

[illegible]

[illegible]

[illegible]

[illegible]

[illegible]

[illegible]

([illegible] ᠲᠤ 2 ᠳᠡᠪᠲᠡᠷ)

[illegible]

[illegible]

([illegible] ᠳᠤ 1 ᠳᠡᠪᠲᠡᠷ)

[illegible]

([illegible] ᠲᠤ 1 ᠳᠡᠪᠲᠡᠷ)

[illegible]

([illegible] ᠳᠤ 4 ᠳᠡᠪᠲᠡᠷ)

[illegible]

[illegible]

[illegible]

[illegible]

([illegible] ᠳᠤ 1 ᠳᠡᠪᠲᠡᠷ)

[illegible]

([illegible] ᠳᠤ 2 ᠳᠡᠪᠲᠡᠷ)

[illegible]

[illegible]

([illegible] ᠲᠤ 3 ᠳᠡᠪᠲᠡᠷ)

[illegible]

[illegible]

[illegible]

([illegible] ᠲᠤ 1 ᠳᠡᠪᠲᠡᠷ)

[illegible]

([illegible] ᠲᠤ 2 ᠳᠡᠪᠲᠡᠷ)

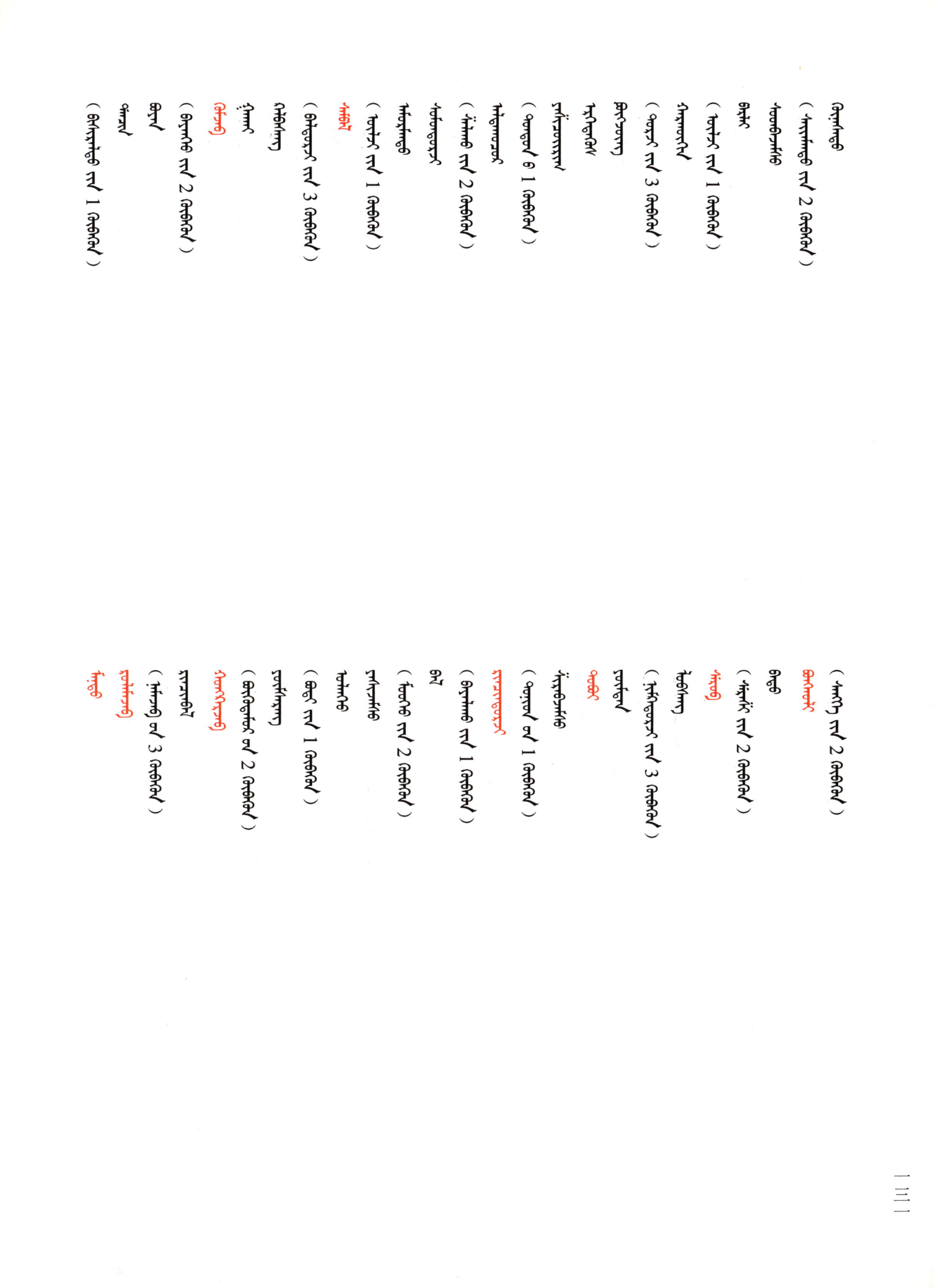

[illegible]
([illegible] ᠳᠤ 1 ᠤᠳᠠᠭ᠎ᠠ)
[illegible]
([illegible] ᠳᠤ 1 ᠤᠳᠠᠭ᠎ᠠ)
[illegible]
([illegible] ᠳᠤ 1 ᠤᠳᠠᠭ᠎ᠠ)
[illegible]
([illegible] ᠳᠤ 1 ᠤᠳᠠᠭ᠎ᠠ)
[illegible]
([illegible] ᠲᠤ 1 ᠤᠳᠠᠭ᠎ᠠ)
[illegible]
([illegible] ᠲᠤ 1 ᠤᠳᠠᠭ᠎ᠠ)
[illegible]
([illegible] ᠳᠤ 2 ᠤᠳᠠᠭ᠎ᠠ)
[illegible]
[illegible]
([illegible] ᠲᠤ 1 ᠤᠳᠠᠭ᠎ᠠ)
[illegible]
([illegible] ᠳᠤ 2 ᠤᠳᠠᠭ᠎ᠠ)
[illegible]
[illegible]
([illegible] ᠳᠤ 1 ᠤᠳᠠᠭ᠎ᠠ)
[illegible]
([illegible] ᠲᠤ 1 ᠤᠳᠠᠭ᠎ᠠ)
[illegible]
([illegible] ᠳᠤ 4 ᠤᠳᠠᠭ᠎ᠠ)
[illegible]
[illegible]
[illegible]
[illegible]
([illegible] ᠳᠦ 2 ᠤᠳᠠᠭ᠎ᠠ)
[illegible]
[illegible]

[illegible] — (474 ᠤᠳᠠᠭ᠎ᠠ)

([illegible] ᠲᠤ 1 ᠤᠳᠠᠭ᠎ᠠ)
[illegible]
([illegible] ᠳᠤ 1 ᠤᠳᠠᠭ᠎ᠠ)
[illegible]
([illegible] ᠲᠤ 1 ᠤᠳᠠᠭ᠎ᠠ)
[illegible]
([illegible] ᠳᠦ 3 ᠤᠳᠠᠭ᠎ᠠ)
[illegible]
[illegible]
[illegible]
([illegible] ᠳᠦ 2 ᠤᠳᠠᠭ᠎ᠠ)
[illegible]
[illegible]
([illegible] ᠳᠤ 1 ᠤᠳᠠᠭ᠎ᠠ)

([illegible] ᠤᠨ 3 ᠪᠦᠯᠦᠭ)
[illegible]
[illegible]
[illegible]
([illegible] ᠤᠨ 1 ᠪᠦᠯᠦᠭ)
[illegible]
([illegible] ᠤᠨ 5 ᠪᠦᠯᠦᠭ)
[illegible]
[illegible]
[illegible]
[illegible]
[illegible]
([illegible] ᠦ 1 ᠪᠦᠯᠦᠭ)
[illegible]
([illegible] ᠤᠨ 3 ᠪᠦᠯᠦᠭ)
[illegible]
[illegible]
[illegible]
([illegible] ᠤᠨ 2 ᠪᠦᠯᠦᠭ)
[illegible]
[illegible]
([illegible] ᠤᠨ 3 ᠪᠦᠯᠦᠭ)
[illegible]
[illegible]
[illegible]
[illegible]
([illegible] ᠤᠨ 3 ᠪᠦᠯᠦᠭ)
[illegible]
[illegible]
[illegible]
([illegible] ᠤᠨ 2 ᠪᠦᠯᠦᠭ)
[illegible]
[illegible]
([illegible] ᠦ 2 ᠪᠦᠯᠦᠭ)
[illegible]
[illegible]
([illegible] ᠤᠨ 2 ᠪᠦᠯᠦᠭ)
[illegible]
[illegible]
([illegible] ᠤᠨ 3 ᠪᠦᠯᠦᠭ)
[illegible]
[illegible]
[illegible]
([illegible] ᠤᠨ 4 ᠪᠦᠯᠦᠭ)
[illegible]
[illegible]
[illegible]
[illegible]
([illegible] ᠦ 1 ᠪᠦᠯᠦᠭ)
[illegible]

[illegible]
([illegible] [illegible] 2 [illegible])
[illegible]
[illegible]
([illegible] [illegible] 3 [illegible])
[illegible]
[illegible]
[illegible]
([illegible] [illegible] 2 [illegible])
[illegible]
[illegible]
([illegible] [illegible] 2 [illegible])
[illegible]
[illegible]
([illegible] [illegible] 1 [illegible])
[illegible]
([illegible] [illegible] 1 [illegible])
[illegible]
([illegible] [illegible] 4 [illegible])
[illegible]
[illegible]
[illegible]
[illegible]
([illegible] [illegible] 2 [illegible])
[illegible]

([illegible] [illegible] 5 [illegible])
[illegible]
[illegible]
[illegible]
[illegible]
[illegible]
([illegible] [illegible] 1 [illegible])
[illegible]
([illegible] [illegible] 2 [illegible])
[illegible]
[illegible]
([illegible] [illegible] 6 [illegible])
[illegible]
[illegible]
[illegible]
[illegible]
[illegible]
[illegible]
([illegible] [illegible] 2 [illegible])
[illegible]
[illegible]
([illegible] [illegible] 2 [illegible])
[illegible]
[illegible]
([illegible] [illegible] 1 [illegible])

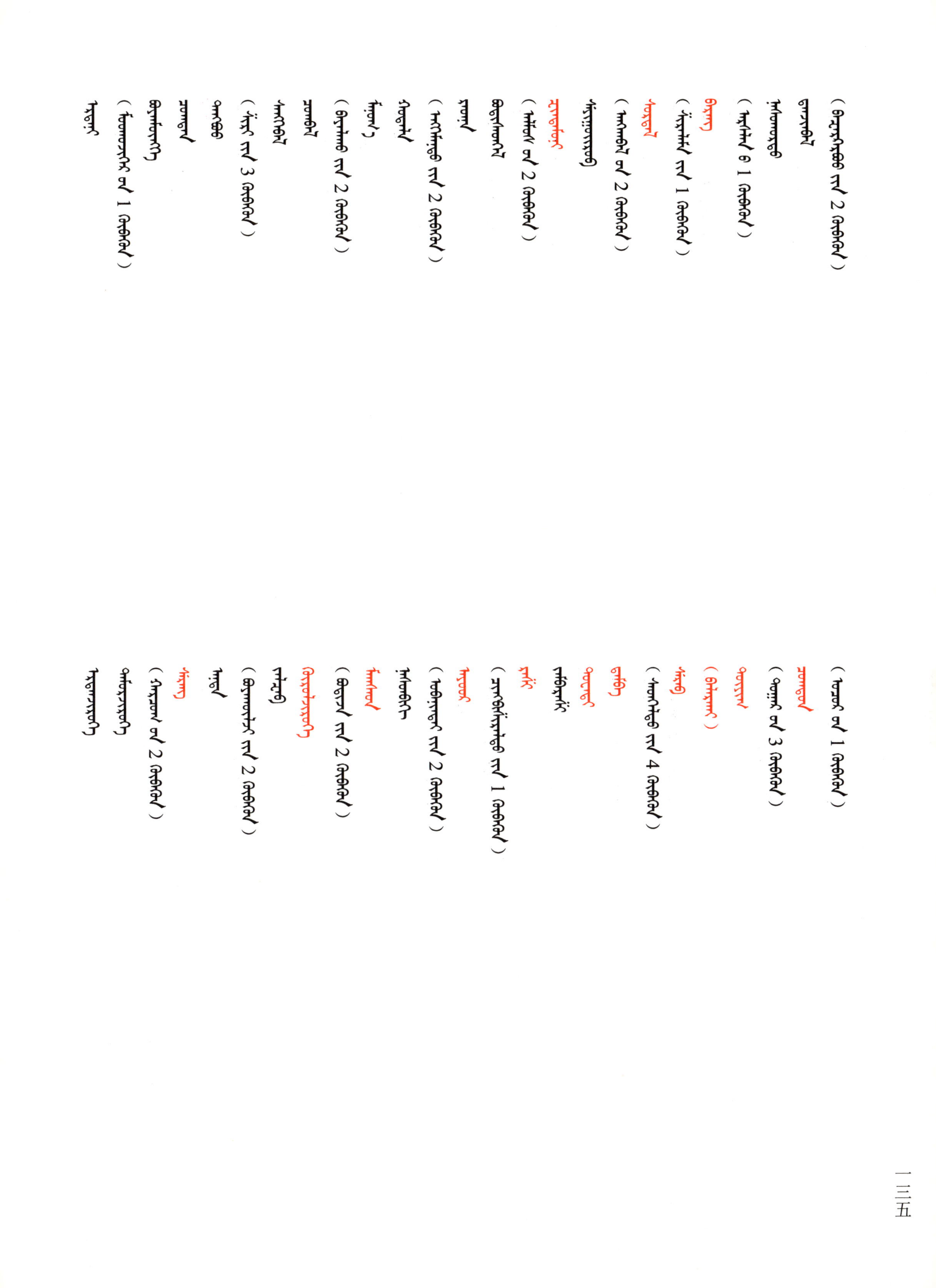

[illegible]

([illegible] ᠨᡳ 1 ᡩᡝᠪᡨᡝᠯᡳᠨ)

[illegible]

([illegible] ᡩᡝ 2 ᡩᡝᠪᡨᡝᠯᡳᠨ)

ᠪᠣᠯᡤᠣᠪᡠ

[illegible]

([illegible] ᡩᡝ 1 ᡩᡝᠪᡨᡝᠯᡳᠨ)

[illegible]

([illegible] ᡩᡝ 2 ᡩᡝᠪᡨᡝᠯᡳᠨ)

[illegible]

[illegible]

([illegible] ᡩᡝ 1 ᡩᡝᠪᡨᡝᠯᡳᠨ)

[illegible]

([illegible] ᡩᡝ 1 ᡩᡝᠪᡨᡝᠯᡳᠨ)

[illegible]

([illegible] ᠨᡳ 1 ᡩᡝᠪᡨᡝᠯᡳᠨ)

[illegible]

([illegible] ᡩᡝ 2 ᡩᡝᠪᡨᡝᠯᡳᠨ)

[illegible]

[illegible]

([illegible] ᠨᡳ 2 ᡩᡝᠪᡨᡝᠯᡳᠨ)

[illegible]

[illegible]

([illegible] ᠨᡳ 1 ᡩᡝᠪᡨᡝᠯᡳᠨ)

[illegible]

[illegible]

[illegible]

([illegible] ᡩᡝ 2 ᡩᡝᠪᡨᡝᠯᡳᠨ)

[illegible]

[illegible]

([illegible] ᡩᡝ 1 ᡩᡝᠪᡨᡝᠯᡳᠨ)

[illegible]

([illegible] ᠨᡳ 3 ᡩᡝᠪᡨᡝᠯᡳᠨ)

[illegible]

[illegible]

[illegible]

([illegible] ᠨᡳ 1 ᡩᡝᠪᡨᡝᠯᡳᠨ)

[illegible]

([illegible] ᡩᡝ 1 ᡩᡝᠪᡨᡝᠯᡳᠨ)

[illegible]

([illegible] ᠨᡳ 1 ᡩᡝᠪᡨᡝᠯᡳᠨ)

[illegible]

([illegible] ᡩᡝ 1 ᡩᡝᠪᡨᡝᠯᡳᠨ)

[illegible]

([illegible] ᡩᡝ 2 ᡩᡝᠪᡨᡝᠯᡳᠨ)

[illegible]

[illegible]

([illegible] ᡩᡝ 1 ᡩᡝᠪᡨᡝᠯᡳᠨ)

[illegible]

([illegible] ᡳ 1 ᡩᡝᠪᡨᡝᠯᡳᠨ)

[illegible]
([illegible] ᡩᡝ 3 ᠮᡠᡩᠠᠨ)
[illegible]
([illegible] ᡩᡝ 1 ᠮᡠᡩᠠᠨ)
[illegible]
[illegible]
([illegible] ᡩᡝ 2 ᠮᡠᡩᠠᠨ)
[illegible]
([illegible] ᡩᡝ 1 ᠮᡠᡩᠠᠨ)
[illegible]
[illegible]
([illegible] ᡳ 2 ᠮᡠᡩᠠᠨ)
[illegible]
[illegible]
[illegible]
([illegible] ᡩᡝ 3 ᠮᡠᡩᠠᠨ)
[illegible]
[illegible]
[illegible]
([illegible] ᡩᡝ 3 ᠮᡠᡩᠠᠨ)
[illegible]
[illegible]
[illegible]
([illegible] ᠪᡝ 3 ᠮᡠᡩᠠᠨ)
[illegible]

([illegible] ᡩᡝ 1 ᠮᡠᡩᠠᠨ)
[illegible]
([illegible] ᡩᡝ 1 ᠮᡠᡩᠠᠨ)
[illegible]
[illegible]
([illegible] ᡩᡝ 2 ᠮᡠᡩᠠᠨ)
[illegible]
[illegible]
[illegible]
([illegible] ᡳ 3 ᠮᡠᡩᠠᠨ)
[illegible]
[illegible]
[illegible]
[illegible]
([illegible] ᡩᡝ 4 ᠮᡠᡩᠠᠨ)
[illegible]
([illegible] ᠪᡝ 1 ᠮᡠᡩᠠᠨ)
[illegible]
[illegible]
[illegible]
[illegible]
[illegible]
[illegible]
([illegible] ᠪᡝ 6 ᠮᡠᡩᠠᠨ)
[illegible]

[illegible]
([illegible] [illegible] 2 [illegible])
[illegible]
[illegible]
([illegible] [illegible] 2 [illegible])
[illegible]
([illegible] [illegible] 1 [illegible])
[illegible]
[illegible]
([illegible] [illegible] 2 [illegible])
[illegible]
[illegible]
([illegible] [illegible] 2 [illegible])
[illegible]
([illegible] [illegible] 1 [illegible])
[illegible]
[illegible]
[illegible]
[illegible]
[illegible]
([illegible] [illegible] 5 [illegible])
[illegible]
([illegible] [illegible] 1 [illegible])
[illegible]
[illegible]

[illegible]
([illegible] [illegible] 3 [illegible])
[illegible]
[illegible]
([illegible] [illegible] 2 [illegible])
[illegible]
([illegible] [illegible] 1 [illegible])
[illegible]
[illegible]
[illegible]
[illegible]
[illegible]
[illegible]
[illegible]
([illegible] [illegible] 7 [illegible])
[illegible]
[illegible]
([illegible] [illegible] 2 [illegible])
[illegible]
([illegible] [illegible] 1 [illegible])
[illegible]
[illegible]
([illegible] [illegible] 2 [illegible])
[illegible]
[illegible]

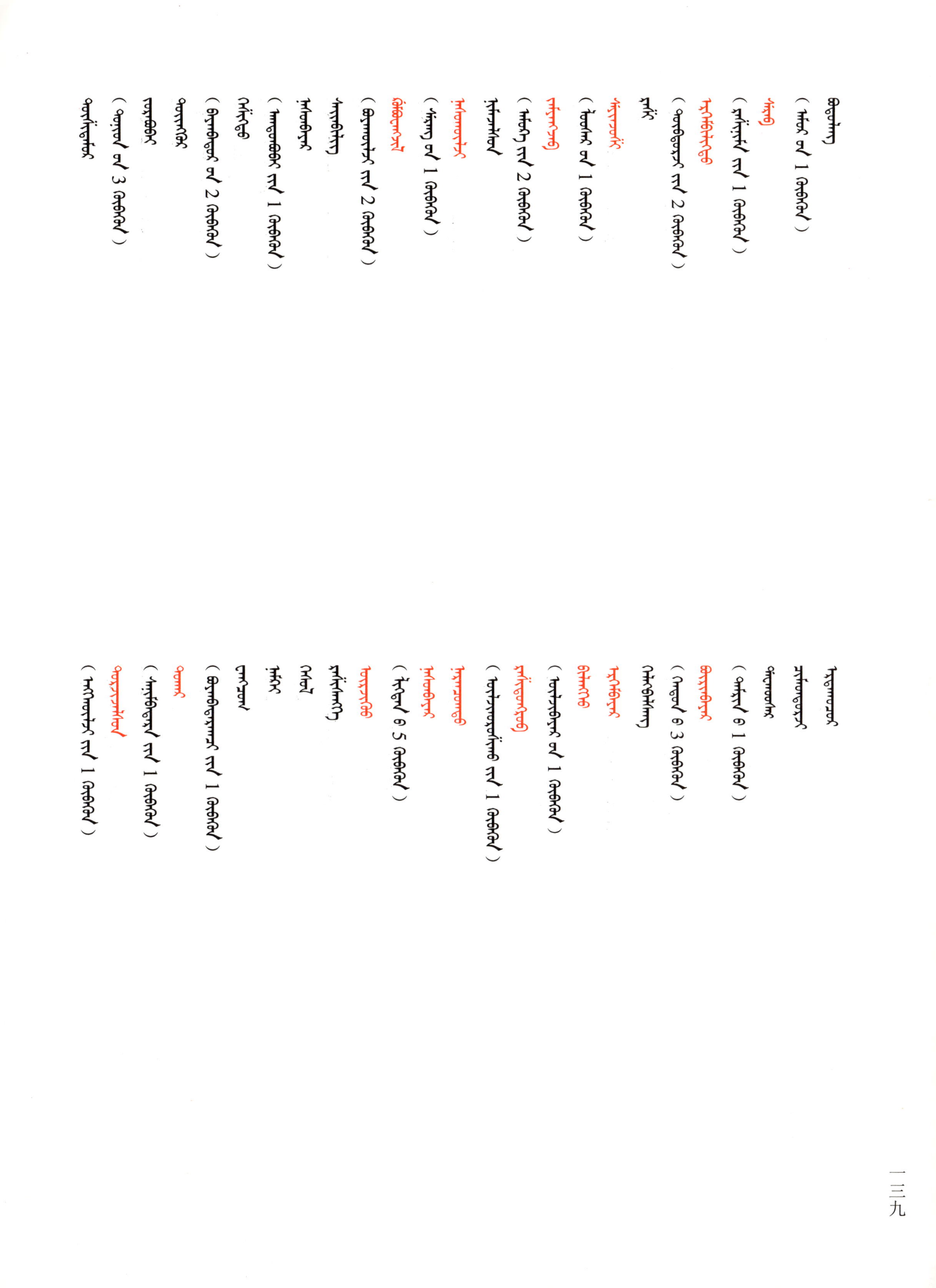

[illegible]

[illegible]

([illegible] ᠶᠢᠨ 1 ᠪᠦᠯᠦᠭ)

[illegible]

([illegible] ᠤᠨ 1 ᠪᠦᠯᠦᠭ)

[illegible]

([illegible] ᠶᠢᠨ 1 ᠪᠦᠯᠦᠭ)

[illegible]

([illegible] ᠶᠢᠨ 3 ᠪᠦᠯᠦᠭ)

[illegible]

[illegible]

[illegible]

([illegible] ᠶᠢᠨ 1 ᠪᠦᠯᠦᠭ)

[illegible]

([illegible] ᠦ 2 ᠪᠦᠯᠦᠭ)

[illegible]

[illegible]

([illegible] ᠤᠨ 1 ᠪᠦᠯᠦᠭ)

[illegible]

([illegible] ᠶᠢᠨ 3 ᠪᠦᠯᠦᠭ)

[illegible]

[illegible]

[illegible]

([illegible] ᠶᠢᠨ 4 ᠪᠦᠯᠦᠭ)

[illegible]

[illegible]

([illegible] ᠶᠢᠨ 6 ᠪᠦᠯᠦᠭ)

[illegible]

[illegible]

[illegible]

[illegible]

[illegible]

[illegible]

([illegible] ᠤᠨ 1 ᠪᠦᠯᠦᠭ)

[illegible]

([illegible] ᠶᠢᠨ 2 ᠪᠦᠯᠦᠭ)

[illegible]

[illegible]

([illegible] ᠦ 1 ᠪᠦᠯᠦᠭ)

[illegible]

([illegible] ᠤᠨ 1 ᠪᠦᠯᠦᠭ)

[illegible]

([illegible] ᠶᠢᠨ 1 ᠪᠦᠯᠦᠭ)

[illegible]

([illegible] ᠶᠢᠨ 4 ᠪᠦᠯᠦᠭ)

[illegible]

[illegible]

[illegible]

[illegible]

([illegible] ᠦ 2 ᠪᠦᠯᠦᠭ)

[illegible]

([illegible] [illegible] 2 ᡩᡝᠪᡨᡝᠯᡳᠨ)

[illegible]

[illegible]

[illegible]

([illegible] [illegible] 3 ᡩᡝᠪᡨᡝᠯᡳᠨ)

[illegible]

[illegible]

([illegible] [illegible] 2 ᡩᡝᠪᡨᡝᠯᡳᠨ)

[illegible]

([illegible] [illegible] 1 ᡩᡝᠪᡨᡝᠯᡳᠨ)

[illegible]

([illegible] [illegible] 1 ᡩᡝᠪᡨᡝᠯᡳᠨ)

[illegible]

([illegible] [illegible] 1 ᡩᡝᠪᡨᡝᠯᡳᠨ)

[illegible]

([illegible] [illegible] 1 ᡩᡝᠪᡨᡝᠯᡳᠨ)

[illegible]

([illegible] [illegible] 1 ᡩᡝᠪᡨᡝᠯᡳᠨ)

[illegible]

[illegible]

[illegible]

([illegible] [illegible] 3 ᡩᡝᠪᡨᡝᠯᡳᠨ)

[illegible]

([illegible] [illegible] 1 ᡩᡝᠪᡨᡝᠯᡳᠨ)

[illegible]

([illegible] [illegible] 1 ᡩᡝᠪᡨᡝᠯᡳᠨ)

[illegible]

([illegible] [illegible] 1 ᡩᡝᠪᡨᡝᠯᡳᠨ)

[illegible]

([illegible] [illegible] 1 ᡩᡝᠪᡨᡝᠯᡳᠨ)

[illegible]

([illegible] [illegible] 1 ᡩᡝᠪᡨᡝᠯᡳᠨ)

[illegible]

[illegible]

([illegible] [illegible] 2 ᡩᡝᠪᡨᡝᠯᡳᠨ)

[illegible]

[illegible]

[illegible]

[illegible]

([illegible] [illegible] 4 ᡩᡝᠪᡨᡝᠯᡳᠨ)

[illegible]

[illegible]

[illegible]

([illegible] [illegible] 3 ᡩᡝᠪᡨᡝᠯᡳᠨ)

[illegible]

([illegible] [illegible] 1 ᡩᡝᠪᡨᡝᠯᡳᠨ)

[illegible]

([illegible] [illegible] 1 ᡩᡝᠪᡨᡝᠯᡳᠨ)

[illegible]

[illegible]
([illegible] [illegible] 1 ᠪᠦᠯᠦᠭ)
[illegible]
([illegible] [illegible] 1 ᠪᠦᠯᠦᠭ)
[illegible]
([illegible] [illegible] 1 ᠪᠦᠯᠦᠭ)
[illegible]
([illegible] [illegible] 4 ᠪᠦᠯᠦᠭ)
[illegible]
[illegible]
[illegible]
[illegible]
([illegible] [illegible] 2 ᠪᠦᠯᠦᠭ)
[illegible]
[illegible]
([illegible] [illegible] 2 ᠪᠦᠯᠦᠭ)
[illegible]
[illegible]
([illegible] [illegible] 2 ᠪᠦᠯᠦᠭ)
[illegible]
[illegible]
([illegible] [illegible] 2 ᠪᠦᠯᠦᠭ)
[illegible]
[illegible]
([illegible] [illegible] 1 ᠪᠦᠯᠦᠭ)

[illegible]
([illegible] [illegible] 4 ᠪᠦᠯᠦᠭ)
[illegible]
[illegible]
[illegible]
[illegible]
([illegible] [illegible] 2 ᠪᠦᠯᠦᠭ)
[illegible]
[illegible]
([illegible] [illegible] 1 ᠪᠦᠯᠦᠭ)
[illegible]
([illegible] [illegible] 1 ᠪᠦᠯᠦᠭ)
[illegible]
([illegible] [illegible] 1 ᠪᠦᠯᠦᠭ)
[illegible]
([illegible] [illegible] 2 ᠪᠦᠯᠦᠭ)
[illegible]
[illegible]
([illegible] [illegible] 4 ᠪᠦᠯᠦᠭ)
[illegible]
[illegible]
[illegible]
[illegible]
([illegible] [illegible] 2 ᠪᠦᠯᠦᠭ)
[illegible]

[illegible]

[illegible]

[illegible]

([illegible] 2 ᠮᡠᡩᠠᠨ)

[illegible]

[illegible]

([illegible] 1 ᠮᡠᡩᠠᠨ)

[illegible]

([illegible] 5 ᠮᡠᡩᠠᠨ)

[illegible]

[illegible]

[illegible]

[illegible]

[illegible]

([illegible] 1 ᠮᡠᡩᠠᠨ)

[illegible]

([illegible] 3 ᠮᡠᡩᠠᠨ)

[illegible]

[illegible]

[illegible]

([illegible] 3 ᠮᡠᡩᠠᠨ)

[illegible]

[illegible]

[illegible]

([illegible] 1 ᠮᡠᡩᠠᠨ)

[illegible]

([illegible] 6 ᠮᡠᡩᠠᠨ)

[illegible]

[illegible]

[illegible]

[illegible]

[illegible]

[illegible]

([illegible] 3 ᠮᡠᡩᠠᠨ)

[illegible]

[illegible]

[illegible]

([illegible] 1 ᠮᡠᡩᠠᠨ)

[illegible]

([illegible] 2 ᠮᡠᡩᠠᠨ)

[illegible]

[illegible]

([illegible] 1 ᠮᡠᡩᠠᠨ)

[illegible]

([illegible] 2 ᠮᡠᡩᠠᠨ)

[illegible]

[illegible]

([illegible] 1 ᠮᡠᡩᠠᠨ)

[illegible]

([illegible] 3 ᠮᡠᡩᠠᠨ)

[illegible]
[illegible]
[illegible]
([illegible] 4 [illegible])
[illegible]
([illegible] 1 [illegible])
[illegible]
[illegible]
[illegible]
([illegible] 3 [illegible])
[illegible]
[illegible]
([illegible] 2 [illegible])
[illegible]
[illegible]
([illegible] 2 [illegible])
[illegible]
([illegible] 1 [illegible])
[illegible]
([illegible] 1 [illegible])
[illegible]
([illegible] 1 [illegible])
[illegible]
([illegible] 2 [illegible])

[illegible]
([illegible] 1 [illegible])
[illegible]
[illegible]
([illegible] 2 [illegible])
[illegible]
([illegible] 1 [illegible])
[illegible]
([illegible] 2 [illegible])
[illegible]
[illegible]
([illegible] 2 [illegible])
[illegible]
([illegible] 1 [illegible])
[illegible]
([illegible] 1 [illegible])
[illegible]
[illegible]
([illegible] 2 [illegible])
[illegible]
[illegible]
([illegible] 2 [illegible])
[illegible]
([illegible] 1 [illegible])

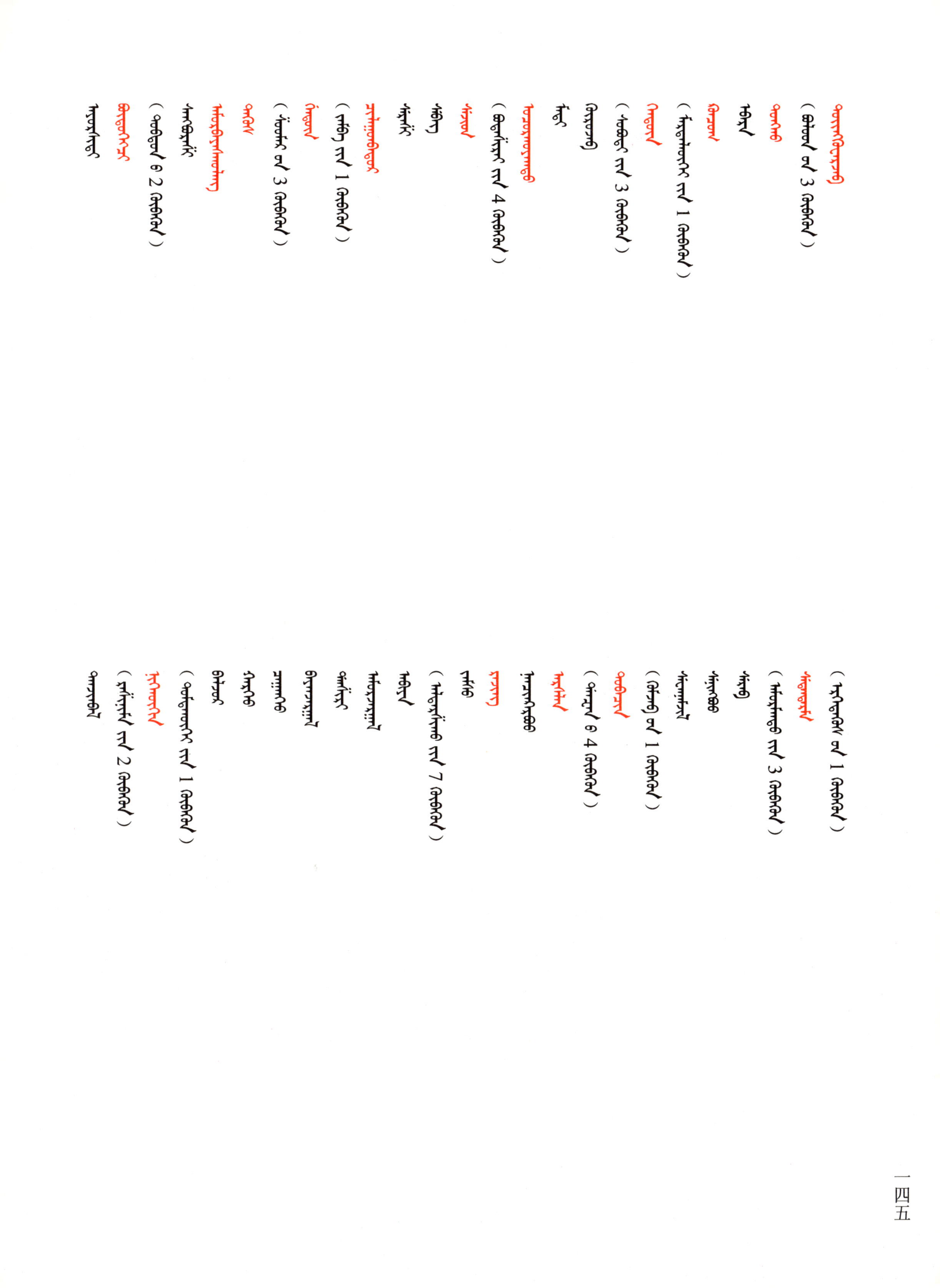

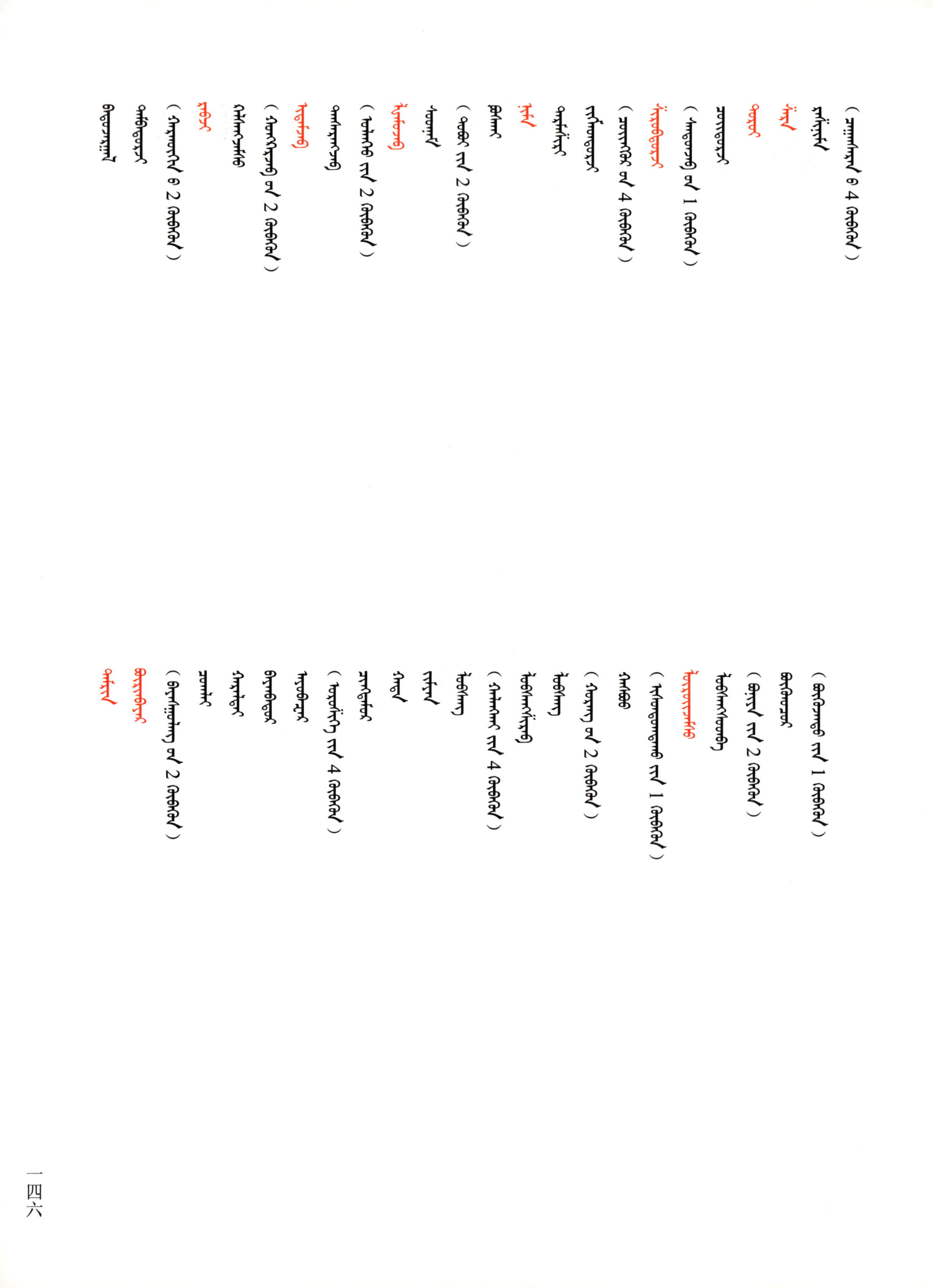

[illegible]
([illegible] ᡩᡝ 2 ᠮᡠᡩᠠᠨ)
[illegible]
[illegible]
([illegible] ᠪᡝ 1 ᠮᡠᡩᠠᠨ)
[illegible]
([illegible] ᡩᡝ 1 ᠮᡠᡩᠠᠨ)
[illegible]
([illegible] ᡩᡝ 1 ᠮᡠᡩᠠᠨ)
[illegible]
([illegible] ᠪᡝ 2 ᠮᡠᡩᠠᠨ)
[illegible]
[illegible]
([illegible] ᠪᡝ 1 ᠮᡠᡩᠠᠨ)
[illegible]
([illegible] ᡩᡝ 1 ᠮᡠᡩᠠᠨ)
[illegible]
([illegible] ᡩᡝ 1 ᠮᡠᡩᠠᠨ)
[illegible]
([illegible] ᠪᡝ 2 ᠮᡠᡩᠠᠨ)
[illegible]
[illegible]

[illegible] — (262 [illegible])

[illegible]
([illegible] ᡩᡝ 6 ᠮᡠᡩᠠᠨ)
[illegible]
[illegible]
[illegible]
[illegible]
[illegible]
[illegible]
([illegible] ᠪᡝ 2 ᠮᡠᡩᠠᠨ)
[illegible]
[illegible]
([illegible] ᡩᡝ 1 ᠮᡠᡩᠠᠨ)
[illegible]
([illegible] ᡩᡝ 2 ᠮᡠᡩᠠᠨ)
[illegible]
[illegible]
([illegible] ᠪᡝ 1 ᠮᡠᡩᠠᠨ)
[illegible]
([illegible] ᡩᡝ 1 ᠮᡠᡩᠠᠨ)
[illegible]
([illegible] ᠪᡝ 1 ᠮᡠᡩᠠᠨ)
[illegible]
([illegible] ᡩᡝ 1 ᠮᡠᡩᠠᠨ)
[illegible]
([illegible] ᠪᡝ 1 ᠮᡠᡩᠠᠨ)

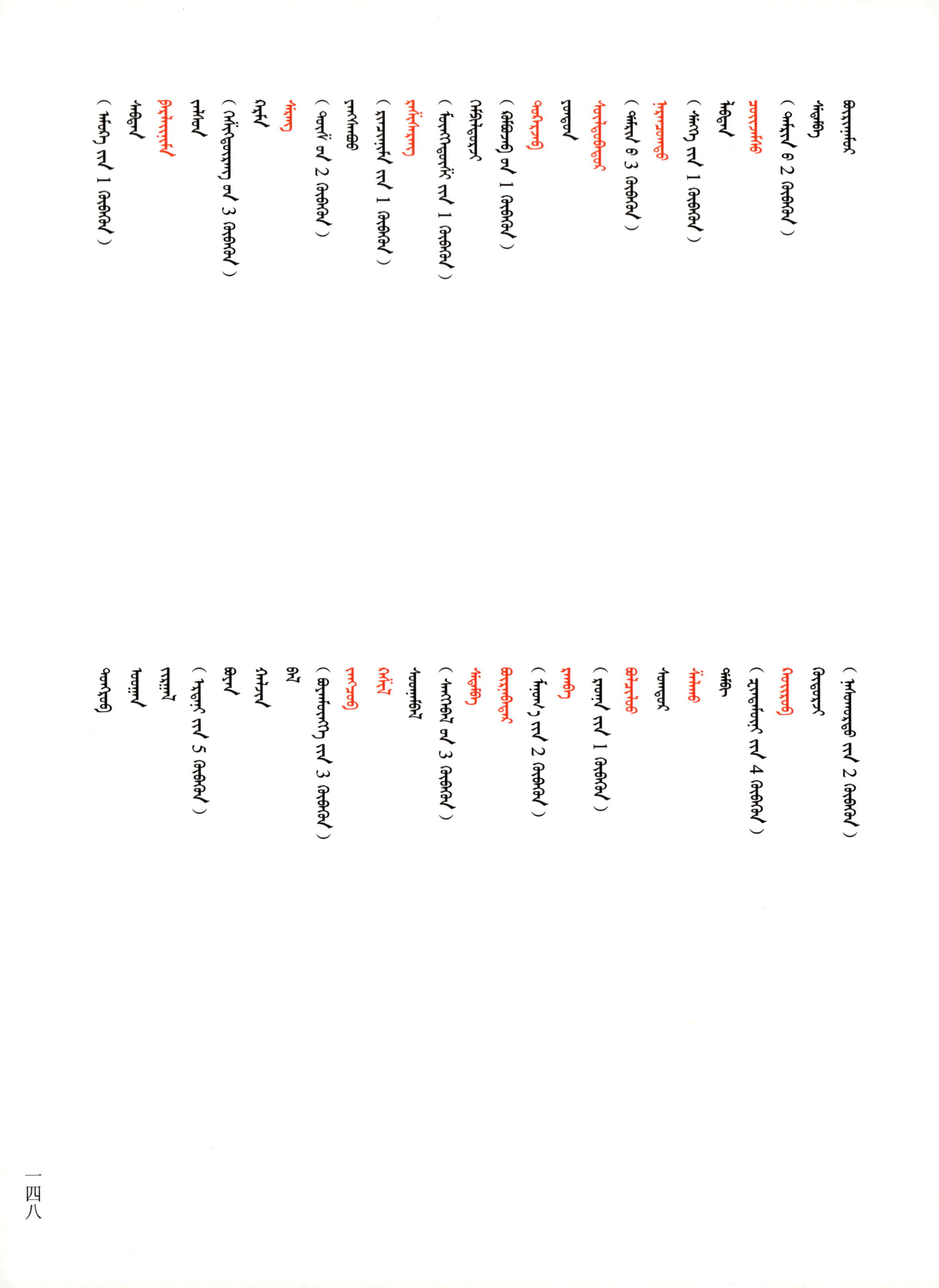

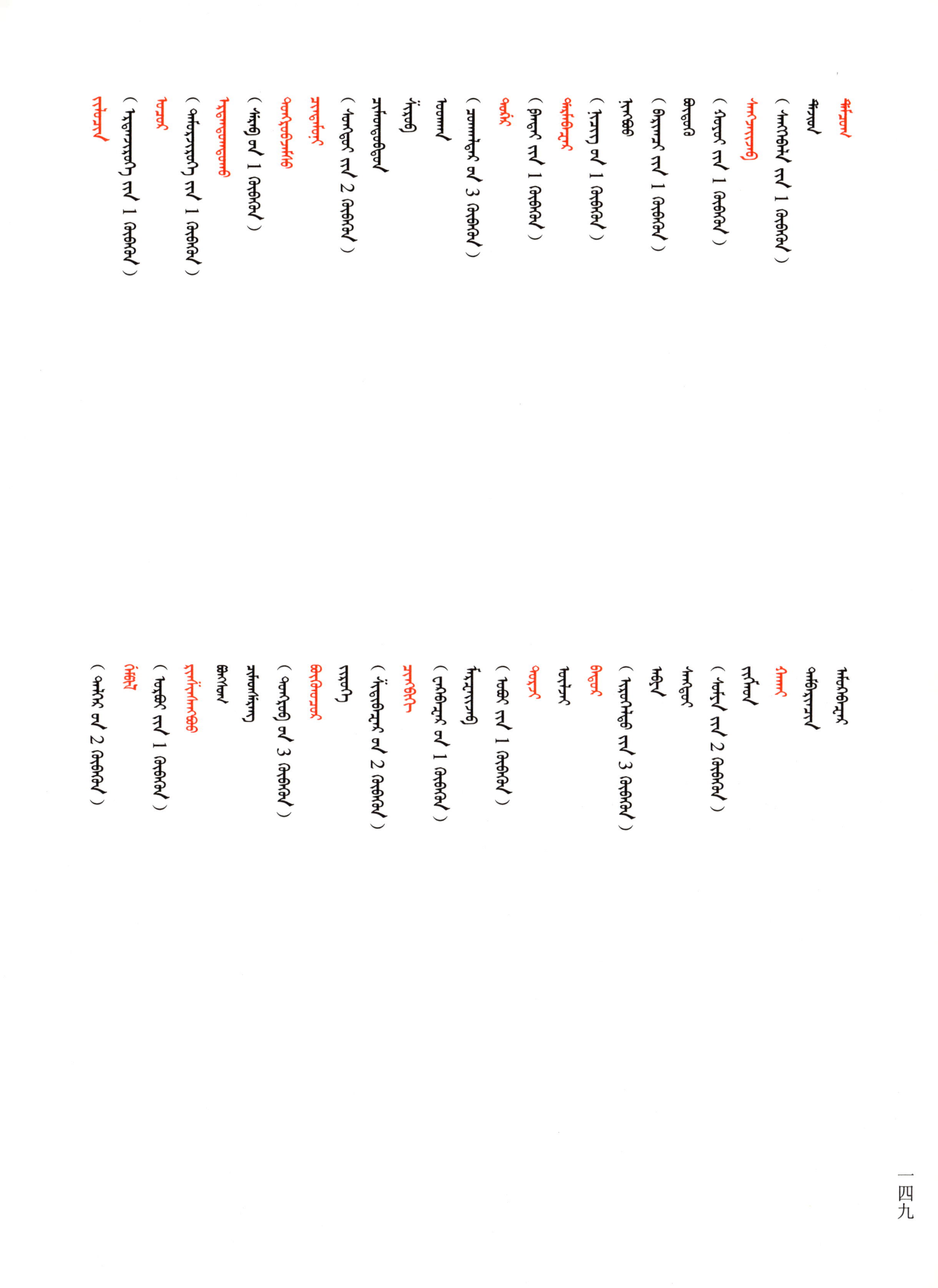

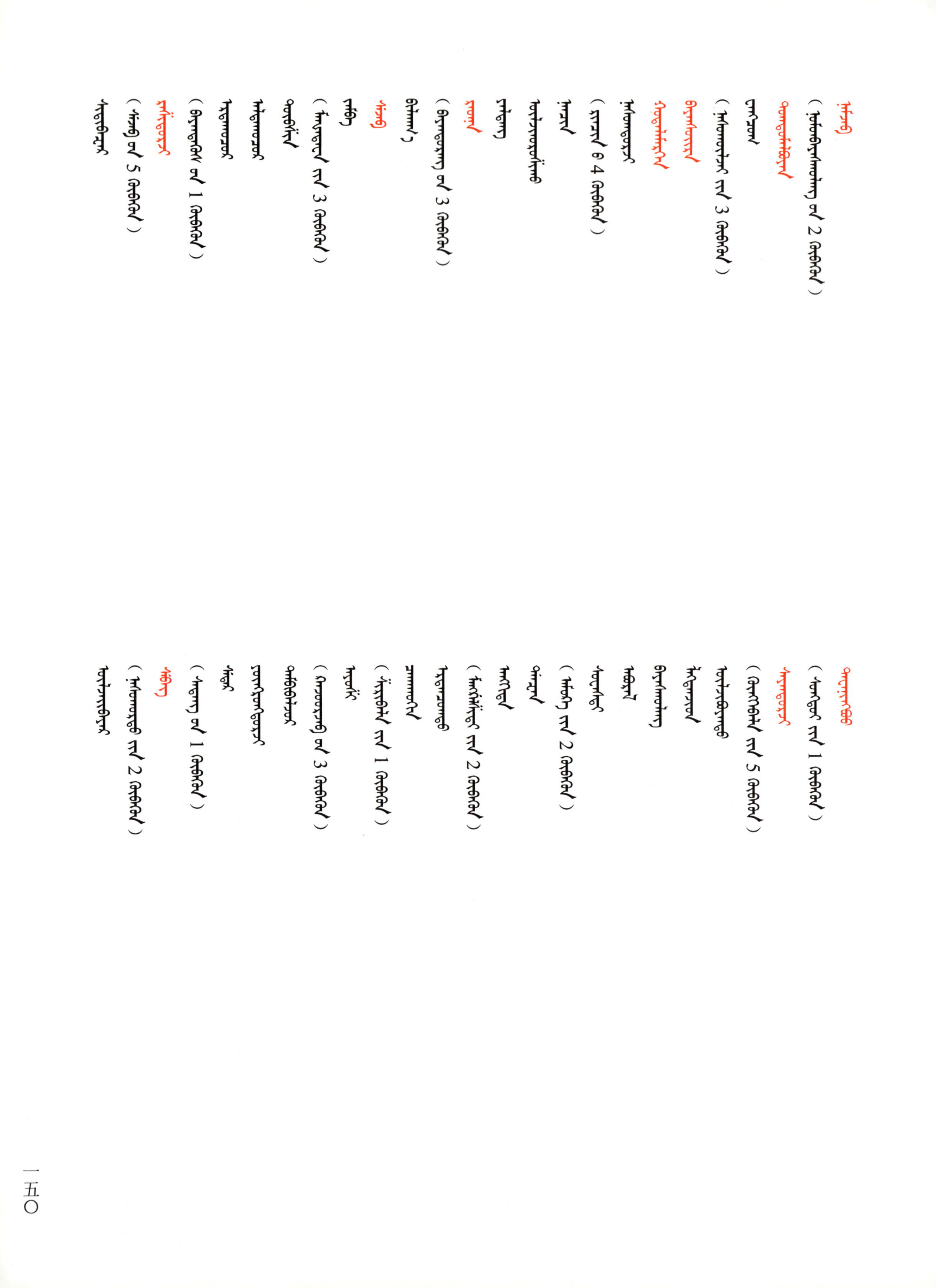

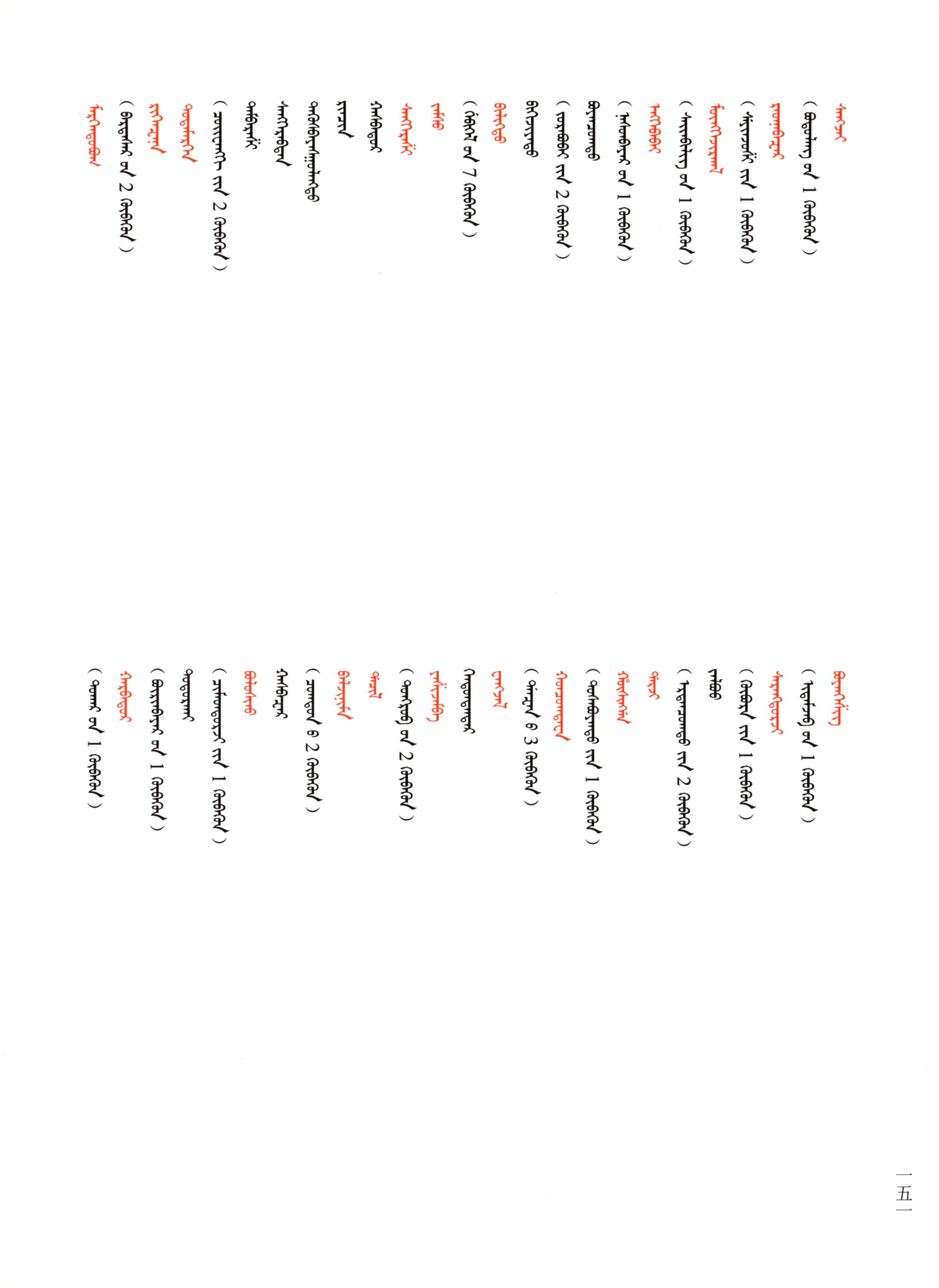

[illegible]

([illegible] [illegible] 1 [illegible])

[illegible]

([illegible] [illegible] 1 [illegible])

[illegible]

([illegible] [illegible] 1 [illegible])

[illegible]

([illegible] [illegible] 1 [illegible])

[illegible]

([illegible] [illegible] 2 [illegible])

[illegible]

[illegible]

([illegible] [illegible] 7 [illegible])

[illegible]

[illegible]

[illegible]

[illegible]

[illegible]

[illegible]

[illegible]

([illegible] [illegible] 2 [illegible])

[illegible]

[illegible]

([illegible] [illegible] 2 [illegible])

[illegible]

[illegible]

([illegible] [illegible] 1 [illegible])

[illegible]

([illegible] [illegible] 1 [illegible])

[illegible]

([illegible] [illegible] 2 [illegible])

[illegible]

[illegible]

([illegible] [illegible] 1 [illegible])

[illegible]

([illegible] [illegible] 3 [illegible])

[illegible]

[illegible]

[illegible]

([illegible] [illegible] 2 [illegible])

[illegible]

[illegible]

([illegible] [illegible] 2 [illegible])

[illegible]

[illegible]

([illegible] [illegible] 1 [illegible])

[illegible]

([illegible] [illegible] 1 [illegible])

[illegible]

([illegible] [illegible] 1 [illegible])

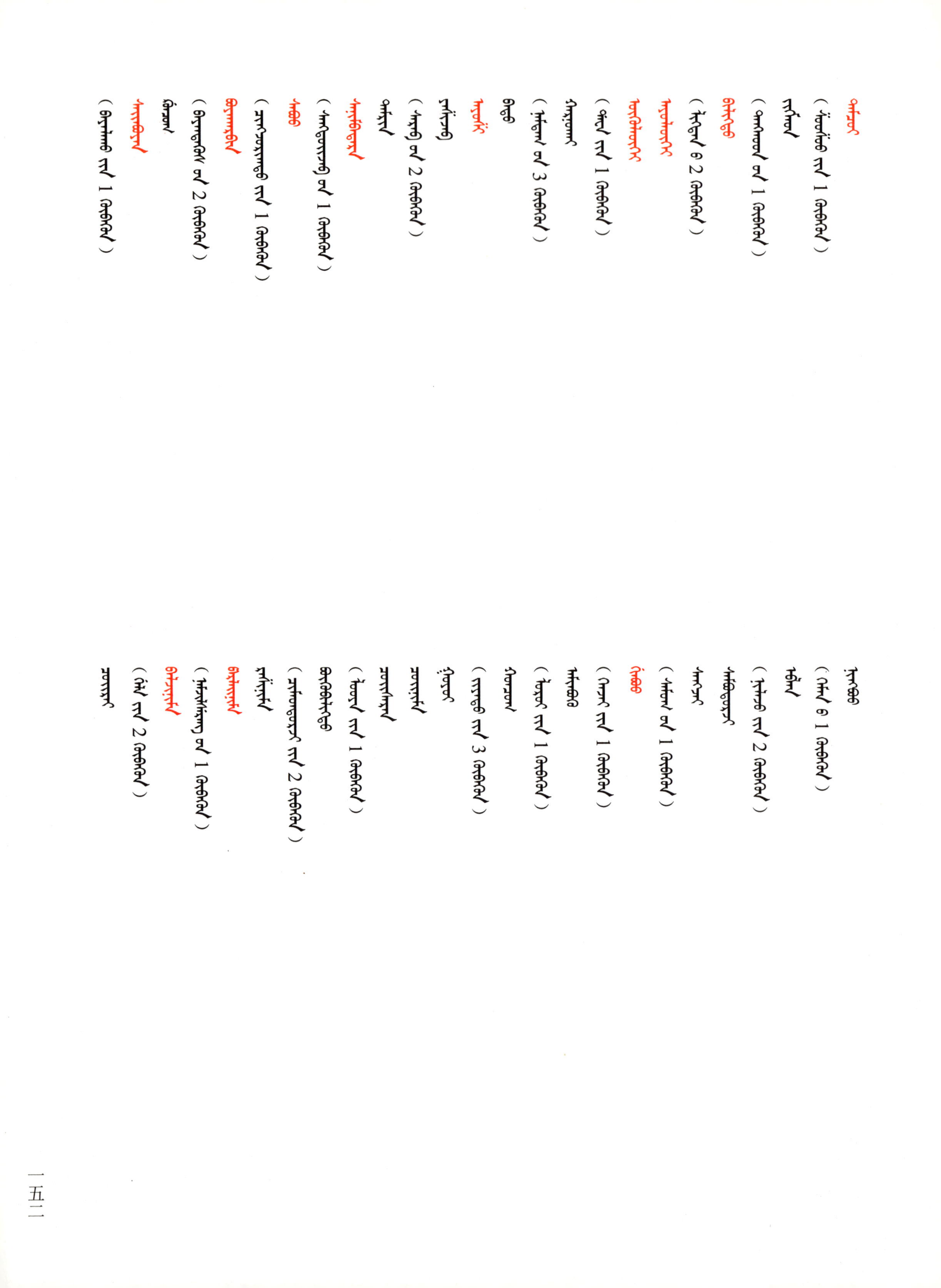

[illegible]

([illegible] ᠨᡳ 1 ᡶᡳᠶᡝᠯᡝᠨ)

[illegible]

([illegible] ᠨᡳ 1 ᡶᡳᠶᡝᠯᡝᠨ)

[illegible]

([illegible] ᡳ 3 ᡶᡳᠶᡝᠯᡝᠨ)

[illegible]

[illegible]

[illegible]

([illegible] ᡳ 3 ᡶᡳᠶᡝᠯᡝᠨ)

[illegible]

[illegible]

[illegible]

([illegible] ᠨᡳ 3 ᡶᡳᠶᡝᠯᡝᠨ)

[illegible]

[illegible]

[illegible]

([illegible] ᡳ 1 ᡶᡳᠶᡝᠯᡝᠨ)

[illegible]

([illegible] ᠨᡳ 3 ᡶᡳᠶᡝᠯᡝᠨ)

[illegible]

[illegible]

[illegible]

([illegible] ᡳ 2 ᡶᡳᠶᡝᠯᡝᠨ)

[illegible]

[illegible]

[illegible]

[illegible]

([illegible] ᡳ 1 ᡶᡳᠶᡝᠯᡝᠨ)

[illegible]

([illegible] ᠨᡳ 2 ᡶᡳᠶᡝᠯᡝᠨ)

[illegible]

[illegible]

([illegible] ᠨᡳ 1 ᡶᡳᠶᡝᠯᡝᠨ)

[illegible]

([illegible] ᠨᡳ 3 ᡶᡳᠶᡝᠯᡝᠨ)

[illegible]

[illegible]

[illegible]

([illegible] ᠨᡳ 1 ᡶᡳᠶᡝᠯᡝᠨ)

[illegible]

([illegible] ᠨᡳ 2 ᡶᡳᠶᡝᠯᡝᠨ)

[illegible]

[illegible]

([illegible] ᠨᡳ 1 ᡶᡳᠶᡝᠯᡝᠨ)

[illegible]

([illegible] ᠨᡳ 4 ᡶᡳᠶᡝᠯᡝᠨ)

[illegible]

[illegible]

[illegible]

[illegible]
([illegible] 6 ᠪᠦᠯᠦᠭ)
[illegible]
[illegible]
[illegible]
[illegible]
[illegible]
[illegible]
([illegible] 3 ᠪᠦᠯᠦᠭ)
[illegible]
[illegible]
[illegible]
([illegible] 3 ᠪᠦᠯᠦᠭ)
[illegible]
[illegible]
[illegible]
([illegible] 1 ᠪᠦᠯᠦᠭ)
[illegible]
([illegible] 1 ᠪᠦᠯᠦᠭ)
[illegible]
([illegible] 1 ᠪᠦᠯᠦᠭ)
[illegible]
([illegible] 5 ᠪᠦᠯᠦᠭ)
[illegible]
[illegible]

([illegible] 1 ᠪᠦᠯᠦᠭ)
[illegible]
([illegible] 2 ᠪᠦᠯᠦᠭ)
[illegible]
[illegible]
([illegible] 1 ᠪᠦᠯᠦᠭ)
[illegible]
([illegible] 2 ᠪᠦᠯᠦᠭ)
[illegible]
[illegible]
([illegible] 2 ᠪᠦᠯᠦᠭ)
[illegible]
[illegible]
([illegible] 5 ᠪᠦᠯᠦᠭ)
[illegible]
[illegible]
[illegible]
[illegible]
[illegible]
([illegible] 1 ᠪᠦᠯᠦᠭ)
[illegible]
([illegible] 1 ᠪᠦᠯᠦᠭ)
[illegible]
([illegible] 2 ᠪᠦᠯᠦᠭ)
[illegible]

[illegible]{red}
([illegible] ᠲᠤ 1 ᠤᠳᠠᠭ᠎ᠠ)
[illegible]
([illegible] ᠳᠤ 1 ᠤᠳᠠᠭ᠎ᠠ)

[illegible] [illegible] [illegible] — (106 ᠤᠳᠠᠭ᠎ᠠ)

[illegible]{red}
([illegible] ᠳᠤ 1 ᠤᠳᠠᠭ᠎ᠠ)
[illegible]{red}
([illegible] ᠲᠤ 1 ᠤᠳᠠᠭ᠎ᠠ)
[illegible]{red}
([illegible] ᠲᠤ 1 ᠤᠳᠠᠭ᠎ᠠ)
[illegible]
([illegible] ᠳᠤ 1 ᠤᠳᠠᠭ᠎ᠠ)
[illegible]{red}
[illegible]
[illegible]
([illegible] ᠲᠤ 3 ᠤᠳᠠᠭ᠎ᠠ)
[illegible]
[illegible]
([illegible] ᠤ 2 ᠤᠳᠠᠭ᠎ᠠ)
[illegible]{red}
([illegible] ᠲᠤ 1 ᠤᠳᠠᠭ᠎ᠠ)
[illegible]{red}
([illegible] ᠲᠤ 1 ᠤᠳᠠᠭ᠎ᠠ)
[illegible]{red}
[illegible]{red}
([illegible] ᠳᠤ 2 ᠤᠳᠠᠭ᠎ᠠ)
[illegible]
[illegible]
([illegible] ᠲᠤ 3 ᠤᠳᠠᠭ᠎ᠠ)
[illegible]{red}
[illegible]{red}
([illegible] ᠳᠤ 3 ᠤᠳᠠᠭ᠎ᠠ)
[illegible]{red}
([illegible] ᠤ 1 ᠤᠳᠠᠭ᠎ᠠ)
[illegible]
([illegible] ᠤ 1 ᠤᠳᠠᠭ᠎ᠠ)
[illegible]
[illegible]
([illegible] ᠤ 2 ᠤᠳᠠᠭ᠎ᠠ)
[illegible]{red}
([illegible] ᠳᠤ 1 ᠤᠳᠠᠭ᠎ᠠ)
[illegible]
[illegible]{red}
([illegible] ᠲᠤ 2 ᠤᠳᠠᠭ᠎ᠠ)
[illegible]{red}

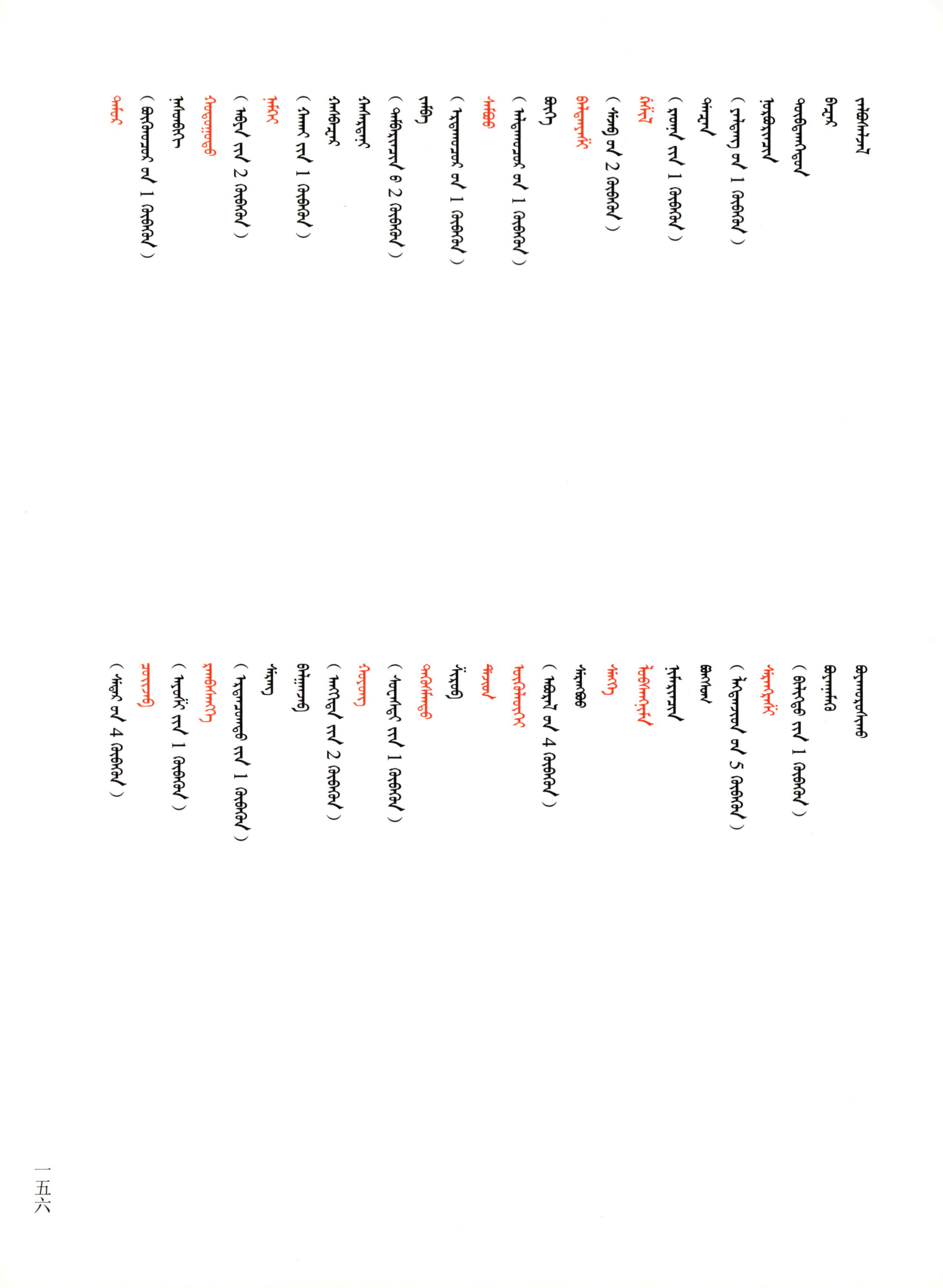

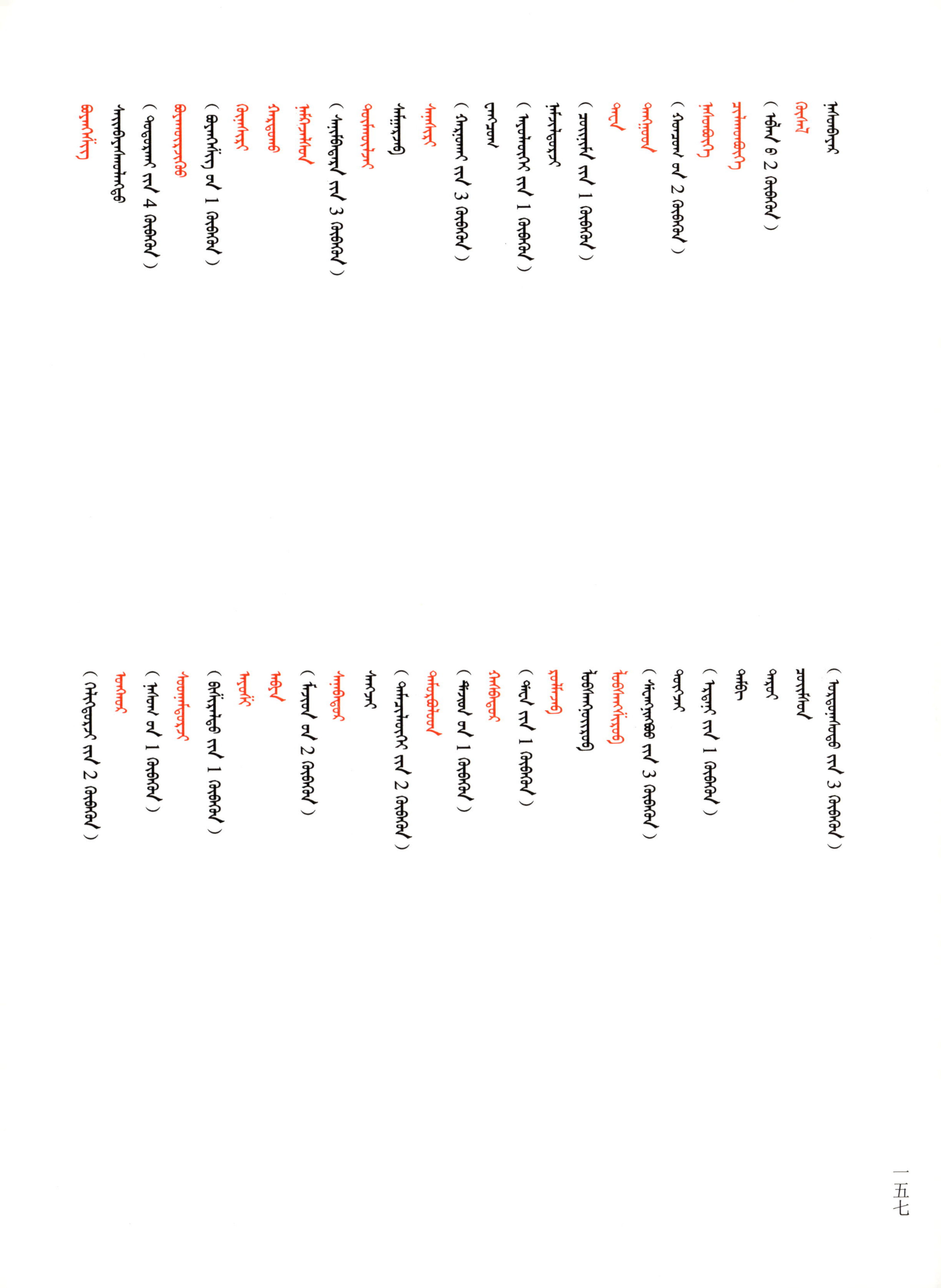

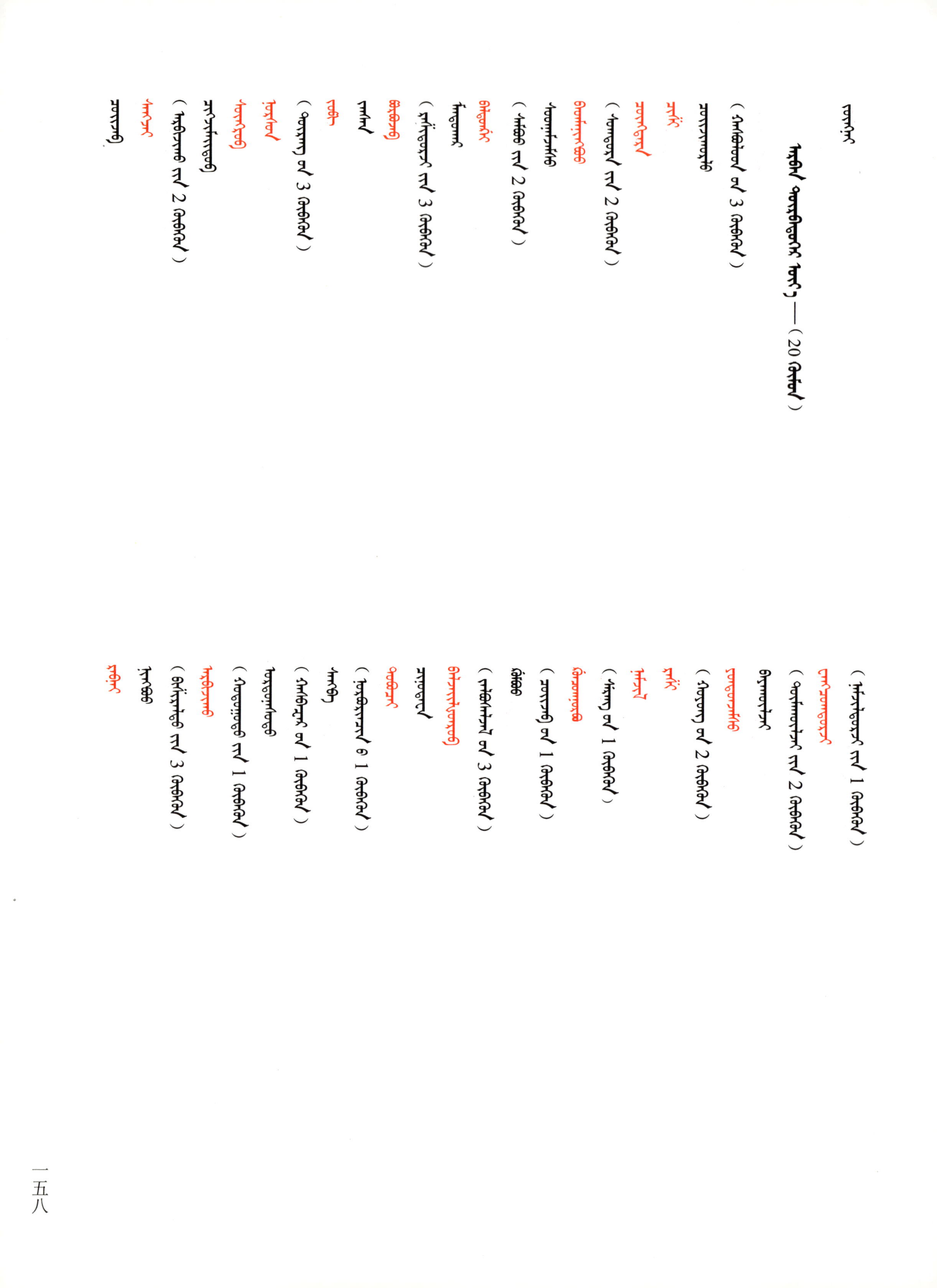

[illegible]

[illegible] [illegible] [illegible] —（20 [illegible]）

（[illegible] [illegible] 3 [illegible]）

[illegible]

[illegible]

[illegible]

（[illegible] [illegible] 2 [illegible]）

[illegible]

[illegible]

（[illegible] [illegible] 2 [illegible]）

[illegible]

[illegible]

（[illegible] [illegible] 3 [illegible]）

[illegible]

[illegible]

[illegible]

（[illegible] [illegible] 3 [illegible]）

[illegible]

[illegible]

[illegible]

（[illegible] [illegible] 2 [illegible]）

[illegible]

[illegible]

（[illegible] [illegible] 1 [illegible]）

[illegible]

（[illegible] [illegible] 2 [illegible]）

[illegible]

[illegible]

（[illegible] [illegible] 2 [illegible]）

[illegible]

[illegible]

（[illegible] [illegible] 1 [illegible]）

[illegible]

（[illegible] [illegible] 1 [illegible]）

[illegible]

（[illegible] [illegible] 3 [illegible]）

[illegible]

[illegible]

[illegible]

（[illegible] [illegible] 1 [illegible]）

[illegible]

（[illegible] [illegible] 1 [illegible]）

[illegible]

（[illegible] [illegible] 1 [illegible]）

[illegible]

（[illegible] [illegible] 3 [illegible]）

[illegible]

[illegible]

[illegible]

([illegible] ᠤᠨ 1 ᠳᠡᠪᠲᠡᠷ)

[illegible]

[illegible]

([illegible] ᠤᠨ 2 ᠳᠡᠪᠲᠡᠷ)

[illegible]

([illegible] ᠤᠨ 1 ᠳᠡᠪᠲᠡᠷ)

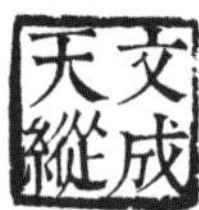
文成
天縱

民族古典学研究文献丛刊　乌云毕力格　主编

美国哈佛大学柯立夫藏
扎鲁特右翼旗扎萨克多罗达尔汉贝勒家谱
整理研究

乌云格日勒　著

下

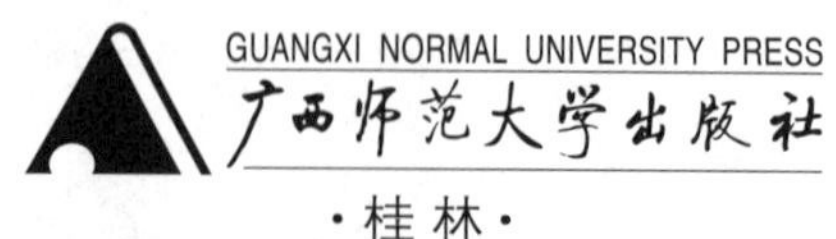

·桂林·

1885年家谱图片

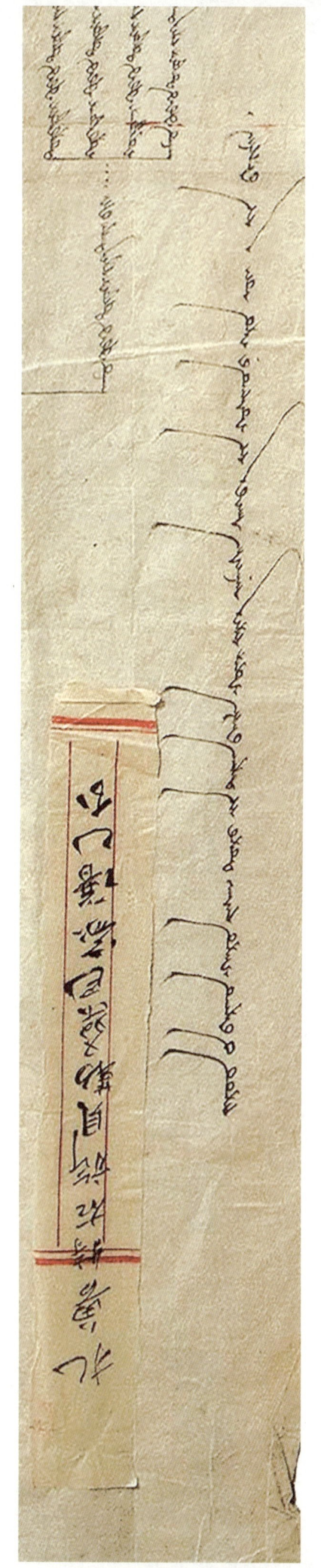

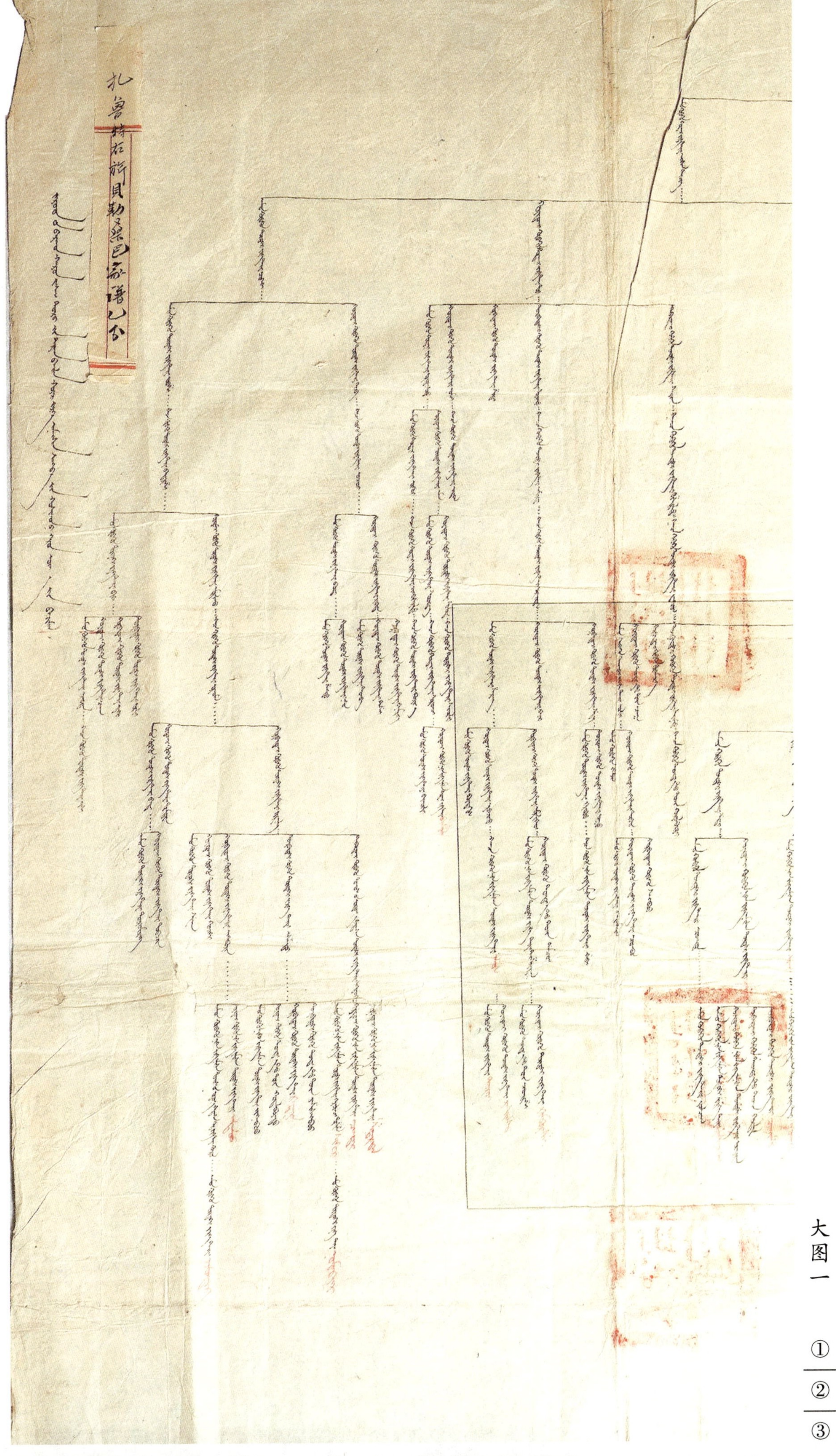

大图一 ①—②—③

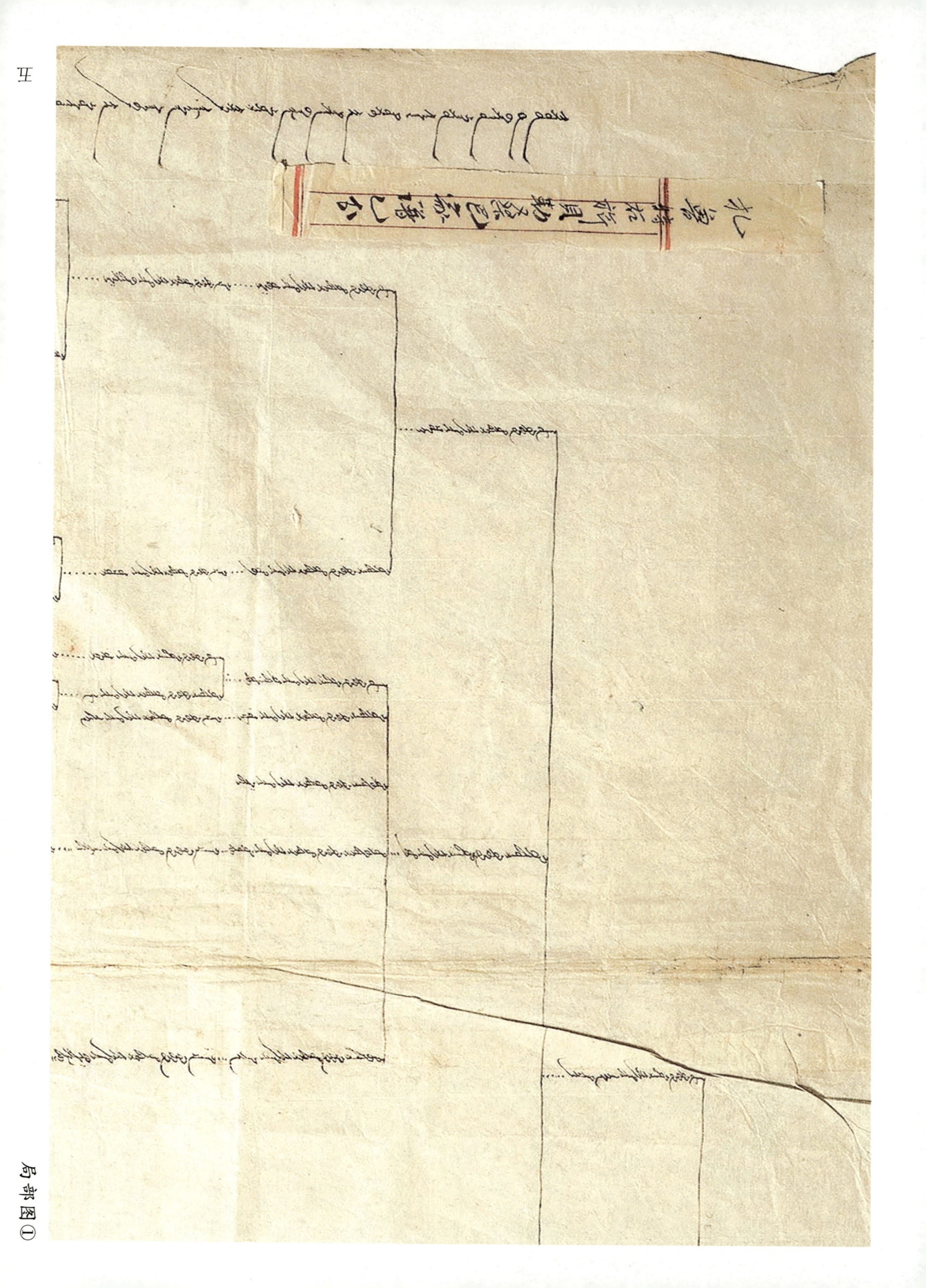

扎魯特右旗貝勒桑巴家譜乙分

局部图①

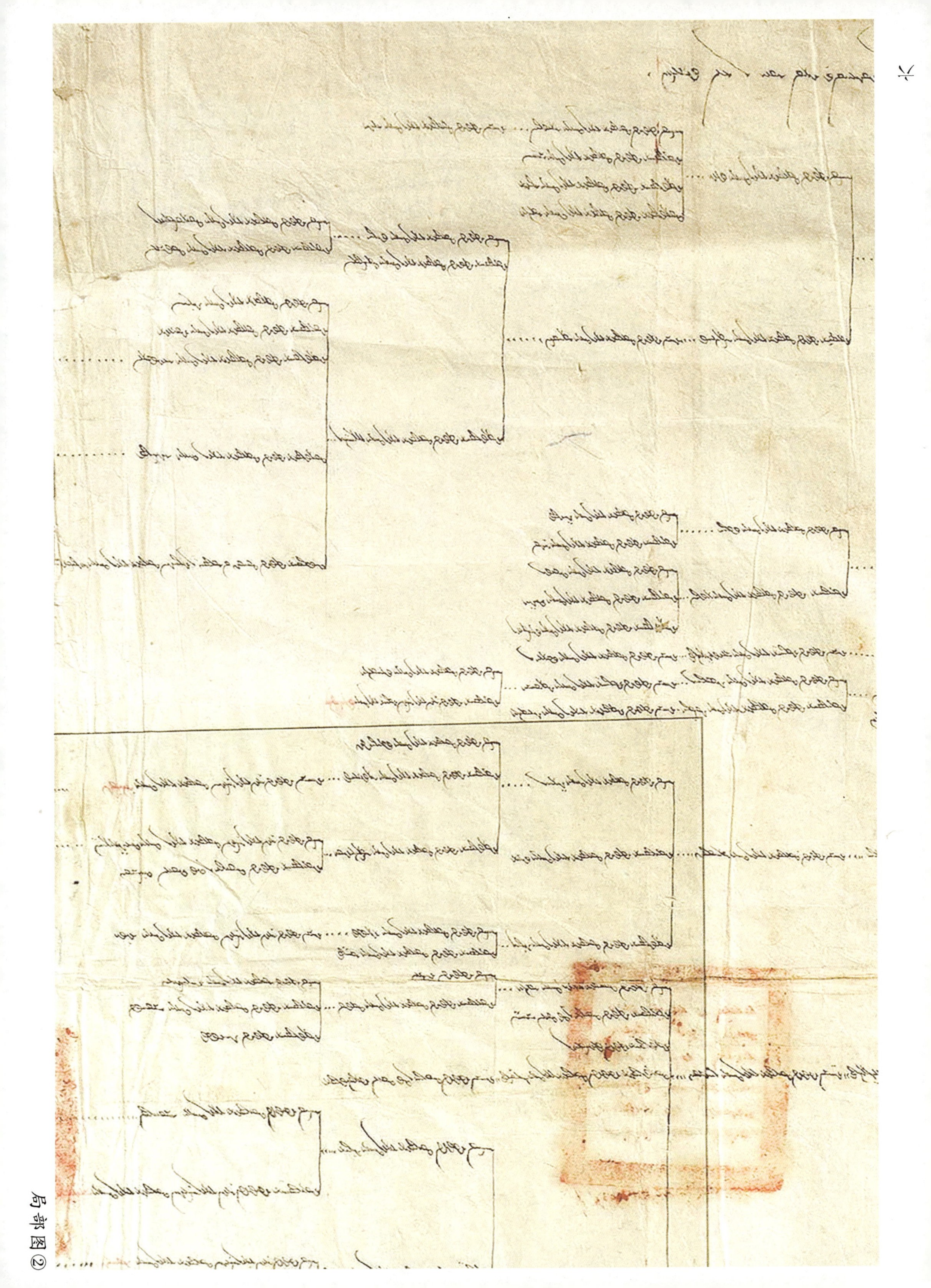

局部图②

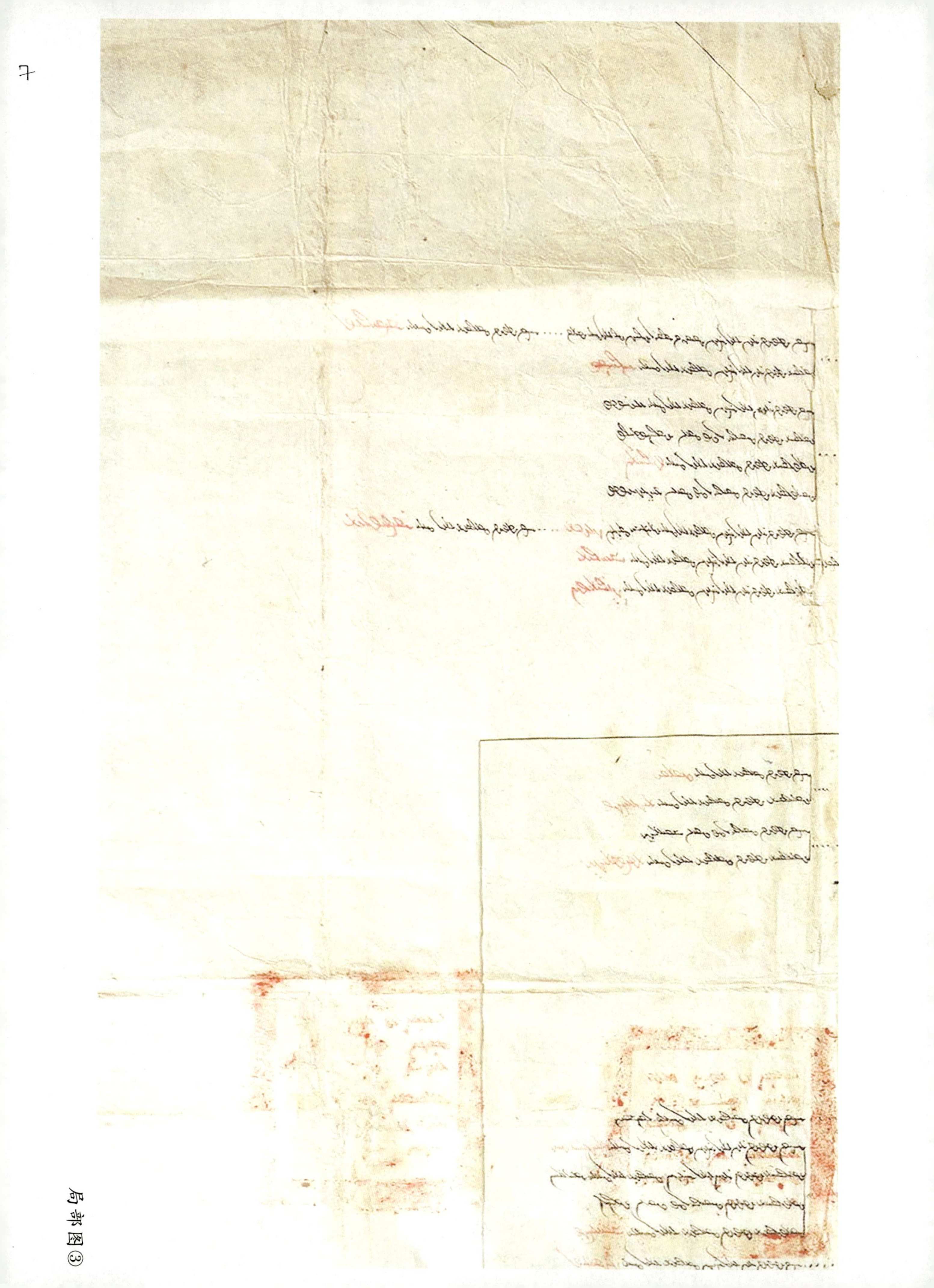

局部图③

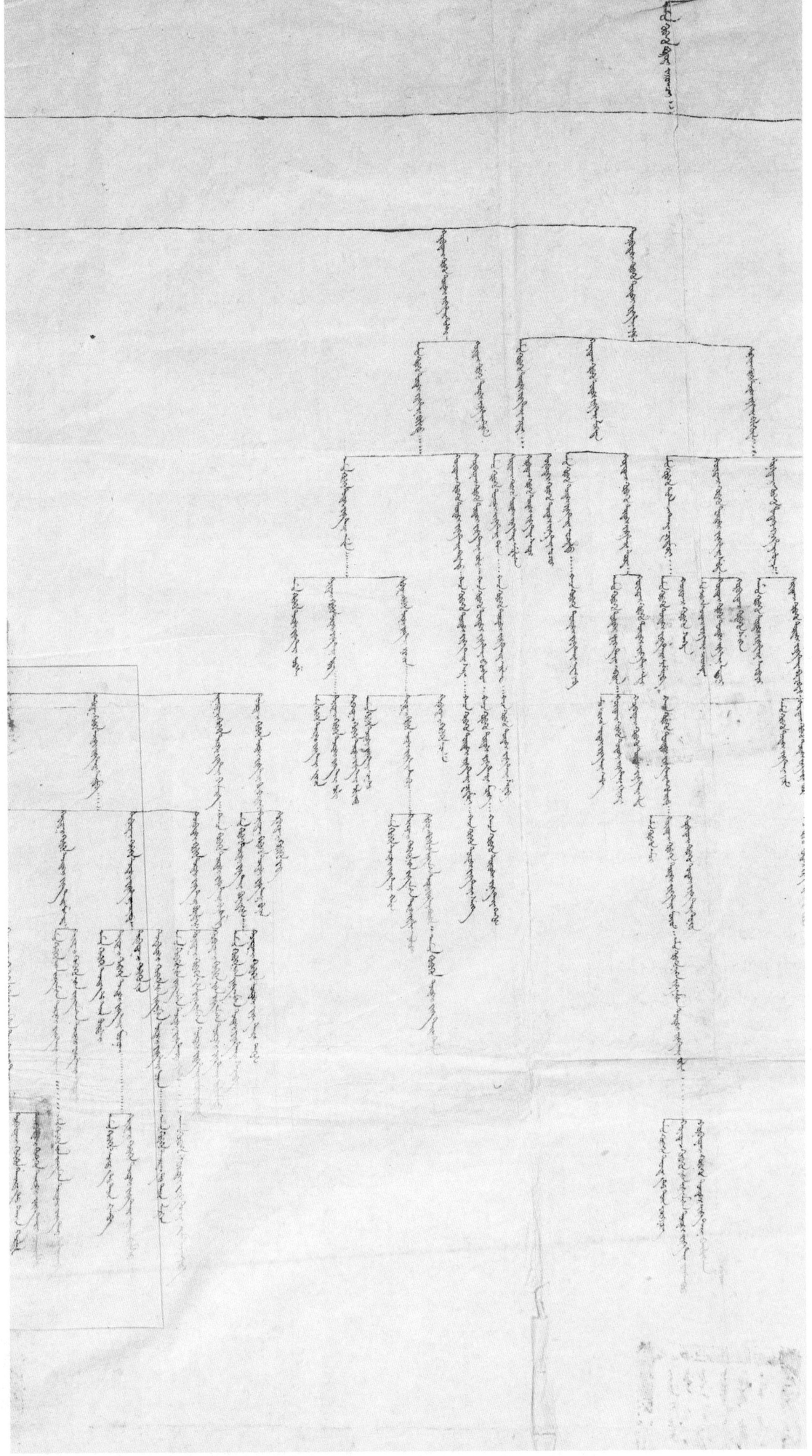

大图二

①—②—③

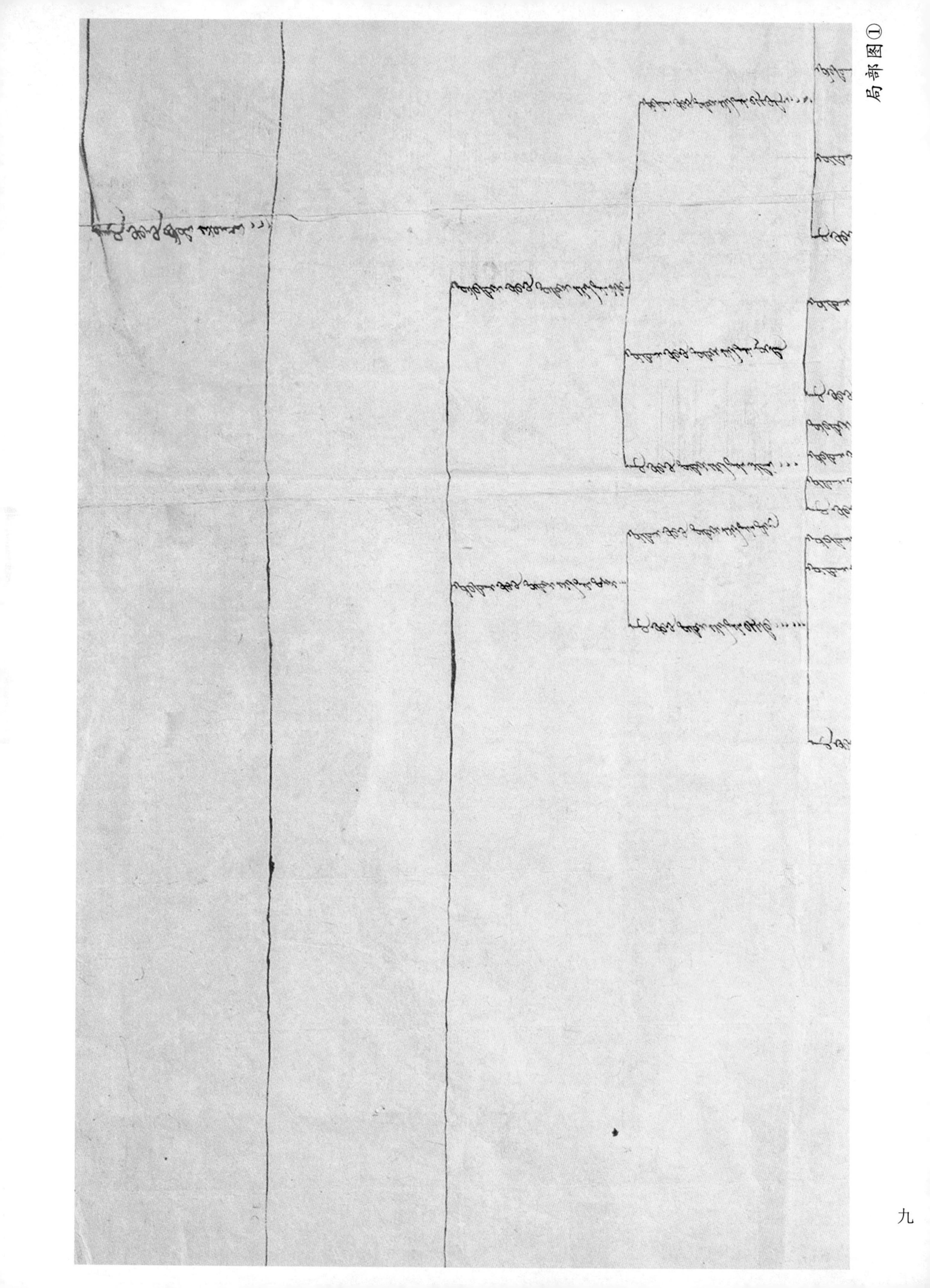

局部图①

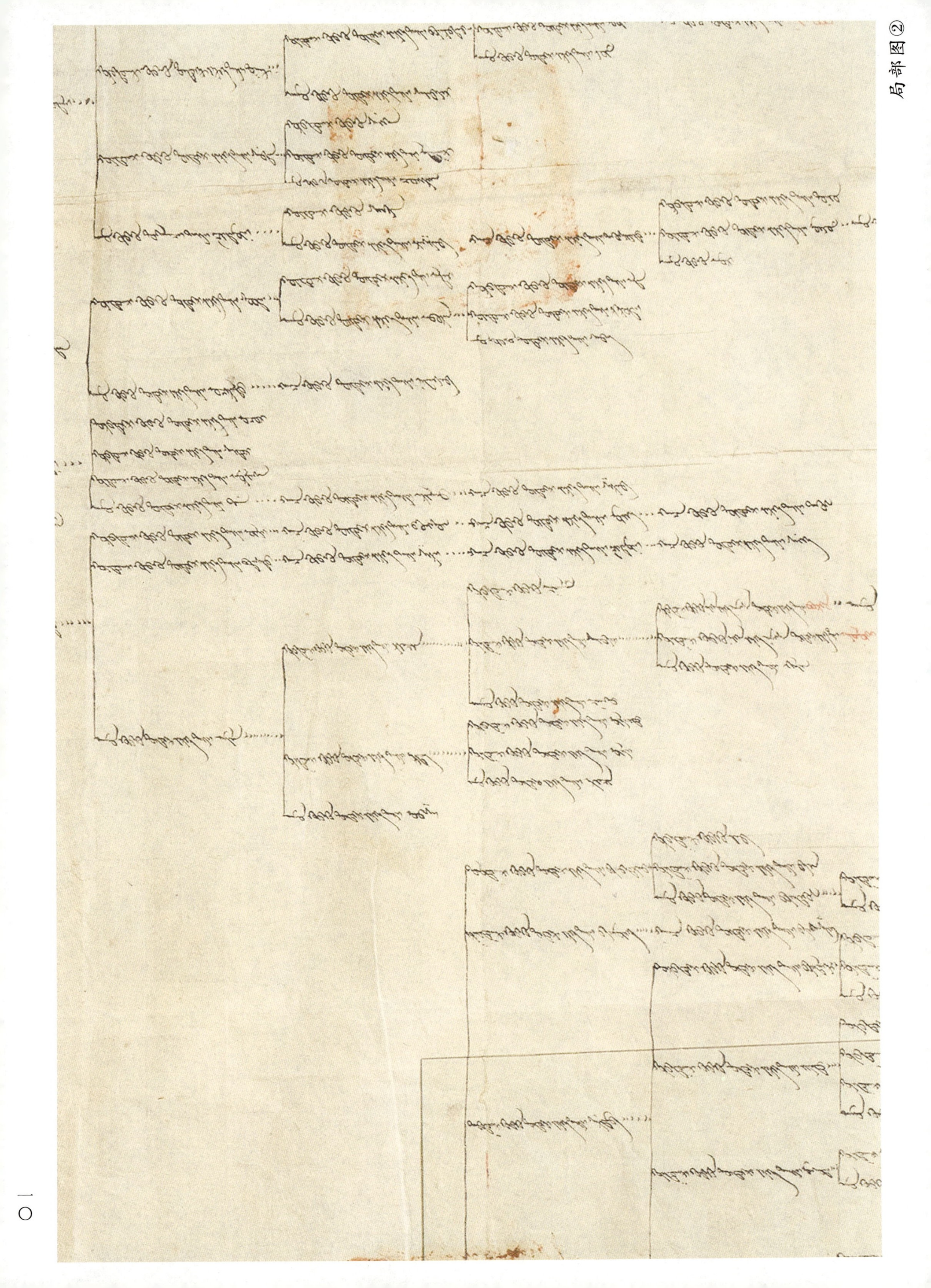

局部图②

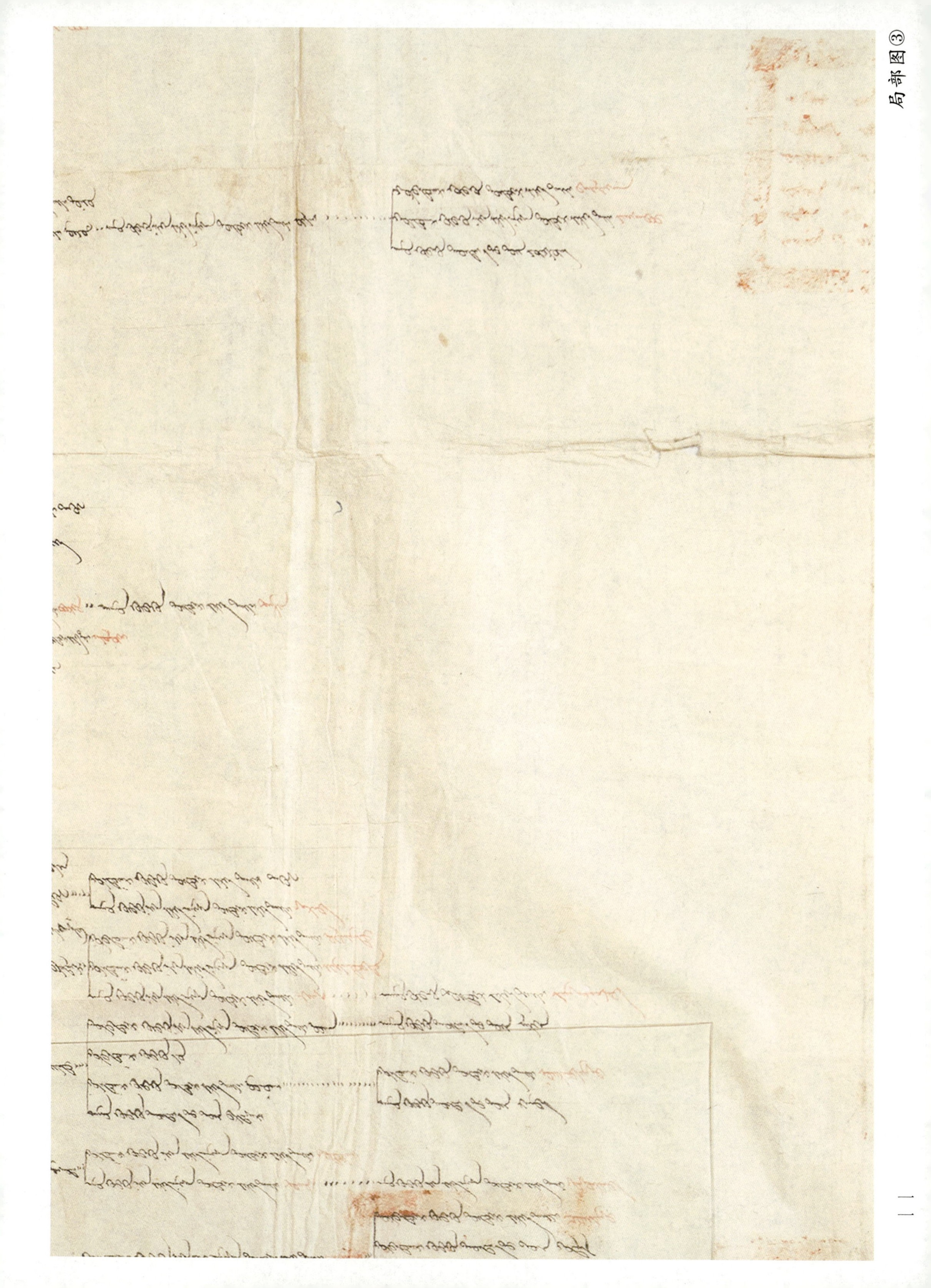

局部图③

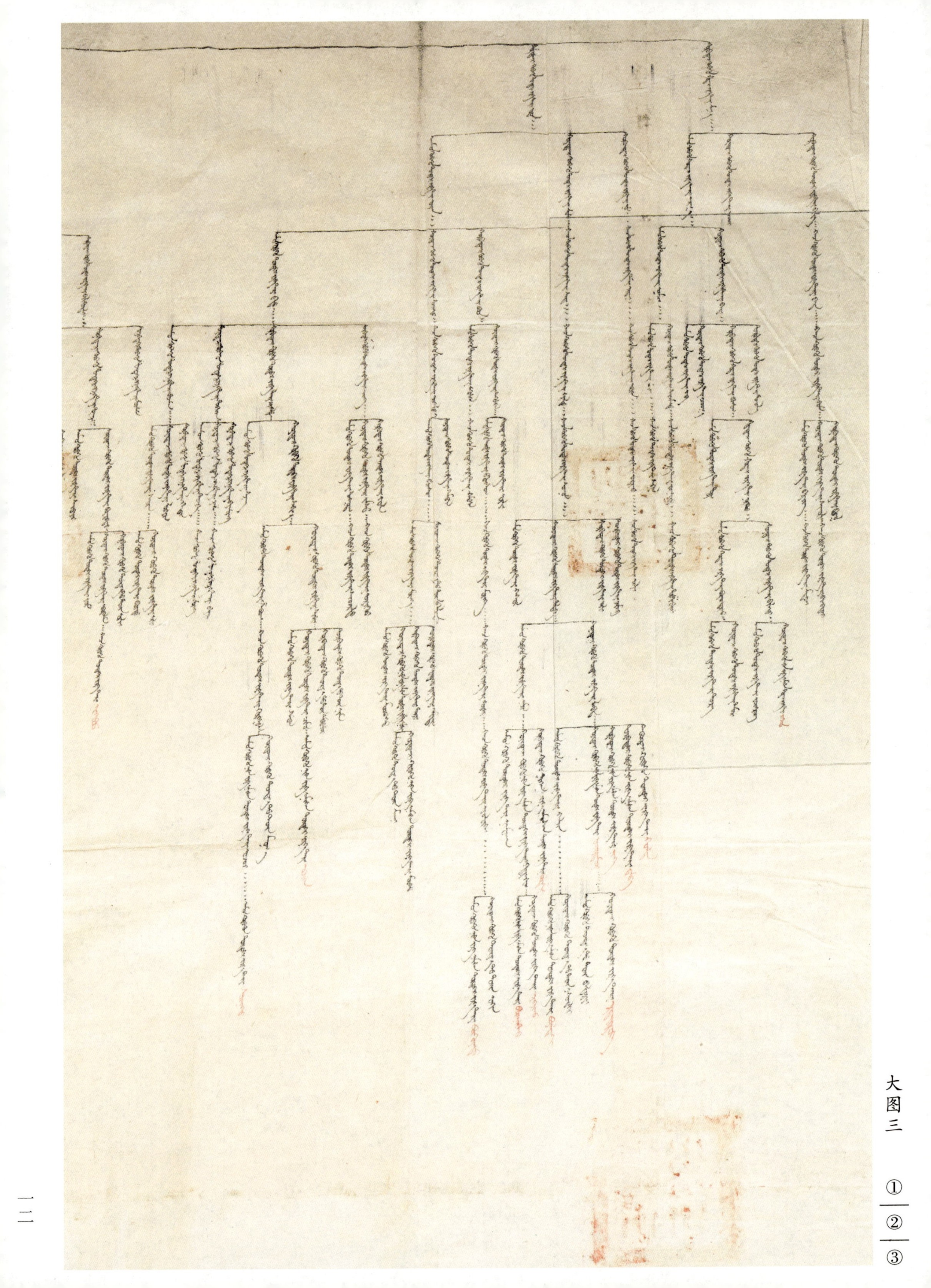

大图三

①

②

③

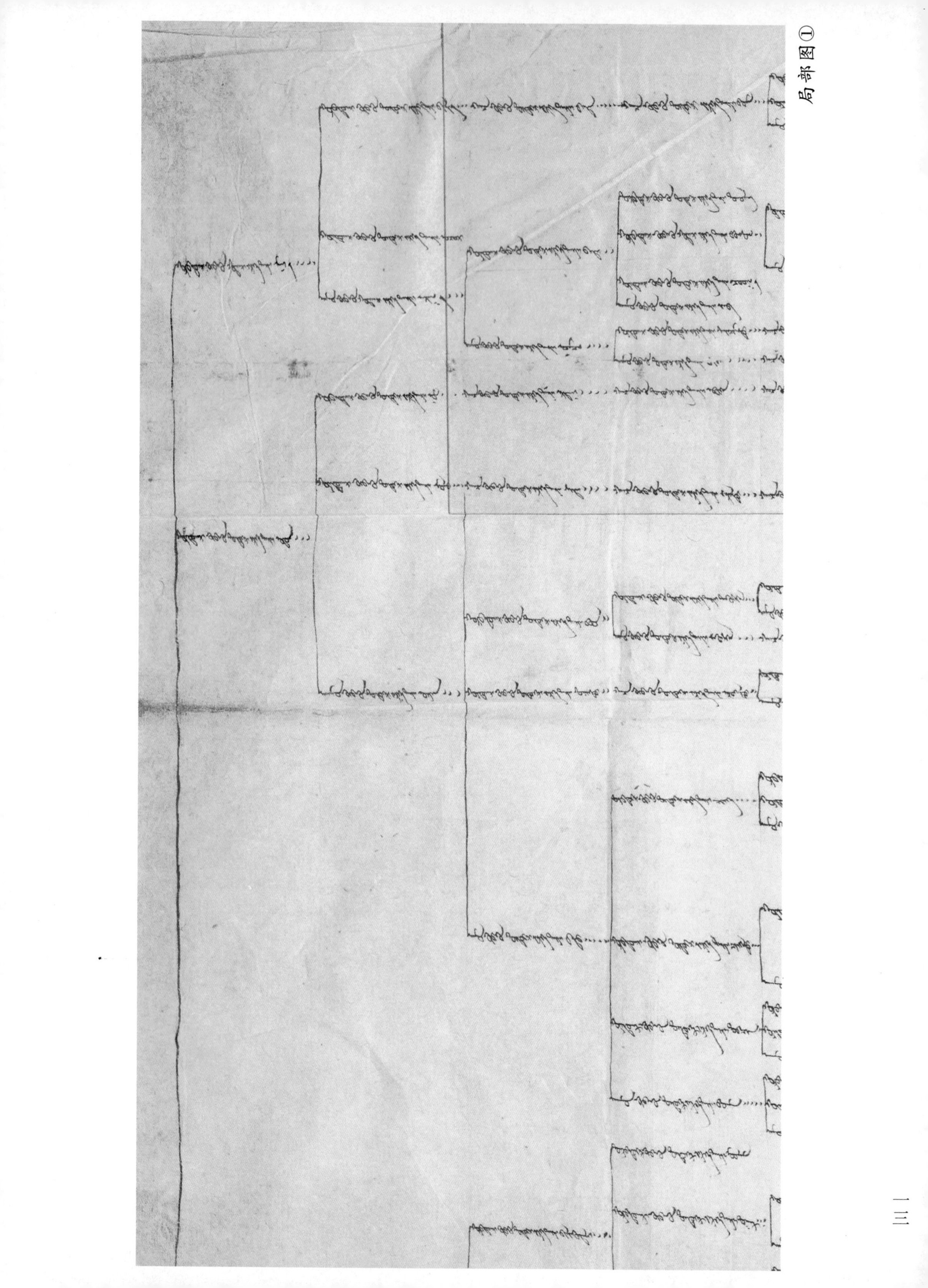

局部图①

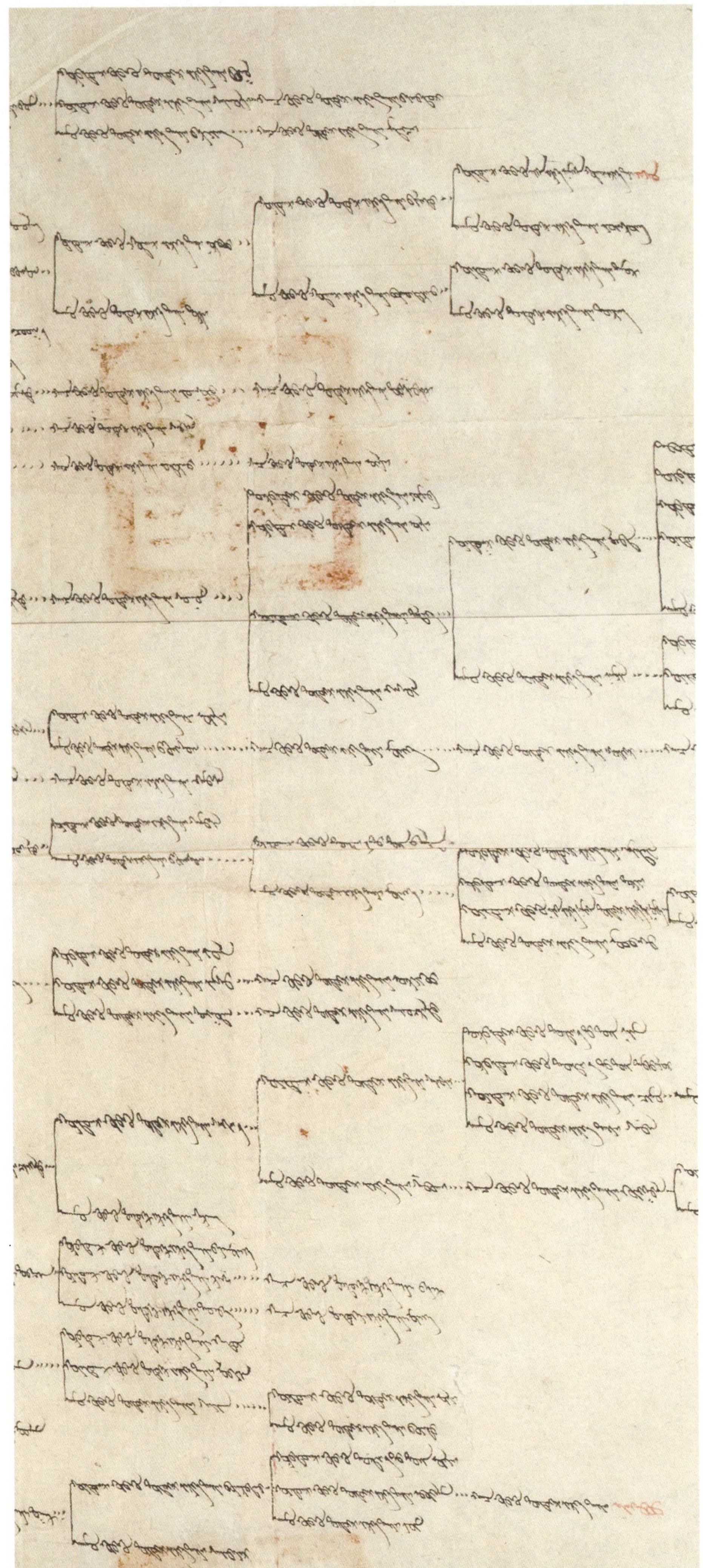

局部图②

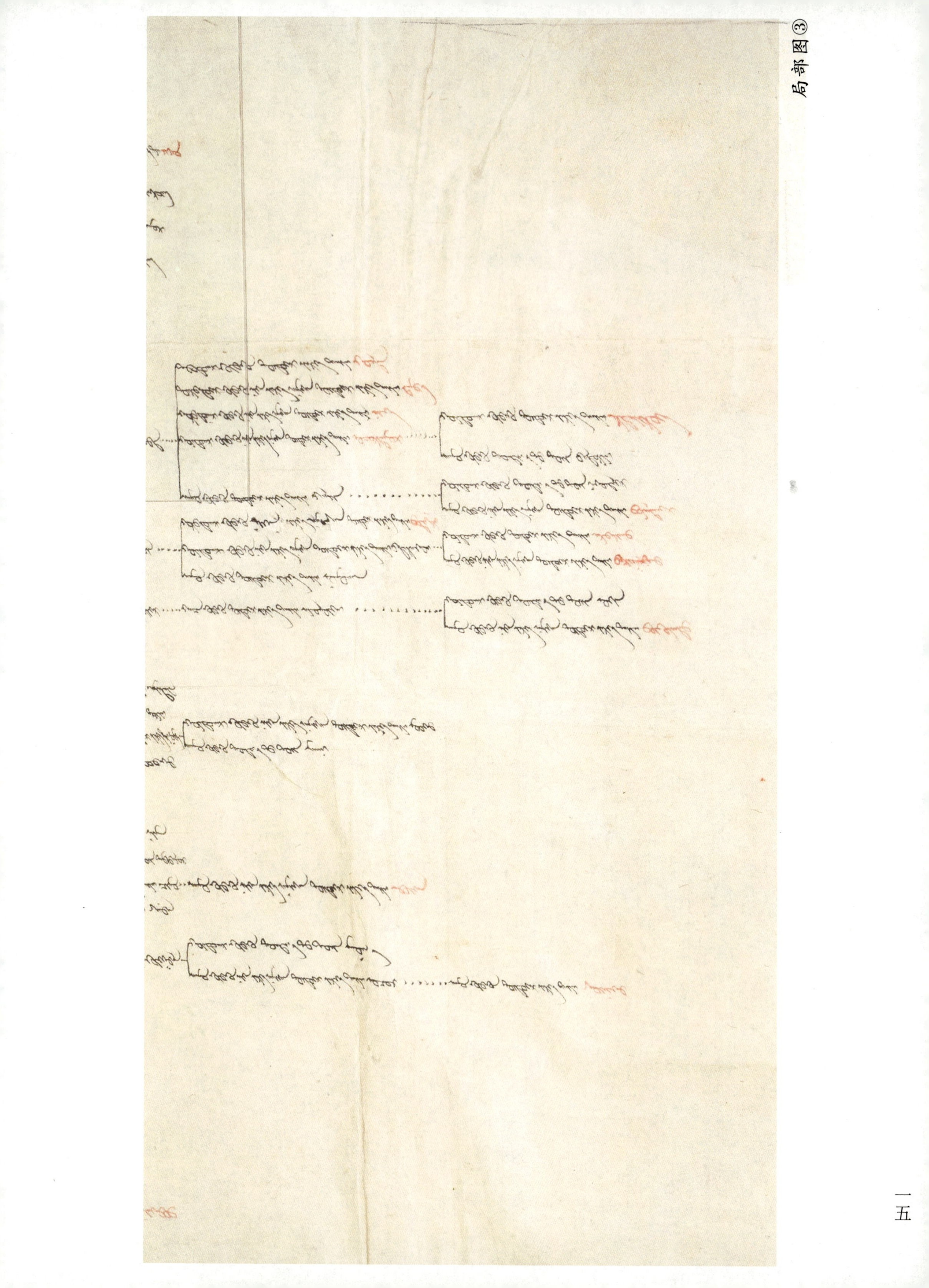

局部图③

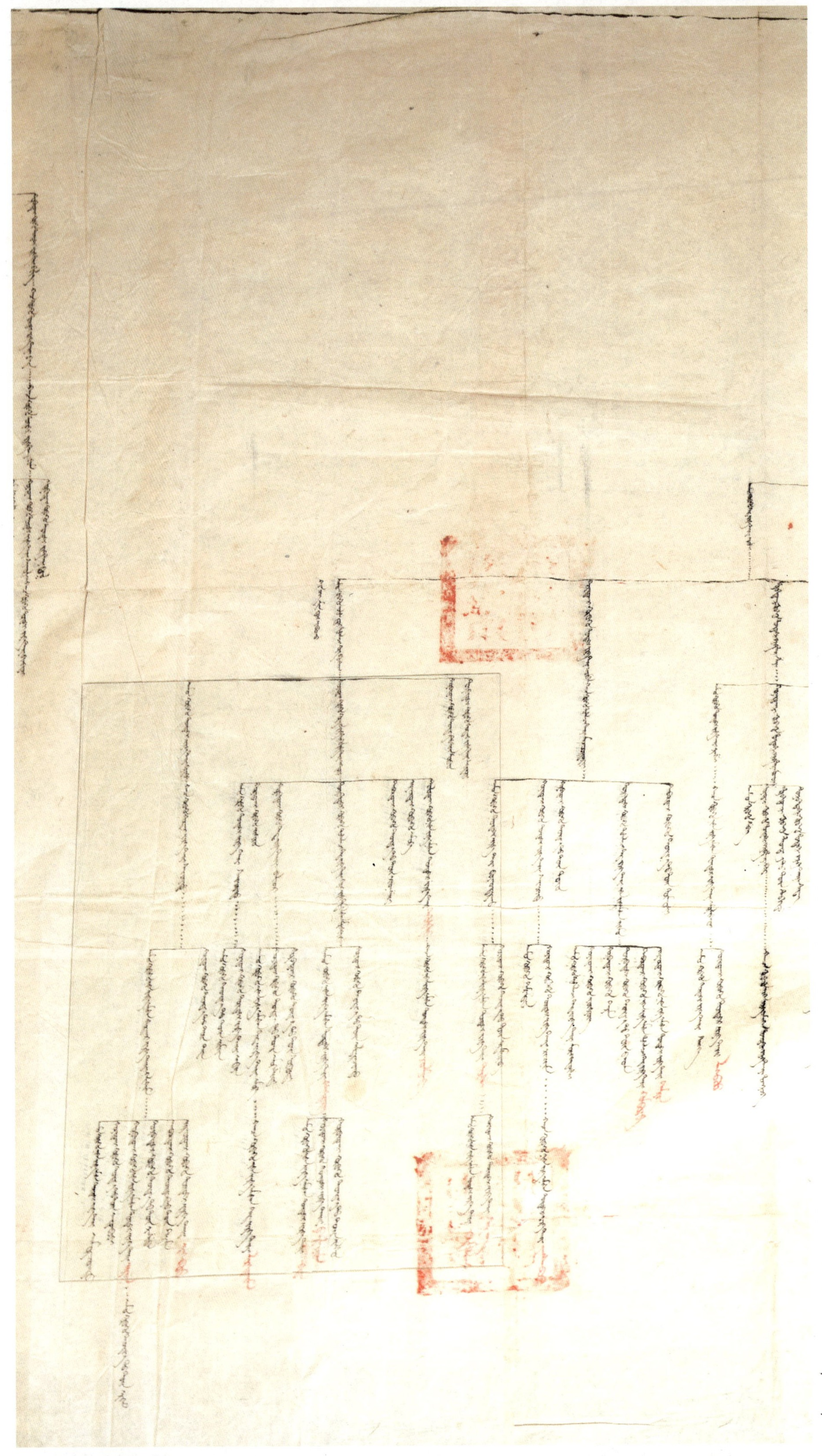

大图四

①—②—③

局部图①

局部图①

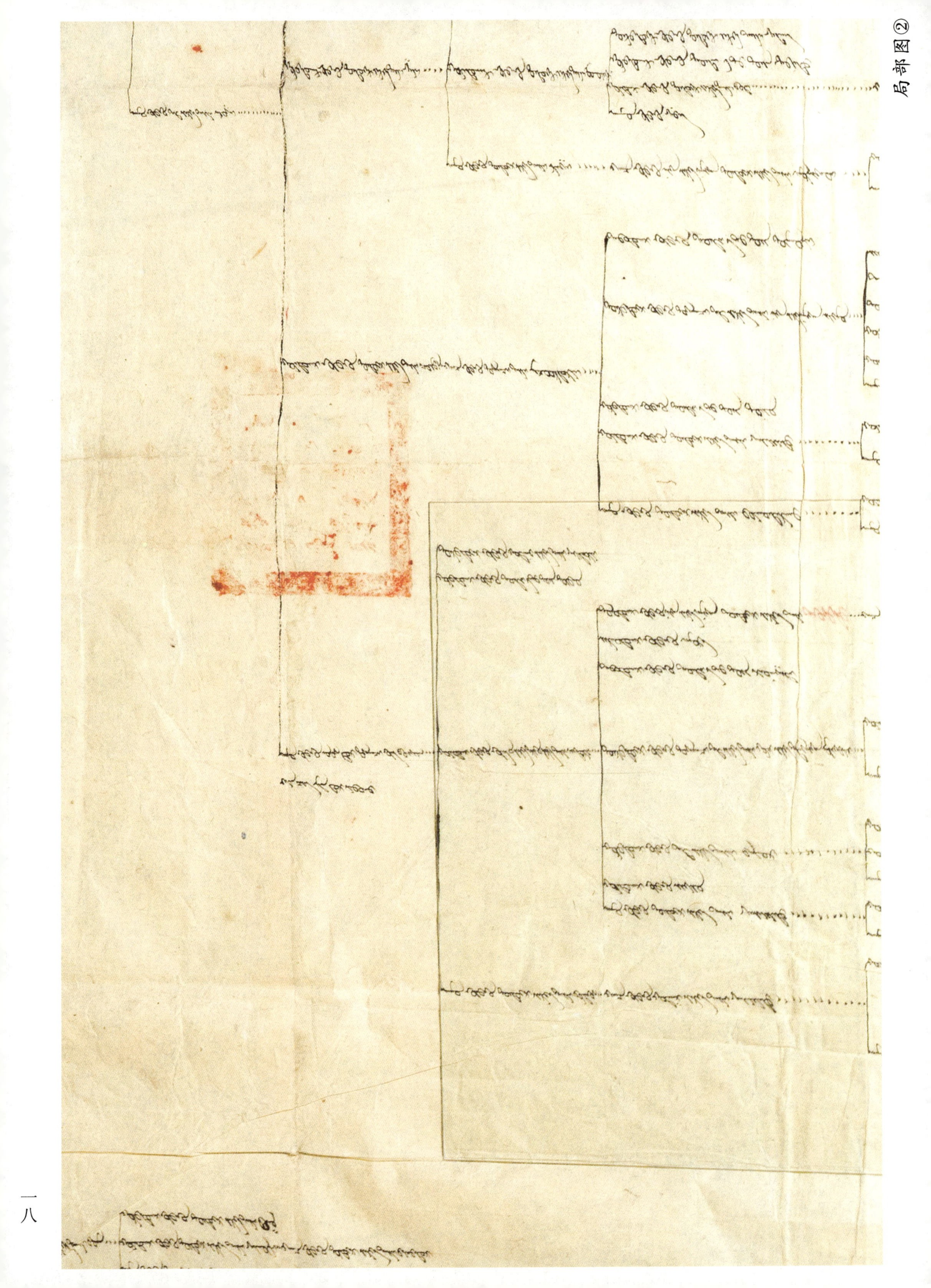

局部图②

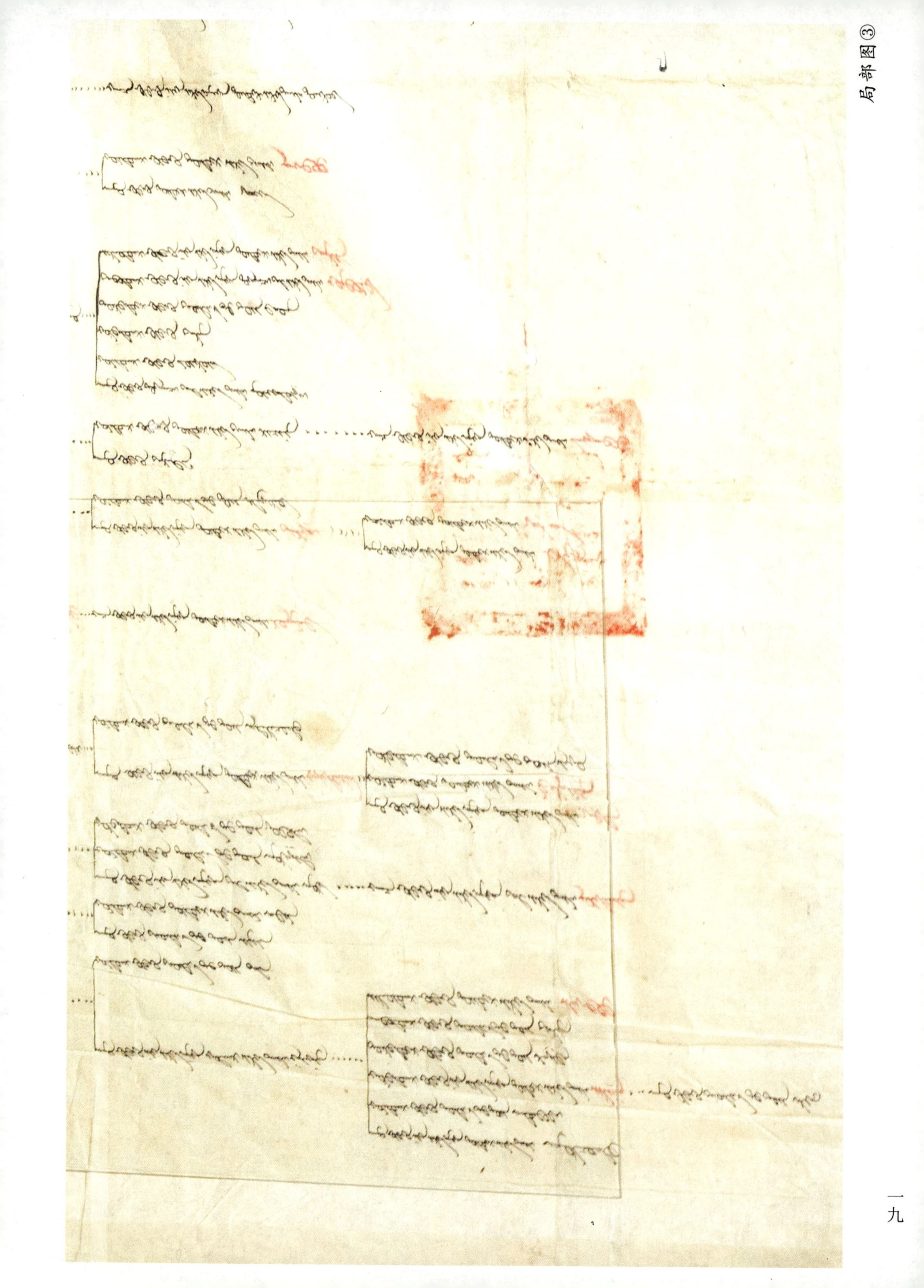

局部图③

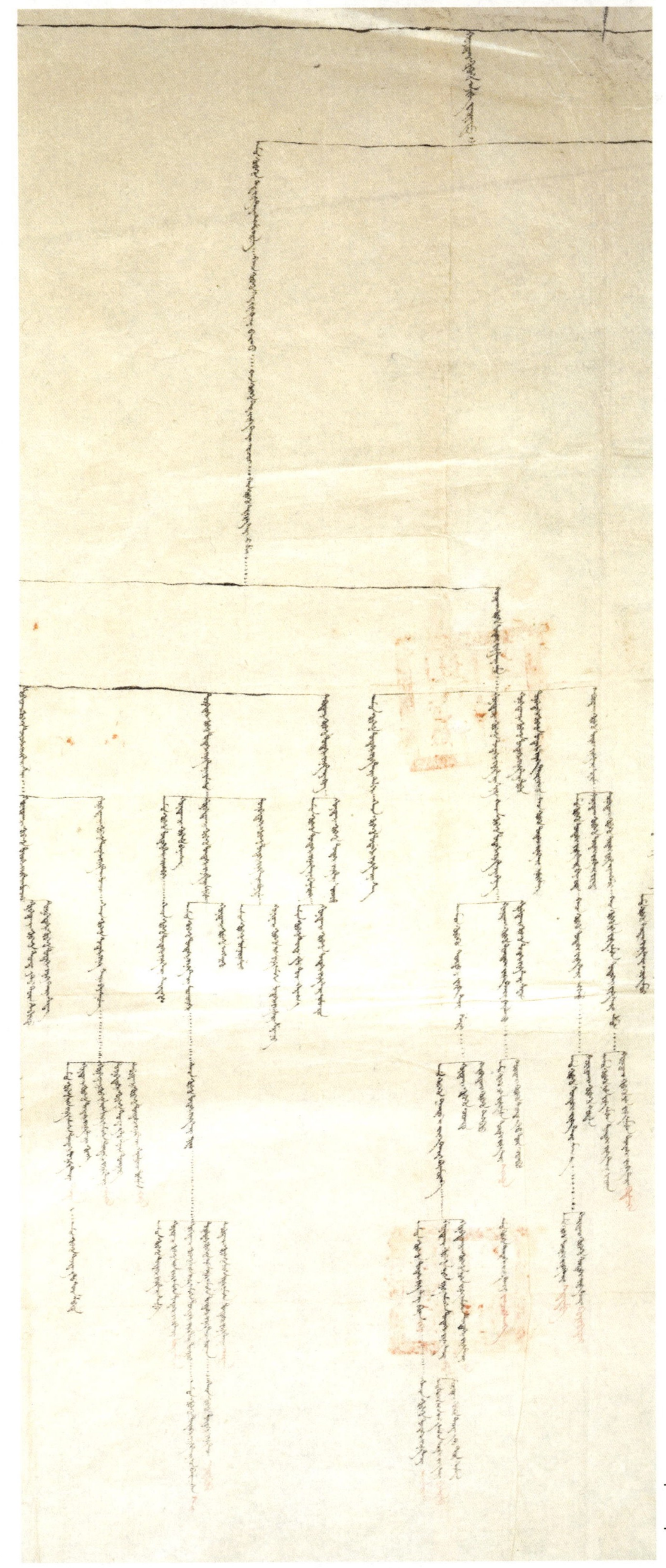

大图五

①
②
③

局部图①

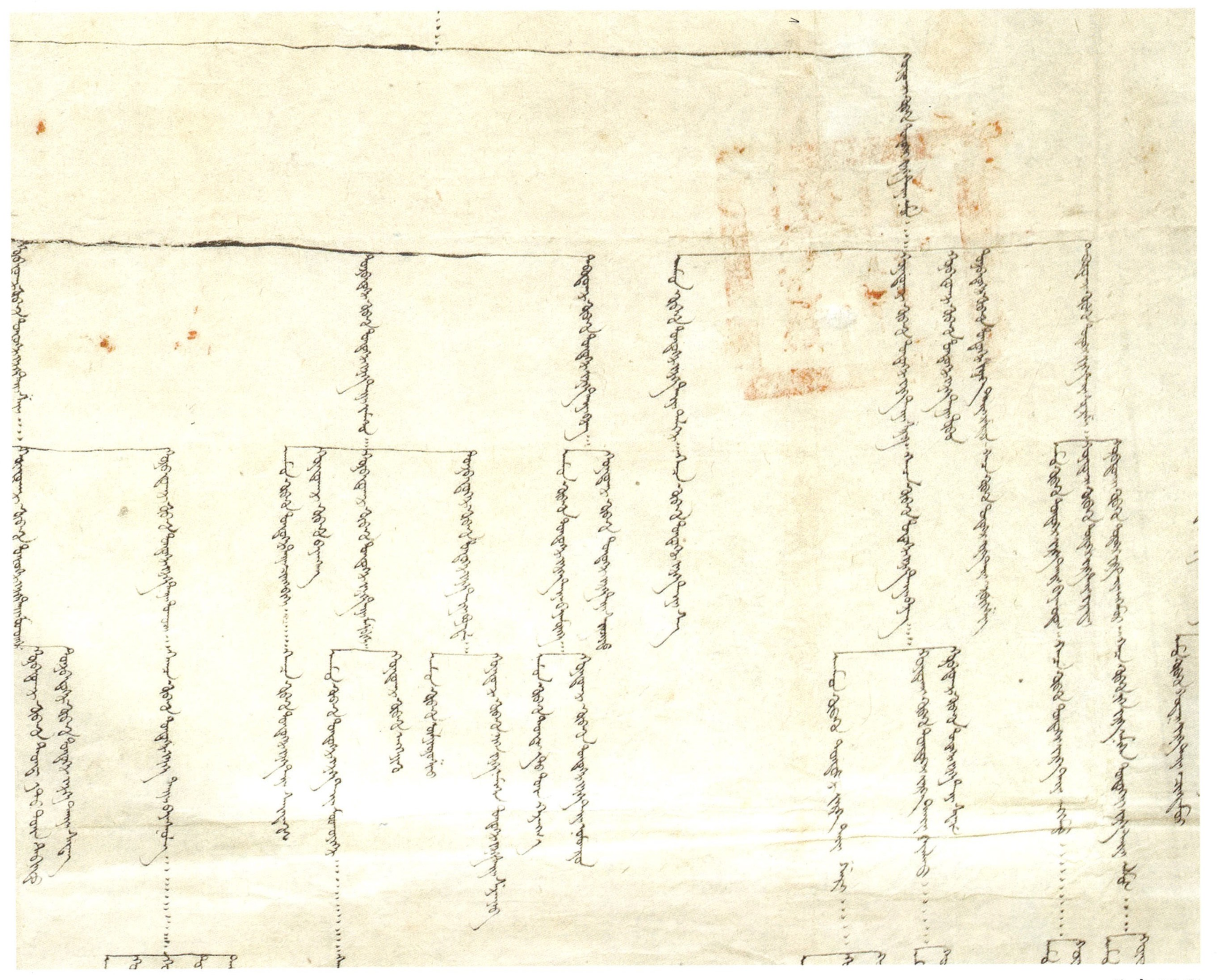

局部图②

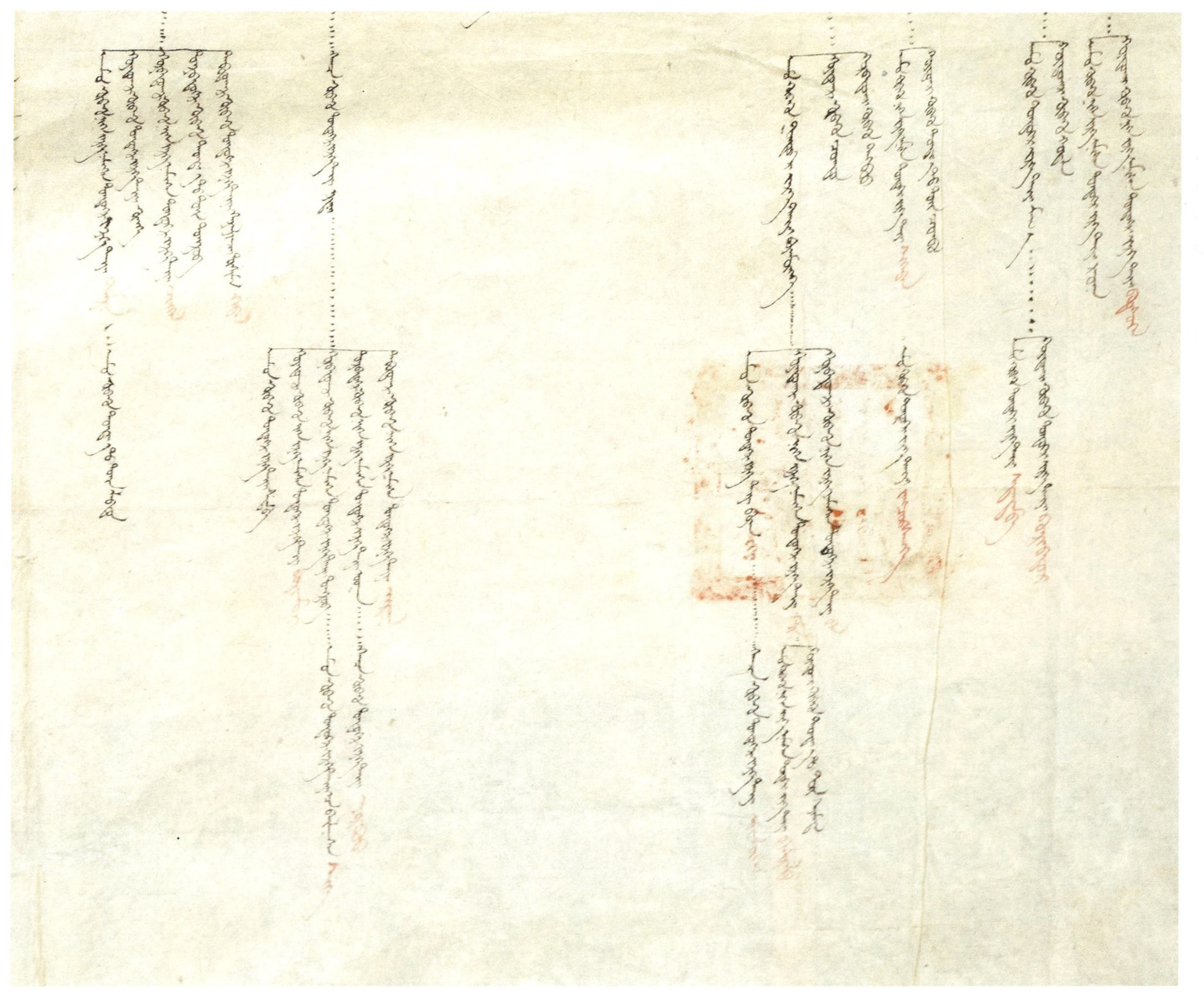

局部图③

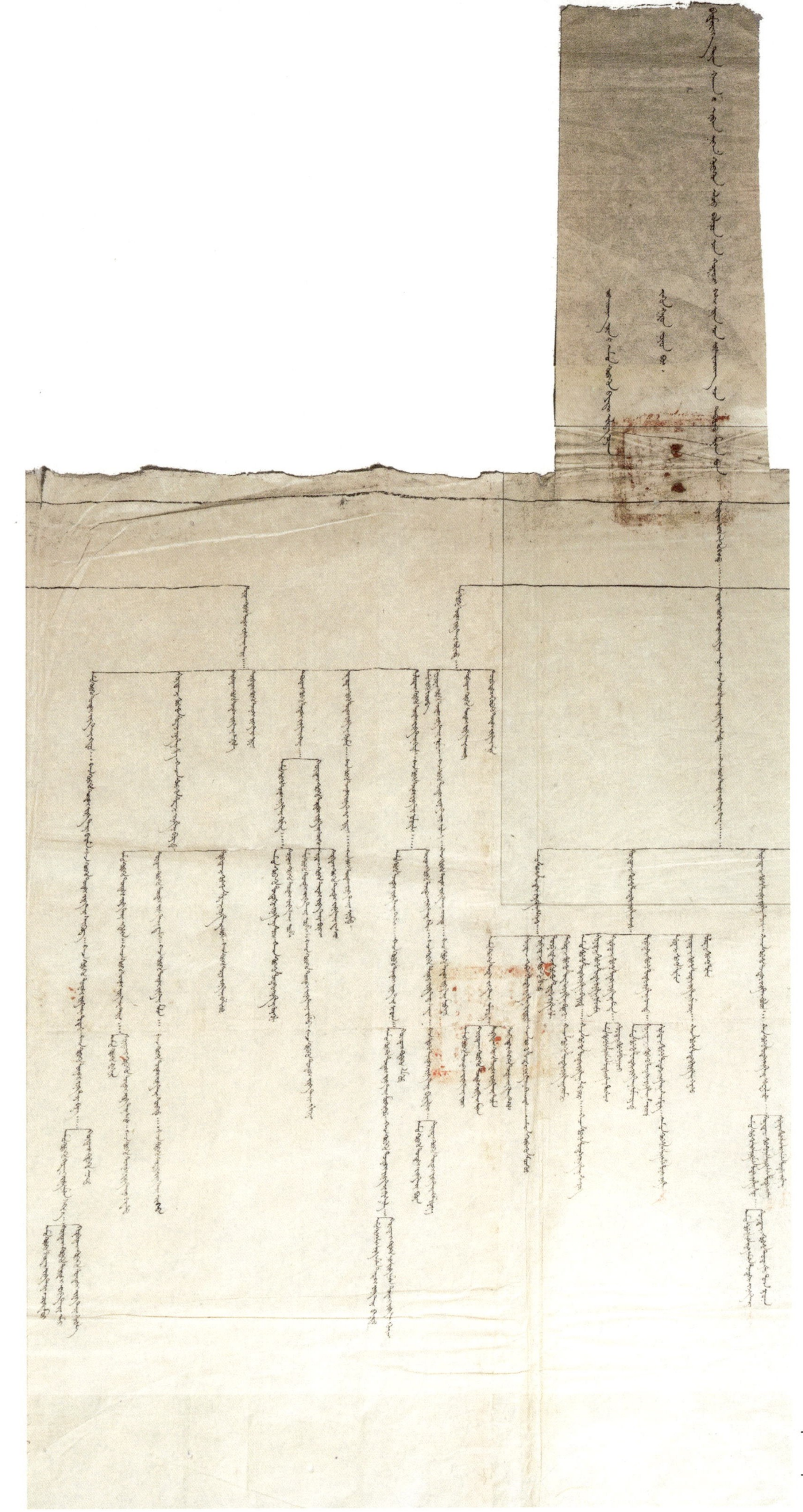

大图六

①
②
③

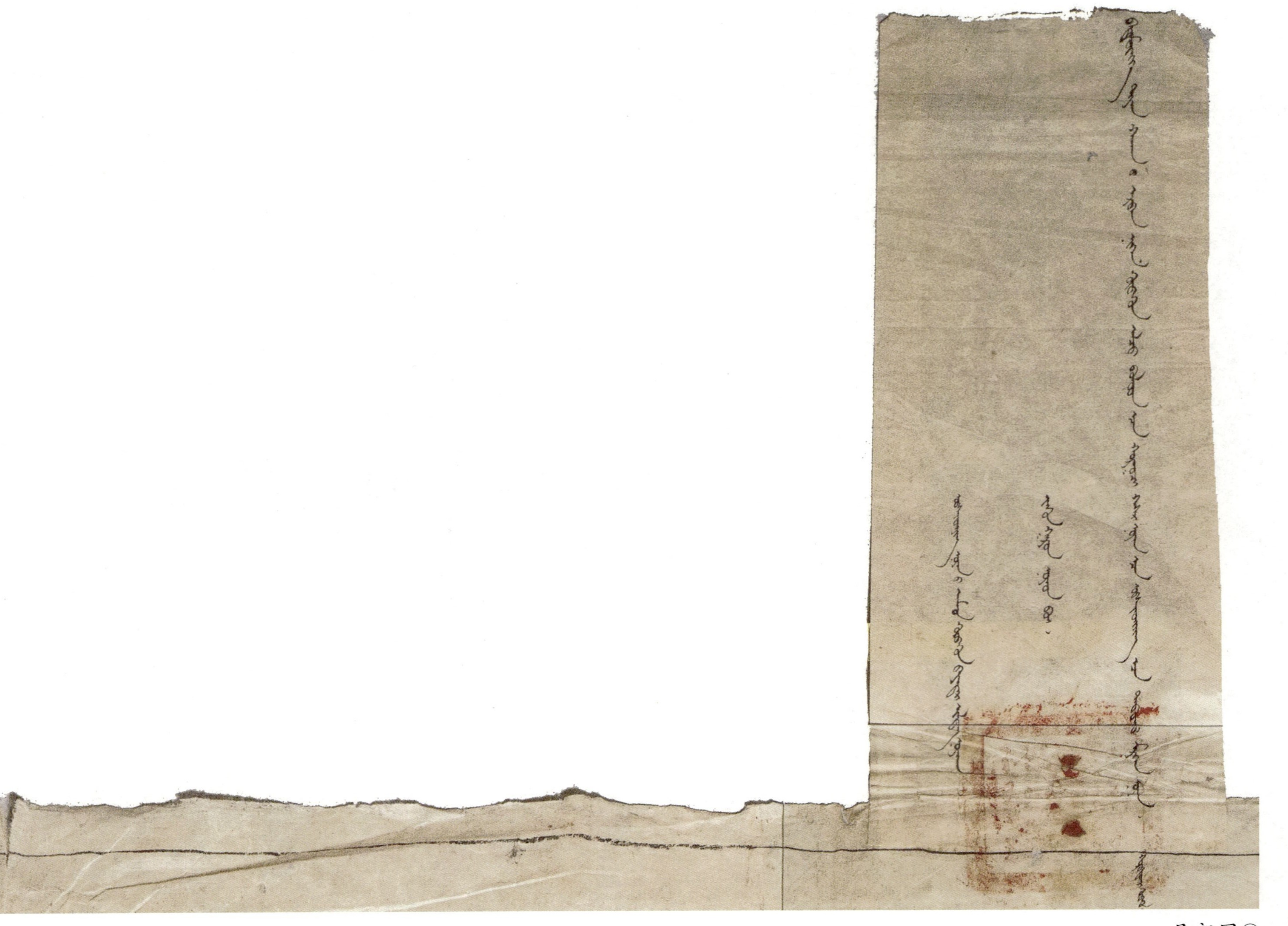

局部图①

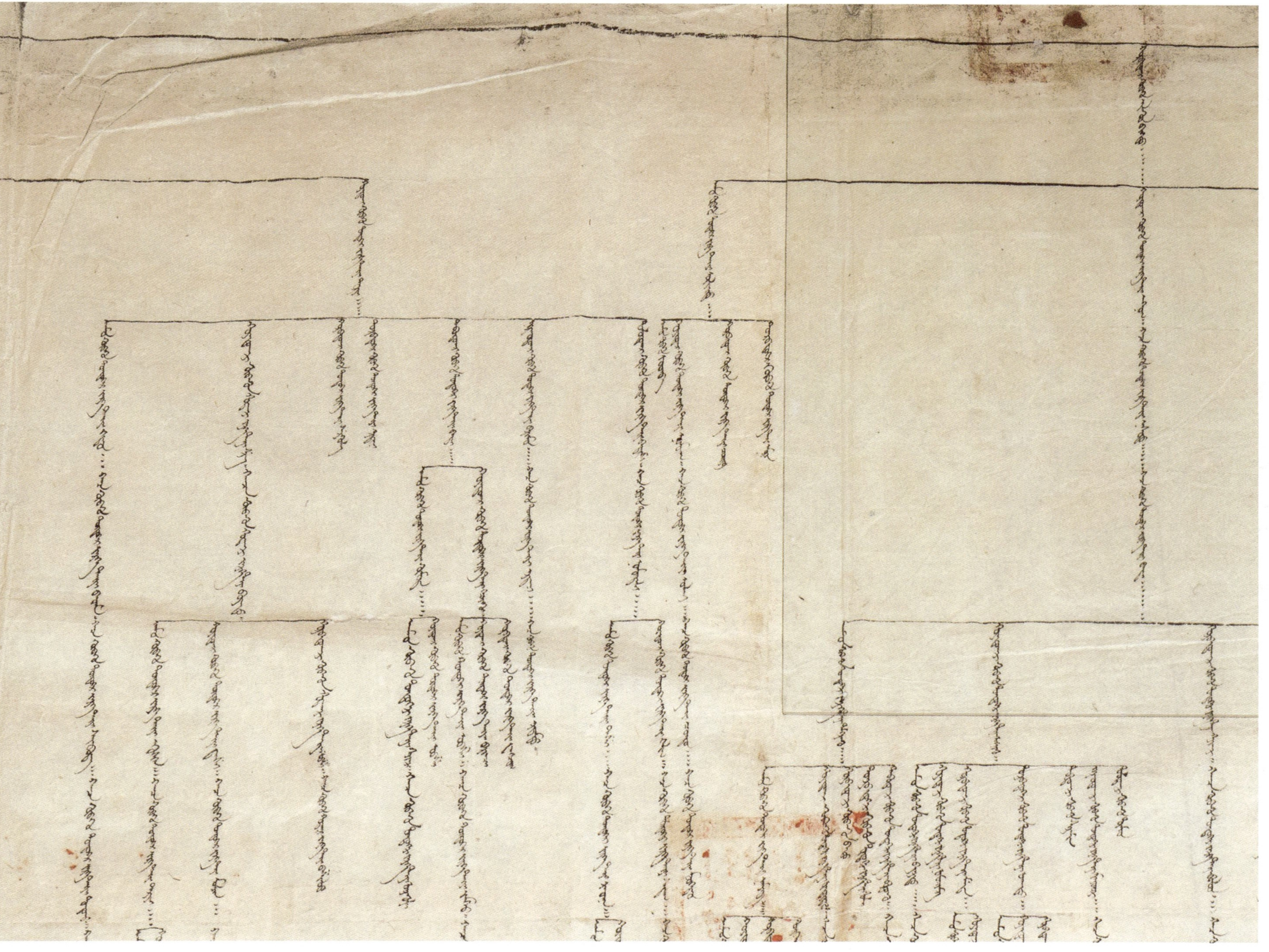

局部图②

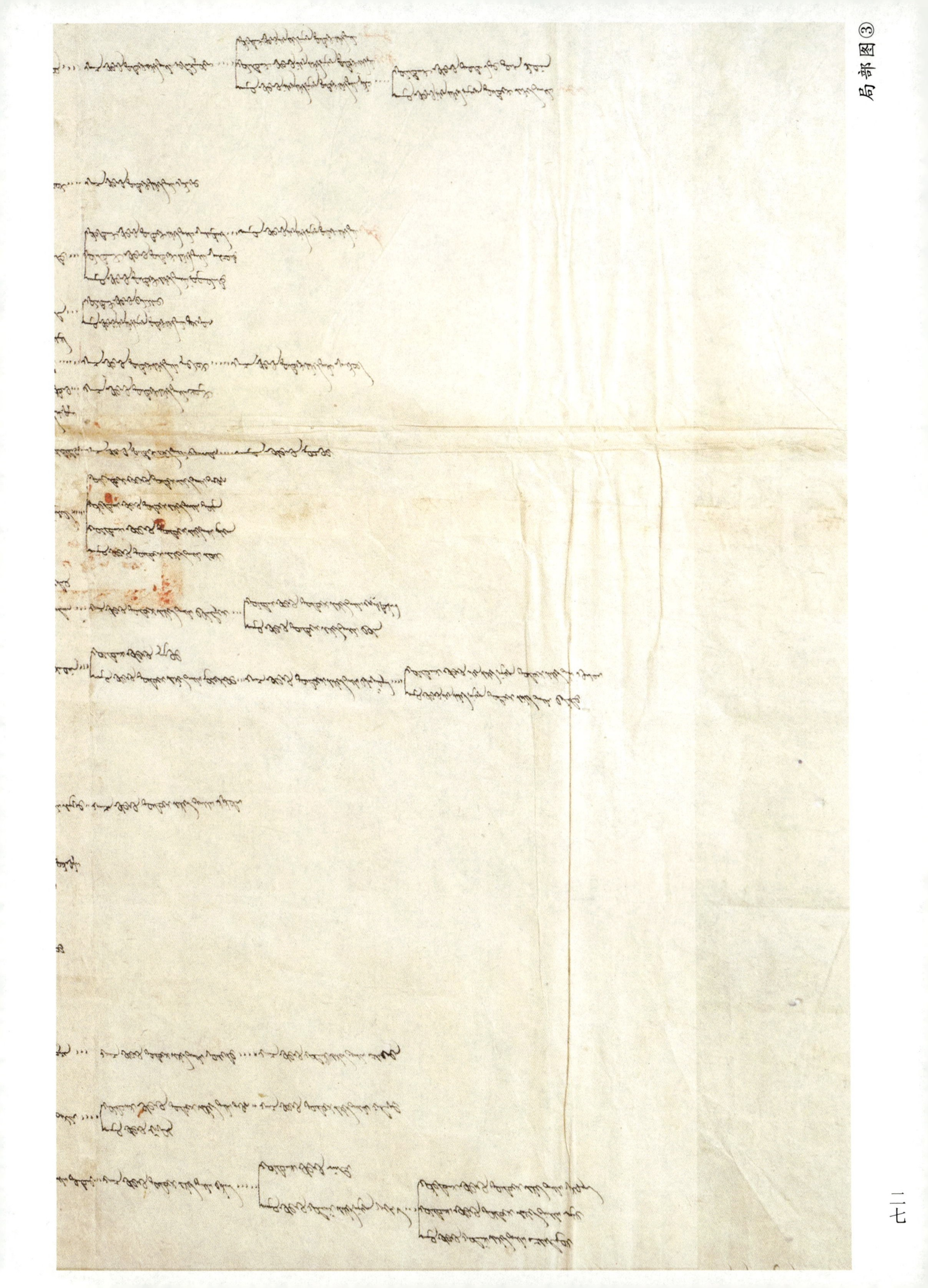

局部图③

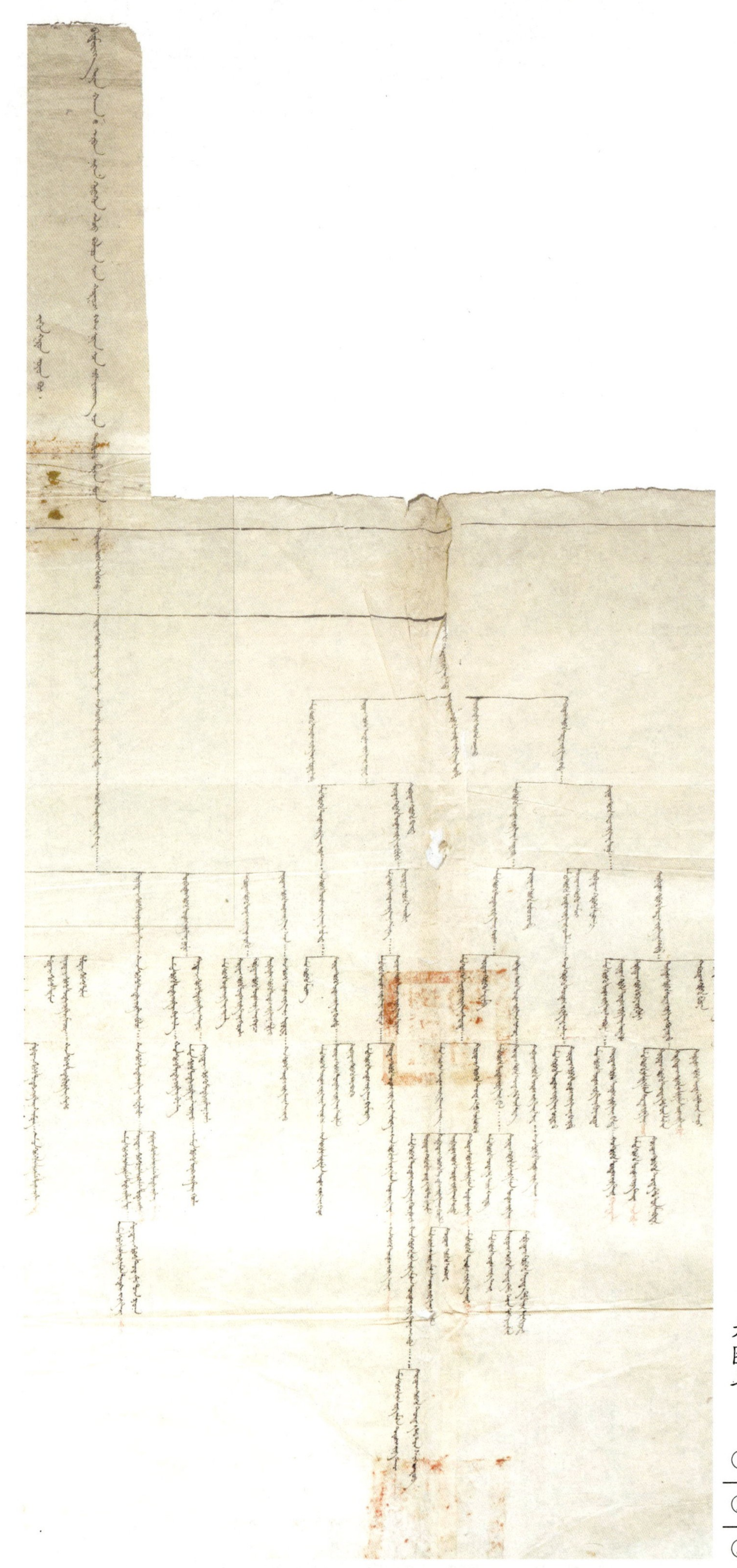

大图七

①
②
③

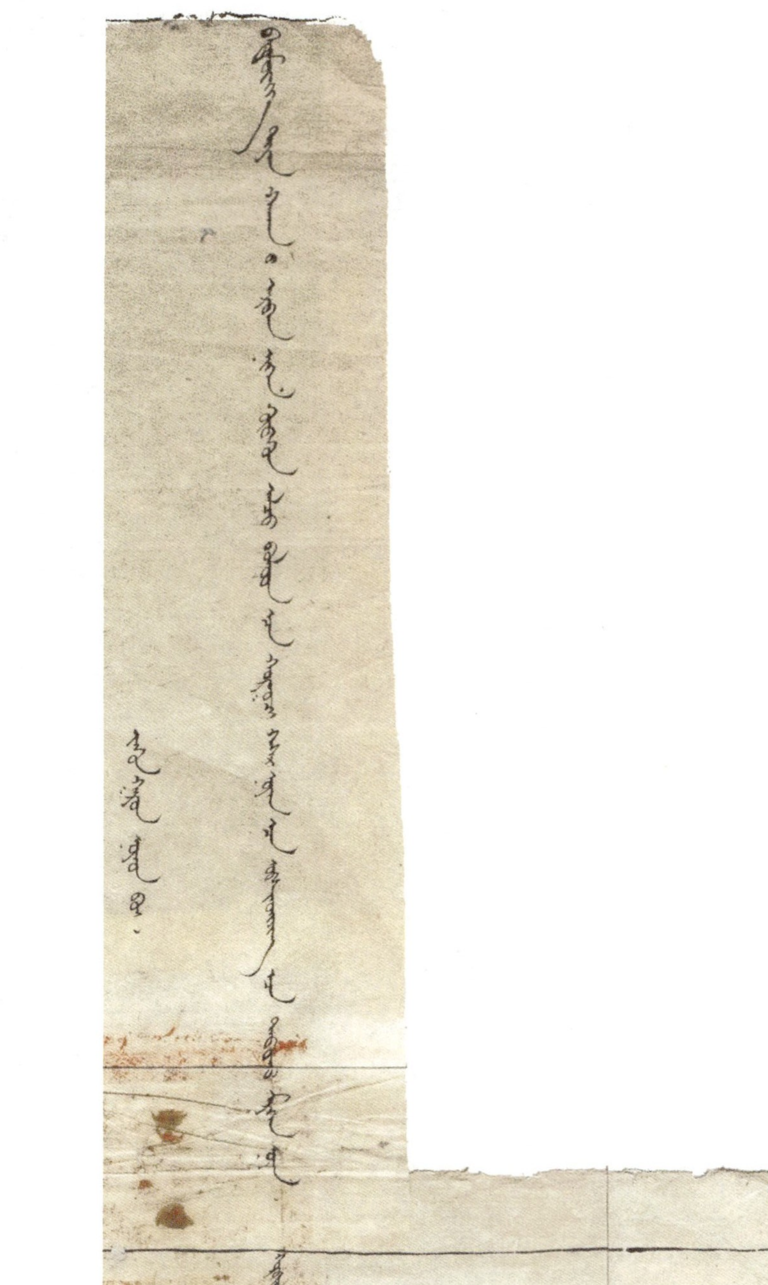

局部图①

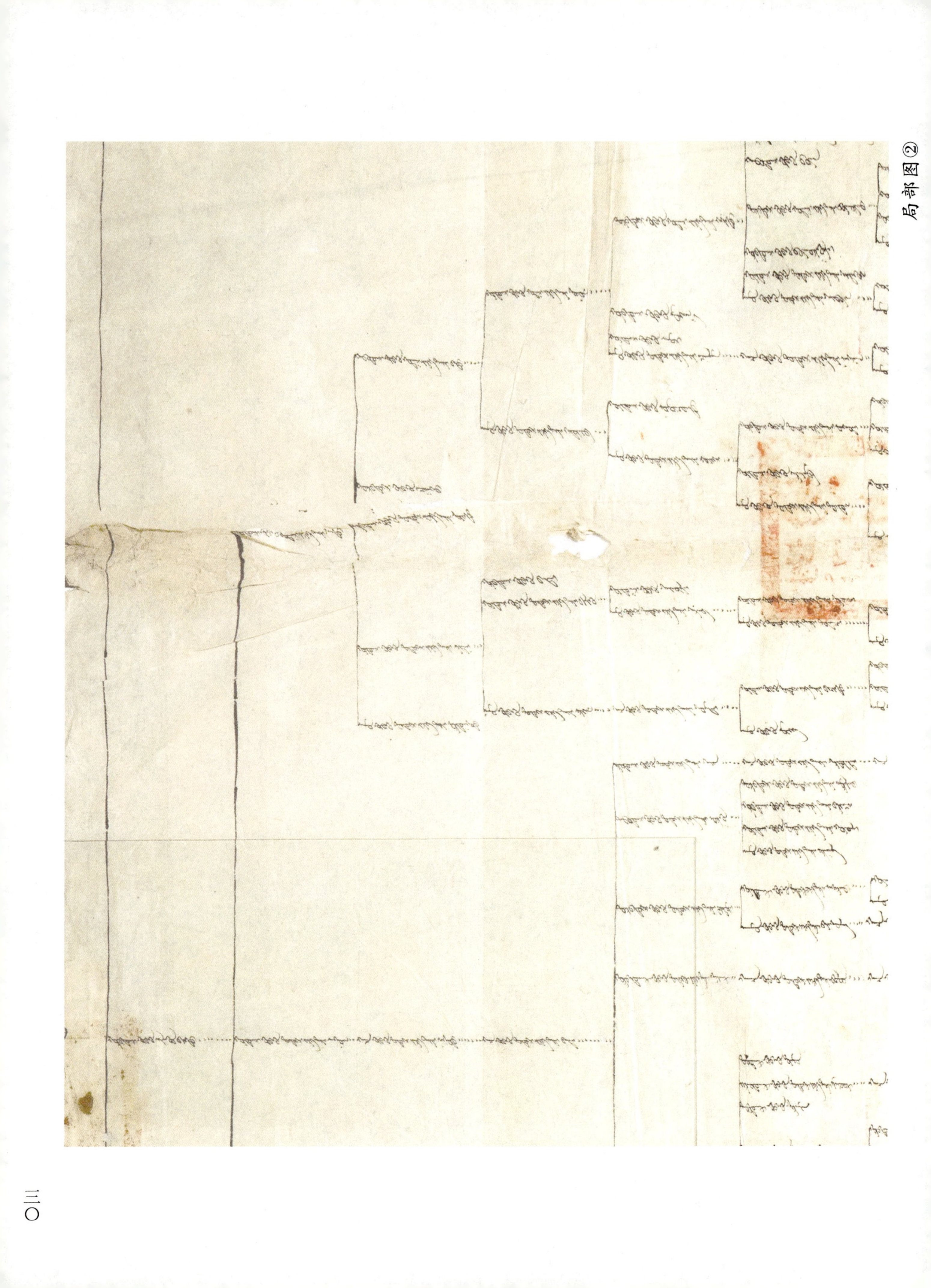

局部图②

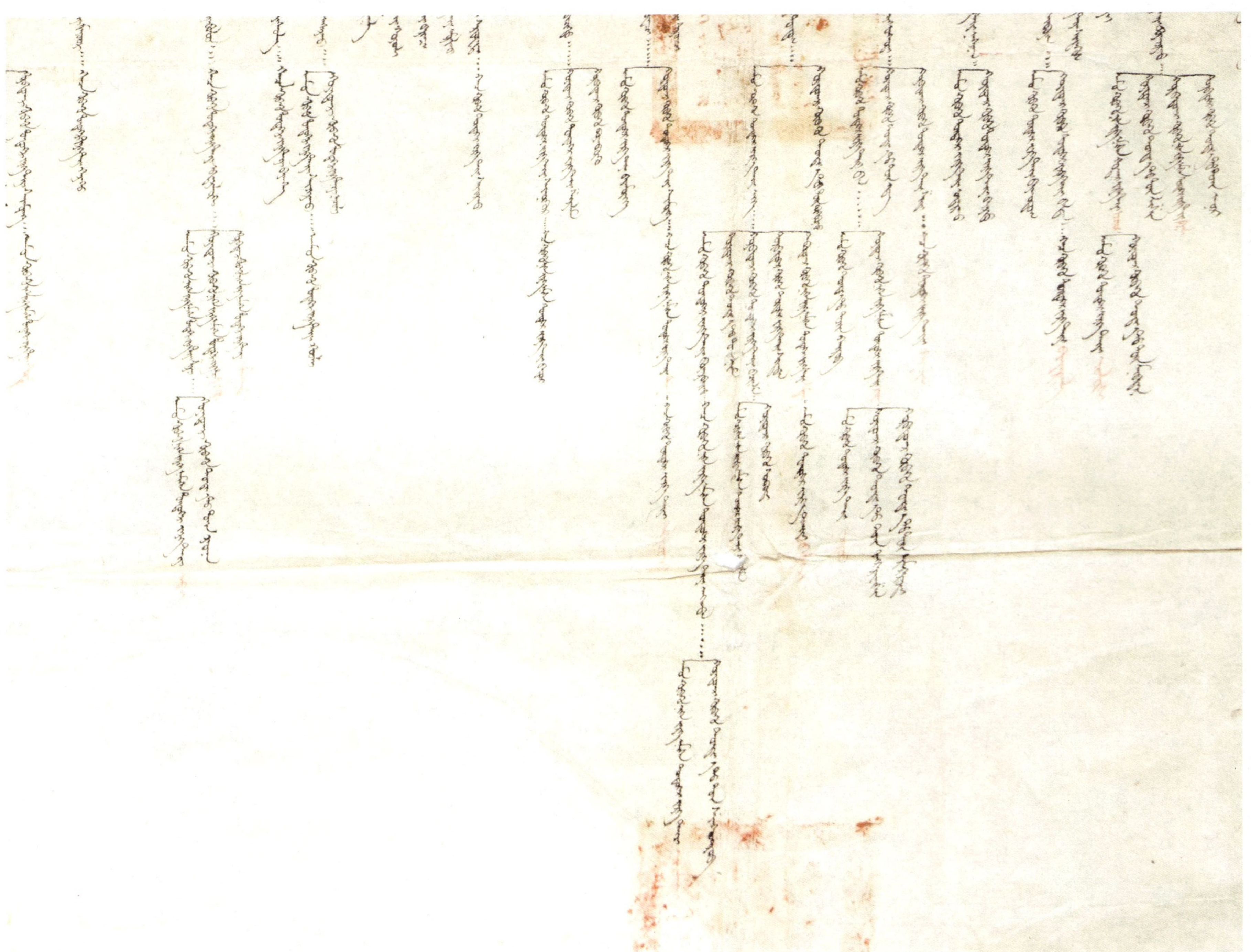

局部图③

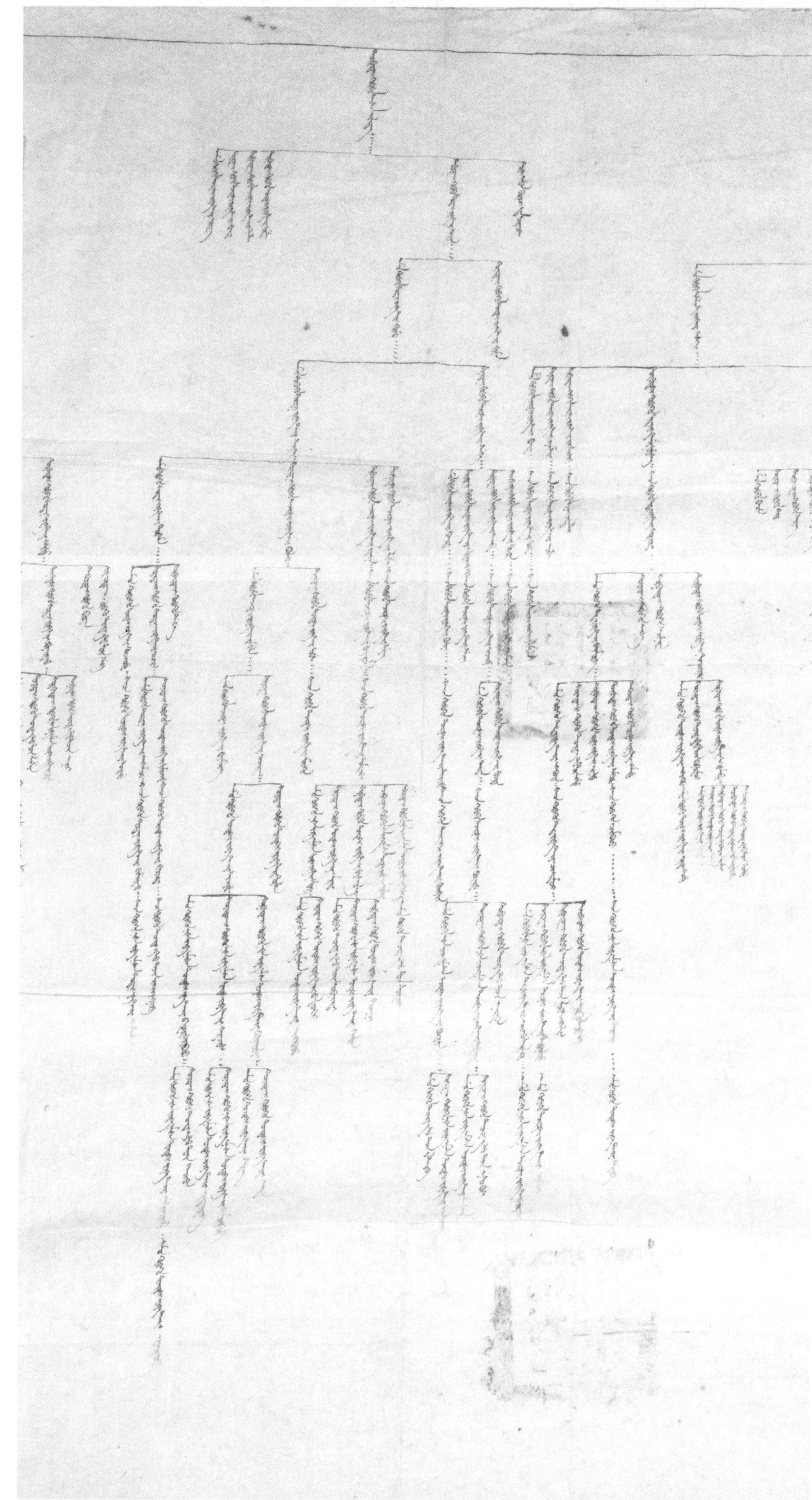

大图八 ①—②—③

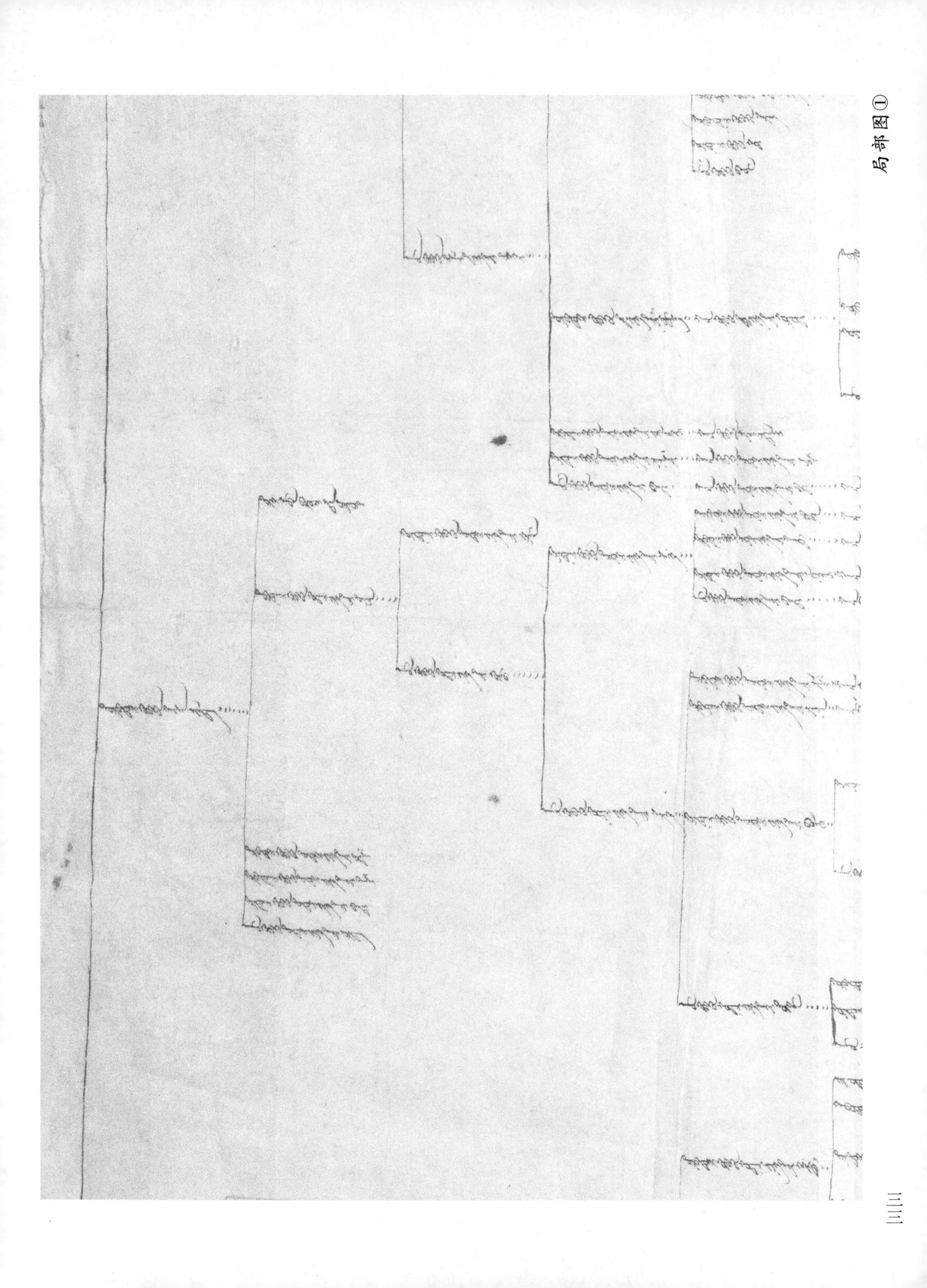

局部图①

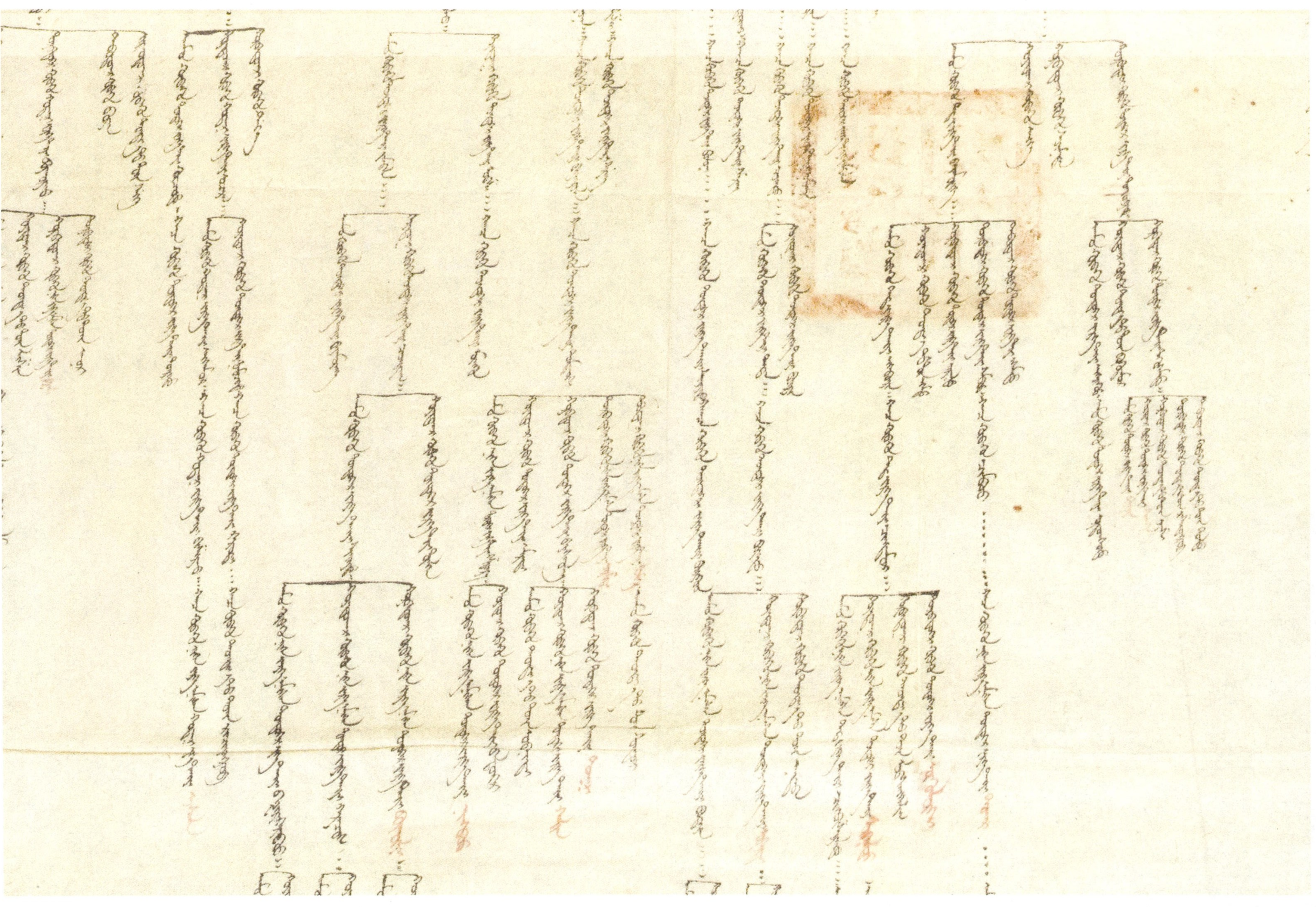

局部图②

局部图③

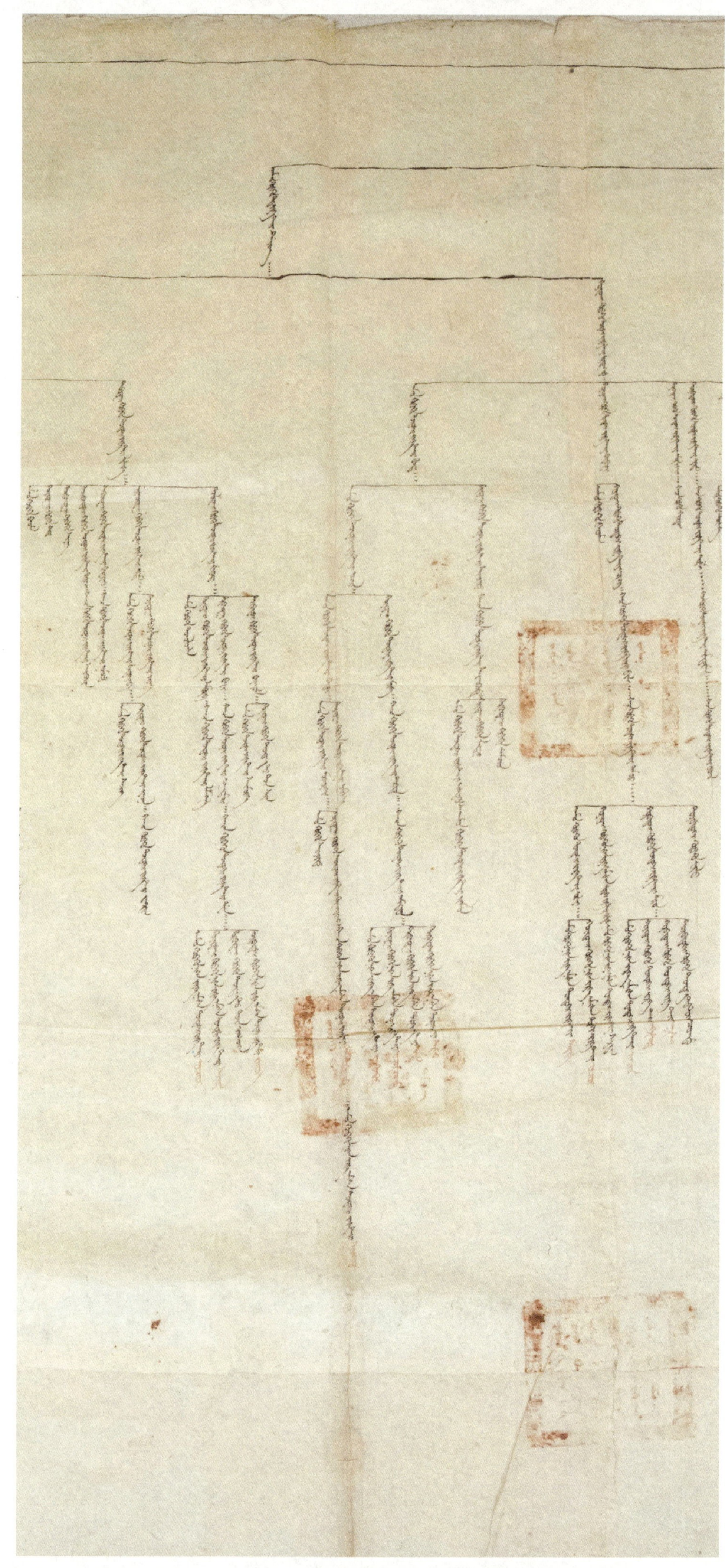

大图九

①
②
③

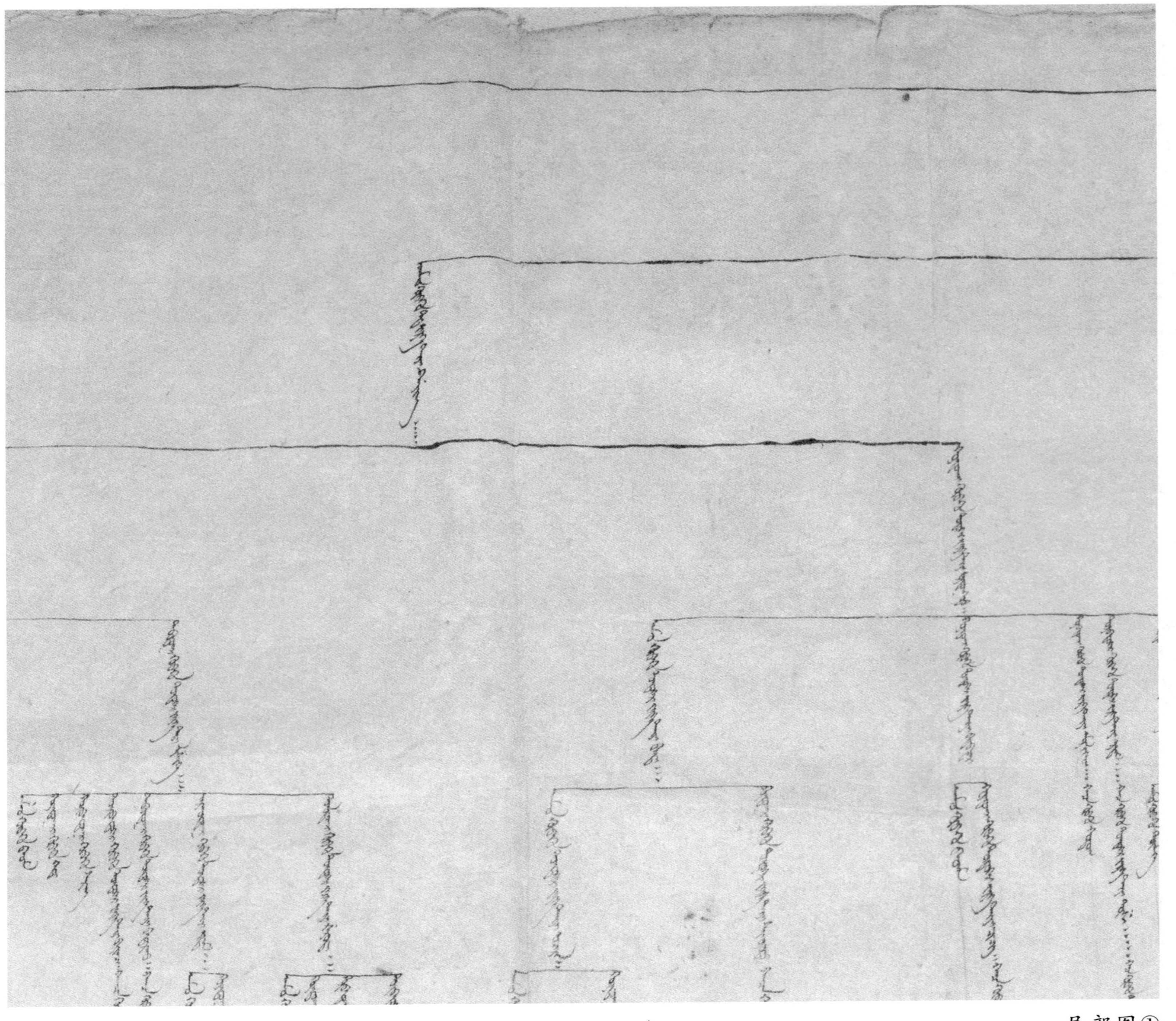

局部图①

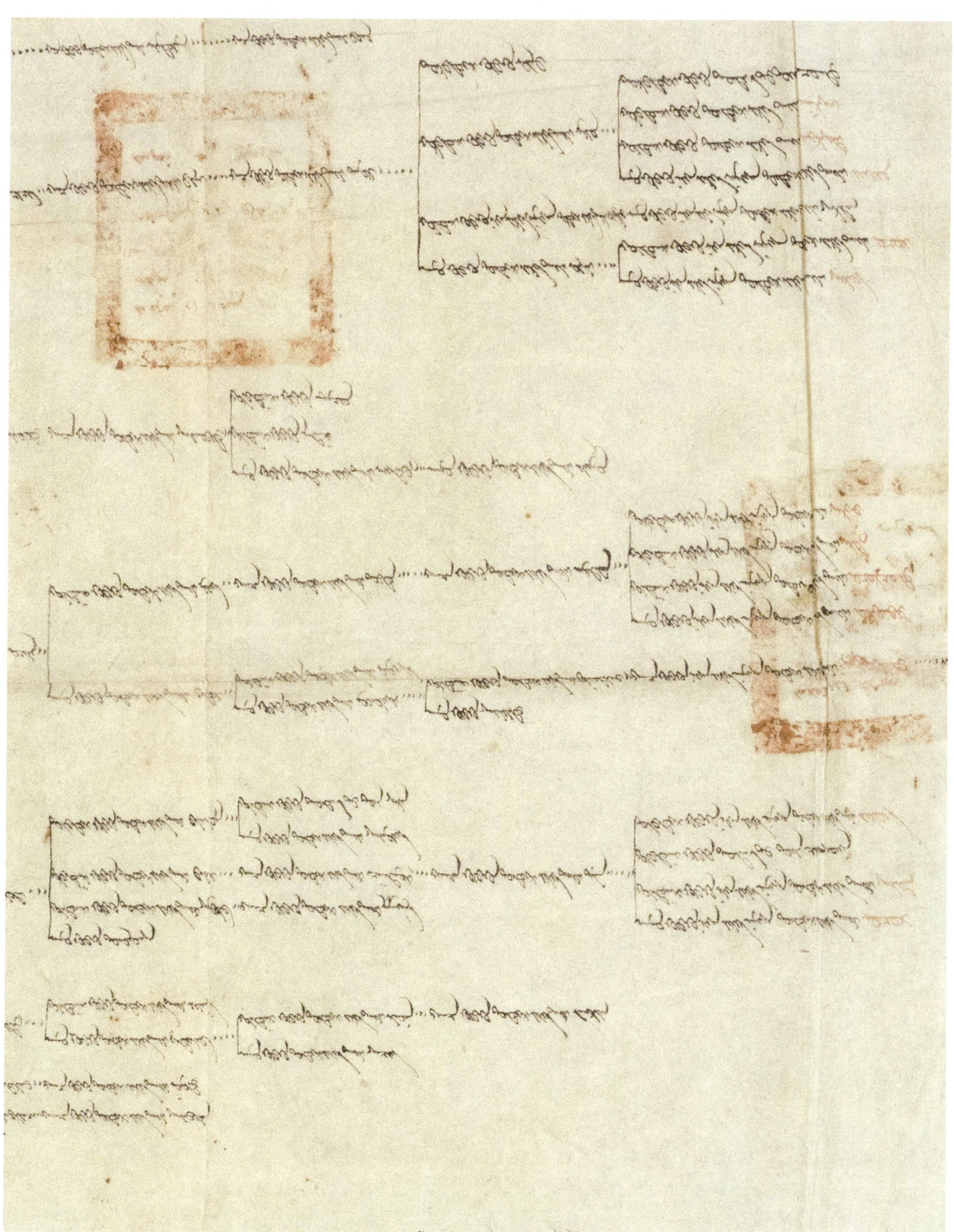

局部图②

局部图③

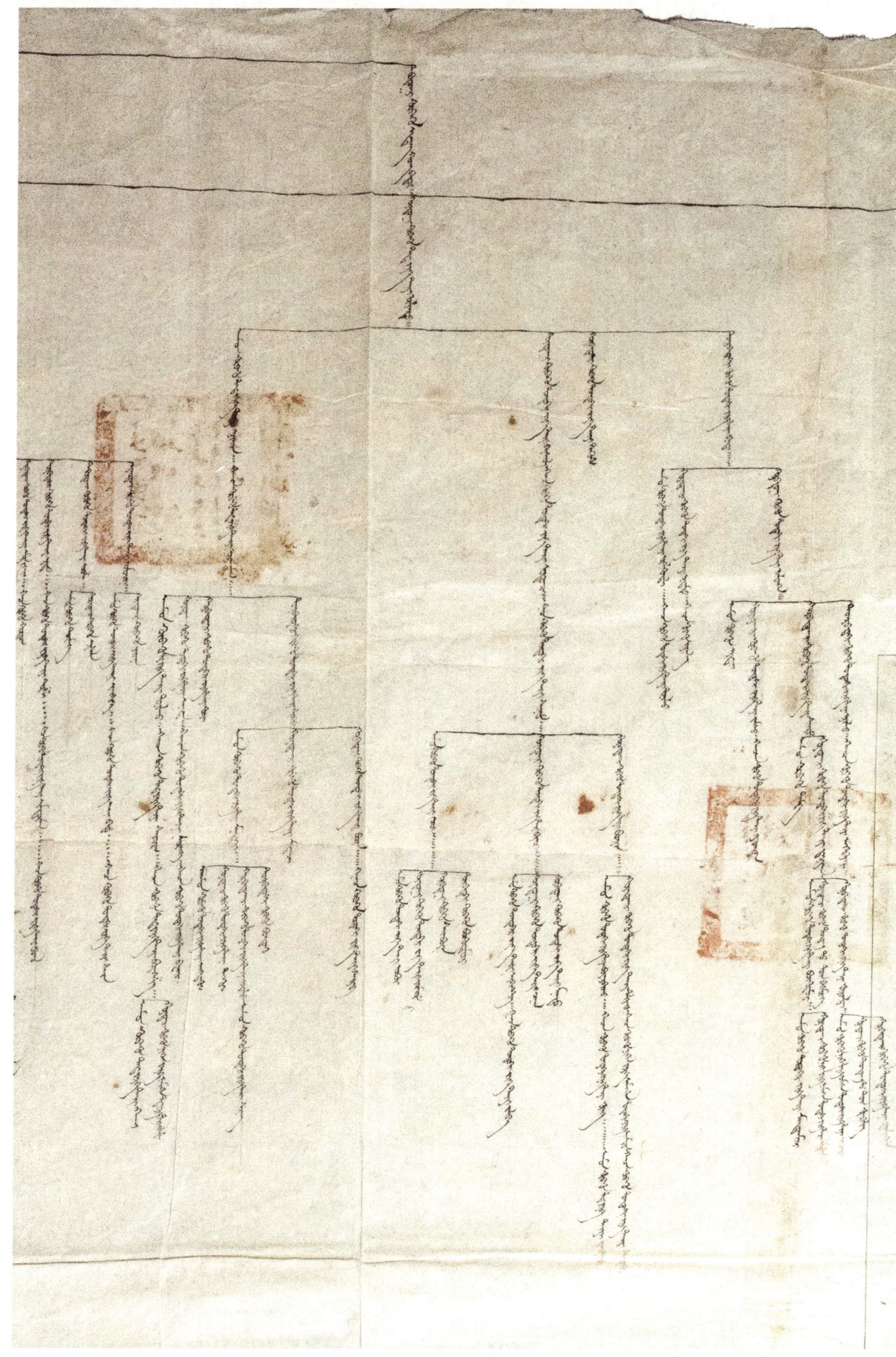

大图十 ①—②—③

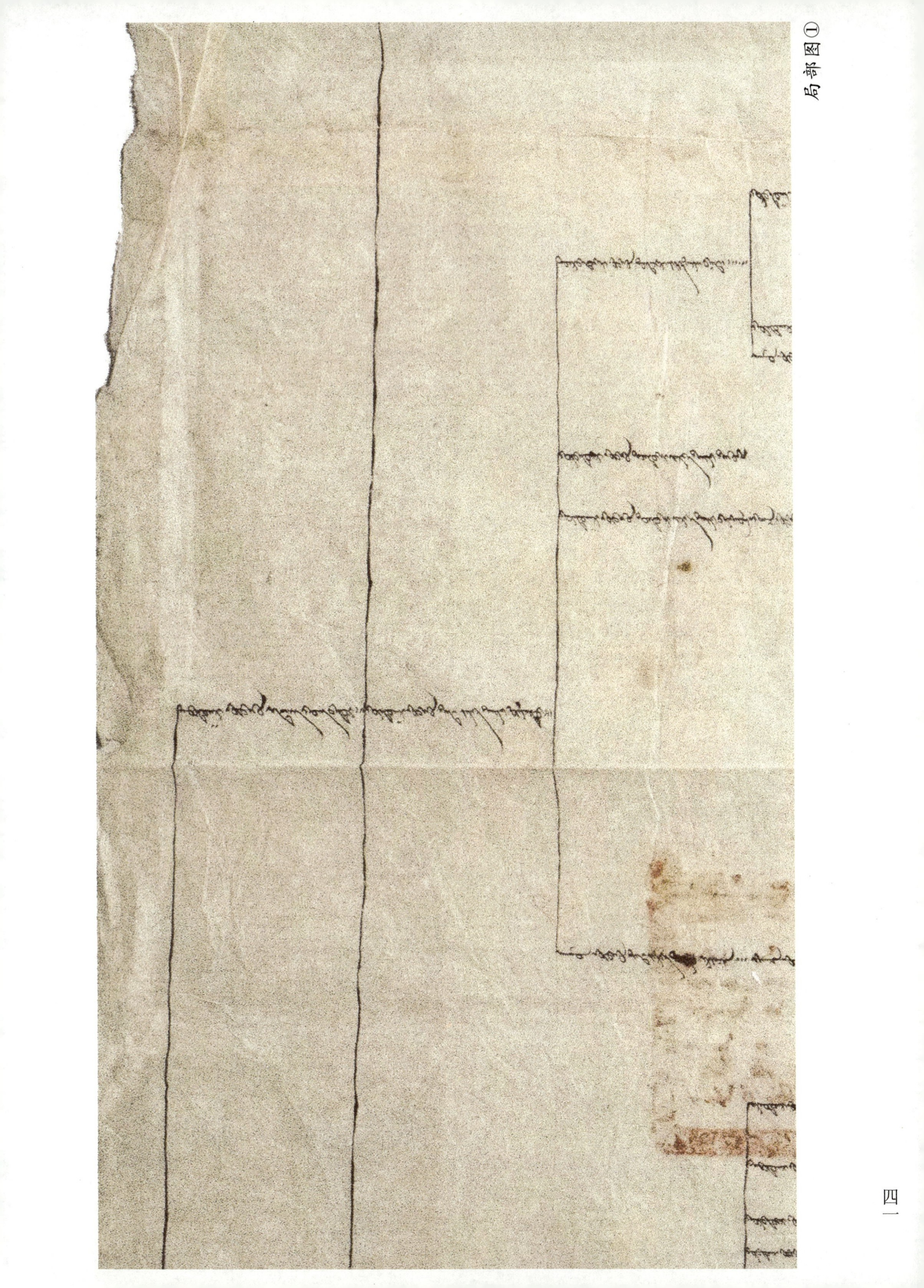

局部图①

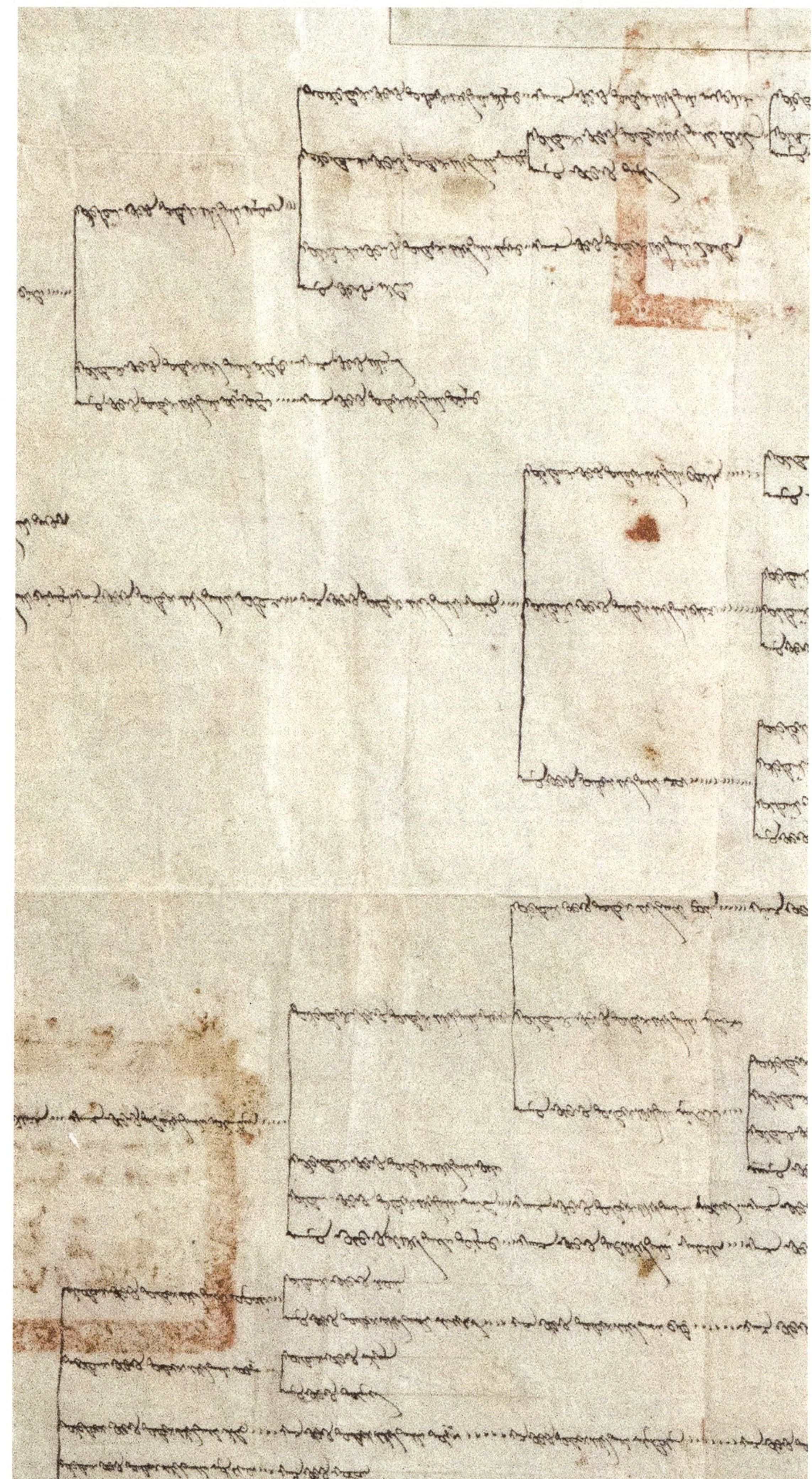

局部图②

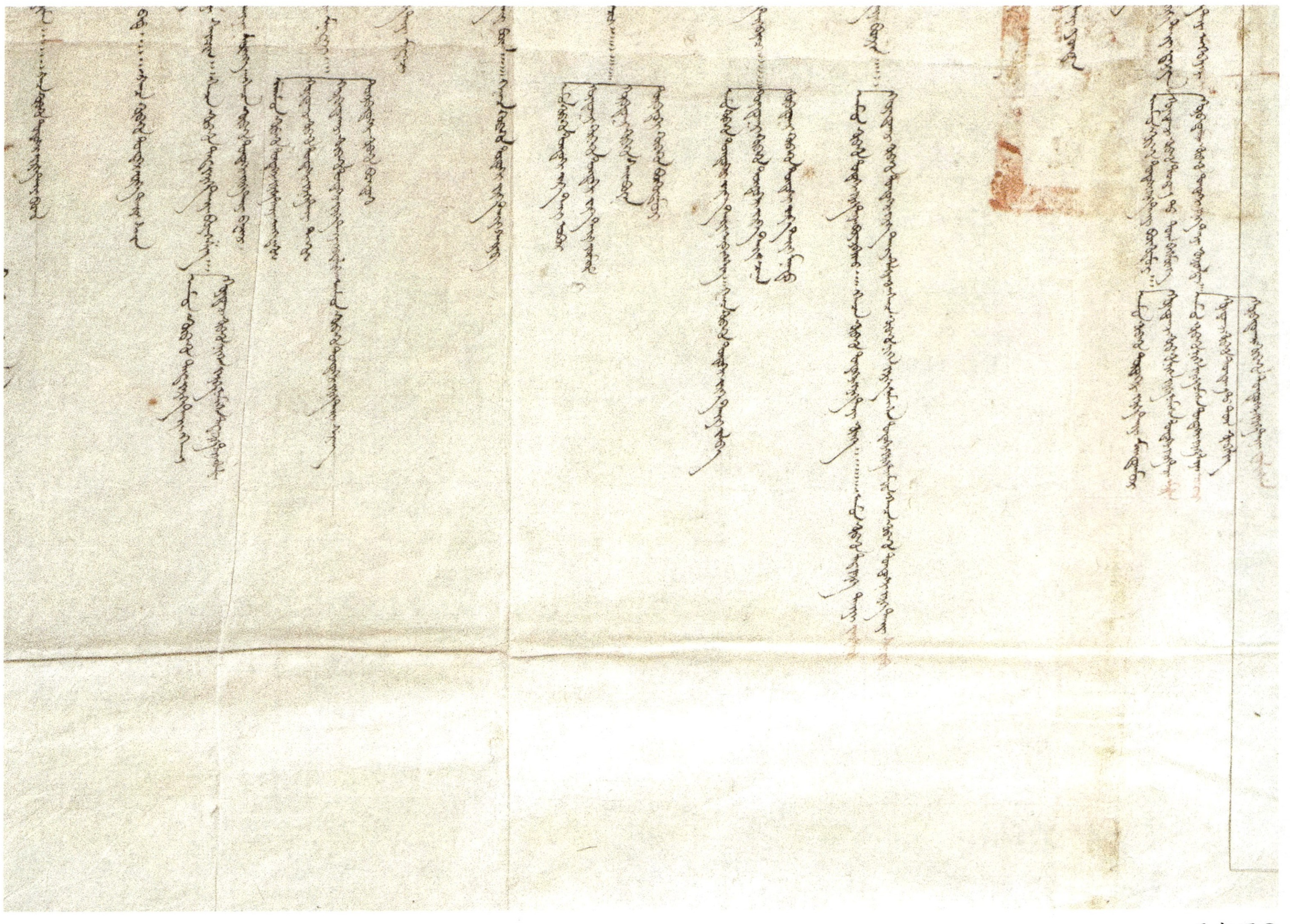

局部图③

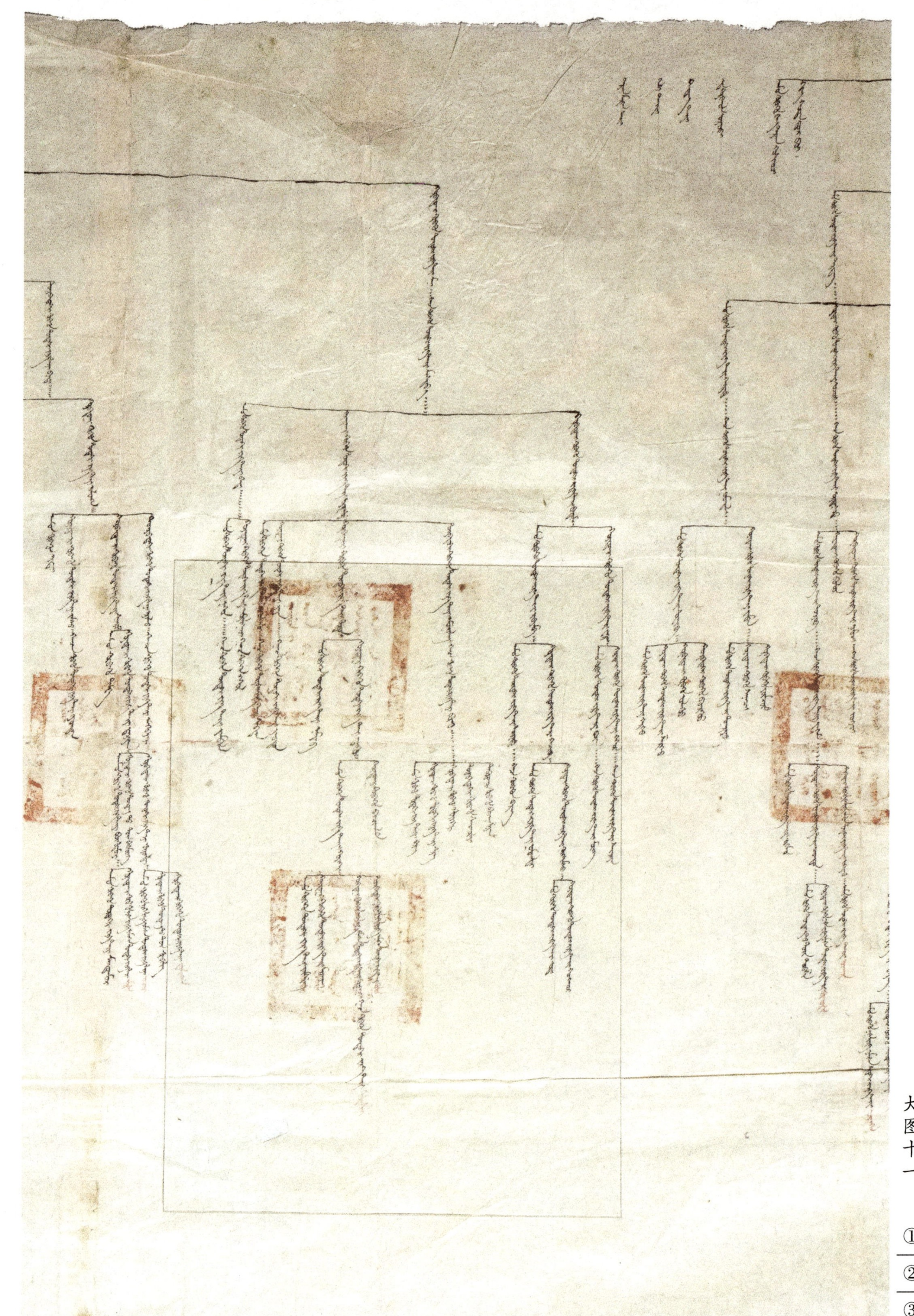

大图十一

①—②—③

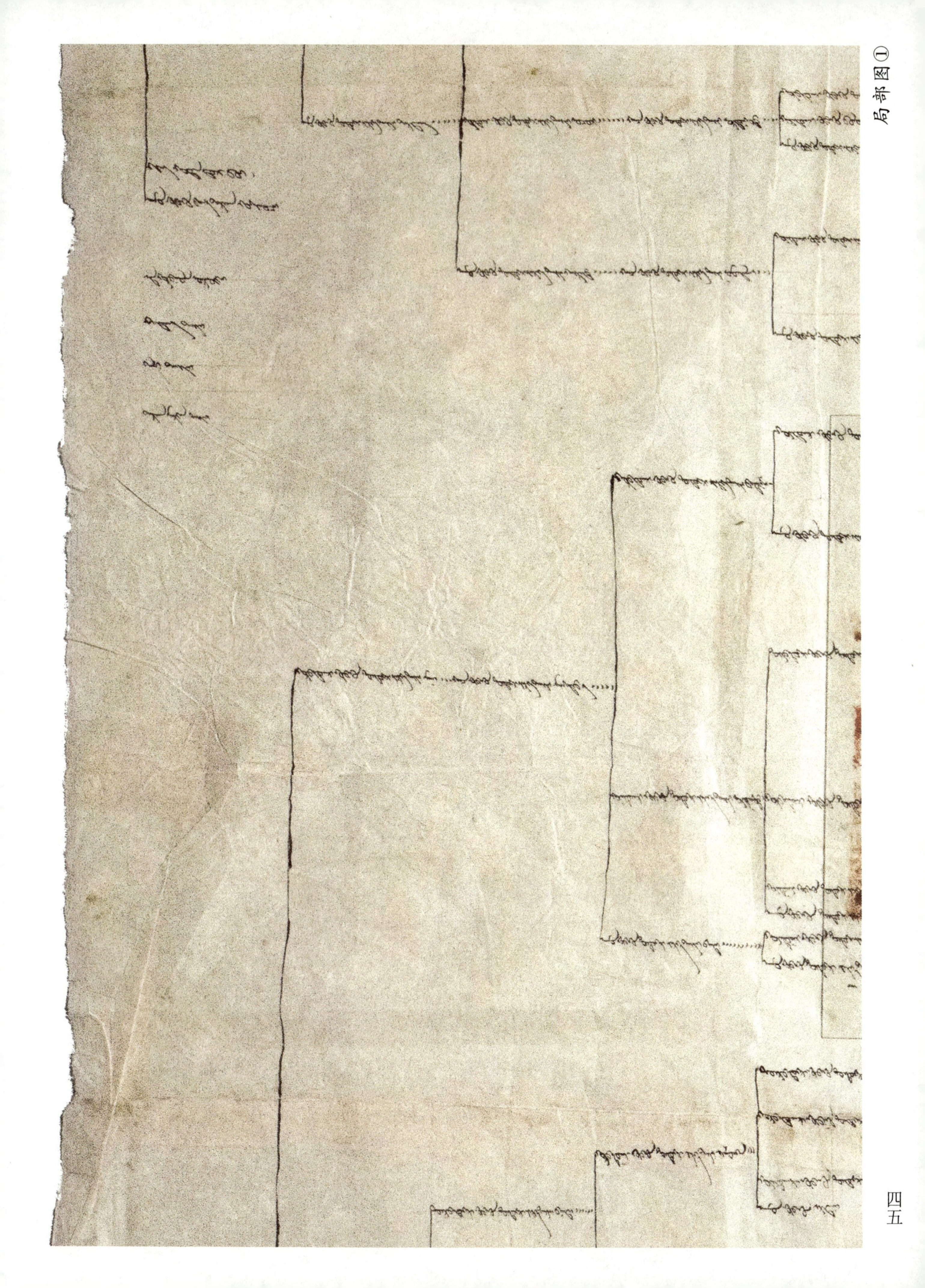

局部图①

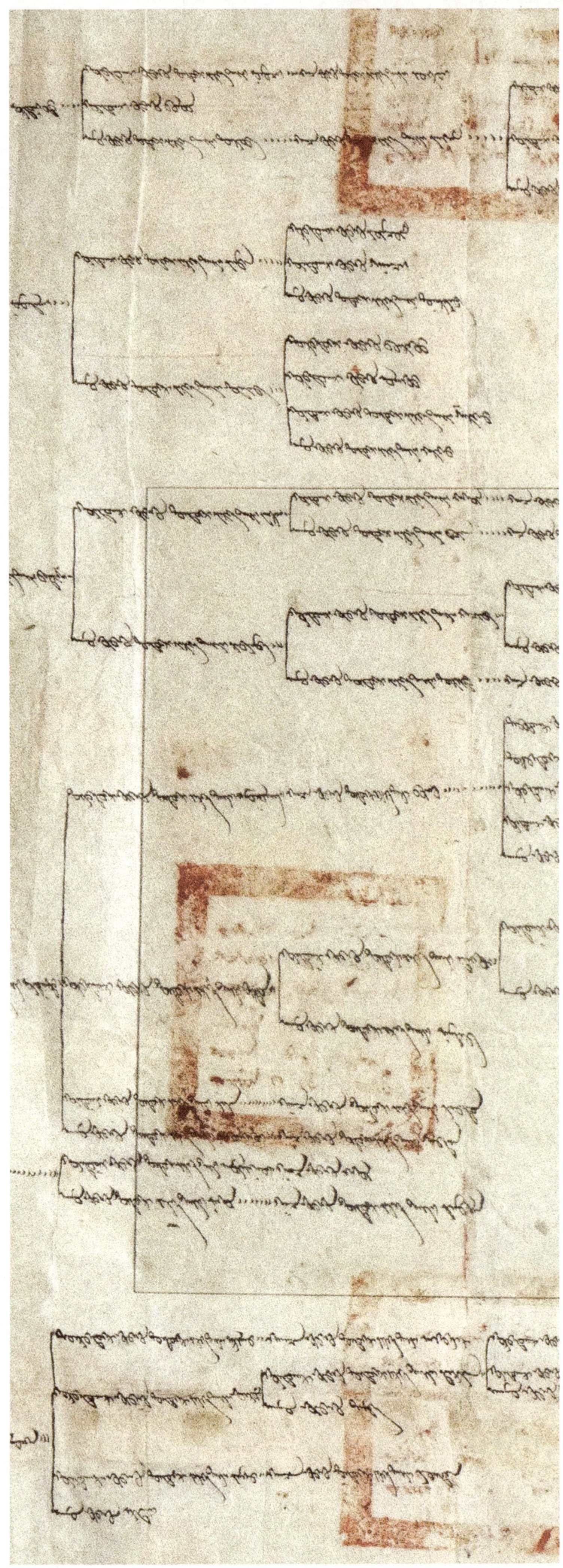

局部图②

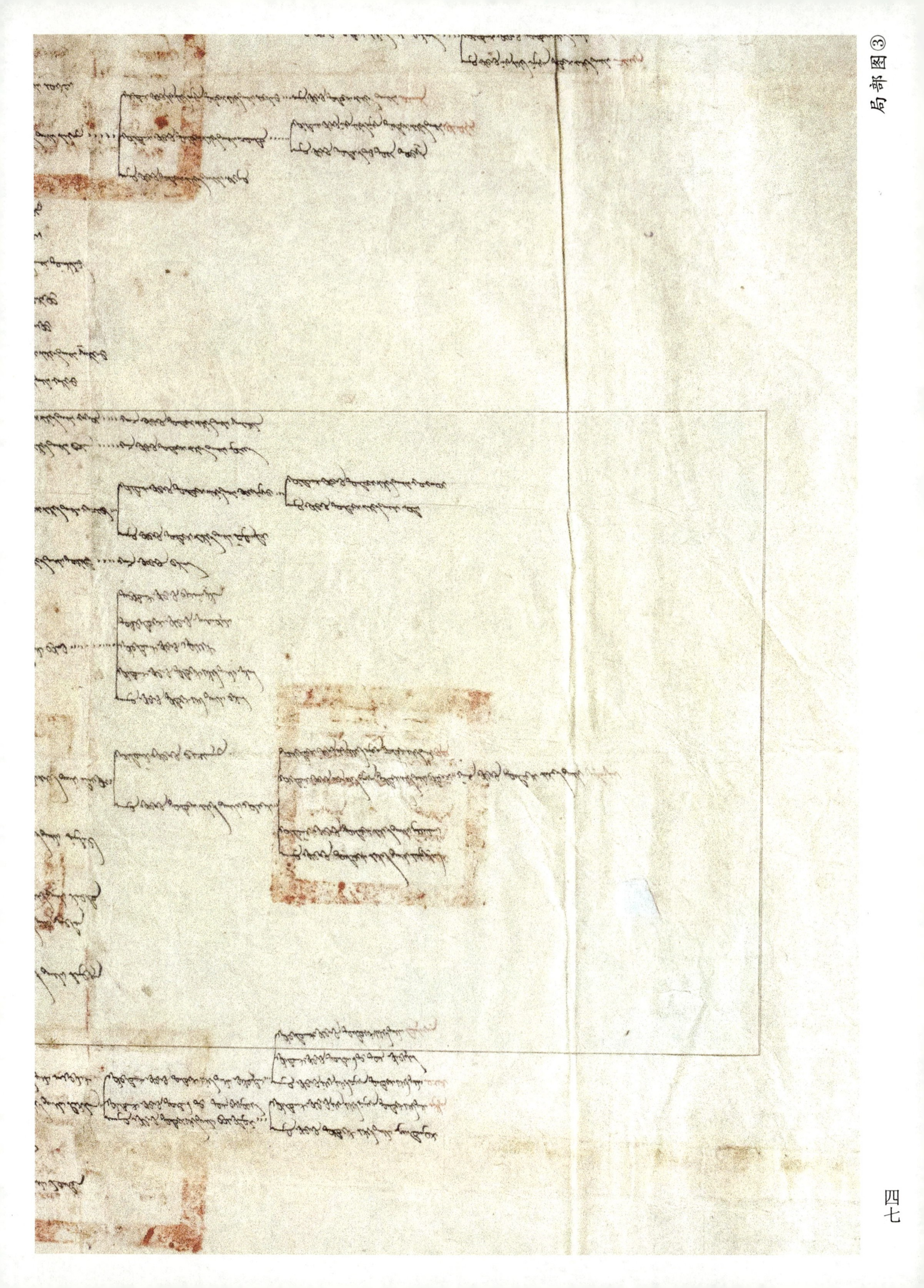

局部图③

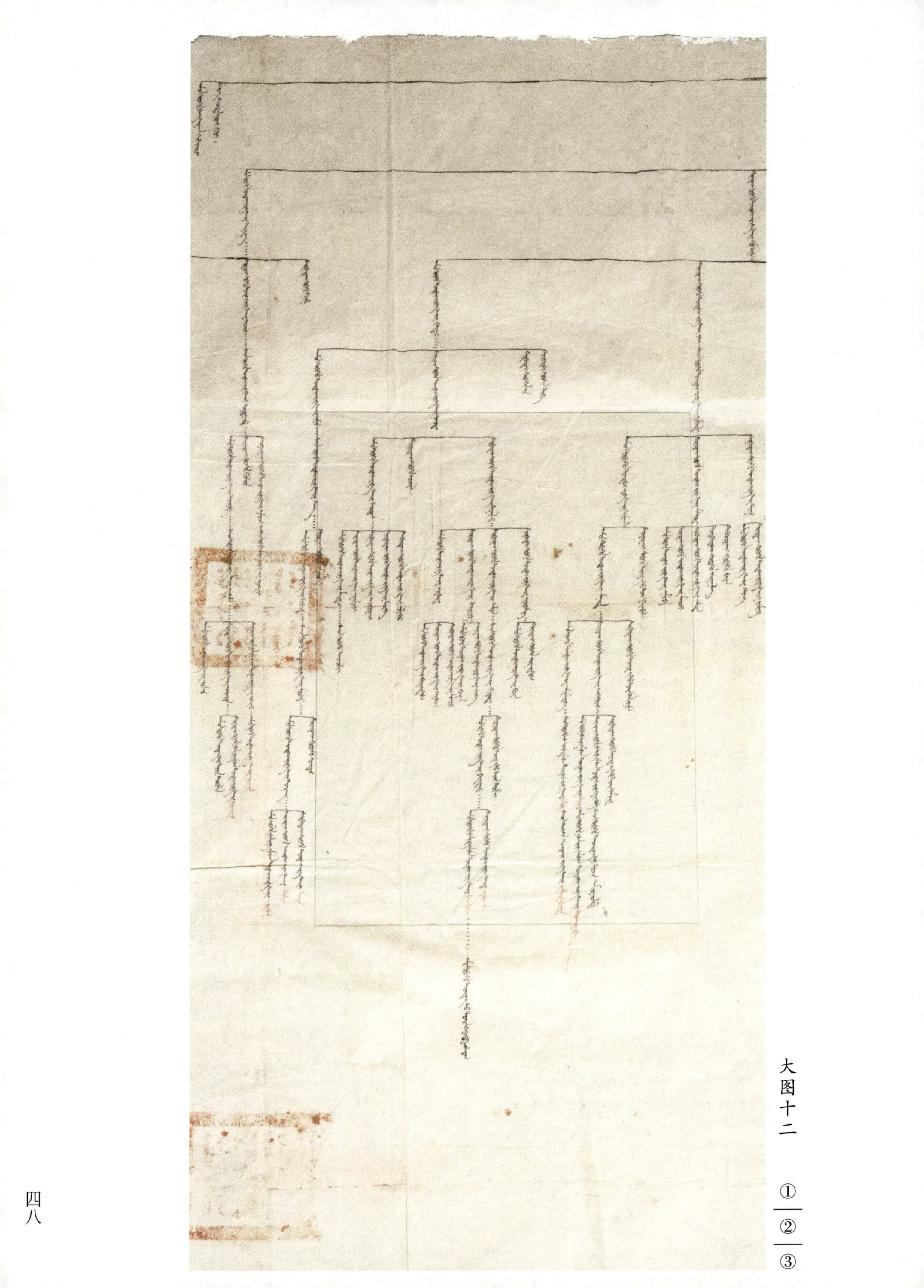

大图十二 ①—②—③

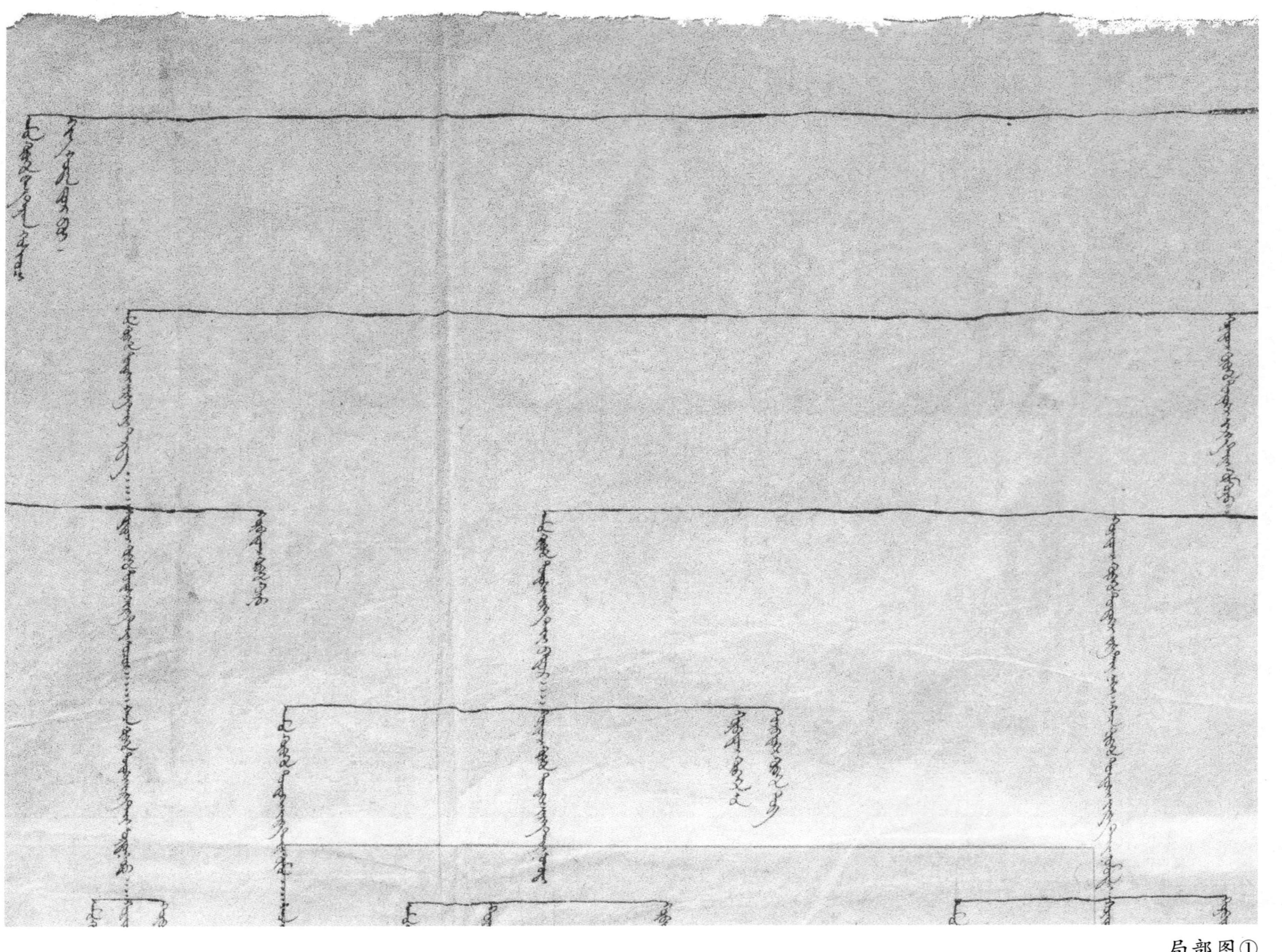

局部图①

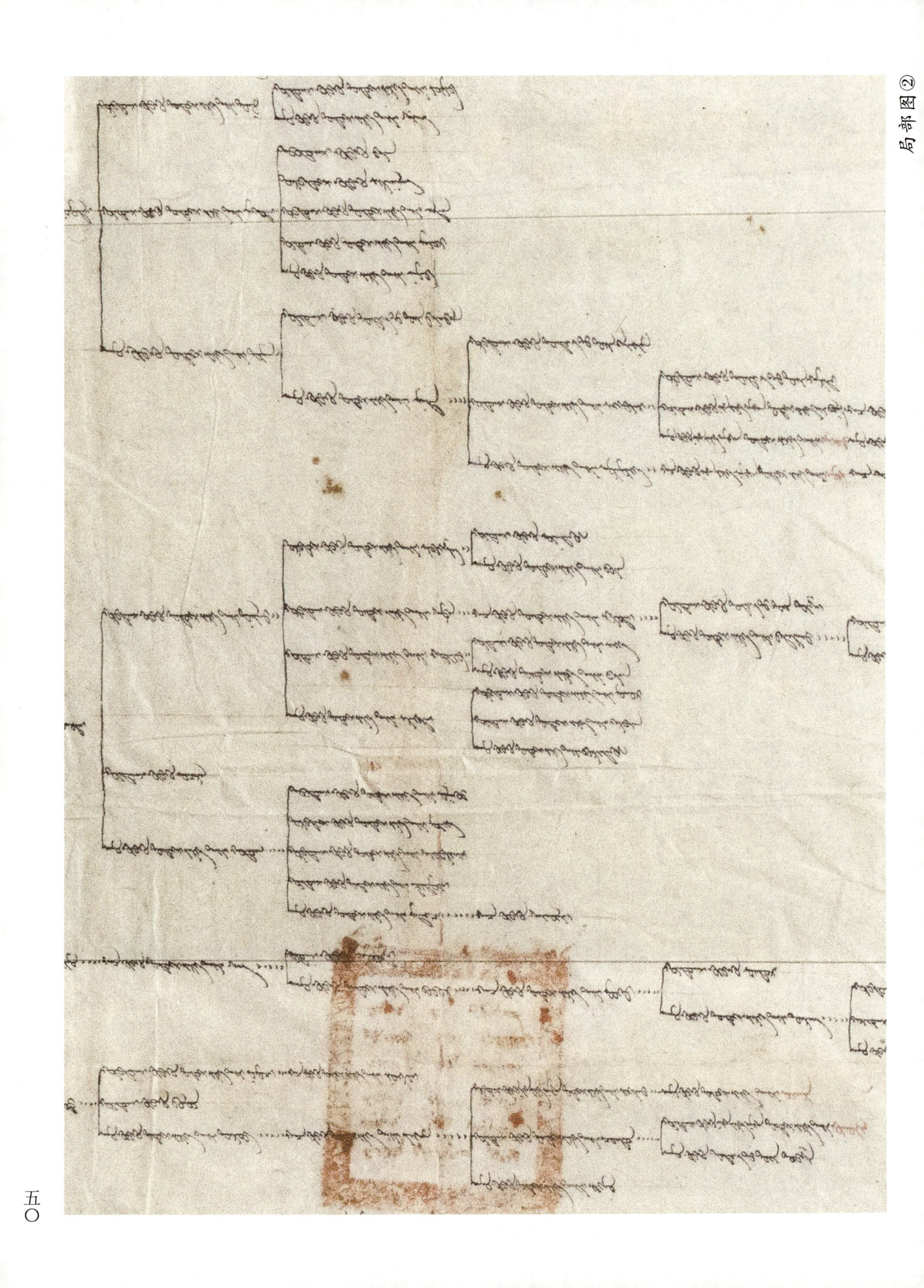

局部图②

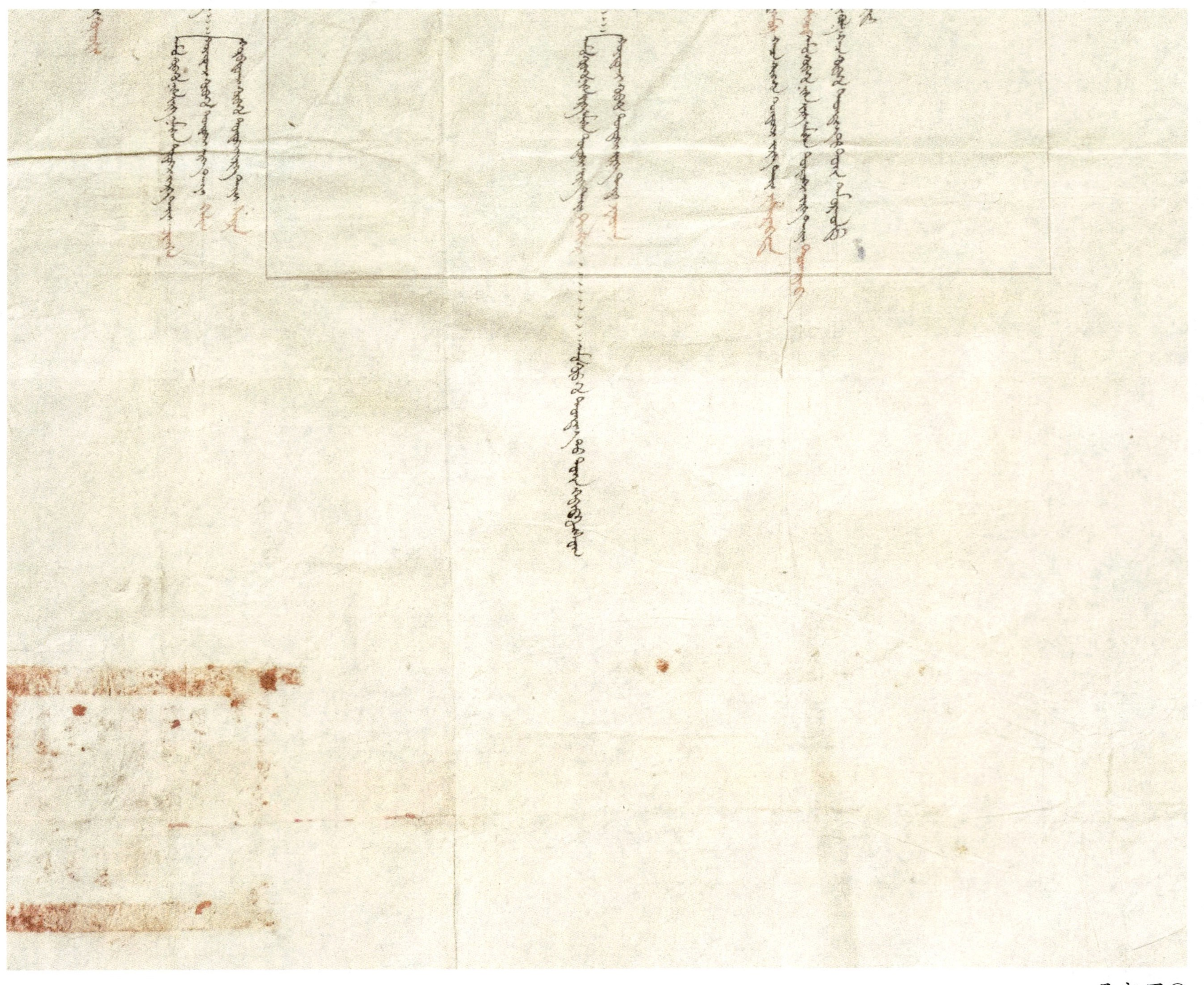

局部图③

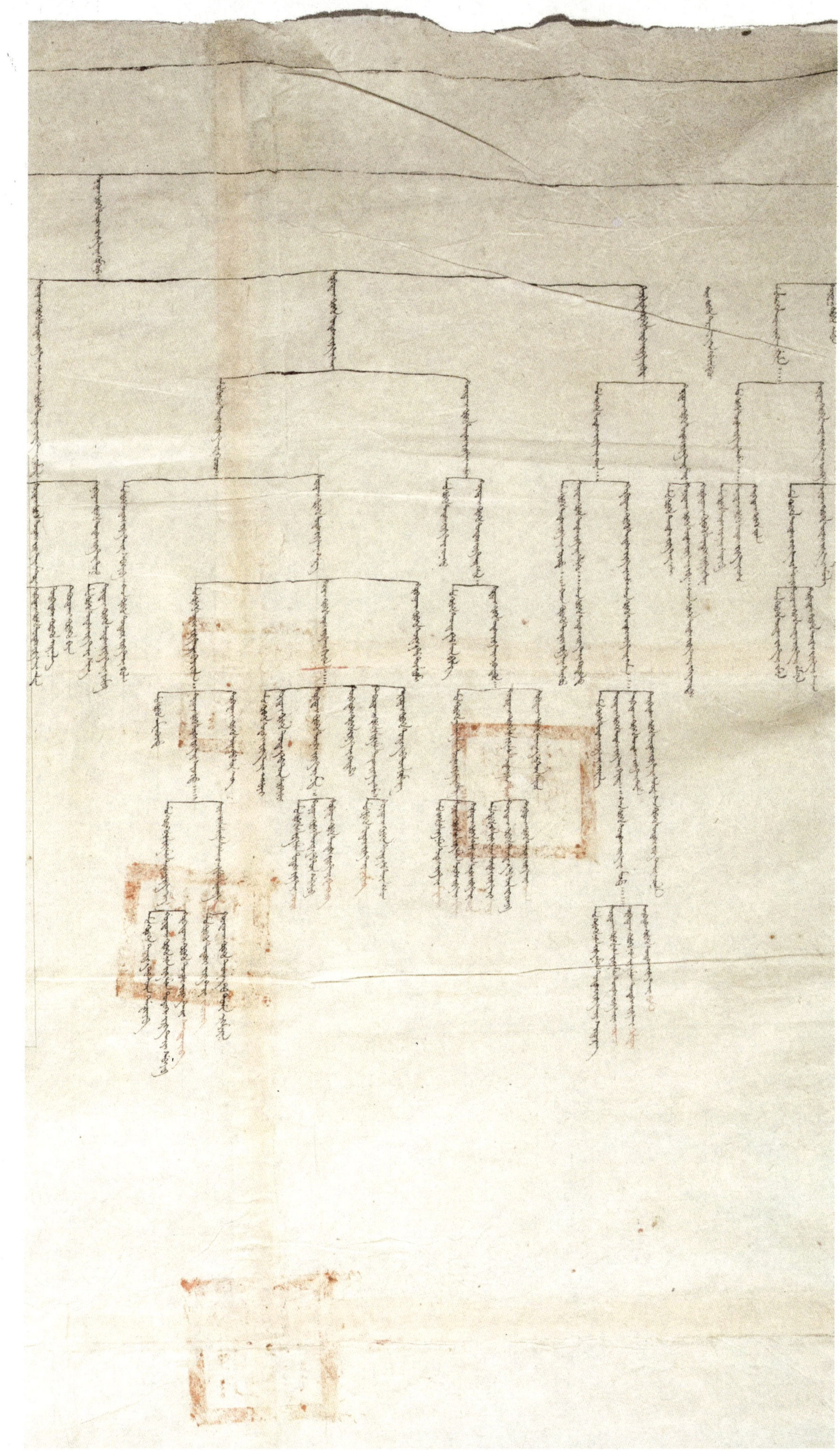

大图十三 ①—②—③

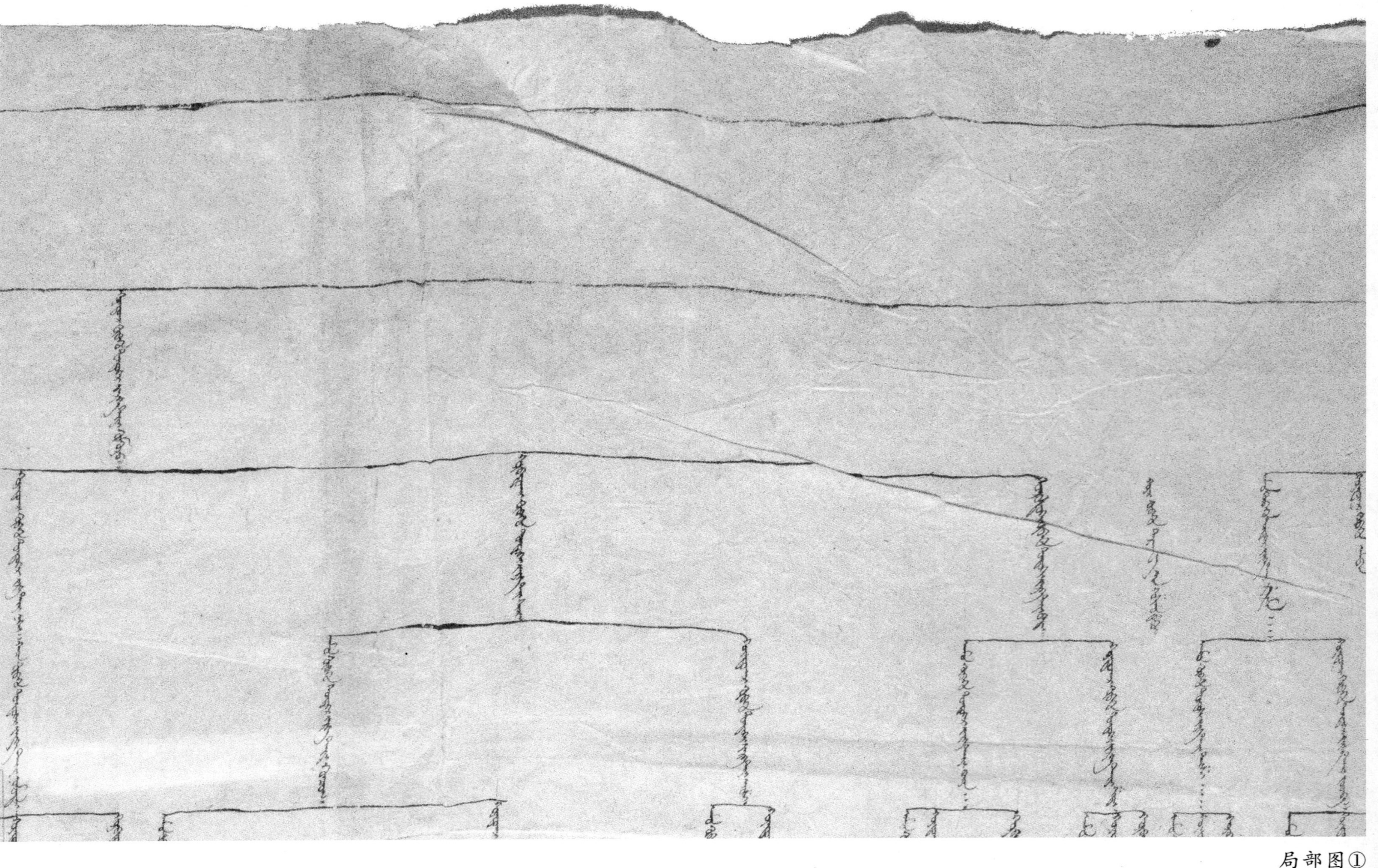

局部图①

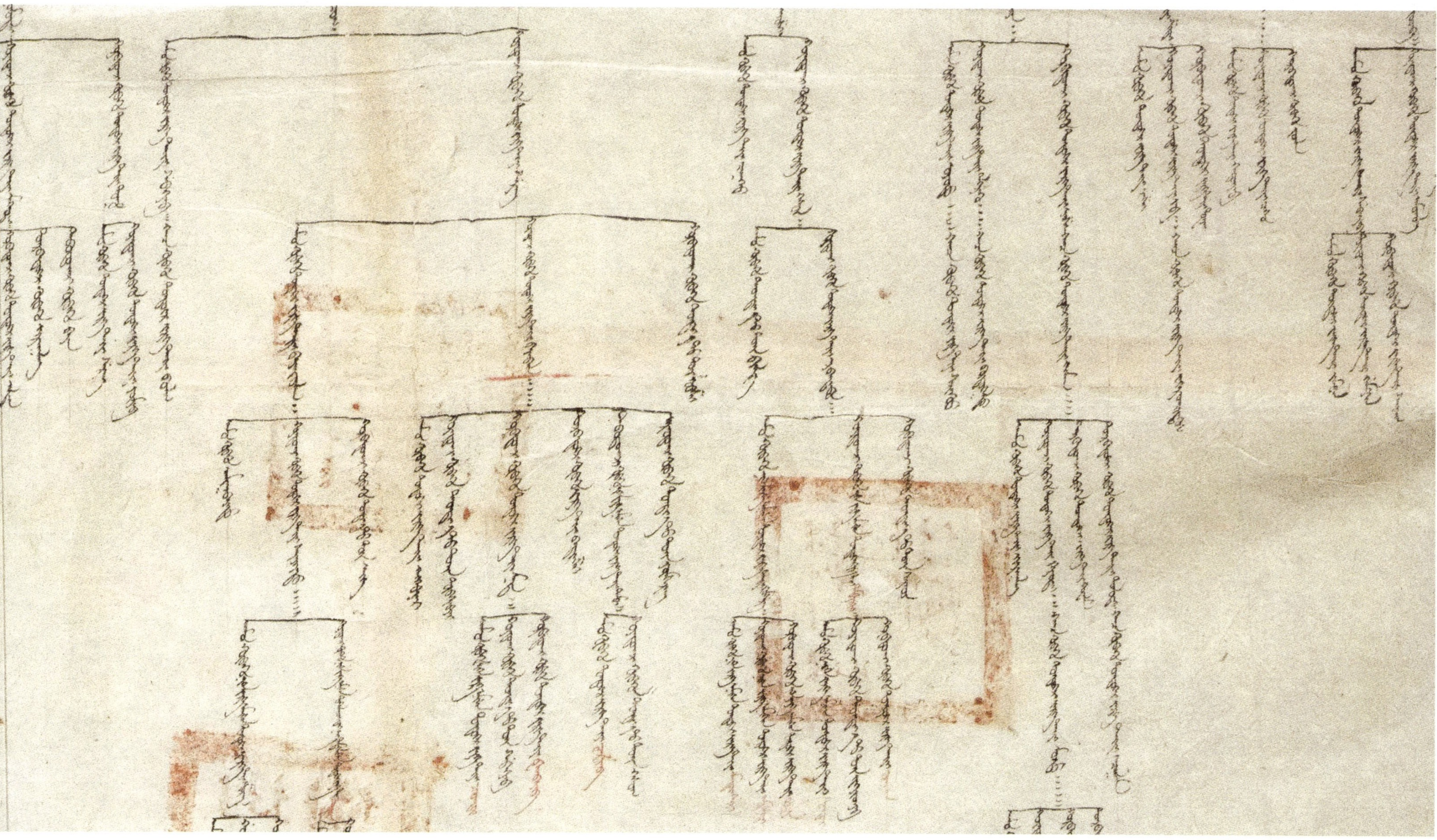

局部图②

局部图③

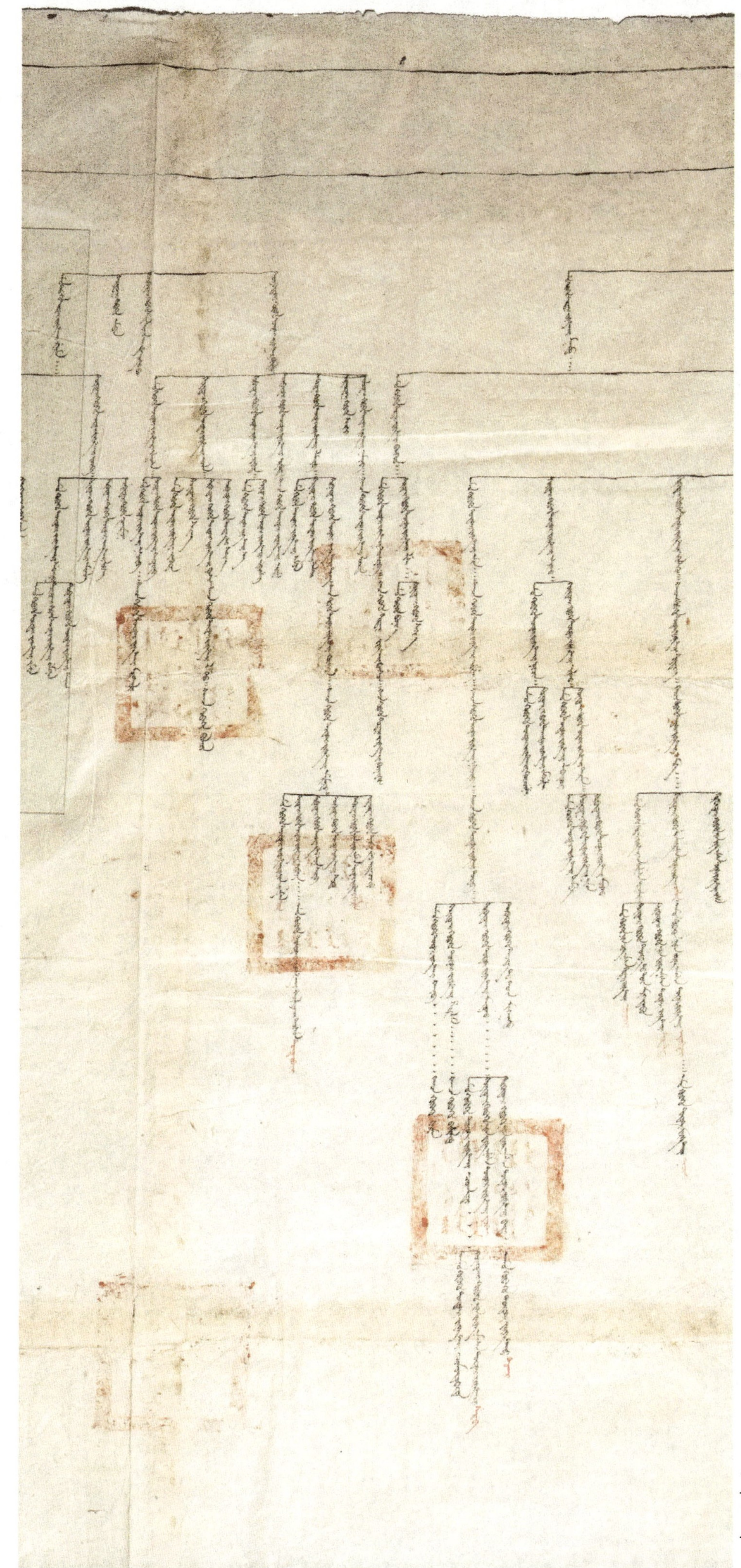

大图十四 ①—②—③

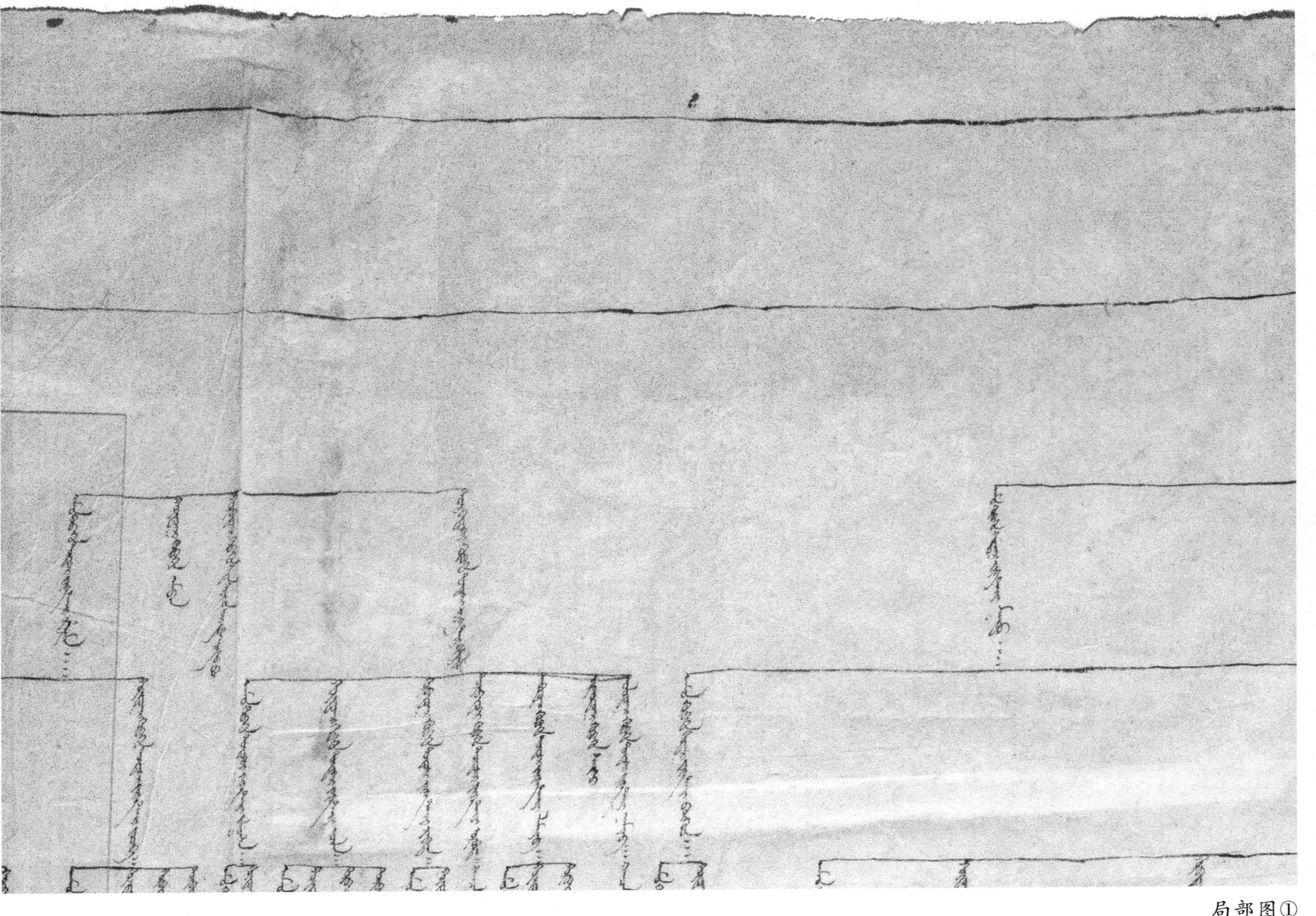

局部图①

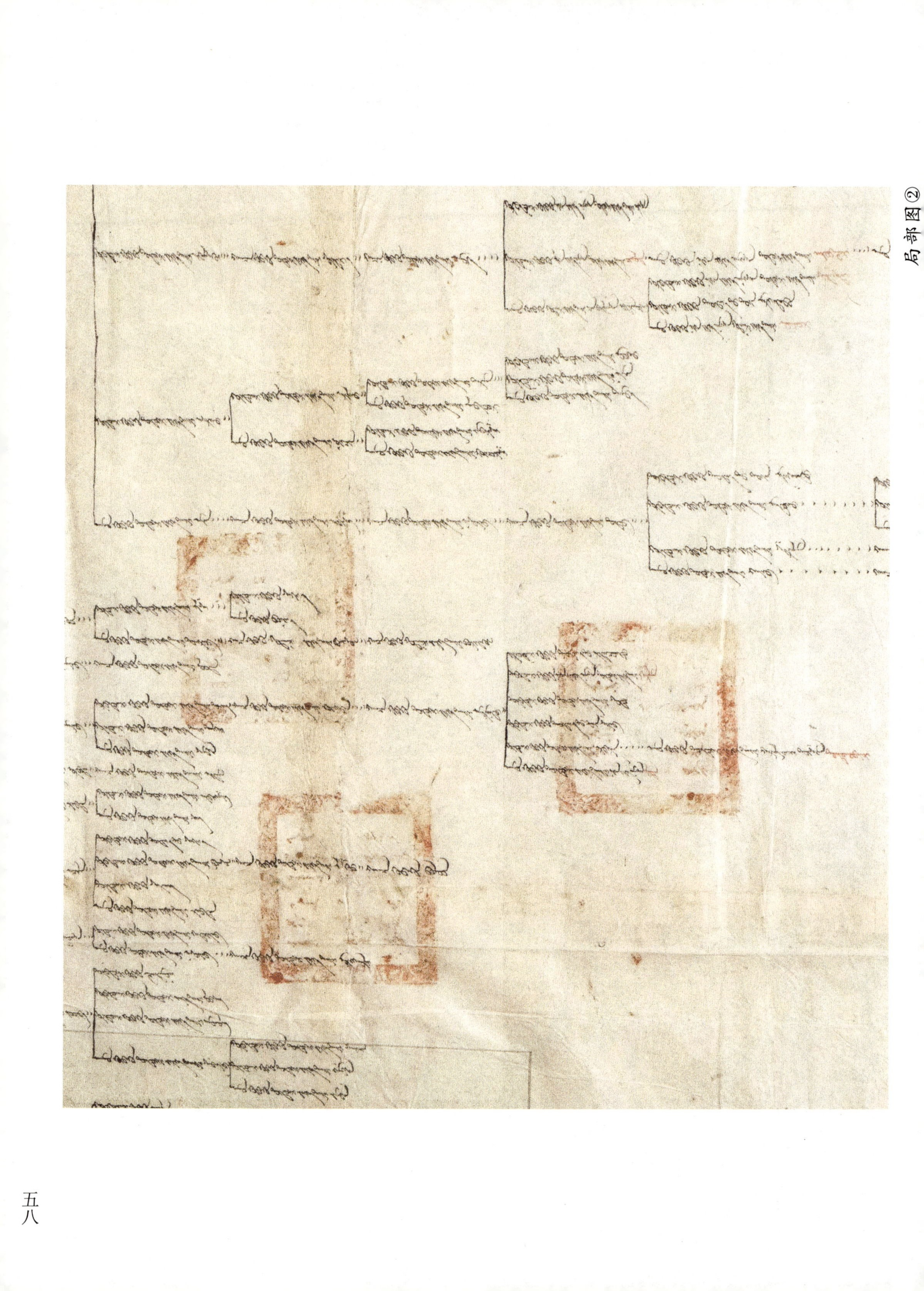

局部图②

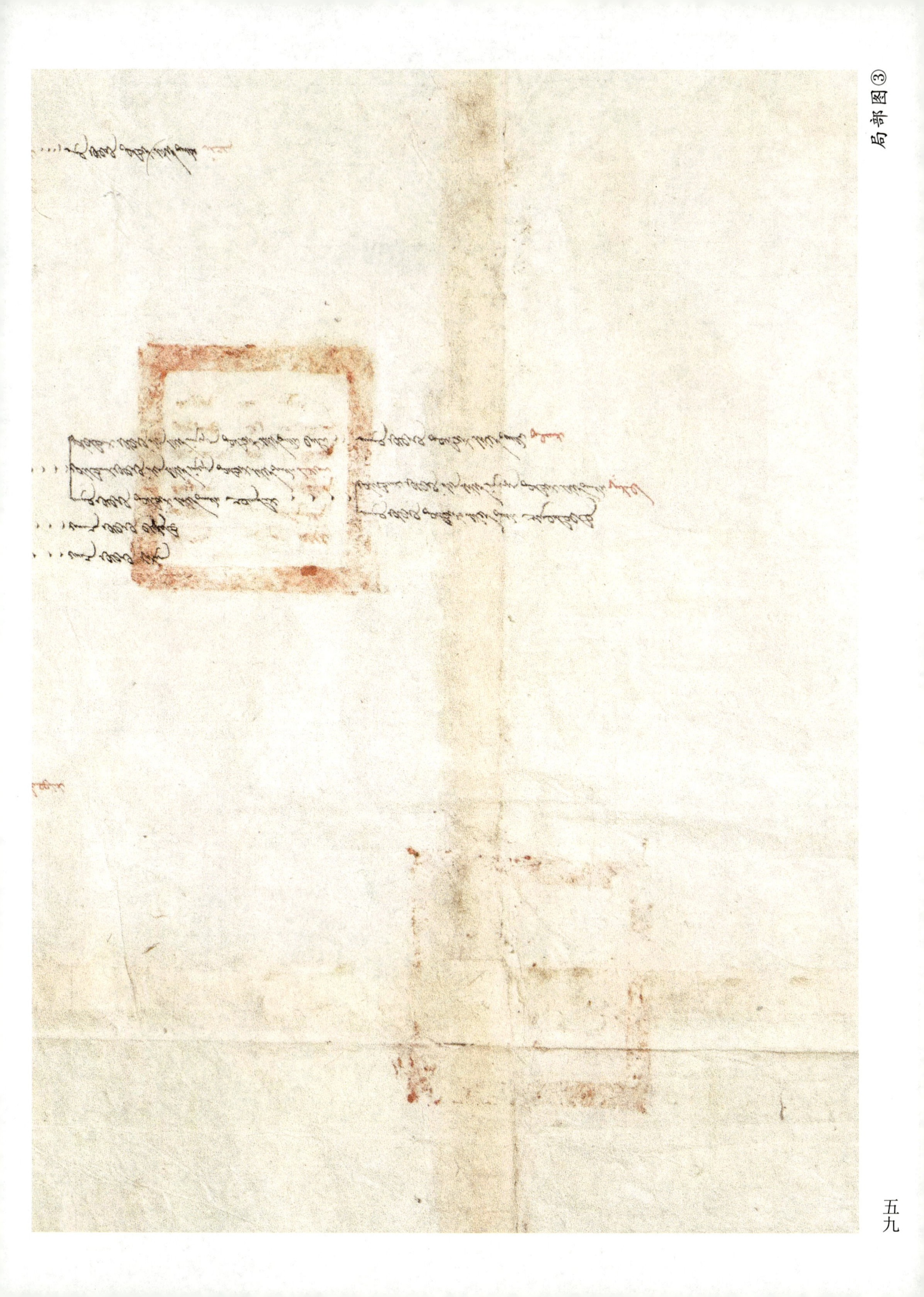

局部图③

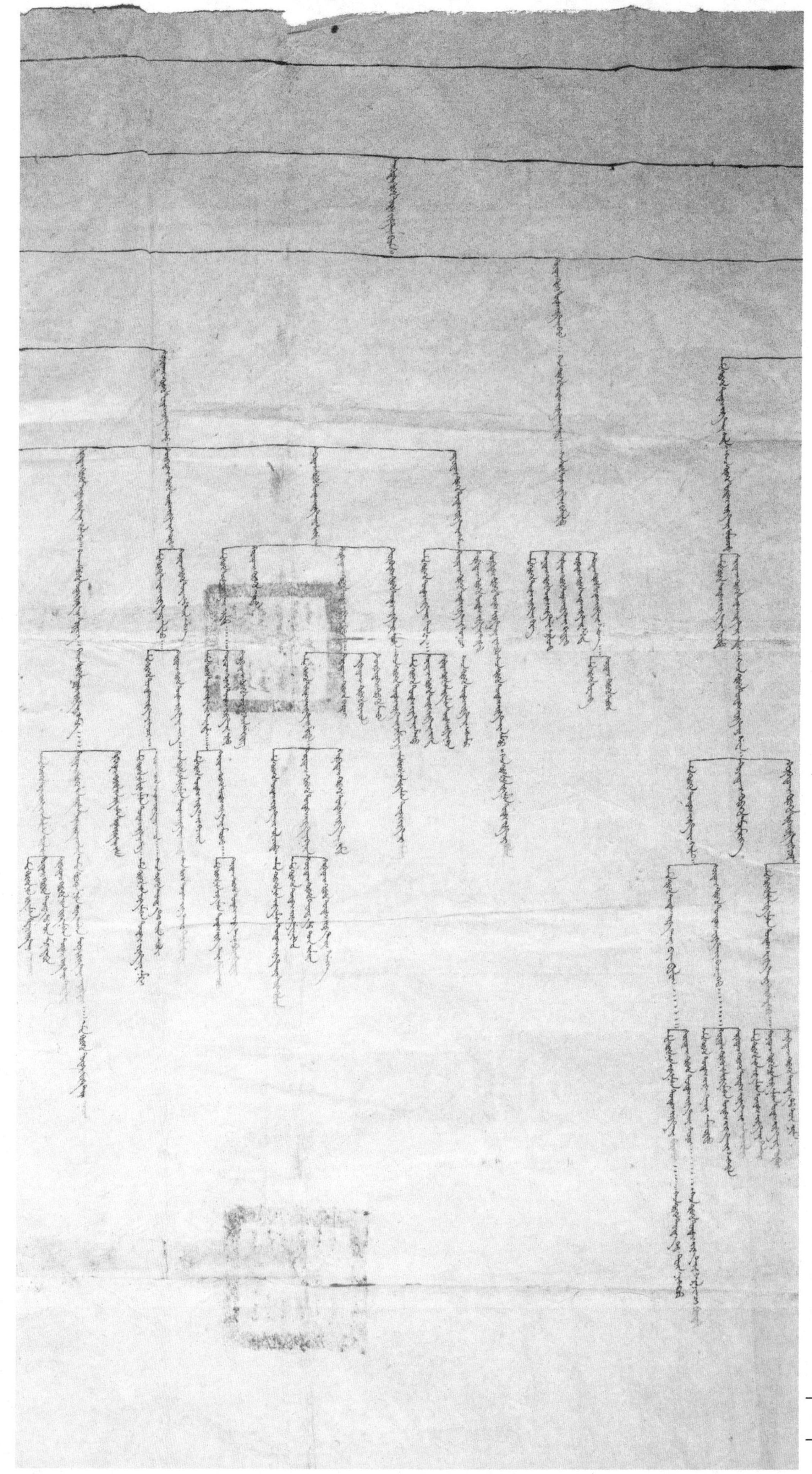

大图十五

①—②—③

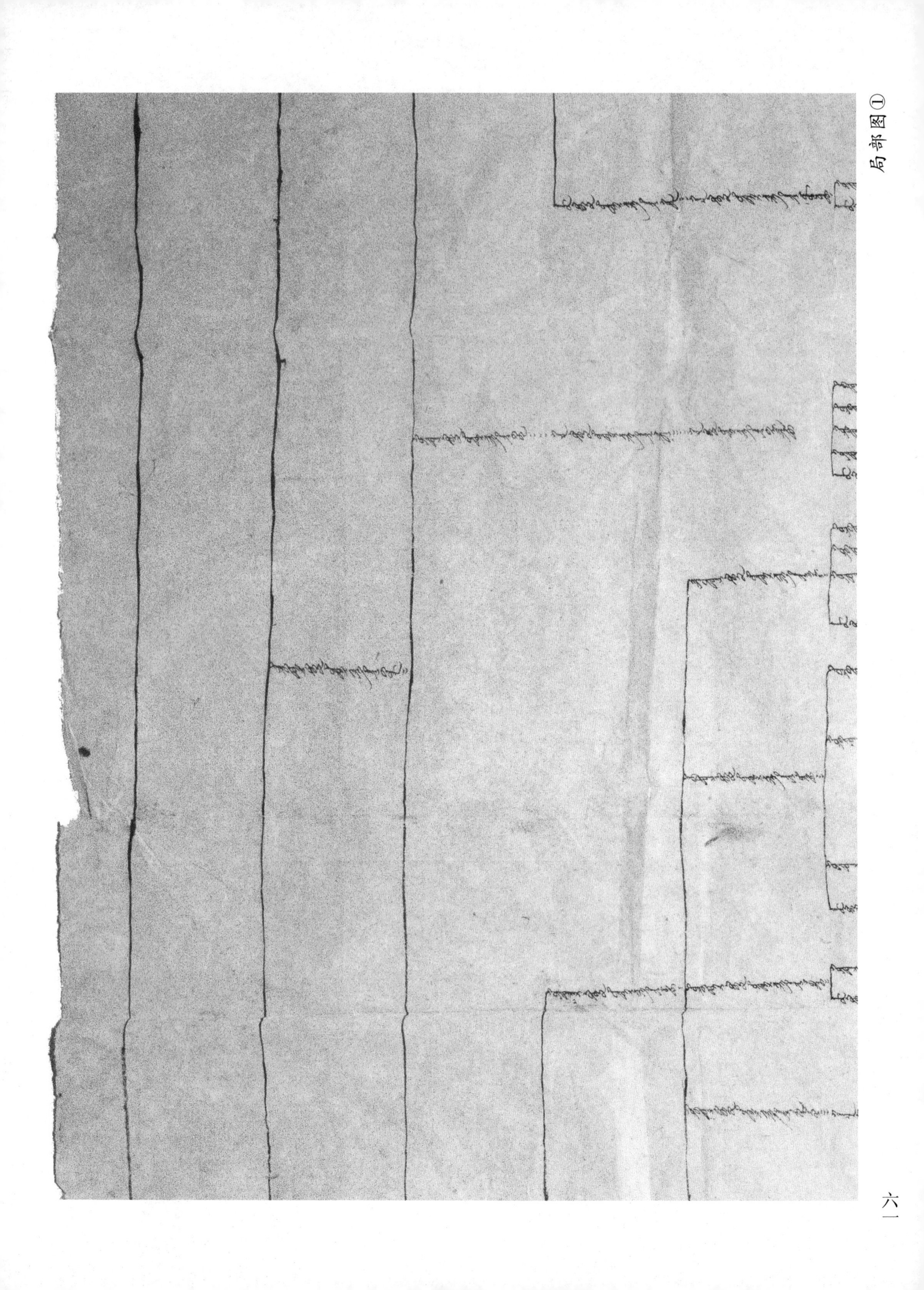

局部图①

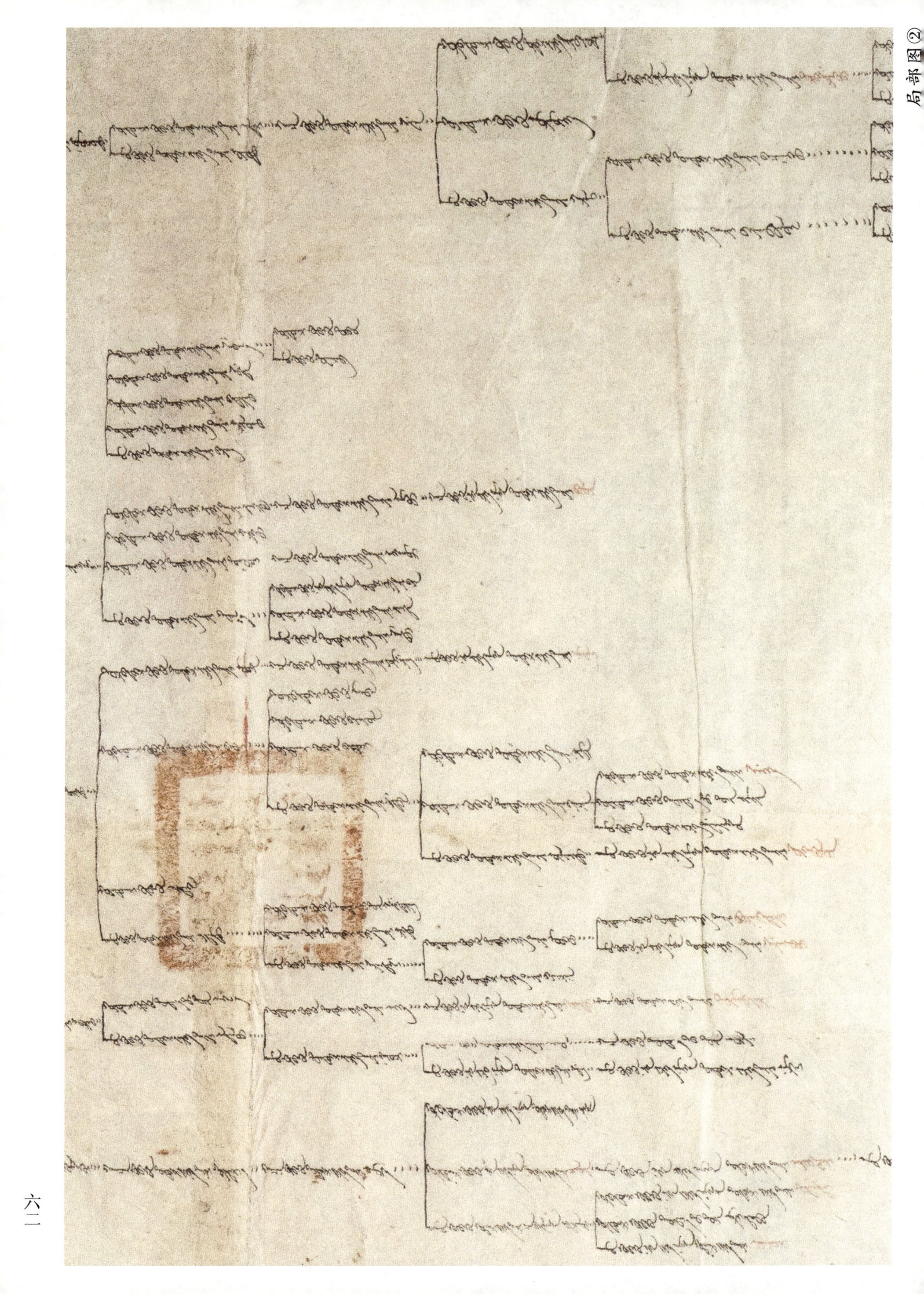

局部图②

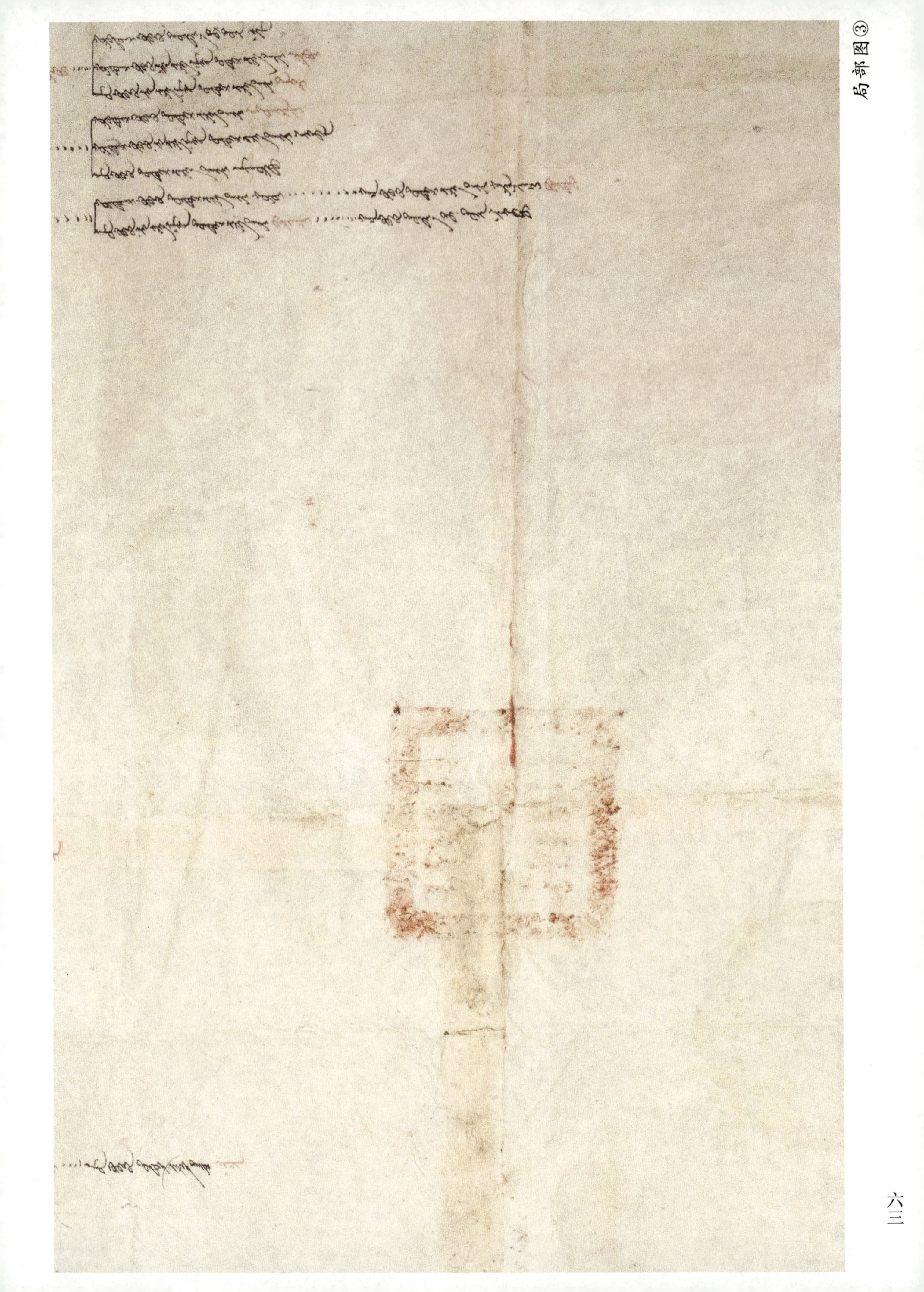

局部图③

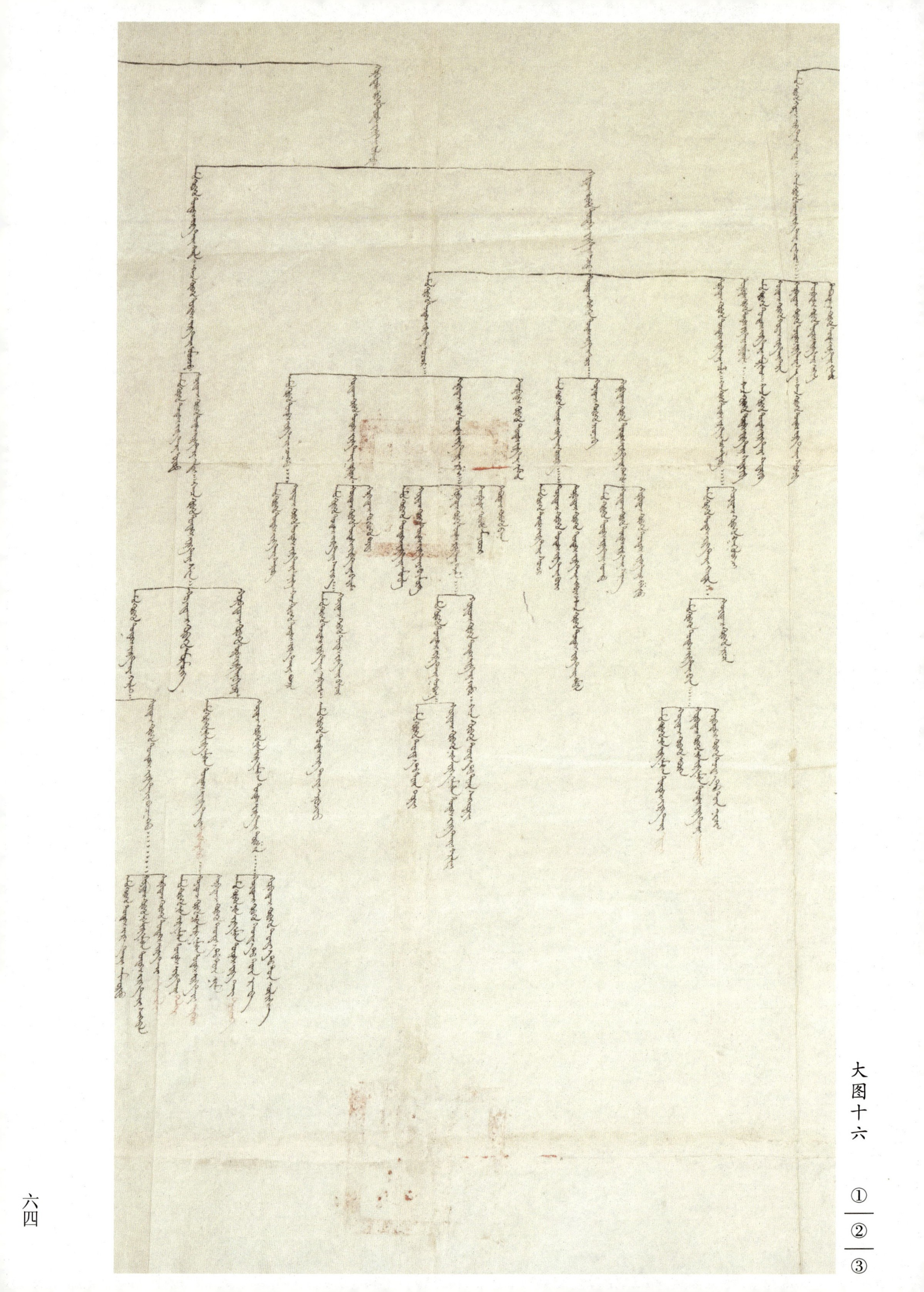

大图十六

①
②
③

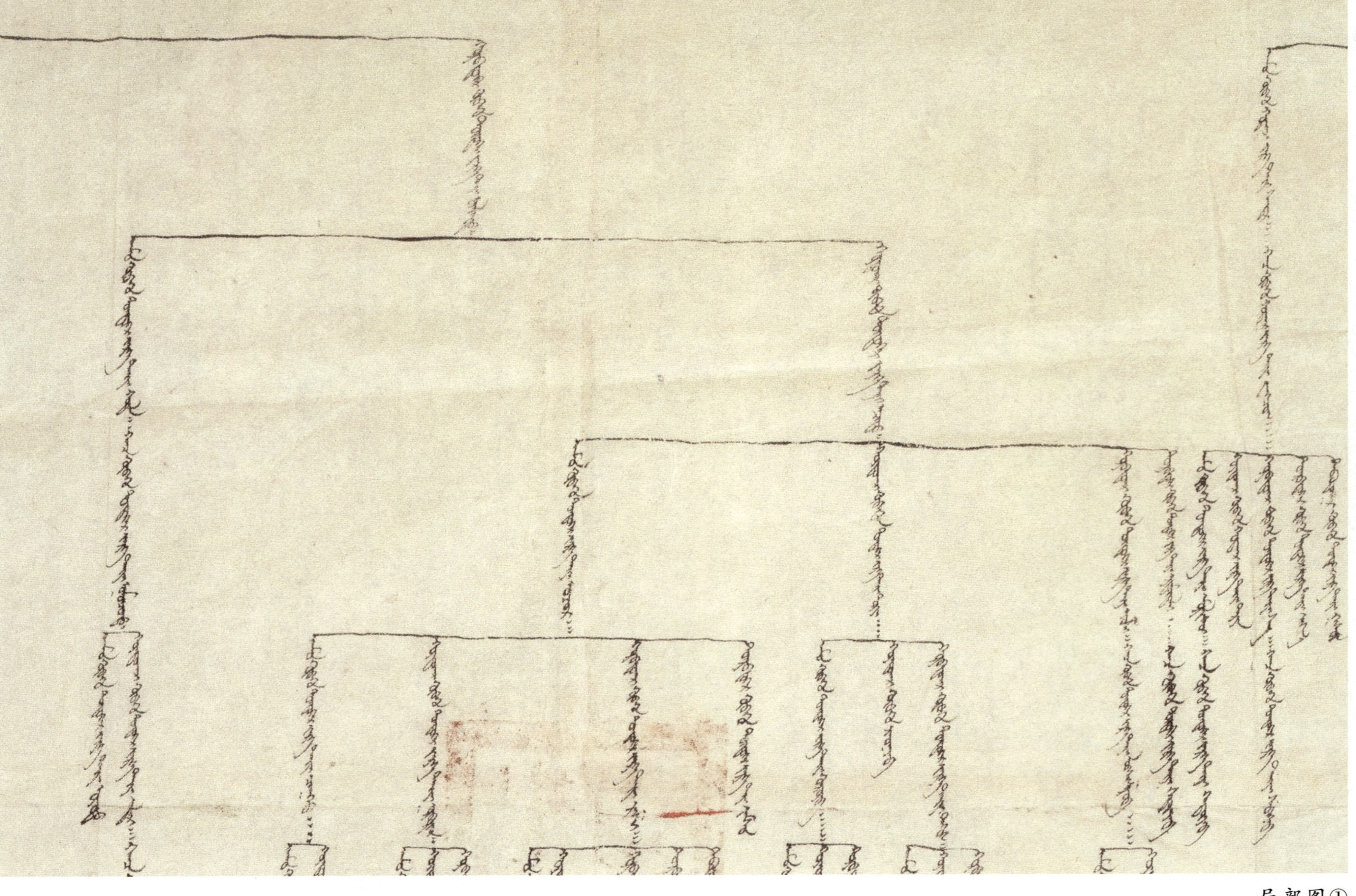

局部图①

局部图②

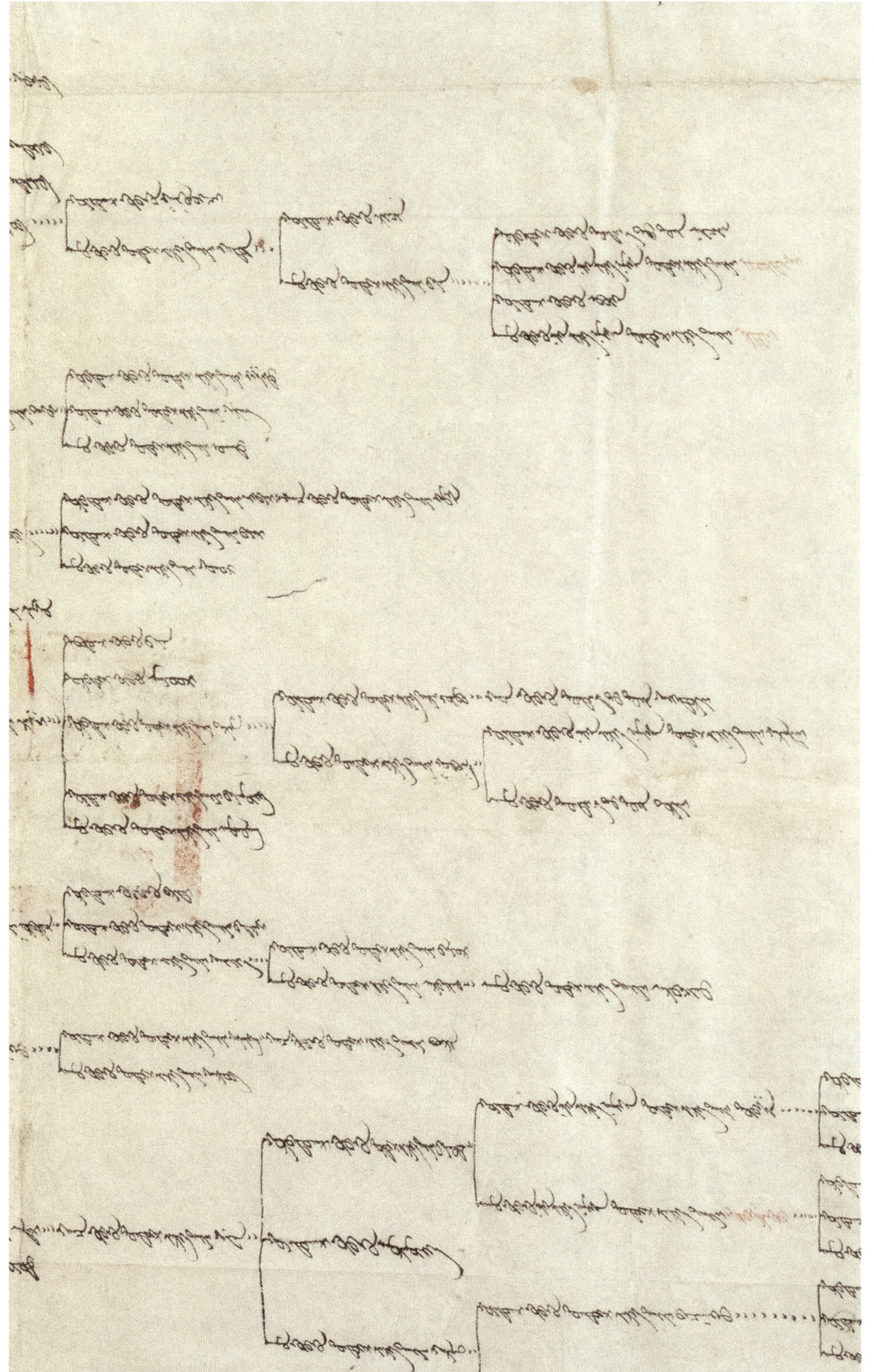

局部图③

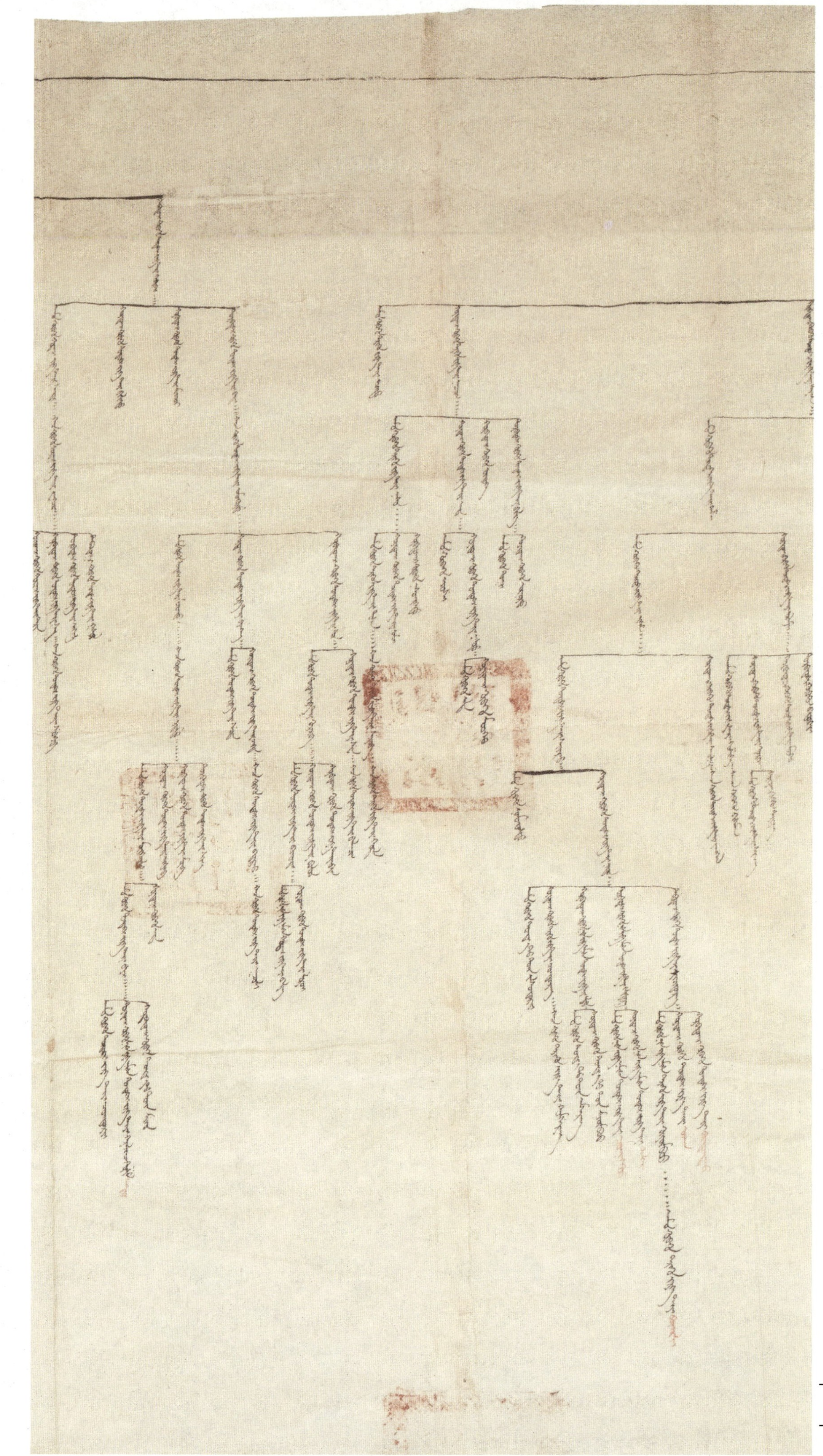

大图十七

①—②—③

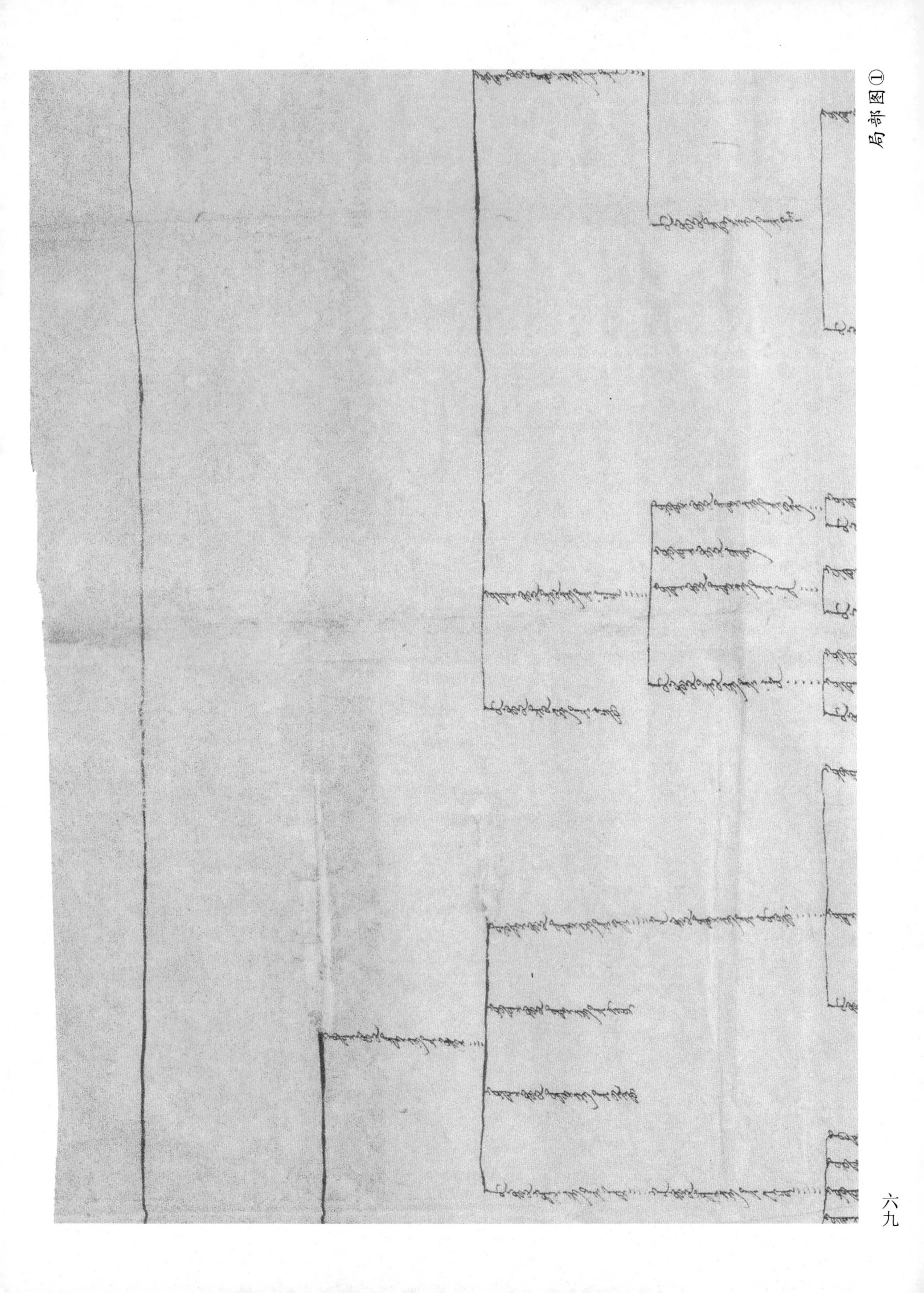

局部图①

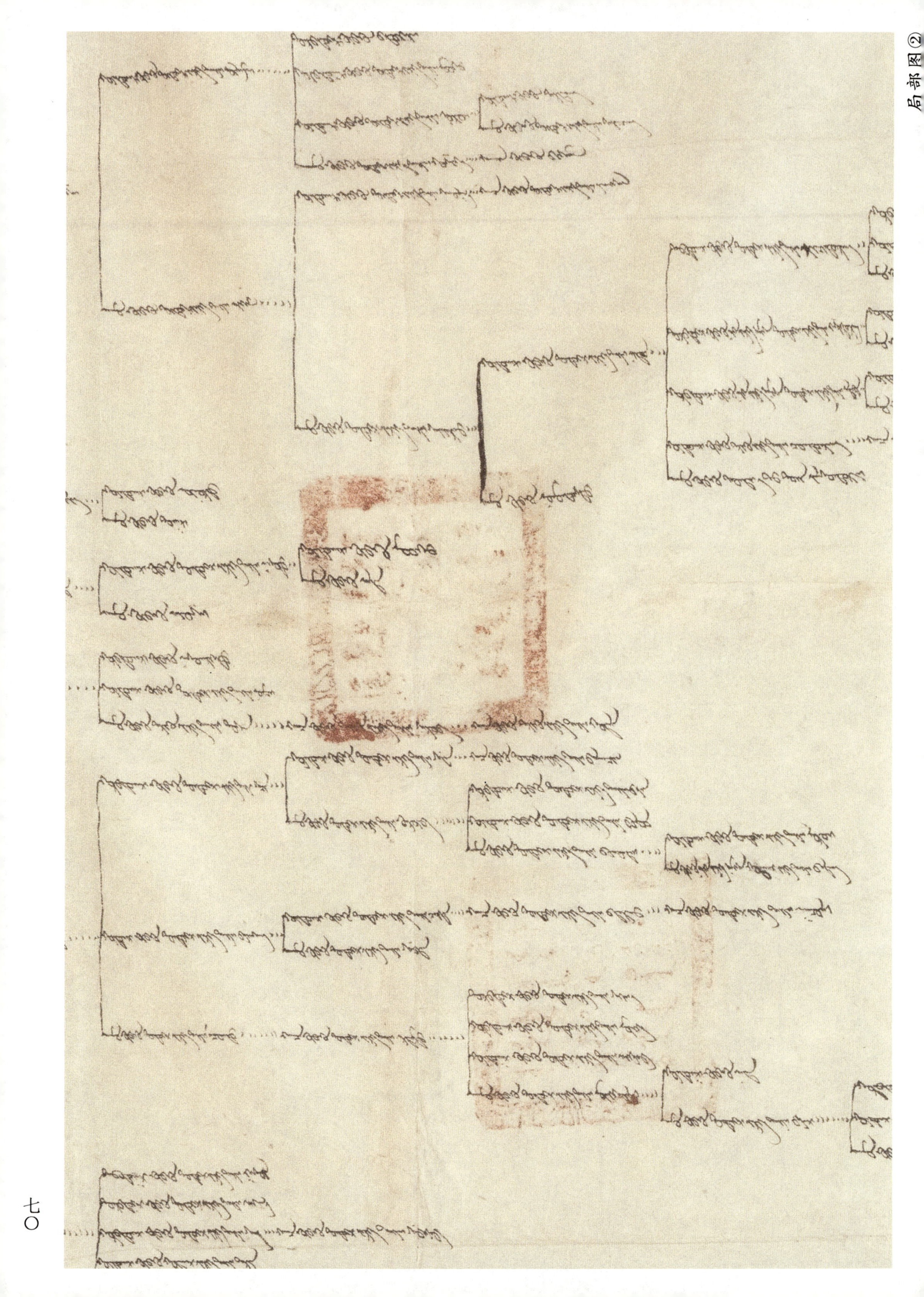

局部图②

局部图③

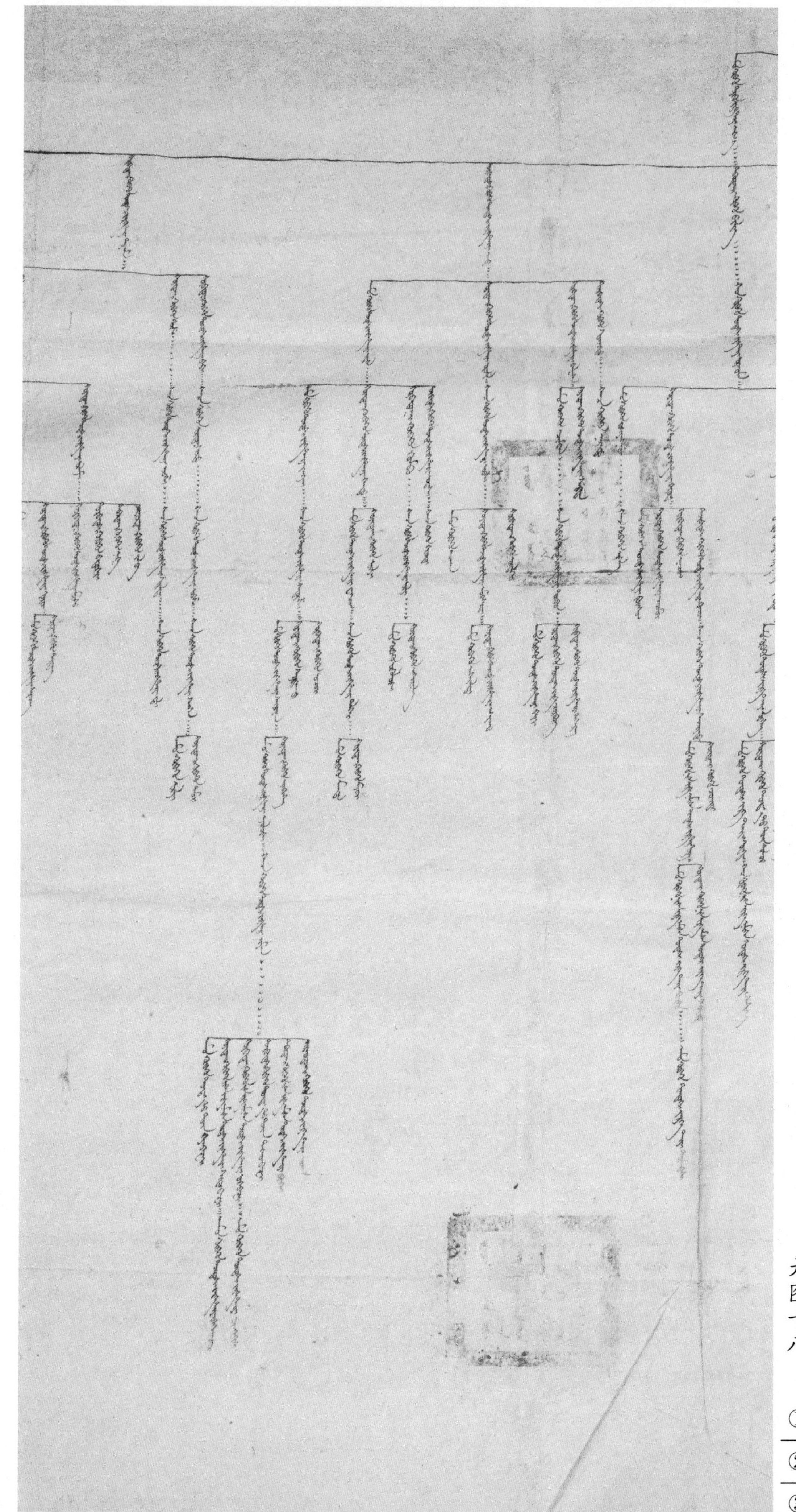

大图十八

①
②
③

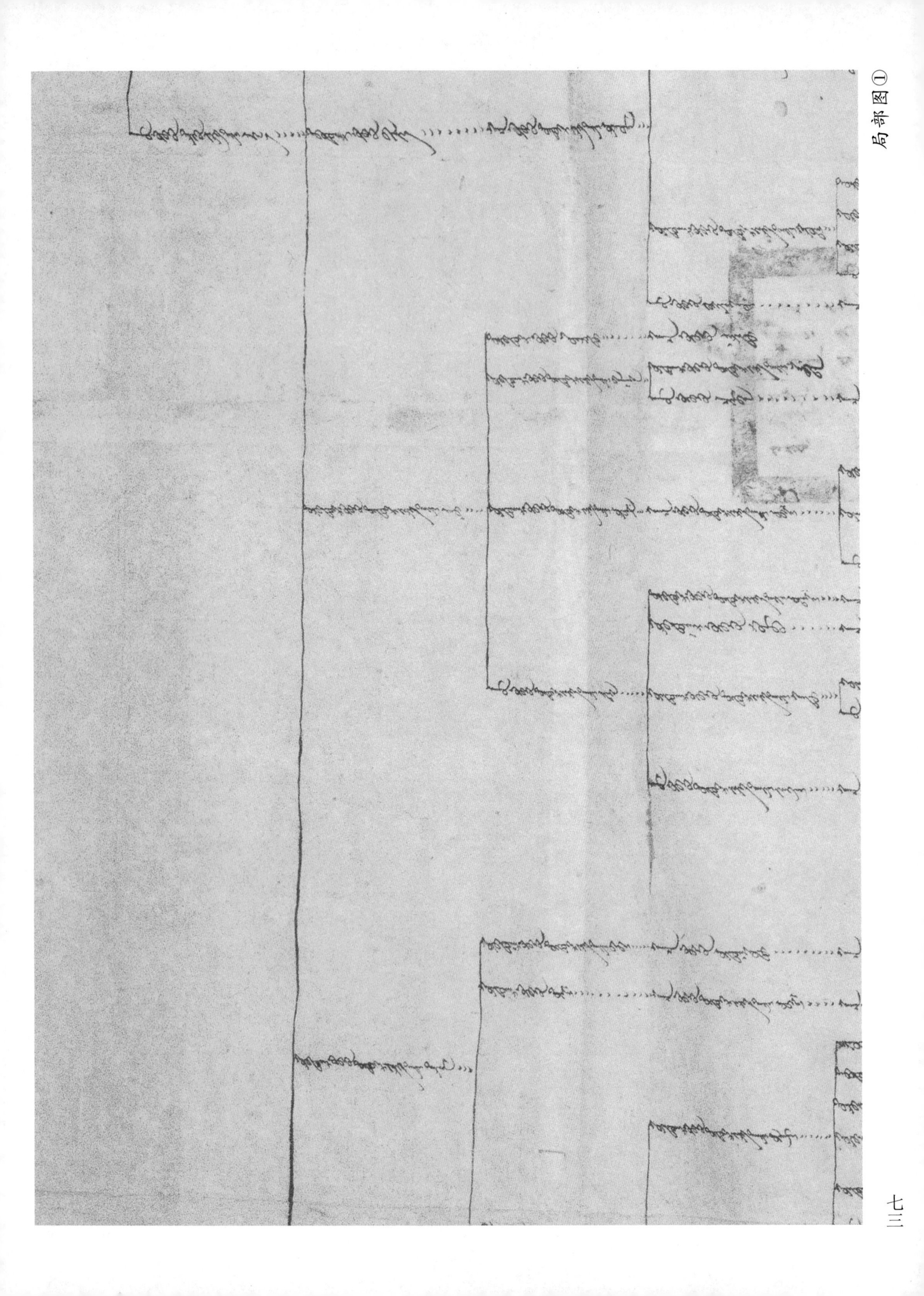

局部图①

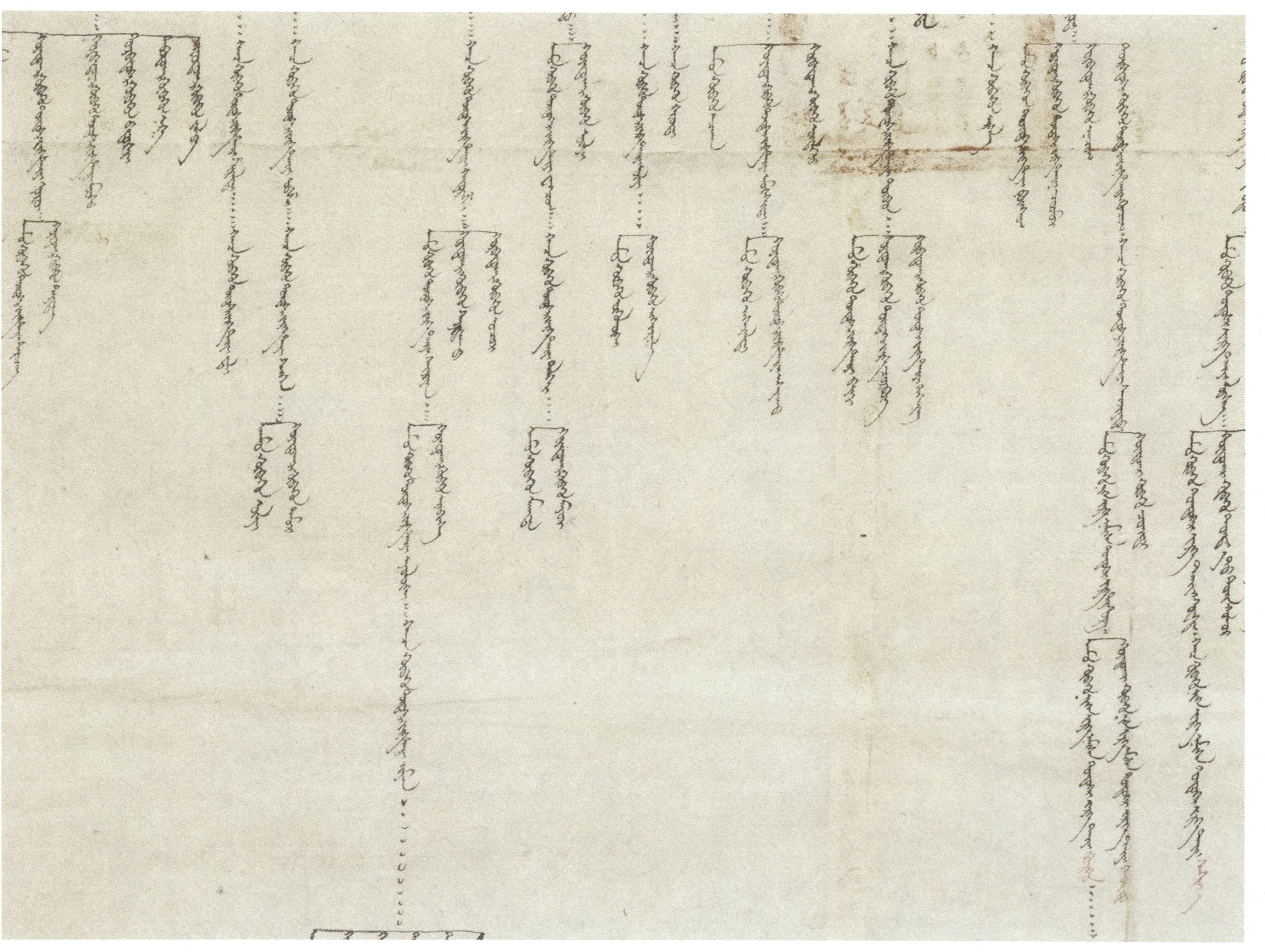

局部图②

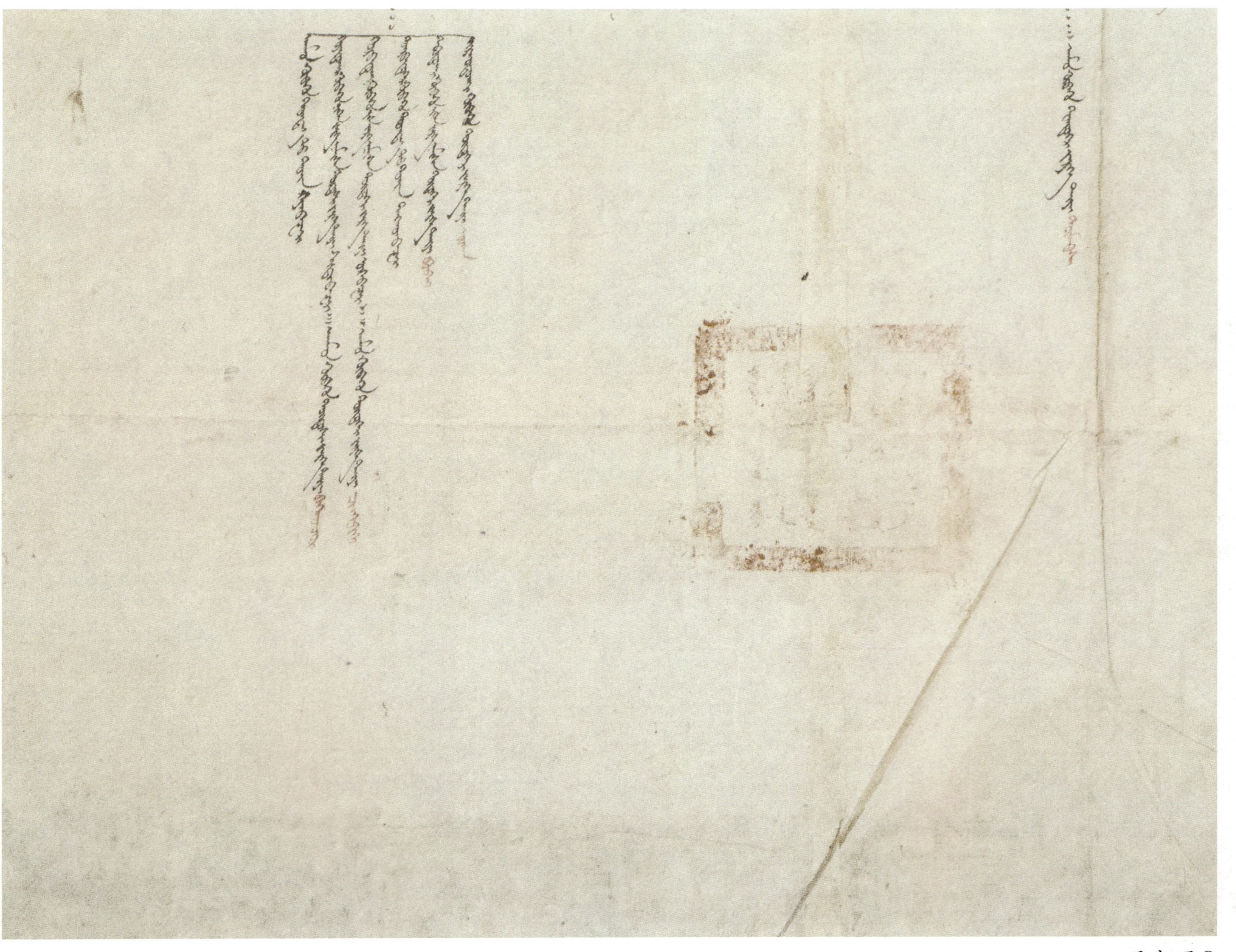

局部图③

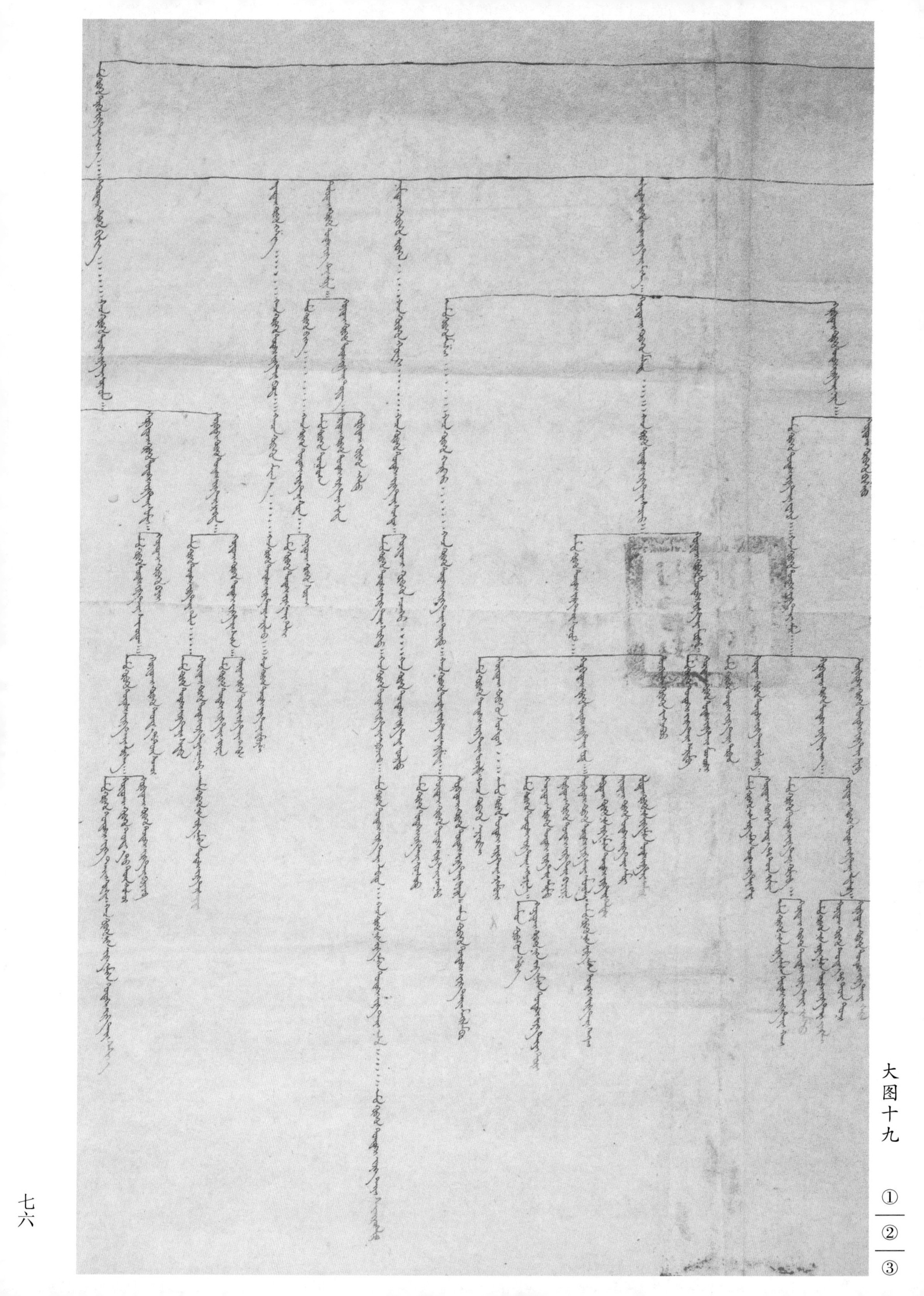

大图十九

①
②
③

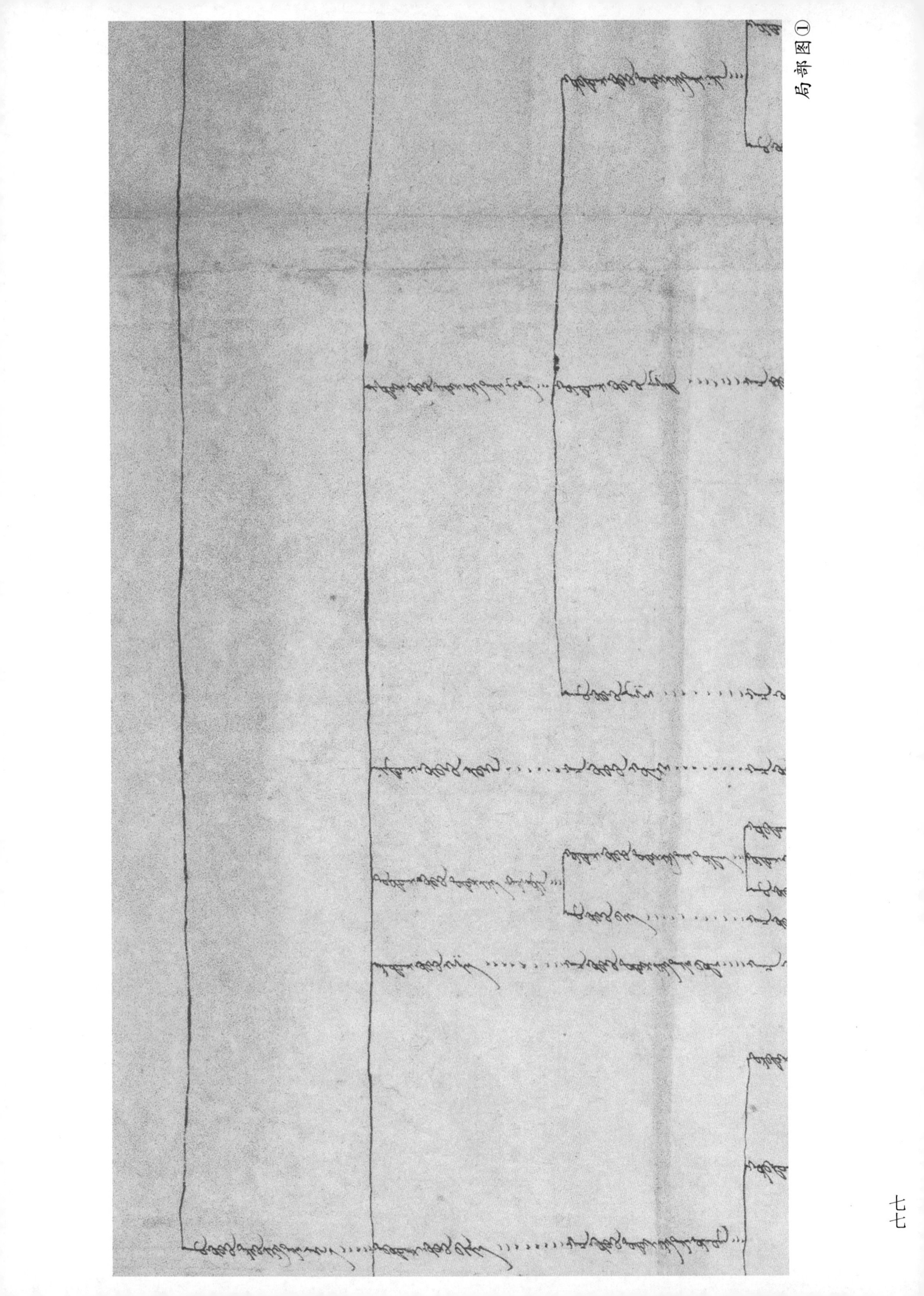

局部图①

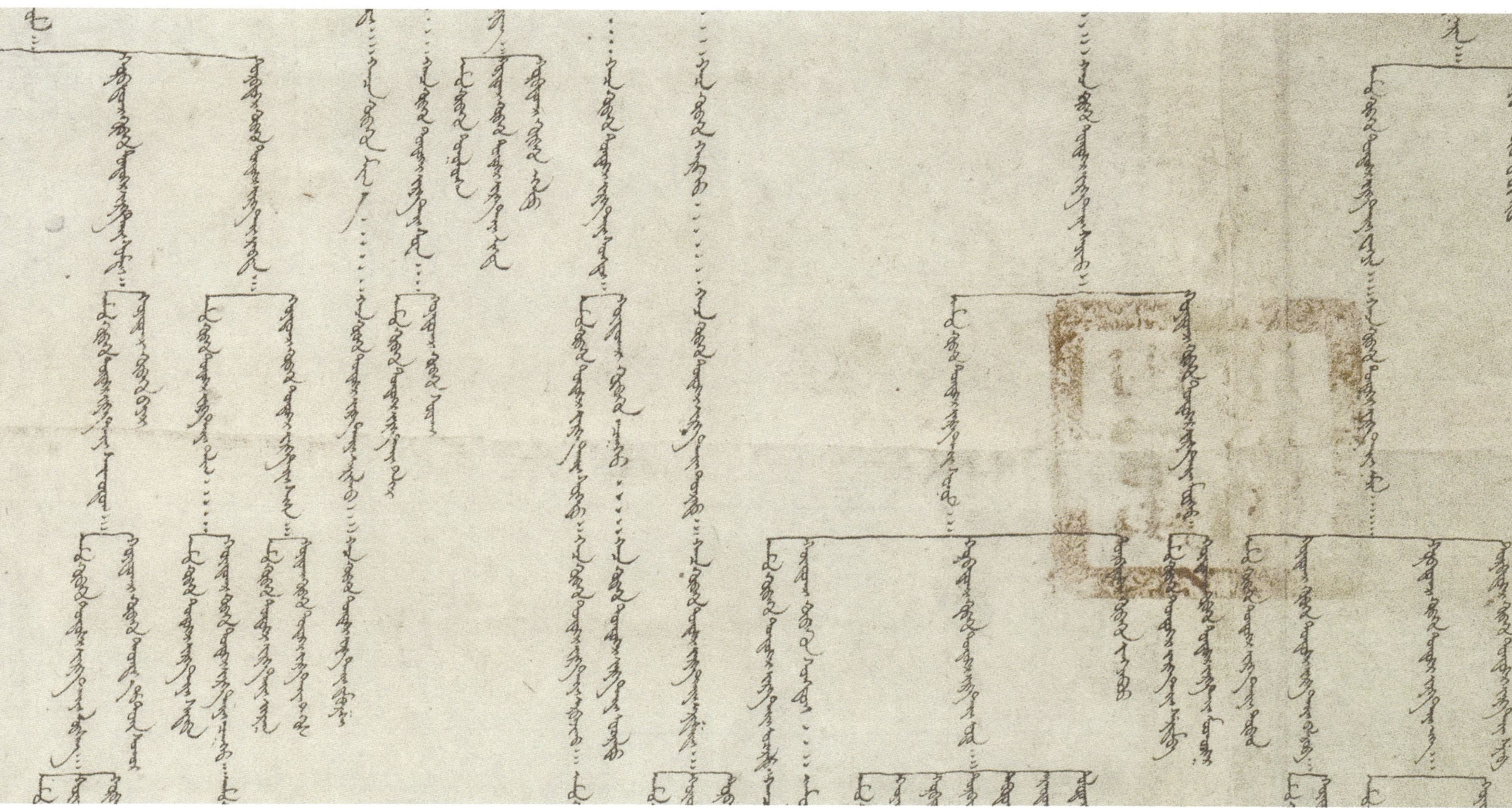

局部图②

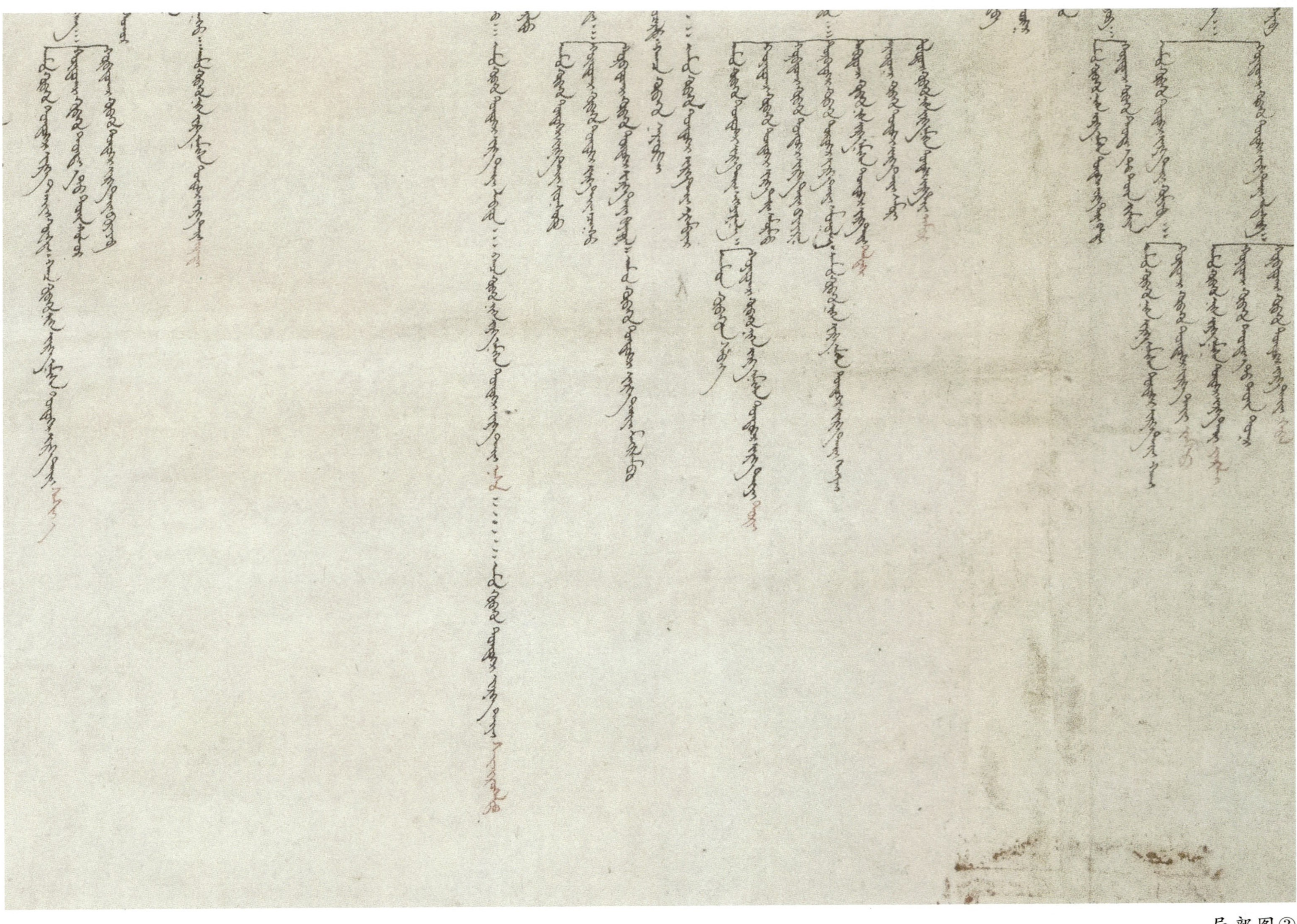

局部图③

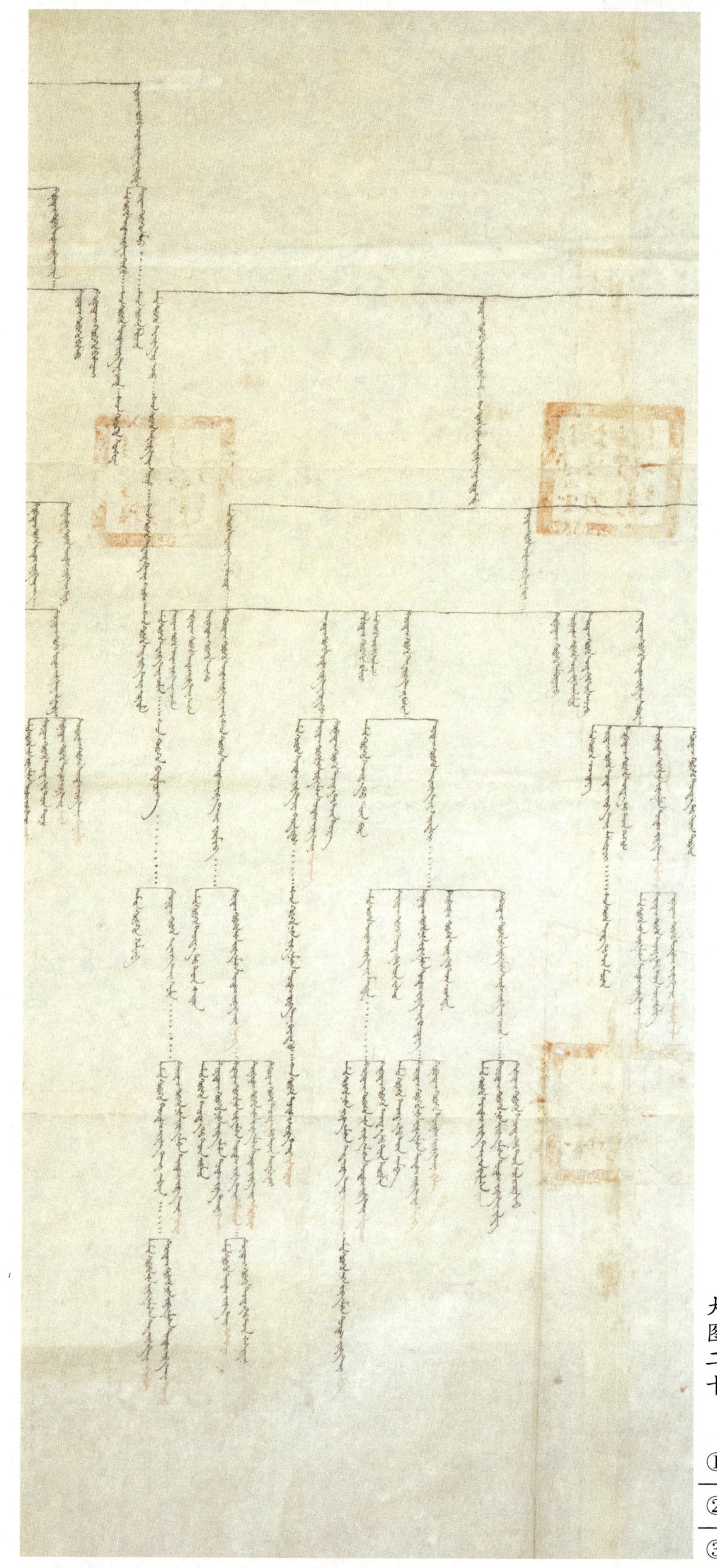

大图二十

①
②
③

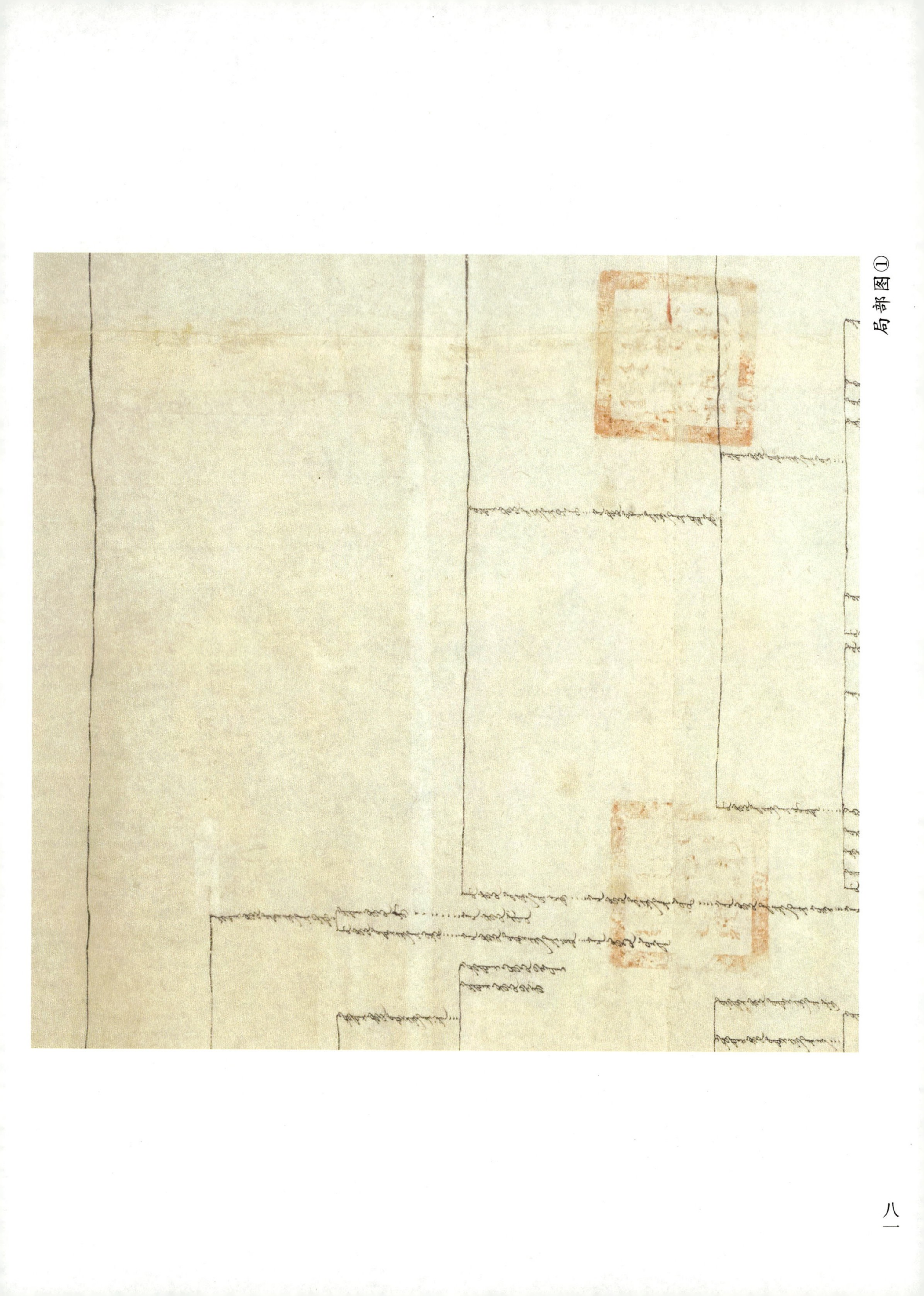

局部图①

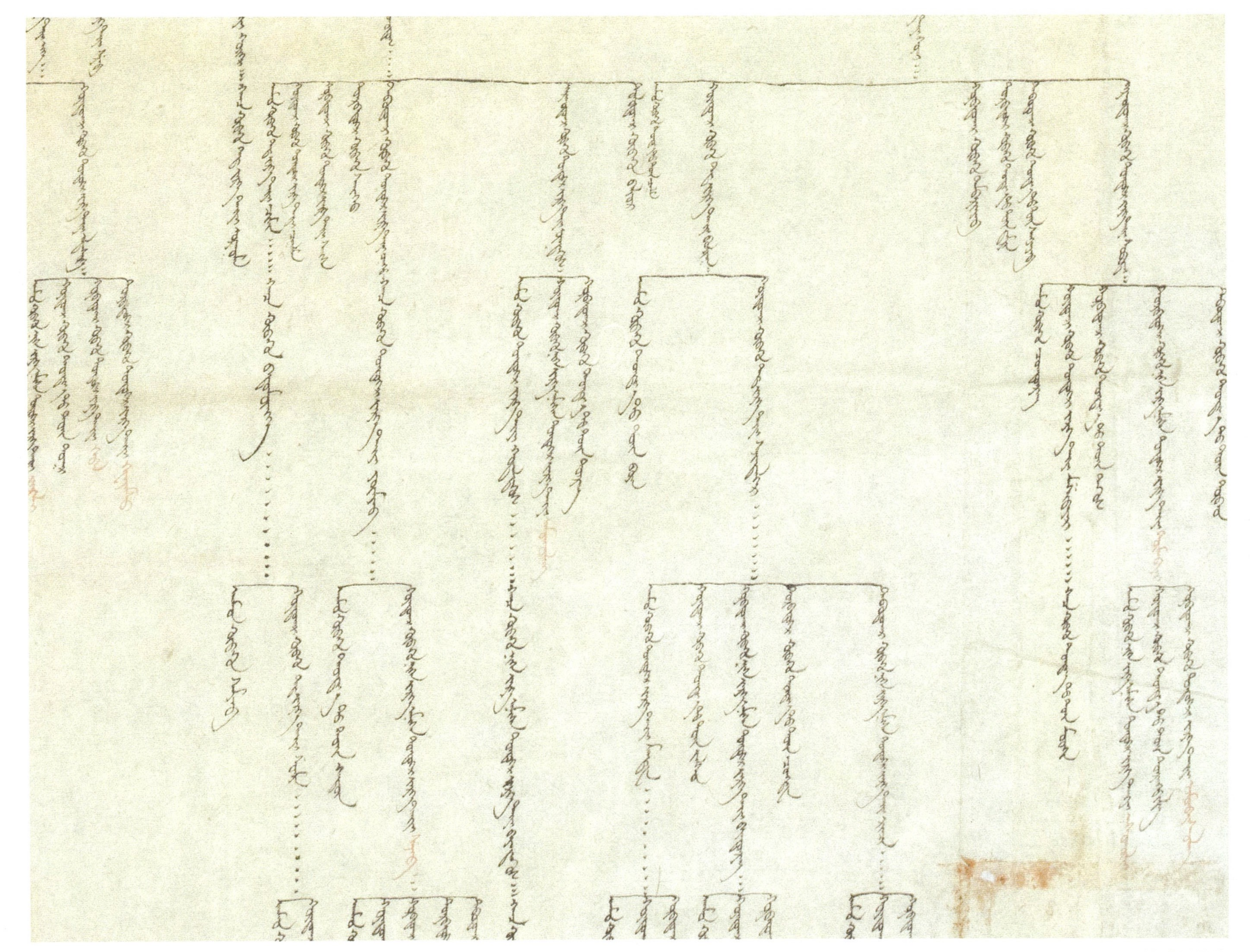

局部图②

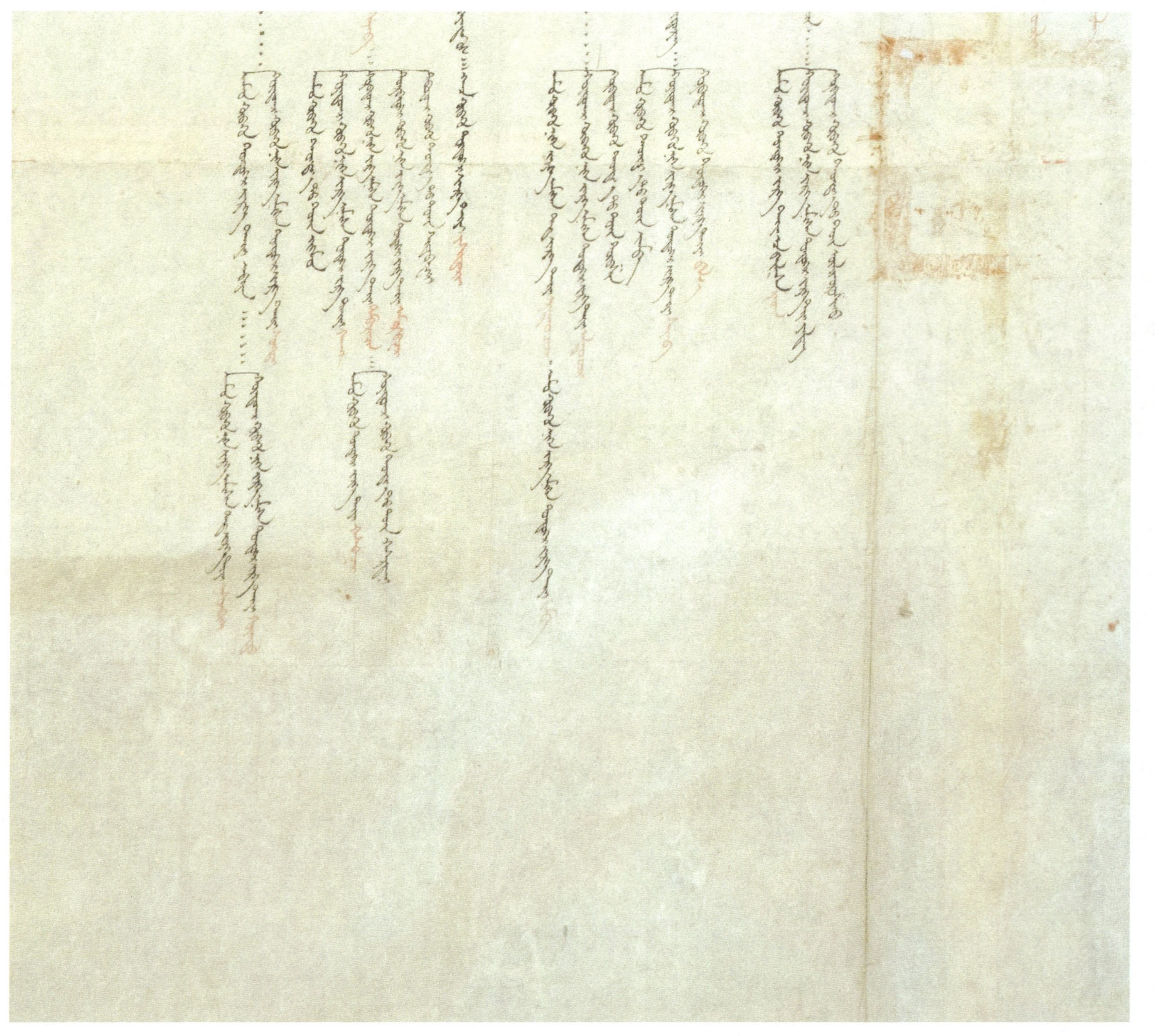

局部图③

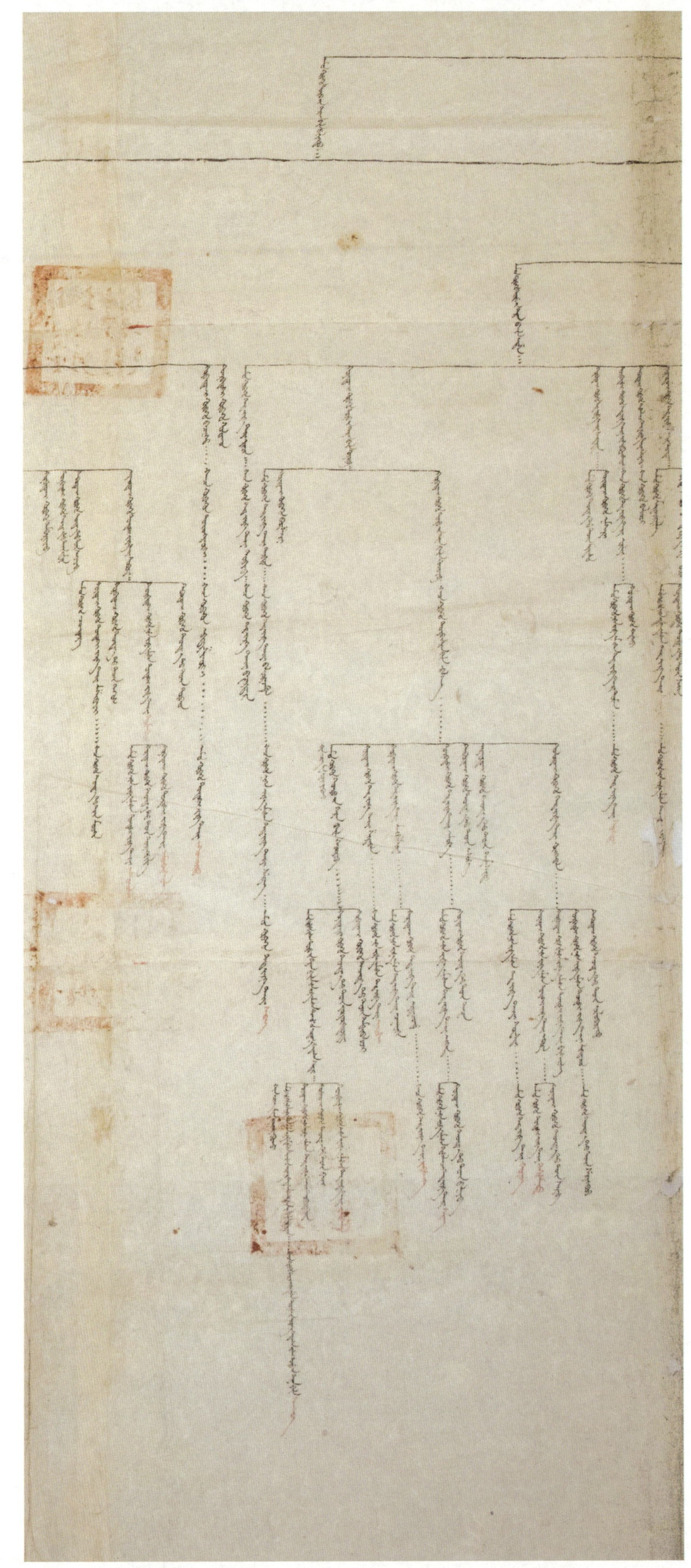

大图二十一

①
②
③

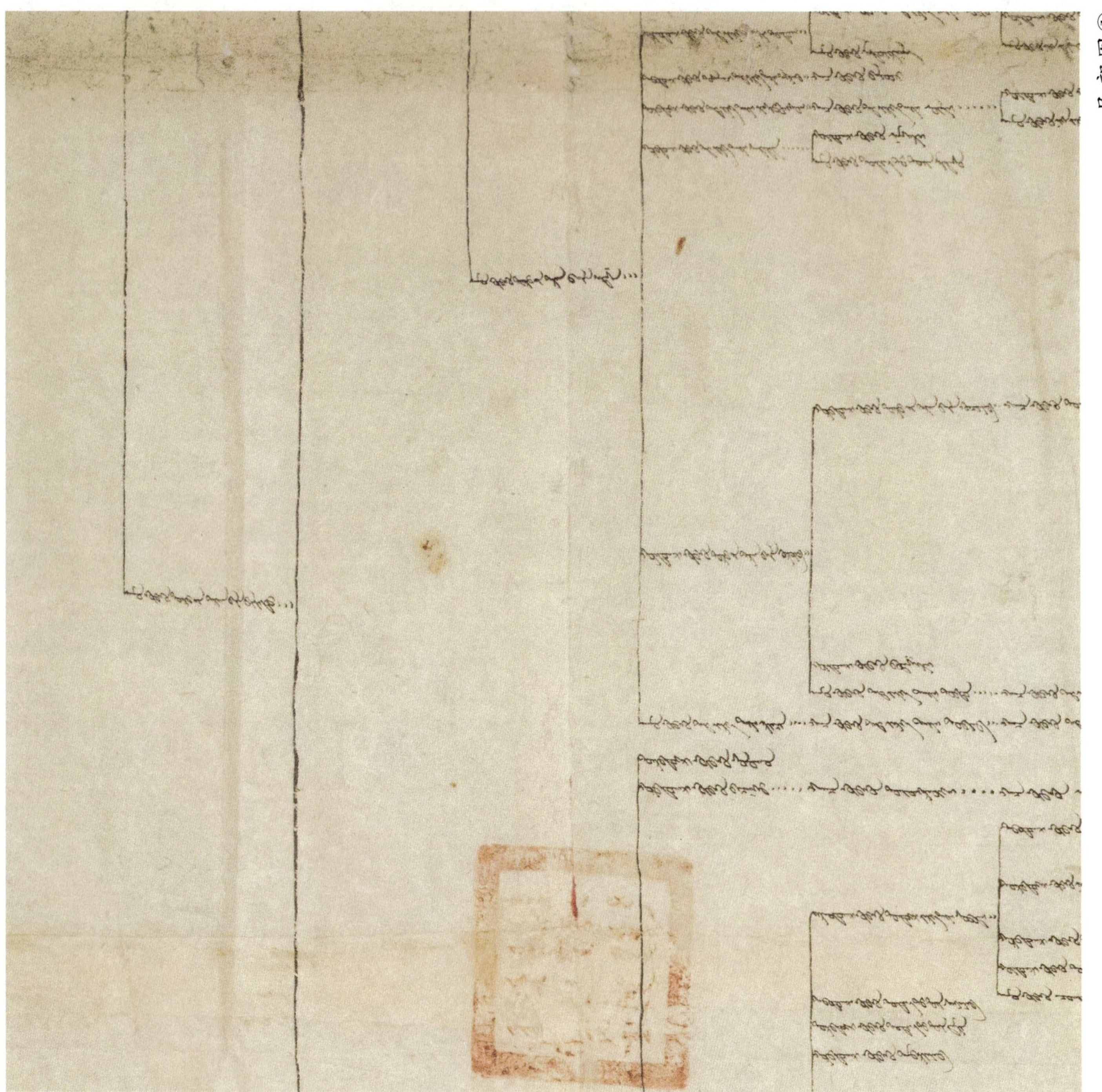

局部图①

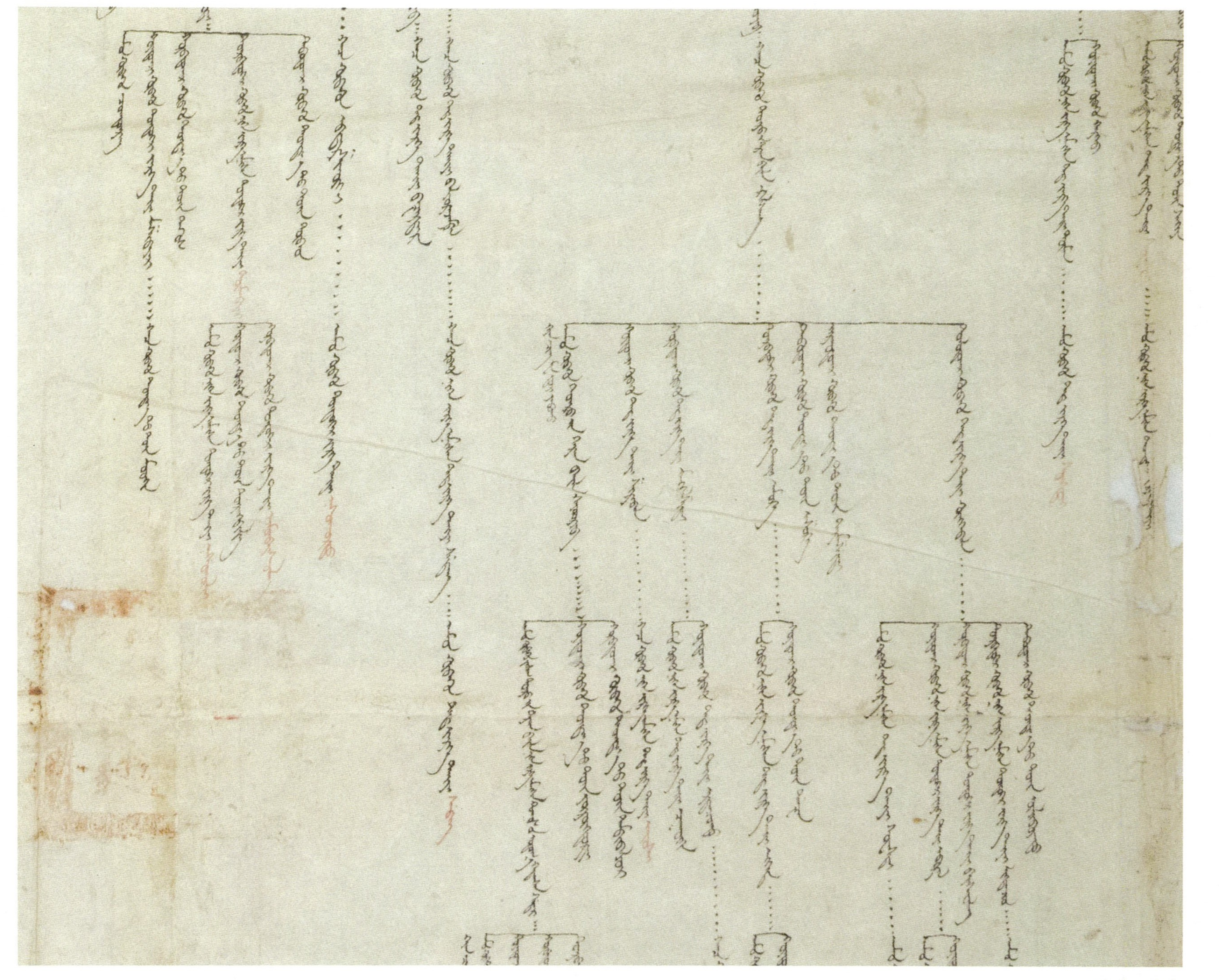

局部图⑨

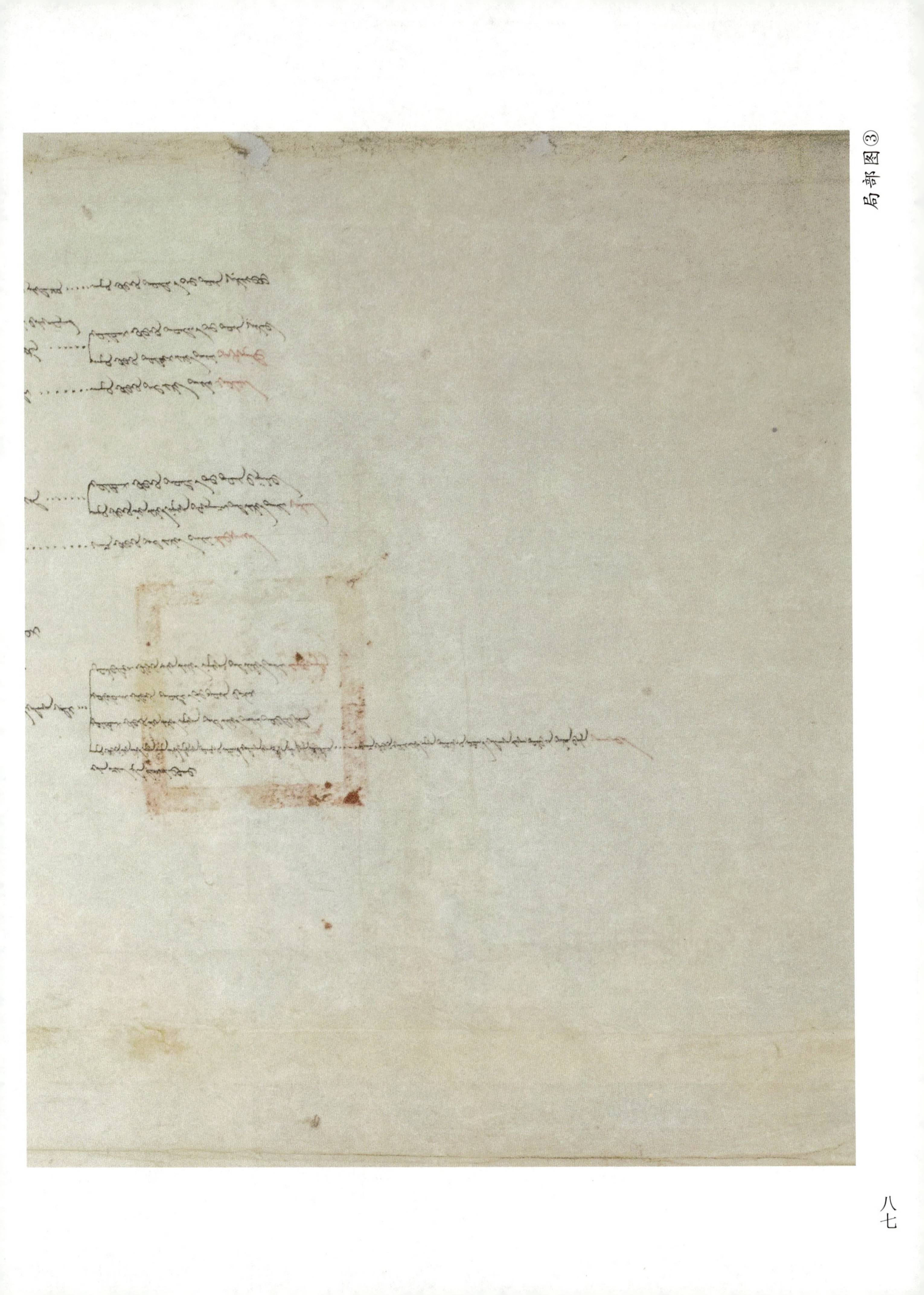

局部图③

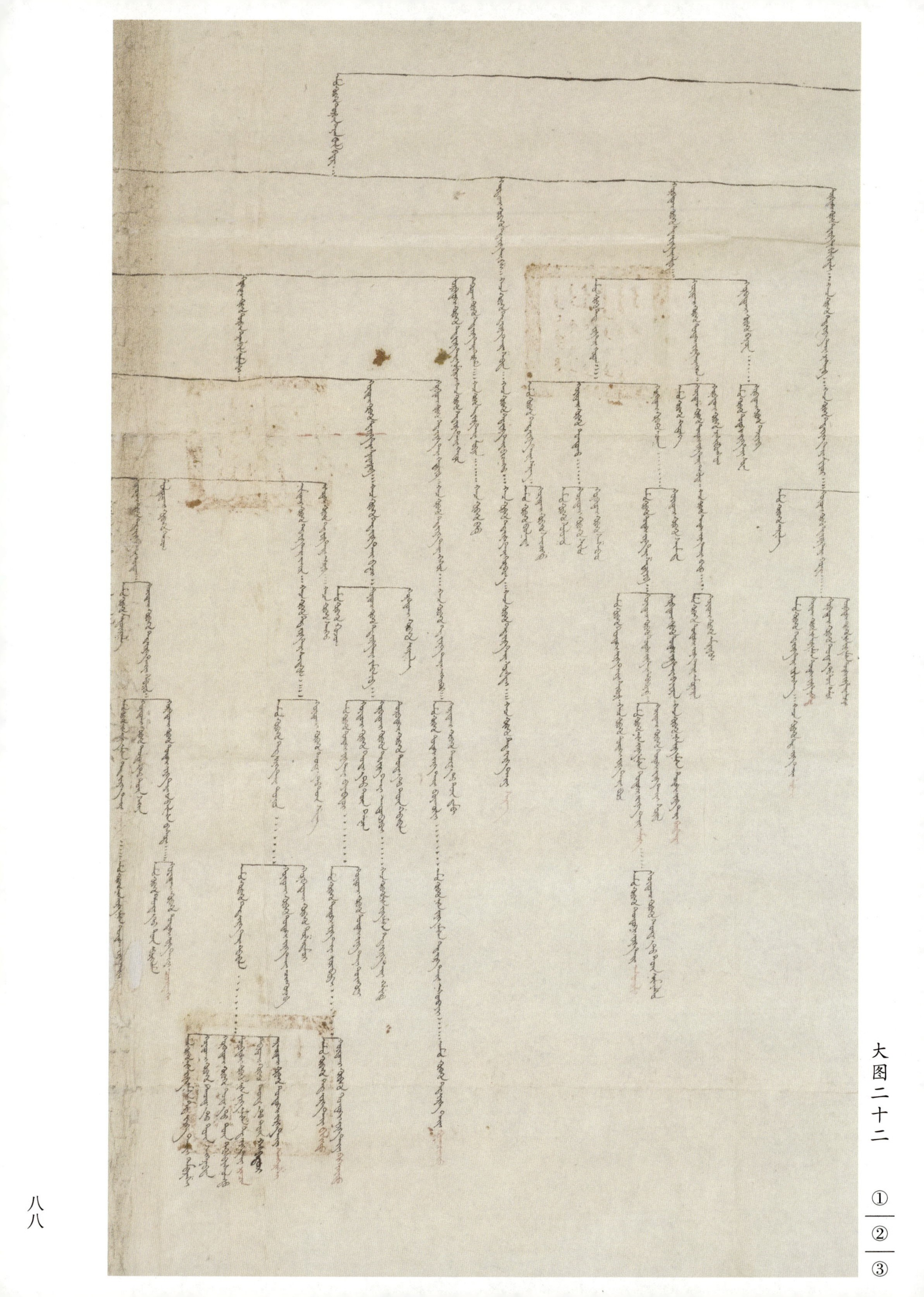

大图二十二

①
②
③

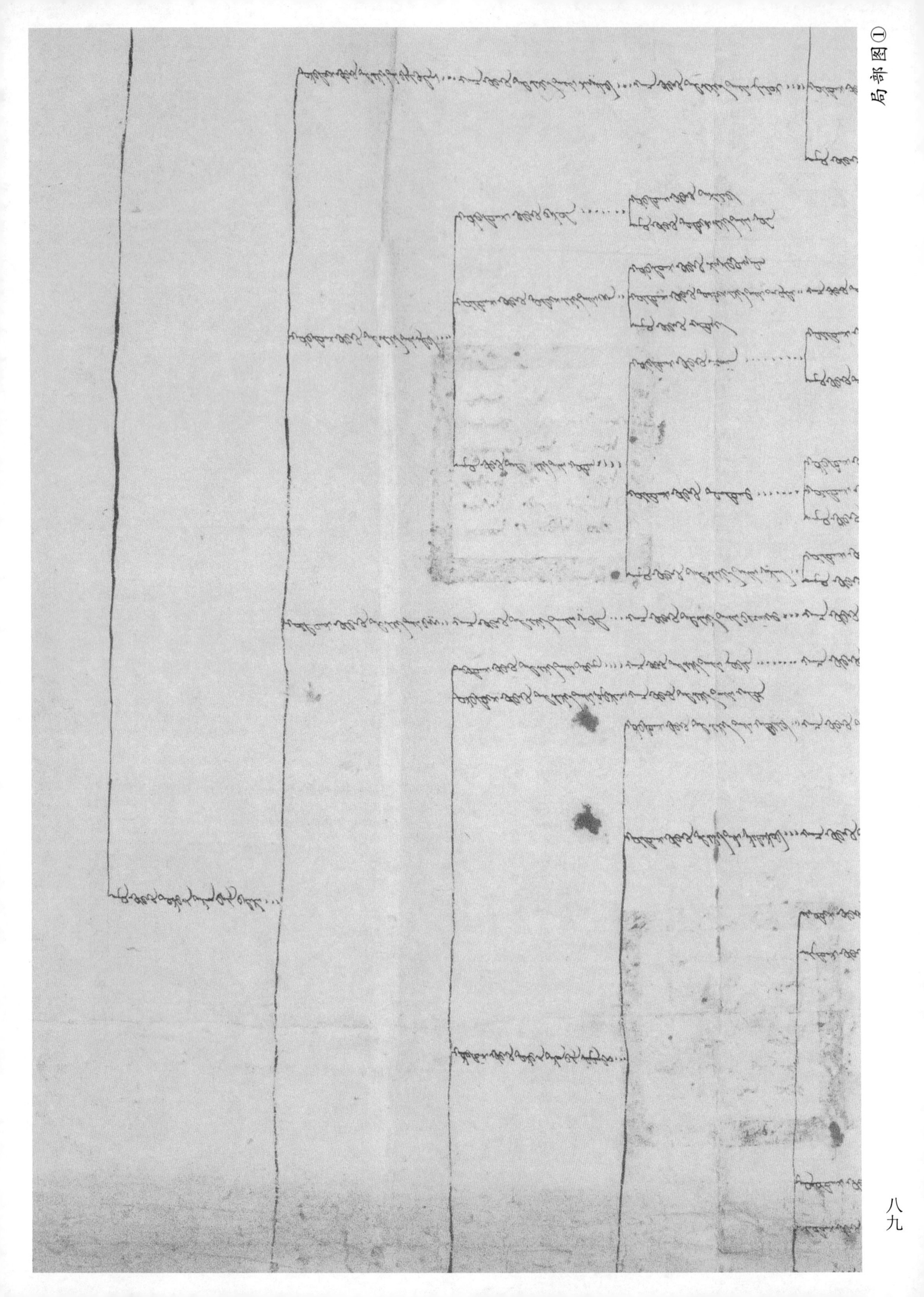

局部图①

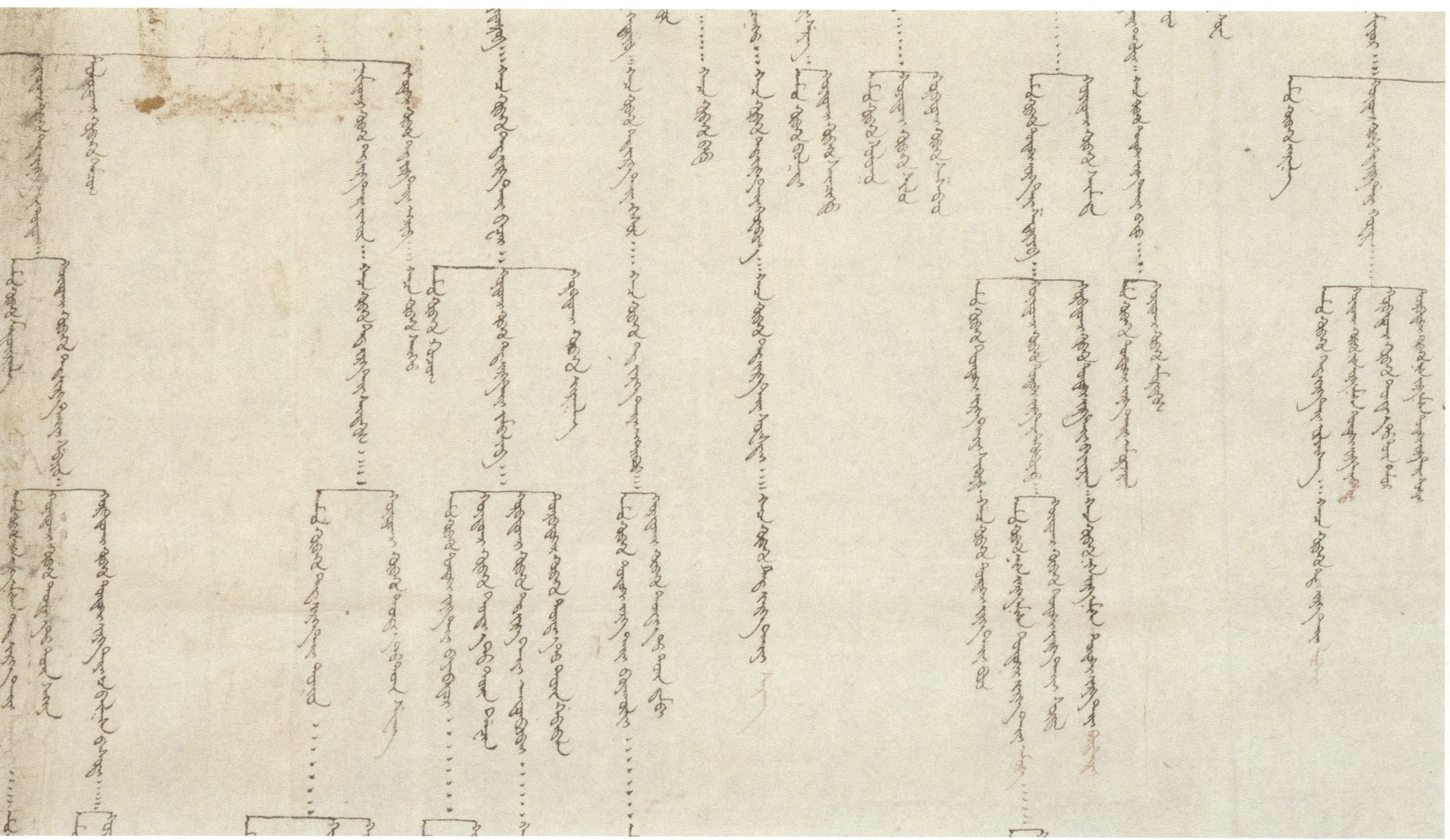

局部图②

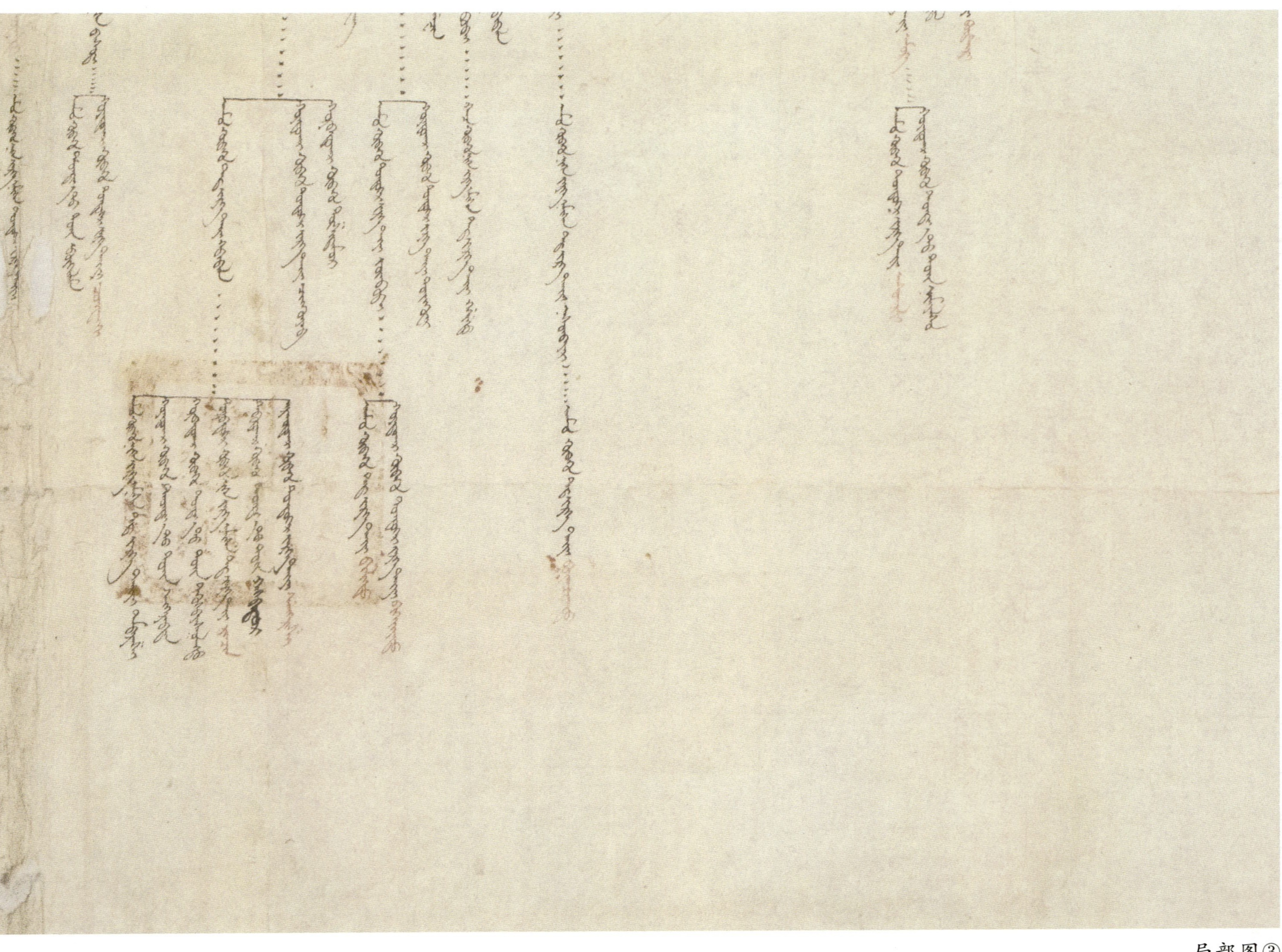

局部图③

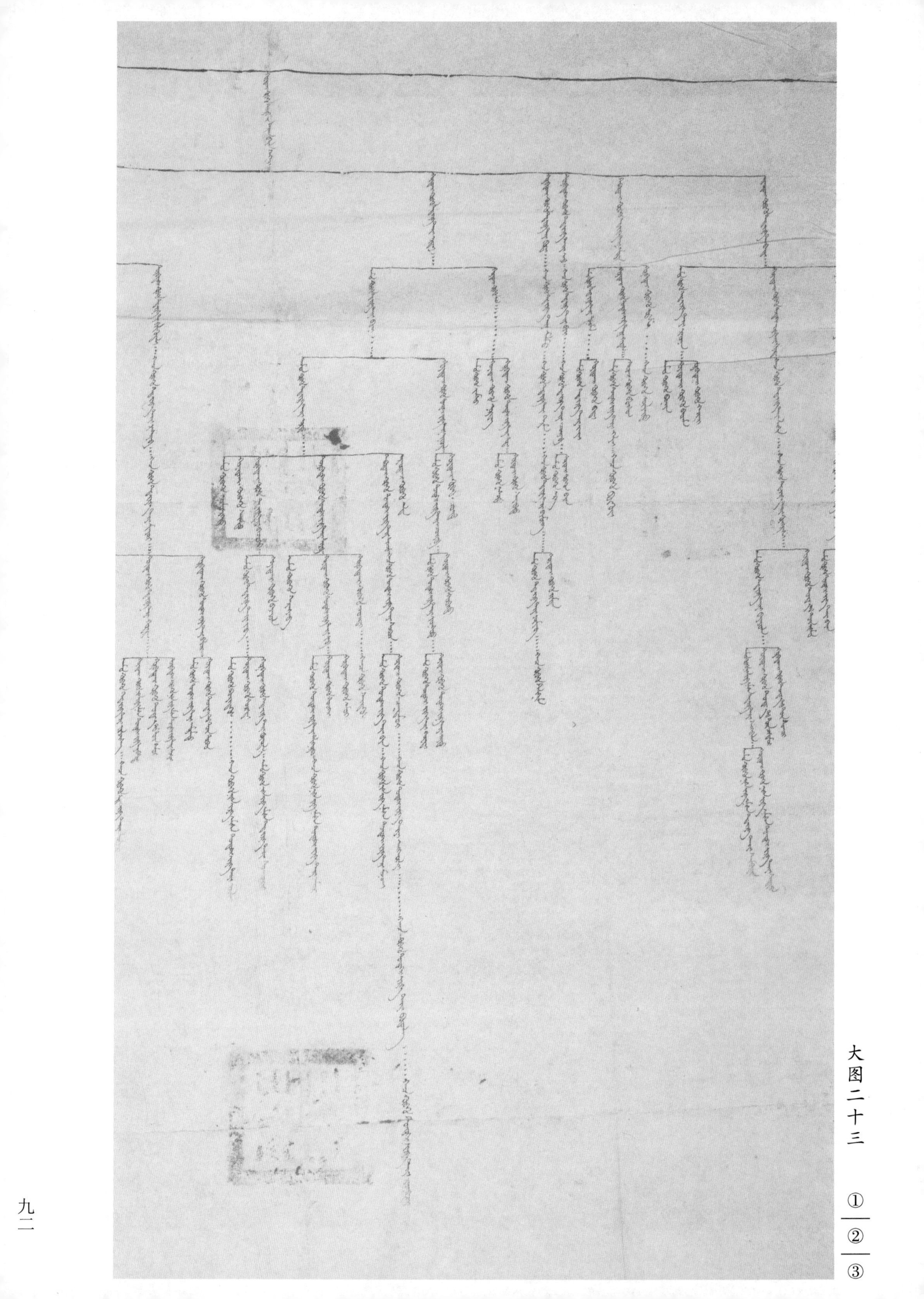

大图二十三 ①/②/③

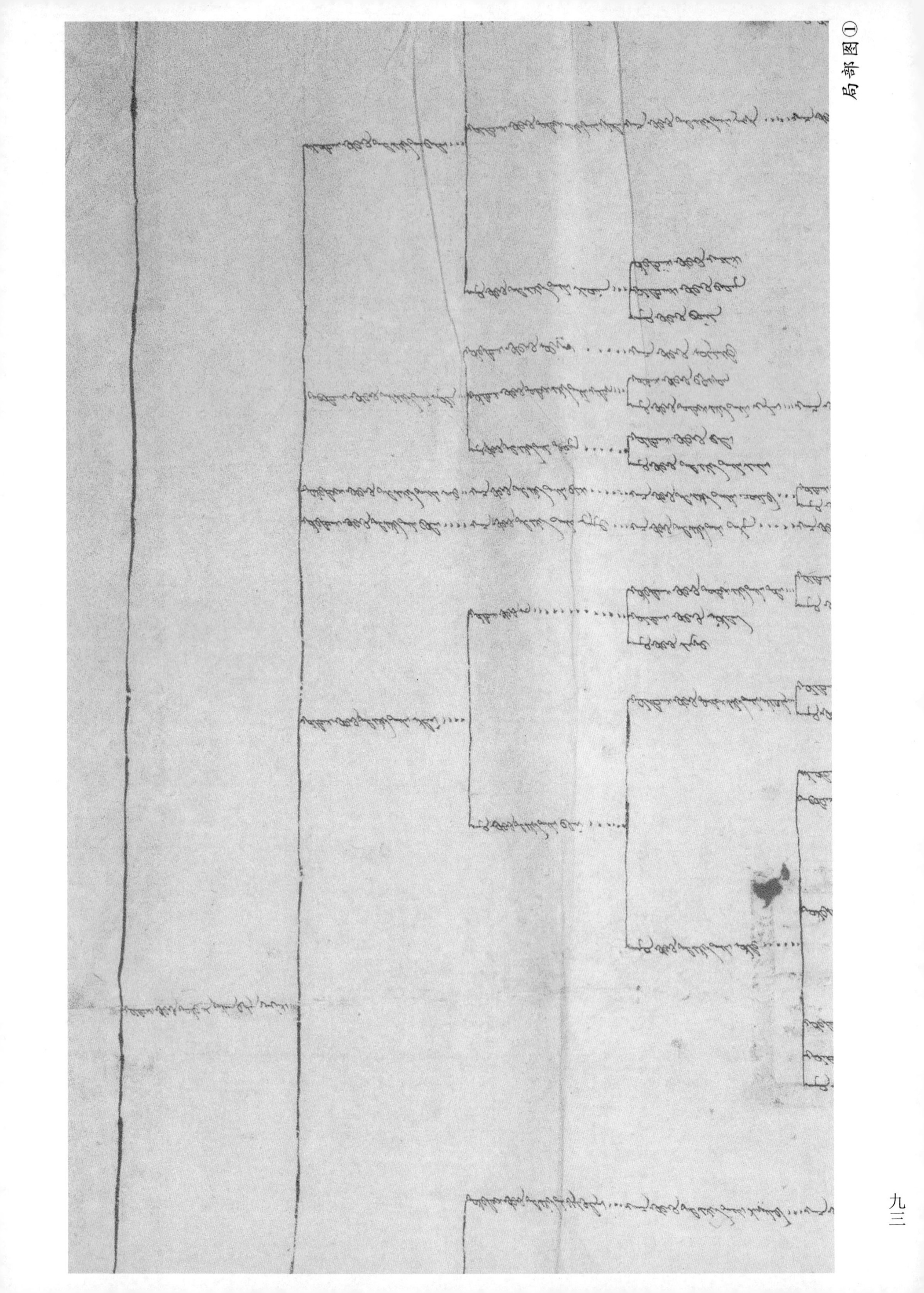

局部图①

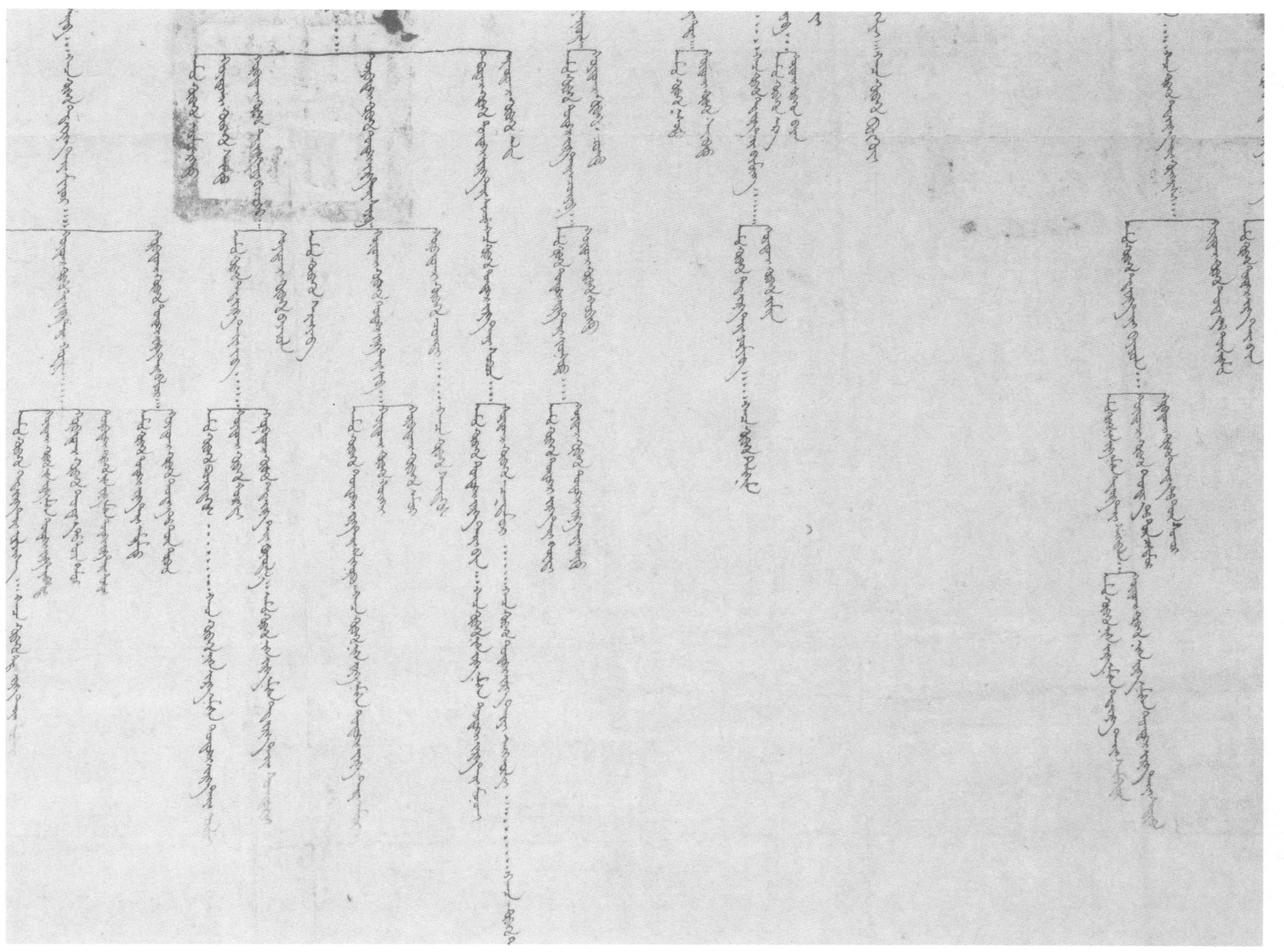

局部图②

局部图③

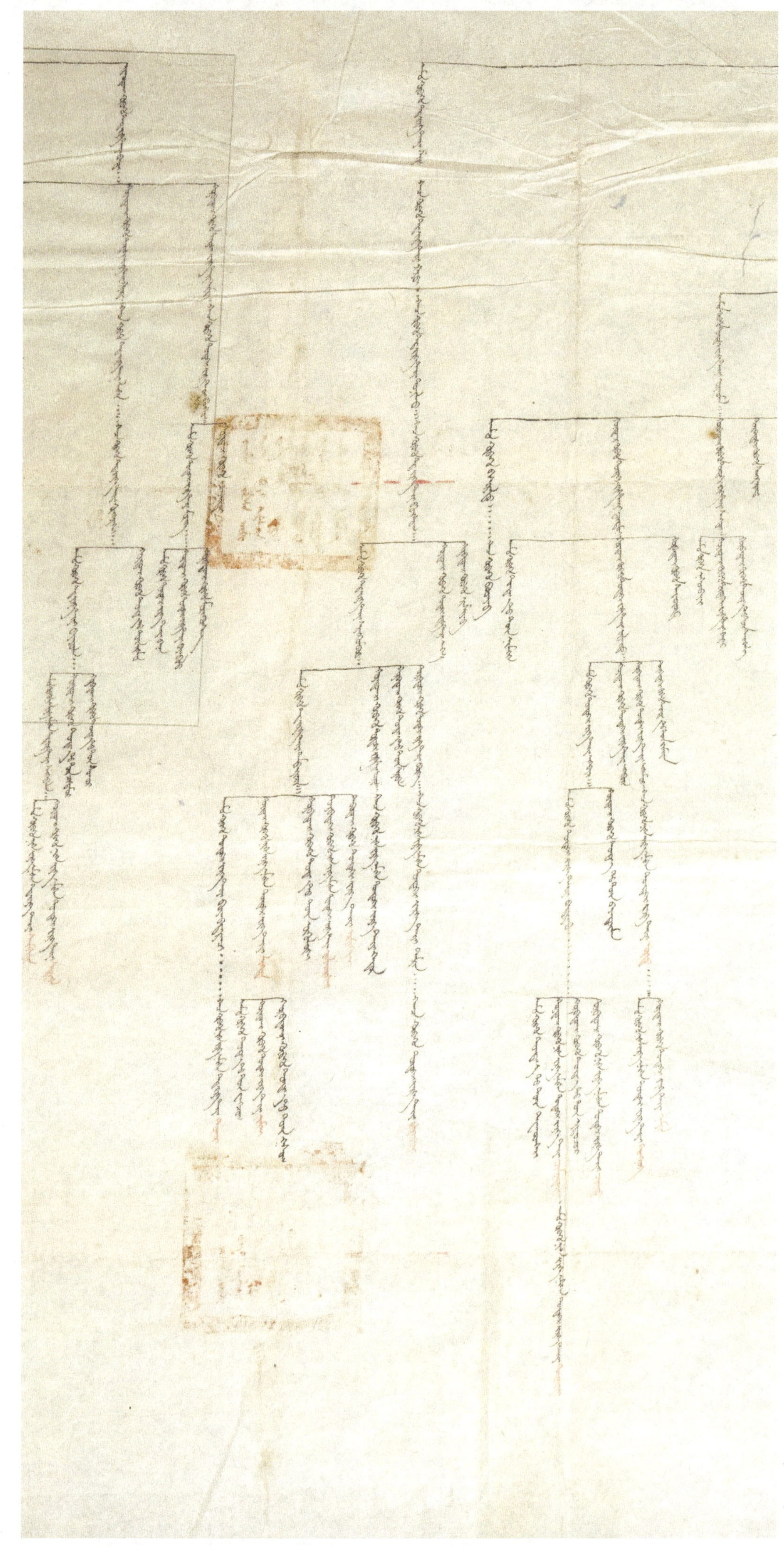

大图二十四 ①—②—③

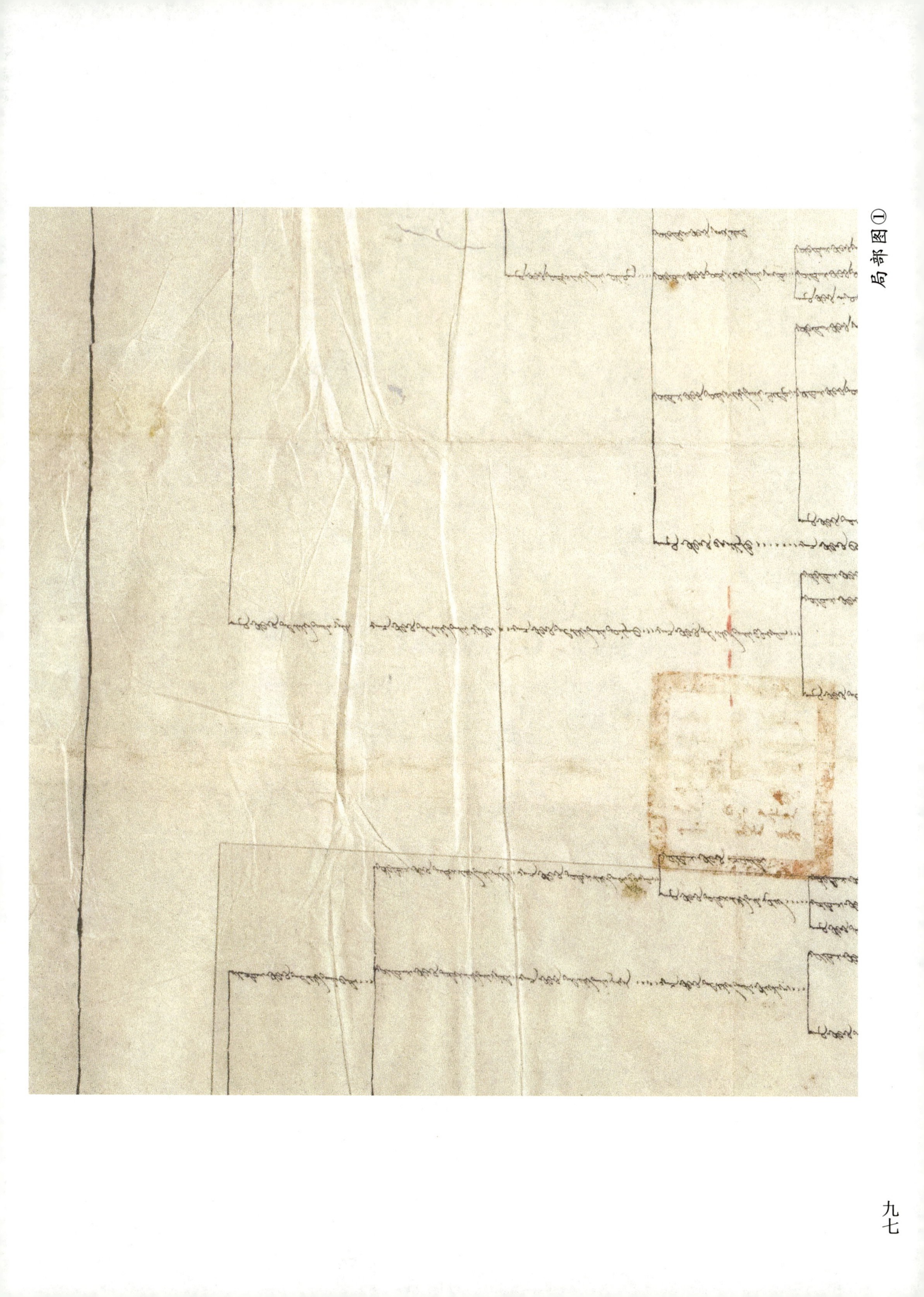

局部图①

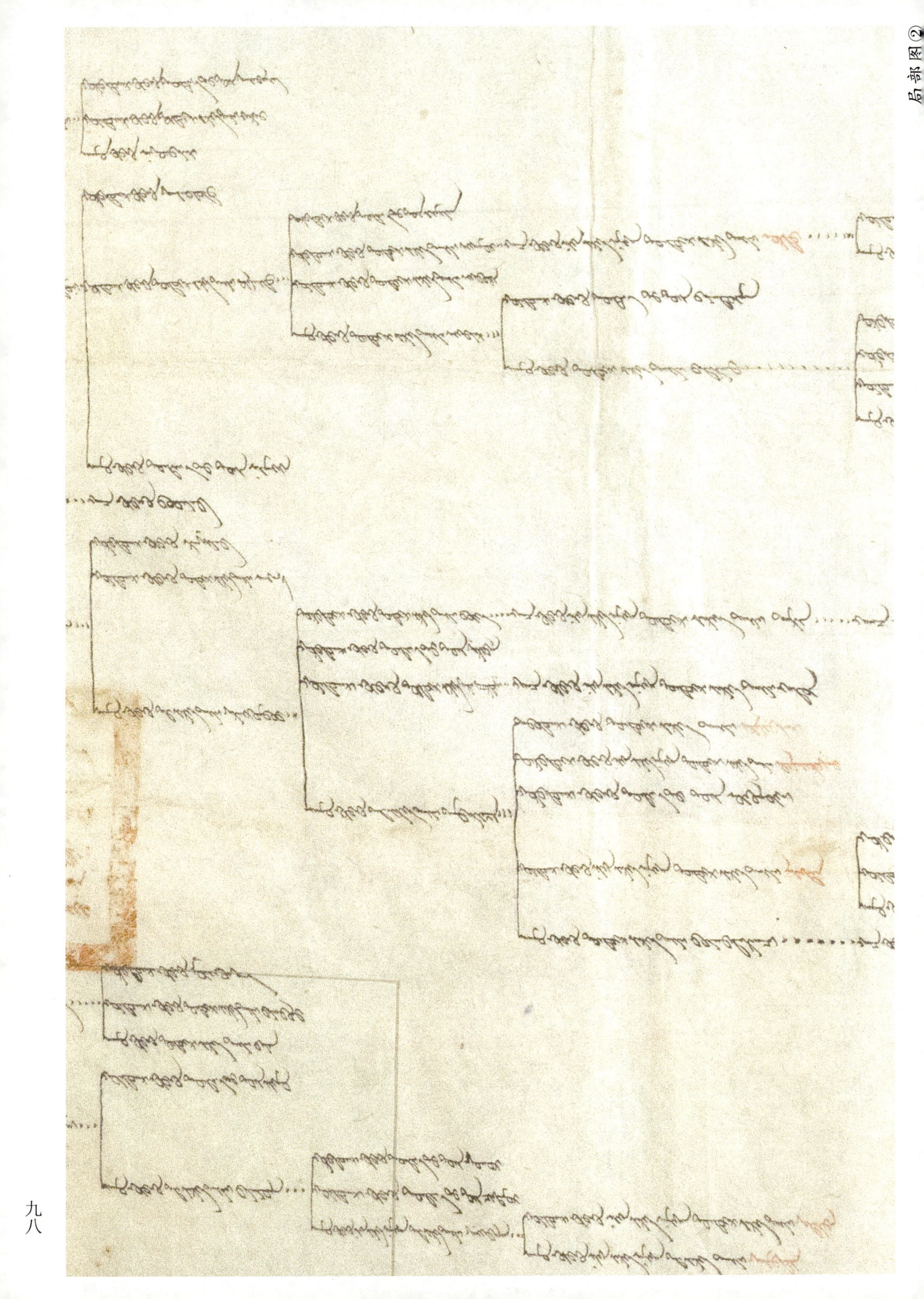

局部图②

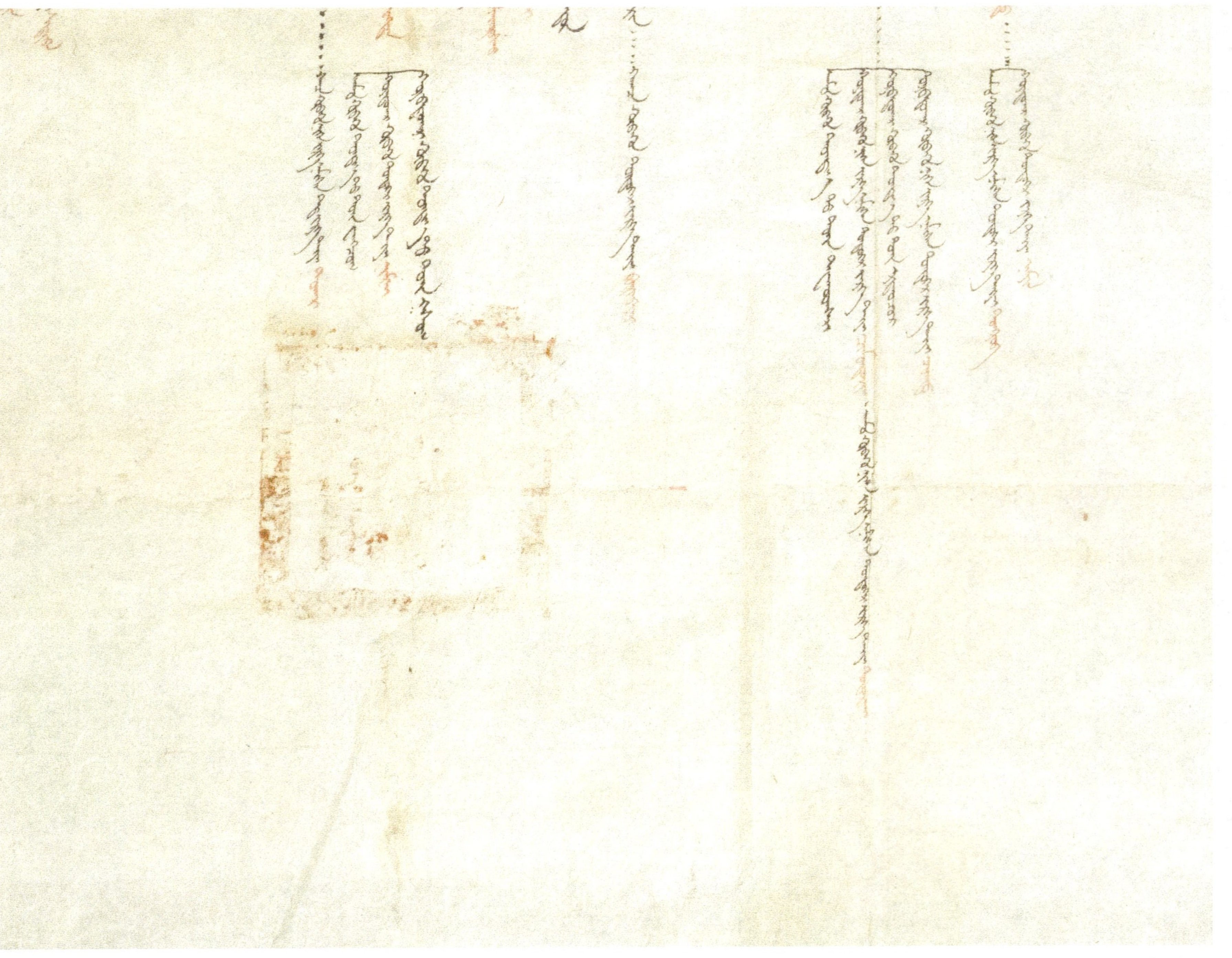

局部图③

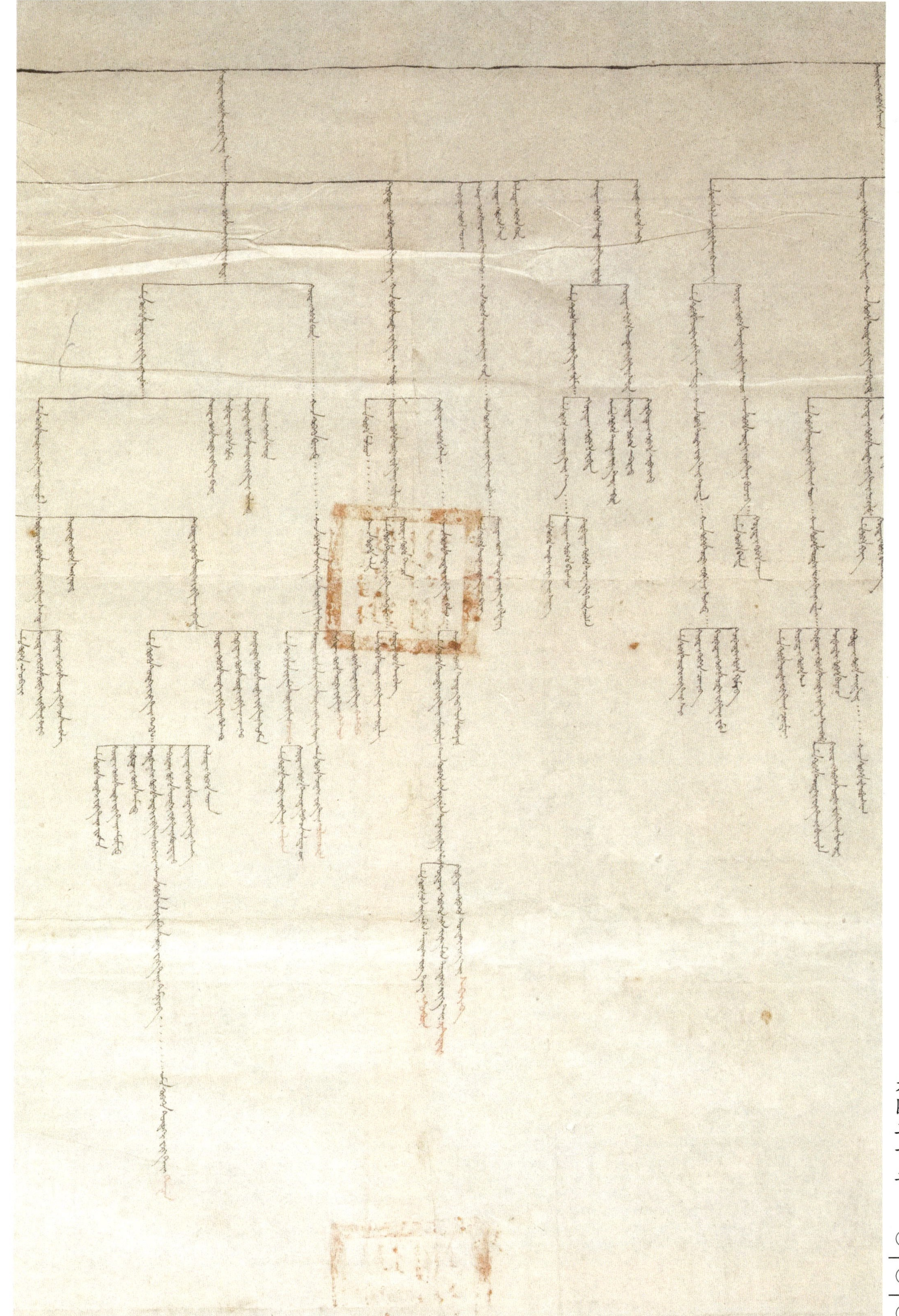

大图二十五 ①—②—③

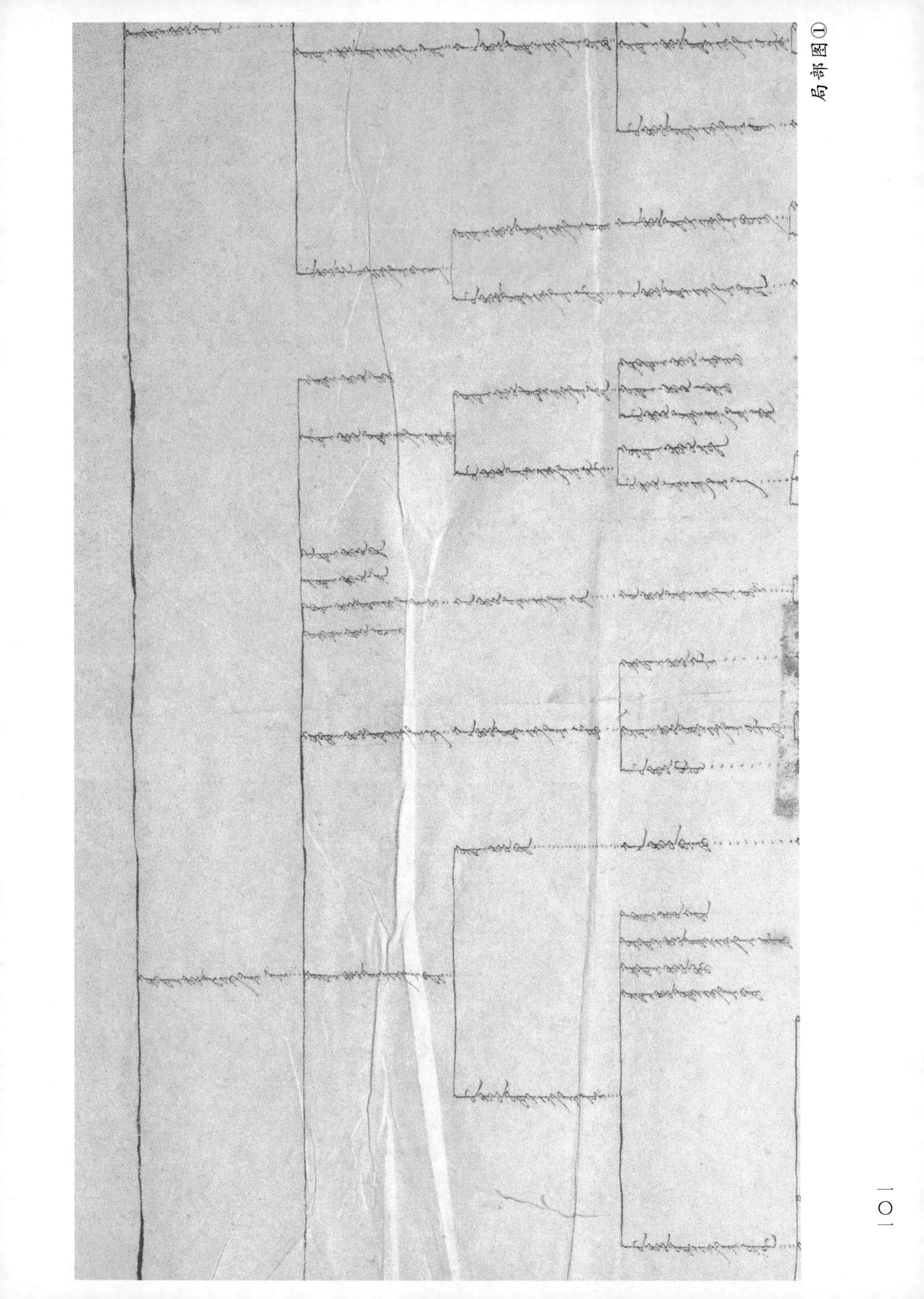

局部图①

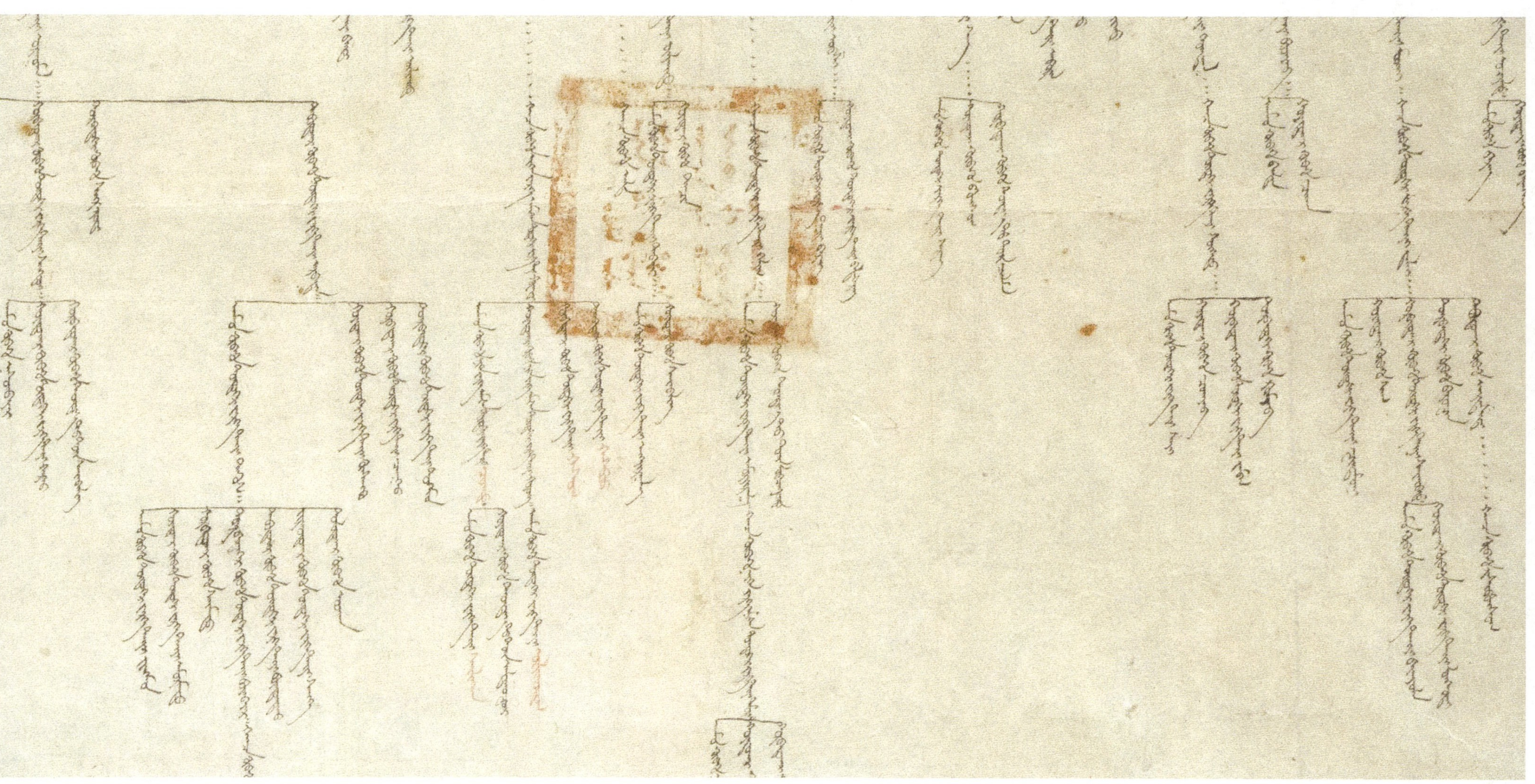

局部图②

局部图③

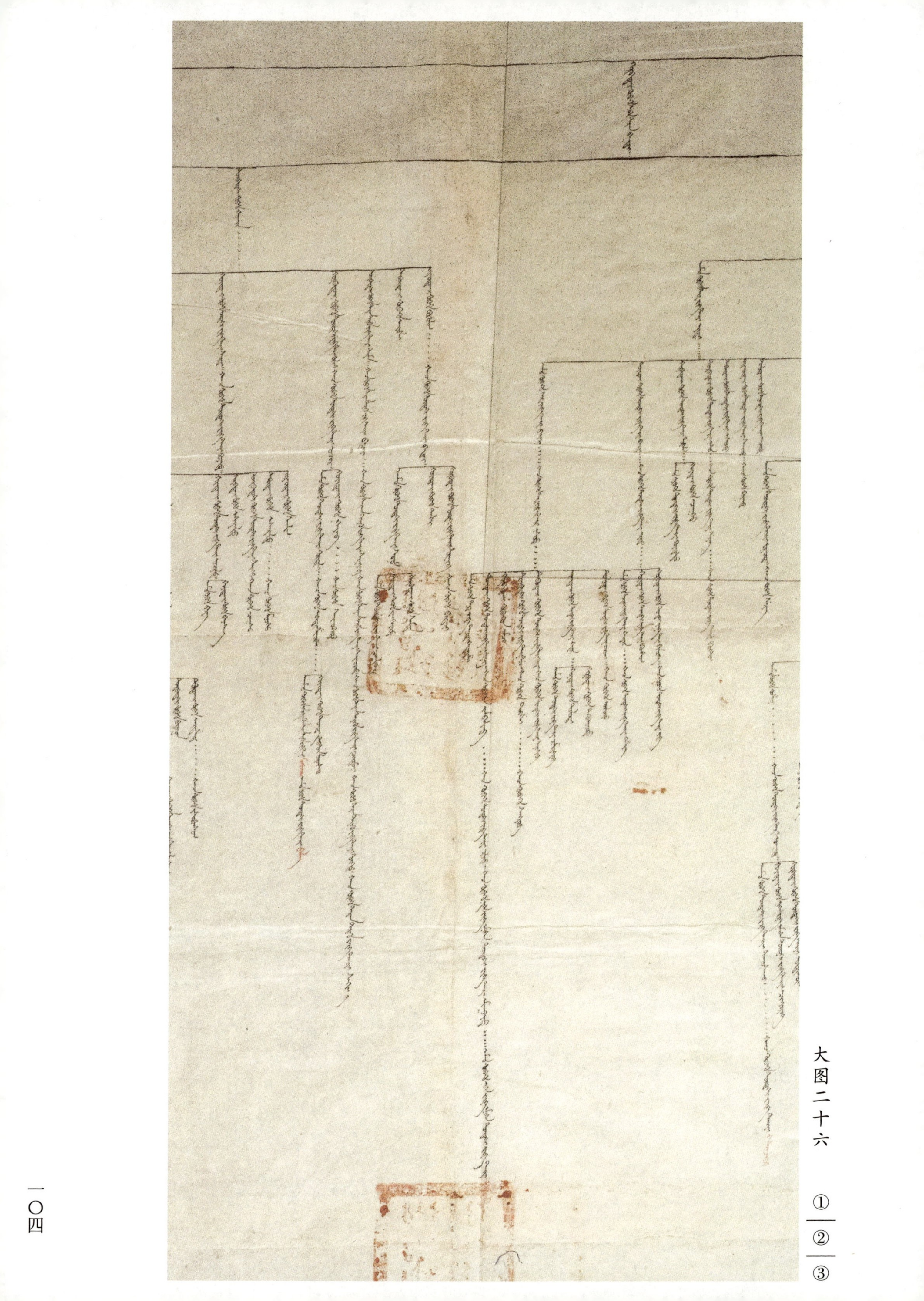

大图二十六

①
②
③

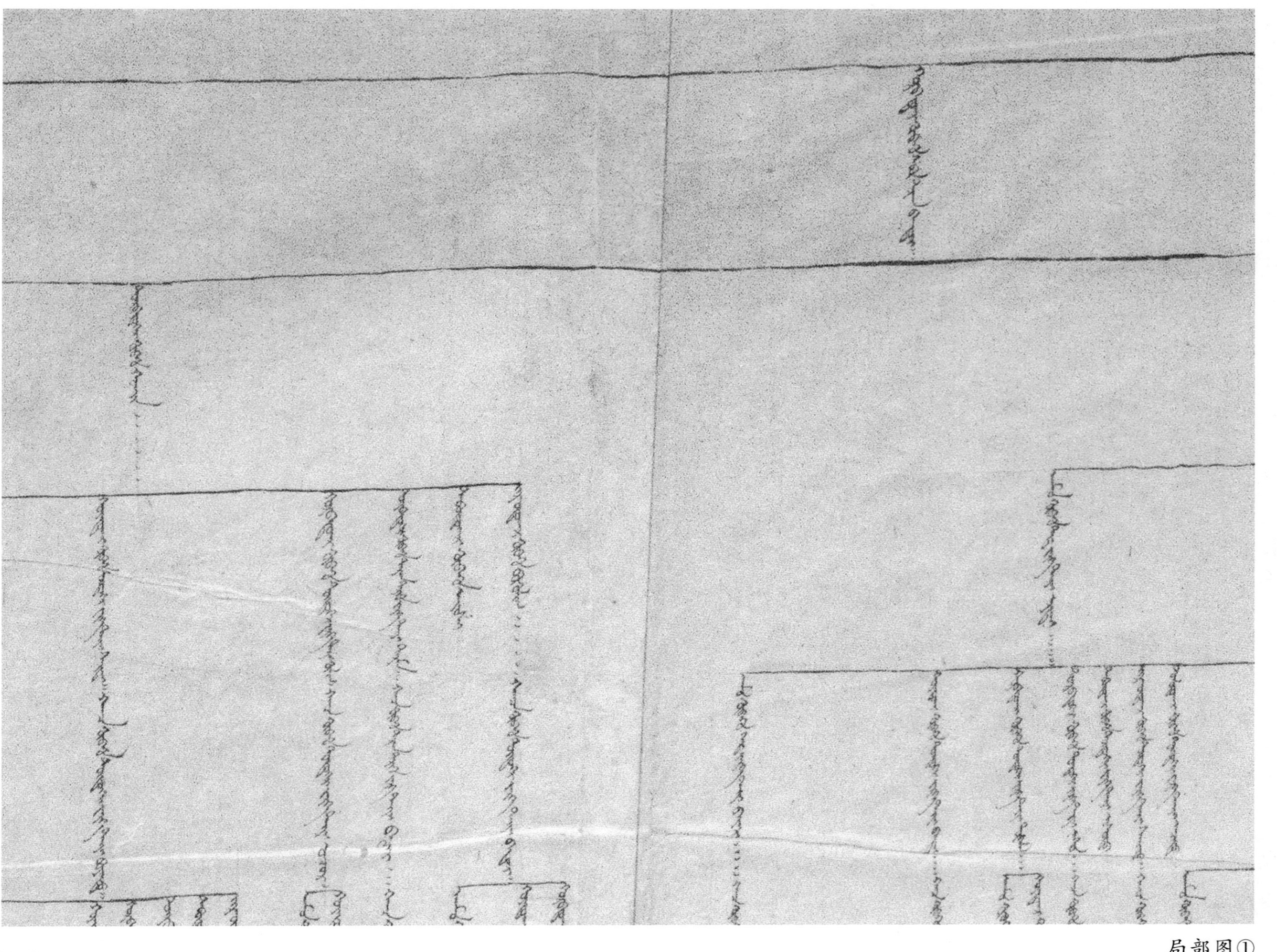

局部图①

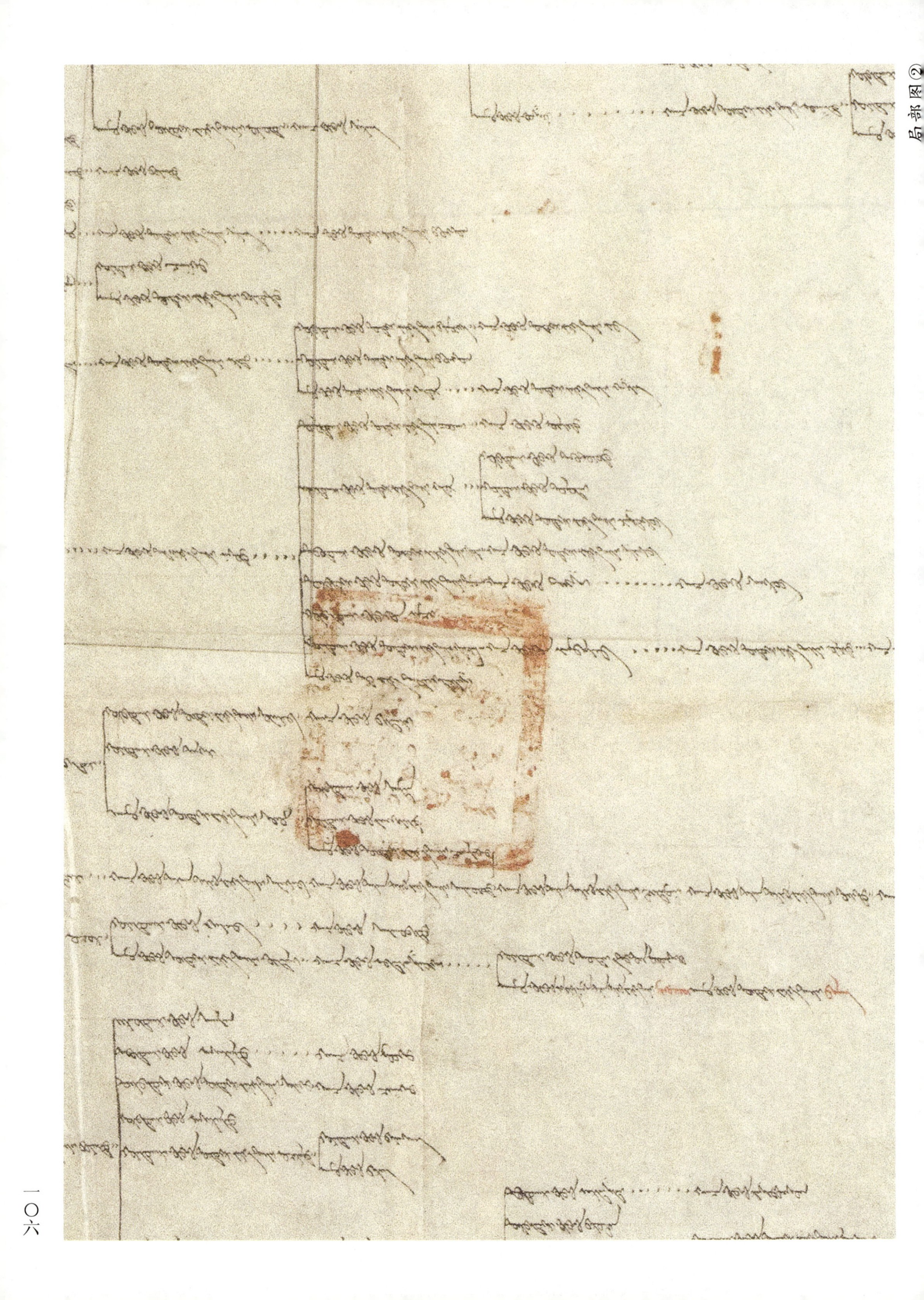

局部图②

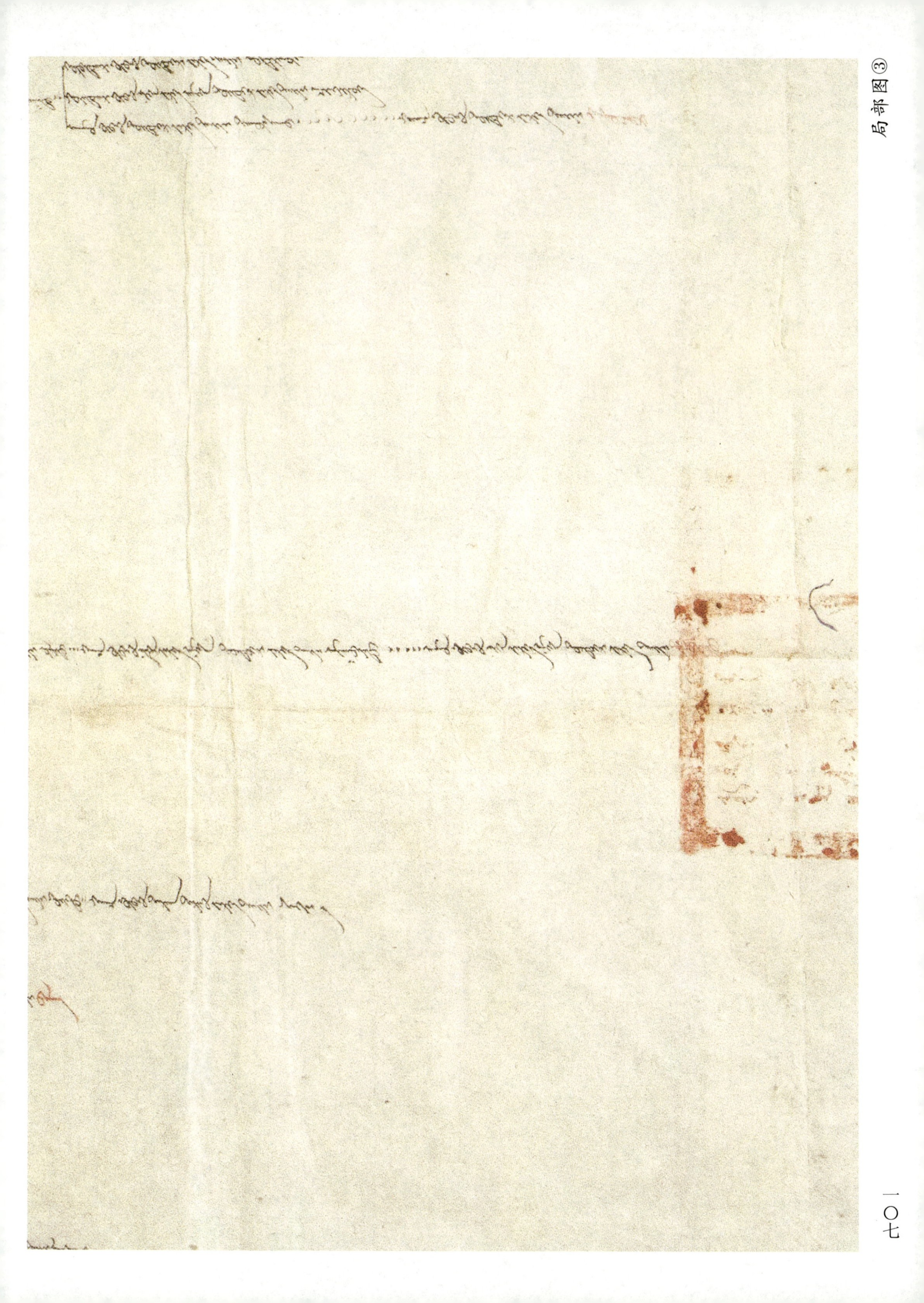

局部图③

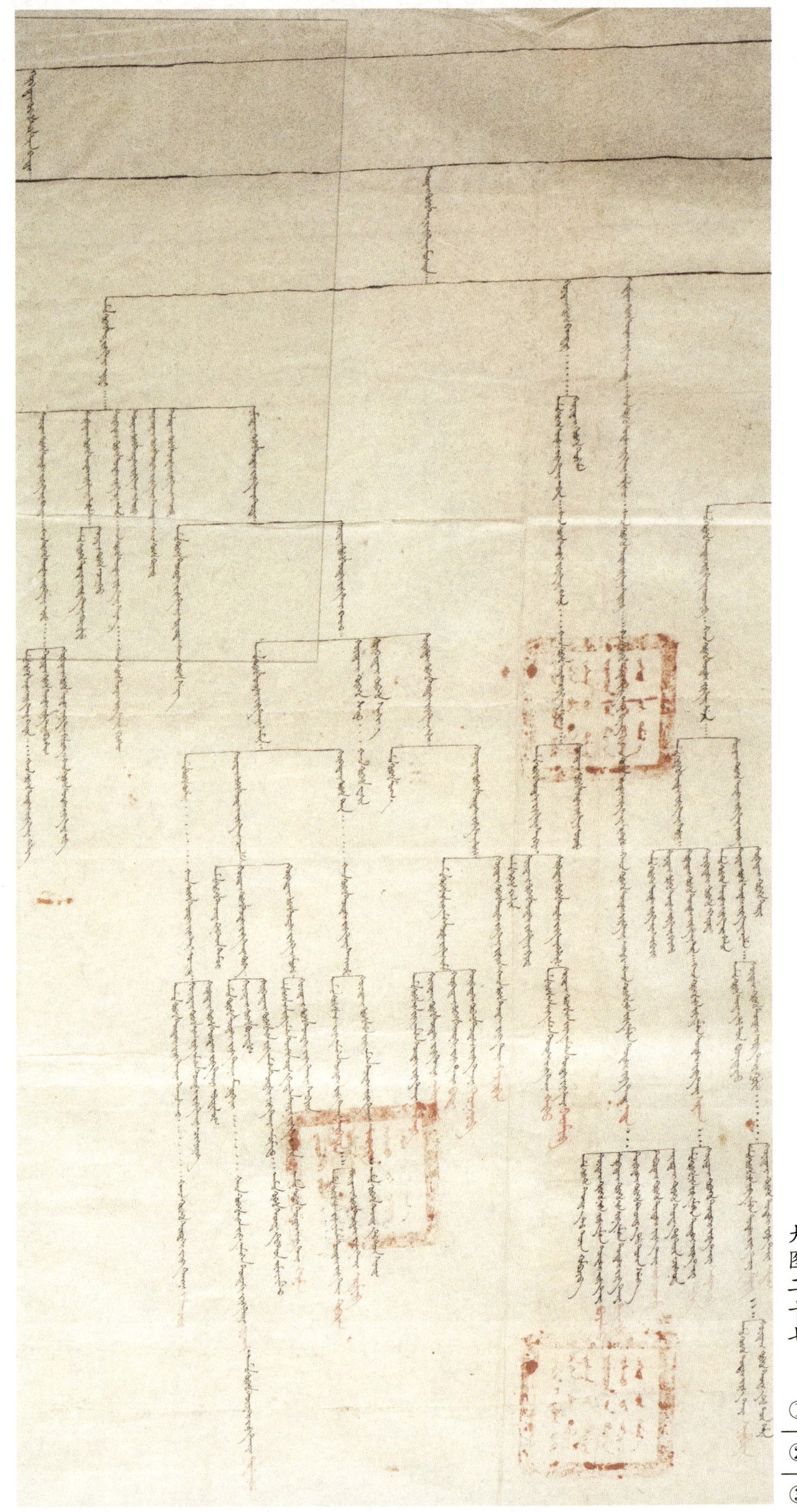

大图二十七

①
②
③

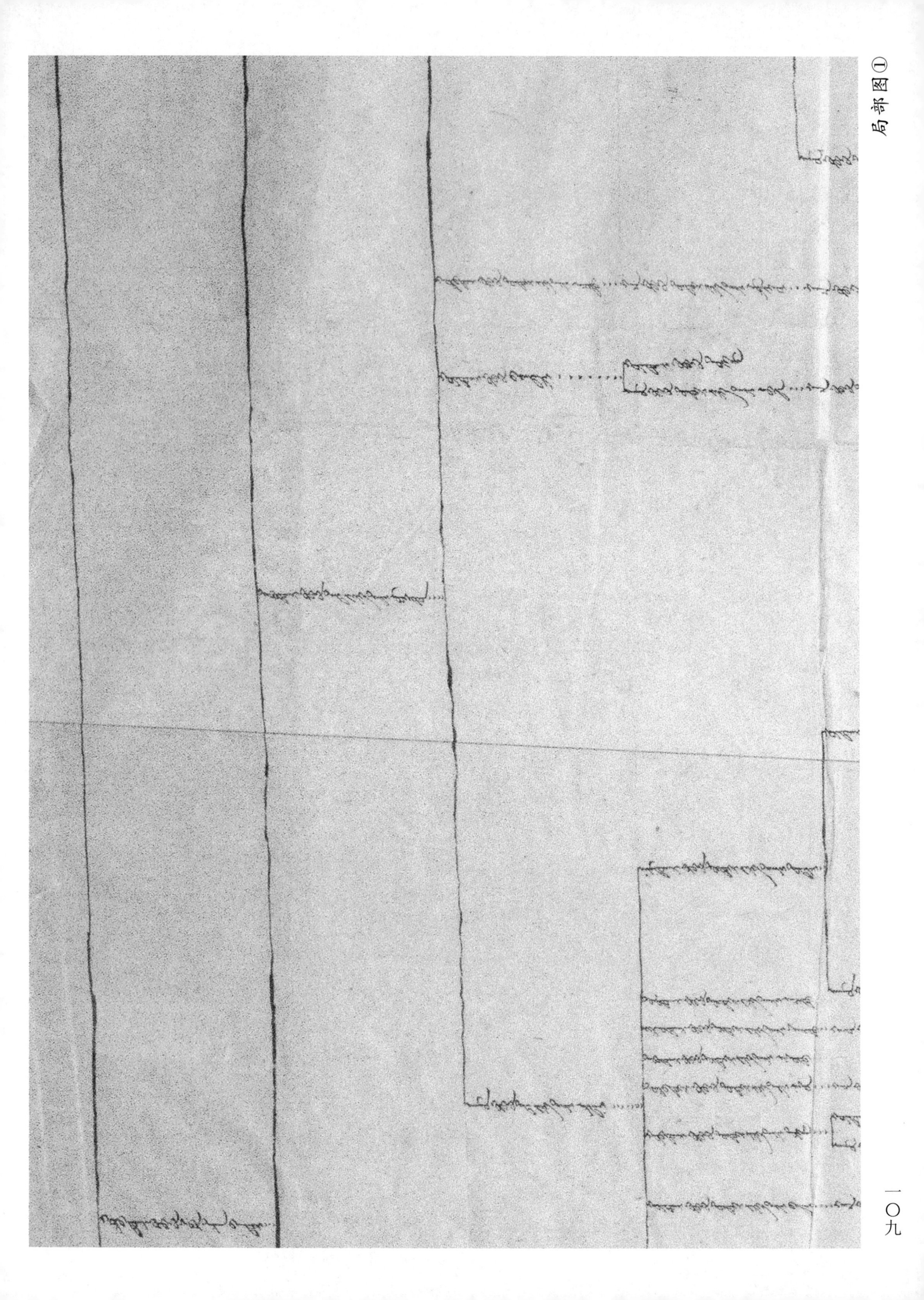

局部图①

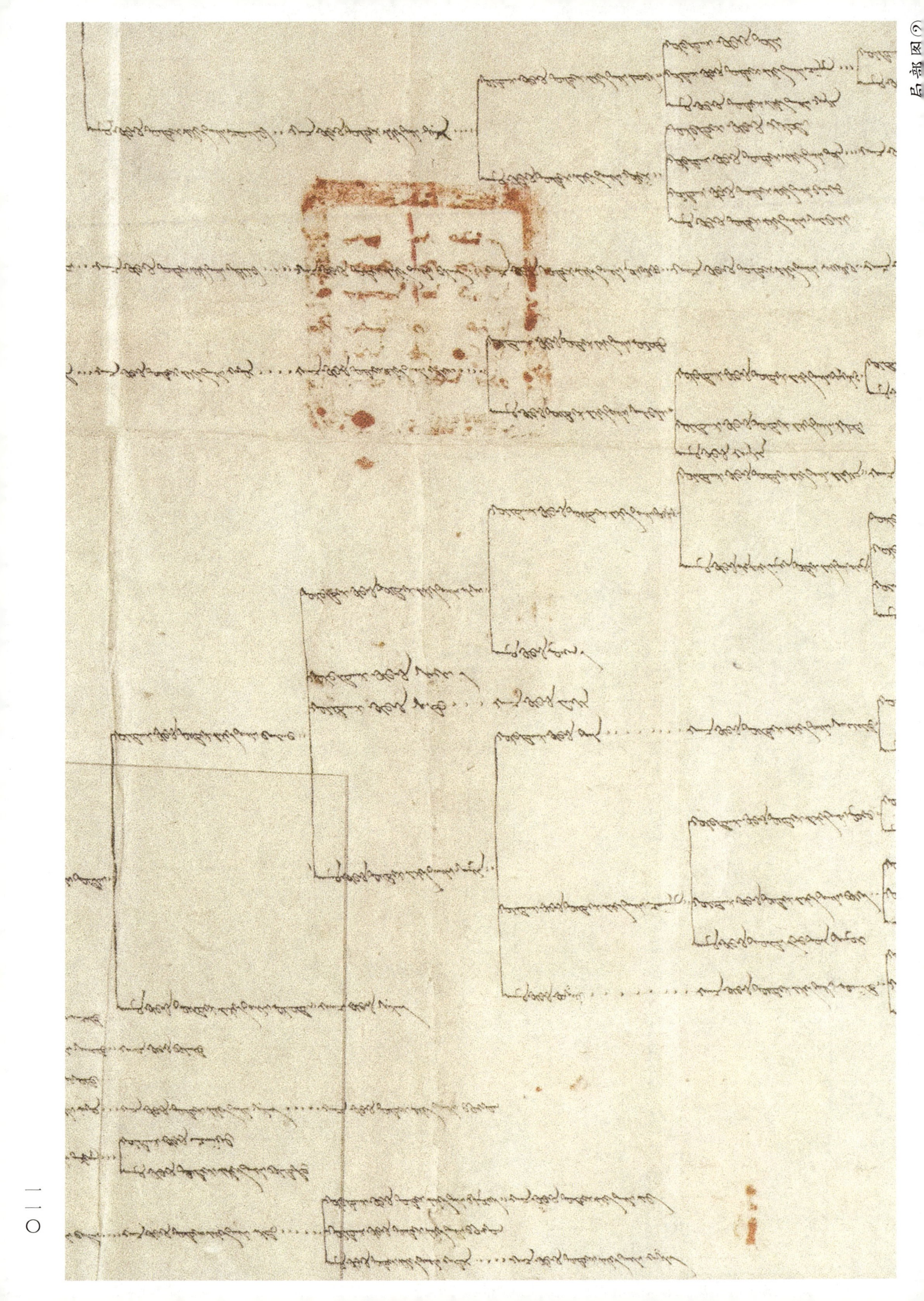

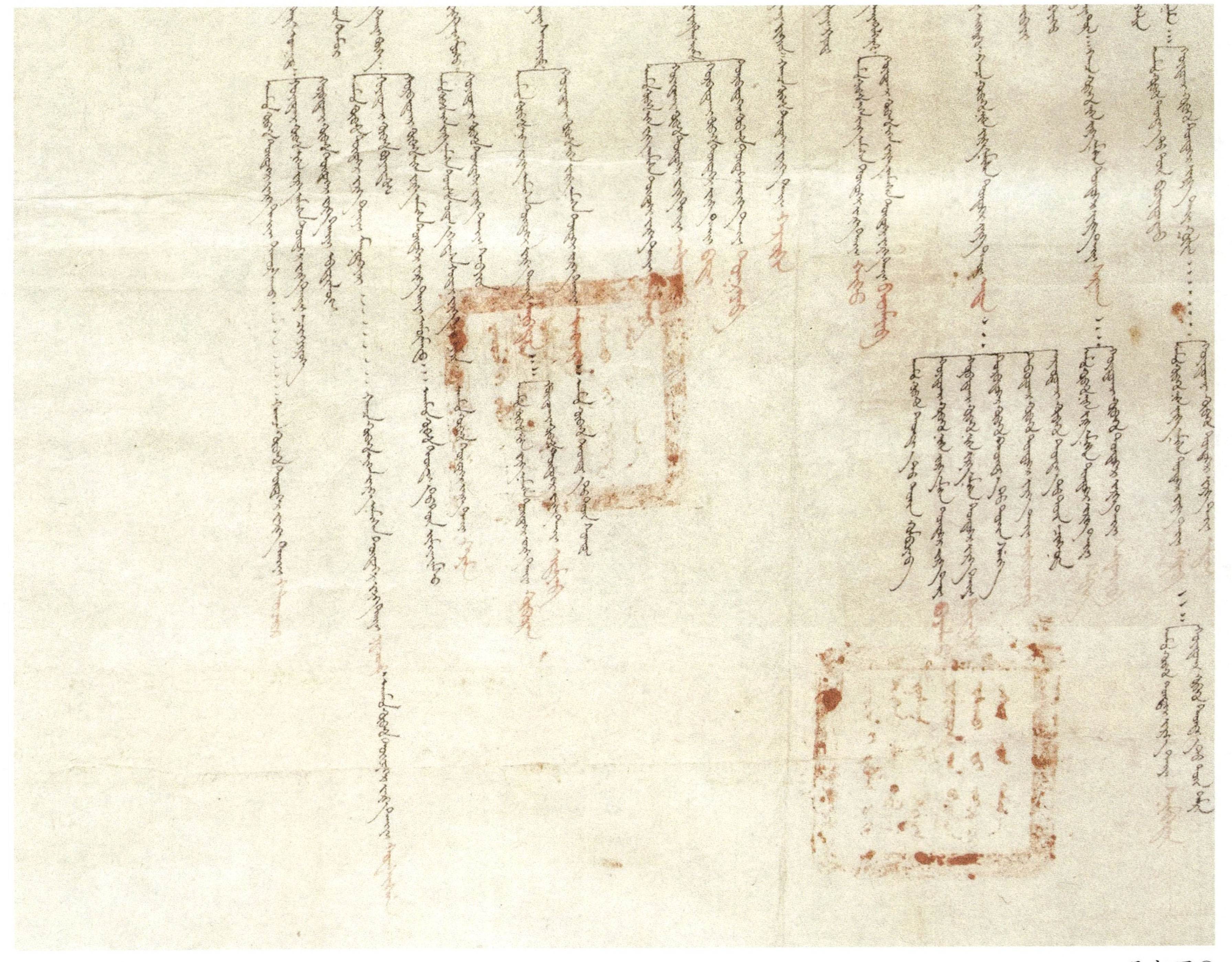

局部图③

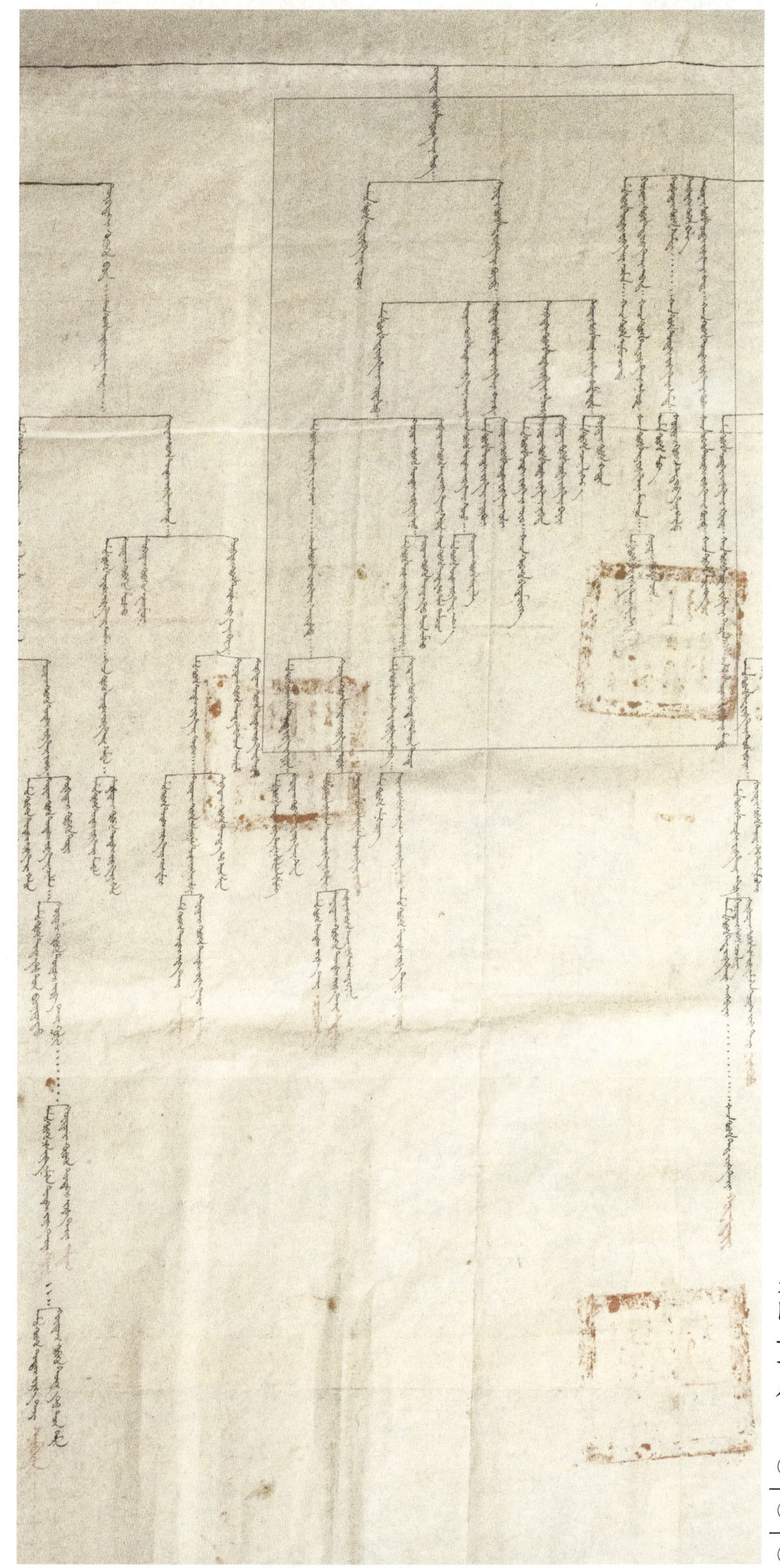

大图二十八 ①—②—③

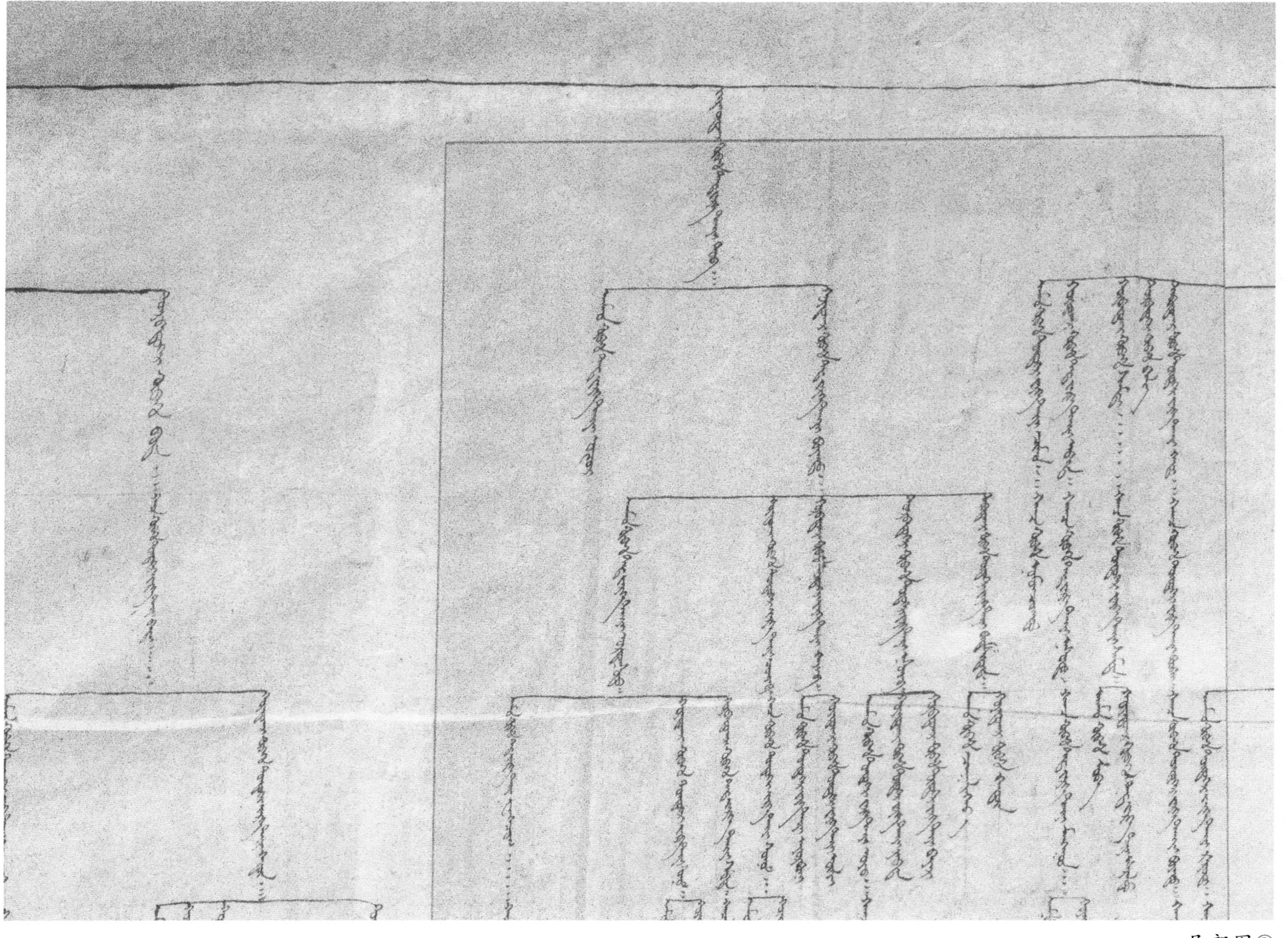

局部图①

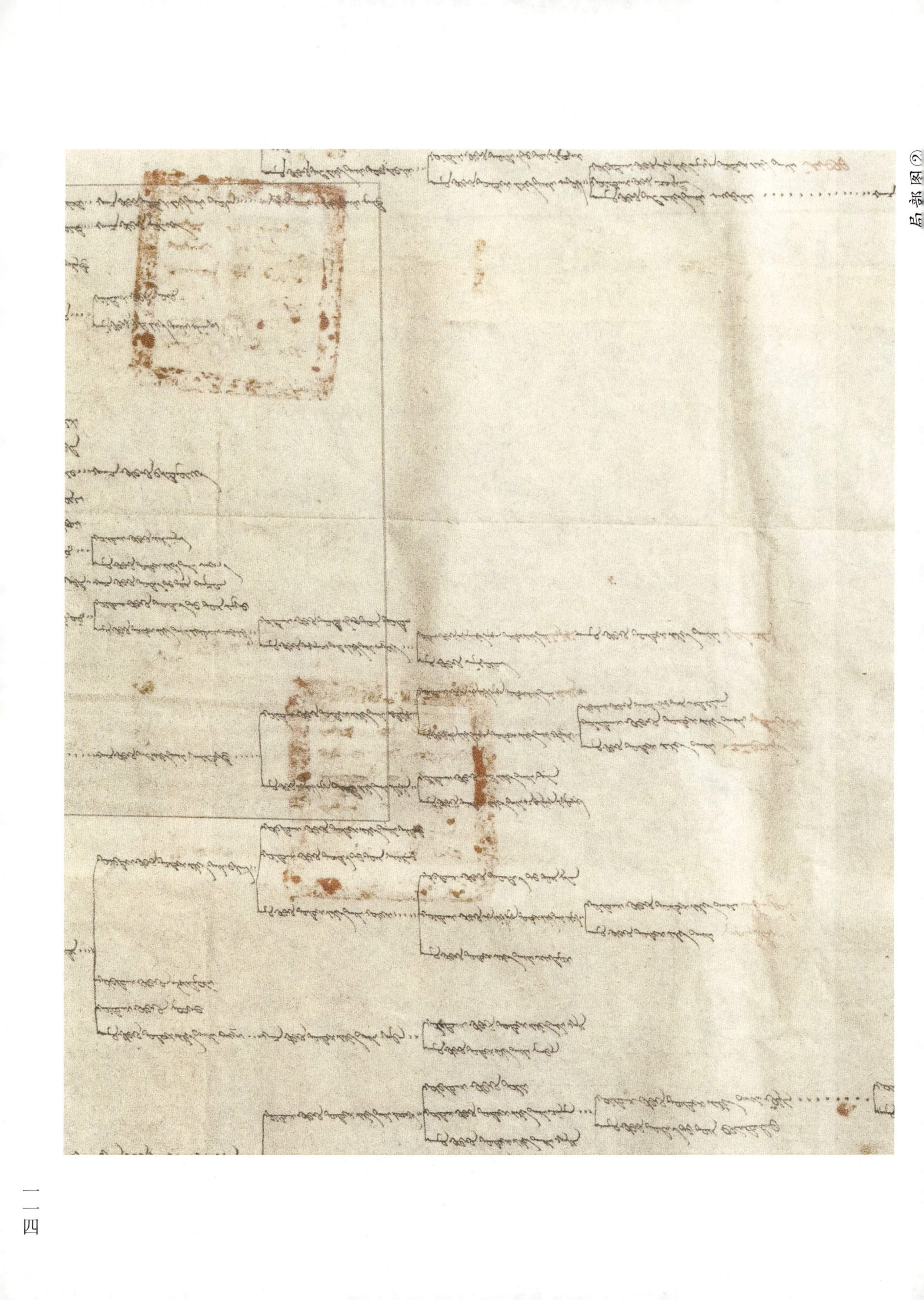

局部图⑨

局部图③

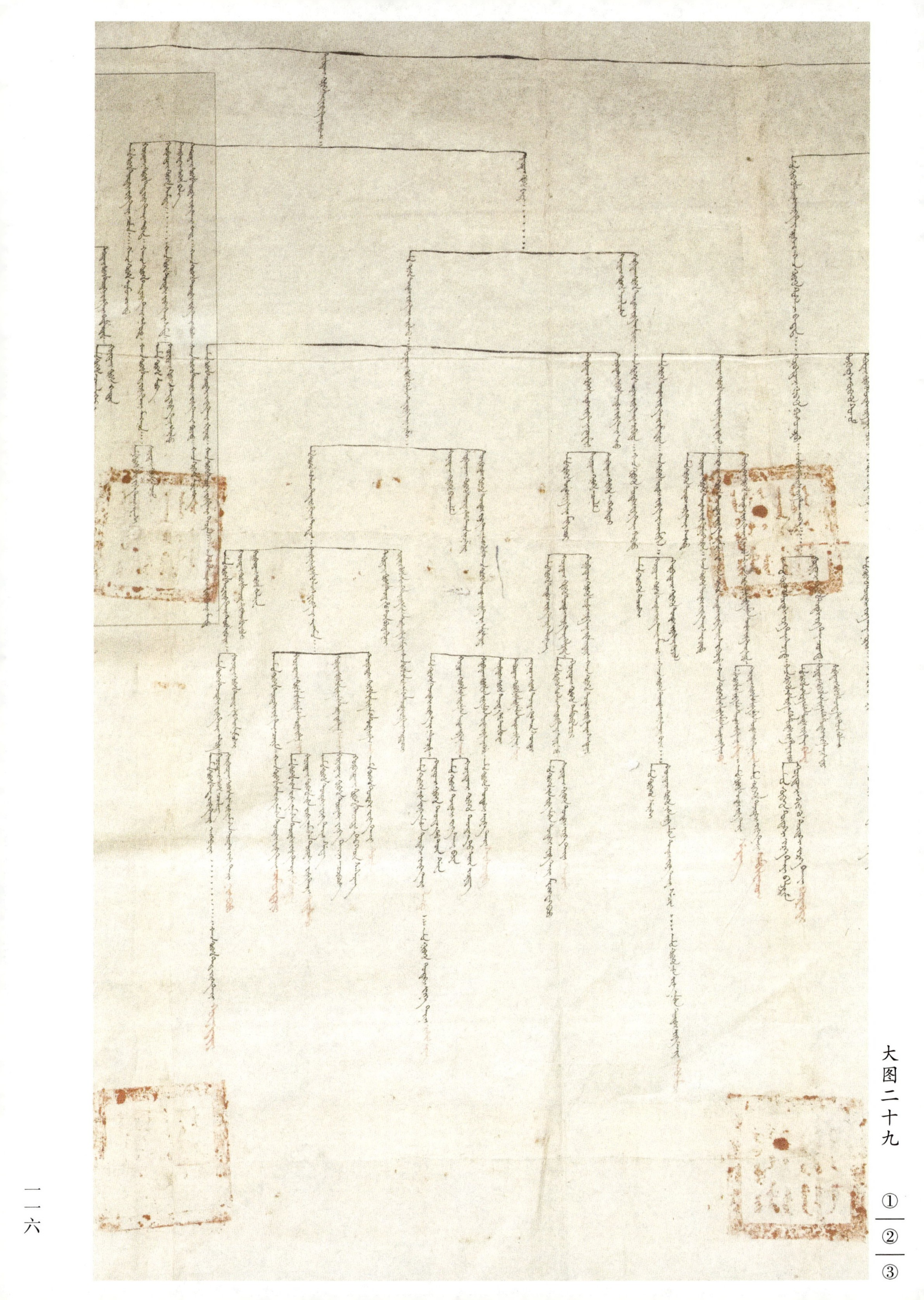

大图二十九　①—②—③

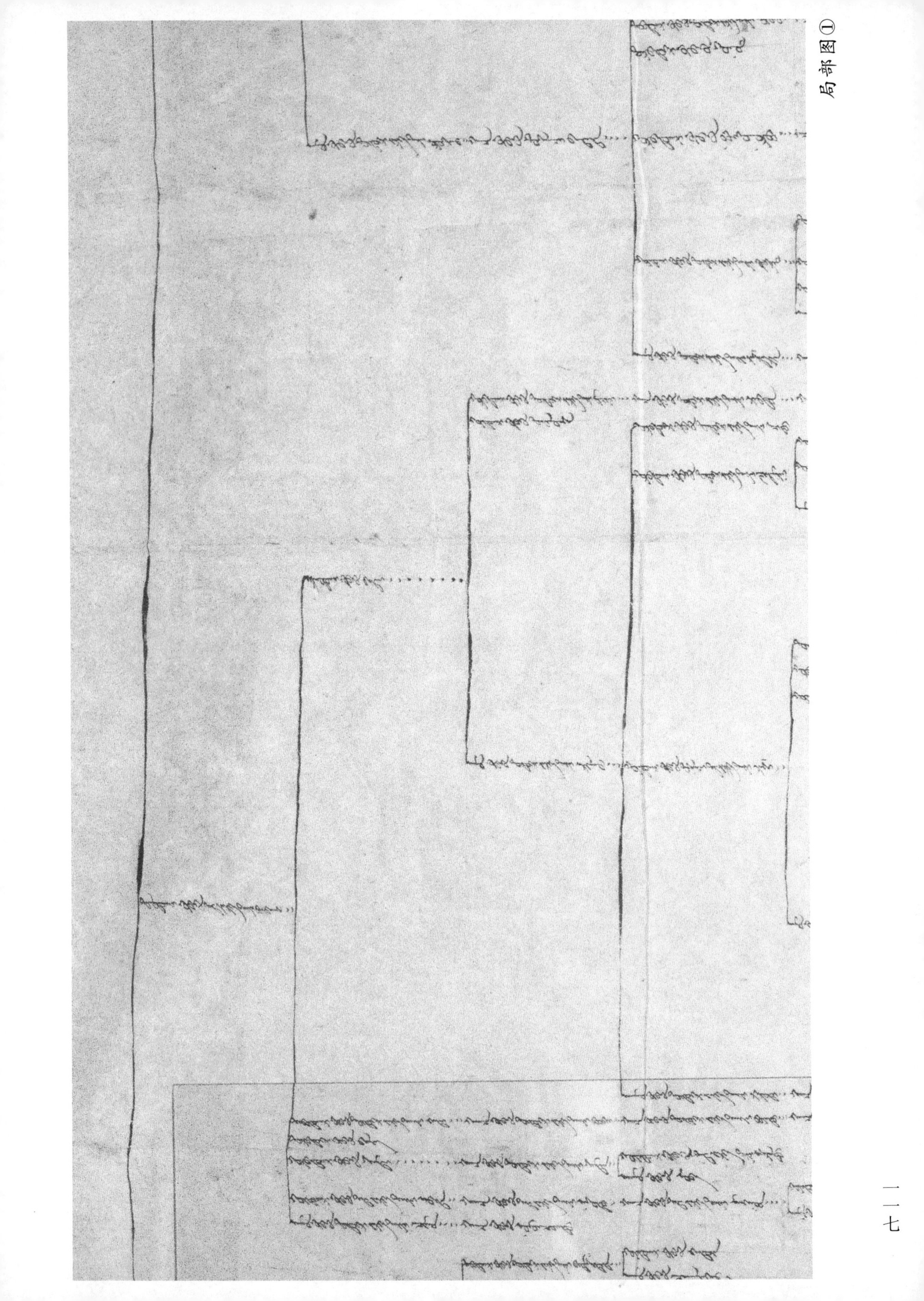

局部图①

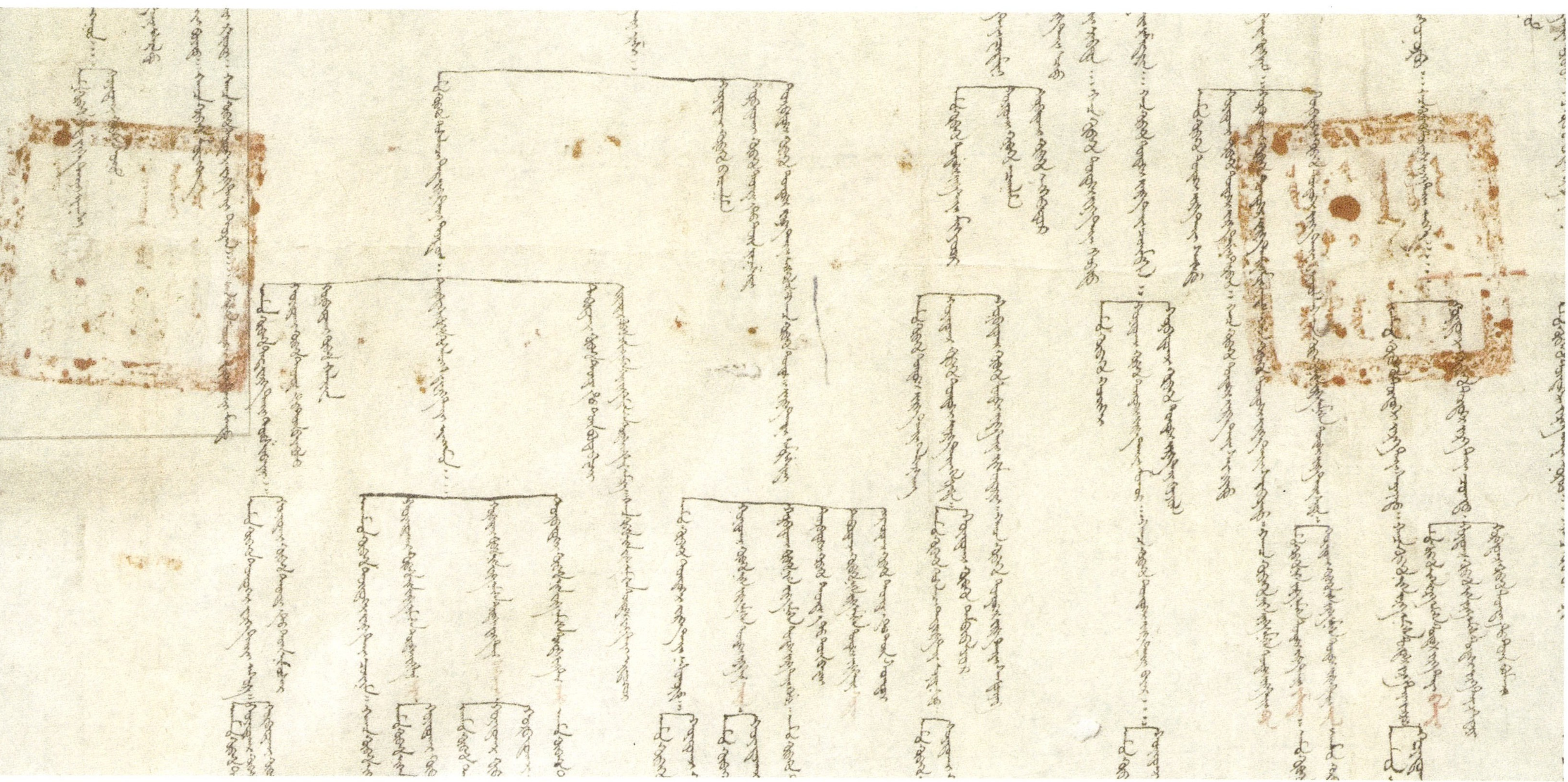

局部图②

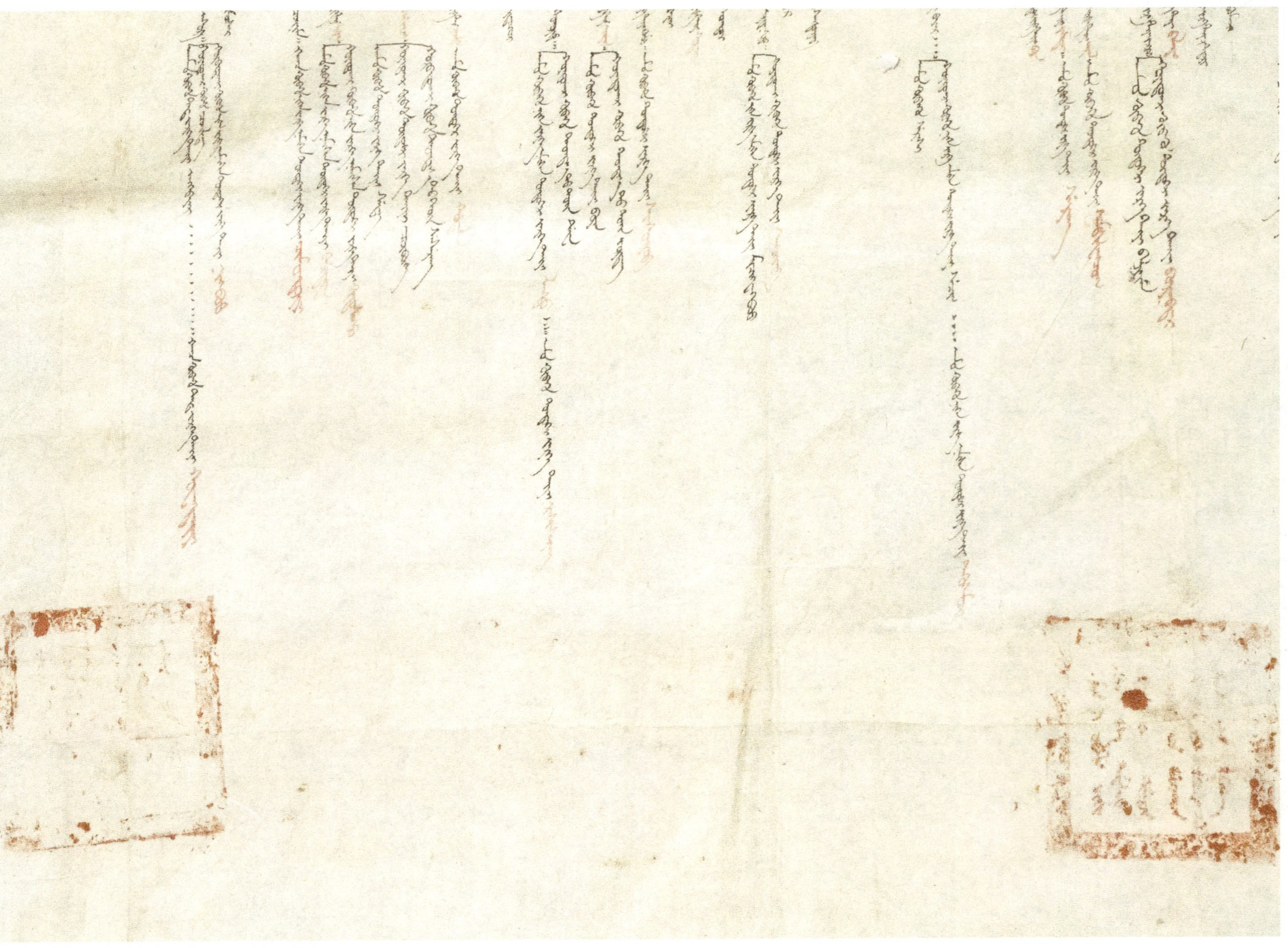

局部图③

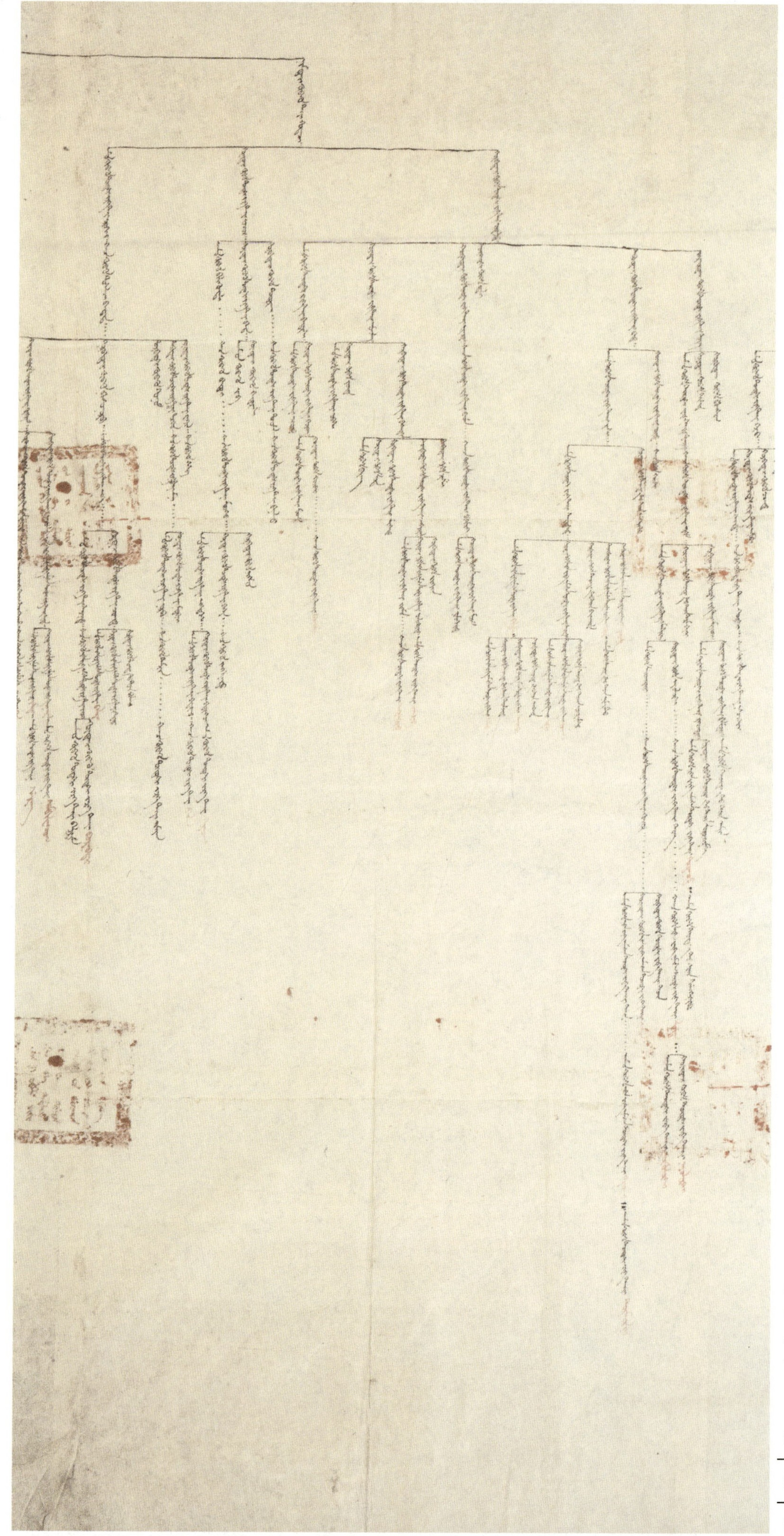

大图三十

①
②
③

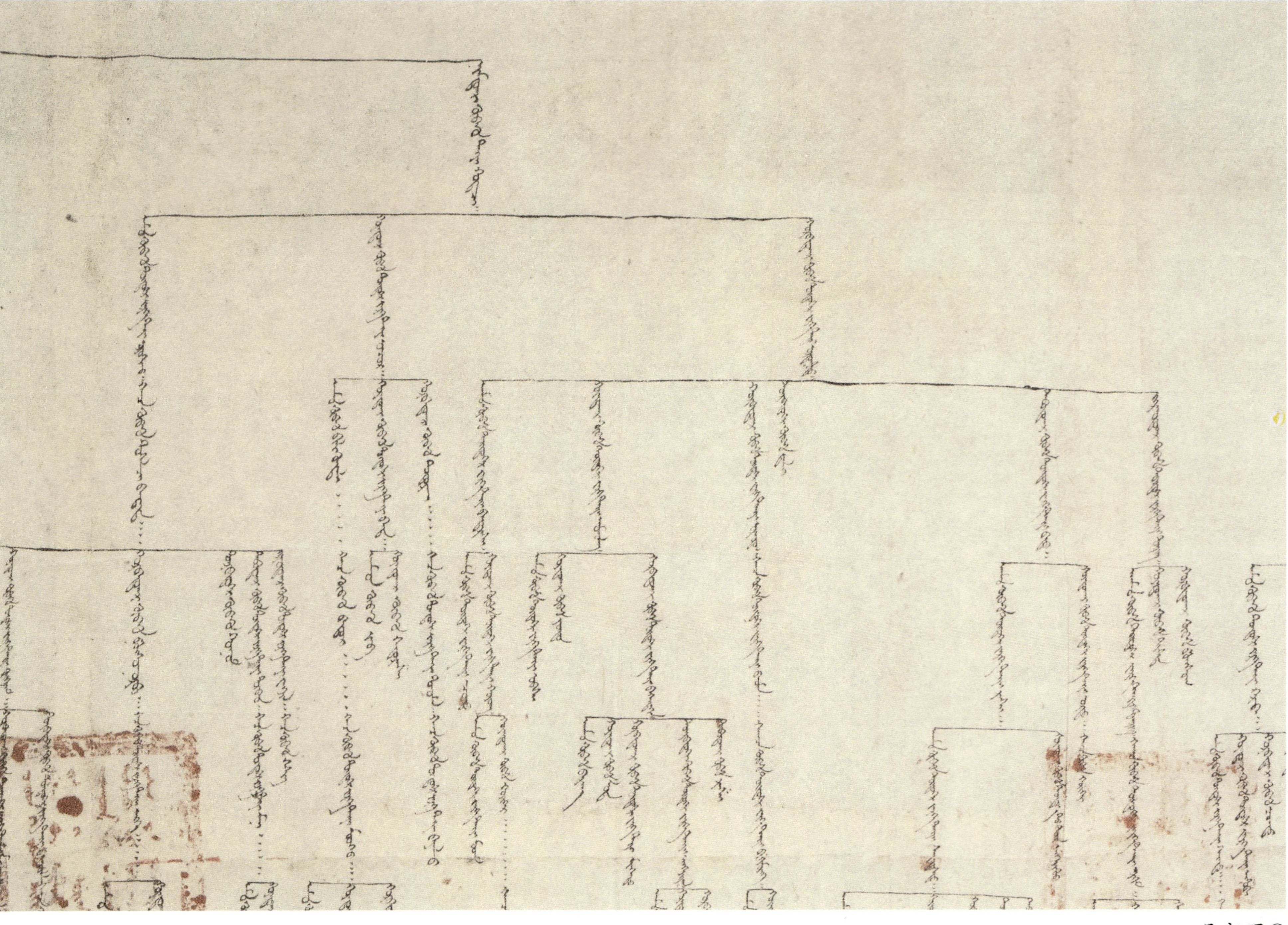

局部图①

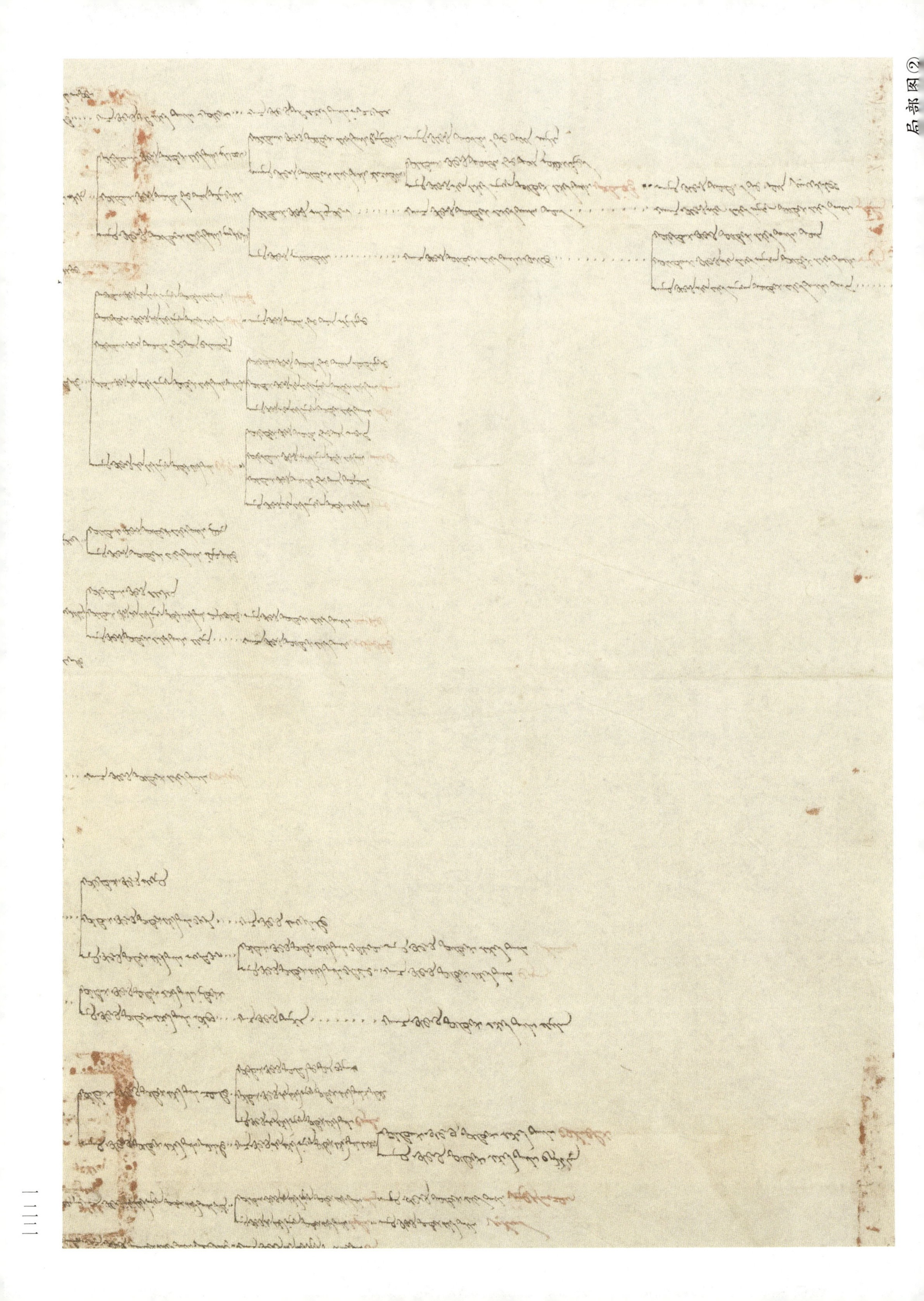

局部图③

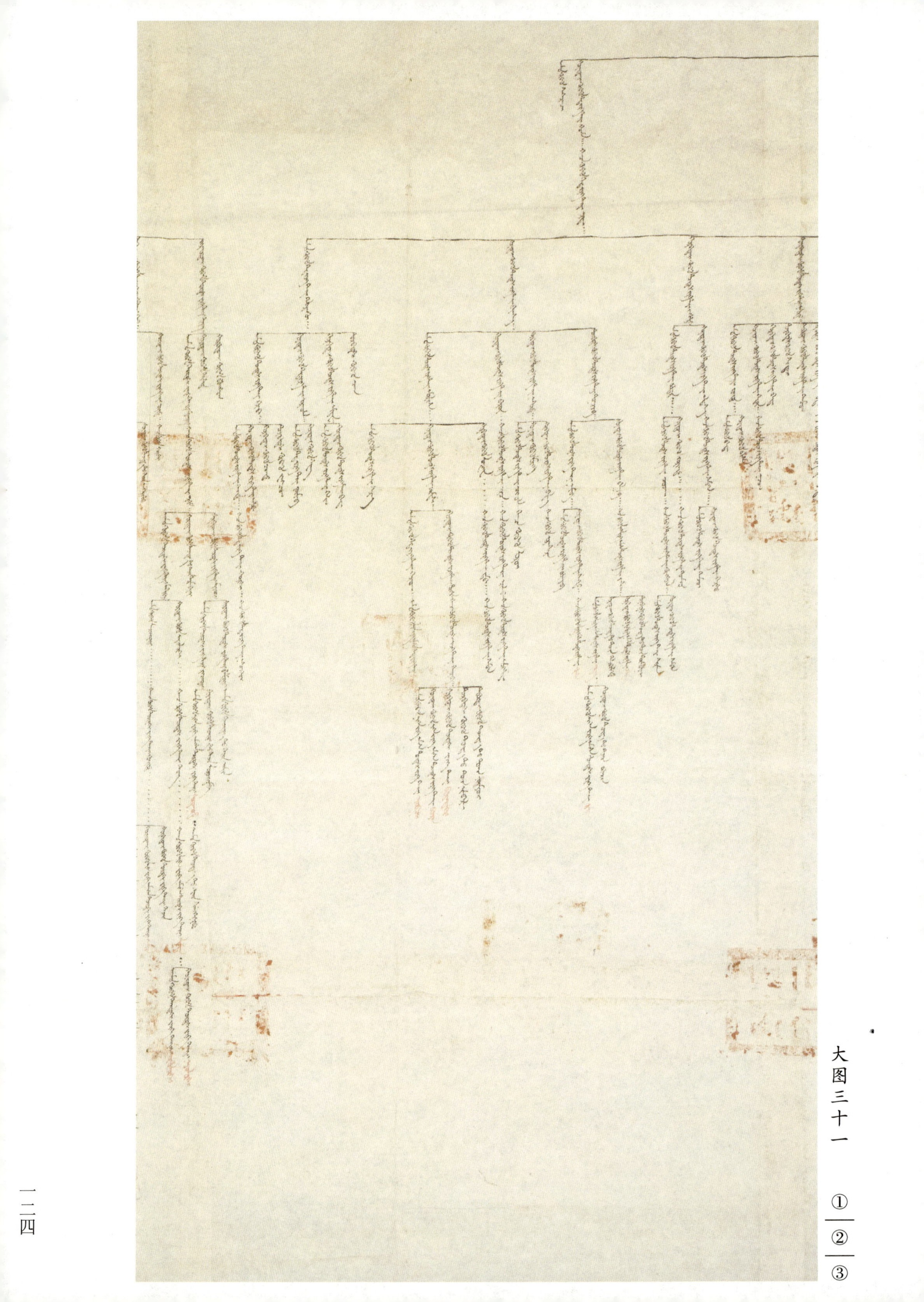

大图三十一

①—②—③

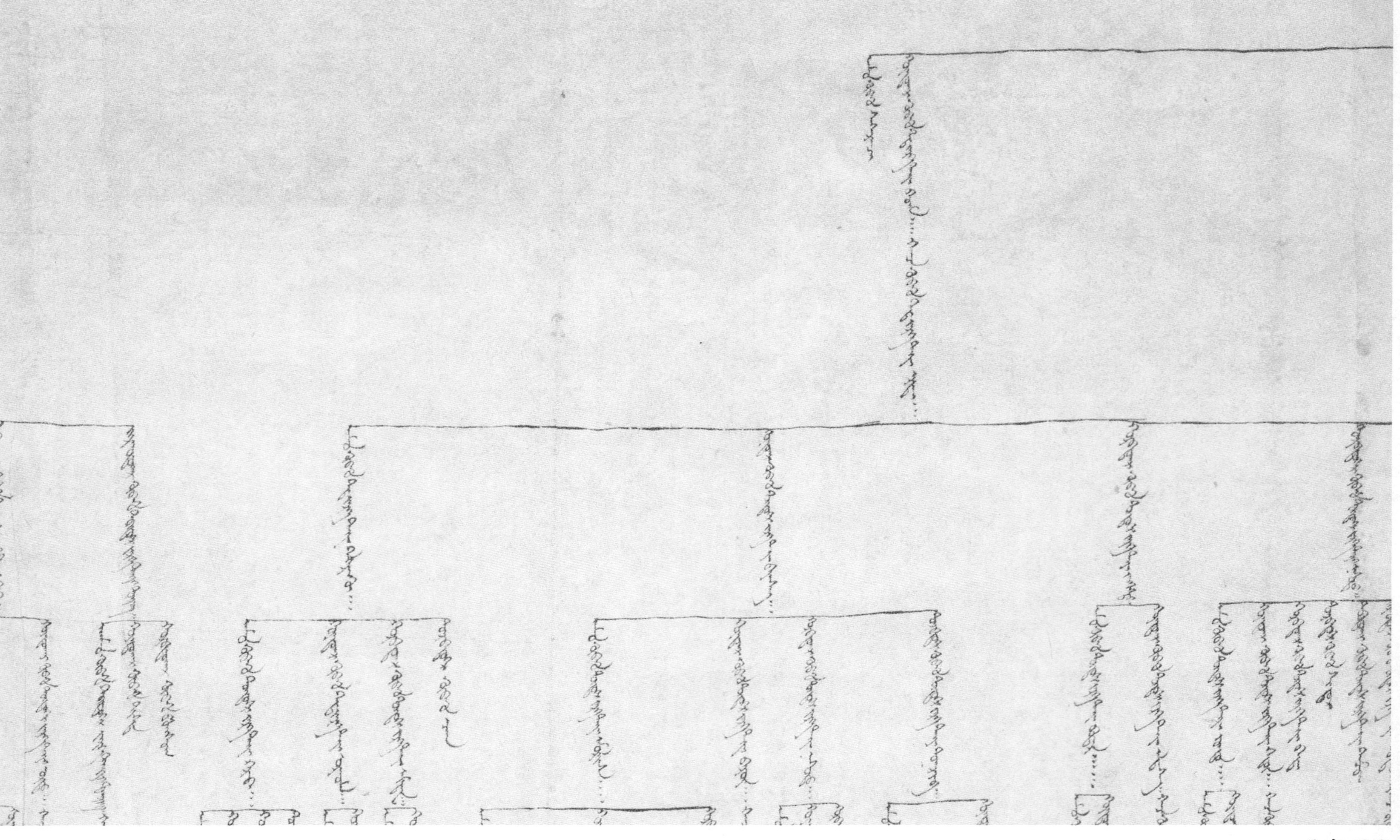

局部图①

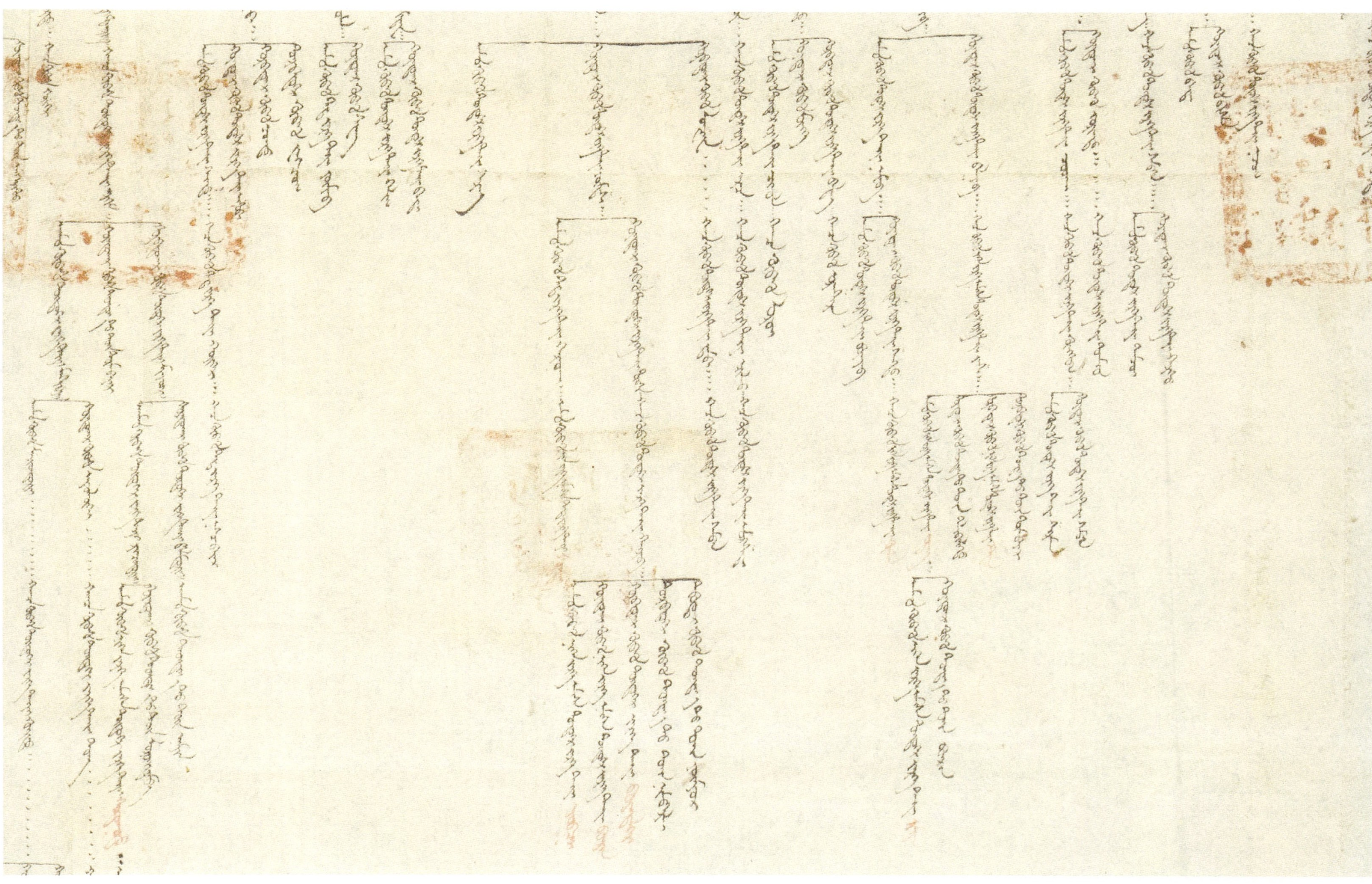

局部图②

局部图③

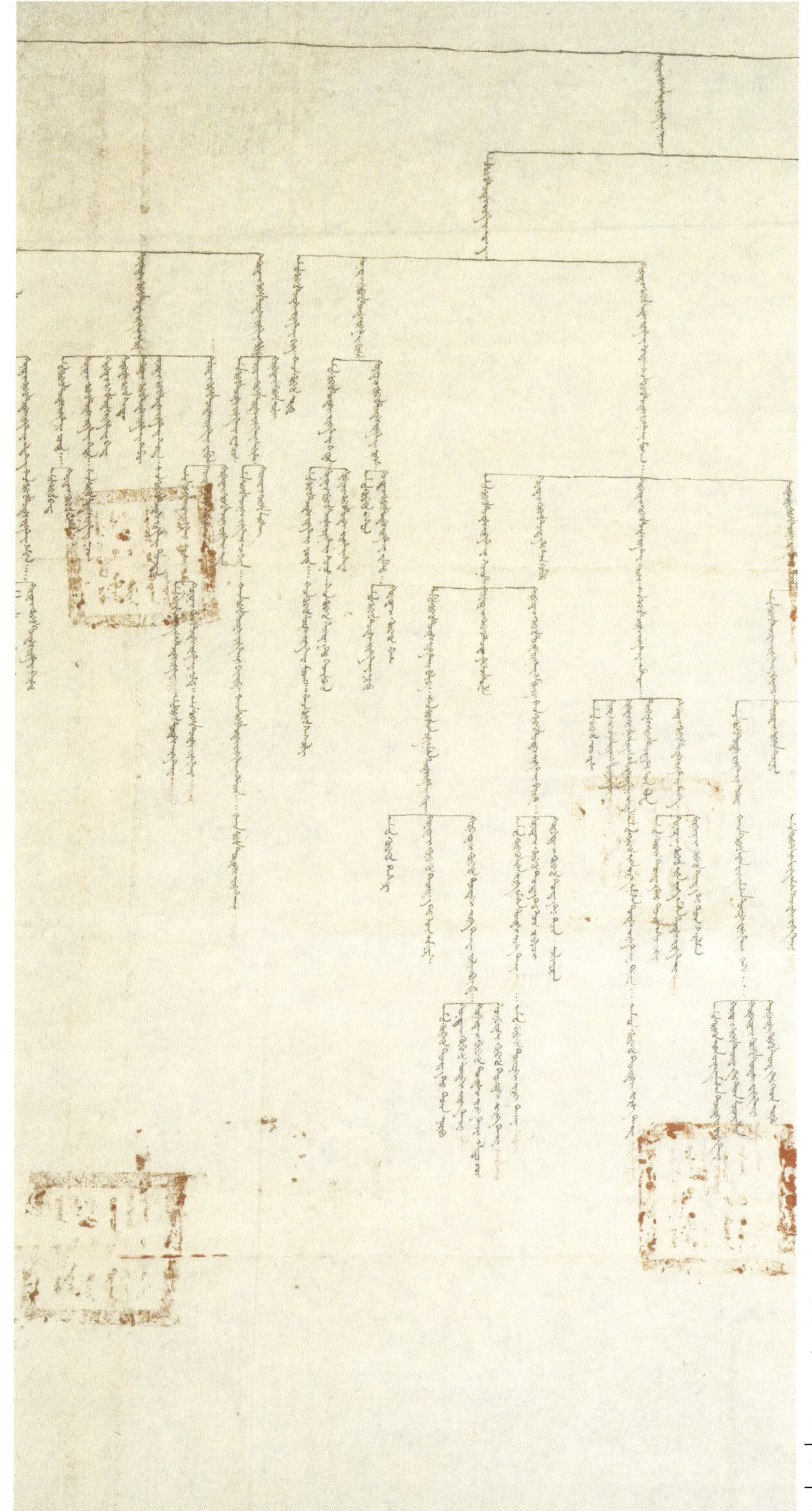

大图三十二

①—②—③

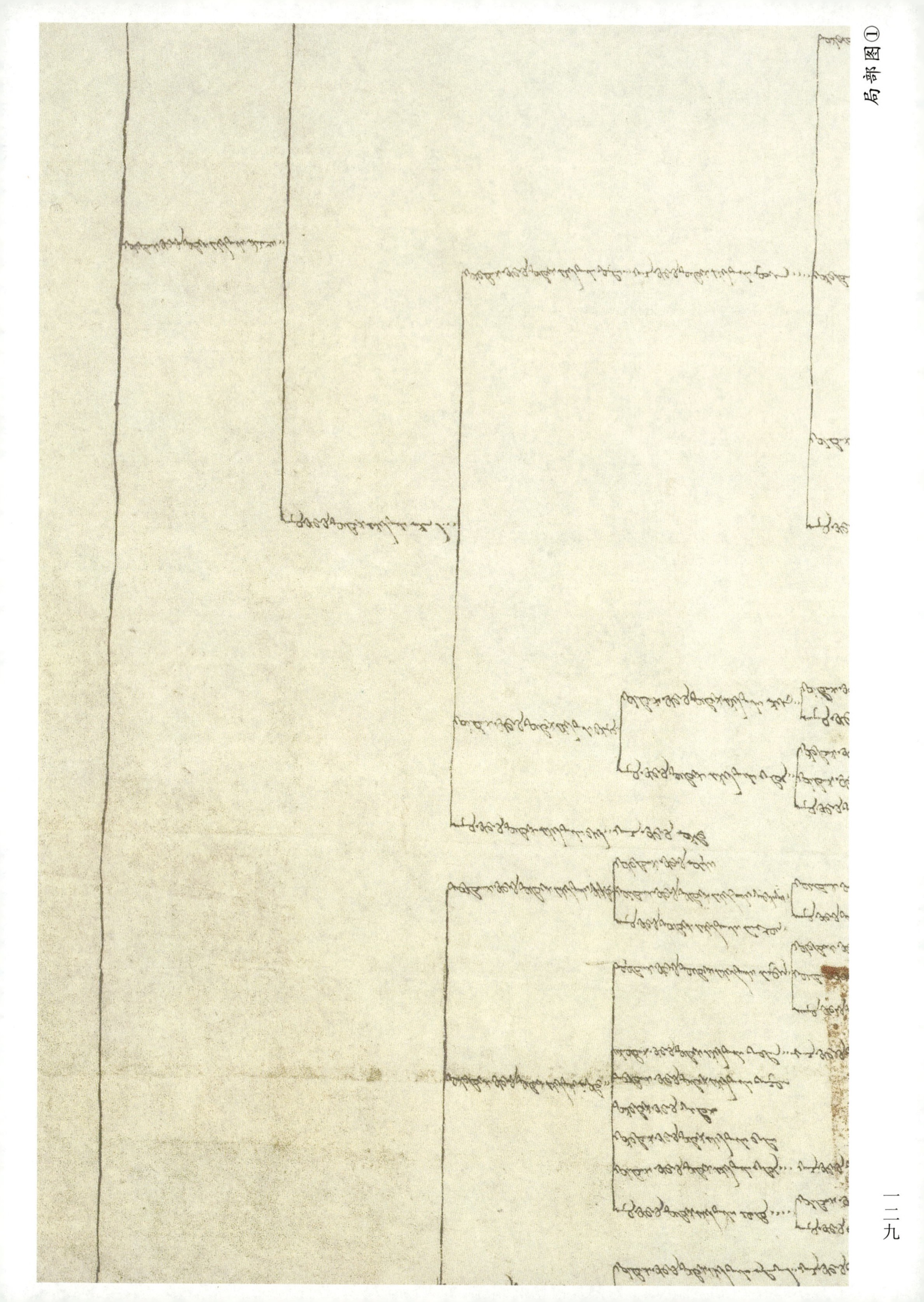

局部图①

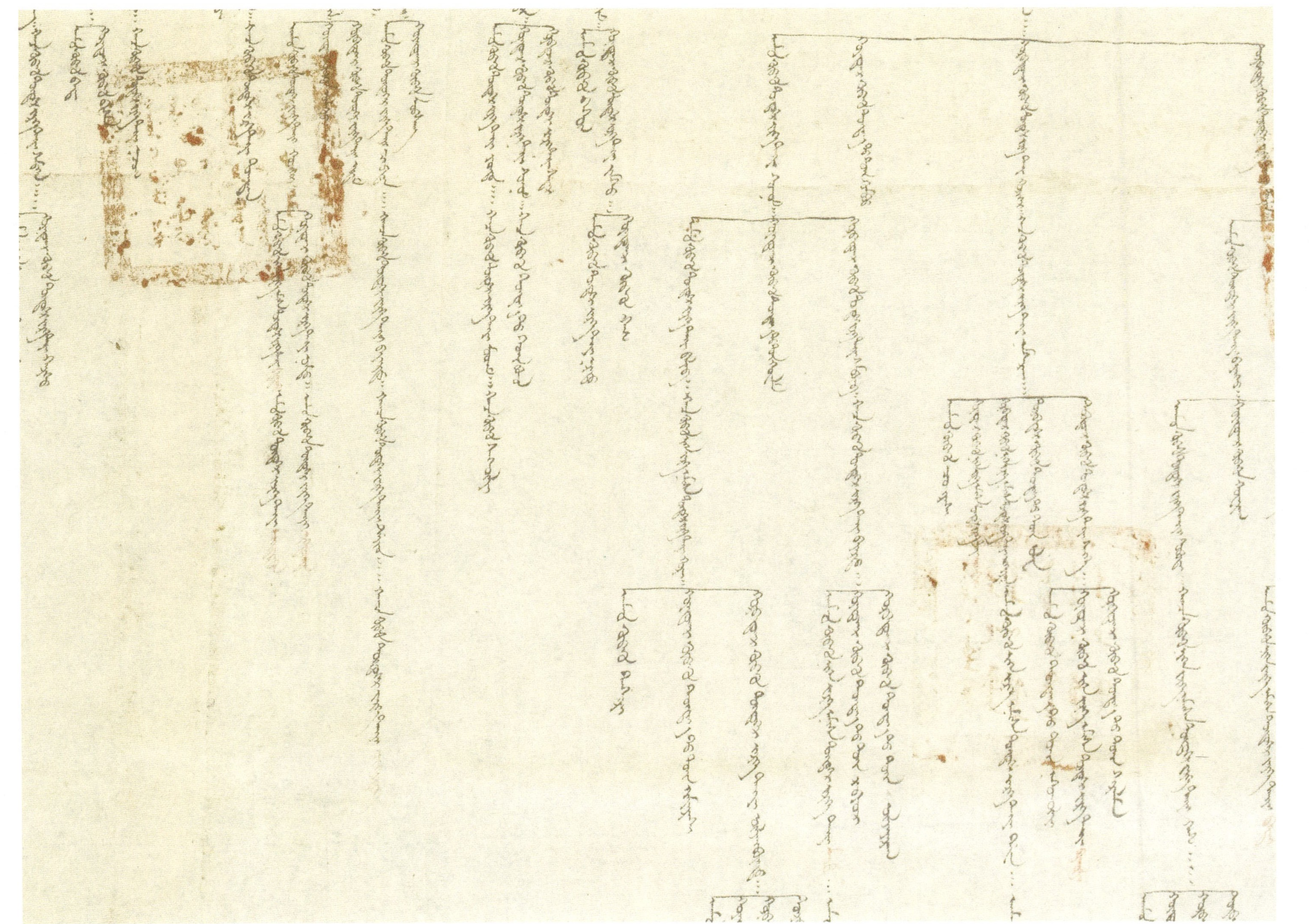

局部图②

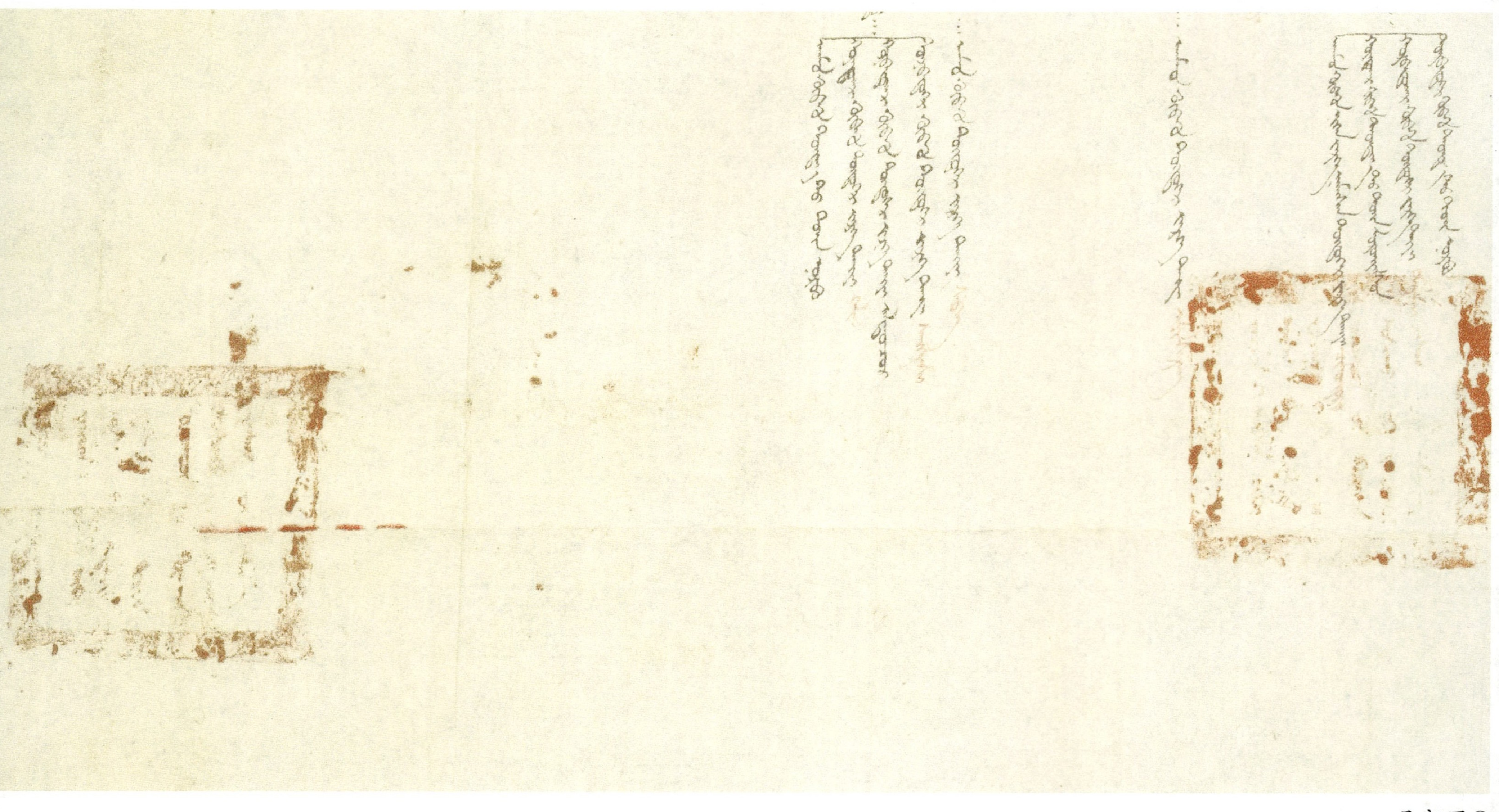

局部图③

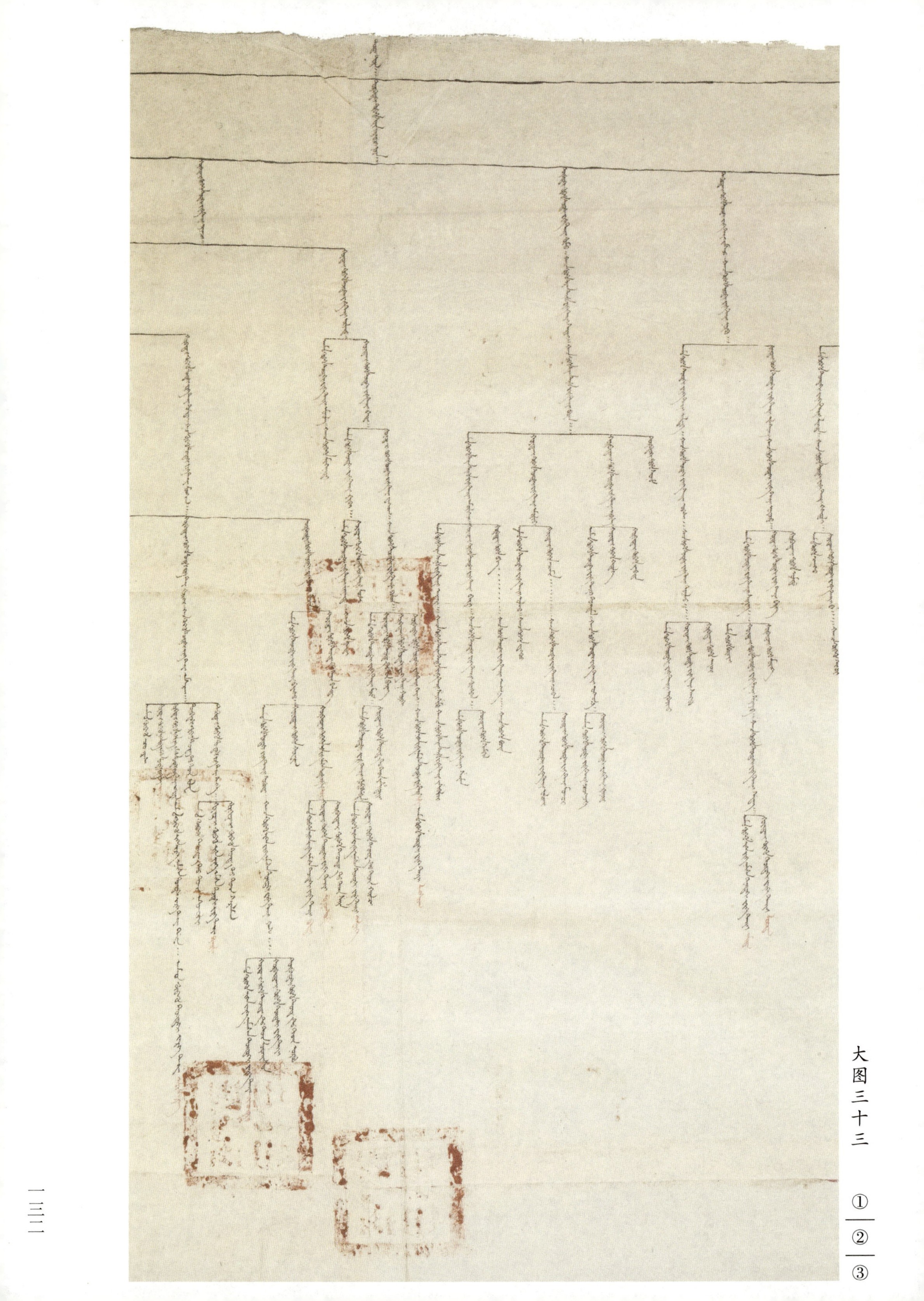

大图三十三

①—②—③

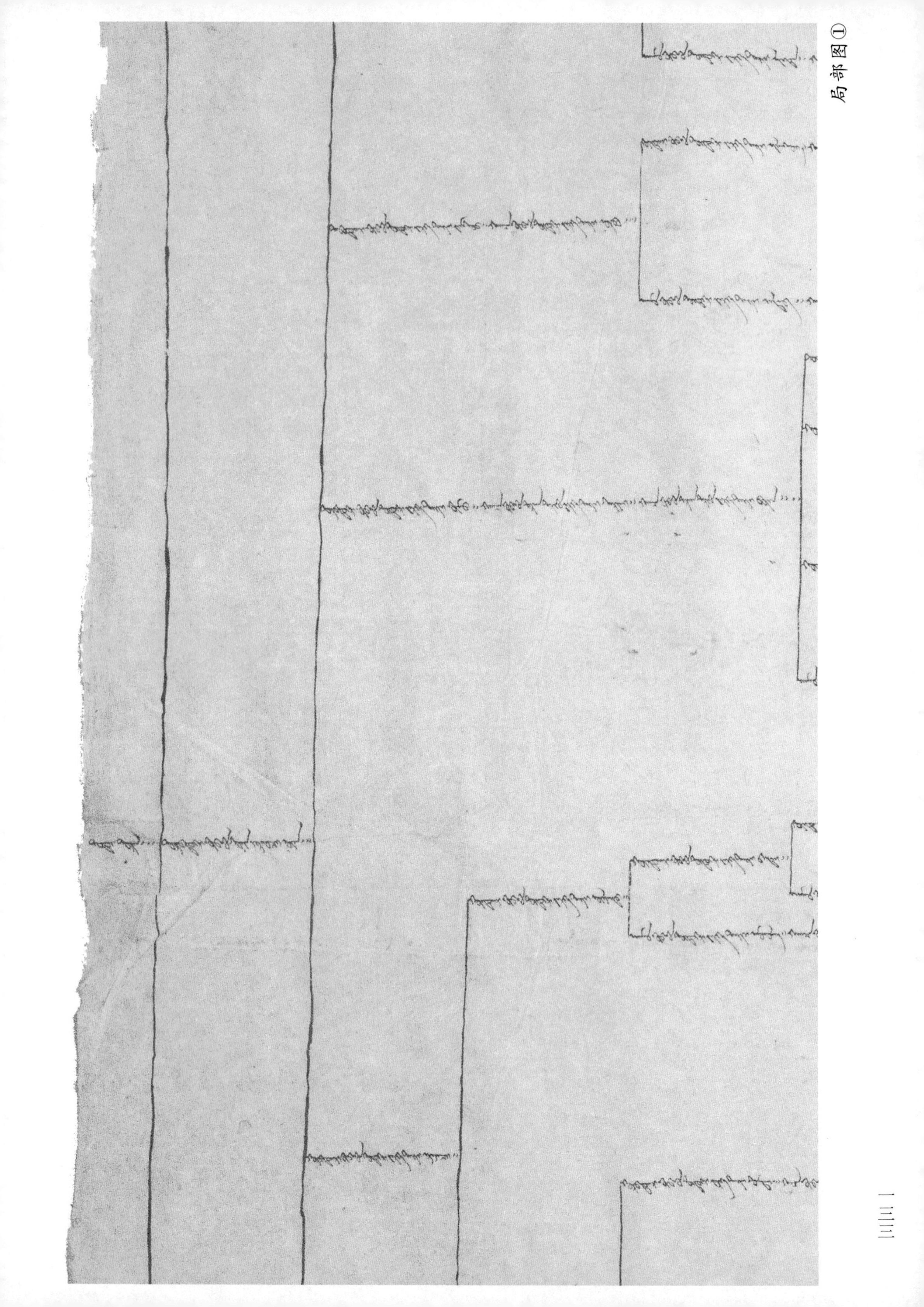

局部图①

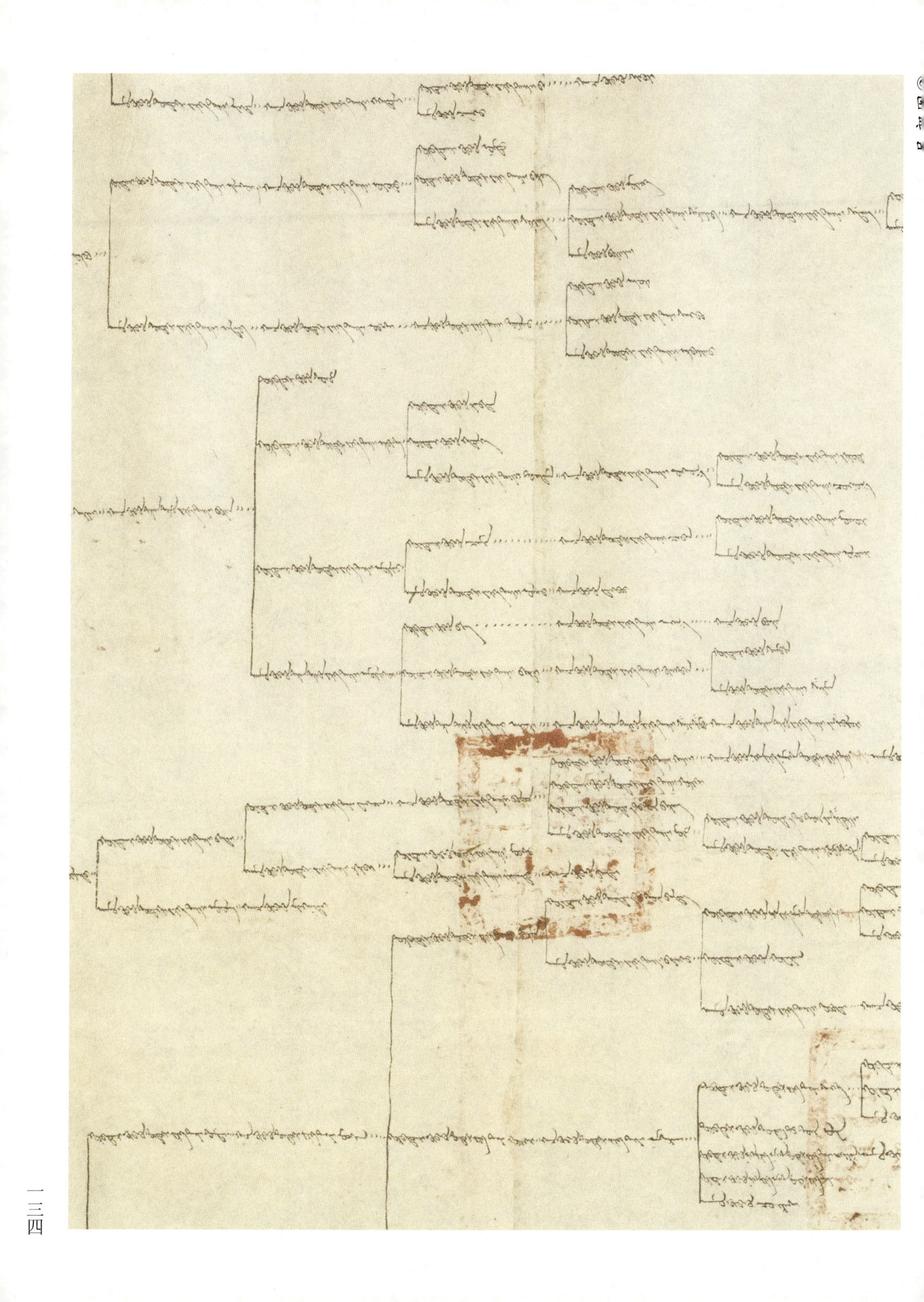

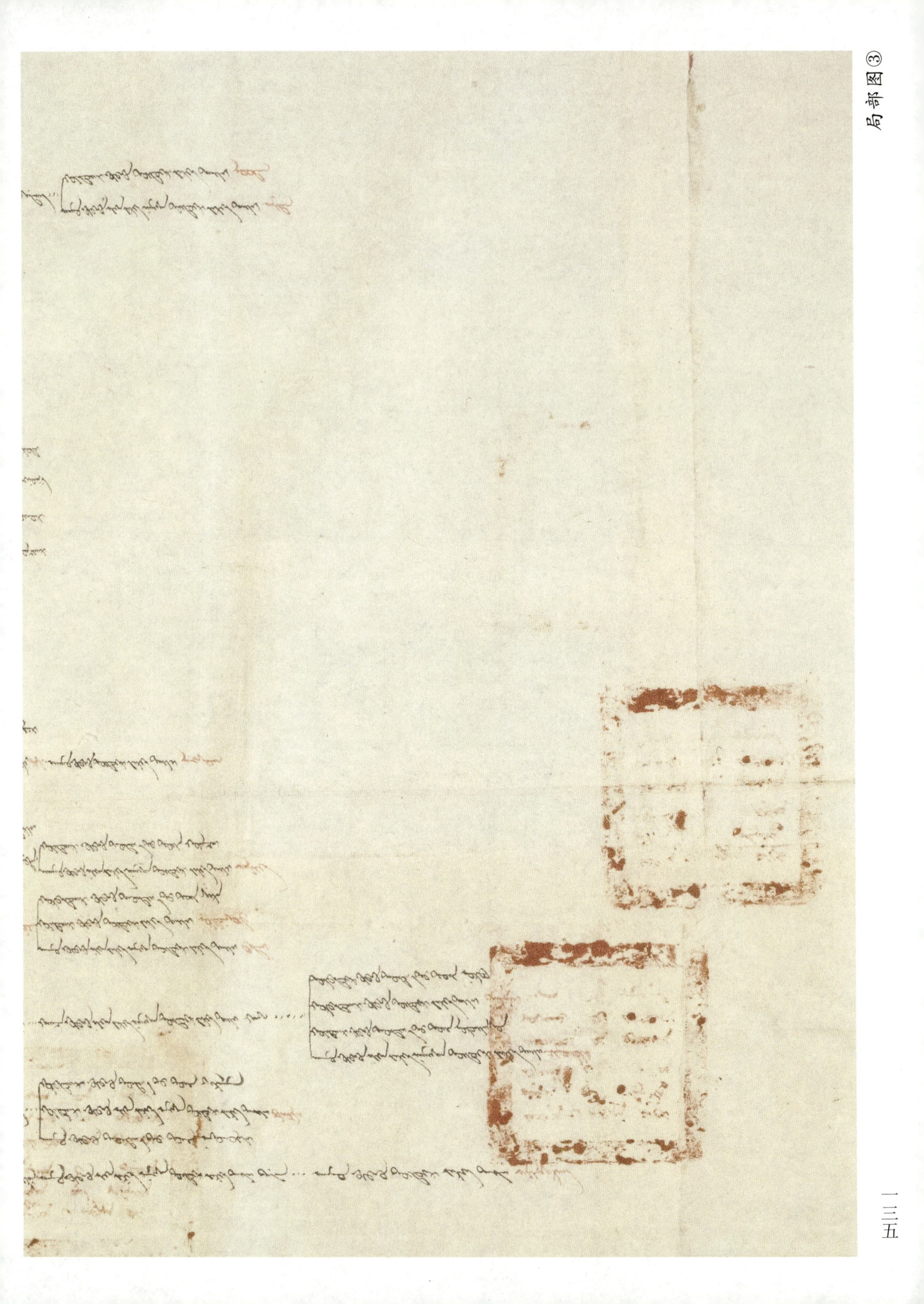

局部图③

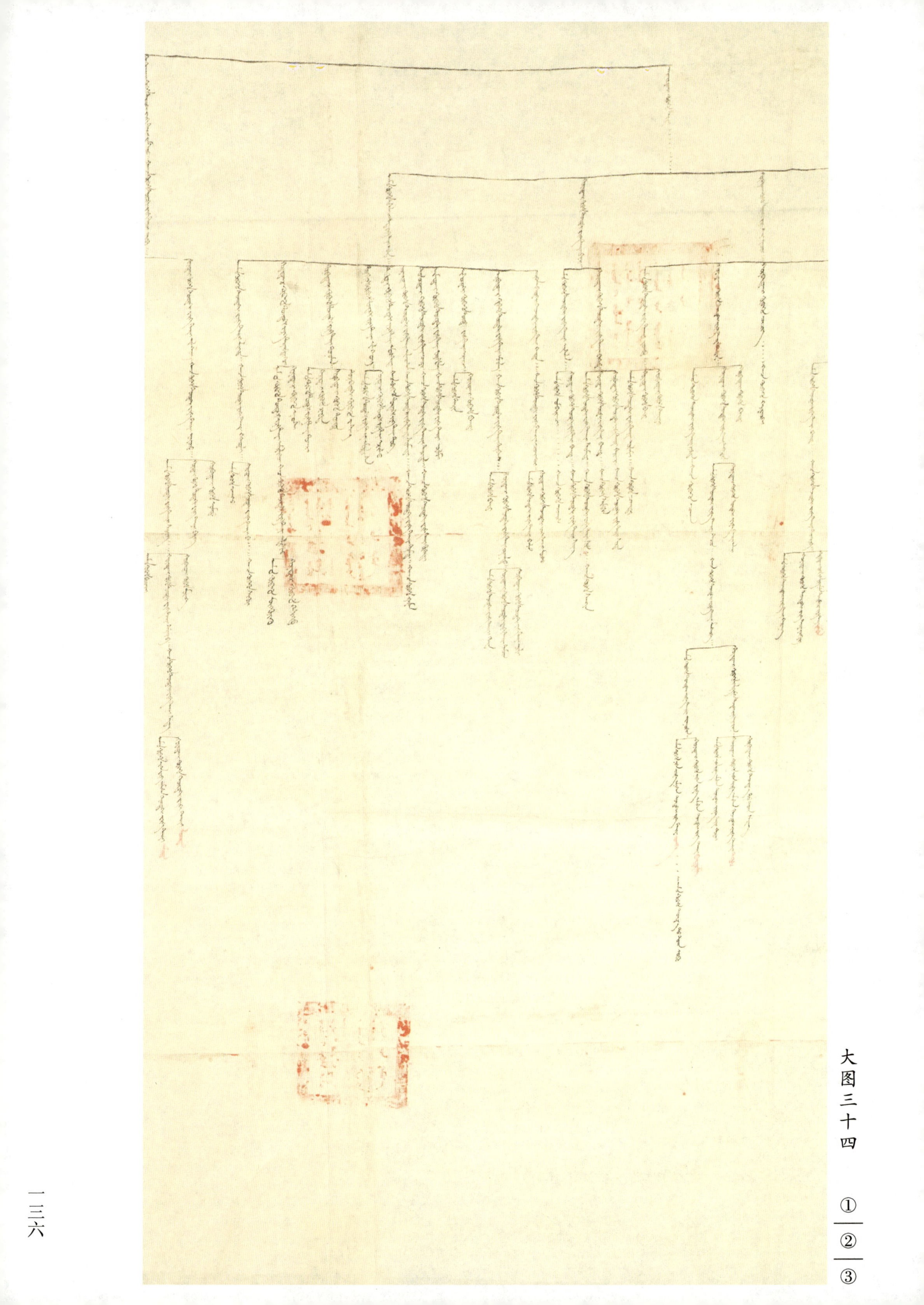

大图三十四

①—②—③

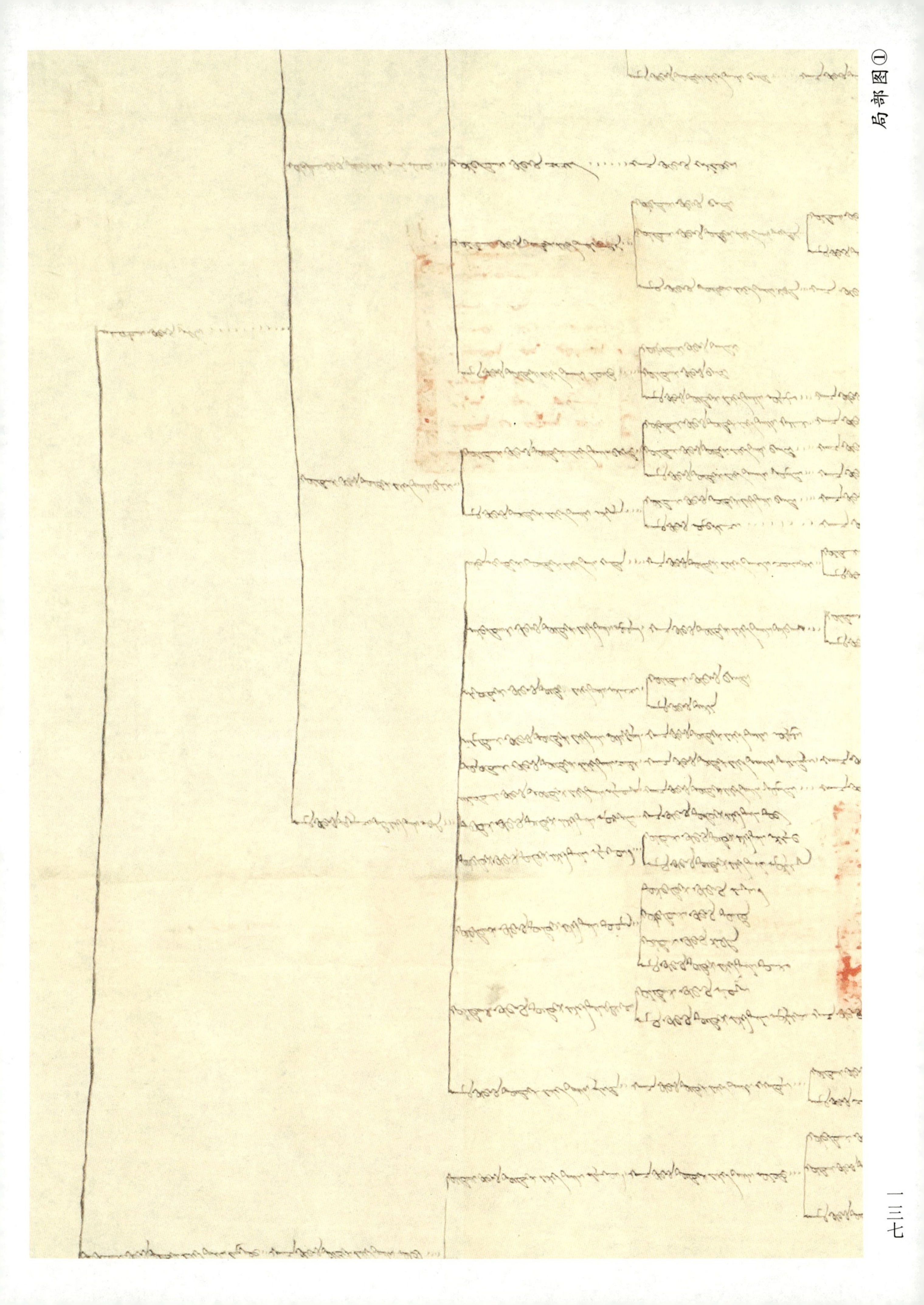

局部图①

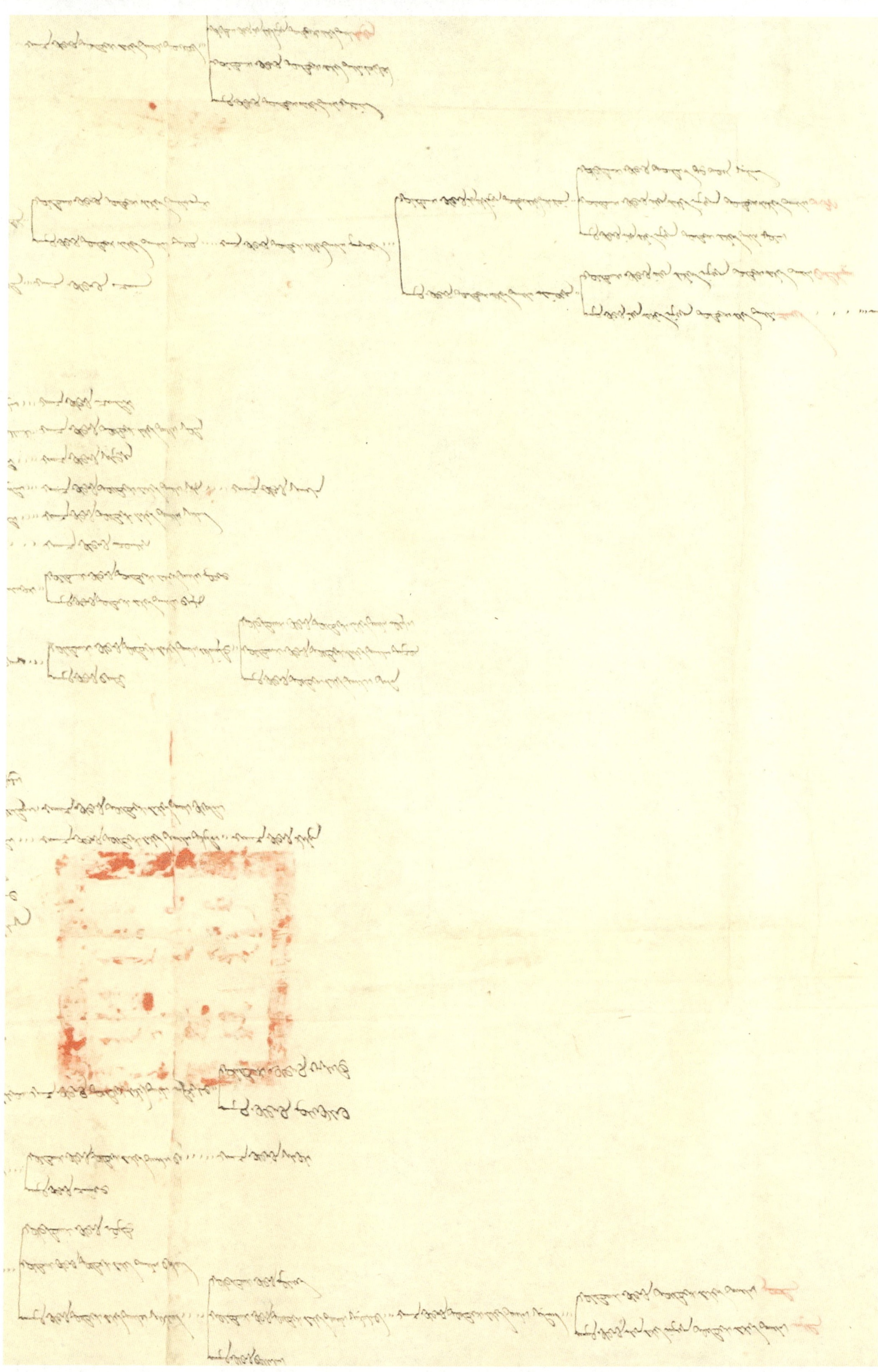

局部图②

局部图③

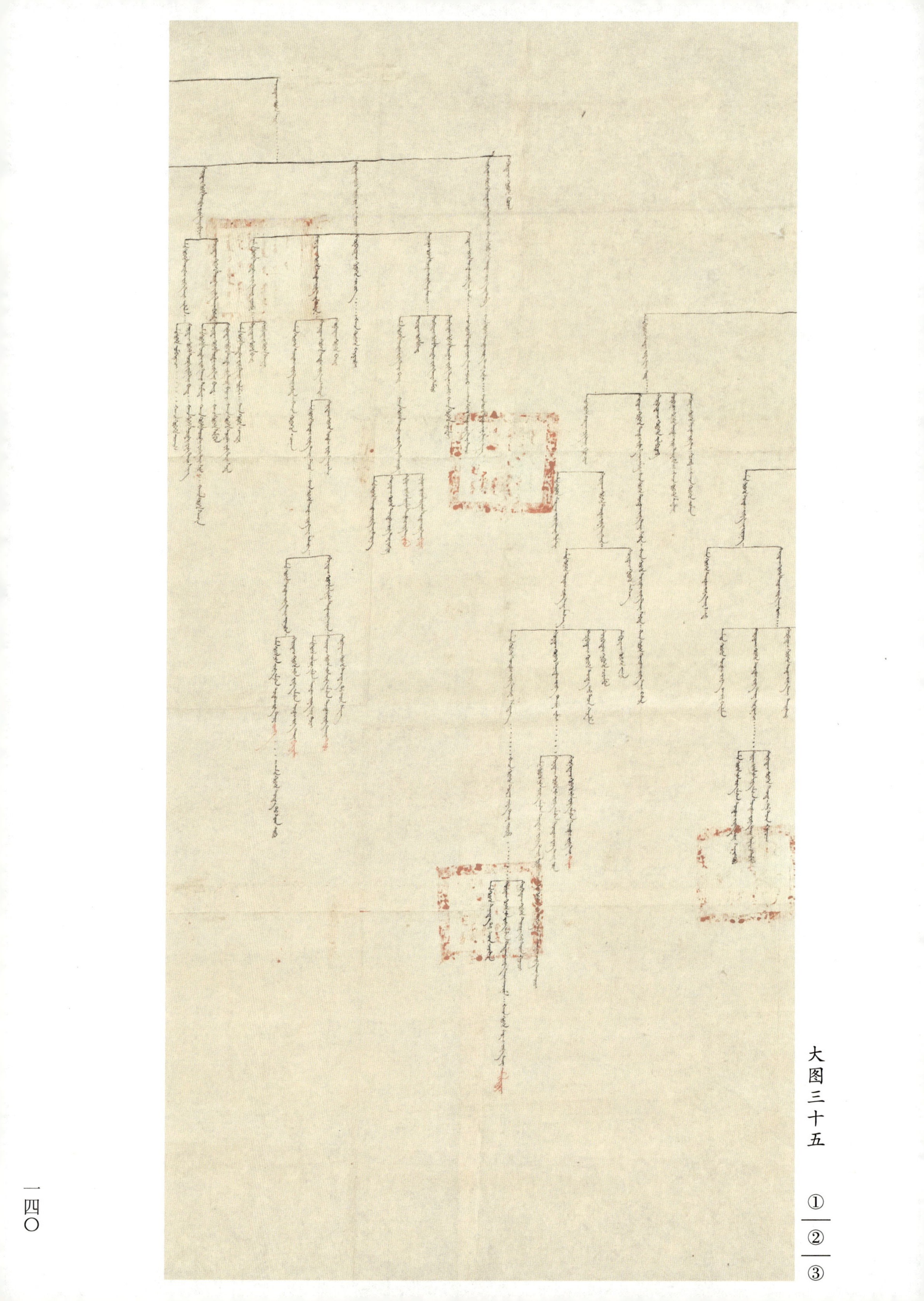

大图三十五

①
②
③

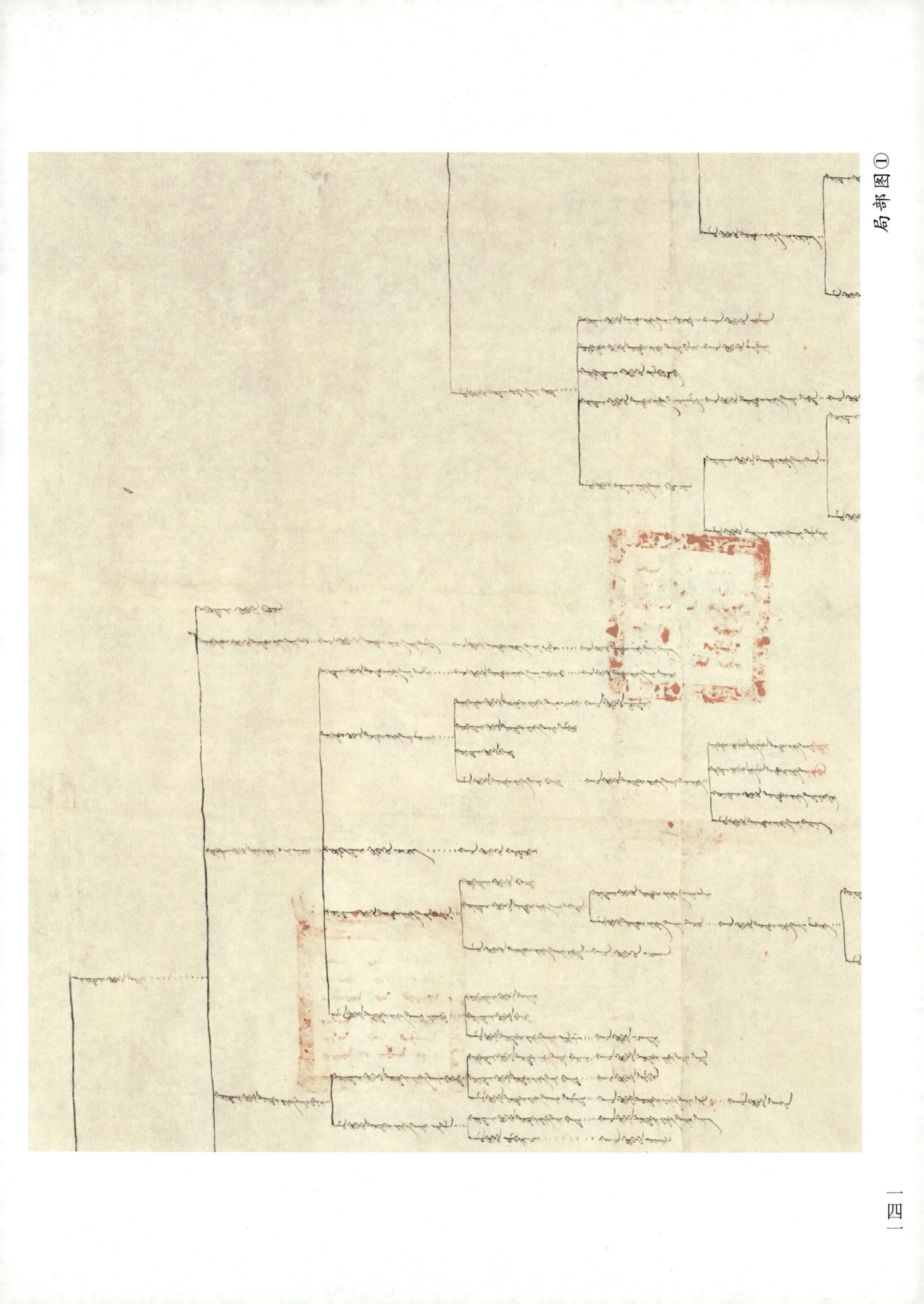

局部图①

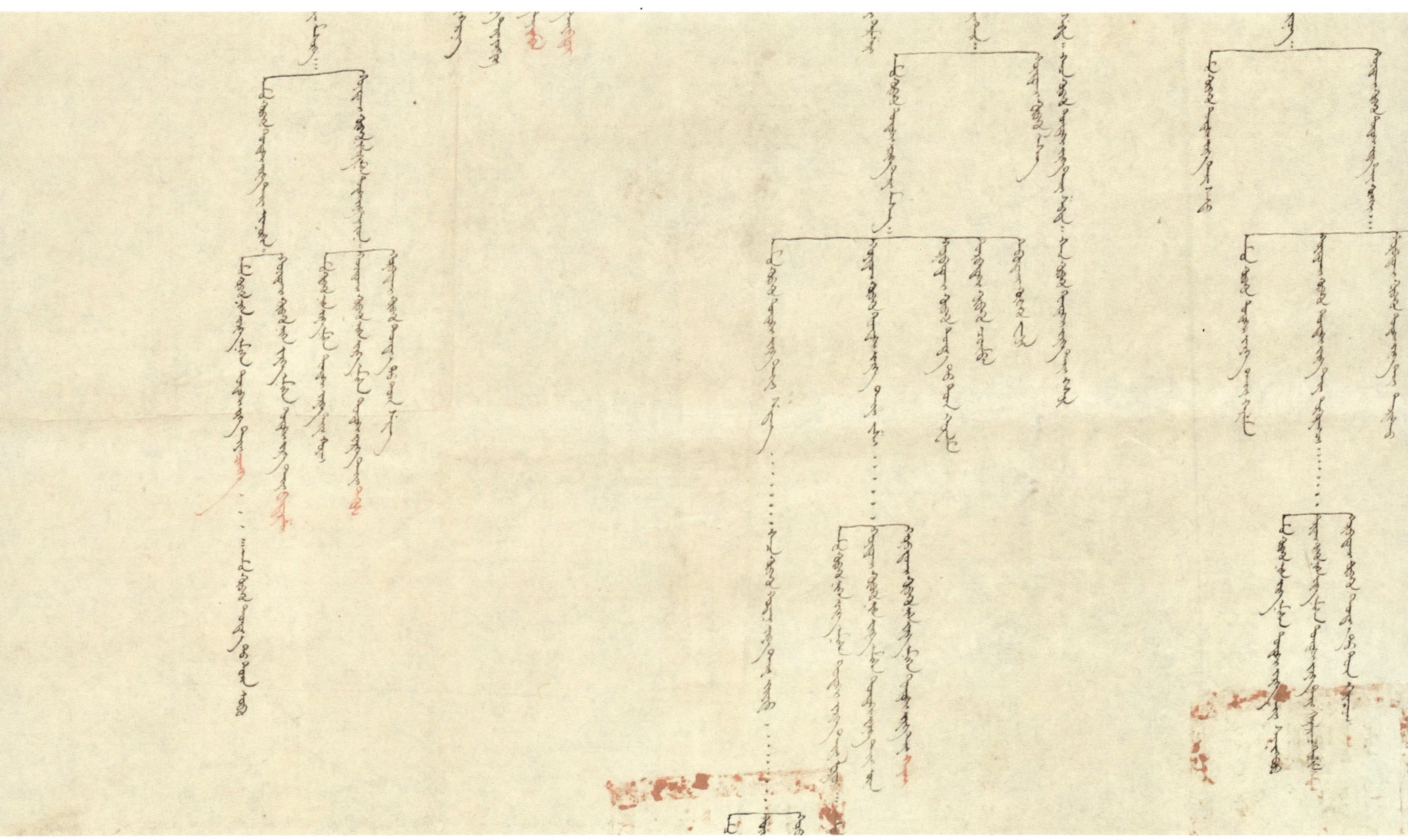

局部图②

局部图③

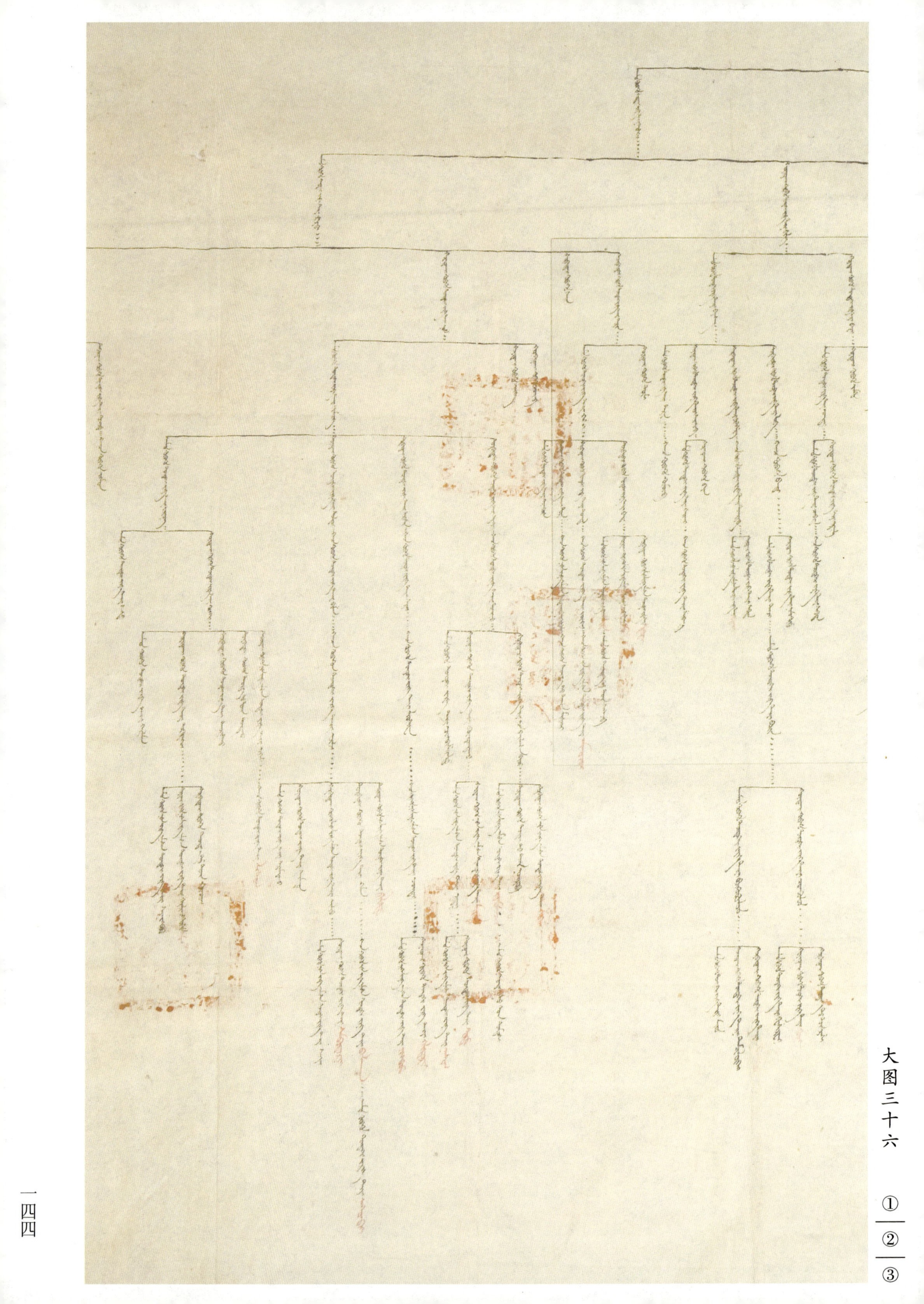

大图三十六

①
②
③

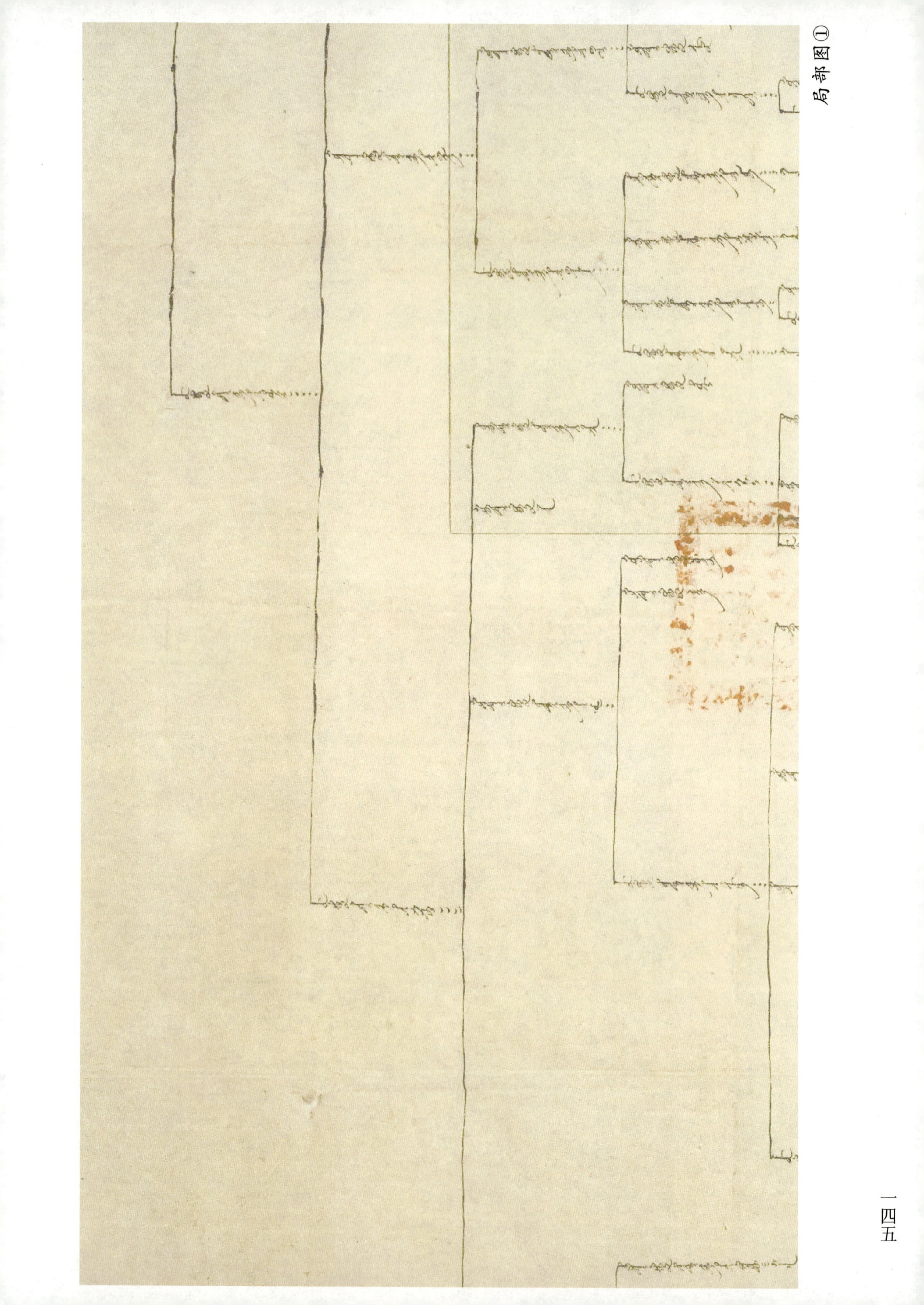

局部图①

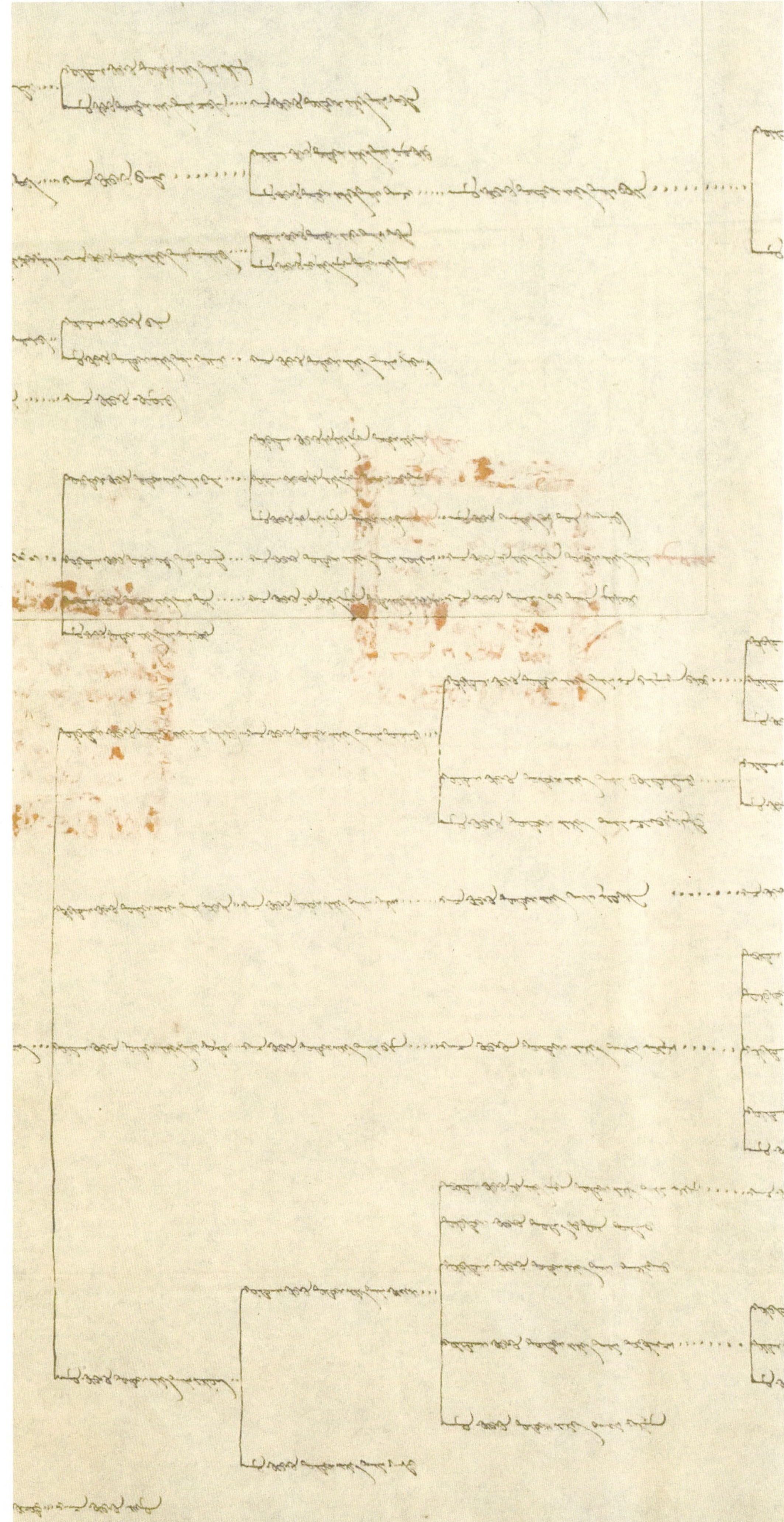

局部图②

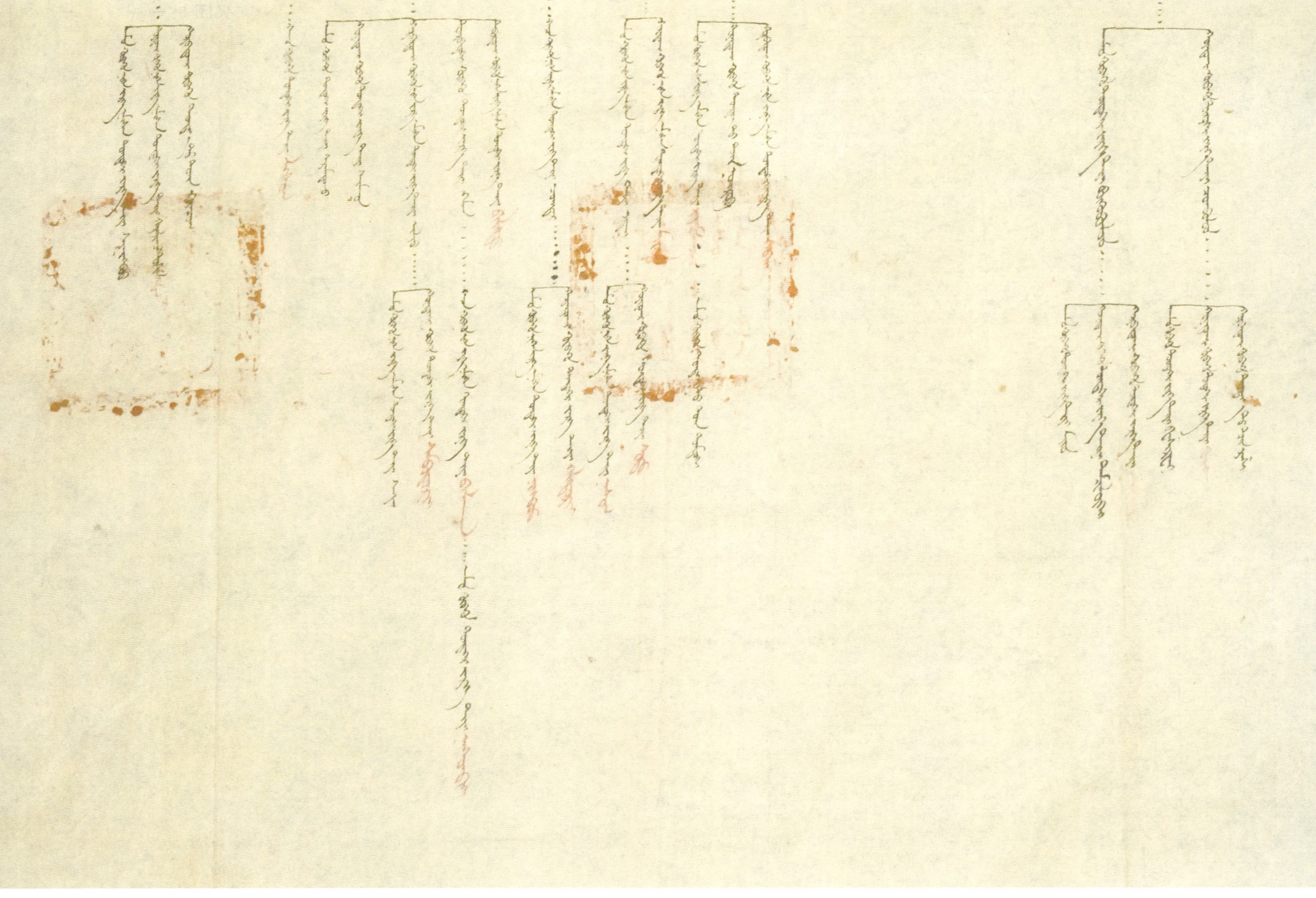

局部图③

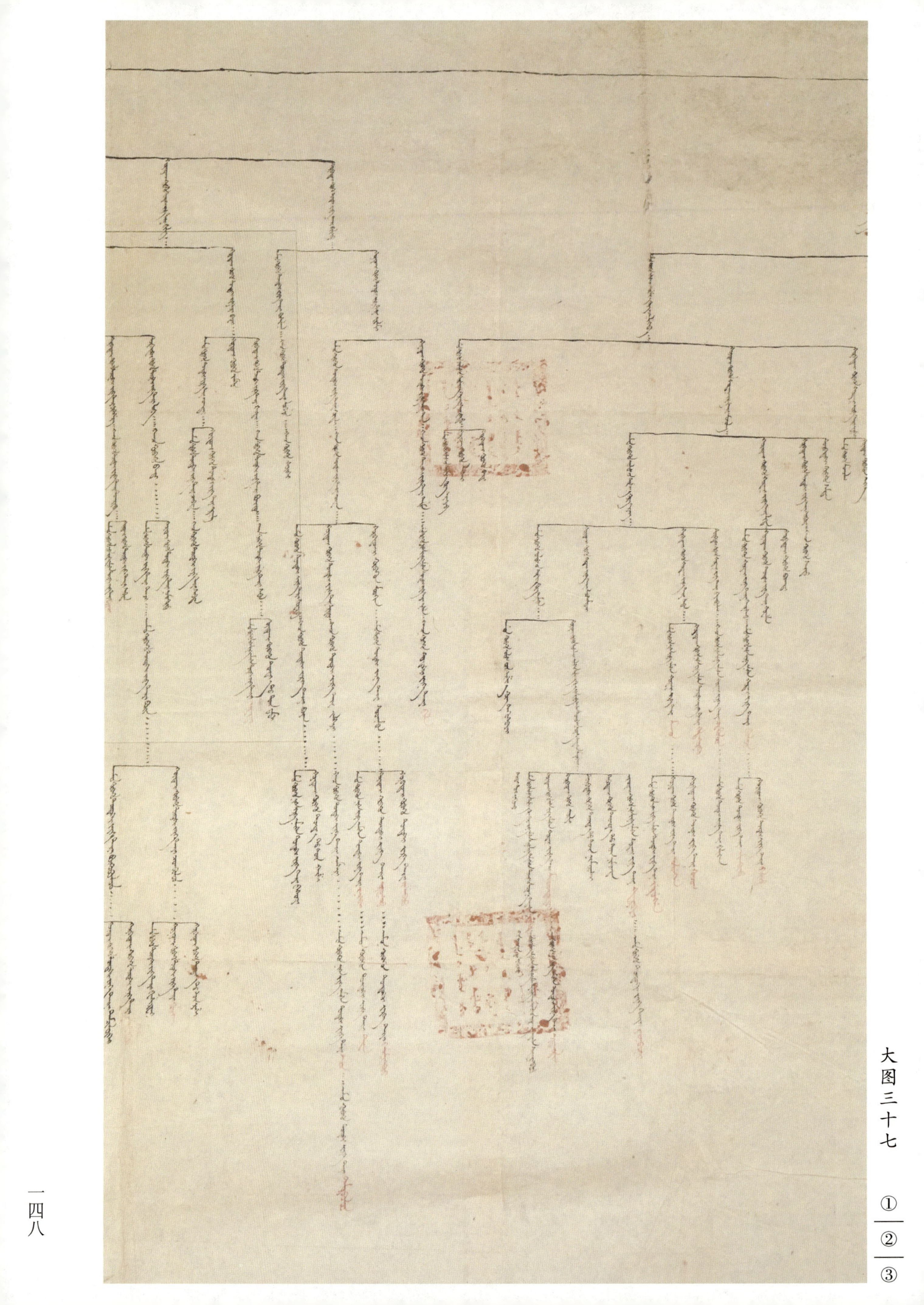

大图三十七

①
②
③

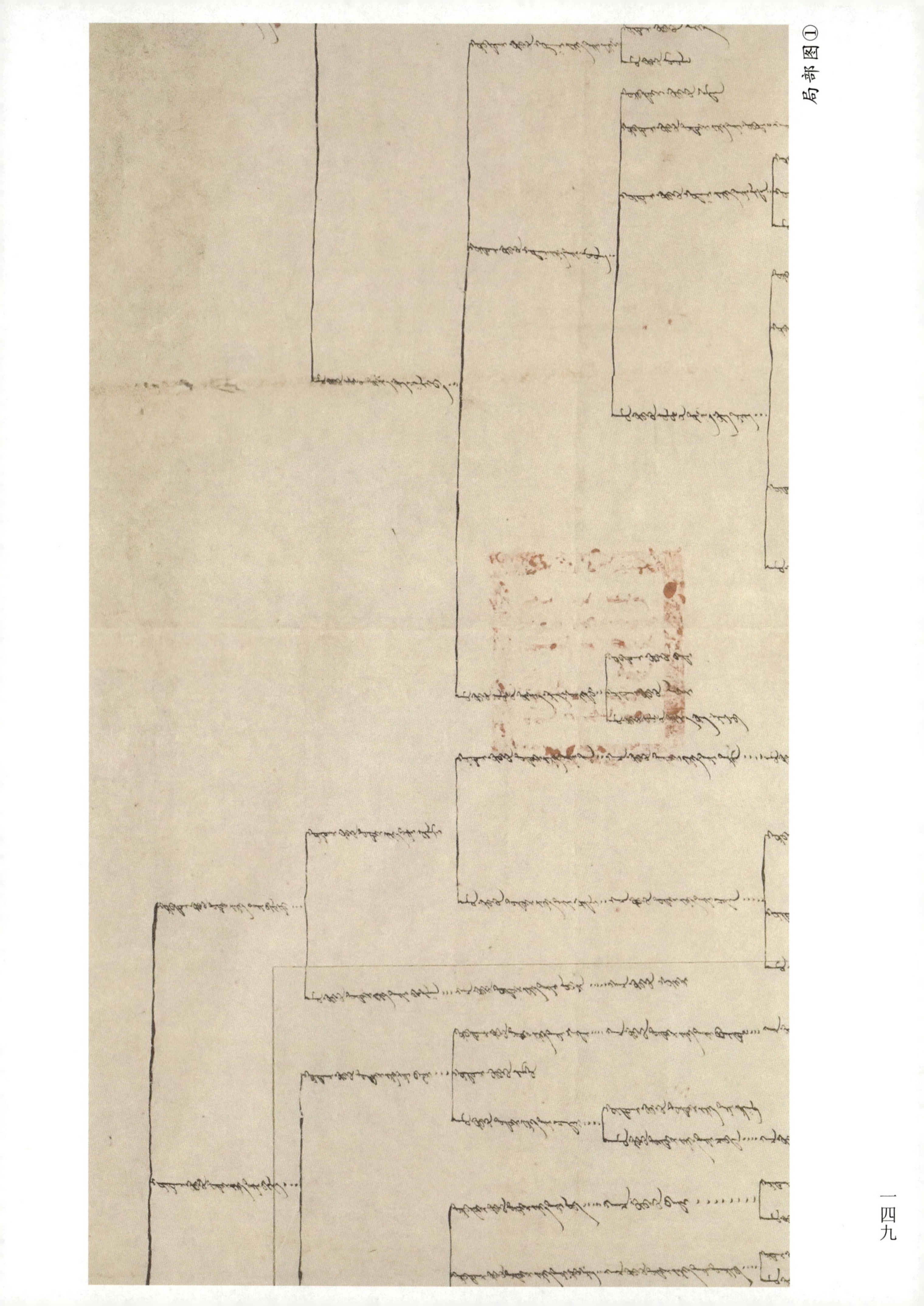

局部图①

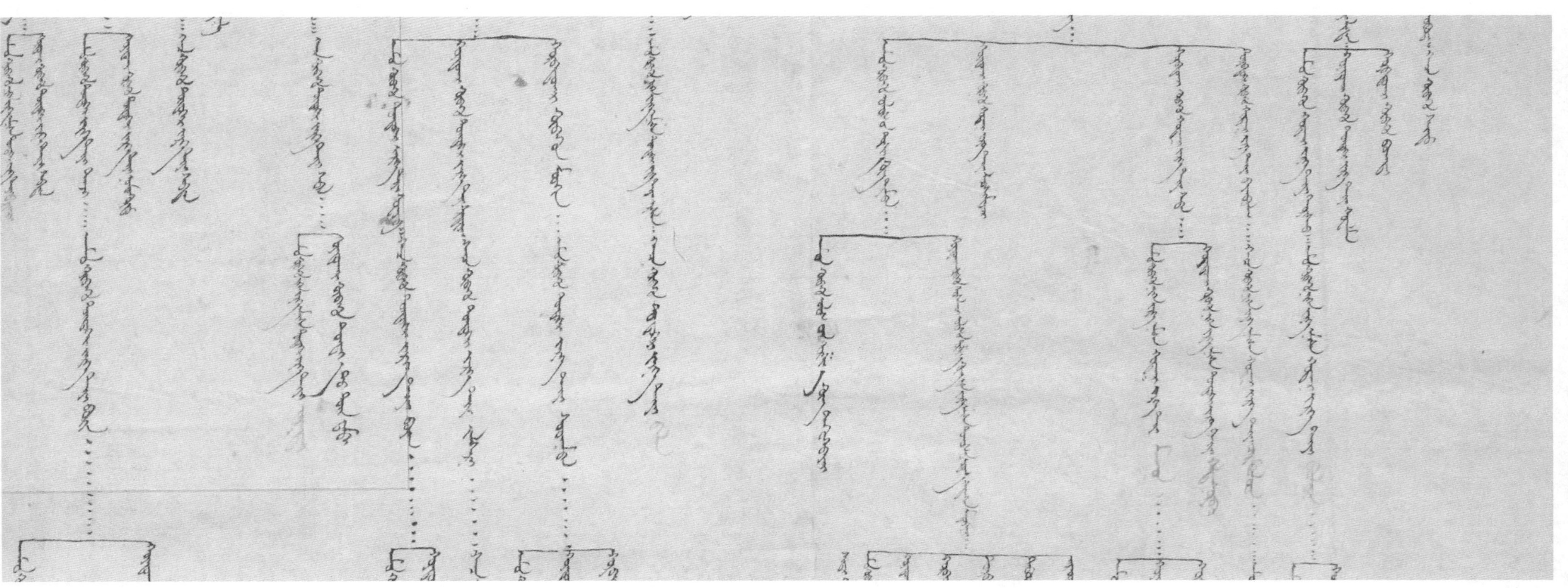

局部图②

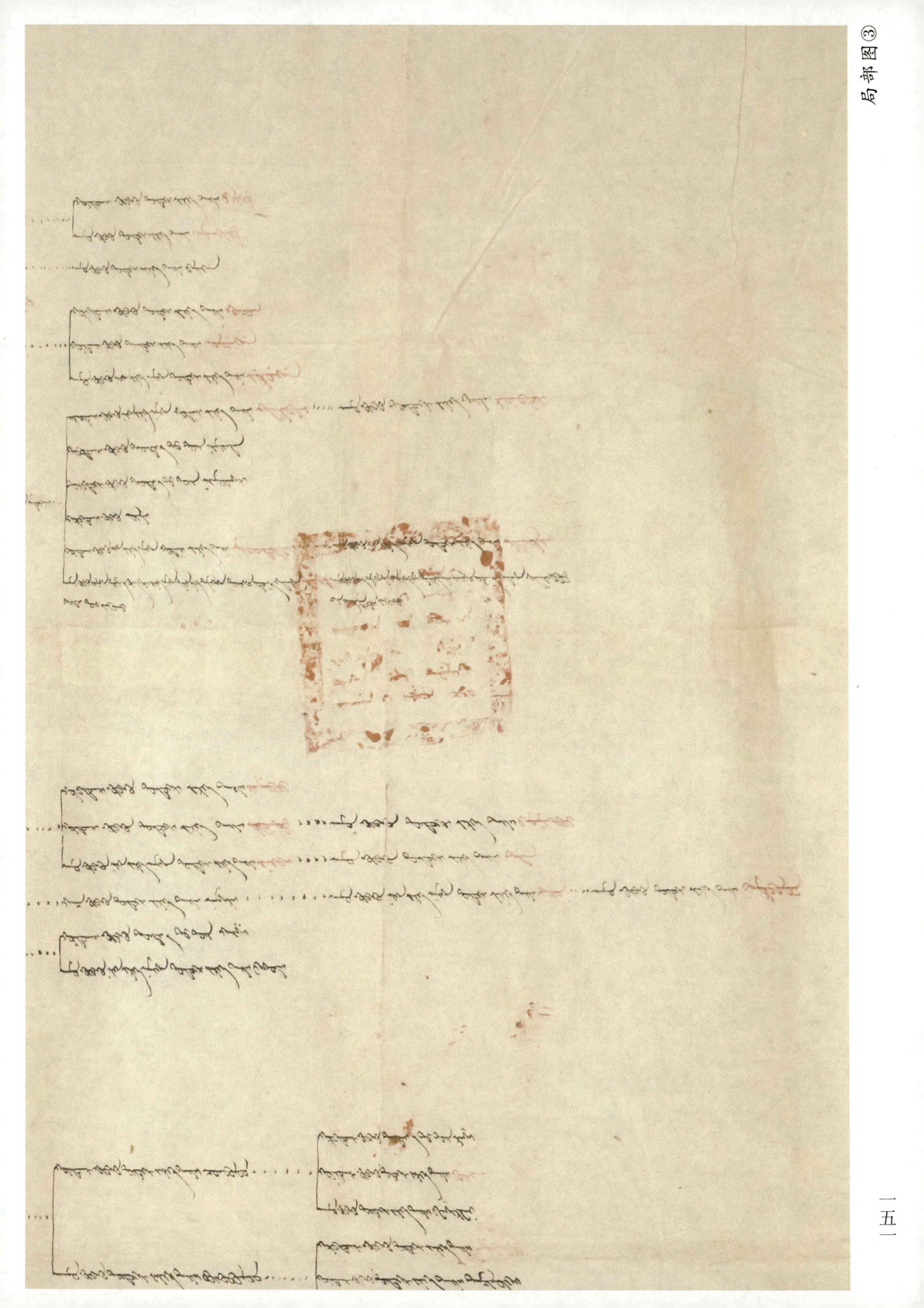

局部图③

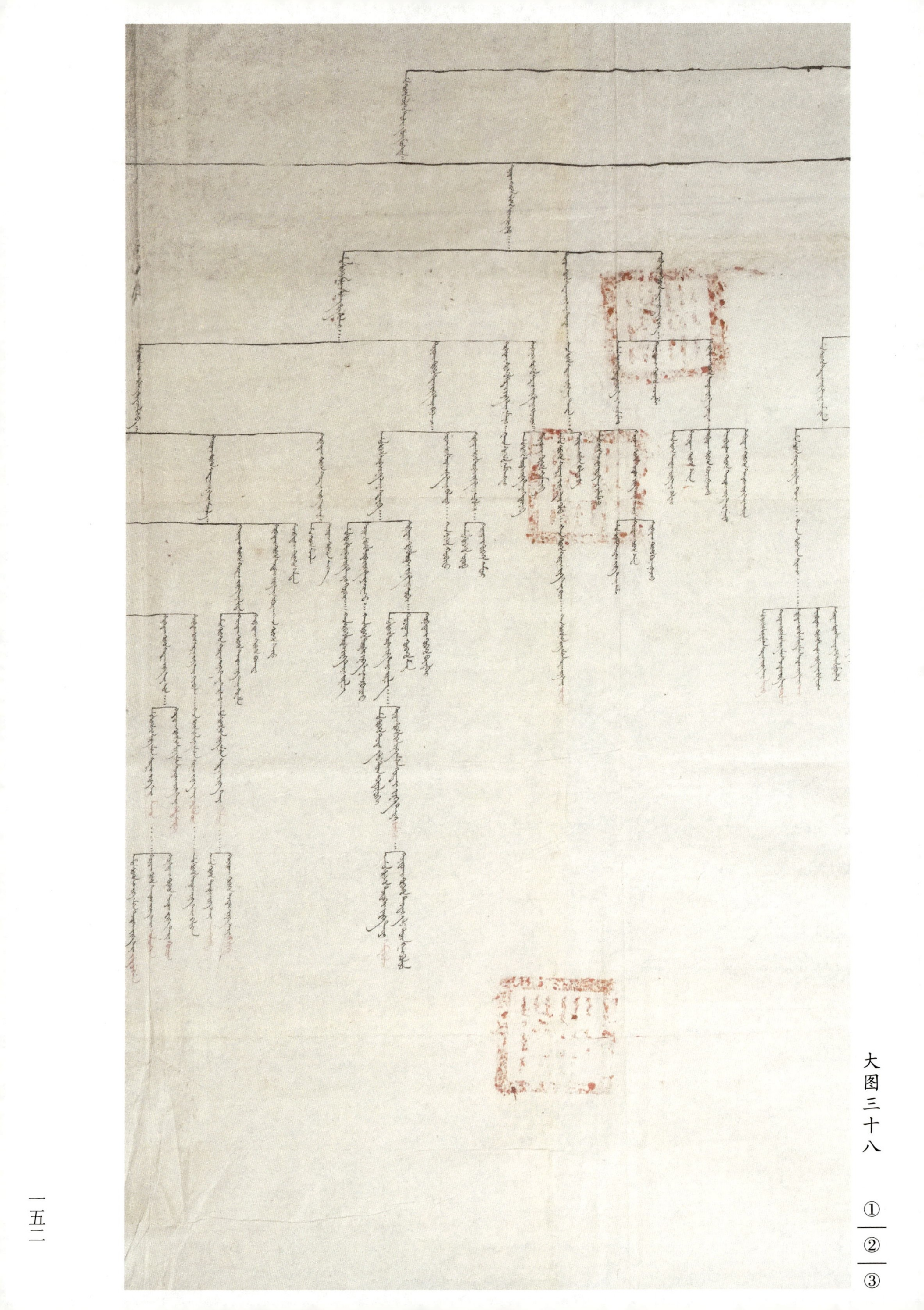

大图三十八 ①—②—③

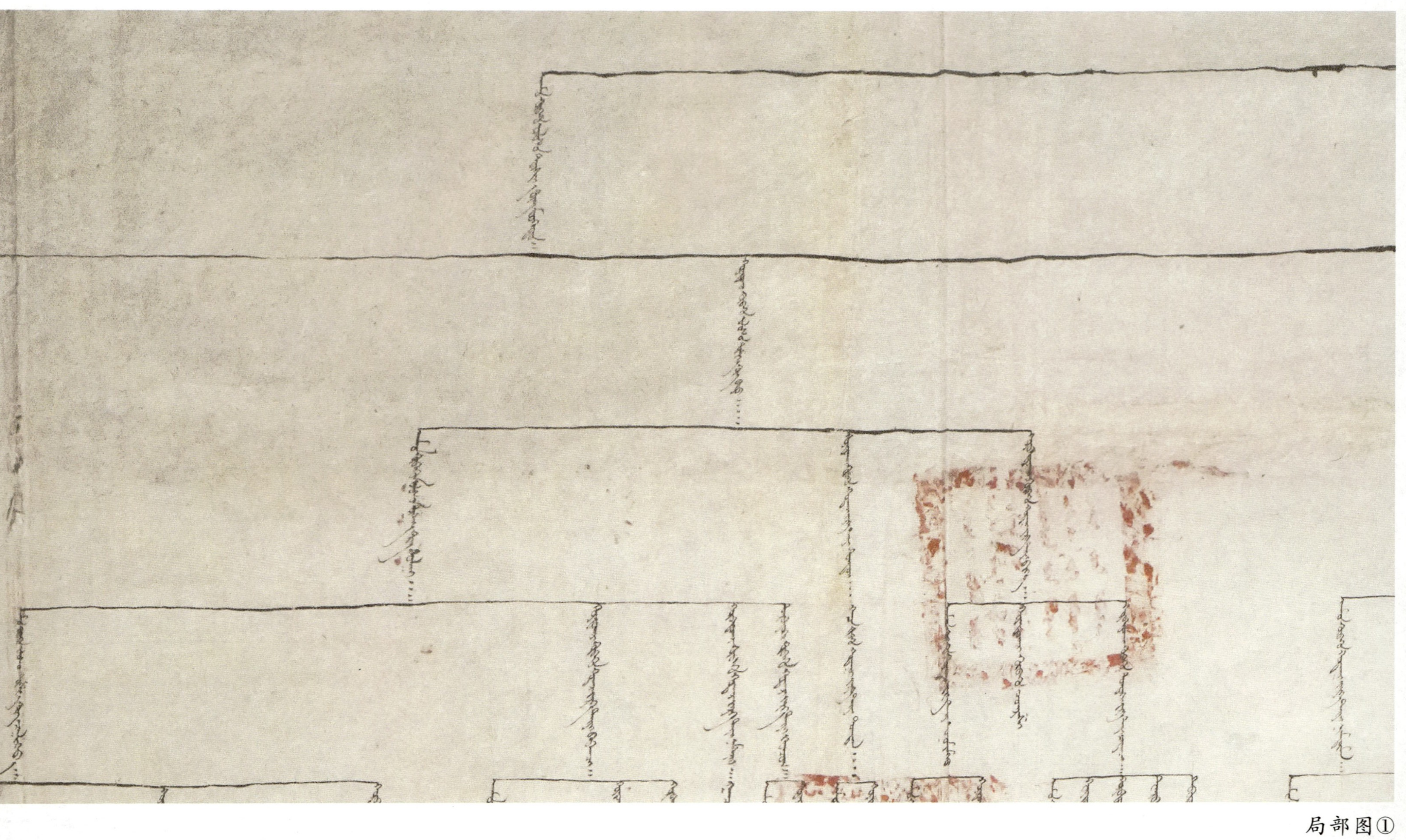

局部图①

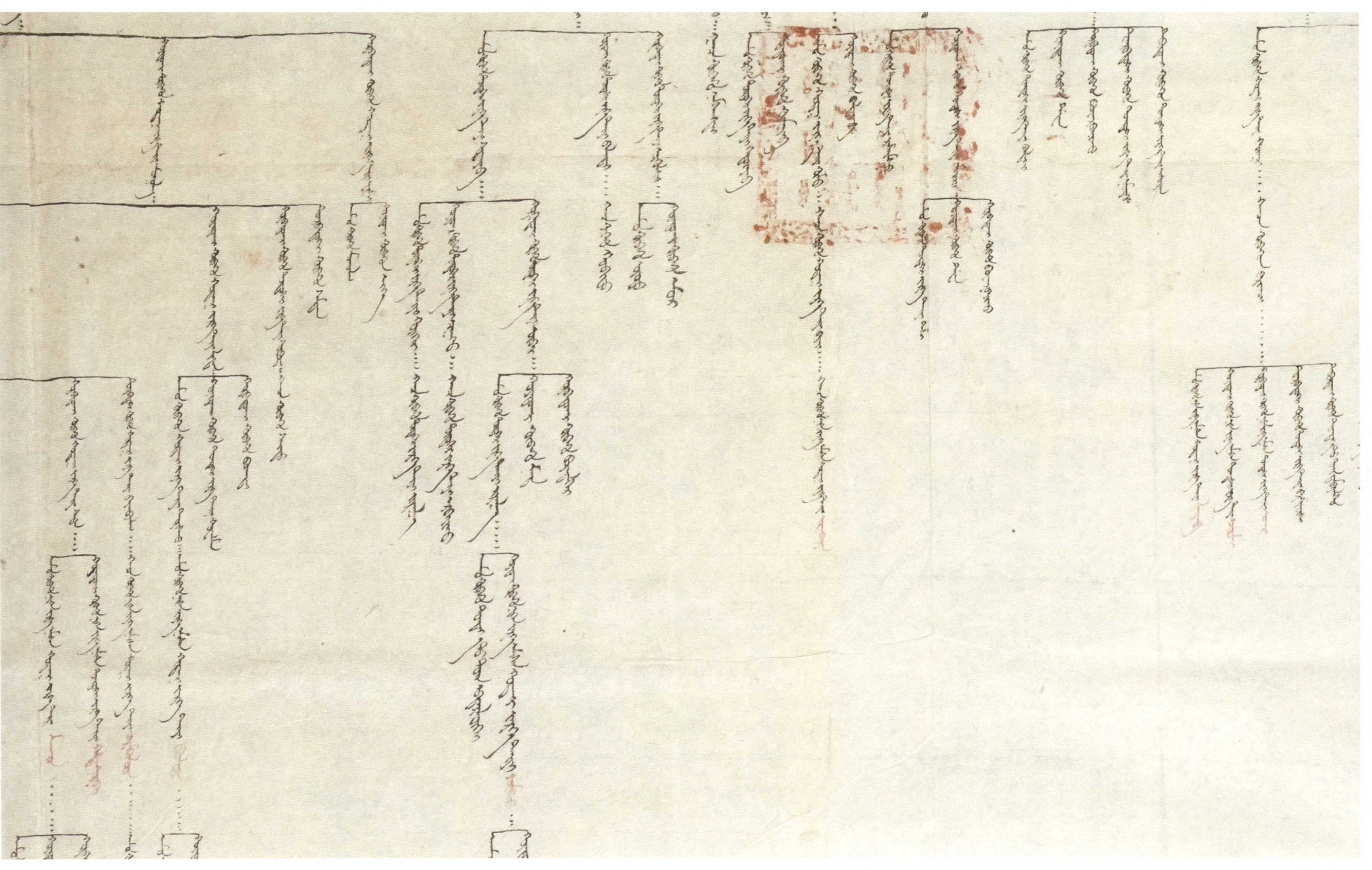

局部图②

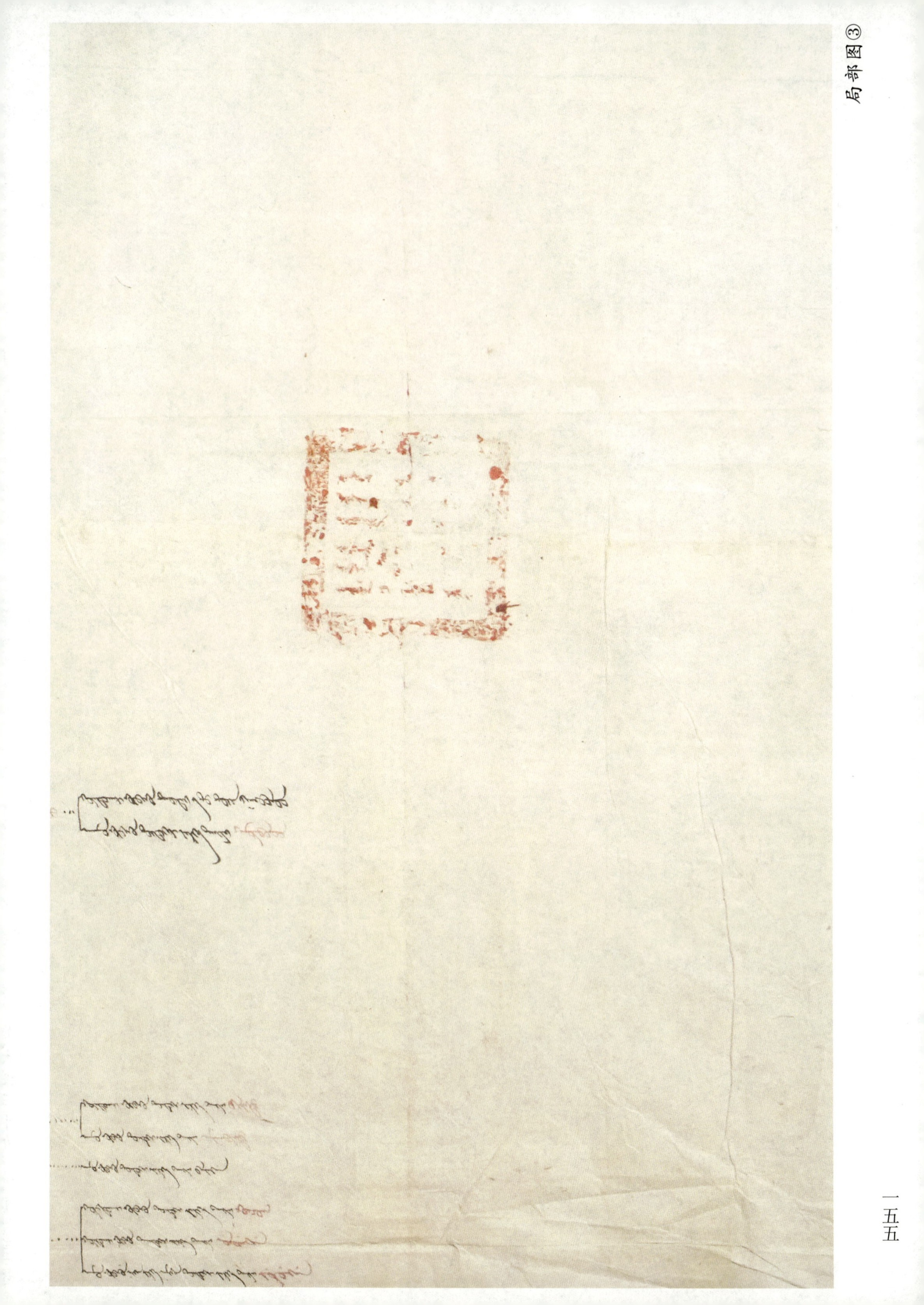

局部图③

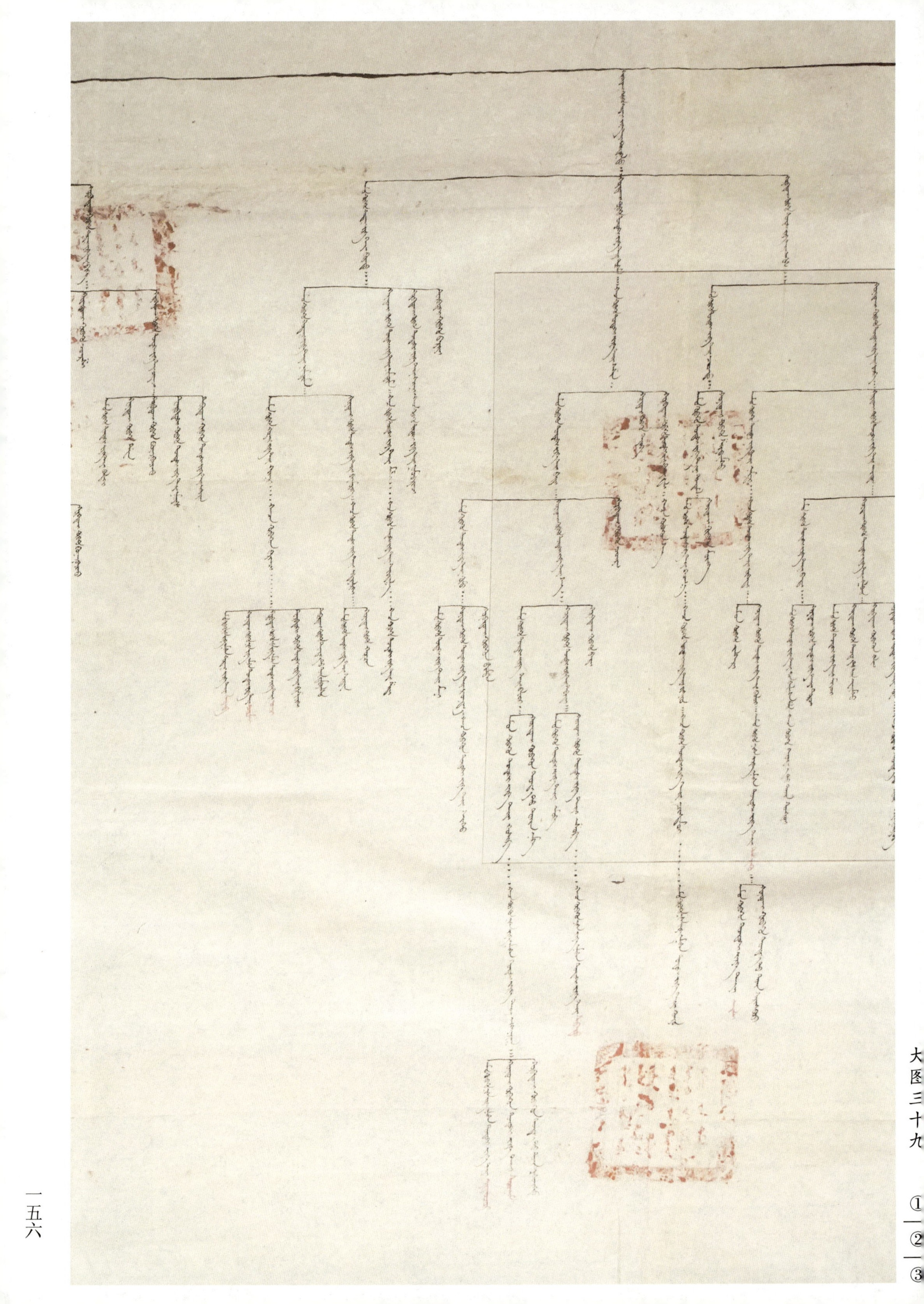

大图三十九 ①—②—③

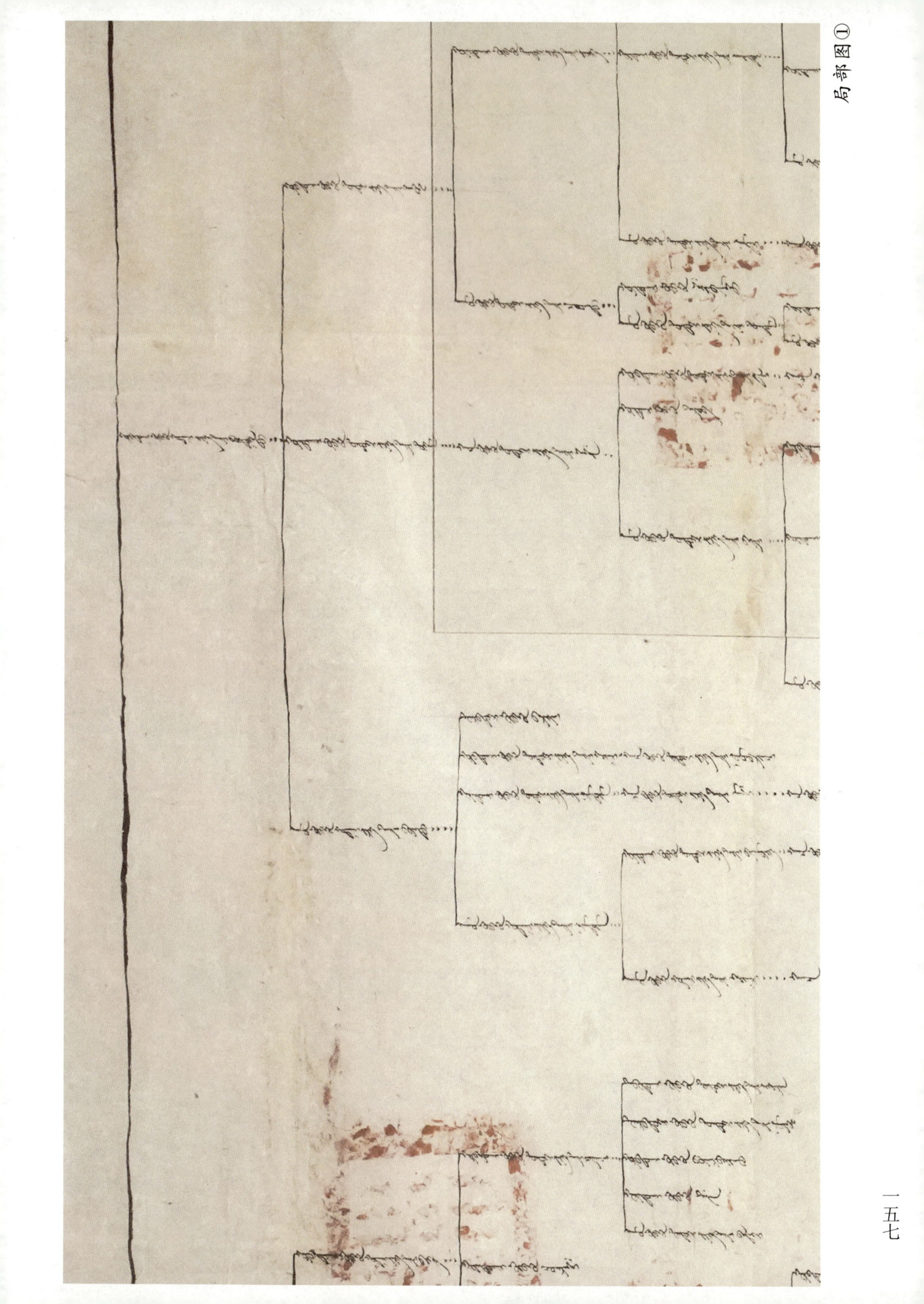

局部图①

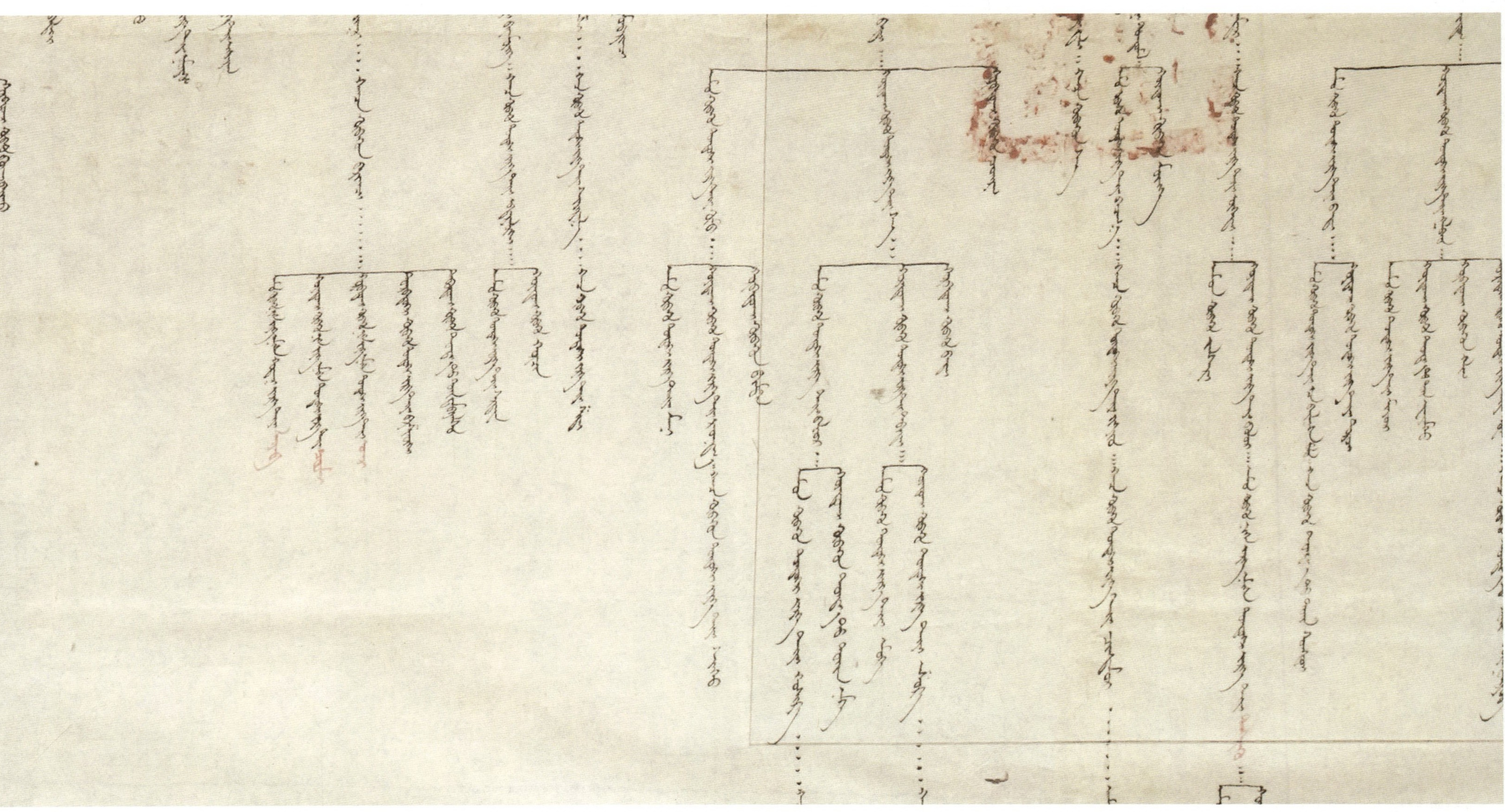

局部图②

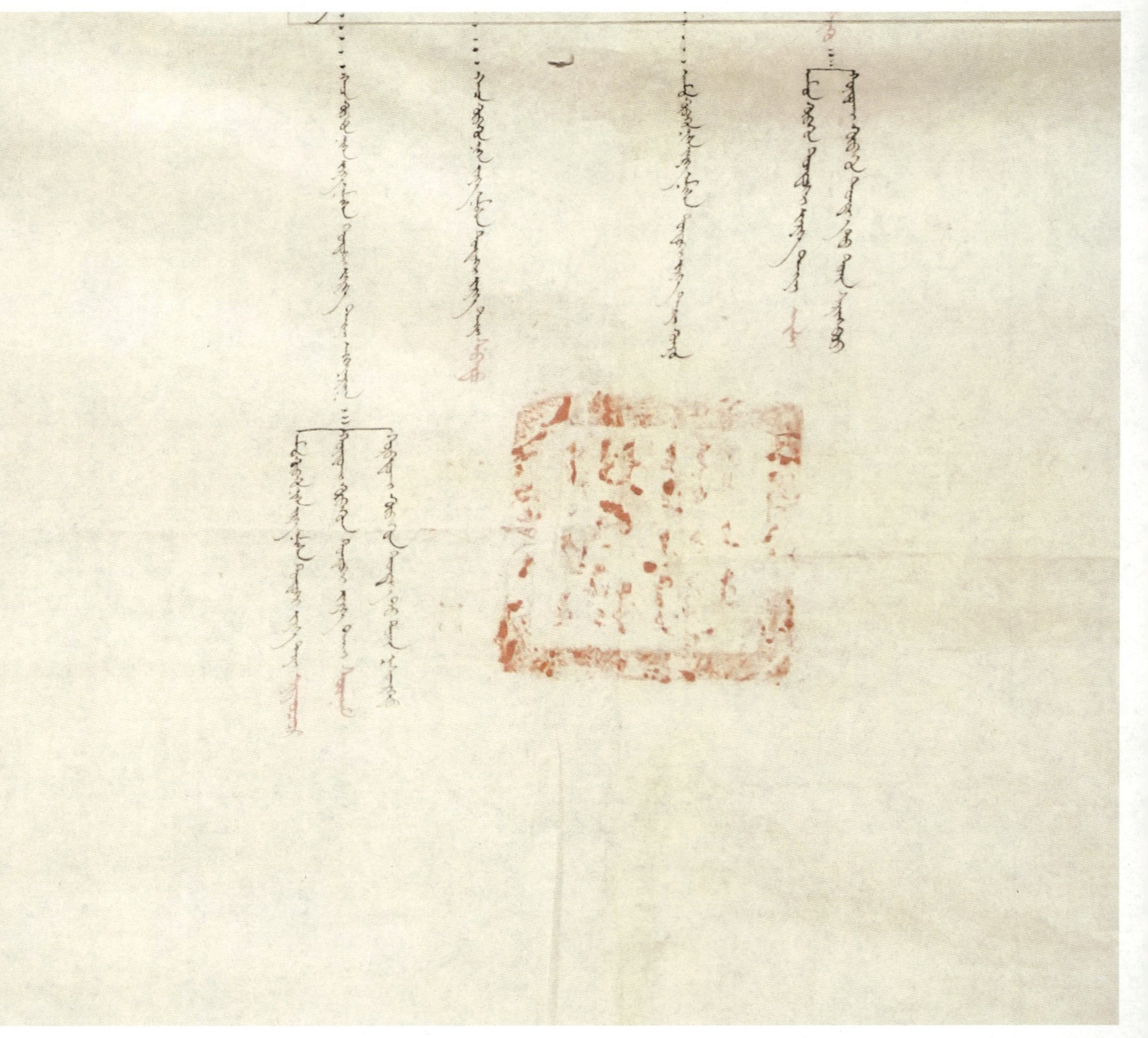

局部图③

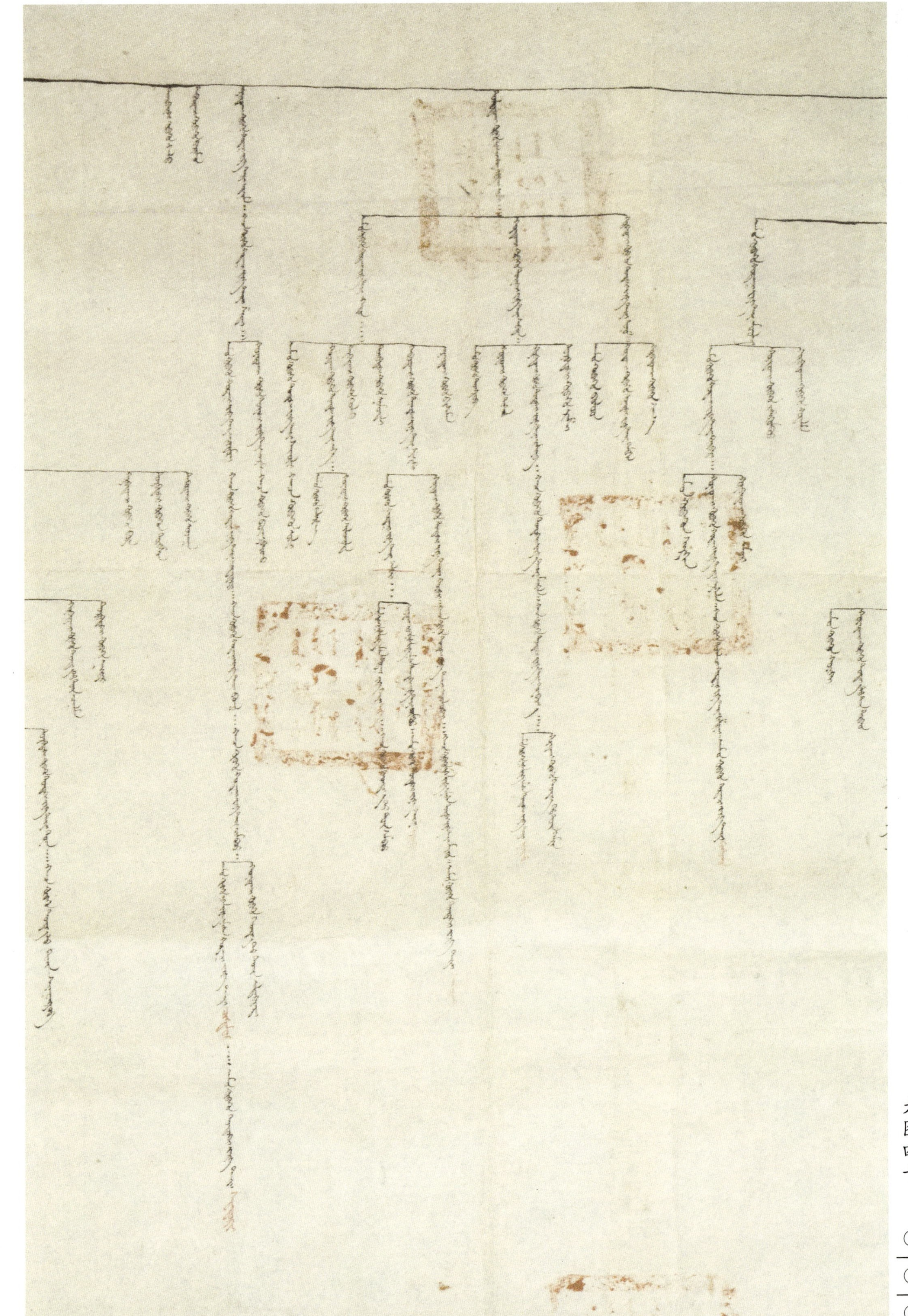

大图四十

①—②—③

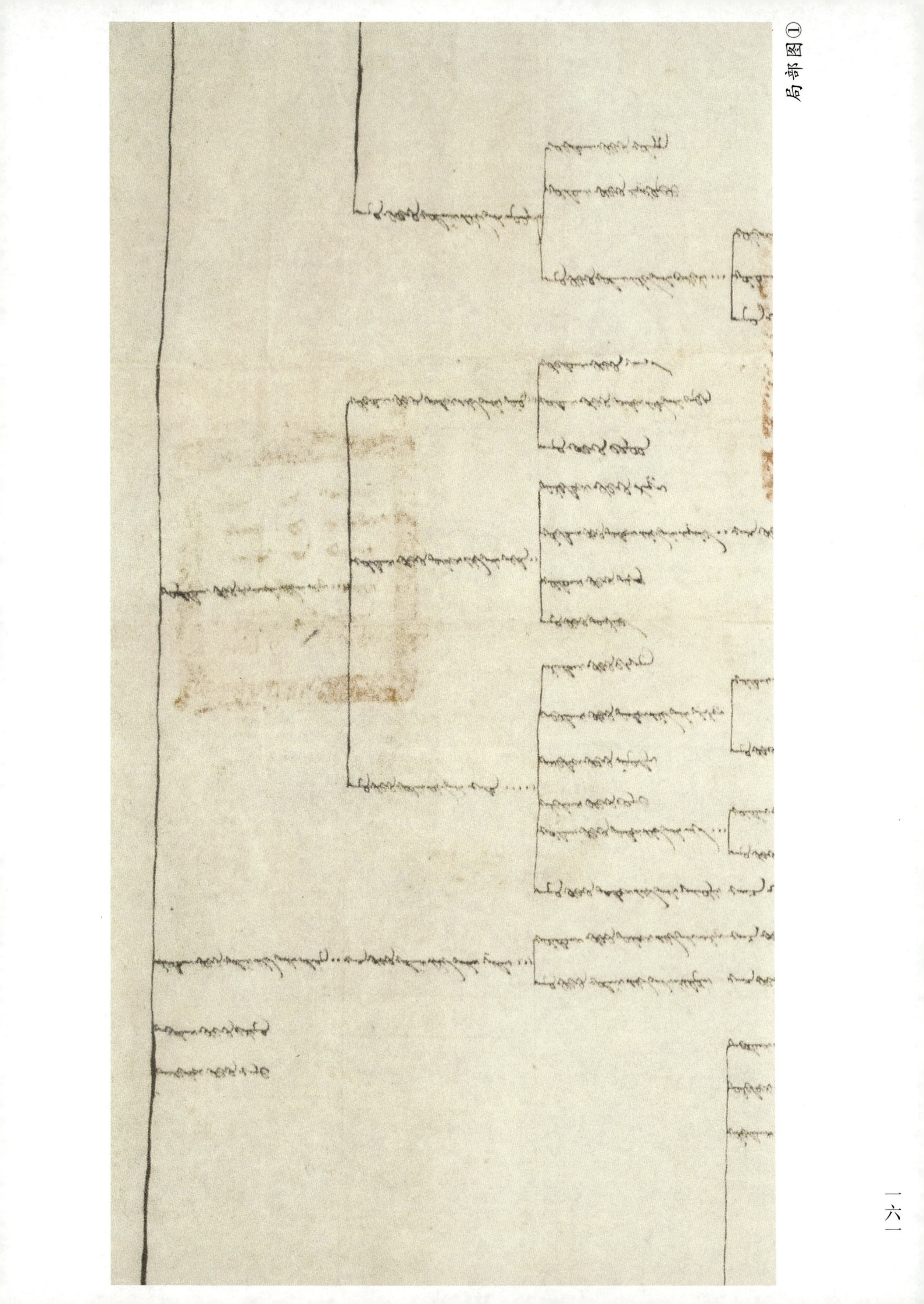

局部图①

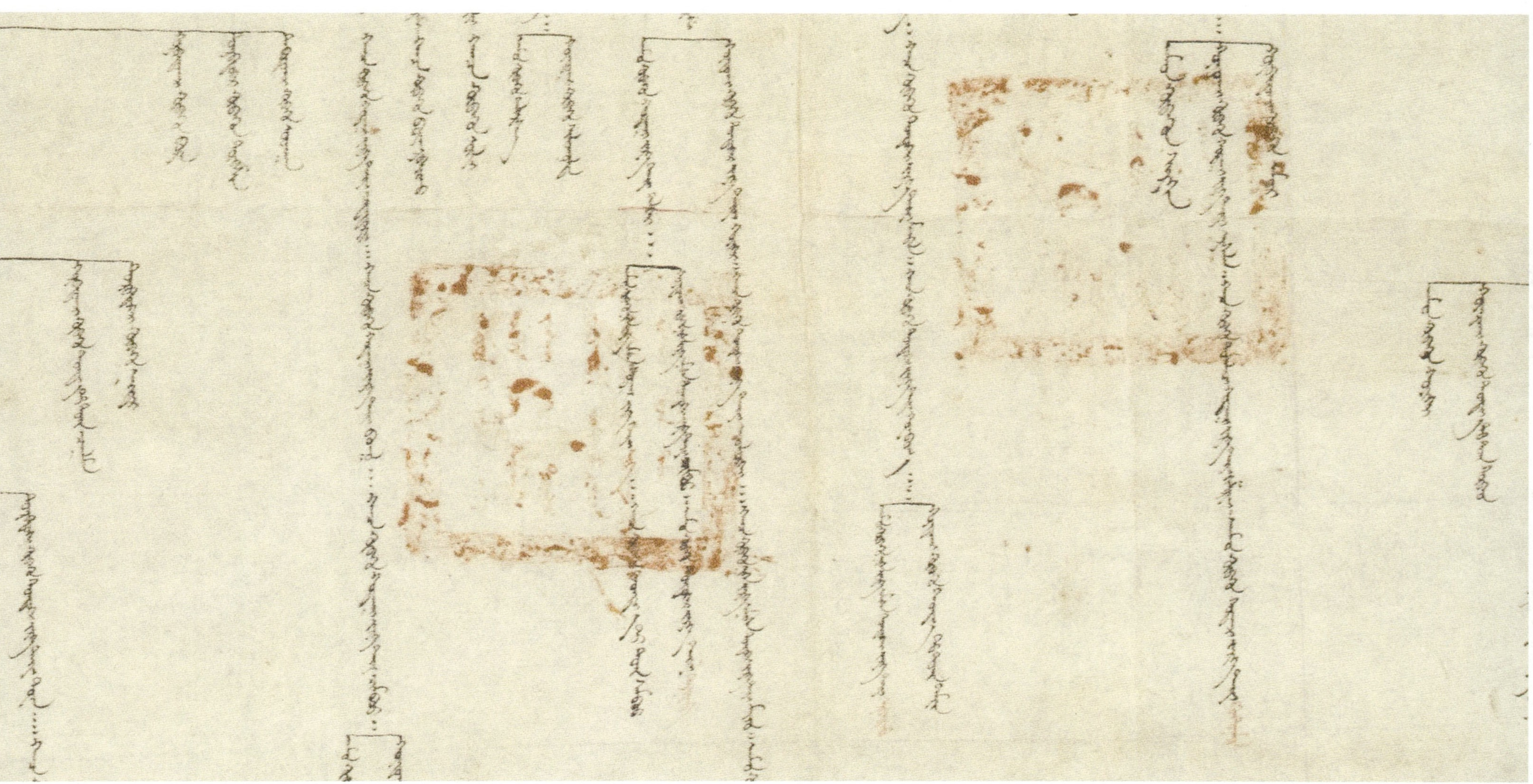

局部图②

局部图③

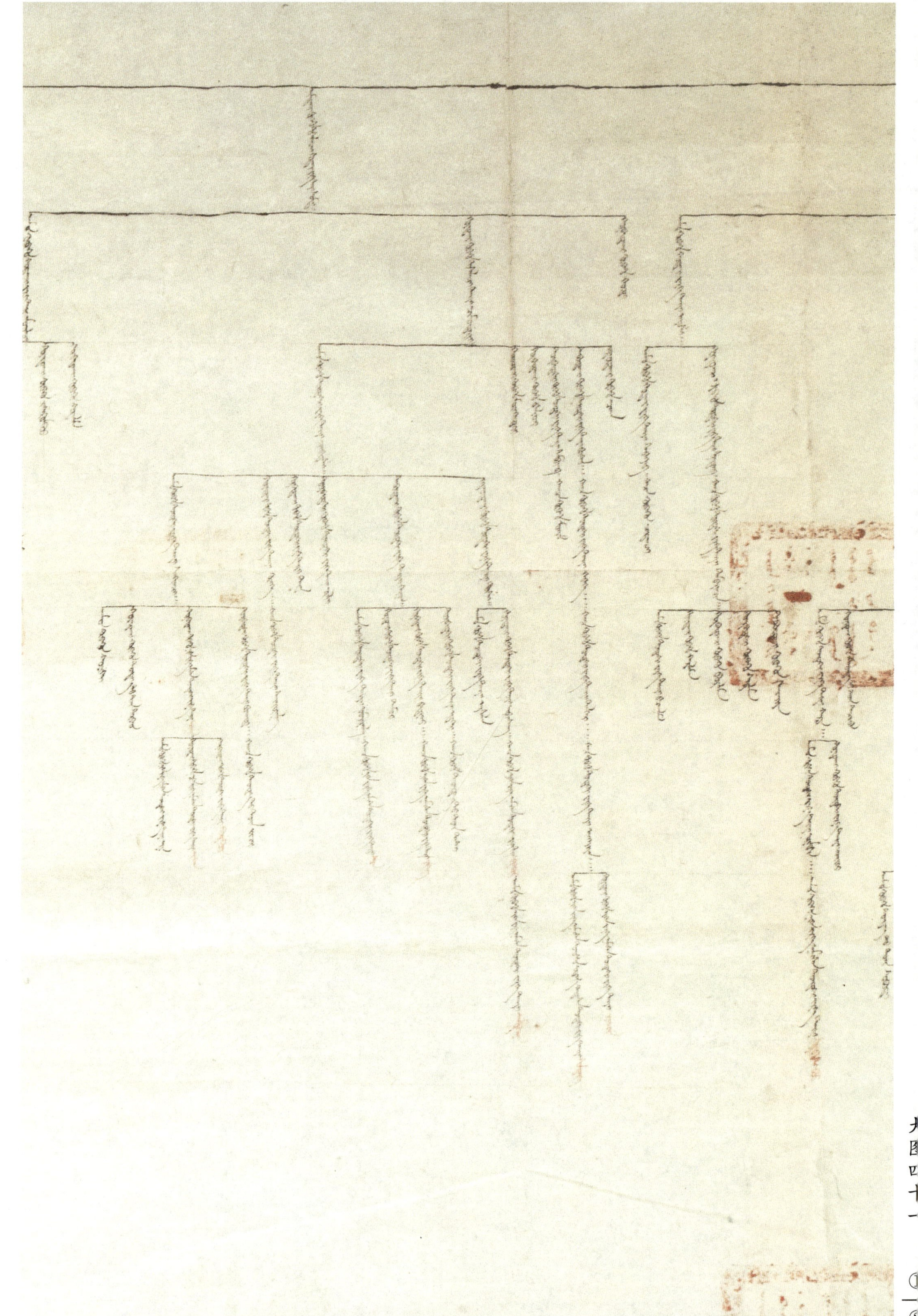

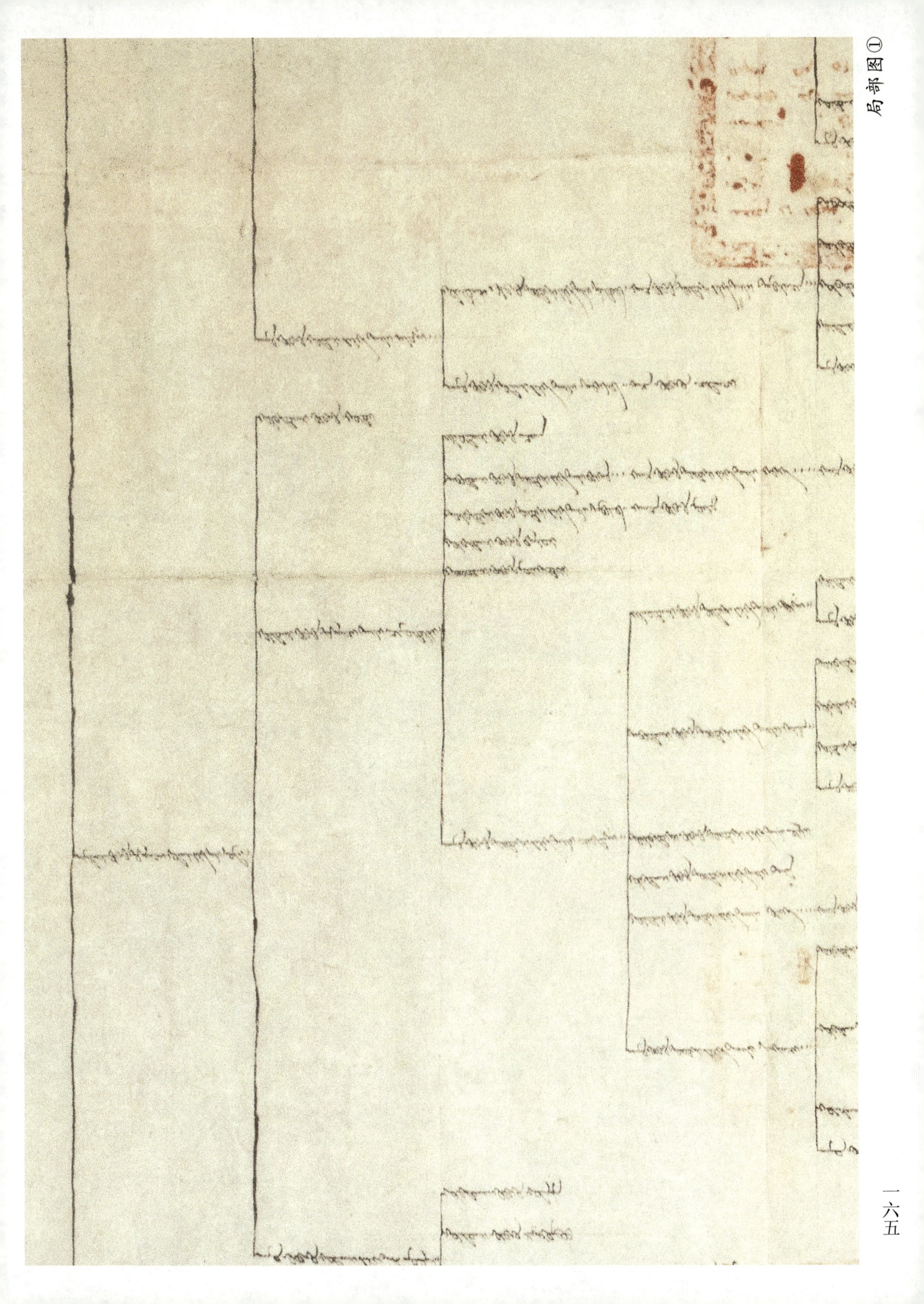

局部图①

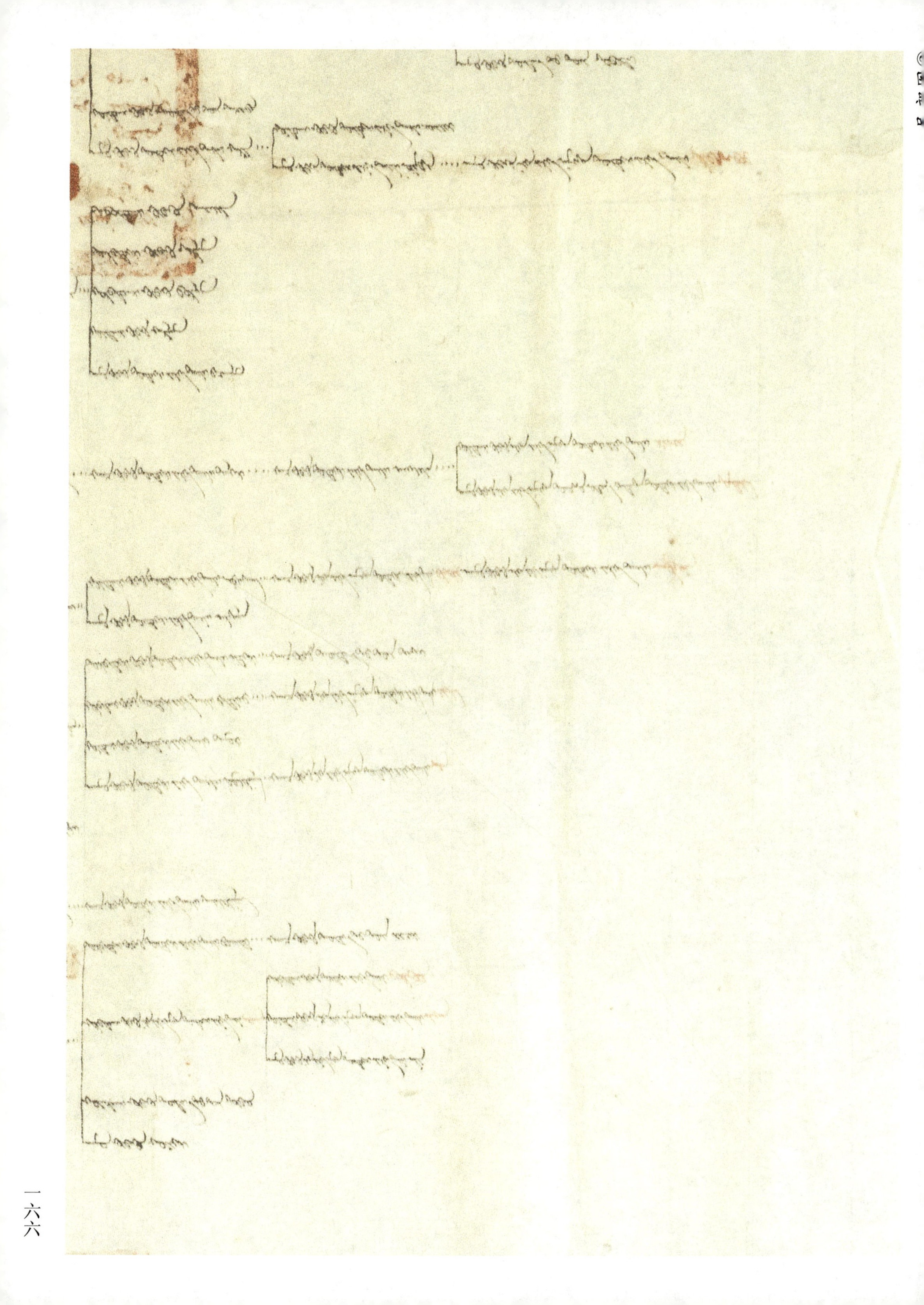

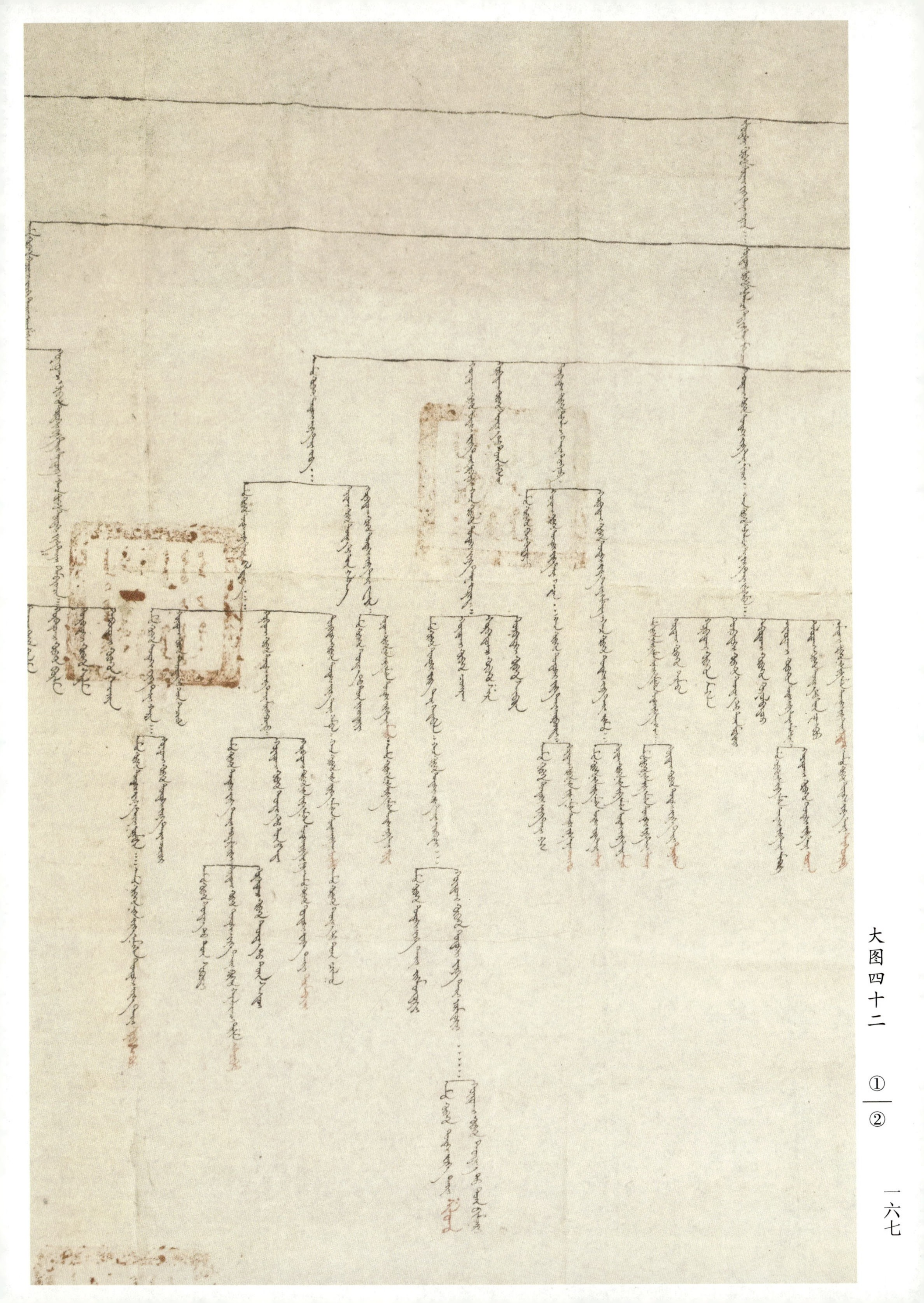

大图四十二

①
—
②

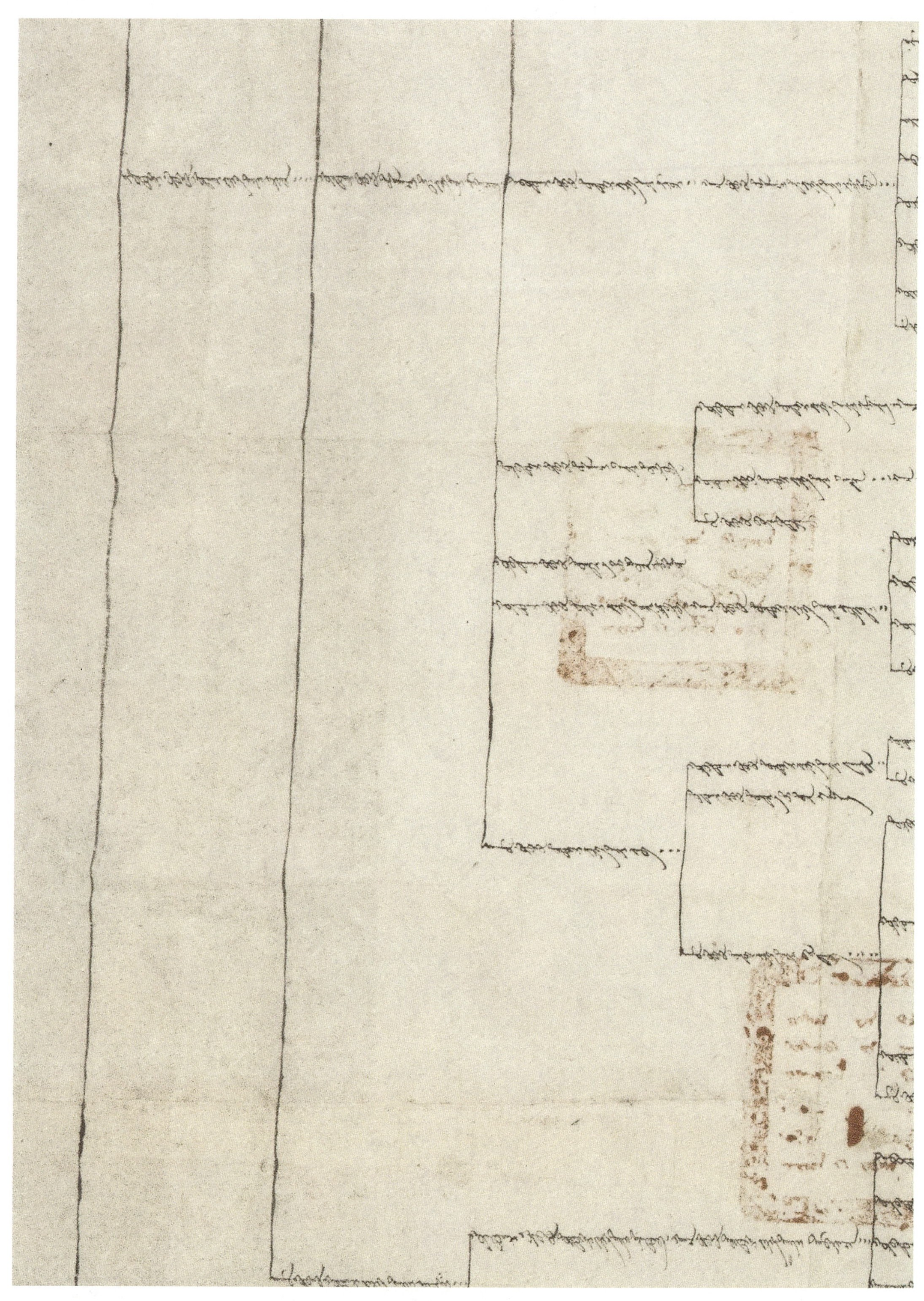

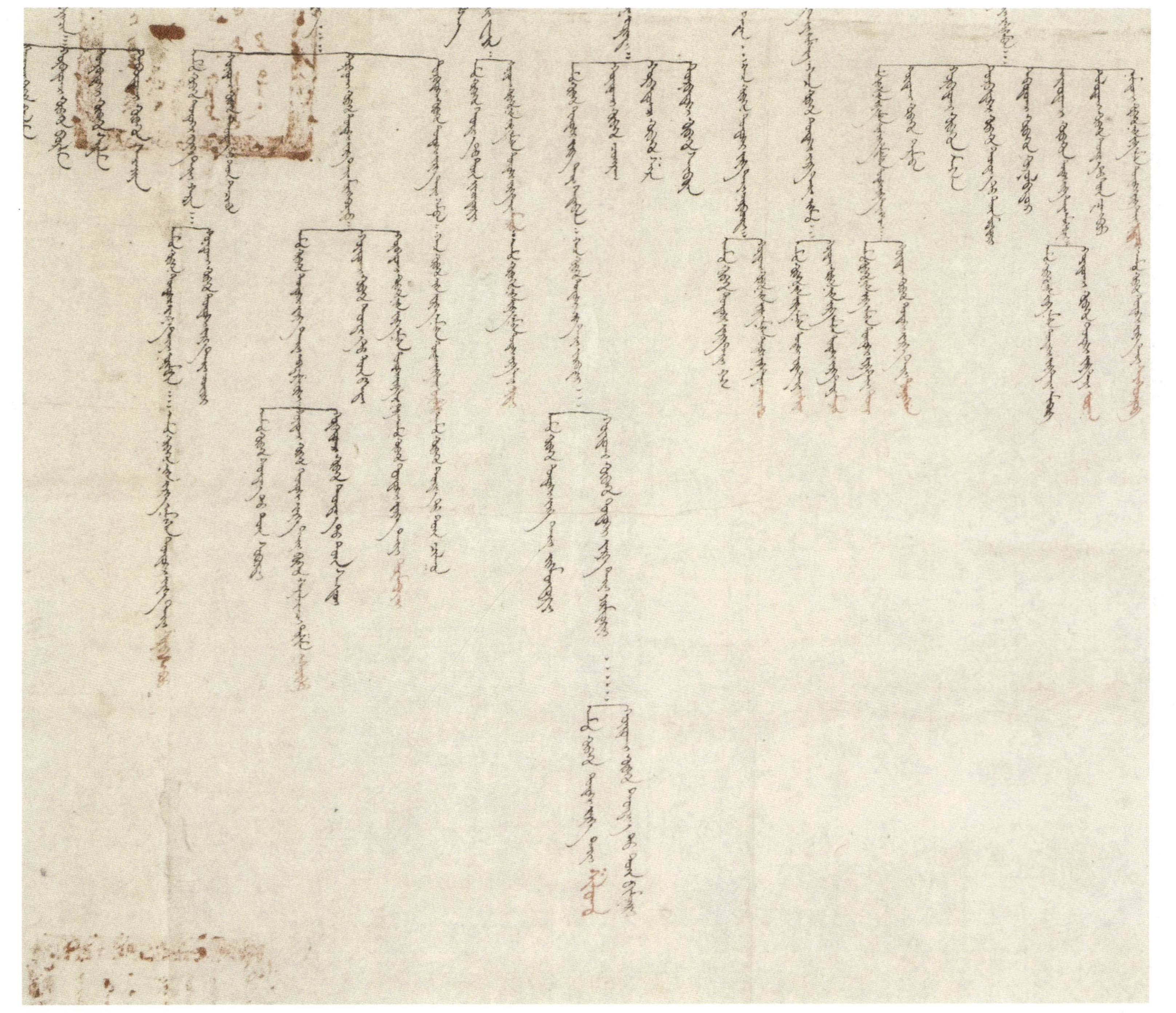

局部图②

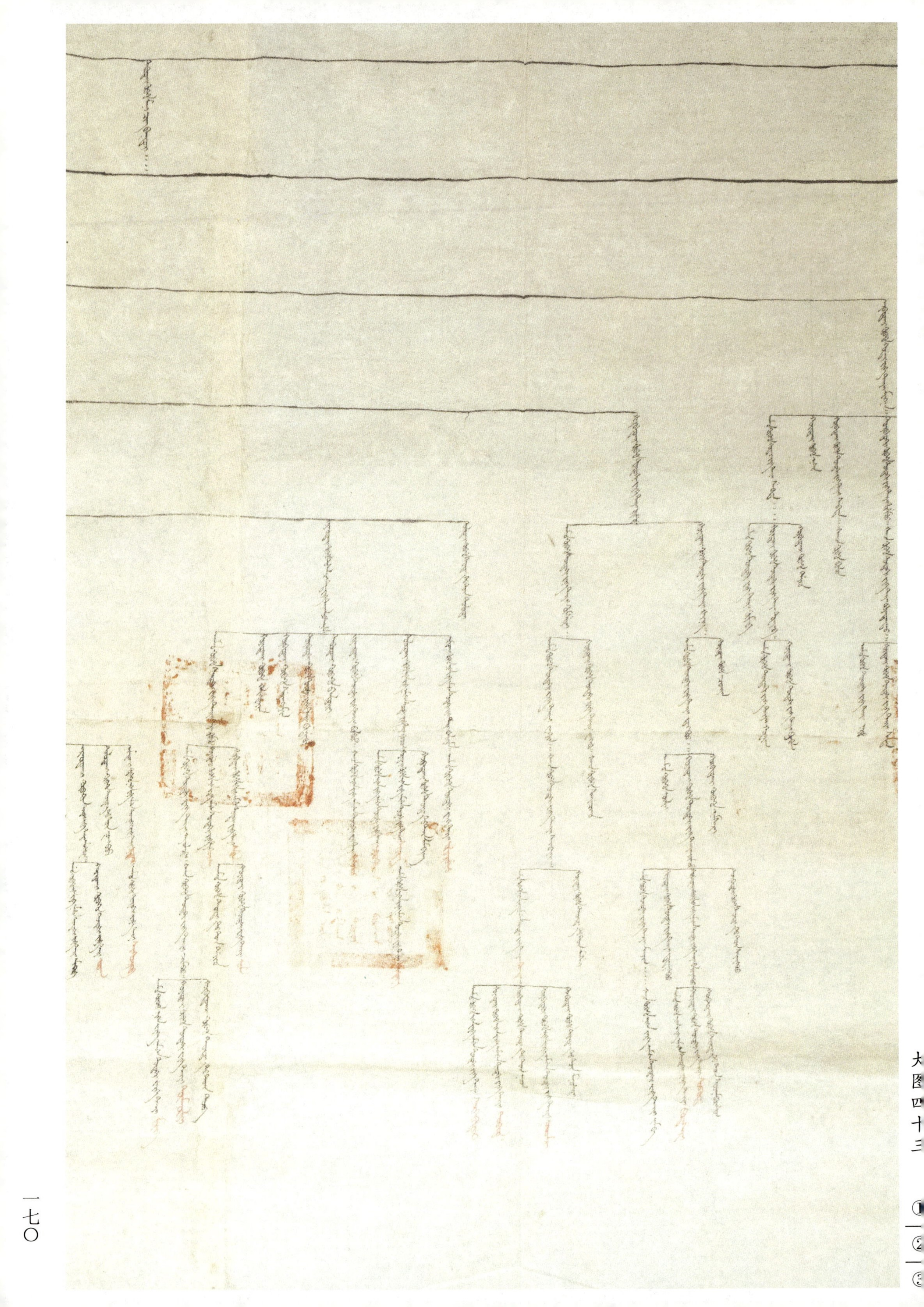

大图四十三

①—②—③

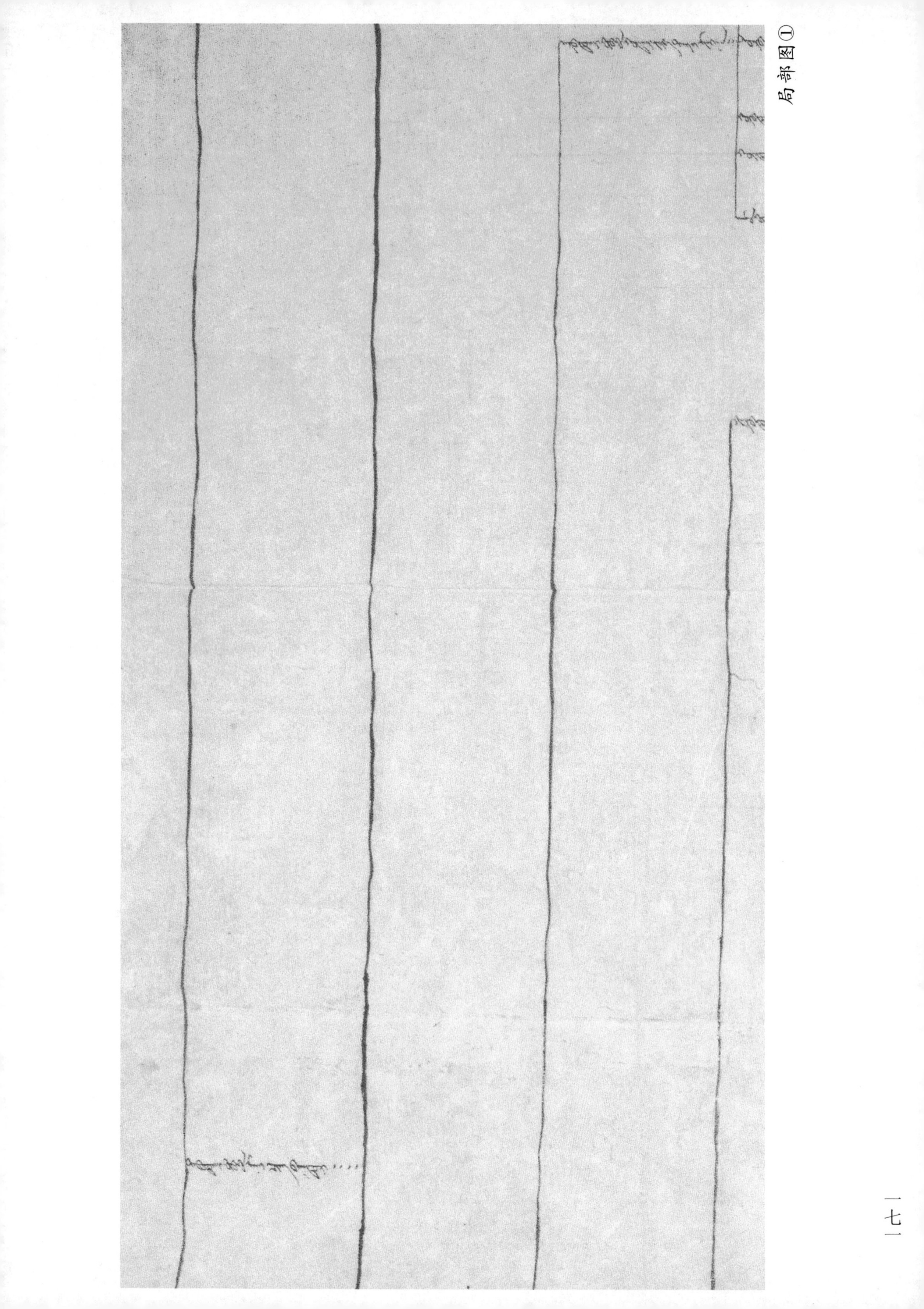

局部图①

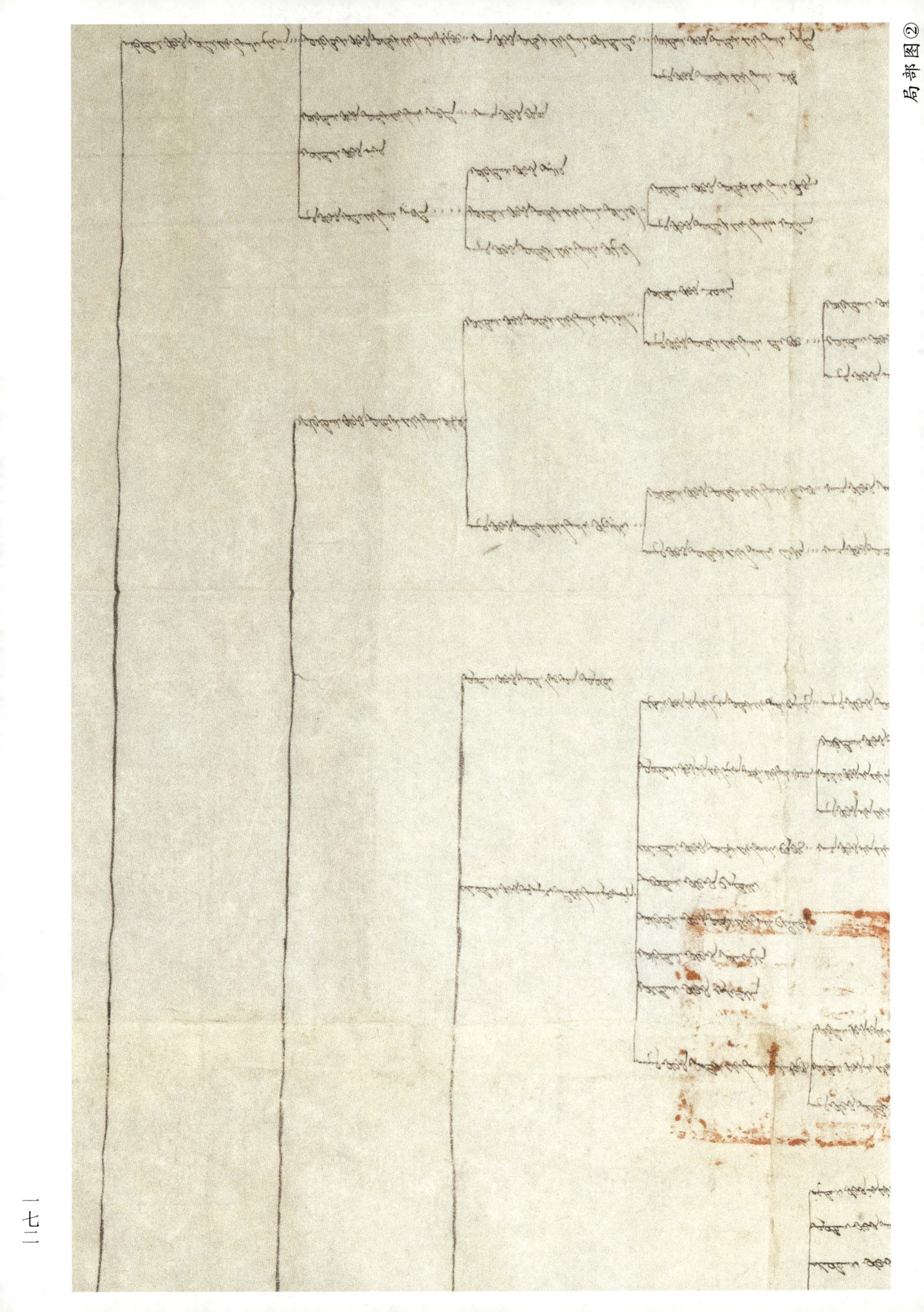

局部图②

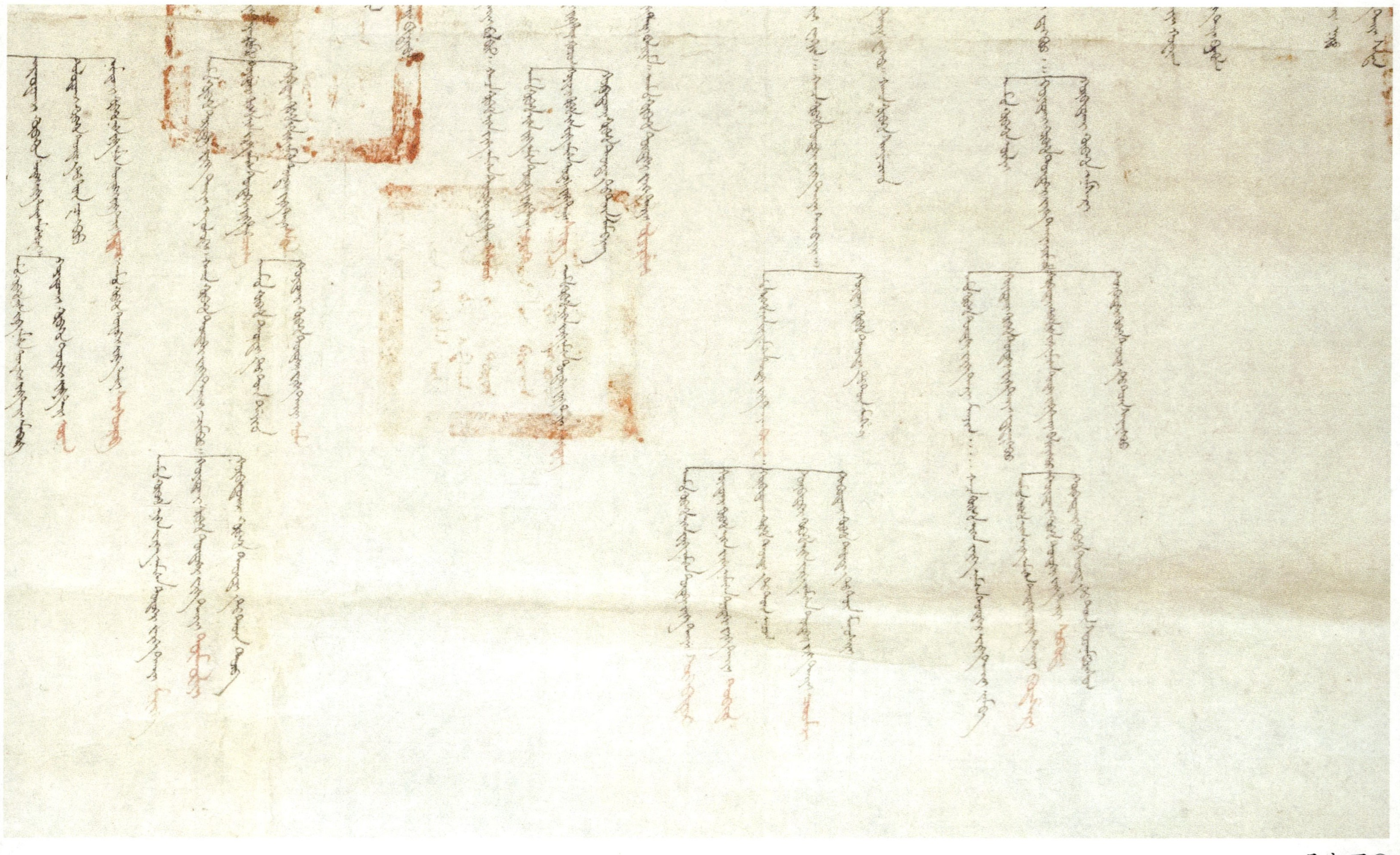

局部图③

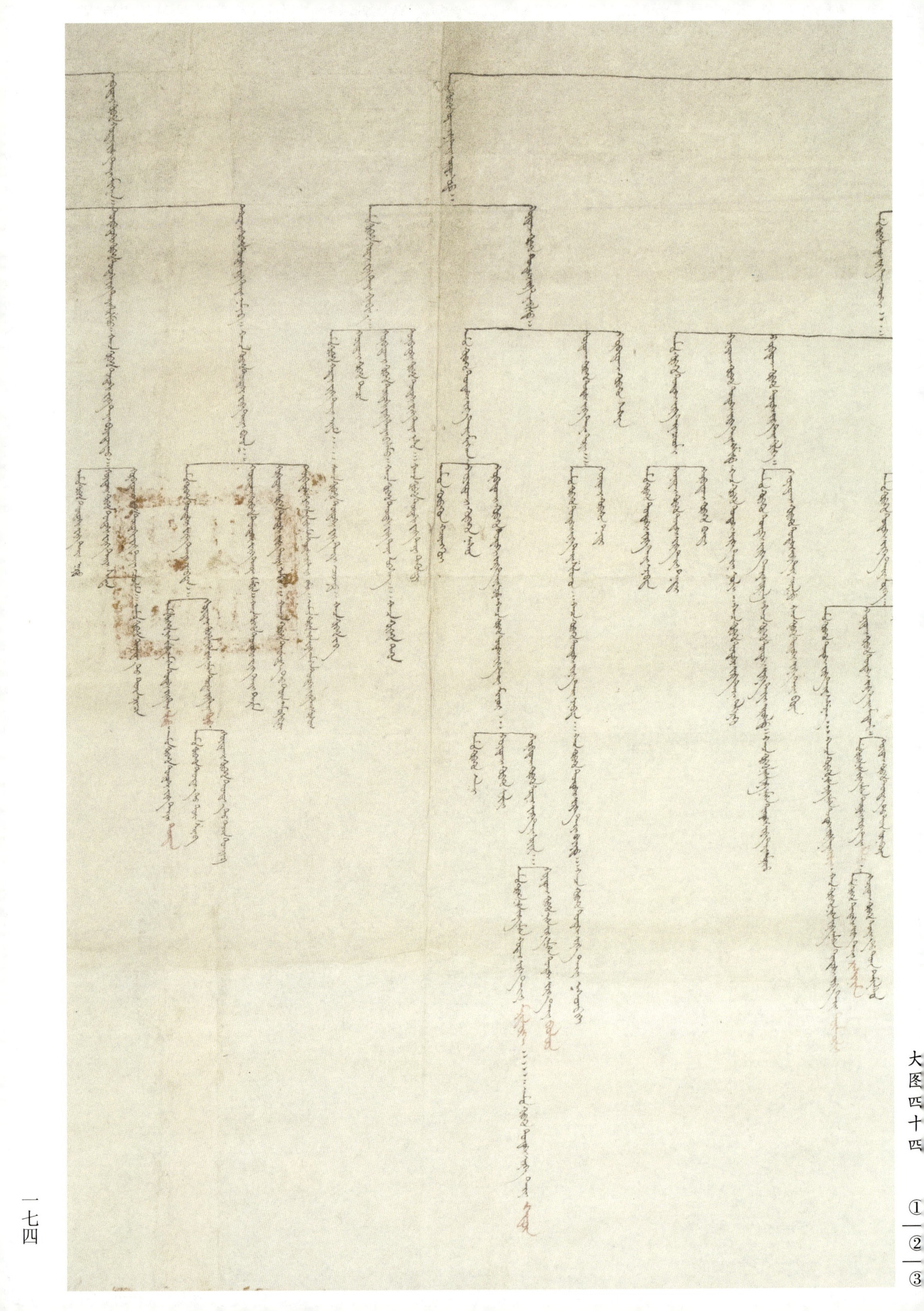

大图四十四 ①—②—③

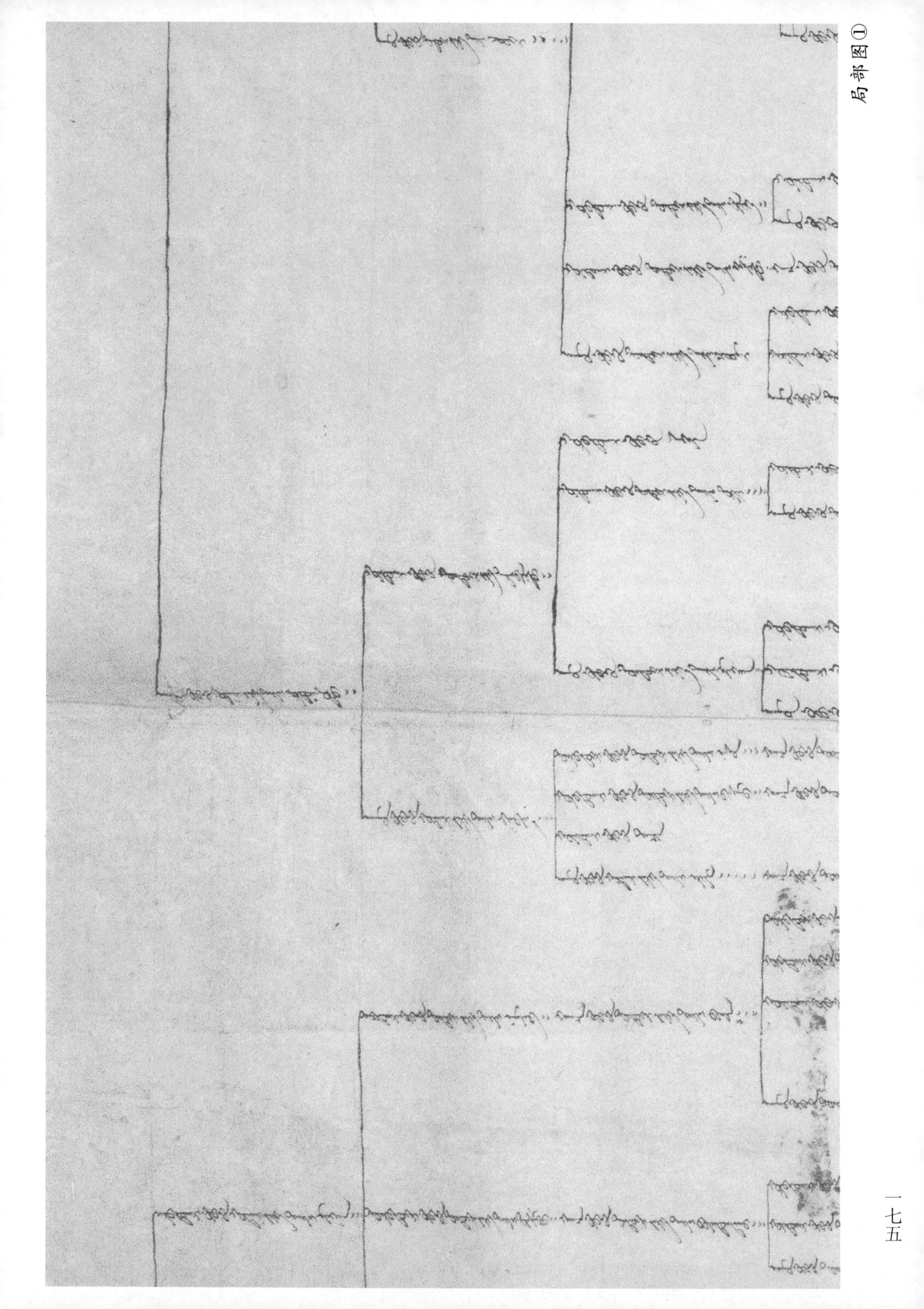

局部图①

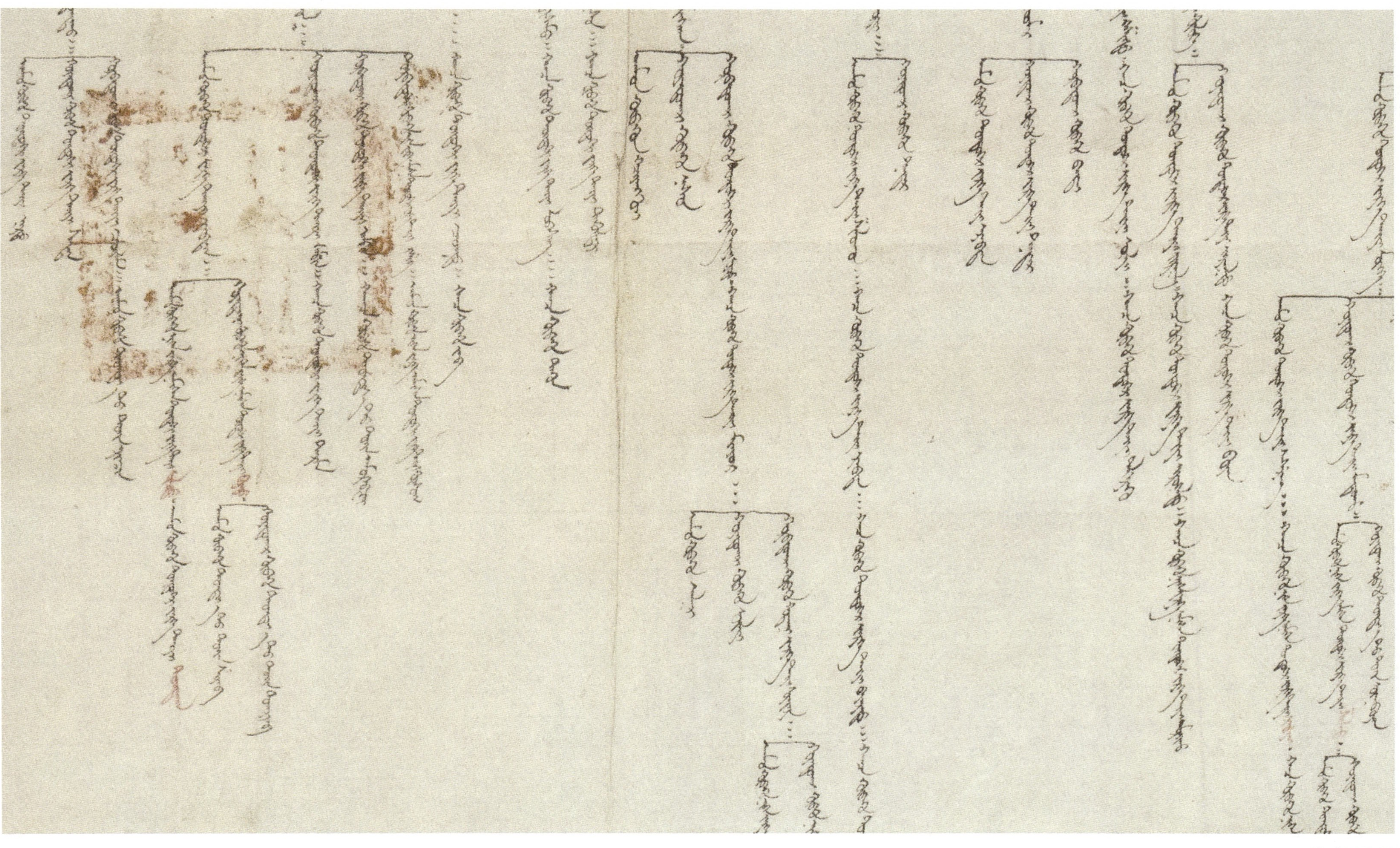

局部图②

局部图③

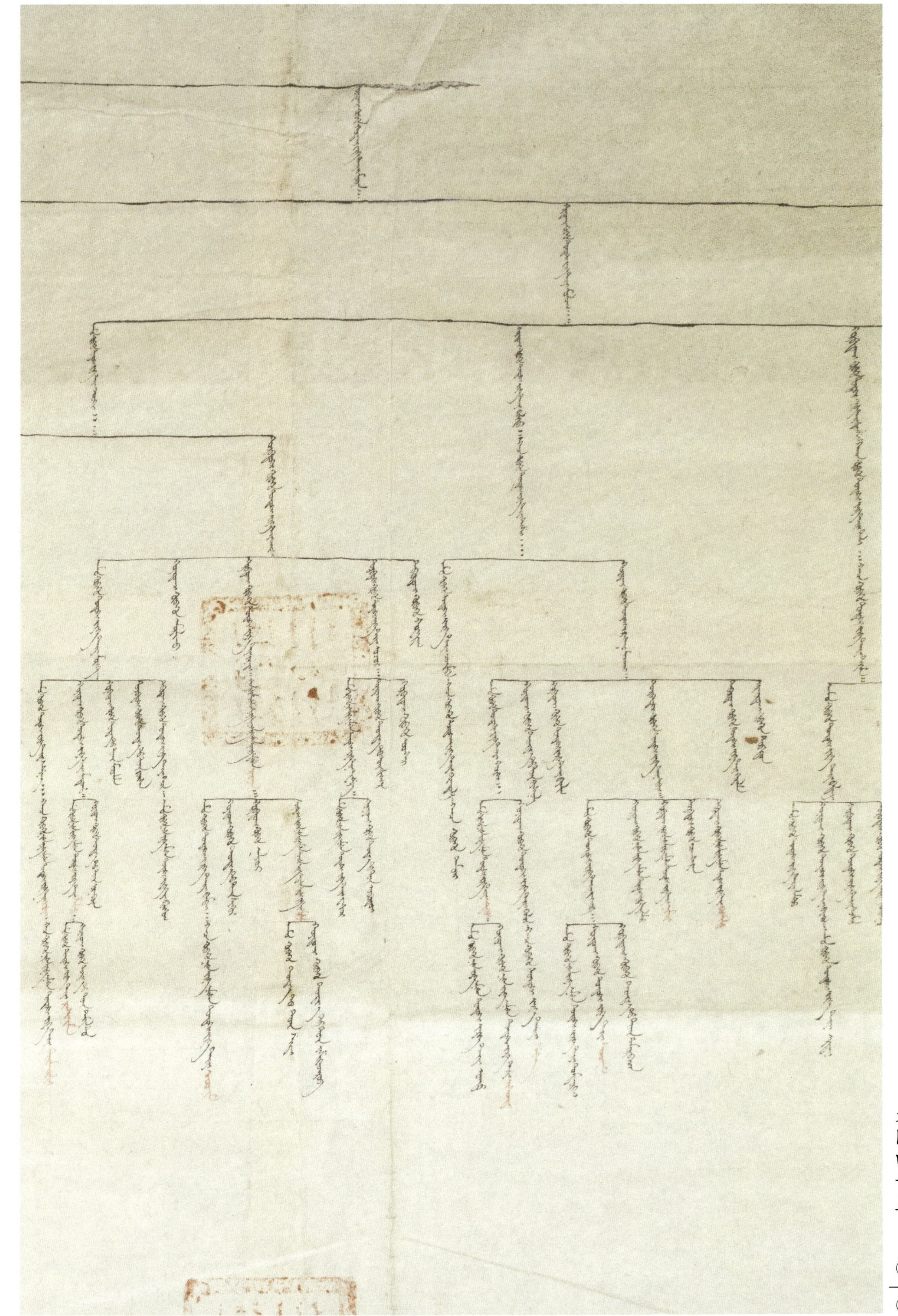

大图四十五 ①—②

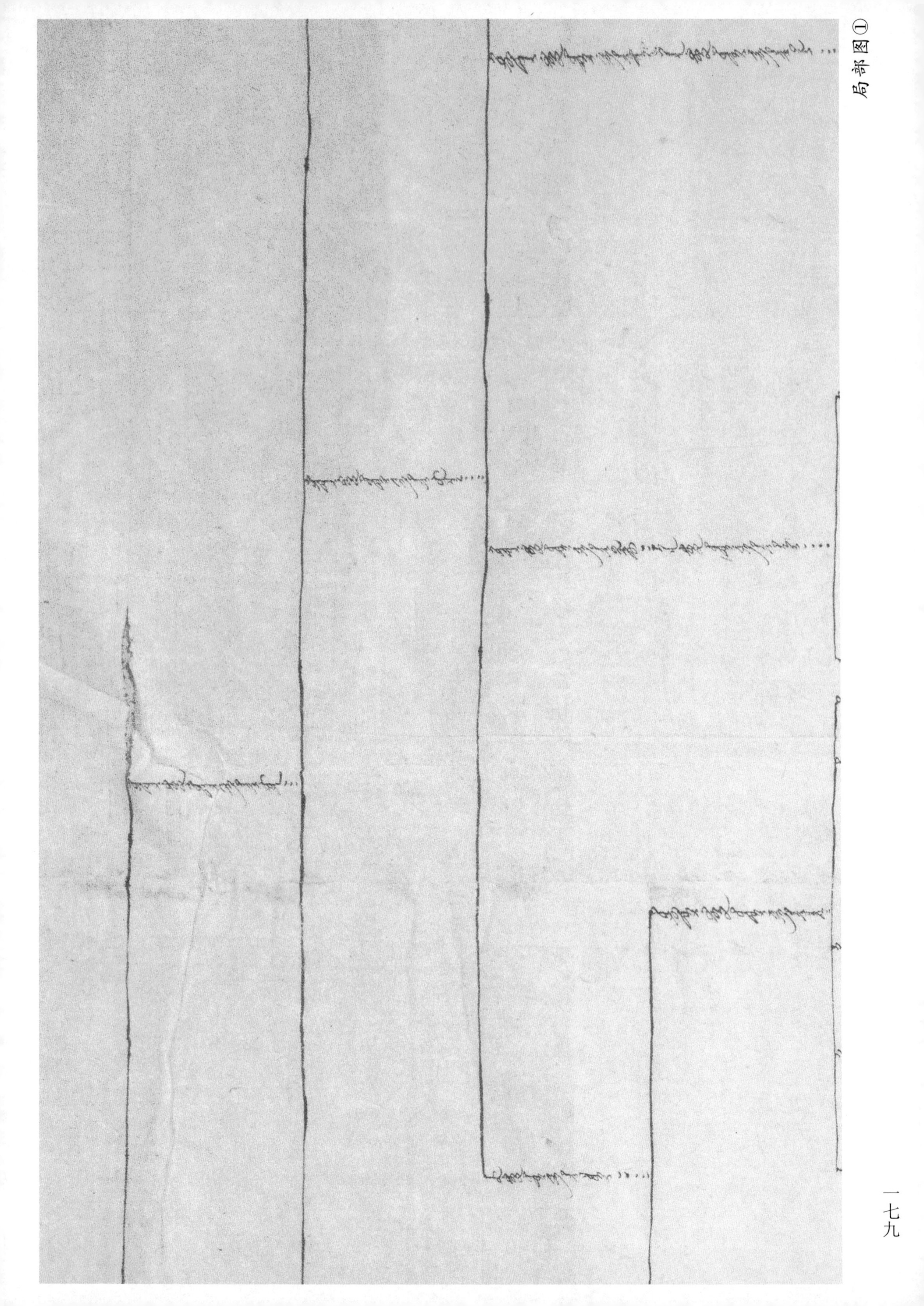

局部图①

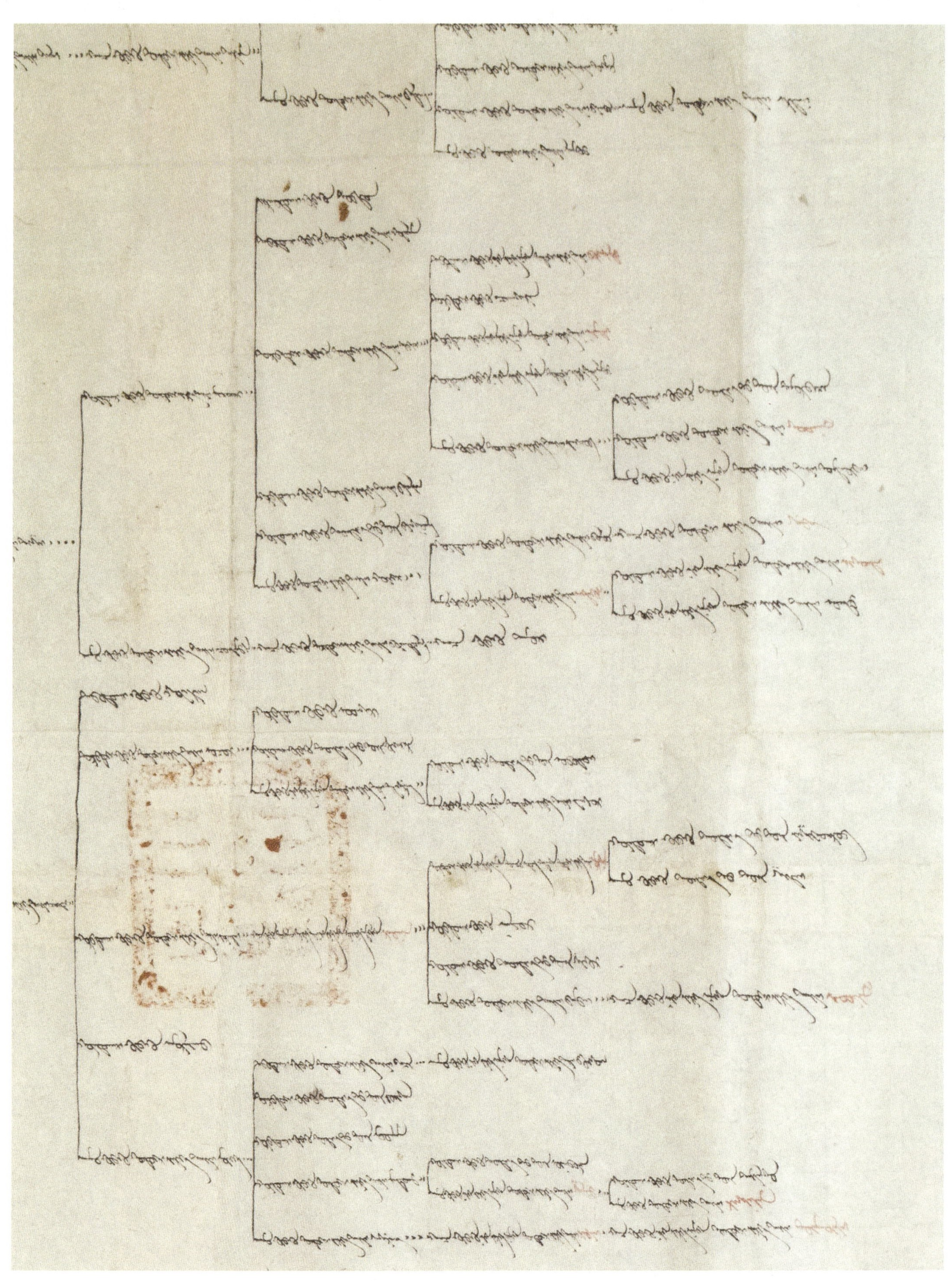

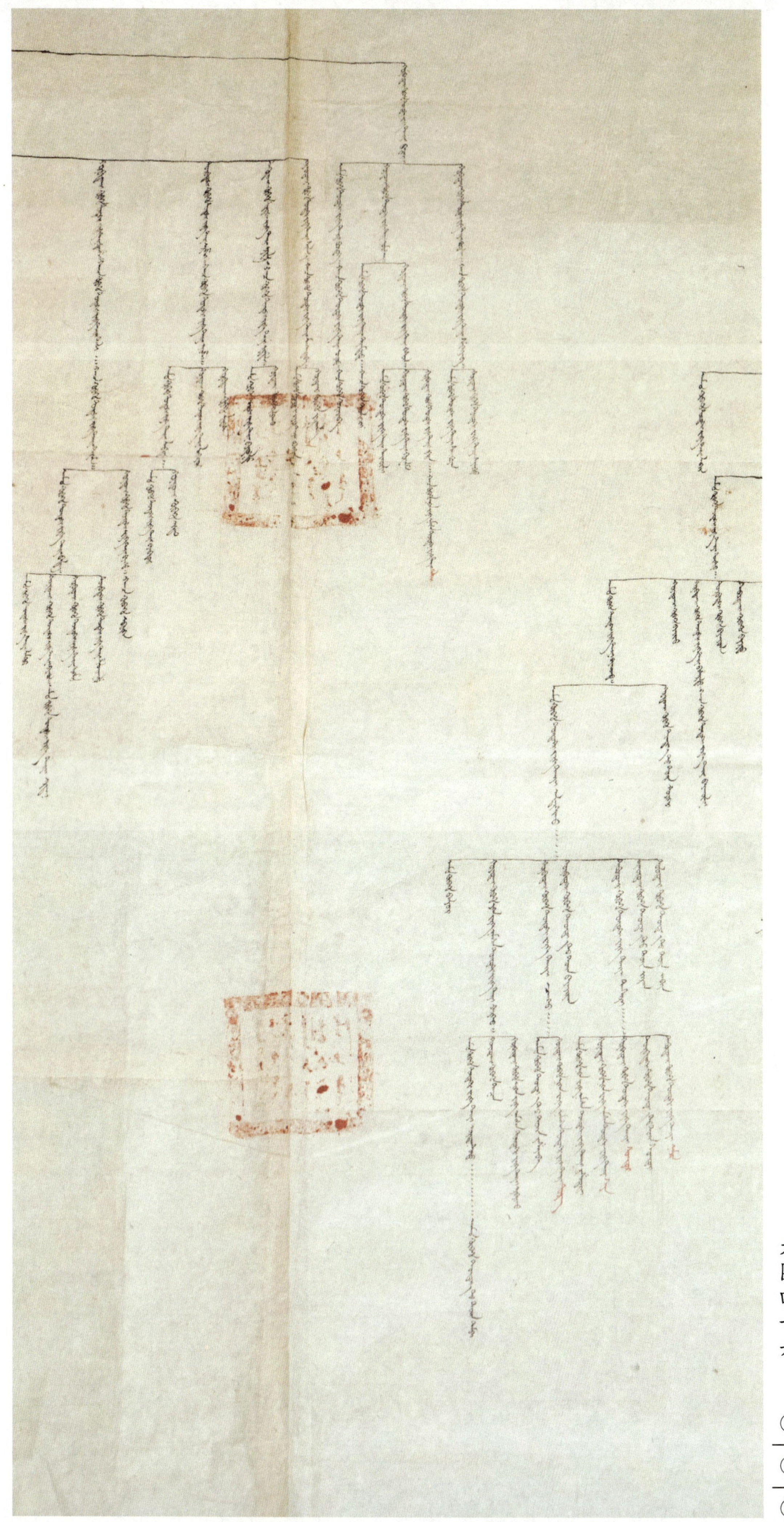

大图四十六

①—②—③

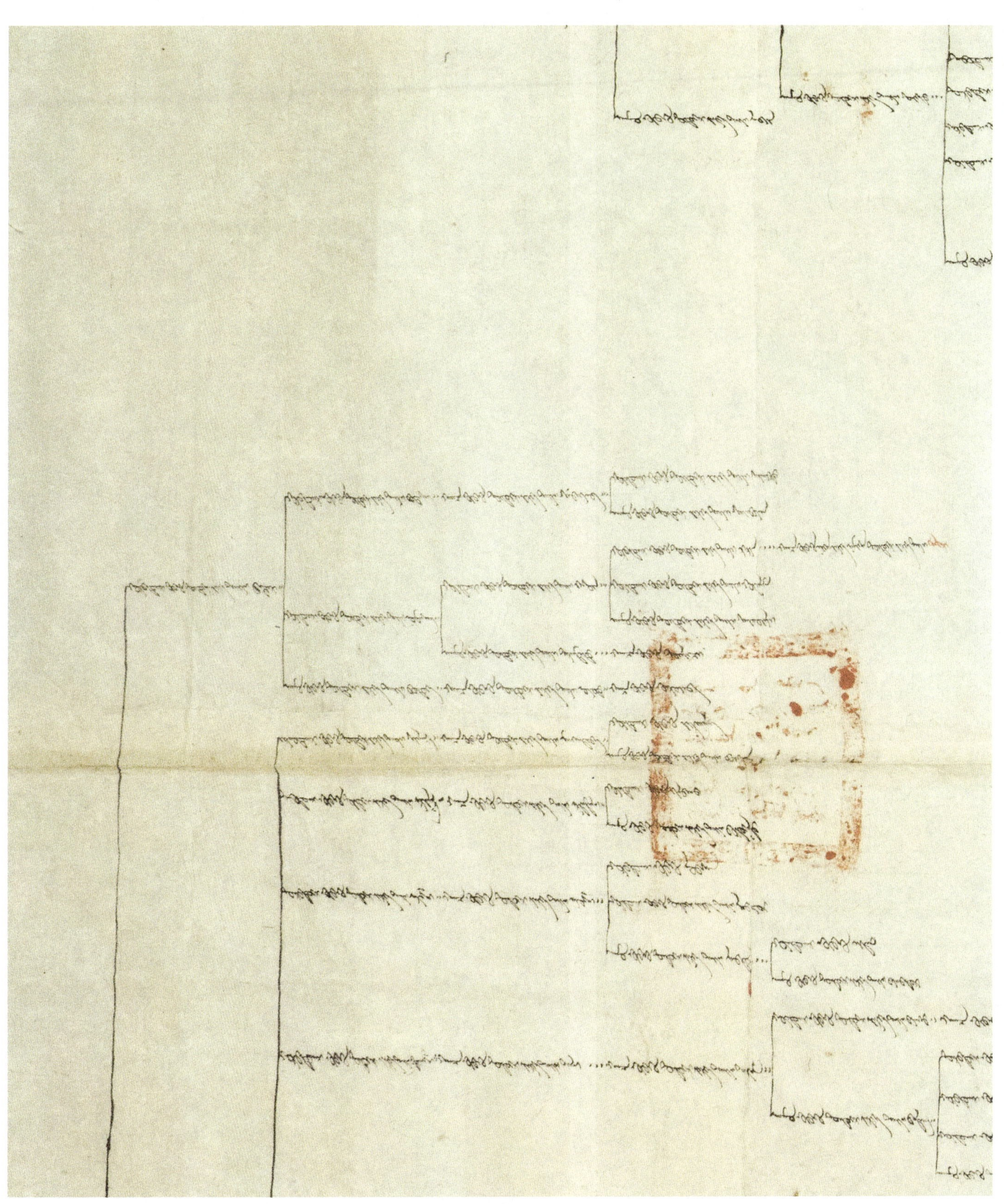

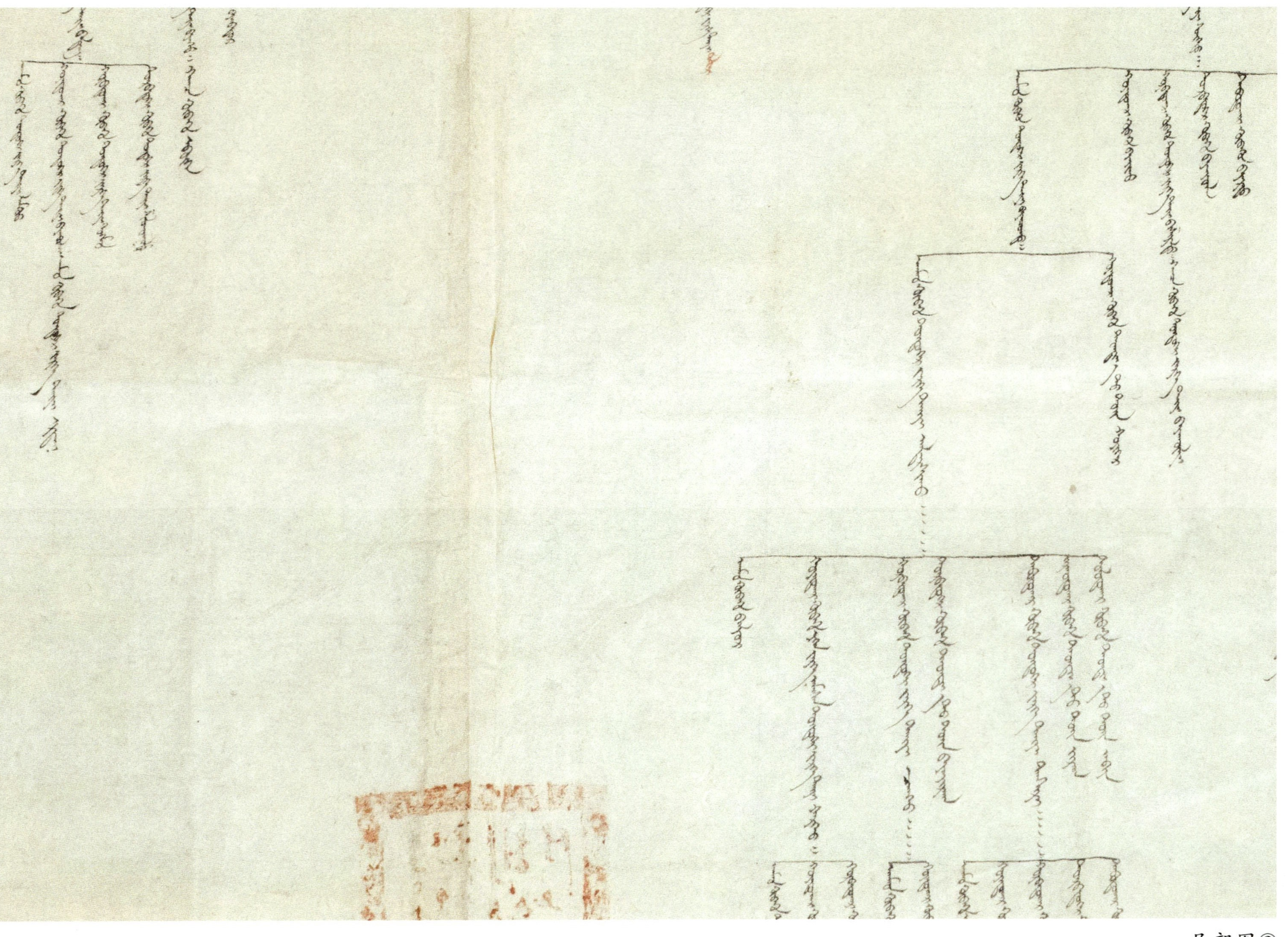

局部图②

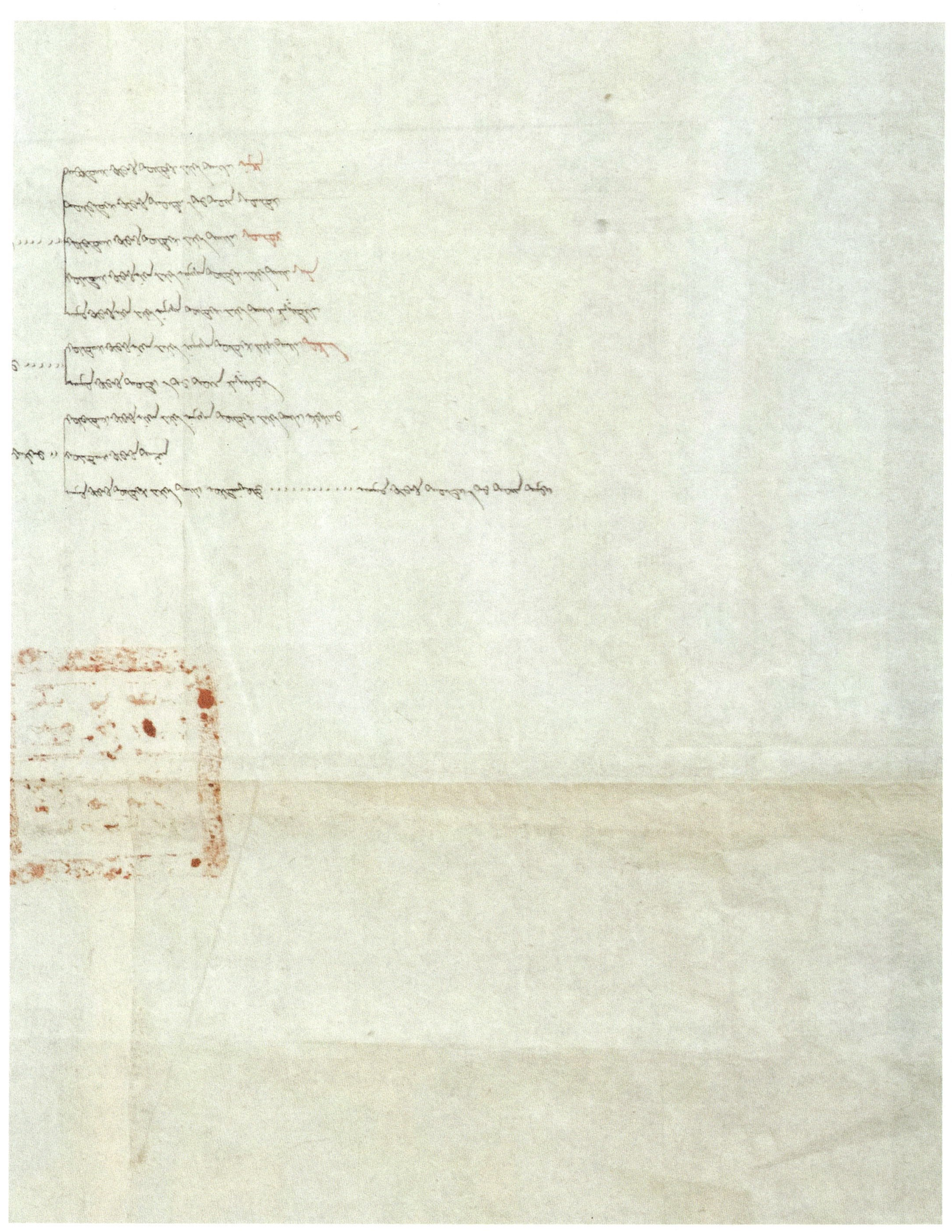

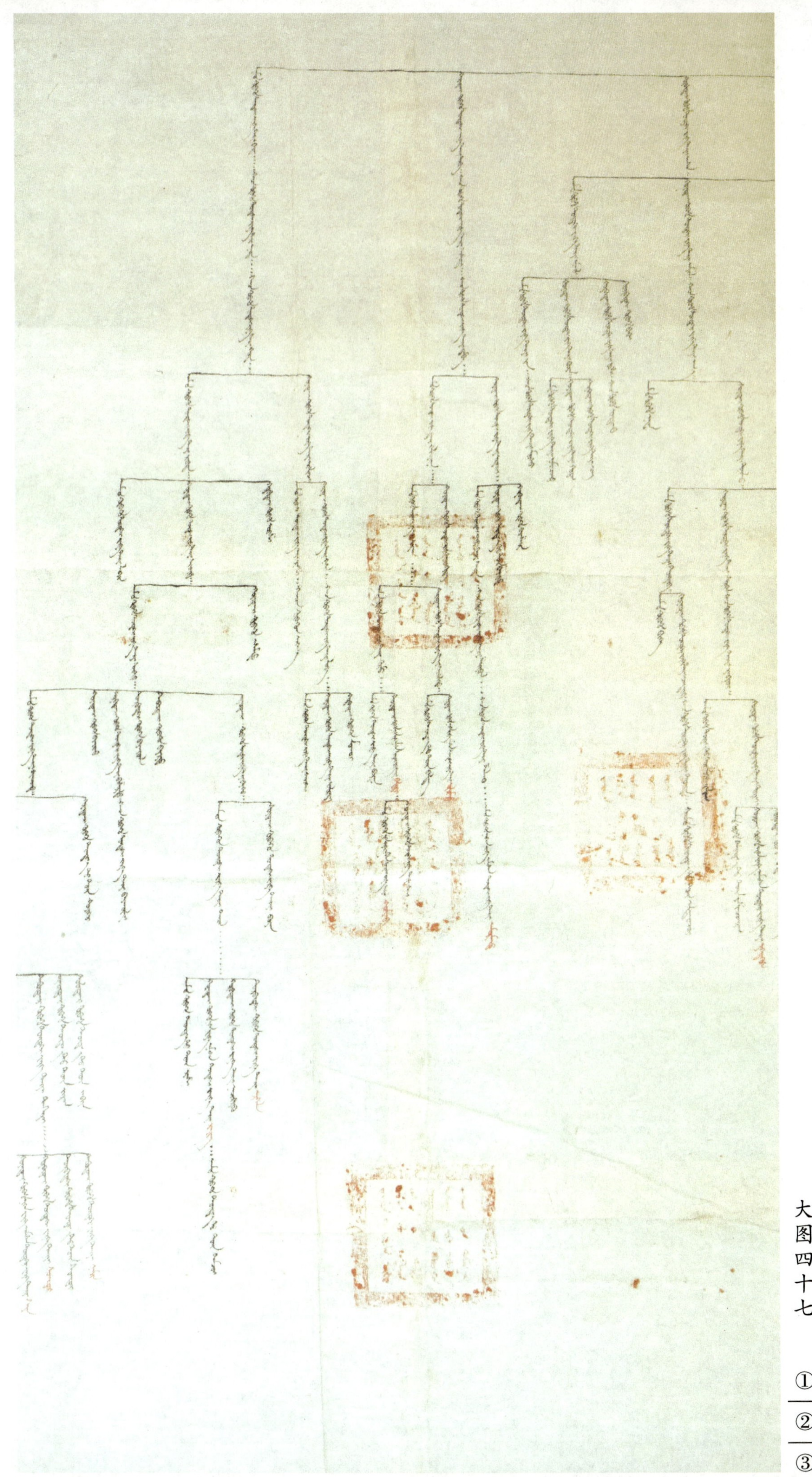

大图四十七

①—②—③

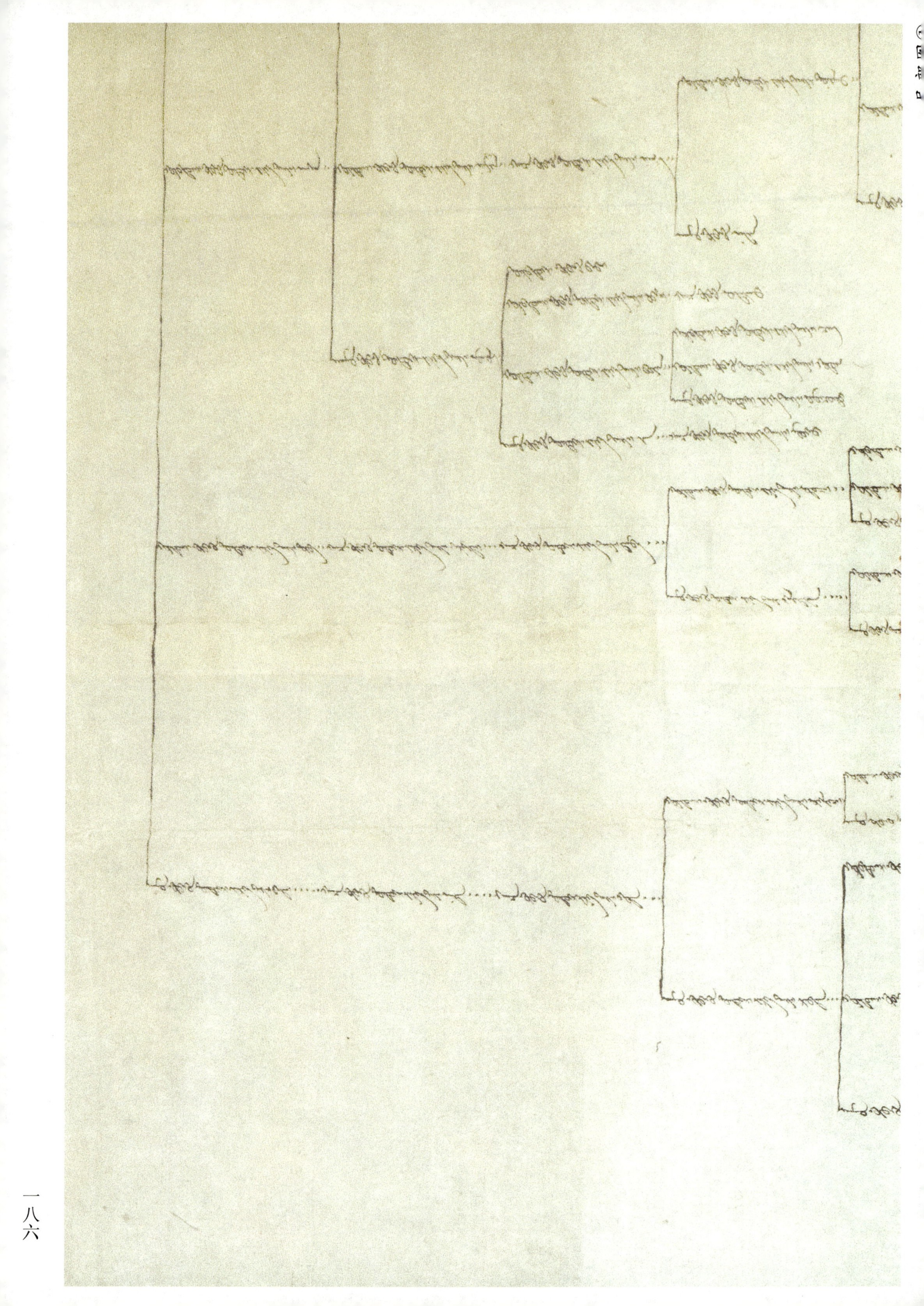

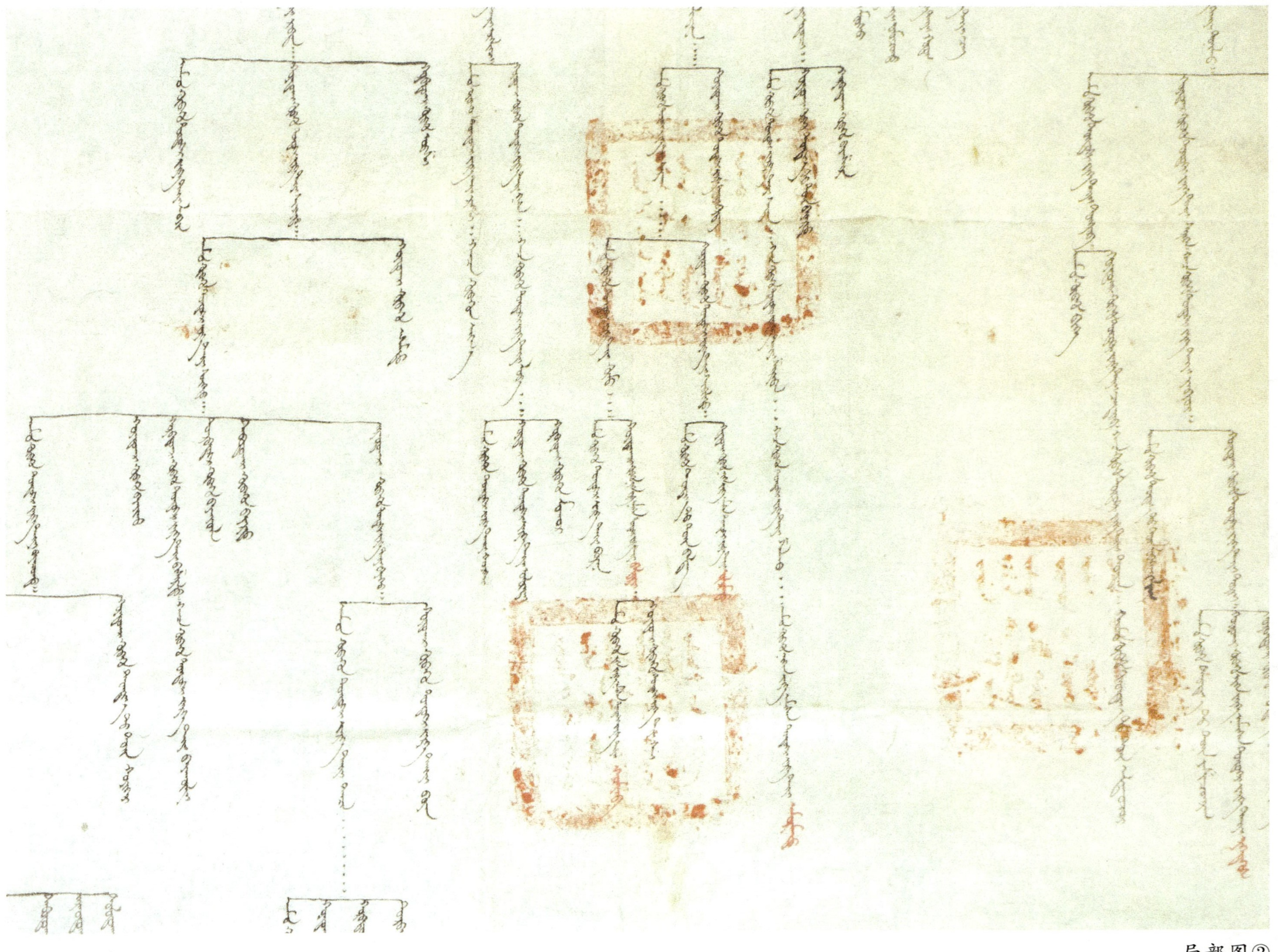

局部图②

户部图③

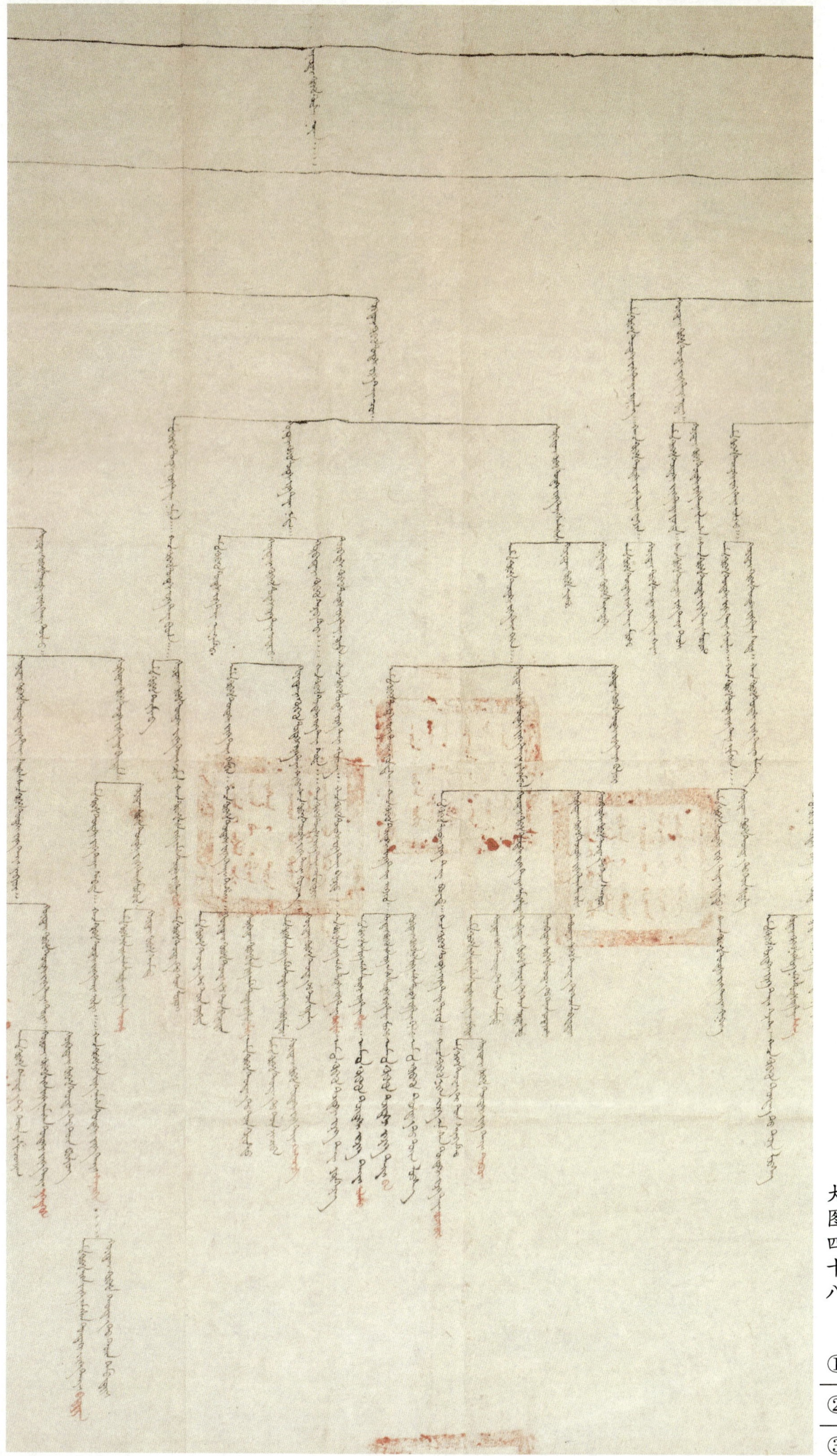

大图四十八 ①—②—③

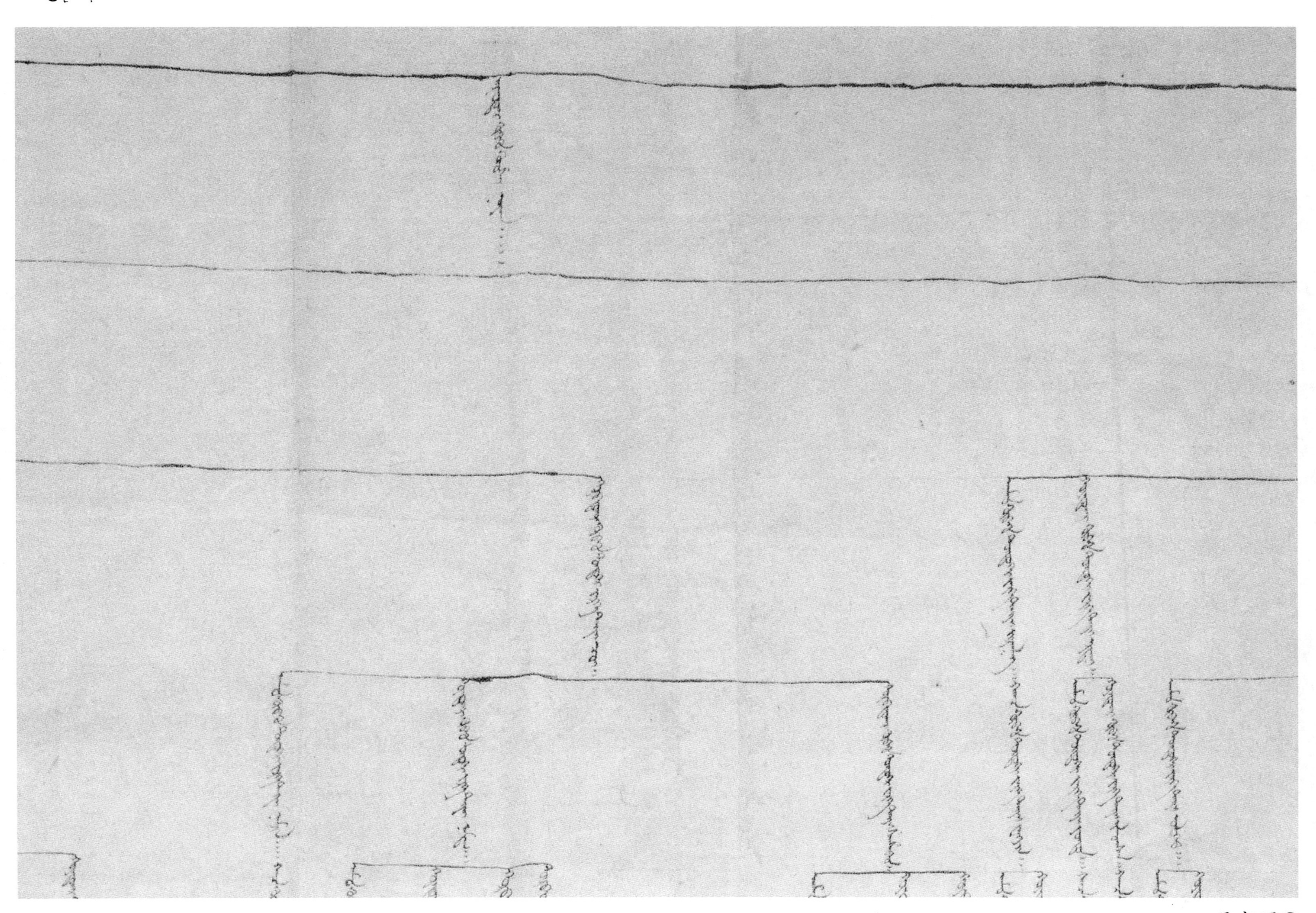

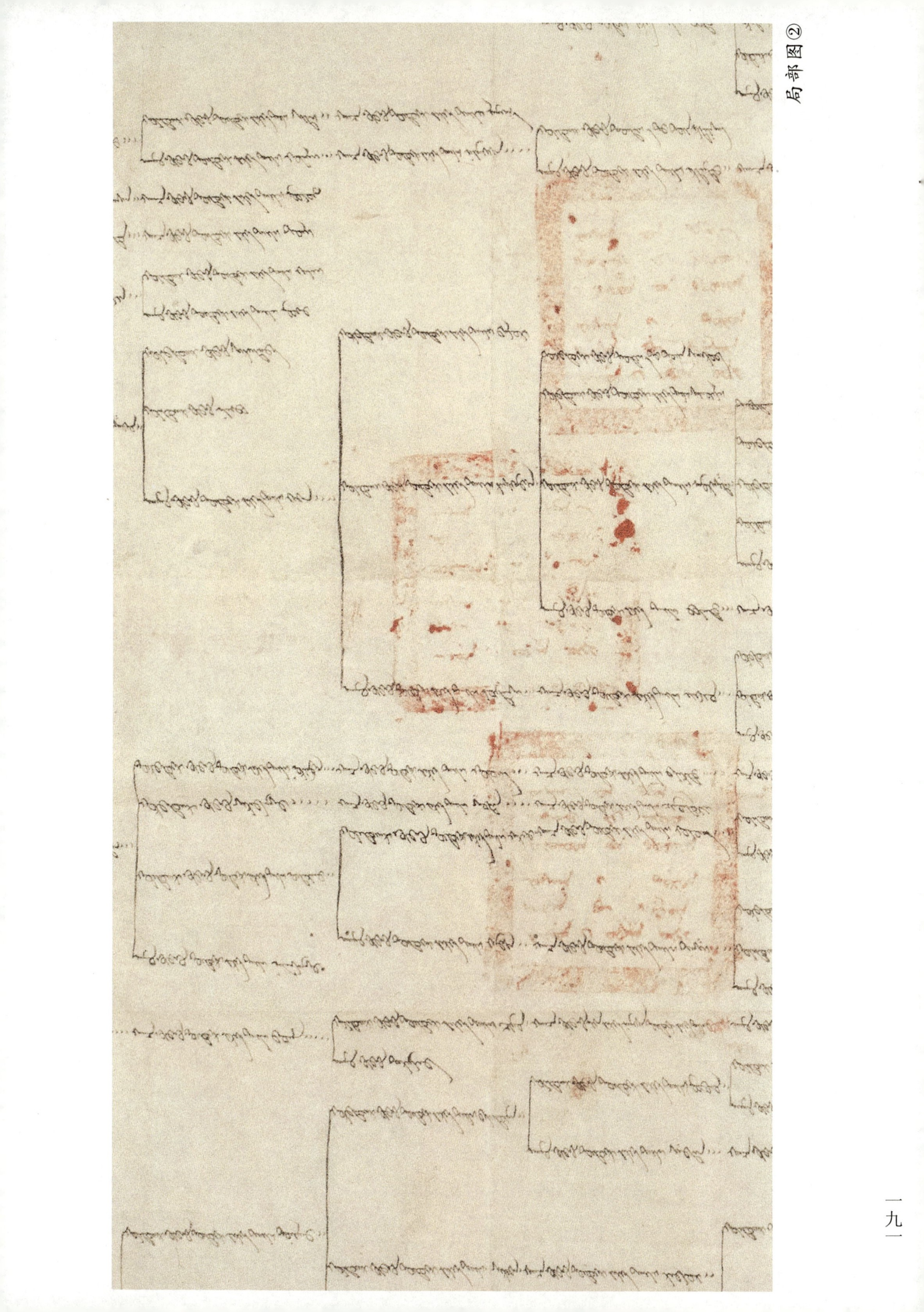

局部图②

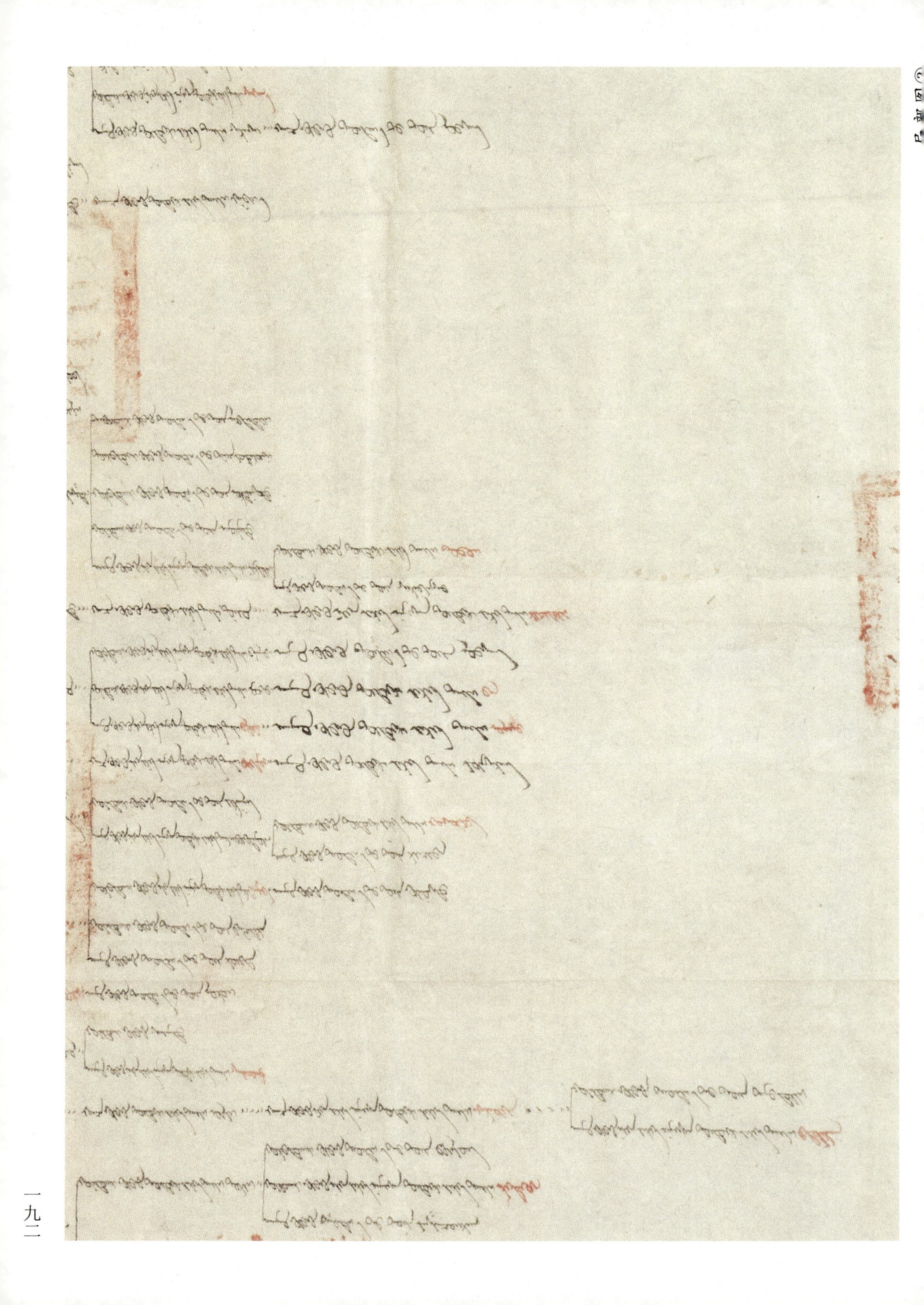

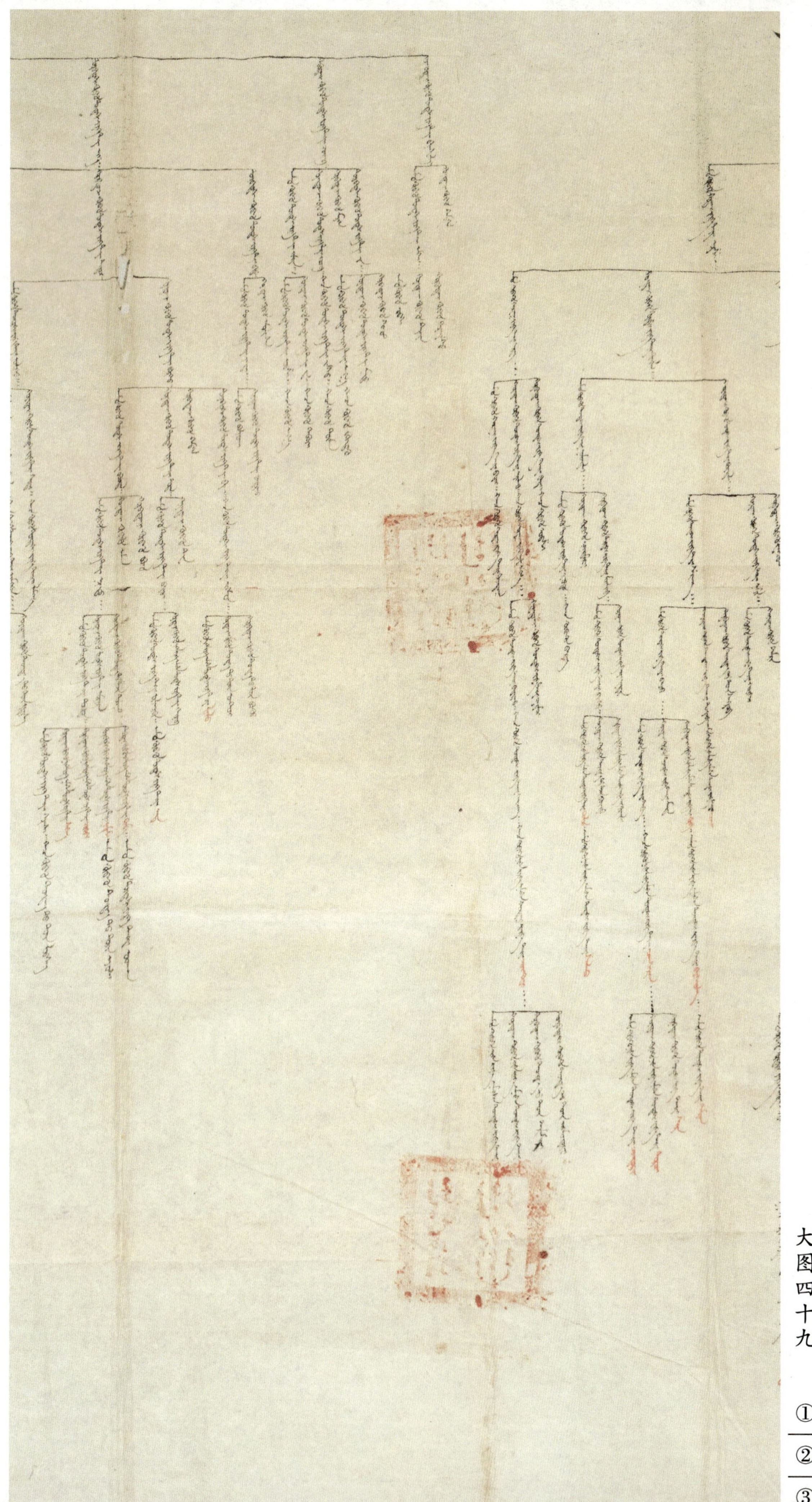

大图四十九 ①—②—③

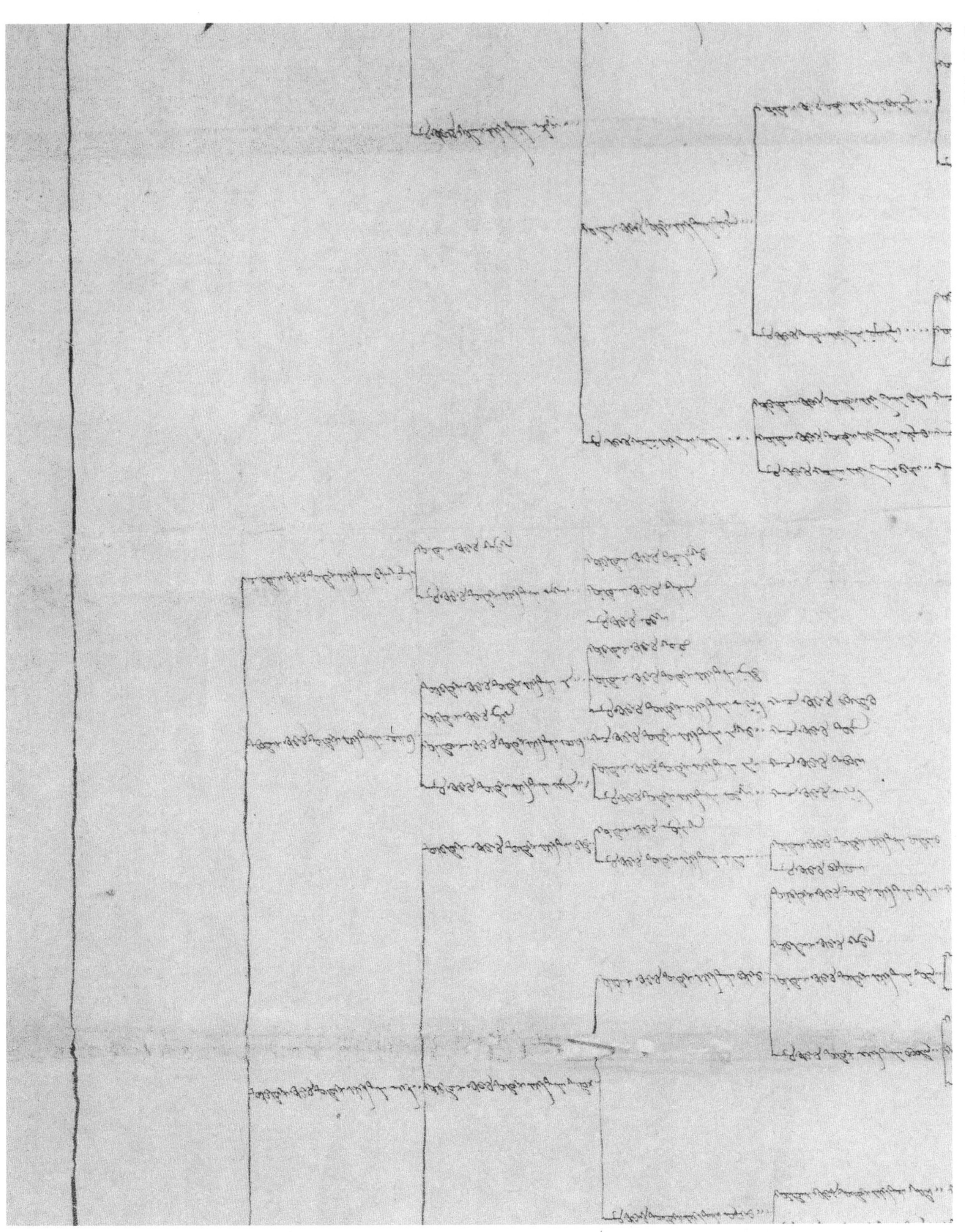

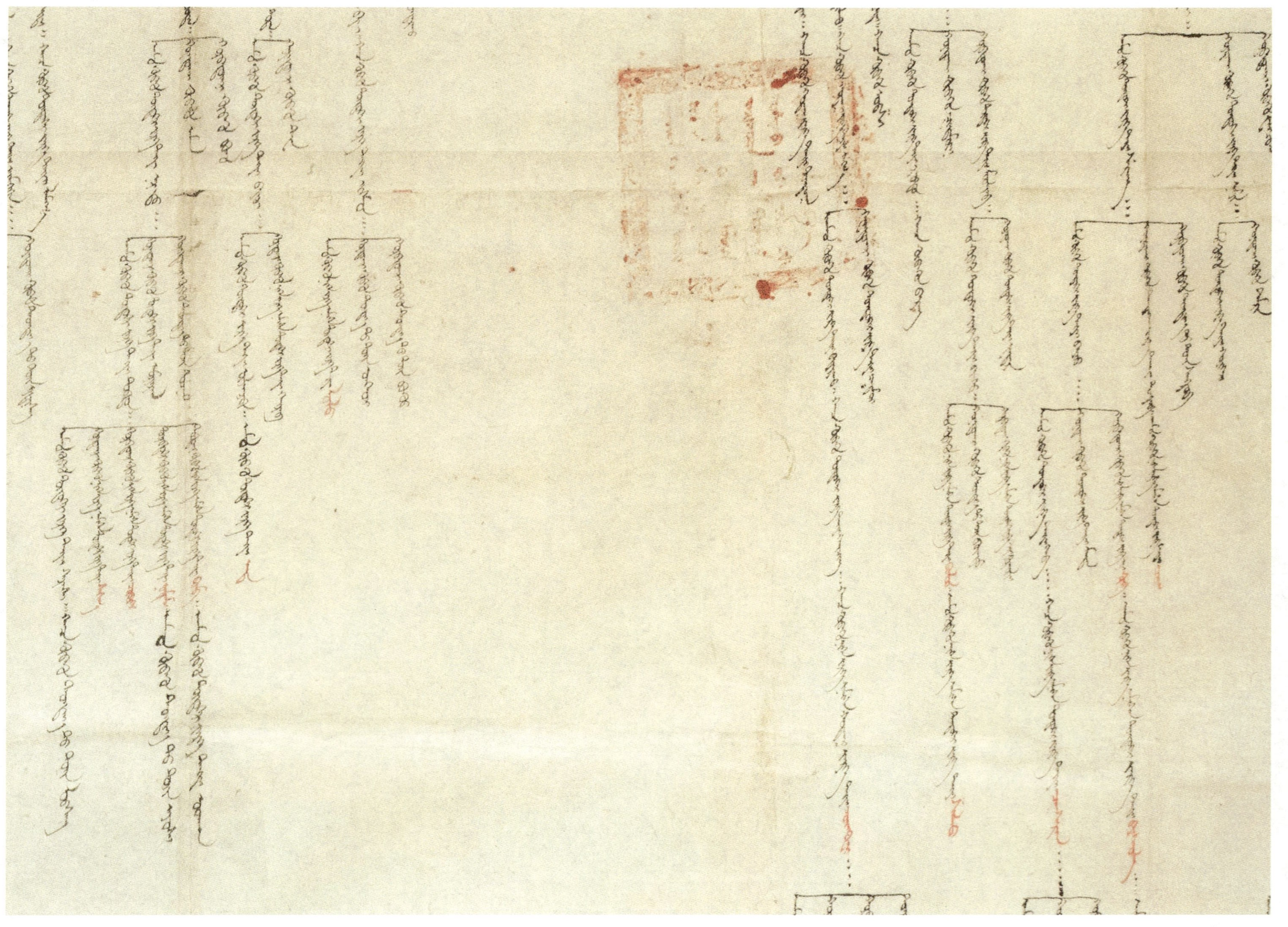

局部图②

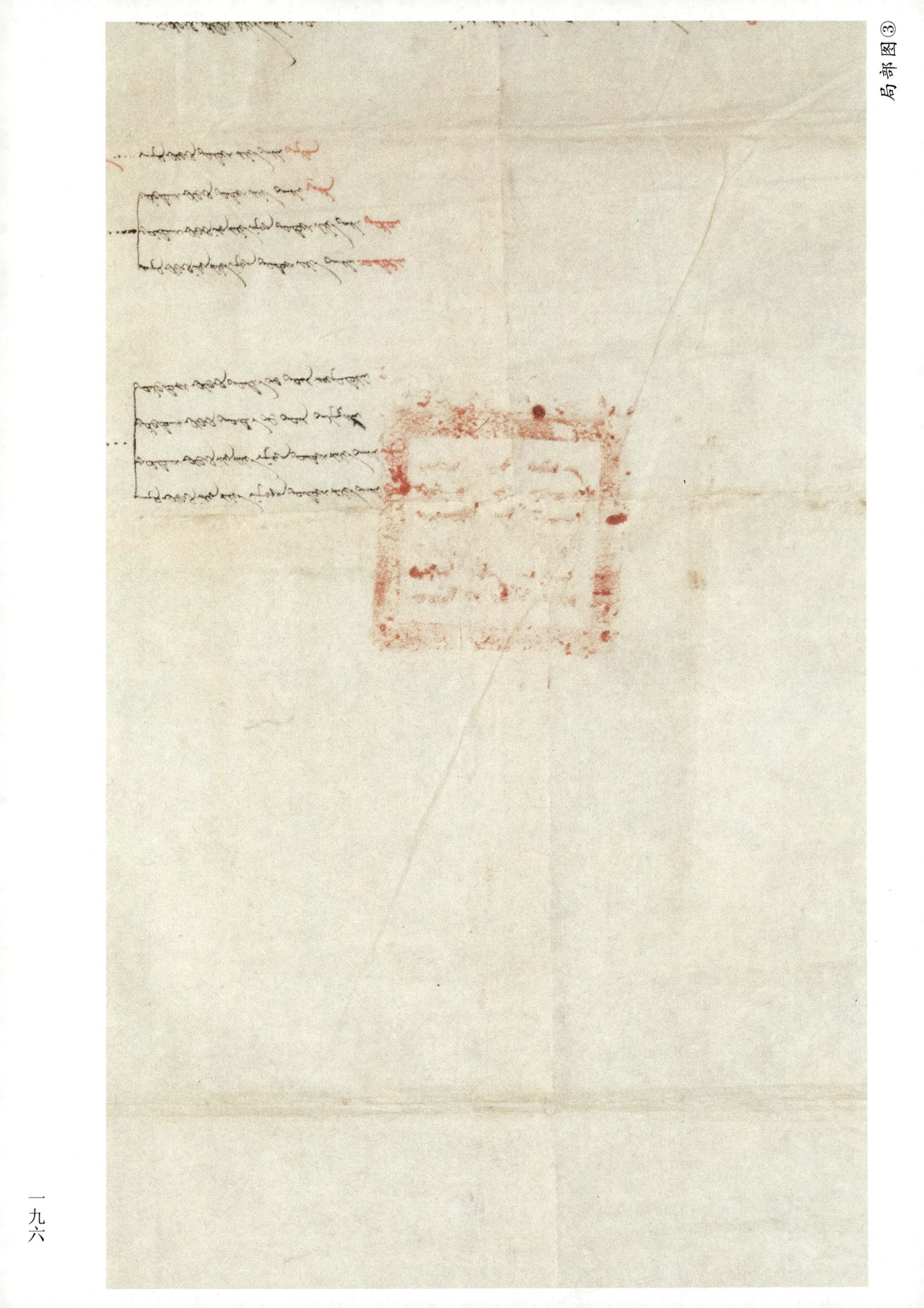

局部图③

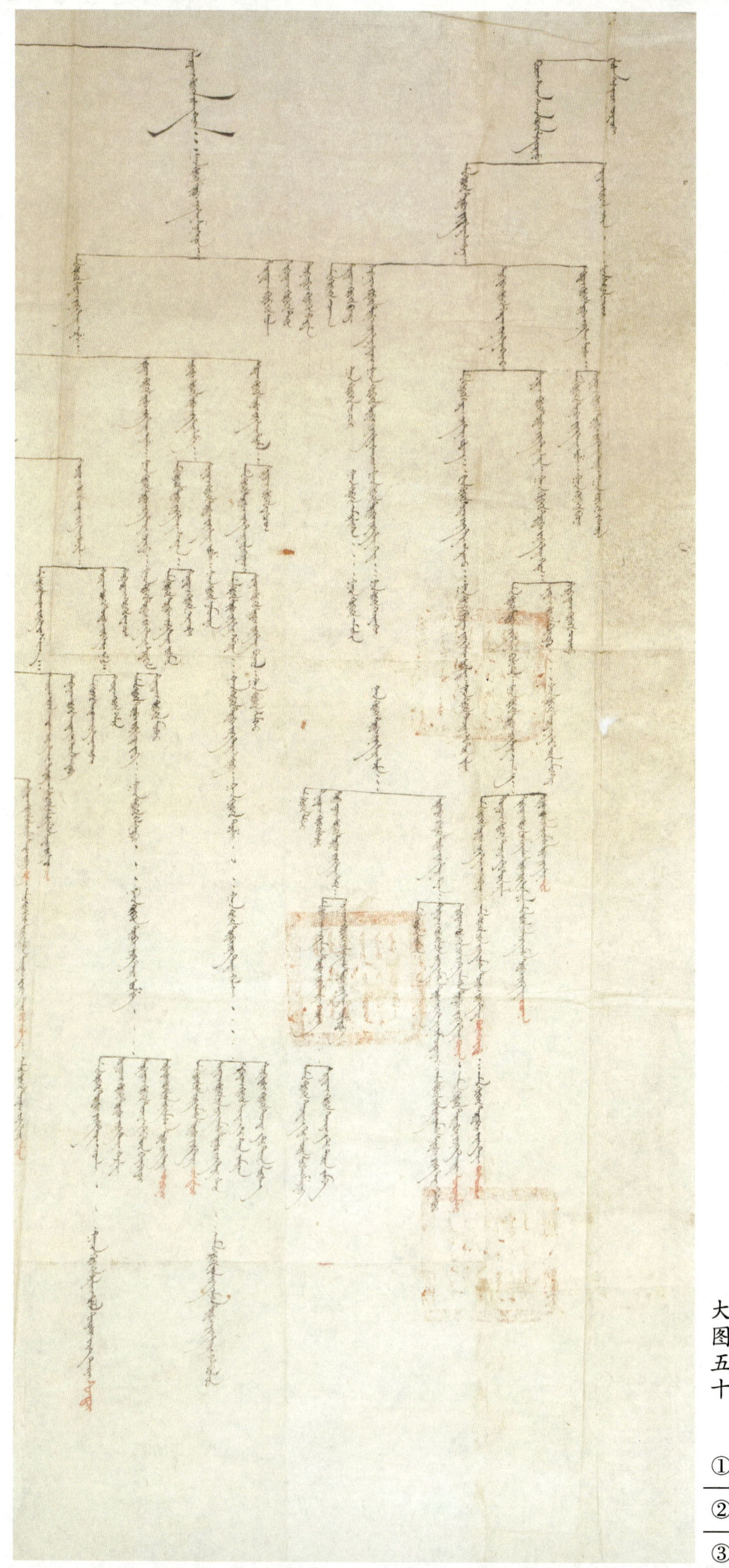

大图五十　①—②—③

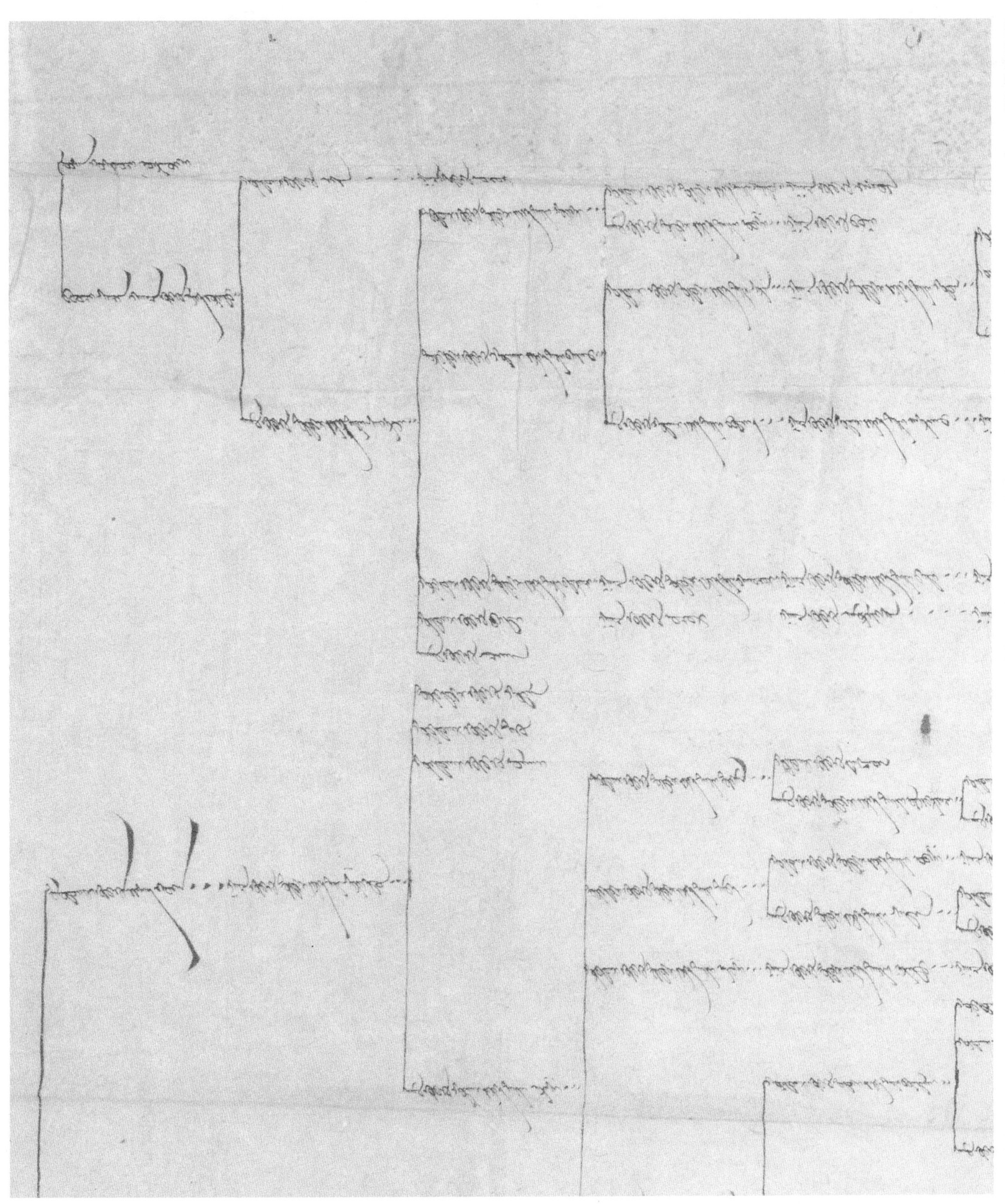

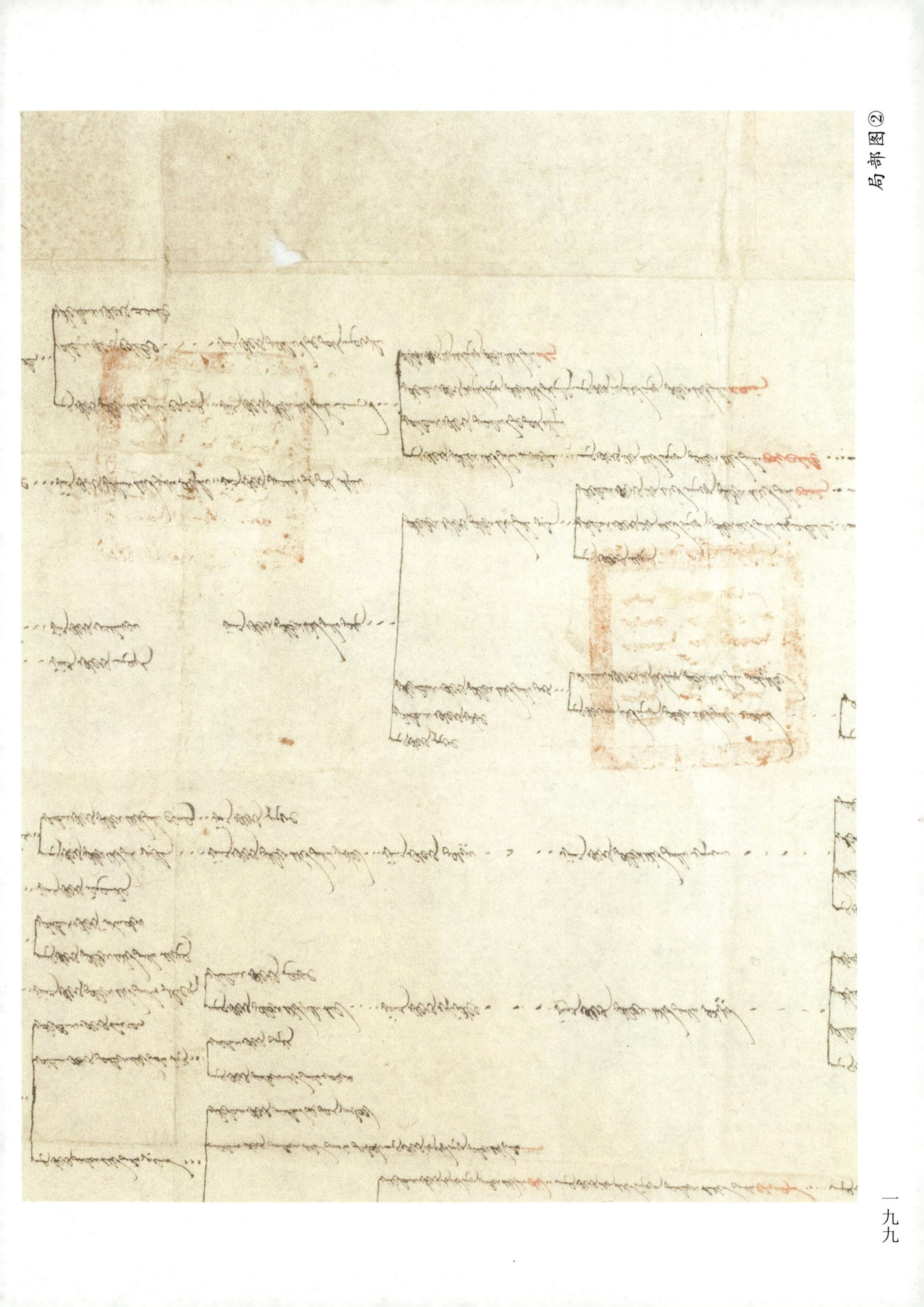

局部图②

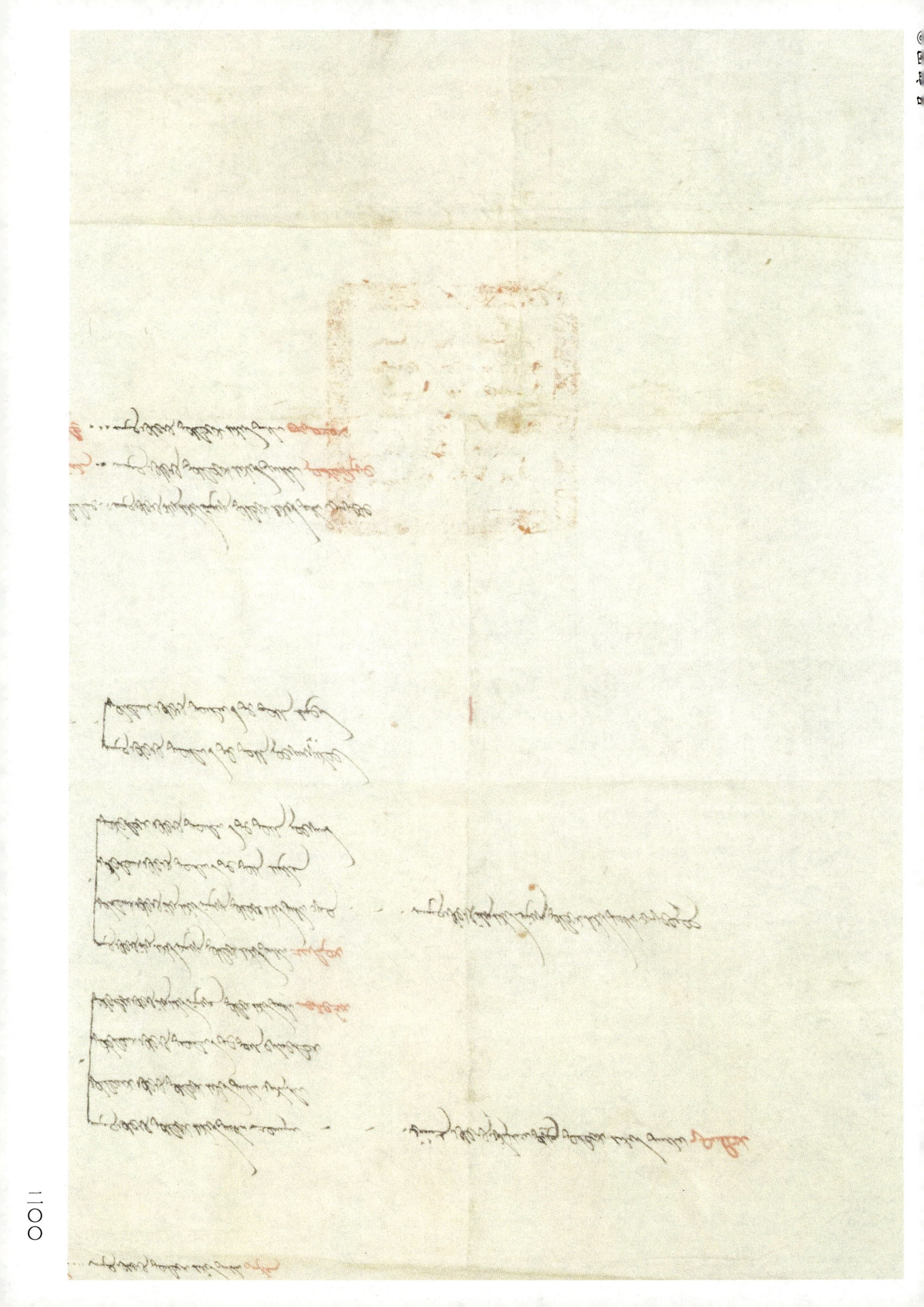

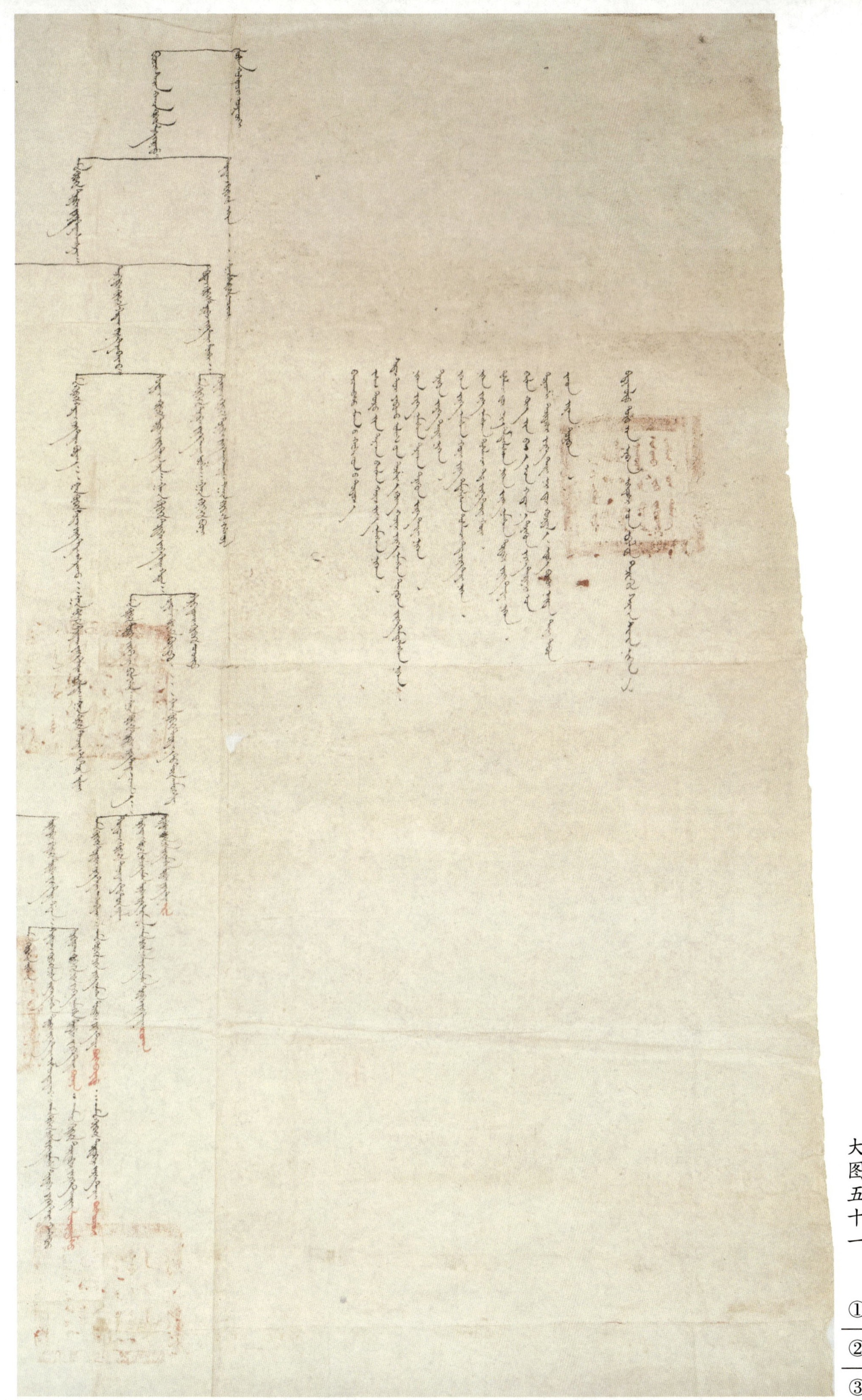

大图五十一 ①—②—③

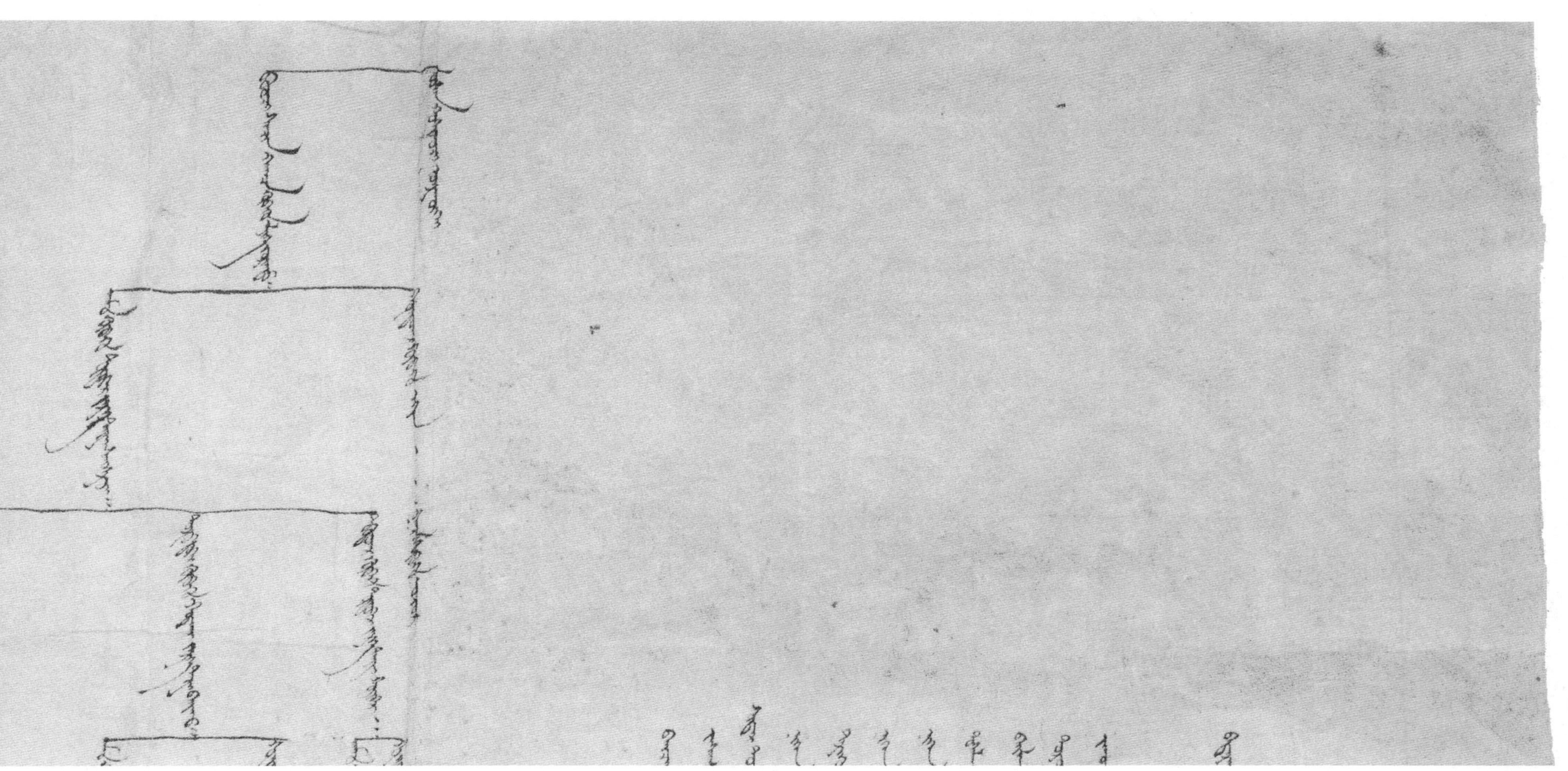

局部图①

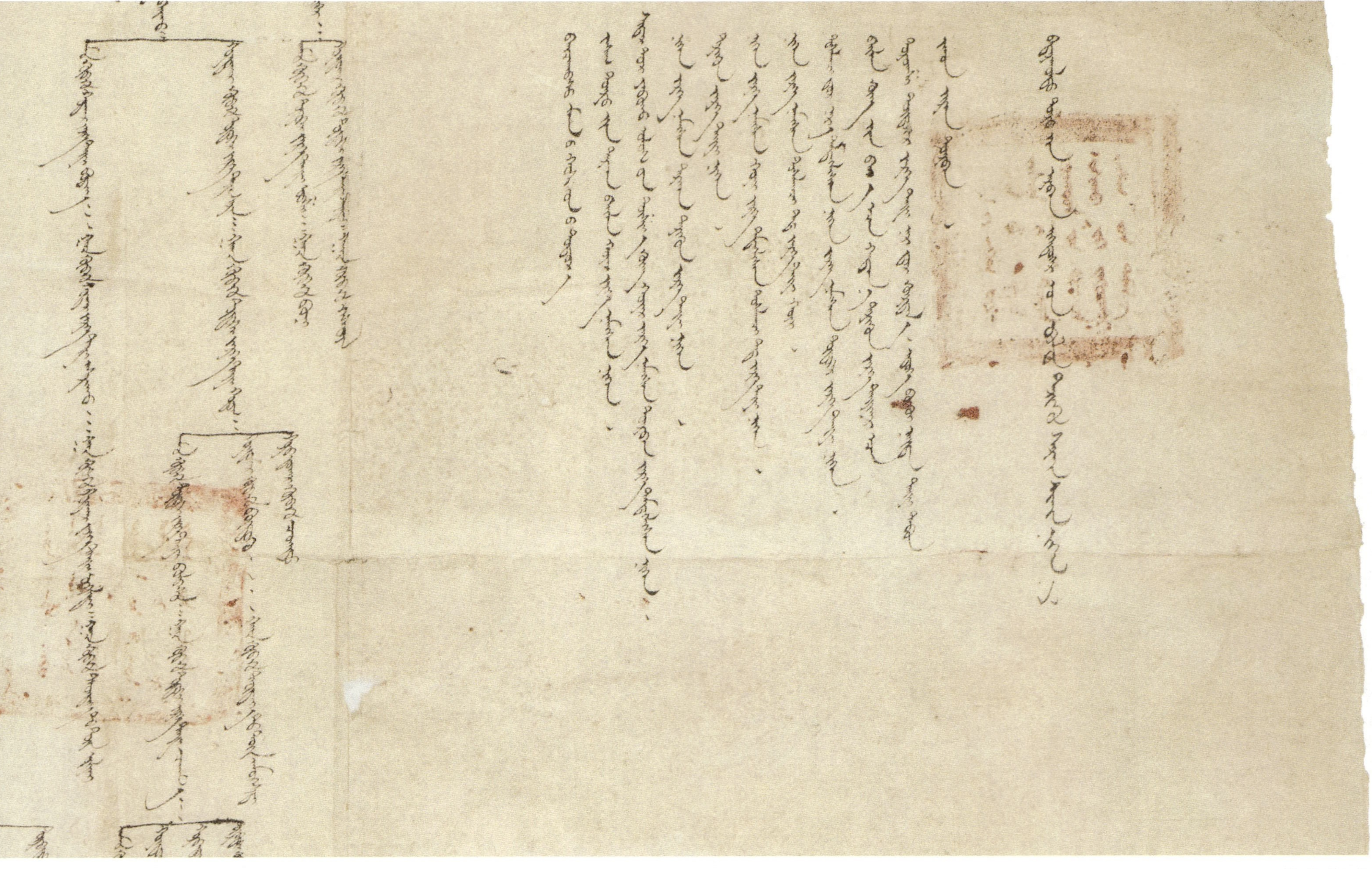

局部图②

局部图③

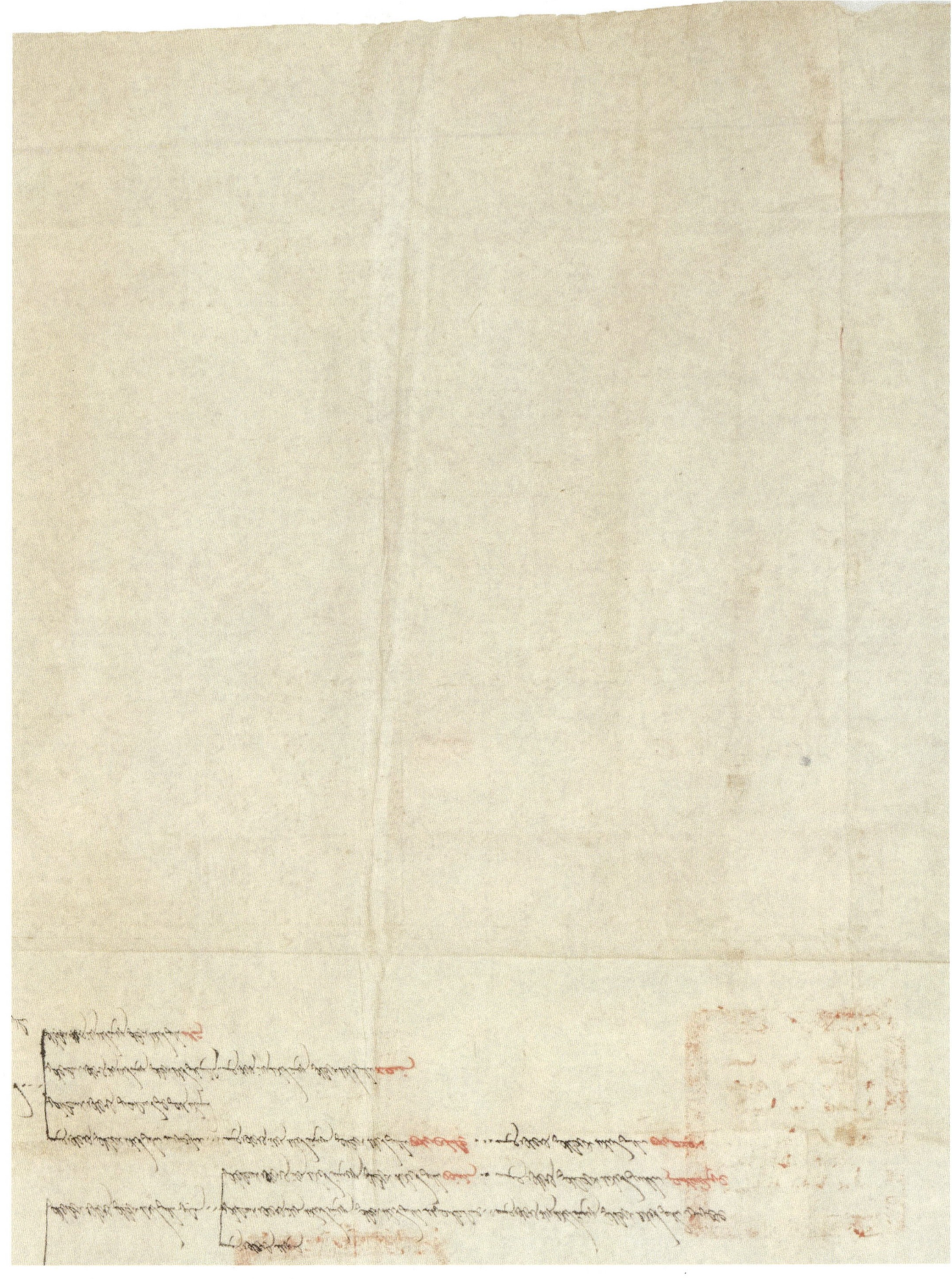

1905年家谱图片

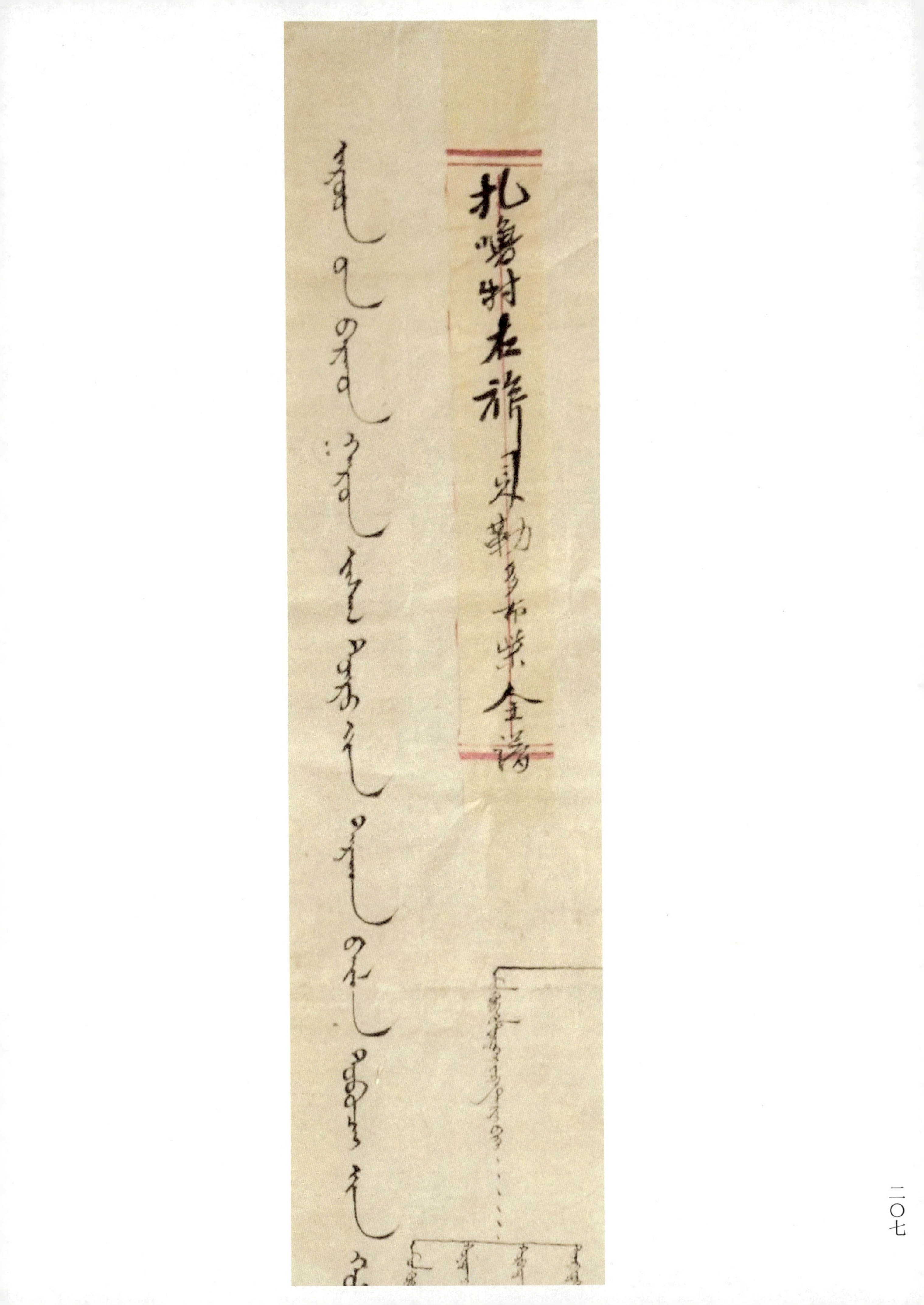

扎嚕特右旗貝勒多布棠全譜

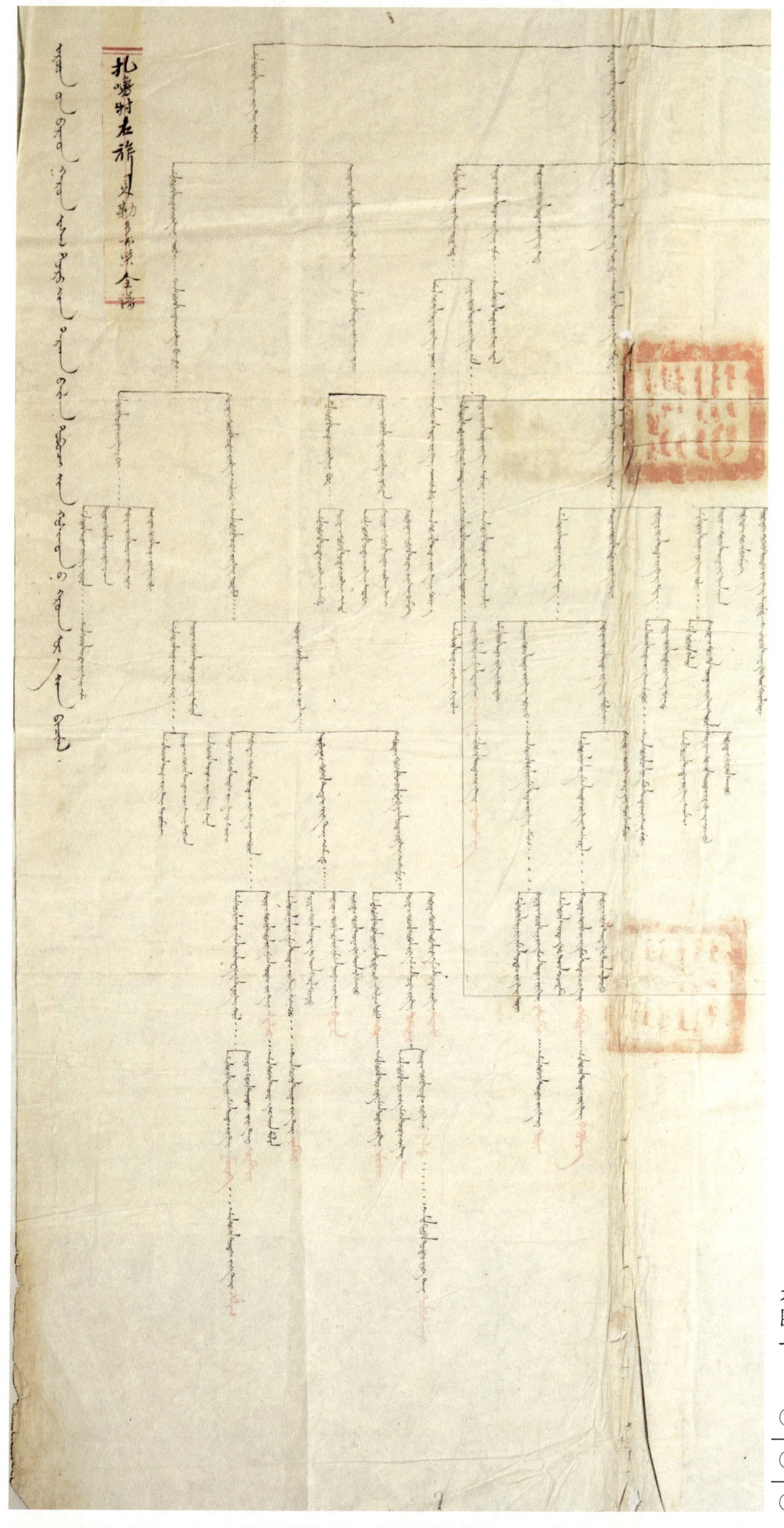

大图一 ①—②—③

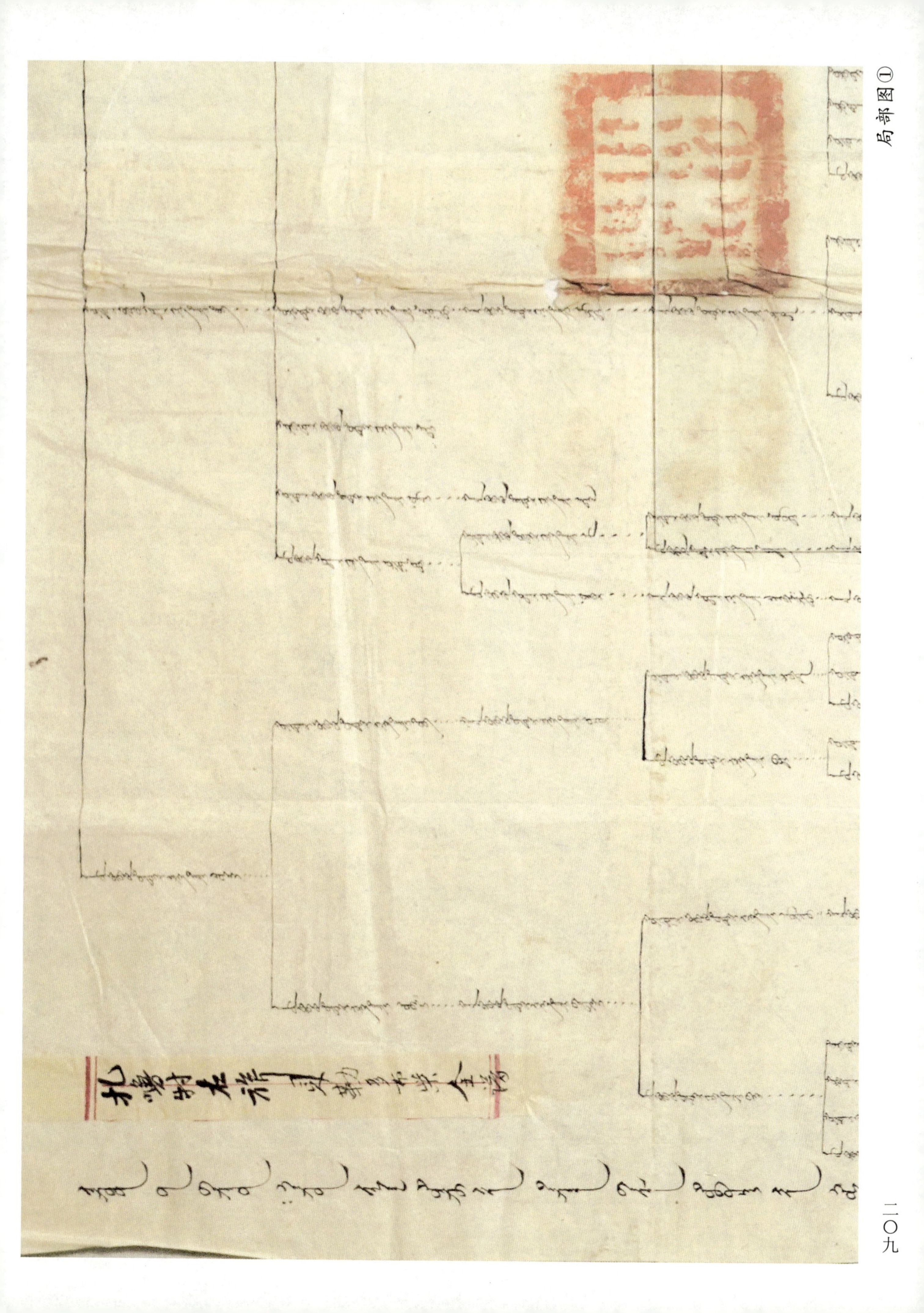

扎噜特左旗贝勒多布棠全谱

局部图①

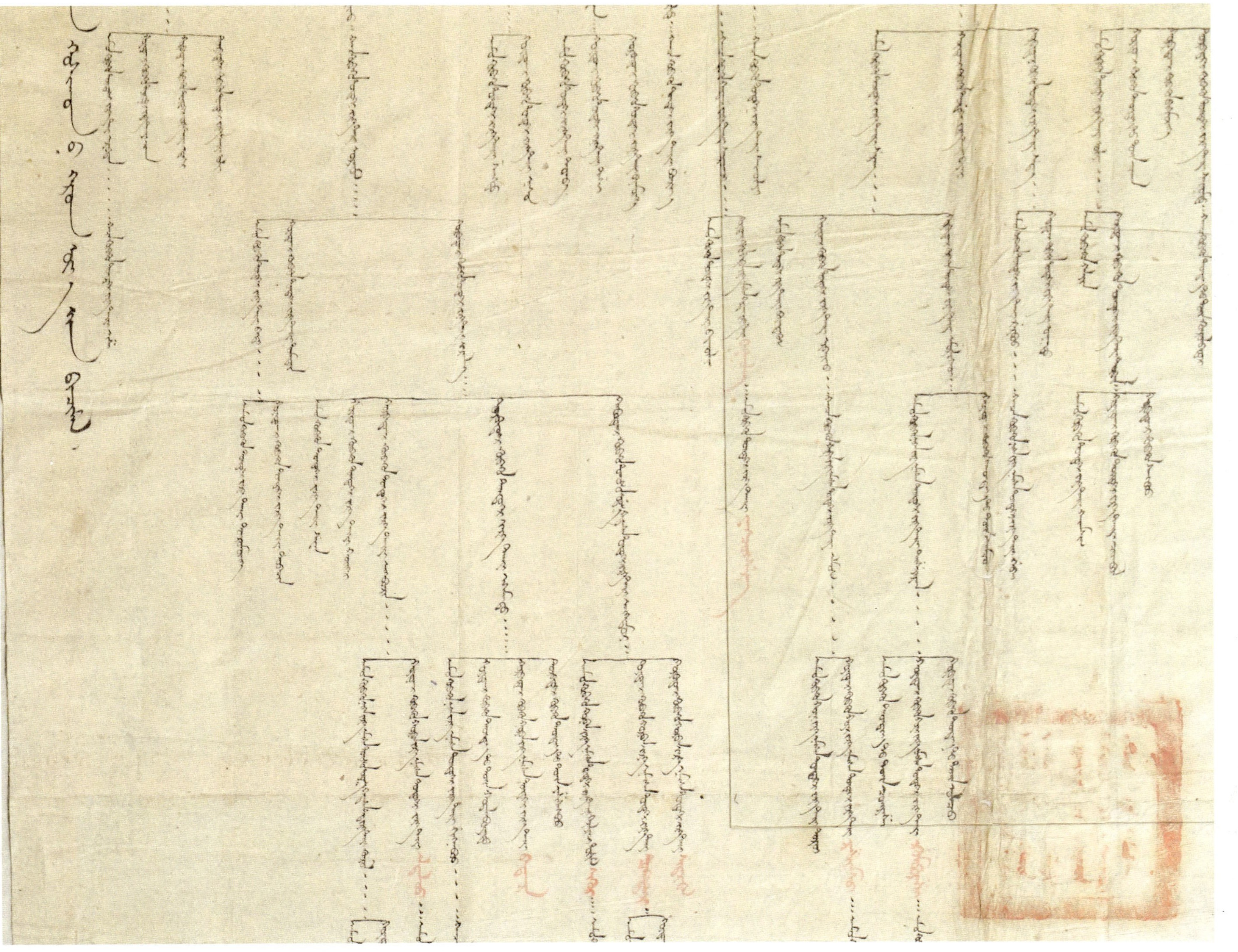

局部图②

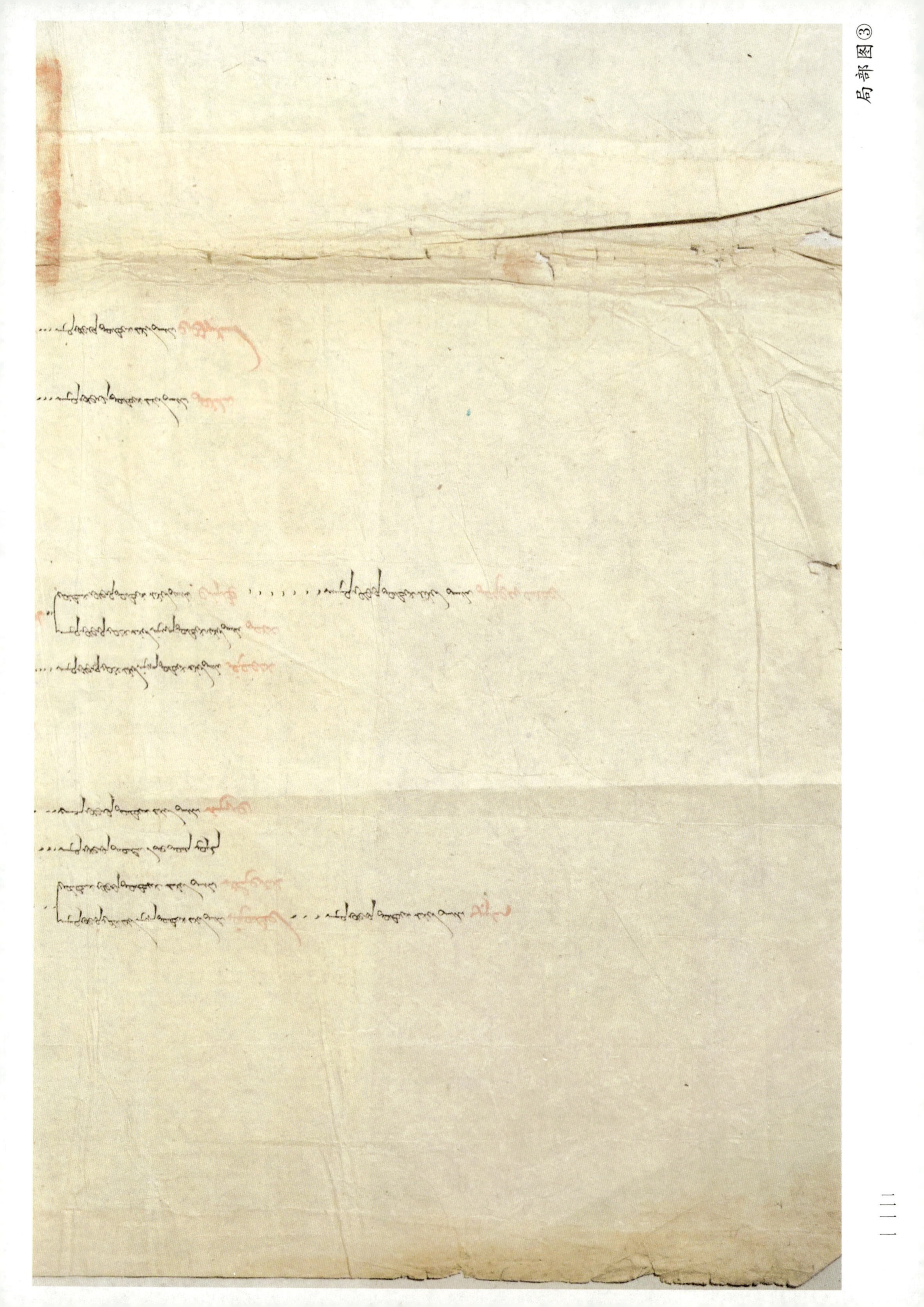

局部图③

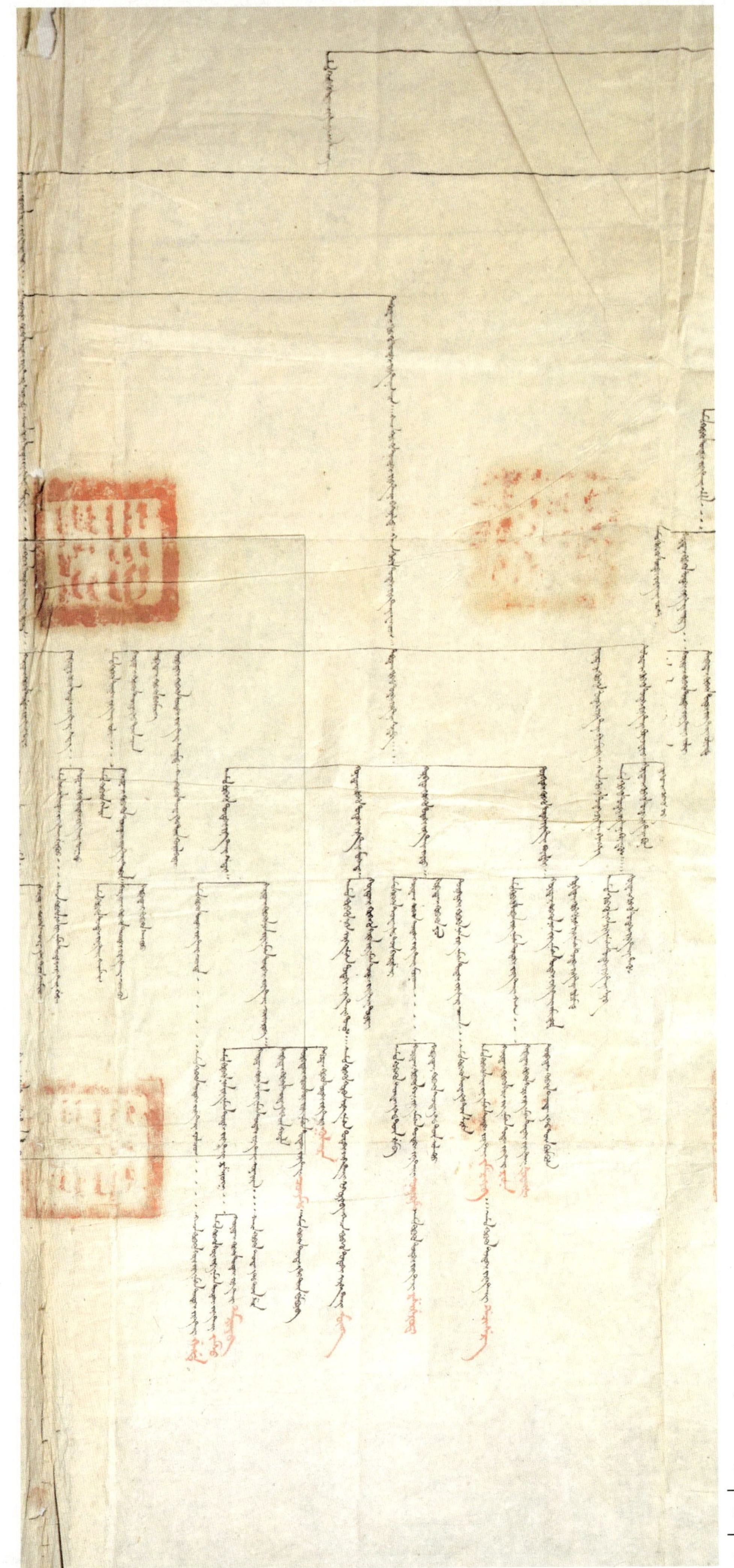

大图二

①—②—③

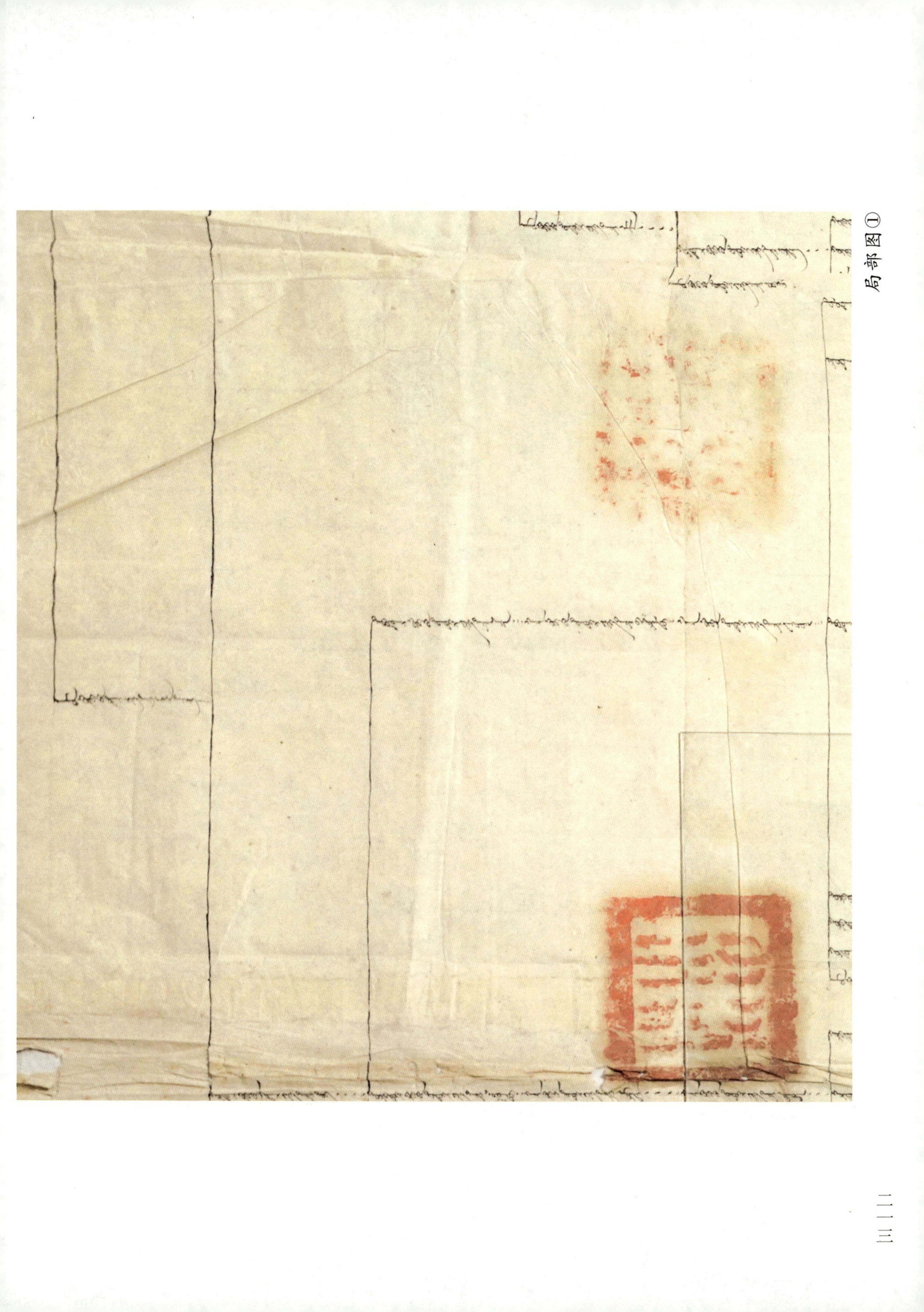

局部图①

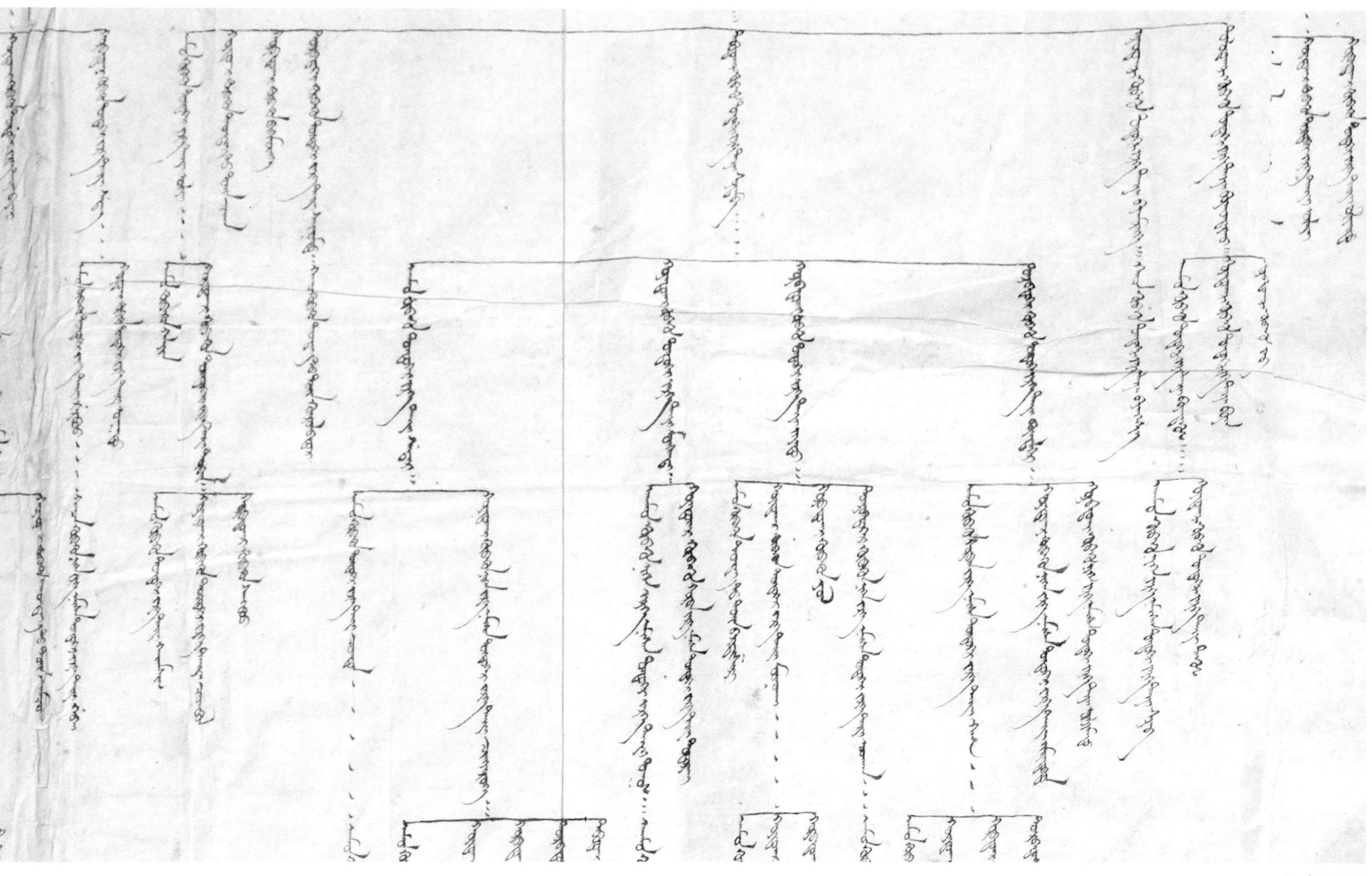

局部图②

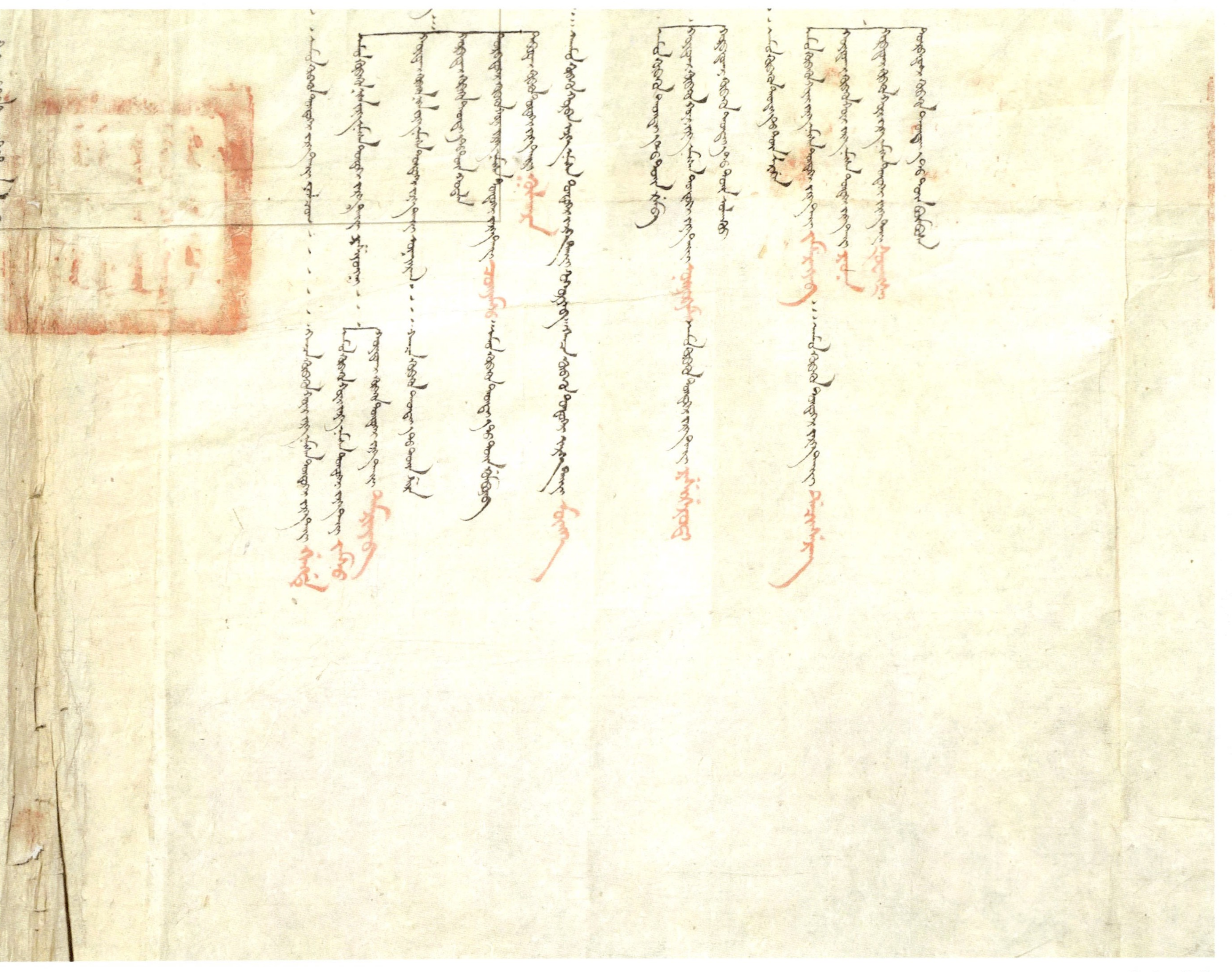

局部图③

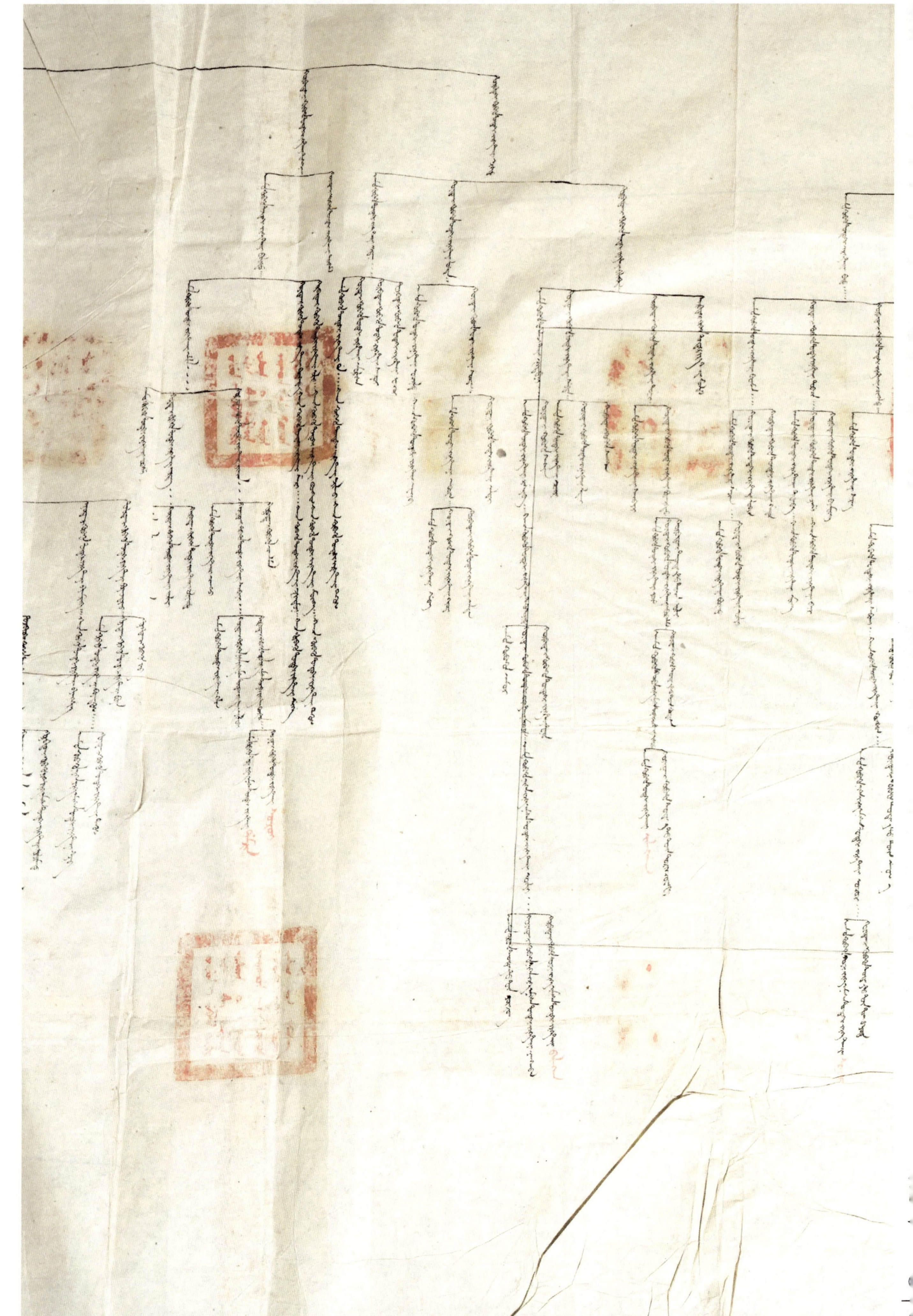

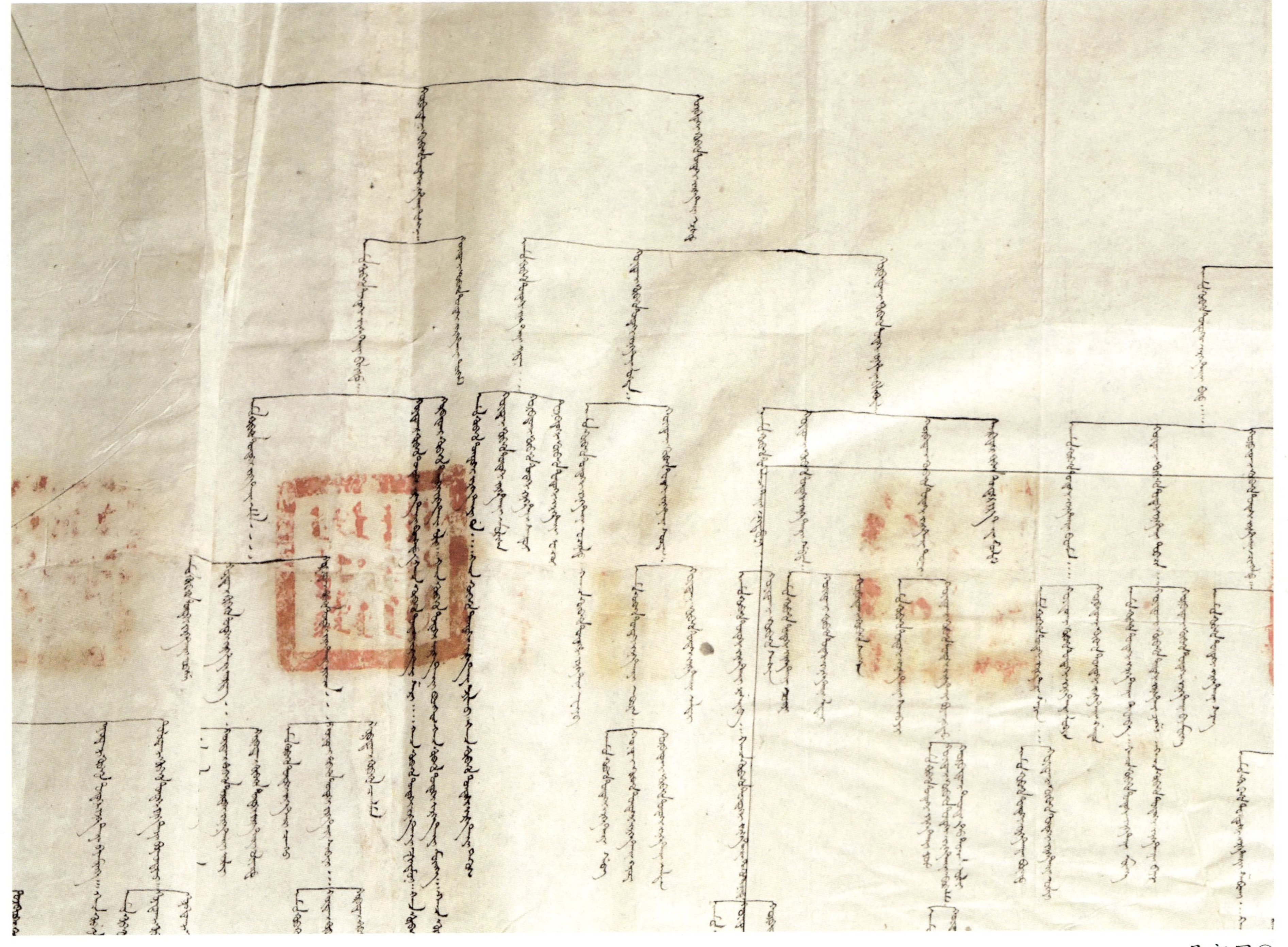

局部图①

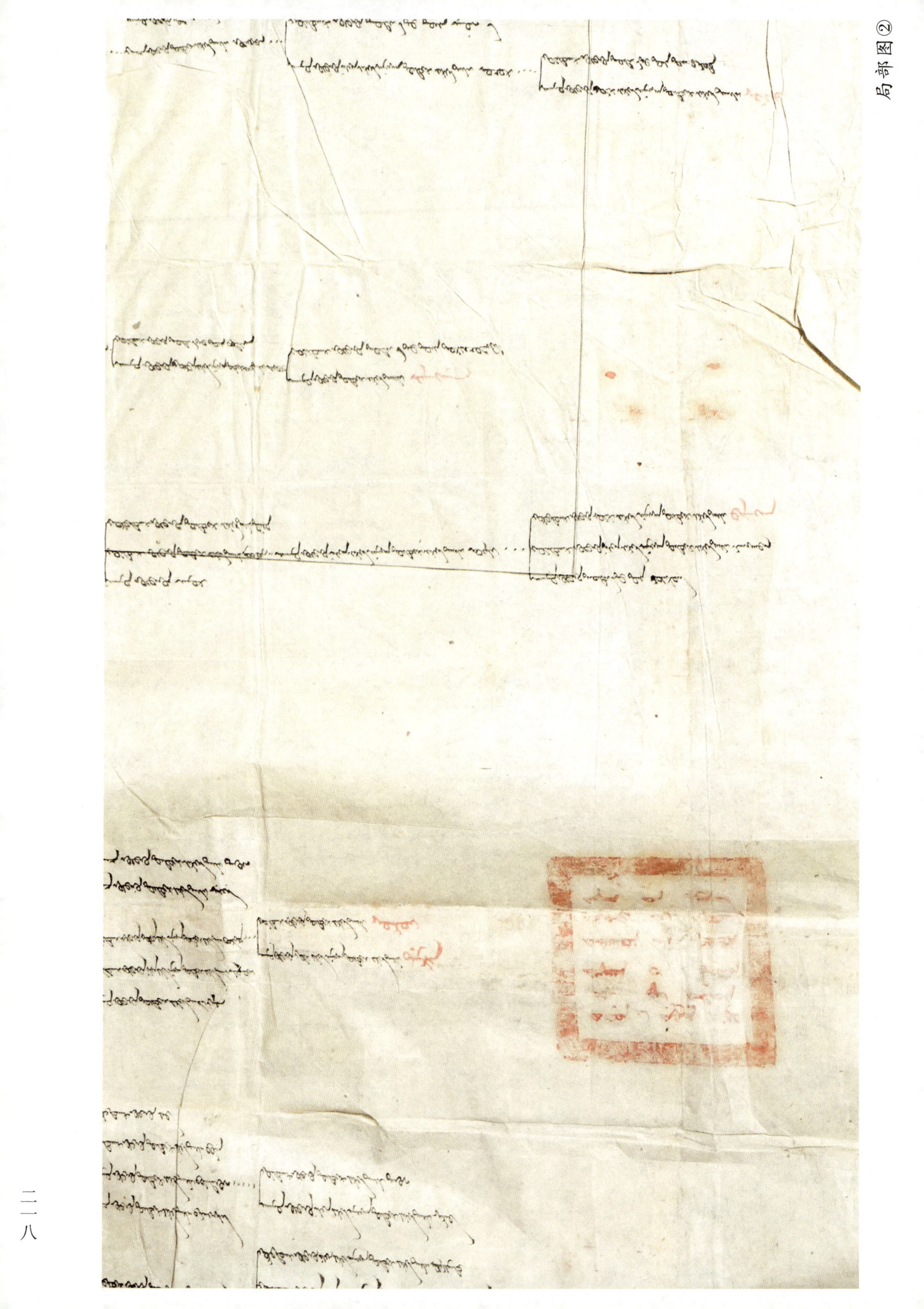

局部图②

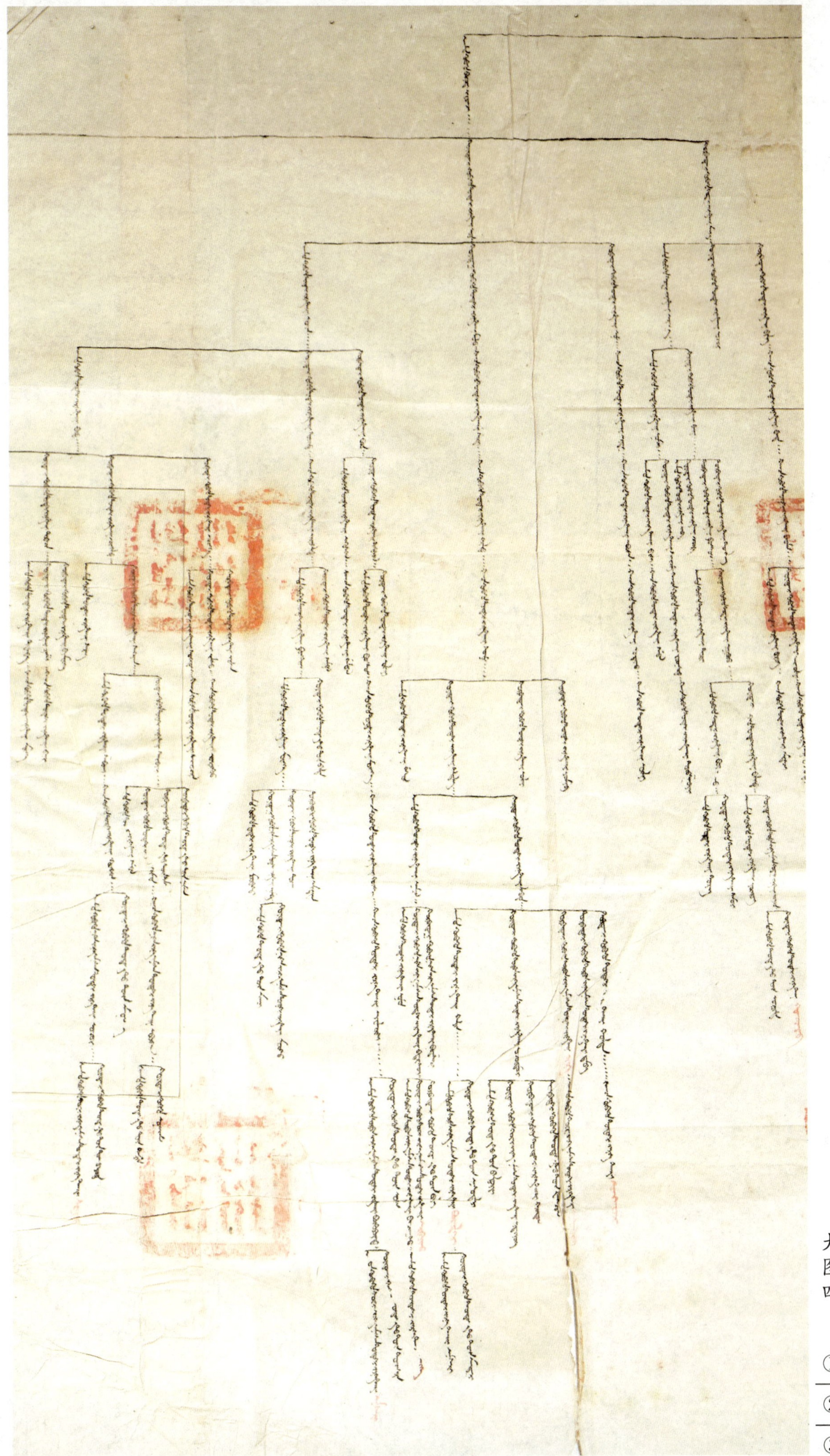

大图四

①
②
③

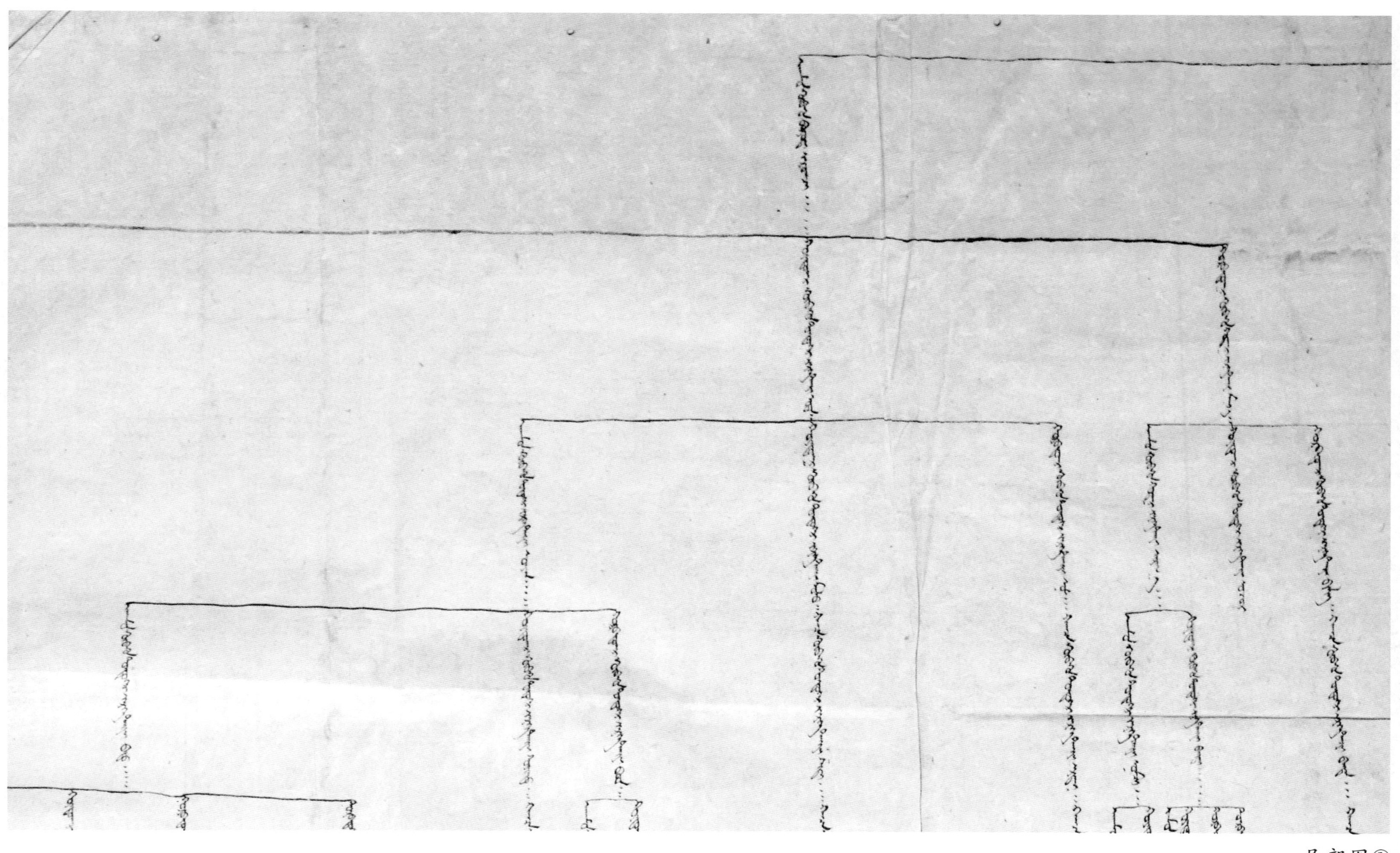

局部图①

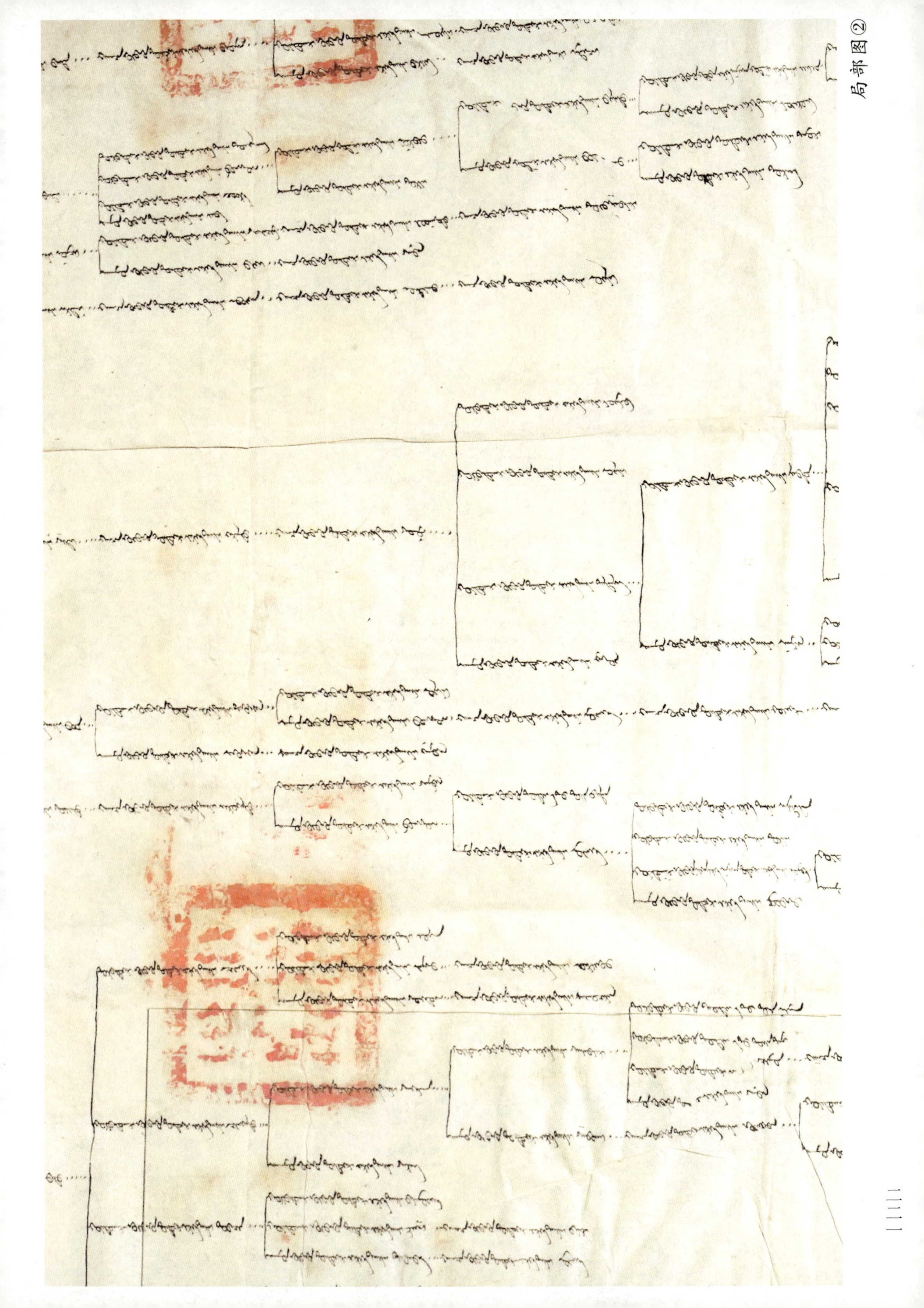

局部图②

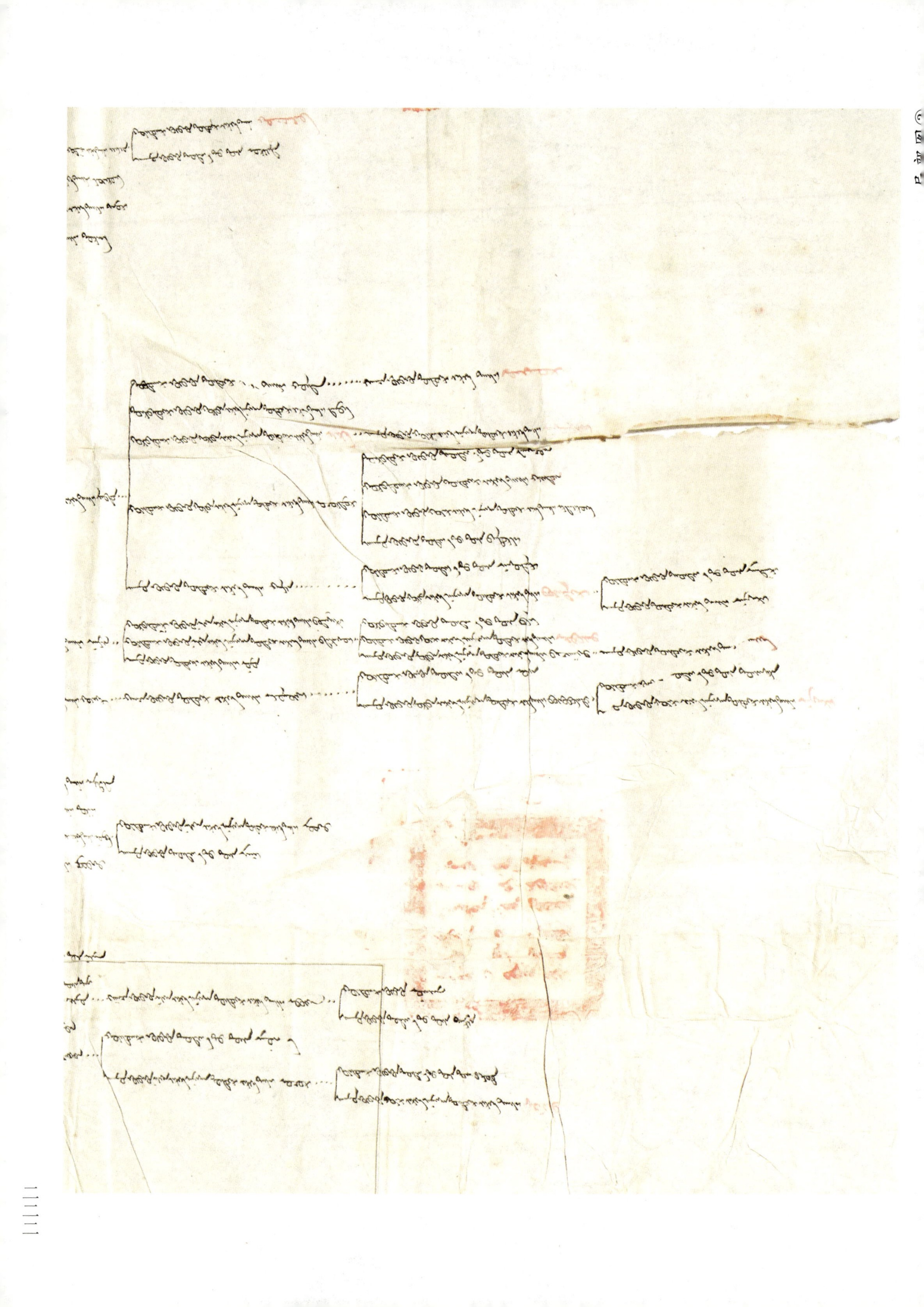

局部图②

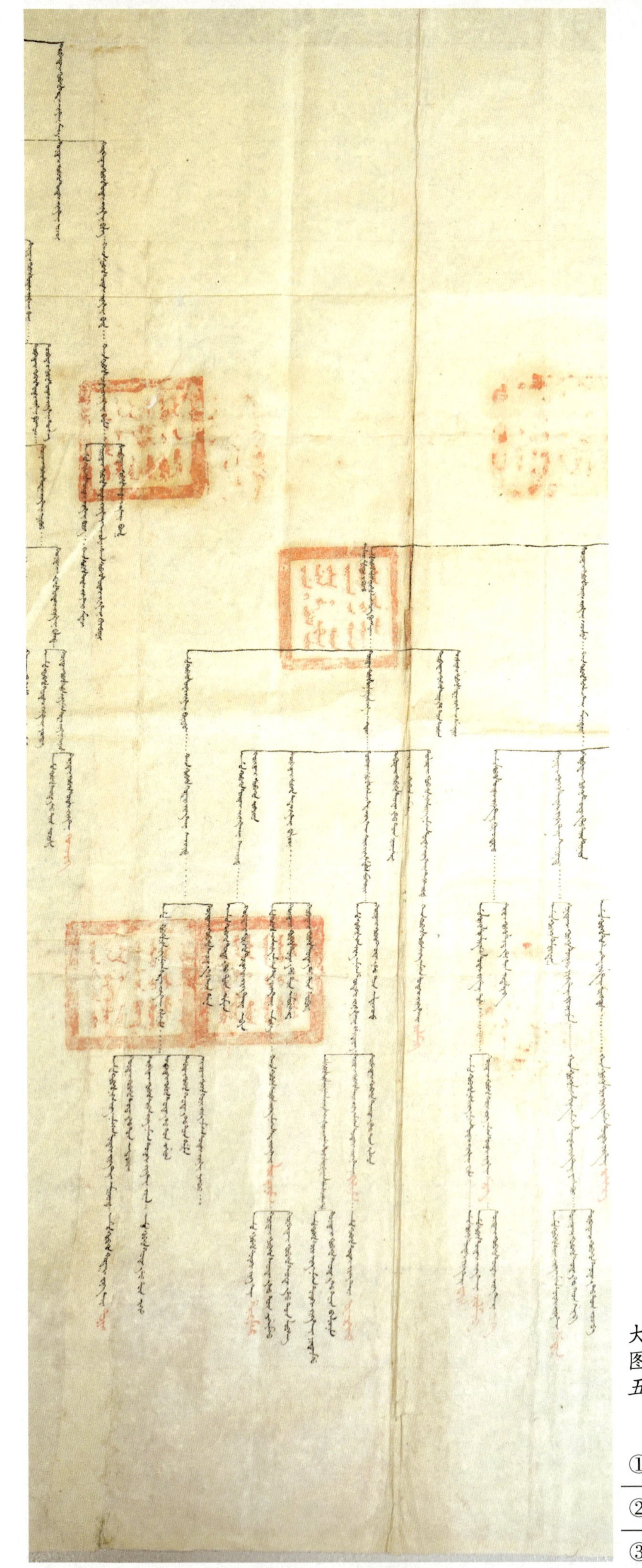

大图五 ①—②—③

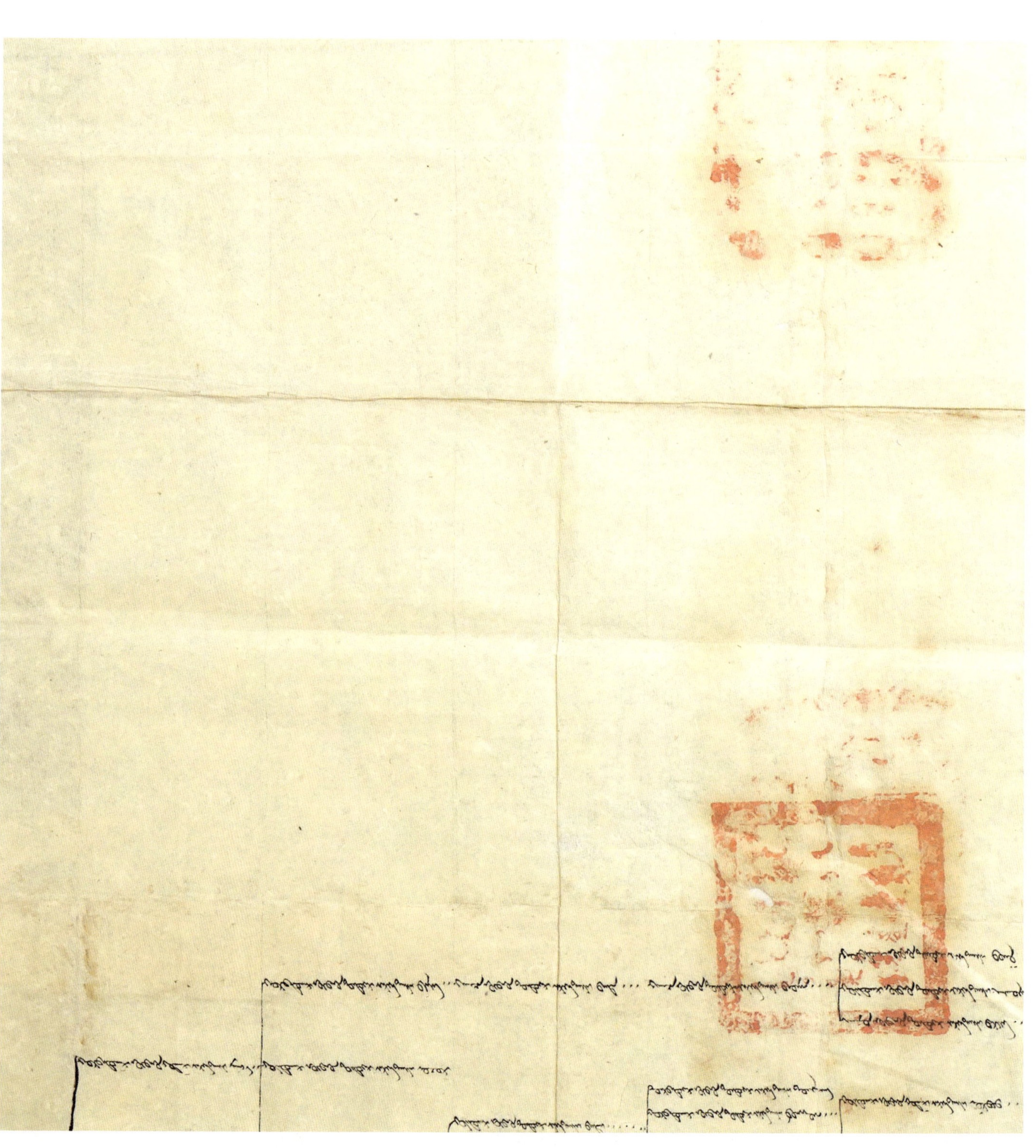

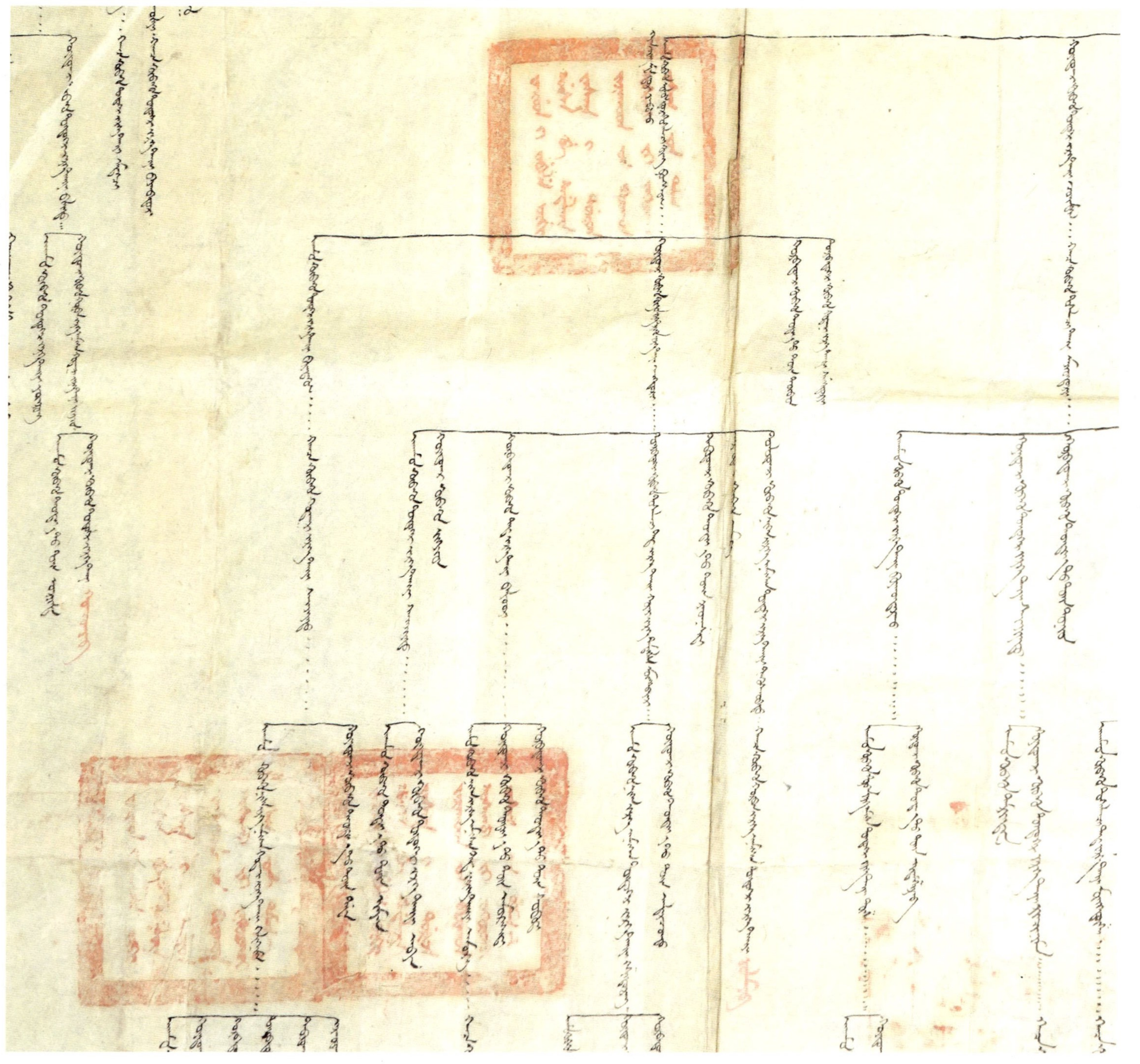

局部图②

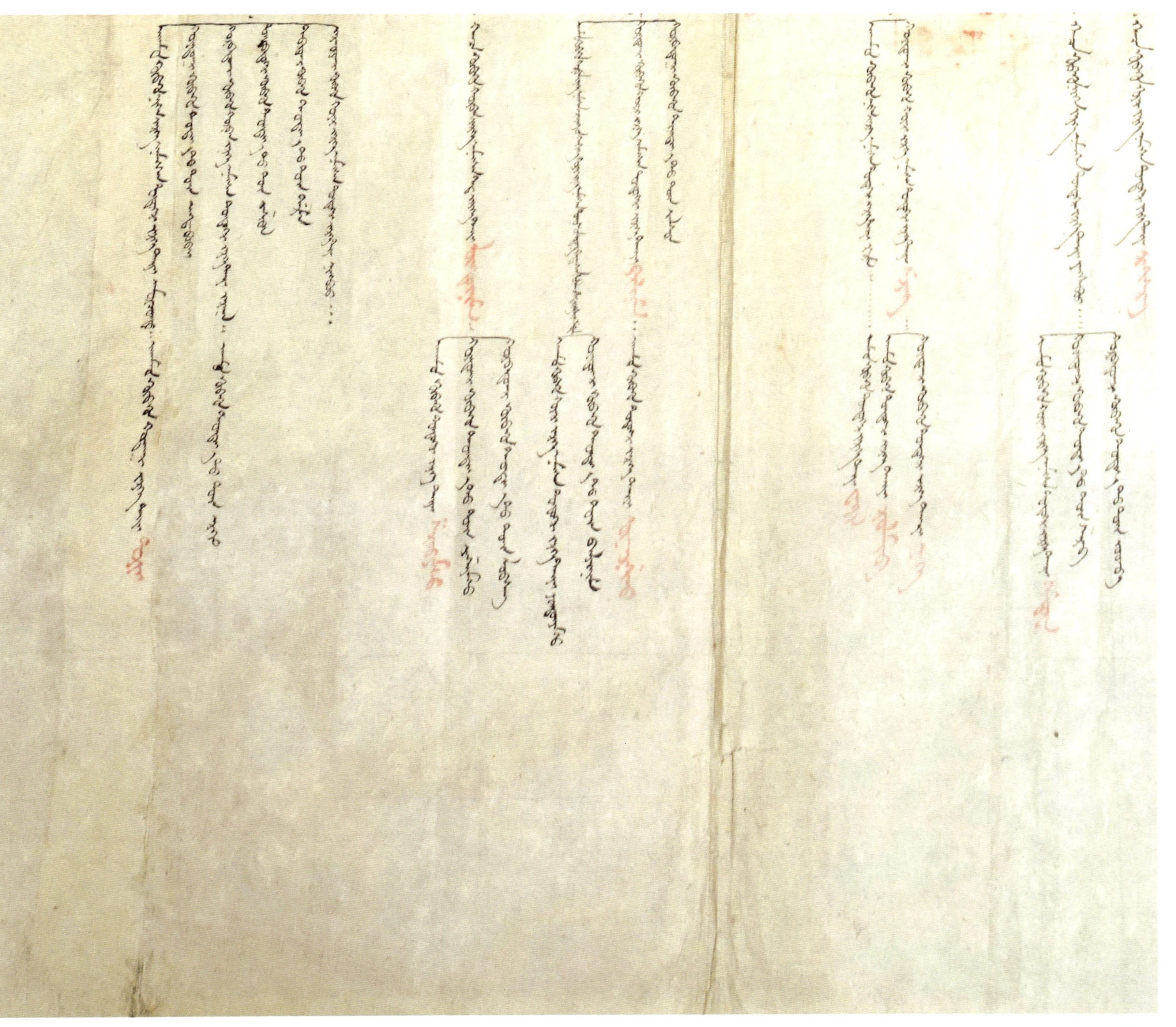

局部图③

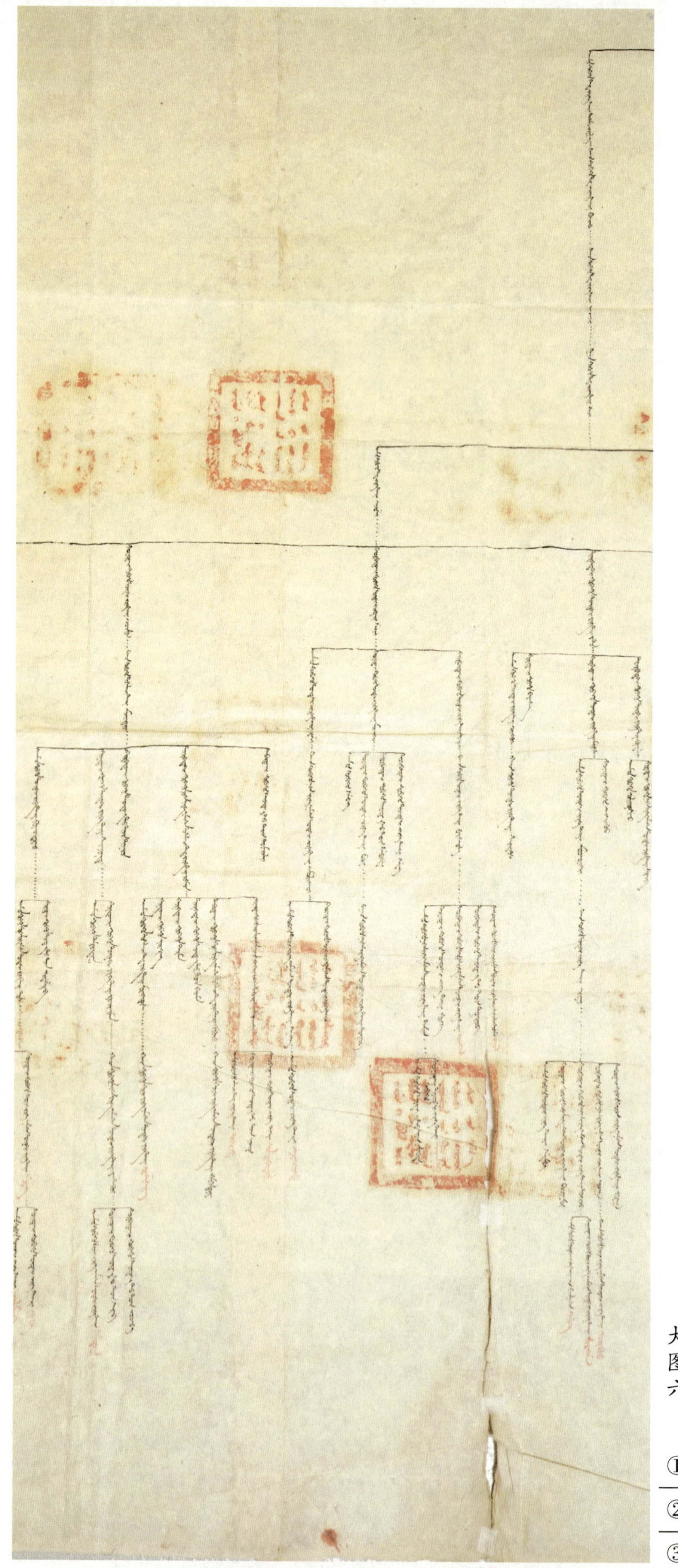

大图六 ①—②—③

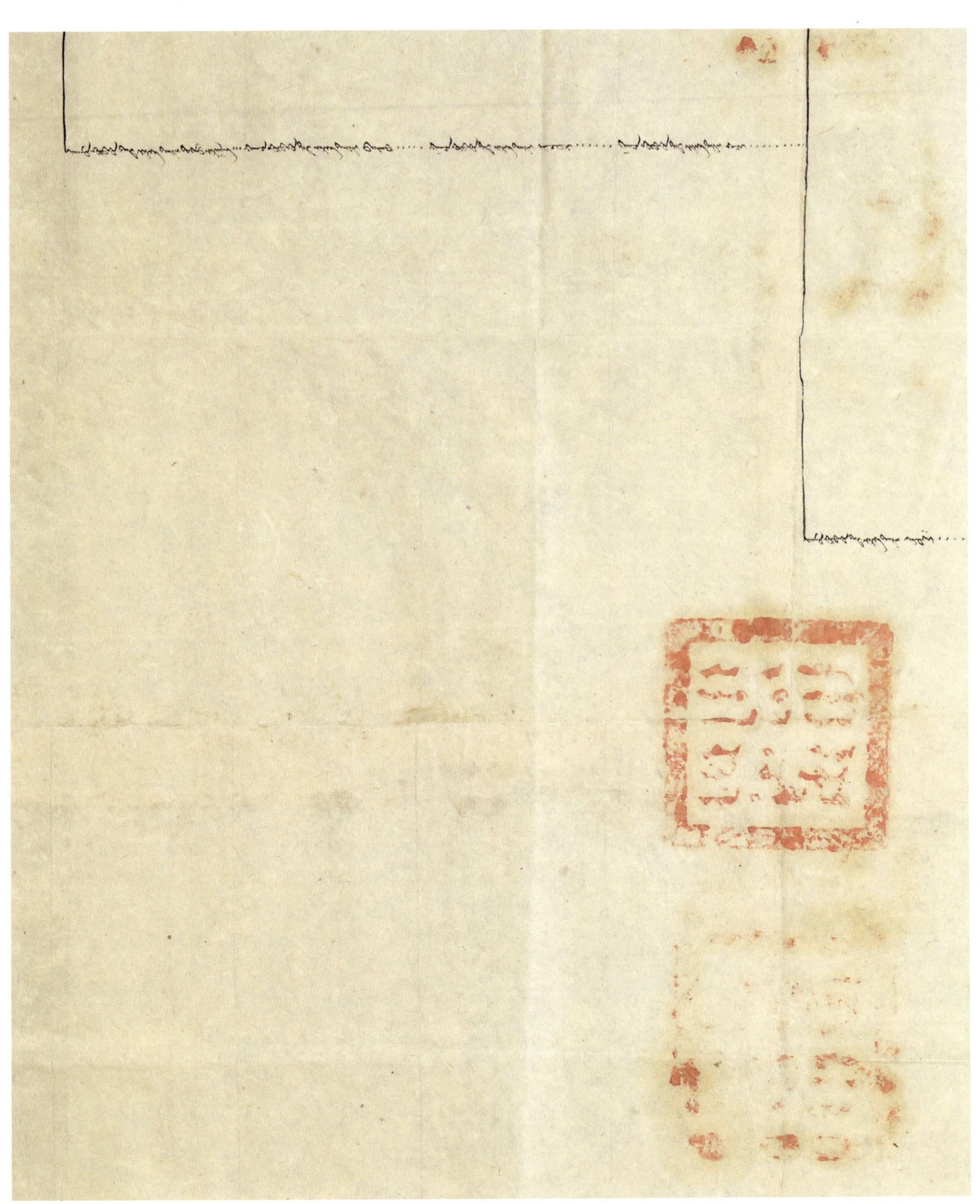

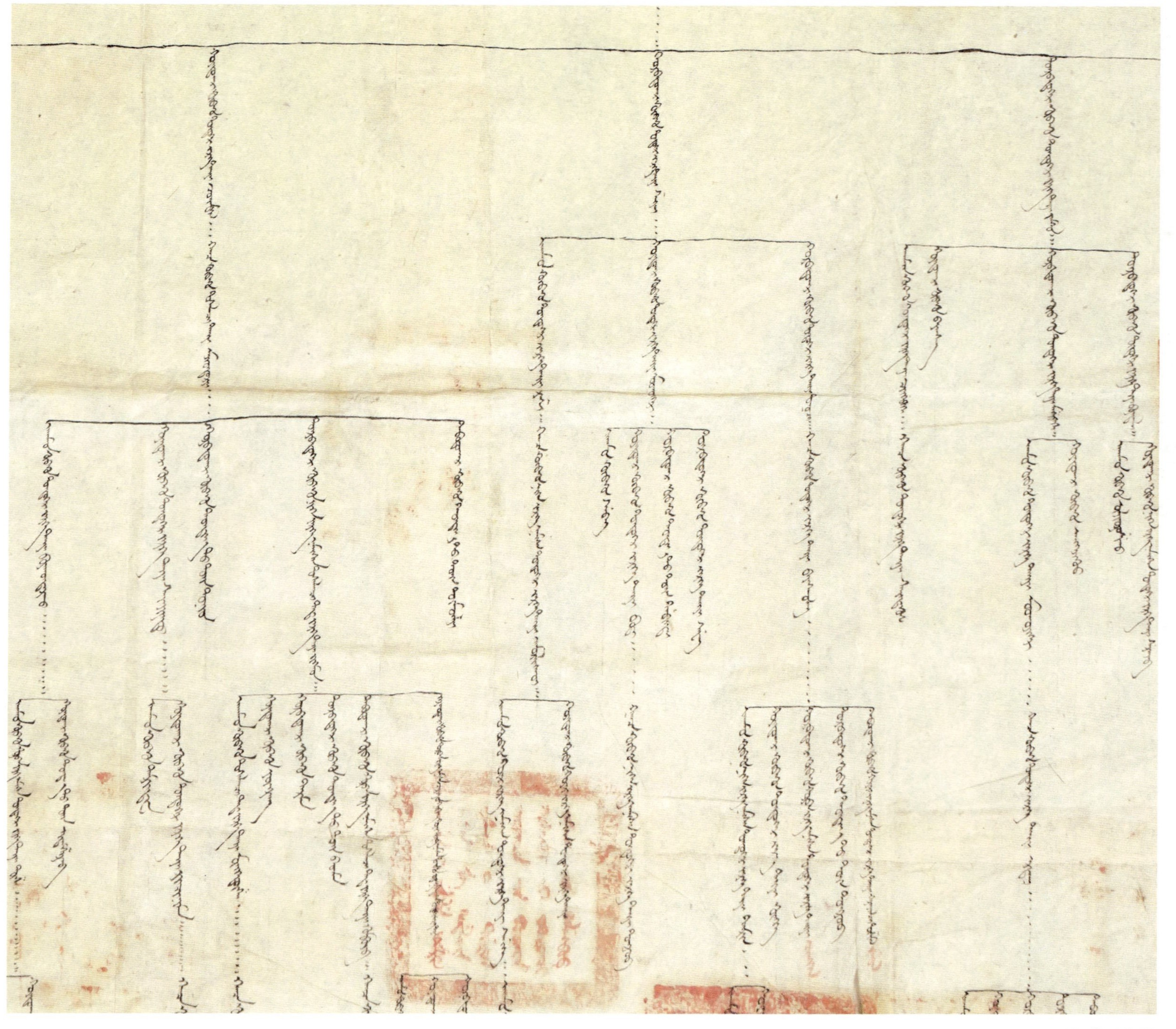

局部图②

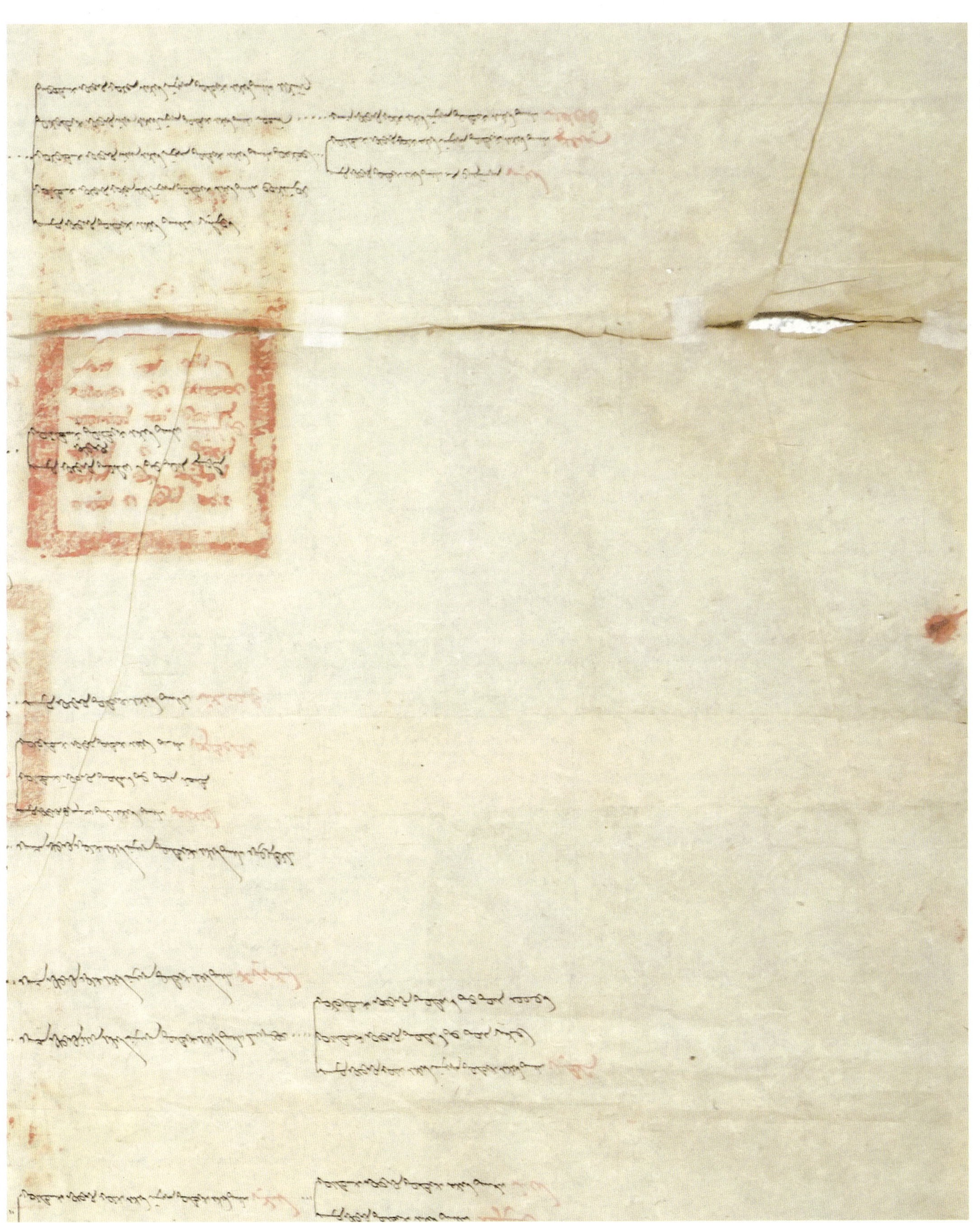

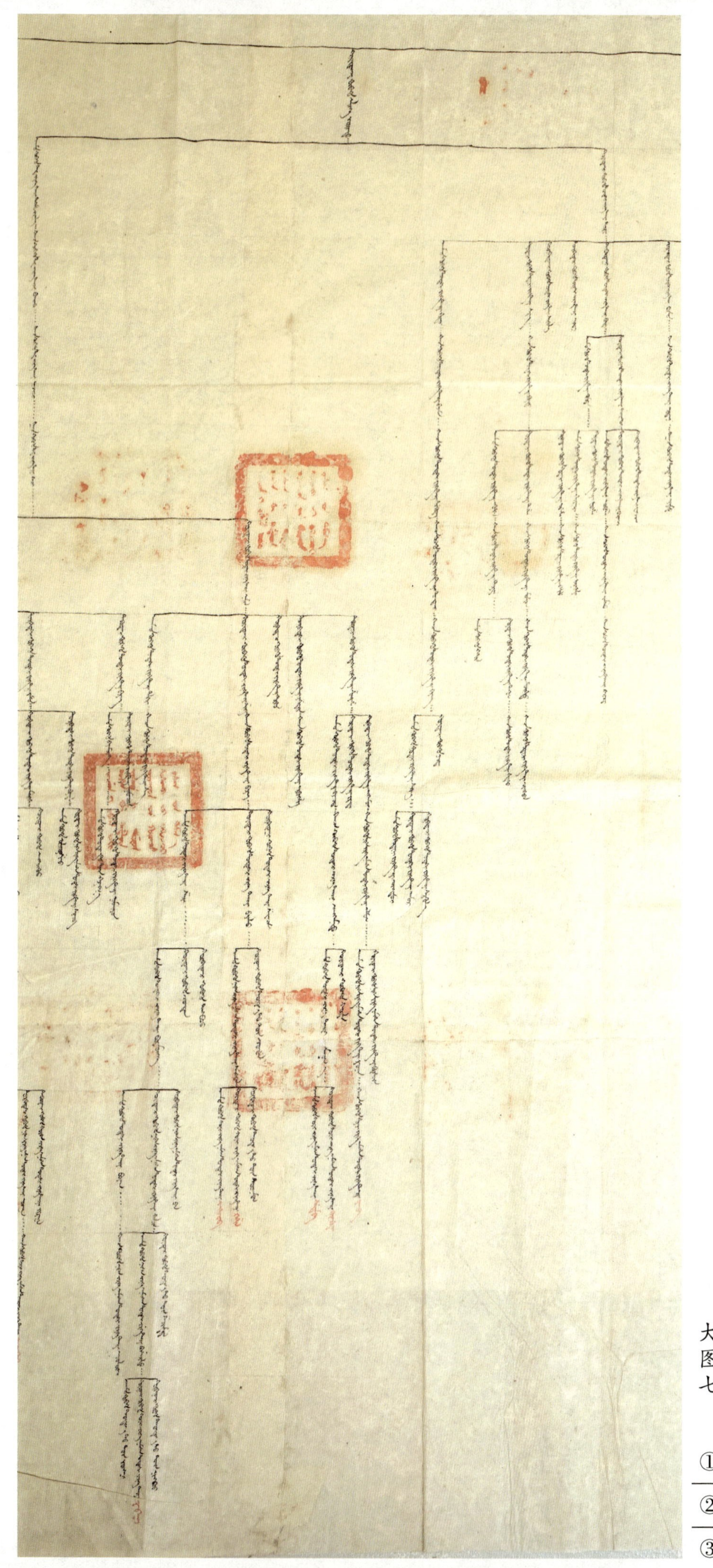

大图七 ①—②—③

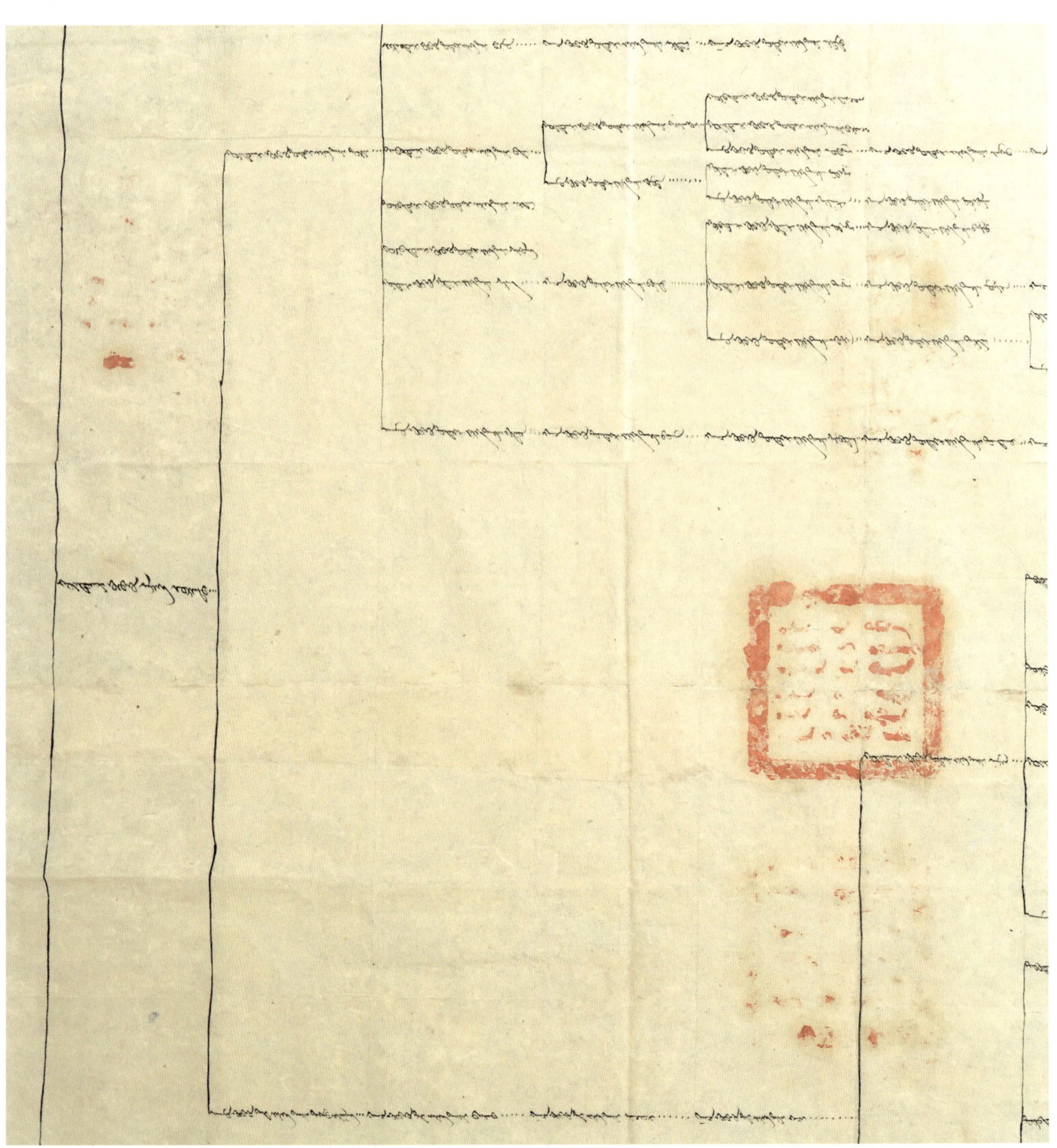

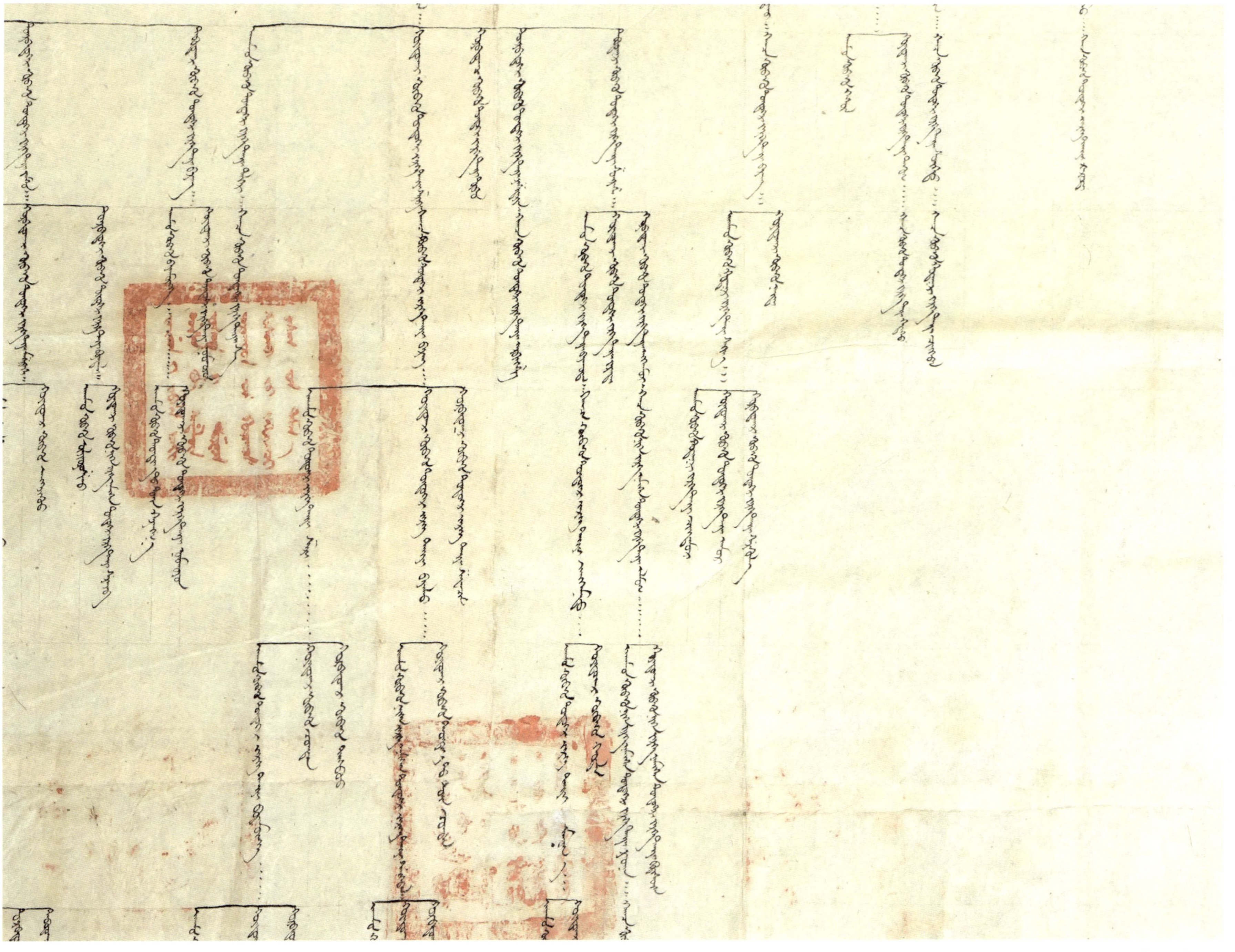

局部图②

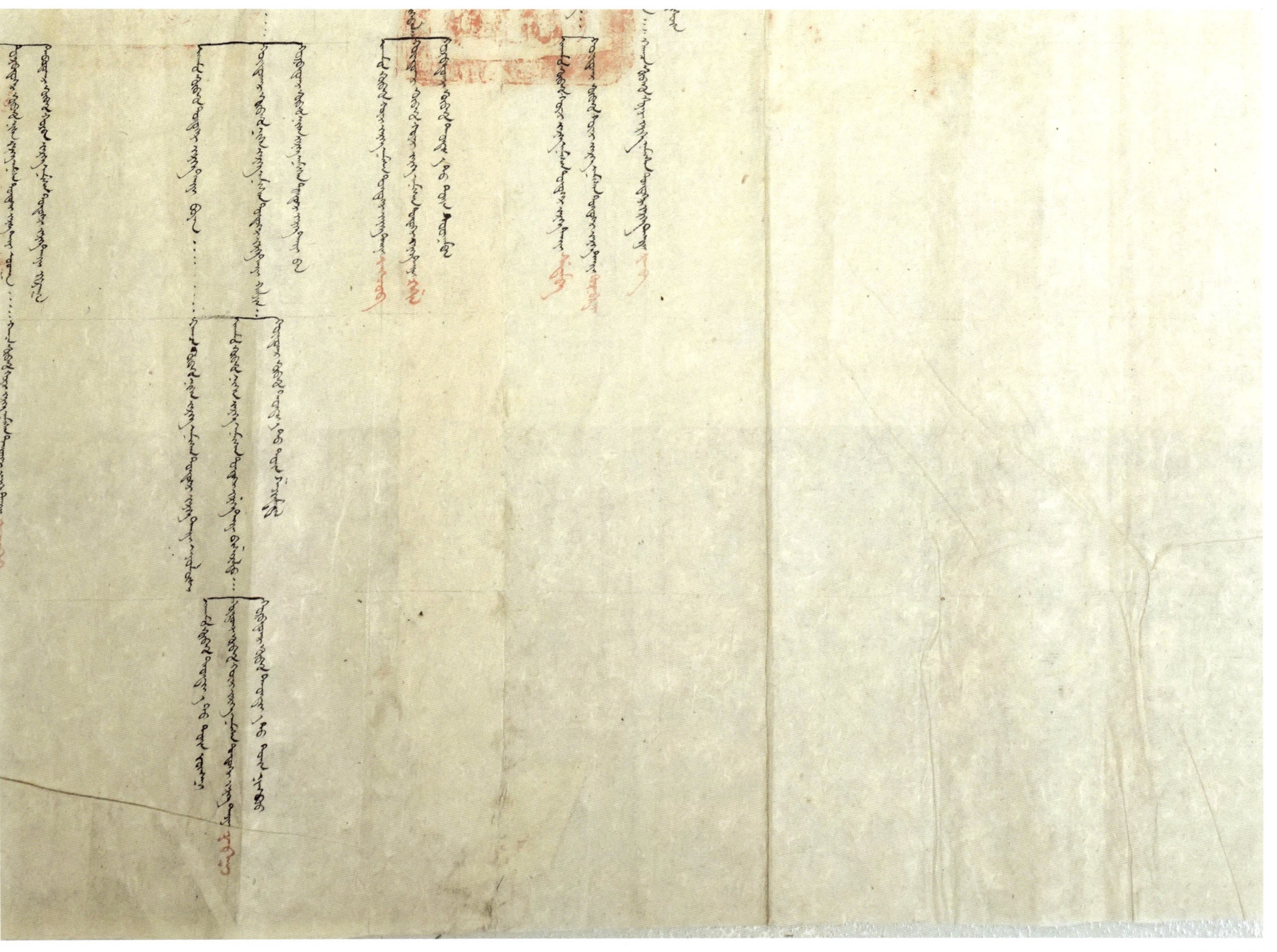

局部图③

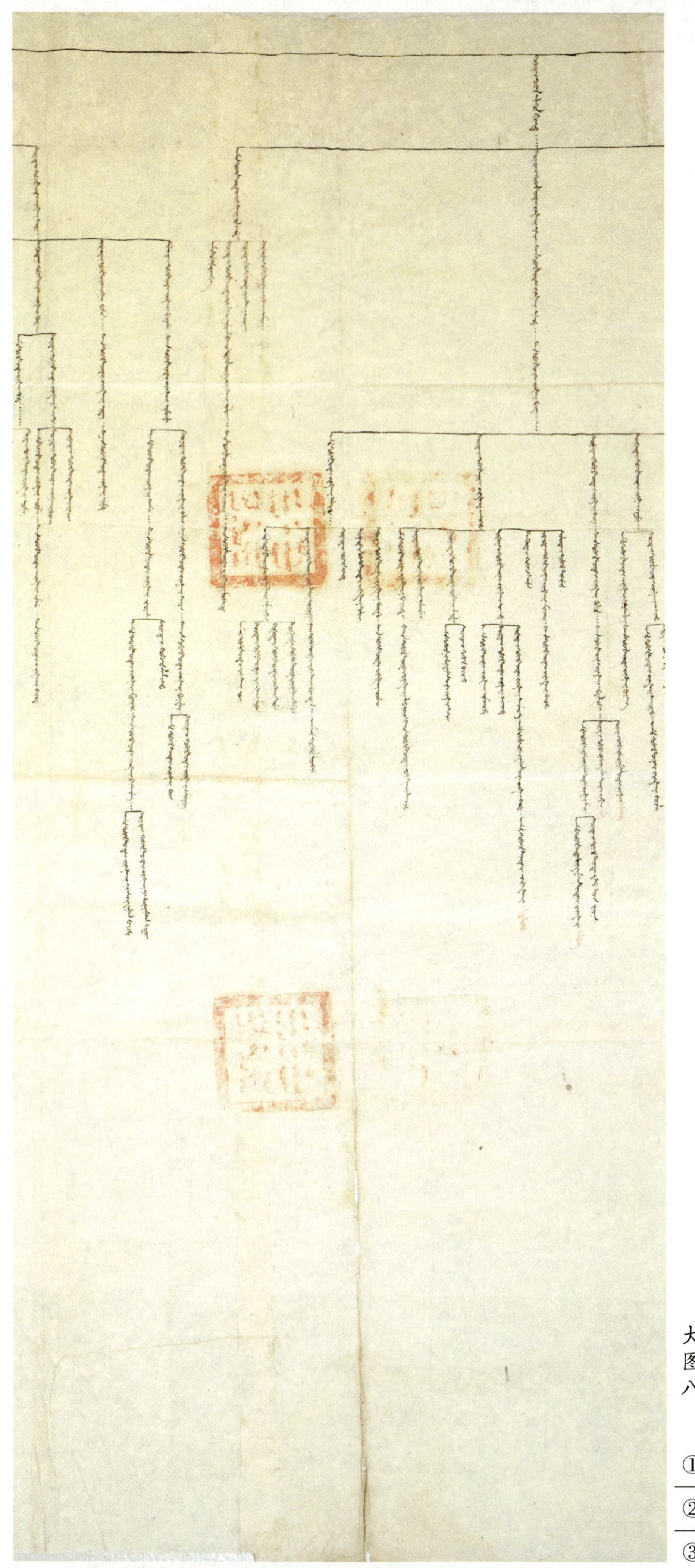

大图八 ①—②—③

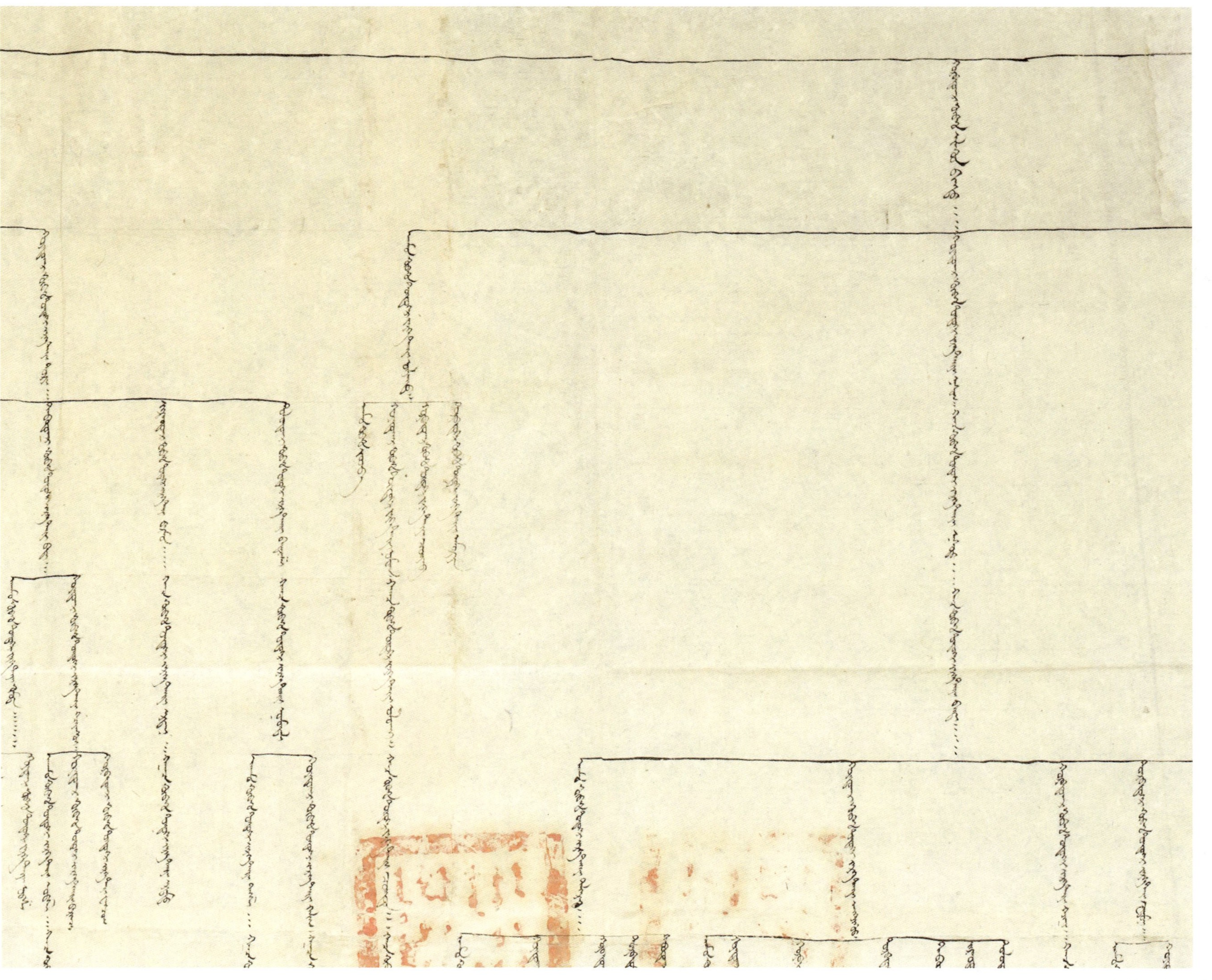

局部图①

局部图②

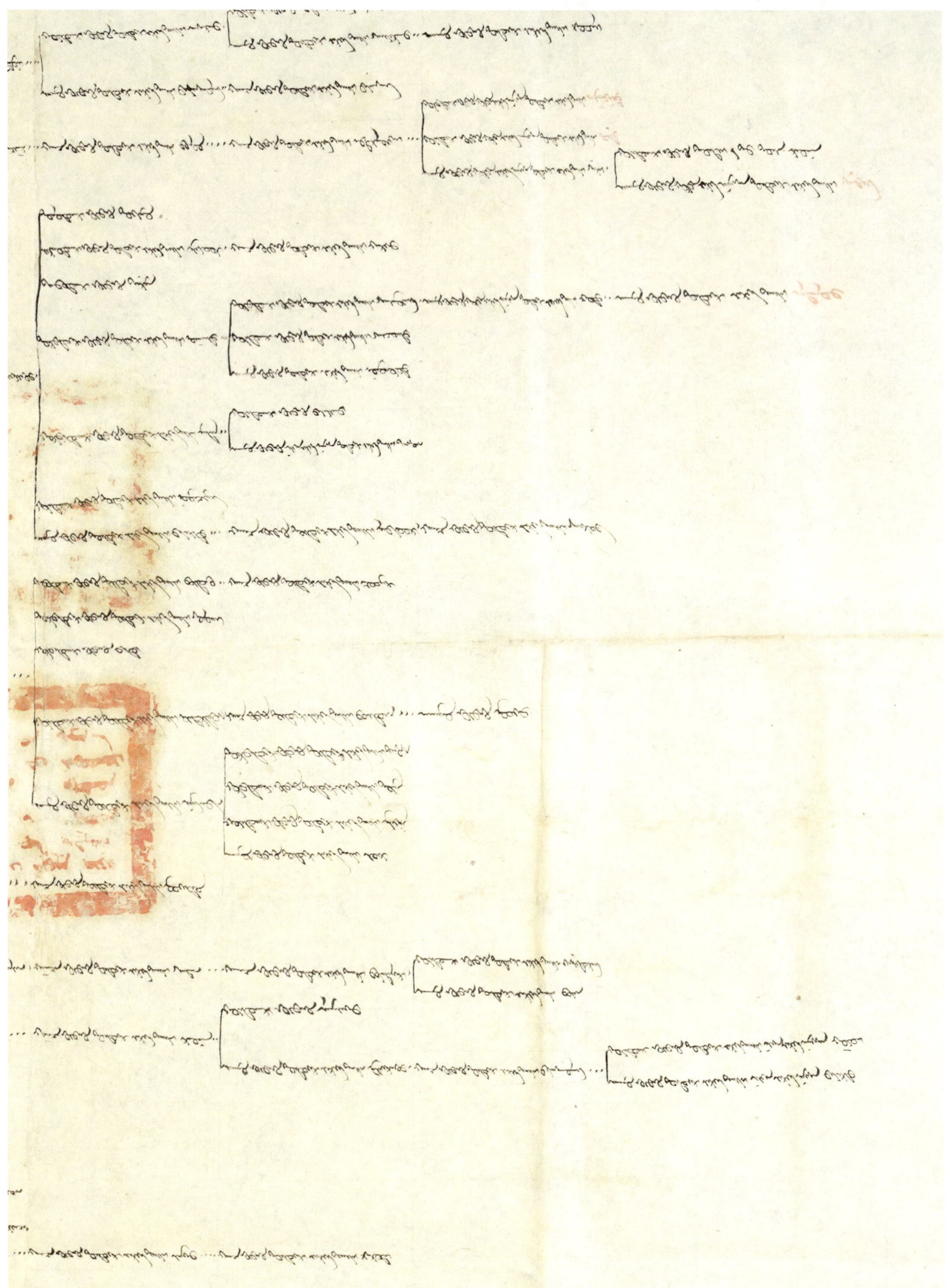

局部图②

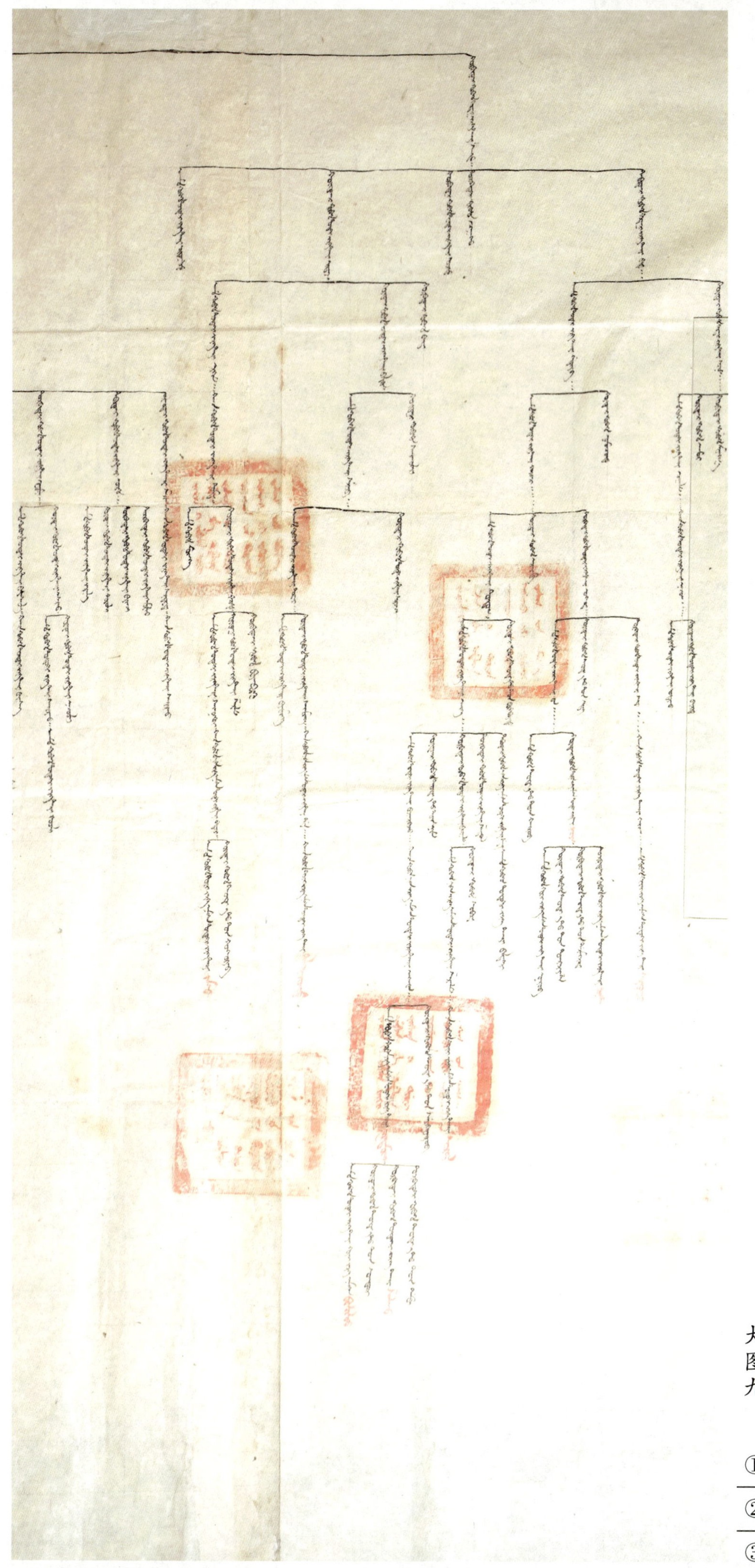

大图九 ①—②—③

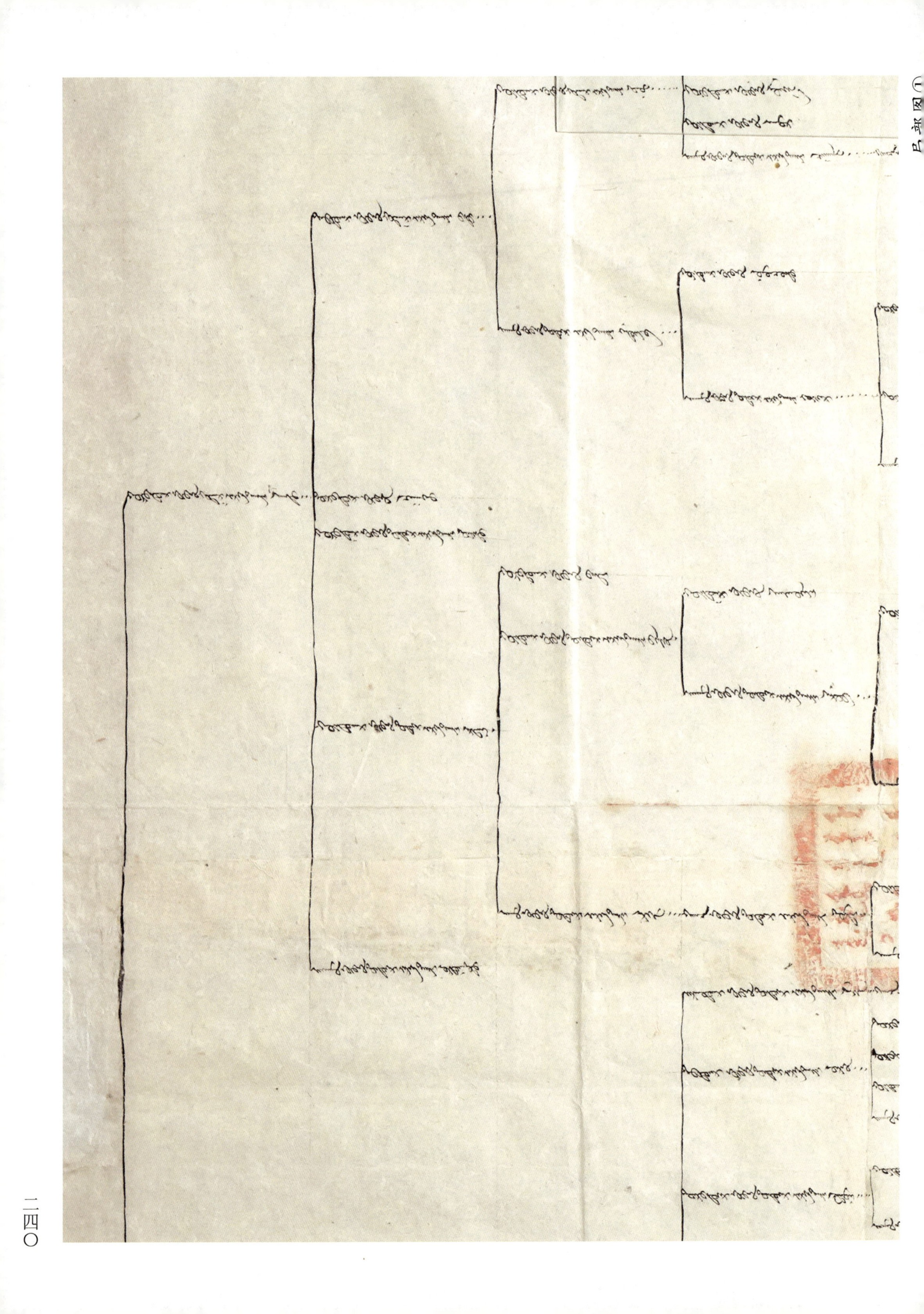

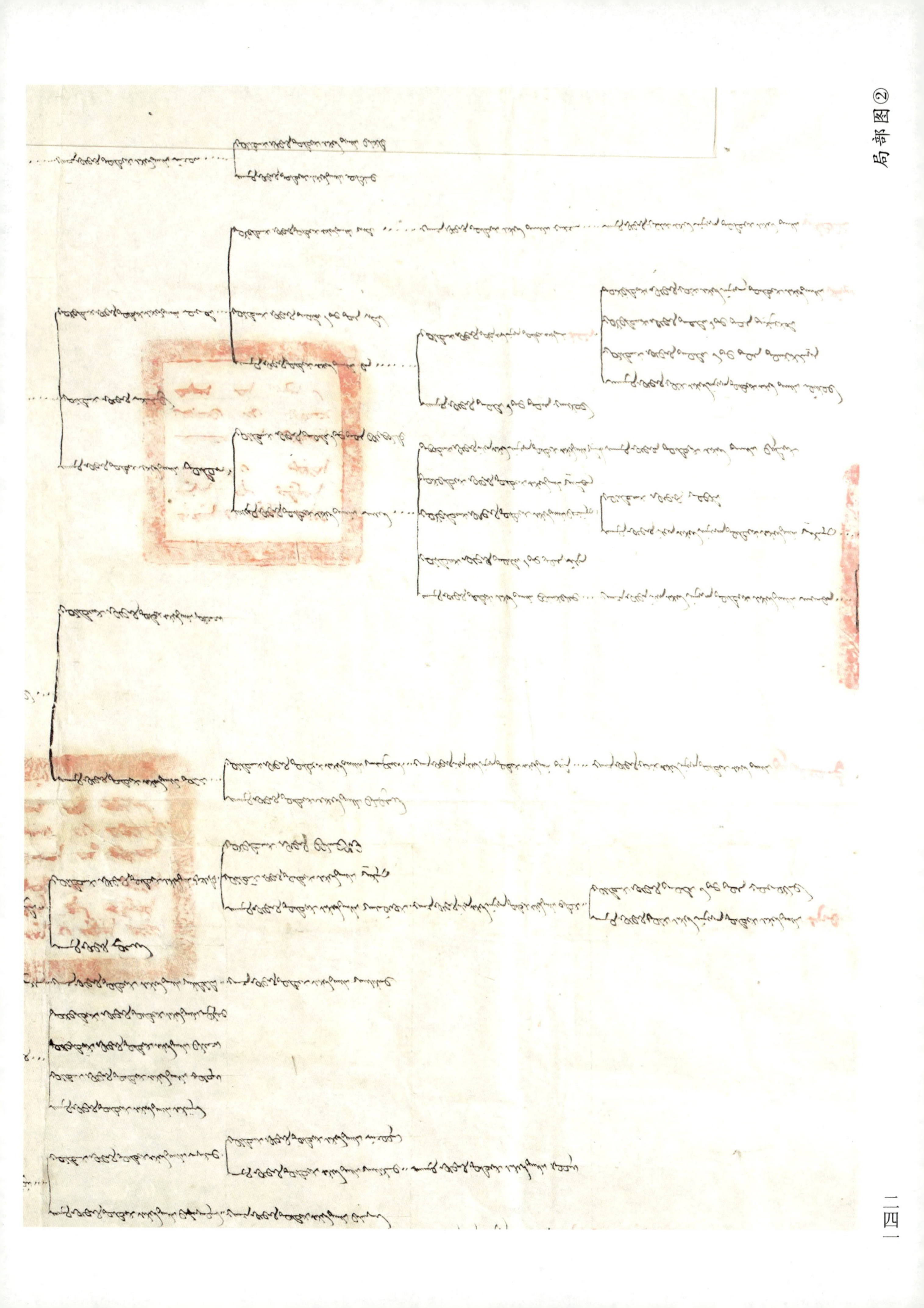

局部图②

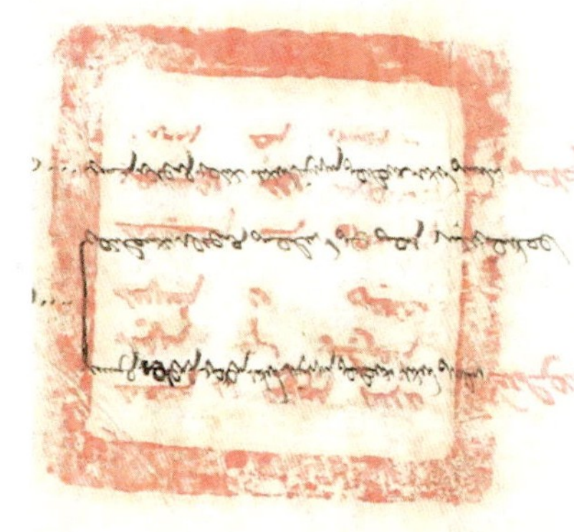

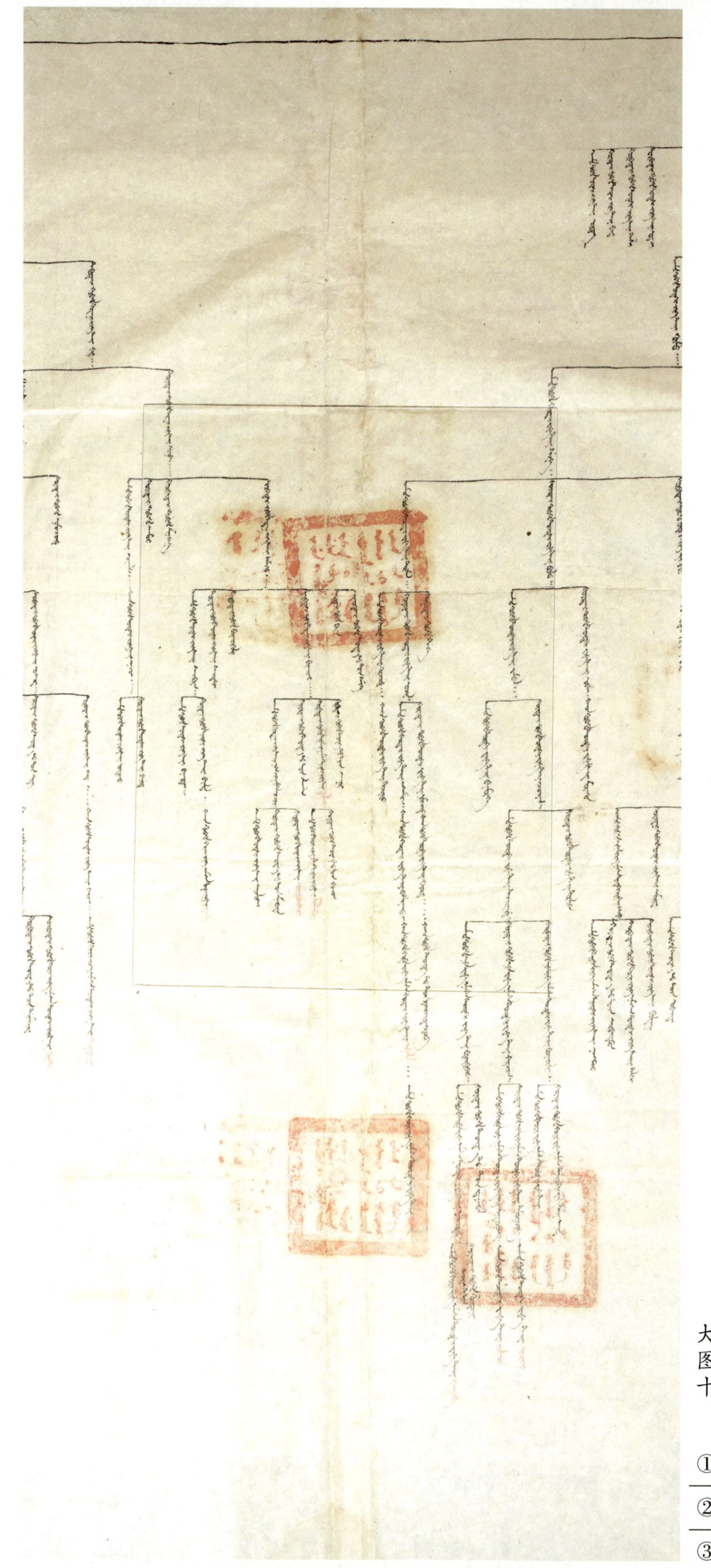

大图十 ①—②—③

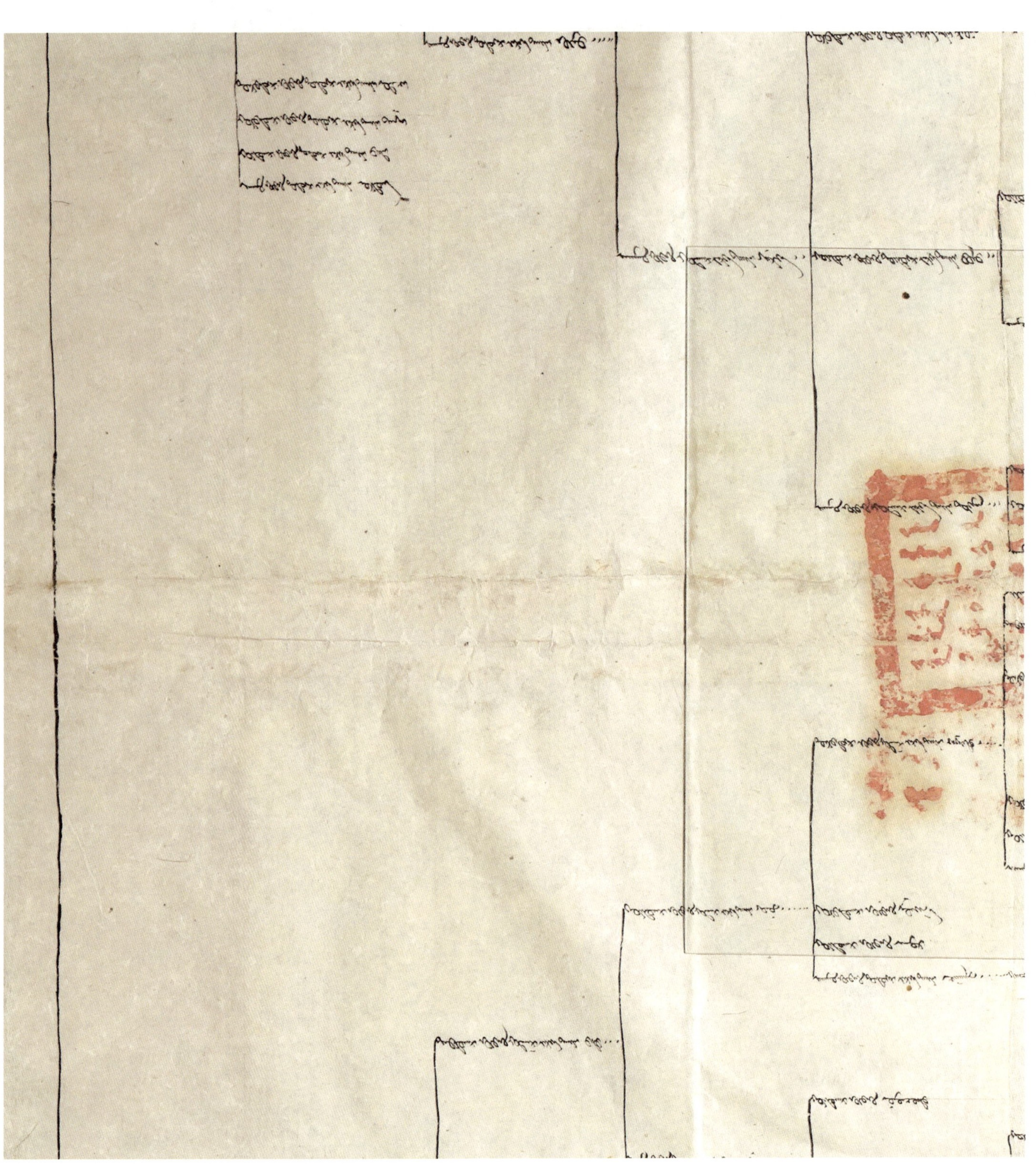

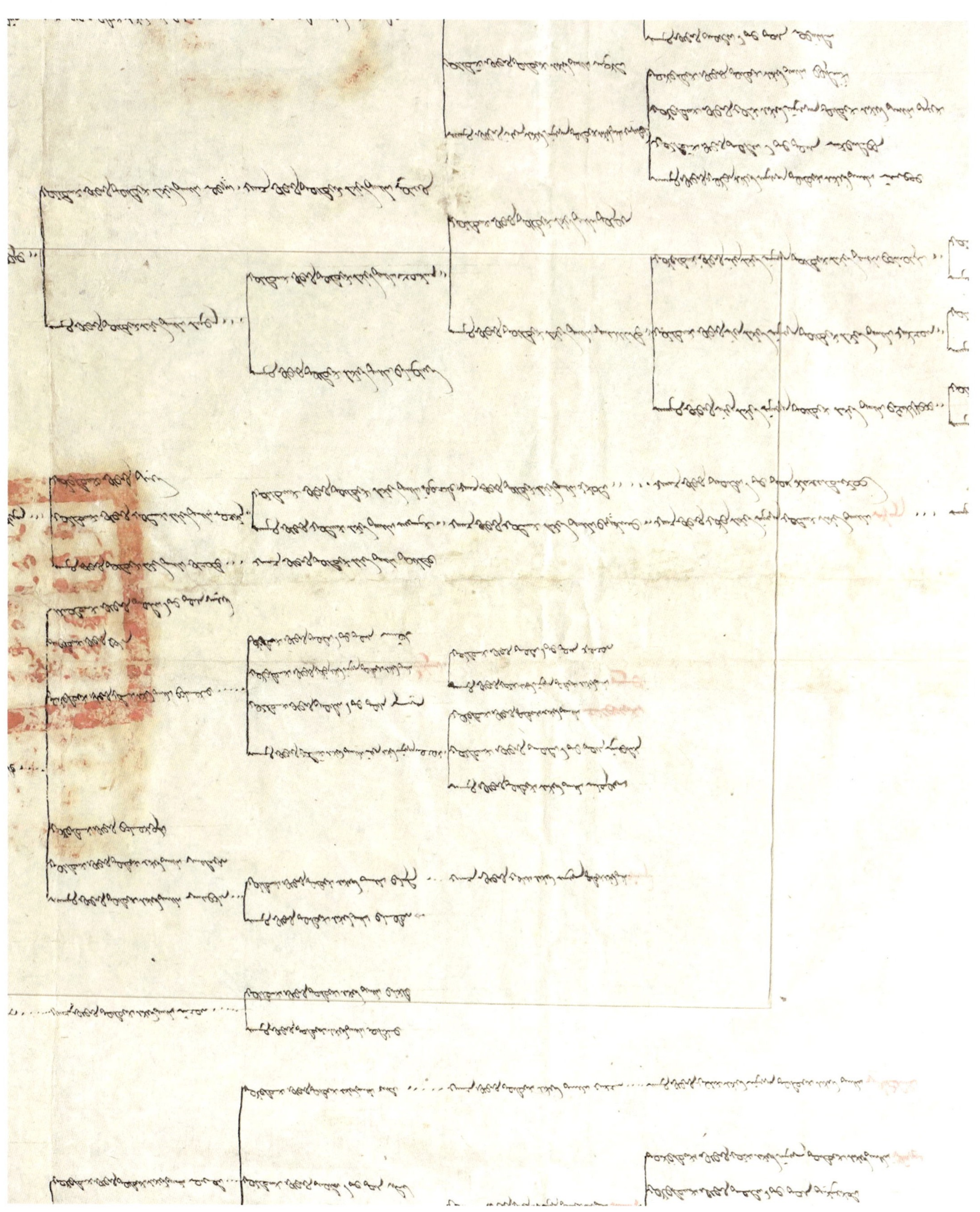

局部图②

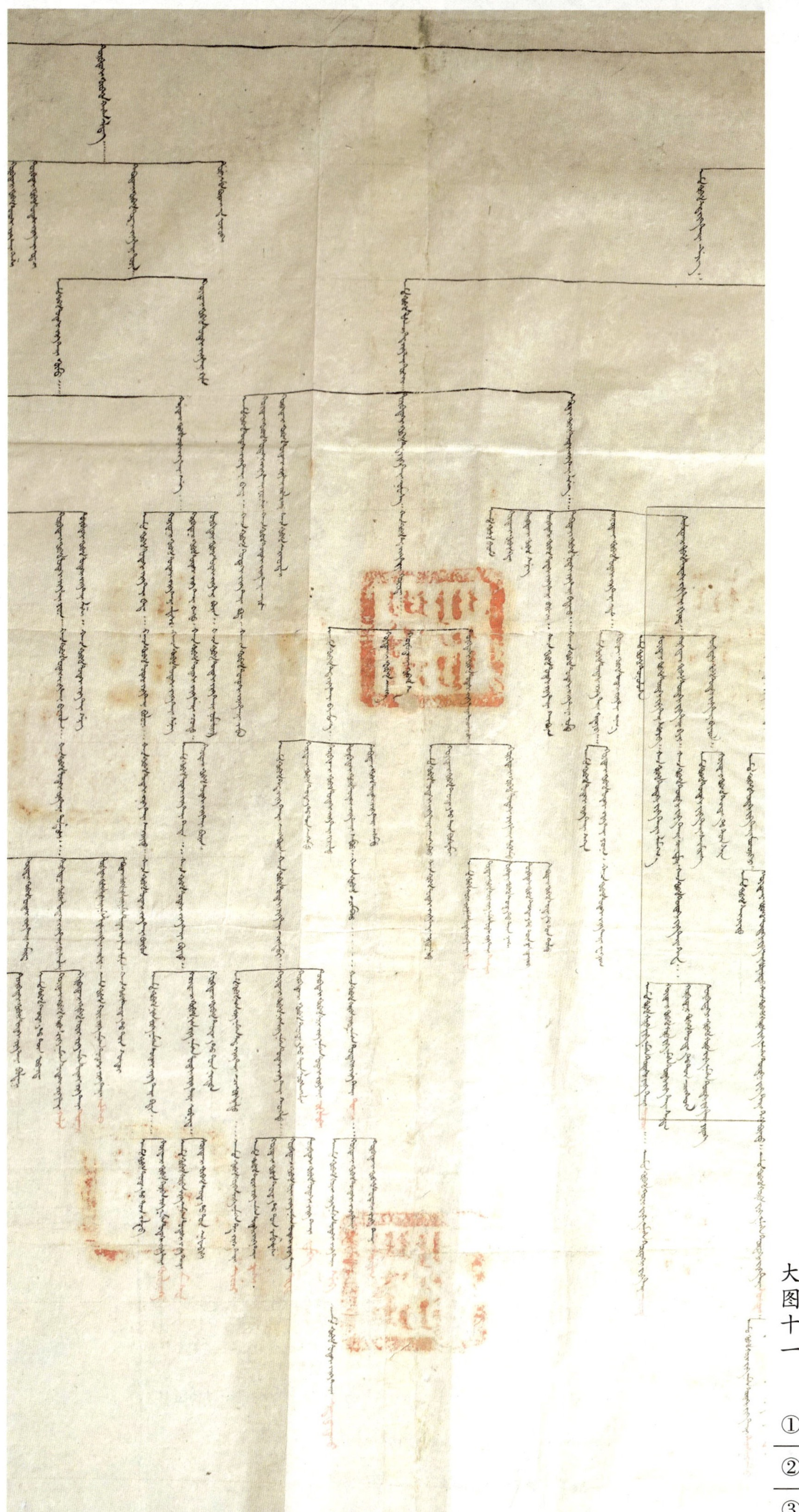

大图十一 ①—②—③

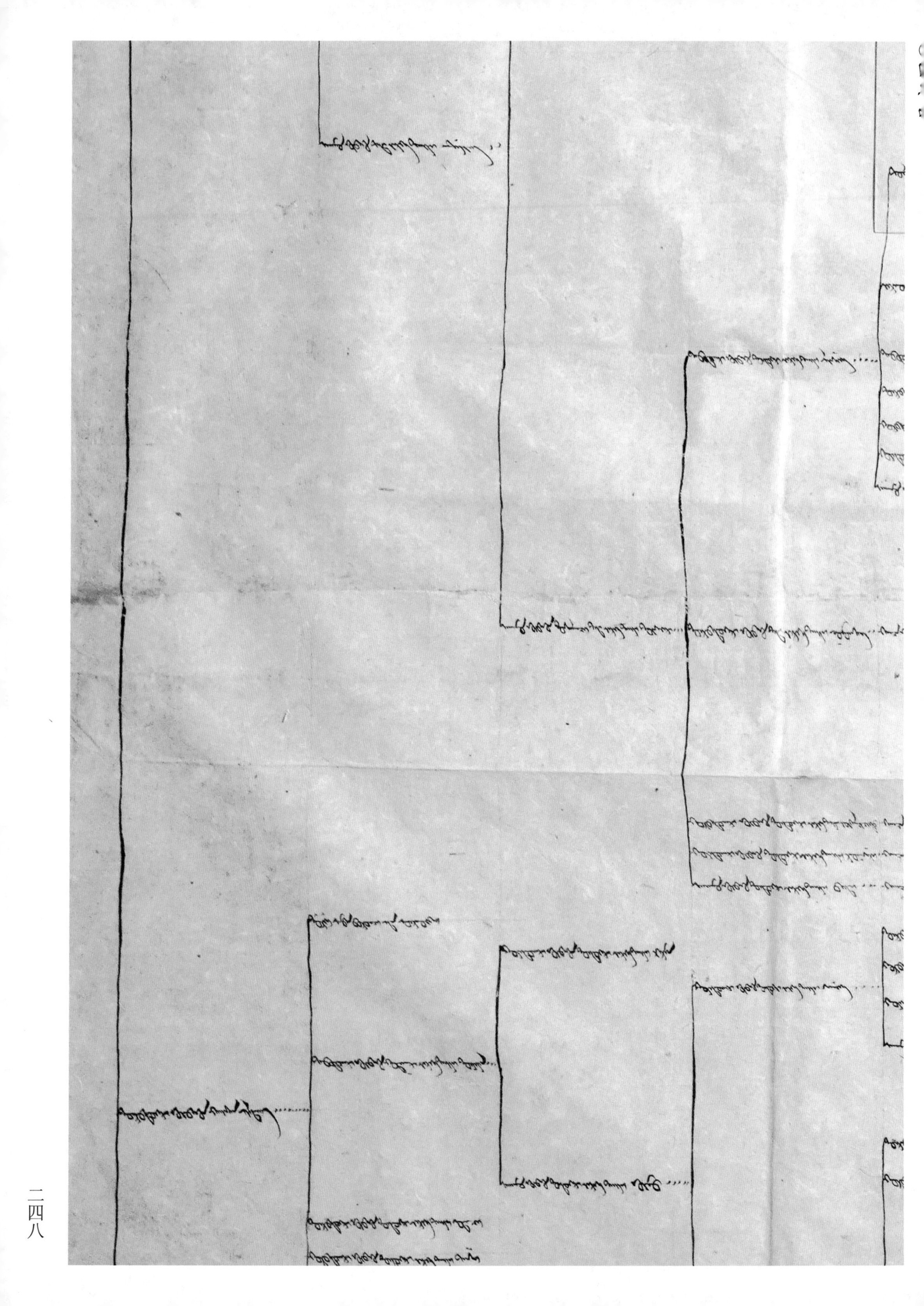

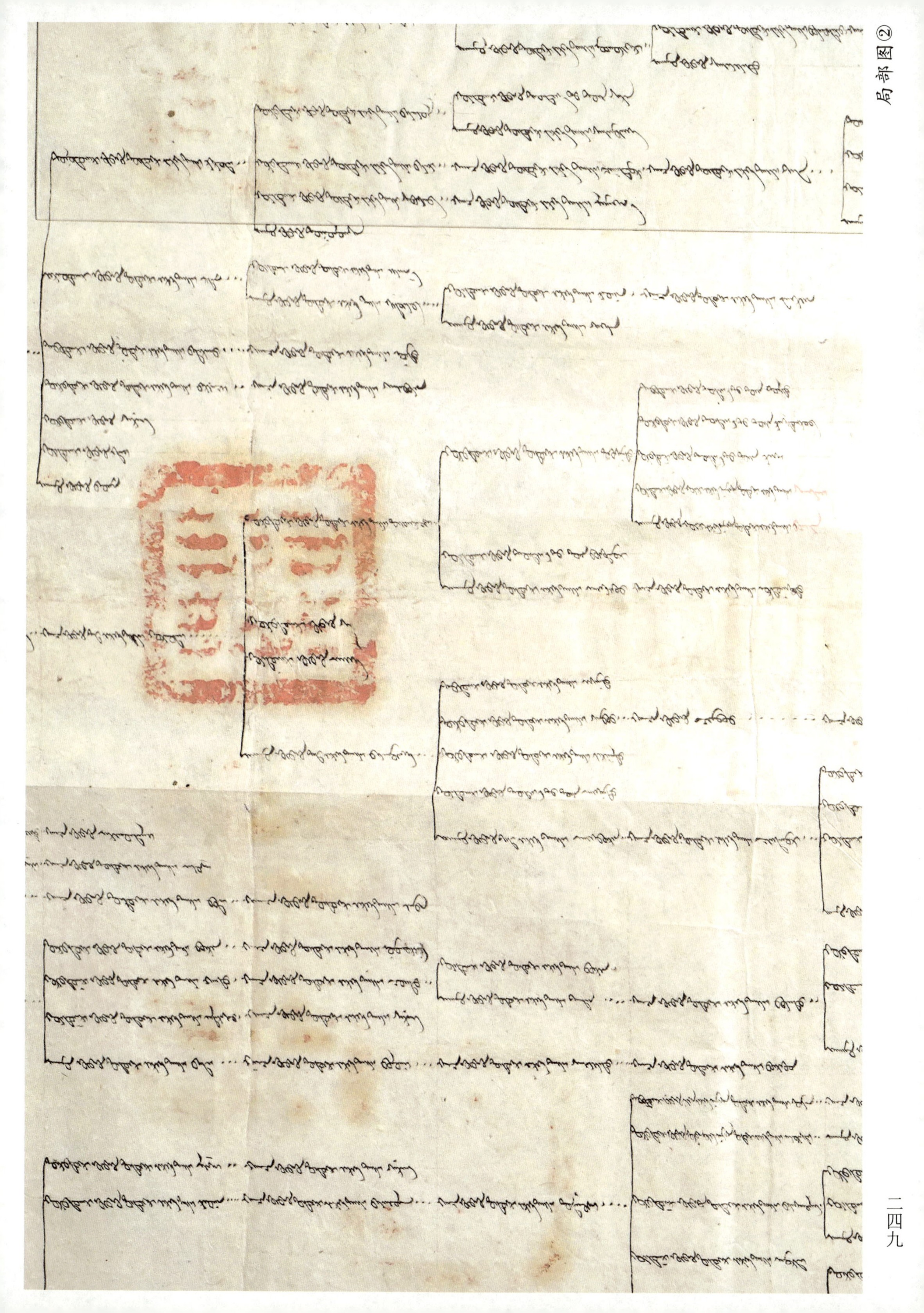

局部图②

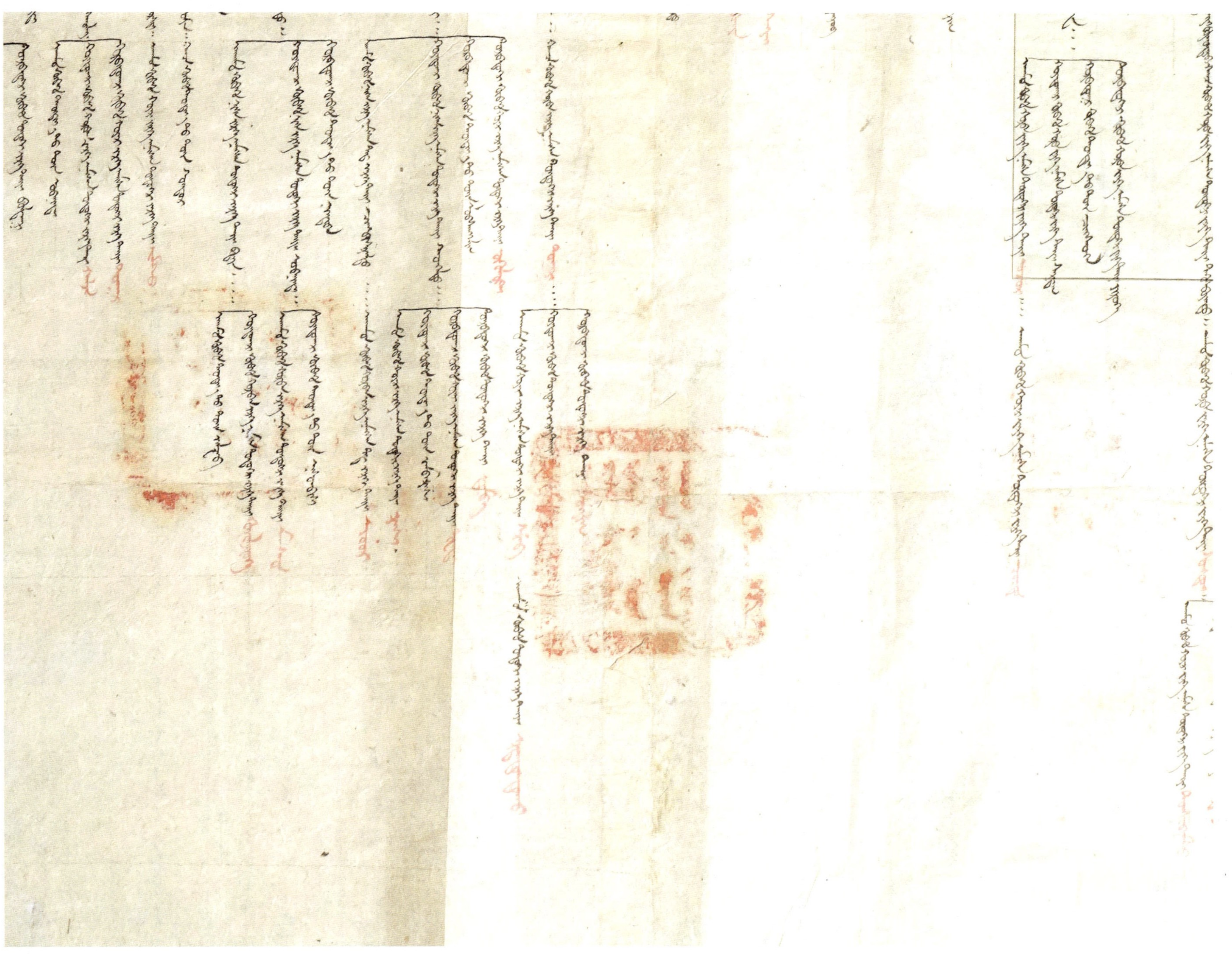

巳部图③

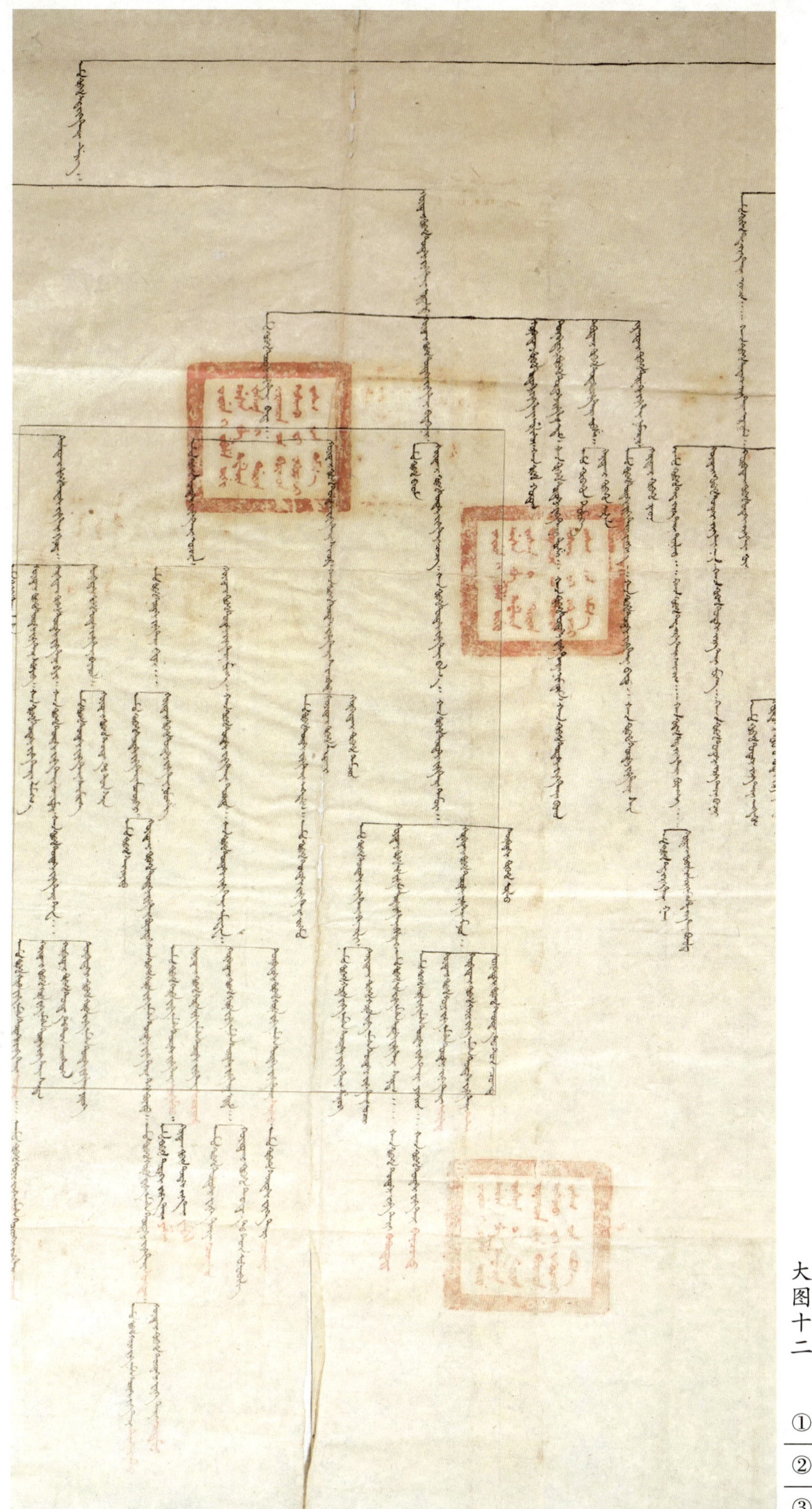

大图十二 ①—②—③

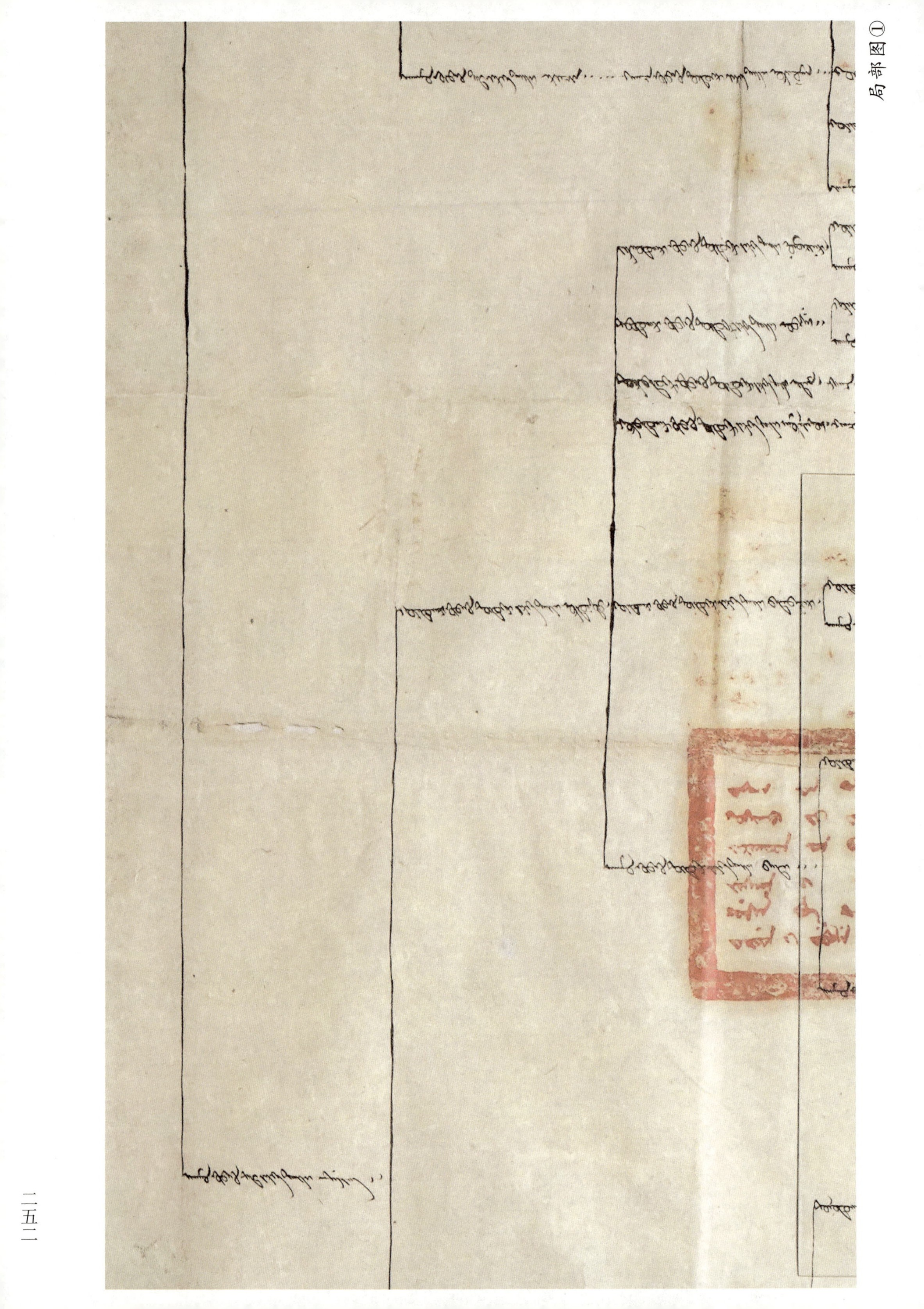

局部图①

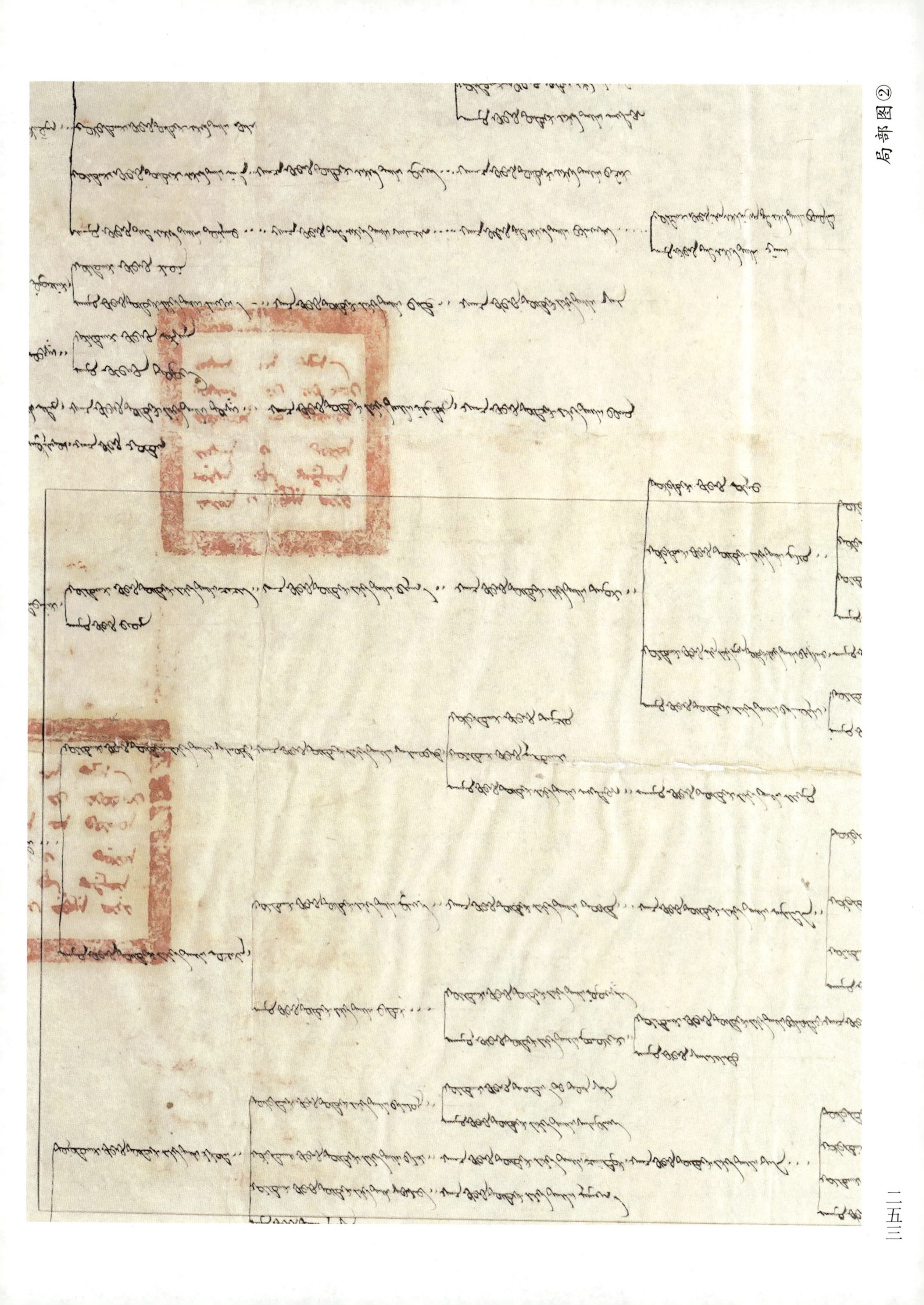

局部图②

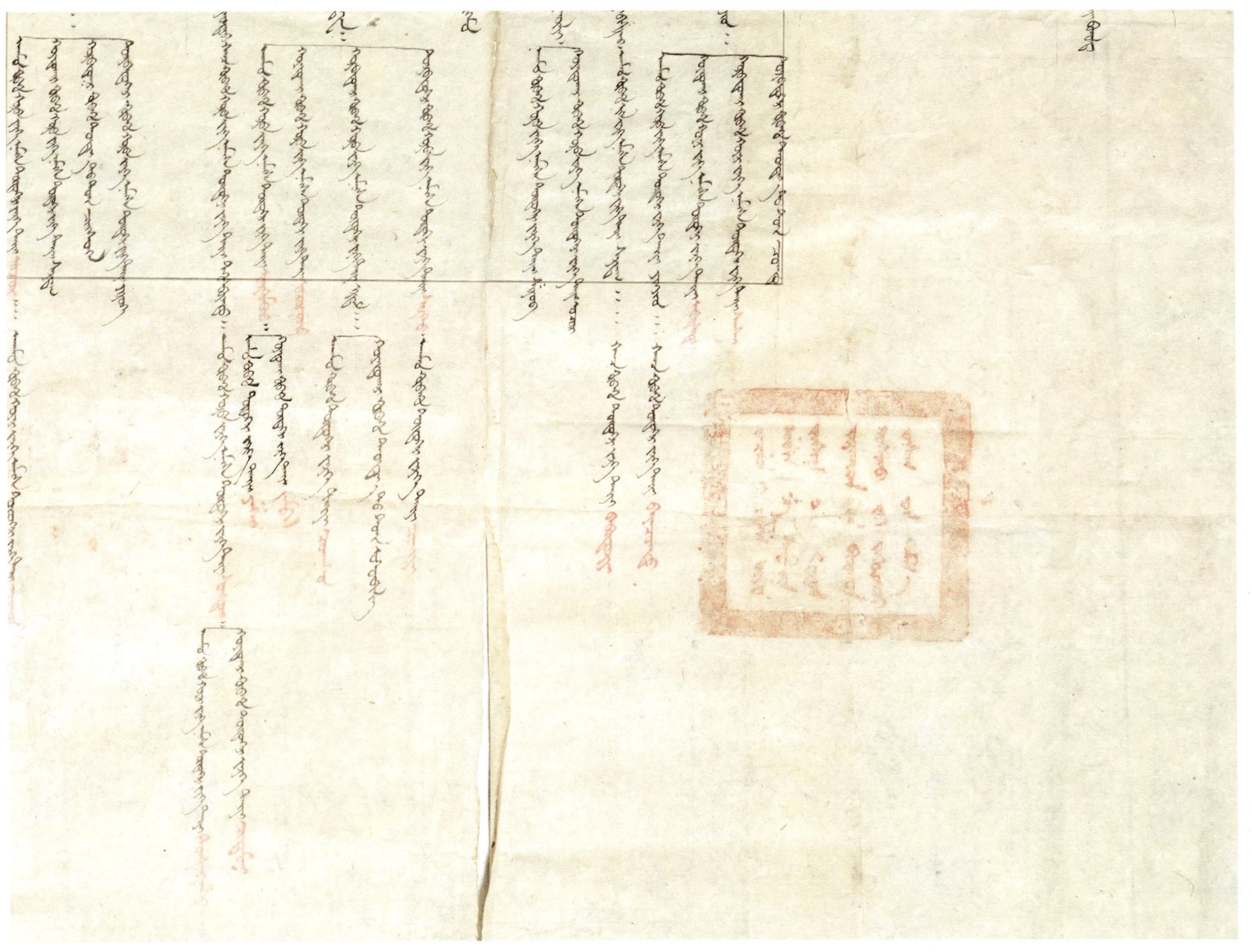

局部图③

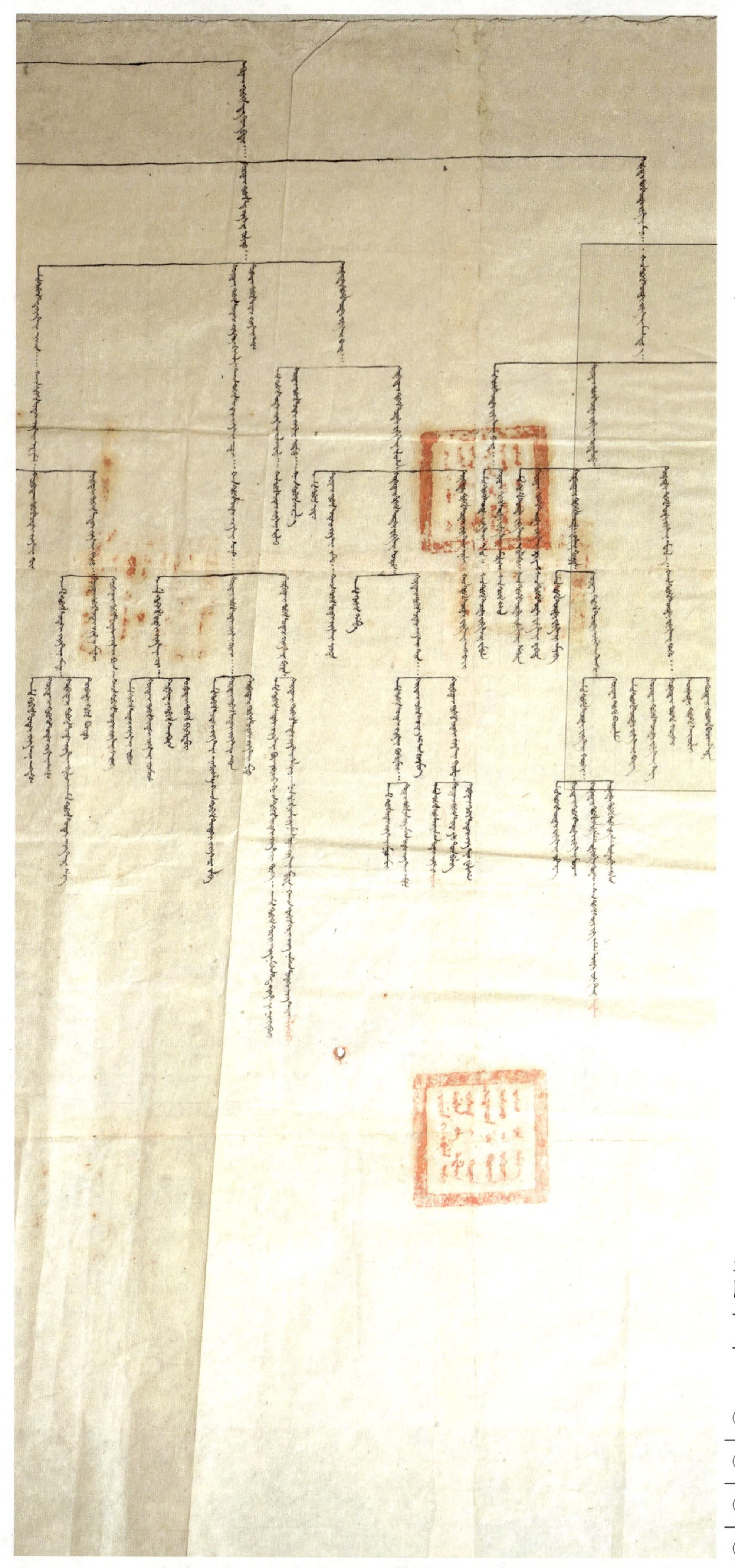

大图十三

①—②—③—④

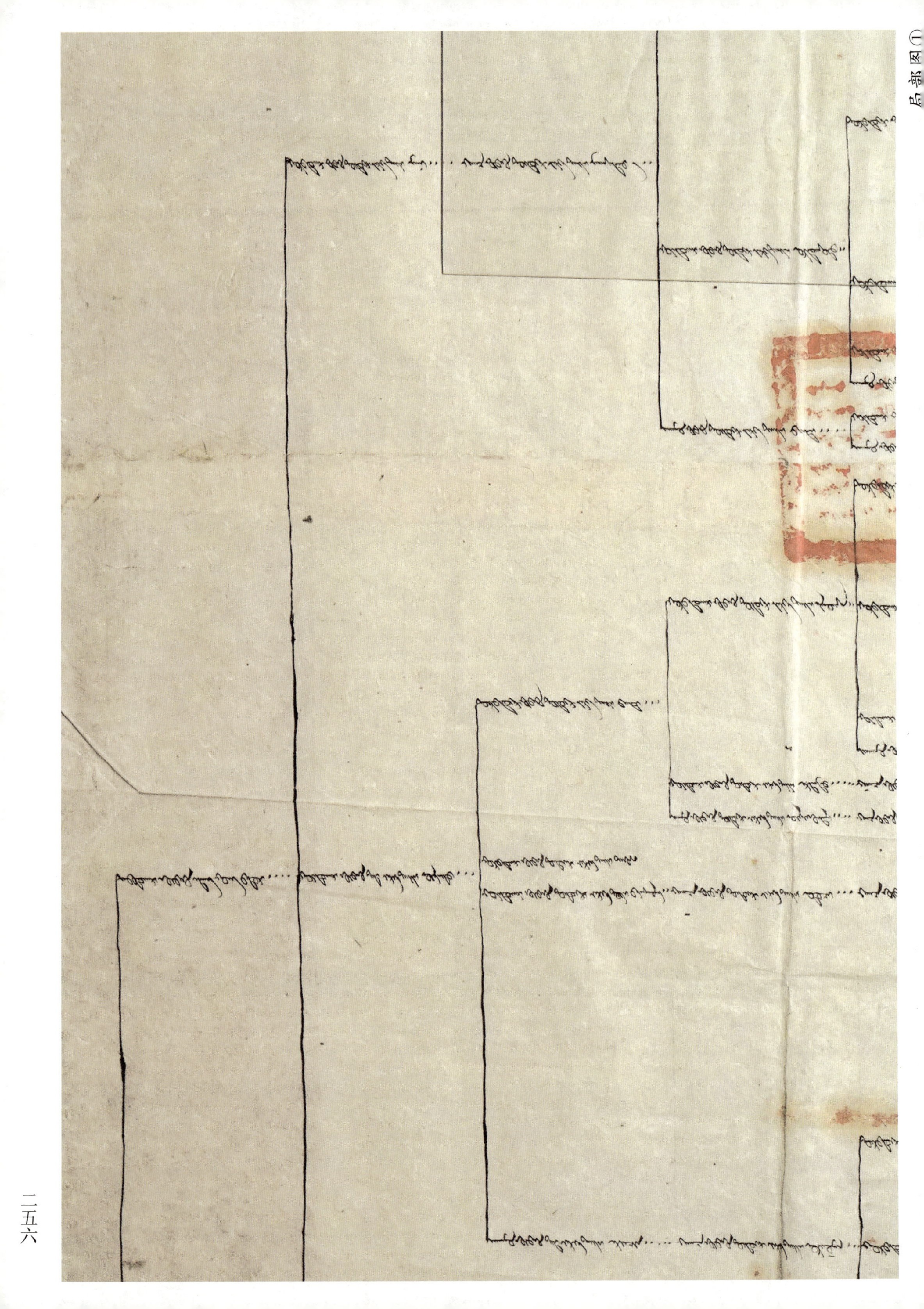

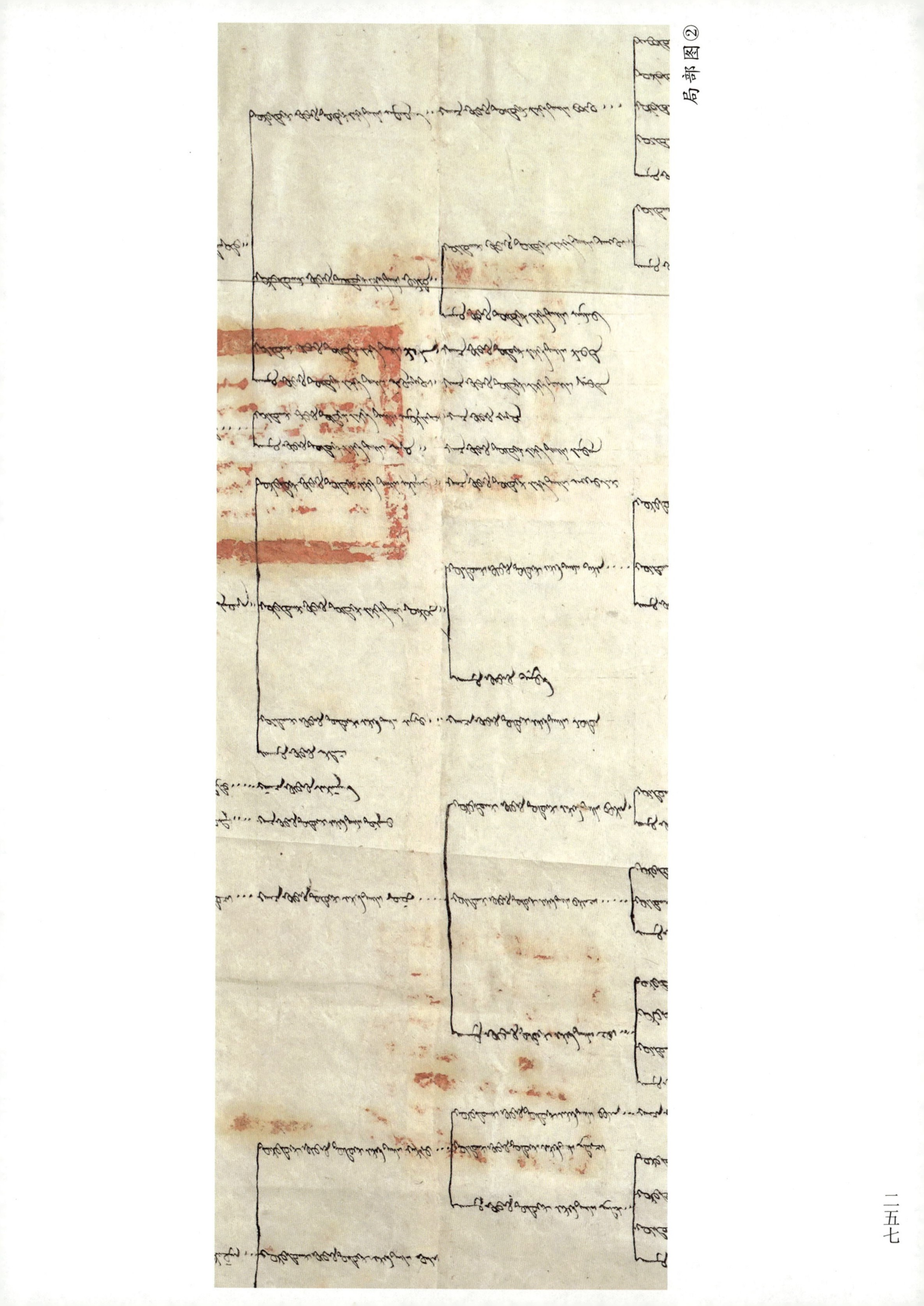

局部图②

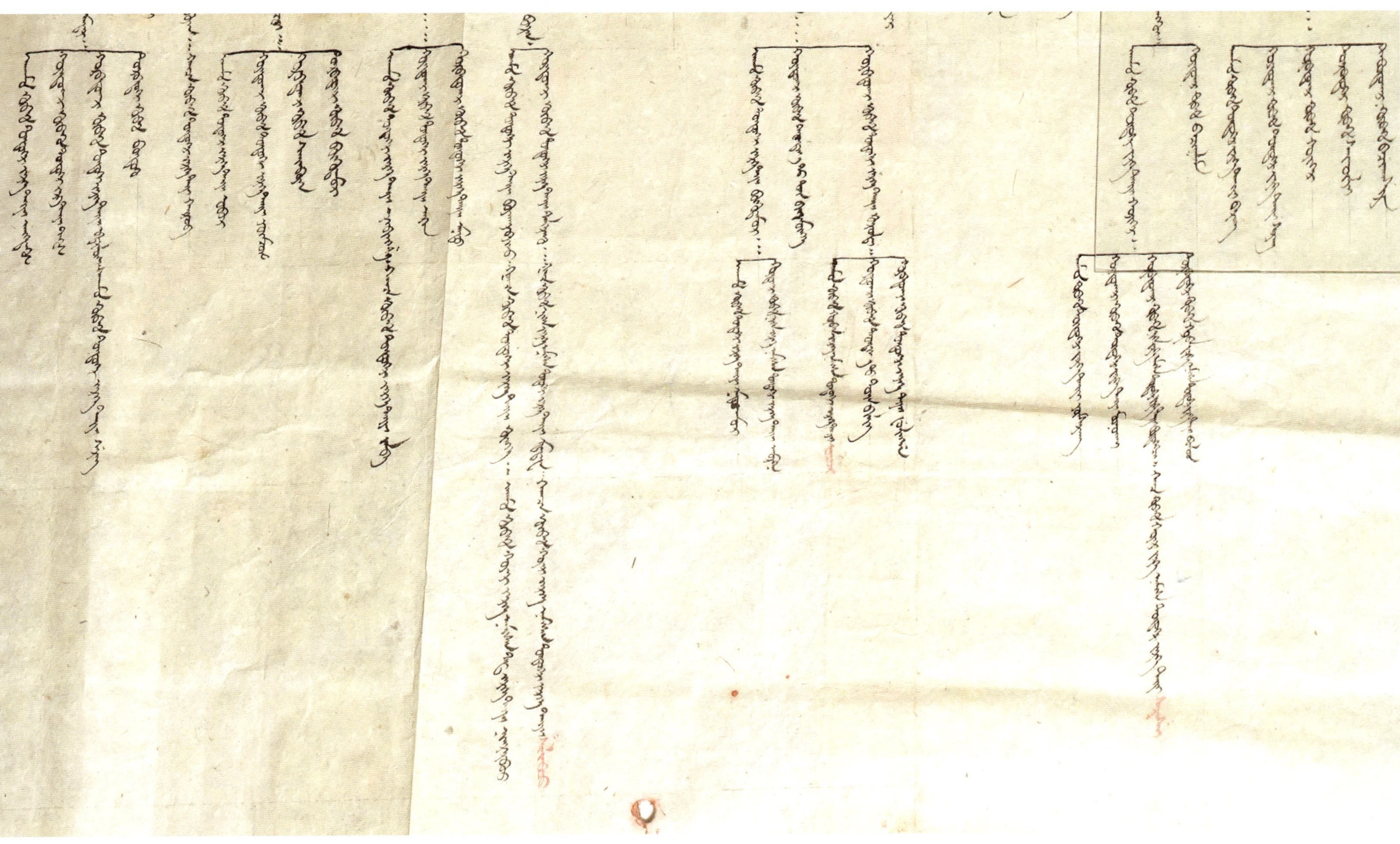

局部图③

局部图④

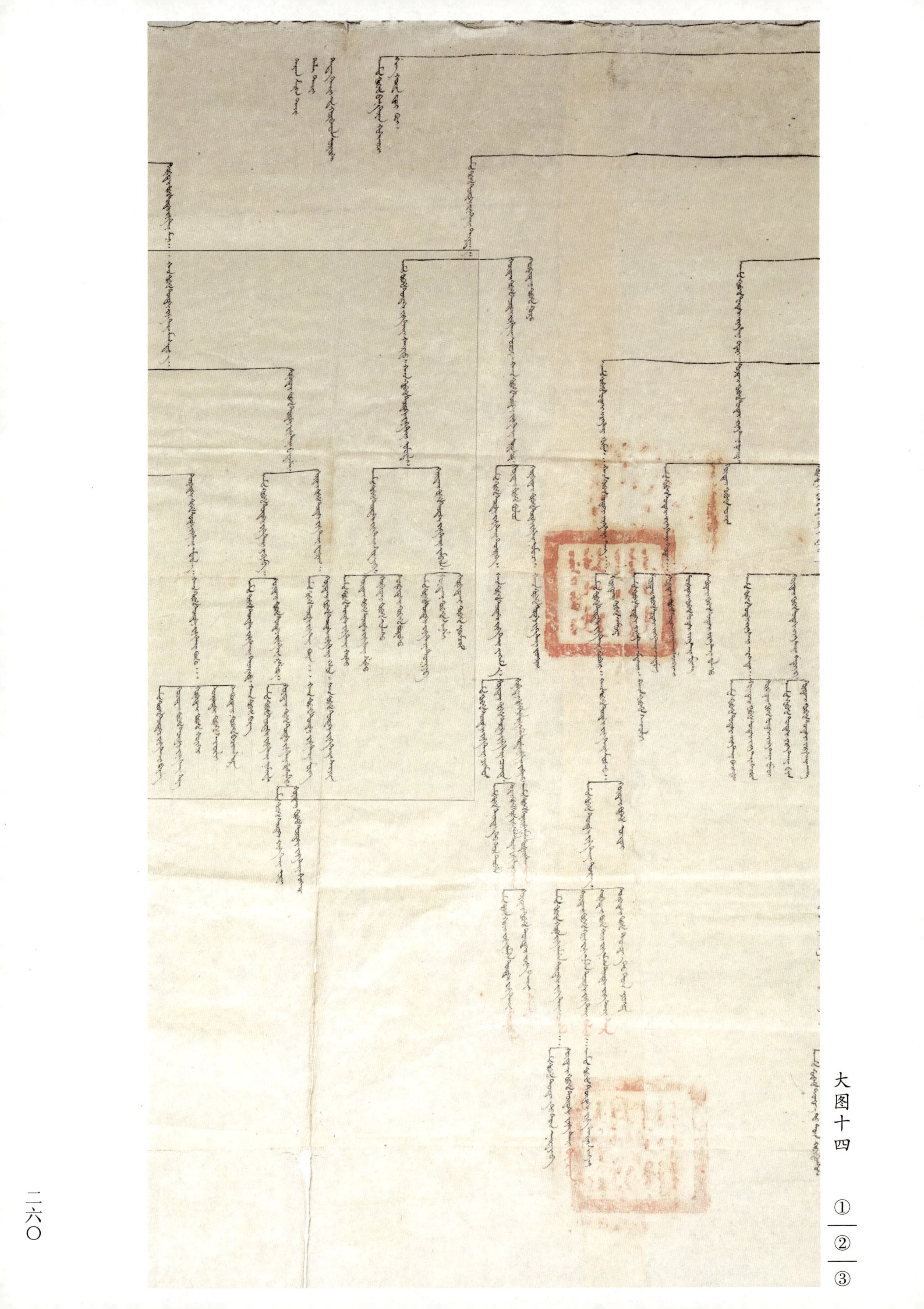

大图十四

①—②—③

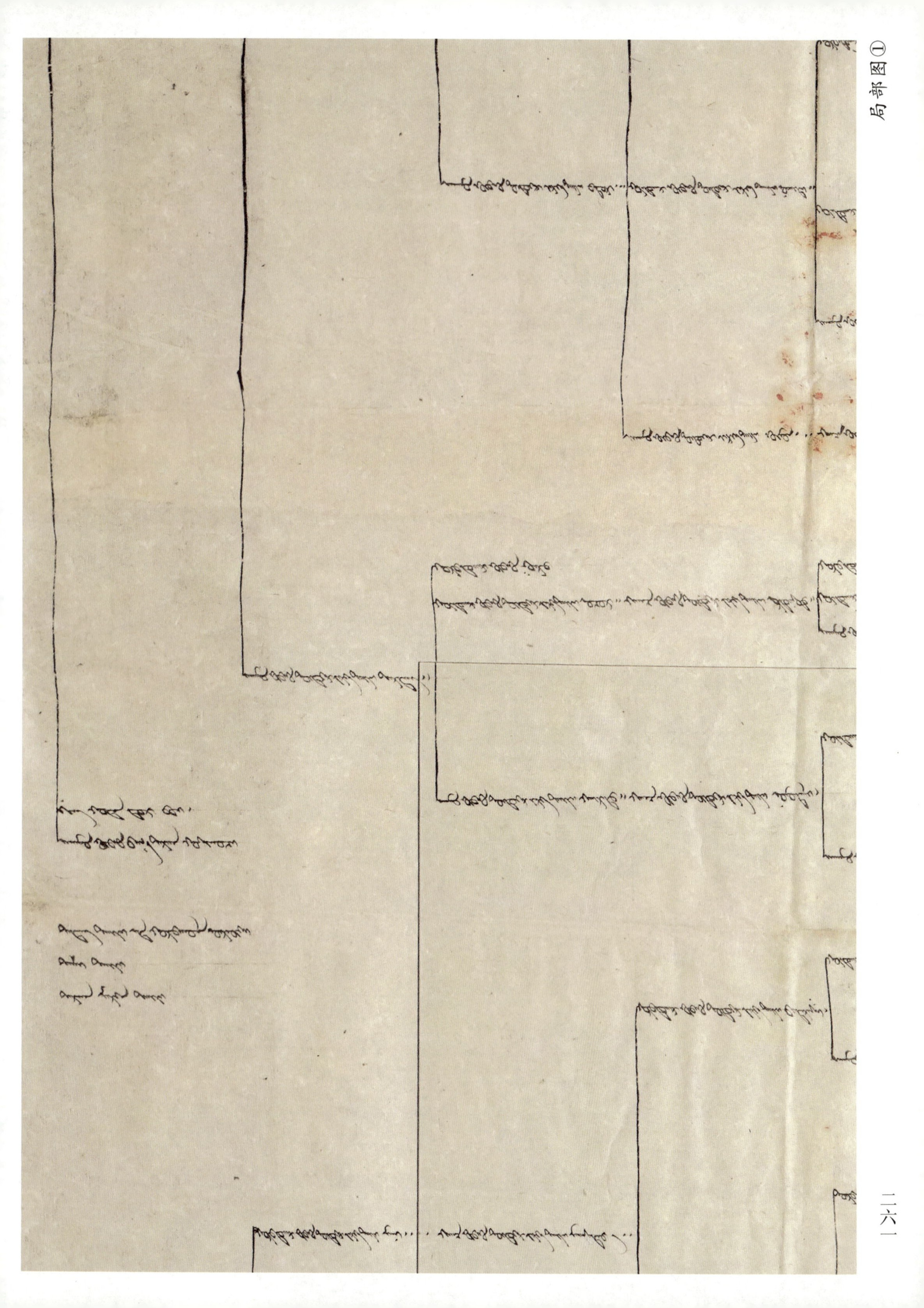

局部图①

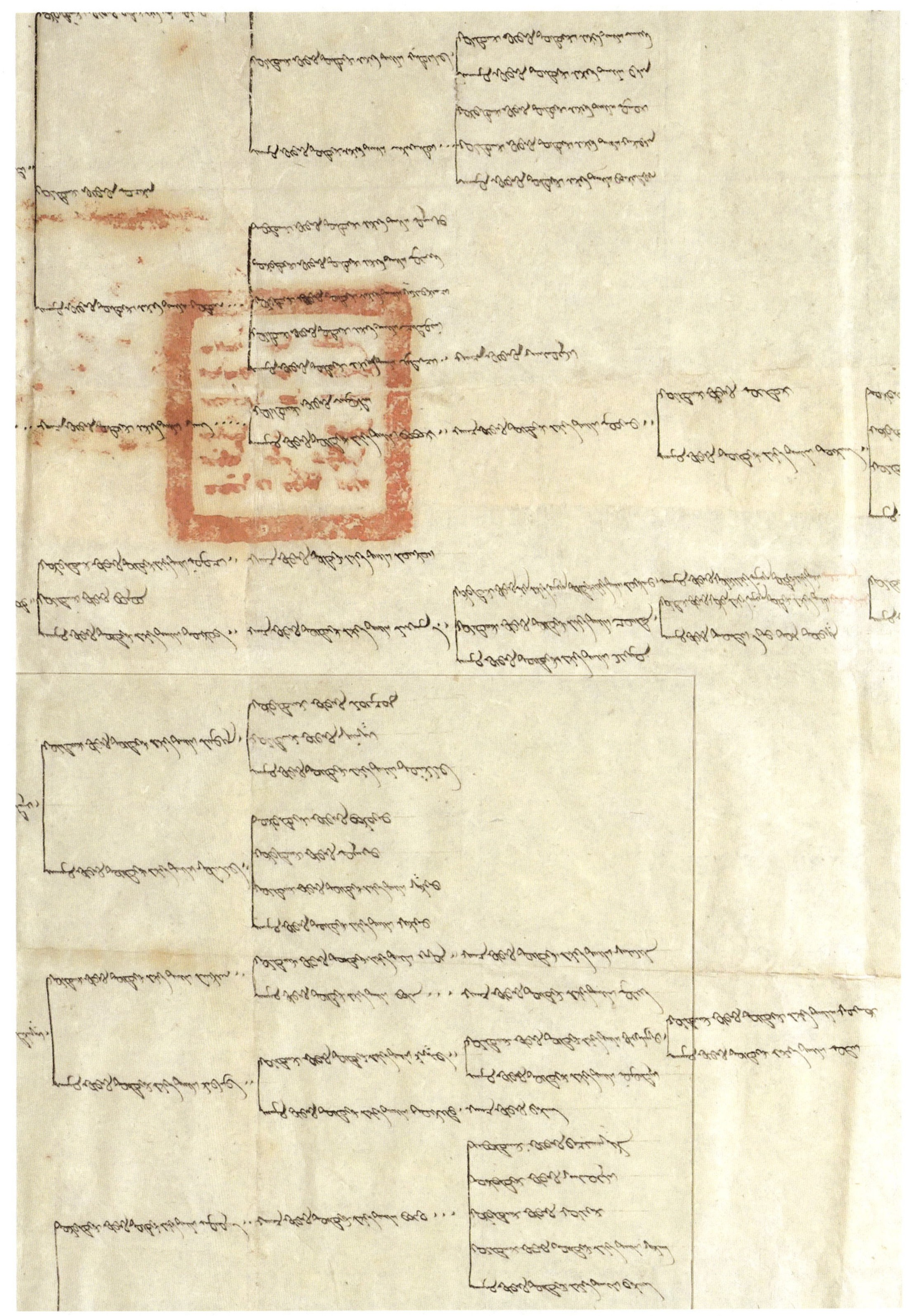

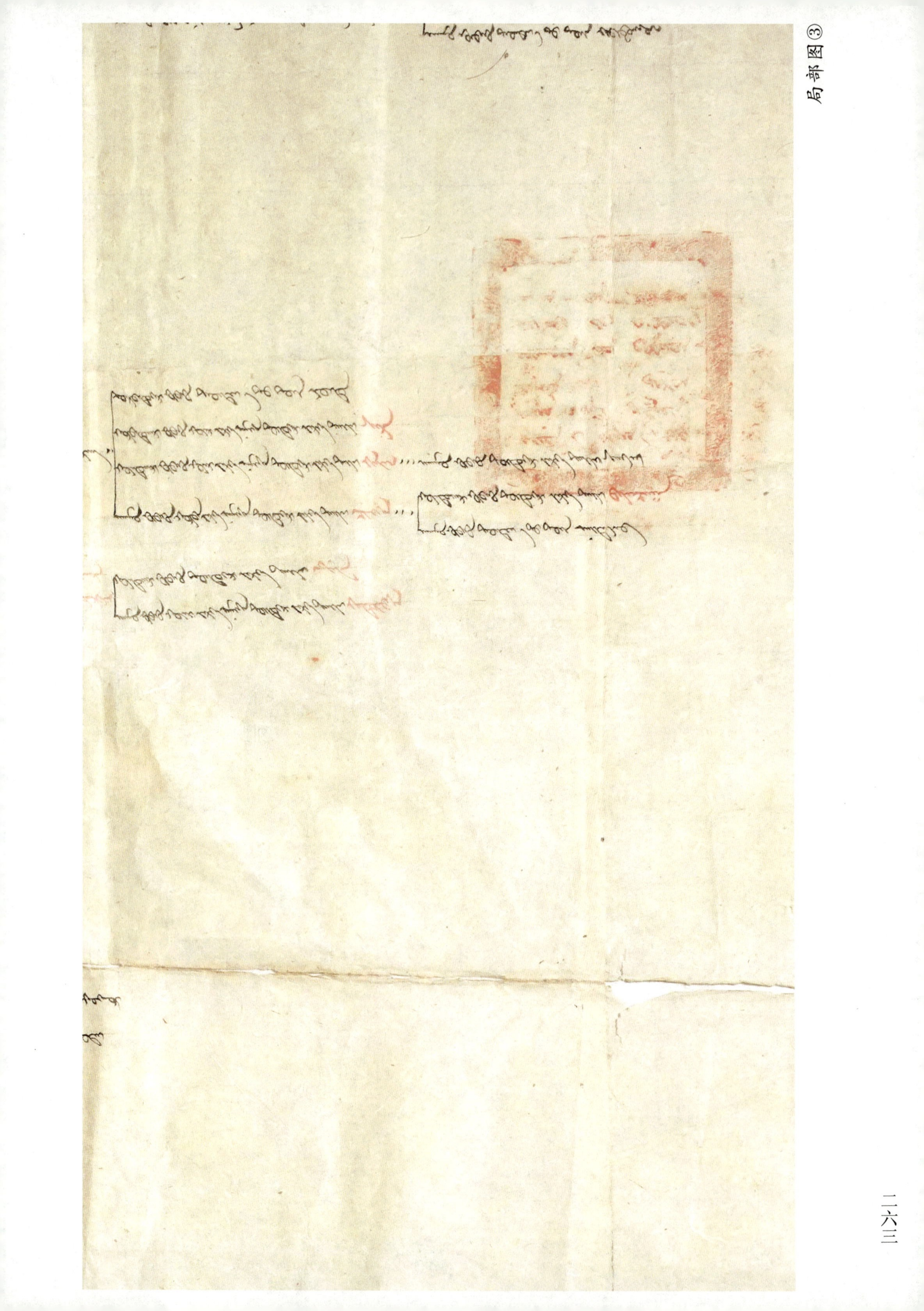

局部图③

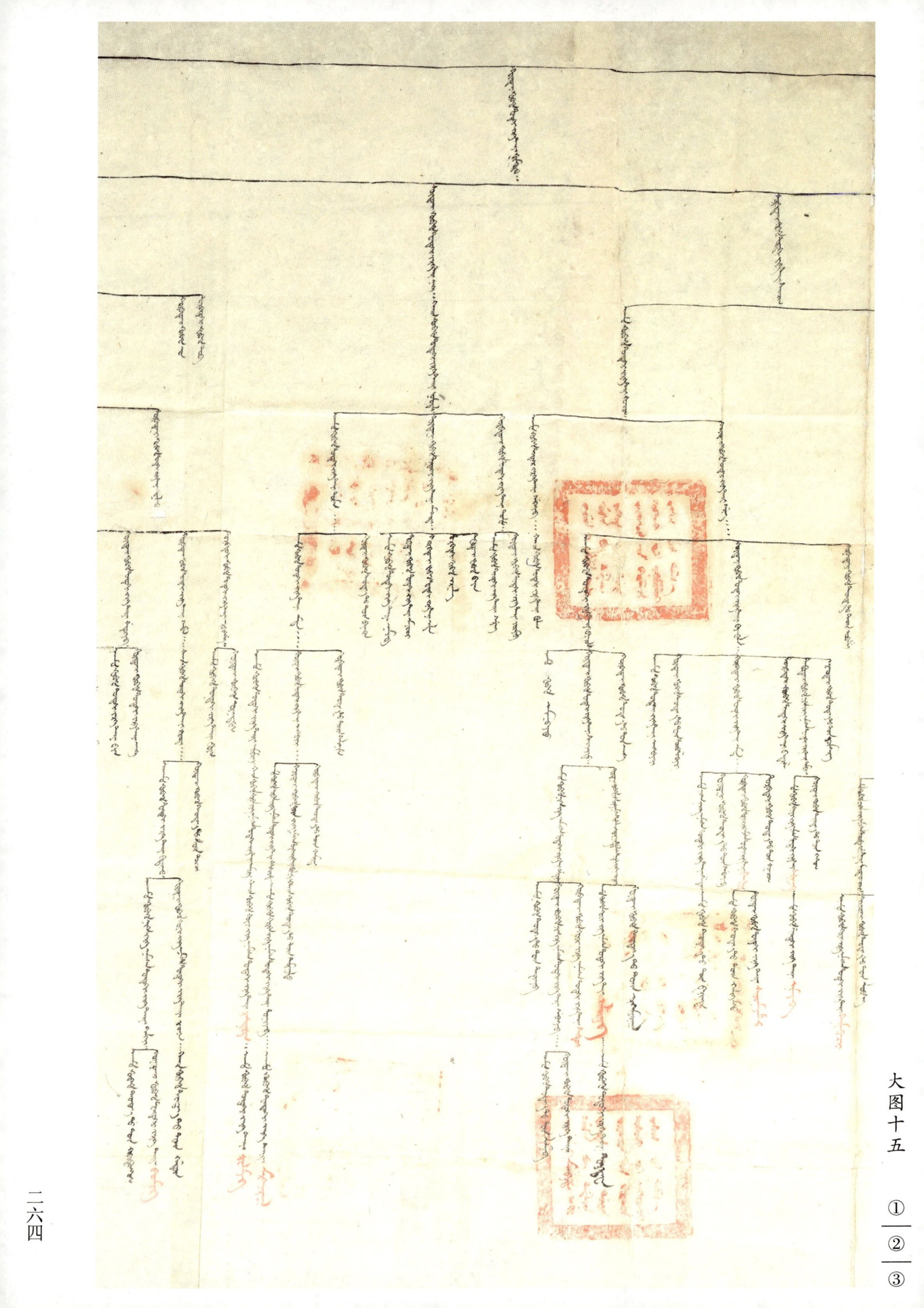

大图十五

①
②
③

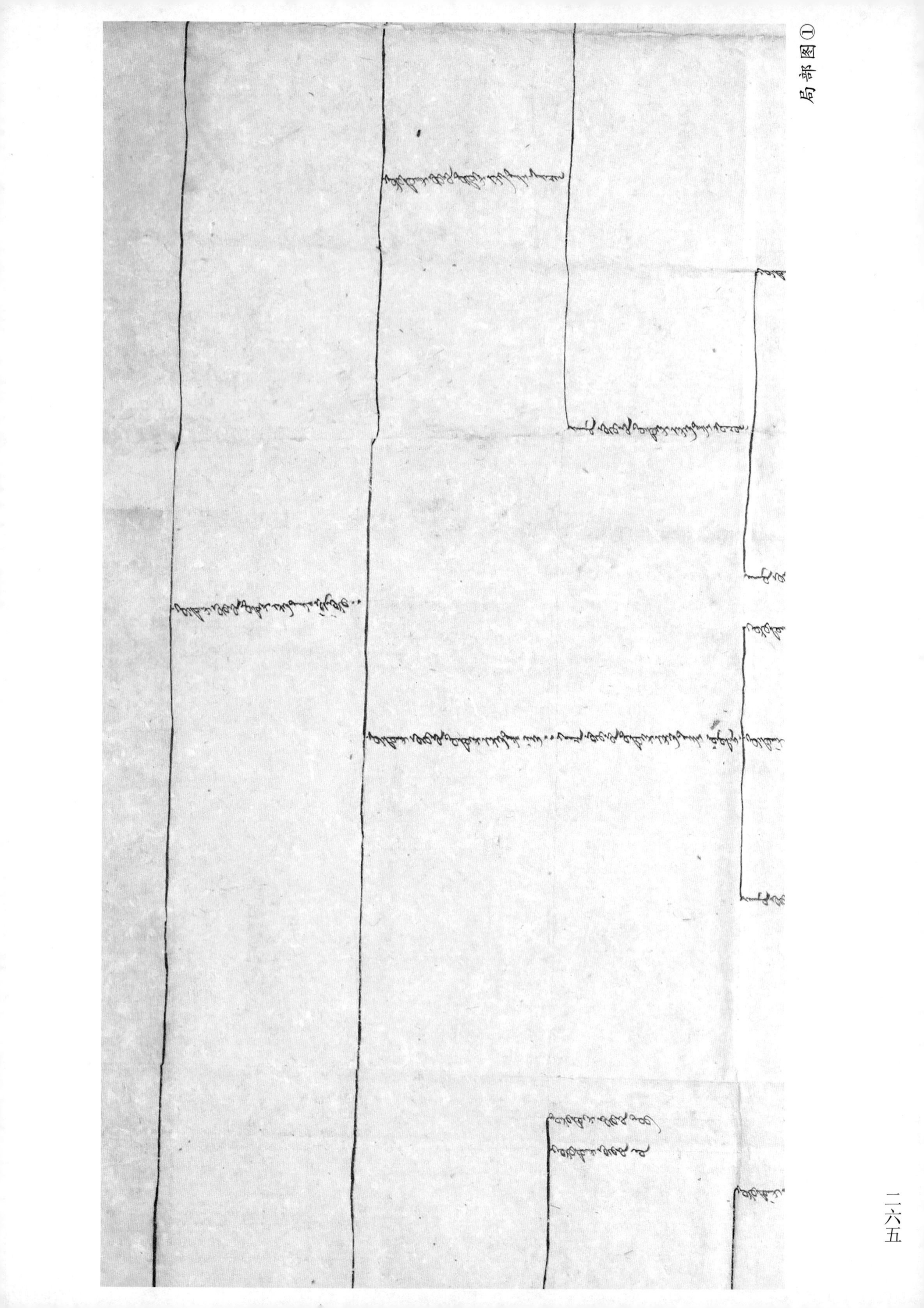

局部图①

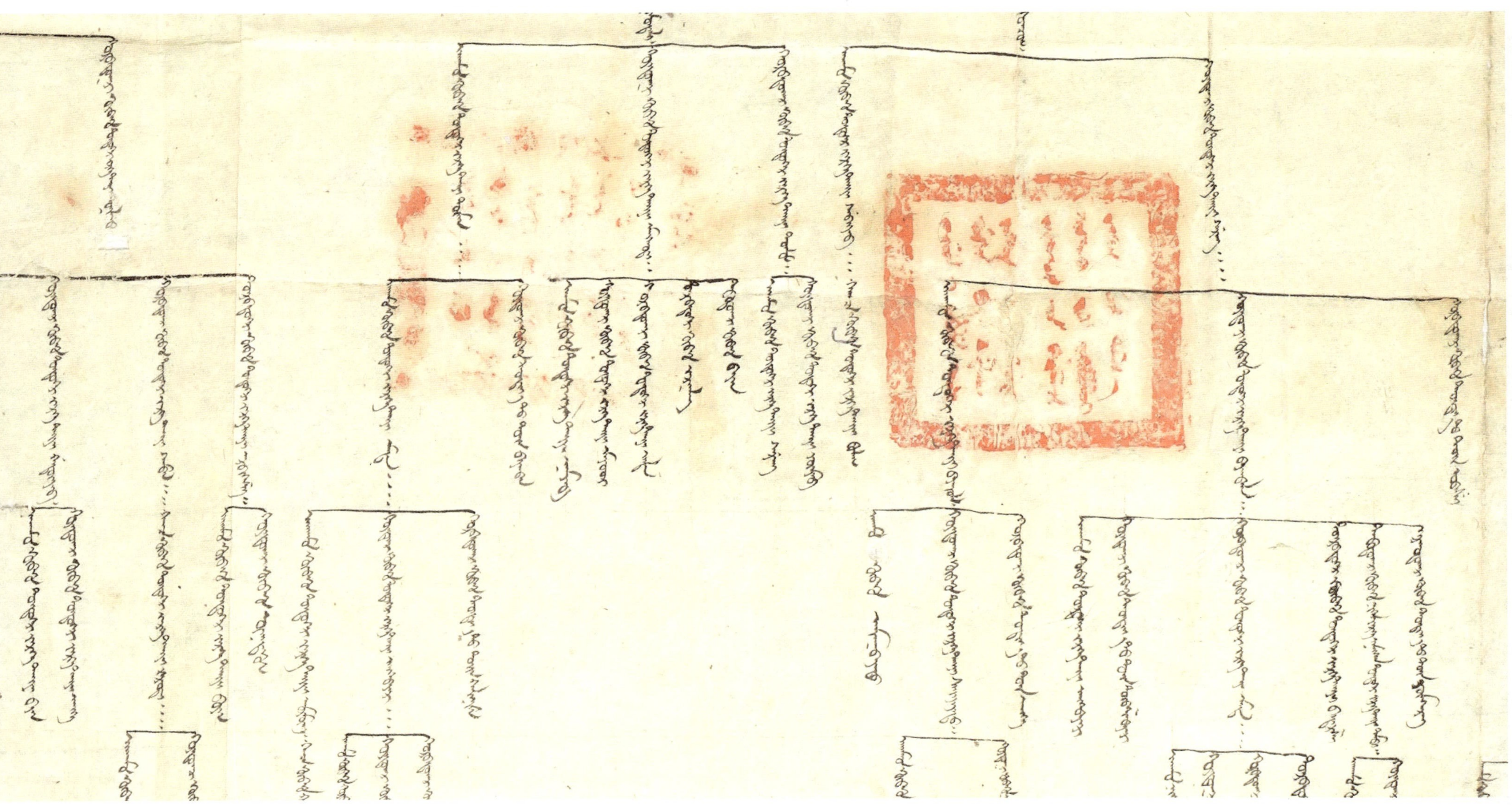

局部图②

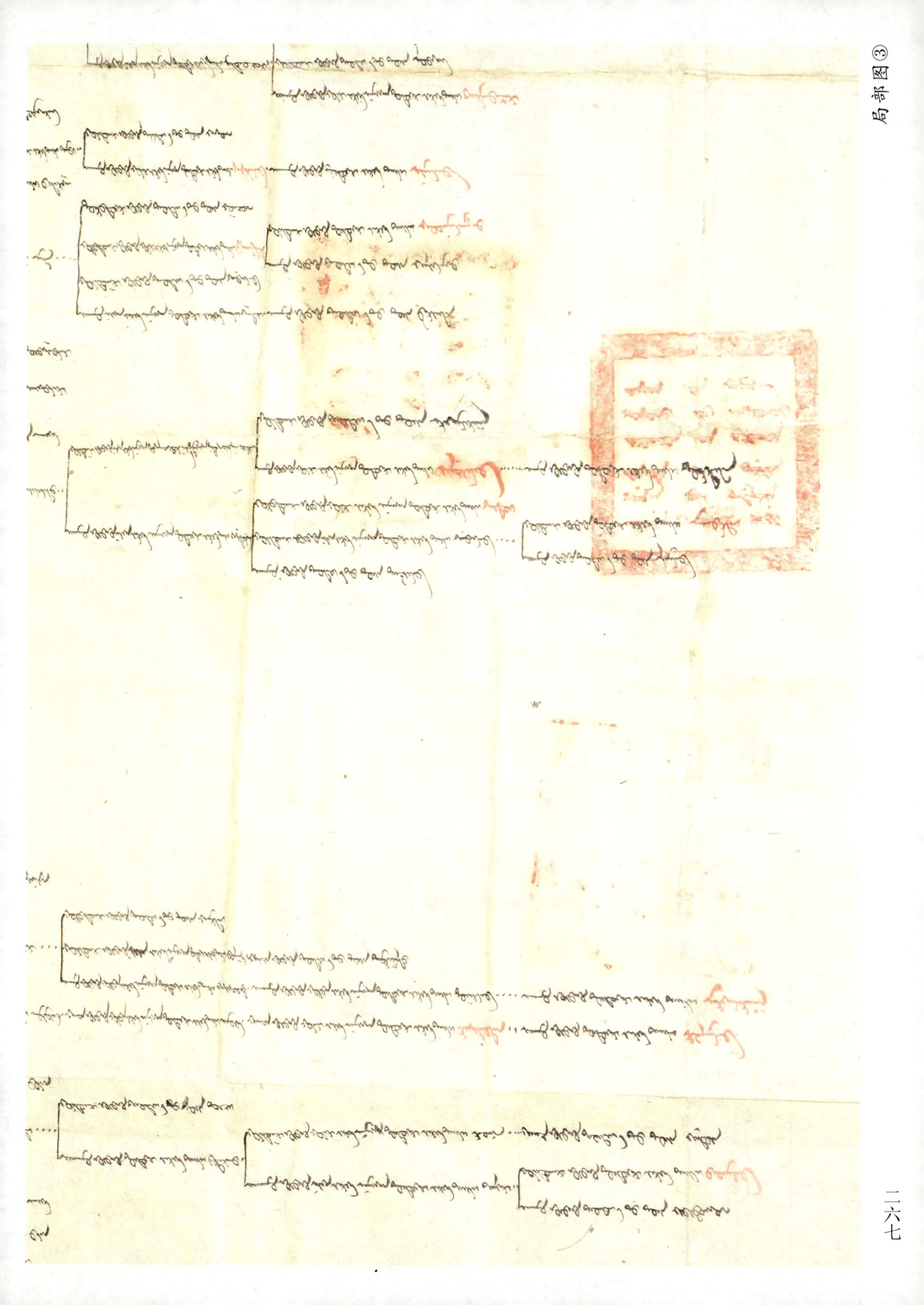

局部图③

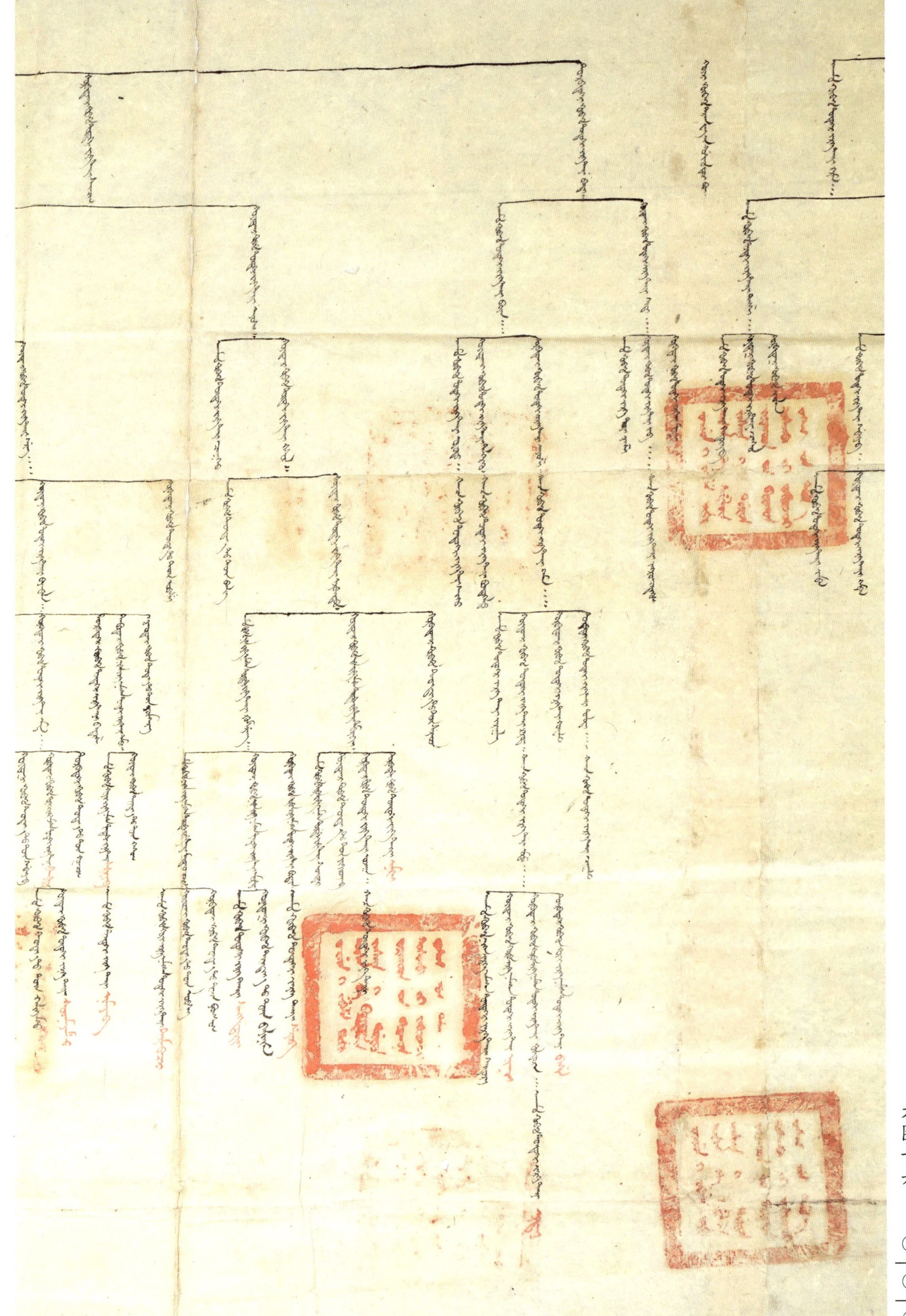

大图十六 ①—②—③

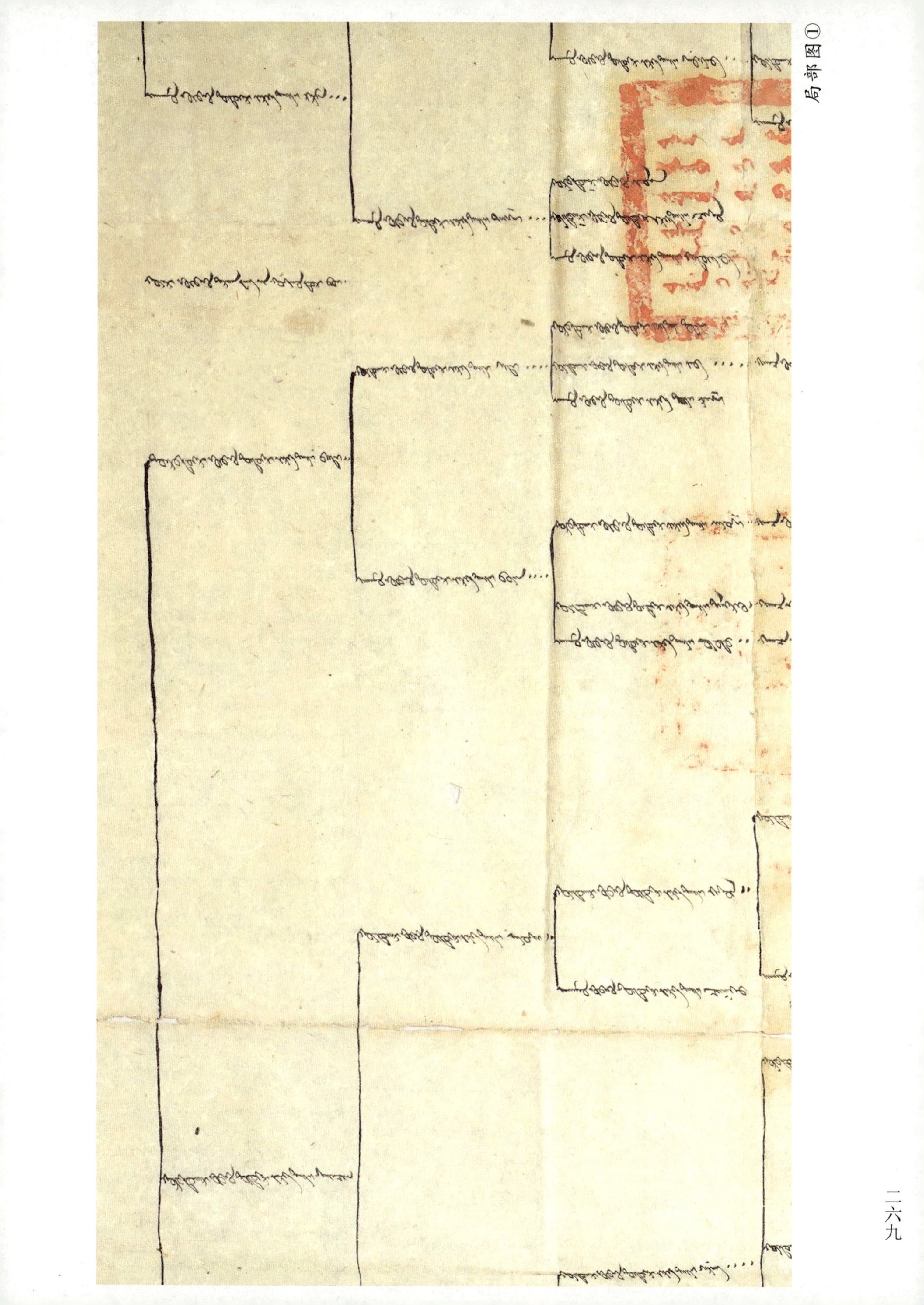

局部图①

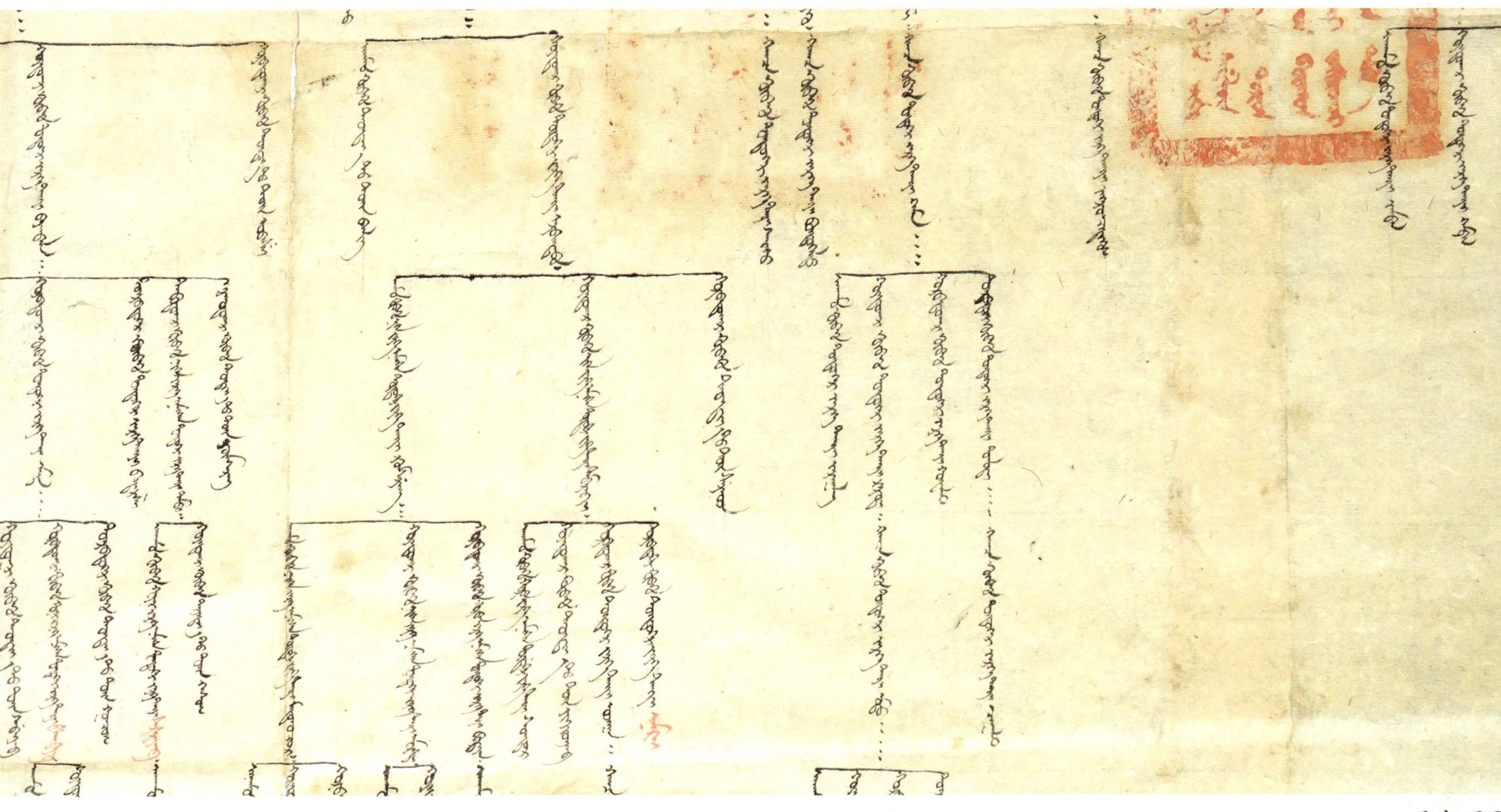

局部图②

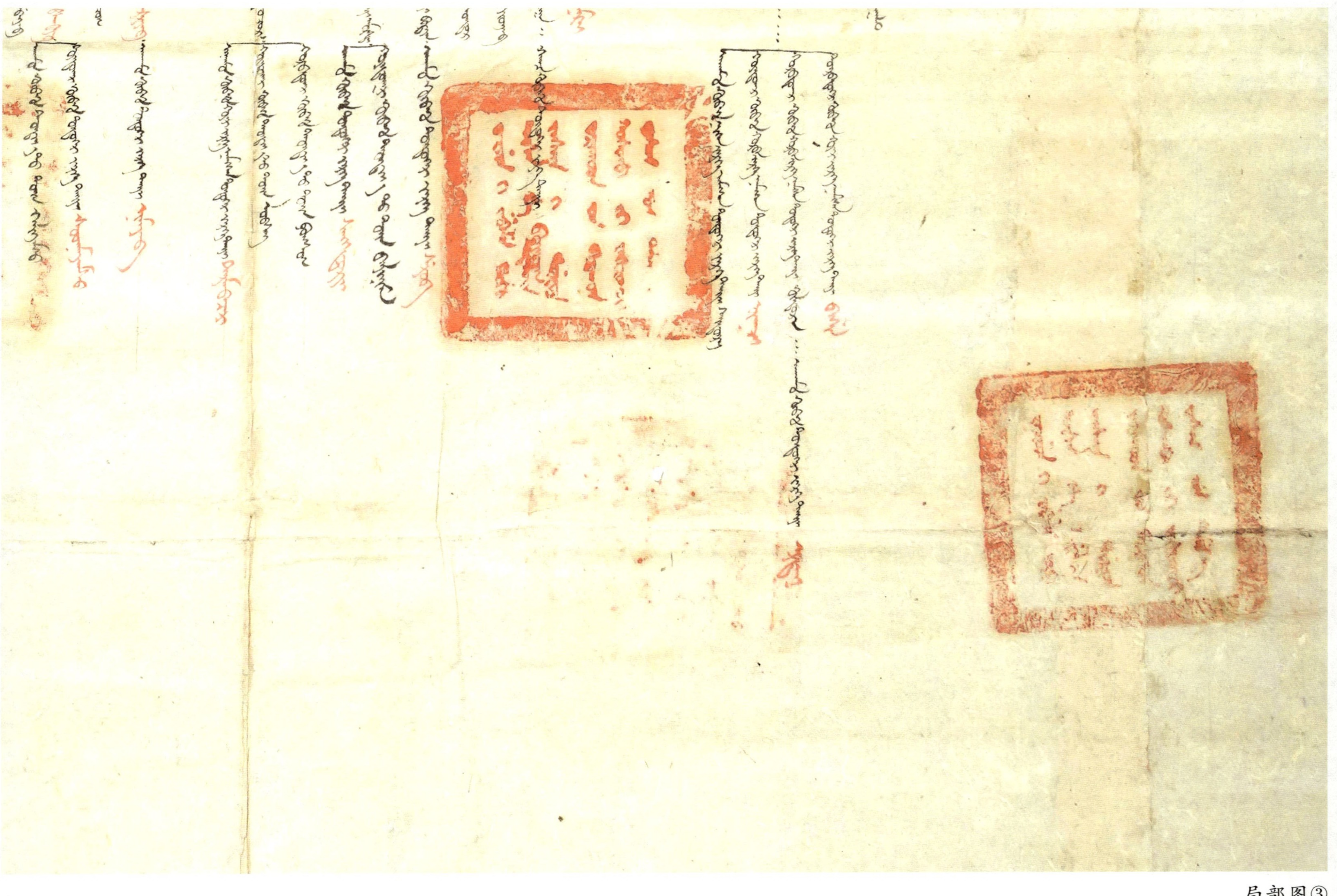

局部图③

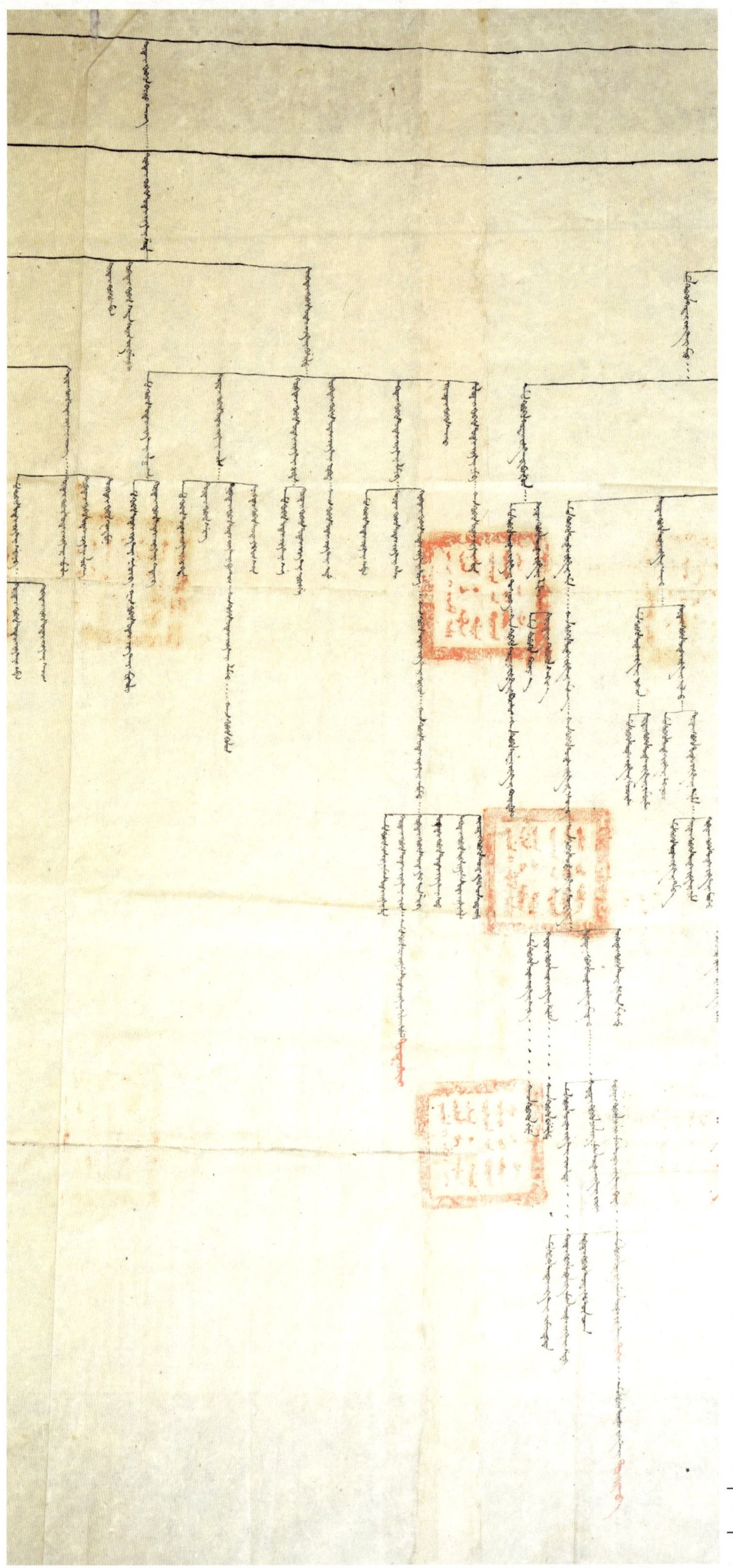

大图十七

①—②—③

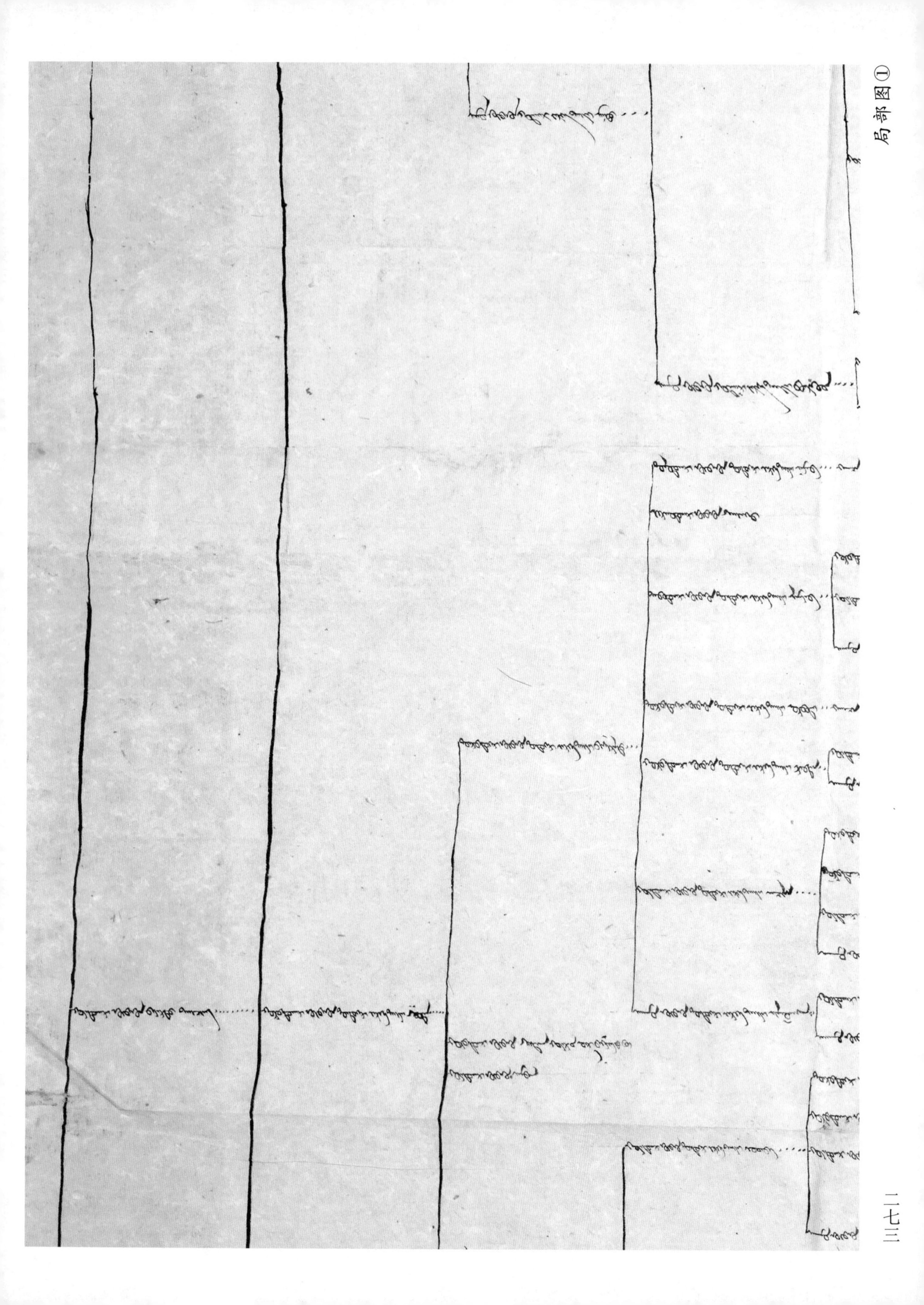

局部图①

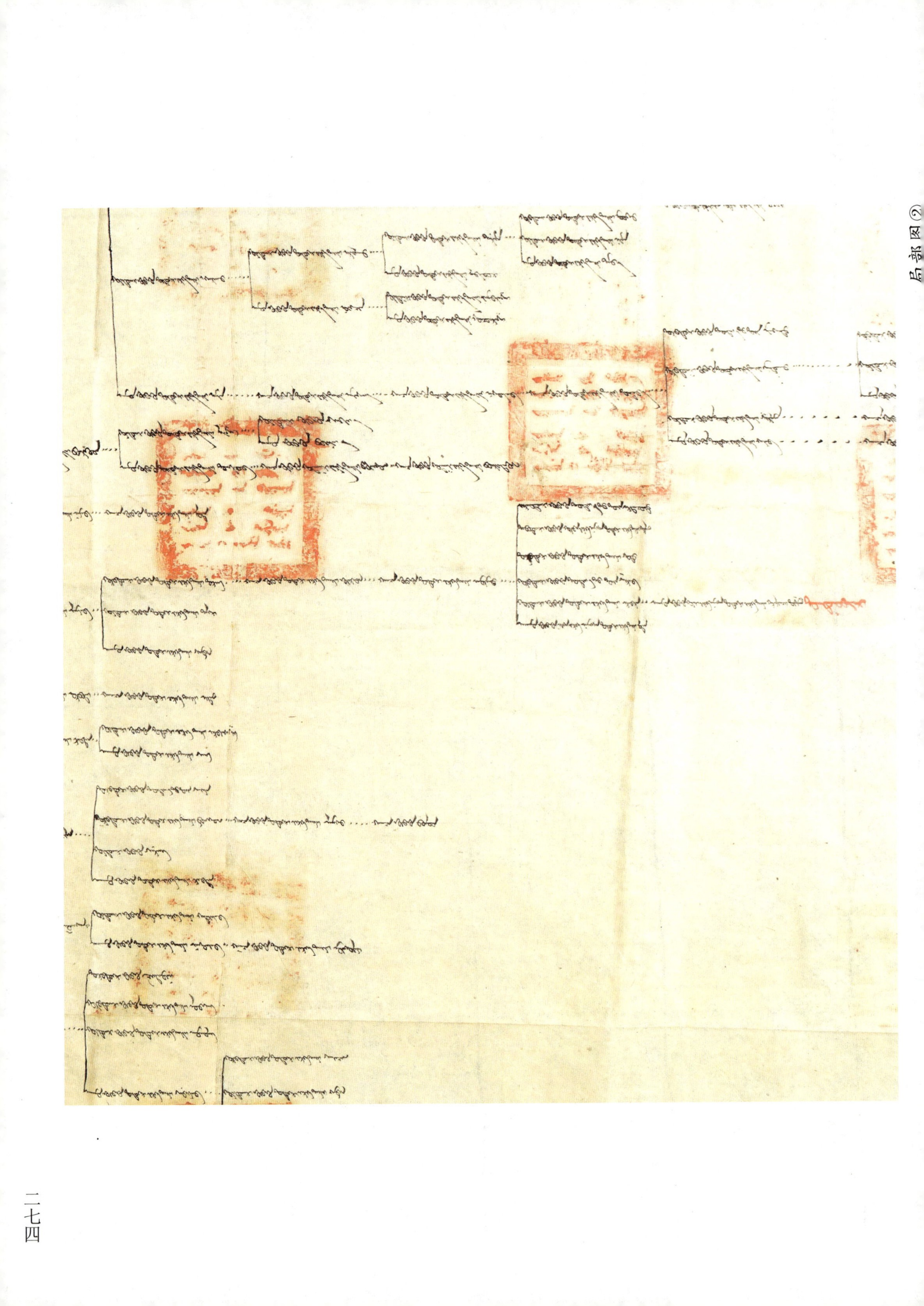

局部图②

局部图③

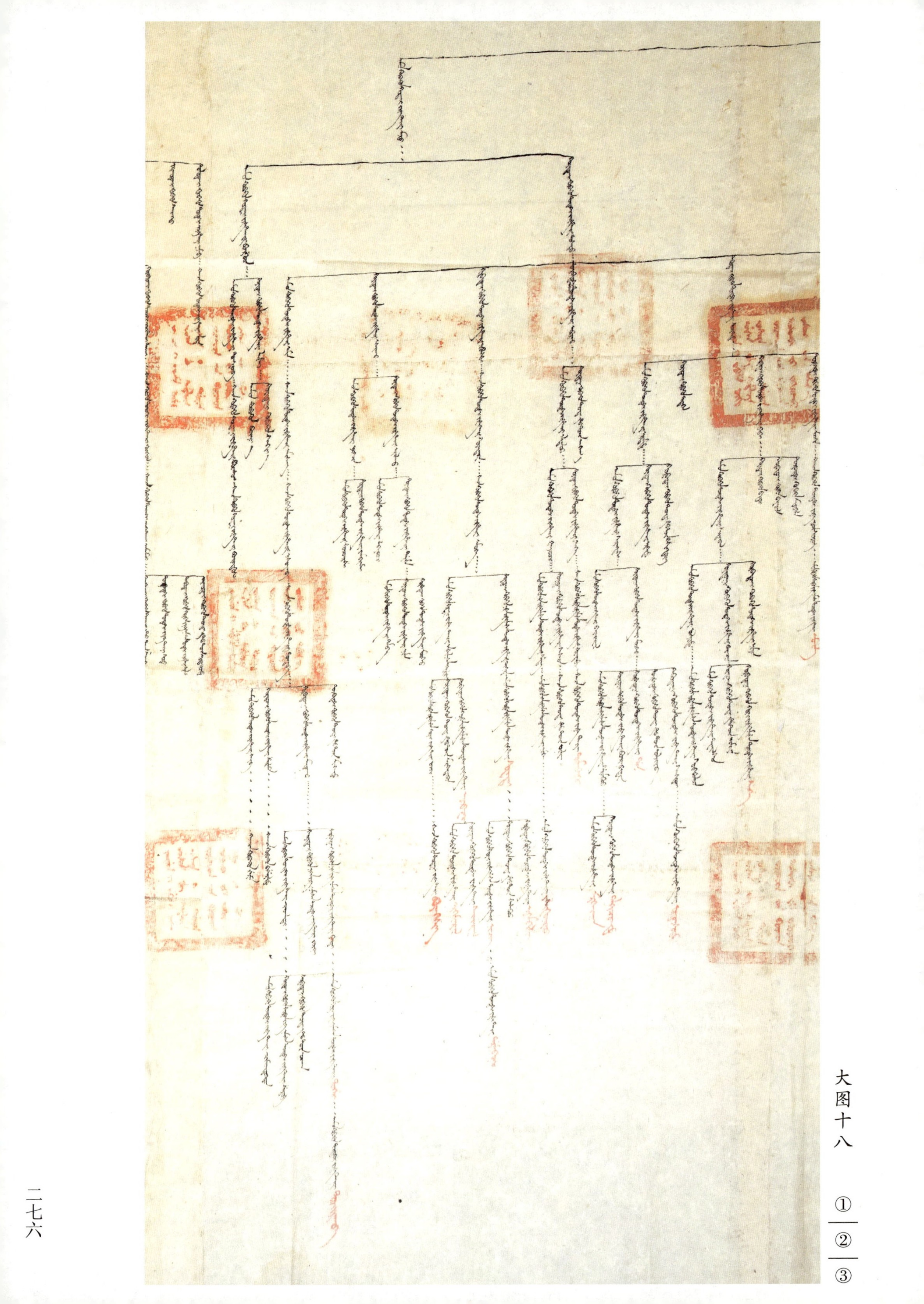

大图十八

①—②—③

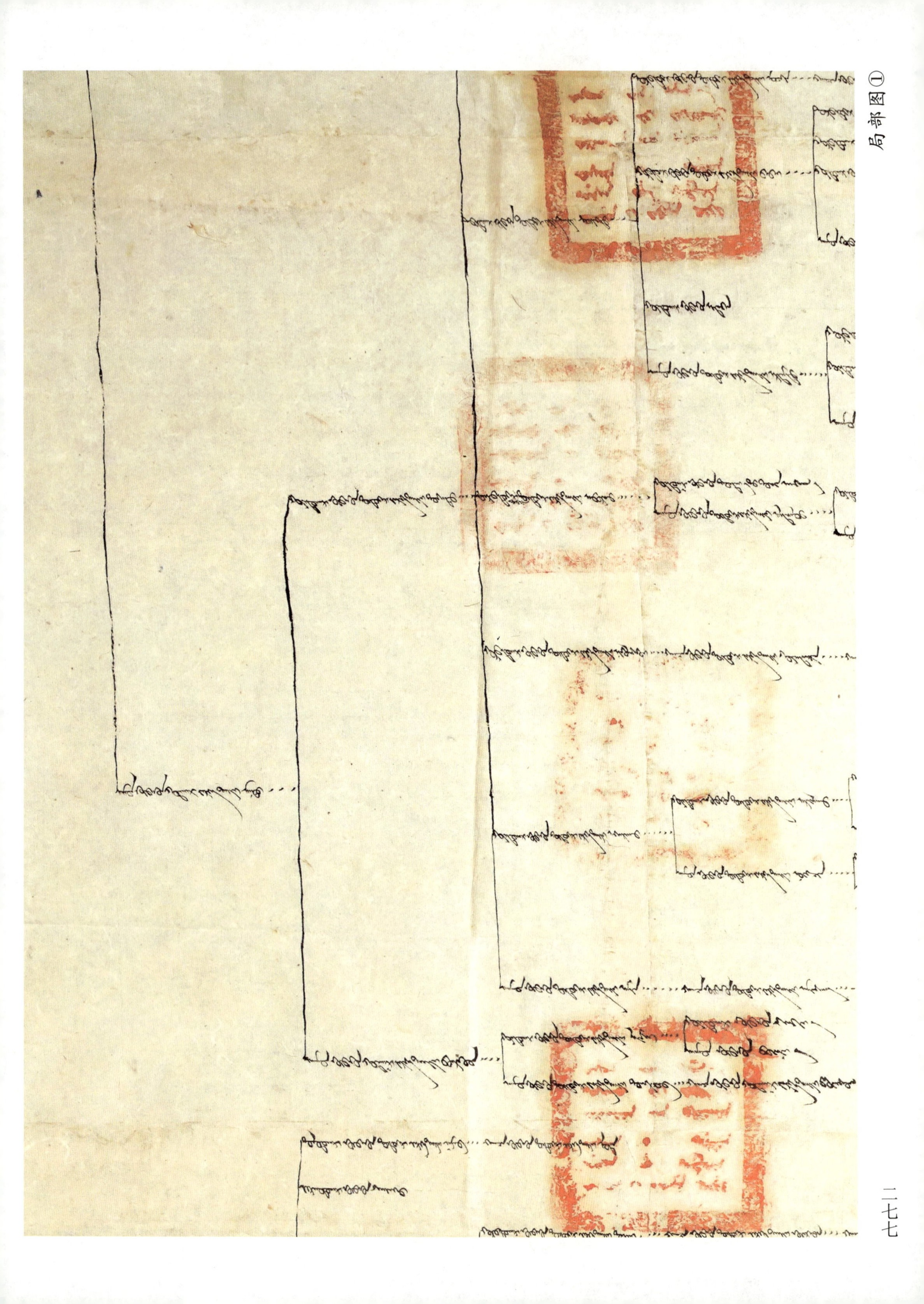

局部图①

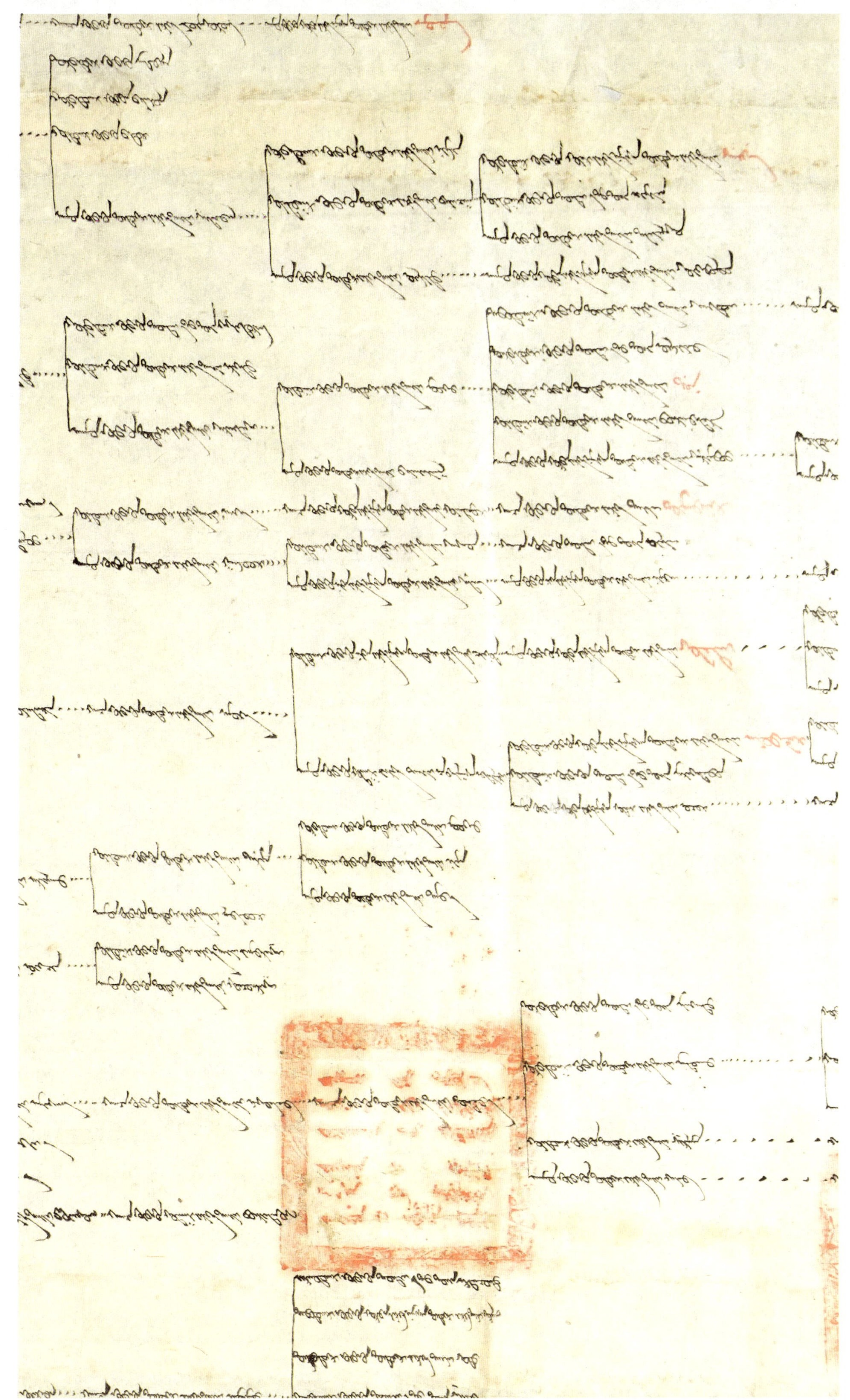

局部图②

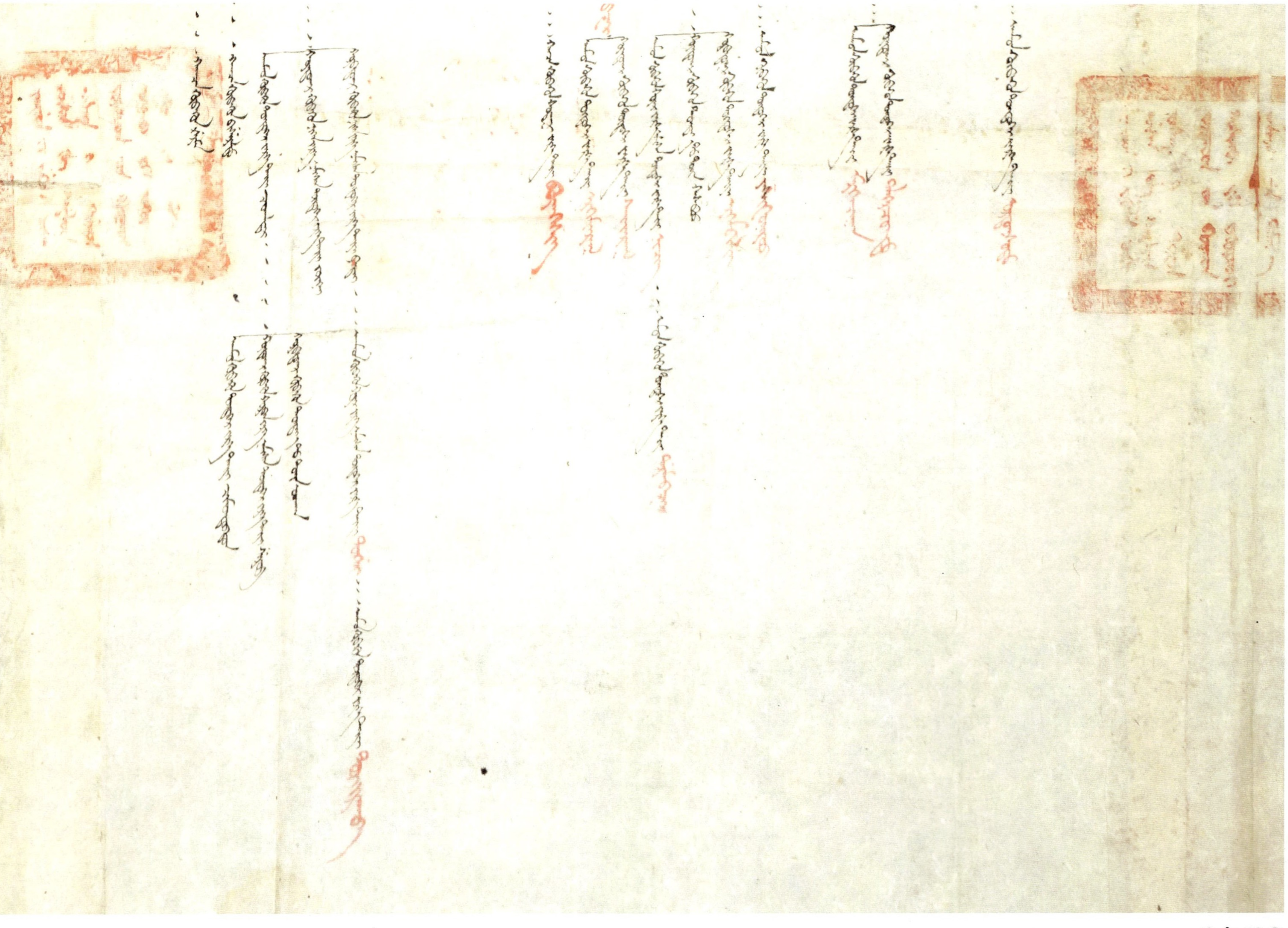

局部图③

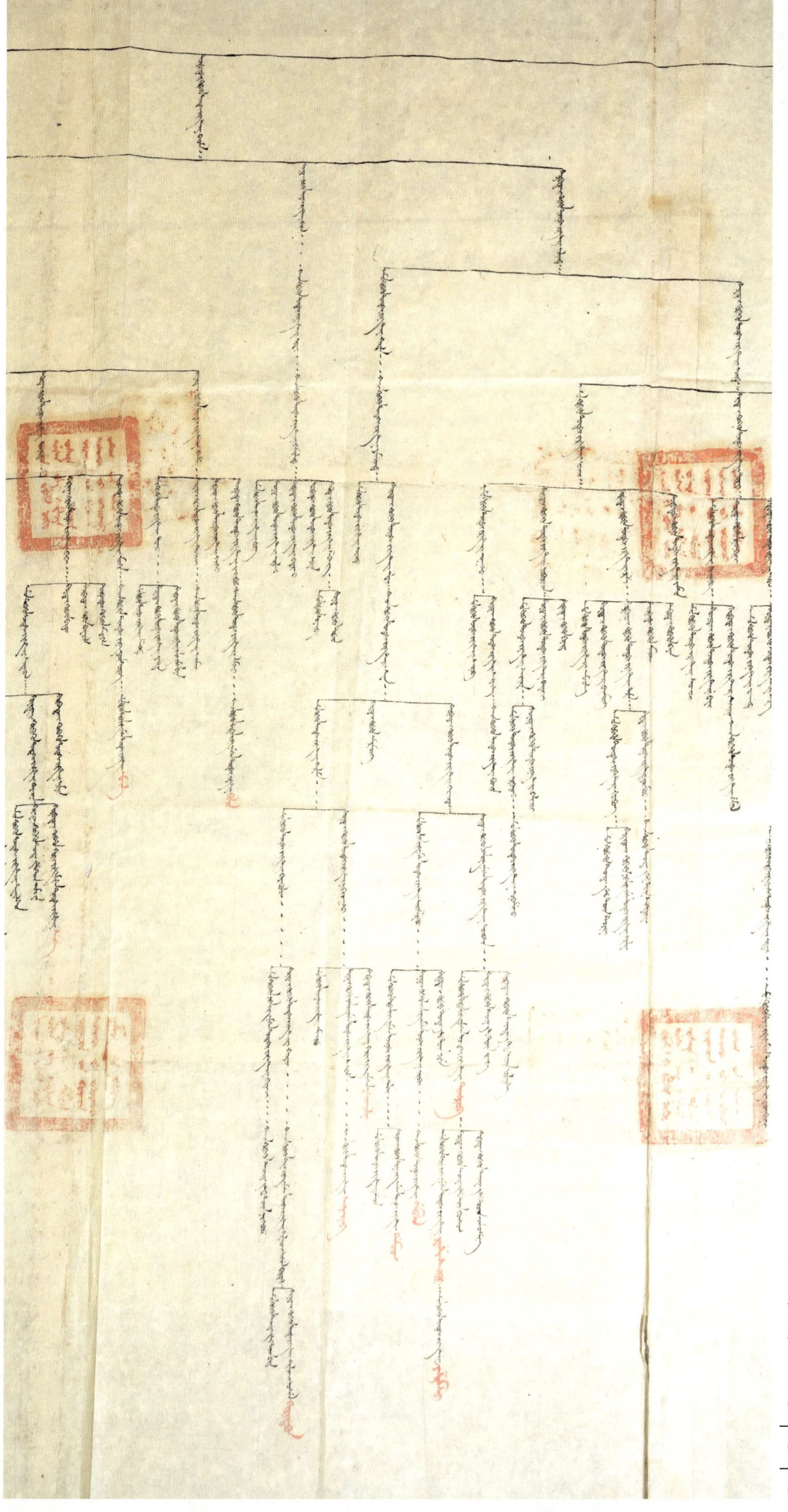

大图十九

①—②—③

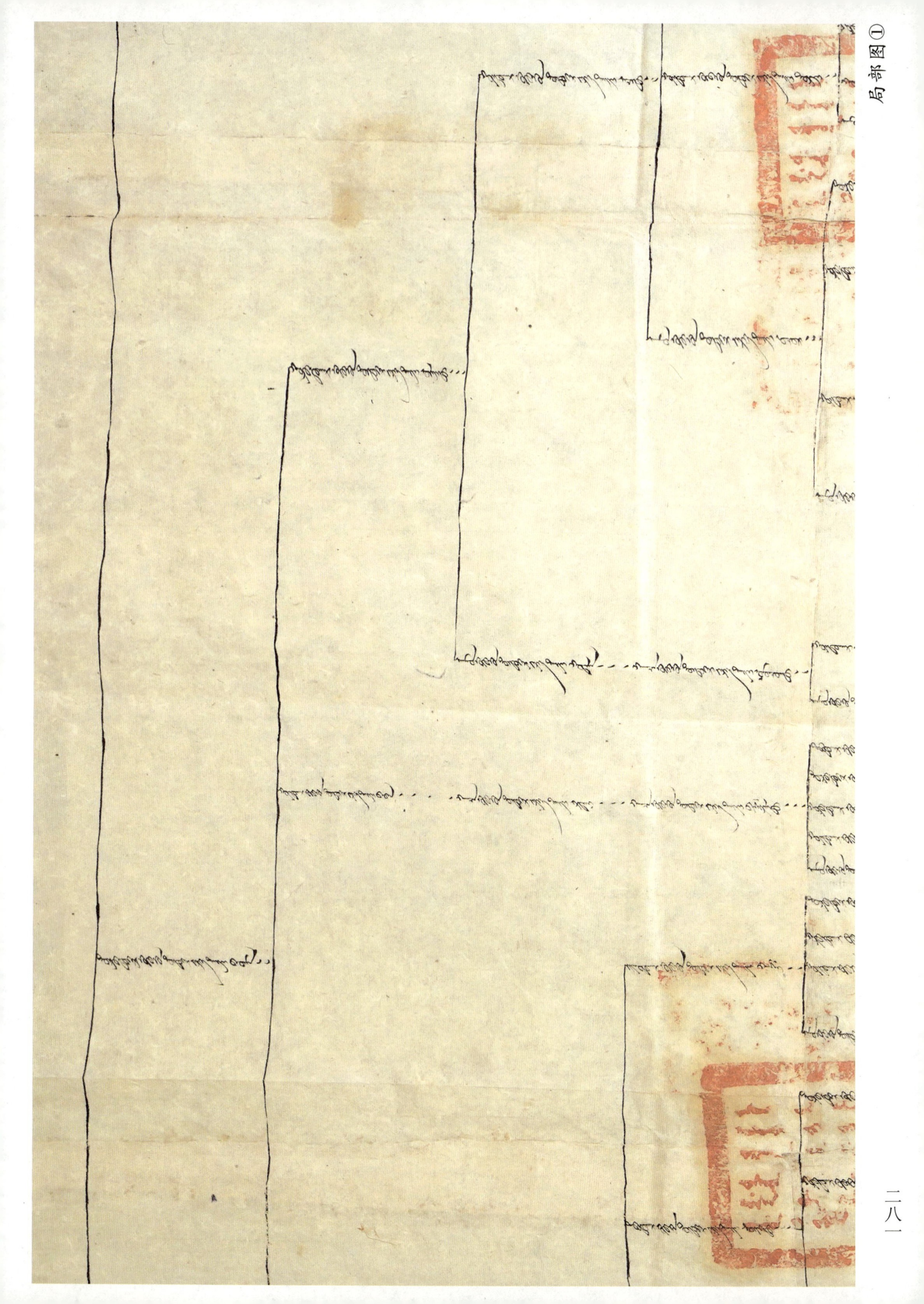

局部图①

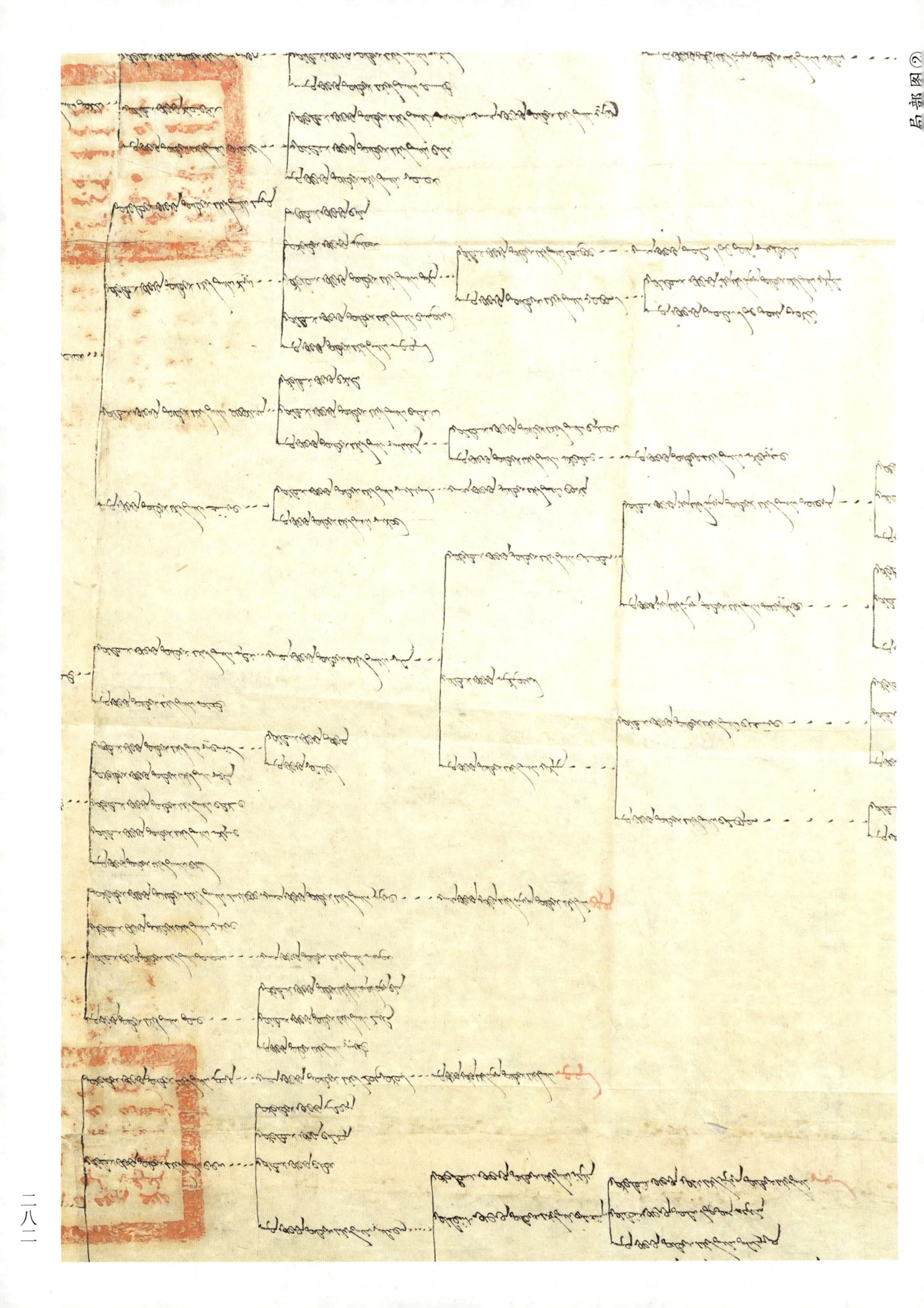

局部图②

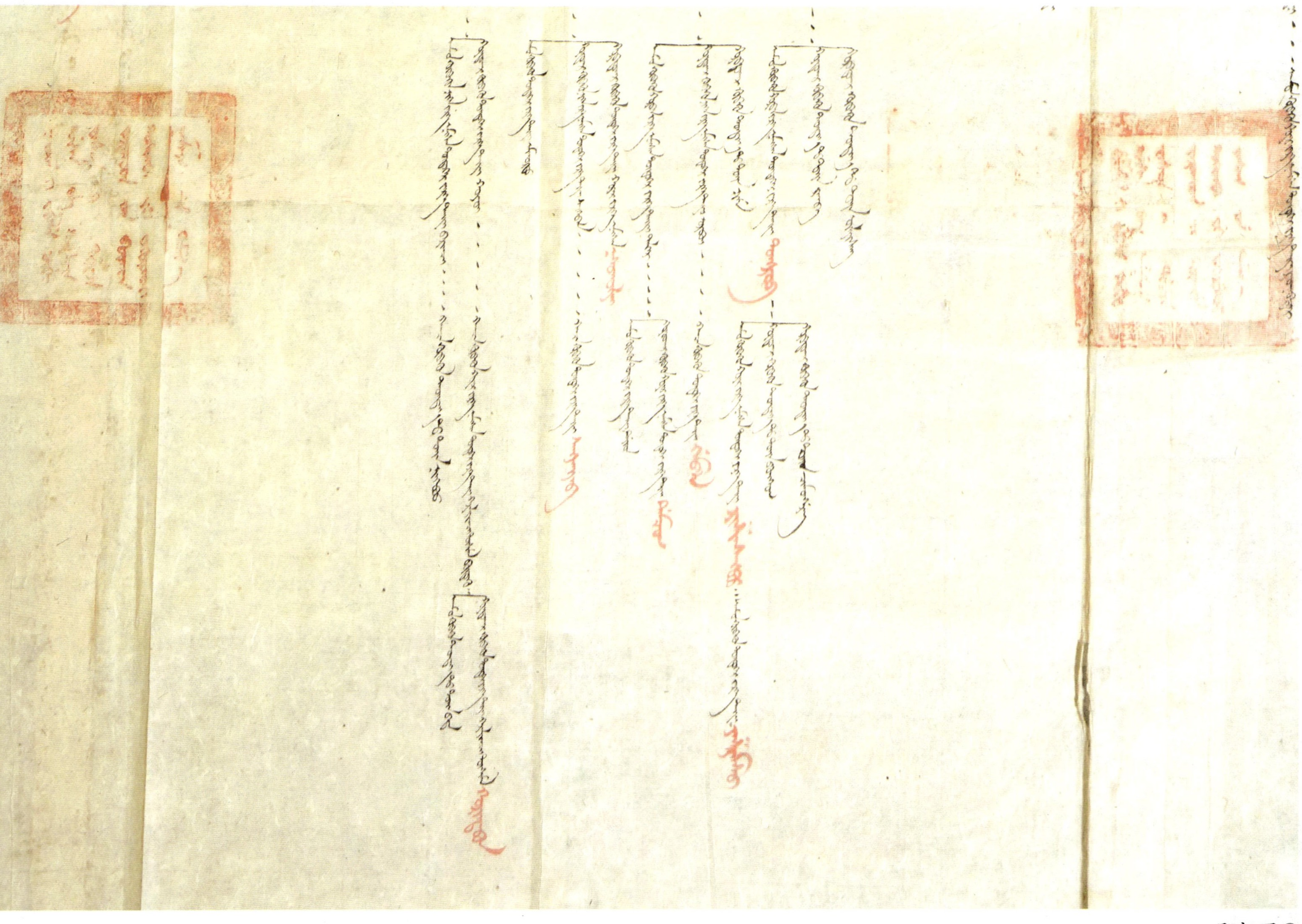

局部图③

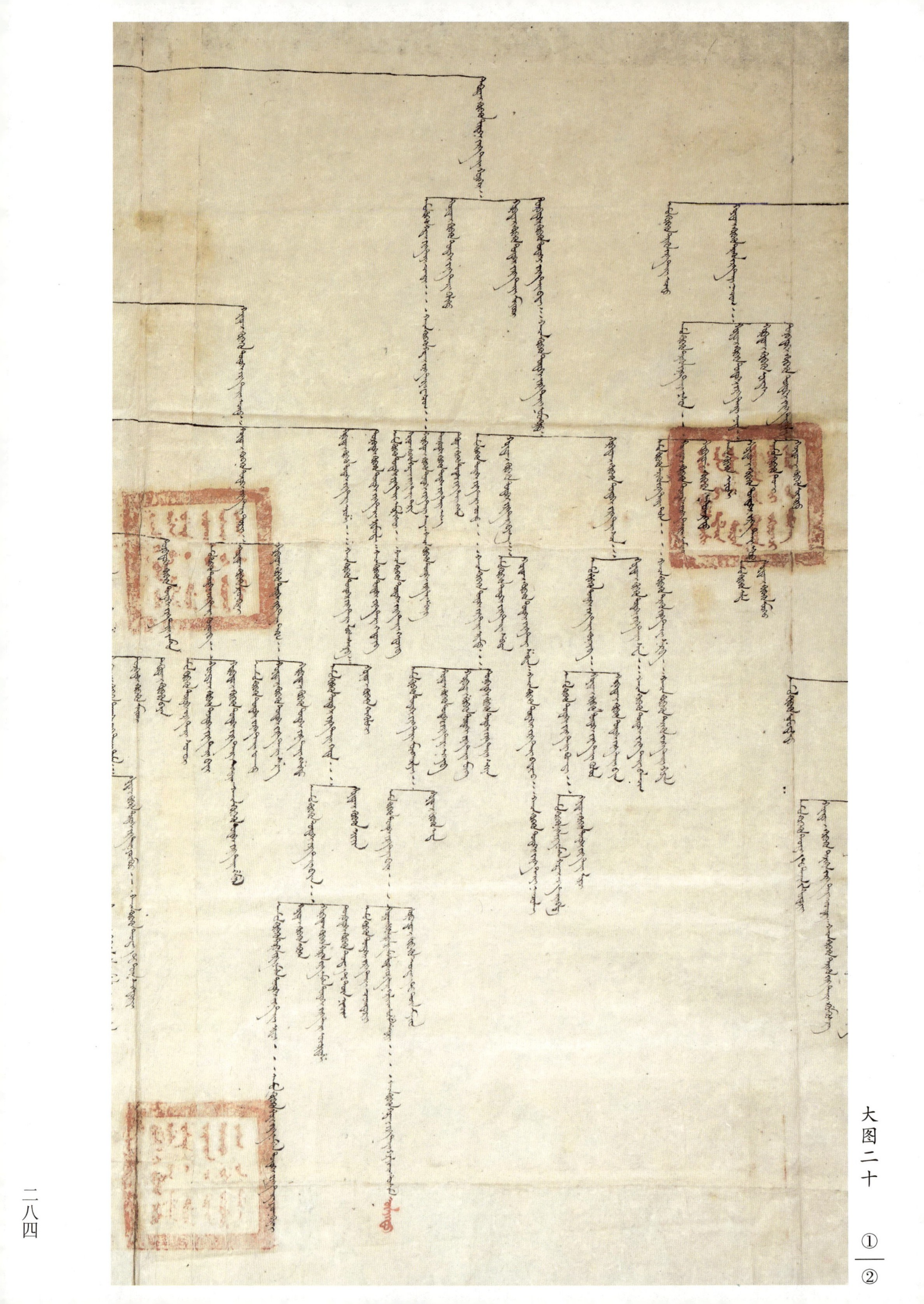

大图二十

①/②

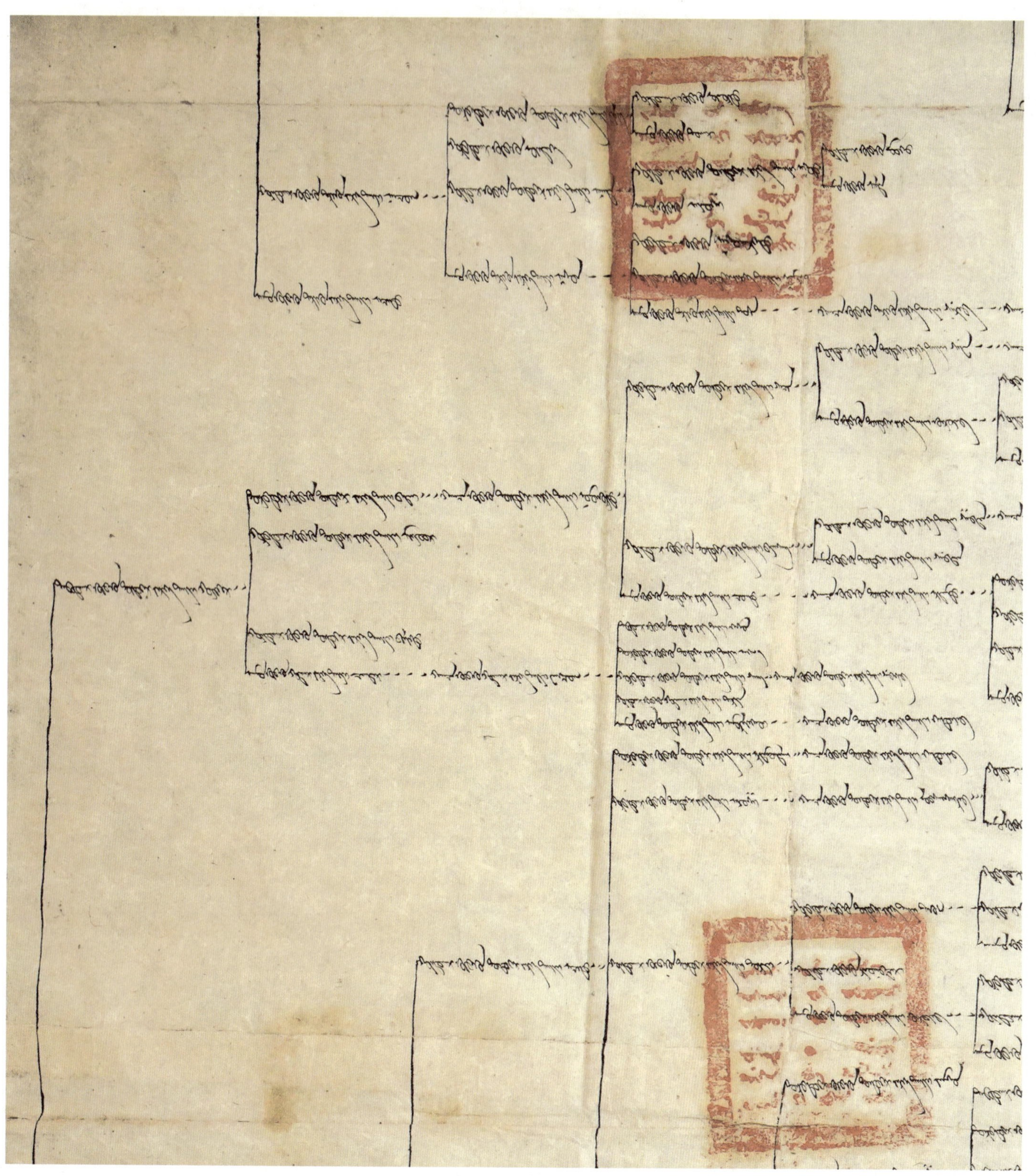

局部图①

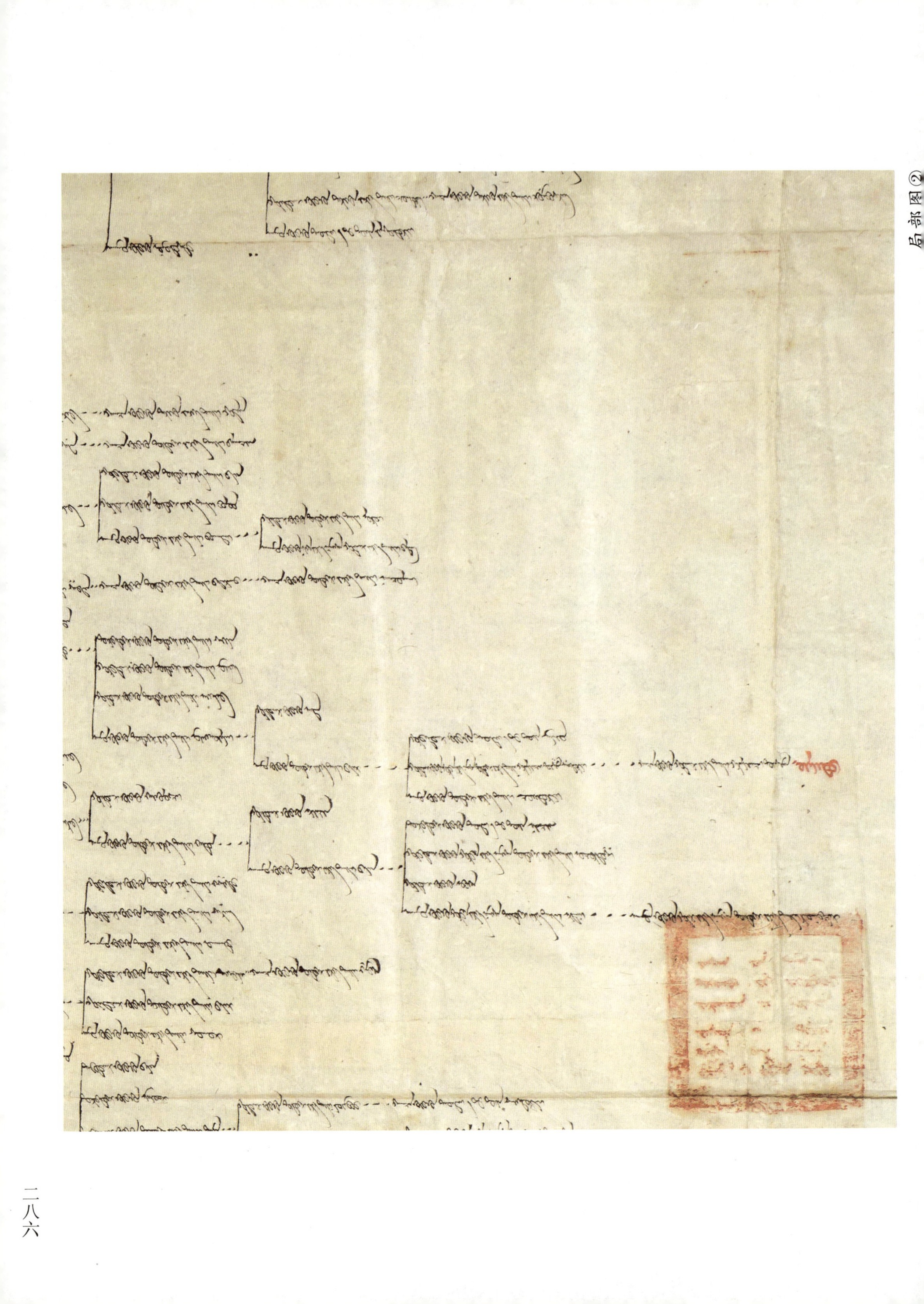

局部图②

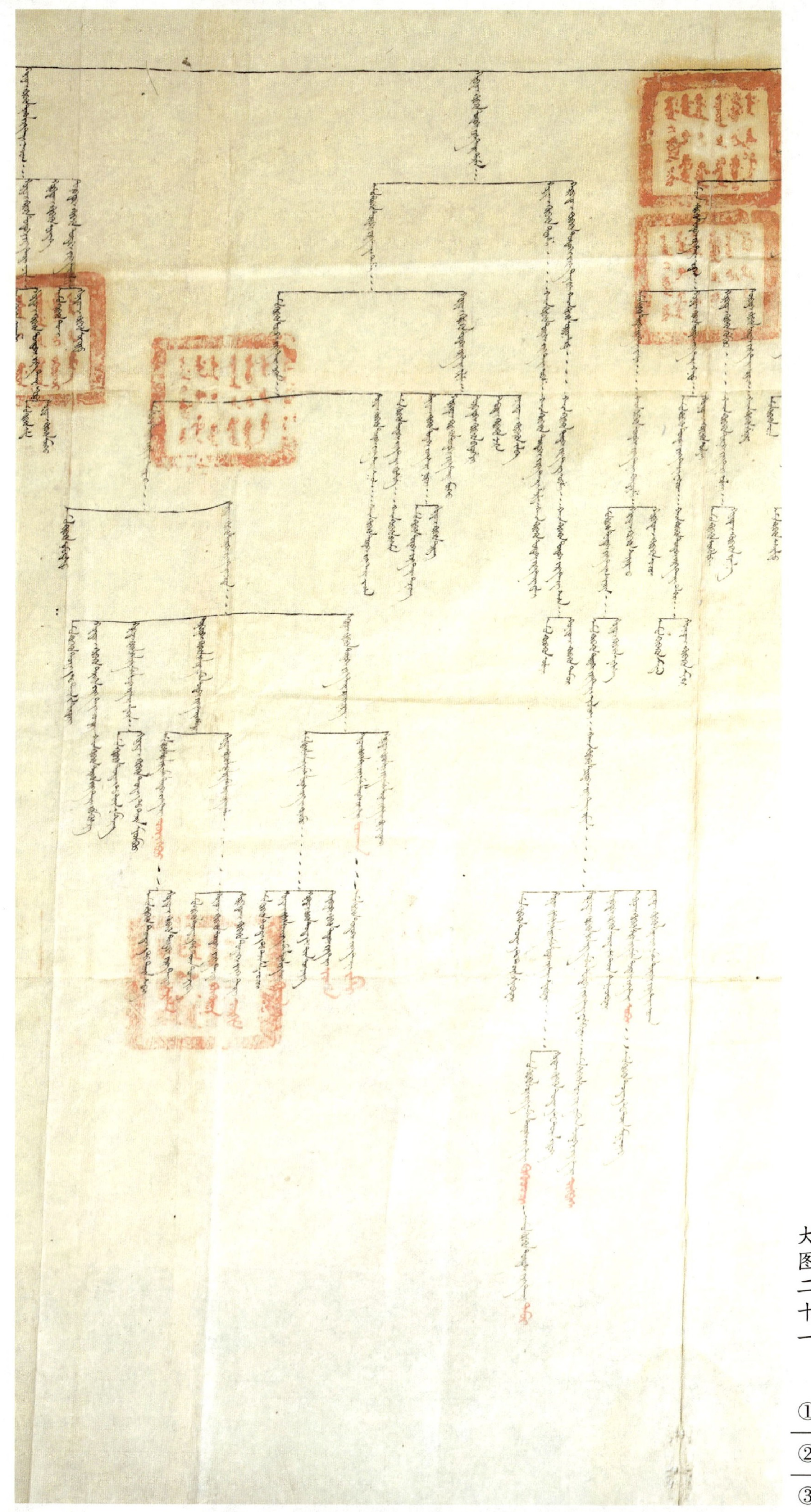

大图二十一 ①—②—③

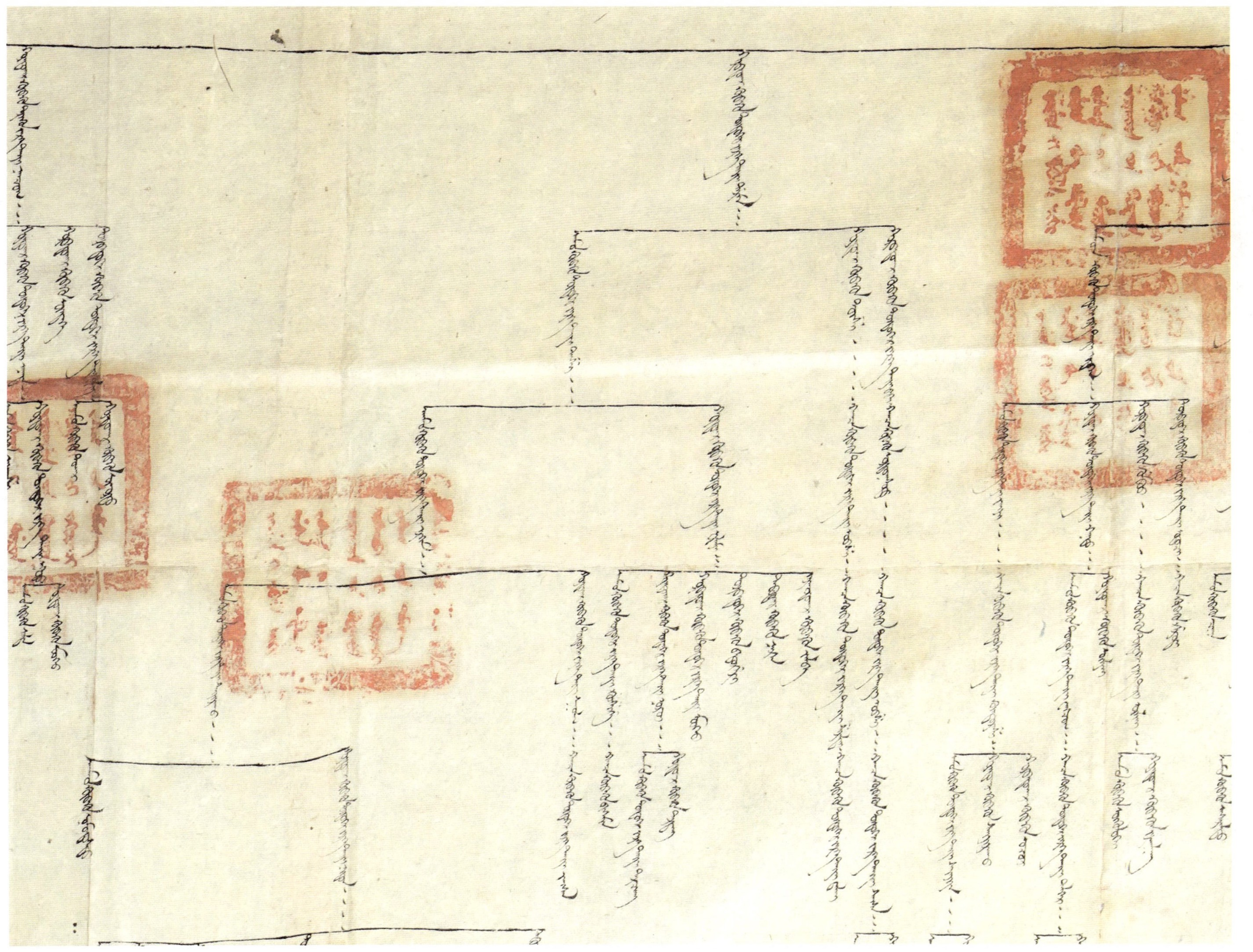

局部图①

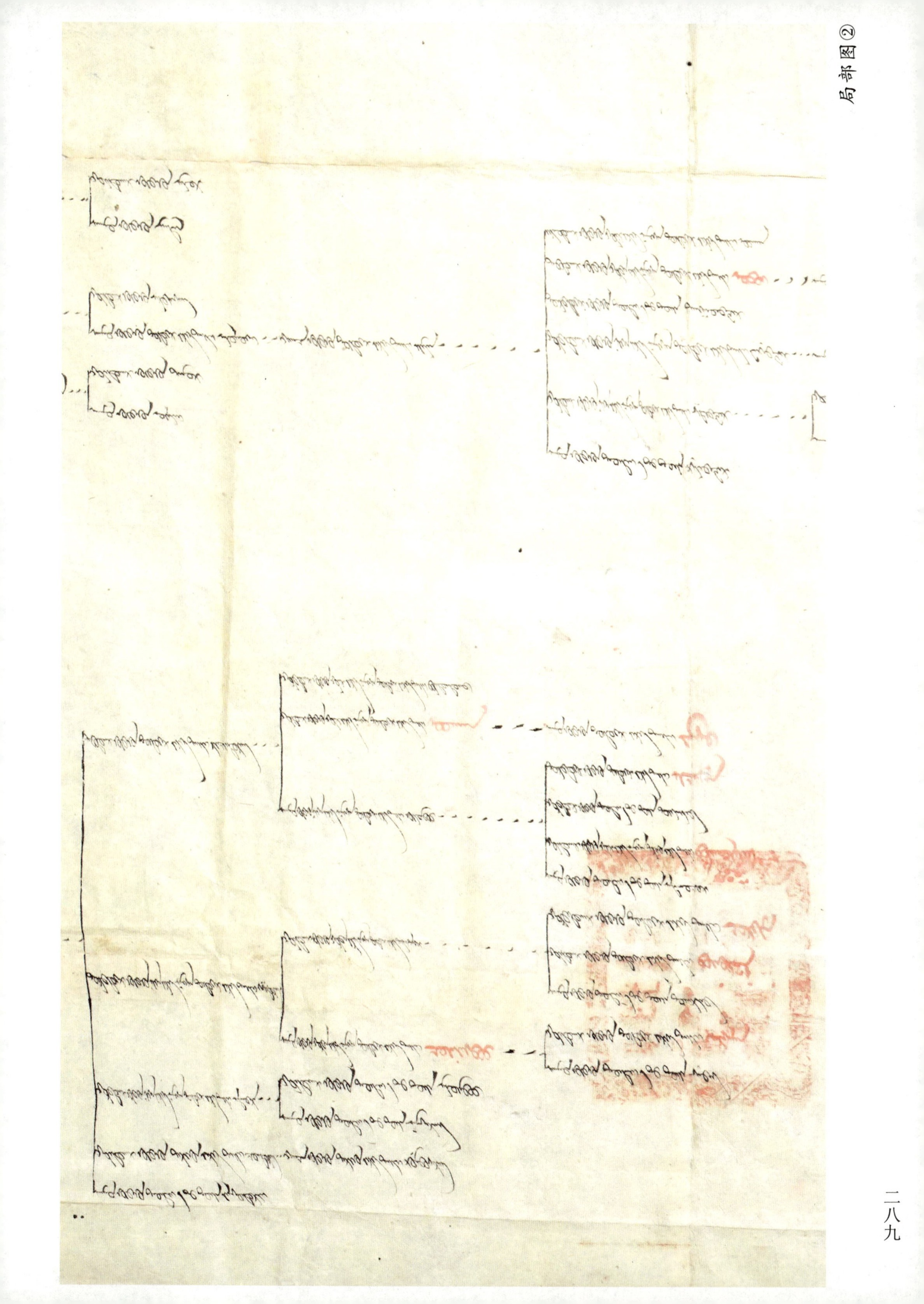

局部图②

局部图③

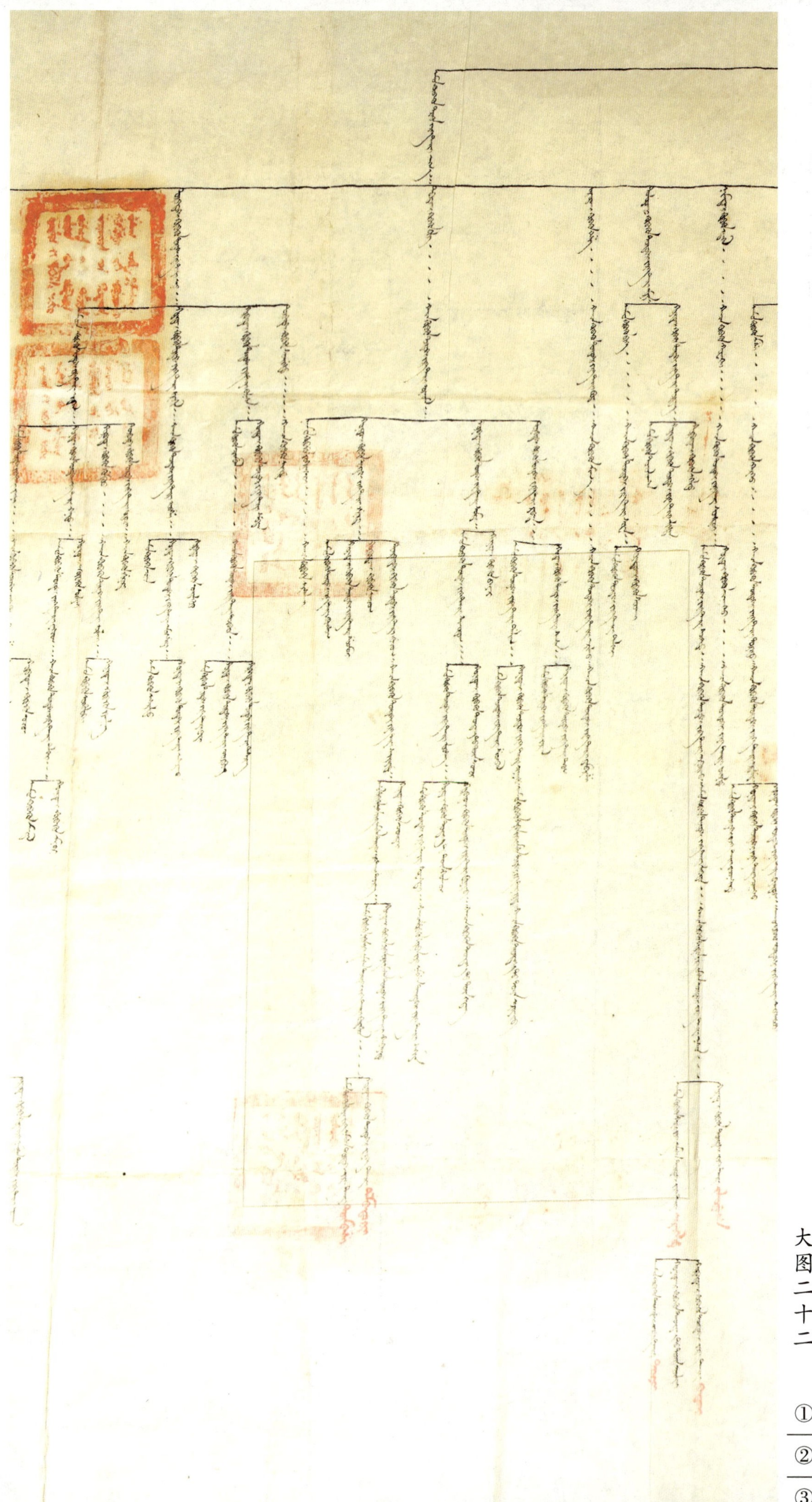

大图二十二 ①—②—③

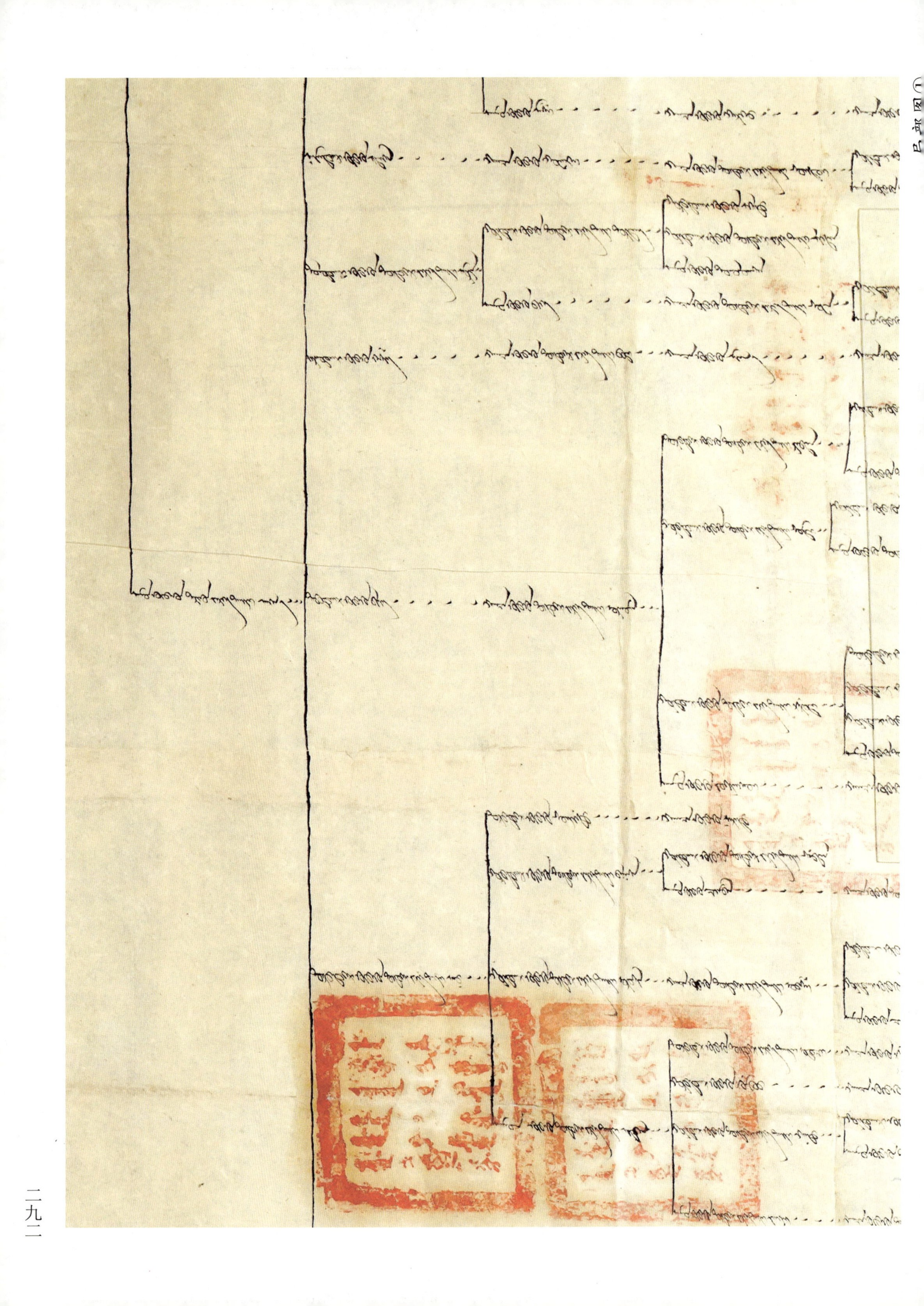

局部图（一）

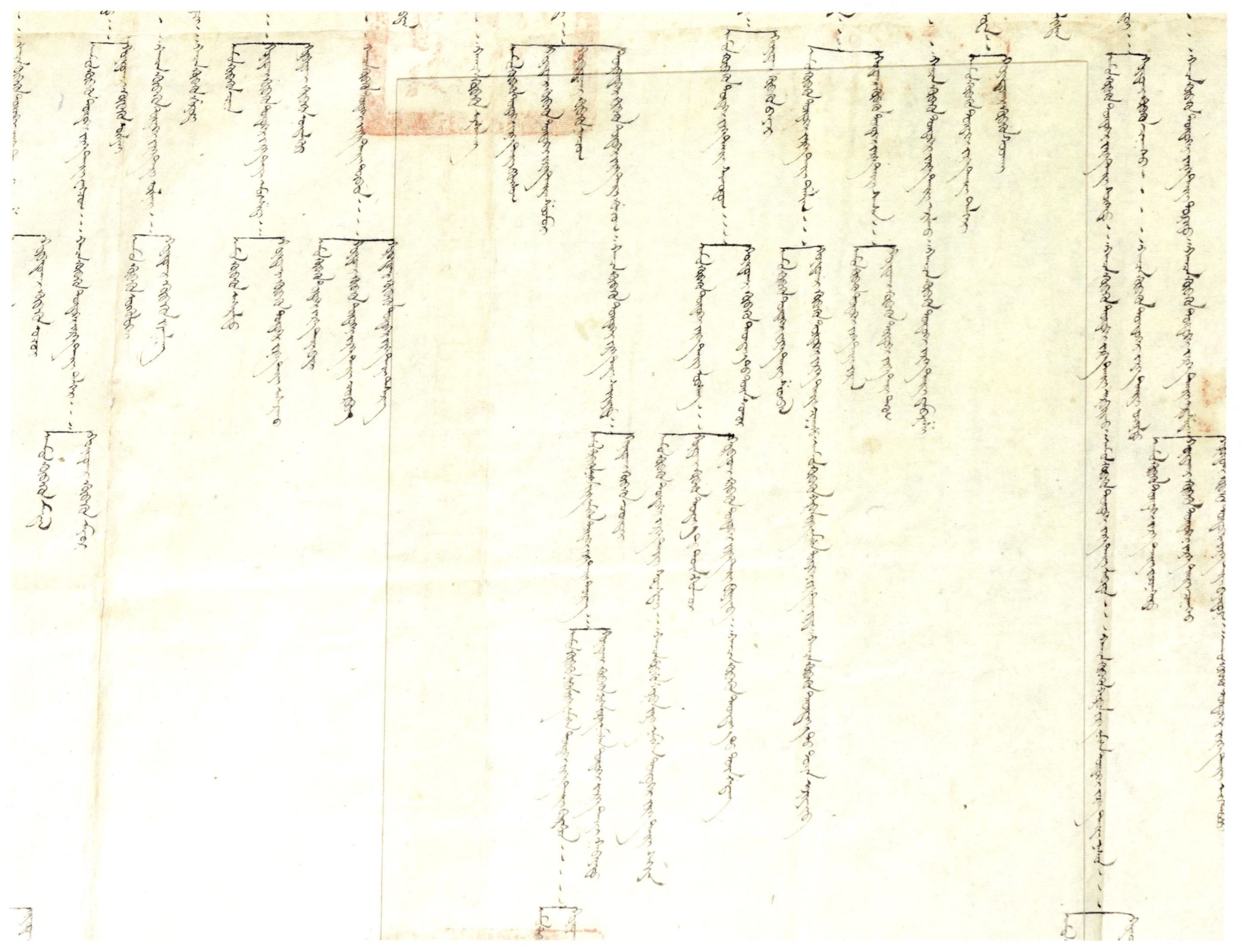

局部图②

吕部图③

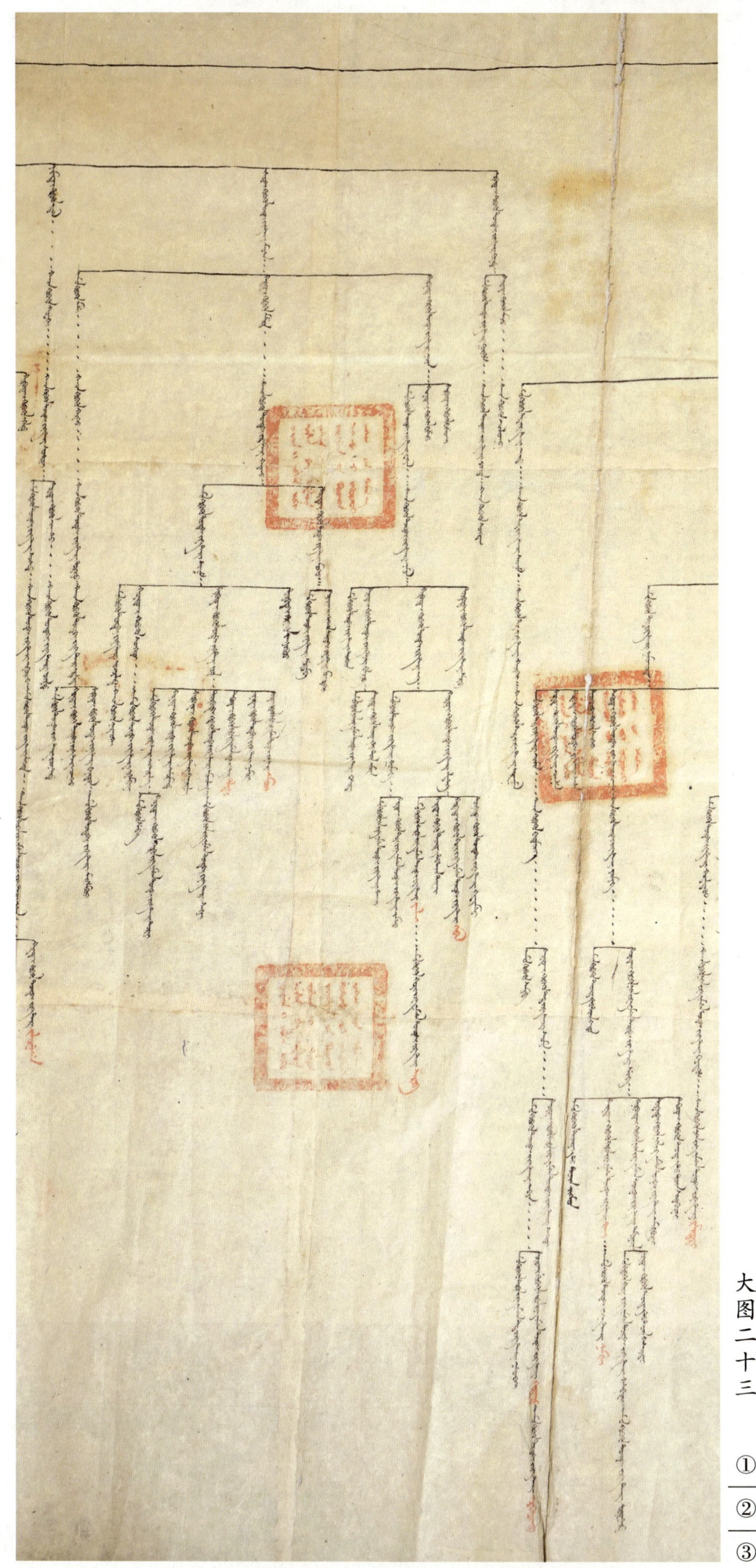

大图二十三

①
②
③

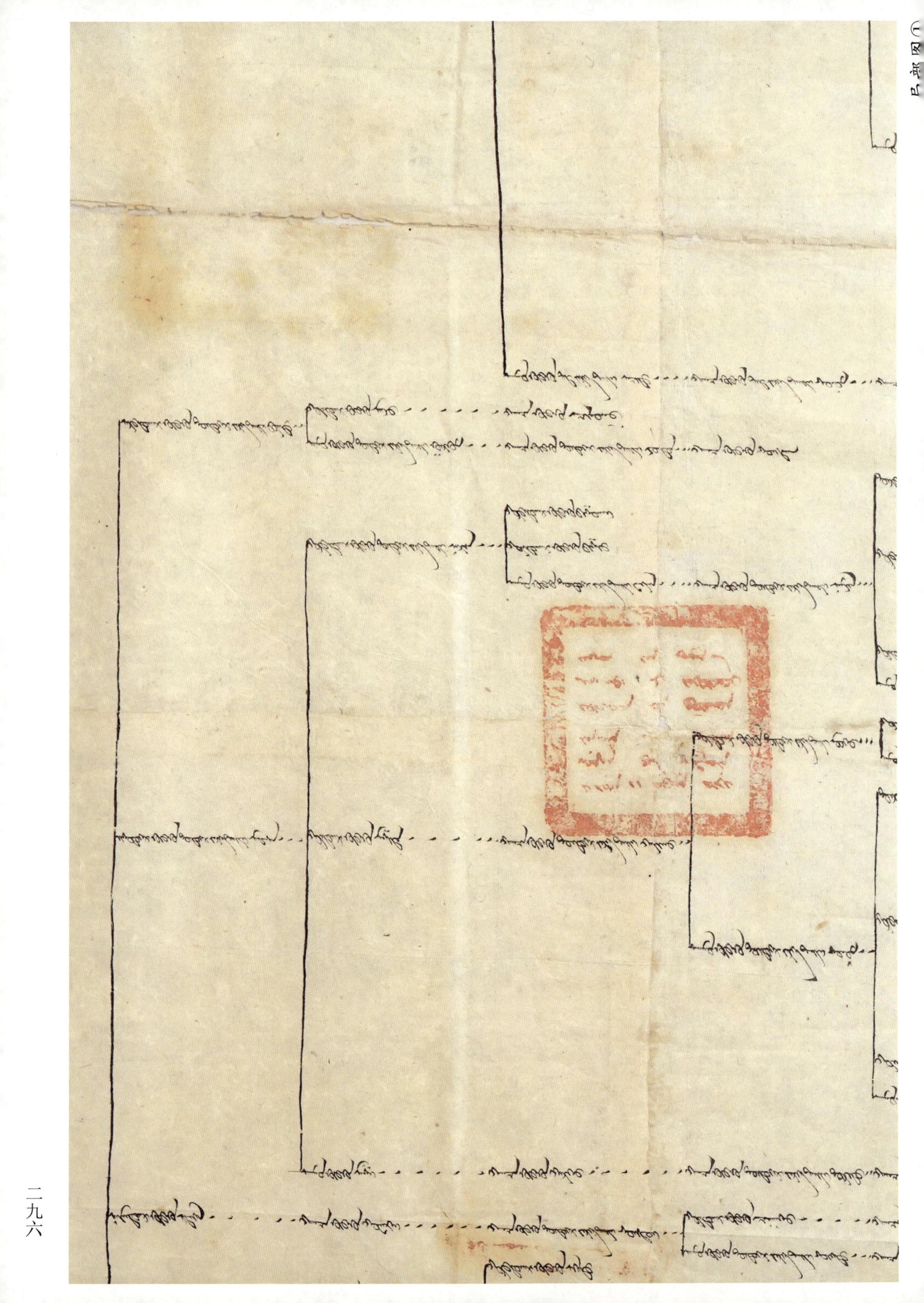

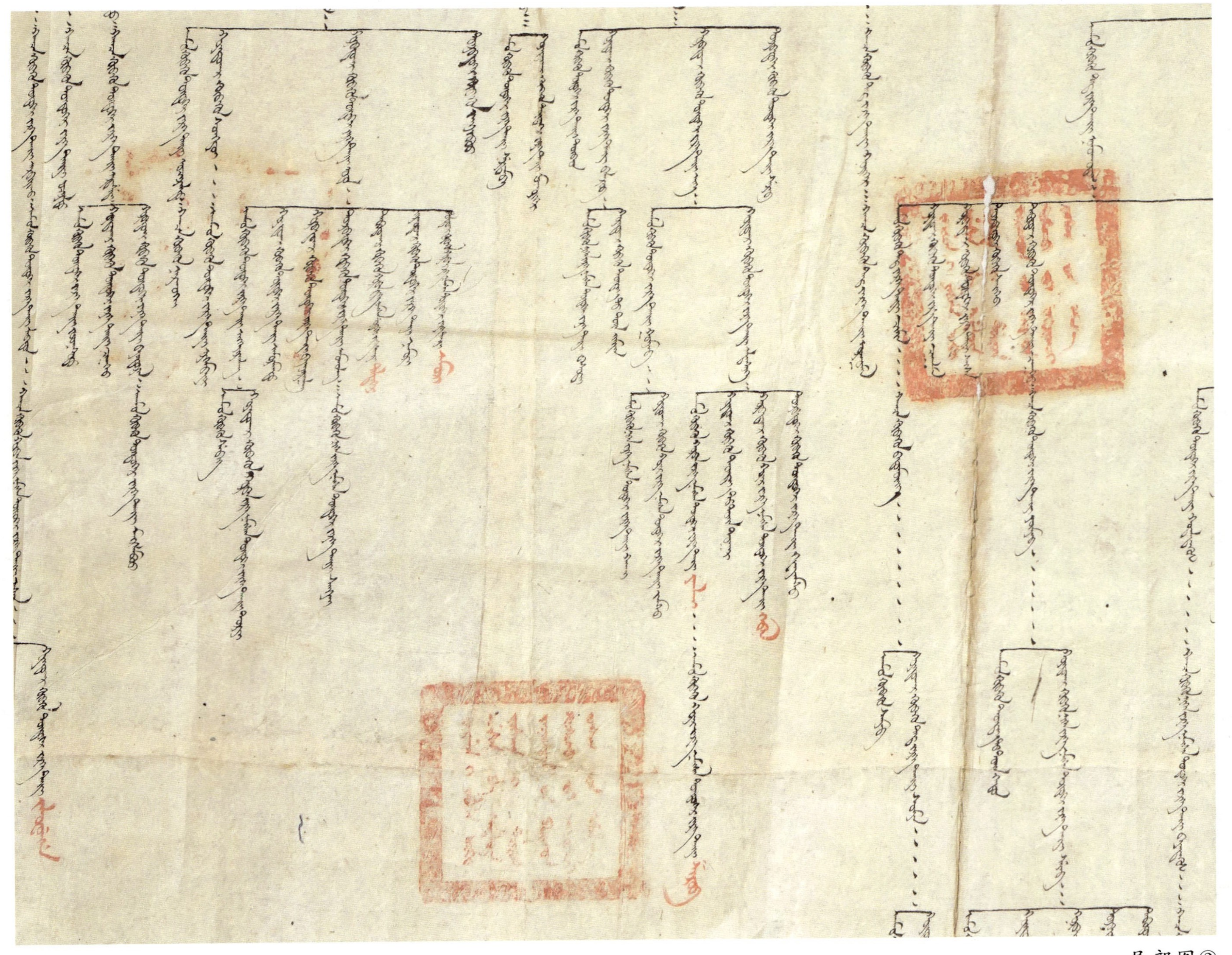

局部图②

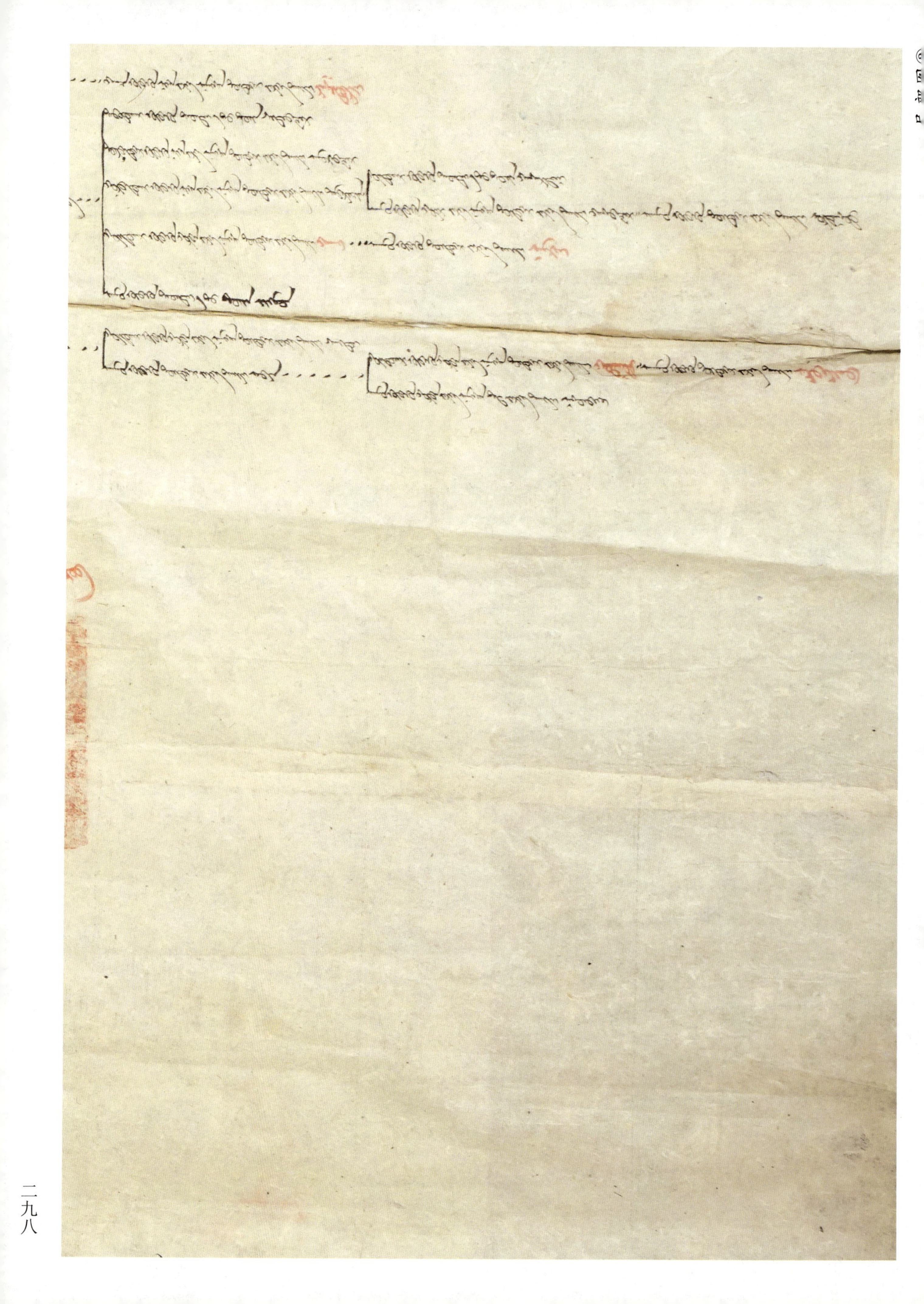

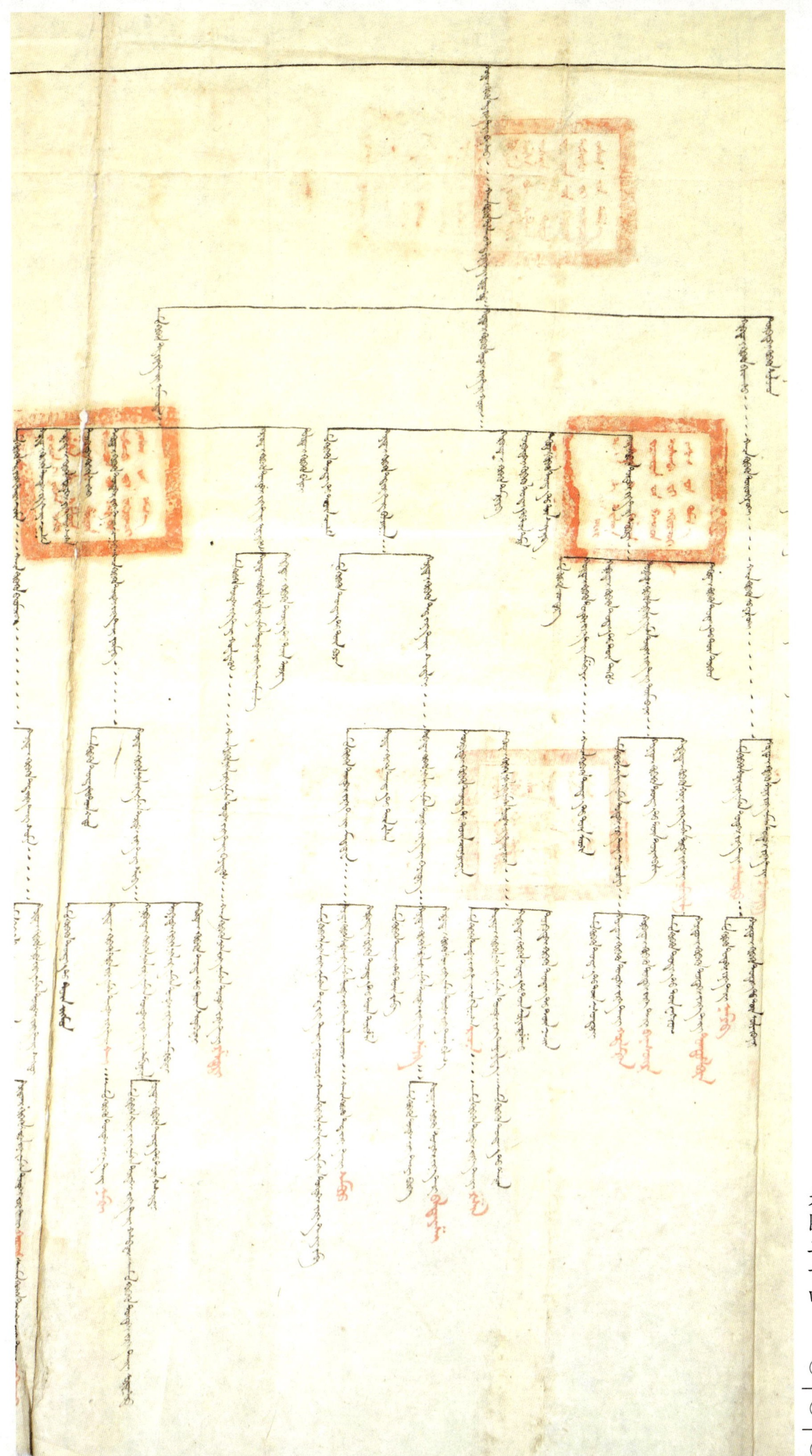

大图二十四 ①—②—③

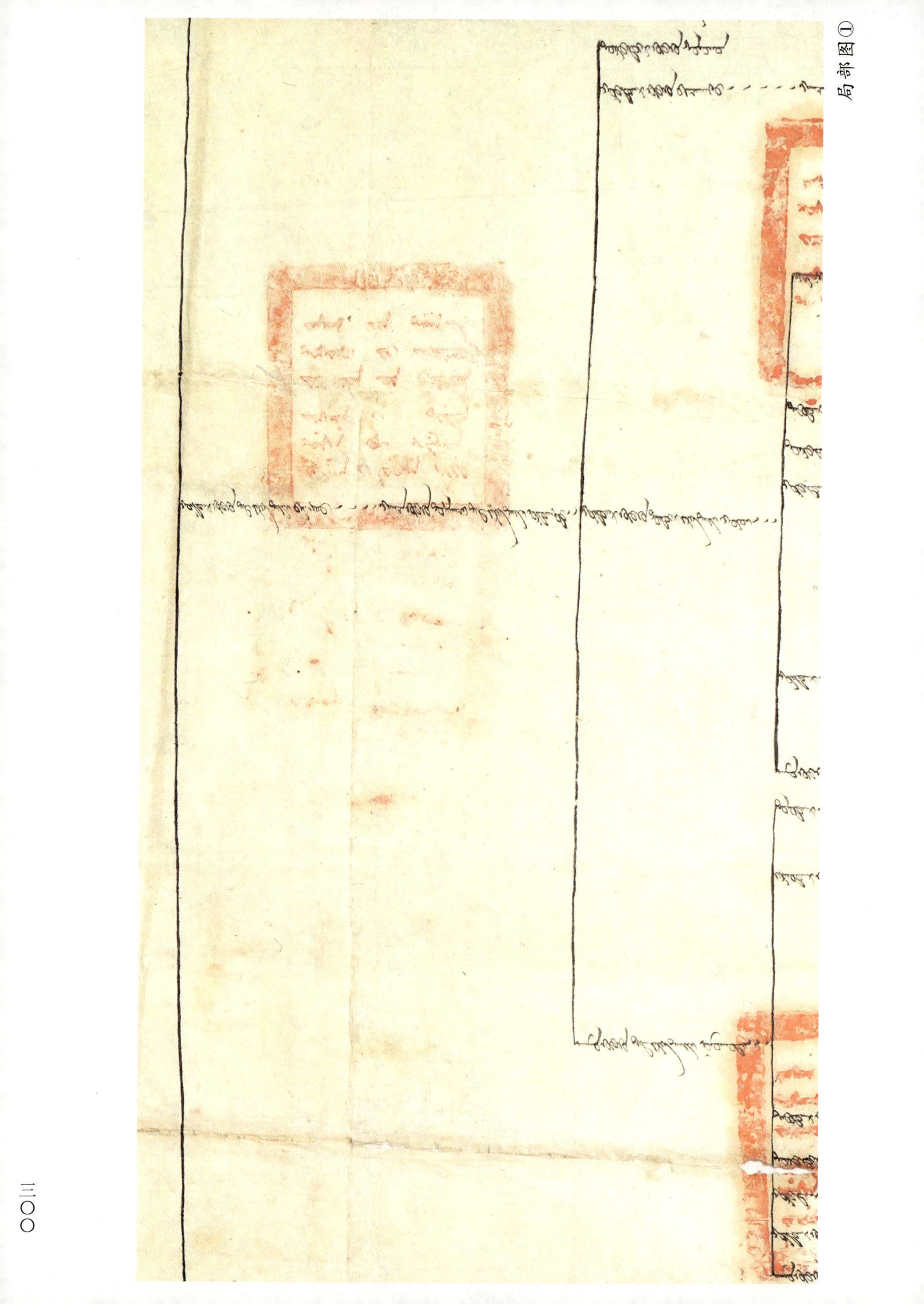

局部图①

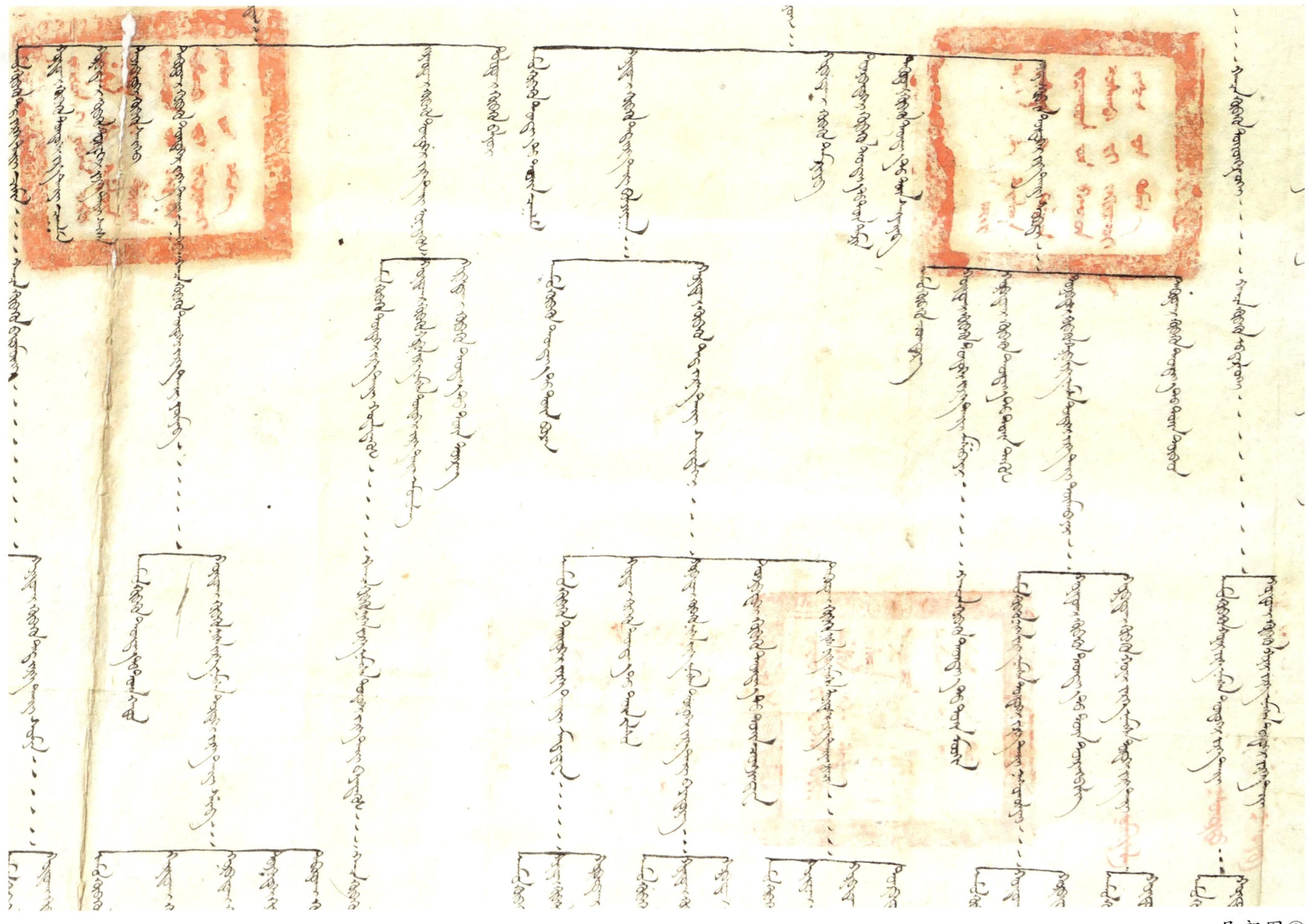

局部图②

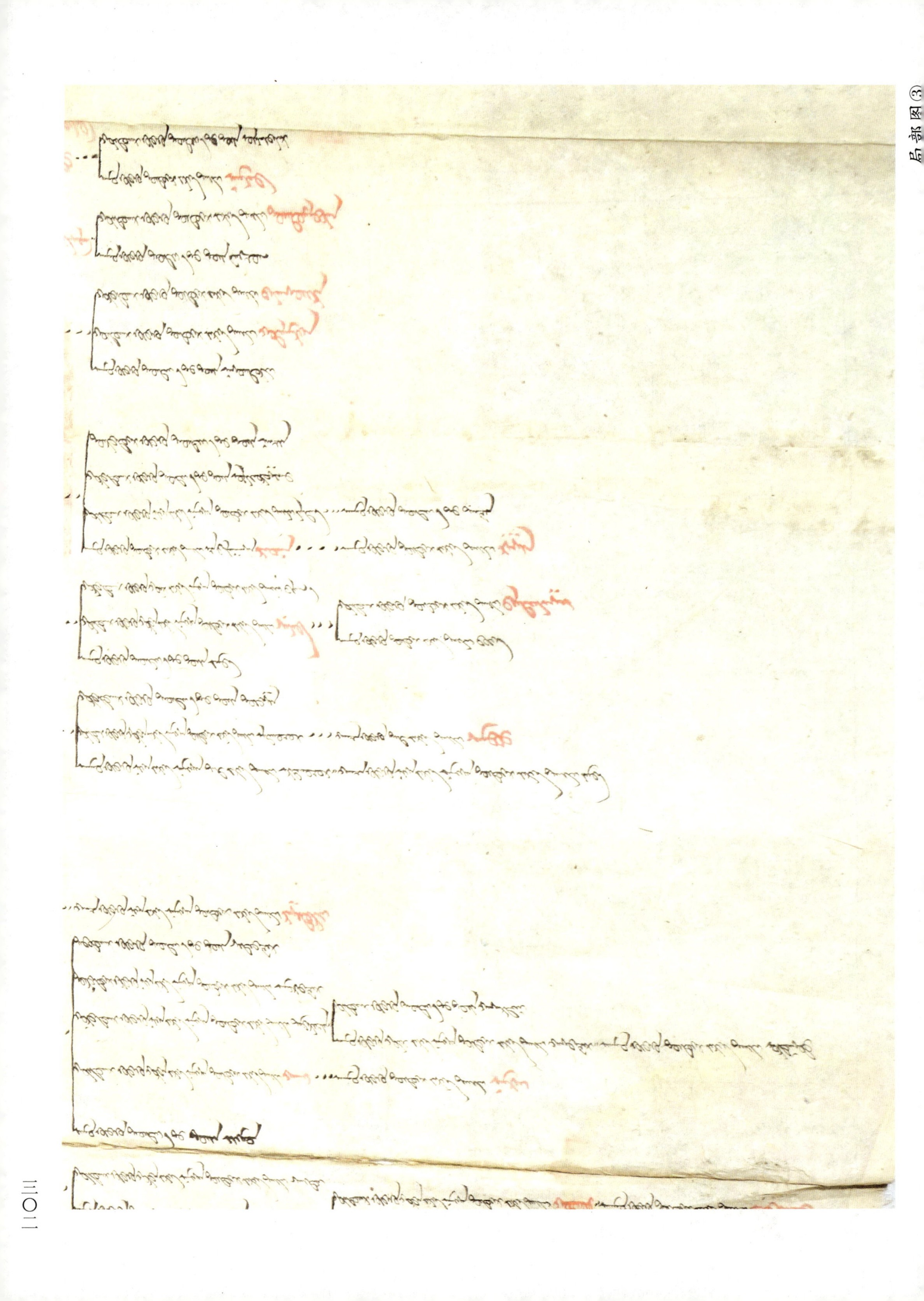

局部图③

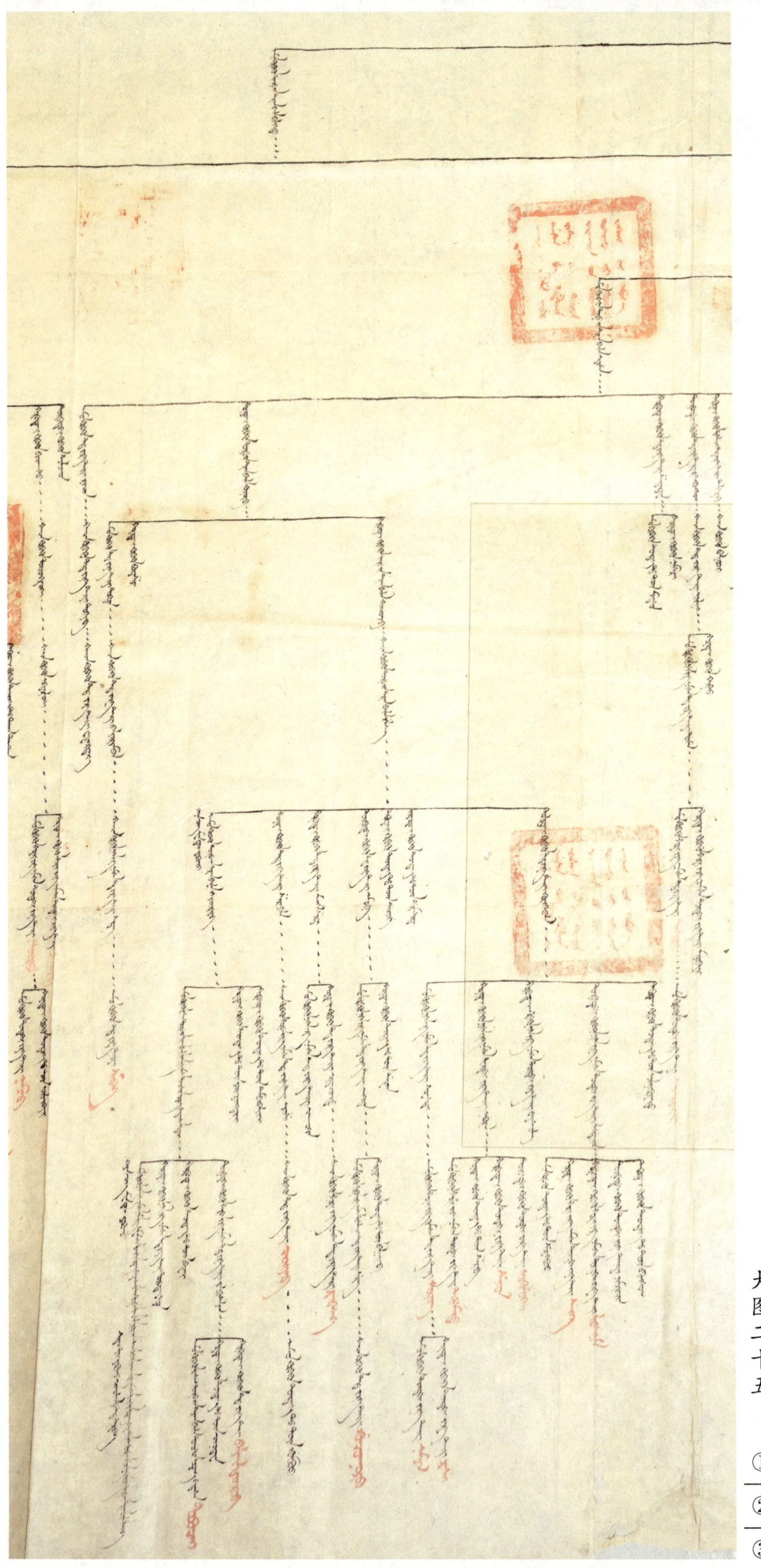

大图二十五

①
②
③

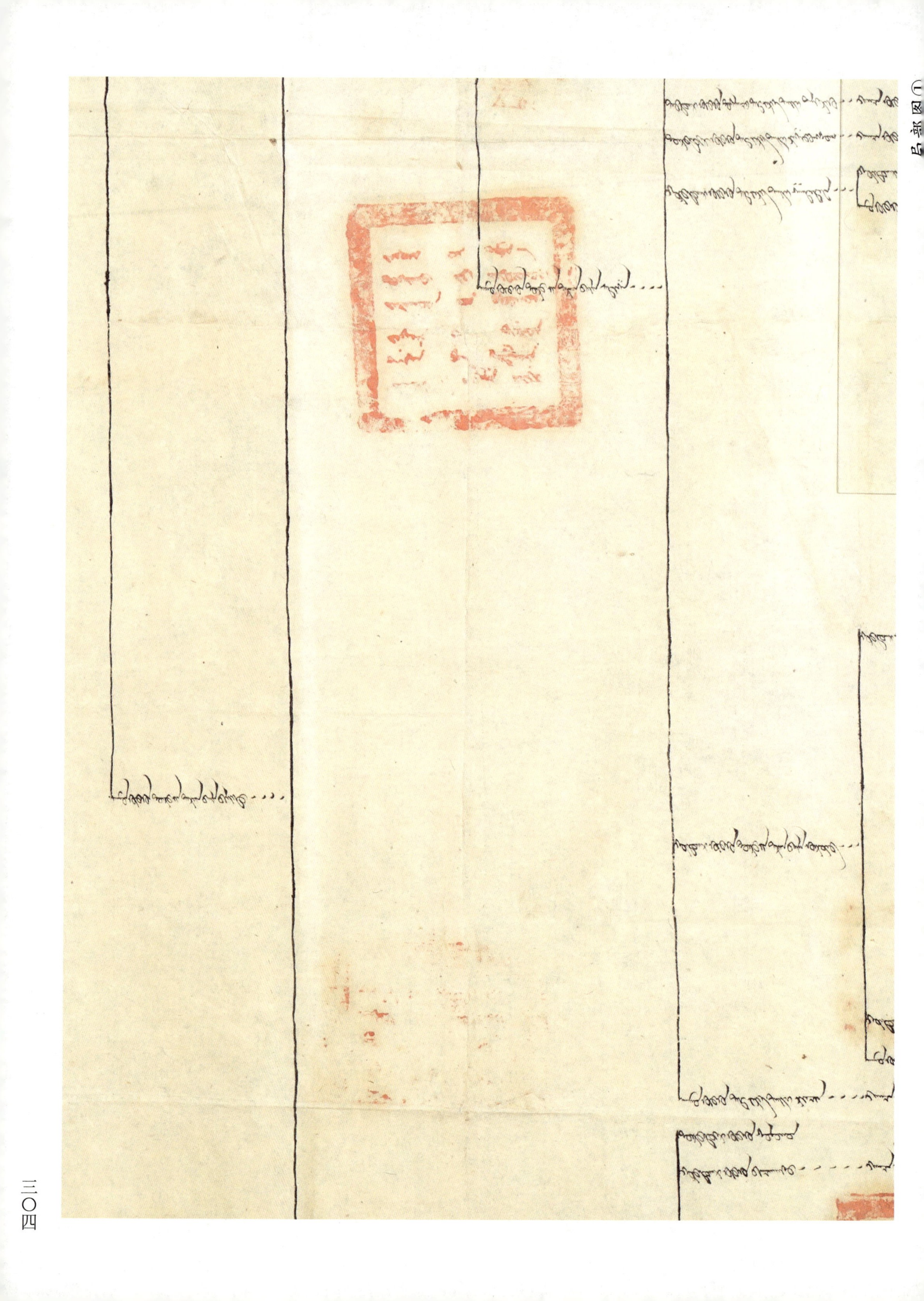

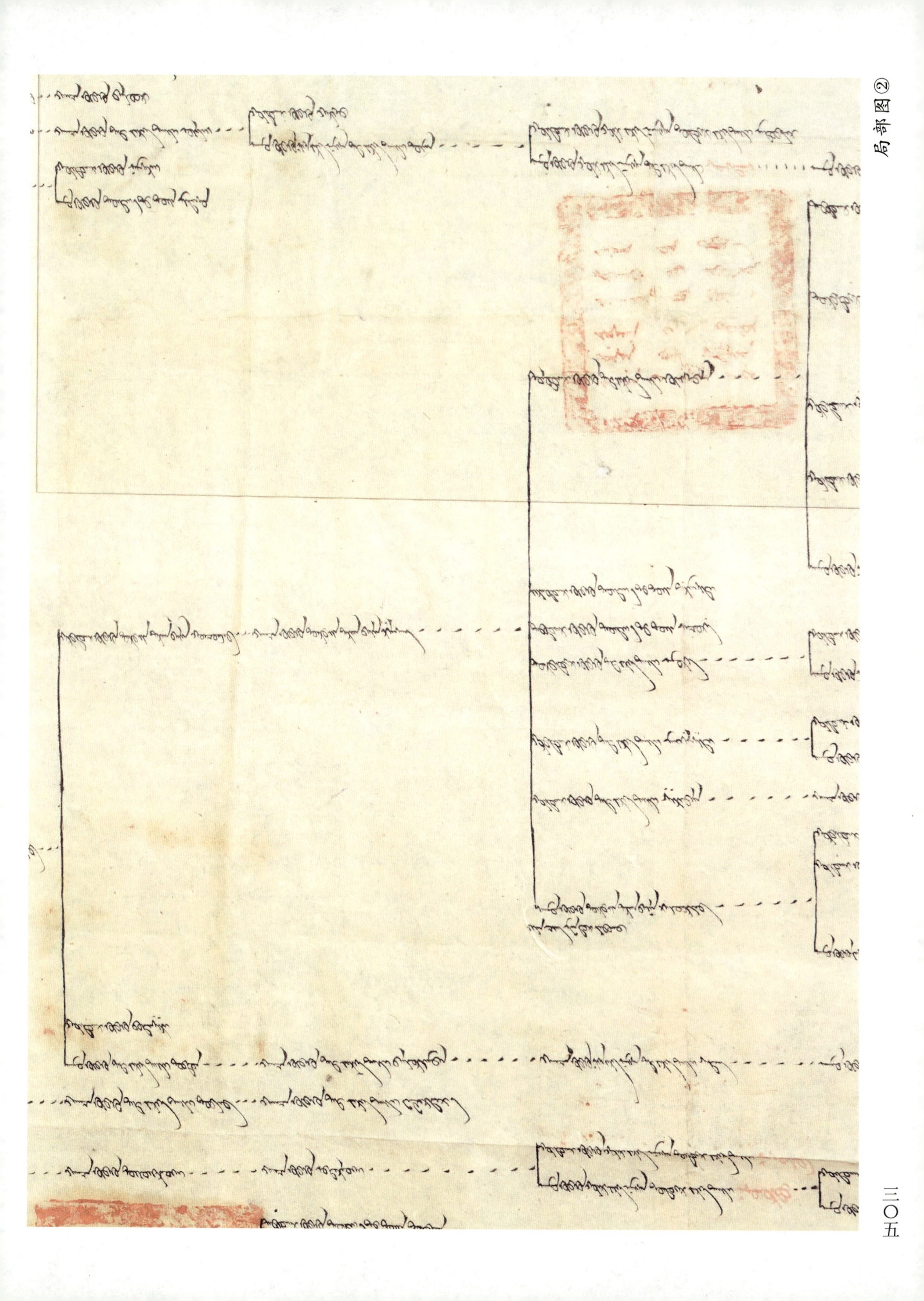

局部图②

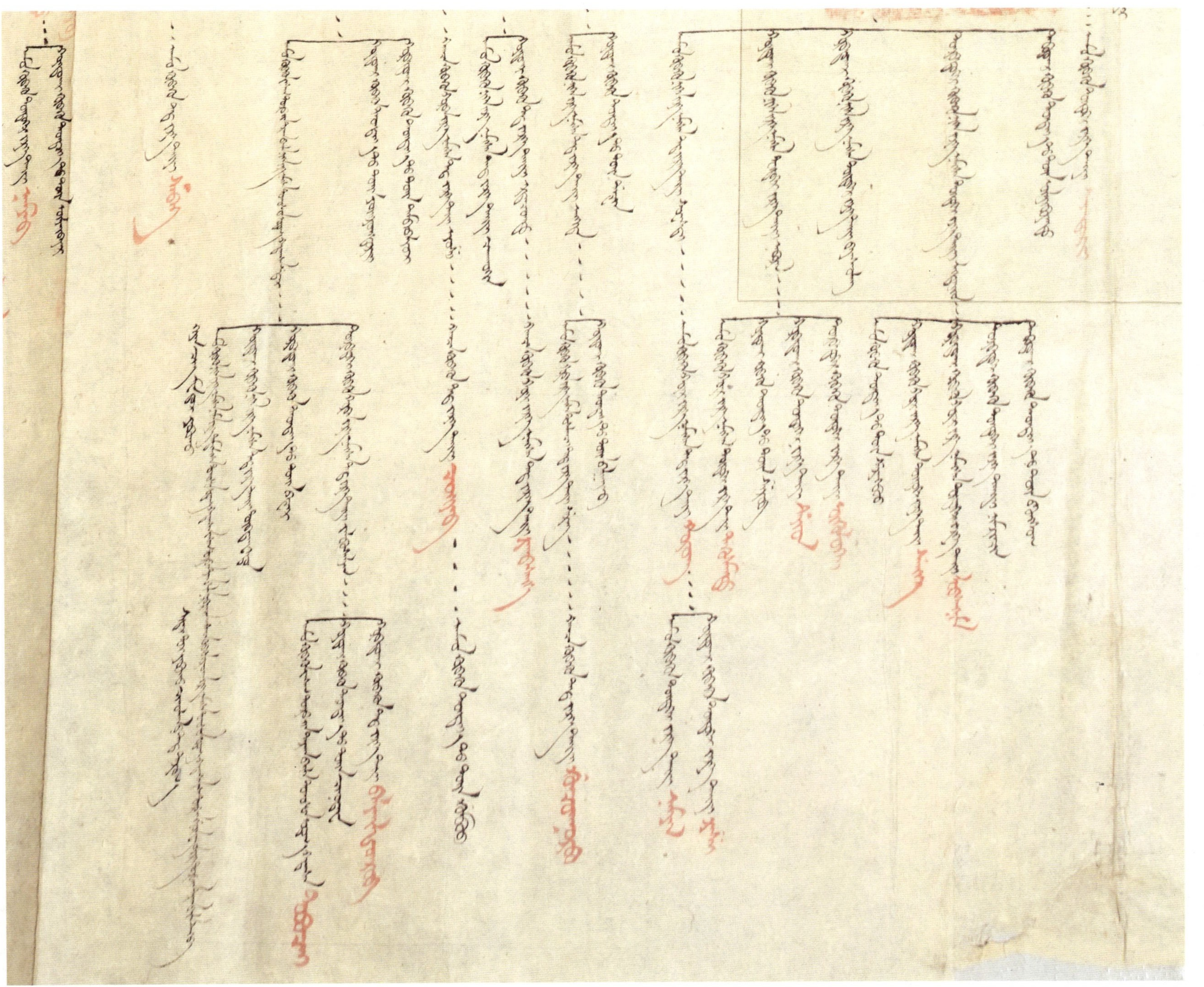

局部图③

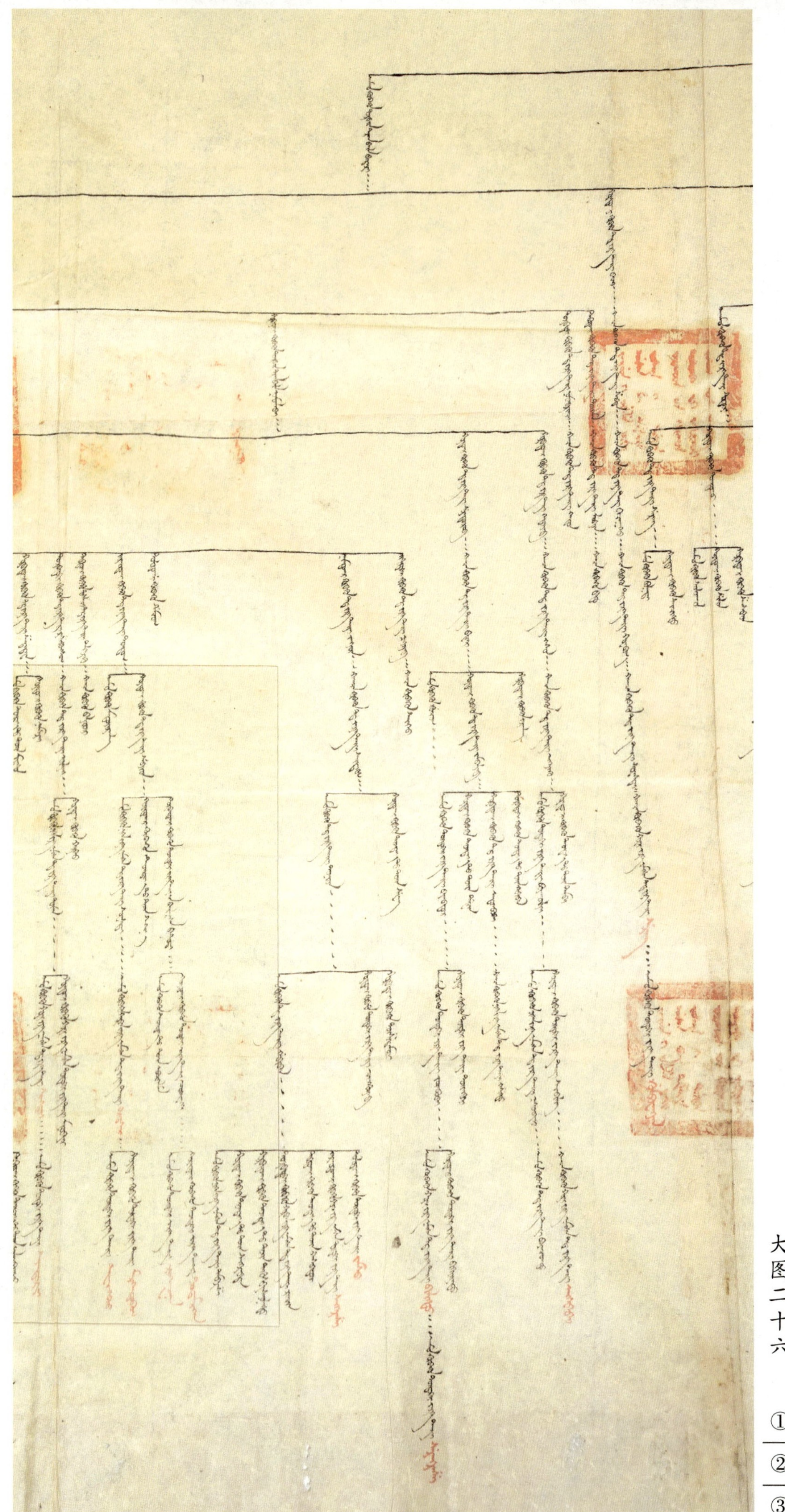

大图二十六 ①—②—③

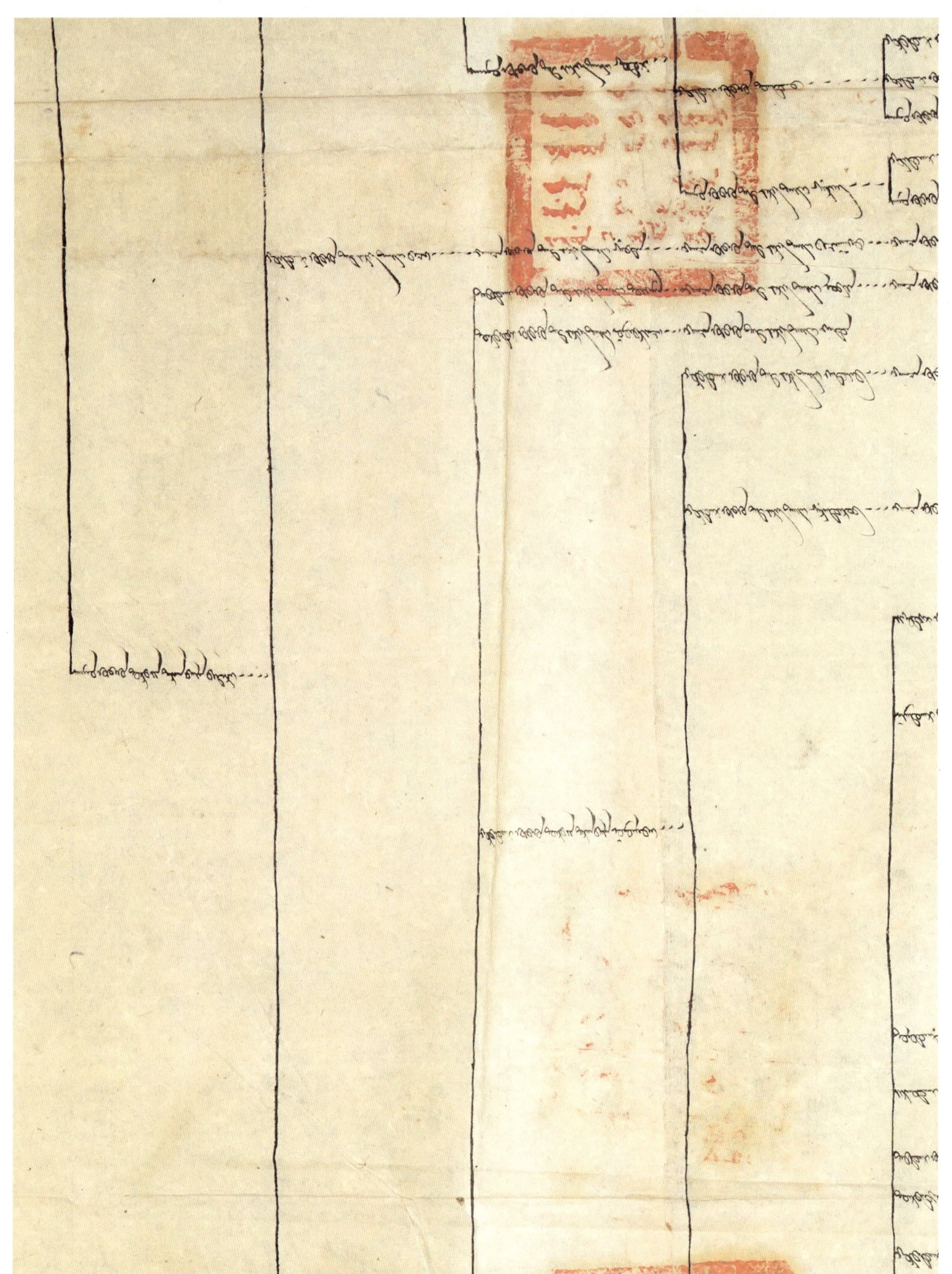

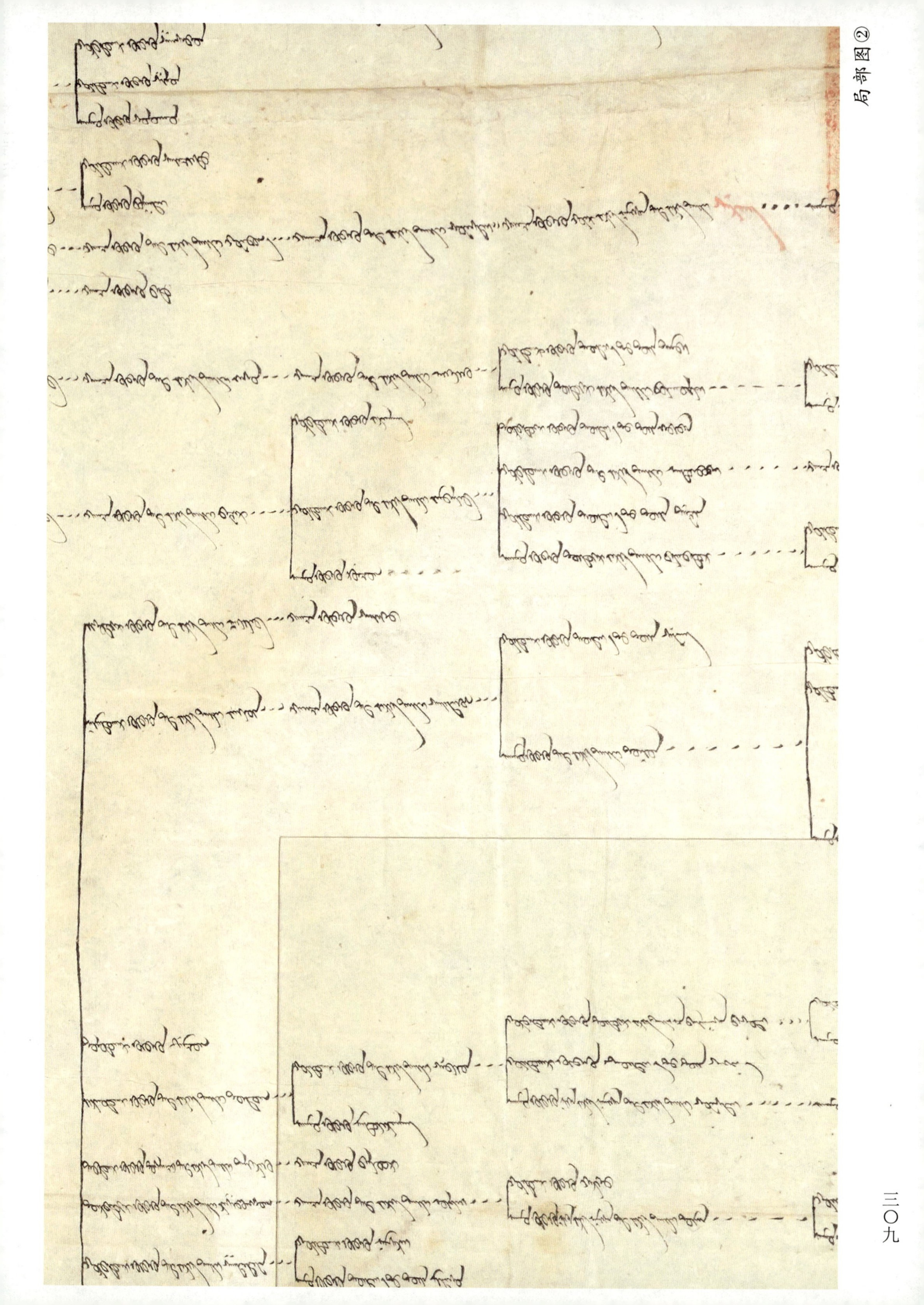

局部图②

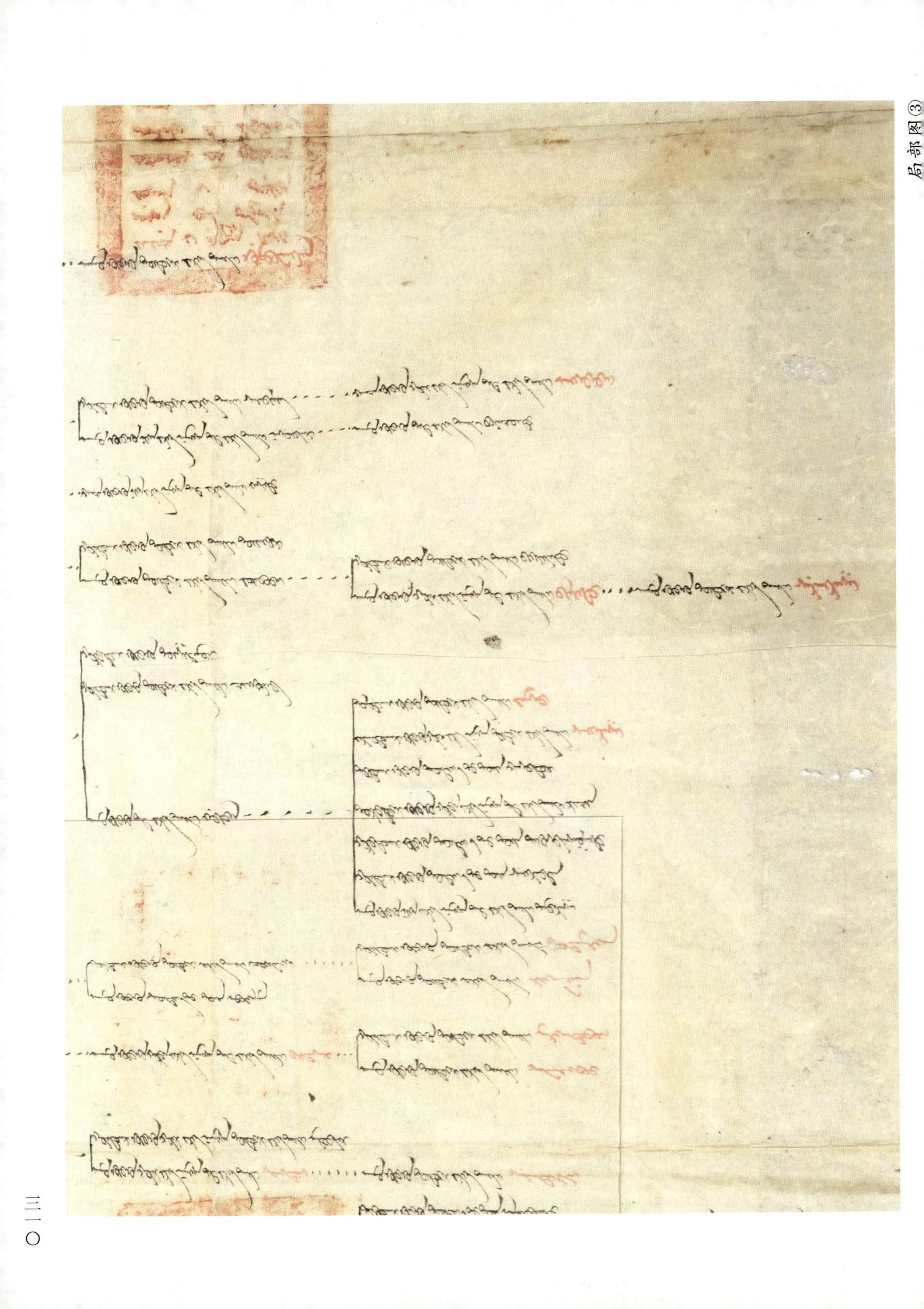

局部图③

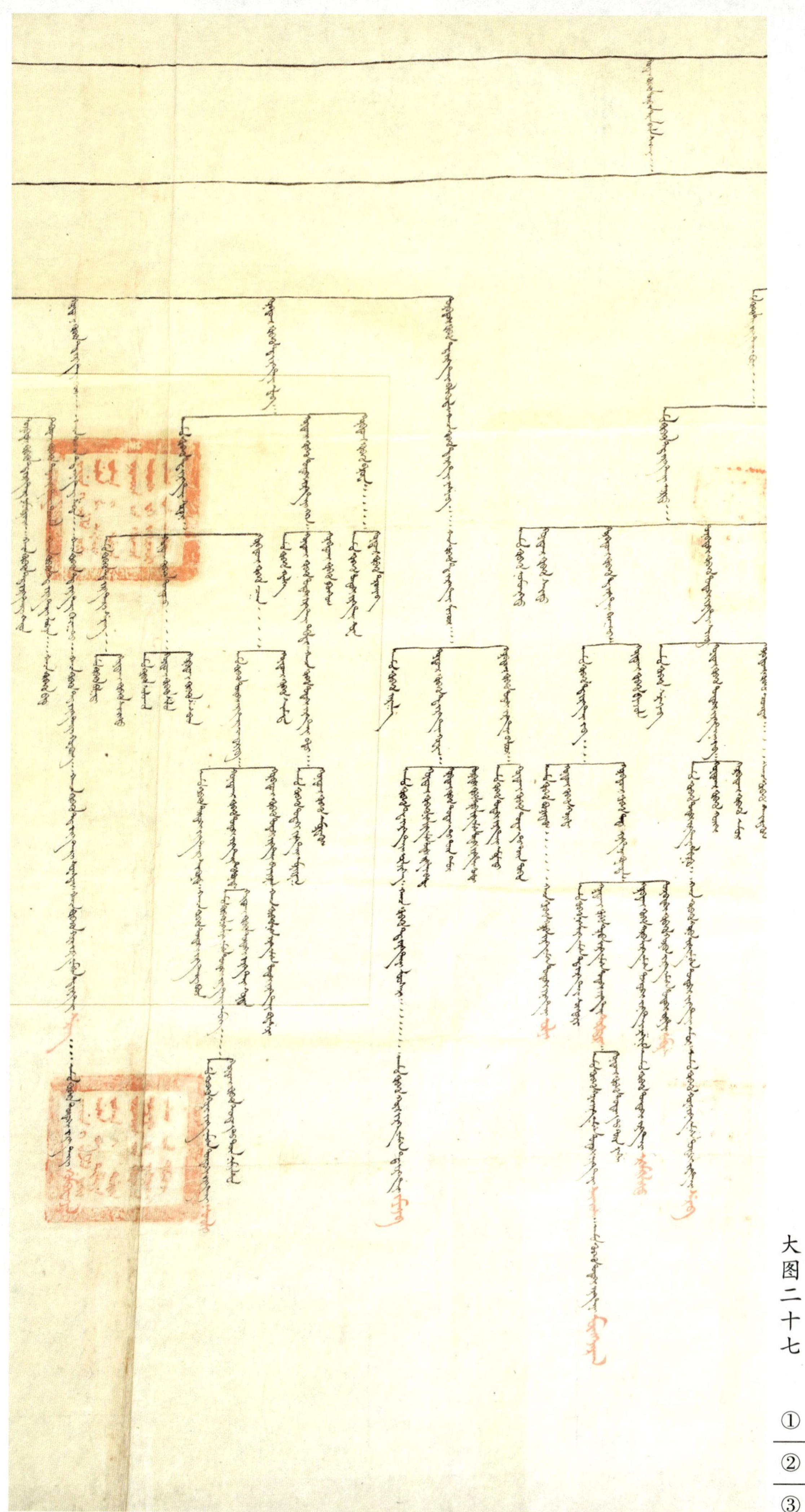

大图二十七　①—②—③

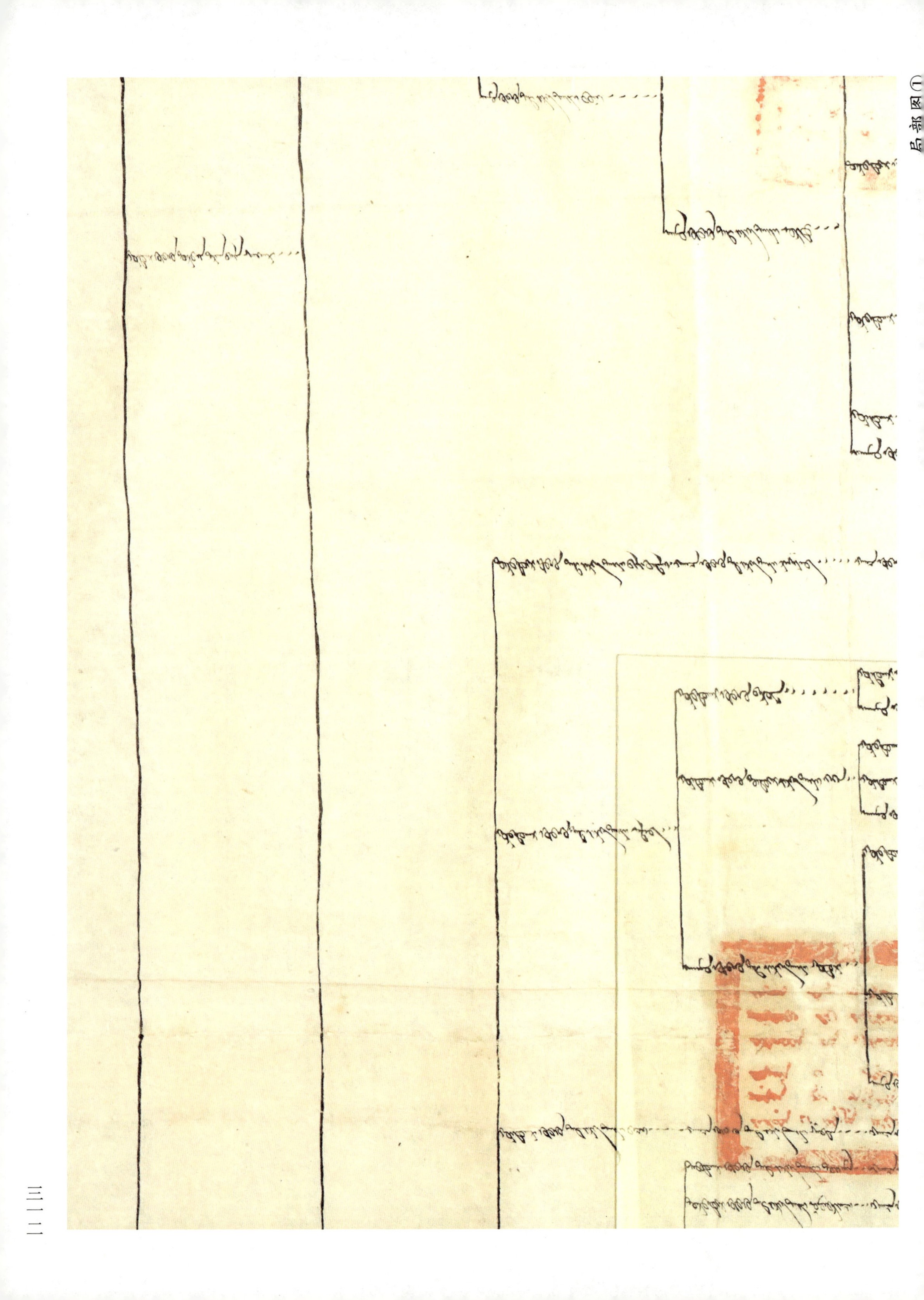

局部图①

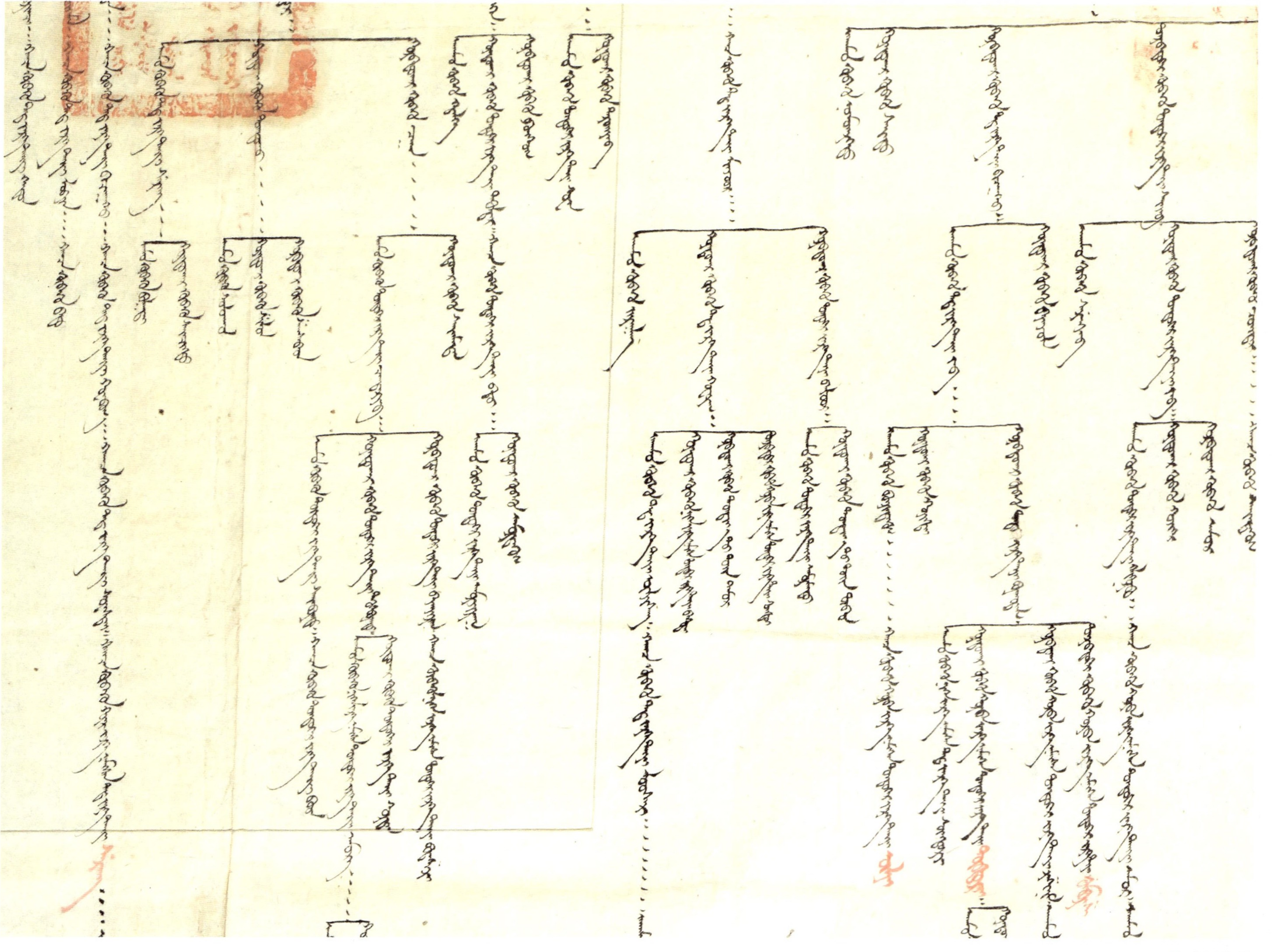

局部图②

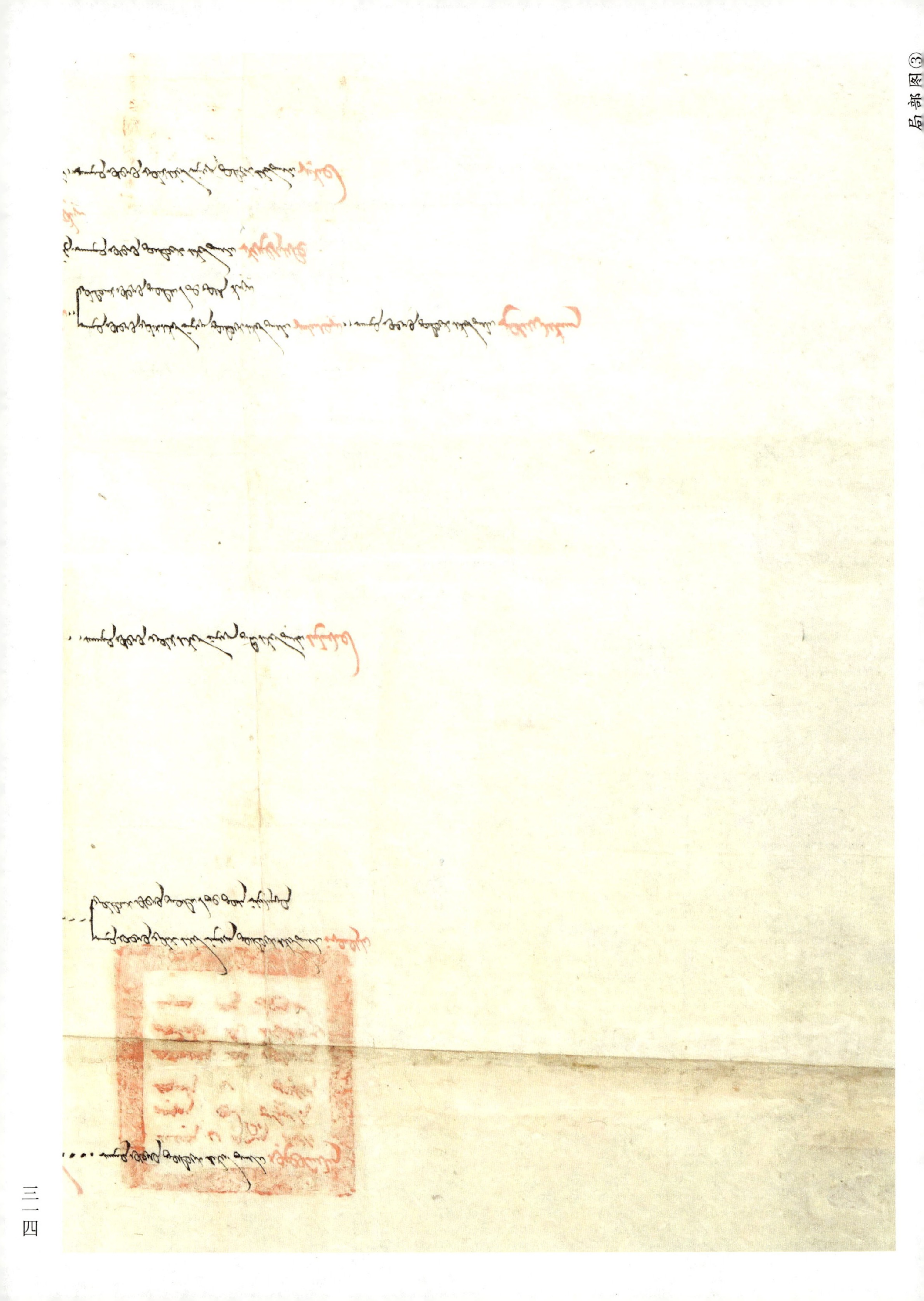

局部图③

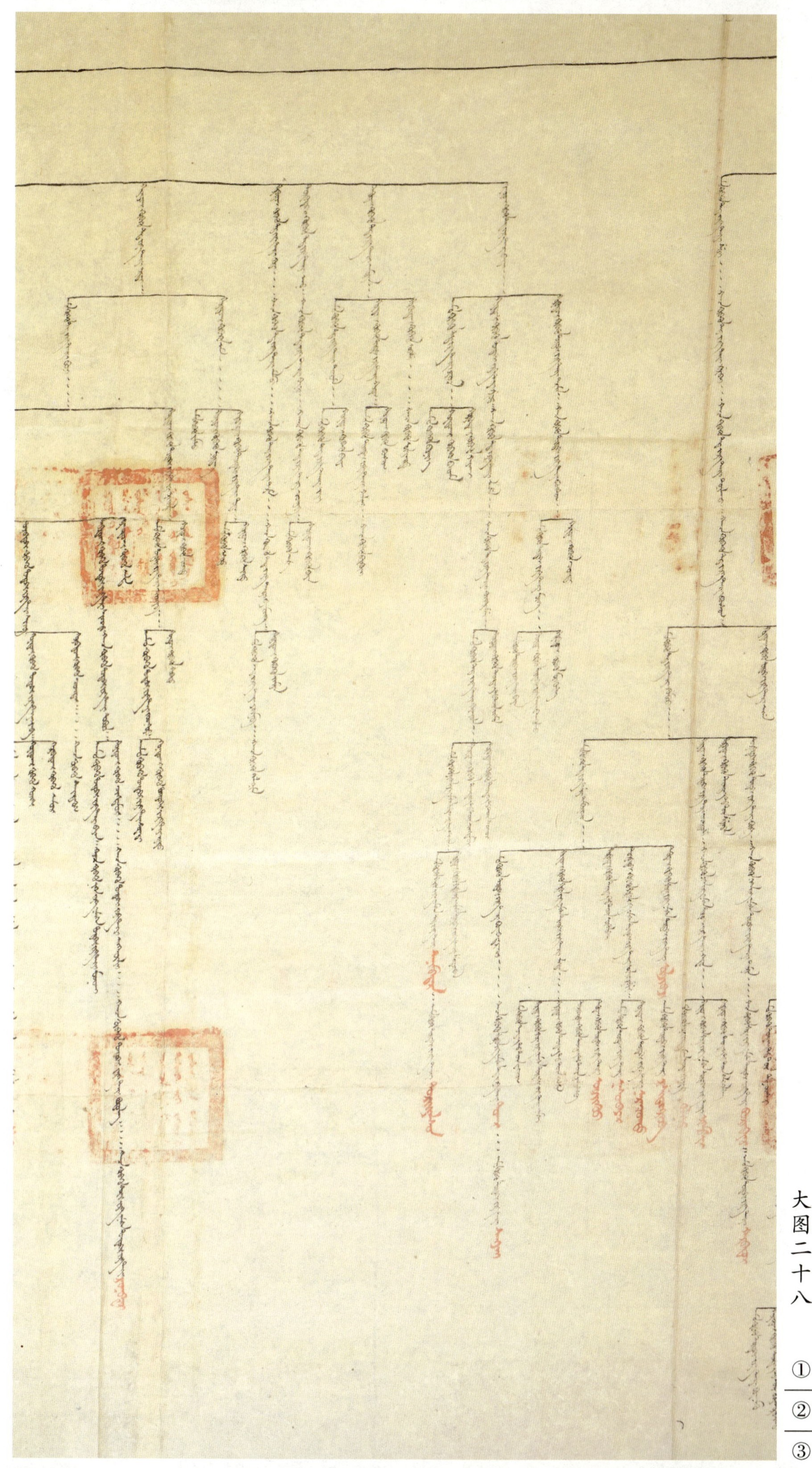

大图二十八 ①
②
③

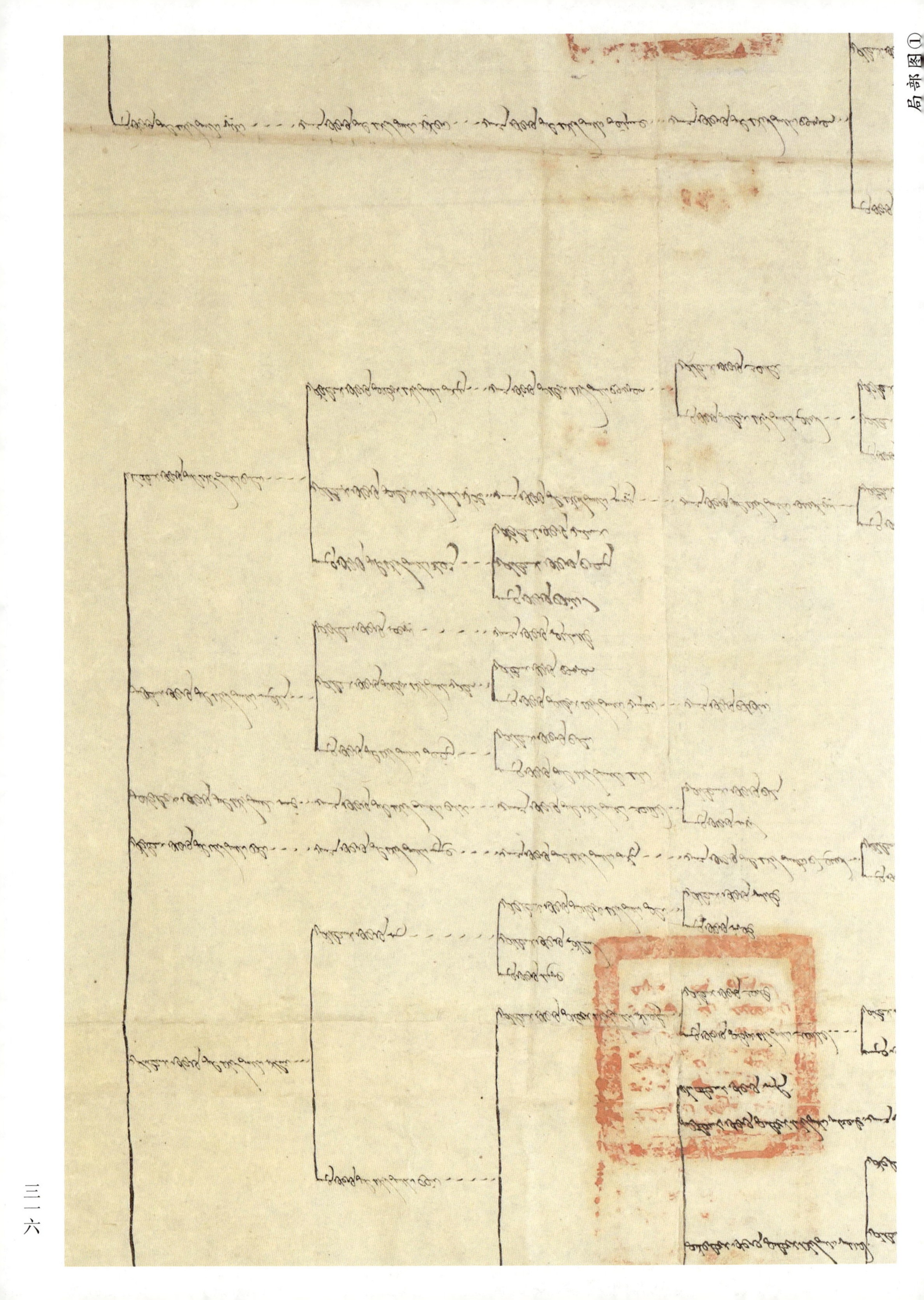

局部图①

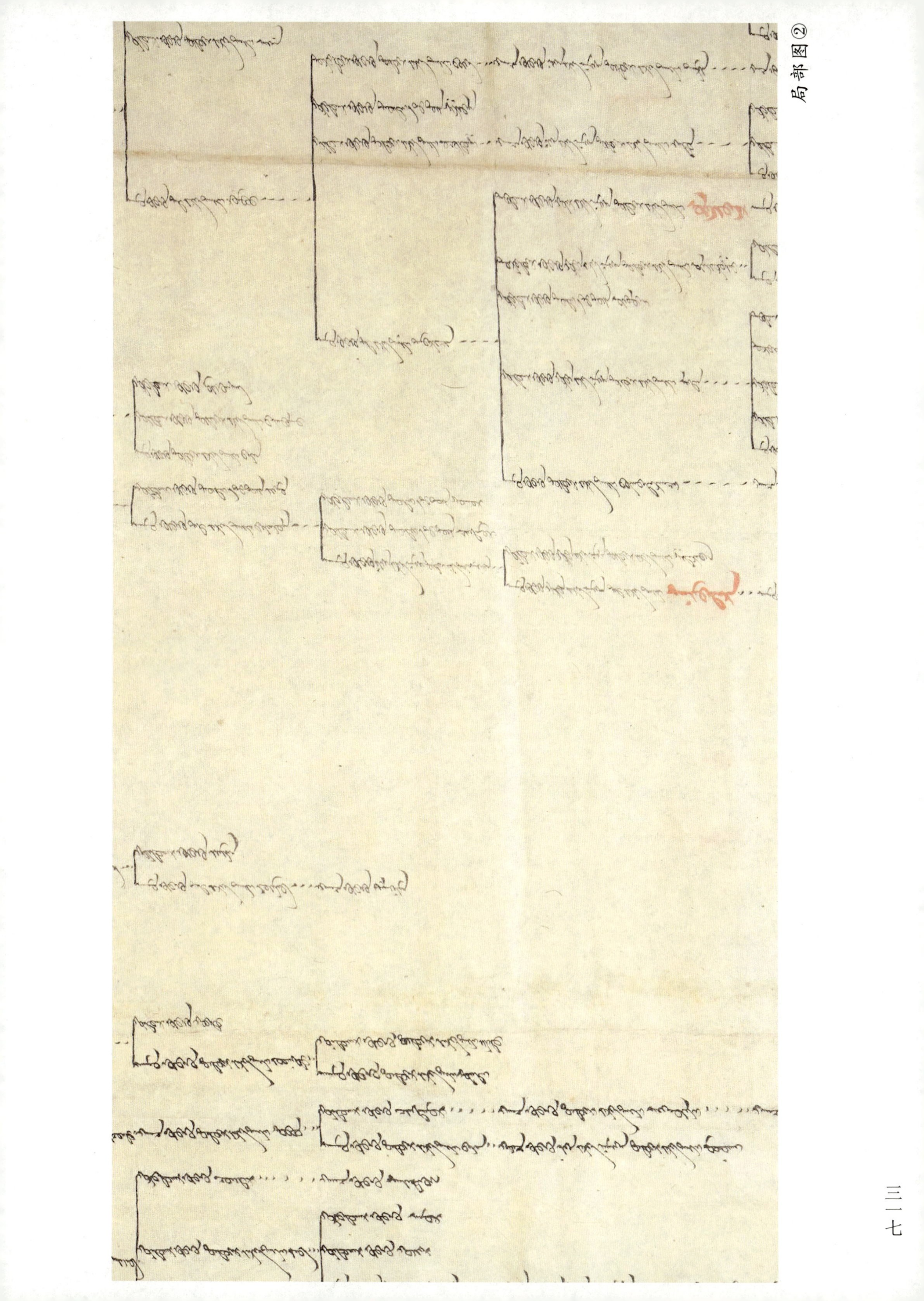

局部图②

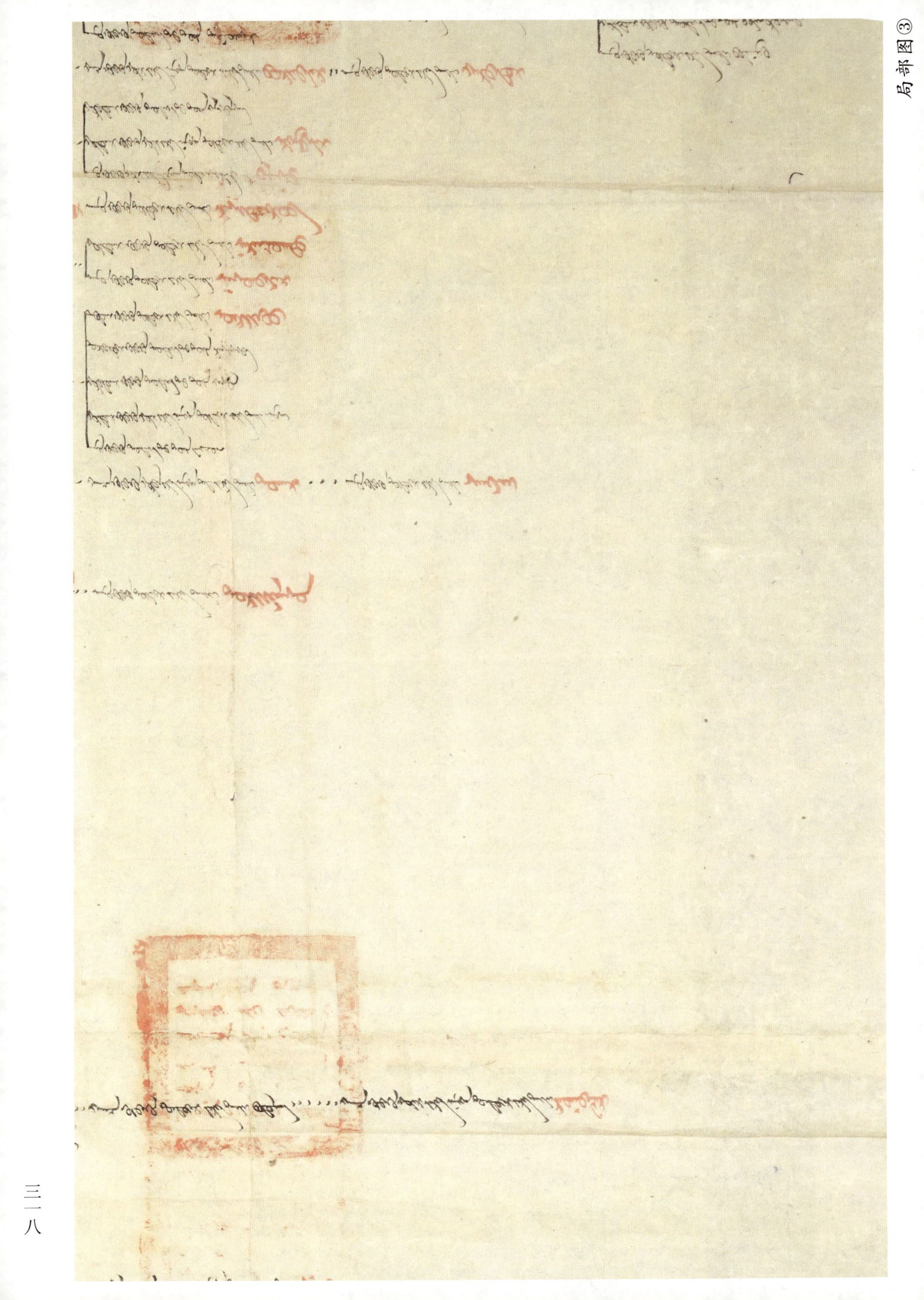

局部图③

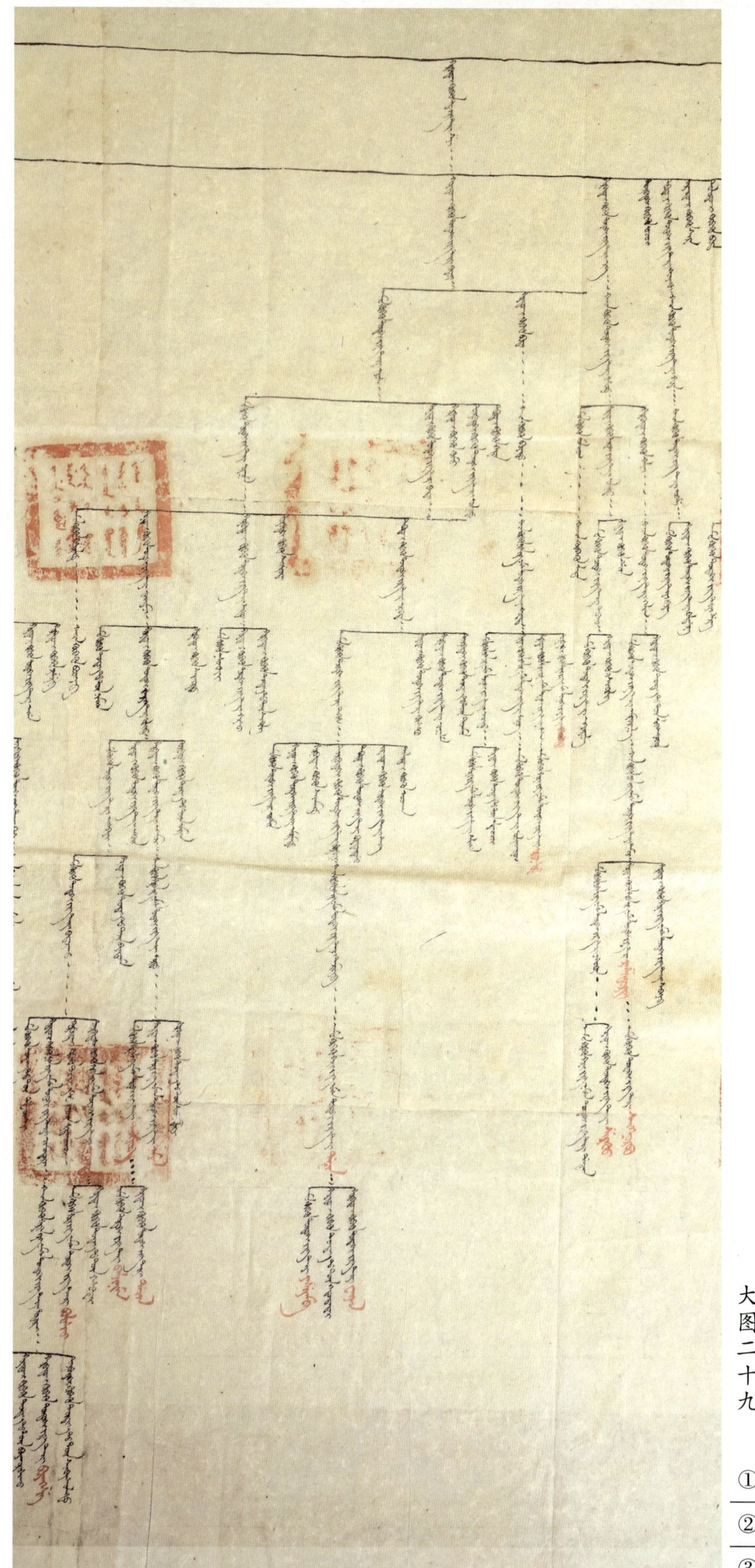

大图二十九 ①—②—③

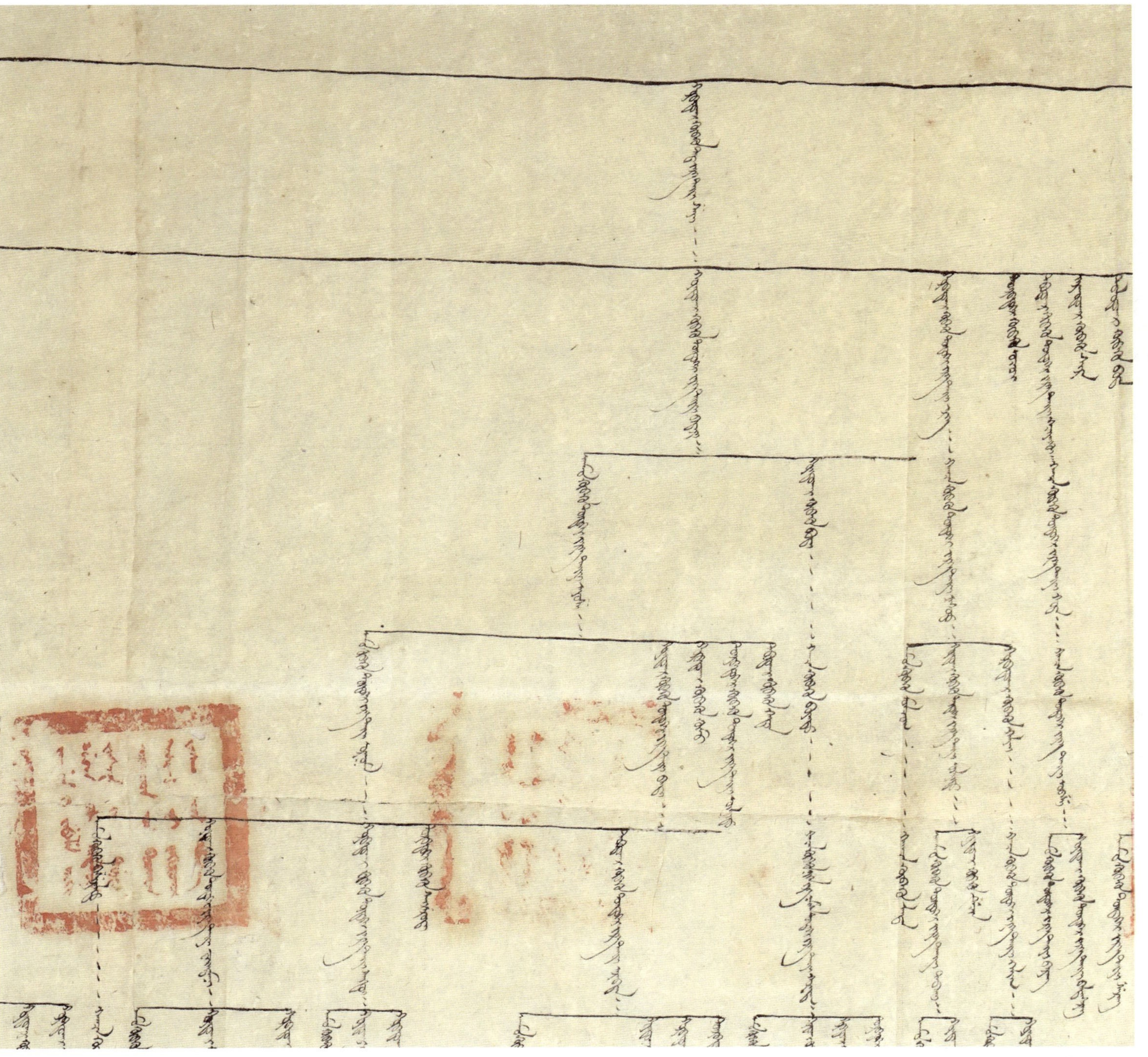

局部图①

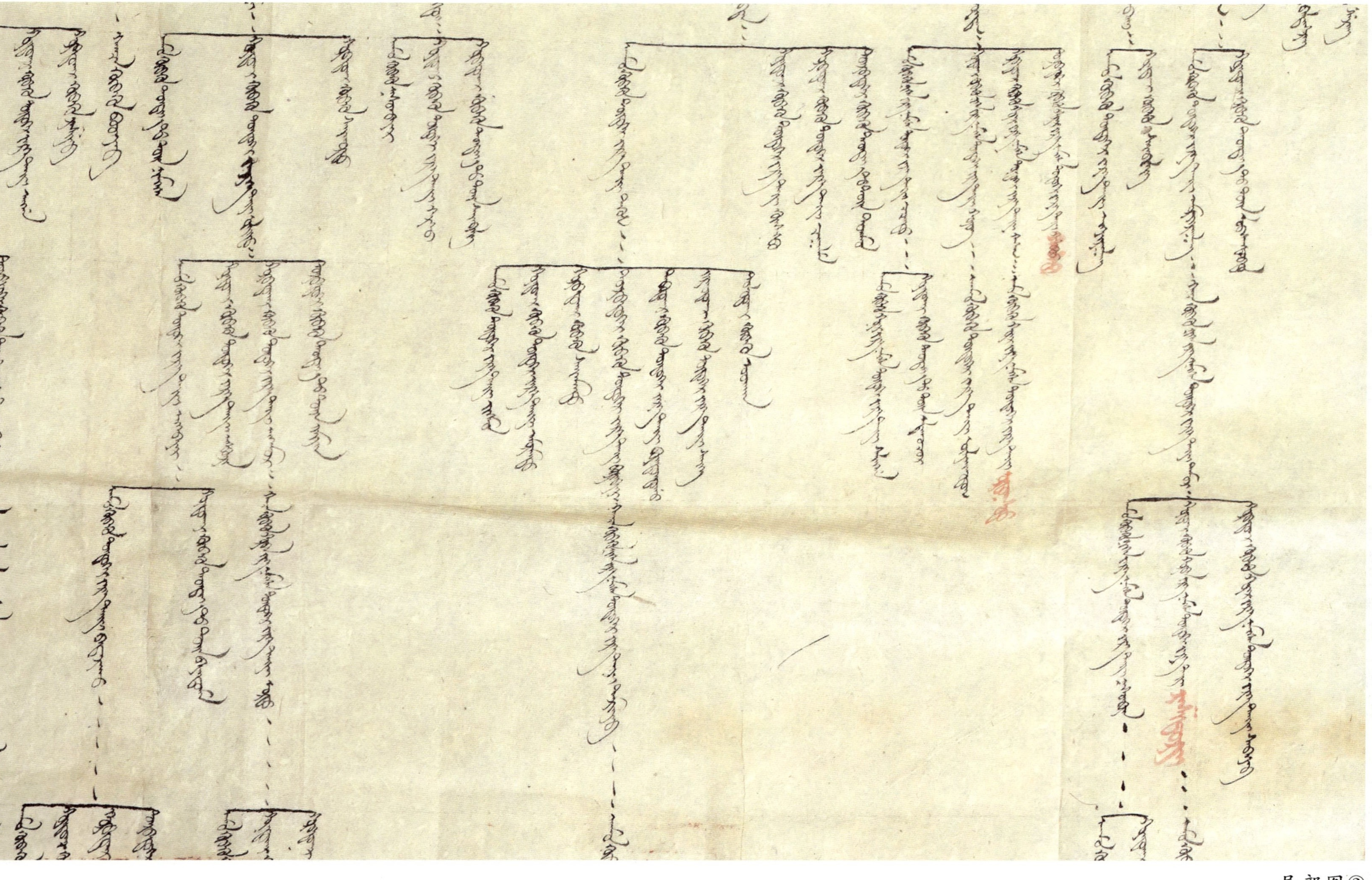

局部图②

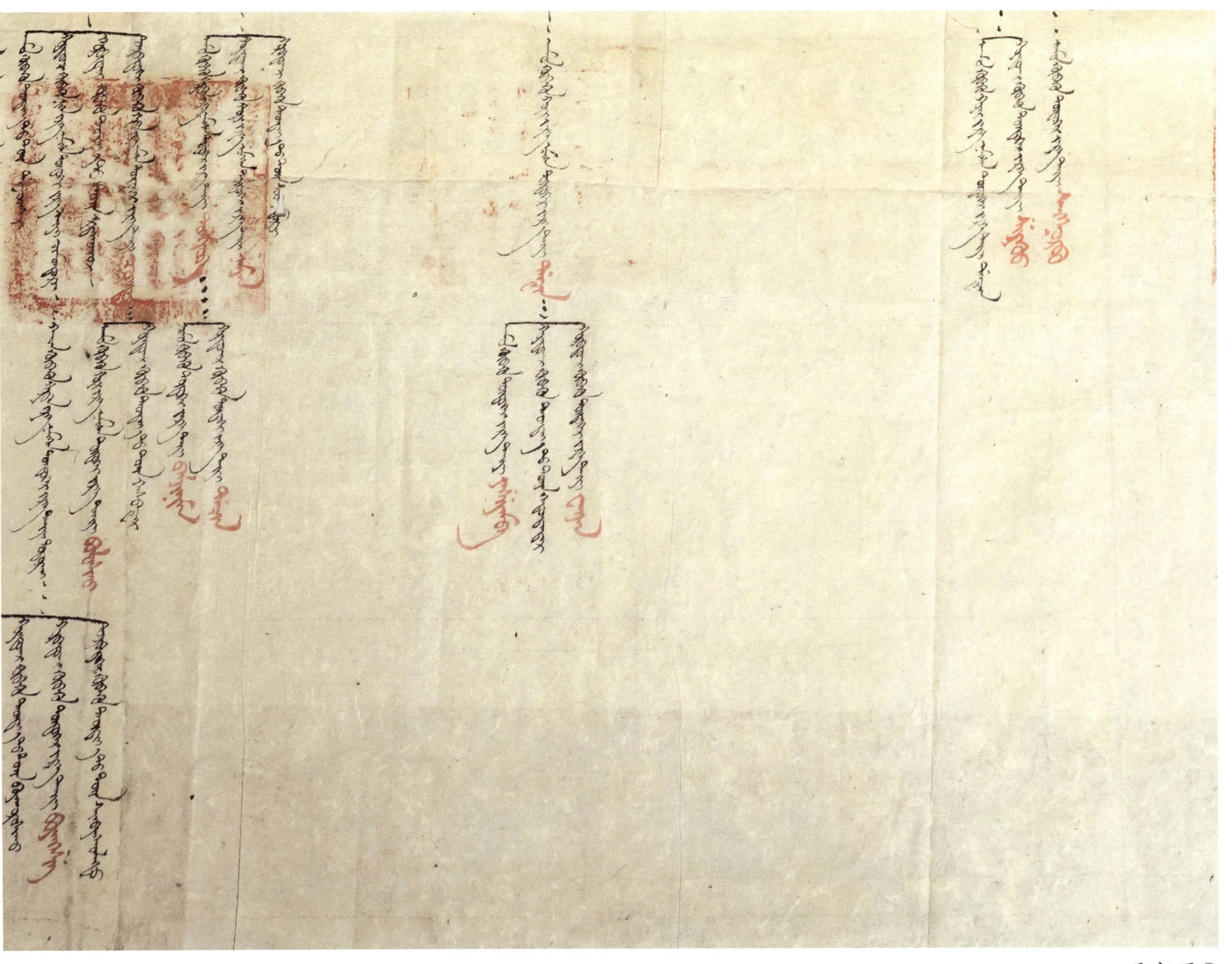

局部图③

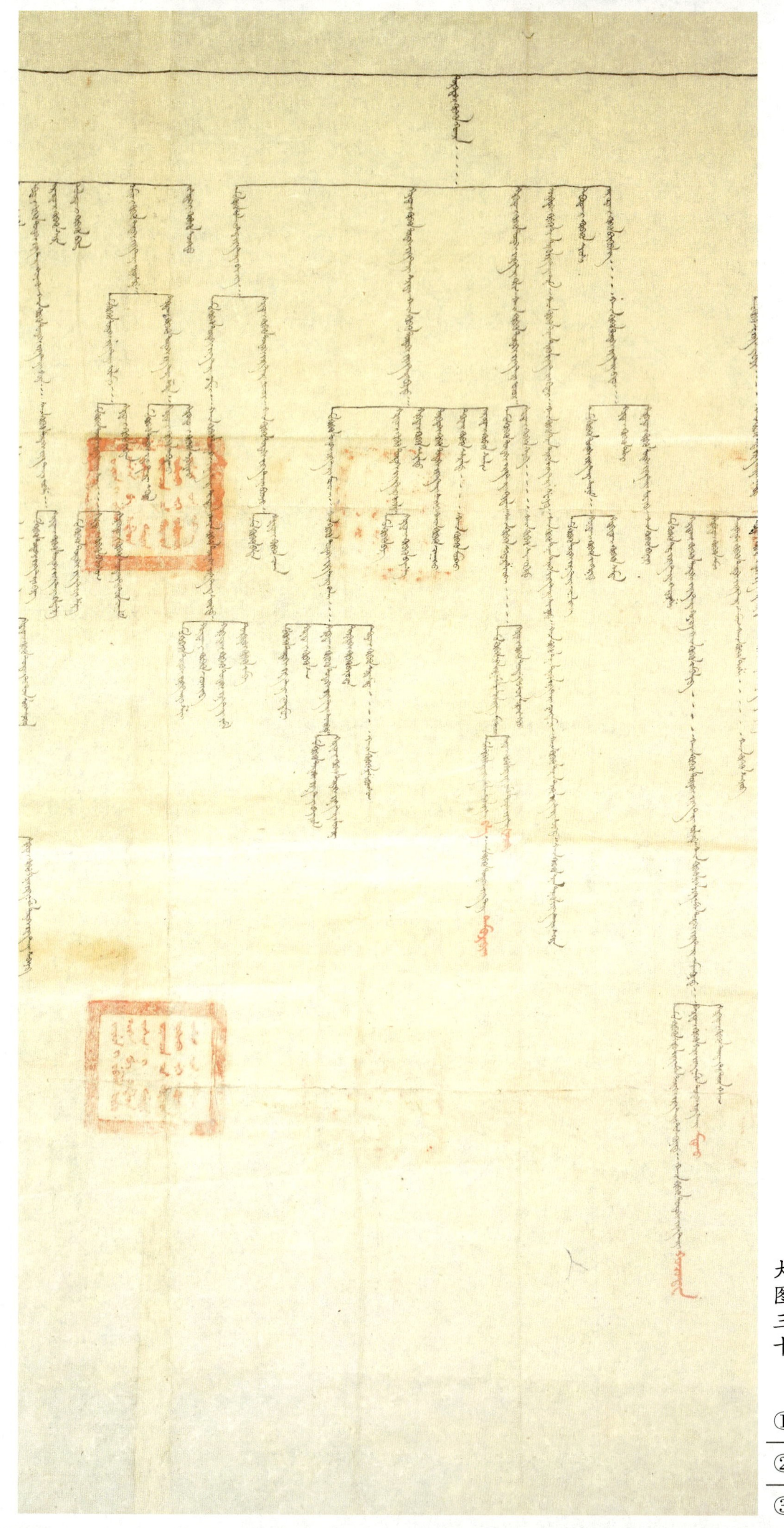

大图三十 ①—②—③

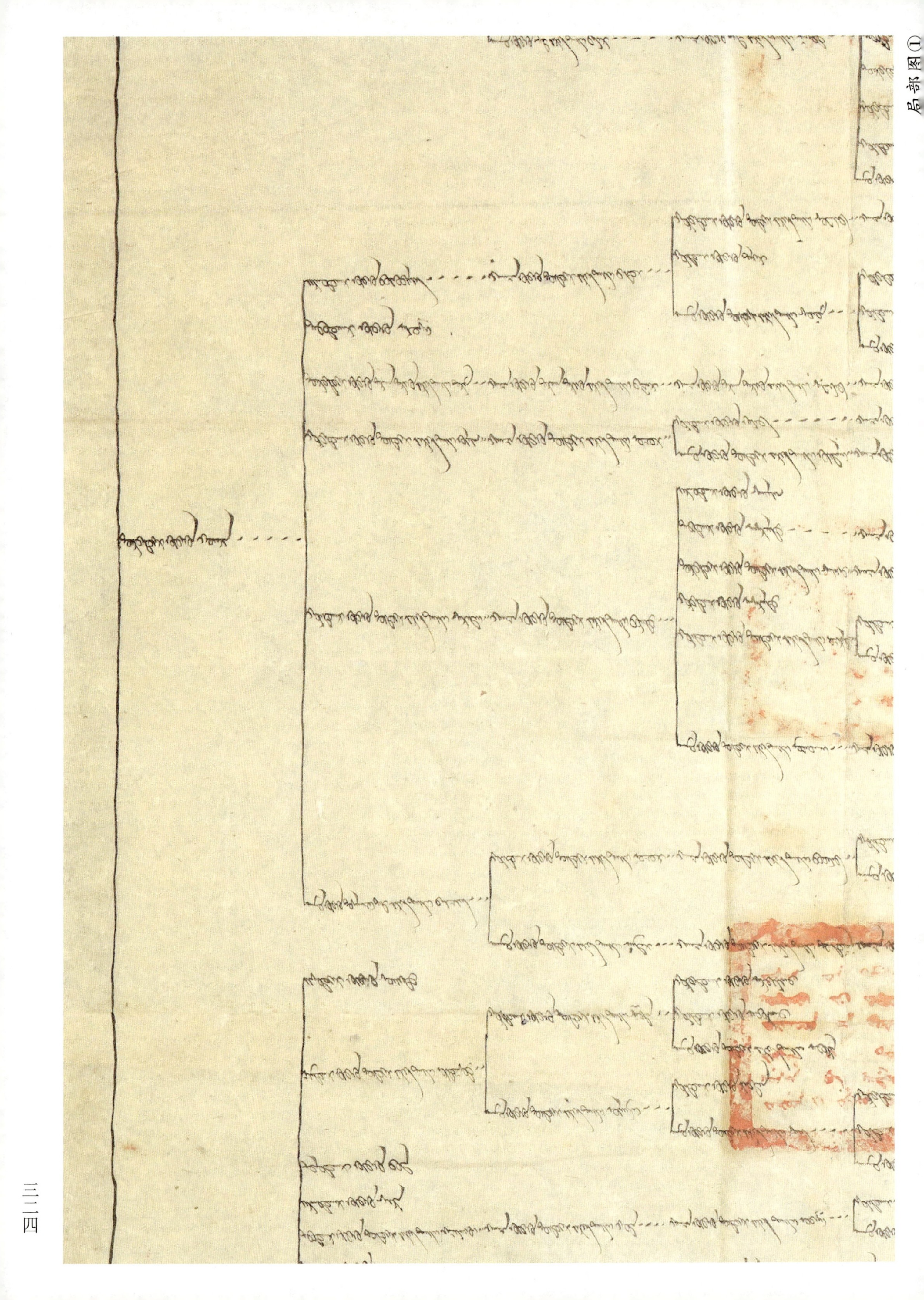

局部图①

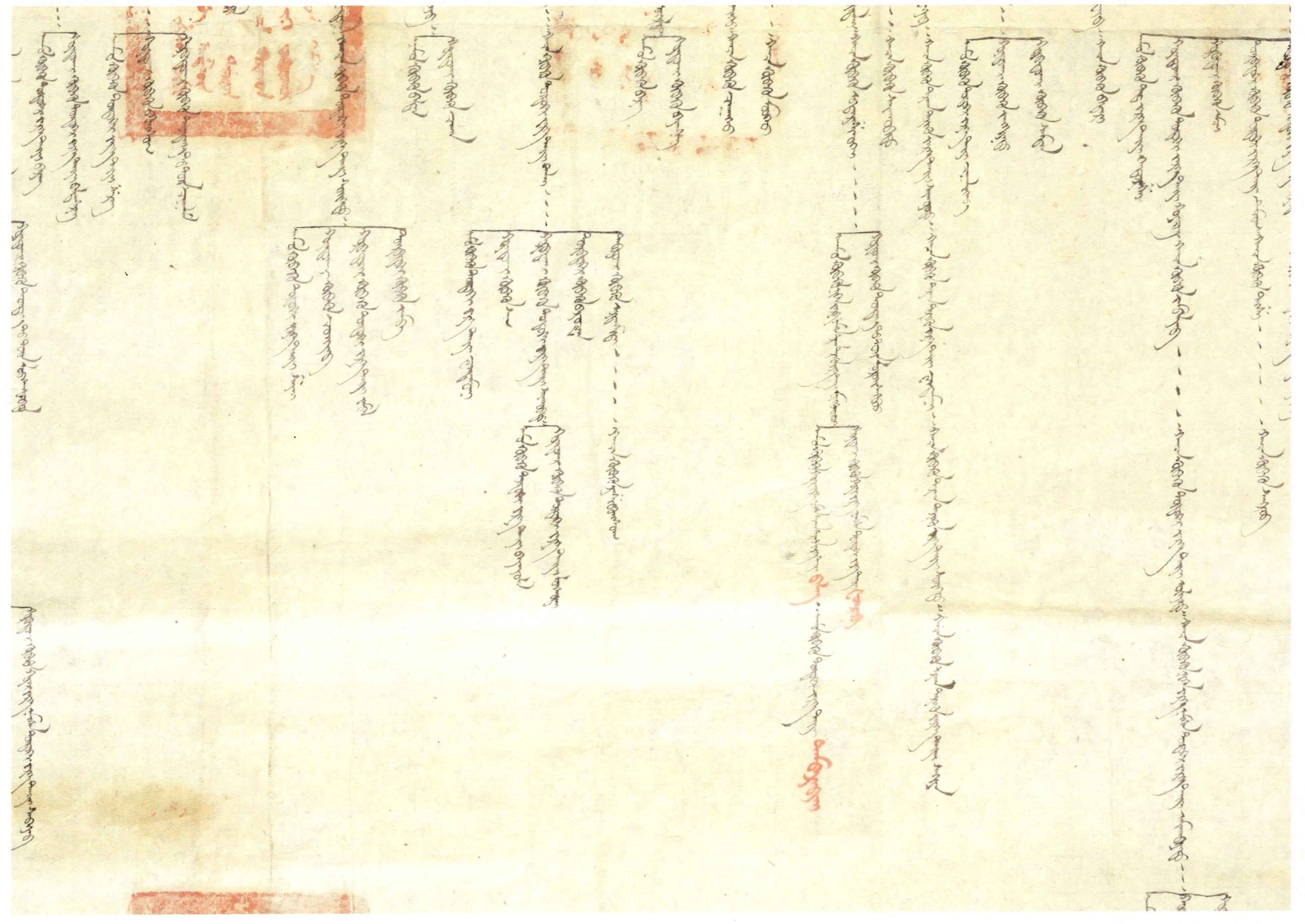

局部图②

局部图③

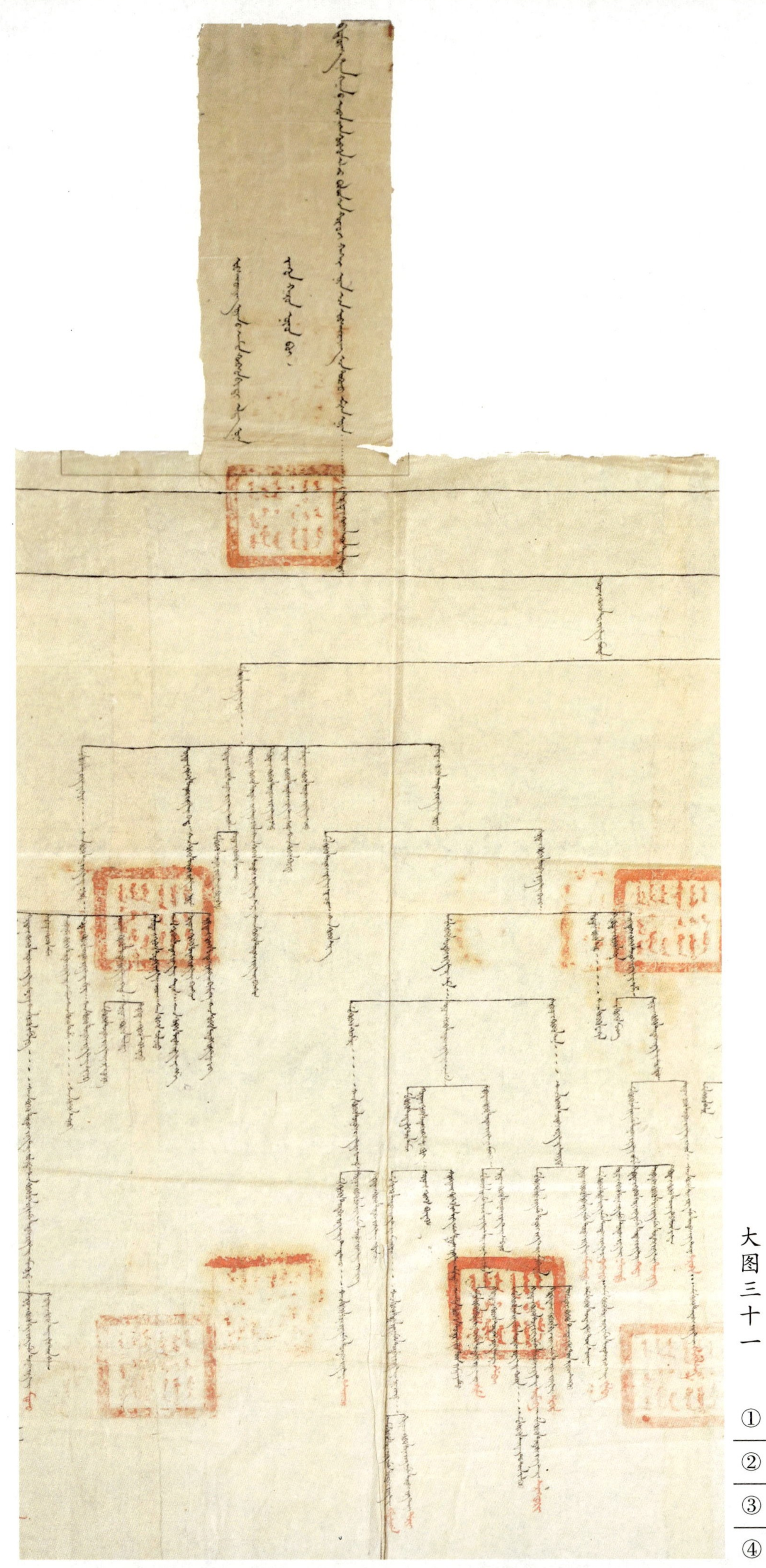

大图三十一 ①—②—③—④

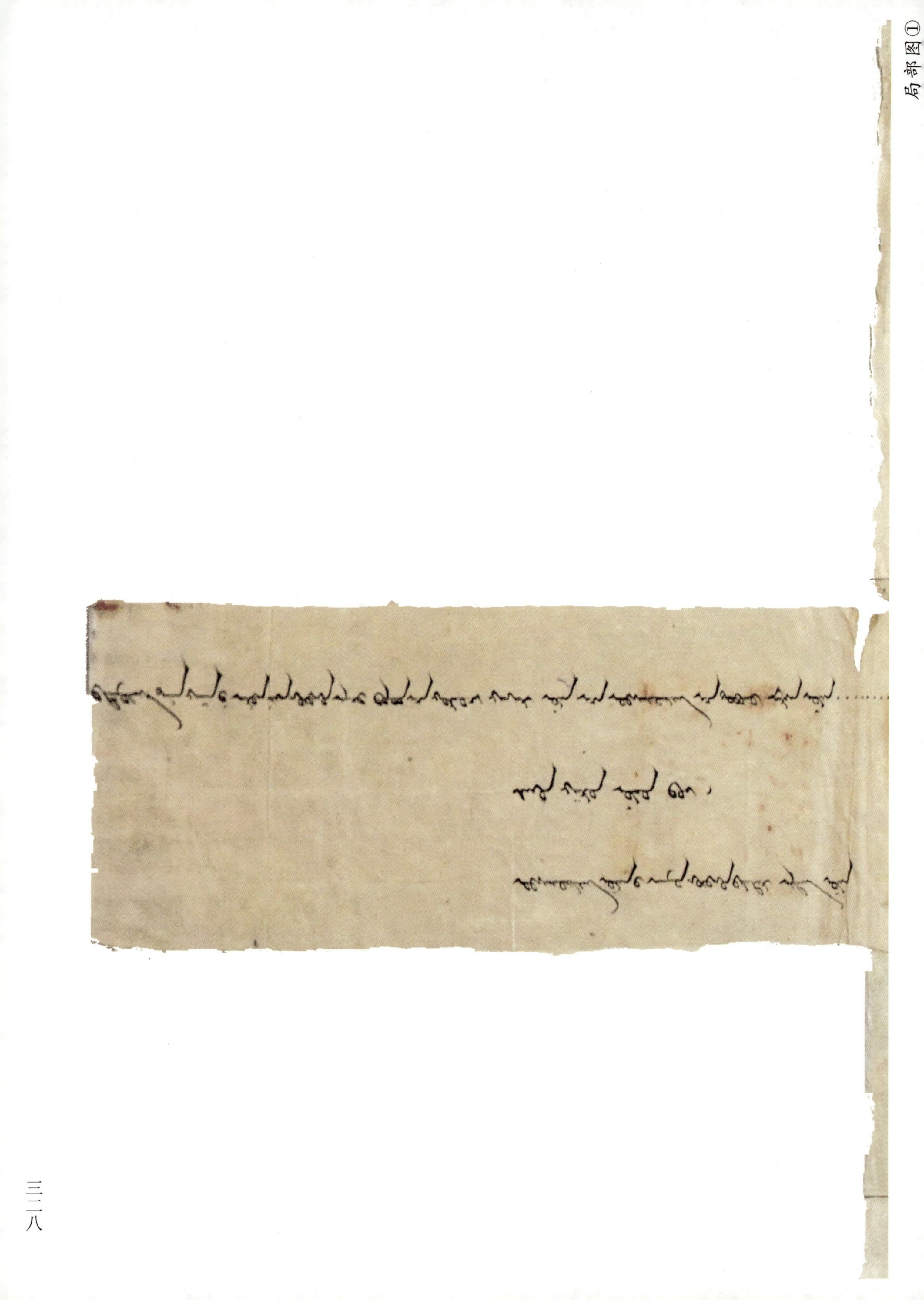

局部图①

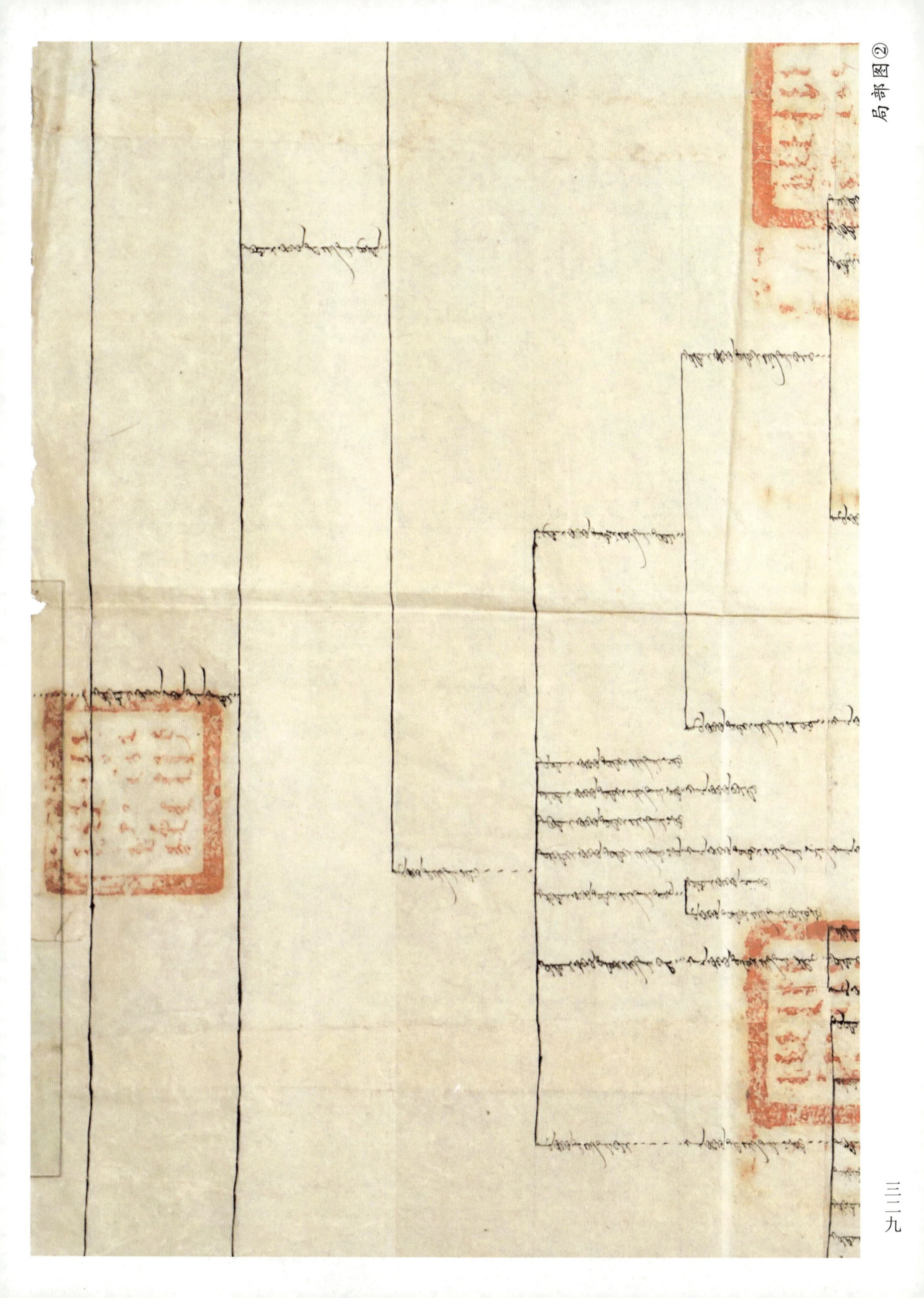

局部图②

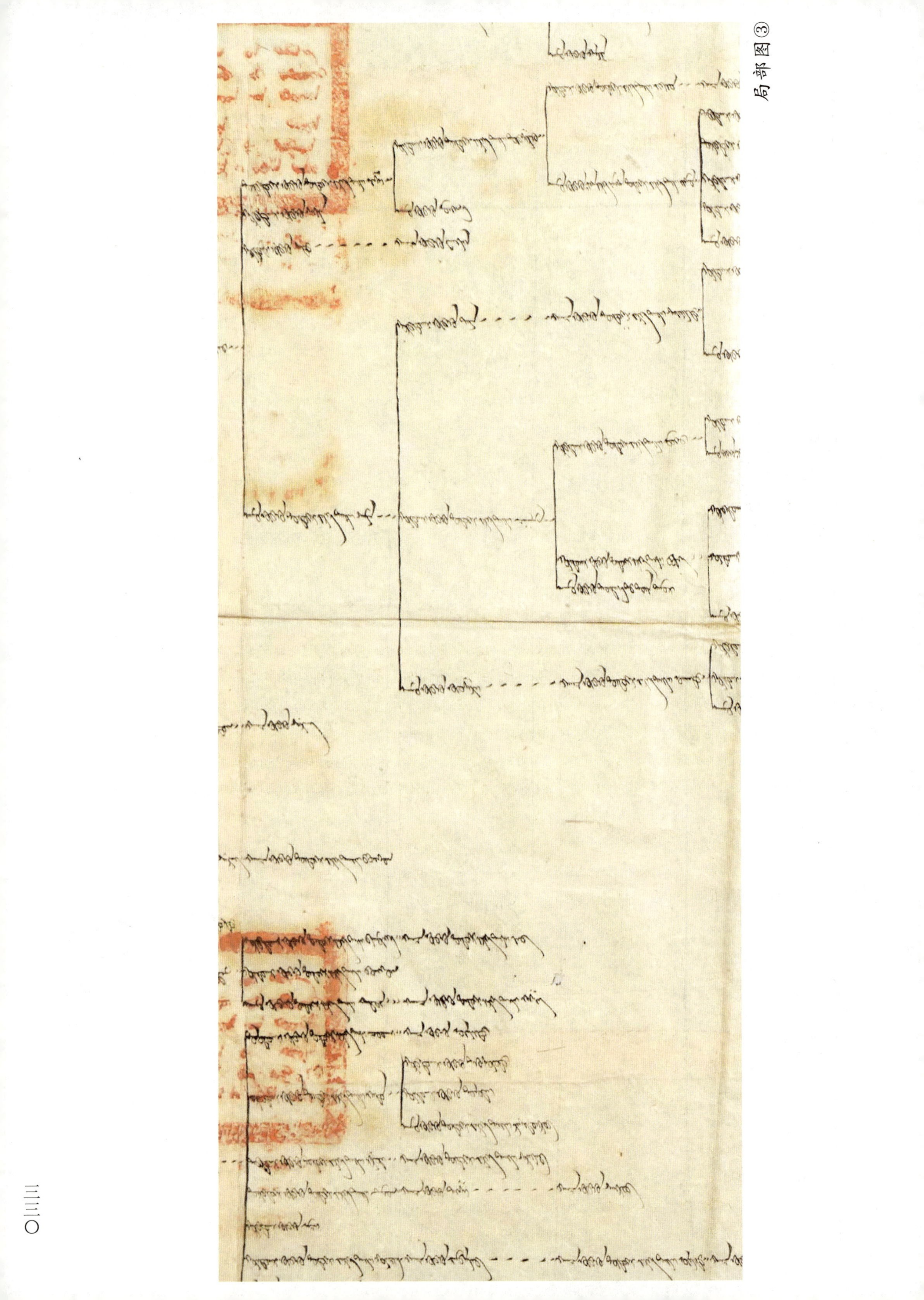

局部图③

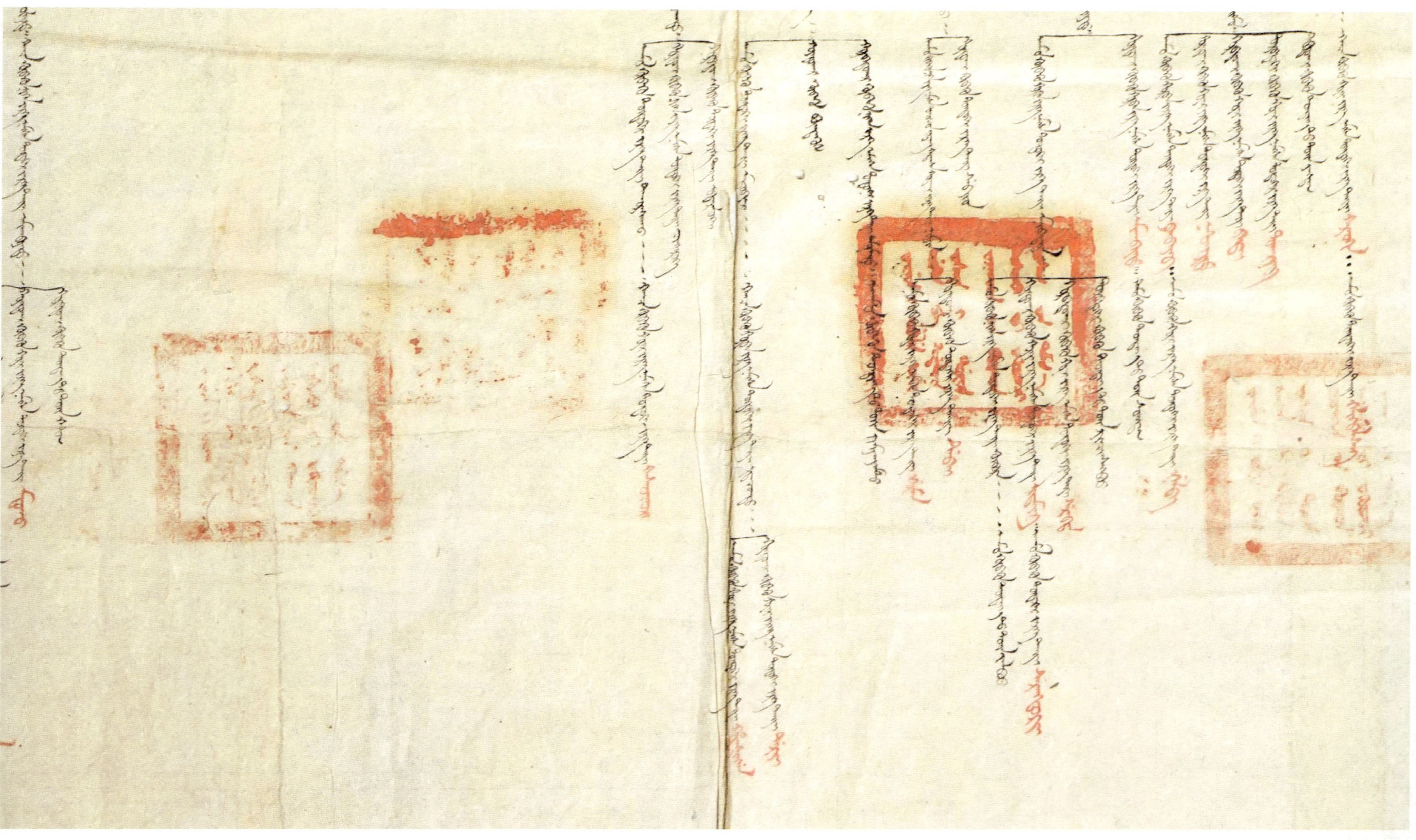

局部图④

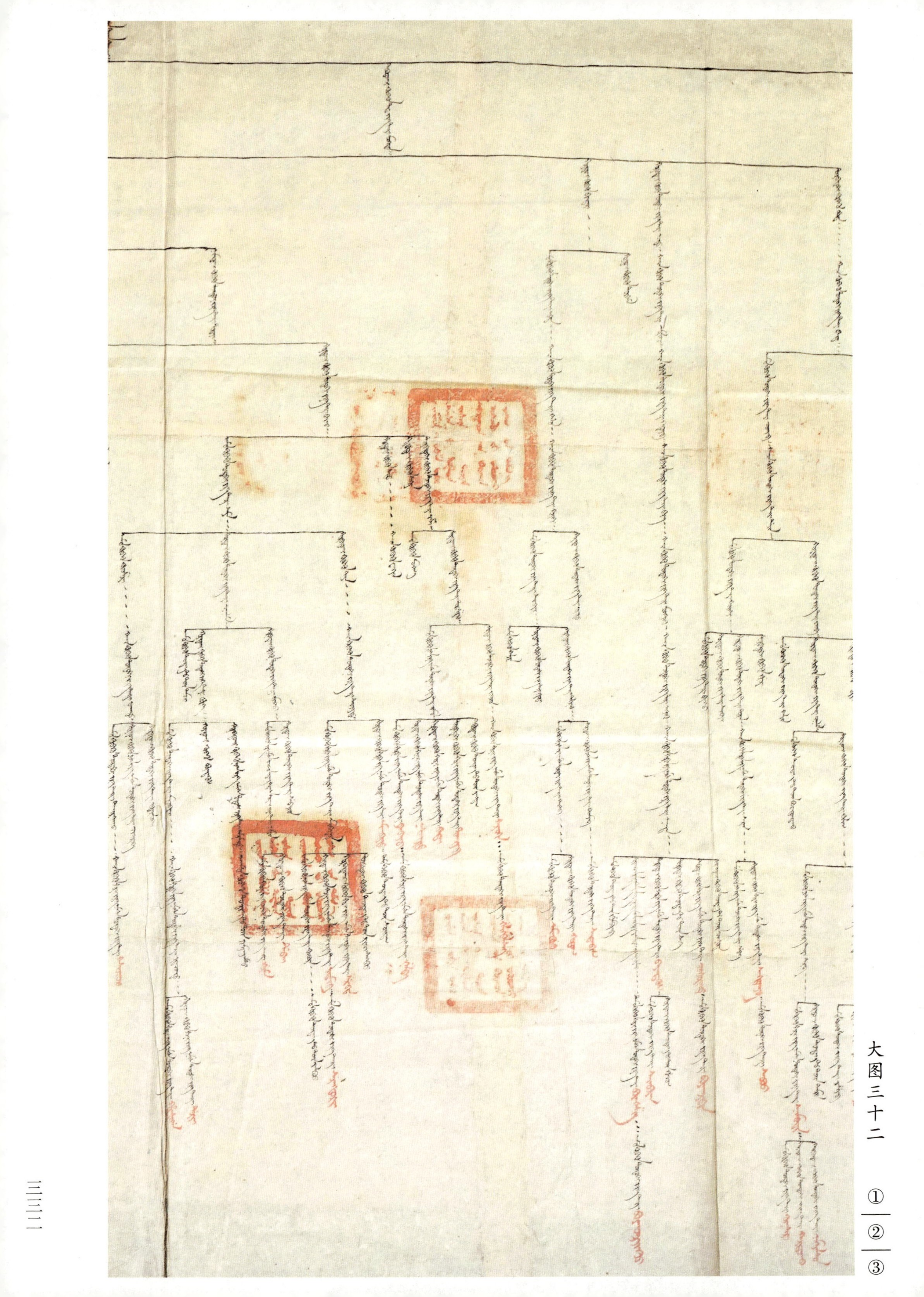

大图三十二

①—②—③

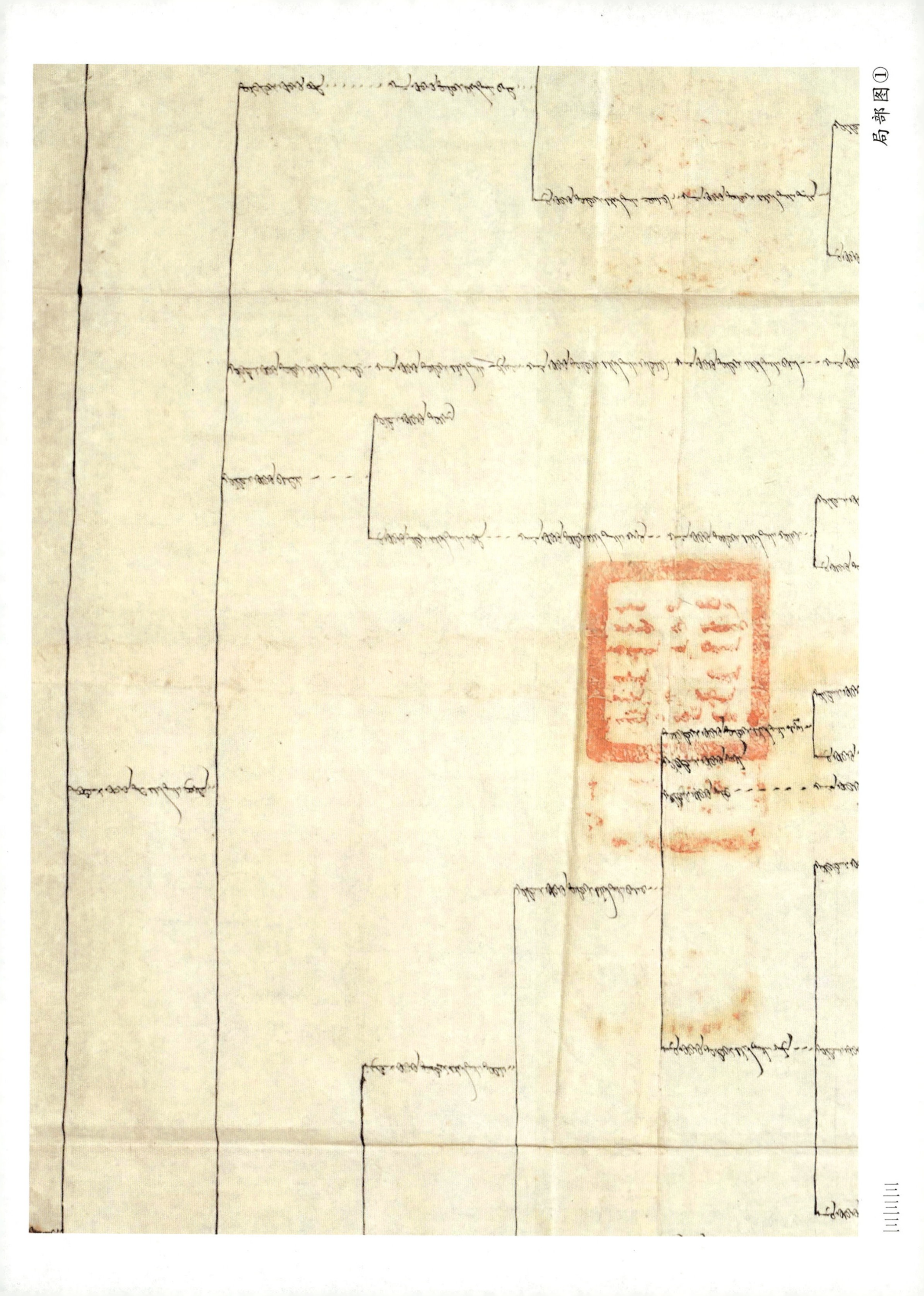

局部图①

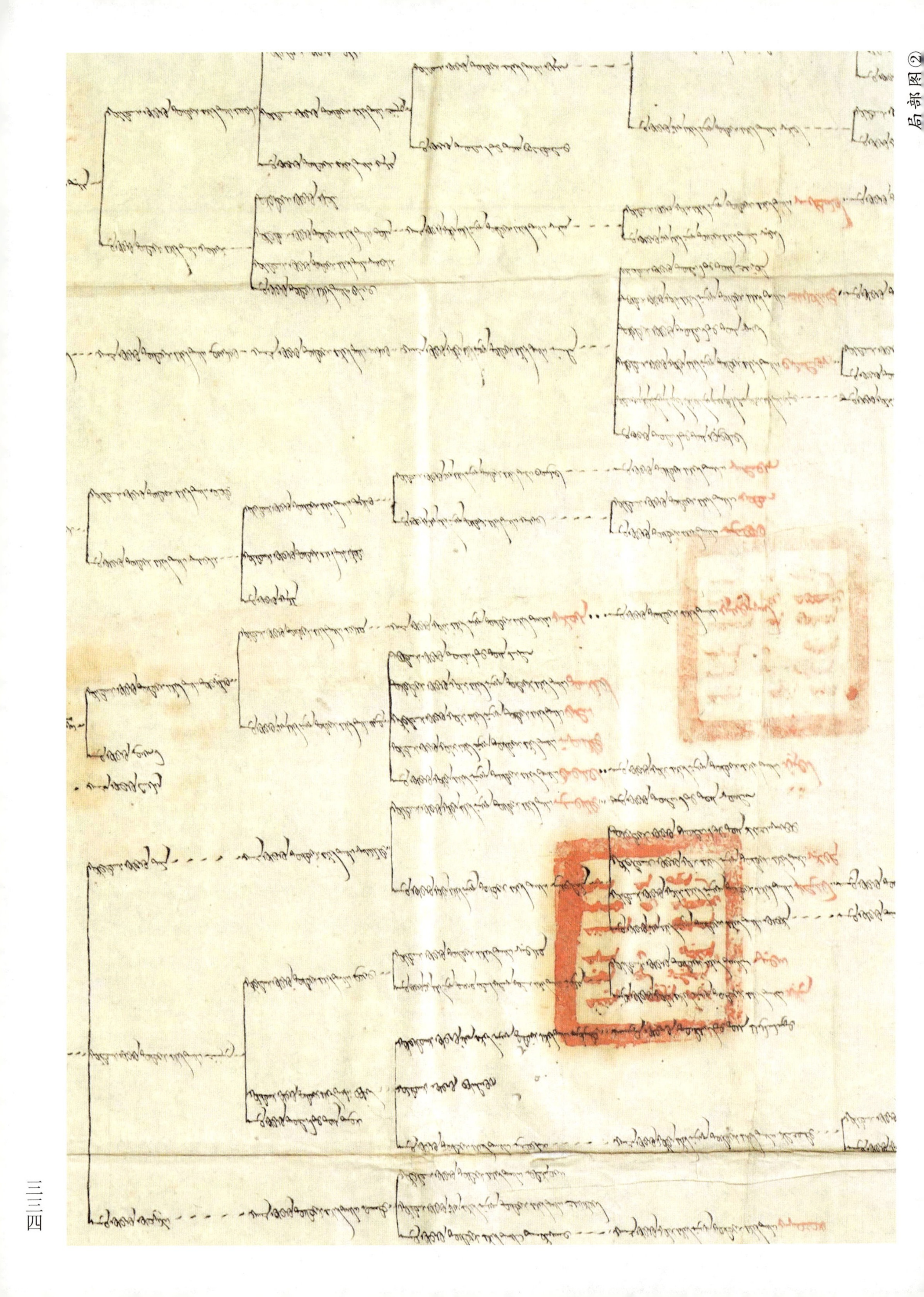

局部图②

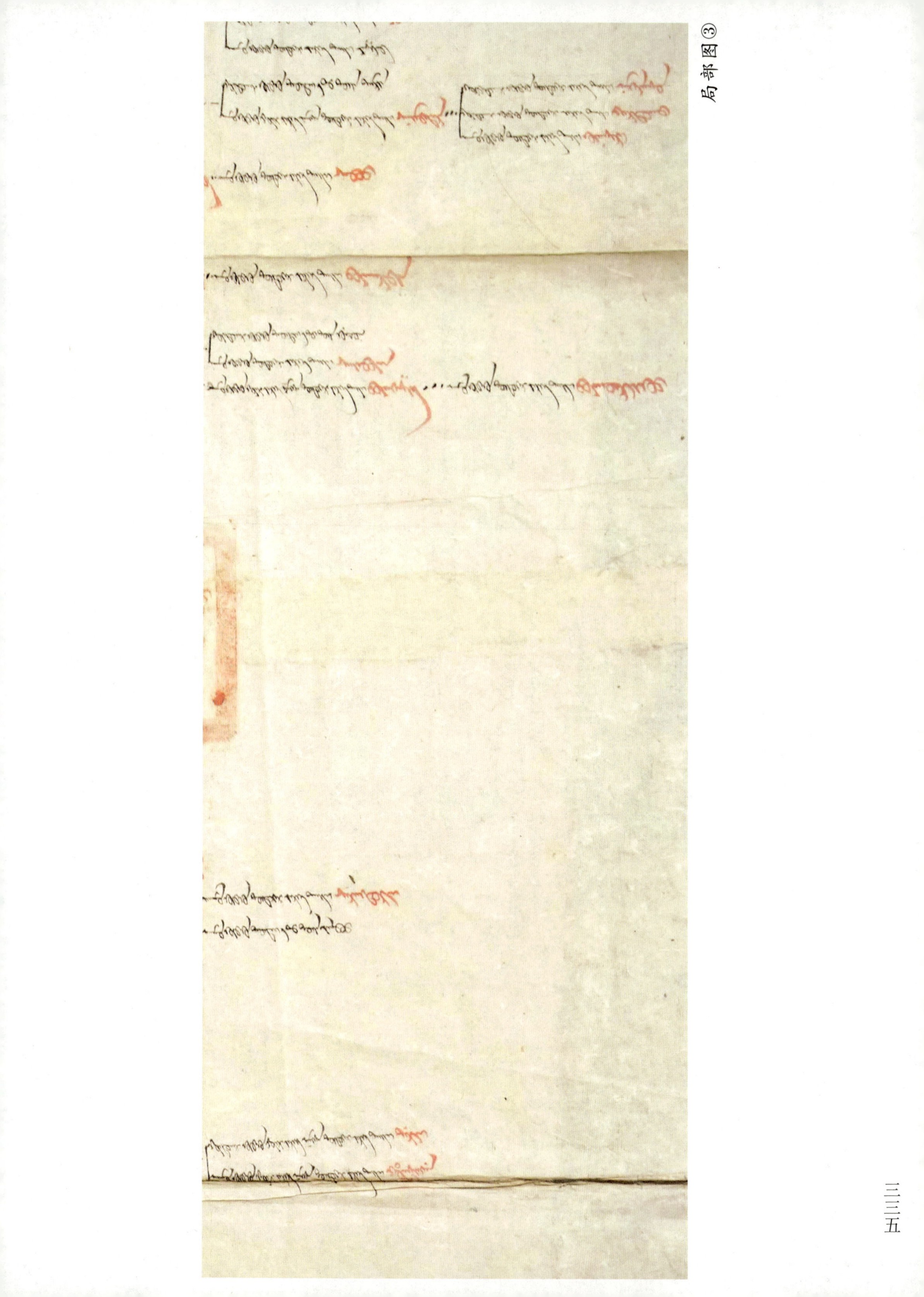

局部图③

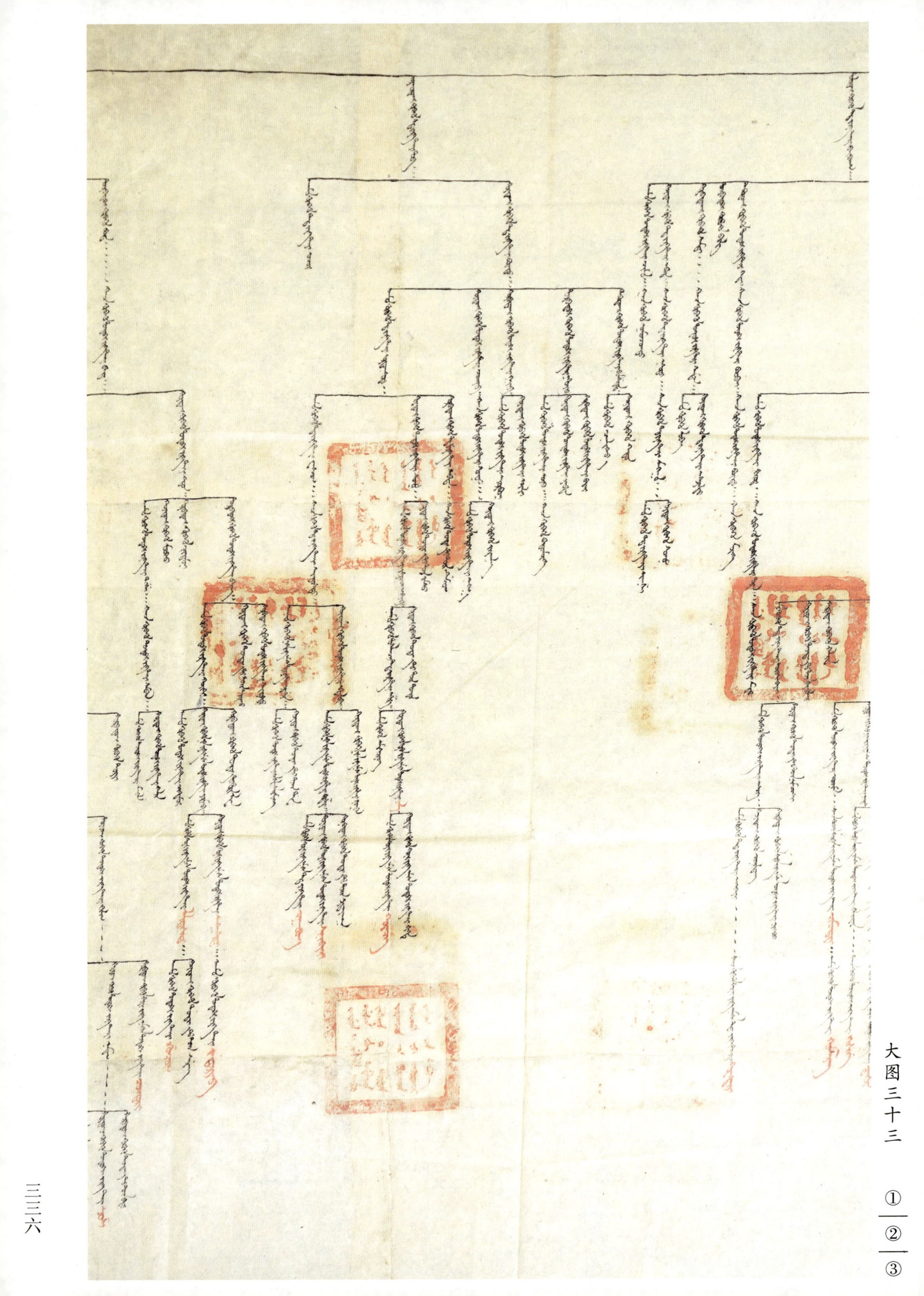

大图三十三

①—②—③

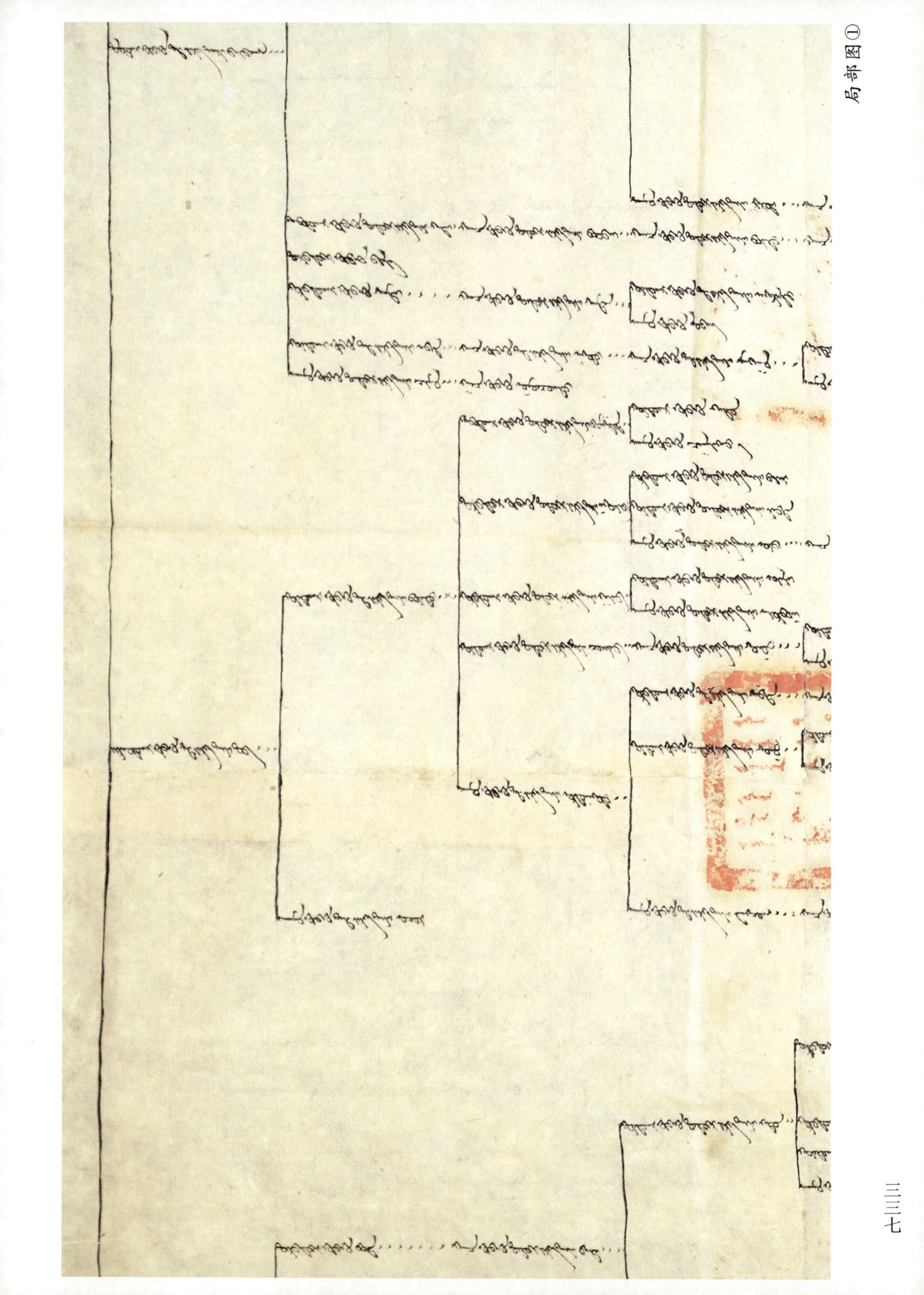

局部图①

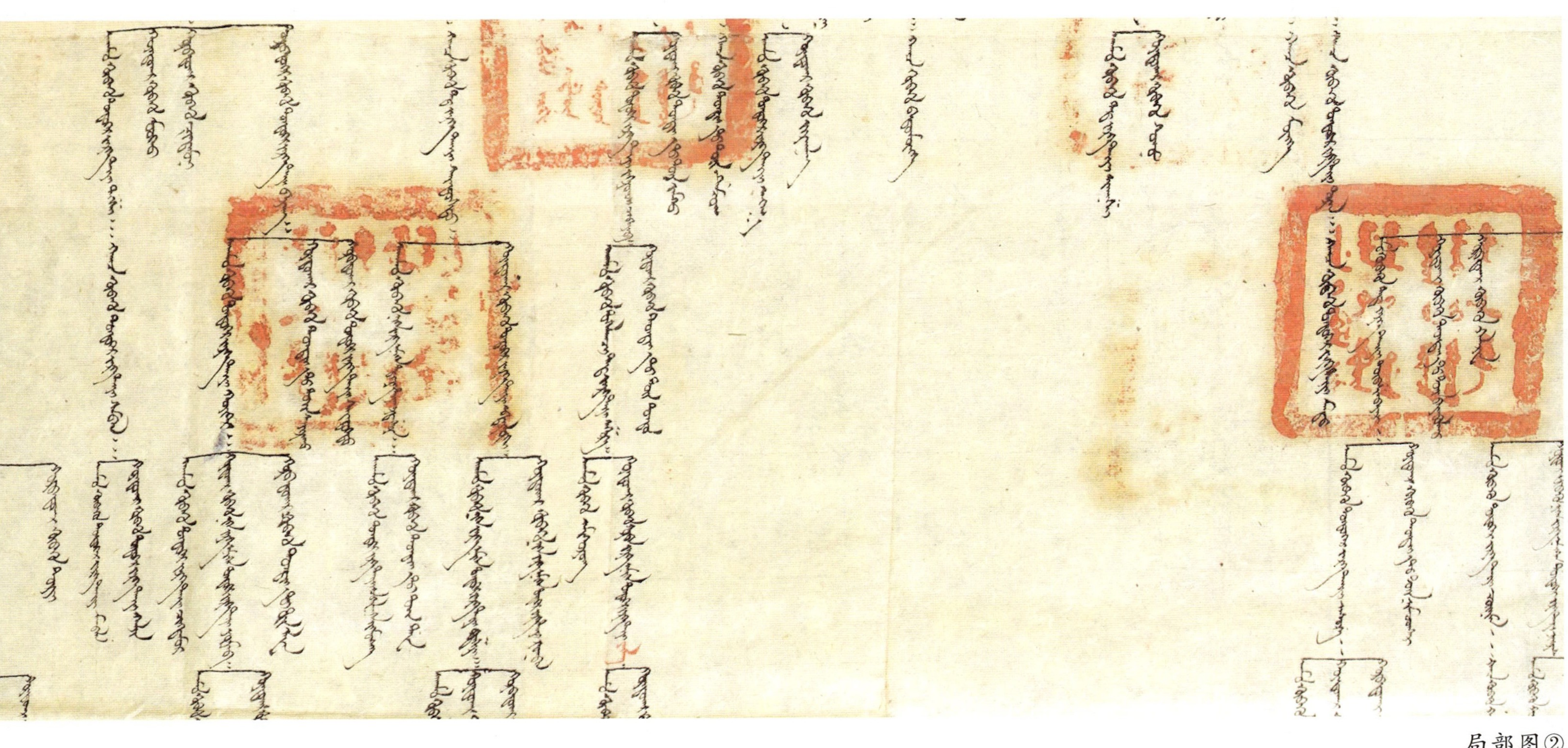

局部图②

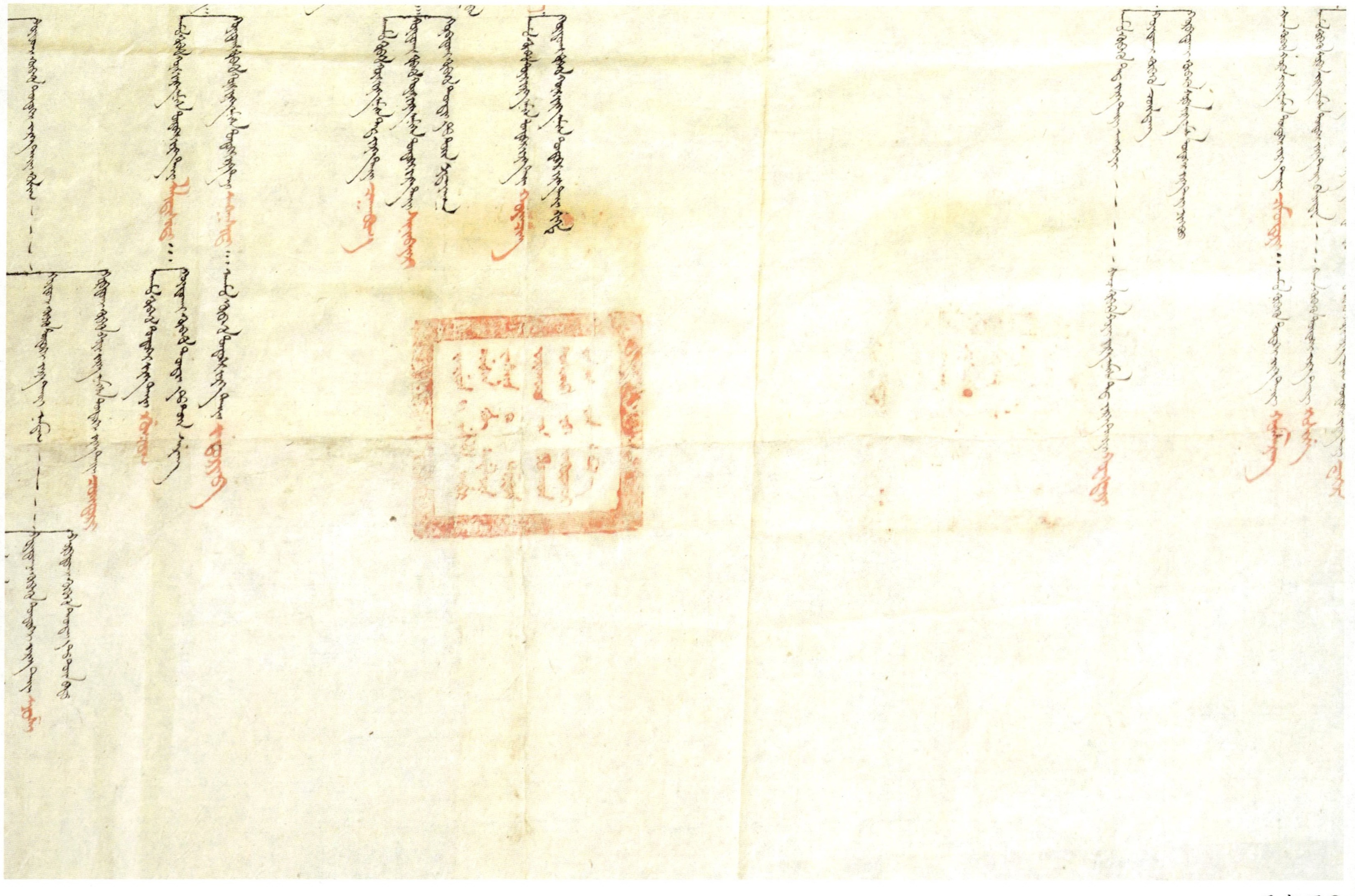

局部图③

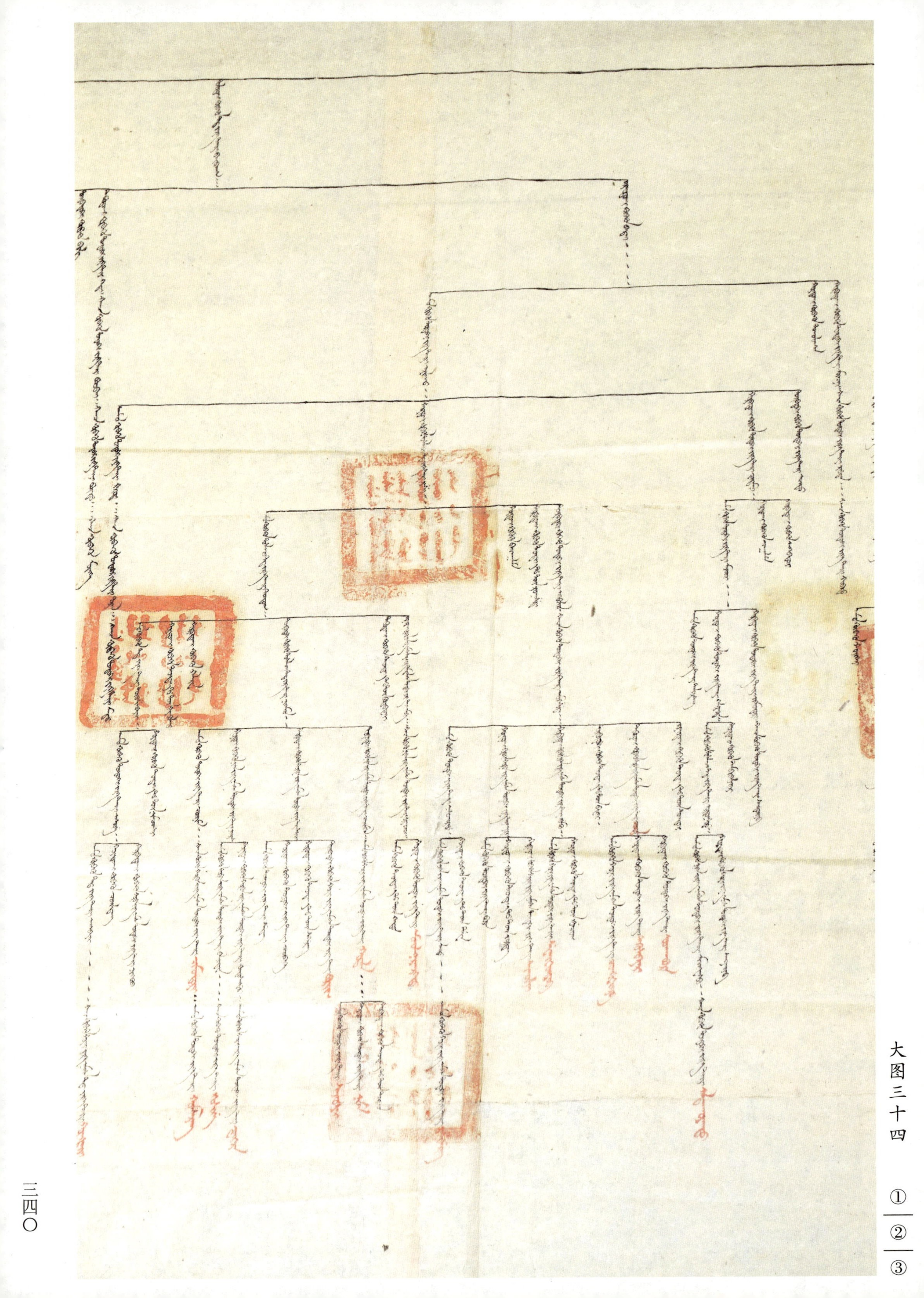

大图三十四

① ② ③

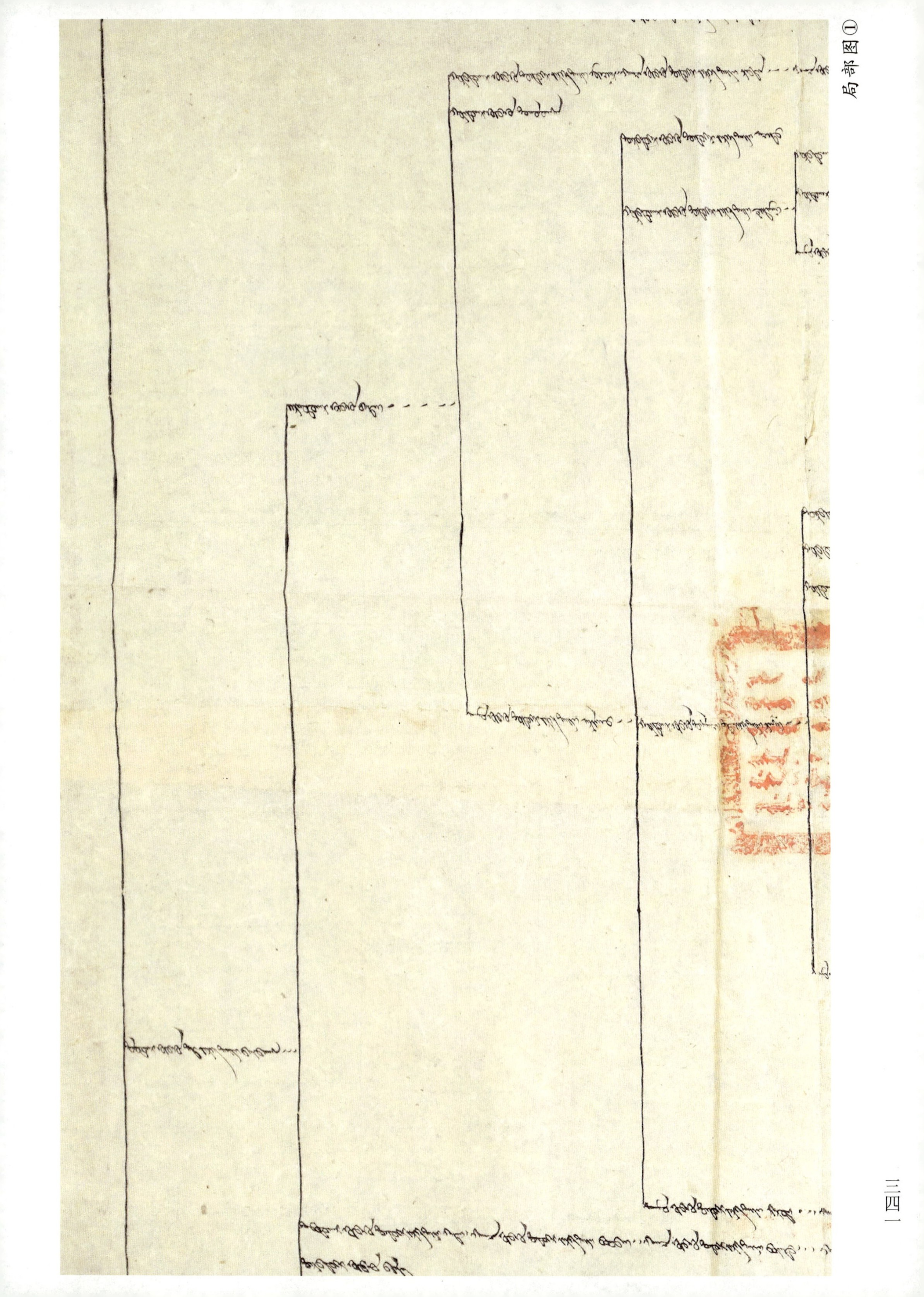

局部图①

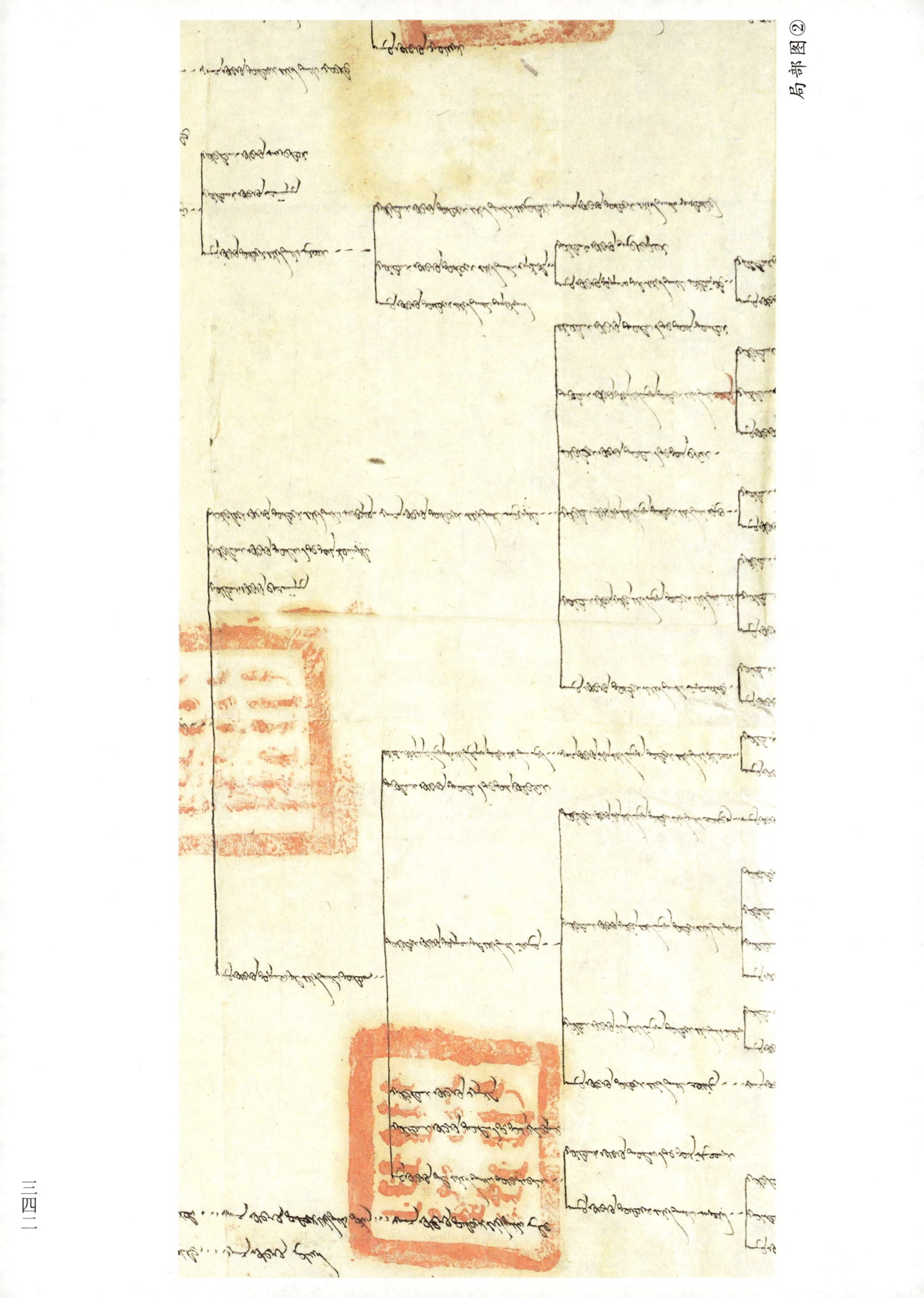

局部图②

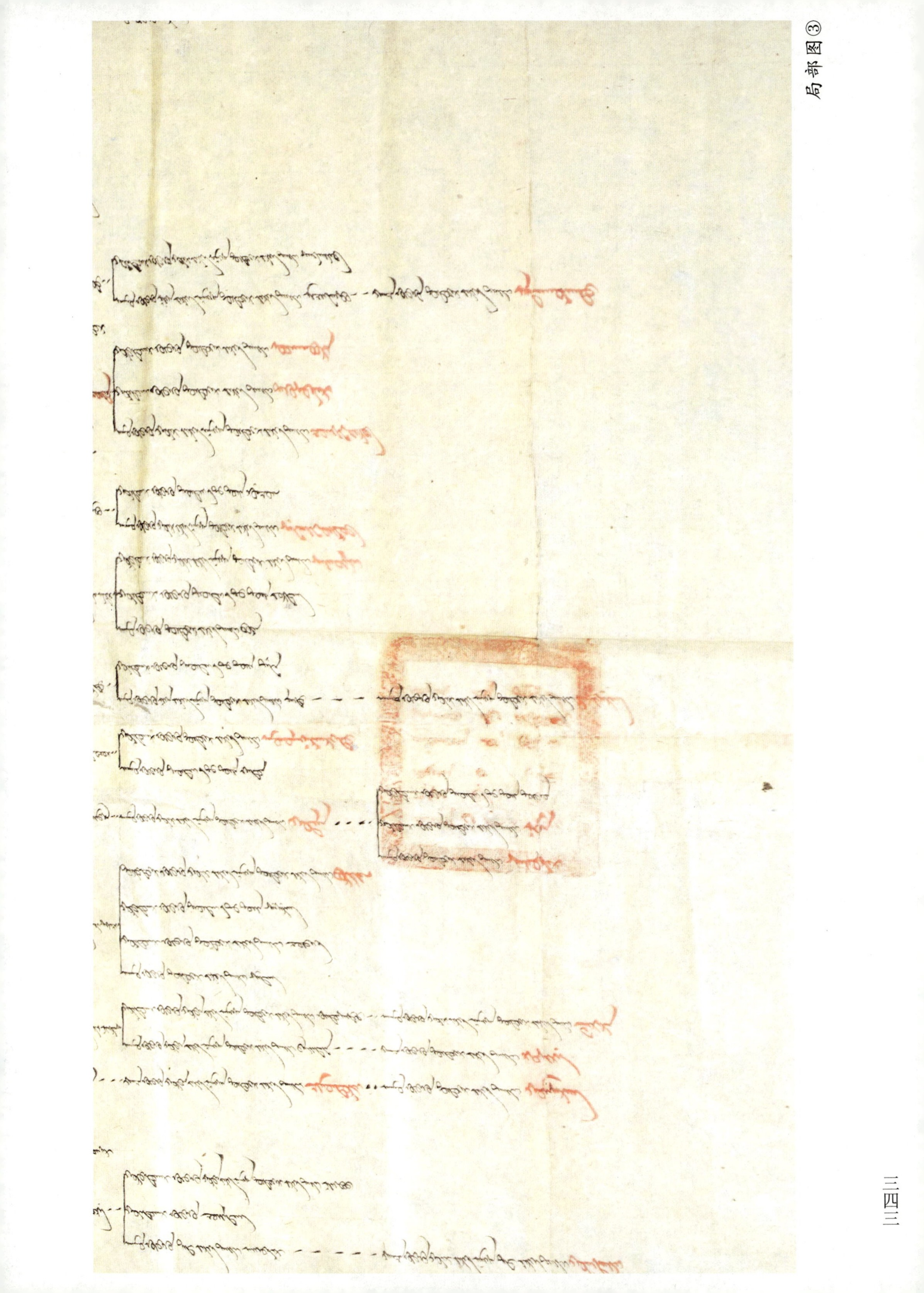

局部图③

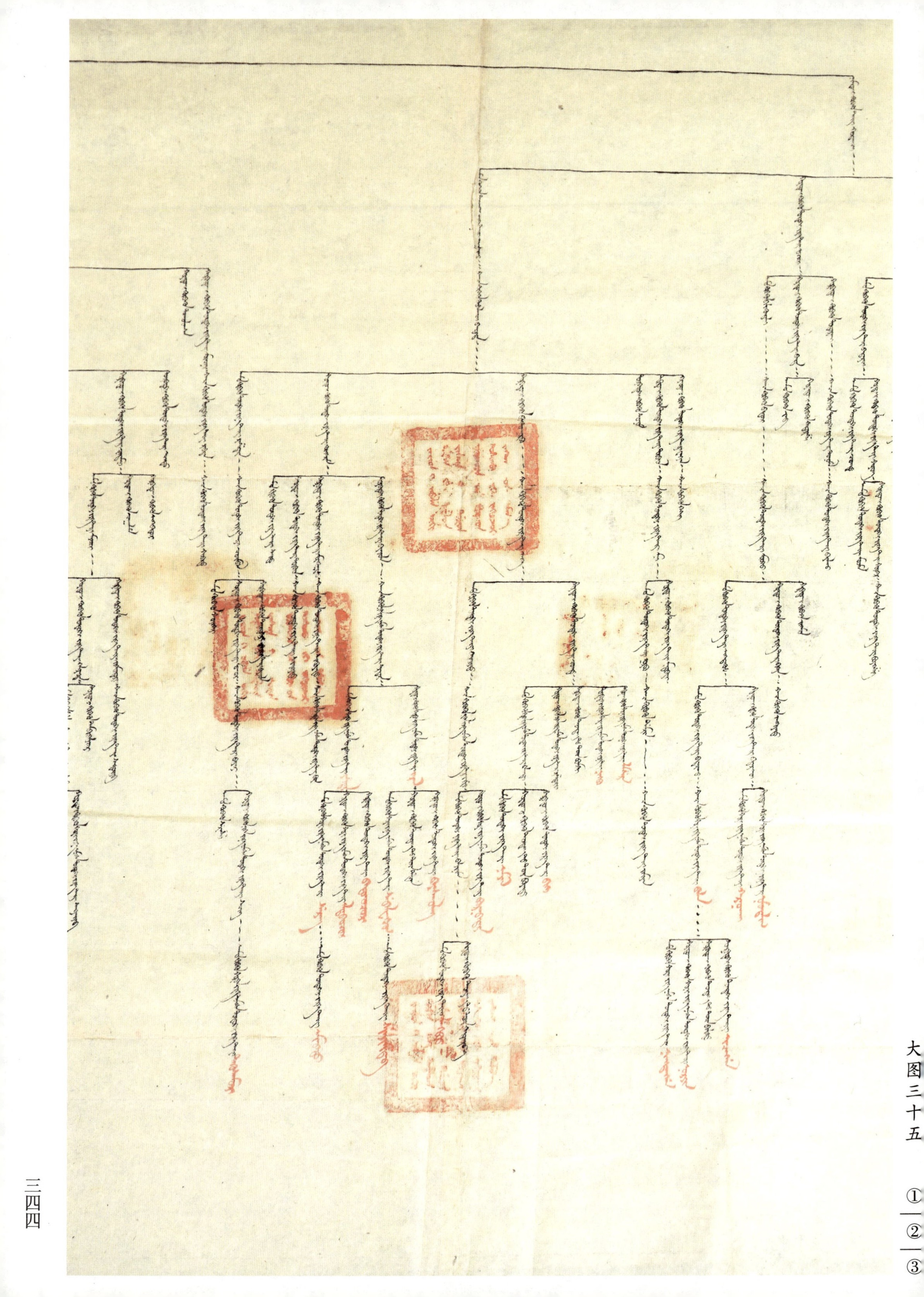

大图三十五 ①—②—③

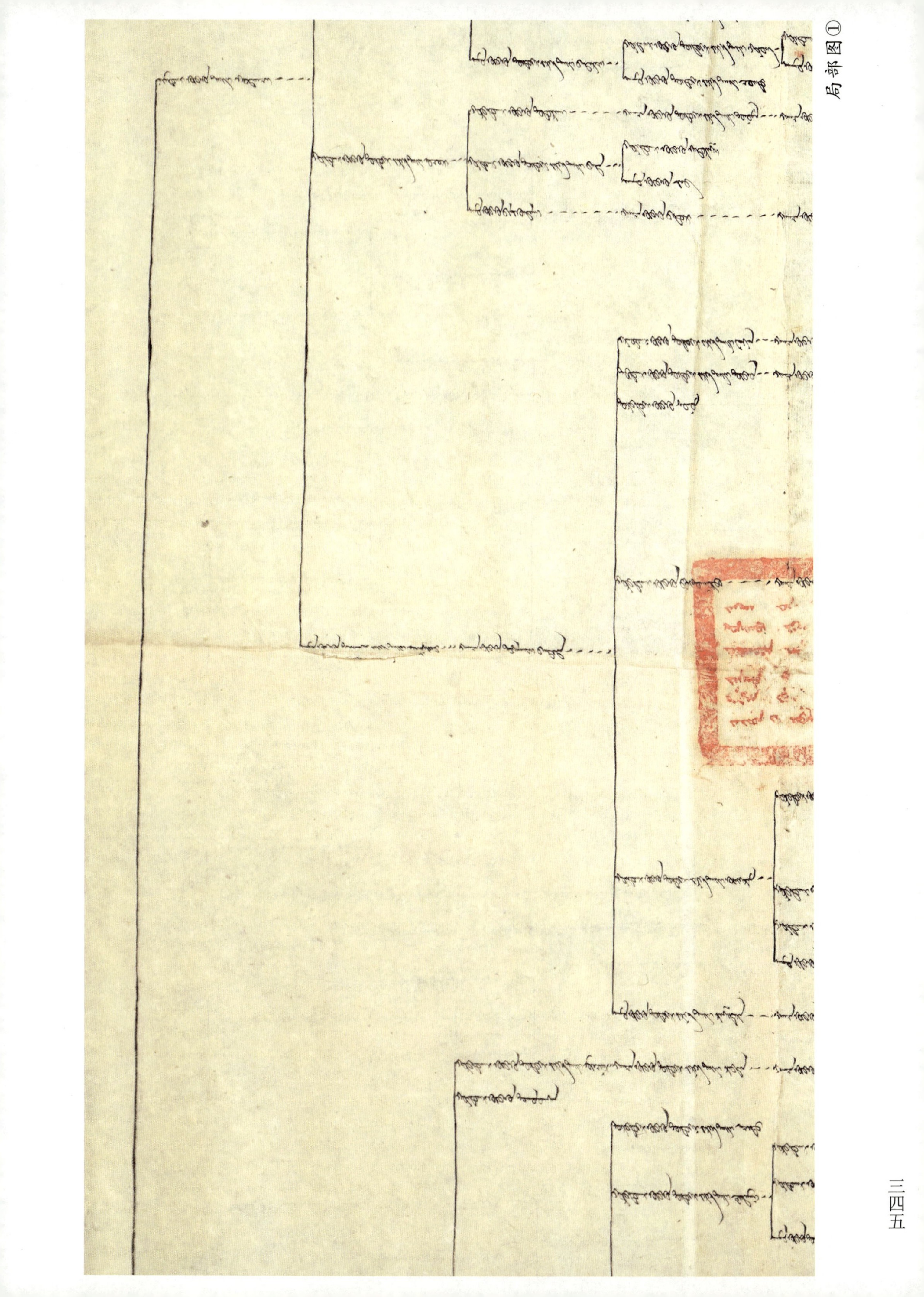

局部图①

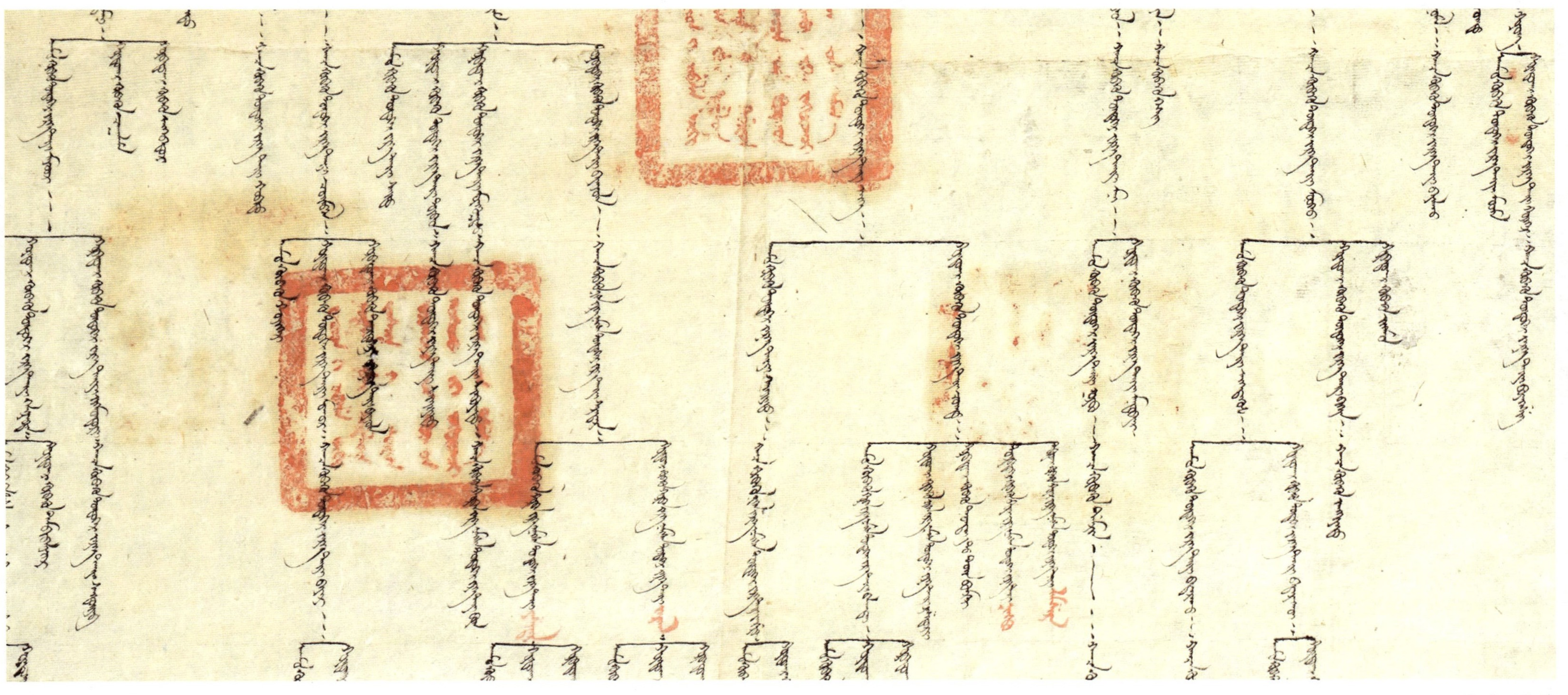

局部图②

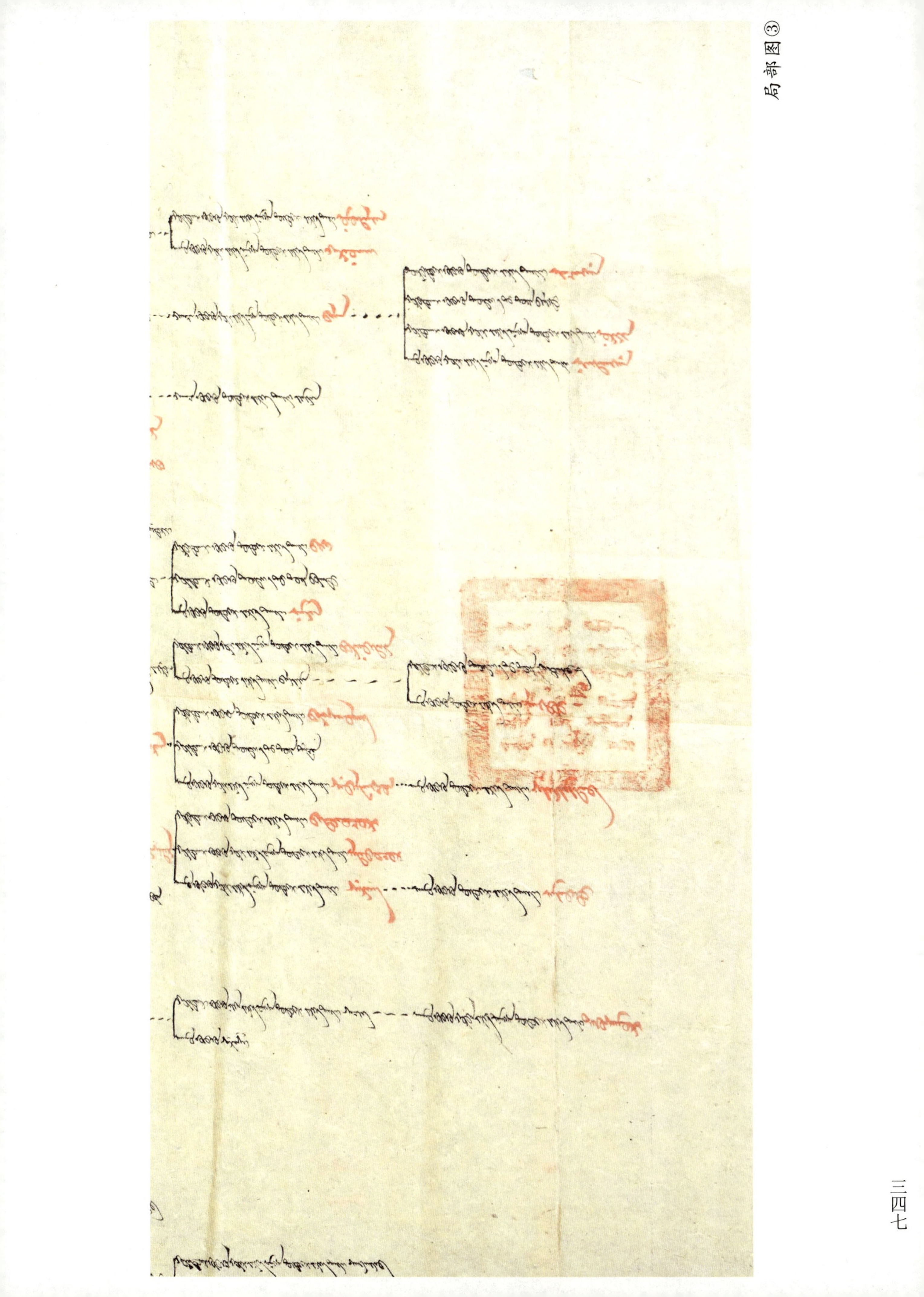

局部图③

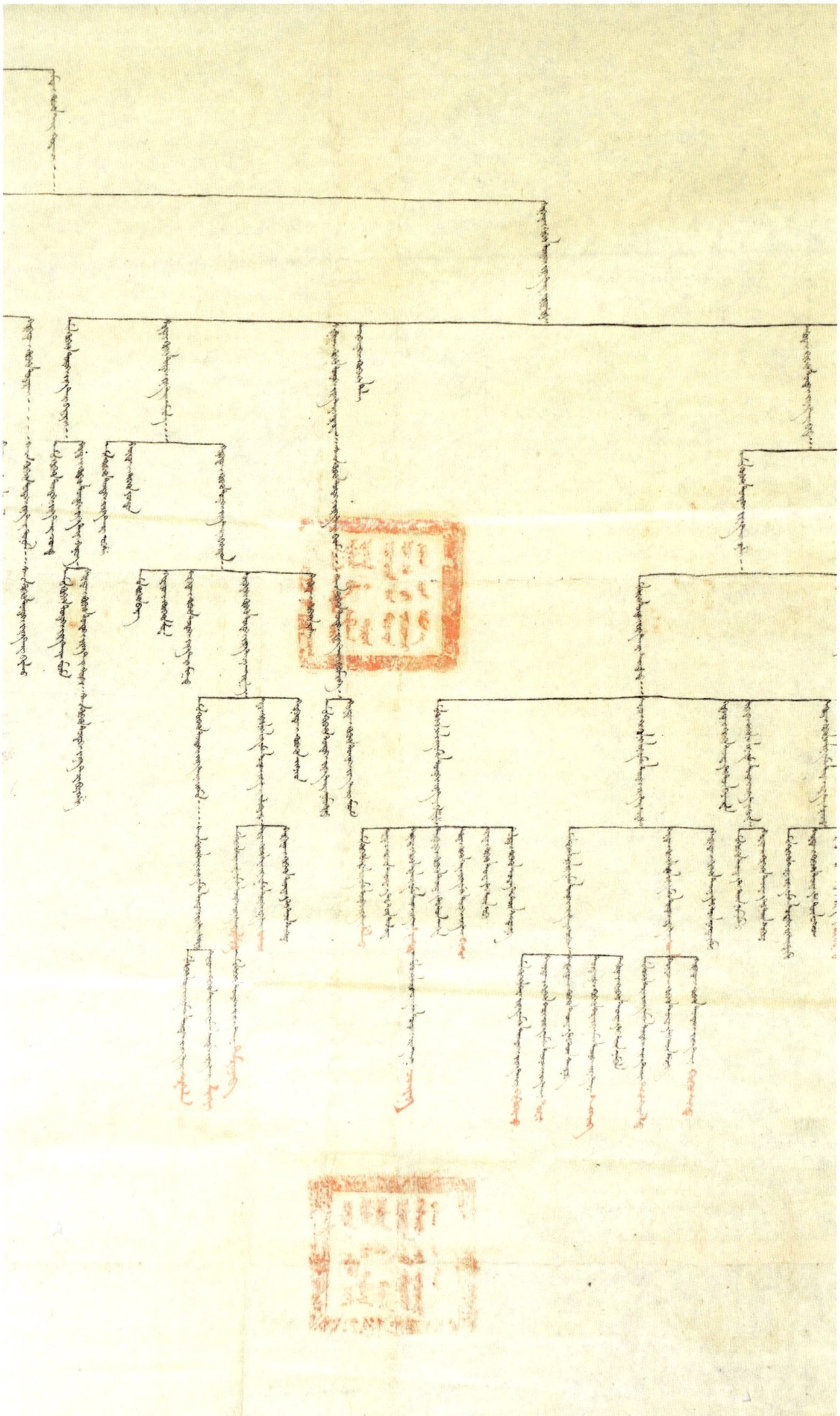

大图三十六

①—②—③

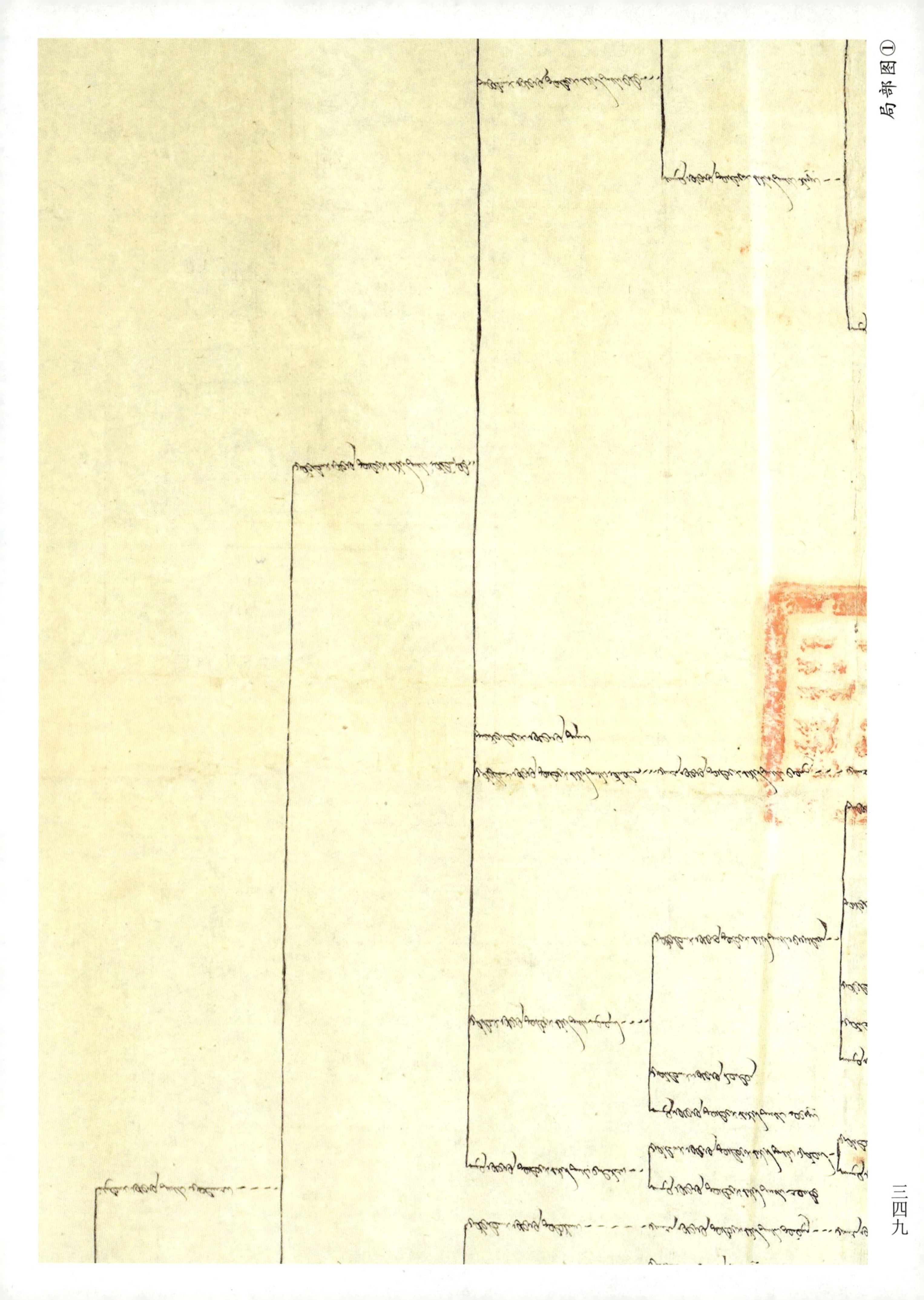

局部图①

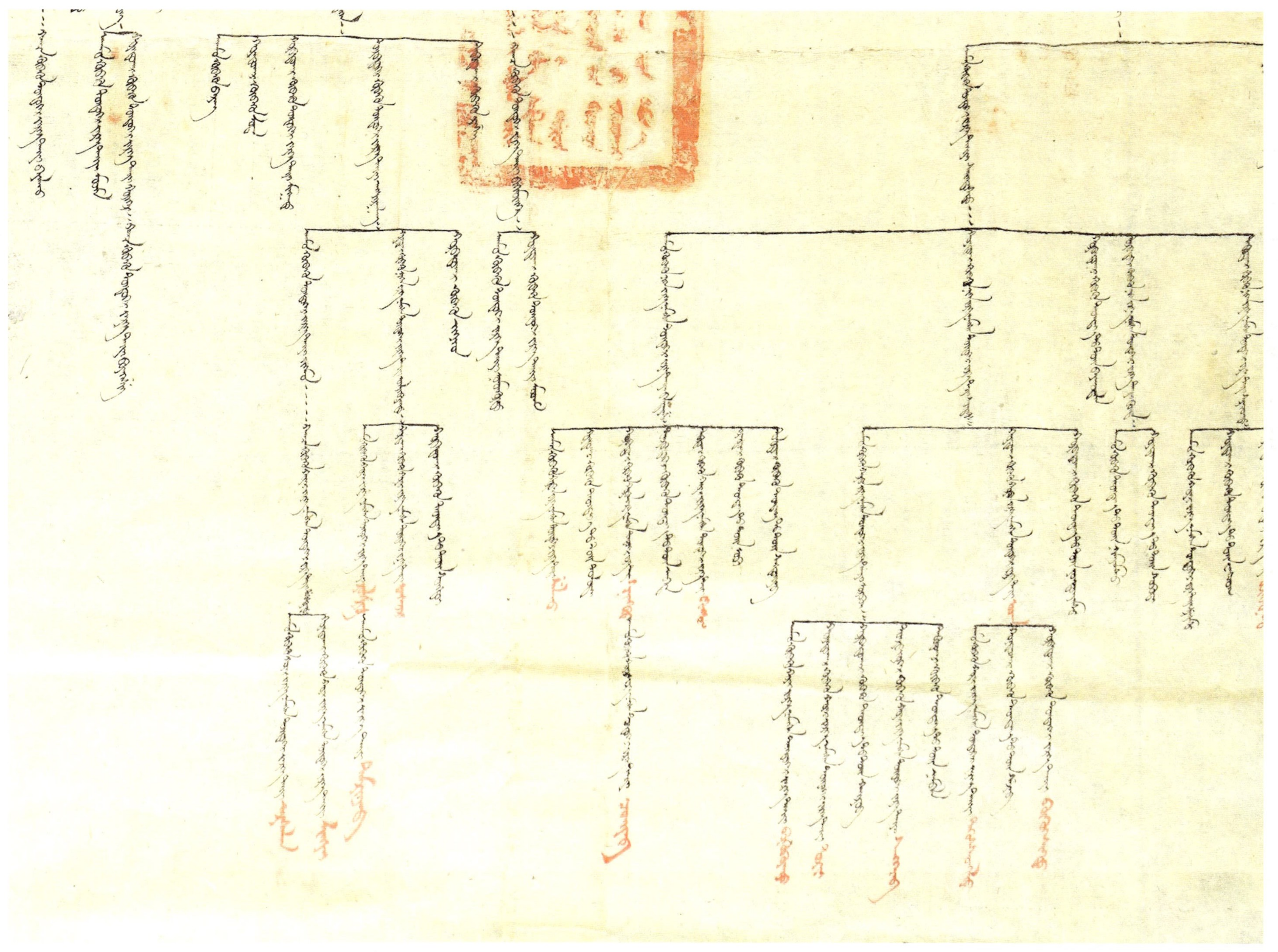
局部图②

局部图③

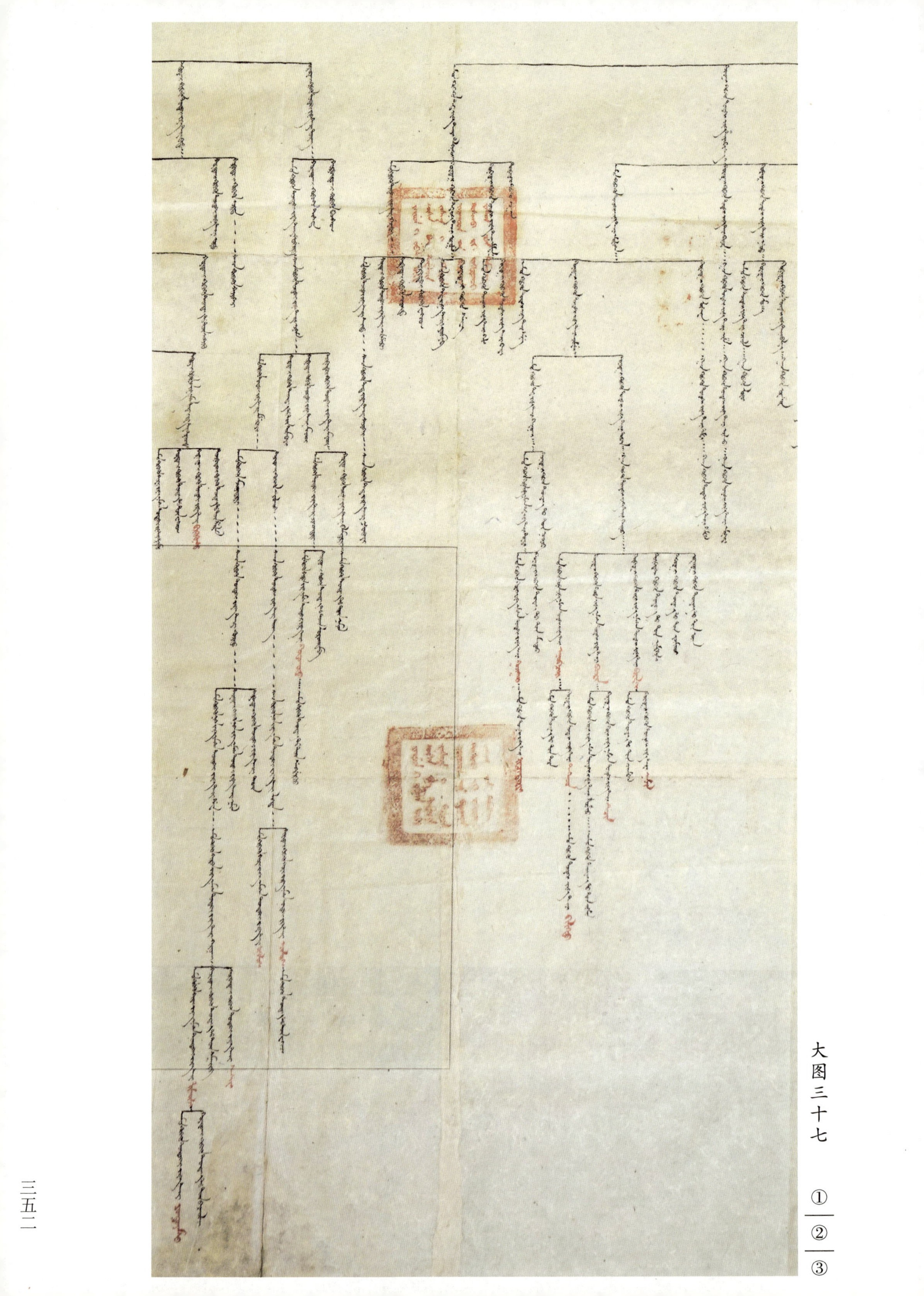

大图三十七

①—②—③

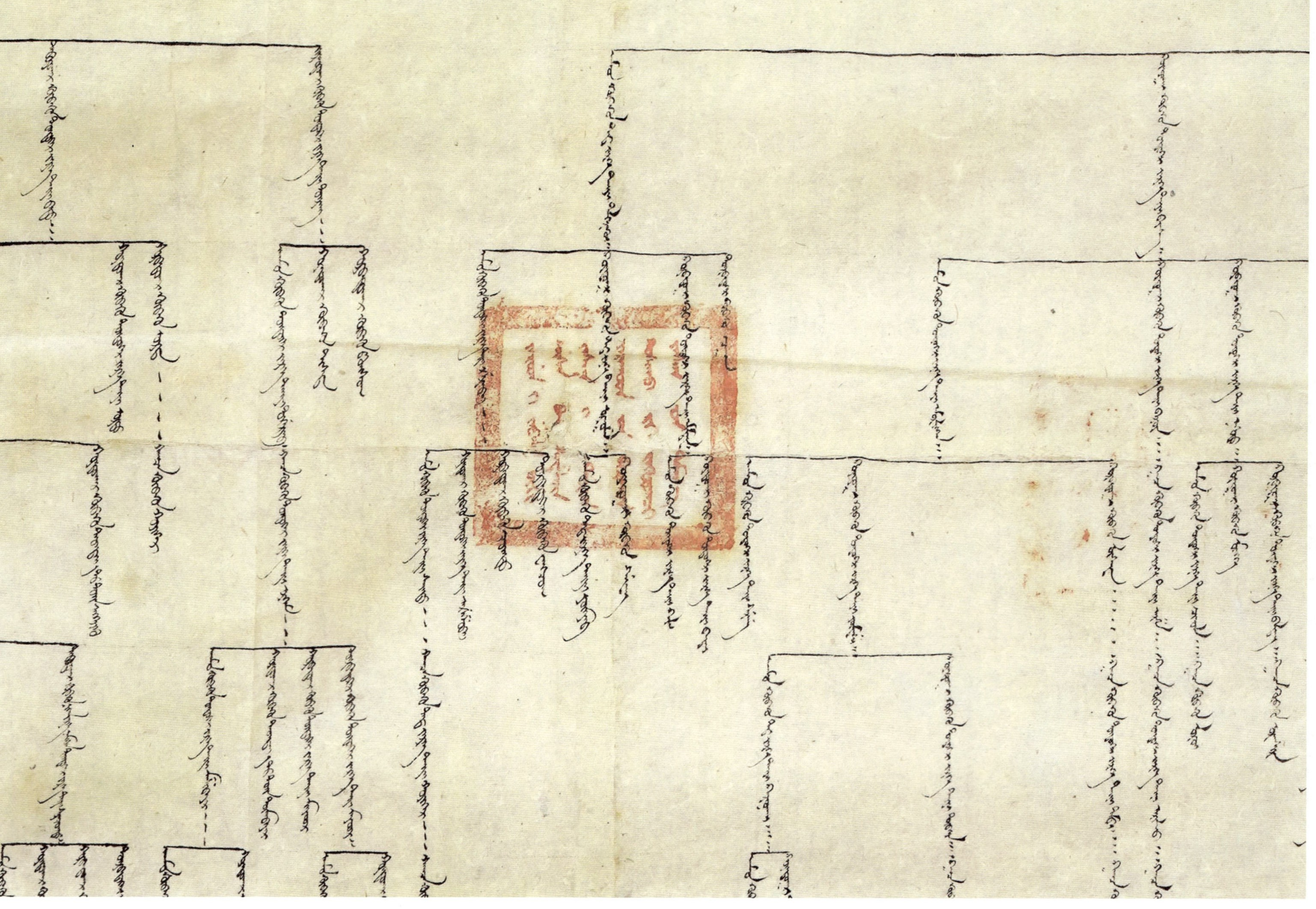

局部图①

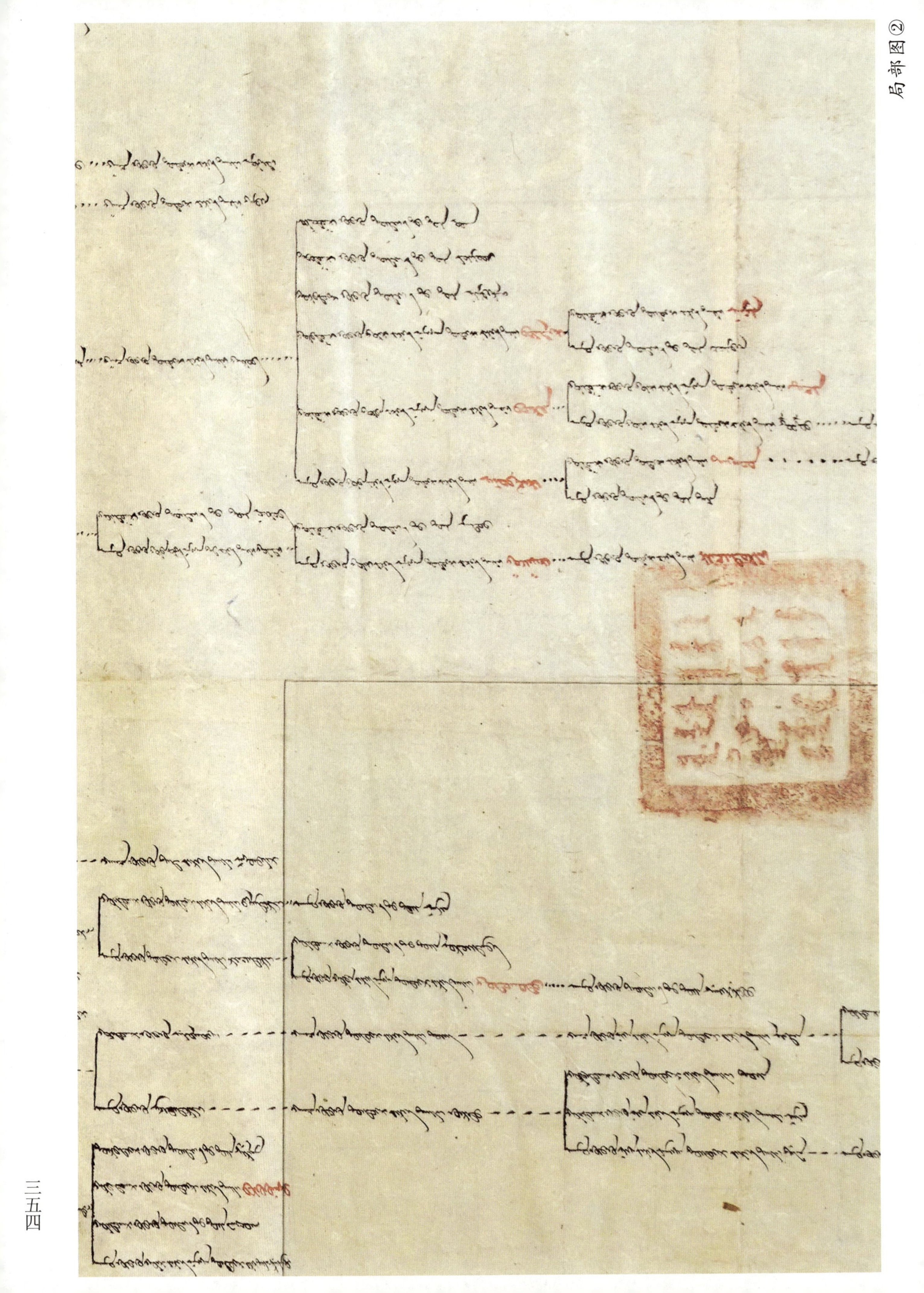

局部图②

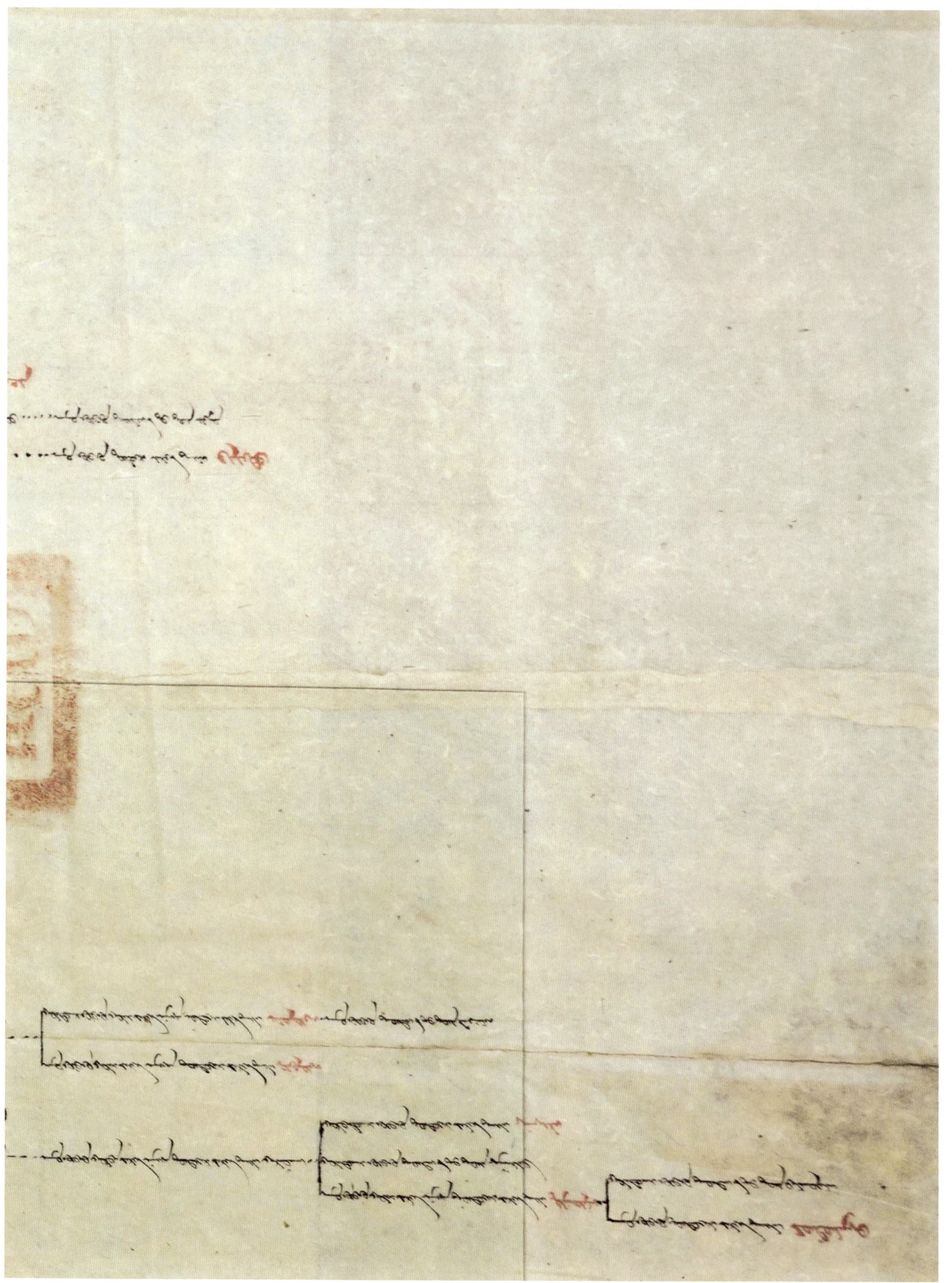

局部图③

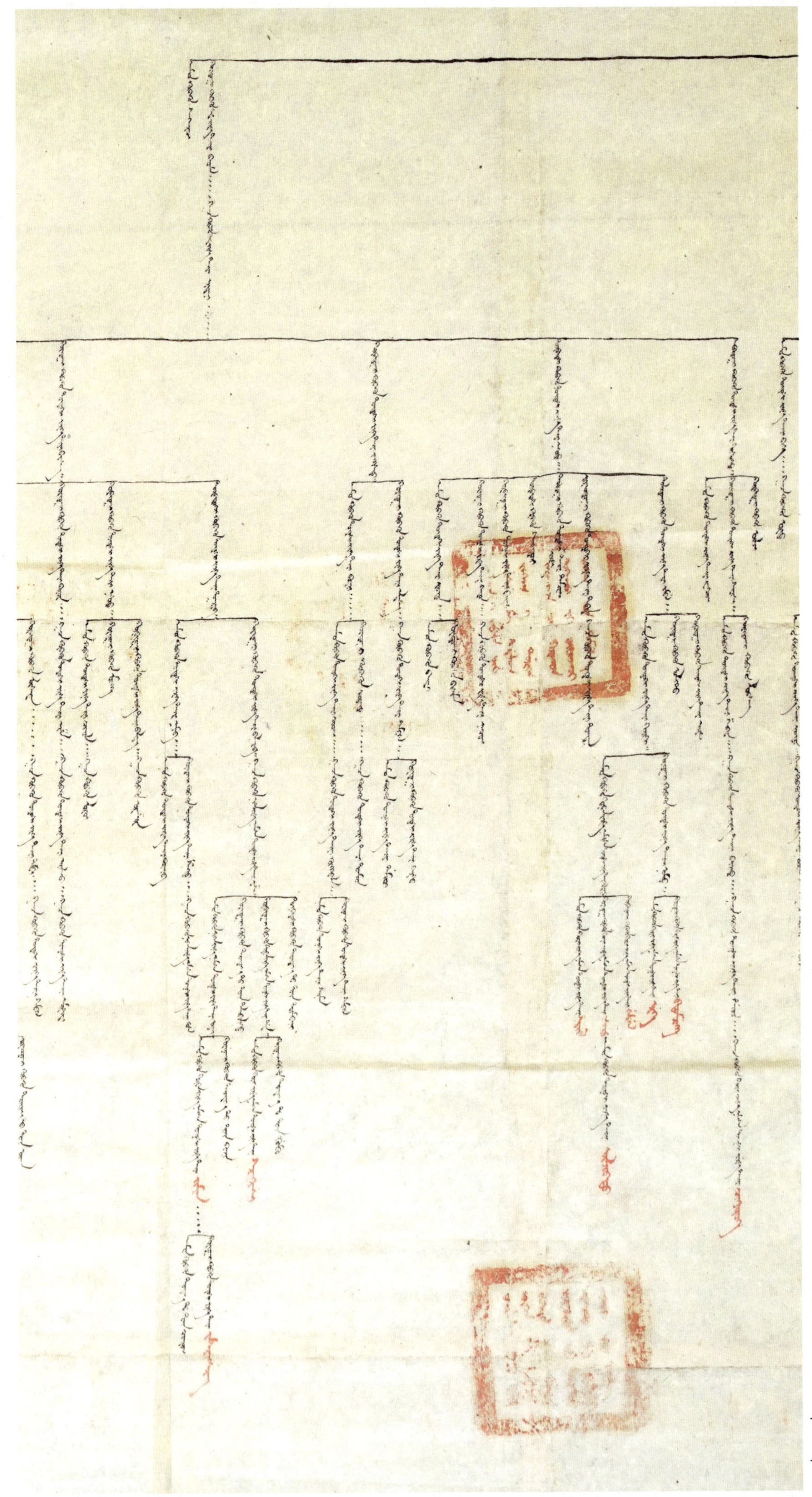

大图三十八 ①—②—③

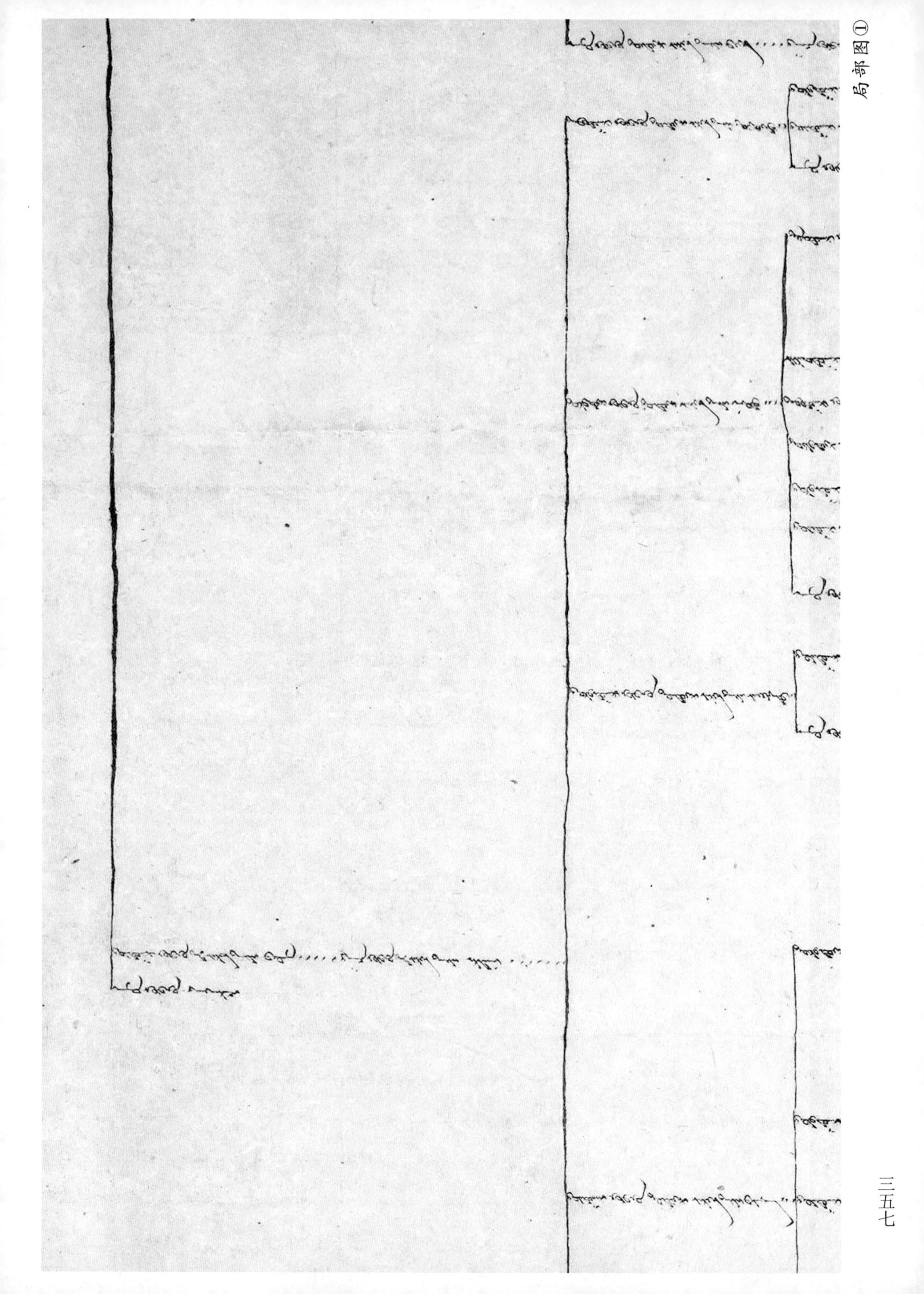

局部图①

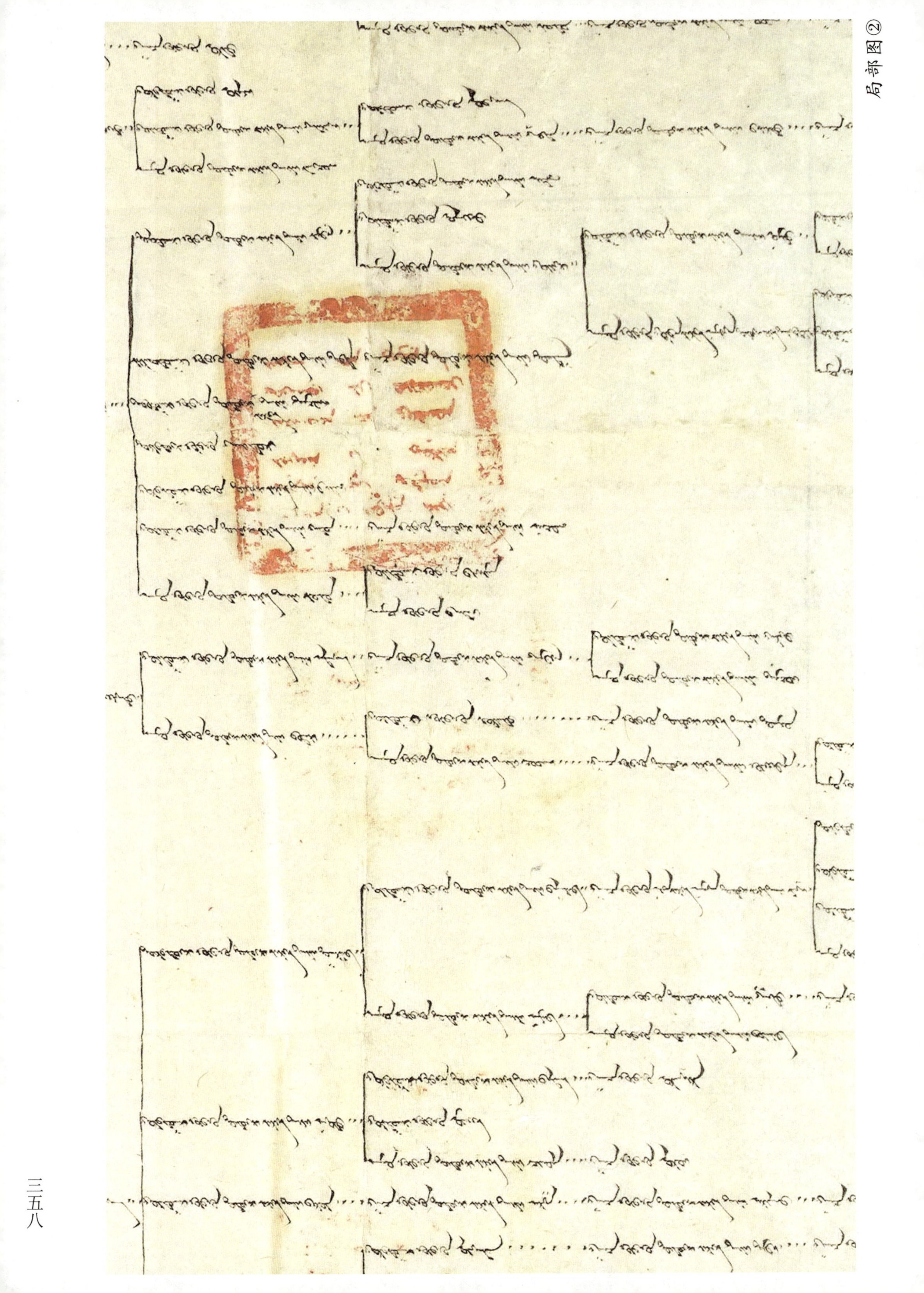

局部图②

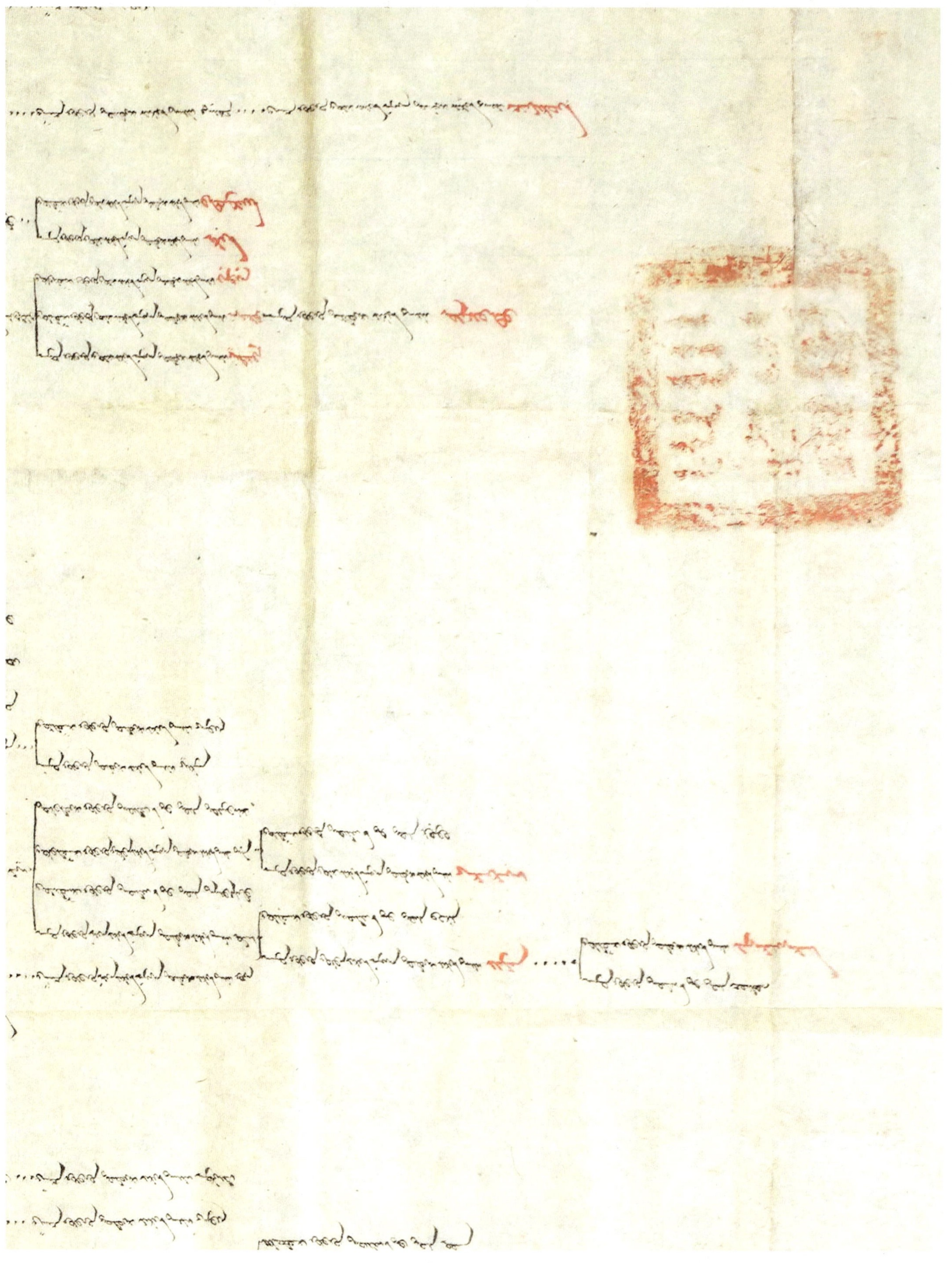

局部图③

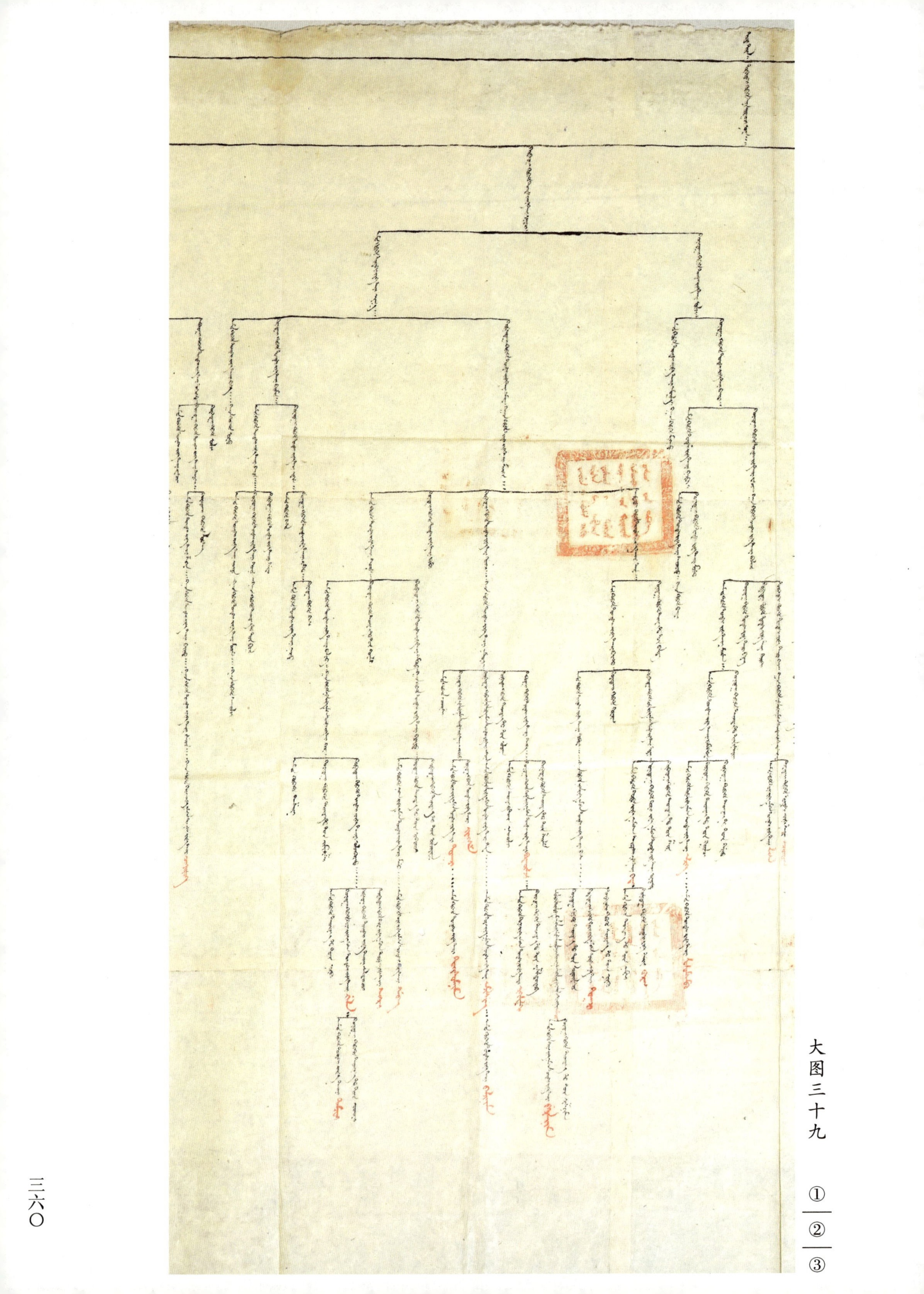

大图三十九

①—②—③

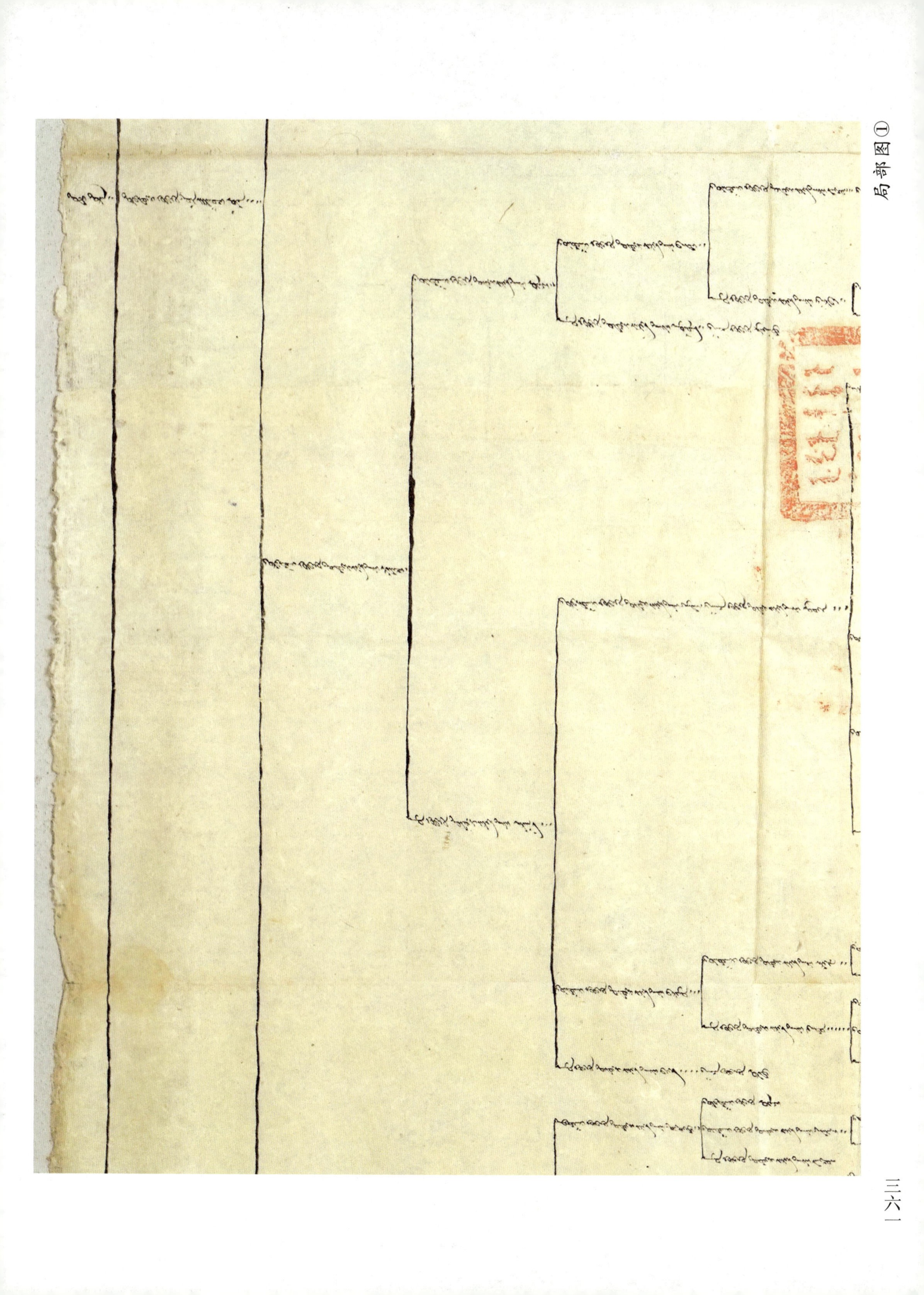

局部图①

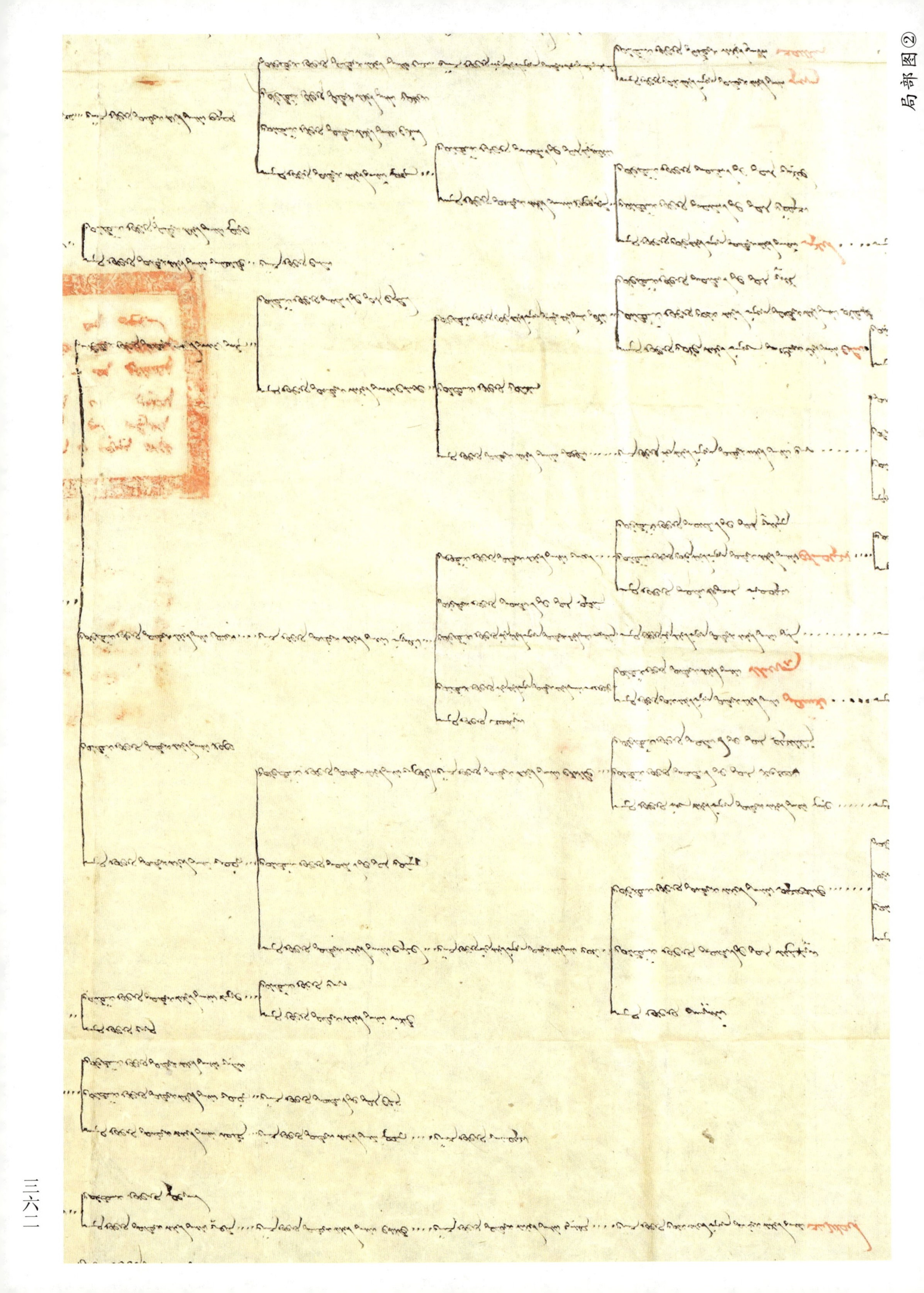

局部图②

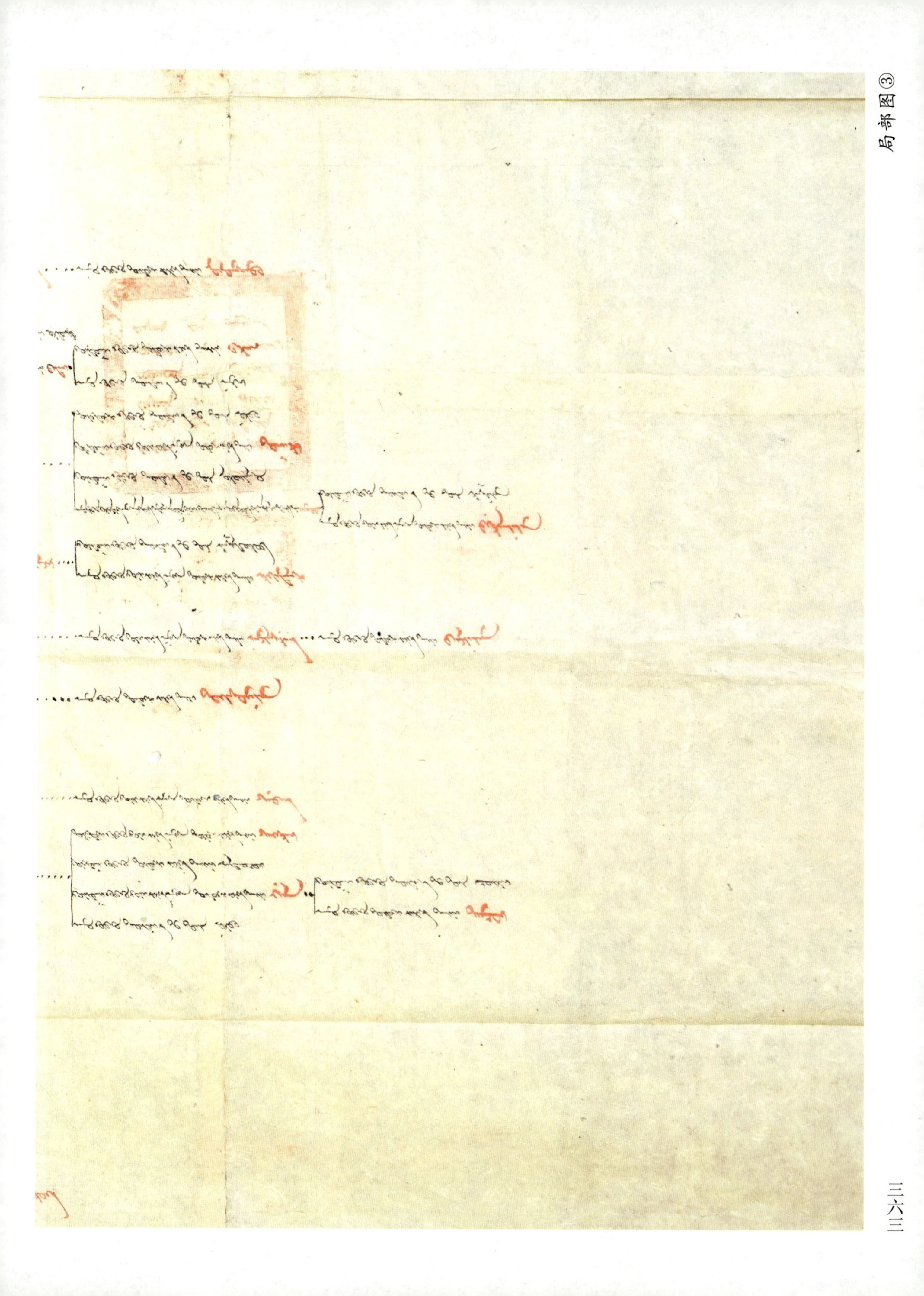

局部图③

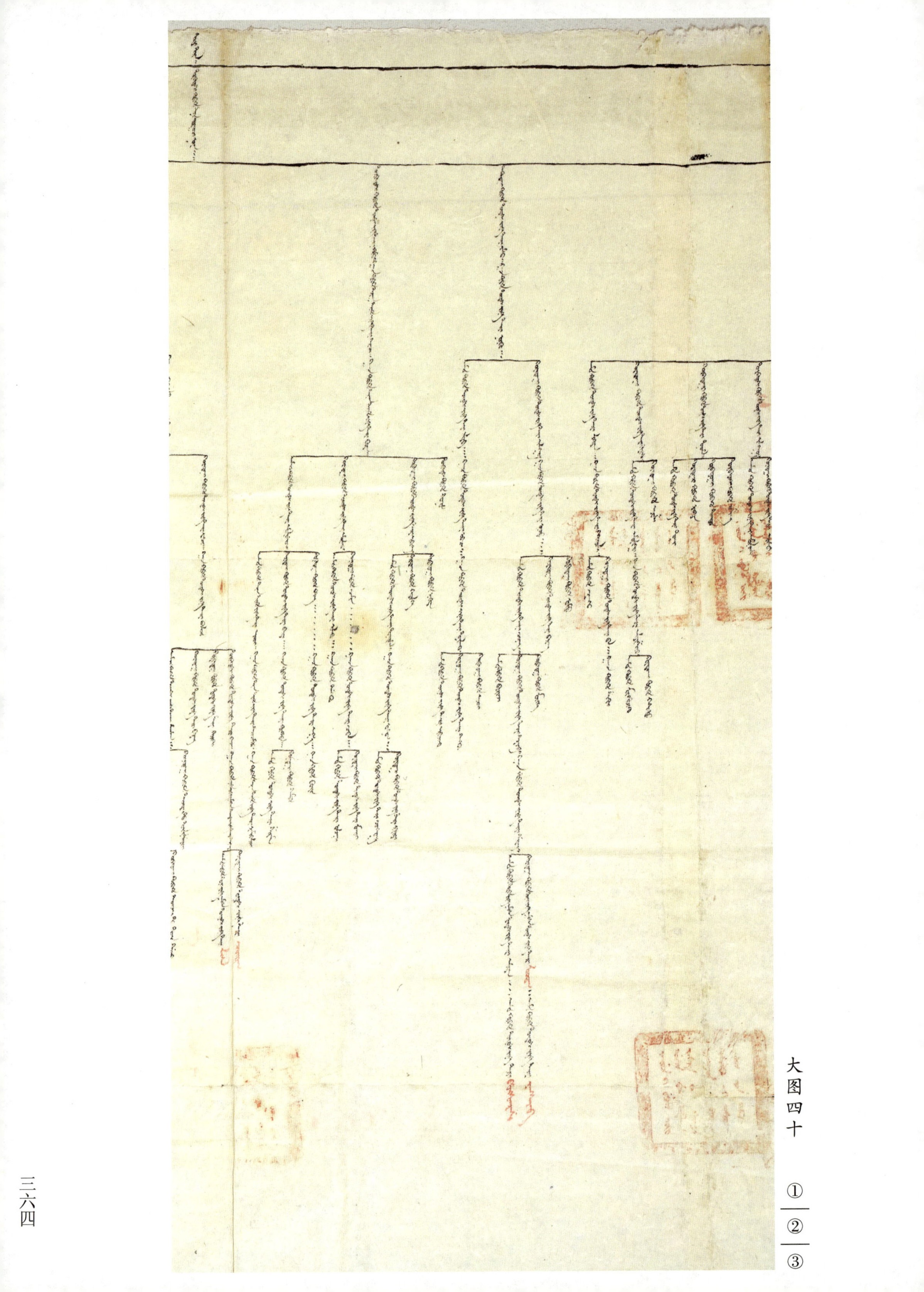

大图四十

①—②—③

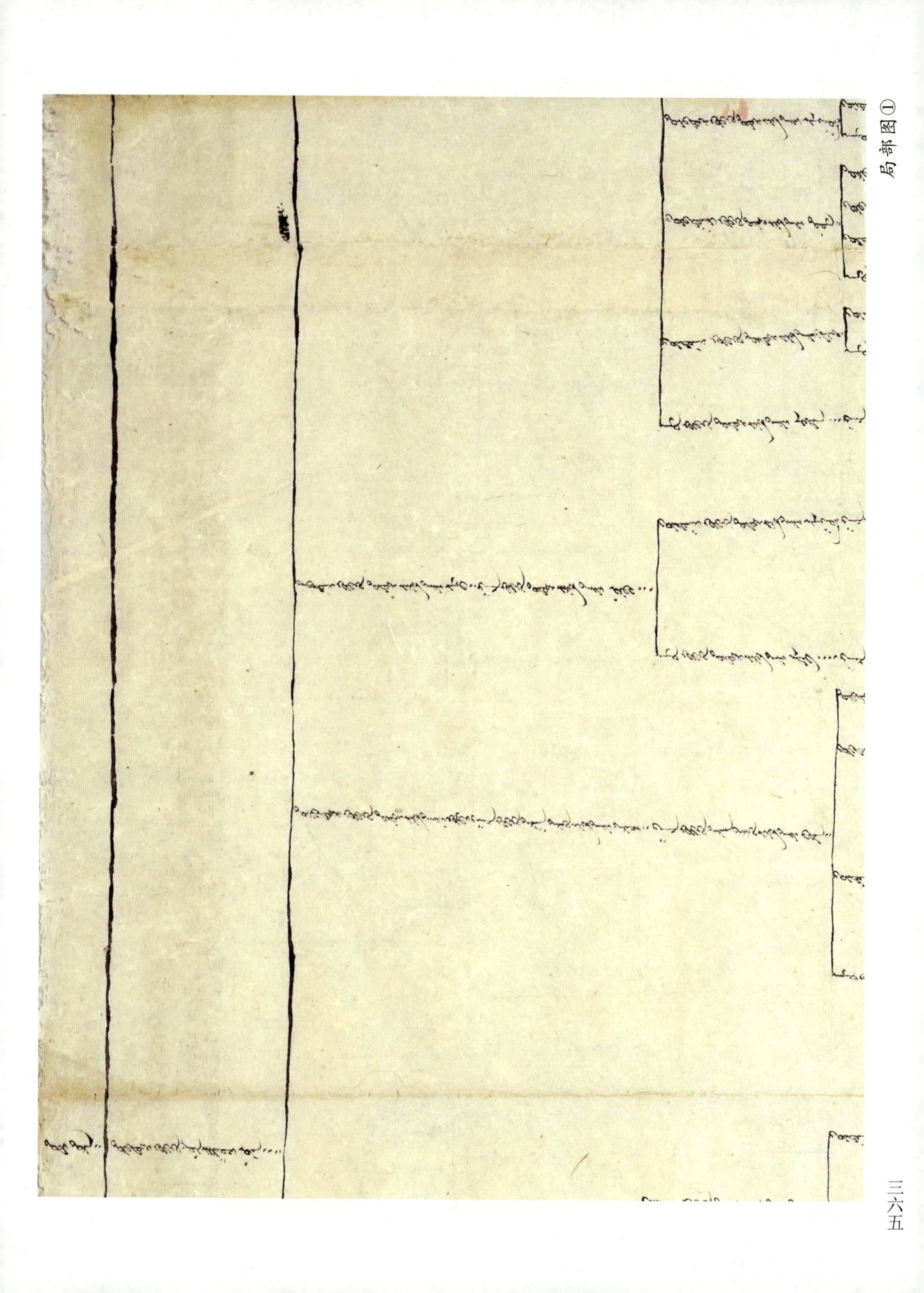

局部图①

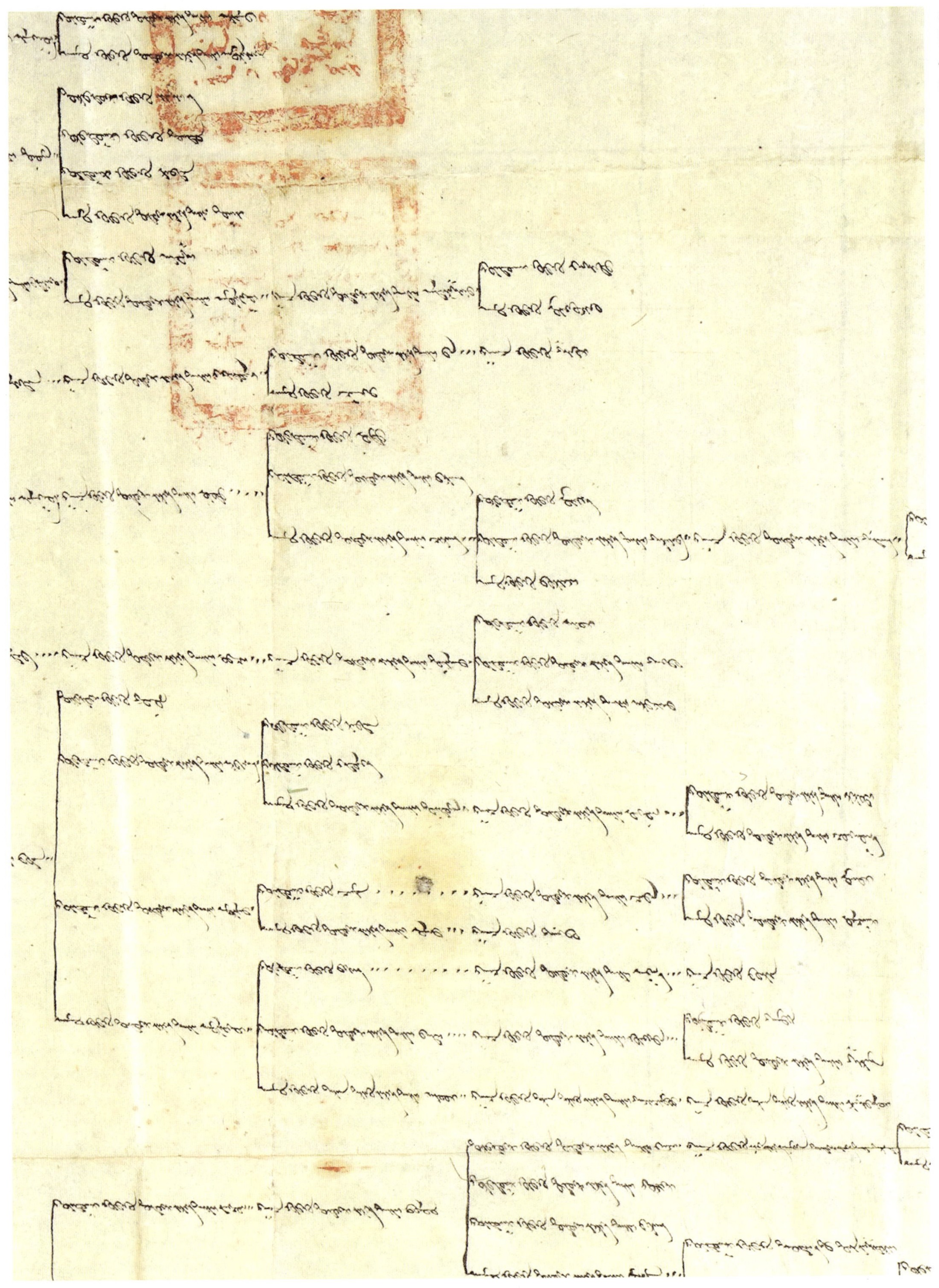

局部图②

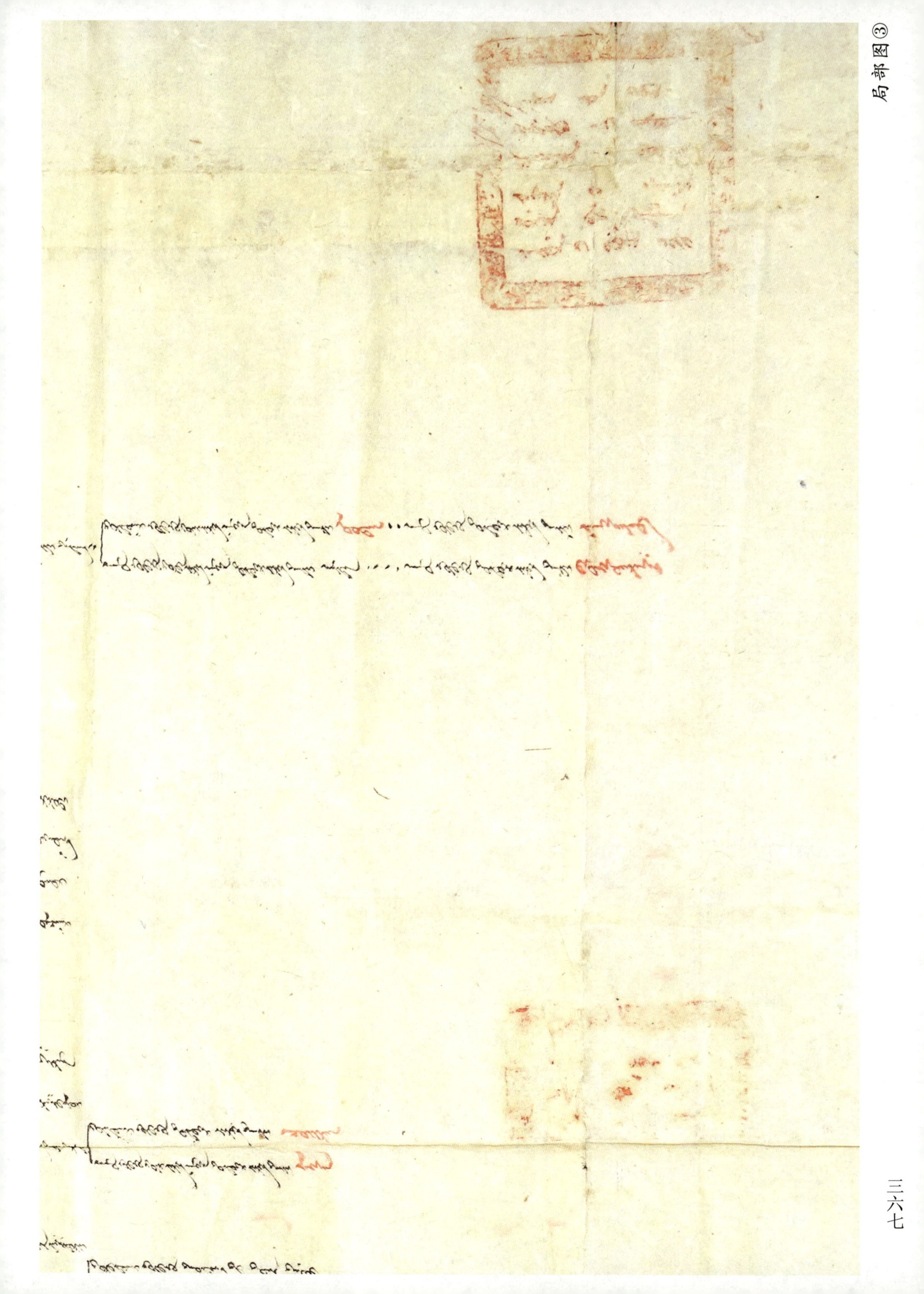

局部图③

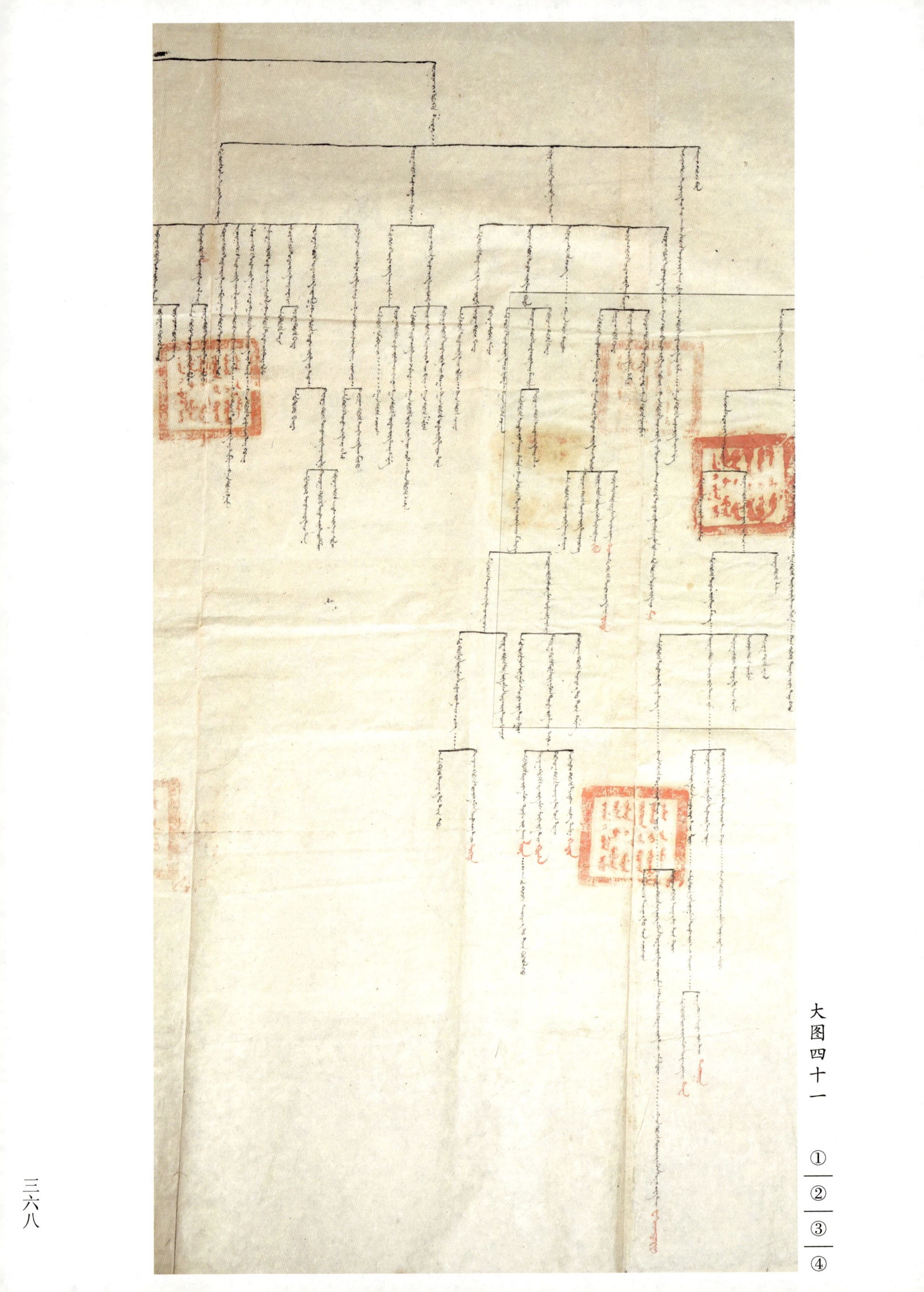

大图四十一

①
②
③
④

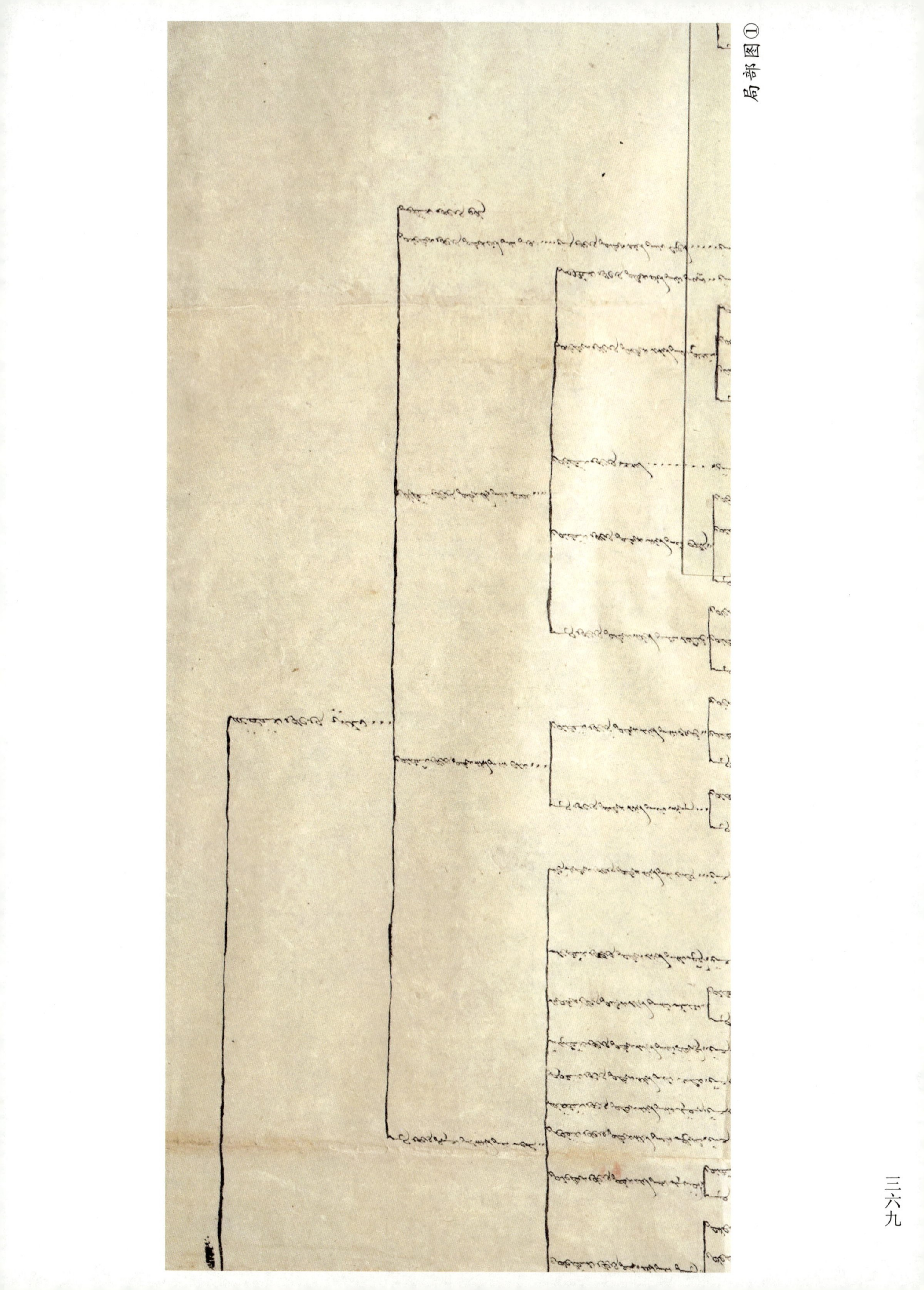

局部图①

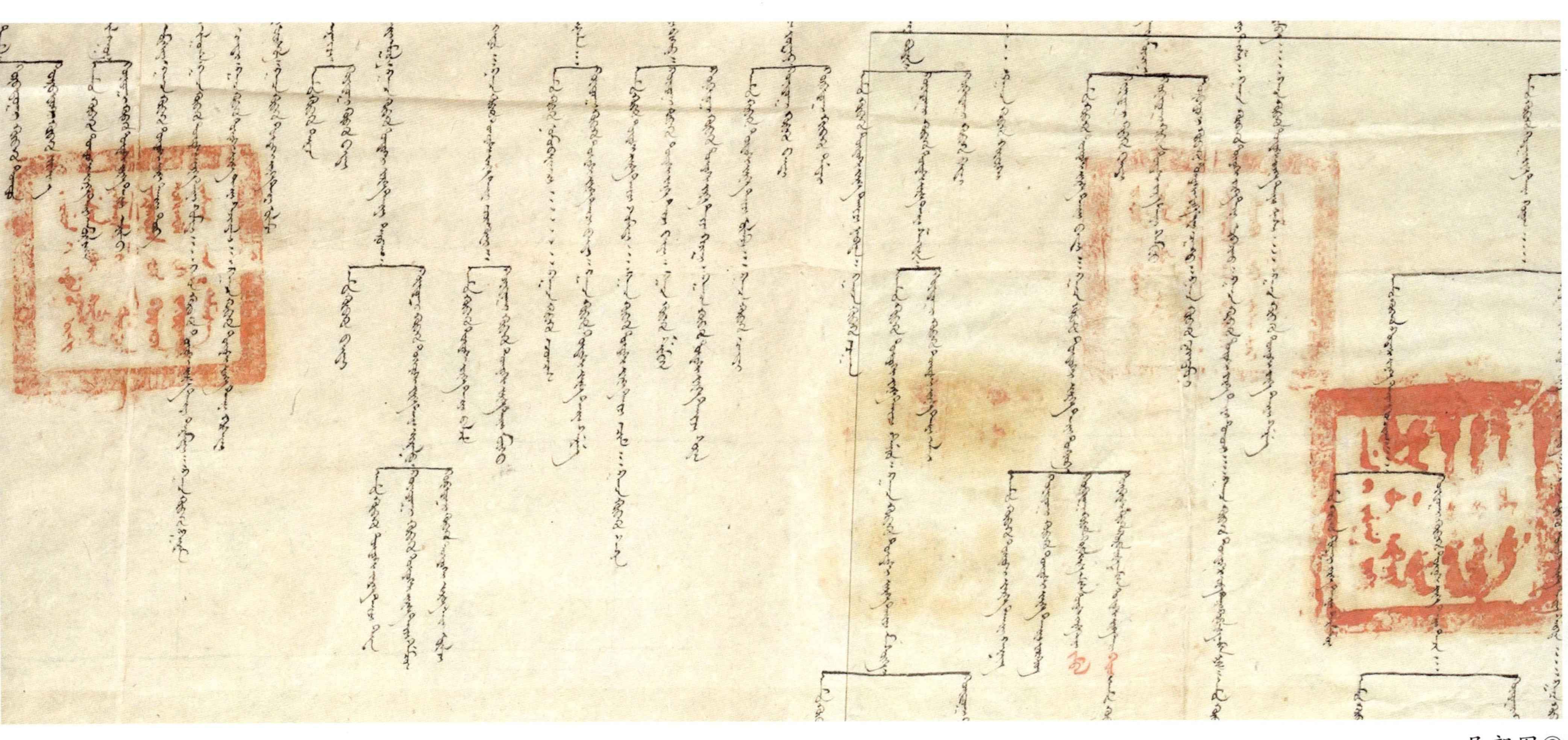

局部图②

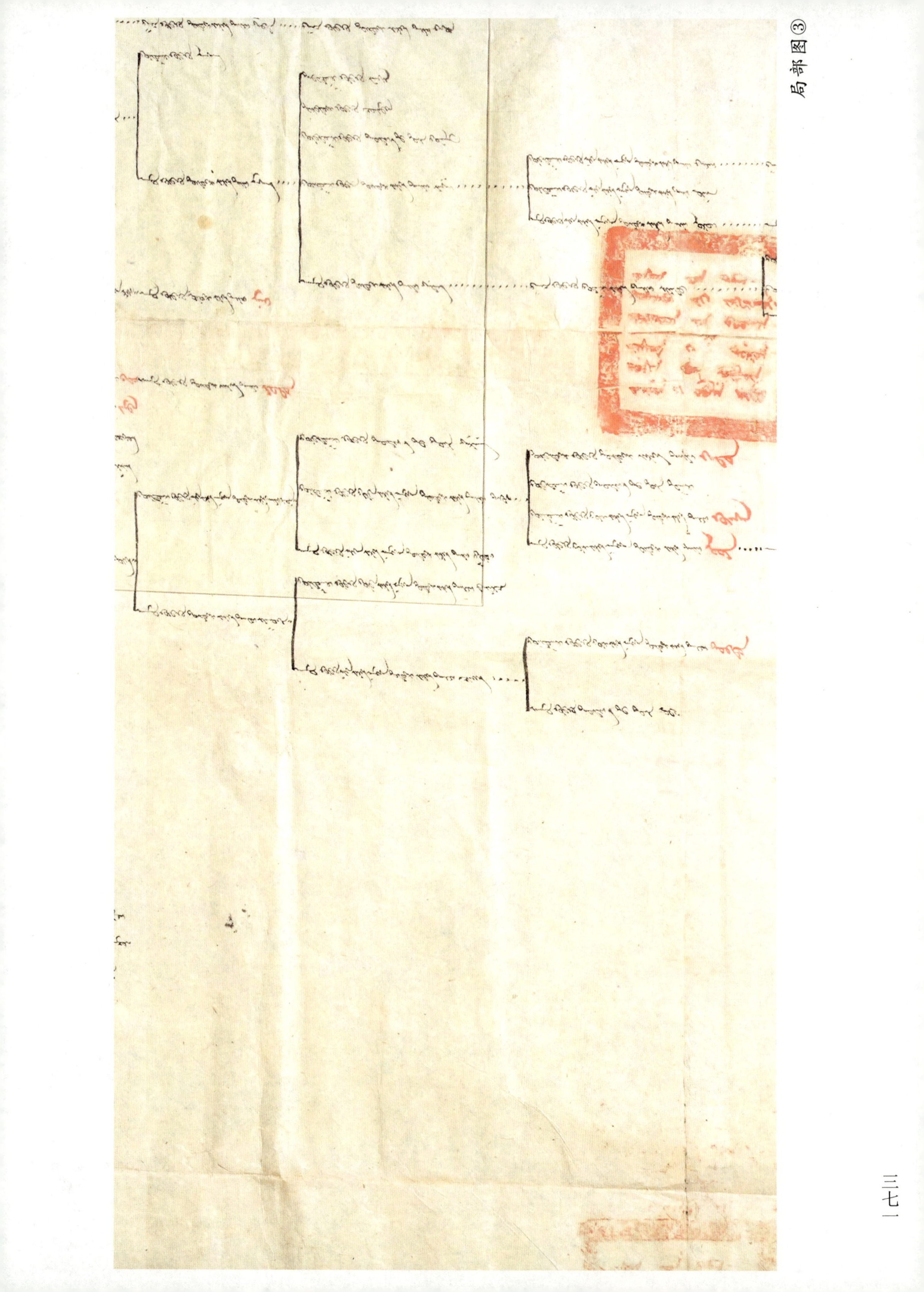

局部图③

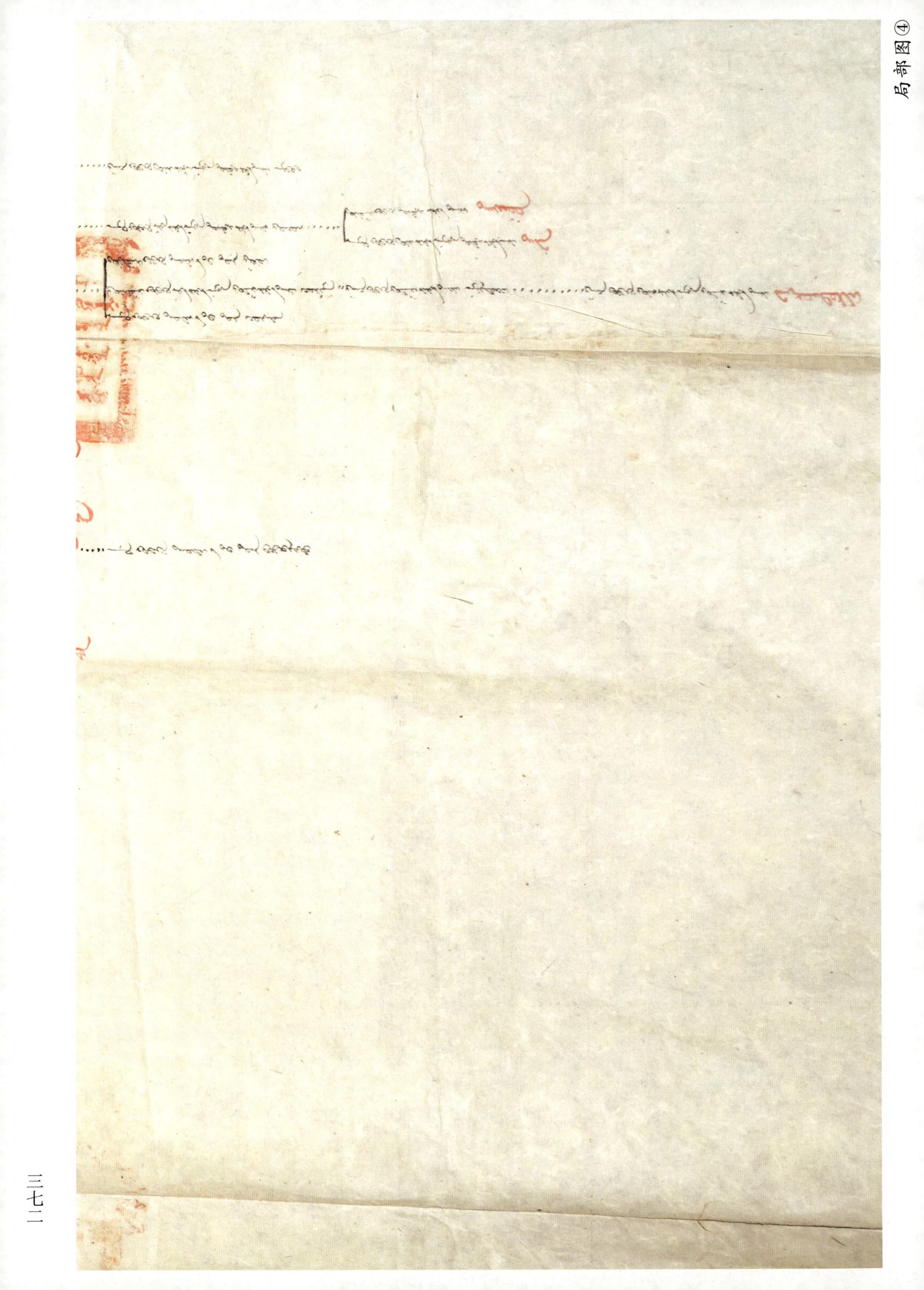

局部图④

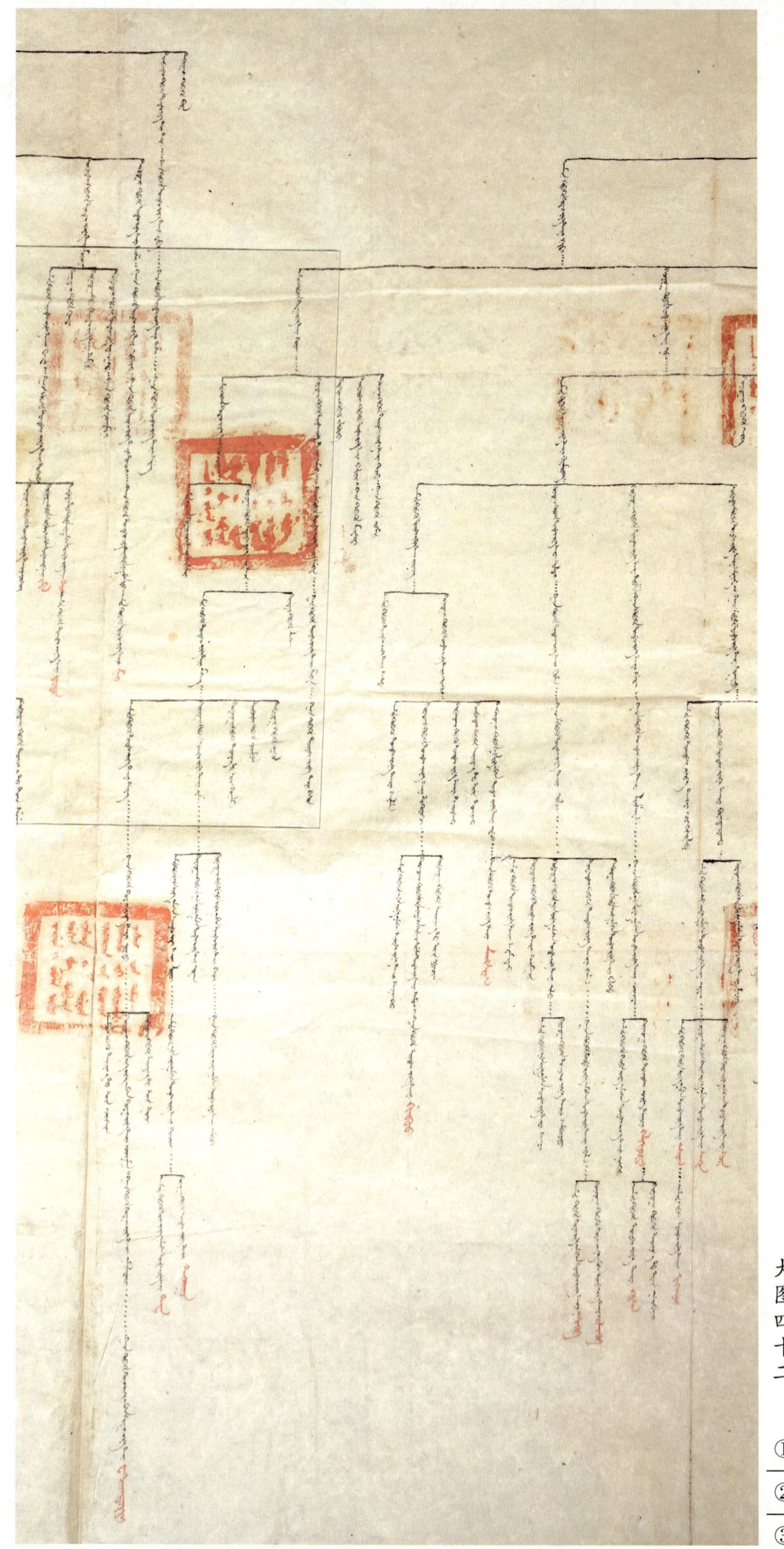

大图四十二 ①—②—③

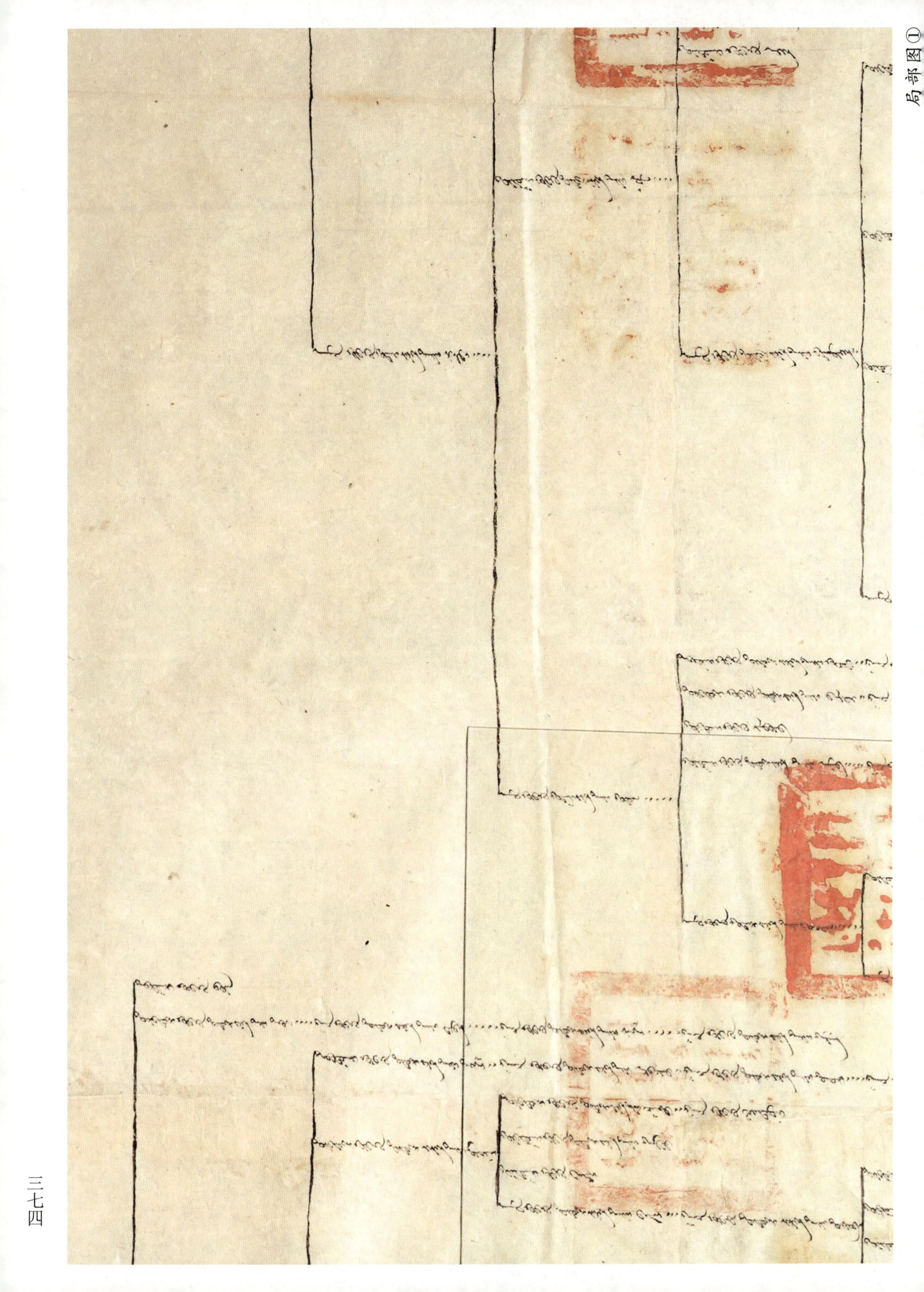

局部图①

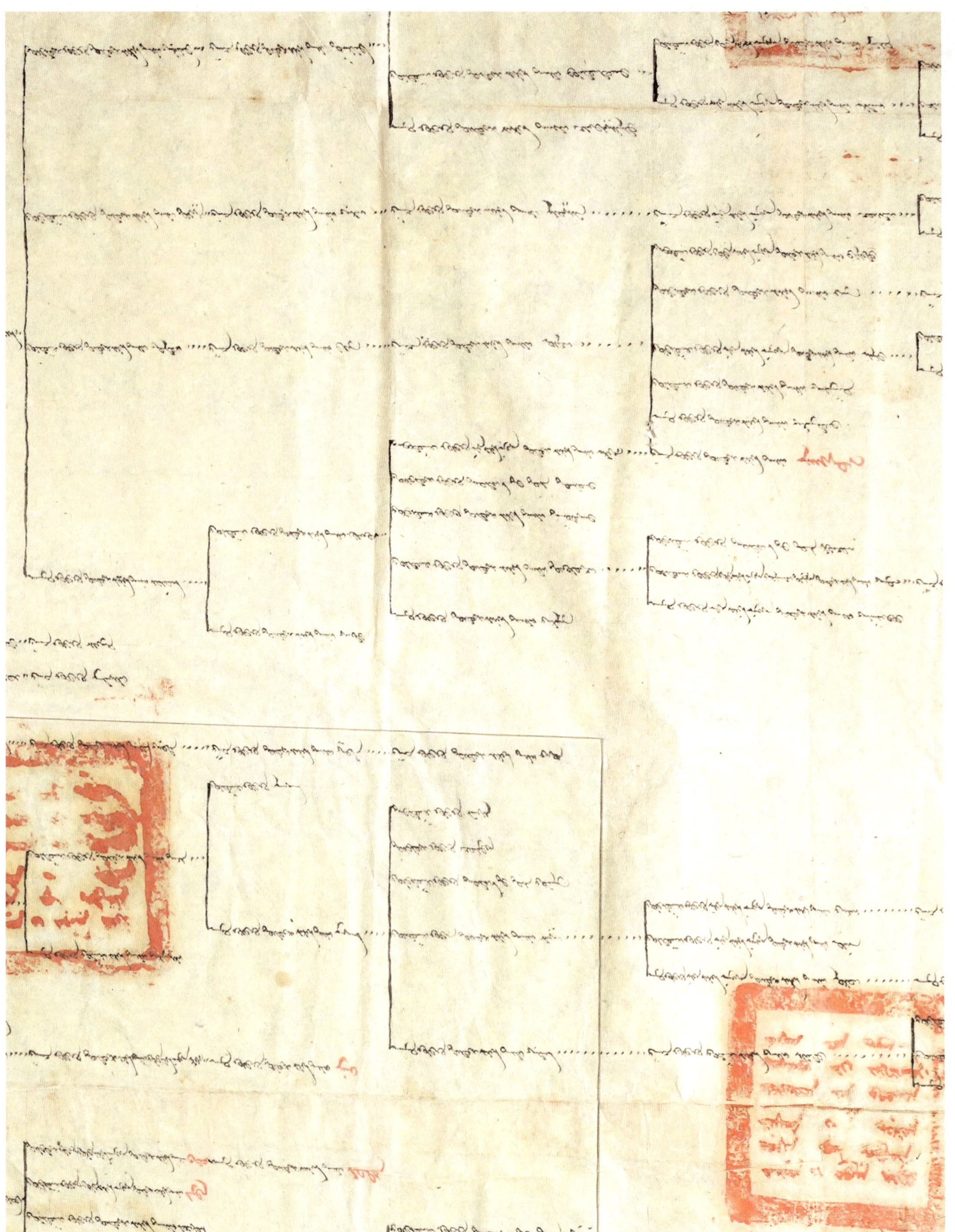

局部图②

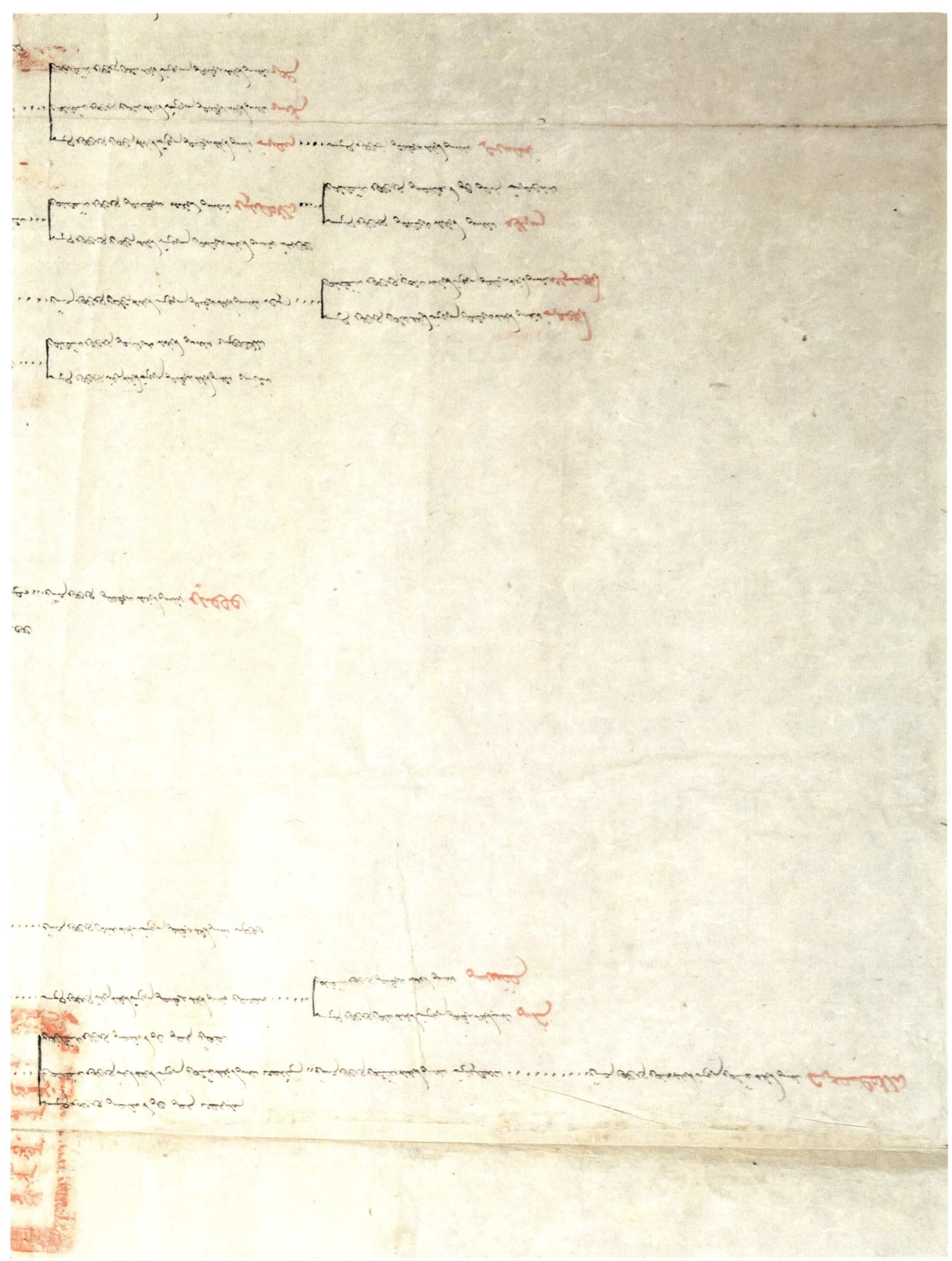

局部图③

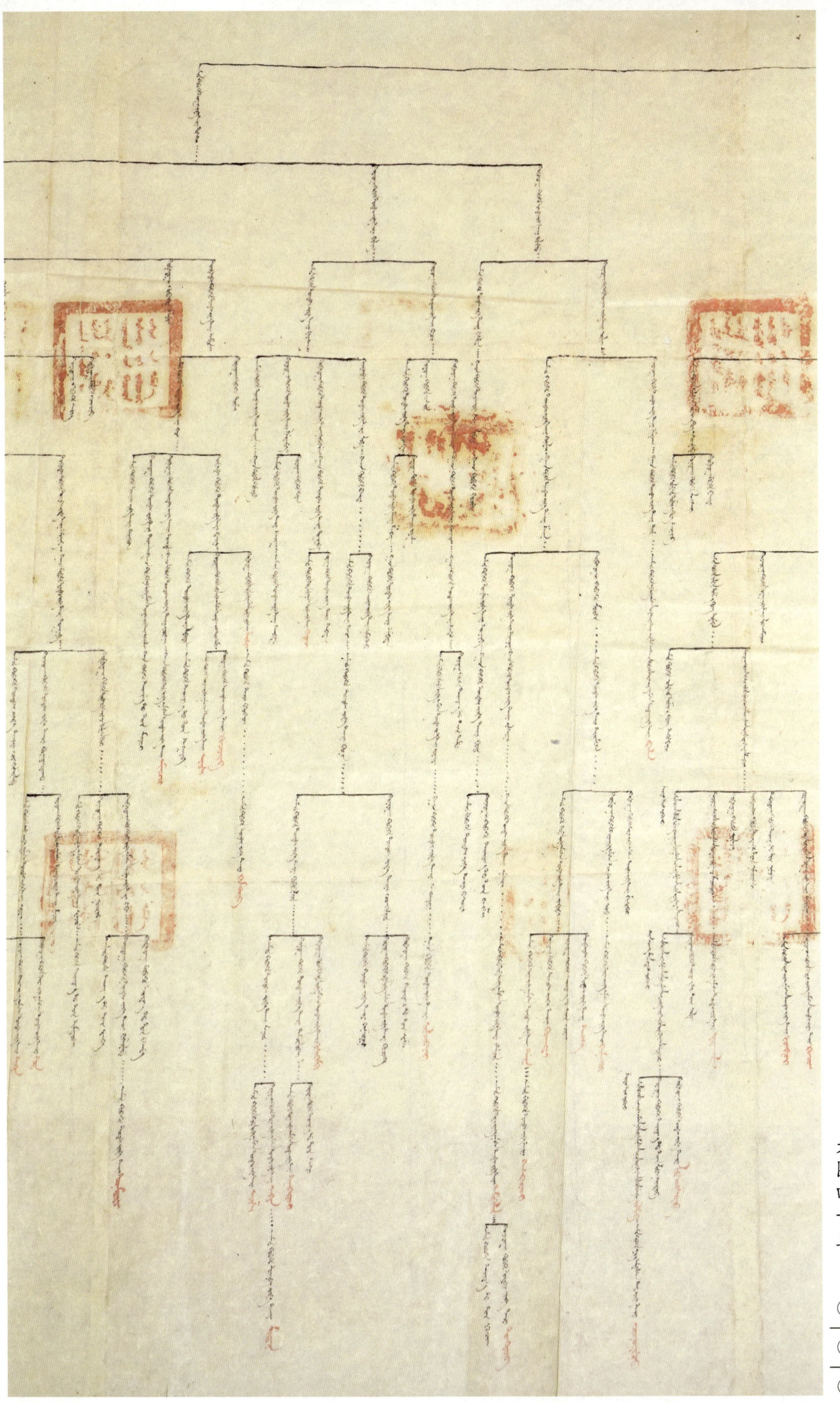

大图四十三 ①—②—③

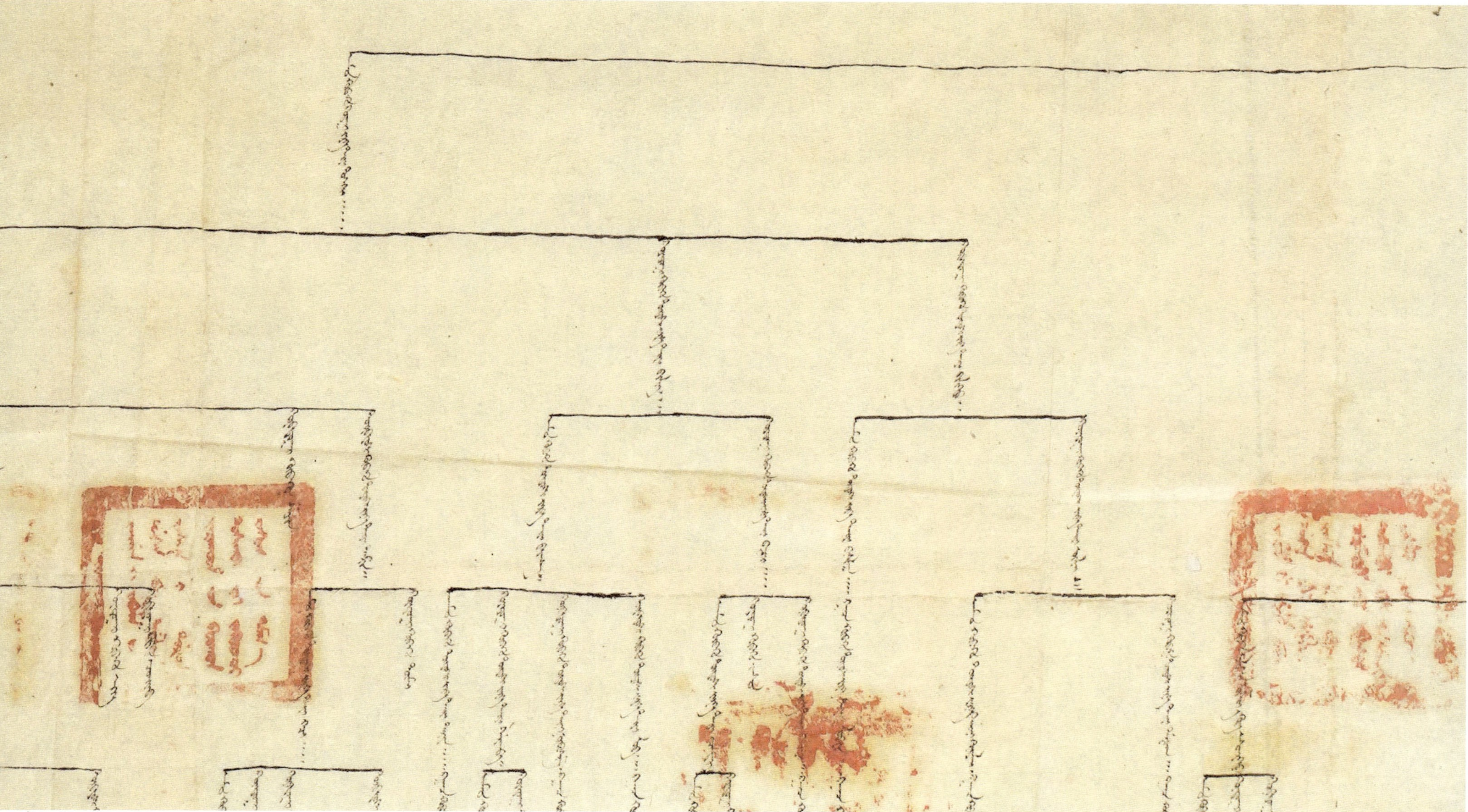

局部图①

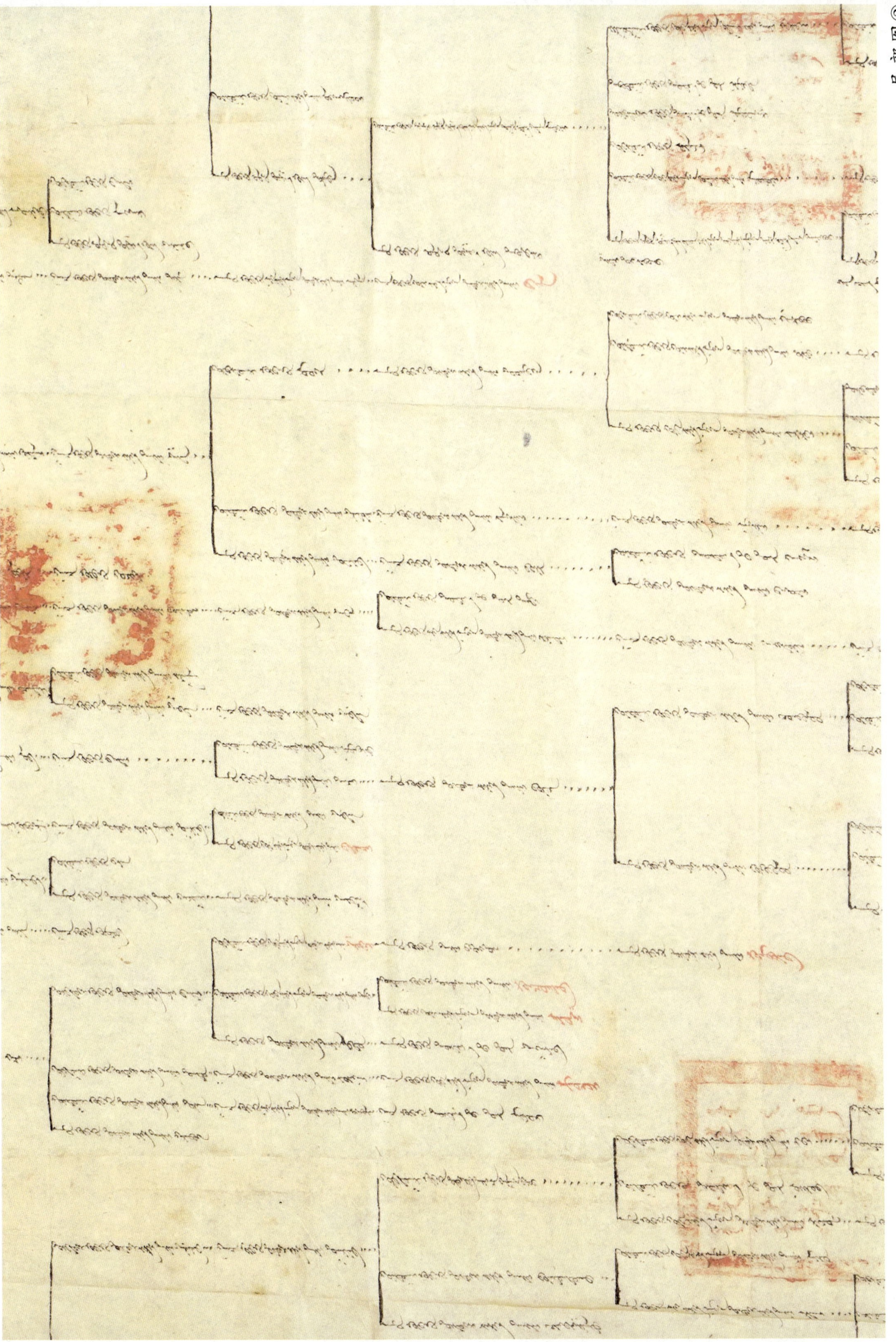

局部图②

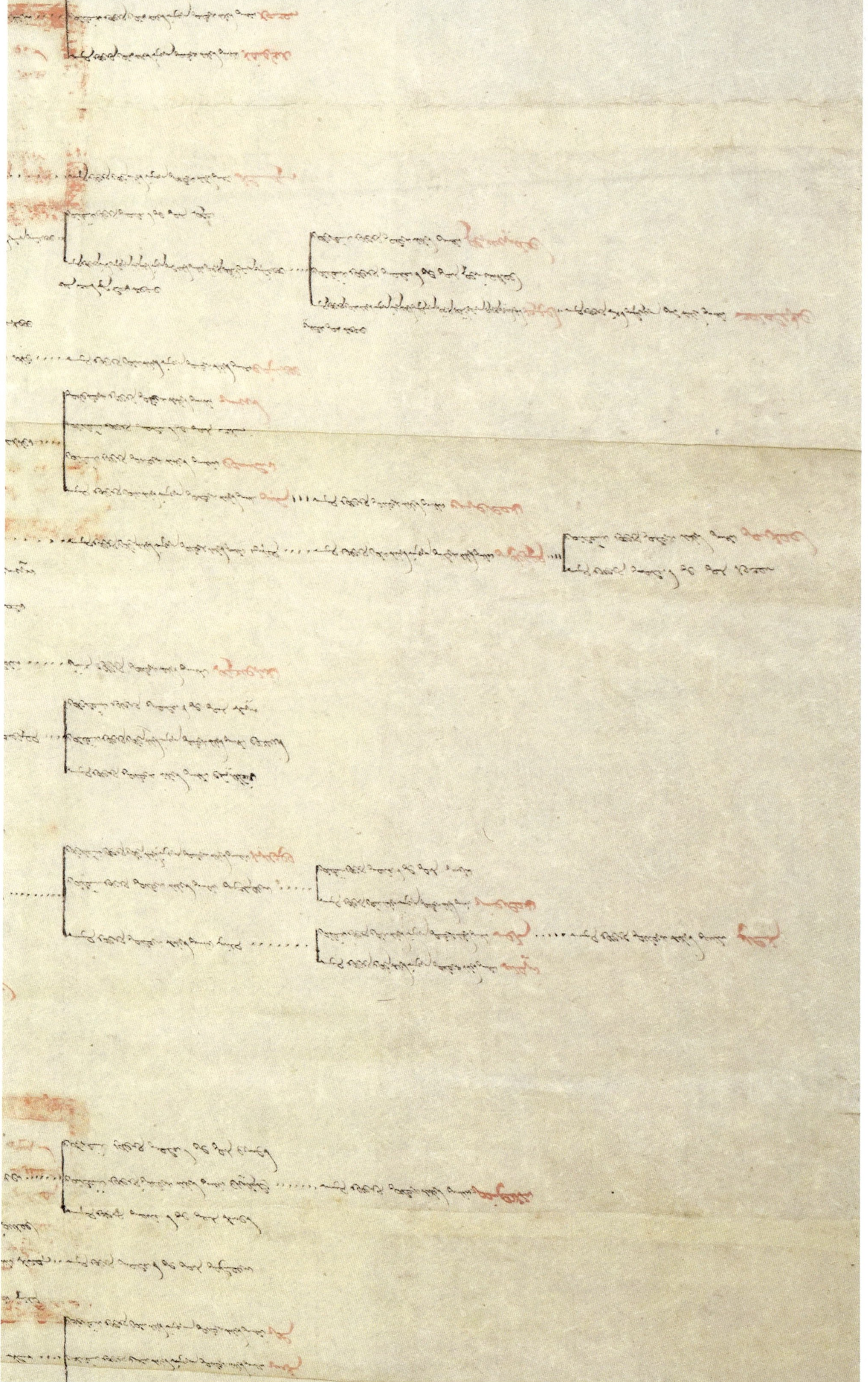

局部图③

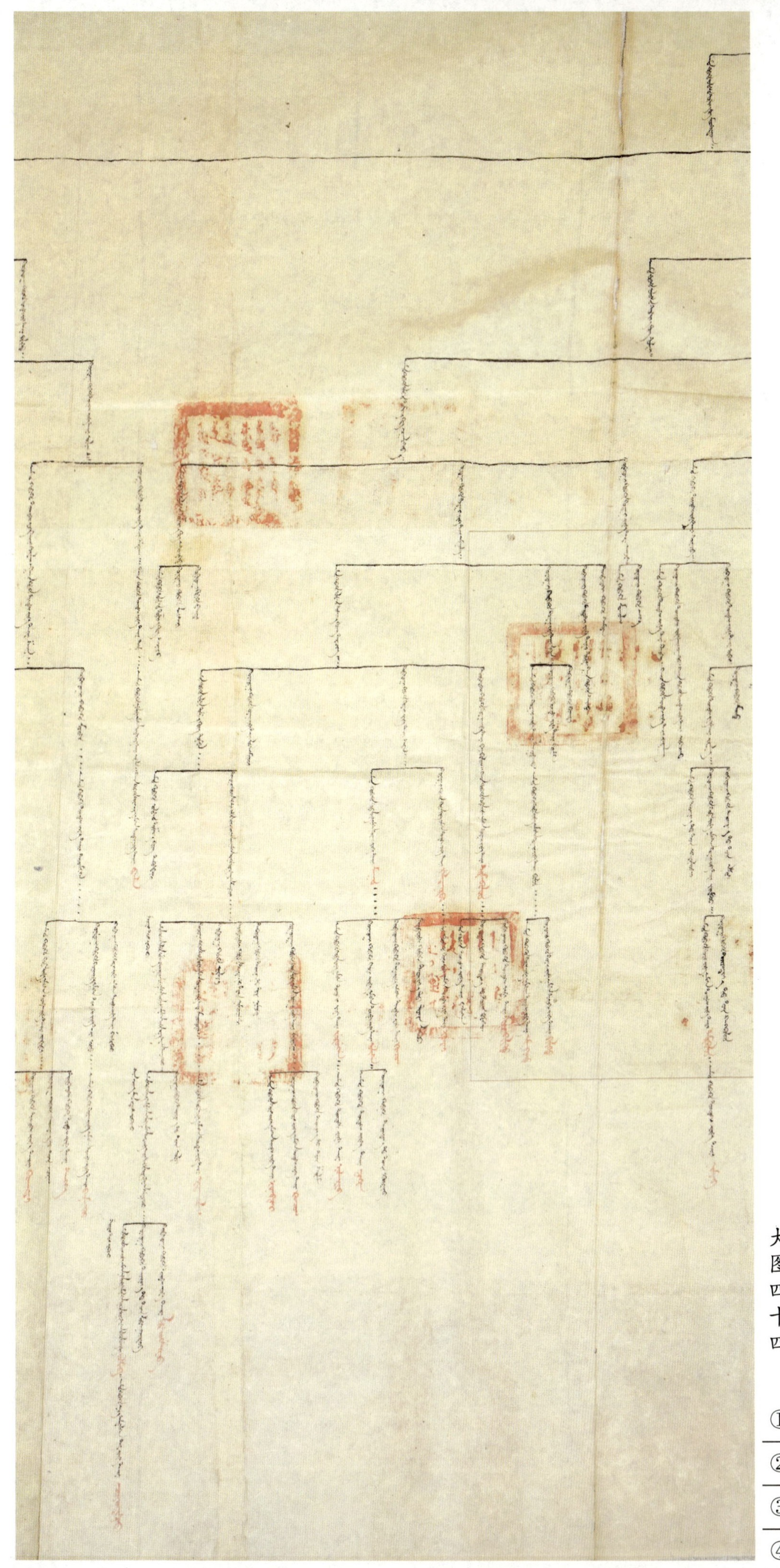

大图四十四

①
②
③
④

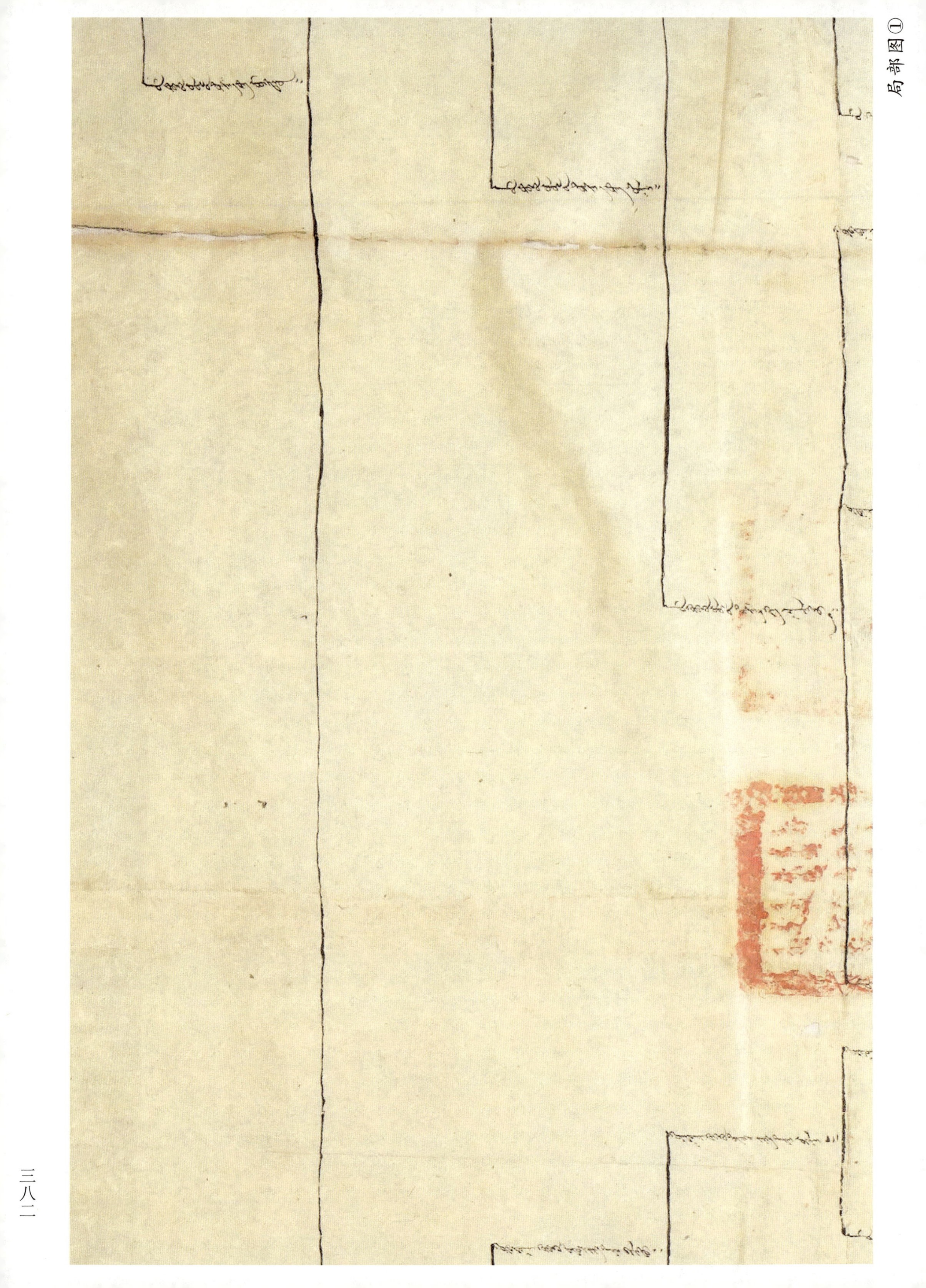

局部图①

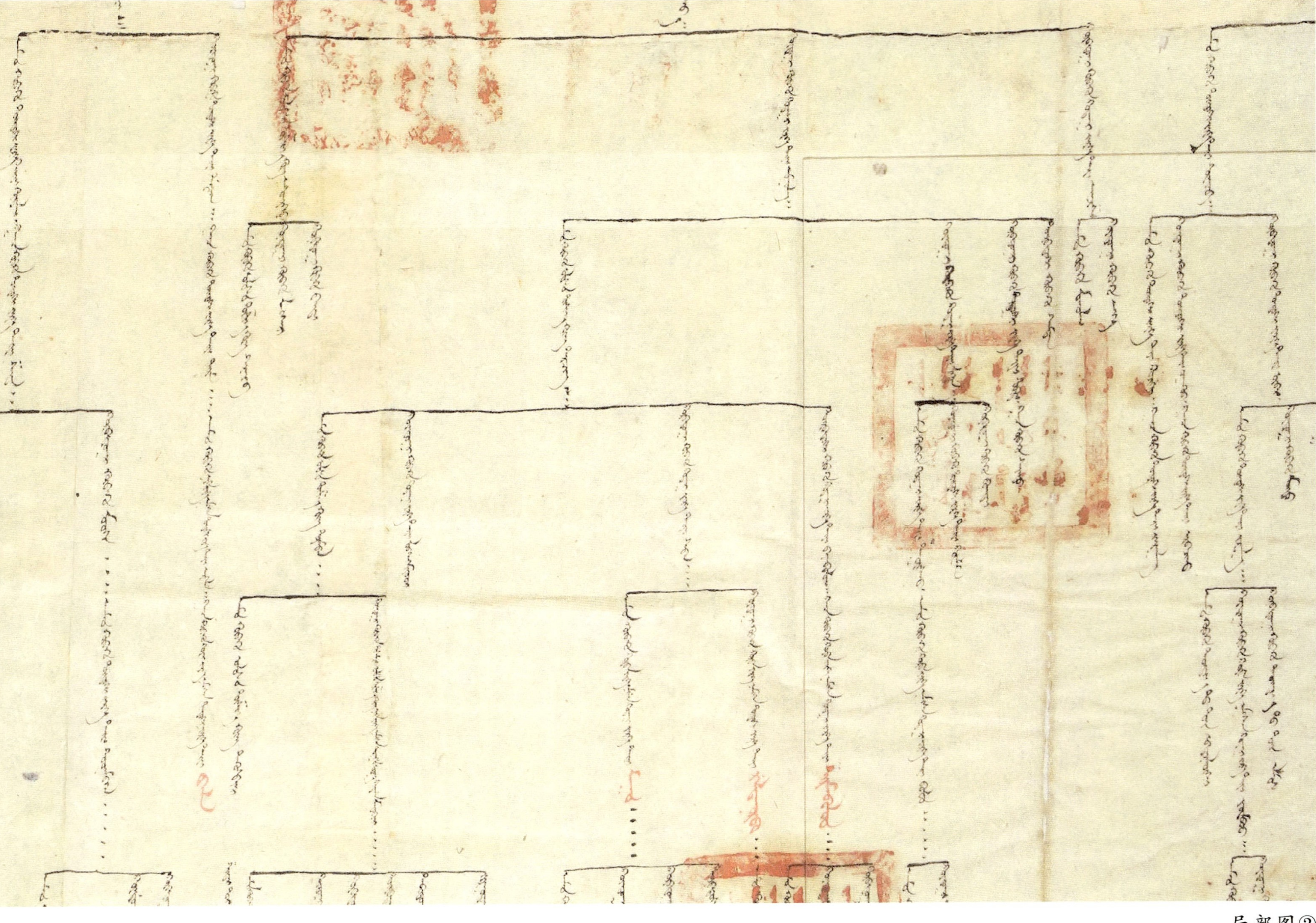

局部图②

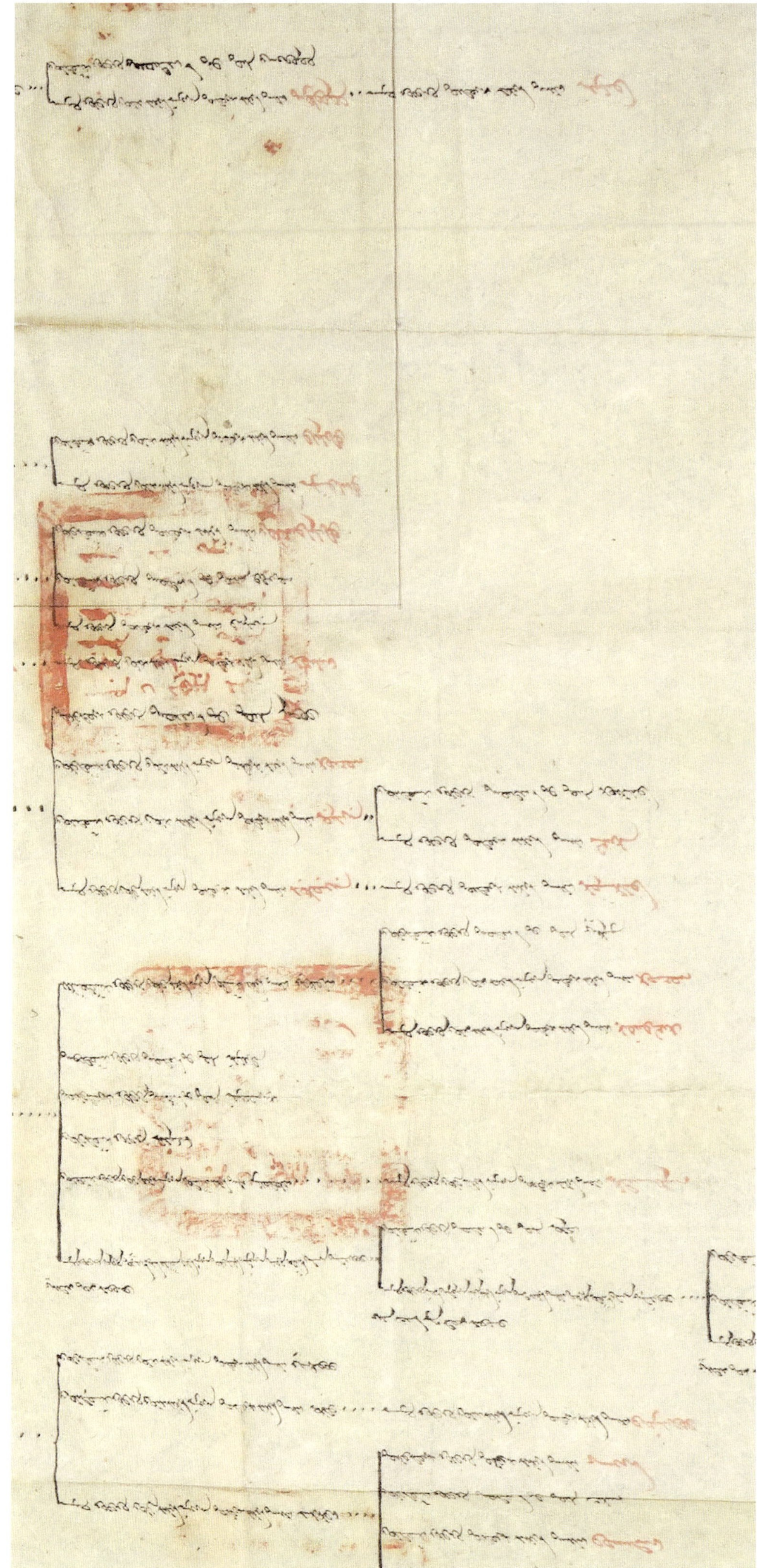

局部图③

局部图④

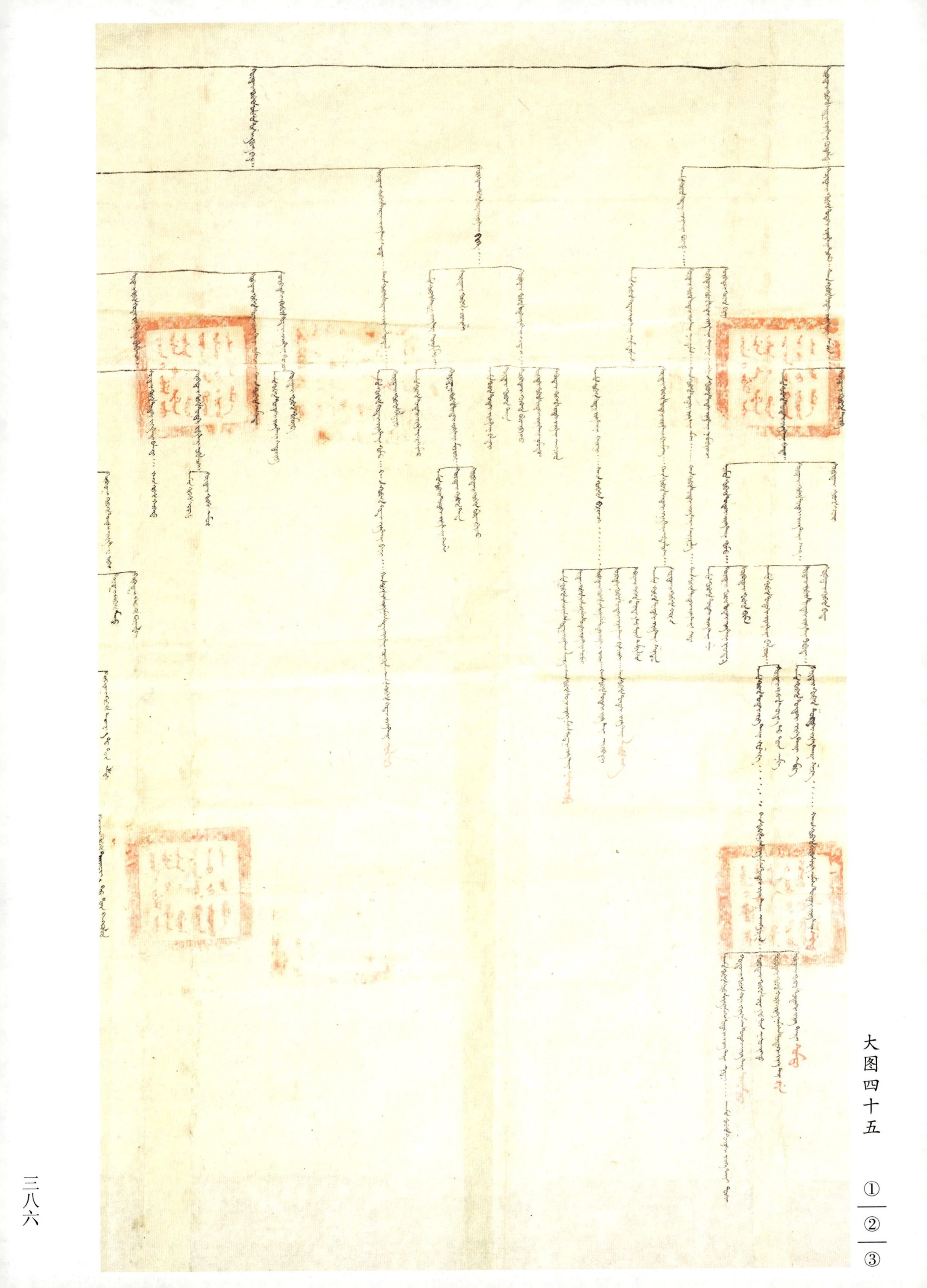

大图四十五

①—②—③

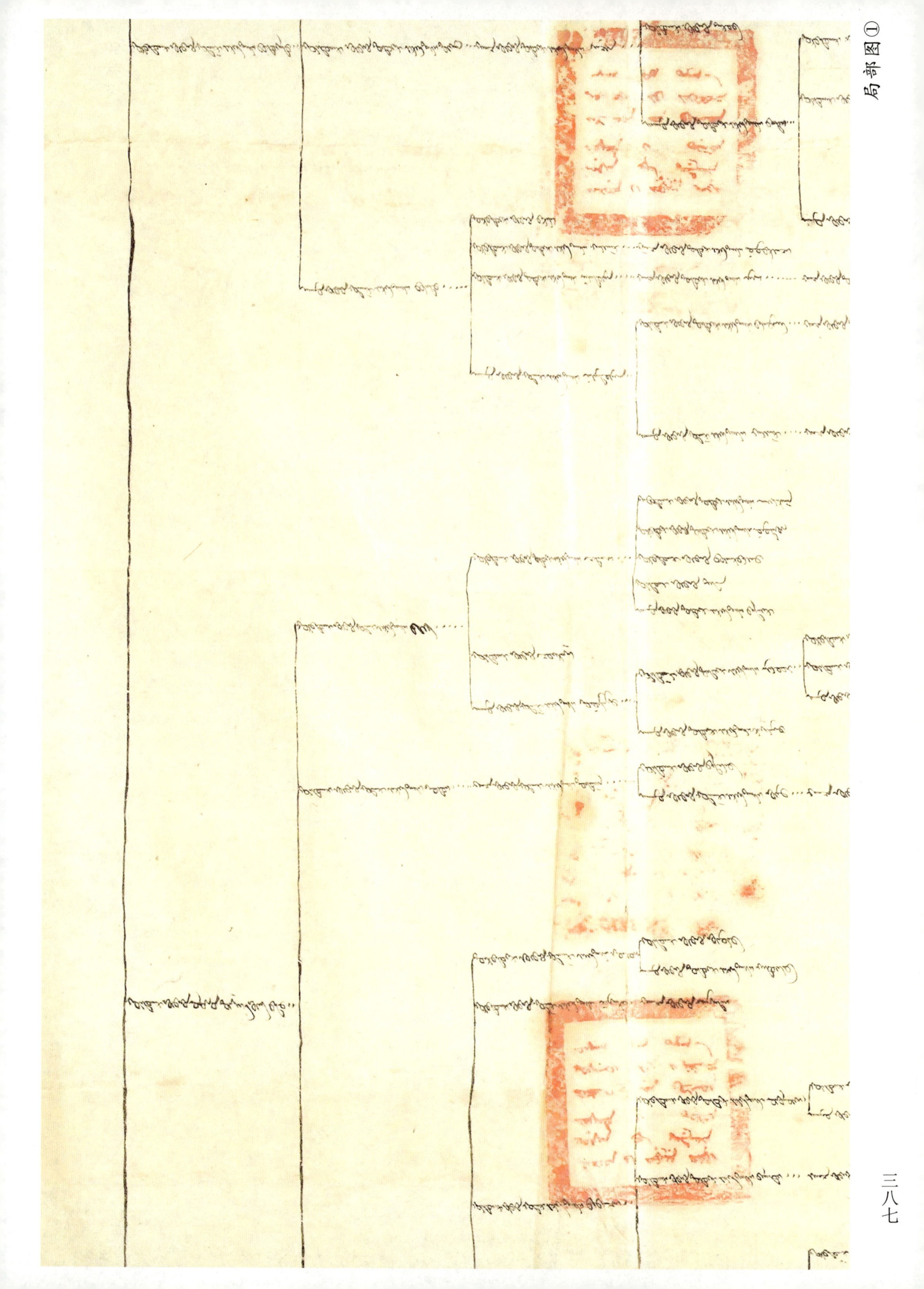

局部图①

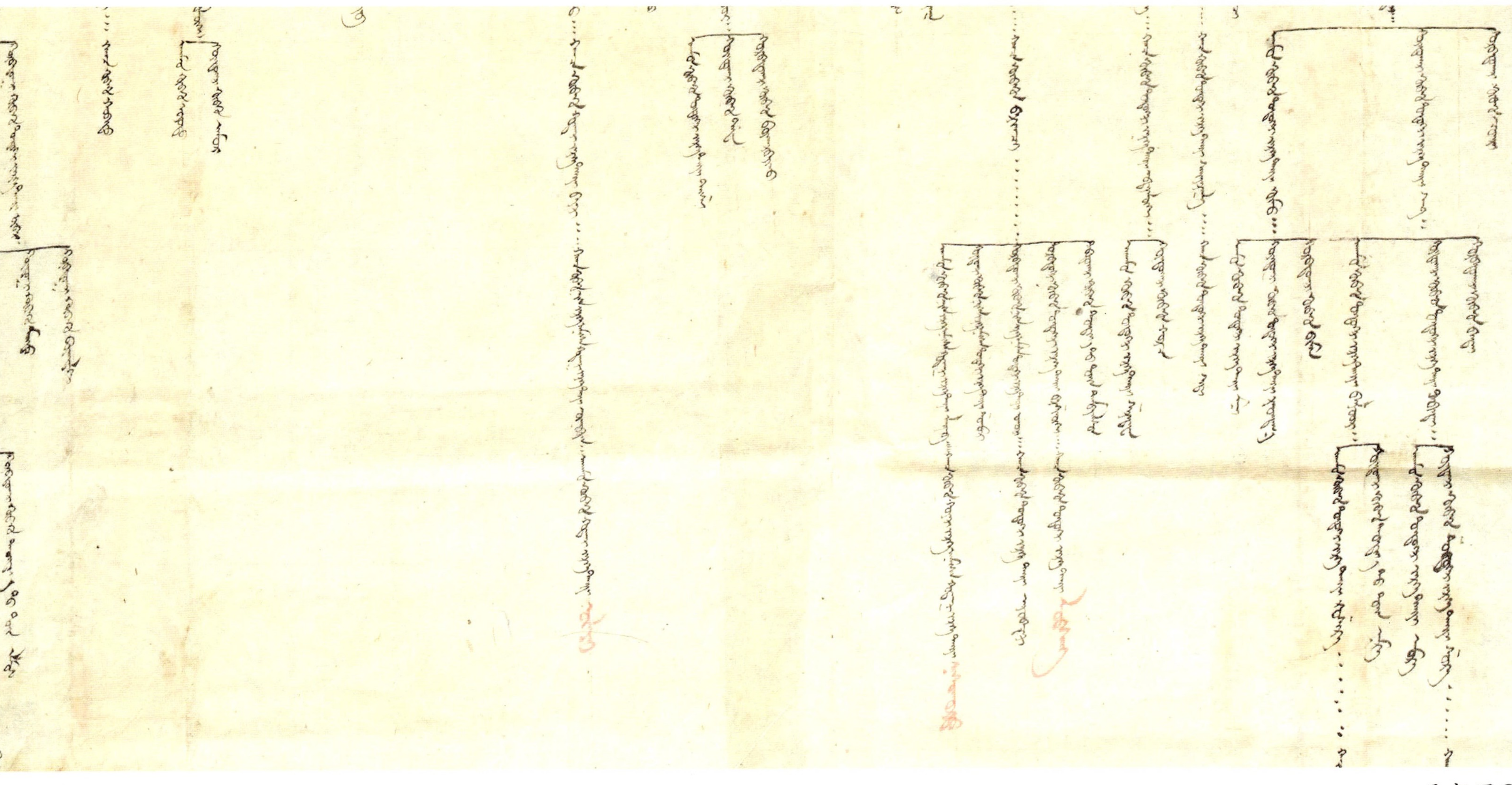

局部图②

局部图③

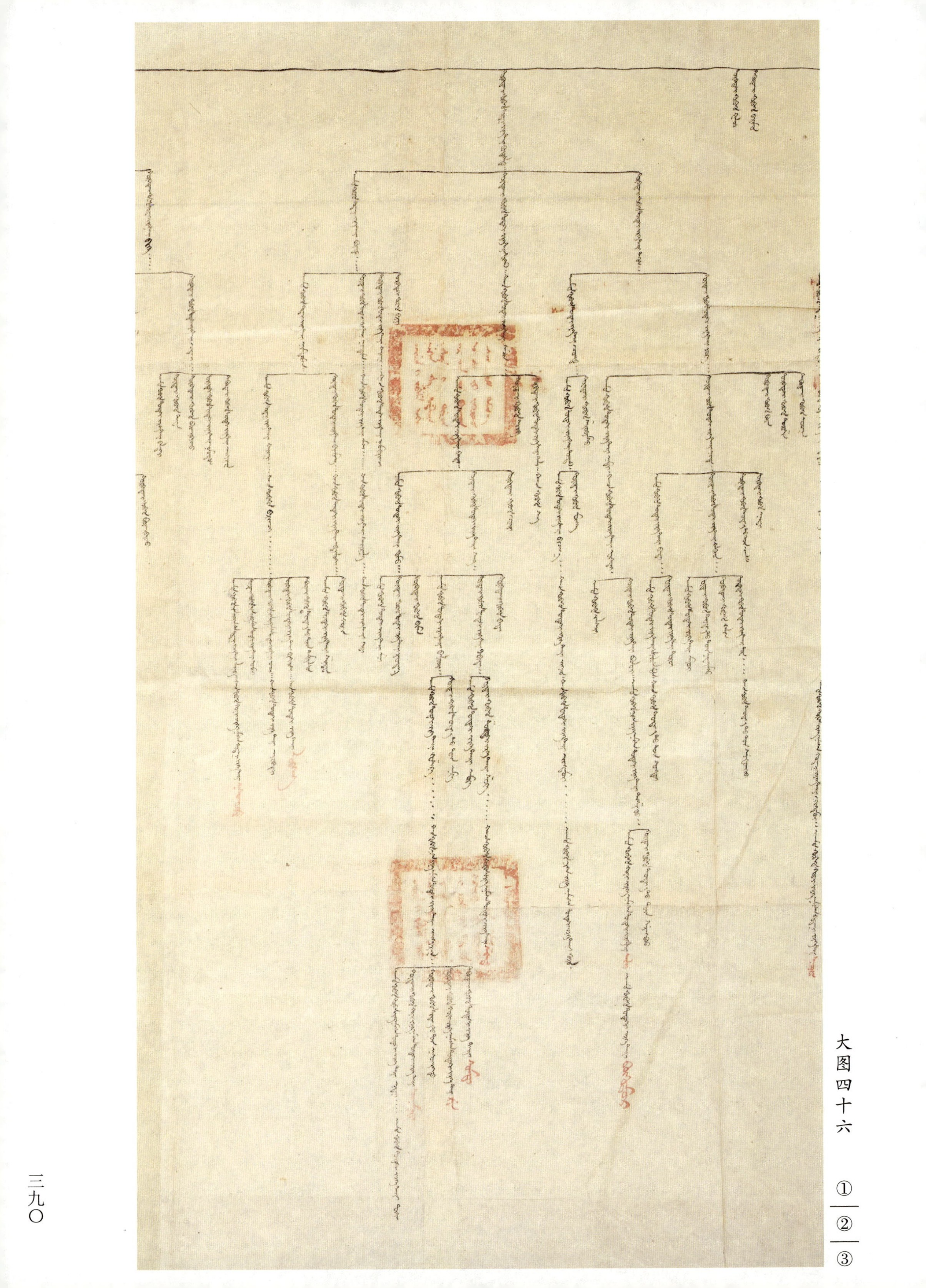

大图四十六

①
②
③

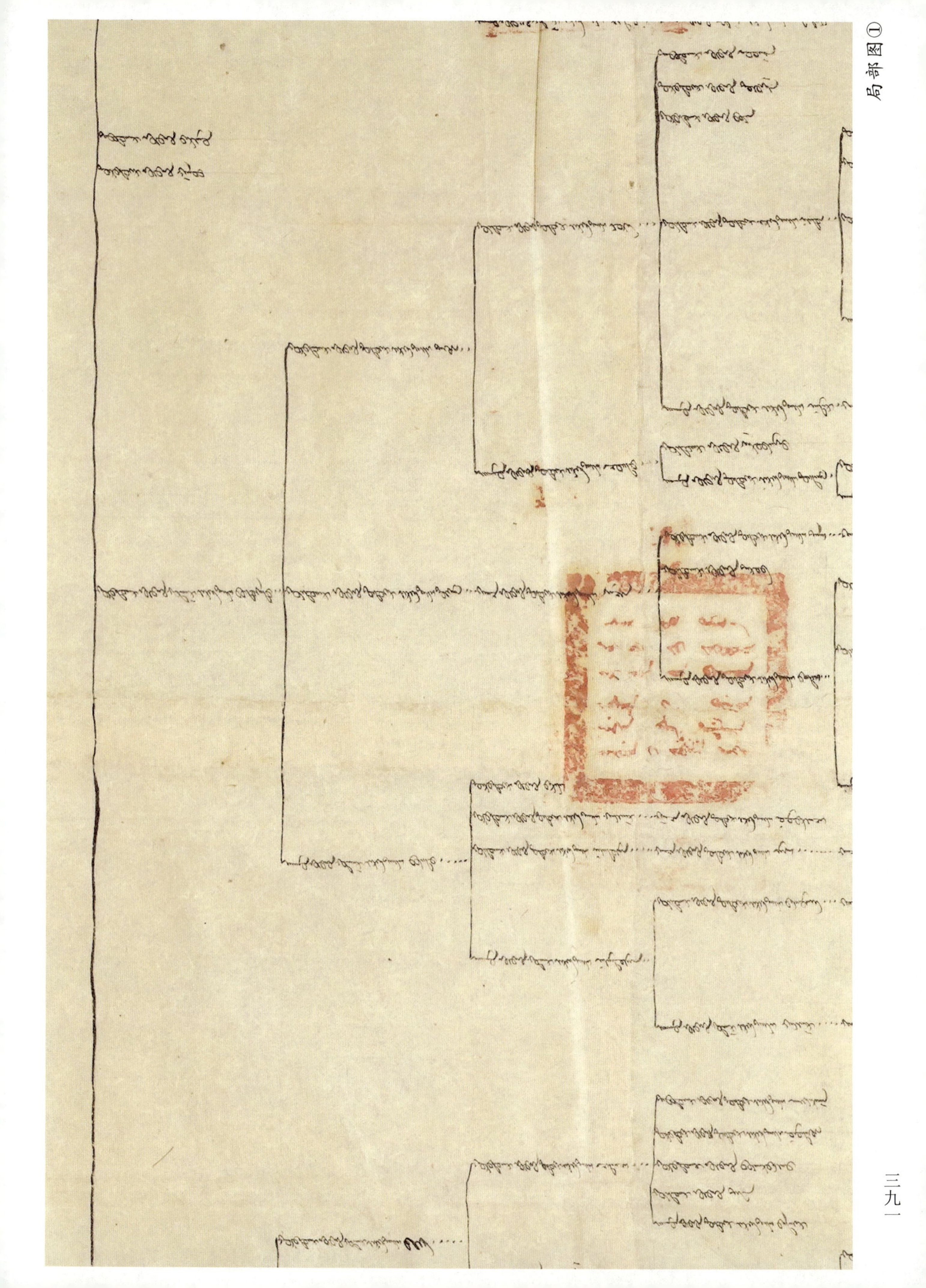

局部图①

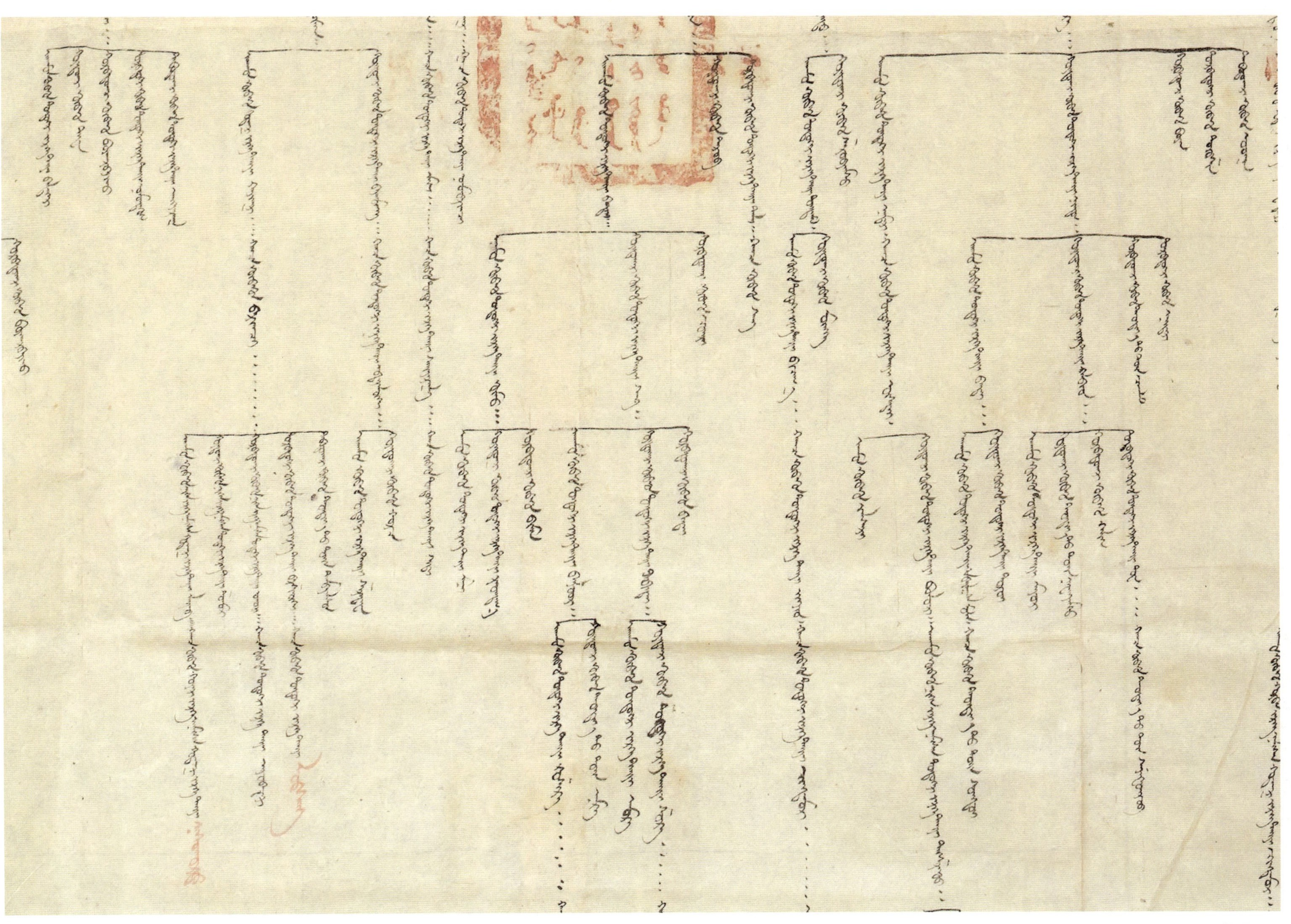

局部图②

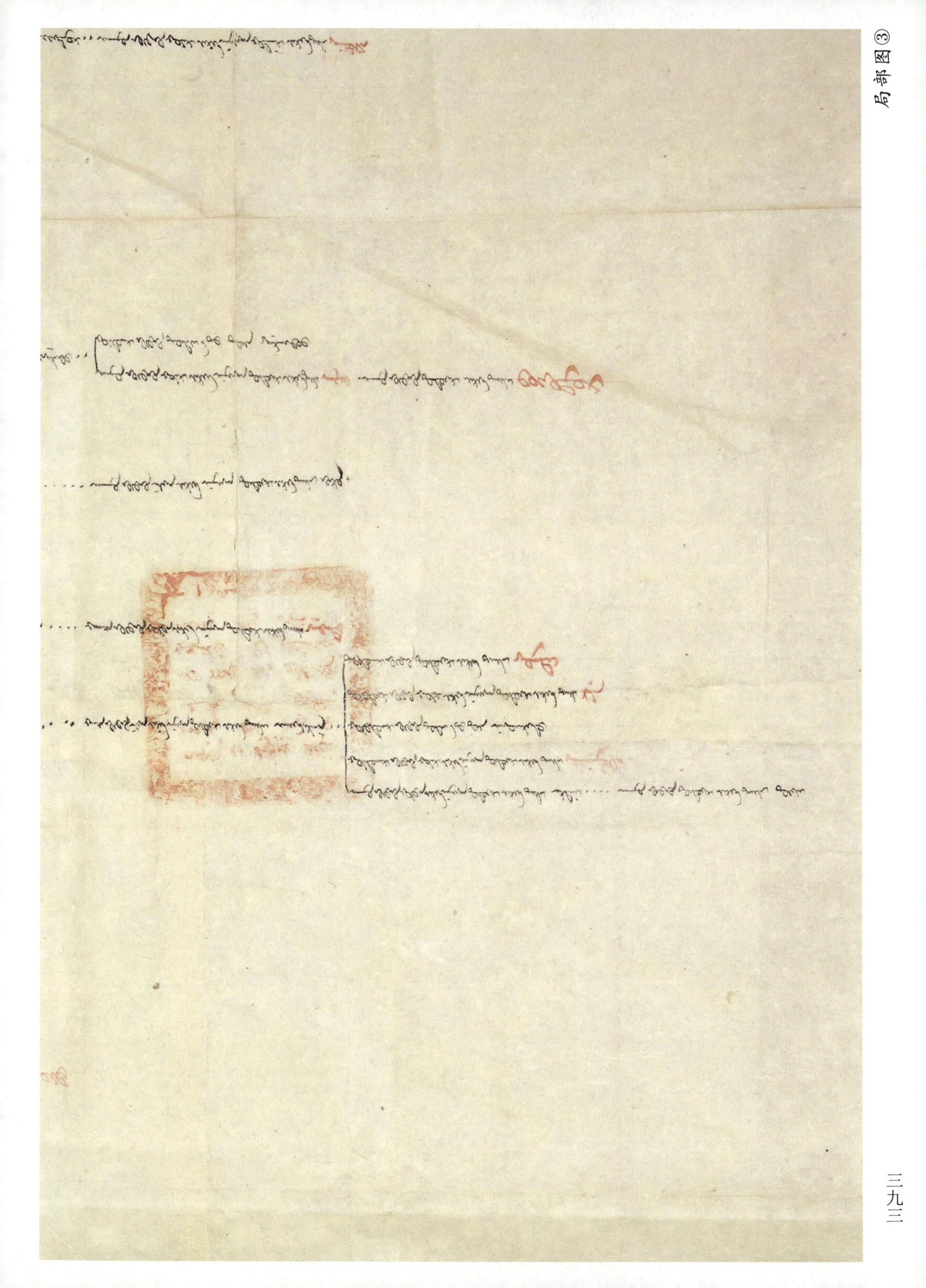

局部图③

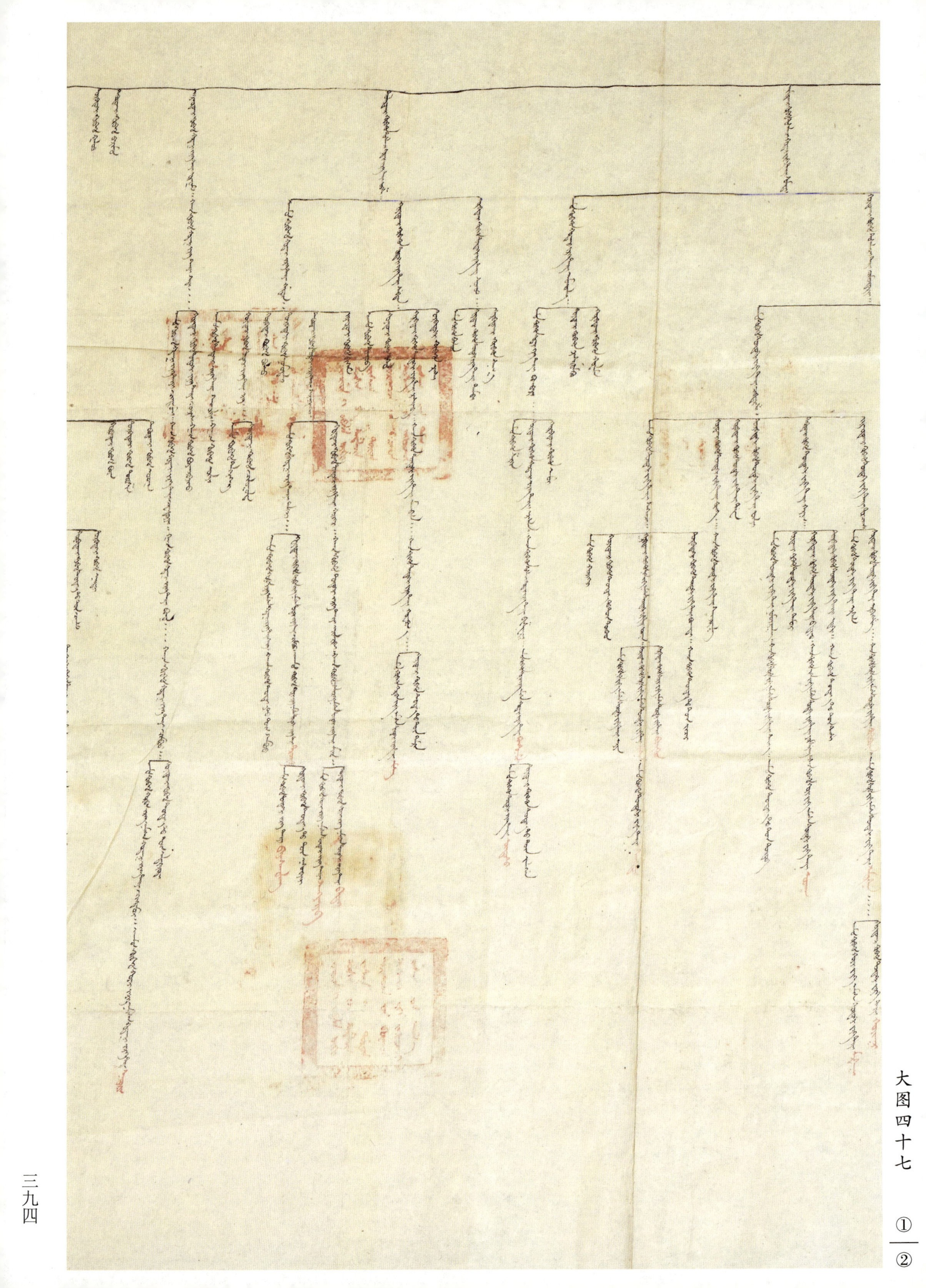

大图四十七 ①—②

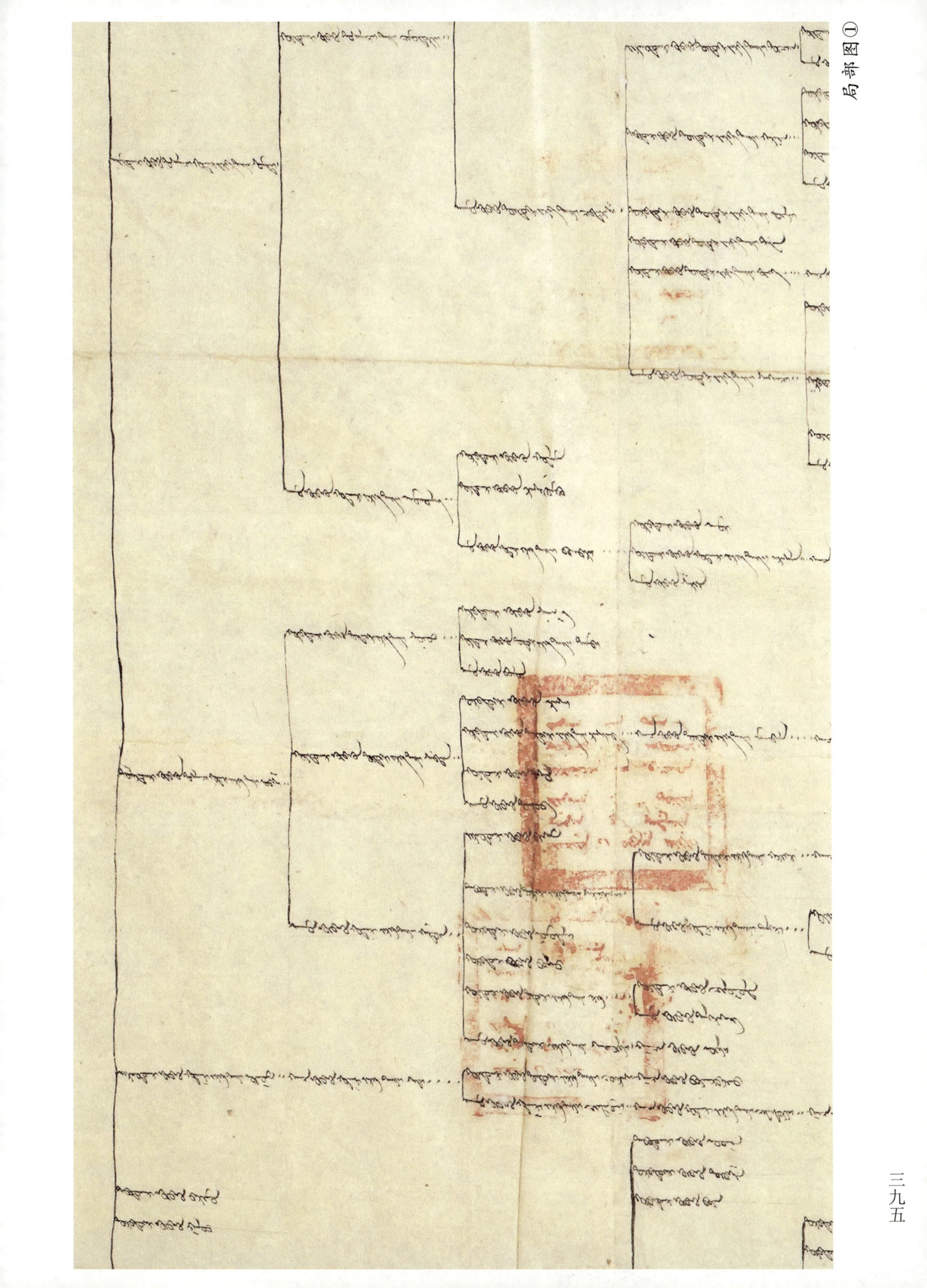

局部图①

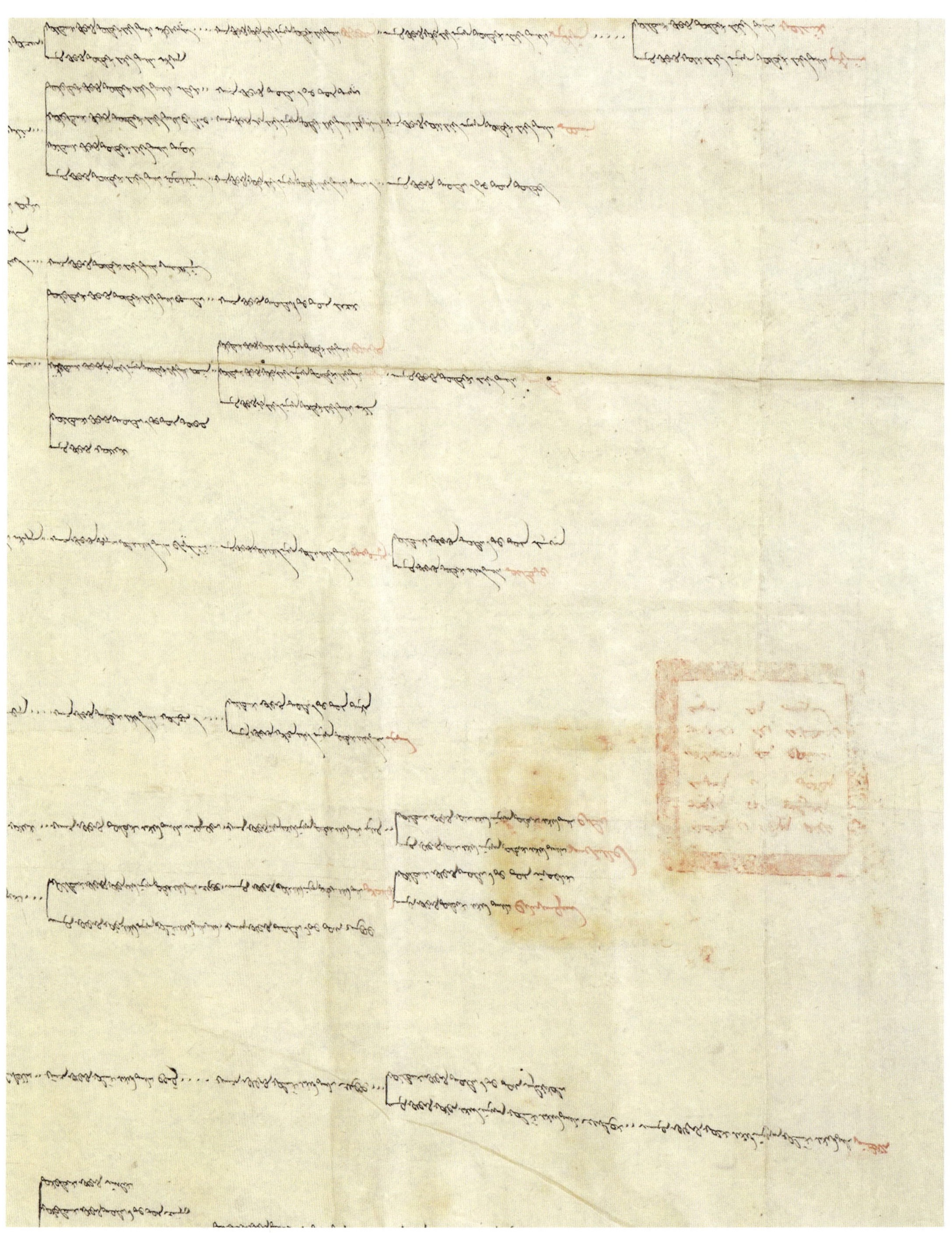

局部图②

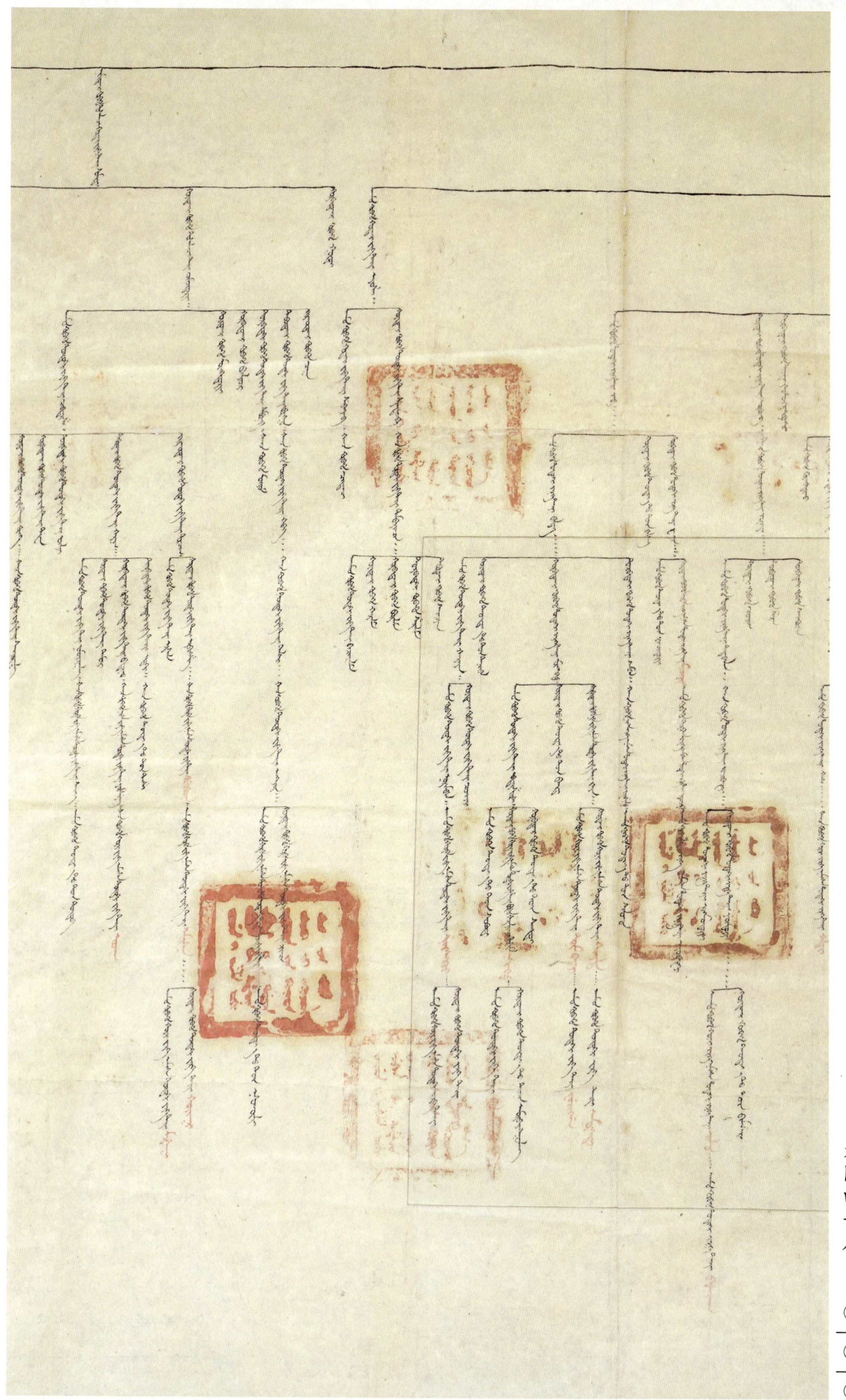

大图四十八 ①—②—③

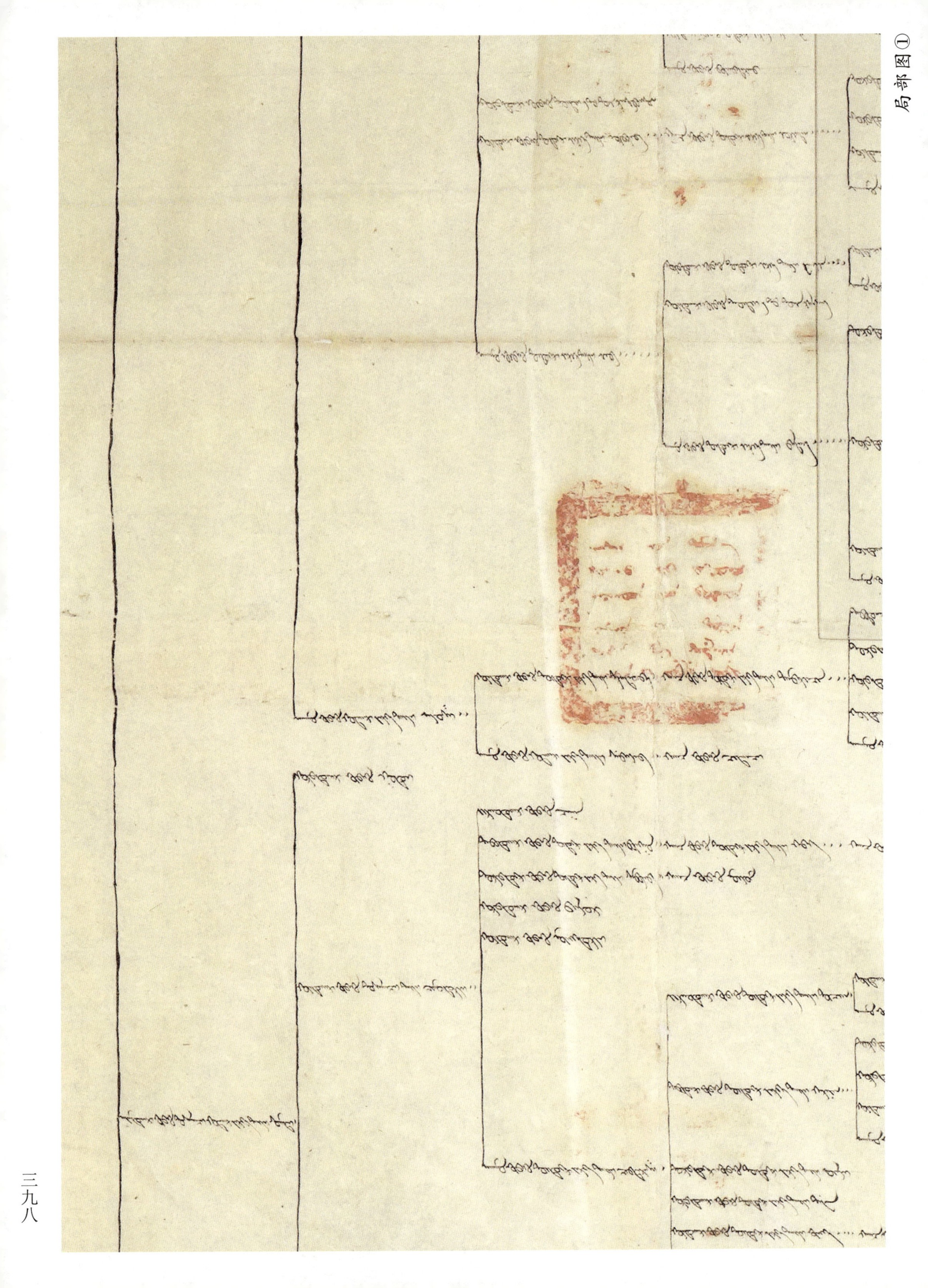

局部图①

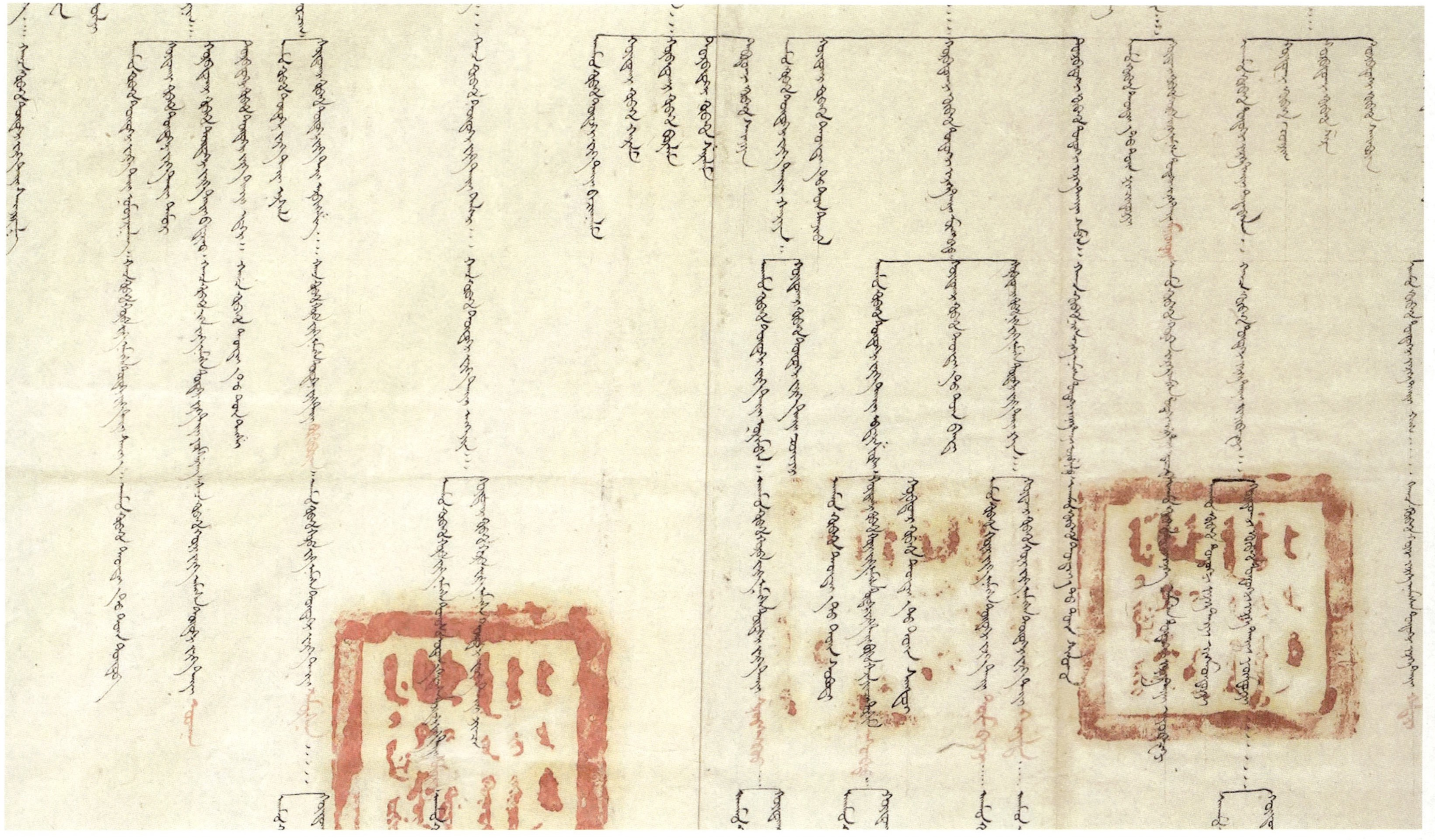

局部图②

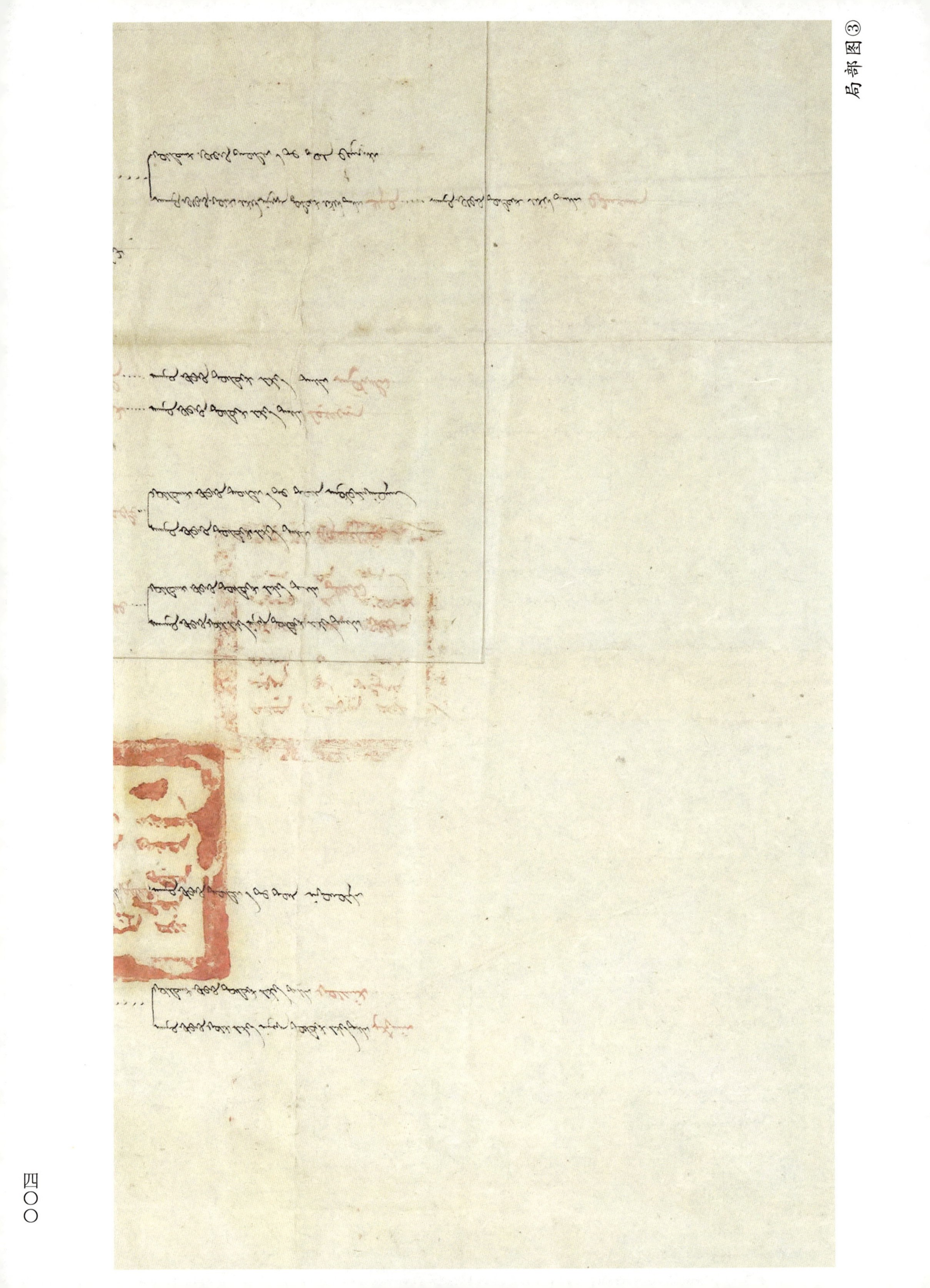

局部图③

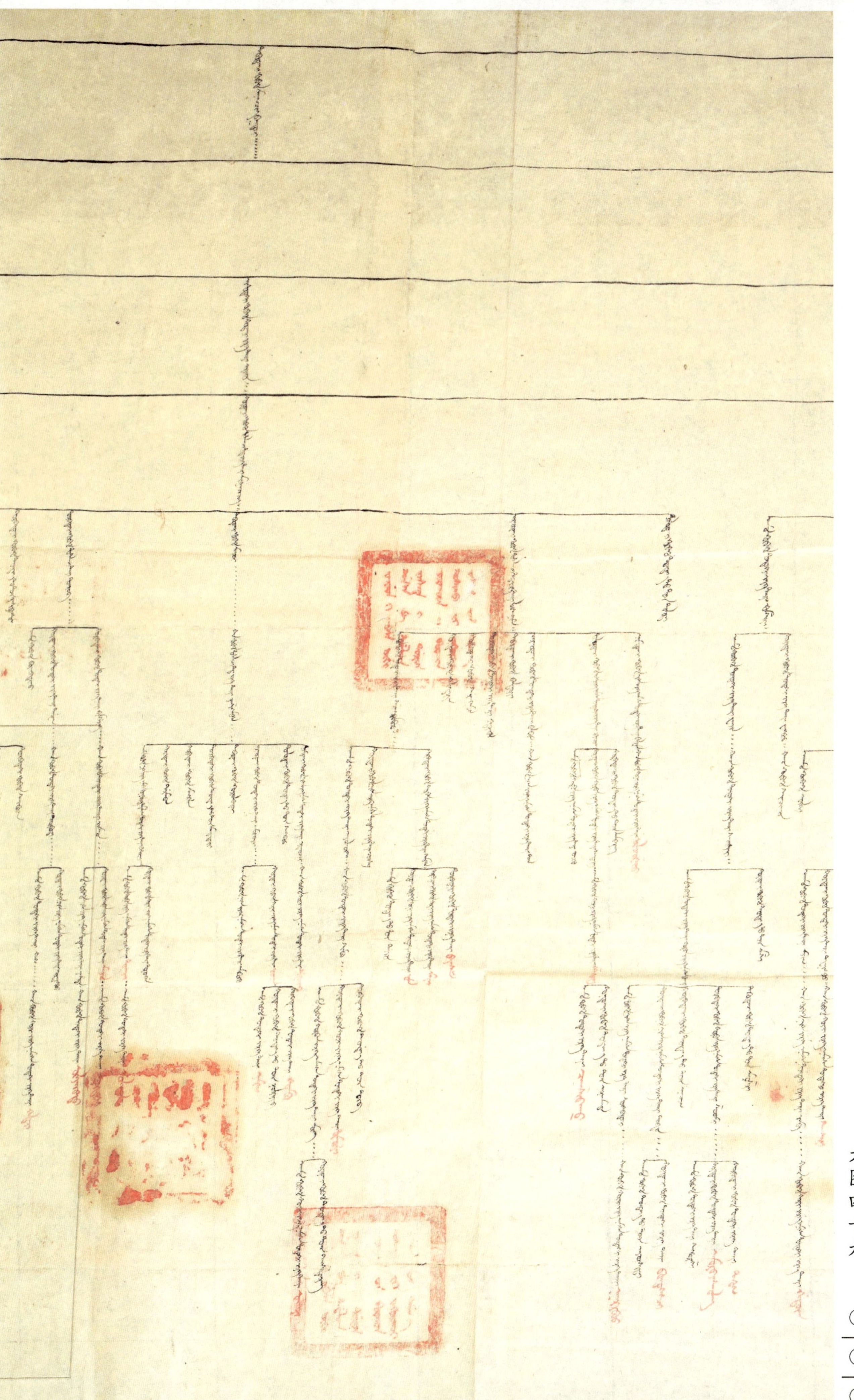

大图四十九 ①—②—③

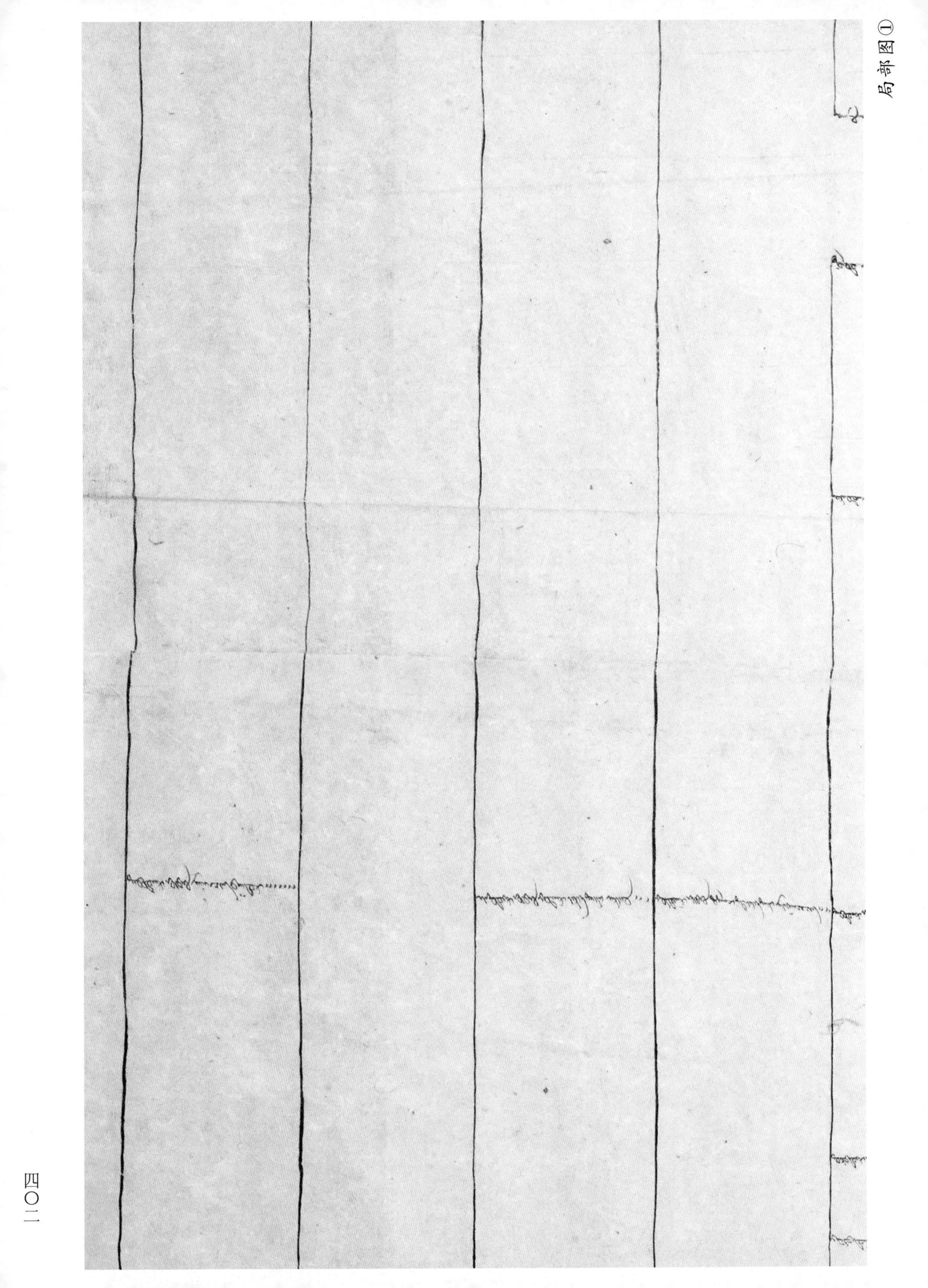

局部图①

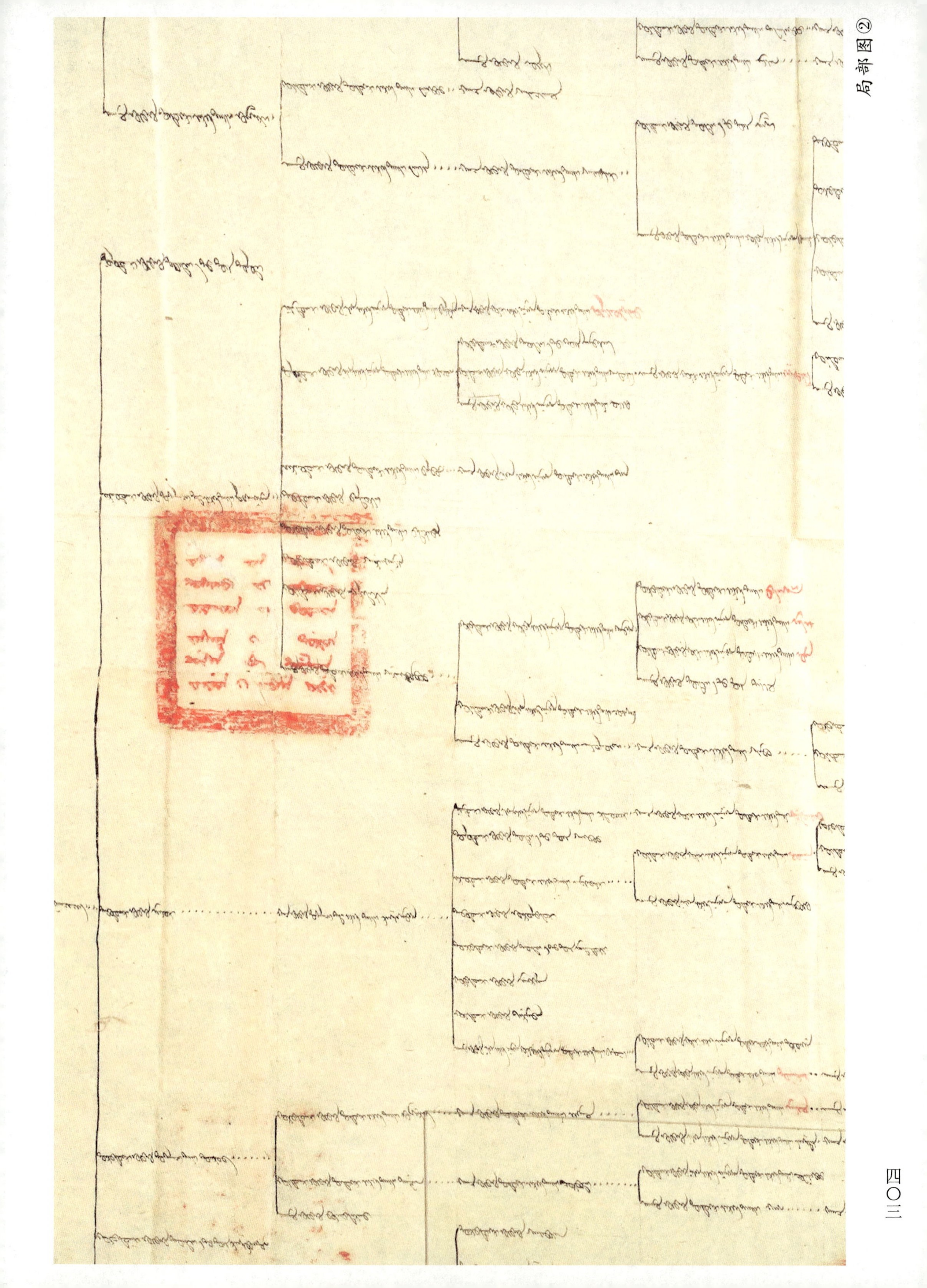

局部图②

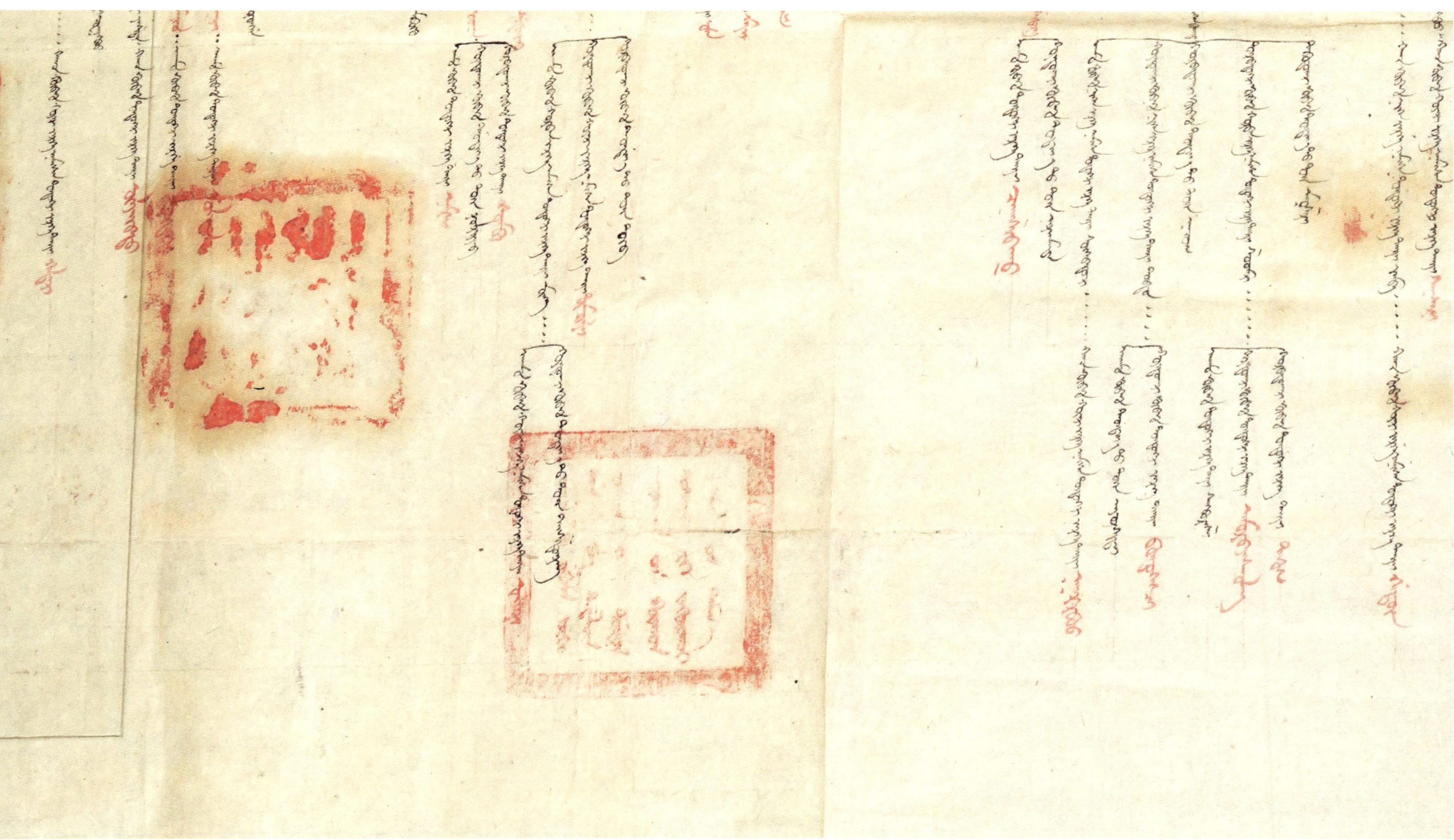

局部图③

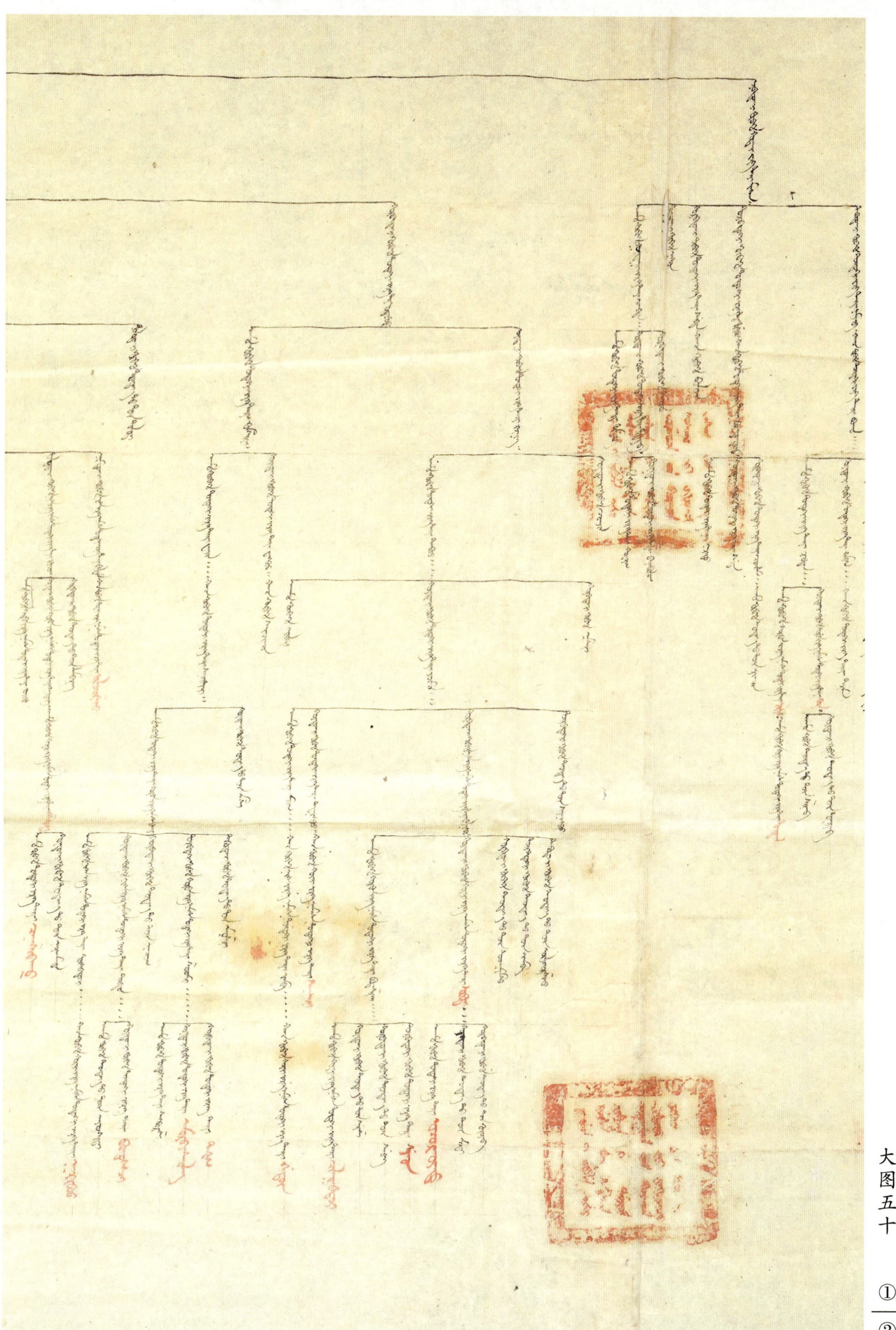

大图五十 ①—②

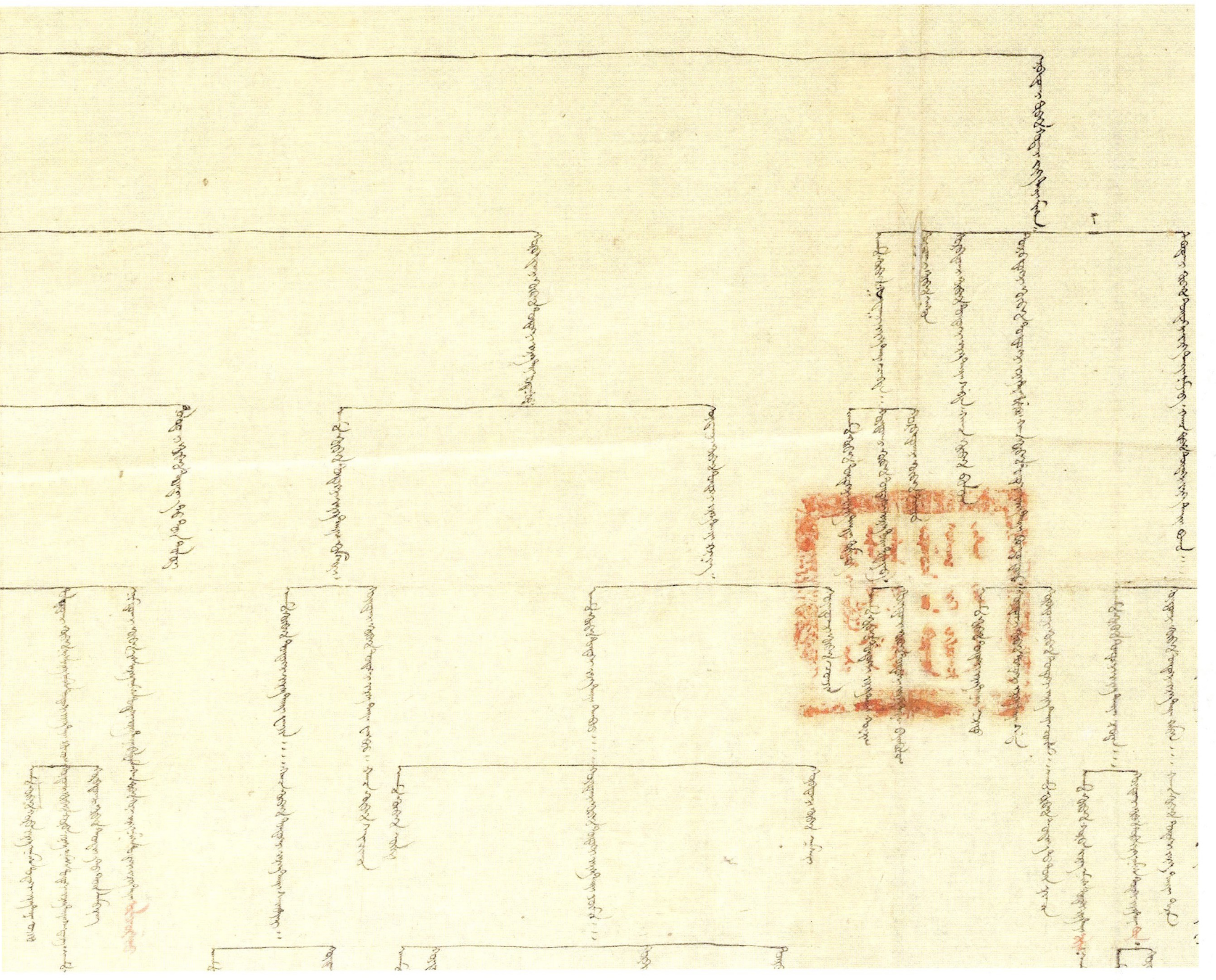

局部图①

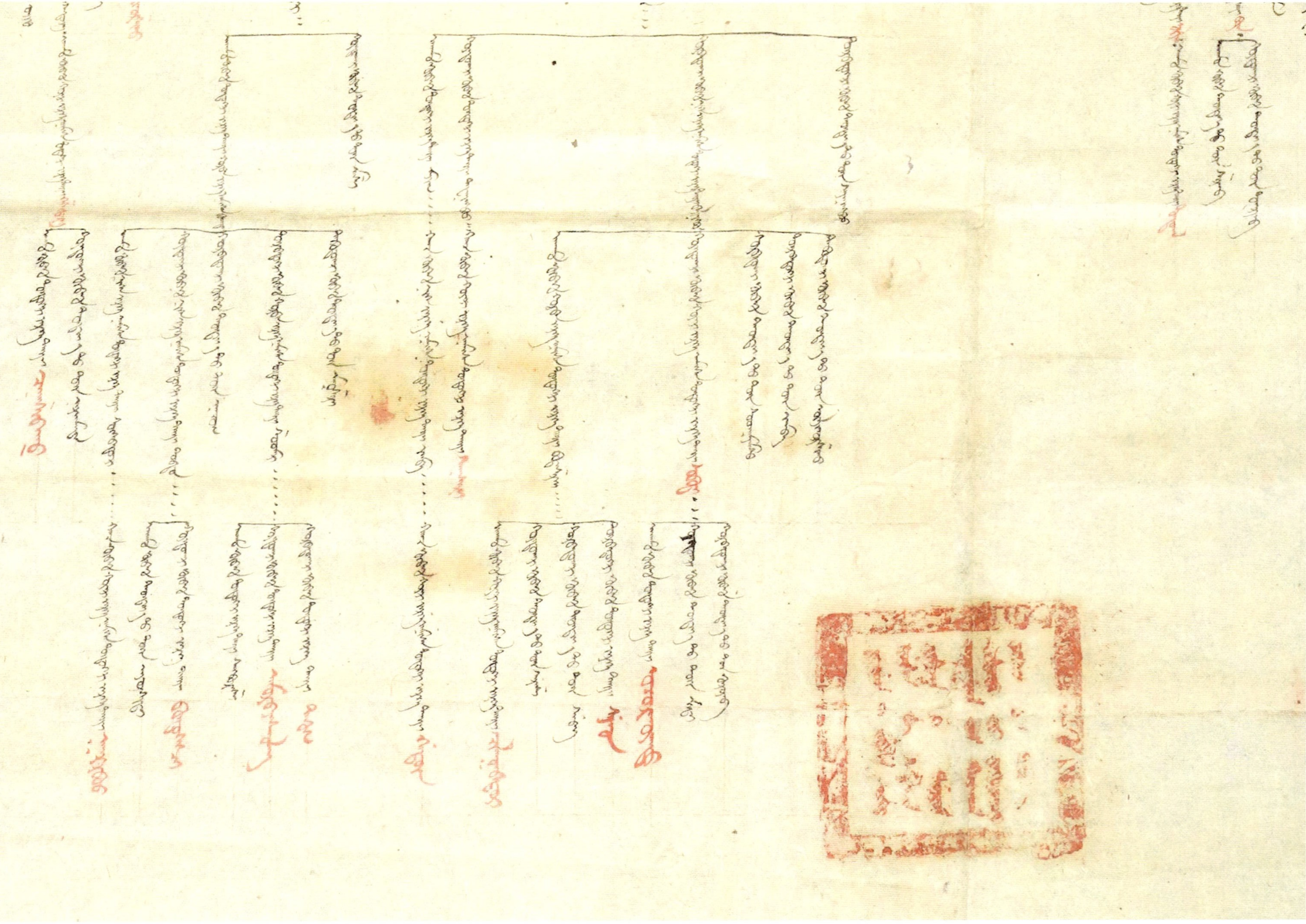

局部图②

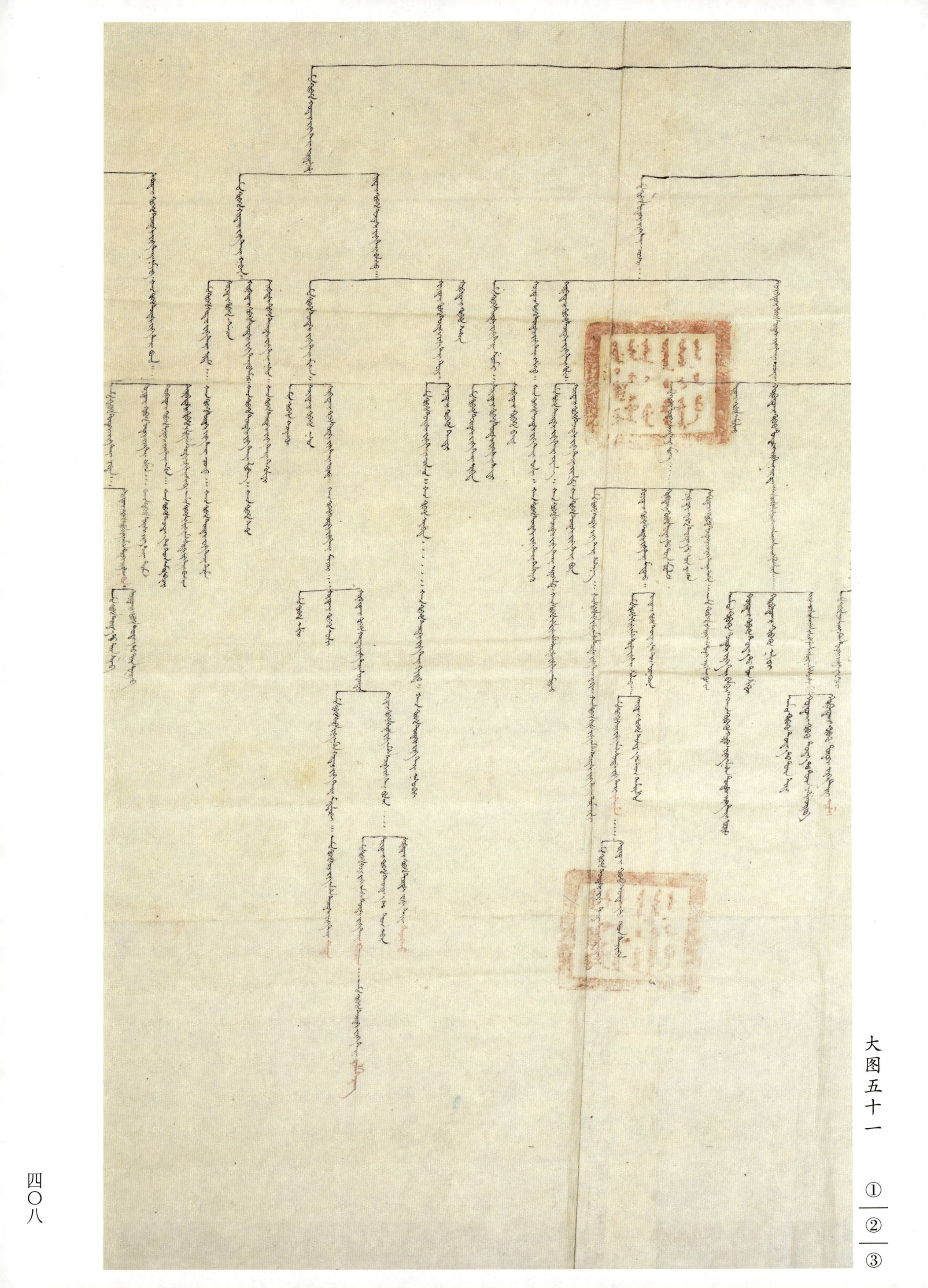

大图五十一

①—②—③

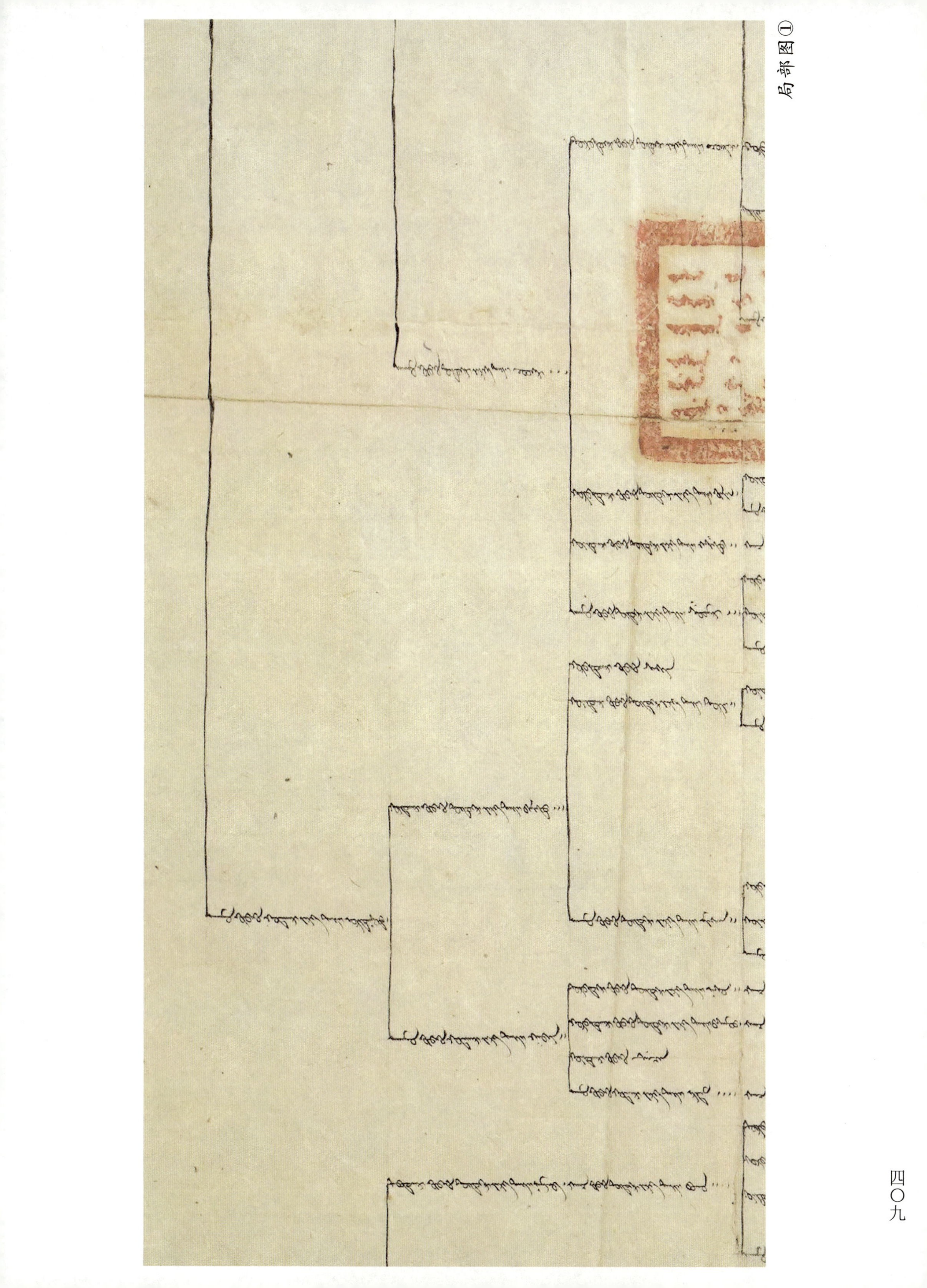

局部图①

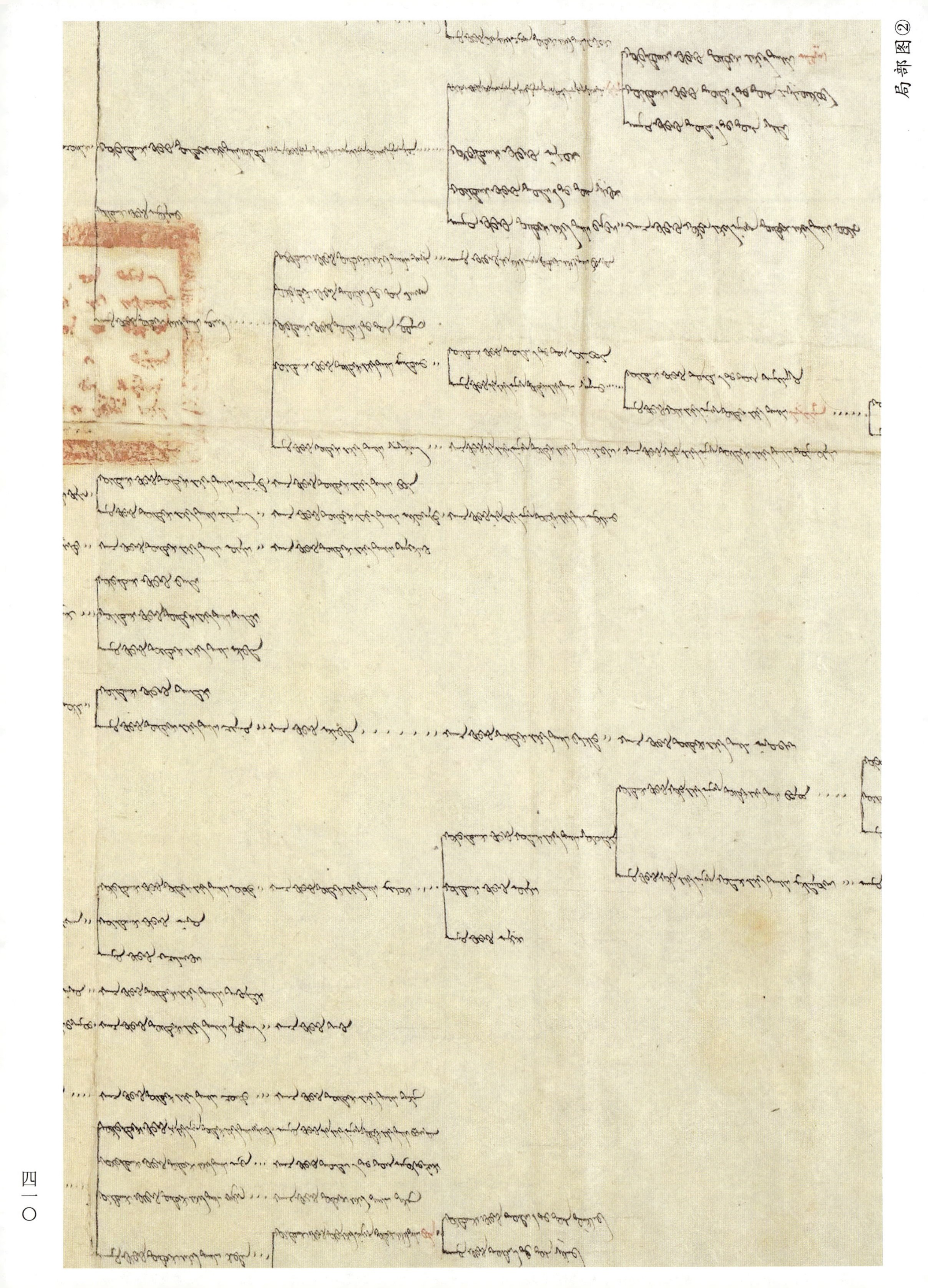

局部图②

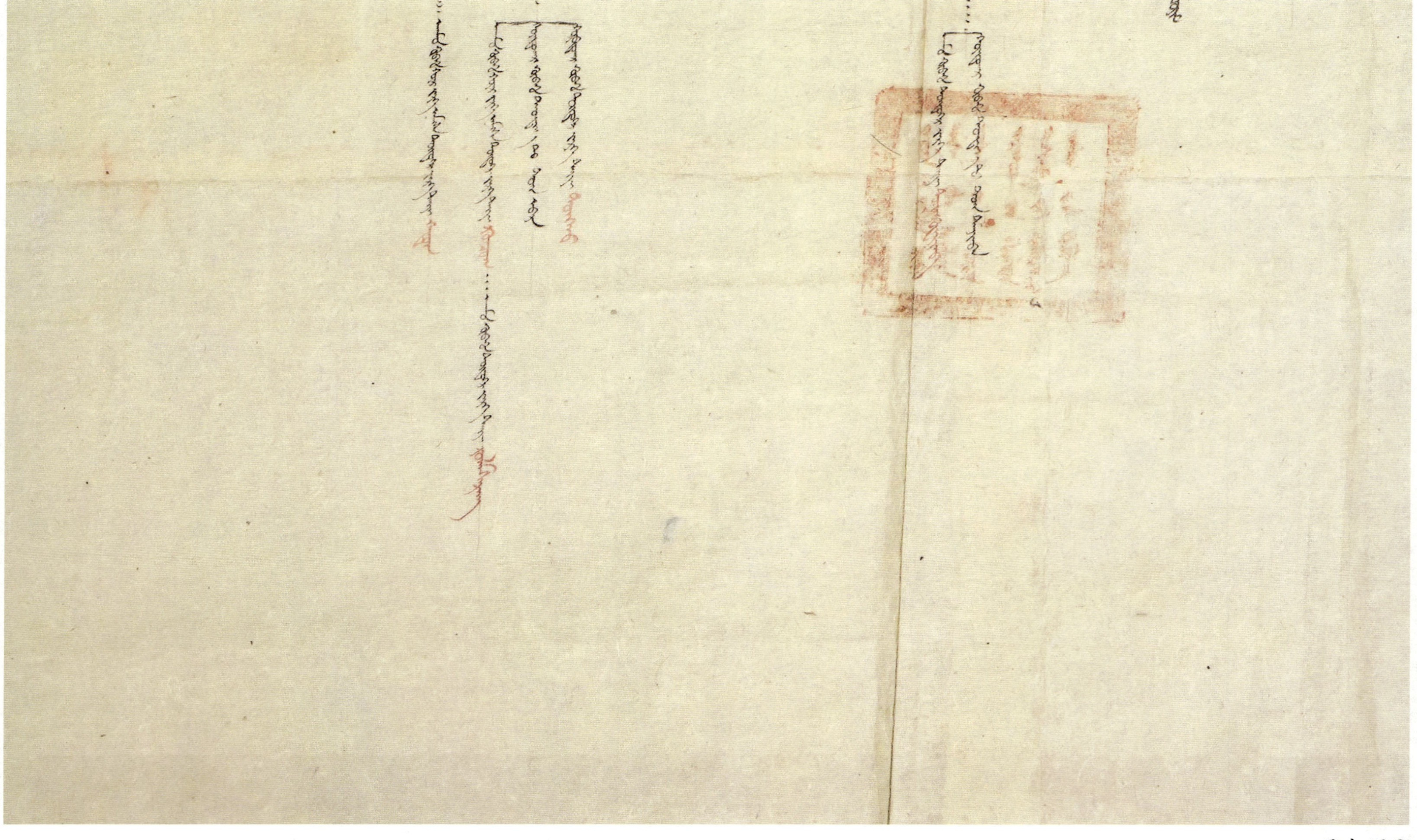

局部图③

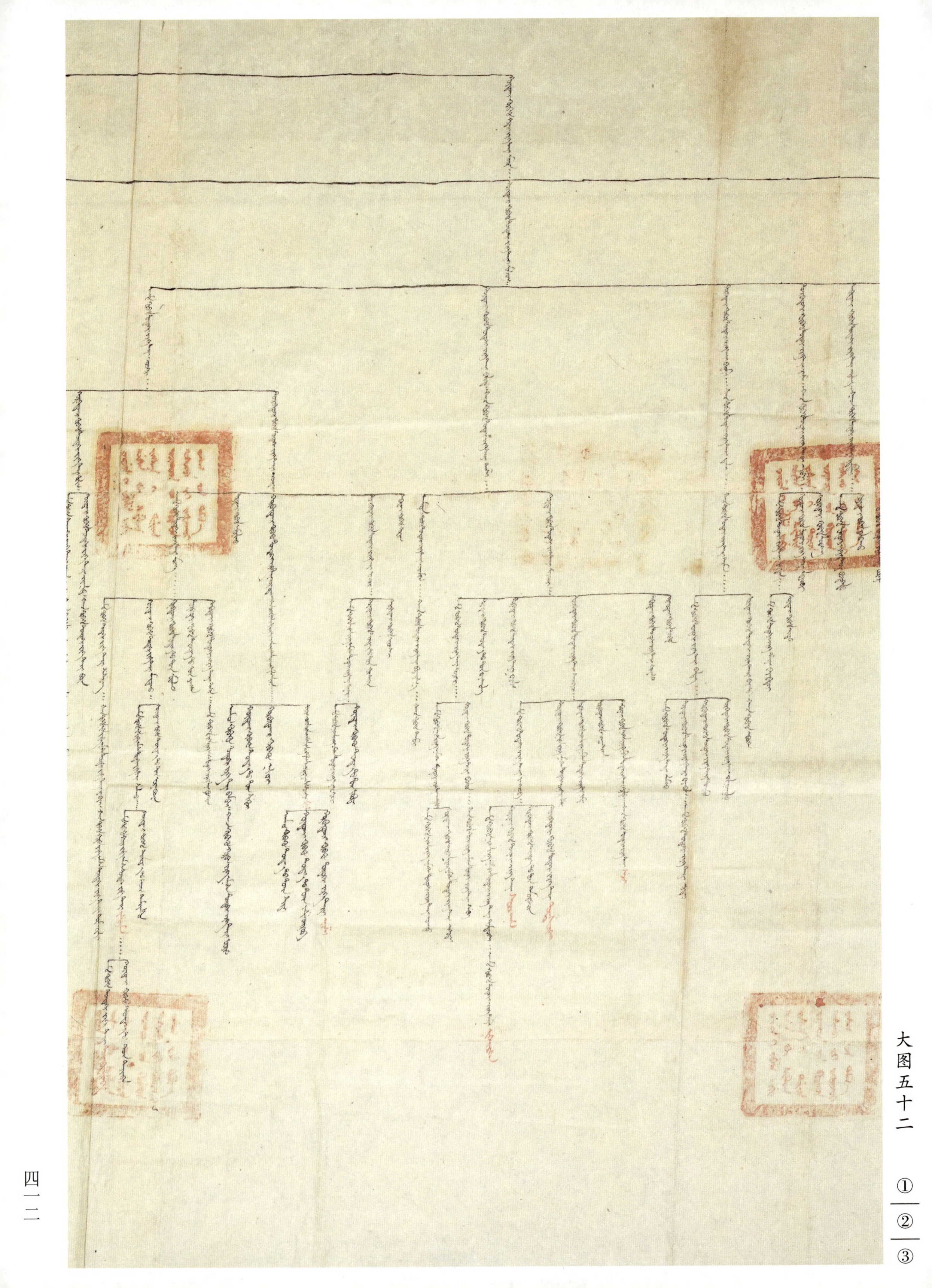

大图五十二

①
②
③

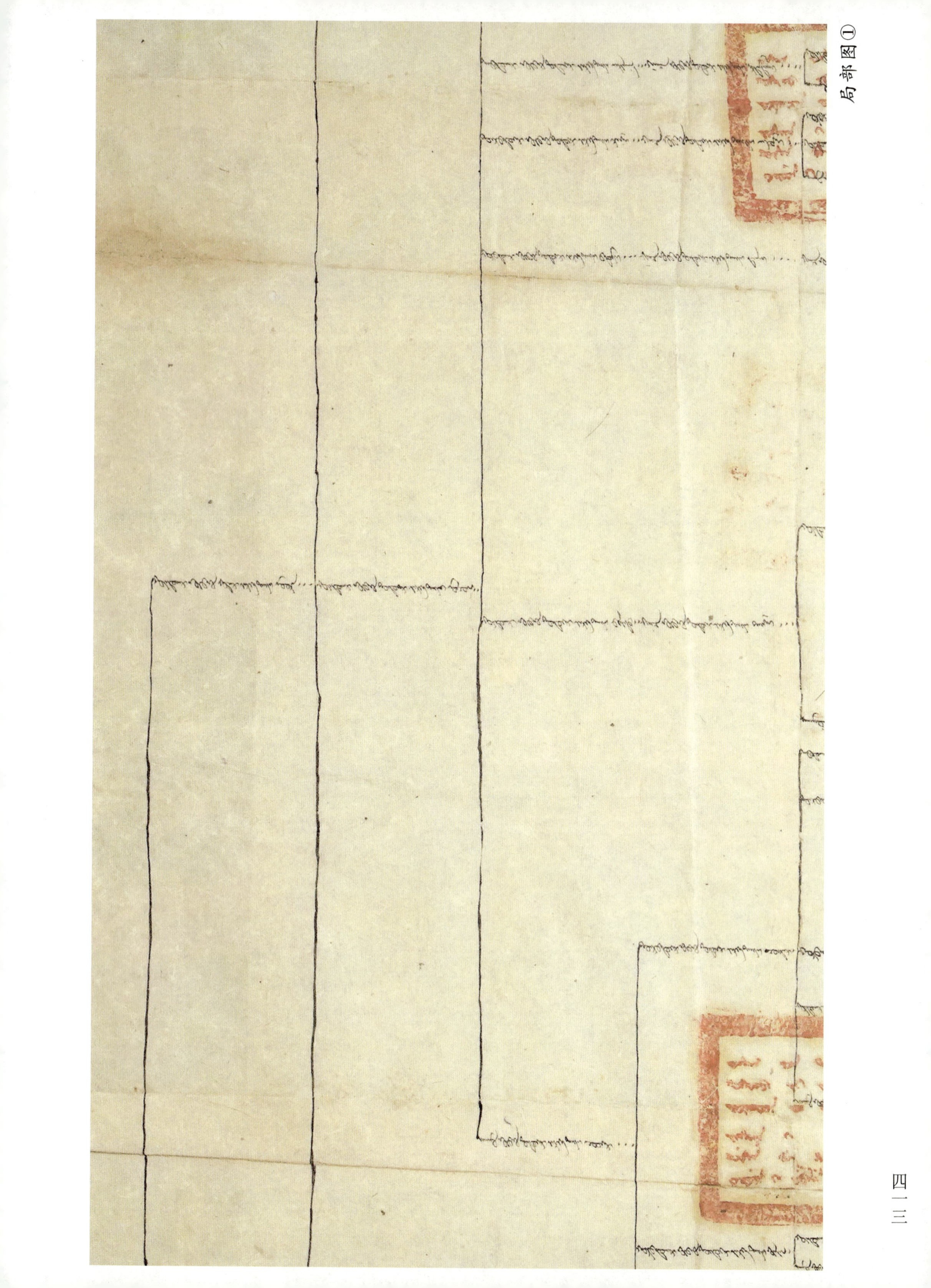

局部图①

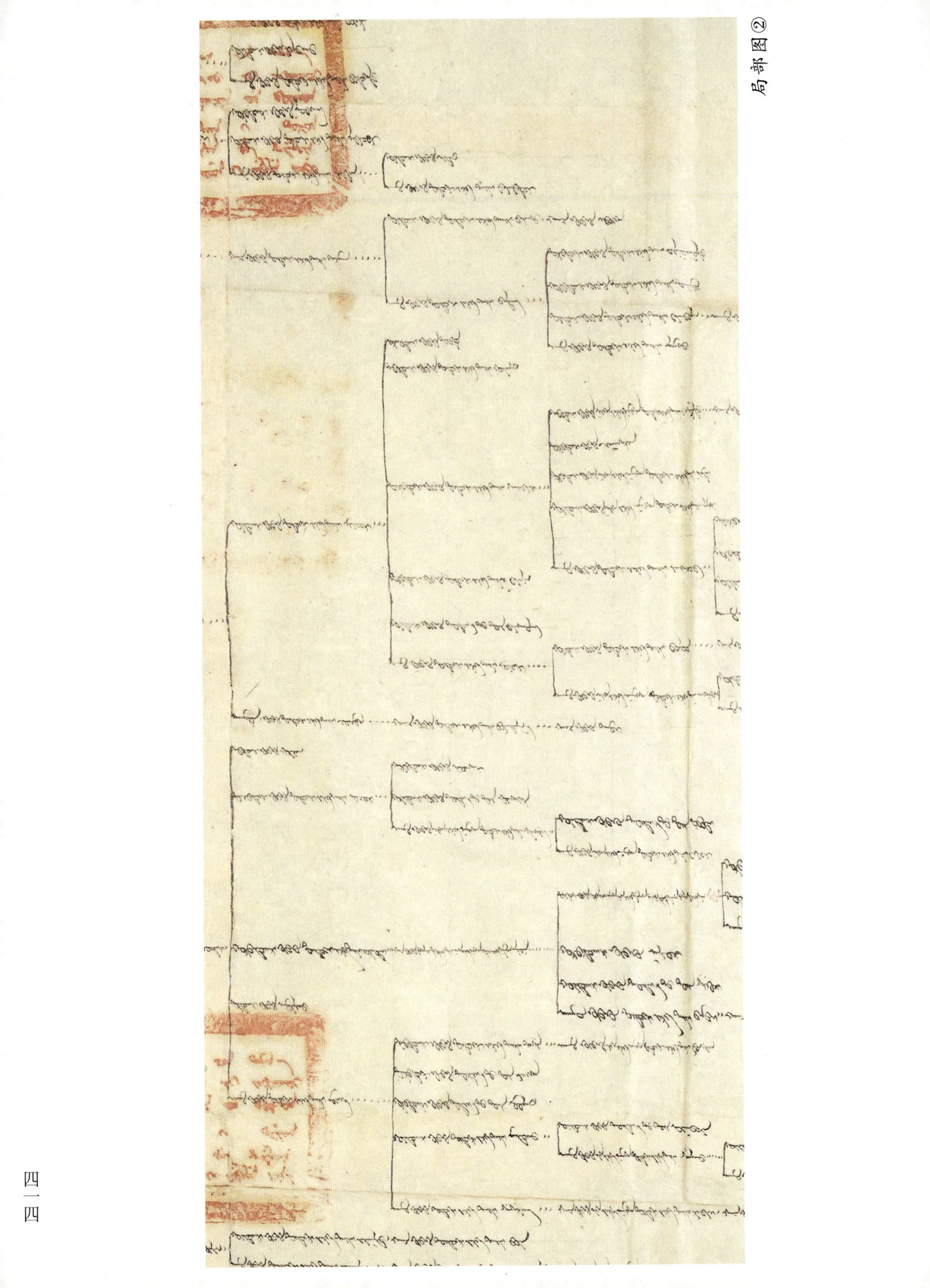

局部图②

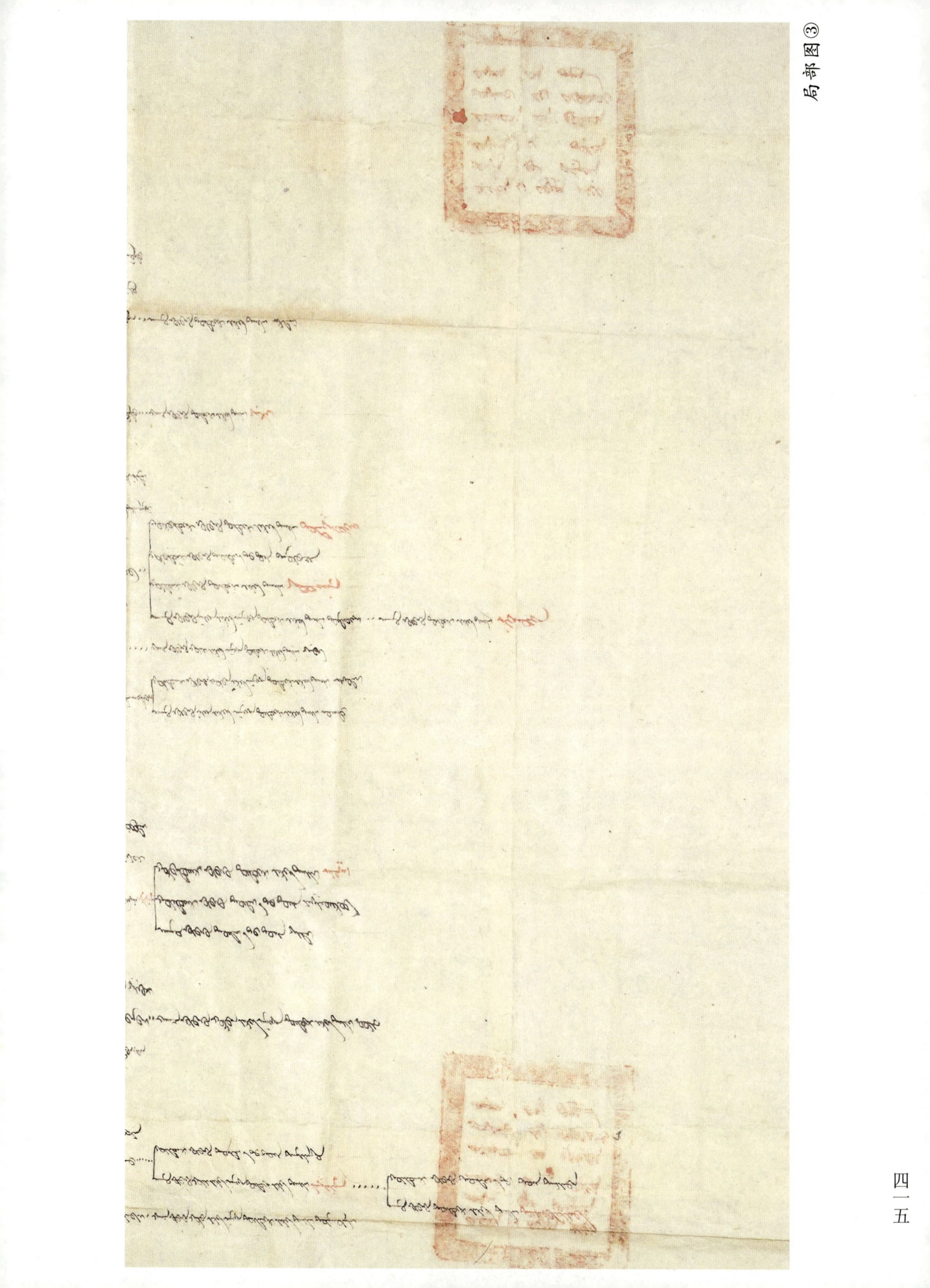

局部图③

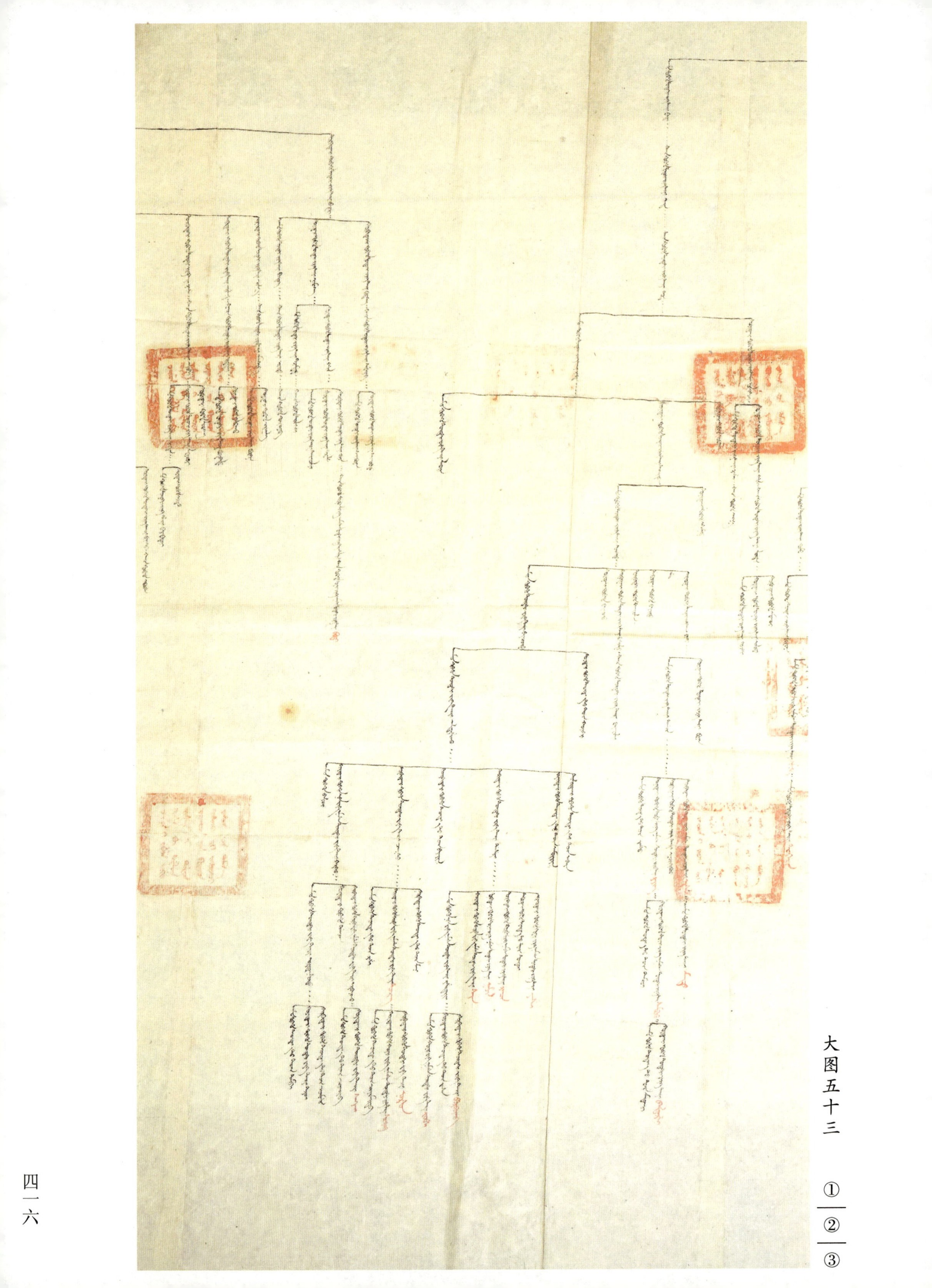

大图五十三

①—②—③

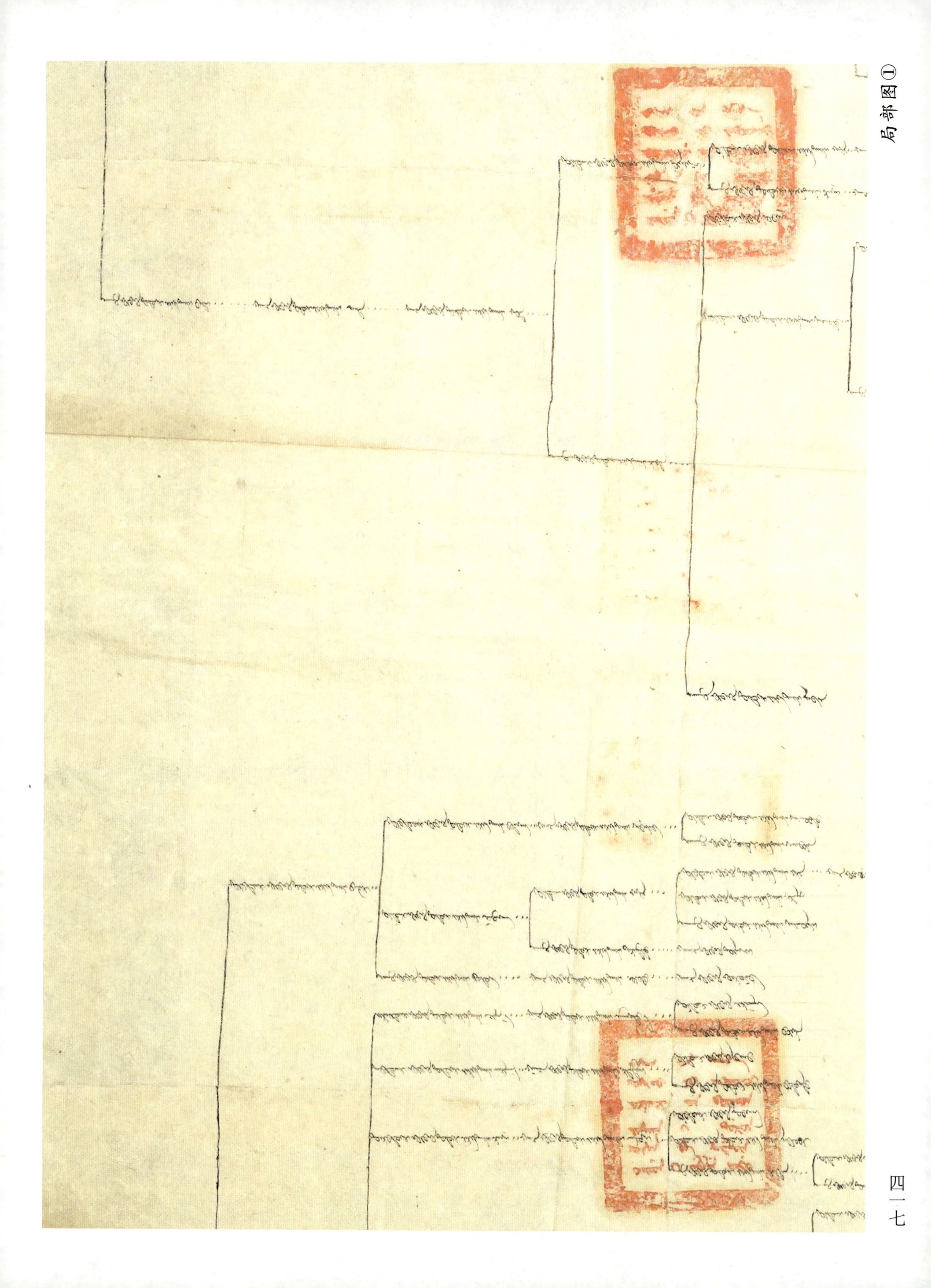

局部图①

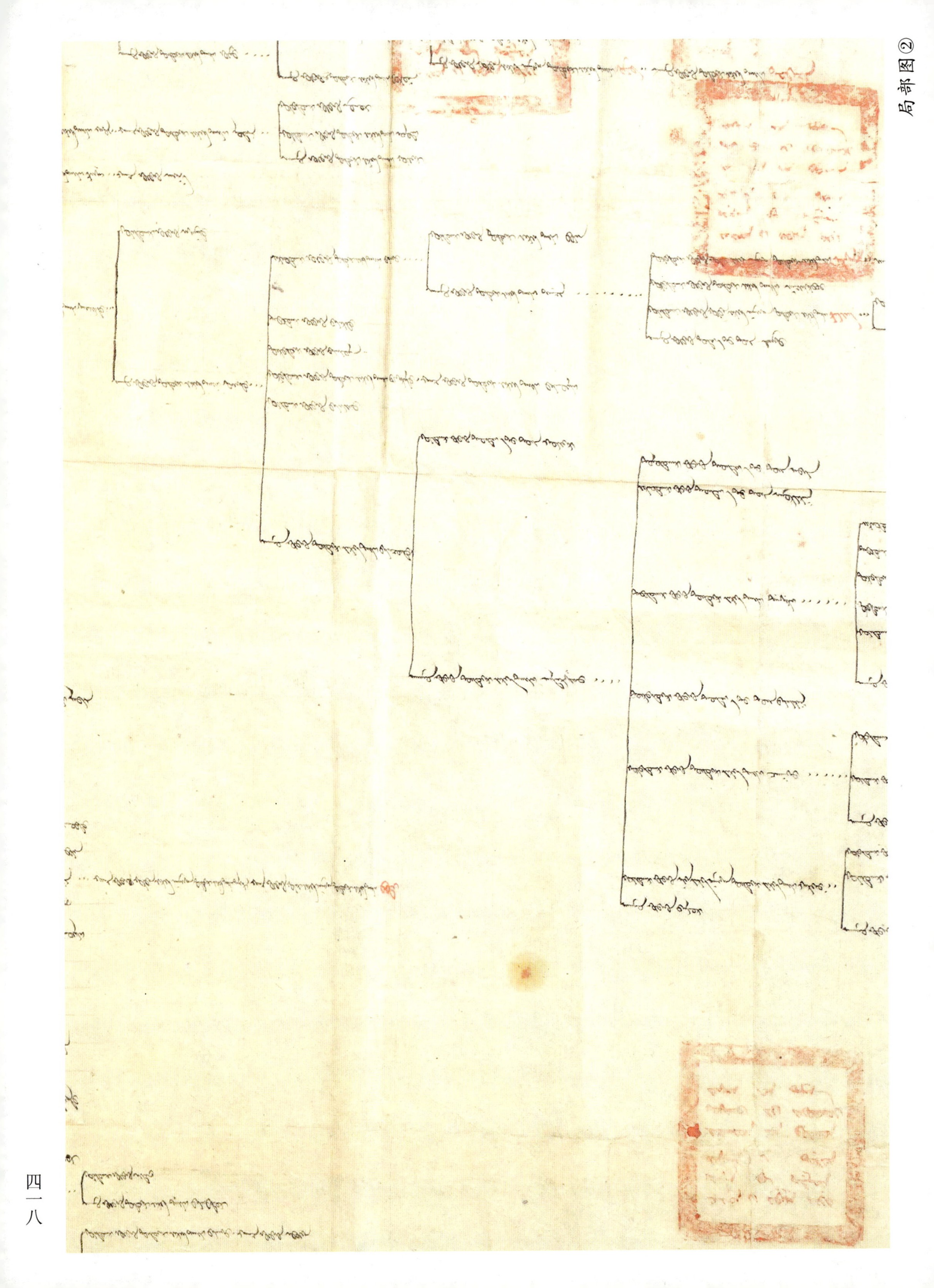

局部图②

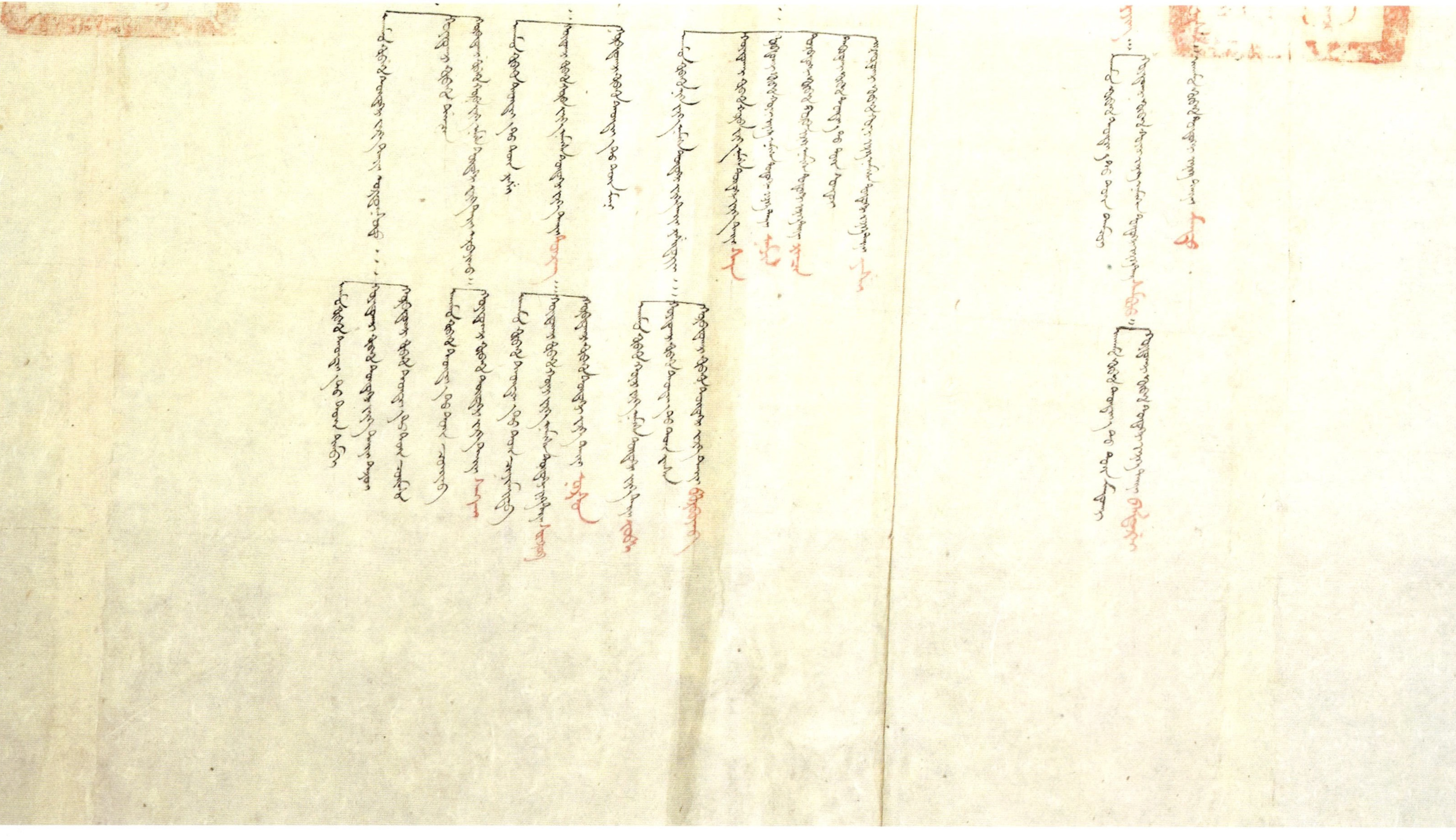

局部图③

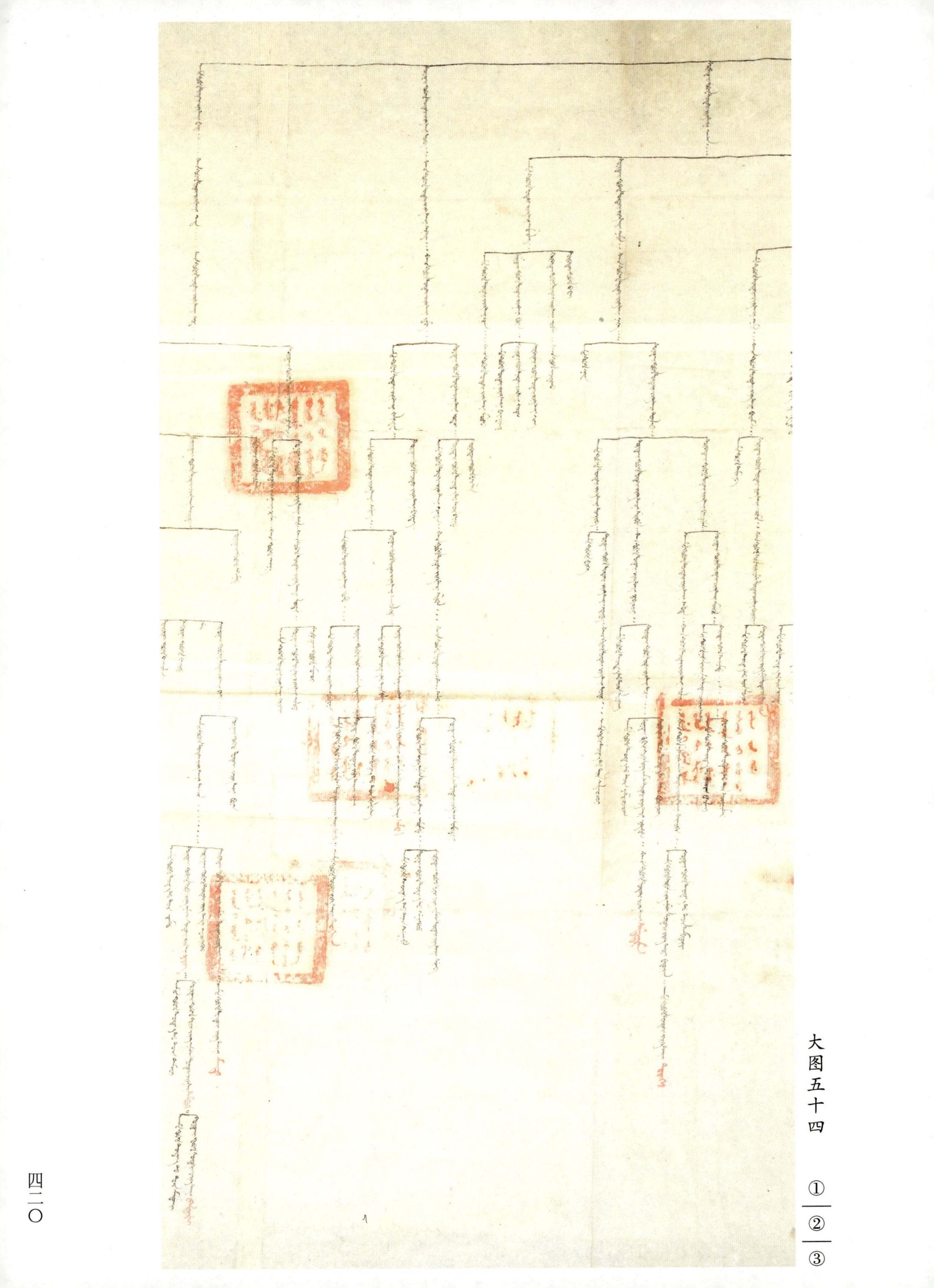

大图五十四

①—②—③

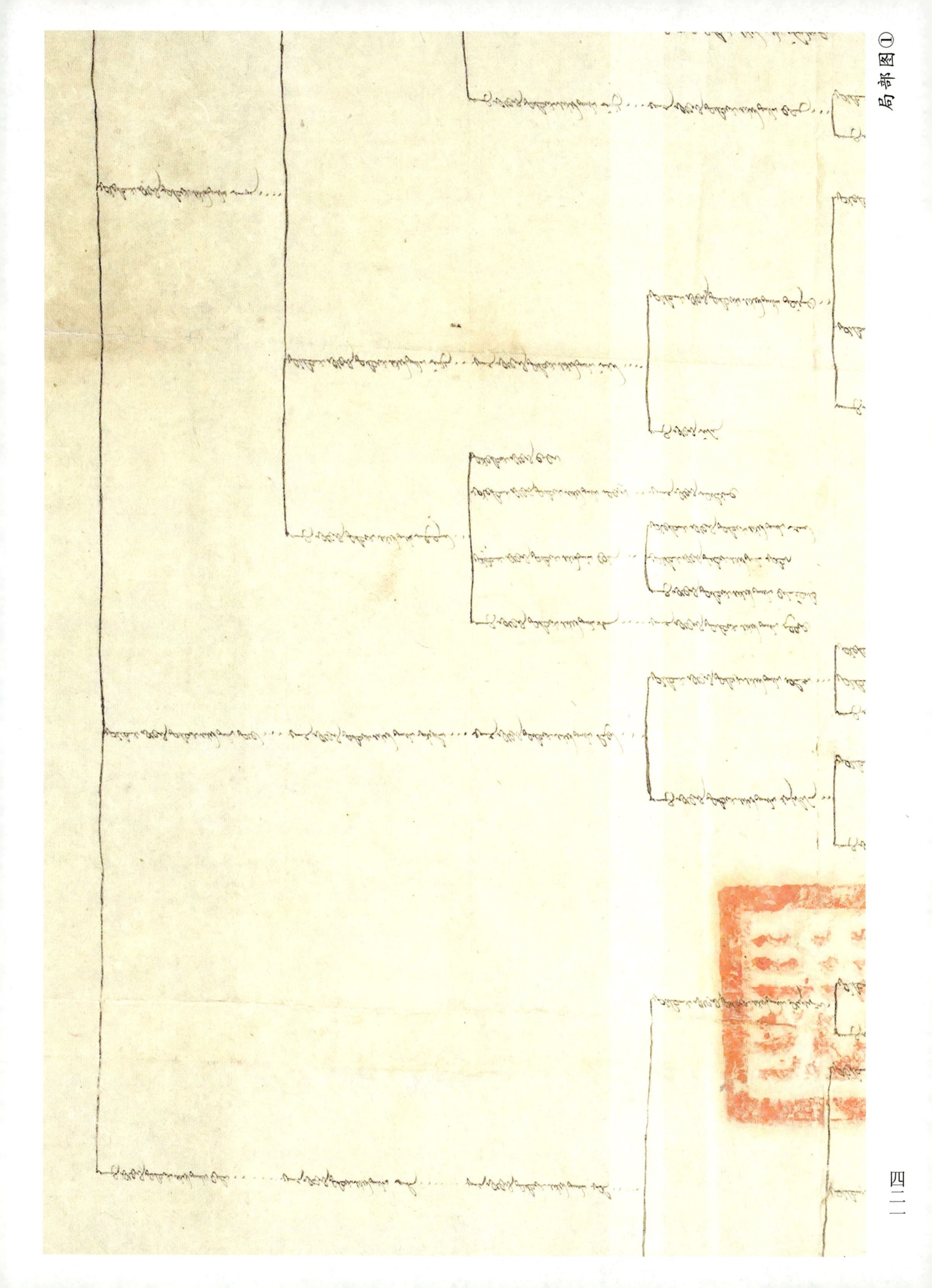

局部图①

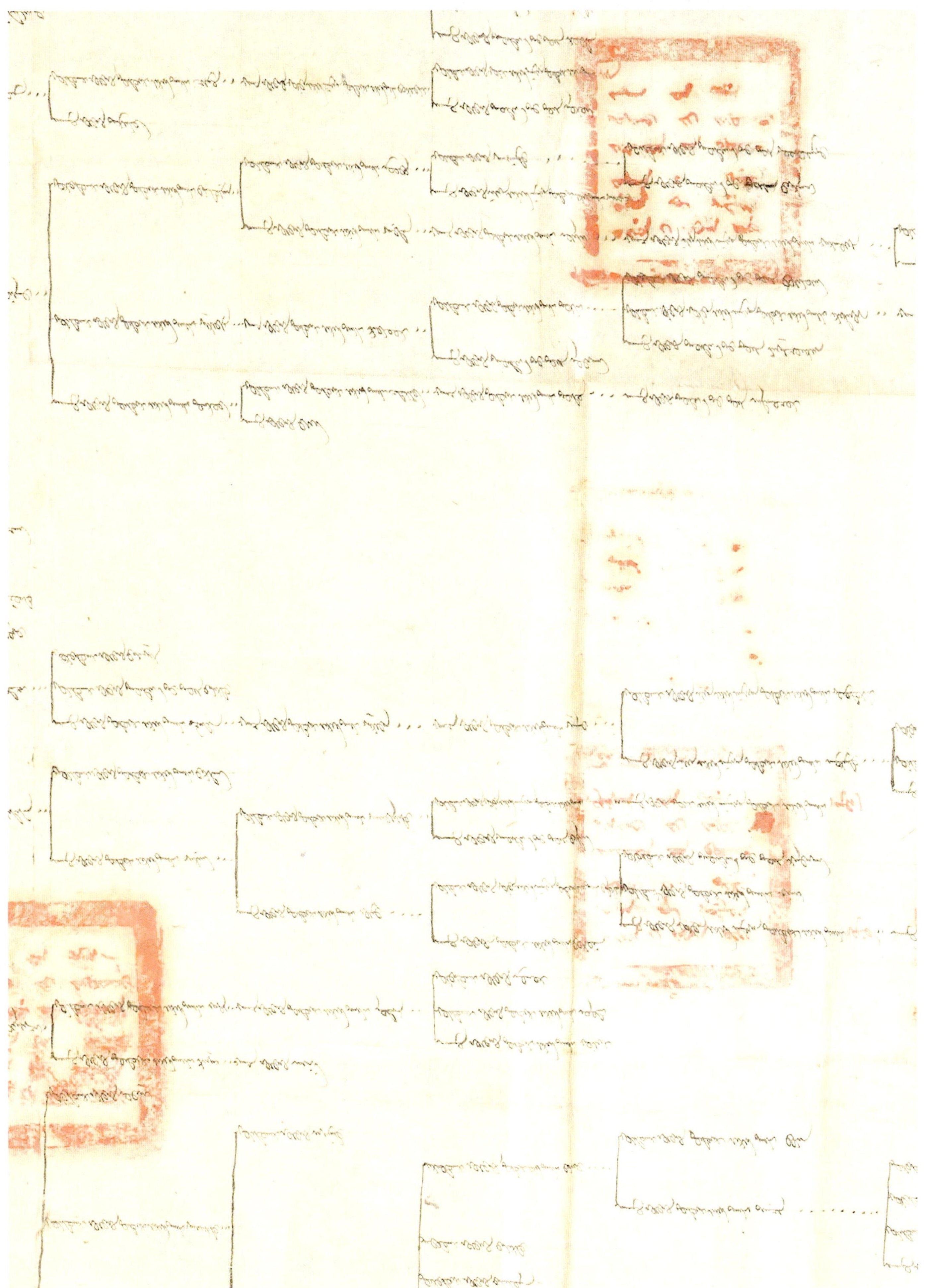

局部图②

局部图③

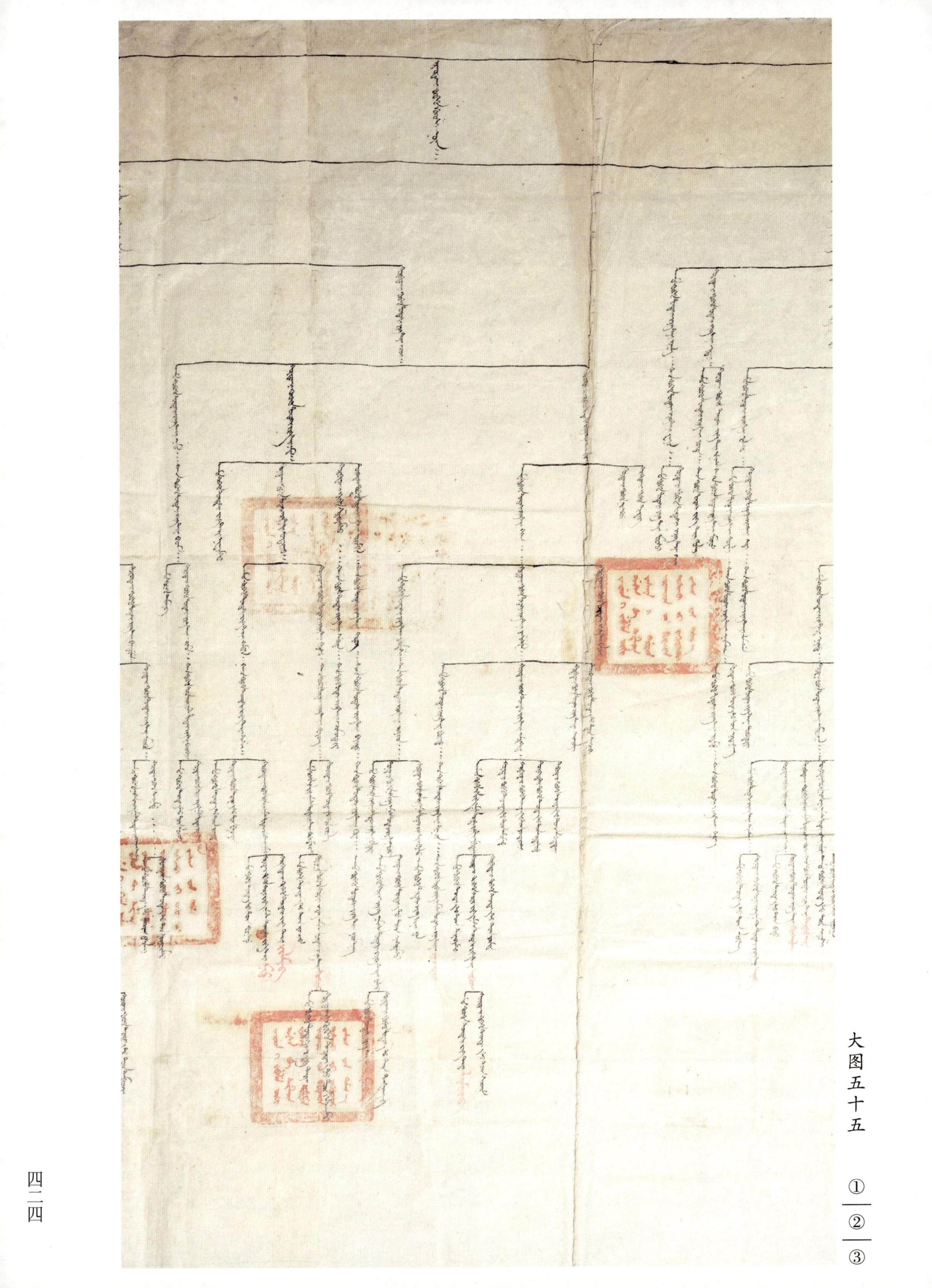

大图五十五

①—②—③

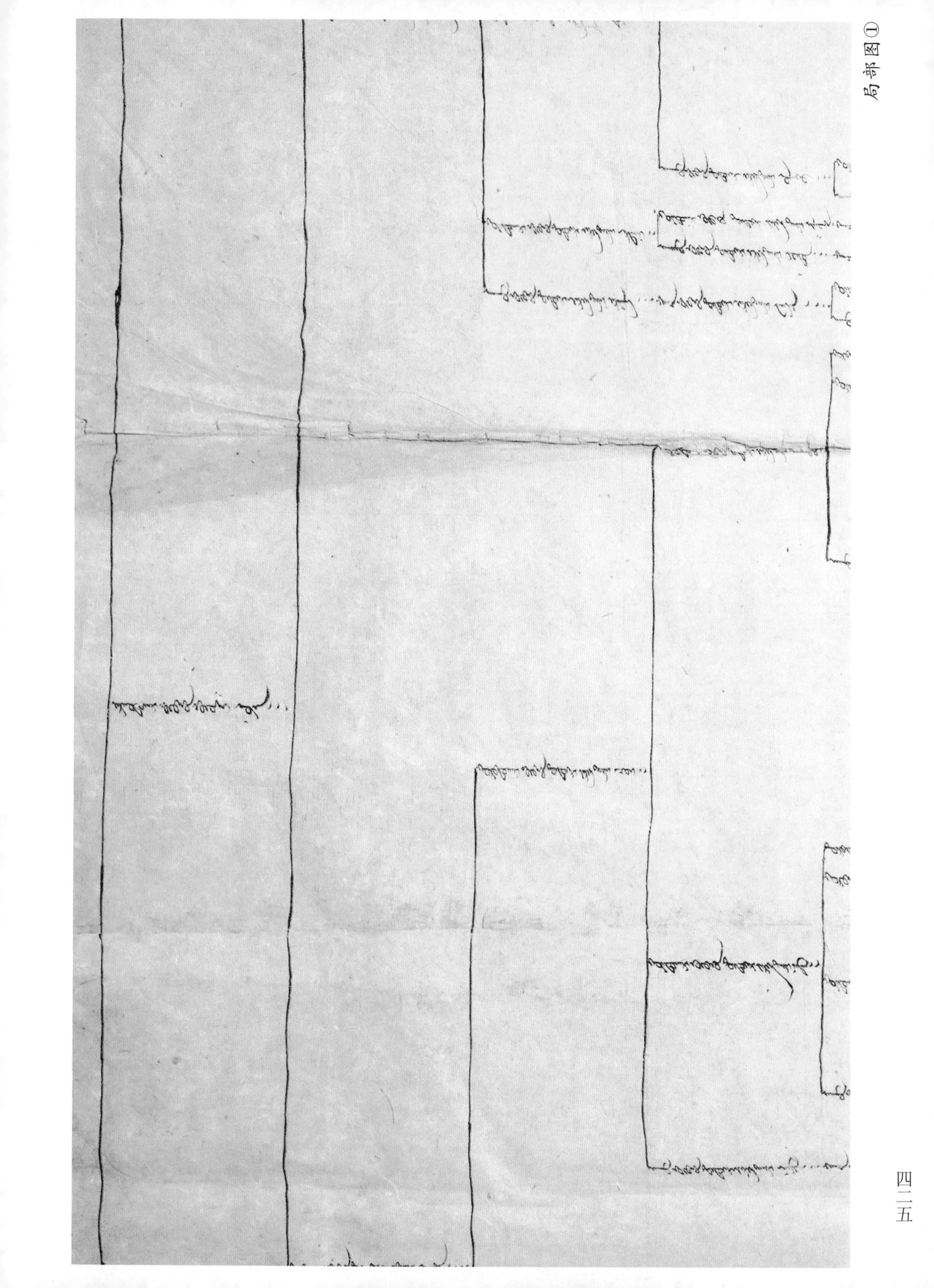

局部图①

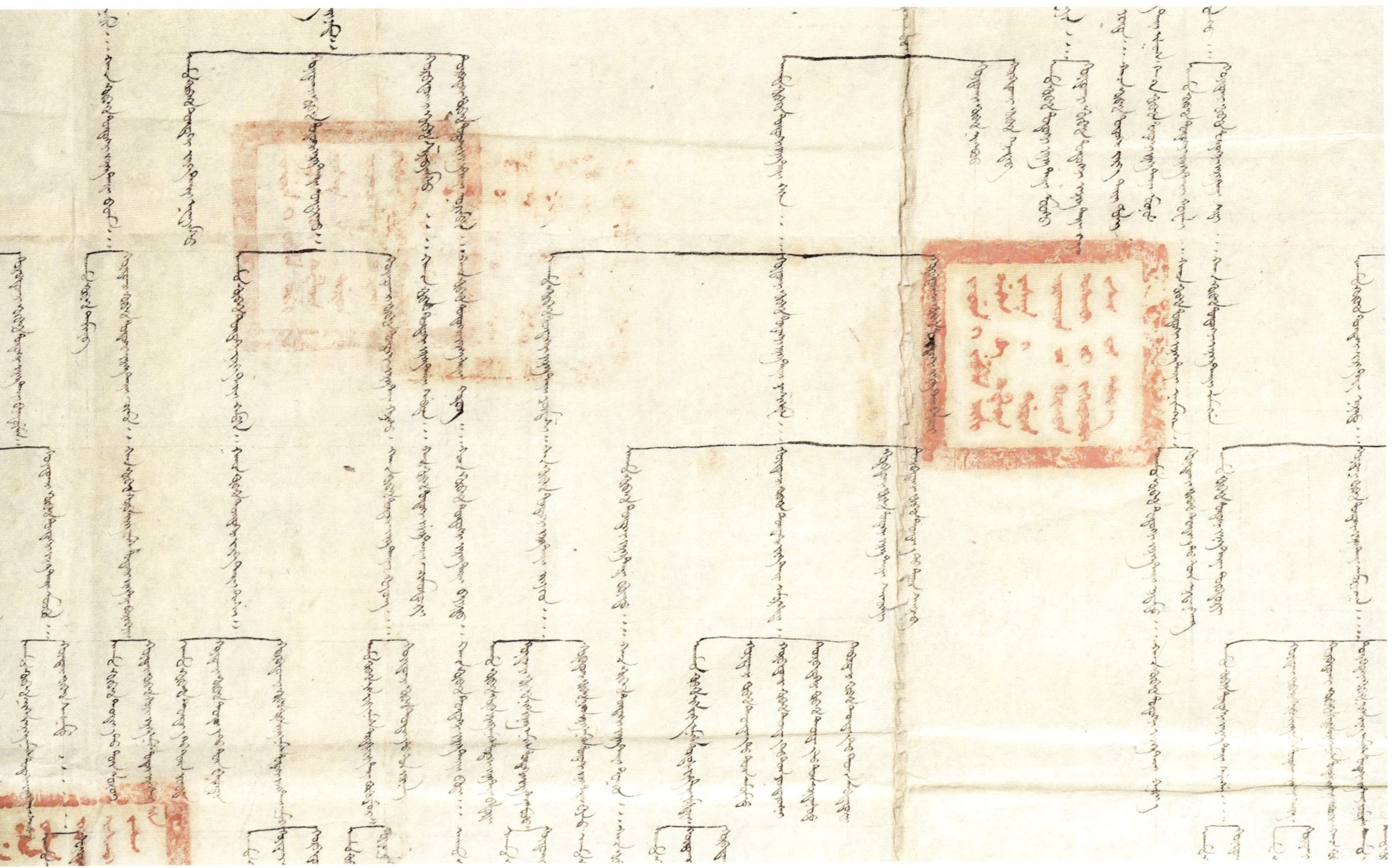

局部图②

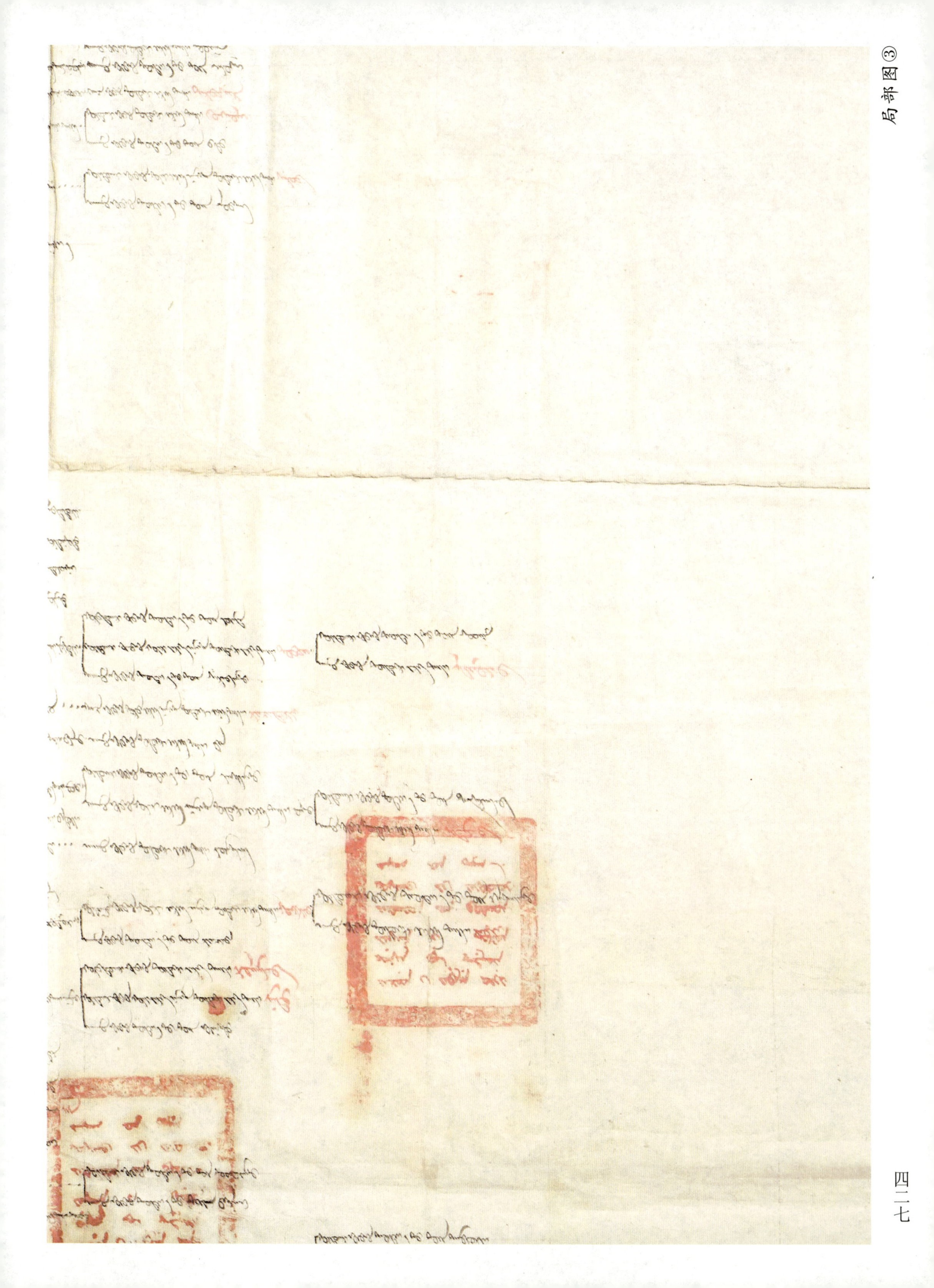

局部图③

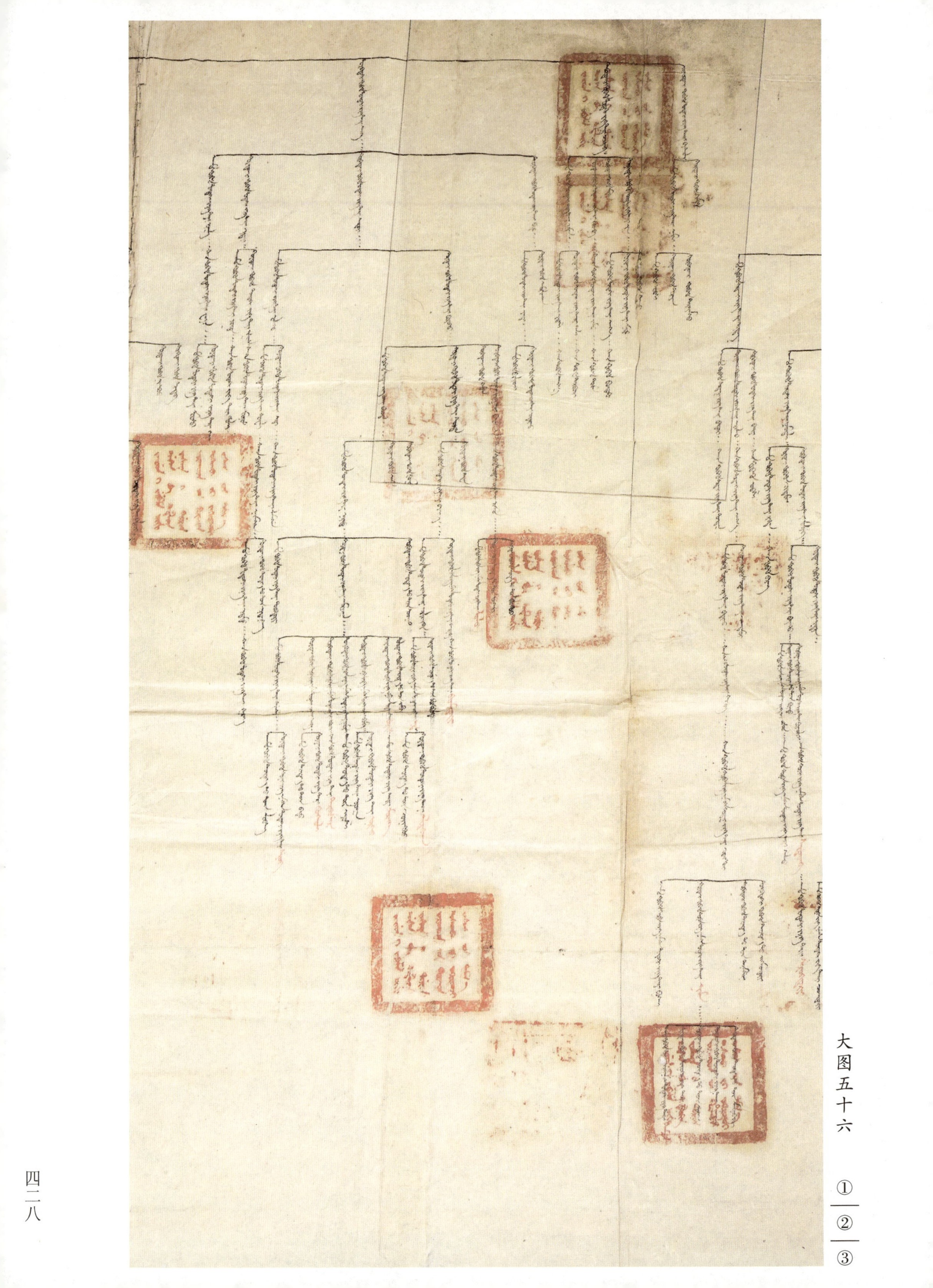

大图五十六

①—②—③

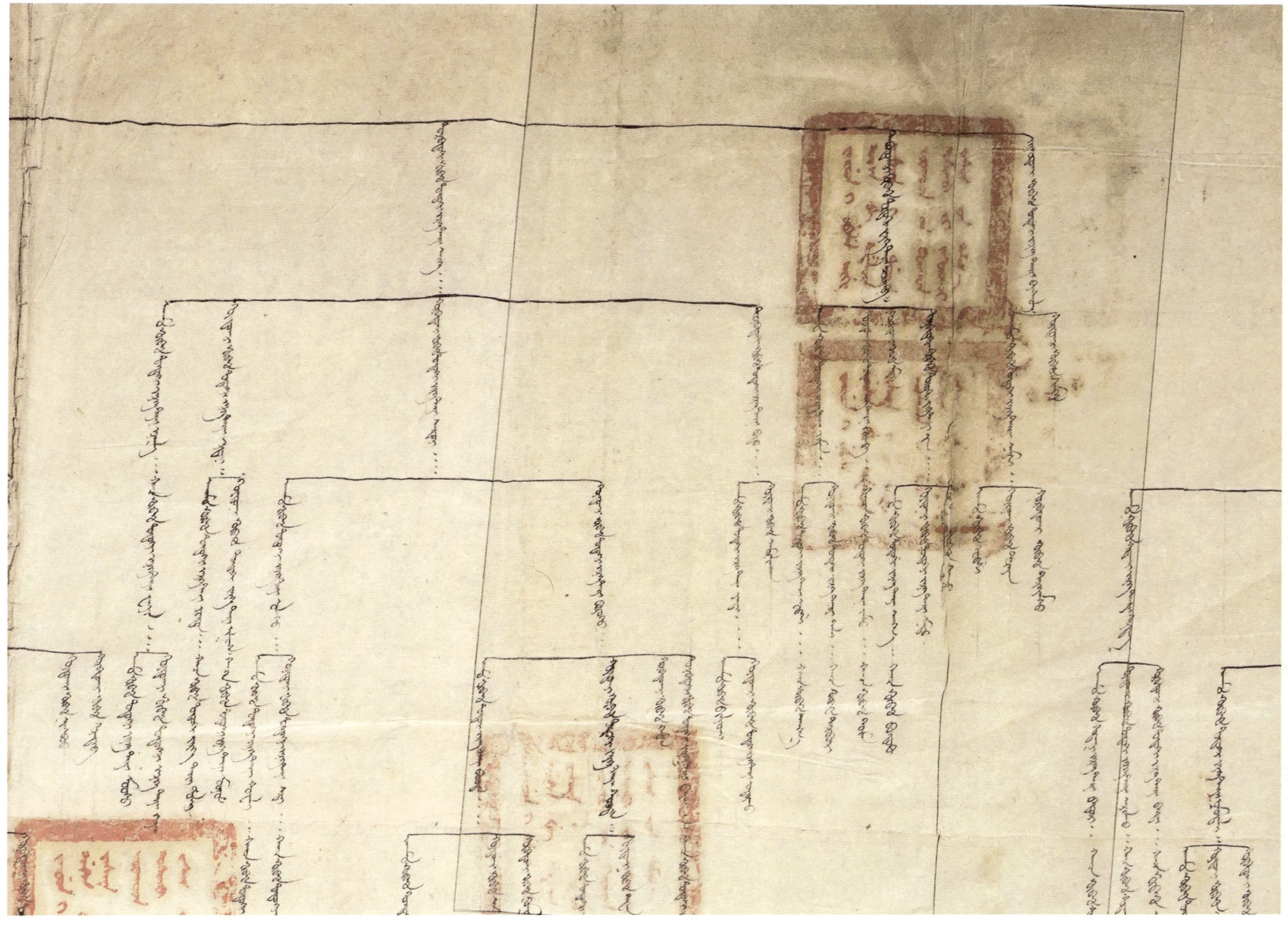

局部图①

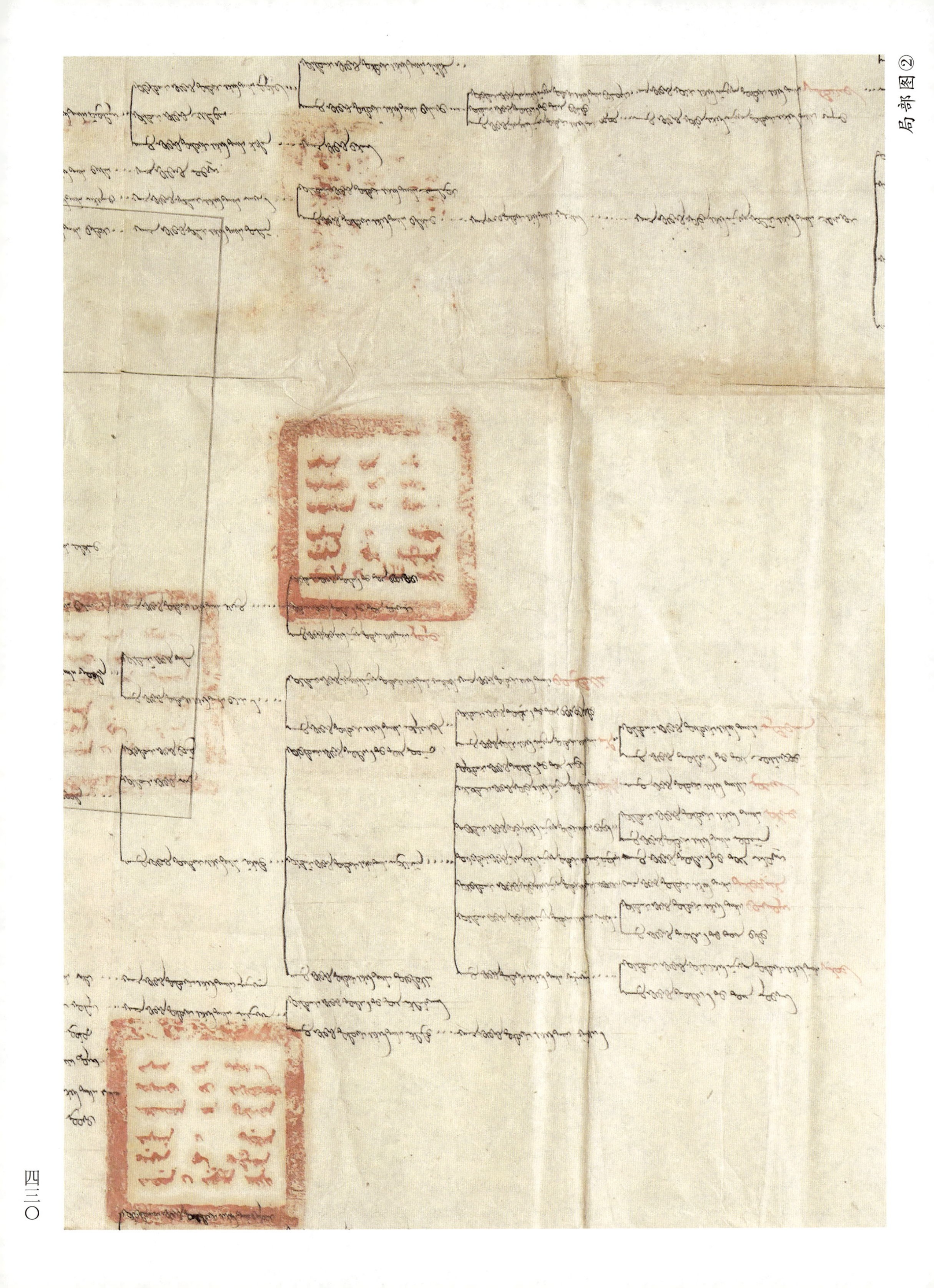

局部图②

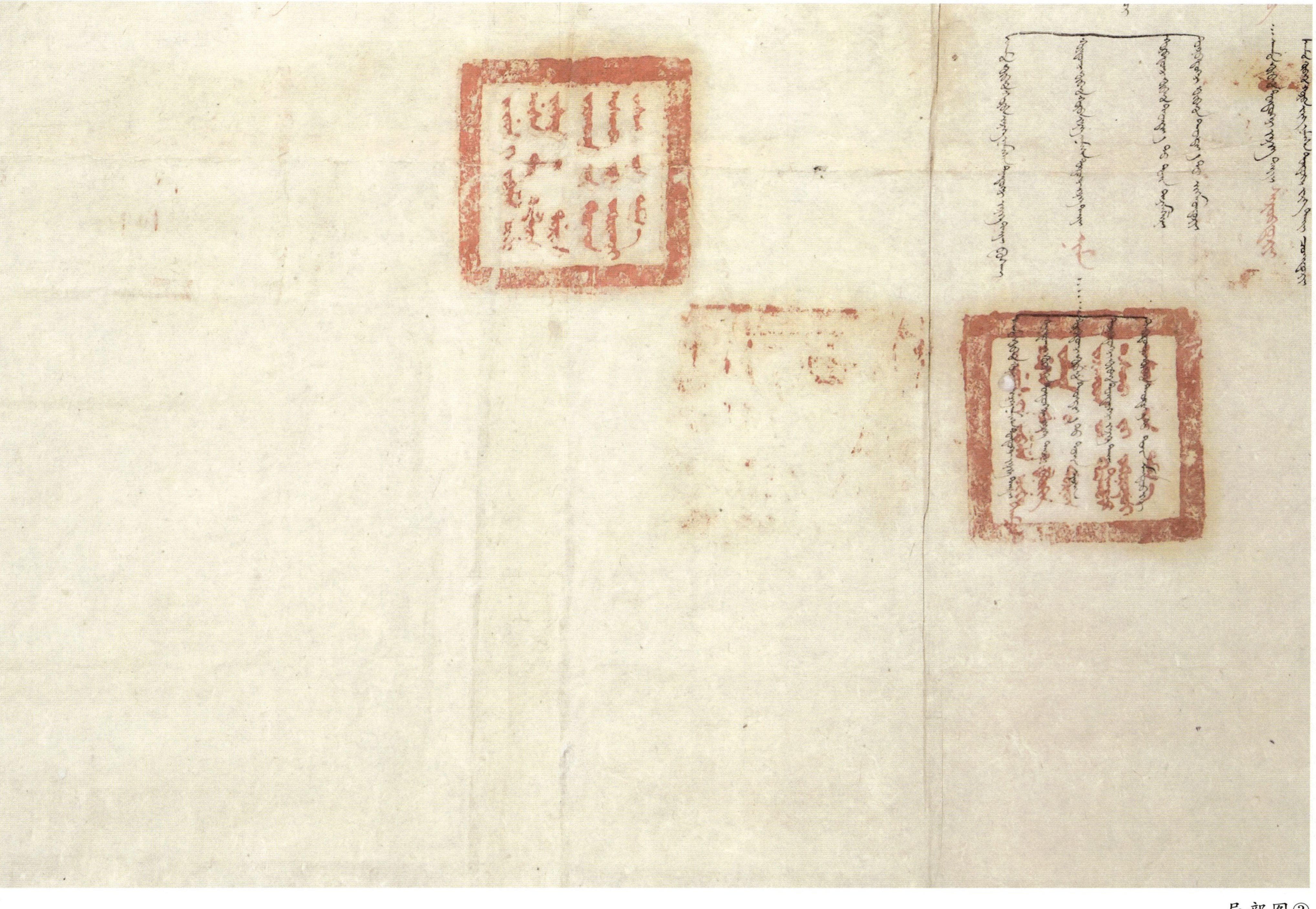

局部图③

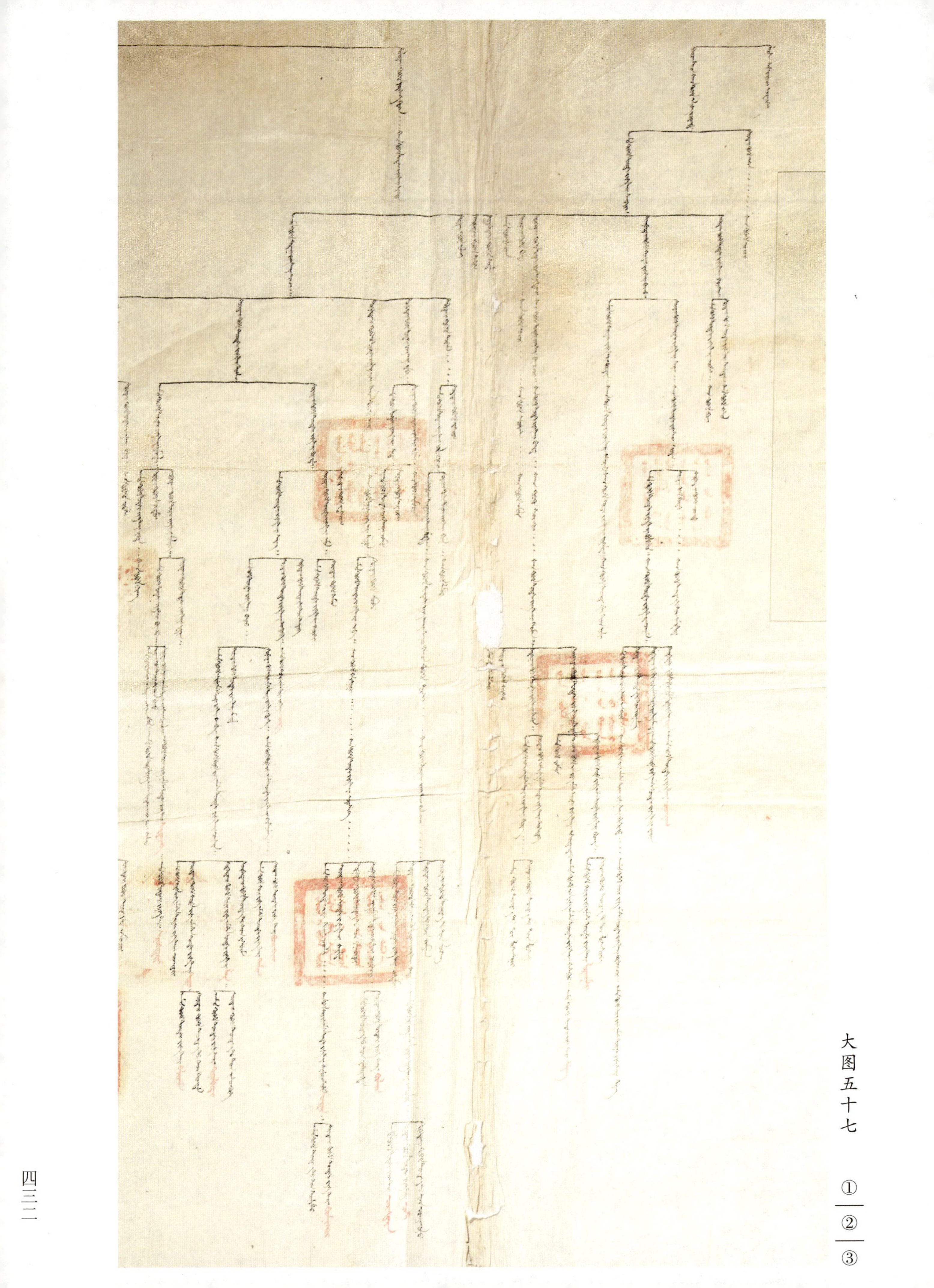

大图五十七 ①—②—③

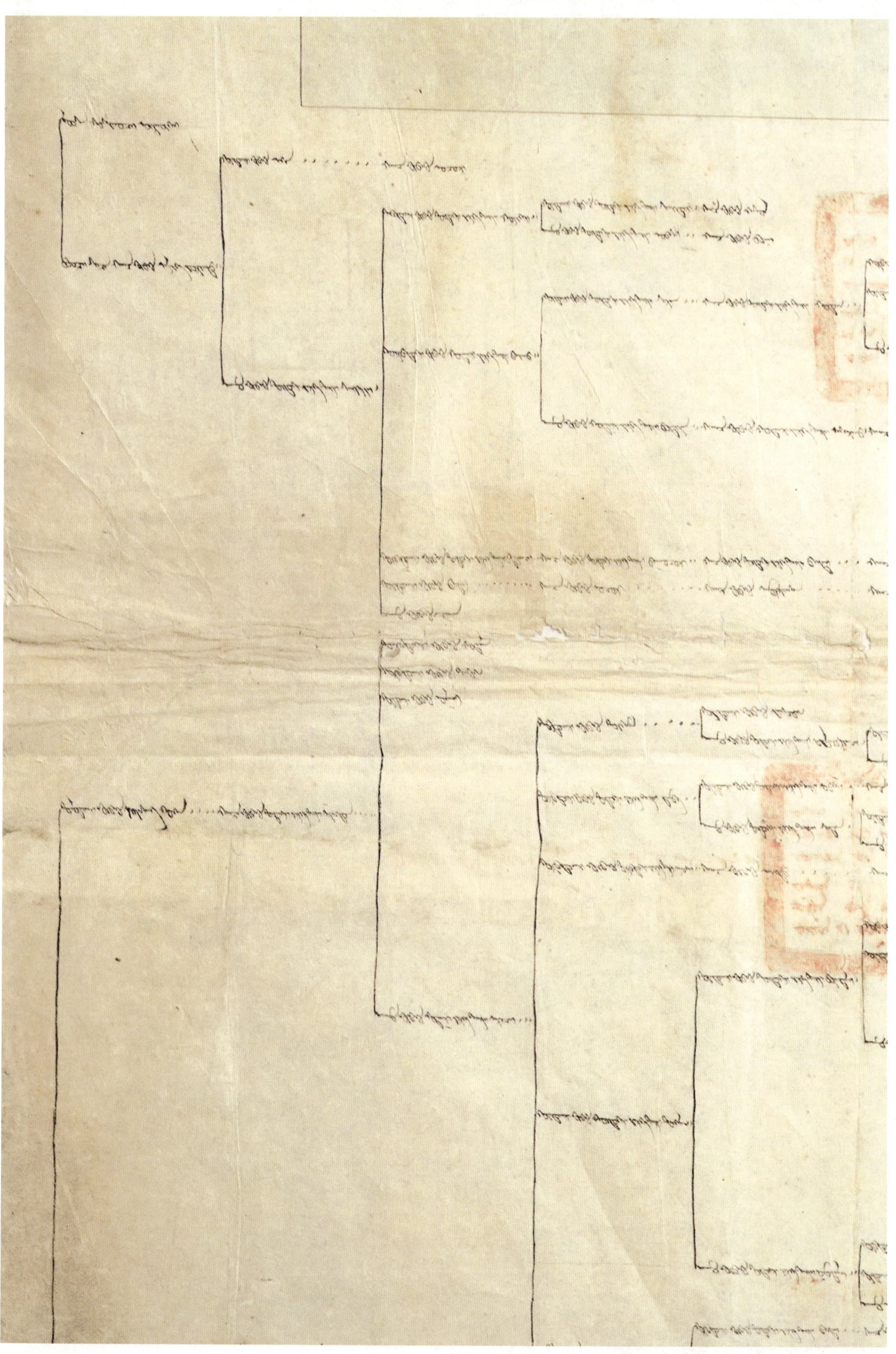
局部图①

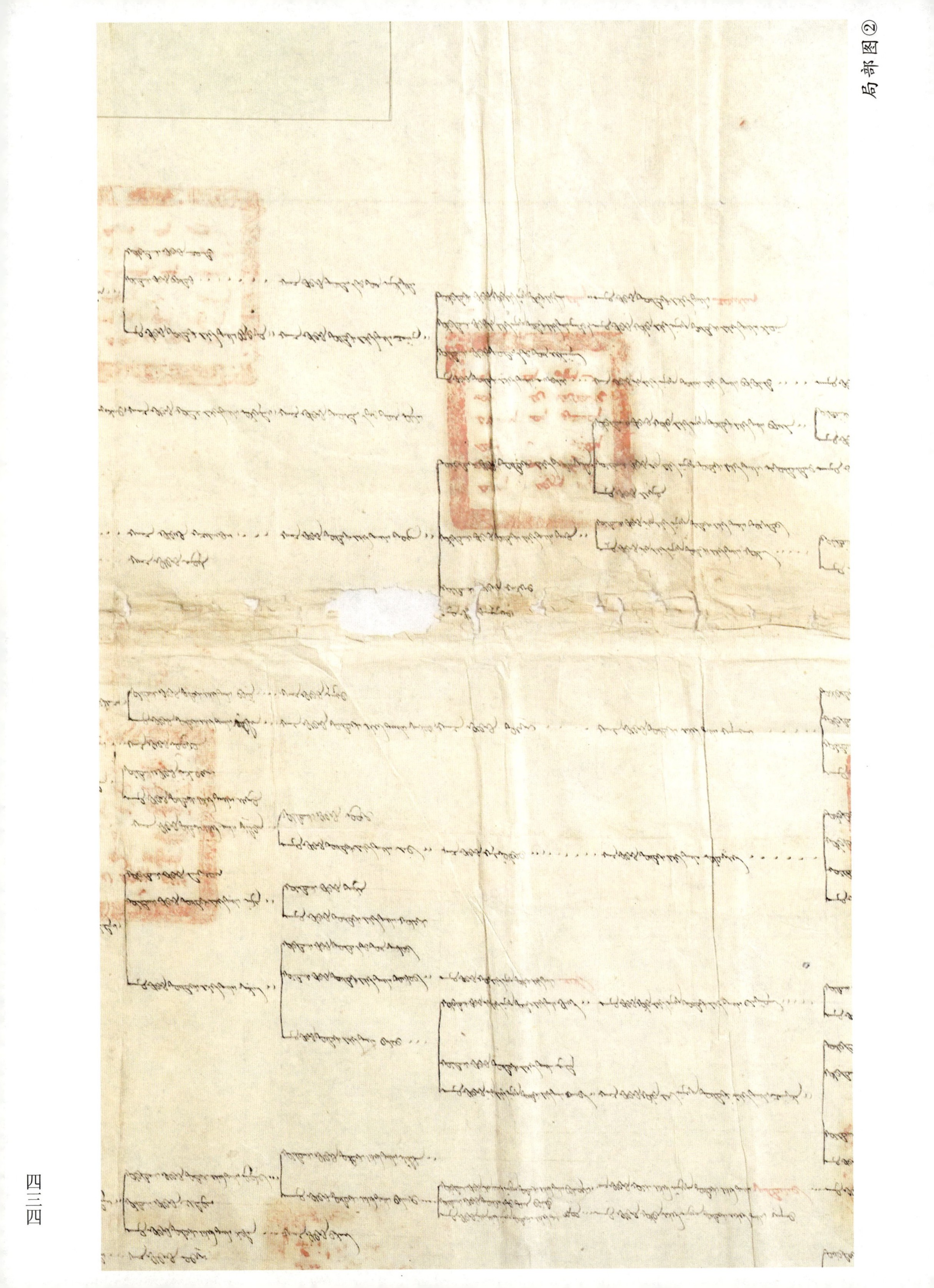

局部图②

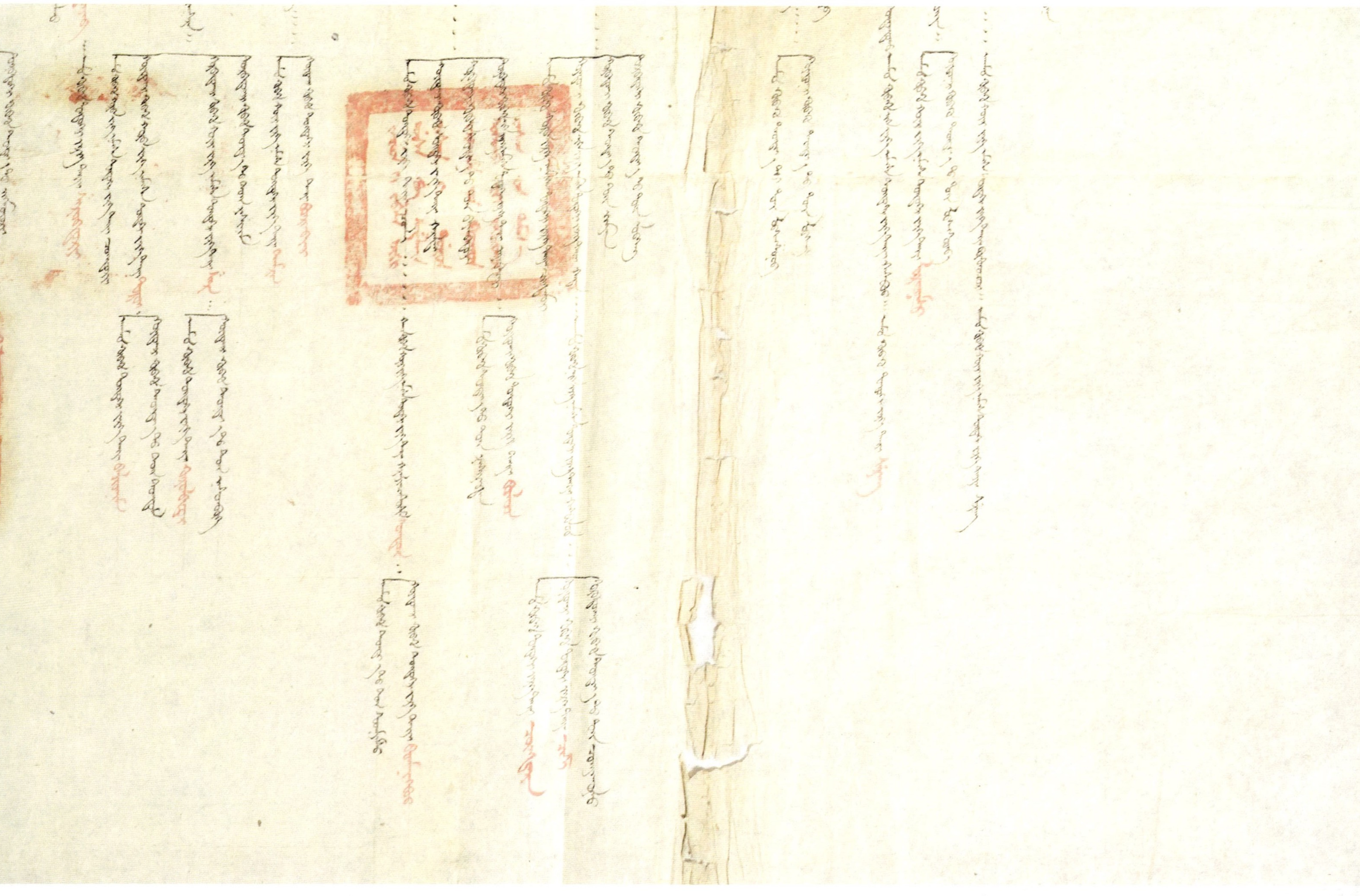

局部图③

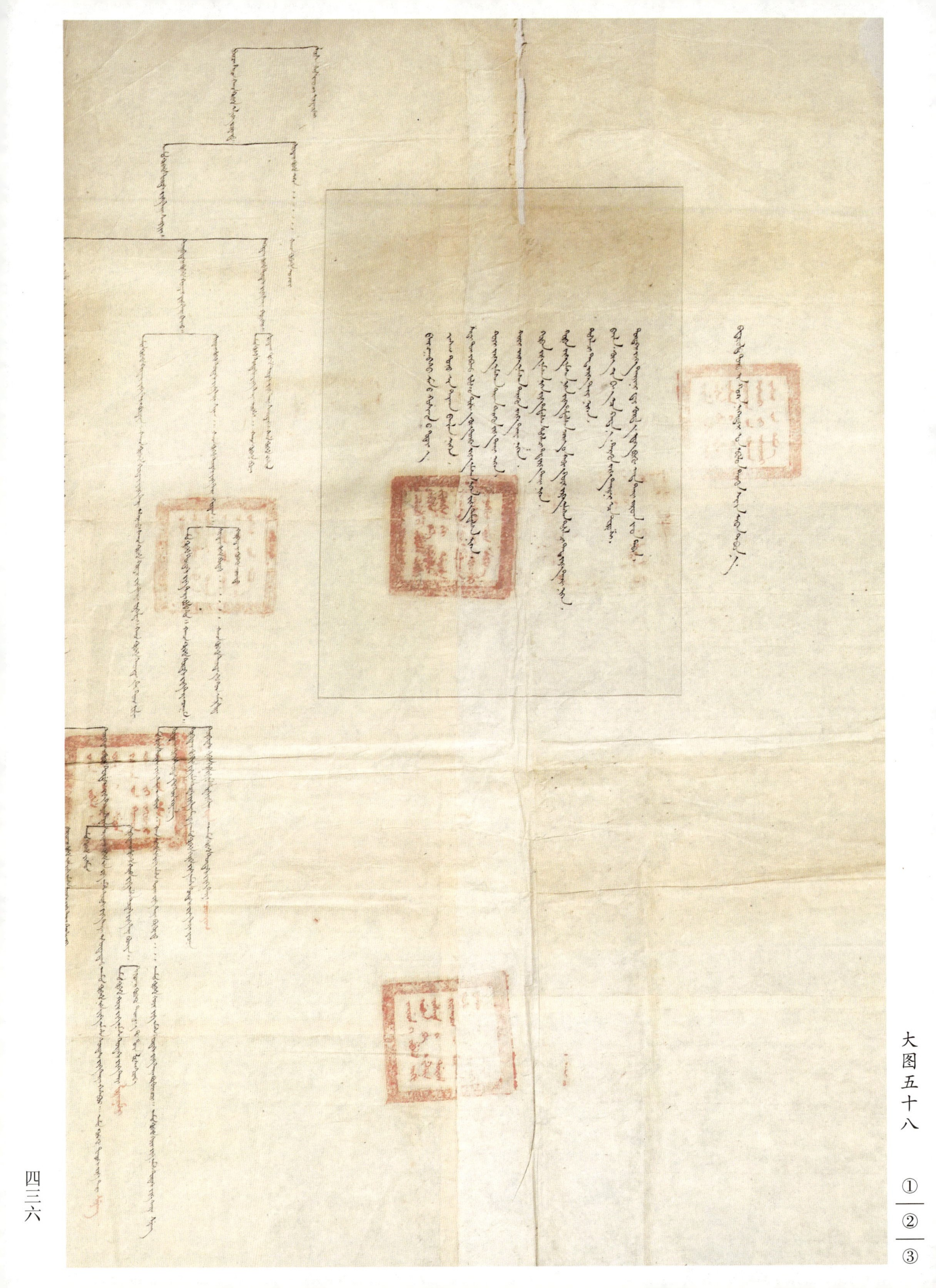

大图五十八

①—②—③

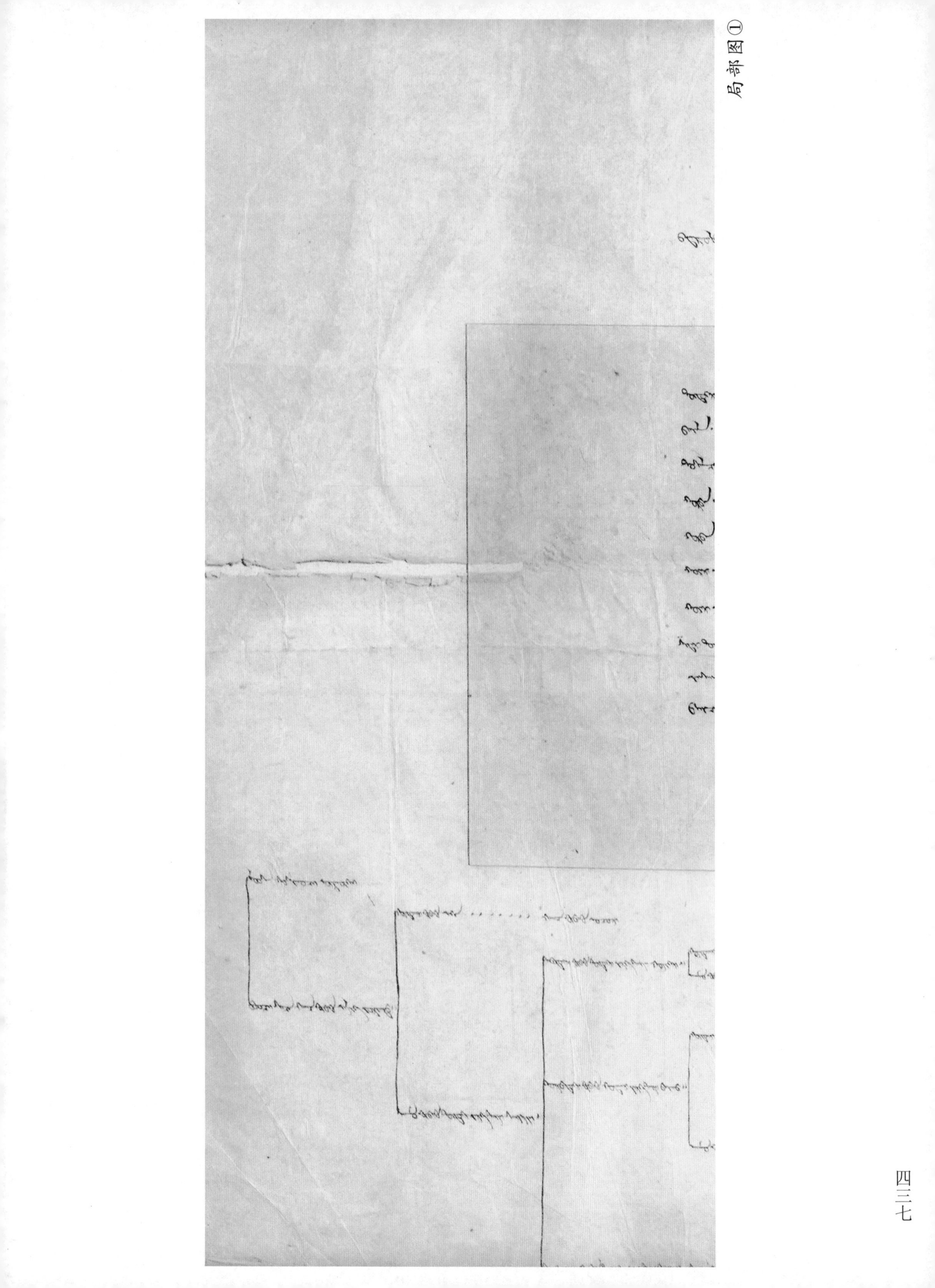

局部图①

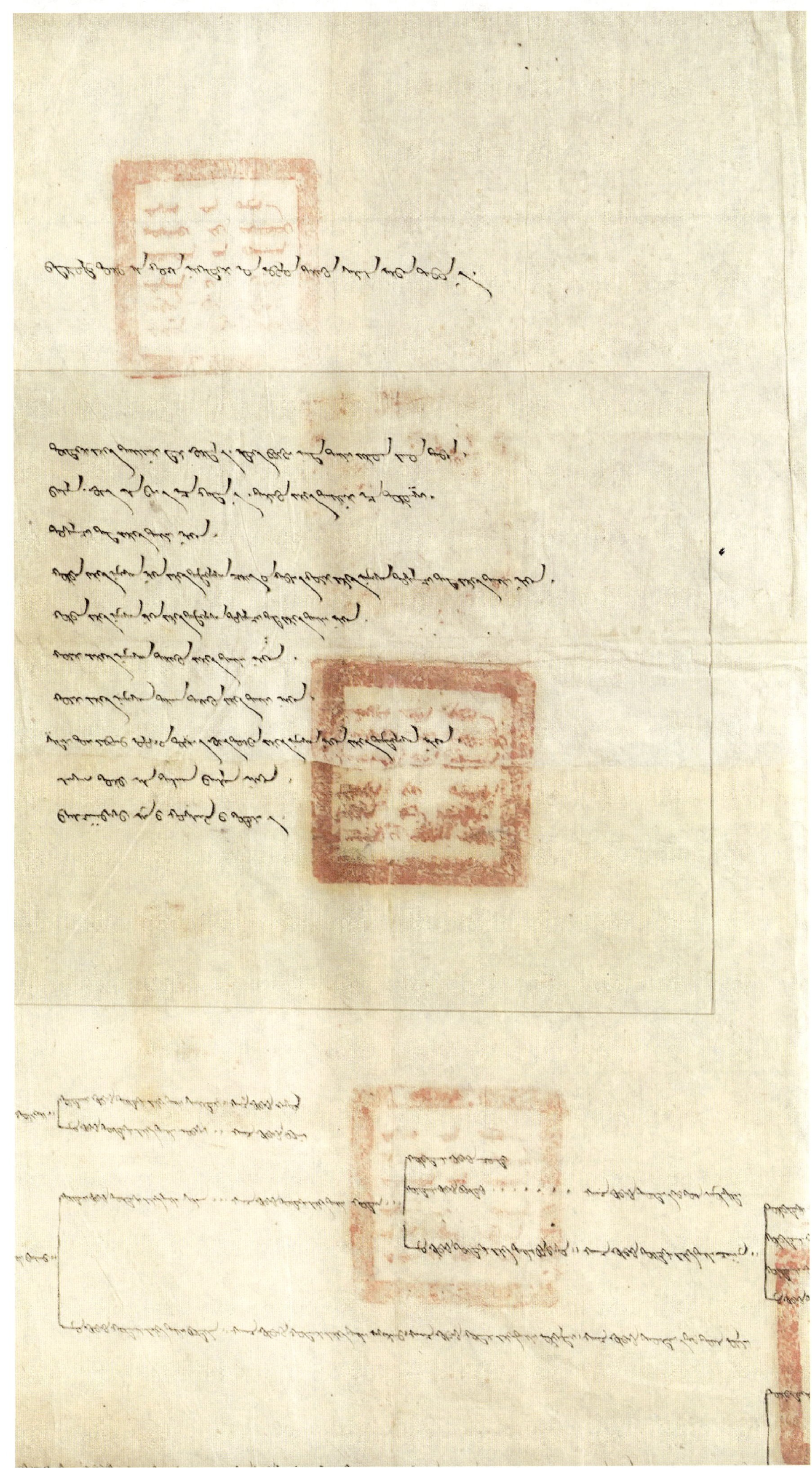

局部图②

局部图③